SPINK

LONDON
1666

Arthur Maury

Paris 1860

www.spinkmaurycatalogues.com

Timbres de France

122ème Edition

2019

✚5 **10c bistre-brun**	**215**	**150**	**75**	**8**	**50**	**55**
a - bistre-orange	225	155	80	9	55	60
b - burelage renversé	350	210	105	26	125	140
c - burelage citron	275	190	95	13	110	125
d - burelage citron renversé	425	300	150	70	250	300
e - burelage incomplet		450	225	185		
f - piquage double		285	140			
g - réimpression	15	12	5			
✚6 **20c bleu**	**235**	**160**	**80**	**21**	**80**	**95**
a - bleu laiteux	235	160	80	23	85	100
b - bleu foncé	250	170	85	25	90	110
c - burelage renversé	425	300	150	125	300	350
d - burelage incomplet		500	250	250		
e - réimpression	15	12	5			
✚7 **25c brun-noir**	**285**	**200**	**100**	**135**	**335**	**400**
a - brun clair	300	210	105	140	350	425
b - burelage renversé	900	600	300	400	800	1 000
d - réimpression	15	12	5			

PAIRES, BANDES ET BLOCS DE 4

□□   □□□   □□□□   □□□□□   ⊞

	☆☆	☆	⊙	✉	☆☆	☆	⊙	✉	☆☆	☆	⊙	✉	☆☆	☆	⊙	✉	☆☆	☆	⊙	✉
✚1 **1c**	**350**	**250**	**325**	**475**	**525**	**375**	**550**	**800**	**700**	**500**	**750**	**1 100**	**875**	**625**	**900**	**1 350**	**650**	**450**	**750**	**1 250**
c - vert-gris		700				1 100				1 500				2 000				1 500		
d - burelage renv	1 600	1 000	2 500	4 250	2 400	1 500	4 000	5 500	3 200	2 000	5 500	7 000	4 000	2 500	7 000	9 000	3 500	2 250	5 750	10 000
e - réimpression	35	25			50	38			65	50			85	65			75	60		
✚2 **2c**	**500**	**350**	**500**	**750**	**750**	**525**	**750**	**950**	**1 000**	**700**	**1 100**	**1 500**	**1 250**	**875**	**1 500**	**2 000**	**1 200**	**700**	**1 750**	**2 250**
b - brun-rge-noir	1 000	700	800	1 200	1 500	1 050	1 200	1 500	2 000	1 400	1 600	1 500	2 500	1 750	2 250	3 000	2 500	1 400	2 150	2 750
c - burelage renv	750	450	2 250	3 750	1 125	675	3 500	5 500	1 500	900	4 500	2 250	1 900	1 125	5 500	7 500	2 000	1 250	5 000	8 000
d - réimpression	35	25			50	38			65	50		6 500	85	65			75	60		
✚3 **4c**	**550**	**400**	**300**	**500**	**825**	**600**	**500**	**800**	**1 100**	**800**	**850**	**1 100**	**1 400**	**1 000**	**1 000**	**1 400**	**1 300**	**825**	**1 550**	**2 000**
c - burelage renv	750	450	600	900	1 125	675		1 350	1 500	900	1 200	1 750	1 900	1 125	1 500	2 150	2 000	1 250	2 500	3 500
e - réimpression	35	25			50	38	900		65	50			85	65			75	60		
✚4 **5c**	**550**	**400**	**40**	**125**	**825**	**600**	**70**	**225**	**1 100**	**800**	**165**	**300**	**1 350**	**1 100**	**225**	**400**	**1 250**	**750**	**465**	**1 550**
b - burelage renv		2 000																	4 500	
d - réimpression	35	25			50	38			65	50			85	65			75	60		
✚5 **10c**	**450**	**350**	**20**		**675**	**525**	**50**	**110**	**900**	**700**	**100**	**200**	**1 125**	**875**	**175**	**300**	**1 100**	**875**	**175**	**300**
b - burelage renv	750	450	60	65	1 125	675	115	225	1 500	900	200	375	1 900	1 125	325	500	2 000	1 250	600	1 000
d - bur citron renv	900	650	150	150	1 350	975	300	550	1 800	1 300	550	1 000	2 250	1 250	900	1 650	2 400	1 450	750	1 250
g - réimpression	35	25	325		50	38			65	50			85	65			75	60		
✚6 **20c**	**500**	**350**	**45**	**175**	**750**	**525**	**90**	**275**	**1 000**	**700**	**200**	**550**	**1 250**	**875**	**400**	**800**	**1 200**	**700**	**650**	**1 350**
c - burelage renv	900	650	300	450	1 350	975	450	700	1 800	1 300	700	1 100	2 250	1 625	1 000	1 500	2 400	1 450	1 650	2 750
e - réimpression	35	25			50	38			65	50			85	65			75	60		
✚7 **25c**	**600**	**450**	**285**	**750**	**900**	**675**	**450**	**1 000**	**1 200**	**900**	**600**	**1 350**	**1 500**	**1 125**	**800**	**1 600**	**1 450**	**850**	**750**	**1 450**
b - burelage renv	2 000	1 300	850	1 500	3 000	1 950	1 300	2 000	4 000	2 600	1 750	2 750	5 000	3 250	2 250	3 500	4 000	2 750	2 400	4 000
d - réimpression	35	25			50	38			65	50			85	65			75	60		

TIMBRES POUR JOURNAUX

1868 *- Non dentelés (feuilles de 101). Dessin: Oudiné. Les n° 1 à 3 existent avec burelage de sécurité.*

		☆	(☆)	⊙ s ☞ <5-9-70	s ☞ >5-9-70
1	**2c lilas, non dentelé**	**400**	**200**	**80**	**250**
	a - impression sur la gomme	900			
	b - réimpression PEXIP	225	110		
1A	**2c essai en noir nd, sch "Epreuve" en rge**	**2 250**	**950**	**950**	**2 250** (sur ➤)
	a - essai en noir sans la surcharge "Epreuve"	2 250	950	950	3 500 (sur ➤)
2	**2c bleu, non dentelé**	**750**	**350**	**350**	**950**	**3 400**
	a - réimpression PEXIP	225	110		
3	**2c rouge, non dentelé**		**1 800**		
	a - réimpression PEXIP	225	110		

1869 *- Non dentelés (feuilles de 101). Dessin: Oudiné.*

4	**5c lilas, non dentelé**		**22 000**
	épreuve du cadre (existe en différentes couleurs)		500
	a - réimpression de Gand, lilas ou violet-noir	450	225
	b - réimpression de Gand, surchargé "épreuve"	1 700	850
	c - réimpression PEXIP	450	225
5	**5c bleu, non dentelé**		**11 000**
	a - réimpression de Gand	450	225
	b - réimpression de Gand, surchargé "épreuve"	1 700	850
	c - réimpression PEXIP	450	225

6 5c rouge, non dentelé   **11 000**

a - réimpression de Gand   450   225
b - réimpression de Gand, surchargé "épreuve"   1 700   850
c - réimpression PEXIP   450   225

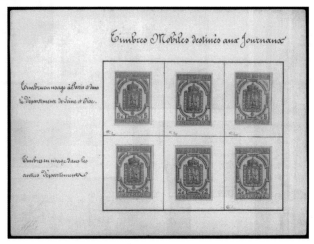

Les timbres non dentelé ont fait l'objet d'un feuillet officiel de présentation (2 feuillets connus).   **50 000**

7 2c lilas, dentelé   **55**   **17**   **22**   **65**   **1 000**

a - 101ème timbre tenant à timbre blanc   1 500
b - essai en noir surchargé "Epreuve" en rouge   2 250   950

8 2c bleu, dentelé   **85**   **30**   **38**   **105**   **950**

a - 101ème timbre tenant à timbre blanc   1 500

9 2c rouge, dentelé   **285**   **80**   **120**   **400**   **2 500**

a - 101ème timbre tenant à timbre blanc   2 500

10 5c lilas, dentelé	1 600	500	675	2 850
a - réimpression de Gand, lilas ou violet-noir	450	225		
b - réimpression de Gand, surchargé "épreuve"	1 700	850		
11 5c bleu, dentelé	2 500	750		
a - réimpression de Gand	450	225		
b - réimpression de Gand, surchargé "épreuve"	1 700	850		
12 5c rouge, dentelé	2 500	750		
a - réimpression de Gand	450	225		
b - réimpression de Gand, surchargé "épreuve"	1 700	850		

PAIRES, BANDES ET BLOCS DE 4

	☆	◉	☞	☆	◉	☞	☆	◉	☞	☆	◉	☞	☆	◉	☞
1 2c lil nd	900			1 350			1 800			2 225			1 800		
2 2c bl nd	1 600			2 400			3 200			4 000			3 400		
3 2c rge nd sg	4 000			6 000			8 000			10 000			9 000		
7 2c lil dt	130			200			270			340			260		
a - 101ème timbre	1 500			1 700			1 900			2 150			2 000		
8 2c bl dt	185			275			365			450			415		
a - 101ème timbre	1 500			1 700			1 900			2 150			2 000		
9 2c rge dt	600			900			1 200			1 500			1 400		
a - 101ème timbre	2 500			2 900			3 300			3 750			3 000		
10 5c lil dt	3 300			5 000			6 650			8 300			7 000		
11 5c bl dt	5 500			8 250			11 000			14 000			11 500		
12 5c rge dt	5 500			8 250			11 000			14 000			11 500		

TIMBRES-TÉLÉGRAPHE

Au début de 1868, des timbres ont été créés pour matérialiser les taxes sur les dépêches télégraphiques (déposées dans les bureaux de poste). Après leur suppression en 1871, les télégrammes ont pu être payés en numéraire.

Plus tard, la possibilité d'affranchir ses dépêches télégraphiques avec des timbres fut rétablie mais utilisée de manière relativement exceptionnelle.

Le tarif se compose d'une taxe simple (jusqu'à 20 mots), puis pour chaque 10 mots supplémentaires, on rajoute la moitié de la taxe simple.

1868 *- Aigle d'Oudiné. Émis le 1ᵉʳ janvier 1868. Dessin & gravure: Oudiné.*

	☆	(☆)	☉	▣
1 25c carmin non dentelé	**750**	**375**	**170**	
a - rose	750	375	160	
b - essai en marron		400		
c - réimpression PEXIP	350	175		
d - réimpression PEXIP surchargé "Epreuve"	350	175		
2 50c vert non dentelé	**675**	**340**	**160**	
a - vert pâle	725	360	260	
b - réimpression PEXIP	350	175		
c - réimpression PEXIP surchargé "Epreuve"	350	175		
3 1f orange non dentelé	**1 300**	**650**	**280**	**2 100**
a - orange foncé	1 400	700	300	2 250
b - réimpression PEXIP	380	190		
c - réimpression PEXIP surchargé "Epreuve"	380	190		
4 2f violet non dentelé	**1 300**	**650**	**240**	
a - violet foncé	1 400	700	250	
b - réimpression PEXIP	400	200		
épreuve double gommée	3 250			
c - réimpression PEXIP surchargé "Epreuve"	400	200		

1868 *- Aigle d'Oudiné. Émis le 14 janvier 1868. Dentelés. Dessin & gravure: Oudiné.*

5 25c carmin dentelé	**1 100**	**550**	**120**	
a - rose pâle	1 100	550	120	
b - rose vif	1 200	600	130	
c - réimpression de Gand	300	140		
d - réimpression PEXIP	275	130		
e - réimpression PEXIP surchargé "Epreuve"	275	130		
6 50c vert dentelé	**300**	**150**	**17**	**675**
a - vert pâle	300	150	17	675
b - vert foncé	375	185	22	725
c - vert-bleu	425	210	28	775
d - réimpression de Gand	175	85		
e - réimpression PEXIP	120	60		
f - réimpression PEXIP surchargé "Epreuve"	120	60		
7 1f orange dentelé	**350**	**175**	**16**	**675**
a - orange clair	350	175	20	675
b - jaune-orange	375	185	22	700
c - rouge-orange	425	210	25	775
d - réimpression de Gand	175	85		
e - réimpression PEXIP	180	90		
f - réimpression PEXIP surchargé "Epreuve"	180	90		
8 2f violet dentelé	**500**	**250**	**27**	**675**
a - violet pâle	500	250	27	675
b - violet vif	500	250	40	800
c - lilas	500	250	40	800
d - lilas-rose	600	300	45	1 050
e - réimpression de Gand	300	150		
f - réimpression PEXIP	200	100		
g - réimpression PEXIP surchargé "Epreuve"	200	100		

PAIRES, BANDES ET BLOCS DE 4

	☆	◉	☆	◉	☆	◉	☆	◉	☆	◉
1 25c nd	1 600	800	2 400	1 200	3 200	1 800	4 000	2 500	3 500	2 200
2 50c nd	1 400	800	2 100	1 250	2 800	1 700	3 500	2 250	3 300	2 100
3 1f nd	2 800	625	4 200	1 000	5 600	1 500	7 000	2 250	6 250	2 500
4 2f nd	2 800	800	4 200	1 350	5 600	2 000	7 000	2 850	6 250	2 000
5 25c dt	2 400	275	3 600	450	4 800	700	6 000	1 000	5 000	750
6 50c dt	650	45	975	75	1 300	125	1 625	200	1 400	500
7 1f dt	800	40	1 200	70	1 600	130	2 000	230	1 400	525
8 2f dt	1 100	70	1 650	115	2 200	175	2 750	275	2 200	525

TIMBRES-TÉLÉPHONE

Les timbres-téléphone sont les ancêtres des jetons de téléphone et de nos actuelles télécartes.

Le 1ᵉʳ réseau d'État fut installé à Reims où des tickets provisoires furent émis et utilisés pendant deux mois (juin-juillet 1883). L'usager remettait alors le ticket au préposé de la cabine, et une fois la communication établie, celui-ci oblitérait le ticket, conservait le talon de droite et remettait le talon de gauche à l'usager. Ces timbres, peu utilisés pendant cette période expérimentale, sont plus rares oblitérés que neufs. Le temps de communication était fixé à 5mn pour un ticket, celui-ci n'étant oblitéré qu'une fois la communication établie (pas de complaisance possible). Les réseaux se sont ensuite développés, d'où l'apparition de tarifs spéciaux pour les communications longues distances (à partir de 1885) et à l'étranger (service téléphonique international à partir de 1888: liaison Paris-Bruxelles). Le 16 juillet 1889, le service du téléphone, jusque là assuré par des concessions laissées aux compagnies privées, est nationalisé et les tarifs sont simplifiés. Un tarif de nuit à 30c est également créé. A noter que les timbres-téléphone ont aussi été utilisés en Algérie et en Tunisie. Le 1ᵉʳ janvier 1911, les timbres-téléphone sont supprimés et remplacés par des timbres-poste courants ou plus simplement de la monnaie.

Note: les timbres-téléphone ont toujours été émis sans gomme.

1883 - *(juin-juillet). Provisoires de Reims.*

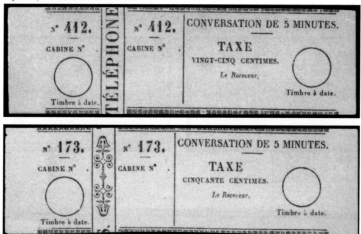

Le tarif à 50c, plus tardif que celui de 25c, a fait que le 50c noir n'est connu qu'oblitéré de 1884. Cependant, il a été recensé 3 exemplaires de ce timbre oblitéré de 1883 et portant une surcharge manuscrite à 25 centimes. Cette surcharge, vraisemblablement due à une initiative privée du receveur, a sans doute été réalisée afin de palier un manque de timbres à 25c, à l'exemple de la surcharge manuscrite portée sur le timbre-taxe carré à 15c. Une expertise et un certificat sont bien évidemment indispensables.

	(✷)	⊙
1 Vingt-cinq centimes noir	2 150	10 000
2 Cinquante centimes noir	2 150	4 500
a - oblitéré de 1883, surch manuscrite: 25c		15 000
b - papier filigrané		

1885-87 - *Légende "Ministère des Postes et des Télégraphes - Téléphones". Dessin: J.-C. Chaplain, d'après la maquette présentée au concours de 1875 destiné à remplacer les Cérès (la maquette de Jules-Auguste Sage avait été retenue, celle de Chaplain ayant été conservée pour les timbres-téléphone et les pneumatiques). Ces timbres comprennent un fond de sûreté formé des mêmes mots que la légende. Typographie (feuilles de 36).*

3	25c bleu sur chamois	250	14
	a - surchargé "Spécimen"	1 000	
4	50c rouge sur rose	325	32

5	1f rouge sur azuré (longue distance)	860	37
6	3f noir sur vert (international)	740	85

1888-96 - *Légende "Postes et Télégraphes-Téléphones". Dessin: J.-C. Chaplain. Avec fond de sûreté. Typographie (feuilles de 36).*

7	25c bleu sur chamois	300	25
8	30c noir sur lilas (service de nuit)	175	20
	a - noir sur violet pâle	190	25
8A	30c vert sur gris (service de nuit)	240	105

9 50c rouge sur rose   185   20

   non dentelé   300

   a - couleur noire au lieu de rouge (non dentelé)   325

   b - fond absent   235

   c - impression double (non dentelé)   800

10 1f rouge s azuré (longue distance)   175   21

   a - surcharge "SPECIMEN"   475

11 3f noir sur vert (international)   510   30

1896 - *Timbres surchargé: "5 Minutes dans le service local - 3 Minutes dans le service interurbain". Dessin: J.-C. Chaplain. Avec fond de sûreté. Typographie (feuilles de 36).*

    "Ministère des Postes et des Télégraphes - Téléphones"   *"Postes et Télégraphes - Téléphones"*

12 25c bleu sur chamois   2 850   1 100

13 25c bleu sur chamois   560   200

Surcharge au tampon "Téléphone-Poste central - Service interurbain"

14 25 sur 50c rouge sur rose   390   210

15 25c bleu s chamois (5 minutes-3 minutes)   210   85
a - surcharge Poste central au tampon   275

189 7 - Légende "Postes et Télégraphes". Dessin: J.-C. Chaplain. Avec fond de sûreté. Typographie (feuilles de 36).

16 25c bleu sur chamois   100   11
a - surchargé "Télép."   200

17 30c sépia sur lilas   150   55
a - brun-violet sur mauve   160   60
b - piquage à cheval   165

17A 30c vert sur gris   285   95

℘18 50c rouge sur rose   135   12

℘19 1f rouge sur azuré   160   35
a - fond gris au lieu d'azuré   180   60

20 3f noir sur vert   **900**   **185**

    non dentelé   1 050   285

---

189 7 *- Timbre surchargé "Taxe réduite à 0,15 centimes".*

21 25c bleu sur chamois   **110**   **20**

    a - surcharge couleur noire au lieu de rouge   250

    b - surcharge doublée   325

    c - surcharge doublée dont une renversée   425

1900-06 *- Légende "Postes et Télégraphes". Dessin: J.-C. Chaplain. Sans fond de sûreté. Typographie (feuilles de 36 sauf 40c: carnets de 10).*

22 10c violet   **90**   **8**

    non dentelé   190

23 15c noir   **120**   **13**

    non dentelé   300

    a - impression doublée   575

24 25c bleu	55	7
non dentelé	190	
25 30c brun-gris	120	15
non dentelé	300	175

26 40c brun-rouge	90	8
non dentelé	240	165
a - impression doublée	525	
27 50c orange	75	8
non dentelé	475	335

28 75c rose	185	30
29 1f rouge	155	30

30 3f vert	8 500	925

TIMBRES-TAXE

1859-78 - *Timbres-taxe carrés, dessinés et gravés par un artiste dont le nom n'est pas parvenu jusqu'à nous.*

Type I (lithographié) (inscriptions fines)	*Type II (typographié)* (inscriptions épaisses)	*Type I*	*Type IIA* (extrémités du "1" droite)	*Type IIB* (extrémités du "1" arrondie)

	☆	(☆)	⊙	✉
1 10c noir, type I	38 500	9 000	320	900
2 IIA 10c noir, type IIA	750	220	50	100
2 IIB 10c noir, type IIB	40	10	20	40

Type I (typographié) (accent sur le "à" presque vertical, "p" de "percevoir" net)	*Type II (lithographié)* (accent sur le "à" presque horizontal, "p" fin)	*Type IA ("à" avec défaut en haut)*	*Type IB ("à" net et sans défaut)*	*Type II ("à" modifié)*

	☆	(☆)	⊙	✉
3 IA 15c noir, type IA	200	55	25	55
3 IB 15c noir, type IB	45	12	17	32
a - surcharge manuscrite: 25c sur ✉ (1ᵉʳ septembre 1871)				4 000 5 500
b - surcharge au tampon: 25c				35 000
4 15c noir, type II	170	50	300	1 500
a - pli accordéon	550	200	750	
b - surcharge manuscrite: 25c sur ✉ (1ᵉʳ septembre 1871)			350	5 250 8 000
c - surcharge tampon			1 000	10 000

Type I (volute intact)

Type II (volute brisé)

	☆	(☆)	⊙	✉
5 I 25c noir, type I	320	100	85	180
5 II 25c noir, type II	175	60	70	130
6 30c noir	300	90	150	320

7 40c bleu	**450**	**130**	**550**	**2 750**
a - bleu de Prusse	3 300	1 600		
b - bleu outremer	8 750	4 000	8 000	30 000
c - bleu foncé	650	300	750	3 300
8 60c jaune-bistre	**600**	**275**	**1 450**	**12 000**
a - bistre foncé	800	330	1 500	13 000
9 60c bleu	**80**	**24**	**165**	**1 700**
oblitéré > 1er octobre 1882			100	1 000
a - bleu foncé	725	275	900	2 500

PAIRES, BANDES ET BLOCS DE 4

	☆	⊙	☆	⊙	☆	⊙	☆	⊙	☆	⊙
2 IIA 10c IIA	1 600	115	2 400	200	3 200	325	4 000	500	3 800	700
2 IIB 10c IIB	90	50	140	85	200	135	300	200	180	450
3 IA 15c IA	450	65	675	115	900	185	1 150	275	900	550
3 IB 15c IB	100	45	150	80	200	150	250	235	210	300
4 15c II	375	750	550	1 750	750	3 000	1 000	5 500	800	9 250
5 I 25c I	700	225	1 050	350	1 400	550	1 750		1 600	
5 II 25c II	400	150	600	375	800	650	1 000	1 000	900	2 500
6 30c	650	375	1 000	625	1 350	950	1 700	1 650	1 500	3 500
7 40c	1 000	1 250	1 500	2 000	2 000		2 500		2 250	
a - bleu de Prusse	7 000									
b - bleu outremer	19 000									
c - bleu foncé	1 400	1 500	2 100	2 500	2 800		3 500		3 250	
8 60c jaune	1 400	3 500	2 100		2 800		3 500		3 000	
a - bistre foncé	1 600	3 750	2 700		3 600		4 500		4 000	
9 60c bleu	175	375	265	600	350	850	450	1 200	400	1 350
a - bleu foncé	1 600	2 000	375		375		375		3 750	

PIQUAGES

	Frag	✉		Frag	✉
2 IIB P1 - 10c percé	105	350			
2 IIB P10A - 10c Clamecy	1 000	6 600	5 II P1 - 25c percé	160	650
3 IB P1 - 15c percé	115	525	6 P1 - 30c percé	210	950
3 IB P10A - 15c Clamecy	800	6 250	7 P1 - 40c percé	850	5 250
3 IB P10B - 15c Chauny	800	6 000	8 P1 - 60c jaune percé	1 350	10 000
4 P1 - 15c percé	340	2 200	9 P1 - 60c bleu percé	1 200	6 500

NON-ÉMIS

Date d'émission: novembre 1876. Ce timbre, prévu dans l'espoir d'une baisse future des tarifs (proposée par le ministre des finances Léon Say), resta -bien qu'imprimé- non émis suite aux nouveaux tarifs du 1ᵉʳ juin 1878.

Timbre non émis, dont l'origine reste obscure. Il pourrait s'agir d'un essai.

	☆	(☆)
9A 20c noir	6 000	4 000
9B 60c noir	3 500	2 000

PAIRES, BANDES ET BLOCS DE 4

	⊡⊡	⊡⊡⊡	⊡⊡⊡⊡	⊡⊡⊡⊡⊡	⊞
	☆	☆	☆	☆	☆
9A 20c	13 000	20 000	27 000	34 000	26 000
9B 60c	8 000	12 000	16 000	20 000	18 000

__1881-92__ - Duval: timbres-taxe. Dessin: G. Duval. Le tirage sur bristol avec dentelure figurée a été réalisé pour l'exposition philatélique de 1900 à Paris (très rare). Typographie (feuilles de 150).

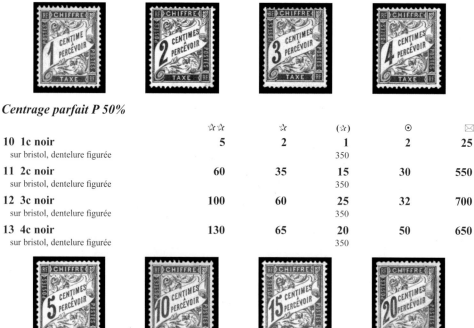

Centrage parfait P 50%

	☆☆	☆	(☆)	⊙	✉
10 1c noir	5	2	1	2	25
sur bristol, dentelure figurée			350		
11 2c noir	60	35	15	30	550
sur bristol, dentelure figurée			350		
12 3c noir	100	60	25	32	700
sur bristol, dentelure figurée			350		
13 4c noir	130	65	20	50	650
sur bristol, dentelure figurée			350		

	☆☆	☆	(☆)	⊙	✉
14 5c noir	250	135	40	35	75
a - impression recto-verso				225	
sur bristol, dentelure figurée			350		

	☆☆	☆	(☆)	⊙	✉
15 10c noir	225	120	35	2	25
sur bristol, dentelure figurée			350		
16 15c noir	175	90	30	14	30
sur bristol, dentelure figurée			350		
17 20c noir	750	400	150	165	500
sur bristol, dentelure figurée			350		

18 30c noir	450	225	90	2	30
obl <30 septembre 1882				30	275
sur bristol, dentelure figurée			350		
19 40c noir	275	150	55	75	180
sur bristol, dentelure figurée			350		
20 50c noir	1 250	700	230	215	475
non dentelé	1 750	1 250	400		
a - piquage à cheval	2 500	1 500	550	375	
sur bristol, dentelure figurée			500		

⚠ *Ne pas confondre le non dentelé avec le timbre des colonies générales.*

21 60c noir	1 250	700	230	65	325
sur bristol, dentelure figurée			350		

22 1f noir	1 400	850	400	450	3 500
sur bristol, dentelure figurée			350		
23 2f noir	2 350	1 500	600	1 000	8 500
sur bristol, dentelure figurée			500		
24 5f noir	4 750	3 250	1 300	2 000	
sur bristol, dentelure figurée			500		

	☆☆	☆	(☆)	⊙	✉
25 1f marron	800	500	200	110	1 800
sur bristol, dentelure figurée			600		
26 2f marron	350	200	100	165	8 000
sur bristol, dentelure figurée			600		
27 5f marron	850	525	200	425	
sur bristol, dentelure figurée			600		

PAIRES, BANDES ET BLOCS DE 4

	☐☐			☐☐☐			☐☐☐☐			☐☐☐☐☐			⊞		
	☆☆	☆	⊙	☆☆	☆	⊙	☆☆	☆	⊙	☆☆	☆	⊙	☆☆	☆	⊙
10 1c noir	10	4	4	15	6	7	20	8	10	27	12	15	25	12	14
11 2c noir	150	70	80	225	115	120	300	150	160	375	185	200	330	175	200
12 3c noir	230	130	80	365	200	120	500	270	160	625	340	200	500	285	350
13 4c noir	280	135	125	420	200	200	560	270	275	700	335	350	575	290	325
14 5c noir	550	280	90	825	420	140	1 100	560	190	1 400	700	250	1 250	600	400
15 10c noir	500	280	6	800	375	13	1 100	600	20	1 500	700	30	1 250	500	45
16 15c noir	380	200	30	575	300	50	775	400	80	1 000	500	125	850	425	100
17 20c noir	1 600	900	385	2 500	1 350	625	3 250	1 800	950	4 250	2 250	1 350	3 500	1 800	1 300
18 30c noir	1 000	550	6	1 500	825	13	2 000	1 100	22	2 600	1 450	40	2 200	1 250	60
19 40c noir	600	350	175	900	525	275	1 250	750	400	1 650	950	550	1 350	650	450
20 50c noir	3 000	1 500	450	4 500	2 250	700	6 000	3 000	1 000	7 500	4 000	1 450	6 500	3 500	1 750
non dentelé	4 000	3 500			5 500			7 500			9 500			8 000	
21 60c noir	3 000	1 500	165	4 500	2 250	285	6 000	3 000	475	7 500	4 000	800	6 500	3 000	1 350
22 1f noir	3 200	2 000	1 000	4 800	3 000	1 750	6 500	4 000	2 750	8 500	5 000	4 000	7 000	4 500	3 500
23 2f noir	5 000	3 200	2 500	7 500	4 800	3 750	10 000	6 500	5 000	12 500	8 000	6 500	11 000	7 000	5 750
24 5f noir	10 000	7 000	5 000	15 000	10 500	8 000	20 000	14 000	11 500	25 000	17 500	16 000	22 500	15 000	15 000
25 1f marron	1 750	1 100	250	2 650	1 750	400	3 500	2 300	700	4 500	2 850	1 000	3 750	2 350	1 300
26 2f marron	750	500	375	1 150	750	550	1 500	1 000	800	2 250	1 250	1 150	1 500	950	1 100
27 5f marron	1 800	1 100	900	2 700	1 750	1 500	3 600	2 300	2 150	4 500	2 850	3 000	3 800	2 100	2 350

GUERRE DE 1870-1871
SIEGE DE PARIS
BALLONS MONTES

Ces prix s'entendent pour des plis dont l'identification est certaine. Lorsque tel n'est pas le cas, les prix sont à diminuer de 30 % à 50 %. Un ballon est certain, si la date d'oblitération de départ est postérieure à celle du ballon précédent et si la date d'arrivée est antérieure à la date d'attérissage du ballon suivant. Si les dates chevauchent, seuls les plis confiés peuvent garantir qu'un ballon est certain.
La lettre **A** placée après le nom du ballon signifie que certains plis confiés aux aéronautes ont reçu au verso le cachet de la compagnie des Aérostiers.

Pour obtenir la cote d'un document transporté par Ballon monté, il faut tenir compte du nom du ballon, de la nature du pli expédié, des oblitérations et de la destination.
Les affranchissements spéciaux peuvent aussi donner lieu à une plus value.
Exemple : une gazette des absents n°7 transportée par le ballon « Général Uhrich » pour Amsterdam avec cachet d'arrivée, timbre oblitéré étoile n°33 cote donc : 60 + 250 + 375 + 650 = 1 335.

Nom des ballons	Cachets de départ Dates	Cachets d'arrivée ou transit Dates	Prix
Le Neptune A	19 au 22.9.70	23 au 25 septembre	**15 000**
		plis confiés : C. à d. Amb. Paris à Caen (23.9.70)	**39 000**
		C. à d. Amb. Bordeaux à Paris 1ᵉ(24.9.70)	**40 000**
		C. à d. Amb. Paris à Bordeaux PB 2ᵉ(24.9.70)	**40 000**
La Ville-de-Florence	23 au 25.9.70 (1ʳᵉ levée)	25 au 29 septembre	**1 000**
		plis confiés : Rosny-sur-Seine 25.9.70 ou 26.9.70	**4 500**
		Tours C. à d. 27.9 au 29.9.70 ou GC 3997	**3 900**
		Bayeux 27.9.70	**3 900**
		Caen 28.9.70	**3 900**
Les Etats-Unis	25 au 28.9.70	29.9 au 2.10.70	**775**
		plis confiés : Gare de Mantes PC ou GC 2190 (29.9)	**4 750**
		Amb. Paris-Caen (29.9)	**3 150**
		G.C. 691 de Caen	**3 150**
		Tours GC ou C. à d. (1ᵉʳoct.)	**3 000**
		C. à d. Amb. PB (2 oct.)	**3 000**
		Amb. Paris-Calais CP 2ᵉ(2 oct.)	**4 750**
Le Céleste	29.9.70	antérieures au 7.10.70	**625**
		plis confiés : Dreux PC du GC ou GC 1352 ou C. à d. (30.9)	**4 000**
		Tours c-à-d (2 oct.)	**2 850**
		Amb PH 2° C. à d. Paris au Havre (4.10)	**2 850**
Le non dénommé n°1	27 au 29.9.70	sans ou du 15 au 24.10.70	**450**
L'Armand-Barbès A	1 au 7.10.70	8 au 11.10.70	**375**
		plis confiés : Amiens 8 et 9.10	**4 250**
		Magny-en-Vexin GC 2161 (8.10)	**4 250**
		Tours GC 3997 ou C. à d. 9 et 10.10	**2 500**
		Amb. Calais à Paris CP 2ᵉ(8.10.70)	**3 000**
Le George-Sand	7.10.70	plis confiés : Cachet Lille à Paris 8.10.70	**4 000**
Le non dénommé n°2	28.9 au 7.10.70	19 au 22.10.70	**500**
		avec griffe : Trouvé à La Courneuve le 10.10.70	**4 500**
Le Washington	7 au 11.10.70	12 au 14.10.70	**400**
		plis confiés : Douai PC du GC 1334 (13.10.70)	**3 850**
		Douai C. à d. 13 au 15.10.70	**3 900**
		C. à d. Lille et GC 2048, 14.10.70	**3 850**
Le Louis-Blanc A	7 au 11.10.70	12 au 14.10.70	**400**
		plis confiés : Amb. LIL. P. ou P. LIL. 12.10	**2 650**
		Amb. Paris-Calais 13.14.10	**2 650**
		Tours C. à d. 15.10	**2 650**
Le Godefroy-Cavaignac	12 et 13.10.70	15 au 18.10.70	**450**
		plis confiés : Chaumont en B, GC 978 (15 au 18.10)	**3 600**
Le Jean-Bart n°1	11 au 14.10.70	15 au 17.10.70	**625**
		plis confiés : royes GC 4034, 16 au 22.10	**3 750**
		Plancy 17.10	**4 500**
Le Jules-Favre N°1	14 et 15.10.70	17 au 23.10.70	**350**
		plis confiés : Chimay (Belgique) 16.10	**4 500**
Le Jean-Bart N°2	14 et 15.10.70	17 au 23.10.70 et 28.10	**350**
		plis confiés : Ambulant Ouest 19.10	**3 250**
		Tours GC 3997 (18-10)	**2 900**
		Cachets de passage : Crécy-sur-Serre 17 oct.	**1 750**
		Anizy-le-Château, 18 oct.	**3 750**
		Vic-sur-Aisne. 17-18 oct.	**3 900**
		Sains. 17 oct.	**6 750**
Le Victor-Hugo A	16 au 18 (1ʳᵉ levée) 10.70	19 au 22.10.70	**450**
		plis confiés : ours C. à d. ou GC 3997 (20-22 oct.)	**4 500**
Le Lafayette	18.10.70 (2ᵉet autres levées)	19 au 22.10.70	**500**
		plis confiés : F. Renwez GC et Rocroy GC (19-20 oct.)	**4 500**
		Tours GC et C. à d. 25-26 oct.	**2 900**
		Dijon GC 1307 (22 oct.)	**3 250**
		C. à d. Amb. Givet à Paris 22 oct.	**3 250**
Le Garibaldi A	19 au 22.10.70 (1ᵉ levée)	23.10 au 4.11.70	**450**
		plis confiés : Coulommiers 23 oct.	**4 500**
		Provins PC du GC 3031 C. à d. 25 au 30 oct.	**4 250**
		Sens GC, Tours GC 29-30 oct.	**3 600**
		Ambulant HP 2°	**4 500**

Le Montgolfier	22 au 24.10.70	sans arrivée	3 500
	plis confiés :	cachet convoyeur Pontarlier 30.10	29 000
		cachet Bur. Amb. Sud-Ouest (31 oct.)	16 500
Le Vauban	24 au 26.10.70	27.10 au 4.11	450
	plis confiés :	Arcis-sur-Aube GC 141 (27.10)	4 250
		Bar-le-Duc GC ou PC du GC 305 (28.10)	4 000
Le Normandie A	.... plis confiés :	Fresnes en W. 29 octobre	23 000
Le Colonel-Charras A	27 au 29.10.70 (1re levée)	30.10 au 2.11.70	450
	plis confiés :	Chaumont en B. GC 978 (30.10)	3 000
		Langres GC 1947 (30.10)	3 850
		Tours C. à d. 1er et 2.11	3 000
		Gare de Rouen GC 3219 (1.11)	4 250
Le Fulton	29.10 (2e levée) au 1.11.70	3 au 4.11.70	450
	plis confiés :	Gare d'Angers GC et C.à.d. 2.11	4 000
		Amb P. la R. 2.11	4 000
		Amb. Rennes-Paris (2 et 3-11)	3 750
		Amb. Paris-Bordeaux 2e(4-11)	3 750
		Tours 3.11	2 900
Le Ferdinand-Flocon A	2 et 3.11.70	5 au 8.11.70	400
	Cachet de passage :	Nantes (5-11)	950
	plis confiés :	Nantes GC 2602 (5.11)	3 250
		Tours GC 3997 (5 et 6.11)	2 750
Le Galilée	2 au 4.11 (1re levée)	sans arrivée	600
		5-6 novembre et 9 novembre	1 000
	plis confiés :	Amb. Paris-Cherbourg. 5 nov.	4 500
		Pont Audemer PC 2491 (6 nov.)	5 750
		Evreux GC 1454 (7 nov.)	4 500
La Ville-de-Châteaudun A	4 au 6.11 (1re levée)	7 au 10.11.70	400
	plis confiés :	Amb Paris-Cherbourg 8.11	2 850
		Amb. Ouest 9.11	2 650
		Tours GC 3997 7 au 9.11	3 000
		Amb. Paris - La Rochelle 10.11	2 850
Le Non dénommé N° 3	.... plis confiés :	Brie-Comte-Robert GC 627	15 000
La Gironde	6 au 8.11 (1re levée)	9 au 11.11	500
	plis confiés :	Evreux GC 1454 (8.11)	3 250
		Tours GC 3997 (10.11)	2 750
		Amb. Paris à Cherbourg 8-9.11	2 750
Le Daguerre	8, 2e levée au 11.11.70	sans arrivée	475
		20 au 29.11	550
	plis confiés :	Fontainebleau GC 1539	4 500
		Cachet de passage : Fontainebleau C. à d. (17.11)	2 000
Le Niepce	.... plis confiés :	Arcis-sur-Aube GC 141 (16.11)	8 000
		Auxerre (16.11)	13 500
		Tours GC 3997 (1er décembre)	16 500
Le Général-Uhrich A	12 au 18.11.70	20 au 28.11.70	400
	plis confiés :	Luzarche 20.11	2 500
		Cachet de passage : Luzarche 20.11	875
L'Archimède	19 et 20.11.70	21 au 30.11.70	450
	plis confiés :	Turnhout 21 au 22.11	10 000
		Tours GC 3997 (25.11)	2 900
		C. à d. T17 Poitiers (26.11)	5 000
La Ville-d'Orléans A	21 au 24.11.70	2.12.70 au 15.12.70	700
		Cachet de passage : Londres 2.12.70	1 750
	plis confiés :	Tours 8 au 10 décembre	2 750
L'Egalité	.... plis confiés :	Le Havre GC 1769 (25-26 novembre)	11 000
		Fresnes en Woevre GC 1589 (26.11)	11 000
		Fécamp PC du GC 1478	11 000
Le Jacquard	24 (6e levée) au 28.11.70	Décembre 70	3 250
	Cachet de passage :	Falmouth 2-3 décembre	10 000
		La Rochelle 21 décembre	8 500
		Londres 22 et 24 décembre	8 500
		C. à d. Angl. 1 Boulogne 1 25 décembre	9 000
Le Jules-Favre N° 2 A	28 au 30.11.70	2 au 7.12.70	425
	plis confiés :	Lorient GC 2084 (2 décembre)	2 650
		Rennes C. à d. et GC 3112 (3 décembre)	2 650
		Pau GC 2795 (3 décembre)	3 500
Volta	.... plis confiés :	C. à d. Bureau de Passe 3112 (2-12)	70 000
Le Franklin	1er au 4.12.70	5 au 7.12.70	500
	plis confiés :	Nantes GC 2602, C. à d. 5.12	2 650
La Bataille-de-Paris A	.... plis confiés :	Tours GC 3997 (3 décembre)	8 000
		Amb. Paris-Calais (4 décembre)	8 500
		Amb. PT (3.12)	8 000
Le Denis-Papin	5 et 6.12.70	7 ou 12.12.70	575
	plis confiés :	Amb. Paris-Brest (7 décembre)	6 000
		Amb. Nantes à Quimper (9 décembre)	5 250
		Amb. Paris à Bordeaux (9 décembre)	5 250
L'Armée-de-Bretagne A	1er au 4.12.70 .... plis confiés :	Saumur 6-12	3 500

Le Général-Renault A	7 au 10.12.70	11 au 21.12.70	500
		plis confiés : Foucarmont GC 1556 ou C. à d. (11-12 déc.)	4 750
		Amb. LIL. P (12.12)	3 500
		Abbeville PC 1. (12.12)	4 500
La Ville-de-Paris A	10 au 14.12.70	sans arrivée	650
		Paris 26.7.71	1 600
Le Parmentier	14 au 16.12.70	22 au 28 déc. et 1ᵉʳjanv. dans le Nord	475
		plis confiés : Bourges GC 574 (19.12)	4 500
		Bordeaux GC 532 (20-21 décembre)	3 000
Le Davy	16 et 17.12.70	18 au 22.12.70	700
		plis confiés : Beaune C. à d. (18.12)	4 000
		Bordeaux GC 532 (20.12)	3 000
Le Gutenberg		plis confiés : Amb. Auxerre-Paris (21 déc.) A.P.	5 500
		Nevers GC 2654 (22 déc.)	4 750
		GC 2565 (Moulins)	4 850
Le Général-Chanzy A	18 - 19 déc	sans arrivée	1 200
Le Lavoisier	18 au 21.12.70	22 et 26.12.70	450
		plis confiés : Amb. Nantes à Paris NP ou c. à d. (22 déc.)	3 250
La Délivrance A	22.12.70	23 au 26.12.70	500
		plis confiés : Bordeaux GC 532 (24-25 décembre)	4 000
Le Tourville	23 au 26.12.70	27 au 29 et 31 déc. (Nord et Bretagne)	450
		plis confiés : Eymoutiers GC 1462 (27.12)	4 500
		Limoges GC 2049 (28.12)	4 000
		Bordeaux GC 532 (28.12)	3 600
Le Rouget-de-l'Isle		plis confiés : La Ferté Macé GC 1494 (24.12)	8 000
Le Bayard	27-28.12.70	30.12 au 3.1	500
		plis confiés : Nantes GC 2602, (30.12 et 1.1)	3 500
		Bordeaux GC 532 (1.1)	3 500
L'Armée-de-la-Loire A	29 au 30.12.70	1 au 5 janvier	500
		plis confiés : Bordeaux GC 532 (2.1.71)	3 000
		Amb. Granv/Paris (1.1.71)	3 150
		Le Mans GC 2188	3 000
		GC 2084 Lorient (3.1.71)	3 000
		GC 2602 Nantes (3.1.71)	3 250
Le Merlin-de-Douai A	Griffe ballon Merlin de Douai CAP. Grizeaut, Lieut, Tarbe		55 000
Le Newton	31.12.70 au 3.1.71	5 au 9.1.71	475
		plis confiés : Amb. Caen-Paris 6.1	3 500
		Alençon (5.1) et Mortagne-sur-Huisne (5.1)	5 000
		Bordeaux GC 532 (5.1.71)	4 250
Le Duquesne...........................	4 au 8.1.71	11 au 18.1.71	450
		plis confiés : Bordeaux 532 (14.1)..................................	3 000
		Valenciennes (12.1)	4 000
Le Gambetta A	9.1.71	11 au 20.71	500
		plis confiés : Amb. Auxerre-Paris	4 850
Le Kepler	10.1.71	11 au 14.1.71	500
		plis confiés : Laval GC 1987 (12.1)	4 000
		Bordeaux GC 532 (13.1)	4 500
Le Général-Faidherbe A	11-12.1.71	14 et 15.1.71	500
		Cachet de passage : Ste-Foy-la-Grande (14-1)	1 350
		plis confiés : Ste-Foy-la-Grande C.a.d. 14.1..................................	3 500
		GC 532 Bordeaux (14.1.71)	3 000
Le Vaucanson	13-14.1.71	15 au 25.1.71	450
		plis confiés : Lille c à d (15.1)	8 000
		Calais GC 698 (16.1)..................................	13 500
		Bordeaux GC 532 (17.1)	16 500
La Poste-de-Paris A	5 au 17.1.71	21 au 30.1.71	550
		plis confiés : Thuin (Belgique) 21.1	5 000
		Amb Lille-Calais LC 1° et LC 2° (21.1)	3 750
		Lille GC 2046 (21-22.1)..................................	3 500
		Amb. Paris-Arras P.A.R. (20.1.71) ...'.......................	3 750
Le Général-Bourbaki A	18-19.1	23 au 29.1	500
		plis confiés : C.a.d. Amb Paris-Givet 23.1	3 500
		Bordeaux GC 532 (23.1)	4 500
Le Général-Daumesnil	20-21.1	22-23.1	475
		plis confiés : Lille GC 2046 (23 au 26.1)	3 500
		Amb Erquelines Paris 23.1	4 000
Le Torricelli	22-23.1	25 au 31.1	600
		plis confiés : Lille GC 2046 (26.1)	3 000
		Abbeville PC 1, 25-26.1	3 850
		Amb Lille à Calais 27.1	3 000
		Bordeaux GC 532 (27.1)	4 250
Le Richard-Wallace A	24 au 26.1	à partir du 12.2	3 750
		cachet de passage : La Rochelle 12-14-15-20.2 et 8.4................	6 750
		La Tremblade 12-13.2	6 750
		Ars-en-Ré (20.2)	6 750
Le Général-Cambronne	27.1	28.1 au 4.2	1 600
		plis confiés : Villaines-la-Juhel GC 4212 (1.2)	4 250
		Amb Rennes à Paris 29.1	3 750
		Amb Brest à Paris 30.1	3 750
		Bordeaux GC 532 (30.1)	4 250

II. NATURE DU PLI TRANSPORTÉ (PLUS VALUE donnée à la cote du ballon sauf indication contraire)

A) CARTES POSTALES

– Sans mention imprimée (27 au 29 septembre 1870)	150
– Sans mention imprimée (1ᵉʳau 8 octobre 1870).................................	100
– Sans mention imprimée (17 au 29 novembre)	100
– Avec mention imprimée : « PAR BALLON NON MONTE », emplacement du timbre à gauche avec 4 lignes pointillées pour l'adresse 1ʳᵉligne : M... ; 2ᵉligne : à... ; 3ᵉligne : par... ; 4ᵉligne : dépt.... Aucune impression au verso................	675
– Avec mention manuscrite : « Par ballon monté »	40
– Avec mention manuscrite : « Par ballon libre »	190
– Avec mention imprimée en italique sur 2 lignes : « Par ballon libre », emplacement du timbre à droite avec 5 lignes pointillées pour l'adresse. « Imp. Bouquillard » en bas à gauche. Le verso est quadrillé et porte dans un coin : Paris le ... octobre 1870	175
– Sans mention imprimée, avec emplacement du timbre à gauche et 5 lignes pointillées pour l'adresse	60

– Avec mention imprimée : « REPUBLIQUE FRANÇAISE » et 5 lignes pointillées pour l'adresse. Emplacement du timbre à droite.
« Lith ORLANDI et Cie R. St-Denis Paris » en bas à droite. Rien au verso **400**
– Avec mention imprimée « REPUBLIQUE FRANÇAISE » et 5 lignes pointillées pour l'adresse. Emplacement du timbre à droite.
« Lith ORLANDI et Cie R. St-Denis » en bas à gauche. Au verso « CORRESPONDANCE AERIENNE » **480**
– Avec mention imprimée « PAR BALLON NON MONTE », emplacement du timbre à droite.. **90**
– Avec mention imprimée « Par Ballon non monté », emplacement du timbre à droite **90**
– Avec mention imprimée « Par Ballon libre », emplacement du timbre à droite **135**

B) FORMULES DES LETTRES

– Lettre formule ordinaire avec mention imprimée « PAR BALLON MONTE » de 27 mm à 48 mm. Emplacement du timbre à droite.
Sans le nom de l'imprimeur **140**
– Lettre formule ordinaire avec mention imprimée « REPUBLIQUE FRANÇAISE » **370**
– Lettre formule ORLANDI, papier blanc ou gris. Emplacement du timbre à droite **175**
– Lettre formule Papeterie Maquet, avec instructions de pliage. Papier blanc. Timbre à droite **150**
– Lettre formule BOUQUILLARD, timbre à droite, papier blanc **275**
– Lettre formule BOUQUILLARD, timbre à droite, papier bleu **90**
– Lettre formule sur papier gris-vert quadrillé, timbre à droite **140**
– Lettre formule « Aux drapeaux », papier azuré **3 850**
– Enveloppe papier pelure avec formule imprimée en oblique « PAR BALON MONTE » (1 seul L à balon). Au verso : F. Vogel et Cie
Paris **425**

C) LES JOURNAUX LETTRES. Une partie est imprimée, l'autre réservée à la correspondance.

La Gazette des Absents : 32 numéros différents sauf 1-10-11-31-32 .... **70**

N° 1 transporté par Le Montgolfier **1 750**
N° 1 transporté par d'autres ballons **1 500**
N° 10 provenant du sac accidenté de la « Ville-d'Orléans » (cachet PP) **3 600**
N° 10 provenant des autres sacs de la « Ville-d'Orléans » **1 100**
N° 11 transporté par le « Jacquard » (25 au 28.11.70) **2 600**
N° 11 transporté par d'autres ballons **1 500**
N° 31 transporté par le « Général-Cambronne » (arrivée jusqu'au 4 février) **1 800**
N° 32 transporté par le « Richard-Wallace » (avec ou sans cachet d'arrivée) **3 000**
N° 32 transporté par le « Général-Cambronne » (arrivée jusqu'au 4 février... **1 850**
Lorsque les numéros 4, 7, 13, 14, 15, 20 contiennent un supplément imprimé **650**

Chaque numéro à l'état neuf **60**

	neuf	*ayant volé*
Il existe divers suppléments à La Gazette des Absents :		
Gravures en noir (quatre différentes)	**425**	**20 000**

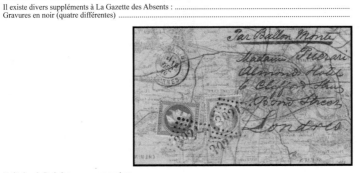

Petit plan de Paris intra-muros en couleur	**525**	**50 000**
Grand plan de Paris intra-muros en couleur	**575**	**50 000**
Plan de Paris en noir	**575**	**» »**

La Dépêche ballon : 27 numéros différents .... à partir de **450**

sauf : N° 1 .... **2 250**
N° 2 .... **925**
N° 8 provenant du sac accidenté de « La Ville-d'Orléans » (cachet PP) **2 450**
N° 8 provenant des autres sacs de « La Ville-d'Orléans » **1 500**
N° 9 transporté par le « Jacquard » **3 250**
N° 26 transporté par le « Richard-Wallace » **3 250**
N° 27 transporté par le « Général-Cambronne » **2 250**
Chaque numéro à l'état neuf .... à partir de **65**

D) JOURNAUX-LETTRES divers :.................................... *neuf* *ayant volé*

		neuf	*ayant volé*
Le Ballon Poste, sur papier rose (21 numéros)	chacun	**25**	**800**
sauf N° 1 à 4	chacun	**25**	**1 850**
N° 8 transporté par le « Jacquard » (sans cachet de passage)			**4 000**
Le Ballon-Poste, sur papier saumon (1 numéro 31 octobre)		**45**	**5 350**
La Cloche (2 numéros, 26 et 30 novembre)	chacun	**45**	**5 500**
L'Echo des Etrangers (5 numéros)	chacun	**55**	**6 250**
L'Electeur libre (1 numéro, 29 novembre)		**55**	**6 500**
L'Enveloppe-Gazette (13 numéros, 7 au 19 décembre)	chacun	**50**	**5 750**
Le Journal-Ballon (4 numéros)	chacun	**50**	**2 850**
Le Journal-Poste (17 numéros)	chacun	**45**	**1 150**
N° 3 et 7 avec supplément		**55**	**2 500**
N° 12, 13, 14, 16 sous enveloppe avec griffe du journal ou de la mention Télégramme Privé			**4 000**
Le Moniteur Aérien (2 numéros)		**70**	**9 500**
Le Montgolfier (1 numéro)		**85**	**11 000**
Le Soir (17 numéros)	chacun	**45**	**3 550**

E) LES JOURNAUX : aucune place n'y est réservée à la correspondance.

La Chronique illustrée (1 numéro) sous enveloppe	150	6 500
La Chronique illustrée sans enveloppe	150	8 000
Les Dernières Nouvelles (3 numéros) sous enveloppe ...chacun	–	5 000
Le Gaulois, grand format (8 numéros)	150	7 000
Le Gaulois, petit format (2 numéros) sous enveloppe, 2 et 5 oct. ...chacun	150	7 500
Le Gaulois, petit format sans enveloppe, 31 octobre	150	8 500
La liberté, 2 novembre, sous enveloppe	150	6 750
Le Journal des Débats (5 numéros) sous enveloppe ...chacun	150	7 500
Journal Le Français (3 numéros connus) sous enveloppe ...chacun	150	8 000
Le Journal Officiel de la République Française (7 numéros) sous bande ...chacun	125	8 500
Le National (1 numéro) sous enveloppe	200	4 250
Les Nouvelles du Matin (1 numéro)	200	9 500
Les Nouvelles du Soir (1 numéro)	200	8 500
L'Opinion Nationale	250	" "
Paris-Journal	200	10 000
Le Petit-Journal (7 numéros) sous enveloppe ...chacun	–	4 500
Le Petit-Journal ayant circulé sans enveloppe	250	7 000
Le Petit-Journal, réduction photo (7 numéros) sous enveloppe ...chacun	–	5 500
La Revue des Deux Mondes, sous enveloppe	250	6 000
Le Siècle (2 numéros) sous enveloppe ...chacun	250	6 500

F) CORRESPONDANCES DE PRESSE

Agence Fournier, sous enveloppe	5 000
Agence Havas, édition française	1 000
Agence Havas, édition allemande sans cachet d'arrivée	1 600
Agence Havas, édition allemande avec cachet d'arrivée	4 000
Gazette de Francfort (sans cachet d'arrivée)	4 500
Nouvelle Presse libre de Vienne	6 000
Les Dernières Nouvelles sous enveloppe 20-23-26 septembre ...chacun	4 250

G) LES CIRCULAIRES

a) Circulaires officielles :

Chemins de fer P.L.M.	6 500
Administration Générale des Hospices du Département de la Seine	7 500
Ministère des Finances aux Directeurs des Manufactures	5 750
Directeur Général des Manufactures de l'Etat	5 500
Assistance Publique	6 000
Directeur Général des Domaines	5 000

b) Circulaires privées :

Assurance « La Nationale »	6 250
Circulaire du Directeur de l'Ecole Albert-le-Grand	8 000
Société Générale	6 500
La Providence	7 000
L'Union	8 000
Banque Vernes, sur papier libre	7 500
Banque Vernes, sur Gazette n° 7	8 000
Maison Paul Dupont	10 000
Maison Decugis	7 500
Compagnie des Courriers	7 500
Alliance Républicaine	7 500
Société des Enfants de la Drôme	10 000
Le Breton au siège de Paris	7 000
Une nuit sous le Fort du Mont-Valérien	11 000
Convoyeurs de Paris	7 500
L'Illustration	11 500
Le Crédit Viager	7 000
Lettre aux Electeurs	9 500
Les Républicains Périgourdins de Paris	10 000
Les Artésiens habitant Paris aux Républicains du Dpt du Pas-de-Calais	8 000
Lettre aux Electeurs de Corrèze	10 000
Lettre aux Electeurs de l'Aisne	9 000
Lettre aux Electeurs de Dordogne	9 000
Manifeste des Loges	20 000
Les Tambours de la compagnie	25 000
The Ambulance Anglaise at Paris	11 500
Liste de souscription de la Société Ph. Van der Haegen et Cie	9 500

III. LES CACHETS OBLITERANTS ils donnent une plus-value au document :

BUREAU DE PARIS Etoile 19, bd Richard-Lenoir, Et. 36, bd Voltaire, Et. 38, rue des Feuillantines	175
Et. 23, rue d'Aligre, Et. 33, bd de l'Hôpital, Et. 39, rue des Ecluses-St-Martin	265
Et. 28, rue du Cardinal-Lemoine, Et. 29, rue Pascal	425
Etoile évidée	1 100
Etoile muette rouge (Paris RC)	13 000
Etoile muette bleue ou cachet à date Paris Etranger	11 000
Cachet à date Paris SC en rouge ...à partir de	1 100
Losange 24, rue de Cléry	12 000
Cachet à date Paris (60) Rayon 1	11 000
Cachet à date Paris (sauf Cardinal Lemoine) ...à partir de	325

BUREAU DE BANLIEUE intra-muros

GC 347 Les Batignolles, GC 2488 Montmartre, GC 2523 Montrouge Paris	135
GC 2793 Passy les Paris, GC 4116 Vaugirard	135
GC 432 Belleville, GC 1715 Grenelle, GC 3921 Les Ternes	175
GC 241 Auteuil, GC 4277 La Villette	175
GC 445 Bercy, GC 892 La Chapelle-Saint-Denis	225
GC 904 Charonne, GC 2170 La Maison-Blanche, GC 3739 St-Mandé Paris	350
GC 1625 La gare d'Ivry	570

Les plis oblitérés cad valent 4 fois celui du GC correspondant

PC du GC 432 Belleville, 2170 La Maison-Blanche, 2523 Montrouge, 3739 St-Mandé Paris	3 750

BUREAUX DE BANLIEUE extra-muros

GC 2516 Montreuil-sous-Bois, à côté cachet T.17.	575	GC 3568 St-Denis-sous-Seine, à côté cachet T.17.	375
2635 Neuilly-sur-Seine, à côté cachet T.17	325	4097 Vanves, à côté cachet T.17	2 350
3189 Les lilas, à côté cachet T.17	525	4290 Vincennes à côté cachet T. 16	475
3240 Rueil, à côté cachet T. 15	2 100	Id. timbre oblit. cachet type 16	750
		4290 à côté cachet T17	325

Cachet à date, avec mention de la **Taxe à Payer,** 15 c ou 30 c des bureaux de quartier ou intra-muros ou extra-muros

Lettres non affranchies	1 500	Lettres affranchies	750

CACHETS DE LA POSTE MILITAIRE

Armée du Rhin Bau AL. Timbre annulé de la griffe AR/13ᵉC.	2 850
Armée du Rhin. Quartier Général 13ᵉcorps. Timbre annulé de la griffe ARAL	2 750
Armée du Rhin Bureau (AL ou AM ou AN) Timbre annulé de la griffe ARAL, ARAM, ou ARAN	2 650
Cachet à date Armée Française. Quartier Général noir ou rouge sur le timbre	2 350
Cachet à date Armée Française, Griffe AFA à AFJ et AFM en noir sur le timbre	3 250
Idem en rouge	3 750
Cachets à date Armée Française, Bureau A, C, G, H sur le timbre	1 500
Cachet à date Armée Française 14ᵉCorps (A à D), en rouge ou noir sur le timbre	3 000

IV. CACHETS ANNEXES : ils donnent une plus-value au document lorsqu'ils oblitèrent le timbre

Petit cachet PD encadré	- en noir	4 750
Petit cachet PD encadré	- en rouge	5 250
Grand cachet PD encadré	- en noir	6 500
Cachet PP encadré	- en noir	4 750
Cachet PP encadré	- en rouge	5 750

V. LES AFFRANCHISSEMENTS ET DESTINATIONS EXCEPTIONNELS

à 20 c. pour la France occupée, sans cachet d'arrivée	325	à 50 c. pour la Réunion	35 000
à 20 c. pour la France occupée, avec cachet d'arrivée français	1 650	à 50 c. pour Valachie (Roumanie, Bulgarie)	25 000
à 20 c. pour la France occupée, avec cachet d'arrivée allemand	4 750	à 50 c. pour le Sénégal	30 000
à 20 c. pour la Corse	2 500	à 60 c. pour l'Empire Autrichien	3 500
à 20 c. pour l'Algérie	1 850	à 60 c. pour la Grèce (voie de mer)	40 000
à 20 c. pour Monaco	8 000	à 60 c. Liechtenstein, Monténégro	30 000
à 25 c. pour le Luxembourg	12 000	à 60 c. Suède (voie danoise)	15 000
à 30 c. pour la Grande-Bretagne	200	à 70 c. au Danemark (voie Tour et Taxis)	15 000
à 30 c. pour l'île de Jersey	1 250	à 70 c. Etats-Unis (voie Angleterre et E.U.)	7 500
à 30 c. pour l'île de Wight	2 500	à 70 c. Antilles (voie anglaise)	25 000
à 30 c. pour l'Ecosse	3 600	à 70 c. Norvège, Suède (voie Tour et Taxis)	20 000
à 30 c. pour l'Irlande	3 500	à 80 c. Australie	60 000
à 30 c. pour la Belgique	250	à 80 c. Brésil - Argentine	20 000
à 30 c. pour la Suisse	175	à 80 c. Canada	60 000
à 30 c. pour le Grand Duché de Bade	4 000	à 80 c. Canaries (voie anglaise)	15 000
à 40 c. pour l'Allemagne du Nord	4 500	à 80 c. Cap de Bonne-Espérance	50 000
à 40 c. pour la Bavière	3 500	à 80 c. Cuba, Amérique Centrale et Haïti	25 000
à 40 c. pour les Canaries (voie franç.)	20 000	à 80 c. Chili, Paraguay, Venezuela, Uruguay	25 000
à 40 c. pour Constantinople (voie de mer)	8 000	à 80 c. Chine (voie anglaise)	85 000
à 40 c. pour l'Egypte	7 000	à 80 c. Ceylan - Les Indes	40 000
à 40 c. pour l'Espagne	5 000	à 80 c. Constantinople (voie de terre)	7 500
à 40 c. pour Gibraltar	25 000	à 80 c. Gabon	50 000
à 40 c. pour l'Italie	1 750	à 80 c. Jamaïque, Philippine, Porto-Rico	30 000
à 40 c. pour Malte, Chypre	22 500	à 80 c. Japon	60 000
à 40 c. pour les Pays-Bas	850	à 80 c. Malaisie, Maurice	35 000
à 40 c. pour le Portugal	5 000	à 80 c. Madère	17 500
à 40 c. pour la Prusse (Rayon 1)	4 000	à 80 c. Mexique (voie anglaise)	22 500
à 40 c. pour Rhodes, Tanger	25 000	à 80 c. Pologne	25 000
à 40 c. pour la Roumanie (voie de mer)	25 000	à 80 c. Roumanie (voie de terre)	35 000
à 40 c. pour la Tunisie	22 500	à 80 c. Russie septent. (voie de Prusse)	2 500
à 50 c. pour Brème, Brunswick, Saxe	5 000	à 80 c. Syrie	45 000
à 50 c. pour le Danemark (voie danoise)	12 000	à 80 c. Terre-Neuve	32 500
à 50 c. pour les Etats Romains	4 000	à 80 c. Turquie (voie de terre)	8 000
à 50 c. pour Guadeloupe, Martinique	22 500	à 1 f. Bolivie, Pérou	35 000
		à 1 f. Etats-Unis du centre	10 000
		à 1 f. Mexique (voie de Panama)	25 000
		à 1 f. Norvège (voie danoise)	25 000
		à 1 f. Russie méridionale (voie d'Autriche)	4 000
			(30 000 avec cachet d'arrivée)

Tous ces prix s'entendent avec cachet d'arrivée et donnent la plus-value par rapport au prix du ballon transporteur.

VI. COMPAGNIE DES AEROSTIERS

Certains de ces plis portent en outre, généralement au verso, le grand cachet de la Compagnie des Aérostiers dont il existe deux types :

Nadar, Dartois, Duruof, en rouge .... plus-value	**8 000**	
Dartois et Yon, en rouge (seulement avec ballon Général-Uhrich) .... plus-value	**27 500**	
Dartois et Yon, en bleu .... plus-value	**12 000**	

VII. TIMBRES UTILISES POUR L'AFFRANCHISSEMENT

Les timbres Laurès 10 c., 20 c., 30 c., 80 c. et siège 10 c., 20 c., 40 c. sont utilisés normalement pour l'affranchissement des plis à destination de la France et de l'étranger.

Les autres valeurs ainsi que les timbres Empire non dentelés et dentelés non lauré donnent une plus-value au document.

Empire non dentelé	20 c. (14)	**8 500**	Empire dentelé	40 c. (23)	**1 850**
	40 c. (16)	**10 000**	Empire Lauré	1 c. (25)	**3 750**
Empire dentelé	1 c. (19)	**4 750**		2 c. (26)	**4 250**
	5 c. (20)	**1 400**		4 c. (27)	**4 250**
	10 c. (21)	**1 000**	Siège tête-bêche	10 c. (T 36)	**16 000**
	20 c. (22)	**500**		20 c. (T 37)	**16 000**

LA COMMUNE DE PARIS

La France et la Prusse étaient en guerre depuis le 19 Juillet 1870. La France subissant plusieurs défaites, abandonna l'Alsace et la Lorraine. Le 2 septembre 1870 ce fut la réddition de l'Empereur. Le 4 Septembre la République a été proclamée et un gouvernement de la Défense Nationale a été formé. La guerre continua et l'Armistice fut signé le 28 Janvier 1871 avec la capitulation de PARIS.

L'Assemblée Nationale élue le 8 Février 1871 signa la Paix le 10 Mai 1871 par le traité de Francfort.

Opposés aux élections du 8 Février les parisiens s'insurgèrent le 18 Mars et un Comité Central prit le pouvoir pour le transmettre le 28 Mars à une Assemblée qui prit le nom de «COMMUNE DE PARIS». Le gouvernement élu le 8 Février se replia à VERSAILLES y compris les Administrations. Le Directeur des Postes RAMPONT-LECHIN regagna aussi Versailles le 30 Mars 1871 avec preque tout son matériel et son stock.

Le blocus postal de PARIS était ordonné le 31 Mars. Délégué par la COMMUNE, Monsieur THEISZ tenta de réorganiser le sevice postal du 31 Mars au 23 Mai 1871 en utilisant les timbres restant et en réussissant avec le matériel trouvé à imprimer des timbres à l'Hôtel de la Monnaie.

Les timbres dits du Siege de Paris furent imprimés sur du papier bistre grisâtre (10 c, 20 c, et 40 c) au lieu du papier blanc.

Le 21 Mai l'armée des Versaillais commença son entrée dans Paris. Elle mis une semaine pour reprendre la Capitale après les derniers combats du Père-Lachaise. Le Service Postal utilisa les cachets provisoires jusqu'au 29 Mai. Certains bureaux les utilisèrent jusqu'à la mi-juin.

Dans la période du 18 au 30 Mars le service postal est resté à peu près normal. Pendant toute la période du 31 Mars 1871 au 29 Mai, des parti-culiers ou des maisons de Commerce étaient rétribués pour transporter du courrier de PARIS affranchi, mais non oblitéré afin de le déposer dans des bureaux hors PARIS dont St-Denis, Versailles, Enghien, Beaumont sur Oise, Andresy, St Mandé etc. La Commission versée était de 50 centimes au début pour tomber à 10 centimes réglés en numéraire.

Dans le sens Province-PARIS l'Arrêté du 26 avril indique que toutes les lettres affranchies par l'expéditeur de France ou de l'Etranger pour PARIS doivent recevoir un affranchissement complémentaire à 10 centimes (timbre Empire Lauré ou Siège de Paris ou très rarement avec 10 c émis-sion de Bordeaux).

Plusieurs agences particulières furent autorisées à assurer le transport du courrier moyennant une commission à ajouter aux 10 c en timbre. L'agence ajoutait donc le timbre à 10 centimes et postait la lettre dans un bureau de Poste qui oblitérait le timbre avec le cachet à date PARIS (60). Elle pouvait aussi oblitérer le timbre à 10 centimes avec son cachet privé et en assurait elle même la distribution.
L'Agence LORIN-MAURY a émis des vignettes utilisées du 5 au 24 Mai et oblitérées du cachet C.IX. Sur ces vignettes figurait le décompte de la somme à percevoir.
Pour les correspondances de Province pour PARIS le tarif était de 10 centimes avec des oblitérations diverses : cachet à date de Paris, ancre noire ou bleue, GC 892 ou GC432, ancien cachets de route ou Etoile numérotée.

A) Du 18 au 30 mars 1871 (Gestion par l'Administration des Postes)

1. – Plis de Paris pour Paris affranchis à 10 centimes. Timbres Lauré ou Siège de Paris
Lettre affranchie avec oblitération Etoile et à côté cachet à date de l'Etoile .... à partir de | 100
Idem ci-dessus avec timbre de l'Emission de Bordeaux .... à partir de | 1 300
Lettre taxée avec cachet de Paris .... | 200
Lettre en franchise avec cachet militaire de Paris .... | 400
Lettre en franchise avec P.P. et cachet de Paris .... | 225

2. – Plis partant de Paris affranchis à 20 centimes. Timbres Lauré ou Siège de Paris
Avec timbres oblitérés de Paris pour la Province .... | 100
Avec timbres oblitérés de Paris pour l'étranger .... | 225
Avec timbres émission de Bordeaux pour la Province (20c N° 45 ou 46 II) .... | 1 000

3. – Plis destinés à Paris affranchis à 20 centimes
De province avec cachet à date d'arrivée .... | 175
De l'étranger avec cachet à date d'arrivée .... | 225

B) Du 31 mars au 23 mai 1871 (Gestion par l'Administration des Postes de Paris)

1. _ Plis de Paris pour Paris affranchis à 10 centimes. Timbres Lauré ou Siège de Paris
Sans timbre, avec cachet P.P. et cachet à date Paris (60) .... | 1 000
Avec timbres oblitérés cachet à date de Paris .... à partir de | 600
Avec timbres oblitérés Etoile à n° et à côté cachet à date du bureau de l'Etoile .... | 475
Avec timbres oblitérés Etoile à n° et à côté cachet à date de route PARIS (60 .... | 3 750
Idem ci-dessus avec timbres oblitérés cachet à date de route PARIS (60 .... | 4 750
Idem avec timbre à 10 c émission de Bordeaux oblitéré Etoile à N° et à côté cachet à date du bureau de l'Etoile....... | 2 250
Avec timbres oblitérés « ancre noire » et à côté cachets à date divers de bureaux de banlieue......................... | 7 750
Avec timbres oblitérés GC 892 et grille linéaire «CHAPELLE ST-DENIS» à côté .... | 18 000
Avec timbres oblitérés GC 892 et cachet à date PARIS (60) à côté .... | 7 500
Idem avec timbre à 10 c émission de Bordeaux oblitéré d'un bureau de Paris .... | 13 500
Avec timbres oblitérés GC 432 et cachet à date PARIS (0) à côté .... | 7 500

2. – Plis partant de Paris affranchis, transportés par un particulier ou une Agence hors de Paris

Affranchis à 20 centimes pour la province avec cachet de Saint-Denis ou Versailles	**400**
Idem avec d'autres cachets de banlieue (ex. : St-Mandé, Pontoise, Epinay s/Seine, etc.)... *à partir de*	**700**
Idem avec 20c Bordeaux (N° 45 ou 46 R II) .... *à partir de*	**1 750**
Idem timbre oblitéré GC et à côté cachet de banlieue.. *à partir de*	**950**
Idem timbre oblitéré GC 892 et à côté griffe linéaire Chapelle St-Denis	**22 000**

3. – Plis destinés à Paris

De province passés par un voyageur affranchis à PARIS à 10 c oblitérés Etoile à N°. Cachet du bureau .... *à partir de*	**2 000**
Idem affranchis à 20 centimes oblitérés à PARIS .... *à partir de*	**1 500**
Affranchis de province avec timbre supplémentaire à 10 c. oblitéré de Paris avec ou sans nom de l'agence	**15 000**
Idem ci-dessus avec étiquette de l'agence	**19 000**
Affranchis à l'étranger avec timbre suppl. à 10 c. obl. de Paris avec ou sans griffe ou étiquette de l'agence	**28 000**
Affranchis de province avec timbre supplémentaire à 10 c. oblitéré par cachet de l'agence	**18 000**
Sans timbre venant de Province affranchis à Paris à 10 c., oblitéré par cachet de l'agence	**13 000**
Idem ci-dessus. Oblitération Etoile à N°. A côté cachet à date de route PARIS (60)	**4 250**
Idem ci-dessus. Oblitération par le cachet à date de route PARIS (60	**5 000**
Enveloppe-Réponse avec griffe de l'agence affranchie à 20 c, oblitérée en Province avec timbre supplémentaire à 10 c oblitéré à Paris avec cachet de l'agence..	**15 000**

C) 24 mai au 29 mai (semaine sanglante)

1. – Plis de Paris pour Paris :

Idem que pour la période 31 mars/23 mai .... .plus-value de 25 %	
Avec timbre oblitéré « Ancre bleue» avec cachet à date bleu. Timbre à 10 c Lauré ou 10 c Siège	**17 000**
Avec 10 c émission de Bordeaux, oblitération «Ancre bleu», cachet à date bleu PARIS (60..........................	**24 000**

2. – Plis pour la province. Affranchis à 20 centimes

Avec cachet de banlieue (Rueil, Versailles, Beaumont s/Oise, etc.. *à partir de*	**525**
Idem avec 20 c Bordeaux (N° 45 ou 46 R II) .... *à partir de*	**1 950**
Avec cachet de Paris du 27 mai (1erjour de reprise du service postal dans quelques bureaux)	**950**
Affranchis avec timbre Empire dentelé...	**26 000**
Idem oblitéré Ancre noire avec cachet à date noir	**9 500**
Idem ancre noire avec cachet à date du 30 Mai au 12 Juin (utilisation tardive)	**4 750**
Avec oblitération Etoile bleue et à côté cachet à date bleu PARIS (60	**9 500**
Idem oblitération G.C. et à côté cachet à date du bureau de banlieue correspondant....................... *à partir de*	**1 000**

Affranchis avec timbre type Lauré ou Siège de Paris oblitéré Ancre bleue et avec cachet à date bleu **22 500**

BOULES DE MOULINS

Pendant le Siège de PARIS , au début du mois de Janvier 1871 une tentative d'envoi des lettres destinées à Paris a été faite.

Les lettres venant de France devaient être affranchies à UN FRANC avec le nom du destinataire et son adresse à PARIS. En plus l'expéditeur devait ajouter sur la lettre la mention «PAR MOULINS (ALLIER)».

A Moulins ces lettres étaient rassemblées et mises dans des boules de zinc de 20 centimètres environ de diamètre. Ensuite 55 de ces boules furent mises à l'eau dans la Seine aux environs de BRAY SUR SEINE.

L'administration espérait pouvoir récupérer les boules, qui avaient des ailettes pour être entrainées par le courant, grâce à des filets tendus dans la Seine à PARIS.

Aucune boule n'a été repêchée avant la fin du Siège. Le premier repêchage a eu lieu aux ANDELYS le 6 Mars 1871 et le dernier le 14 avril 1982. L'administration apposa une griffe spéciale sur un certain nombre de lettres.

Exemples : - correspce contenue dans une boule «de MOULINS» repêchée près de St-Wandrille le 6 août 1968. - Trouvée dans une boîte échouée sur les bords de la Seine à Quillebeuf (Eure) le 26 mars 1871.

A la fin du Siège de PARIS beaucoup de lettres restaient encore à MOULINS. Une grande partie a été mise dans des sacs destinés au ravitaillement et furent ainsi introduites à PARIS a partir du 12 février 1871. On leur donne le nom de «SAC DE RIZ». Elles sont en général très propres. La distribution régulière par la poste a débuté le 14 Février et les lettres parvenues par la voie de terre por-tent le cachet d'arrivée du 17 ou 18 Février 1871. (Lettres de Cosnes)

La plupart des lettres mises dans les boules portent des traces plus ou moins importantes d'humidité et ont souvent perdu une partie ou la totalité de leur affranchissement.

Les affranchissements sont très divers puisque l'on rencontre même des timbres de l'Empire NON DENTELÉS 20 c et 80 c. Elles sont très rares ainsi que celles portant des timbres du Siège (10 c ou 20 c).

Les lettres portant des timbres de l'Empire dentelé 5 c ou 80 c ou de l'Emission de Bordeaux 5 c ou 20 c (N° 46 toujours RI) sont aussi très rares.

Affranchissement absent (décollé) sans arrivée .... à partir de	**200**
Affranchissement absent (décollé) avec arrivée en mars 1871 et après .... à partir de	**2 500**
Affranchissement incomplet sans arrivée .... à partir de	**500**
Affranchissement incomplet avec arrivée en Mars 1871 et après .... à partir de	**3 500**
Affranchissement complet sans arrivée .... à partir de	**1 500**
Affranchissement complet avec arrivée 12/13 février 1871 (Sac de Riz) .... à partir de	**3 250**
Affranchissement complet (voie de terre) arrivée 17/18 février 1871 (Lettres de Cosnes) .... à partir de	**3 500**
Affranchissement complet avec arrivée en Mars 1871 et après .... à partir de	**RR**
Lettre en franchise avec cachet «PP» sans arrivée.. à partir de	**5 500**
Lettre en franchise avec cachet «PP» et avec arrivée en mars 1871 et après .... à partir de	**RR**

COMBINAISONS D'AFFRANCHISSEMENT (PLUS-VALUES)

Le poids maximum des lettres ne devant pas dépasser 4g, les petites valeurs étaient quasiment exclues d'office.

petites valeurs:

avec 5c empire dentelé	20 000
avec 5c Bordeaux	8 000
avec 10c empire dentelé	6 650
avec 10c lauré	3 650
avec 10c Bordeaux	3 650

combinaisons:

empire non dent. 20c + 80c	20 000
empire dentelé 20c + 80c	6 650
empire dentelé 40c x2 + Bordeaux 20c	5 000
empire dentelé 80c + lauré 20c	2 850
lauré 20c x5	1 400
lauré 20c + 80c	1 000
lauré 20c + 40c x2	1 600
lauré 20c + Bordeaux 80c	1 500
lauré 40c x2 + Bordeaux 20c	1 900
lauré 80c + Bordeaux 20c	1 250
Bordeaux 20c (type I) x5	15 000
Bordeaux 20c + 80c	1 600

LETTRES ENVOYÉES DE L'ÉTRANGER

lettre centralisée à Bordeaux (losange 532)	2 500
lettre centralisée à Marseille (losange 2240)	3 750
lettre centralisée à Moulins (losange 2565)	2 850
lettre postée à la frontière	3 000
lettre de Grande-Bretagne affranchie en France 26 500 lettre avec afft mixte (avec Suisse ou Belgique)	45 000

LETTRES AVEC AFFRANCHISSEMENTS COMPLETS

DATE DU REPECHAGE ET CACHET A DATE D'ARRIVEE

Date du repéchage   Date d'arrivée

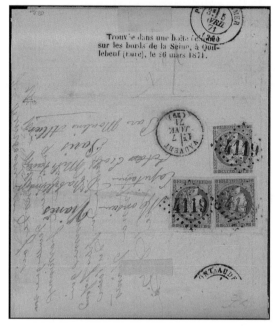

26 Mars 1871	Griffe : Trouvée à Quillebeuf 26 Mars 1871 et	
	Cachet à date Pont-Audemer 5 Avril	**20 000**
15 Mai 1871	Cachet à date Paris 2 Poste Restante 2 Juin 1871	**12 000**
8 Juin 1871	Cachet à date Ponthierry 8 Juin 1871	**18 500**
Juin 1871	Cachet à date Paris 2 Poste Restante 22 Juin 1871	**15 000**
	Cachet à date Paris RC 29 Juin 1871	**12 000**
13 Juillet 1871	Cachet à date Paris RC 13 Juillet 1871	**12 000**
Août 1871	Cachet à date Paris 2 Poste Restante 26 Août 1871	**10 000**
Janvier 1872	Cachet à date Paris RC 13 Janvier 1872	**15 000**
Mars 1872	Cachet à date Paris RC 18 Mars 1872	**15 000**
Mai 1872	Cachet à date Paris RC 2 Mai	**15 000**
Novembre 1872	Cachet à date Paris (60) 29 Novembre	**10 000**
Mai 1873	Cachet à date Mantes-sur-Seine 13 Mai 1873 et	
	cachet à date PARIS RC 15 Mai ou Paris (60) 16 Mai	**15 000**
Juin 1873	Cachet à date Paris RC 5 Juin 1873	**12 000**
Juin 1873	Cachet à date Paris RC 25 Juin 1873	**12 000**
Décembre 1875	Cachet à date Paris RC 10 Décembre	**15 000**
6 Août 1968	Griffe rouge de Saint-Wandrille	
	repêchée le 6 Août 1968	**35 000**

PAPILLON DE METZ (septembre, octobre 1870)

L'inventeur est le docteur PAPILLON Médecin Major de la Garde Impériale. C'est M. JEANNEL Pharmacien Major de l'Armée qui construisit de petits ballons en papier gonflés au gaz d'éclairage pouvant transporter environ 40 grammes de lest. On les nomma «Ballons des Pharmaciens» et furent utilisés du 5 au 14 septembre 1870. Ils ont transporté à peu près 3 000 missives écrites sur papier pelure appelés «Papillon». Actuellement 17 papillons des pharmaciens sont connus.

I Papillons des pharmaciens (5 ou 14 septembre)	sans arrivée	**11 000**
	avec cachet d'arrivée	**27 500**
	avec enveloppe de réexpédition	**23 000**

Ensuite le Génie fit construire des ballons plus importants pouvant transporter environ 45 000 missives. On les nomma «Ballons du Génie». De 10 à 13 ballons ont été lancé du 16 septembre au 3 octobre.

II Papillons du Génie (16 septembre au 3 octobre)	sans arrivée	1 000
	avec cachet PP	5 000
	avec cachet à date d'atterrisage de Neuf-Château	9 500
	idem sous enveloppe de réexpédition et cachet de Neuf-Château	24 500
	avec cachet à date d'atterrissage de Fresne en Woëvre	15 000
	idem sous enveloppe de réexpédition (1 seul connu)	RR
	avec cachet de LYON 28 septembre	8 000
	sous enveloppe. Cachet de Lille 4 octobre	RR
	Papillons avec autres dates de passage : Gisors, Dijon Bruxelles, Charleroi, Saint Genis Laval	7 500
	Papillons sans cachet de réexpédition sous enveloppe avec cachet postaux divers	22 000
III Autres sièges (Octobre)	Papillon de Selestat avec cachet de passage de Mulhouse 17 octobre	RR
	Papillon de Neuf Brisach avec cachet de passage de Mulhouse	RR
	idem avec cachet de passage de Muntzenheim 14 octobre	RR

PIGEONGRAMMES

Avec l'investissement de PARIS, un service de reproduction des dépêches officielles fut organisé à TOURS où l'on avait transporté des pigeons voyageurs.

Copiées au début à la main, elle furent ensuite typographiées et photographiées. On réalisa enfin des pellicules avec une reproduction microphotographique.

Les dépêches manuscrites, photographiques et pellicules furent introduites dans un tube fabriqué avec l'extrémité d'une grosse plume et fixé dans les plumes de la queue du pigeon. Avec une douzaine de péllicules on pouvait expédier 30 000 dépêches.

Dépêches manuscrites	850
Pigeongrammes typographiés et photographiés réalisés du 20 octobre au 10 décembre sur papier	
Dépêche non numérotée	650
Dépêche numérotée	450
Service replié à Bordeaux du 11 au 15 décembre	
Dépêche officielle numérotée sur papier	450
Pigeongramme sur pellicule micrographique	625

BALLONS DES GRAVILLIERS

Pendant le siège, Alfred Roseleur, qui habitait rue des Gravilliers dans le 3ème, pour écrire à son épouse Léonie réfugiée à Aubusson (Creuse), utilisa des ballons d'enfant en baudruche auxquels il suspendait ses lettres avec un bout de ficelle. Tous les jours, du 18 septembre jusqu'à fin novembre, il écrivit à sa bien aimée, chaque lettre étant numérotée et datée, ce qui ne l'empêchait pas d'utiliser les ballons montés, deux précautions valant mieux qu'une.

COURRIER ENTRÉ OU SORTI PAR PASSEURS

En dehors du système des ballons montés, des tentatives ont été faites, à Paris comme dans les autres villes assiégées pour faire sortir, mais surtout pour faire entrer du courrier, par des passeurs.

Courrier de passeur, sortie de Paris	12 500
Courrier de passeur, entrée dans Paris	18 500

courrier ayant voyagé par valise diplomatique

Lettre expédiée par un capitaine d'état major de la Garde Nationale à destination du vice-consul de France à Londres. Le pli, non affranchi, a été taxé en Angleterre. Le voyage par valise diplomatique est certain (la cote est donnée pour des plis certains).

Courrier de valise diplomatique	27 500

MILITAIRES FRANÇAIS INTERNÉS EN SUISSE

	☆	◎	▣
1 Vignette "Gratis"	**180**	**450**	**3 500**
sur lettre, mais sans oblitération			1 250
tête-bêche		1 200	

2 Secours aux victimes de la guerre "Paix"	**425**	**675**	
sur lettre, mais sans oblitération			3 850
3 Com. de secours pour Strasbourg, Lausanne	**450**	**700**	

4 Com. de secours aux blessés, Lausanne	**500**	**800**	
sur lettre, mais sans oblitération			4 000

5 Agence internationale, Bâle	**450**	**675**	
sur lettre, mais sans oblitération			2 650
6 Hilfscomité für Kriegsgefangene (10ex connus)	**6 000**	**7 000**	

7 Comité international de Genève	**300**	**475**	
sur lettre, mais sans oblitération			2 150

OFFICE LORIN-MAURY

Seul l'office Lorin-Maury (des noms de M. Lorin, employé à la gare du Nord et transporteur des lettres centralisées par M. Maury, négociant en timbres) a émis des timbres qui furent utilisés du 5 au 24 mai 1871.

6 timbres ont été émis en paires se tenant: 3 timbres-poste (avec faciale) tenant à 3 timbres-taxe (sans faciale). Les timbres-poste se composaient de deux parties dont l'une était gommée et restait sur l'enveloppe (il s'agit du quart supérieur comprenant la valeur faciale), et l'autre conservée par M. Lorin.

Les timbres-poste ne servaient que dans le sens Paris-province, tandis que les timbres-taxe étaient utilisés pour les plis venant de province. Ces timbres étaient collés à côté du timbre supplémentaire à 10c, puis oblitérés du cachet C IX (bureau C IX ème arrondissement). des enveloppes avec timbre rond en relief furent également imprimées, mais n'ont pas été admises.

Ces timbres ont tous été réimprimés (les cotes des neufs sont données pour ces réimpressions).

	☆☆	☆
1 5 centimes imprimé	**15**	**12**
2 10 centimes lettre	**15**	**12**
3 50 centimes chargement	**15**	**12**
4 imprimé, sans faciale	**15**	**12**
a - en paire avec le timbre-poste	35	27
5 lettre, sans faciale	**15**	**12**
a - en paire avec le timbre-poste	35	27
6 chargement, sans faciale	**15**	**12**
a - en paire avec le timbre-poste	35	27

TABLEAUX RÉCAPITULATIFS DES SÉRIES COURANTES APRÈS 1900

Blanc

1c surchargé ½c	**157** *(1919)*	surchargé ANNULE	cours d'instr 28
surchargé SPECIMEN	cours d'instr 61	surchargé SPECIMEN	cours d'instr 63
surch Spécimen carmin	spécimen 69	surch Spécimen bleue	spécimen 71
1c gris	**107** *(1900)*	Guerre 14-16 Croix-Rge	guerre 1914-18 4A
surchargé ANNULE	cours d'instr 1	Guerre 14-16 Orphelins	guerre 1914-18 5A
Réoccupation française	guerre 1914-18 2A	Réoccupation française	guerre 1914-18 2B
1c ardoise	**107A** *(1900)*	**3c orange**	**109** *(1900)*
surchargé ANNULE	cours d'instr 27	surch Affranchts poste	préoblitéré 46
surchargé SPECIMEN	cours d'instr 62	surchargé ANNULE	cours d'instr 3
surch Spécimen carmin	spécimen 70	surchargé ANNULE	cours d'instr 29
		surchargé SPECIMEN	cours d'instr 64
2c brun-lilas	**108** *(1900)*	surch Spécimen bleue	spécimen 72
surchargé ANNULE	cours d'instr 2	Réoccupation française	guerre 1914-18 2C
		4c brun	**110** *(1900)*

surch Affranchts poste	préoblitéré 47
surch Spécimen bleue	spécimen 73
5c vert-jaune	**III** *(1900)*
5c vert	**IIIA** *(1900)*
surch Affranchts poste	préoblitéré 52
préo surch SPECIMEN	cours d'instr 84
surchargé SPECIMEN	cours d'instr 65
surch Spécimen bleue	spécimen 74
5c vert-bleu	**IIIB** *(1900)*
7½c Affts poste	**préo 57** *(1926)*
10c violet	**233** *(1929)*
Affranchts poste	préoblitéré 62

Notes: Les années de référence des timbres-type sont indiquées entre parenthèses après le numéro du timbre.

Mouchon

10c rouge type I	**III** *(1900)*	**15c rge retouché**	**124** *(1902)*	**25c bleu type II**	**117** *(1900)*
10c rouge type II	**115** *(1900)*	surchargé FM	franchise mil 2	**25c bleu retouché**	**126** *(1902)*
10c rge retouché	**123** *(1902)*	**20c brun-lilas**	**112** *(1900)*	**30c lilas**	**114** *(1900)*
15c orange	**116** *(1900)*	**20c brun retouché**	**125** *(1902)*	**30c violet retouché**	**127** *(1902)*
surchargé FM	franchise mil 1	**25c bleu type I**	**113** *(1900)*		

Merson

40c rouge et bleu	**119** *(1900)*	**60c violet et bleu**	**144** *(1920)*
surchargé ANNULE	cours d'instr 4	surchargé ANNULE 2x	cours d'instr 32
surchargé ANNULE 2x	cours d'instr 30	**1f rouge et olive**	**121** *(1900)*
Poste serbes	postes serbes 8	surchargé ANNULE	cours d'instr 7
S. P. du M. Bordeaux	Monténégro 8	surchargé ANNULE 2x	cours d'instr 33
surch Spécimen bleue	spécimen 75	surch Congrès de Bordeaux 182	
45c vert et bleu	**143** *(1906)*	Guerre 14-16 Croix-Rge	guerre 1914-18 4G
surch Affranchts poste	préoblitéré 45	Guerre 14-16 Orphelins	guerre 1914-18 5D, G
préo surch ANNULE 2x	cours d'instr 28	Poste serbes	postes serbes 11
surchargé ANNULE	cours d'instr 5	Pro patria	guerre 1914-18 3C, E, G
surchargé ANNULE 2x	cours d'instr 31	S. P. du M. Bordeaux	Monténégro 11
Poste serbes	postes serbes 9	surch Spécimen bleue	spécimen 76
S. P. du M. Bordeaux	Monténégro 9	**2f orange et vert**	**145** *(1920)*
50c brun et gris	**120** *(1900)*	surchargé ANNULE 2x	cours d'instr 34
surchargé ANNULE	cours d'instr 6	surch Exposition Le Havre	257A
Guerre 14-16 Croix-Rge	guerre 1914-18 4F	surchargé Poste aérienne	poste aérienne 1
Guerre 14-16 Orphelins	guerre 1914-18 5C, F	surchargé SPECIMEN	cours d'instr 66
Poste serbes	postes serbes 10	surch Spécimen bleue	spécimen 77
Pro patria	guerre 1914-18 3B, D, F	**2f violet et jaune**	**122** *(1900)*
S. P. du M. Bordeaux	Monténégro 10		

surchargé ANNULE	cours d'instr 8
3f lilas et carmin	**240** *(1927)*
surch Spécimen noire	spécimen 79
3f violet et bleu	**206** *(1925)*
surchargé SPECIMEN	cours d'instr 67
surch Spécimen noire	spécimen 78
5f bleu et jaune	**123** *(1900)*
surchargé ANNULE	cours d'instr 9
surchargé ANNULE 2x	cours d'instr 35
Guerre 14-16 Croix-Rge	guerre 1914-18 4H
Guerre 14-16 Orphelins	guerre 1914-18 5E
surchargé Poste aérienne	poste aérienne 2
surchargé SPECIMEN	cours d'instr 68
surch Spécimen carmin	spécimen 80
10f vert et rouge	**207** *(1926)*
surch Spécimen noire	spécimen 81
20f lilas et vert	**208** *(1925)*
surch Spécimen noire	spécimen 82

Semeuse lignée

10c rose	**129** *(1903)*	
surchargé FM	*franchise mil 3*	
15c vert	**130** *(1903)*	
surch Affranchts poste	*préoblitéré 41*	
préo surch ANNULE	*cours d'instr 44*	
préo sch Spécimen carmin	*spécimen préo 1*	
surchargé ANNULE	*cours d'instr 10*	
surchargé ANNULE	*cours d'instr 36*	
surchargé FM	*franchise mil 4*	
surch Poste France 1921	*préoblitéré 32*	
surch Poste France 1922	*préoblitéré 38*	
surch Poste Paris 1920	*préoblitéré 26*	
surch Poste Paris 1921	*préoblitéré 29*	
surch Poste Paris 1922	*préoblitéré 35*	
Guerre 14-16 Croix-Rge	*guerre 1914-18 4C*	
Guerre 14-16 Orphelins	*guerre 1914-18 5B*	
Poste serbes	*postes serbes 3*	
Réoccupation française	*guerre 1914-18 2F*	
S. P. du M. Bordeaux	*Monténégro 3*	
20c brun-lilas	**131** *(1903)*	
0,20 rge et turqu.	**1233** *(1960)*	

25c bleu	**132** *(1903)*
0,30 bleu et noir	**1234A** *(1960)*
30c violet	**133** *(1900)*
45c violet	**197** *(1926)*
surch Affranchts poste	*préoblitéré 64*
50c bleu	**161** *(1921)*
surchargé ANNULE	*cours d'instr 37*
50c rouge	**199** *(1926)*
Caisse d'amortissement	*250*
Caisse d'amortiss., rose	*254*
Caisse d'amortiss., brun	*267*
Caisse d'amortiss., violet	*276*
Congrès de B.I.T.	*264*
surchargé FM	*franchise mil 6*
50c turquoise	**362** *(1937)*
50c vert-olive	**198** *(1927)*
Caisse d'amortissement	*247*
surchargé SPECIMEN	*cours d'instr 69*
surch Spécimen carmin	*spécimen 83*

60c violet	**200** *(1924)*
surchargé =50	*223*
surch =55 Affranchts poste	*préoblitéré 59*
surchargé SPECIMEN	*cours d'instr 70*
surch Spécimen bleue	*spécimen 84*
65c rose	**201** *(1924)*
surchargé =50	*224*
surch Affranchts poste	*préoblitéré 61*
surch Spécimen bleue	*spécimen 85*
65c vert-olive	**234** *(1927)*
surch Affranchts poste	*préoblitéré 65*
75c lilas-rose	**202** *(1926)*
80c rouge	**203** *(1925)*
surchargé =50	*220*
surchargé SPECIMEN	*cours d'instr 71*
85c rouge	**204** *(1924)*
surchargé =50	*221*
surch Spécimen bleue	*spécimen 86*
1f bleu	**205** *(1926)*

Semeuse camée

1c brun sch ½c	**279B** *(1932)*	
1c olive sch ½c	**279A** *(1932)*	
1c bistre-brun	**277B** *(1932)*	
1c bistre-olive	**277A** *(1932)*	
2c vert foncé	**278** *(1932)*	
3c rouge-orange	**278A** *(1932)*	
5c orange	**158** *(1920)*	
surch Affranchts poste	*préoblitéré 40*	
préo surch ANNULE	*cours d'instr 46*	
surchargé ANNULE	*cours d'instr 38*	
surch Poste France 1921	*préoblitéré 31*	
surch Poste France 1922	*préoblitéré 37*	
surch Poste Paris 1921	*préoblitéré 28*	
surch Poste Paris 1922	*préoblitéré 34*	
5c rose	**278B** *(1932)*	
5c vert	**137** *(1907)*	
surchargé ANNULE	*cours d'instr 11*	
surch Poste Paris 1920	*préoblitéré 25*	
surch Poste Paris 1921	*préoblitéré 27*	
Guerre 14-16 Croix-Rge	*guerre 1914-18 4B*	
Poste serbes	*postes serbes 1*	
Réoccupation française	*guerre 1914-18 2D*	
S. P. du M. Bordeaux	*Monténégro 1*	
10c outremer	**279** *(1932)*	
surch Affranchts poste	*préoblitéré 66*	
10c rge avec sol	**134** *(1906)*	
10c rouge maigre	**135** *(1906)*	
10c rouge camée	**138** *(1907)*	
surchargé ANNULE	*cours d'instr 12*	
surchargé FM	*franchise mil 5*	
Poste serbes	*postes serbes 2*	
Réoccupation française	*guerre 1914-18 2E*	
S. P. du M. Bordeaux	*Monténégro 2*	
10c rge sch +5	**146** *(1914)*	
Réoccupation française	*guerre 1914-18 2I*	
10c vert maigre	**188B** *(1926)*	
10c vert camée	**159** *(1922)*	
surch Affranchts poste	*préoblitéré 53*	
préo surch SPECIMEN	*cours d'instr 85*	
préo sch Spécimen carmin	*spécimen préo 2*	
surchargé ANNULE	*cours d'instr 39*	
surchargé SPECIMEN	*cours d'instr 72*	
surch Spécimen bleue	*spécimen 87*	
10c+5c Croix-Rge	**147** *(1914)*	
Réoccupation française	*guerre 1914-18 2J*	

15c brun	**189** *(1926)*
surch Affranchts poste	*préoblitéré 54*
préo surch SPECIMEN	*cours d'instr 86*
surchargé SPECIMEN	*cours d'instr 73*
20c lilas-brun	**139** *(1907)*
surch Affranchts poste	*préoblitéré 42*
préo surch ANNULE	*cours d'instr 47*
préo surch SPECIMEN	*cours d'instr 87*
préo sch Spécimen bleue	*spécimen préo 3*
surchargé ANNULE	*cours d'instr 13*
surchargé ANNULE	*cours d'instr 40*
surchargé SPECIMEN	*cours d'instr 74*
surch Spécimen bleue	*spécimen 88*
Poste serbes	*postes serbes 4*
Réoccupation française	*guerre 1914-18 2G*
S. P. du M. Bordeaux	*Monténégro 4*
20c lilas-rose	**190** *(1926)*
surch Affranchts poste	*préoblitéré 67*
25c bleu	**140** *(1907)*
surch Affranchts poste	*préoblitéré 60*
surchargé ANNULE	*cours d'instr 14*
surchargé ANNULE	*cours d'instr 41*
surchargé SPECIMEN	*cours d'instr 75*
surch Spécimen carmin	*spécimen 89*
Guerre 14-16 Croix-Rge	*guerre 1914-18 4D*
Poste serbes	*postes serbes 5*
Pro patria	*guerre 1914-18 3A*
Réoccupation française	*guerre 1914-18 2H*
S. P. du M. Bordeaux	*Monténégro 5*
25c jne-brun	**235** *(1927)*
surch Affranchts poste	*préoblitéré 63*
30c bleu	**192** *(1925)*
surchargé =25	*217*
surch Affranchts poste	*préoblitéré 56*
surchargé SPECIMEN	*cours d'instr 76*
surch Spécimen carmin	*spécimen 91*
30c brun-rouge	**360** *(1937)*
surch Affranchts poste	*préoblitéré 71*
30c orange	**141** *(1907)*
surchargé ANNULE	*cours d'instr 15*
surch Poste France 1921	*préoblitéré 33*
surch Poste Paris 1921	*préoblitéré 29*
Poste serbes	*postes serbes 6*
S. P. du M. Bordeaux	*Monténégro 6*
30c rose	**191** *(1925)*
surch Affranchts poste	*préoblitéré 55*
préo surch SPECIMEN	*cours d'instr 88*
préo sch Spécimen bleue	*spécimen préo 4*
surch Spécimen bleue	*spécimen 90*

30c rouge	**160** *(1922)*
surch Affranchts poste	*préoblitéré 43*
préo surch ANNULE	*cours d'instr 48*
surchargé ANNULE	*cours d'instr 42*
surch Poste France 1922	*préoblitéré 39*
surch Poste Paris 1922	*préoblitéré 36*
35c vert	**361** *(1937)*
surchargé =30	*476*
surch Affranchts poste	*préoblitéré 72*
35c violet maigre	**136** *(1906)*
35c violet camée	**142** *(1907)*
surchargé =25	*218*
surch Affranchts poste	*préoblitéré 44*
préo surch ANNULE	*cours d'instr 49*
préo sch Spécimen carmin	*spécimen préo 5*
surchargé ANNULE	*cours d'instr 16*
surchargé ANNULE	*cours d'instr 43*
surchargé SPECIMEN	*cours d'instr 77*
surch Spécimen carmin	*spécimen 92*
Guerre 14-16 Croix-Rge	*guerre 1914-18 4E*
Poste serbes	*postes serbes 7*
S. P. du M. Bordeaux	*Monténégro 7*
40c brun-olive	**193** *(1925)*
surchargé SPECIMEN	*cours d'instr 78*
surch Spécimen carmin	*spécimen 93*
40c outremer	**237** *(1928)*
Caisse d'amortissement	*246*
40c vermillon	**194** *(1926)*
surch Affranchts poste	*préoblitéré 58*
40c violet	**236** *(1927)*
Caisse d'amortissement	*249*
Caisse d'amortiss., olive	*275*
Caisse d'amortiss., rose	*266*
Caisse d'amortiss., vert	*253*
1f 05 vermillon	**195** *(1925)*
surchargé =50	*225*
surchargé =90	*227*
surchargé SPECIMEN	*cours d'instr 79*
1f 10 rose	**238** *(1927)*
1f 40 rose	**196** *(1926)*
surchargé =1f 10	*228*
1f 50 caisse, rouge	**277** *(1931)*
1f 50 caisse, violet	**268** *(1930)*
2f vert	**239** *(1931)*
5f bleu	**241** *(1927)*
10f rouge	**242** *(1927)*

Paix

30c vert	**280** *(1932)*	
surch Affranchts poste	*préoblitéré 68A*	
40c lilas	**281** *(1932)*	
surch Affranchts poste	*préoblitéré 73*	
45c bistre	**282** *(1932)*	
surch Affranchts poste	*préoblitéré 69*	
50c rouge	**283** *(1932)*	
surchargé FM	*franchise mil 7*	
Coudekerque	*guerre 1939-45 9*	
Dunkerque	*guerre 1939-45 4*	
55c violet	**363** *(1937)*	
surchargé =50	*478*	
60c bistre	**364** *(1937)*	
surch Affranchts poste	*préoblitéré 74*	
65c bleu	**365** *(1937)*	
surchargé =50	**479**	
surchargé FM	*franchise mil 8*	
65c violet-brun	**284** *(1932)*	
surch Affranchts poste	*préoblitéré 70*	
75c olive	**284A** *(1932)*	
surchargé =50	*480*	
80c orange	**366** *(1937)*	
surchargé =50	*481*	
surch Affranchts poste	*préoblitéré 76*	
90c outremer	**368** *(1937)*	
surchargé =50	*482*	
surchargé F	*franchise mil 10*	
surchargé FM	*franchise mil 9*	
90c rouge	**285** *(1932)*	
90c vert	**367** *(1937)*	
1f lilas-rose	**369** *(1937)*	
surch Affranchts poste	*préoblitéré 77*	
1f orange	**286** *(1932)*	
surchargé =80	*359*	
surch Affranchts poste	*préoblitéré 75*	
1f 25 olive	**287** *(1932)*	
surchargé =50	*298*	
1f 25 rose-rouge	**370** *(1937)*	
surchargé =1f	*483*	
1f 40 lilas	**371** *(1937)*	
surchargé =1f	*484*	
surch Affranchts poste	*préoblitéré 78*	
1f 50 bleu	**288** *(1932)*	
surchargé =1f	*485*	
1f 75 rose-lilas	**289** *(1932)*	

Mercure

1c olive	**404** *(1938)*	
2c vert foncé	**405** *(1938)*	
5c rose	**406** *(1938)*	
10c bleu "poste"	**546** *(1942)*	
surchargé RF	*657*	
Festung Lorient	*Festung Lorient 1*	
10c "république"	**407** *(1938)*	
15c vermillon	**408** *(1938)*	
15c brun	**409** *(1938)*	
20c lilas	**410** *(1938)*	
surch Affranchts poste	*préoblitéré 79*	
25c vert	**411** *(1938)*	
Dunkerque	*guerre 1939-45 1*	
Intelligence Service	*Faux de l'I.S. 1*	
30c rouge "poste"	**547** *(1942)*	
surchargé RF	*658*	
Festung Lorient	*Festung Lorient 2*	
30c "République"	**412** *(1938)*	
surch Affranchts poste	*préoblitéré 80*	
Intelligence Service	*Faux de l'I.S. 2*	
40c violet "poste"	**548** *(1942)*	
surch Affranchts poste	*préoblitéré 83*	
surchargé RF	*659*	
Festung Lorient	*Festung Lorient 3*	
40c "République"	**413** *(1938)*	
surch Affranchts poste	*préoblitéré 81*	
Coudekerque	*guerre 1939-45 7*	
Dunkerque	*guerre 1939-45 2*	
45c vert	**414** *(1938)*	
50c bleu "poste"	**549** *(1942)*	
surchargé RF	*660*	
Festung Lorient	*Festung Lorient 4*	
50c "République"	**538** *(1942)*	
surch Affranchts poste	*préoblitéré 84*	
50c bleu foncé	**414A** *(1938)*	
Coudekerque	*guerre 1939-45 8*	
Dunkerque	*guerre 1939-45 3*	
50c vert	**414B** *(1938)*	
60c rouge	**415** *(1938)*	
surch Affranchts poste	*préoblitéré 82*	
70c lilas-rose	**416** *(1938)*	
75c brun-rouge	**416A** *(1938)*	
surchargé =30	*477*	
bâtiment de ligne	*Richelieu 1*	

Marianne de Gandon

1f 50 rose	**712** *(1945)*	
2f vert	**713** *(1945)*	
surch Affranchts poste	*préoblitéré 91*	
2f 40 vermillon	**714** *(1945)*	
2f 50 brun préo	**préoblitéré 101** *(1948)*	
3f rose	**716** *(1946)*	
surch Affranchts poste	*préoblitéré 95*	
3f rose-lilas	**806** *(1948)*	
3f sépia	**715** *(1945)*	
3f vert	**716A** *(1947)*	
3f 50 brun-rouge	**716B** *(1947)*	
4f bleu	**717** *(1945)*	
4f bleu gravé	**725** *(1946)*	
4f orange	**808** *(1948)*	
surch Affranchts poste	*préoblitéré 103*	
4f vert-bleu	**807** *(1948)*	
surch Affranchts poste	*préoblitéré 99*	
4f violet	**718** *(1946)*	
surch Affranchts poste	*préoblitéré 97*	
4f 50 bleu	**718A** *(1947)*	
5f bleu	**719B** *(1947)*	
5f rose	**719A** *(1947)*	
surchargé -10%	*719AA*	
5f vert clair	**809** *(1948)*	
5f vert foncé	**719** *(1945)*	
5f violet	**883** *(1951)*	
6f outremer	**720** *(1945)*	
6f rose	**721A** *(1947)*	
surchargé =5f	*827*	
surch Affranchts poste	*préoblitéré 100*	
surchargé "Jérusalem"	*Jérusalem 4*	
6f rouge	**721** *(1946)*	
6f vert	**884** *(1951)*	
8f turquoise	**810** *(1948)*	
surch Affranchts poste	*préoblitéré 106*	
10f bleu	**723** *(1946)*	
10f bleu gravé	**726** *(1946)*	
10f lilas	**811** *(1948)*	
surch Affranchts poste	*préoblitéré 102*	
10f orange	**722** *(1945)*	
12f orange	**885** *(1951)*	
surch Affranchts poste	*préoblitéré 108*	
12f outremer	**812** *(1949)*	
surch Affranchts poste	*préoblitéré 105*	
15f lilas-rose	**724** *(1945)*	
15f lilas gravé	**727** *(1946)*	
15f outremer	**886** *(1951)*	
15f rouge	**813** *(1949)*	
surch Affranchts poste	*préoblitéré 104*	
15f rouge gravé	**832** *(1949)*	
18f rose carminé	**887** *(1951)*	
surchargé =15f	*968*	
20f vert gravé	**728** *(1946)*	
20f grand format	**730** *(1945)*	
25f bleu gravé	**833** *(1949)*	
25f rouge gravé	**729** *(1946)*	
25f grand format	**731** *(1945)*	
50f grand format	**732** *(1945)*	
100f grand format	**733** *(1945)*	

* * * * *

Sémantique en Philatélie : Aspect d'un timbre ou variété

Le timbre-poste bien qu'issu d'une petite œuvre d'art, le poinçon gravé de la main de l'artiste, est un produit industriel. A ce titre, il est constitué de différents composants industriels: papier, gomme, encre de couleur, encre phosphorescente, type de gravure, dentelure, etc…

La variation d'un seul de ces composants de façon volontaire de la part de l'Imprimerie, que la raison en soit technique, administrative ou financière, génère un nouvel aspect du timbre.

Si cette variation est accidentelle, donc tout à fait involontaire, ce n'est pas un nouvel aspect qui est généré, mais une variété.

Dans une étude monographique d'un timbre ou d'une série de timbres, il est indispensable d'avoir bien identifié tous les différents aspects du timbre ou de la série considérée. Il est alors assez facile d'en apprécier l'importance, donc la valeur.

L'étude des variétés appelle beaucoup moins à l'exhaustivité. Il est très difficile d'être certain de toutes les avoir identifiées et d'en connaitre l'importance imprimée. Souvent très spectaculaires, elles agrémentent la présentation d'une collection.

Autres agrémentations d'une collection monographique, ce sont les timbres étudiés sur plis. Il faut, bien sûr, rechercher les tarifs les plus originaux possibles…

Émission : « Type BLANC »

1 c. gris

Dessinateur : Joseph Blanc

Graveur : Emile Thomas

Type d'impression : Typographie à plat de 1900 à 1919

Date d'émission : 04/12/1900

Date de retrait : fin 1919 (non officielle)

Tirage : Inconnu

	Neuf ☆☆	Neuf ☆	Obl. ⊙	Sur ⊠
107 1c gris type IA ou IB	**1,2**	**0,7**	**0,5**	**1**
non dentelé	115	75		
tirage sur bristol, dentelure figurée	350			
centrage parfait + 150%				
a - types IA et IB en paire horizontale	38	22	15	
b - types IA et IB en paire inter panneau	500	375		
c - papier GC jaunâtre ou gris (1916)	2	1		
d - papier GC chamois	6	3		
e - papier X (1916)	65	30		
f - déesse sans nombril	75	37	25	
g - "1" touchant le cadre (case 127)	75	37	25	
h - impression recto-verso	55	30	15	
i - impression incomplète	250	150		
j - piquage à cheval	75	45	25	
k - piquage partiel	65	40	15	
l - dentelé 1 ou 3 côtés	120	65		
m - dentelé tenant à non dentelé	350	200		
n - piquage double	175	105		
o - piquage oblique par pliage	180	110		
p - pli accordéon	125	75	40	
q - coussinet d'impression	800			
r - imprimé au recto et verso	1 200			
tirages spéciaux				
surchargé ½c (1903)	1 300	850		
idem - non dentelé	2 000	1 500		

Type IA
le trait blanc qui souligne
"française" s'amenuise sous
le "s" et le "e"

Type IB
(mêmes cotes) le trait blanc
reste d'épaisseur égale

Les cotes des millésimes sont données pour des timbres neufs sans charnières - Pour les blocs de quatre bords de feuille, il convient de multiplier par deux la cote du millésime.

	0 1900	1 1901	2 1902	3 1903	4 1904	5 1905	6 1906	7 1907	8 1908	9 1909	0 1910	1 1911	2 1912	3 1913	4 1914	5 1915	6 1916	7 1917	8 1918	9 1919
Paire mill. Type IA	20	20	-	-	-	-	-	-	-	-	-	-	-	400	50	1300	30	35	35	60
Idem. Manchette GC																	150	90	90	160
Paire mill. Type IB	-	15	15	15	25	25	20	25	-	35	15	20	20	20	20	-	30	-	-	-
Idem. Manchette GC																	150			

Sans millésime	375	
Millésime 6 de 1916 sur papier X	300	200

Type I
(cicatrice sur
la joue)

Type I (un seul pli)
Issu du tirage à plat

Type II
(joue imtacte)

Type II (deux plis)
Issu du tirage sur
rotatives.
Pour toutes les
valeurs, sauf le 4c qui
n'existe qu'au type I.

Émission : « Type BLANC »

1 c. ardoise

Dessinateur : Joseph Blanc
Graveur : Emile Thomas
Type d'impression : Typographie à plat de 1919 à 1926
puis typographie rotative du 17/11/1926 au 26/02/1932

Date d'émission :fin 11/1919
Date de retrait : 30/03/1932
Tirage : Inconnu

	Neuf ☆☆	Neuf ☆	Obl. ⊙	Sur ⊠
107A I 1c ardoise type IA ou IB	**1,2**	**0,6**	**0,5**	**1**
non dentelé	215	150		
centrage parfait + 150%	350			
a - types IA et IB en paire horizontale	30	20	15	
b - types IA et IB en paire inter panneau	600	525	360	
c - types I & II se tenant (1925, 1926)	5 350			
d - papier GC crème ou gris	2	1		
e - papier GC chamois	15	10		
f - queue du "1" touchant le cadre (case 127)	34	24	18	
g - impression recto-verso	75	45	30	
h - impression double	5 350	4 000	3 000	
i - piquage à cheval	70	40	25	
j - dentelé 1 ou 3 côtés	250	160		
k - dentelé tenant à non dentelé	1 050	720		
l - piquage oblique par pliage	180	110		
m - pli accordéon	120	70	40	
n - jeton monnaie 'Berlan-Lederlin'	1 000			

k

	9 1919	0 1920	1 1921	2 1922	3 1923	4 1924	5 1925	6 1926
Paire millésimée Type IA	25	45	15	17	15	-	-	-
Idem. Manchette **GC**	70	120						
Paire millésimée Type IB	-	40	-	20	15	15	15	30
Idem. Manchette **GC**		120						

107A II 1c ardoise type II	**1,2**	**0,6**	**0,5**	**1**
a - anneau-lune	55	35	20	
b - impression recto-verso		95	65	35
c - impression sur raccord		180	110	
d - piquage à cheval	80	55	30	
e - pli accordéon	95	58	35	
f - avec bord publicitaire "Aiglon"		200	135	

Coins datés

1926	1927	1928	1929	1930	1931	1932
50	8	8	8	8	8	95

Date en ardoise (4, 5, 8, 9 mai 1928)   150

n

Émission : « Type BLANC »

2 c. violet-rose

Dessinateur : Joseph Blanc
Graveur : Emile Thomas
Type d'impression : Typographie à plat de 1900 à 1923
puis typographie rotative du 03/05/1924 au 28/11/1931

Date d'émission : 04/12/1900
Date de retrait : 30/03/1932
Tirage : Inconnu

	Neuf ☆☆	Neuf ☆	Obl. ⊙	Sur ✉
108 I 2c brun-lilas type IA ou IB	**1,6**	**0,8**	**0,5**	**1,5**
non dentelé	135	90		
Essai de couleur	85			
tirage sur bristol, dentelure figurée	350			
centrage portrait + 150%				
a - papier GC (1917)	4	2,5		
b - papier épais		25	14	7
c - brun-lilas très foncé		3,5	2	
d - impression recto-verso	70	45	25	
e - impression incomplète	170	100		
f - impression double	600	425		
g - piquage partiel	135	80	40	
h - piquage à cheval	160	110	60	
i - piquage oblique par pliage	185	115		
j - piquage double	210	140		
k - dentelé 1 ou 3 côtés		240	145	
l - dentelé tenant à non dentelé		900	600	
la - non dentelé accidentel (GC)		150	105	
m - pli accordéon	135	80	40	
n - IA et IB se tenant	600	400		
(paire verticale intergalvano)				
o - coussinet d'impression	800			

	0 1900	1 1901	2 1902	3 1903	4 1904	5 1905	6 1906	7 1907	8 1908	9 1909	0 1910	1 1911	2 1912	3 1913	4 1914	5 1915	6 1916	7 1917	8 1918	9 1919	0 1920	1 1921	2 1922	3 1923
Paire millésimée Type IA	20	15	15	-	-	-	-	-	-	-	-	-	-	-	-	-	-	-	-	-	80	-	30	50
Idem. Manchette GC																				160				
Paire millésimée Type IB	-	-	-	15	15	15	15	15	15	15	15	15	20	15	15	-	-	40	-	70	50	15	25	15
Idem. Manchette GC																	110		180	135				

8 renversé	75
Sans millésime	500
GC 1917 avec petit G et grand C	200

108 II 2c lilas-rose type II	**1,6**	**0,8**	**0,5**	**1,5**
a - couleur marron	3	1		
b - couleur grenat	4	2		
c - signature de droite absente	10	6	4	
d - piquage à cheval	150	110	60	
e - impression sur raccord	180	110		
f - pli accordéon	135	80	40	
g - avec bord publicitaire "Aiglon"	200	135		
h - non dentelé accidentel	–	–	800	
i - impression très défectueuse (1928)	100	50		

Coins datés

1924	1925	1926	1928	1930	1931
15	80	10	10	10	15

Émission : « Type BLANC »

3 c. rouge vermillon

Dessinateur : Joseph Blanc
Graveur : Emile Thomas
Type d'impression : Typographie à plat de 1900 à 1923
puis typographie rotative du 14/05/1930 au 01/02/1932

Date d'émission : 04/12/1900
Date de retrait : 30/03/1932
Tirage : Inconnu

	Neuf ☆☆	Neuf ☆	Obl. ⊙	Sur ✉
109 I 3c orange type IA ou IB	**1**	**0,6**	**0,5**	**3**
non dentelé	115	75		
tirage sur bristol, dentelure figurée	350			
centrage parfait + 150%				
a - types IA et IB se tenant	1 200			
b - papier GC (1917)	1,5	1		
c - couleur rouge vif (1906)	38	20	10	27
d - couleur rouge écarlate (1907)	70	40	20	55
e - impression défectueuse	8	5		
f - impression recto-verso	75	45	27	
g - impression double (GC, 5 connus)	5 350	3 500		
h - piquage à cheval	115	75	35	
i - piquage oblique par pliage	225	140		
j - dentelé 1 ou 3 côtés			300	200
k - pli accordéon	115	70	45	
l - Bdf avec essai de numérotation (1915)	200			
m - coussinet d'impression	800			
n - impression multiple sur feuille de passe	300	200		

Type IA
3 encoché, boucle du "c" épaisse et droite

Type IB
(mêmes cotes)
3 régulier, boucle du "c" fine et courbe

	0 1900	...	6 1906	7 1907	8 1908	9 1909	0 1910	1 1911	2 1912	3 1913	4 1914	5 1915	6 1916	7 1917	8 1918	9 1919	0 1920	1 1921	2 1922	3 1923
Paire millésimée Type IA	15		200	180	15															
Paire millésimée Type 1B				260	20	15	17	15	17			15	15	20		17	15	15		15
Idem. Manchette **GC**														60		60				

Sans millésime (à sec)   515

109 II 3c rouge-orange type II	**3**	**2**	**0,8**	**4**
a - impression défectueuse	9	6	3	
b - piquage déplacé	35	25		

Coins datés

1930	1932
35	45

tirages spéciaux
surchargé ½c (1903)   1 300   850

m   l

Émission: « Type BLANC »

4 c. brun havane

Dessinateur : Joseph Blanc
Graveur : Emile Thomas
Type d'impression : Typographie à plat de 1900 à 1907
puis 1924 et 1925

Date d'émission : 04/12/1900
Date de retrait : 27/07/1925
Tirage : Inconnu

	Neuf ☆☆	Neuf ☆	Obl. ☉	Sur ⊠
110A 4c brun type I	**9**	**7**	**2,4**	**6**
non dentelé	285	200		
tirage sur bristol, dentelure figurée centrage parfait + 150%	350			
a - couleur chocolat (1904)	23	14	7	14
b - point devant ou après le 4	15	8	6	
c - tâche sur la robe	15	8	6	
d - tâche entre A et N	8	4	2	
e - les trois variétés se tenant (30/40/50)	75	30		
f - impression recto-verso	100	60	45	
g - impression incomplète	350	210		
h - piquage à cheval	100	70	45	
i - piquage oblique par pliage	190	125		
j - dentelé 1 ou 3 côtés	300	190	125	
k - pli accordéon	140	85	45	
l - varieté de piquage				
110B 4c brun-jaune type I	**5**	**3**	**2**	**4**
a - point devant ou après le 4	25	10	6	
b - tâche sur la robe	25	10	6	
c - tâche entre A et N	10	4	2	
d - les trois variétés se tenant (30/40/50)	120	60		
e - Non dentelé accidentel	500			
f - impression partielle par pliage	400	300		

	0 1900	1 1901	2 1902	3 1903	4 1904	5 1905	6 1906	7 1907	4 1924
Paire millésimée	60	50	50	50	50	70	60	70	35

Sans millésime (à sec - 1924) 600

l e obliteration rebuts g

Émission : « Type BLANC »

5 c. vert d'eau foncé

Dessinateur : Joseph Blanc
Graveur : Emile Thomas
Type d'impression : Typographie à plat de 1900 à 1907
puis typographie rotative 19/01/1925 au 02/02/1932

Date d'émission : 04/12/1900
Date de retrait : 30/03/1932
Tirage : Inconnu

	Neuf ☆☆	Neuf ☆	Obl. ⊙	Sur ✉
111 5c vert-jaune type IA	**5**	**2,2**	**0,3**	**1**
non dentelé	150	100		
tirage sur bristol, denture figurée	350			
a - impression recto-verso	65	45	25	
b - impression double	525	350		
c - impression recto et verso	835	535		
d - piquage à cheval	75	45	30	
e - piquage double	180	110		
f - piquage triple	360	220		
g - piquage oblique par pliage	210	140		

Millésimes

	0 1900	1 1901	2 1902
Paire millésimée	80	30	80

Sans millésime   600   300

c

	Neuf ☆☆	Neuf ☆	Obl. ⊙	Sur ✉
111A 5c vert type IA	**12**	**7,5**	**1,5**	**3**
non dentelé	170	110		
tirage sur bristol, denture figurée	350			
a - impression défectueuse	13	8		
b - impression recto-verso	60	40	25	
c - piquage à cheval	80	50	30	
d - piquage double	150	90		
e - piquage oblique par pliage	170	100		
f - impression absente par pliage	1 000	500		

Millésimes

	2 1902	5 1905	6 1906	7 1907
Paire millésimée	150	120	40	50

Sans millésime   600   300
Millésime renversé (1ex. connu en 1902)   3 000

	Neuf ☆☆	Neuf ☆	Obl. ⊙	Sur ⊠
111B 5c vert bleu type IA	**8**	**4**	**0,6**	**1,5**
non dentelé	135	90		
tirage sur bristol, dentelure figurée	350			
a - couleur vert-émeraude foncé (1904)	10	6		
b - impression recto-verso	50	30	25	
c - impression double	535	325		
d - impression sur papier jaune (1906)	6 000	4 000		

Note: la variété "impression sur papier jaune" concerne un papier avec teinte de fond imprimée, comme pour les Sage.

e - piquage à cheval	100	65	30	
f - piquage partiel	110	65	30	
g - piquage double	150	85	75	
h - piquage oblique par pliage	150	90		
i - dentelé 1 ou 3 côtés	160	90		
j - dentelé tenant à non dentelé	535	315		
k - pli accordéon	140	85		

k

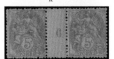

Millésimes

	3 1903	4 1904	5 1905	6 1906
Paire millésimée	30	40	30	60

Sans millésime	600	300
Millésime 6 sur papier jaune (2 ex. connus)	15 000	

111 IB 5c vert type IIB (issu de carnet)	**50**	**33**	**13**	**20**
Paire avec marge en haut et en bas	120	60	30	100
Première date connue Nov. 1906				

Type IB (carnets de 40)
la plume du haut se termine
en pointe

111 IIA 5c vert type IIA	**5**	**2,3**	**0,3**	**1**
a - isolé au type 1 (case 1)	5 000	2 000	1 500	5 000
b - anneau-lune	50	30	20	
c - impression défectueuse	8	5		
d - impression incomplète	185	115		
e - impression double	650	450		
f - impression sur raccord	180	110		
g - piquage à cheval	75	40	30	
h - non dentelé accidentel	2 000	1 000		
i - avec bord publicitaire "Aiglon"	200	135		

Coins datés

1925	1926	1927	1928	1929	1930	1931	1932
45	30	30	30	30	30	30	35

Erreur de date	120

111 IIB 5c vert type IIB (issu de roulette)	**115**	**75**	**10**	**30**
Coins datés à gauche de 1925	1100			
Numéro de feuille à gauche	200			

Type IIB (roulettes) le trait
sous le pied est discontinu et
avec un petit point.

issu de carnet   issu de roulette   issu de roulette avec numéro
de feuille à gauche du timbre

Émission : «Droits de l'Homme ou «Type MOUCHON»

10 c. rouge-rose

Dessinateur : L-E Mouchon
Graveur : L-E Mouchon
Type d'impression : Typographie à plat de 1900 à 1902

Date d'émission : 04/12/1900
Date de retrait : Juin 1902
Tirage : type1 : 13 500 000 en 1900
type 2 : 85 500 000 en 1900

*Type I - Impression
en deux passages*
· *Base du 1 est droite*
· *Filet interrompu sous le P*
· *Filets intérieurs resserrés*
· *Couleur et Positionnement
du 10 varient*

*Type II - Impression
en un passage*
· *Base du 1 incurvée vers
le haut*
· *Filets intérieurs écartes*
· *Cassure en bas à gauche
du filet du cartouche*
· *10 bien centré et dans la
même couleur*

	Neuf ☆☆	Neuf ☆	Obl. ⊙	Sur ⊠
112 10c rose, type I	**95**	**30**	**10**	**18**
centrage **parfait +100%**				
non dentelé	635	400	225	
a - couleur rose pâle	110	50		
b - couleur rose vif aniline	110	50		
c - cadre brisé	175	65	30	
d - impression défectueuse	175	105	22	
e - chiffres très déplacés	200	135	55	
f - impression recto-verso (chiffres)	200	105	25	
g - un chiffre hors cartouche	875	630		
h - chiffres absents (pliage)	12 000	7 750		
i - dentelé 1 ou 3 côtés	465	300		
j - piquage à cheval	175	110	45	
k - piquage oblique par pliage	315	185		
l - chiffres plus clairs ou plus foncés	200	130	30	
m - chiffres empatés (base épaisse)	180	100	25	
116 10c rouge, type II	**160**	**40**	**2**	**10**
centrage **parfait +100%**				
non dentelé	650	400	185	
tirage sur bristol, dentelure figurée	350			
a - couleur rose carminé foncé	170	55		
b - impression défectueuse	190	90	30	
c - impression recto-verso	250	100	30	
d - piquage à cheval	220	115	30	
e - piquage oblique par pliage	300	160		
f - dentelé 1 ou 3 côtés	300	175		
g - dentelé tenant à non dentelé	850	560		
h - pli accordéon	330	175	65	

Millésimes

	0 1900 Type I	0 1900 Type II	1 1901 Type II
Paire millésimée	300	300	275

112 e   112 f   112 g

Émission :   «Droits de l'Homme ou «Type MOUCHON»

15 c. rouge-orange

Dessinateur : L-E Mouchon   Date d'émission : 04/12/1900
Graveur : L-E Mouchon   Date de retrait : Décembre 1902
Type d'impression : Typographie à plat de 1900 à 1902   Tirage : 1 425 000 000 ex.

	Neuf ☆☆	Neuf ☆	Obl. ⊙	Sur ⊠
117 15c orange type II	**32**	**9**	**1**	**2**
centrage **parfait +100%**				
non dentelé	400	265	165	
Essai de couleur 1901	135			
Essai de couleur sur bristol	85			
Essai de couleur en noir sur bristol	235			
EPL sur feuillet	825			
tirage sur bristol, dentelure figurée	350			
a - couleur orange foncé (rougeâtre)	40	18		
b - impression défectueuse	45	28		
c - impression recto-verso	50	27	18	
d - chiffre "1" touchant le cadre	100	60	17	
e - chiffres épais (sur encrage)	110	75	20	
f - impression incomplète	210	130	40	
g - impression recto et verso	4 000	2 600		
h - piquage à cheval	100	65	18	
i - piquage double	180	100		
j - piquage oblique par pliage	265	160		
k - dentelé 1 ou 3 côtés	200	130		
l - dentelé tenant à non dentelé	775	500		
m - pli accordéon	200	100	25	
n - orange terne	35	10	1	
o - piquage triple	300	200		

c

Millésimes

	0 1900	1 1901	2 1902
Paire millésimée	100	90	100

d

j

Émission : «Droits de l'Homme ou «Type MOUCHON»

20 c. brun-lilas

Dessinateur : L-E Mouchon
Graveur : L-E Mouchon
Type d'impression : Typographie à plat de 1900 à 1902

Date d'émission : 04/12/1900
Date de retrait : Mai 1902
Tirage : 5 100 000 en 1900

	Neuf ☆☆	Neuf ☆	Obl. ⊙	Sur ⊠
113 20c brun-lilas type I	**200**	**75**	**10**	**20**
centrage **parfait +100%**				
non dentelé	800	500	325	
Essai de couleur non dentelé	160			
EPL sur feuillet	825			
tirage sur bristol, denture figurée	350			
a - couleur brun-lilas pâle	235	100	14	
b - couleur brun-lilas très foncé	250	130	14	
c - impression défectueuse	285	165	25	
d - impression recto-verso (timbre)	325	190	55	
e - impression double (totale)	5 500			
f - chiffres très pâle (presque absent)	335	235	65	
g - chiffres très foncés (timbre pâle)	265	140	35	
h - chiffres très déplacés	325	210	150	
i - chiffres doublés	4 500	3 000		
j - chiffres absents	14 500			
k - piquage à cheval	375	250	70	
l - piquage oblique par pliage	450	300		
m - dentelé 1 ou 3 côtés	735	515		
n - pli accordéon	535	350	80	

Millésime

	0 1900
Paire millésimée	600

l   g et h   m

Émission : «Droits de l'Homme ou «Type MOUCHON»

25 c. bleu

Dessinateur : L-E Mouchon
Graveur : L-E Mouchon
Type d'impression : Typographie à plat de 1900 à 1902

Date d'émission : 04/12/1900
Date de retrait : Juillet 1902
Tirage : type 1 : 25 080 000 en 1900
    type 2 : 71 250 000 en 1900/1901

	Neuf ☆☆	Neuf ☆	Obl. ⊙	Sur ⊠
114 25c bleu, type I	**400**	**135**	**10**	**15**
centrage **parfait +100%**				
non dentelé	975	650	425	
a - couleur bleu pâle	425	210	15	
b - couleur bleu très foncé	450	240	17	
c - impression recto-verso (timbre)	475	260	65	
d - chiffres très pâle (et timbre foncé)	450	240	65	
e - chiffres très foncés (timbre pâle)	50	240	65	
f - boucle du "2" fermée	500	300	100	
g - boucle du "5" fermée	500	300	100	
h - chiffres très déplacés	1 300	900	475	
i - chiffres absents	16 000	12 000		
j - piquage à cheval	600	400	70	
k - piquage oblique par pliage	675	450		
l - dentelé 1 ou 3 côtés	825	500		
m - dentelé tenant à non dentelé	1 600	1 050		
n - pli accordéon	775	485	80	

Type I - Impression en deux passages
- *filets intérieurs du cartouche resserrés*
- *sous le chiffre 2 le filet est intact*
- *le sommet du 5 est vertical*
- *le T de postes a une base élargie*
- *les chiffres ne sont pas parfaitement centrés ou de couleur légèrement différente*

	Neuf ☆☆	Neuf ☆	Obl. ⊙	Sur ⊠
118 25c bleu, type II	**520**	**150**	**2**	**5**
centrage **parfait +100%**				
non dentelé	1 100	700	400	
EPL sur feuillet	825			
tirage sur bristol, dentelure figurée	350			
a - couleur bleu clair	560	175		
b - couleur bleu foncé	560	175		
c - couleur bleu-noir	620	325	75	
d - "5" fermé	580	325	70	
e - anneau-lune	580	300		
f - impression défectueuse	620	300		
g - impression recto-verso	620	340	37	
h - piquage à cheval	680	435	65	
i - piquage oblique par pliage	700	435		
j - piquage partiel	700	435		
k - dentelé 1 ou 3 côtés	950	600		
l - piquage double	1 050	600		
m - paire horizontale entre deux feuilles de 150 avant découpe	5 000	3 000		

Type II - passage en une fois
- *sous le chiffre 2 le filet d'encadrement est brisé*
- *filets intérieurs du cartouche écartés*
- *le P de Postes plus ou moins relié au filet du cartouche*
- *le sommet du 5 présente une légère saillie à gauche*
- *la base du T de Postes est droite*

Millésimes

	0 1900 Type I	0 1900 Type II	1 1901 Type II
Paire millésimée	1 000	1 200	1 200

type 1 - e

type 1 - c et k

type 1 - ND

type 2 - m

Émission : «Droits de l'Homme ou «Type MOUCHON»

30 c. violet

Dessinateur : L-E Mouchon
Graveur : L-E Mouchon
Type d'impression : Typographie à plat de 1900 à 1902

Date d'émission : 04/12/1900
Date de retrait : Avril 1902
Tirage : 11 400 000 ex. en 1900

	Neuf ☆☆	Neuf ☆	Obl. ⊙	Sur ⊠
115 30c lilas type I	**325**	**90**	**6**	**20**
centrage **parfait +100%**				
non dentelé	650	400		
Essai de couleur non dentelé	190			
EPL sur feuillet	825			
tirage sur bristol, dentelure figurée	350			
a - couleur violet vif	380	200	30	
b - impression recto-verso	430	235	55	
c - "3" fermé	390	220	65	
d - chiffres très déplacés	480	300	150	
e - impression incomplète	930	675		
f - chiffres doublés	17 000			
g - piquage oblique par pliage			650	400
h - dentelé 1 ou 3 côtés			730	475
i - pli accordéon			90	325
j - violet terne	325	90	6	
k - chiffres plus clairs	400	200		
l- chiffres plus foncés	400	200		

Millésimes

	0 1900
Paire millésimée	950

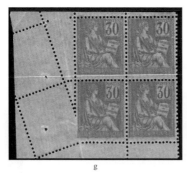

g

c

SPINK

LONDON
1666

MARKET LEADING EXPERTS FOR
GREAT BRITAIN AND THE BRITISH COMMONWEALTH

STAMPS| COINS | BANKNOTES | MEDALS | BONDS & SHARES
AUTOGRAPHS | BOOKS | WINE & SPIRITS | HANDBAGS |
COLLECTIONS | ADVISORY SERVICES | SPECIAL COMMISSIONS

A WORLD RECORD FOR CHINA'S MOST ICONIC STAMP
1897, The Small One Dollar on 3c. red
Realised: HK$6,240,000 (€800,000)
17 JANUARY 2016 | HONG KONG

A WORLD RECORD FOR A SINGLE PENNY BLACK ON COVER
1840 13 May One Penny Black entire cover
Realised: £360,000 (€430,000)
29 JUNE 2011 | LONDON

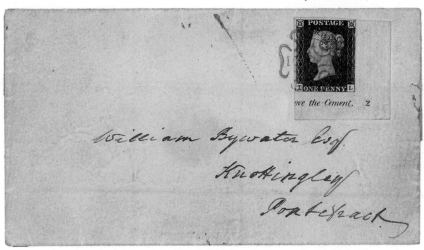

Émission :   République assise gardienne de la Paix ou Type « Merson »

40 c. rouge et bleu

Dessinateur : L.O. Merson
Graveur : A. Thévenin

Date d'émission : 04/12/1900
Supprimé le : 02/04/1906,
rétabli par le 18 mars 1908,
Date de retrait : 08/12/1924
Tirage : Inconnu

Type d'impression : Typographie à plat de 1900 à 1906,
puis de juillet 1908 à 1924

	Neuf ☆☆	Neuf ☆	Obl. ⊙	Sur ⊠
119 40c rouge et bleu	**70**	**15**	**1**	**2**
centrage **parfait +50%**				
non dentelé	425	260		
Essai de couleur	225			
EPL sur feuillet	1 350			
tirage sur bristol, dentelure figurée	350			
a - couleur rouge foncé vif et bleu	85	25	27	70
b - papier GC jaunâtre ou gris (1916)	85	32	4	
c - papier GC blanc	90	40	5	
d - impression défectueuse	90	55	11	
e - impression recto-verso	165	110	42	
f - centre très déplacé	150	85	27	70
fa – idem, papier GC	150	85	27	70
g - centre absent	850	565	130	
ga - idem, papier GC	800	525	110	
h - piquage à cheval	215	130	65	
i - piquage oblique par pliage	300	180		
j - dentelé 1 ou 3 côtés	375			
k - dentelé tenant à non dentelé	800	500		
l - non dentelé	425	265	160	
m - pli accordéon	300	180	70	

b

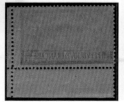

e

h

k

essai de couleur

Émission : **République assise gardienne de la Paix ou Type « Merson »**

50 c. brun et gris

Dessinateur : L.O. Merson
Graveur : A. Thévenin
Type d'impression : Typographie à plat de 1900 à 1920

Date d'émission : 04/12/1900
Remplacé en 1921
Tirage : Inconnu

	Neuf ☆☆	Neuf ☆	Obl. ⊙	Sur ⊠
120 50c brun et gris	**450**	**120**	**2**	**4**
centrage **parfait +100%**				
non dentelé	900	565	400	
Essai de couleur	325			
EPL sur feuillet	1 350			
tirage sur bristol, dentelure figurée	350			
a - couleur brun foncé et gris-bleu	500	160	6	
b - papier GC jaunâtre ou gris (1916)	510	250	6	
c - papier GC blanc	560	300	8	
e - centre très déplacé	730	450	325	
d - centre absent	950	600	175	
f - impression recto-verso	750	515	55	
g - piquage à cheval	850	565	70	
h - piquage oblique par pliage	1 100	675		
i - piquage double	1 200	725		
j - dentelé 1 ou 3 côtés	1 300	900		
k - dentelé tenant à non dentelé	2 100	1 400		
l - pli accordéon	1 100	675	70	
m - fond gris clair tenant à fond gris foncé	1 200	800		

m   l   r   i

Émission: **République assise gardienne de la Paix ou Type «Merson»**

1 Fr. lie de vin et olive

Dessinateur: L.O. Merson
Graveur: A. Thévenin
Type d'impression: Typographie à plat de 1900 à 1926

Date d'émission: 04/12/1900
Remplacé en 1926
Tirage: Inconnu

	Neuf ☆☆	Neuf ☆	Obl. ☉	Sur ✉
121 1f lie-de-vin et olive	**115**	**30**	**1**	**3**
centrage **parfait +50%**				
non dentelé	600	375		
Essai de couleur	325			
EPL sur feuillet	1 350			
a - papier GC jaunâtre ou gris (1916)	165	65	6	
b - papier GC blanc	165	80	7	
c - couleur carmin vif et jaune-olive foncé	150	55	6	
d - impression défectueuse	150	55		
e - impression recto-verso	375	240	55	
f - centre très déplacé (normal ou GC)	365	225	55	100
g - centre très déplacé, piquage à cheval	925	600		
h - centre absent	900	615	140	425
ha - idem, papier GC	850	565	130	
hb - centre absent, tenant à normal	2 000	1 800		
i - teinte de fond doublée	775	535	210	
j - teinte de fond doublée dont une renversée	1 400	835		
k - piquage à cheval	335	210	55	
l - piquage oblique par pliage	385	250		
m - dentelé 1 ou 3 côtés	500	320		
n - dentelé tenant à non dentelé	1 050	650		
o - pli accordéon	385	250	65	
p - aubergine	150	50	2	
q - impression empatée	200	100		
r - idem tenant à normal	500	300		

h

r

j

k

hb

n

Émission: **République assise gardienne de la Paix ou Type «Merson»**

2 Fr. violet et jaune

Dessinateur: L.O. Merson   Date d'émission: 04/12/1900

Graveur: A. Thévenin   Remplacé en 1906

Type d'impression: Typographie à plat de 1900 à 1906   Tirage: Inconnu

	Neuf ☆☆	Neuf ☆	Obl. ☉	Sur ✉
122 2f violet et jaune	**2 600**	**950**	**90**	**325**
centrage **parfait +100%**				
non dentelé	1 750			
EPL sur feuillet	3 350			
tirage sur bristol, dentelure figurée	3 500			
a - couleur violet foncé et jaune vif	3 000	950	100	400
b - impression recto-verso	6 000	3 850	1 000	
c - piquage à cheval (1 ex connu)	16 500			
d - piquage oblique par pliage	6 250	4 000		

non dentelé

Émission: **République assise gardienne de la Paix ou Type « Merson »**

5 Fr. bleu et chamois

Dessinateur: L.O. Merson
Graveur: A. Thévenin
Type d'impression: Typographie à plat de 1900 à 1902,
puis de 1922 à 1929

Date d'émission: 04/12/1900
Remplacé en 1929
Tirage: Inconnu

	Neuf ☆☆	Neuf ☆	Obl. ⊙	Sur ⊠
123 5f bleu et jaune	**345**	**98**	**5**	**42**
centrage **parfait +100%**				
EPL sur feuillet	1 500			
tirage sur bristol, dentelure figurée	350			
non dentelé	1 900	1 300		
a - papier crème	375	140		
b - couleur bleu-noir et chamois	450	200	20	125
c - centre très déplacé	700	450	110	425
d - centre absent	1 500	775	210	
e - impression recto-verso	750	485	135	
f - piquage à cheval	725	425	110	
h - piquage oblique par pliage	1 050	550		
g - piquage double	1 050	550		
i - dentelé 11	2 400	1 450		
j - dentelé tenant à non dentelé (5 connus)	7 750	6 000		
123A 5f bleu et olive	**450**	**220**	**20**	**150**

tirage sur bristol    f

g   123A

Émission: Droits de l'Homme ou Type «MOUCHON RETOUCHE»

10 c. rose

Dessinateur: L-E Mouchon   Date d'émission: 18/06/1902
Graveur: L-E Mouchon   Date de retrait: Mai 1903
Type d'impression: Typographie à plat de 1902 à 1903   Tirage: Inconnu

	Neuf ☆☆	Neuf ☆	Obl. ⊙	Sur ⊠
124 10c rose	**200**	**42**	**1**	**2**
centrage **parfait +100%**				
non dentelé	950	700	350	
EPL couleur papier pelure	285			
EPL couleur non adoptée	600			
EPL en noir sur feuillet	750			
EPL sur feuillet	1 100			
tirage sur bristol, dentelure figurée	350			
a - impression recto-verso	265	85	50	
b - impression oscillée	635	385	45	
c - impression double	2 750	1 800		
d - piquage à cheval	300	100	55	
e - piquage oblique par pliage	315	160		
f - dentelé 1 ou 3 côtés	425	265		
g - piquage double	475	285		
h - pli accordéon	465	275	75	
i - rose terne	230	50	1	
j - rose vif	250	55	1	

Millésimes

	2 1902	**3** 1903
Paire millésimée	500	500

d

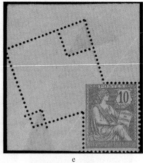

e

Émission: Droits de l'Homme ou Type «MOUCHON RETOUCHE»

15 c. vermillon

Dessinateur: L-E Mouchon
Graveur: L-E Mouchon
Type d'impression: Typographie à plat de 1902 à 1903

Date d'émission: 18/12/1902
Date de retrait: 2 avril 1903
Tirage: Inconnu

	Neuf ☆☆	Neuf ☆	Obl. ⊙	Sur ⊠
125 15c vermillon	**50**	**11**	**1**	**2**
centrage **parfait +100%**				
EPL couleur papier pelure	285			
EPL couleur non adoptée	700			
EPL sur feuillet	1 500			
non dentelé	800	535	375	
tirage sur bristol, dentelure figurée	350			
a - couleur orange	70	20	6	
b - queue du "5" touchant le cadre (case 49)	120	70	50	
c - impression oscillée	130	75		
d - impression recto-verso	105	50	40	
e - impression sur raccord	315	180	80	
f - piquage à cheval	130	75	40	
g - piquage double	180	100		
h - piquage oblique par pliage	145	90		
i - piquage partiel	180	100		
j - dentelé 1 ou 3 côtés	400	245		
k - pli accordéon	190	105	65	
l - orange foncé, saumon (impression fine)	100	40	3	

Millésimes

	2 1902	3 1903
Paire millésimée	150	150

b

Émission : Droits de l'Homme ou Type « MOUCHON RETOUCHE »

20 c. brun-lilas

Dessinateur : L-E Mouchon
Graveur : L-E Mouchon
Type d'impression : Typographie à plat de 1902 à 1903

Date d'émission : Mai 1902
Date de retrait : Juin 1903
Tirage : Inconnu

	Neuf ☆☆	Neuf ☆	Obl. ⊙	Sur ✉
126 20c brun-lilas	**325**	**100**	**15**	**28**
centrage **parfait +100%**				
EPL sur feuillet	1 500			
non dentelé	1 600	900	600	
tirage sur bristol, dentelure figurée	350			
a - couleur brun clair	320	105	18	
b - couleur brun foncé	330	115	20	38
c - impression recto-verso	500	310	70	
d - impression oscillée	580	385		
e - piquage à cheval	620	385	65	
f - dentelé 1 ou 3 côtés	505			
g - piquage oblique par pliage	650	400		
h - pli accordéon	650	400	80	

Millésimes

	2 1902
Paire millésimée	900

e

Émission : **Droits de l'Homme ou Type «MOUCHON RETOUCHE»**

25 c. bleu

Dessinateur : L-E Mouchon   Date d'émission : Juillet 1902
Graveur : L-E Mouchon   Date de retrait : Avril 1903
Type d'impression : Typographie à plat de 1902 à 1903   Tirage : Inconnu

	Neuf ☆☆	Neuf ☆	Obl. ⊙	Sur ⊠
127 25c bleu	**460**	**102**	**2**	**7**
centrage **parfait +100%**				
EPL sur feuillet	1 500			
non dentelé	1 750	1 150	750	
tirage sur bristol, dentelure figurée	350			
a - couleur bleu foncé	520	235		
b - impression recto-verso	635	285	65	
c - piquage à cheval	800	425	65	
d - dentelé 1 ou 3 côtés	750	425		
e - piquage double	800	425		
f - piquage oblique par pliage	800	425		
g - pli accordéon	950	475	130	

Millésimes

	2 1902	3 1903
Paire millésimée	1 200	1 300

b

c

Émission: Droits de l'Homme ou Type «MOUCHON RETOUCHE»

30 c. violet

Dessinateur: L-E Mouchon   Date d'émission: 24/04/1902
Graveur: L-E Mouchon   Date de retrait: Avril 1903
Type d'impression: Typographie à plat de 1902 à 1903   Tirage: Inconnu

	Neuf ☆☆	Neuf ☆	Obl. ⊙	Sur ✉
128 30c violet	**1 000**	**285**	**17**	**28**
centrage **parfait +100%**				
EPL sur feuillet	1 500			
non dentelé	2 500	1 650	850	
tirage sur bristol, dentelure figurée	350			
a - couleur violet vif	1 000	435	20	37
b - violet très foncé	1200			
c - impression recto-verso	1 200	675	110	
d - impression incomplète	1 650	900		
e - piquage à cheval	1 650	800	120	
f - dentelé 1 ou 3 côté	1 300			
g - piquage oblique par pliage	1 500	900		

Millésimes

	2 1902
Paire millésimée	2 500

non dentelé   c

Émission :   **République en marche semant ses idées ou type « Semeuse lignée »**

10 c. rose

Dessinateur : O. Roty
Graveur : L-E Mouchon
Type d'impression : Typographie à plat de 1903 à
novembre 1906

Date d'émission : 06/05/1903
Remplacé : avril 1906
Tirage : Inconnu

	Neuf ☆☆	Neuf ☆	Obl. ☉	Sur ✉
129 I 10c rose, type I	**30**	**8**	**0,4**	**1**
EPL couleur non adoptée	525			
EPL sur feuillet	650			
EPL en noir sur feuillet	1 600			
a - "R" sans ombre (tenant à normal)	90	60	45	
129 II 10c rose, type II	**135**	**62**	**3**	**5**
non dentelé	350			
a - rose très pâle (1904)	160	80	9	
129 III 10c rose, type III	**30**	**8**	**0,3**	**1**
non dentelé	350	230	125	
EPL sur feuillet, papier chine	675			
tirage sur bristol, dentelure figurée	350			
a - papier crème	32	16		
b - papier filigrané "Aussedat"	3 300	2 000		
c - couleur rose carminé vif (1906)	42	17		
d - signature "Roty" absente	85	50	22	
e - anneau-lune	150	90		
f - impression recto-verso	96	50	27	
g - impression incomplète	320	175		
h - piquage à cheval	170	100	45	
i - piquage double	230	150		
j - dentelé 1 ou 3 côtés	428	265		
k - dentelé tenant à non dentelé	800	500		
l - piquage oblique par pliage	310	190		
m - pli accordéon	190	110	45	
faux pour tromper la poste	450	300	675	
idem non dentelé	675	450		

Millésimes

	3 1902 TYPE I	4 1903 TYPE II	4 1904 TYPE III	5 1905 TYPE III	6 1906 TYPE III
Paire millésimée	80	300	80	80	90

Type I et II : "R" avec ombre
Pour le type I le jambage du T
de Roty est incliné

Type II : "R" sans ombre

Type I et II : base du "1"
inclinée à gauche

Type III : base du "1"
inclinée à droite

Émission : **République en marche semant ses idées ou type « Semeuse lignée »**

15 c. vert

Dessinateur : O. Roty
Graveur : L-E Mouchon
Type d'impression : Typographie à plat de 1903 à 1906,
puis de 1916 à 1924.
Typographie rotative pour le type VI en 1923

Date d'émission : 02/04/1903
Remplacé : septembre 1924
Tirage : Inconnu

	Neuf ☆☆	Neuf ☆	Obl. ⊙	Sur ✉
130 I 15c vert-gris, type I	**10**	**5**	**0,4**	**1**
centrage **parfait +100%**				
EPL couleur non adoptée		165		
Essai sur papier jaune		1 400	850	
non dentelé		450	300	
a - impression recto-verso		60	37	22
b - piquage à cheval		130	85	40

Millésimes

	3 1903	4 1904	5 1905	6 1906
Paire millésimée	30	45	33	36

	Neuf ☆☆	Neuf ☆	Obl. ⊙	Sur ✉
130 II 15c vert-gris, type II	**45**	**19**	**0,8**	**2**
non dentelé	90			
Essai de couleur vert sur jaune	100			
Essai de couleur vert sur vert	185			
a - impression recto-verso	85	50	35	

Millésimes

	3 1903	4 1904
Paire millésimée	100	135

	Neuf ☆☆	Neuf ☆	Obl. ⊙	Sur ✉
130 III 15c vert-gris, type III	**65**	**30**	**2,5**	**6**

Millésime

	4 1904
Paire millésimée	180

Types I, VI
(pas de trait)

Types II, III, V
(trait parasite)

Type IV (trait
réduit à 2 points)

Types I à IV
(ombre sous
le "R")

Types I à V
(5 traits sur
le coude)

Type V & VI
(pas d'ombre)

Type VI
(4 traits)

Types I & II
(ligne brisée)

Types III à VI
(ligne continue)

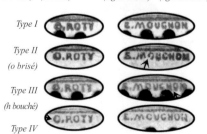

Type I

Type II
(o brisé)

Type III
(h bouché)

Type IV

130 IV 15c olive, type IV

	10	5	0,4	1
non dentelé	235	160	75	
non dentelé (mise en train)	145	95		
tirage sur bristol, dentelure figurée	350			
a - papier GC crème ou gris (1916)	12	5,5	0,5	
b - papier GC blanc	15	7		
c - papier GC chamois foncé	23	10		
d - papier X (1917)	110	70		
e - couleur vert pâle (1920)	11	5		
f - couleur vert-jaune (1921-22)	11	5		
g - couleur vert-bronze foncé	14	8		
h - impression défectueuse	19	14		
i - signature "Roty" absente	28	17	6	
j - anneau-lune	50	30	20	
k - impression recto-verso	55	35	16	
l - impression incomplète	275	170	100	
m - timbre non imprimé (tàn)	650	425		
n - impression recto et verso (papier X)	2 350	1 500		
o - piquage à cheval	160	105	30	
p - piquage double	190	125		
q - piquage oblique par pliage	225	150		
r - piquage partiel	235	160		
s - dentelé 1 ou 3 côtés	275	175	125	
t - dentelé tenant à non dentelé	465	285		
u - dentelé tenant à non dentelé (GC)	450	275		
v - pli accordéon	185	125	95	

	4 1904	5 1905	6 1906	...	6 1916	7 1917	8 1918	9 1919	0 1920	1 1921	2 1922	3 1923	4 1924
Paire millésimée	60	25	35		40	37	37	40	36	28	28	28	28
Idem. Manchette **GC**					160	110	110	40					

Millésime 7 de 1917 sur papier X   280

Millésime 7 de 1917 (issu de roulette B6)   2 500
Millésime 8 de 1918 (issu de roulette B6)   2 500

130 V 15c vert, type V (carnet)

	65	30	4,5	6
centrage **parfait +100%**				
non dentelé	450	300		
a - papier GC	35	17		
b - papier X	315	210		
c - piquage à cheval	225	150	50	

130 VI 15c bronze, type VI (roulette)

	7 000	215	475	6
centrage **parfait +100%**				

130 VI

130 IA

Émission : **République en marche semant ses idées ou type «Semeuse lignée»**

20 c. brun-lilas

Dessinateur : O. Roty
Graveur : L-E Mouchon
Type d'impression : Typographie à plat de 1903 à 1906

Date d'émission : 29/06/1903
Remplacé : Décembre 1907
Tirage : Inconnu

	Neuf ☆☆	Neuf ☆	Obl. ⊙	Sur ✉
131 20c brun-lilas	**200**	**75**	**2,2**	**1**
centrage **parfait +100%**				
EPL couleur non adoptée	600			
EPL sur feuillet, papier chine	900			
EPL en noir sur feuillet	1 500			
tirage sur bristol, dentelure figurée	350			
Essai de couleur brun sur jaunâtre	110			
non dentelé	575	335	140	
a - papier crème	200	100		
b - couleur brun-lilas très pâle	235	100		
c - couleur brun-lilas foncé	250	110		
d - couleur chocolat (1906)	280	130	10	25
e - impression recto-verso	375	235	85	
f- impression incomplète	525	350		
g - piquage à cheval	375	235	85	
h - piquage oblique par pliage	550	350		
i - dentelé tenant à non dentelé	1 650	1 050		
j - pli accordéon	550	350	100	

Millésimes

	3 1903	4 1904	5 1905	6 1906
Paire millésimée	550	600	600	550

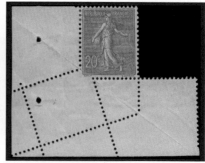

h

Émission: République en marche semant ses idées ou type «Semeuse lignée»

25 c. bleu

Dessinateur: O. Roty   Date d'émission: 28/04/1903
Graveur: L-E Mouchon   Remplacé: Juin 1907
Type d'impression: Typographie à plat de 1903 à 1906   Tirage: Inconnu

	Neuf ☆☆	Neuf ☆	Obl. ⊙	Sur ⊠
132 25c bleu	**230**	**82**	**2**	**5**
centrage **parfait +100%**				
EPL couleur non adoptée	650			
EPL sur feuillet, papier chine	900			
EPL en noir sur feuillet	1 500			
tirage sur bristol, dentelure figurée	350			
non dentelé	625	425	130	
a - papier crème	270	120		
b - papier mince (transparent)	270	120		
c - couleur bleu foncé	280	135	8	
d - couleur bleu-noir (1906)	610	315	45	75
e - impression incomplète	265			
f - impression recto-verso	380	185	55	
g - anneau-lune	390	225		
h - impression recto et verso	1 650	900	1 000	
i - piquage à cheval	680	440	115	
j - dentelé 1 ou 3 côtés	710	475		
k - piquage double	740	465		
l - piquage oblique par pliage	765	475		
m - dentelé tenant à non dentelé	1 650	1 050		
n - pli accordéon	640	385	115	

Millésimes

	3 1903	4 1904	5 1905	6 1906
Paire millésimée	600	600	650	600

i   i

Émission :   République en marche semant ses idées ou type «Semeuse lignée»

30 c. lilas

Dessinateur : O. Roty
Graveur : L-E Mouchon
Type d'impression : Typographie à plat de 1903 à 1906

Date d'émission : 27/06/1903
Remplacé : Mai 1907
Tirage : Inconnu

	Neuf ☆☆	Neuf ☆	Obl. ⊙	Sur ⊠
133 30c violet	**530**	**210**	**6**	**16**
centrage **parfait +100%**				
non dentelé	1 150	775	285	
EPL en noir sur feuillet	1 500			
EPL couleur non adoptée	650			
tirage sur bristol, dentelure figurée	350			
a - papier crème	700	350	35	
b - couleur violet foncé (1906)	585	230	8	
c - couleur violet rougeâtre très foncé	700	325	22	45
d - couleur violet-noir	800	415	30	65
e - impression recto-verso	750	475	425	
f - impression incomplète	1 700	1 150		
g - dentelé tenant à non dentelé	2 400	1 575		
h - piquage oblique par pliage	1 400	800		
i - impression sur raccord	1 600	960		
j - pli accordéon	1 400	800		

Millésimes

	3 1903	4 1904	5 1905	6 1906
Paire millésimée	1 250	1 300	1 300	1 400

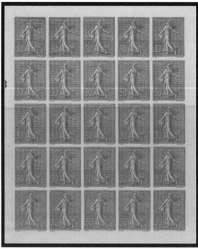

non dentelé

h

Émission : « Type Semeuse fond uni avec sol »

10 c. rouge

Dessinateur : Louis Oscar Roty
Graveur : Louis Eugène Mouchon
Type d'impression : Typographie à plat

Date d'émission : 11 avril 1906
Date de retrait : mai 1906
Tirage : 2 000 000 (type 1)
28 000 000 (type 2)

1906 - Semeuse fond uni (semeuse camée) avec sol

Type I (plus ombré)

Type II (plus blanc et plus contrasté)

	Neuf ☆☆	Neuf ☆	Obl. ⊙	Sur ⊠
134 I 10c rouge, type I	**4,5**	**3**	**2**	**7**
non dentelé	450	275	165	
tirage sur bristol, dentelure figurée	350			
tirage sur bristol, dentelure non figurée	350			
a - couleur rouge clair	7	4		
b - couleur rouge-brun	9	5		
c - "I" et "Q" soudés	32	21	13	
d - impression défectueuse (lourde)	10	7	4	
e - impression incomplète	250	175	150	
f - impression recto-verso	130	85	45	
g - papier jaunâtre	10	7		
h - piquage à cheval	140	90	50	
i - piquage double	300	185		
j - piquage oblique par pliage	315	200		
134 II 10c rouge, type II	**7**	**3,5**	**2**	**6**
non dentelé	210			
a - couleur rouge clair	9	5		
b - couleur rouge-sang	17	9	5	10

Millésimes

	6 1906	Sans Millésime
Paire millésimée (type 1)		160
Paire millésimée (type 2)	20	315

134A avec soleil levant, non émis	**225**	
EPL en noir sans faciale	4 250	
a - tenant à un 10c rouge avec sol (nd)	1 000	

Ce non émis provient aussi d'un poinçon gravé par L.-E. Mouchon et imprimé début avril 1906 afin de préparer le remplacement de la semeuse lignée. C'est finalement la semeuse avec sol qui aura été retenue.

Émission : « Semeuse camée chiffres maigres »

10 c. rouge

Dessinateur : Louis Oscar Roty
Graveur : Louis Eugène Mouchon

Type d'impression : Typographie à plat

Date d'émission : 28 juillet 1906
Date de retrait : décembre 1910
(épuisement)
Tirage : 555 000 000 ex.

	Neuf ☆☆	Neuf ☆	Obl. ⊙	Sur ✉
135 I 10c rouge, type I *(f150)*	**35**	**10**	**1**	**4**
Émission : 28 juillet 1906, Retrait : décembre 1907				
EPL sur feuillet, papier pelure	1 200			
tirage sur bristol, dentelure figurée	350			
tirage sur bristol, dentelure non figurée	350			
135 IIA 10c rouge, t. IIA *(f150 et carnet)*	**50**	**18**	**1,5**	**4**
Émission : 20 octobre 1906, Retrait : décembre 1907				
non dentelé	400	235		
a - couleur rouge foncé	55	23		
b - impression défectueuse	70	35		
c - impression recto-verso	120	75	45	
d - "S" final de "Postes" absent	100	55	30	
e - légende effacée (surencrage)	175	125	35	
f - impression (très) incomplète	265	160	25	
g - piquage à cheval	180	120		
h - piquage double	200	130		
i - piquage oblique par pliage	300	200		
j - pli accordéon	200	130	65	

Le type IIB est le type des entiers postaux.

135 III 10c rouge, t. III *(carnet)*	**40**	**16**	**5**	**9**

Émission : 1er décembre 1906 Retrait : décembre 1910 (épuisement)
centrage **parfait +40%**

Millésimes

	6 1906	7 1907
Paire millésimée (type I)	65	
Paire millésimée (type IIA)	130	180

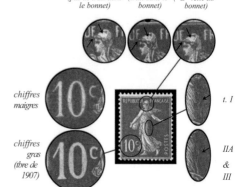

Type I
(pas de trait dans le bonnet)

Type IIA
(trait dans le bonnet)

Type III
("E" relié au bonnet)

chiffres maigres

chiffres gras
(tbre de 1907)

t. I

IIA
&
III

Pour reconnaître avec certitude une semeuse chiffres maigres d'une semeuse chiffres gras, il suffit de regarder les trois points signalés par les flèches : ils n'existent que sur les semeuses maigres.

Émission : « Semeuse camée chiffres maigres »

35c. violet

Dessinateur : Louis Oscar Roty
Graveur : Louis Eugène Mouchon
Type d'impression : Typographie à plat

Date d'émission : 8 novembre 1906
Date de retrait : novembre 1907
Tirage : 12 500 000 ex.

	Neuf ☆☆	Neuf ☆	Obl. ⊙	Sur ✉
136 I 35c violet, type I	**710**	**310**	**30**	**120**
centrage **parfait +50%**				
136 II 35c violet, type II	**430**	**170**	**8**	**25**
centrage **parfait +50%**				
tirage sur bristol, dentelure figurée	350			
non dentelé	450			
a - papier crème	450	270	11	
b - couleur violet foncé	475	235	11	32
c - anneau-lune	650	435	85	
d - impression double	900	575		

Millésimes

	6 1906
Paire millésimée (type I)	1 600
Paire millésimée (type II)	1 100

Chiffres maigres   *T. I (dos peu marqué)*

Chiffres gras (timbre de 1907)   *T. II (dos net et bien détaché)*

Émission : « Semeuse camée chiffres gras »

5 c. vert

Dessinateur : Louis Oscar Roty
Graveur : Louis Eugène Mouchon
Type d'impression : Typographie à plat

Date d'émission : 05 mars 1907
Date de retrait : décembre 1921
Tirage : Inconnu

	Neuf ☆☆	Neuf ☆	Obl. ⊙	Sur ✉
137 I (5 mars) **5c vert foncé, type I.** *(f150)*	**3,5**	**1,8**	**0,2**	**1**

Type I
point sous le "q"

Émission : 5 mars 1907, Retrait : 15 juillet 1921

	Neuf ☆☆	Neuf ☆	Obl. ⊙	Sur ✉
EPL sur feuillet, papier pelure	900			
tirage sur bristol, dentelure figurée	350			
non dentelé	35	22		
a - papier mince (transparent)	6	4		
b - papier GC (1916)	6	4		
idem non dentelé	40	27		
c - papier X	100	65		
d - couleur vert-jaune	5	3		
e - couleur vert-bleu (1910)	5	3		
idem non dentelé	45	32		
f - couleur vert-noir	7	4,5		
g - légende partielle (surencrage)	10	6	4	
h - signature "Roty" absente	12	7	3	6
i - impression oscillée	12	7		
j - impression (très) défectueuse	15	9		
k - impression recto-verso	25	15	11	
idem non dentelé	40	27		
l - impression recto-verso (GC)	37	25	16	
m - semeuse amputée (surencrage)	45	28	6	
n - anneau-lune	50	32	13	
o - "S" final de "Postes" absent	50	30	10	
p - "c" de "5c" absent	60	35	15	
q - impression incomplète	190	120		
r - timbre non imprimé (ten à normal)	750	450		
s - piquage à cheval	80	50	20	85
t - piquage double	120	75		
u - dentelé 1 ou 3 côtés	120	80	50	
v - dentelé tenant à non dentelé	240	150		
w - piquage oblique par pliage	100	60		
x - pli accordéon	135	85	50	95

Type IIA
queue du "q" en
forme de barre

	Neuf ☆☆	Neuf ☆	Obl. ⊙	Sur ✉
137 IIA 5c vert, type IIA	**7**	**4**	**1,5**	**3**

Émission : novembre 1910, Retrait : décembre 1921

	Neuf ☆☆	Neuf ☆	Obl. ⊙	Sur ✉
non dentelé	285	200		
a - papier GC	16	9	5	
b - papier X	300	185		
c - papier filigrane Aussedat	« »			
d - impression incomplète	250	160		
e - piquage à cheval	120	70		
f - piquage oblique par pliage	140	85		

Millésimes

	7 1907	8 1908	9 1909	0 1910	1 1911	2 1912	3 1913	4 1914	6 1916	7 1917	8 1918	9 1919	0 1920	1 1921	Sans millésime
Paire millésimée (type I)	12	12	12	15	14	14	14	15	14				25	30	315
Idem. « GC »									23	25	32	32	250		
Manchettee GC »									65	80	90	85	450		
Bloc de 6 de roulette					1 100		1 100	1 100							

Émission : « Semeuse camée chiffres gras »

10 c. rouge

Dessinateur : Louis Oscar Roty
Graveur : Louis Eugène Mouchon
Type d'impression : Typographie à plat

Date d'émission : mars 1907
Date de retrait : décembre 1922
Tirage : Inconnu

	Neuf ☆☆	Neuf ☆	Obl. ⊙	Sur ⊠
Types IA & IC (barre) *Types IA & II* **138 IA 10c rouge, t. IA** *(f150)*	**3,5**	**1,6**	**0,2**	**1**
Émission : mars 1907, Retrait : décembre 1922				
non dentelé	30	20		
essai de couleur	65			
tirage sur bristol, dentelure figurée	350			
a - papier GC (1916)	25	15	3	4,5
b - papier X	110	65		
c - couleur rouge-orange (1907 à 1909)	4,5	2,5		
d - couleur rouge-sang	85	50	17	40
e - couleur rouge écarlate (1907)	385	265	60	100
f - anneau-lune	50	32	13	
g - "P" ou "S" final de "Postes" absent	50	32	11	
h - "c" de "10c" absent	60	35	15	
i - semeuse à la chandelle	65	40		
j - impression recto-verso	25	15	11	
k - impression recto-verso (papier X)	185	125		
l - impression incomplète	325	210		
m - piquage à cheval	50	32	17	
n - dentelé 1 ou 3 côtés	90	55		
o - dentelé tenant à non dentelé	210	135		
p - piquage double	110	65		
q - piquage oblique par pliage	100	60		
r - pli accordéon	120	80	35	
s - impression sur raccord	165	95	65	
t – dentelé 11	450	325		
faux Lorulot (dentelé ou non)	75	40		
faux de Turin	30	17	140	850
faux des Russes (1911)	110	70		
faux de Toulon				
faux de Saint-Etienne				
138 IC 10c rouge, t. IC *(carnet de 20)*	**27**	**15**	**16**	**12**
Émission : août 1910, Retrait : mars 1917				
non dentelé	350	240		
a - papier GC	200	135	27	45
b - papier X	400	230		
c - types IA et IC se tenant (papier ordinaire)	185	120		
d - types IA et IC se tenant (GC)	1 150	675		
e - types IA et IC se tenant (papier X)	2 650	1 450		
f - dentelé tenant à non	1 400	825		
138 II 10c rge, t. II *(carnet de 30)*	**140**	**68**	**55**	**100**
centrage **parfait +20%**				
Émission : novembre 1919, Retrait : décembre 1922				
a - bande de trois avec bords	120			

Types IA & IC (barre)

Type II (point)

Types IA & II

Type IC (hachure absente)

Millésimes

	7 1907	8 1908	9 1909	0 1910	1 1911	2 1912	3 1913	4 1914	5 1915	6 1916	0 1920	1 1921	Sans millésime
Paire millésimée (type I)	14	13	13	14	14	14	13	15	14	14	21	17	435
Idem. « GC »										265			
Manchettée GC »										525			
Bloc de 6 de roulette		550		550		550		550	550				

Émission : « Semeuse camée chiffres gras »

20 c. lilas-brun

Dessinateur : Louis Oscar Roty
Graveur : Louis Eugène Mouchon
Type d'impression : Typographie à plat & sur rotative

Date d'émission : 18 décembre 1907
Remplacé : janvier 1926
Tirage : Inconnu

Type I (filet à filet : 22mm)

18 décembre (f 150, f 100, ✍)

Types III & IV
(filet à filet : 22,5mm)

(taille réelle)

	Neuf ☆☆	Neuf ☆	Obl. ⊙	Sur ✉
139 I 20c lilas-brun, type I	**11**	**3,8**	**0,7**	**3**
Émission : 18 décembre 1907, Retrait : décembre 1923				
non dentelé	60	45	55	
non dentelé (papier GC)	80	55		
essai de couleur en rouge	135			
tirage sur bristol, dentelure figurée	350			
a - papier épais	13	7		
b - papier GC (1917)	15	9		
c - couleur brun pâle	11	5		
d - couleur brun foncé (1907-08)	12	6		
e - couleur brun-noir (1917, GC)	16	8	5	
f - couleur brun-roux (1920-21)	12	6		
g - impression défectueuse	16	8		
h - légende partielle (surencrage)	20	13		
i - signature "Roty" absente	22	12	7	15
j - semeuse amputée (surencrage)	25	15	5	
k - "c" de "20c" absent	60	37	16	
l - anneau-lune	50	35	20	35
m - impression recto-verso	80	50	40	
n - impression incomplète	160	95		
o - piquage à cheval	60	35	25	
p - dentelé 1 ou 3 côtés	185	120		
q - dentelé tenant à non dentelé	425	265		
r - piquage oblique par pliage	135	80		
s - dentelé 11	450	325		
t - impression sur raccord	240	145		
u - pli accordéon	95	60	30	
139 III 20c brun, type III	**11**	**3**	**0,7**	**3**
Émission : mars 1923, Retrait : janvier 1926				
non dentelé	525	385		
a – impression oscillée	22	13		
b - anneau-lune	40	20	23	
c - impression recto-verso	70	45		
d - piquage à cheval	60	40		
e - impression sur raccord	165	100	65	
139 IV 20c brun, type IV (roulette)	**38**	**12**	**20**	**45**
Émission : 24 mars 1924, Retrait : décembre 1925				

T. I & IV
pas de point

Type III :
un point
supplémentaire
se trouve à
l'endroit indiqué
par la flèche

Millésimes

	7 1907	8 1908	9 1909	0 1910	2 1912	3 1913	4 1914	6 1916	7 1917	8 1918	9 1919	0 1920	1 1921
Paire millésimée (type I)	30	30	30	30	35	35	35	35					30
Idem. « GC »									45	45	45	60	
Manchettee GC »									185	185	185	200	
Non dentelé	300	300	300						300				

Coins datés

	1923	1924	1925
Type III	55	55	60
Type IV date à gauche			825

Émission : « Semeuse camée chiffres gras »

25 c. bleu

Dessinateur : Louis Oscar Roty   Date d'émission : 19 juin 1907
Graveur : Louis Eugène Mouchon   Date de retrait : juin 1927
Type d'impression : Typographie à plat & sur rotative   Tirage inconnu

	Neuf ☆☆	Neuf ☆	Obl. ⊙	Sur ⊠
140 IA 25c bleu, type IA	**6**	**3**	**0,2**	**1**
Emission : 19 juin 1907, Retrait : septembre 1923				
non dentelé	45	30	40	
non dentelé papier GC	60	40		
non dentelé papier X	175	100		
essai de couleur	65	300		
tirage sur bristol, dentelure figurée	350			
a - papier mince (transparent)	7	3	22	
b - papier épais	7	3	40	
c - papier GC (1917)	10	5	3	
d - papier X (1915, 1916)	26	15		
e - couleur bleu foncé	6	3		
f - couleur bleu métallique (1908-09)	8	4		
g - couleur bleu-noir (1907)	37	17	6	22
h - impression défectueuse	12	8	2	
i - légende partielle (surencrage)	18	11		
j - une signature absente	20	12	8	
k - semeuse amputée (surencrage)	20	12	8	
l - "c" de "25c" absent	60	37	16	
m - anneau-lune	50	30	17	
n - impression recto-verso	40	20	12	
o - impression incomplète	215	130	75	200
p - impression recto et verso	725	435		
q - impression double	825	535		
r - piquage à cheval	75	50	30	
s - dentelé 1 ou 3 côtés	170	110		
t - dentelé tenant à non dentelé	250	140	400	
u - piquage oblique par pliage	120	75		
v - dentelé 11	450	325		
w - pli accordéon	180	120	40	
140 IB 25c bleu, type IB (carnet)	**340**	**210**	**55**	**135**
Emission : juillet 1921, Retrait : juin 1922				
centrage **parfait +25%**	45	30	40	
a - impression recto-verso	700	465	35	
b - impression incomplète	750	485		
c - timbre non imprimé (tenant à normal)	2 000	1 300		
d - piquage à cheval	500	350		
e - piquage oblique par pliage	775	525		
140 II 25c bleu, type II (carnet)	**28**	**16**	**3**	**11**
Emission : décembre 1921, Retrait : juillet 1925				
non dentelé	160	100	40	
a - impression défectueuse	80	50	17	
b - impression incomplète	440	275		
c - impression recto-verso	160	110	40	
d - timbre non imprimé (tenant à normal)	850	550		
e - piquage à cheval	160	110	55	
f - dentelé 1 ou 3 côtés	385	235		
g - pli accordéon	235	150	70	

140 IIIA 25c bleu, type IIIA   36   20   3   8

Emission : mars 1924, Retrait : décembre 1924
     non dentelé   285   185   40

Autres types   Type I

a - anneau-lune   100   65   30
b - impression recto-verso   160   110
c - piquage à cheval   125   75   40

140 IIIB 25c bleu, type IIIB   5,5   2,5   0,2   1

Emission : septembre 1924, Retrait : juin 1927
     non dentelé   465   315   40

a - anneau-lune   45   30   20
b - impression défectueuse   37   25   14
c - impression incomplète   185   120   40
d - impression sur raccord   165   100   65
e - papier jaunâtre   7   4
f - piquage à cheval   65   40   20
g - semeuse retouchée (1924)   50   30   13

140 IIIC 25c bleu, type IIIC (roulette)   70   45   16   60

Emission : décembre 1922, Retrait : juillet 1925
     centrage **parfait +15%**   465   315   40

140 Iv 25c bleu, type IV (carnet)   185   105   10   55

Emission : 10 avril 1920, Retrait : décembre 1921
     centrage **parfait +25%**   465   315   40

a - bleu (très) foncé   240   165   35   85
b - impression incomplète   675   400   14
c - papier GC   285   170   200
d - papier crème   210   120   17
e - piquage à cheval   500   315
f - timbre non imprimé (tenant à normal)   1 200   700   20
g - semeuse retouchée (1924)   50   30   13

faux de Nice   90   50   50   575
faux de Paris   620   360   360

Millésimes

	7 1907	8 1908	9 1909	0 1910	1 1911	2 1912	3 1913	4 1914	5 1915	6 1916	7 1917	8 1918	9 1919	0 1920	1 1921	2 1922	3 1923	Sans millésime
Paire millésimée (type IA)	17	18	25	17	25	25	32	25	65	22				18	18	18	1817	500
Papier X						125	75											
Idem. « GC »											40	45	60	70				
Manchettee GC »											160	170	200	225				
Non dentelé			190		190													

Type IIIA (six traits)   *Type IIIB (cinq traits)*

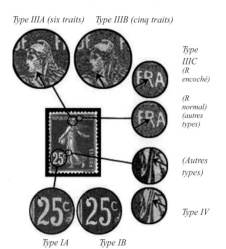

Type IIIC (R encoché)

(R normal) (autres types)

(Autres types)

Type IV

Type IA   *Type IB*

	3 1923	4 1924
Paire millésimée (type IIIA)	120	105

Coins datés

	1924	1925
140 IIIB	50	100

Type II   *Type IIIA*   *Type IV*

« Semeuse camée, chiffres gras »

30 c. orange

Dessinateur : Louis Oscar Roty
Graveur : Louis Eugène Mouchon
Type d'impression : Typographie à plat

Date d'émission : janvier 1907
Date de retrait : décembre 1922
Tirage : inconnu

	Neuf ☆☆	Neuf ☆	Obl. ⊙	Sur ✉
141 30c orange	**40**	**16**	**1,7**	**3**
non dentelé	175	120	85	
EPL sur feuillet, papier pelure	950			
EPL en bistre sur feuillet	1 700			
EPL en noir sur feuillet	950			
tirage sur bristol, dentelure figurée	350			
a - papier GC (1916)	43	19		
b - papier mince (transparent)	43	18		
c - papier épais	43	18		
d - papier X (1916)	85	50	10	25
e - couleur orange pâle	4	1	22	
f - couleur orange foncé	46	25		
g - anneau-lune	57	35	25	40
h - impression recto-verso	120	65	35	
i - piquage à cheval	170	110	50	
j - piquage à cheval (papier GC)	185	120	100	
k - dentelé 1 ou 3 côtés	235	140		
l - dentelé 11	450	325		
m - piquage double	200	130	60	
n - pli accordéon	190	120	50	

Millésimes

	7 1907	8 1908	9 1909	0 1910	1 1911	2 1912	3 1913	4 1914	5 1915	6 1916	7 1917	8 1918	9 1919	0 1920
Paire millésimée (type IA)	95	95	95	110	135	110	125	125	125	135				100
Papier X										300				
Idem. « GC »										135	130	130	130	175
Manchettee GC »										325	290	290	290	340
Non dentelé	375													

Émission: «Type MERSON»

45 c. vert et bleu

Dessinateur: Louis Olivier Merson   Date d'émission: 8 novembre 1906
Graveur: Auguste Thevenin   Date de retrait: 3 mai 1924
Type d'impression: Typographie à plat   Tirage: Inconnu

	Neuf ☆☆	Neuf ☆	Obl. ⊙	Sur ✉
143 45c vert et bleu (f75)	**123**	**35**	**2,5**	**9**
centrage **parfait +40%**				
EPL sur feuillet	1 350			
tirage sur bristol, dentelure figurée	350			
non dentelé	525	365	235	1 000
a - papier GC	135	55	12	
b - couleurs vert-noir et bleu foncé	150	65		
c - impression défectueuse	160	75	20	
d - impression recto-verso	185	100	50	75
e - centre très déplacé	250	140	45	100
f - centre très déplacé (GC)	335	200	50	110
g - centre à cheval	325	200	85	
h - centre absent	1 100	700		
i - centre absent (papier GC)	1 200	750	115	
j - centre doublé	750	485	115	
k - piquage à cheval	340	215		
l - piquage double	350	225		
m - piquage oblique par pliage	325	210		
n - pli accordéon	300	185	50	

Émission: «Type MERSON»

60 c. violet et bleu

Dessinateur: Louis Olivier Merson
Graveur: Auguste Thevenin
Type d'impression: Typographie à plat

Date d'émission: 1er juin 1920
Date de retrait: 17 juin 1924
Tirage: Inconnu

	Neuf ☆☆	Neuf ☆	Obl. ⊙	Sur ⊠
144 60c violet et bleu	**2**	**1,2**	**1**	**6**
centrage **parfait +50%**				
non dentelé	1 300	725	550	
a - papier crème	9	3	35	
b - couleur violet foncé	9	3	8	
c - impression recto-verso	235	150	60	45
d - centre très déplacé	180	110	40	90
e - centre absent	1 800	1 250	425	
f - impression incomplète	475	300		
g - piquage à cheval	200	125		
h - dentelé tenant à non dentelé	1 850	1 300		
i - piquage double	225	140		
j - piquage oblique par pliage	265	160		
k - pli accordéon	240	150	60	

Émission: «Type MERSON»

2 f. orange et vert

Dessinateur: Louis Olivier Merson
Graveur: Auguste Thevenin
Type d'impression: Typographie à plat

Date d'émission: 4 juin 1920
Date de retrait: décembre 1931
Tirage: Inconnu

	Neuf ☆☆	Neuf ☆	Obl. ⊙	Sur ⊠
145 2f orange et vert	**155**	**53**	**0,5**	**11**
centrage **parfait +40%**				
non dentelé	1 250	675	485	
a - papier mince (transparent)	185	65	12	
b - couleur orange foncé et vert foncé	200	75		
c - impression défectueuse (lourde)	185	65	20	
d - impression recto-verso	335	210	60	75
e - écusson brisé	2 000	1 200	320	475
f - centre très déplacé	375	225	60	150
g - centre absent	550	325	160	
h - centre doublé	825	500	100	
i - centre doublé dont un à cheval	1 100	600	115	
j - centre triplé	1 300	780	115	
k - piquage à cheval	475	290	75	
l - dentelé 1 ou 3 côtés	525	300	365	
m - dentelé tenant à non dentelé	2 350	1 400		
n - piquage double	500	300	50	
o - piquage oblique par pliage	475	290		
p - pli accordéon	475	290	75	

Normal

Ecusson brisé

Émission: « Semeuse camée, chiffres gras » surchargée +5c

10 c. rouge

Dessinateur: Louis Oscar Roty
Graveur: Louis Eugène Mouchon
Type d'impression: Typographie à plat

Date d'émission: 18 août 1914
Date de retrait: octobre 1918
Tirage: inconnu

	Neuf ☆☆	Neuf ☆	Obl. ⊙	Sur ✉
146 +5c s 10c rouge foncé	**7,5**	**6**	**6**	**12**
a - papier crème	12	7	35	
b - couleur rouge-orange	12	7	8	
c - surcharge déplacée	26	18	18	45
d - surcharge à cheval (inversée 5c +)	180	115	40	90
e - piquage double	180	115	425	

Millésime

	4 1914
Paire millésimée	35

Émission: « Semeuse camée, chiffres gras » +5c

10 c. rouge

Dessinateur: Louis Oscar Roty
Graveur: Louis Eugène Mouchon,
Retouchée par Jean Baptiste Lhomme
Type d'impression: Typographie à plat

Date d'émission: 10 septembre 1914
Date de retrait: octobre 1918

Tirage: inconnu

	Neuf ☆☆	Neuf ☆	Obl. ⊙	Sur ✉
147 10c+5c rouge	**100**	**40**	**4**	**14**
centrage **parfait +50%**				
a - rouge-orange (carnet, juillet 1915)	130	58	8	17

Millésime

	4 1914	5 1915	6 1916
Paire millésimée	265	325	515

Émission : « Orphelins de la guerre »

Orphelins de la guerre (1ᵉʳᵉ série)

Dessinateur : Louis Dumoulin
Graveur : Léon Ruffé
Sauf n° 149 Dessinateur : Durand Graveur : Jarraud
Type d'impression : Typographie à plat

Date d'émission : août 1917
Date de retrait : 31 octobre 1922
(Démonétisation)
Tirage : Inconnu

Un décret du 22 février 1916 prévoyait l'émission de timbres au type Blanc, Semeuse et Merson dont une surtaxe devait bénéficier aux orphelins de guerre des personnels de PTT. Ces timbres ne furent jamais été émis. Ils furent remplacés par une série imprimée spécialement à cet effet mais dont la surtaxe était cette fois destinée au Comité de la Journée Nationale de la Journée des Orphelins de la Guerre.

148 2c+3c veuve au cimetière

148 2c+3c veuve au cimetière	**25**	**5**	**5**	**9**
Epreuve d'état Non-émise 5+5c	600			
Epreuve en noir sans valeur faciale	250			
Epreuve en noir sur feuillet	200			
Idem sur papier jaunâtre	300			
a - piquage à cheval	160	90		

149 5c+5c Deux orphelins	**80**	**25**	**13**	**15**
Emission : mars 1919				
centrage **parfait +20%**				
Epreuve en brun sur feuillet	225			
Epreuve en vert sur papier pelure	450			
a - impression recto-verso	135	80		
b - piquage à cheval	168	100		

150 15c+10c Femme au labour	**125**	**37**	**30**	**45**
centrage **parfait +25%**				
Epreuve en noir sur feuillet	200			
Epreuve en noir sans valeur dans le cartouche	300			
Epreuve en noir tête-bêche	450			
a - impression double	625	400		
b - impression recto-verso	190	115	100	
c - piquage à cheval	230	140		

151 25c+15c Femme au labour	**230**	**98**	**67**	**110**
centrage **parfait +25%**				
Epreuve en noir sur feuillet	350			
Epreuve en noir sur papier glacé	200			
a - papier mince (transparent)	235	110		
b - piquage à cheval	450	290		

152 35c+25c tranchées	**470**	**180**	**150**	**250**
centrage **parfait +25%**				
Epreuve en noir	500			
Epreuve en noir sur papier jaunâtre	400			
Idem mais avec +25 en petits caractères (non émis)	400			
Epreuve en noir avec +35 en petits caractères (non émis)	400			
Epreuve en brun et violet sur feuillet avec perforation de contrôle	900			
Epreuve sur feuillet avec perforation de contrôle	00			

153 50c+50c Lion de Belfort   950   290   220   385

centrage parfait +20%				
Epreuve en noir sur feuillet	800			
Epreuve en noir tête bèche	800			
Epreuve en noir avec +50 en petits caractères (non émis)	400			
non dentelé	1 500	900		
a - dentelé 3 côtés	1 350	750		
b - dentelé tenant à non dentelé	2 650	1 850		
c - piquage oblique par pliage	1 650			

154 1f+1f Marseillaise   1 600   525   465   700

centrage parfait +25%				
Epreuve en noir sur feuillet	1 000			
Epreuve en noir, coq sur le cartouche de la valeur faciale	1 250			
Epreuve en noir tenant au 35c +25c en petits caractères	1 750			
non dentelé (sans gomme)	1 500			

155 5f+5f Marseillaise   5 500   2 000   1 950   2 500

centrage **parfait +25%**				
Epreuve en noir sur feuillet	4 000			
Epreuve en noir, coq sans faciale	4 000			
Epreuve en noir, coq sur le cartouche de la valeur faciale	4 000			
Epreuve en noir coq sans faciale tenant à coq	7 500			
sur le cartouche de la valeur faciale				
non dentelé (sans gomme)	3 250			
Epreuve dans les couleurs adoptées avec date « 1917 »	32 500			
Série 148 à 155 (8 timbres)	28 980	3 160		

Essais en noir sans valeur faciale

Essai du 50c + 50c   *Essai avec coq sur la faciale*

Epreuve de luxe datée de 1917 (quelques séries connues)

Émission: Au profit de la Croix-Rouge : Infirmière et navire hôpital «Asturia»

15c. + 5c. Infirmière

Dessinateur: Louis Dumoulin   Date d'émission: 8 août 1919
Graveur: Léon Ruffé   Date de retrait: 1er avril 1921
Type d'impression: Typographie à plat   Tirage: inconnu

	Neuf ☆☆	Neuf ☆	Obl. ⊙	Sur ✉
156 15c.+5c. Infirmière *(f75)*	**310**	**140**	**70**	**100**
centrage **parfait +50%**				
Epreuve en noir sur feuillet	2 250			
Non dentelé	3 150	220		
a - couleur rouge très déplacée	1 400	875		

Émission : « Type BLANC »

½ centimes sur 1c ardoise

Dessinateur : Joseph Blanc
Graveur : Emile Thomas
Type d'impression : Typographie à plat puis rotative

Date d'émission : décembre 1919
Date de retrait : 30/03/1932
Tirage : inconnu

	Neuf ☆☆	Neuf ☆	Obl. ⊙	Sur ✉
157I ½c sur 1c, type I *(f150)*	**0,8**	**0,3**	**0,3**	**45**
centrage **parfait +50%**				
a - papier GC créme ou gris	1	0,5	8	17
b - papier GC chamois foncé	7	3		
c - types IA & IB se tenant (GC) ✲	70	45	32	
d - impression recto-verso (timbre)	160	100	40	
e - piquage à cheval	85	55		
f - dentelé 1 ou 3 côtés	265	165		
g- piquage oblique par pliage	200	130		
h- surcharge recto-verso	5	3	2	
i - surcharge à cheval (horizontale)	160	110	55	
j - surcharge intervertie (centime en haut)	775	525		
k - surcharge sans « centime »	1 000	625		
l - double surcharge (papier GC)		9 500		
m - surcharge renversée (papier GC)	1 750	1 200	1 400	
n -. types IA & IB se tenant surcharge renversée (GC)	8 000*			
* Prix atteint chez Roumet (545ème VSO) €9 009				

Millésimes

	9 1919	0 1920	2 1922	4 1924	5 1925	6 1926
Paire millésimée			11	11	15	19
Idem. « GC »	10	100				
Manchette « GC »	70	235				

	Neuf ☆☆	Neuf ☆	Obl. ⊙	Sur ✉
157II ½c sur 1c, type II *(f100)*	**0,8**	**0,3**	**0,3**	**45**
a - surcharge défectueuse	3	2	8	17
b - surcharge déplacée	17	9	6	
c - anneau-lune	85	45	30	
d - piquage à cheval	85	55	40	
e - impression sur raccord	235	140		
f - avec bord publicitaire "Aiglon"	200	135		

Coins datés

	1926 1919	1927 1920	1928 1922	1930 1924	1931 1925	1932 1926
157 II	15	7	7	36	36	54

Impression du 29 novembre 1926 au 26 février 1932

VENTES SUR OFFRES
VENTES A PRIX NETS

(Catalogues adressés sur simple demande)

ACHAT - VENTE - EXPERTISE - SUCCESSIONS

ROUMET
Maison fondée en 1896

17, rue Drouot - 75009 PARIS - Tél : 01 47 70 00 56 - Fax : 01 47 70 41 17

roumet@roumet.fr - *www.roumet.com*

1920–22 - *Semeuse camée, lignée, Merson.*
Typographie. Dessin: Louis Oscar Roty. Gravure:
Louis Eugène Mouchon (retouché par Jean-Baptiste Lhomme:
Semeuse camée, et par Guillemain: Semeuse lignée).
Dessin: Luc Olivier Merson. Gravure: Auguste Thévenin.

Types I et
IIA

*(hauteur de
filet à filet:
22mm)*

Type IIB
*(hauteur de
filet à filet:*

22,5mm)

*(taille
réelle)*

15 juillet 1921   (f 150, ✄40, ✎)

février 1922   (f 150, f 100, ✄20, ✎)

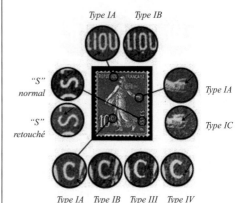

Type IA   Type IB

"S"
normal

"S"
retouché

Type IA

Type IC

Type IA   Type IB   Type III   Type IV

Type I
point sous le "q"

Types I & IIA
hachure à l'épaule

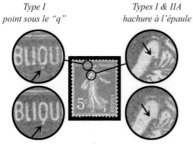

Types IIA & IIB
queue du "q" en forme de
barre

Type IIB
la hachure a disparu

158 I 5c orange type I

158 I 5c orange type I	**3**	**1,5**	**0,3**	**1**
non dentelé	90	65		
a - anneau-lune	65	38	23	
b - dentelé 1 ou 3 côtés	110	65		
c - dentelé tenant à non dentelé	215	130		
d - impression défecteueuse	8	5		
e - impression incomplète	315	200		
f - impression recto-verso	110	65		
g - légende partielle (surencrage)	13	8	6	
h - papier épais	4	3		
i - papier mince (transparent)	3,5	2		
j - piquage à cheval	60	40	30	
k - piquage double	110	60		
l - piquage oblique par pliage	140	90		
m - piquage partiel	110	60		
n - pli accordéon	150	100	45	
o - "S" final de "Postes" absent	15	9	6	10
p - signatures absentes	13	8	5	
158 IIA 5c orange t. IIA (✄)	**3,8**	**2,4**	**0,3**	**1**
a - dentelé tenant à non dentelé	700	475		
b - piquage oblique par pliage	160	100		
158 IIB 5c orange t. IIB (✎)	**32**	**22**	**12**	**26**

159 IA 10c vert t. IA	**2**	**1**	**0,5**	**1**
non dentelé	275	190	100	
a - avec bord publicitaire "Aiglon"	200	135		
b - dentelé tenant à non dentelé	525	350		
c - impression défectueuse	7	5		
d - impression incomplète	160	100	50	
e - impression recto-verso	115	70	30	
f - piquage à cheval	75	50	30	
g - piquage double	100	60		
h - pli accordéon	75	50	35	
i - semeuse amputée (surencrage)	18	10	5	
j - signatures absentes	13	8	5	10
159 IB 10c vert type IB	**3**	**1,8**	**0,7**	**1,5**
non dentelé	550	375		
a - dentelé tenant à non dentelé	1 000	615		
b - impression sur raccord	200	120		
c - papier X	65	38		
159 IC 10c vert t. IC (✄)	**11**	**7**	**2,2**	**6,5**
a - piquage à cheval	75	55		
159 III 10c vert type III	**1,4**	**1**	**0,5**	**1**
non dentelé	475	325		
a - anneau-lune	55	33	20	
b - couleur vert-jaune	2,5	1,5		
c - couleur vert pâle	2,5	1,5		
d - dentelé tenant à non dentelé	1 500	900		
e - impression défectueuse	6	4		
f - impression sur raccord	180	120		
g - légende partielle (surencrage)	21	14	7	
h - 1er "O" de "Postes" retouché	400	250	150	300
i - timbre non imprimé (ten à normal)	1 150	700		
159 IV 10c vert t. IV (✎)	**10**	**6**	**4**	**30**

31 janvier 1922 (f 150,)   *30 juin 1921 (f 150, ✐)*

4 juin 1920   (f 75)

timbre
de 1922   timbre
de 1937
(IIA & III)

Normal   Ecusson
                                          brisé

160 30c rouge	17	7,5	2	9
a - impression recto-verso	100	60	35	
b - papier épais	20	10		
c - piquage à cheval	85	55	45	
d - piquage oblique par pliage	210	130		
e - pli accordéon	170	110	50	

161 50c bleu	82	30	1,2	8,5
centrage **parfait**	123	45	1,8	
non dentelé	235	160		
Essai de couleur			20	
a - couleur bleu-noir	120	65	5	13
b - couleur bleu métallique	120	65	5	13
c - impression défectueuse	125	70	13	
d - impression recto-verso	315	200		
e - impression sur raccord	300	180	90	
f - piquage à cheval	150	90		
g - piquage oblique par pliage	235	150		
h - pli accordéon	235	150		

Série 158 à 161 (4 timbres)	104	40	4

1ᵉʳ juin 1920 (f 75)

144 60c violet et bleu	2	1,2	1	6
centrage parfait	2,5	1,5	1,2	
non dentelé	1 300	725	550	
a - centre absent	1800	1 250		
b - centre très déplacé	180	110	40	90
c - couleur violet foncé	9	3		8
d - dentelé tenant à non dentelé	1 850	1 300		
e - impression incomplète	475	300		
f - impression recto-verso	235	150	60	
g - papier crème	9	3		
h - piquage à cheval	200	125		
i - piquage double	225	140		
j - piquage oblique par pliage	265	160		
k - pli accordéon	240	150	60	

145 2f orange et vert	155	53	0,5	11
centrage **parfait**	272	93	1	
non dentelé	1 250	675	485	
a - centre absent	550	325	160	
b - centre doublé	825	500	100	
c - centre doublé dont un à cheval	1 100	600		
d - centre triplé	1 300	780		
e - centre très déplacé	375	225	60	150
f - couleur orange foncé et vert foncé	200	75		
g - dentelé 1 ou 3 côtés	525	300	365	
h - dentelé tenant à non dentelé	2 350	1 400		
i - écusson brisé	2 000	1 200	320	475
j - impression défectueuse (lourde)	185	65		
k - impression recto-verso	335	210	60	
l - papier mince (transparent)	185	65		
m - piquage à cheval	475	290	75	
n - piquage double	500	300		
o - piquage oblique par pliage	475	290		
p - pli accordéon	475	290	75	

1922- Orphelins de la guerre (2ᵉᵐᵉ série).
Petits formats (f 150), grands formats (f 75)
Emission: 1ᵉʳ septembre 1922 d'abord avec les timbres de 1917
(impression en 2 fois, impression fine), ensuite avec un 2ᵉᵐᵉ tirage
(sauf le 15c gris-vert) (impression en 1 fois, impression lourde).

162 =+1c sur 2c + 3c br-rge fcé	1	0,6	0,6	2
a - 1er tirage (1917), brun-lilas	4	2,5	2,5	5
b - impression recto et verso (timbre)	850	540		
c - piquage à cheval	200	130		
d - surcharge déplacée	15	9	7	
e - surcharge recto-verso	10	6	5	

163 +2c ½ sur 5c + 5c vert fcé	1,5	0,7	0,7	2,5
a - 1er tirage (1919), vert	4	2	3	5
b - surcharge à cheval	85	50	55	
c - surcharge déplacée	20	15	11	
d - surcharge recto-verso	12	8	7	
e - piquage double	225	140		

164 =+5c s 15c+10c gris-vert   **3,2**   **1,2**   **1,2**   **3**
a - surcharge à cheval   100   65   55
b - surcharge (très) déplacée   70   45
c - surcharge recto-verso   12   8   7

165 =+5c s 25c+15c bleu fcé   **5**   **2,5**   **2,5**   **4,5**
a - 1ᵉʳ tirage (1917), bleu   9   4   4   9
b - impression double   1 400   800
c - piquage à cheval   165   100
d - surcharge à cheval   110   70   70
e - surcharge déplacée   35   25   22
f - surcharge recto-verso   25   16

166 =+5c s 35c+25c violet fcé   **35**   **15**   **15**   **32**
a - 1ᵉʳ tirage (1917), violet clair   60   35   30   40
   centrage **parfait**   44   19   19
b - surcharge barres omises   1 050   650
c - surcharge "c" fermé   70   45
d - surcharge à cheval   515   325
e - surcharge (très) déplacée   100   60
f - surcharge recto-verso   60   40

167 =+10c s 50c+50c br fcé   **60**   **25**   **25**   **35**
   centrage **parfait**   75   31   31
   non dentelé   485   315   250
a - 1ᵉʳ tirage (1917), brun-jaune   80   46   46   70
   centrage **parfait**   120   65   65
b - centre très déplacé   650
c - dentelé tenant à non dentelé   1 000   600
d - surcharge déplacée   100   70   50
e - surcharge recto-verso   65   40   35

168 =+25c sur 1f+1f carmin   **74**   **35**   **35**   **60**
   centrage **parfait**   93   44   48
a - 1ᵉʳ tirage (1917), rose   120   70   63   120
   centrage **parfait**   175   100   110
b - centre très déplacé   1 150   650
c - couleur carmin et orange   3 250   2 100
d - papier mince (transparent)   90   55   60
e - pli accordéon   435   260
f - surcharge (très) déplacée   135   80
g - surcharge recto-verso   90   60   55

169 =+1f sur 5f+P5f bleu-gris   **350**   **170**   **170**   **300**
   centrage **parfait**   420   212   212
a - 1ᵉʳ tirage (1917), bleu clair   410   235   265   350
   centrage **parfait**   512   294   331
b - centre très déplacé   2 000   1 300
c - contour du "5f" brisé (blanc)   475   315
d - dentelé 1 ou 3 côtés   675   425
e - impression défectueuse   435   300   225   400
f - surcharge déplacée   475   315
g - surcharge recto-verso   425   285
h - papier chamois   475   315
i - piquage multiple   1 350   750

Série 162 à 169 (8 timbres)   **530**   **250**   **250**
   EPL datées   27 500

Émission : « Type PASTEUR »

10c. vert

Dessinateur : Georges Henri Prud'homme
Graveur : Georges Henri Prud'homme
Type d'impression : Typographie rotative (feuilles et roulettes), typographie à plat (carnets)

Date d'émission : 25 mai 1923
Date de retrait :
Tirage : inconnu

	Neuf ☆☆	Neuf ☆	Obl. ⊙	Sur ⊠
170 10c vert I	**1,5**	**0,7**	**0,3**	**1**
non dentelé	1 750	1 250		
EPL sur feuillet	525			
a - papier mince (transparent)	2	1	8	17
b - couleur vert-bleu	2	1,3		
c - couleur vert-jaune	2	1,3	32	
d - couleur vert foncé	2	1,3	40	
e - impression défectueuse	13	9		
f - impression presque absente	40	20		
g - point entre A et S de FRANCAISE	15	10		
h - trait foncé au milieu	15	10	2	
i - anneau-lune	45	20	15	
j - chenille	70	33		
k - tête de nègre	75	45	20	
l - impression recto-verso	150	90	40	
m- impression partielle	1 750	1 200	1 400	
due à une sonnette de raccord	220			
n - impression sur raccord	180	110		
o - piquage à cheval	85	55	30	
p - pli accordéon	180	115	85	

Coins datés

	1923	1924
157 II	9	140

Erreur de date 1925   *310*

Émission: «Type PASTEUR»

30c. rouge

Dessinateur: Georges Henri Prud'homme
Graveur: Georges Henri Prud'homme
Type d'impression: Typographie à plat

Date d'émission: 25 mai 1923
Date de retrait:
Tirage: inconnu

	Neuf ☆☆	Neuf ☆	Obl. ⊙	Sur ✉
173 30c rouge	**1,5**	**1**	**1,5**	**4,5**
EPL sur feuillet	525	1 250		
non dentelé	1 850	1 350		
a - papier épais	3	2		
b - impression défectueuse	10	8		
c - tache sur le cou	35	22		
d - piquage à cheval	115	70		
e - piquage double	180	115		
f - pli accordéon	115	70	35	

Millésime

3
1923
10

Émission: «Type PASTEUR»

50c. bleu

Dessinateur: Georges Henri Prud'homme
Graveur: Georges Henri Prud'homme
Type d'impression: Typographie à plat et typographie
rotative pour les timbres émis en roulette (type II)

Date d'émission: 25 mai 1923
Date de retrait: 30/03/1932
Tirage: inconnu

	Neuf ☆☆	Neuf ☆	Obl. ⊙	Sur ✉
176 I 50c bleu type I	**9**	**5,2**	**0,5**	**5,5**
EPL sur feuillet	500			
a - papier mince (transparent)	11	7	2	
b - papier carton (1923)	28	18	12	
c - couleur bleu pâle	11	7		
d – sans le nom du graveur	17	12		
e - impression défectueuse	22	16		
f – impression dépouillée	18	18		
g – anneau-lune	45	30	20	
h - impression recto-verso	85	55	40	
i - impression recto-verso décalée	110	60		
j - Impression recto-verso double	130	70		
k - impression incomplète	160	90		
l - piquage à cheval	165	95	40	
m - piquage oblique par pliage	215	130		
n - pli accordéon	135	75	40	

Millésime

3	4
1923	1924
45	150

	Neuf ☆☆	Neuf ☆	Obl. ⊙	Sur ✉
paire millésimée 3 sur papier carton	135	130		
paire millésimée 3 impression recto-verso	265	75	40	
176 II 50c bleu type II	**540**	**350**	**265**	**350**
centrage **parfait +25%**				

Coin daté à gauche

1924
6 000

*Type I
(hauteur de
filet à filet:
21,5mm)*

*Type II
(hauteur
de filet à
filet:22mm)
(même hauteur
que le 1f 25)
(taille réelle)*

1923 - *Congrès philatélique de Bordeaux (f75).*

Merson de 1900 surchargé. Typographie. Dessin: Luc Olivier Merson. Gravure: Auguste Thévenin.

15 juin. Vendus: 25 000.

182 1f lie-de-vin et olive	**1 000**	**550**	**620**	**700**
centrage **parfait**	1 500	825	930	
a - "E" tronqué (BORDFAUX)	15 000	9 000	9 000	

1924 - *Jeux Olympiques de Paris. Typographie.*

1er avril. (f 75)

183 10c vert	**7**	**2,5**	**1**	**3,5**
non dentelé	2 200	1 400		
EPL sur feuillet		1 600		
a - bague au doigt	120	42	48	60
b - centre très déplacé	325	200	125	
c - centre doublé	1 500	900		
d - impression incomplète par pliage	265	150		
e - papier crème	12	6		
f - papier mince (transparent)	10	5		
g - piquage oblique par pliage	215	140		

1er avril. (f 75)

184 25c rouge	**10**	**3,5**	**1**	**3,5**
non dentelé	2 200	1 400	900	
EPL sur feuillet		1 700		
a - centre très déplacé	325	200	125	
b - couleur rose unicolore	27	15		
c - dentelé 1 ou 3 côtés	525	350		
d - dentelé tenant à non dentelé	4 600	3 000		
e - impression défectueuse	15	10		
f - "France" absent (surencrage)	400	275		
g - piquage à cheval	425	290		
h - piquage oblique par pliage	215	140		

1er avril   (f 75)   *23 mai   (f 75)*

185 30c brun-rouge	**25**	**10**	**13**	**35**
non dentelé	1 900	1 250		
EPL sur feuillet		1700		
a - centre doublé (moins de 10 connus)	3 600	2 340		
b - centre très déplacé	460	300	180	
c - impression défectueuse	40	27	20	
d - impression incomplète	185	120		
e - impression recto-verso du cadre	60	40		
f - pli accordéon	210	140		

186 50c bleu	**113**	**30**	**5**	**45**
non dentelé (sur ✉: 5 connus)	1 900	1 250	1 250	8 000
a - centre très déplacé	460	300	180	
b - dentelé tenant à non dentelé	2 600	1 700		
c - impression défectueuse	150	100		
d - impression recto-verso du cadre	135	90	35	
e - papier mince (transparent)	135	90	35	
f - piquage à cheval	175	120		
g - piquage oblique par pliage	210	140		

Série 183 à 186 (4 timbres)	**155**	**46**	**20**	
EPC de la série (T 135)			5 850	
flamme-annonce: cote minimale				20
flammes Paris X, Le Havre				40
flammes Bordeaux, Marseille, Paris gare de l'Est, Paris XIV, Paris 5				90
flamme-annonce Lyon gare				220
flamme-annonce Paris 24 rue de Cléry				325
flamme-annonce Colombes Seine				750
cachet d'un des deux bureaux spéciaux				750
griffe d'un des deux bureaux spéciaux				850
cachet commémoratif carré				2 500

Non émis "Arènes de Nîmes". Ce timbre, prévu à la place du 50c "Prestation de serment" en est resté à l'état d'épreuve.

186A EPL Non émis Arènes de Nîmes	**700**

1923- Pasteur. Typographie.
Dessin et gravure: Georges Henri Prud'homme, d'après une
médaille qu'il avait réalisé.

Série Pasteur 1923-26

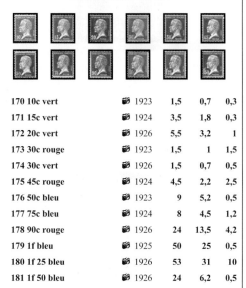

170 10c vert	🎞 1923	1,5	0,7	0,3
171 15c vert	🎞 1924	3,5	1,8	0,3
172 20c vert	🎞 1926	5,5	3,2	1
173 30c rouge	🎞 1923	1,5	1	1,5
174 30c vert	🎞 1926	1,5	0,7	0,5
175 45c rouge	🎞 1924	4,5	2,2	2,5
176 50c bleu	🎞 1923	9	5,2	0,5
177 75c bleu	🎞 1924	8	4,5	1,2
178 90c rouge	🎞 1926	24	13,5	4,2
179 1f bleu	🎞 1925	50	25	0,5
180 1f 25 bleu	🎞 1926	53	31	10
181 1f 50 bleu	🎞 1926	24	6,2	0,5
Série 170 à 181 (12 timbres)		186	98	23

Semeuse Phéna-Minéraline 1926-27

188 10c vert Phéna	🎞 1927	65	45	50
188A 10c vert Minéraline	🎞 1926	780	450	600
188B 10c vert sans pub	🎞 1927	60	40	45

Série Semeuse camée 1924-26

189 15c brun-lilas	🎞 1926	0,5	0,3	0,2
190 20c lilas-rose	🎞 1926	0,5	0,3	0,3
191 30c rose	🎞 1925	2,5	1,3	0,9
192 30c bleu	🎞 1925	7,5	4,6	0,5
193 40c brun-olive	🎞 1925	4	1,5	0,5
194 40c vermillon	🎞 1926	5,5	3	0,7
195 1f 05 vermillon	🎞 1925	22	10	5
196 1f 40 rose	🎞 1926	49	22	24
Série 189 à 196 (8 timbres)		87,5	44	32

Série Semeuse lignée 1924-26

197 45c violet	🎞 1926	13,5	7	2,2
198 50c vert-olive	🎞 1926	14	7,5	1,5
199 50c rouge	🎞 1926	2,5	1,5	0,2
200 60c violet	🎞 1924	14	7	2
201 65c rose	🎞 1924	6	3	1,5
202 75c lilas-rose	🎞 1926	12	6	0,6
203 80c rouge	🎞 1925	62	30	9,2
204 85c vermillon	🎞 1924	28	15	3
205 1f bleu	🎞 1926	15	7	0,8
Série 197 à 205 (9 timbres)		175	86	21

Merson 1925-26

206 3f violet et bleu	🎞 1925	65	32	8
207 10f vert et rouge	🎞 1926	360	140	18
208 20f lilas-rose et vert	🎞 1926	600	230	40

1924–25 - *Semeuse camée, lignée et Pasteur.*

juin 1924   (f 100, ✍)

171 15c vert

171 15c vert	3,5	1.8	0.3	1
a - anneau-lune	60	30	20	
b - avec bord publicitaire "Aiglon"	200	135		
c - "c" de "15c" absent	25	18	8	
d - couleur vert-bleu	4	2		
e - couleur vert-jaune	4	2		
f - couleur vert très foncé	5	2,5		
g - impression défectueuse	11	8		
h - impression recto-verso	65	40		
i - impression sur raccord	180	180		
j - piquage à cheval	70	40	30	
k - pli accordéon	125	70	40	
l - "S" final de "Postes" absent	50	30	18	
m - tête de nègre	75	45	20	

6 janvier 1925   (f 150, f 100, ✄ 20)

Type I
"3" étroit
éloigné
du cadre

IIA & IIB
"3" plus
large

I & IIA

IIB

191 I 30c rose type I	2,5	1,3	0,9	4,5
non dentelé	500	325		
a - anneau-lune	60	30	17	
b - avec bord publicitaire "Aiglon"	200	135		
c - couleur rose pâle	4	2		6
d - impression défectueuse	17	12		
e - impression incomplète	160	90		
f - impression recto-verso	55	35	22	
g - semeuse amputée (surencrage)	15	9		
h - signature "Roty" absente	10	6	4	

191 IIA 30c rose t. IIA	5,5	4	1,7	7
non dentelé	485	315		
a - impression sur raccord	165	100		
b - papier crème	8	5		

191 IIB 30c rose t. IIB (✄)	8	4	2	9
a - papier chamois	20	13	7	

7 aout 1924   (f 100)

175 45c rouge	4,5	2,2	2,5	5,5
a - anneau-lune	60	30	20	
b - couleur rouge vif	6	4		
c - impression défectueuse	17	12		
d - impression double (oscillée)	40	20	20	
e - impression recto-verso	80	55		
f - impression sur raccord	180	110		
g - pli accordéon	130	70	40	
h - tête de nègre	80	45	2	

17 juin 1924   (f 100)

200 60c violet	14	7	2	7
a - anneau-lune	70	35	25	
b - couleur violet-noir	25	15	4	10
c - impression sur raccord	190	115		
d - papier épais	18	12	3,5	
e - pli accordéon	160	95	50	

octobre 1924   (f 100)

201 65c rose	6	3,3	1,5	7
non dentelé	600	385		
Essai de couleur			25	
a - anneau-lune	75	38	27	
b - couleur rose carminé foncé	8	5		
c - gomme en nid d'abeille (1924)	70	42		
d - impression défectueuse	18	13		
e - impression sur raccord	180	110		
f - papier mince (transparent)	8	5		
g - rose très pâle	10	6		

juillet 1924   (f 150, ✑)

177	**75c bleu**	**8**	**4,5**	**1,2**	**4**
	non dentelé (3ᵉᵐᵉ col: oblitéré)	265	150	175	
a -	anneau-lune	60	30	20	
b -	couleur bleu très foncé	11	7		
c -	dentelé tenant à non dentelé	1 350	750		
d -	impression défectueuse	35	25	6	
e -	impression recto-verso	70	40		
f -	papier épais	11	5		
g -	papier mince (transparent)	10	5		
h -	piquage à cheval	150	95		
i -	piquage oblique par pliage	200	135		
j -	pli accordéon	140	85		
k -	tête de nègre	110	65		

juillet 1924   (f 100)

204	**85c rouge**	**28**	**15**	**3**	**7**
a -	impression (très) défectueuse	60	37	15	
b -	impression sur raccord	200	120		

1924 *- 400ⁱᵐᵉ anniversaire de la naissance du poète Pierre de Ronsard (1524-1585). Typographie. Dessin: Dautel. Gravure: Antonin Delzers. 6 octobre (f 150)*

209	**75c Ronsard**	**3,5**	**2,2**	**1,7**	**13**
	EPL	250			
a -	impression recto-verso	210	140		
b -	piquage à cheval	375	225	235	

1924–25 *- Exposition internationale des arts décoratifs modernes de 1925 à Paris. Typographie (f 75).*

15 juin 1925   D&G: Schmidt   *22 avril 1925   D&G: Berdon*

210	**10c La lumière**	**1,4**	**0,6**	**0,6**	**2,5**
	non dentelé (sans gomme)			150	
a -	centre très déplacé	285	150	90	
b -	dentelé 1 ou 3 côtés	3 600	2 800		
c -	impression recto-verso (centre)	16	11		
d -	papier épais	10	7		
e -	papier mince (transparent)	1,5	1		

211	**15c Poterie**	**1,6**	**0,7**	**0,7**	**2,5**
	non dentelé	800	500		
a -	centre très déplacé	240	140	70	
b -	dentelé tenant à non dentelé	1 100	675		
c -	impression incomplète (pliage)	190	115		
d -	impression recto-verso (centre ou cadre)	16	11		
e -	papier épais	10	7		
f -	piquage à cheval	80	50		
g -	piquage oblique par pliage	110	65		

8 décembre 1924   D: E. Becker, G: A. Mignon

212	**25c Potier**	**2**	**0,9**	**0,5**	**3**
	⊠ dent. bicolore de 1936, chaque	400	300		
a -	centre très déplacé	235	140	75	
b -	dentelé 1 ou 3 côtés	1 600	1 000		
c -	dentelé tenant à non dentelé	3 600	2 800		
d -	impression recto-verso (centre)	24	17		
e -	papier carton	25	18	12	
f -	piquage à cheval	70	40		
g -	piquage oblique par pliage	120	70		

11 avril 1925   D: H. Rapin, G: L. Ruet

213 25c Architecture	**3**	**1,8**	**0,9**	**3**
non dentelé	900	575	200	
a - centre très déplacé	165	110	55	
b - dentelé tenant à non dentelé	1 200	750		
c - impression défectueuse	7	5		
d - piquage à cheval	120	80	45	
e - piquage oblique par pliage	120	75		

8 décembre 1924   D: E. Becker G: Abel Mignon

214 75c Potier	**8**	**4**	**2,8**	**8**
non dentelé (sans guerre)			200	
a - centre très déplacé	500	325	75	
b - impression recto-verso (cadre)	27	22		
c - papier épais	30	25	15	

15 juin 1925   D&G: Schmidt

215 75c La lumière	**45**	**20**	**7,5**	**23**
non dentelé	800	500		
a - centre très déplacé	485	335	85	
b - dentelé tenant à non dentelé	1 350	725		
c - impression recto-verso (centre)	90	50		
d - pli accordéon	210	135		

Série 210 à 215 (6 timbres)	**61**	**27**	**13**	
EPC 6 valeurs + 45c			2 250	

215A Essai de couleur Architecture, essai 75c

carmin et bleu, nd, non émis, sg   500

1925 - Sage, issu du bloc-feuillet émis à l'occasion de *l'exposition philatélique internationale de Paris. Dimensions: 14 x 22 cm. Typographie. Dessin: Jules Auguste Sage. Gravure: Louis Eugène Mouchon. 2 mai 1925.*

   Cote du bloc: 3ème colonne = sans gomme.

T 50 000 blocs-feuillets

216 5f rouge Sage	**280**	**150**	**150**	**300**
non dentelé	1 600	1 100		

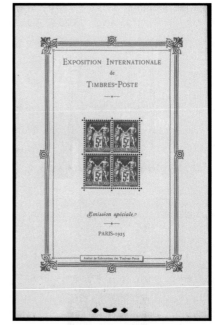

BF1 Bloc Paris 1925	**4 900**	**1 400**	**1 400**	
avec oblitération hors timbres	2 850	1 350	1 350	
avec oblitération sur les timbres	2 500	1 200	1 200	
non dentelé	9 500	6 000		
EPL		3 850		

1925–26 - *Semeuse camée, lignée, Pasteur et Merson.*

janvier 1926   (f 100, ✂10, ✂20, ⊘)

*Type I: la queue du "5" a une forme
de triangle la boucle inférieure du
"c" est prolongée vers le haut*

*Type II: la queue du "5" est en
forme de barre verticale. Le creux de
la boucle du "5" est plus marqué*

juillet 1925   (f 100, ✂20, ⊘)

*Types
IIA & II*

*IIC
2ᵉᵐᵉ hachure
absente*

IIA & IIC

IIB

189 I 15c brun-lilas t. I	**0,5**	**0,3**	**0,2**	**0,5**
non dentelé	825	550		
a - anneau-lune	60	35	17	
b - avec bord publicitaire "Aiglon"	185	125		
c - avec bord publicitaire "Janipoline"	185	125		
d - av bord pub "Tarifs postaux 1929"	215	140	250	
e - "c" de "15c" absent	35	22	10	
f - couleur brun pâle	1	0,5	0,5	
g - couleur chocolat	4	2		
h - impression défectueuse	8	5		
i - impression double (oscillée)	16	11		
j - impression incomplète	180	120		
k - impression recto-verso	55	35	22	
l - impression sur raccord	165	100		
m - légende partielle (surencrage)	5	2,5		
n - papier crème	1,5	1		
o - papier mince (transparent)	2	1,5		
p - piquage à cheval	65	40	20	
q - piquage double	185	125		
r - pli accordéon	115	70	35	
s - semeuse amputée (surencrage)	6	3		
t - signatures absentes	17	9	7	12
189 II 15c brun-lilas t. II	**1**	**0,6**	**0,5**	**0,5**
a - couleur brun-lilas foncé	2	1,5	1	
b - impression défectueuse	9	5	3	
c - impression sur raccord	165	100		

22 janvier 1926   (f 100)

172 20c vert	**5,5**	**3,2**	**1**	**4**
a - anneau-lune	60	30	20	
b - "c" de "20c" absent	35	22	12	
c - couleur vert pâle (tir du 15-1-25)	9	6		7
d - couleur vert-bleu	7	4		
e - couleur vert-jaune	7	4		
f - couleur vert-noir	9	6		7
g - impression défectueuse	16	12	7	
h - impression recto-verso	65	45		
i - impression sur raccord	165	100		
j - légende partielle (surencrage)	22	16	10	
k - papier épais	7	4	2	
l - tête de nègre	100	65	18	

192 IIA 30c bleu t. IIA	**7,5**	**4,6**	**0,5**	**3**
non dentelé		1 300		
a - anneau-lune	60	30	20	
b - couleur bleu pâle	9	6		
c - dentelé 1 ou 3 côtés	400	265		
d - dentelé tenant à non dentelé	850	550		
e - impression dépouillée (écrasée)	80	50		
f - impression recto-verso	55	35		
g - impression sur raccord	165	100	60	
h - papier épais	10	6	4	
i - papier mince (transparent)	9	5		
j - piquage à cheval	80	50	35	
k - pli accordéon	100	60	35	
l - signature absente	13	8	4	
192 IIB 30c bleu t. IIB (✂)	**8**	**5**	**0,8**	**3**
a - piquage oblique par pliage	180	115		
192 IIC 30c bleu t. IIC (⊘)	**360**	**250**	**60**	**125**

*Type I
la boucle
finale du
"c"
remonte*

*Type II
la boucle
finale du
"c" reste
horizontale*

juillet 1925   (f 150, f 100, ✂20)

193 I 40c brun-olive t. I	**4**	**1,5**	**0,5**	**3**
non dentelé	725	435		
a - anneau-lune	40	30	20	
b - dentelé tenant à non dentelé	1 000	635		
c - impression recto-verso	85	50		
d - piquage à cheval	120	75		
e - pli accordéon	190	120		
f - signature "Mouchon" absente	15	10	7	
193 II 40c brun-olive t. II	**4,2**	**2,8**	**0,5**	**3**
a - impression sur raccord	180	115	80	

janvier 1926   (f 150, f 100)

198 I 50c vert-olive t. I	14	7,5	1,5	3,5
non dentelé	225	150		
a - anneau-lune	75	40	22	
b - couleur vert-gris	15	8		5
c - couleur vert foncé	17	9		5
d - couleur vert extra pâle	20	11		
e - dentelé tenant à non dentelé	700	450		
f - impression recto-verso	135	85	40	
g - légende partielle "F nçaise"	70	45		
h - piquage à cheval	120	70	37	
i - piquage oblique par pliage	160	90		
j - pli accordéon	140	80	35	
k - signature "Roty" absente	50	32	22	35
198 IIA 50c vert-olive t. IIA	**16**	**9,5**	**1,2**	**5**
a - "c" fermé (50°)	315	210	120	
b - impression défectueuse (lourde)	100	70		
c - impression sur raccord	180	110		

novembre 1925   (f 100)

203 80c rouge	62	30	9,2	17
centrage **parfait**	93	45	15	
a - "80" coloré en partie (8C)	210	140	55	
b - impression recto-verso	225	165		
c - impression sur raccord	300	180		
d - pli accordéon	285	185	80	

30 nov 1925   (f 100, ✍)

179 1f bleu	50	25	0,5	5,5
a - anneau-lune	100	50	25	
b - couleur bleu foncé	62	30		
c - impression défectueuse	95	65	8	
d - impression sur raccord	250	150		
e - papier mince (transparent)	60	35		
f - pli accordéon	185	120		
g - tête de nègre	205	130	45	

juillet 1925   (f 100)

195 1f 05 vermillon	22	10	5	
a - anneau-lune	80	40	25	
b - couleur vermillon pâle	27	14	9	
c - impression sur raccord	200	120		
d - piquage à cheval	125	75		
e - pli accordéon	190	120		
f - signature absente	40	25	15	

7 décembre 1925   (f 75)

206 3f violet et bleu	65	32	8	25
centrage **parfait**	105	50	15	
non dentelé (3ème col = oblitéré)	1 600	1 000	850	
a - centre absent	1 600	950		
b - centre très déplacé	400	265	90	185
c - couleurs violet et bleu foncés	80	55	14	35
d - dentelé 1 ou 3 côtés	800	500		
e - impression défectueuse (lourde)	80	50	14	
f - piquage à cheval	325	220		

1926 - Semeuse camée, lignée, Pasteur et Merson.

Types III, IV, V (hauteur de filet à filet: 22,5mm)

Type VI (hauteur de filet à filet: 23mm) (taille réelle)

20 juillet 1926   (f 100, ◁20, ✍)

Types III, IV, VI   *Types IV, V, VI pas de point*

Type V   *Type III point supplémentaire*

190 III 20c lilas-rose t. III	0,5	0,3	0,3	0,6
a - anneau-lune	38	22	13	
b - avec bord publicitaire "Aiglon"	200	135	150	
c - "2" et "c" de "20c" absents	65	45	25	
d - "c" de "20c" absent	35	22	15	
e - impression sur raccord	165	100		
f - légende partielle (surencrage)	10	6		
g - papier carton	30	20	15	
h - papier créme	1,5	1	0,5	
i - pli accordéon	100	65	40	
j - semeuse amputée (surencrage)	12	7	4	
k - signature "Roty" absente	10	6	3	
l - types III et V se tenant verticalement	525	350	350	
190 IV 20c lilas-rose t. IV (✍)	**28**	**19**	**7,5**	**17**
190 V 20c lilas-rose t. V	**1**	**0,5**	**0,5**	**1**
a - couleur rose vif	2	1		
b - impression sur raccord	190	115		
190 VI 20c lilas-rose t. VI (◁)	**1,8**	**1**	**0,3**	**6**

Type I la boucle finale du "c" remonte

Type II la boucle finale du "c" reste horizontale

mai 1926   (f 100, ◁20, ✍)

194 I 40c vermillon t. I	5,5	3	0,7	3
194 II 40c vermillon t. II	**6,5**	**3**	**0,5**	**3**
a - anneau-lune	50	25	15	
b - "4" de "40c" absent	105	75	45	
c - "c" de "40c" absent	75	50	30	
d - impression défectueuse	11	7		
e - impression sur raccord	180	110		
f - légende partielle (surencrage)	14	9		
g - "P" ou 1er "S" de "Postes" absent	50	32	15	
h - pli accordéon	160	100	45	
i - piquage à cheval	95	60		
j - semeuse amputée (surencrage)	14	9	4	
k - timbre non imprimé (ten à normal)	335	210		

7 août 1926   (f 100)

205 1f bleu	15	7	0,8	5
non dentelé	1 700	1 200		
a - anneau-lune	70	40	25	
b - couleur bleu pâle	17	8		
c - couleur bleu métallique	150	100	22	55
d - couleur bleu-noir (tir du 27-9-28)	185	140	30	80
e - dentelé 1 ou 3 côtés	525	350		
f - dentelé tenant à non dentelé	2 350	1 500		
g - impression défectueuse	42	28		
h - impression sur raccord	190	115		
i - pli accordéon	165	100	40	

mars 1926   (f 100)

180 1f 25 bleu	53	31	10	27
a - anneau-lune	130	65	35	
b - couleur bleu foncé	60	35	12	
c - couleur bleu-noir	310	160	40	125
d - papier mince (transparent)	60	35	13	
e - impression défectueuse	95	60	16	
f - impression sur raccord	300	180		

6 août (f 100)   *juillet (f 75)*

196 1f 40 rose   **49**   **22**   **24**   **145**
 a - anneau-lune   115   70
 b - couleur rose vif   55   30   26
 c - papier mince (transparent)   55   30   26
 d - signature de gauche absente   85   52
 e - signature de droite absente   85   52

207 10f vert et rouge   **360** **140** **18**   **45**
 centrage **parfait**   540   210   27
 a - couleur vert foncé et rouge   425   170   22   50
 b - impression recto-verso (centre)   575   375

13 août (f 75)

208 20f lilas-rose et vert   **600** **230** **40**   **160**
 centrage **parfait**   900   345   60
 a - couleur lilas-rose fcé et vert fcé 650   275   55   180
 b - impression défectueuse (lourde)   750   385   70

1926–27 - Semeuse camée chiffres maigres (⟳10).

juin 1926   20 000   *mars 1927   12 800*

188B 10c vert-bleu (ch. maigres)   **60**   **40**   **45**   **90**
 a - couleur vert-jaune (Minéraline)   165   80   90   200
 centrage **parfait**   84   56   56
 b - "R" brisé: Pépublique, vert-bl   75   45   45
 c - "R" brisé: Pépublique, vert-jne   175   95   95

188A 10c vert-jne "Minéraline"   **780** **450** **600** **950**
 centrage **parfait**   1 092   630   840
 a - "R" brisé: "Pépublique"   1 000   500   925

188 10c vert-bleu "Phéna"   **65**   **45**   **50**   **165**
 a - "R" brisé: "Pépublique"   85   60   95

1926- Semeuse lignée et Pasteur.

novembre (f 100, ⊘)

174 30c vert   **1,5** **0,7** **0,5** **4**
 a - anneau-lune   60   30   18
 b - avec bord publicitaire "Aiglon"   200   135
 c - av bord pub "Janipoline"   225   150
 d - av bord pub "Tarifs postaux 1929" 200   135
 e - "c" de "30c" absent   45   25   15
 f - chiffres verts   45   30
 g - couleur vert-jaune   2   1
 h - couleur vert-gris   2   1
 i - couleur vert foncé   2   1
 j - impression défectueuse   12   8
 k - impression double   110   60   40
 l - impression recto-verso   60   35   27
 m - impression sur raccord   180   110
 n - "P" ou "S" final de "Postes" absent 27   15   11
 o - piquage à cheval   140   90
 p - pli accordéon   110   65   40
 q - tête de nègre   80   45   20

novembre (f 100)

197 45c violet   **13,5** **7**   **2,2** **8,5**
 a - avec bord publicitaire "Aiglon"   200   135
 b - couleur lilas   15   9
 c - couleur violet-rouge   17   10
 d - couleur violet foncé   19   12
 e - impression défectueuse   22   15
 f - impression recto-verso   75   50
 g - impression sur raccord   180   110
 h - papier épais   16   10
 i - papier créme   15   9
 j - papier mince (mai 1929)   20   13
 k - pli accordéon   160   95   50

septembre 1926 (f100, ✂20, ✍)

199 I 50c rouge t. I

199 I 50c rouge t. I	**4,5**	**2,2**	**0,4**	**6**
non dentelé			90	
a - dentelé tenant à non dentelé	525	335		
b - piquage oblique par pliage	115	70		

199 IIA 50c rouge t. IIA	**2,5**	**1,5**	**0,2**	**1**
non dentelé	150	90		
a - anneau-lune	55	33	20	
b - avec bord publicitaire "Aiglon"	175	115	125	
c - "c" de "50" absent (surencrage)	55	35	20	
d - "c" fermé (50°)	85	50	25	
e - couleur orange vif	3,5	2		
f - impression défectueuse	7	5		
g - impression incomplète	140	85		
h - impression recto-verso	75	50		
i - impression sur raccord	165	100		
j - légende partielle (surencrage)	6	4		
k - papier carton	27	15	10	
l - papier mince (transparent)	4	1		
m - piquage à cheval	42	25	25	
n - pli accordéon	160	100	35	
o - signature absente	12	7	4	
faux de Marseille	55	30		

Type IIA
lignes horizontales régulières

Type IIB
lignes horizontales espacées

Type III

Types IIA, IIB

Type I

Normal:
cadre fin

Type I

autre

Type IV:
cadre épais

Normal:
fond ligné

Type IV:
fond plein

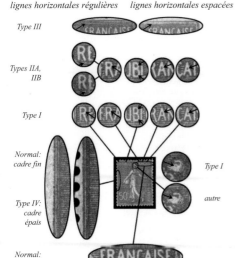

199 IIB 50c rouge t. IIB	**4,5**	**2,2**	**0,6**	**0,5**
non dentelé			60	
a - dentelé tenant à non dentelé	465	285		
b - piquage oblique par pliage	95	55		
c - "R" sans ombre (tenant à normal)	50	35	15	

199 III 50c rouge t. III (✍)	**40**	**25**	**9**	**20**
199 IV 50c rouge t. IV	**8**	**4,5**	**2**	**7**
non dentelé	170	120		
a - impression défectueuse	23	15		
b - impression incomplète	100	65		
c - timbre non imprimé (ten à normal)	225	140		
d - types IIA et IV se tenant	400	275		
e - types IIB et IV se tenant	465	300		
a - dentelé 3 côtés	300	200		

Type I
2 lignes roses
entre le "c" et la
robe, "c" épais et
presque fermé

Type II
(tir de 1932) 3
lignes roses entre
le "c" et la robe,
"c" plus fin et
plus ouvert

novembre 1926 (f 100)

202 I 75c lilas-rose t. I	**12**	**6**	**0,6**	**3**
non dentelé	825	550		
a - "5" coloré en partie	37	22	7	
b - "7" coloré	315	210	140	
c - "ç" cédille			285	
d - anneau-lune	105	65	30	55
e - couleur lilas-violet foncé	14	9		
f - couleur lilas-rose très pâle	20	11		
g - dentelé 1 ou 3 côtés	425	270		
h - dentelé tenant à non dentelé	1 350	900		
i - impression défectueuse (lourde)	19	12		
j - impression recto-verso	170	115	65	
k - impression sur raccord	180	110		
l - paire verticale avec timbre décalé	80	55		
m - piquage à cheval	75	50	35	
n - pli accordéon	110	65	40	
o - semeuse amputée (surencrage)	22	14	6	
p - signature absente	17	10	6	

202 II 75c lilas-rose t. II	**1 300**	**900**	**165**	**300**
centrage **parfait**	1 560	1 080	198	

novembre 1926 (f 100)

178 90c rouge	**24**	**13,5**	**4,2**	**6,5**
a - anneau-lune	80	45	22	
b - couleur rouge foncé	28	15		
c - impression défectueuse	70	45	17	
d - impression double	385	265		
e - impression sur raccord	250	150		
f - légende partielle (surencrage)	45	27	15	
g - "P" de "Postes" absent	40	22	11	
h - pli accordéon	210	135	80	
i - tête de nègre	160	90	40	

ao×t 1926 (f 100, ✍)

181 1f 50 bleu	**24**	**6,2**	**0,5**	**2,5**
a - anneau-lune	70	45		
b - couleur bleu foncé	25	11		
c - couleur bleu métallique	27	13		
d - impression défectueuse	30	20	6	
e - impression incomplète	210	125	85	
f - impression recto-verso	70	45		
g - impression sur raccord	300	180		
h - légende partielle (surencrage)	58	35	20	
i - "P" de "Postes" absent	58	35	20	
j - papier crème	25	12		
k - piquage à cheval	115	69	40	
l - pli accordéon	250	150		
m - tête de nègre	140	84	40	
faux de Marseille	55	33		

1926–27 - Surchargés. Typographie.

Type IIA  Type IIB

octobre 1926   (f 100, f↺120)

217 IIA =25c s 30c t. IIA	**0,5**	**0,2**	**0,5**	**4**
a - anneau-lune	60	40		
b - impression sur raccord	130	78		
c - pli accordéon	190	135		
d - surcharge "2" absent	485	290	150	
e - surcharge "5" fermé	90	55	35	
f - surcharge barres omises	625	415		
g - surcharge barres seules	575	335		
h - surcharge à cheval	32	21	40	
i - surcharge en haut	65	40		
j - surcharge incomplète	20	13	8	
k - surcharge recto-verso	10	6	4	
l - surcharge à sec	185	120		
m - surchargé tenant à non surchargé	1 850	1 200	900	
n - surcharge très déplacée	9	6	4	
o - valeur sur valeur avec barres	180	115	70	
p - valeur sur valeur sans les barres	575	350		

217 IIB =25c s 30c t. IIB	**3,4**	**2,2**	**1,5**	**4,5**
a - anneau-lune	60	40		
b - surcharge "2" absent	125	80		
c - surcharge "5" fermé	105	65	40	
d - surcharge "5" & "c" reliés	15	9	6	
e - surcharge barres omises	675	425		
f - surcharge barres seules	625	415		
g - surcharge à cheval (inversée)	55	33	20	
h - surcharge incomplète	180	115		
i - surcharge recto-verso	11	7	5	
j - surcharge très déplacée	18	11	7	

Surcharge doublée

(1 seule feuille connue)

novembre 1926   (f 100)

218 Semeuse =25c s 35c	**0,5**	**0,2**	**0,5**	**4,5**
a - anneau-lune	60	40	18	
b - impression sur raccord	130	78		
c - pli accordéon	125	80		
d - surcharge "5" fermé	80	50	30	
e - surcharge "5" & "c" reliés	15	9	6	
f - surcharge à cheval	27	15	10	
g - surcharge doublée	925	650	425	
h - surcharge incomplète	130	80		
ha - tenant à normal	400	240		
i - surcharge recto-verso	10	6	4	
j - surchargé tenant à non surchargé	1 050	610		
k - surcharge très déplacée	9	6	4	
l - valeur sur valeur avec barres	165	110	70	
m - valeur sur valeur sans les barres	310	185		

nov 1926 (f 150)   janvier 1927 (f 100)   13 févr 1927 (f 100)

219 Pasteur =50c s 75c	**6**	**3,5**	**1,8**	**5**
a - impression incomplète (du timbre)	300	200		
b - pli accordéon	130	80	45	
c - surcharge barres omises	5 000	3 000		
d - surcharge à cheval	37	23	10	
e - surcharge doublée	725	465		
f - surcharge recto-verso	22	13	8	
g - valeur sur valeur avec barres	235	140	90	
h - valeur sur valeur sans les barres	375	225		

220 Semeuse =50c s 80c	**2,5**	**1,5**	**1,2**	**6,5**
a - surcharge "0" encoché	12	7	4	
b - surcharge "5" fermé	130	78	45	
c - surcharge "5" encoché	15	9	6	
d - surcharge "5" & "0" reliés	13	8	5	
e - surcharge à cheval	30	18	10	
f - surcharge recto-verso	13	8	5	
g - surchargé tenant à non surchargé	850	510		
h - surcharge très déplacée	25	15		
i - valeur sur valeur avec barres	160	100	60	
j - valeur sur valeur sans les barres	250	150		

221 Semeuse =50c s 85c	**7**	**2,2**	**1,1**	**5**
a - impression sur raccord	200	120		
b - surcharge "0" & "c" reliés	14	8	5	
c - surcharge "5" encoché	15	9	6	
d - surcharge "5" fermé	185	110	65	
e - surcharge barres omises	200	120	80	
f - surcharge à cheval	30	18	12	
g - surcharge très déplacée	15	9	6	
h - valeur sur valeur avec barres	160	100	60	
i - valeur sur valeur sans les barres	385	230	140	

nov 1926 (f100)	*11 juill 1927 (f100)*	*18 août 1927 (f100)*

222 Pasteur =50c s 1f 25   **6**   **3**   **2,2**   **6**

a - anneau-lune	65	40	20
b - couleur bleu-noir	50	30	20
c - impression sur raccord	200	120	
d - surcharge "5" encoché	17	10	6
e - surcharge barres omises	240	150	
f - surcharge à cheval	35	24	13
g - surcharge recto-verso	15	9	6
h - surchargé tenant à non surchargé	950	625	
i - surcharge très déplacée	15	9	6

223 Semeuse =50c s 60c   **3**   **1,5**   **1,2**   **5**

a - impression sur raccord	200	120	
b - surcharge "5" & "0" reliés	15	9	6
c - surcharge barres omises	210	135	78
d - surcharge à cheval	27	16	10
e - surcharge recto-verso	11	6	4
f - surchargé tenant à non surchargé	1 100	675	
g - surcharge très déplacée	11	6	4
h - valeur sur valeur avec barres	185	125	80
i - valeur sur valeur sans les barres	315	190	115

224 Semeuse =50c s 65c   **1,8**   **0,8**   **0,8**   **4,5**

a - gomme en nid d'abeille	60	36	
b - impression sur raccord	200	120	85
c - pli accordéon	135	85	42
d - surcharge "0" & "c" reliés	11	7	5
e - surcharge barres omises	210	135	70
f - surcharge barres et "5" absents	700	420	
g - surcharge à cheval	27	16	10
h - surcharge en haut	110	75	
i - surcharge recto-verso	12	8	5
j - surcharge renversée	2 300	1 550	1 750
k - surchargé tenant à non surchargé	1 400	850	
l - surcharge très déplacée	11	7	4
m - valeur sur valeur avec barres	160	100	60
n - valeur sur valeur sans les barres	300	180	110

15 avr 1927 (f100)	*octobre 1926 (f100)*	*octobre 1926 (f100)*

225 Semeuse =50c s 1f 05   **2,5**   **1,5**   **0,8**   **5**

a - anneau-lune	60	40	22
b - impression sur raccord	200	120	
c - surcharge barres omises	210	135	80
d - surcharge "c" absent	85	55	
e - surcharge à cheval	27	16	10
f - surcharge défectueuse	12	7	4
g - surcharge recto-verso	11	6	4
h - surchargé tenant à non surchargé	900	600	
i - surcharge très déplacée	11	6	4
j - valeur sur valeur avec barres	185	125	80
k - valeur sur valeur sans les barres	315	200	120

227 Semeuse =90c s 1f 05   **4,4**   **2,5**   **2,8**   **6**

a - impression défectueuse	17	10	6
b - impression sur raccord	200	120	
c - surcharge "9" fermé	80	50	30
d - surcharge barres omises	285	175	90
e - surcharge barres seules	325	195	98
f - surcharge à cheval	35	21	12
g - surcharge en haut	85	50	30
h - surchargé tenant à non surchargé	1 850	1 250	
i - surcharge très déplacée	18	11	6
j - valeur sur valeur avec barres	160	100	60
k - valeur sur valeur sans les barres	300	180	100

228 Semeuse =1f 10 s 1f 40   **2,3**   **1,1**   **1,1**   **9**

a - anneau-lune	70	45	22
b - impression défectueuse (timbre)	13	7	5
c - signature absente	16	10	6
d - surcharge barres omises	210	135	80
e - surcharge à cheval	30	18	10
f - surcharge doublée			3 650
g - surcharge recto-verso	15	9	6
h - surchargé tenant à non surchargé	1 000	700	
i - surcharge très déplacée	15	9	6
j - valeur sur valeur avec barres	200	120	72
k - valeur sur valeur sans les barres	350	235	150

Série 217 à 228 (11 timbres)   **37**   **18**   **14**

1926-27 - *Orphelins de la guerre (3ème série) (f75) Sanf 2H (f 150).*

1ᵉʳ février 1927   *1ᵉʳ février 1927*

229 2c+1c Veuve au cimetière	**5**	**2**	**1**	**5,5**
non dentelé (sans gomme)			1 050	
a - papier mince (transparent)	6	4	2	
b - piquage oblique par pliage		215		
230 50c+10c Lion de Belfort	**90**	**24**	**16**	**30**
centrage **parfait**	135	36	24	
a - centre très déplacé	925	585		
b - impression défectueuse	75	35	22	
c - impression recto-verso partielle	650	425		

30 janvier 1927   *(f 75)*

231 1f+25c Marseillaise	**190**	**62**	**50**	**100**
a - centre très déplacé	1 500	1 000		
b - impression défectueuse	210	93	75	

27 décembre 1927   *(f 75)*

232 5f+1f Marseillaise	**310**	**122**	**113**	**200**
centrage **parfait**	465	183	170	
a - centre très déplacé	1 200	750	330	
b - "E" tronqué: REPUBLIQUF	670	385	300	
c - impression incomplète (pliage)	720	420		
Série 229 à 232 (4 timbres)	**595**	**210**	**180**	

Blanc, Semeuse 1927-31

233 10c violet	🌀 1929	7,5	4,5	0,5	
234 65c vert-olive	🌀 1927	17	8	2,3	
235 25c jaune-brun	🌀 1927	0,3	0,2	0,2	
236 40c violet	🌀 1927	4,5	2,3	1	
237 40c outremer	🌀 1928	2,7	1,5	0,5	
238 1f 10 rose	🌀 1927	27	13	2,5	
239 2f vert-bleu	🌀 1931	29	15	1,6	
Série 233 à 239 (7 timbres)		87	43,5	8,5	

1927 - *Semeuse lignée. janvier (f 100)*

234 65c vert-olive	**17**	**7**	**2,2**	**12**
a - couleur vert très foncé	20	11	4	
b - impression défectueuse	27	19	5	
c - impression sur raccord	200	135		
d - papier jaunâtre	20	11	4	

1927 - *Semeuse camée et Merson.*

   *Type IIIB*   *Type IIIC "R" encoché*

11 juin   *(f 100, ✑)*

235 IIIB25c jne-brun t. IIIB	**0,3**	**0,2**	**0,2**	**1**
a - anneau-lune	45	27	10	
b - avec bord publicitaire "Aiglon"	165	115		
c - avec bord publicitaire "Janipoline"	165	115	115	
d - av bord pub "Tarifs postaux 1929"	150	100	100	
e - "c" de "25c" absent	75	45	25	
f - couleur brun-jaune pâle	1	0,5		
g - couleur brun-roux	1	0,5		
h - couleur jaune-orange	1,5	1		
i - couleur moutarde	1,5	1		
j - dentelé 1 ou 3 côtés	200	140		
k - impression défectueuse	11	7	4	
l - impression double (oscillée)	7	5		
m - impression incomplète	180	120		
n - impression recto-verso	60	40		
o - impression sur raccord	165	100		
p - papier épais	1	0,5		
q - piquage à cheval	60	40	22	
r - pli accordéon	140	85	50	
s - semeuse amputée (surencrage)	28	17	8	
235 IIIC 25c jne-br. t. IIIC (✑)	**90**	**60**	**25**	**50**
centrage **parfait**	110	72	30	

septembre   (f 100, ✎)

236 40c violet	**4,5**	**2,3**	**1**	**2**
non dentelé	1 400	875		
a - anneau-lune	60	40	20	
b - "c" de "40c" absent	120	75	38	
c - couleur violet-gris	6	4	2	
d - couleur violet-noir	8	5	2	3
e - dentelé tenant à non dentelé	2 100	1 400		
f - impression défectueuse	13	8	4	
g - impression recto-verso	60	36	22	
h - impression sur raccord	165	100		
i - "P" ou 1ᵉʳ "S" de "Postes" absent	30	18	10	
j - piquage à cheval	100	60	35	
k - pli accordéon	150	90	45	
l - signature "Roty" absente	27	16	8	

mars   (f 100)   *20 août   (f 75)*

238 1f 10 rose	**28**	**13**	**2,5**	**11**
a - anneau-lune	75	50	25	
b - couleur rose vif foncé	35	20	5	
c - impression défectueuse	45	30	10	
d - impression sur raccord	200	120		
e - piquage à cheval	125	80		
f - semeuse amputée (surencrage)	65	40	20	
g - signatures absentes	55	33	16	
240 3f lilas et carmin	**180**	**62**	**2,2**	**32**
centrage **parfait**	270	93	3	
non dentelé	900	625		
a - centre doublé	700	420		
b - couleurs lilas foncé et rouge	215	130	5	50
c - dentelé 1 ou 3 côtés	750	450		
d - dentelé tenant à non dentelé	1 800	12 000		
e - impression défectueuse	250	150	9	
f - piquage oblique par pliage	1 400	875		
g - pli accordéon	525	300	150	

1927- *Semeuse camée, issue du bloc-feuillet.*

241 Semeuse 5f bleu	**525**	**300**	**300**	**300**
centrage parfait	578	330	330	
242 Semeuse 10f rouge	**525**	**300**	**300**	**300**
centrage parfait	578	330	330	
242A Paire avec intervalle	**1 200**	**800**	**800**	

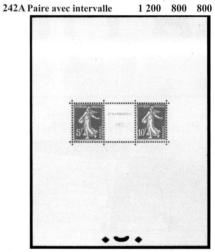

4 juin 1927   T 50 000 blocs-feuillets

BF2 Bloc Strasbourg 1927	**3 000**	**1 300**	**1300**
avec oblitération hors timbres	1 950	1 300	1 300
avec oblitération sur les timbres	1 950	1 400	1 400
EPL	3 500		

1927 ✈ - *Merson surchargés lors d'une exposition philatélique qui a eu lieu à Marseille (f75). Vendus 60 000.*

✈1 Merson 2f surchargé	**550**	**275**	**275**	**350**
centrage **parfait**	1 100	550	550	
a - écusson brisé	2 650	1 600	1 700	
b - hauban de droite brisé	800	375	375	500

✈2 Merson 5f surchargé	**550**	**275**	**275**	**350**
centrage **parfait**	1 100	550	550	
a - hauban de droite brisé	800	375	375	500
paire, EPC			3 000	

1927 - *100ème ann. de la naissance du chimiste Marcelin Berthelot (1827-1907). Typo. D: J.-M. Chaplain. G: A. Mignon*

7 septembre 1927 (f 100)

243 90c Marcelin Berthelot	**3,5**	**2,2**	**0,6**	**4**
EPA en taille-douce	375			
EPL		150		
a - anneau-lune	27	16		
b - impression défectueuse	10	6		
c - impression recto-verso	30	18		
d - impression sur raccord	165	100		
e - papier mince (transparent)	5	3		
f - piquage à cheval			185	

1927 - *En hommage à la Légion Américaine (f 75). Emission: 15 septembre 1927.T 14 000 000 de paires. Typographie(feuilles de 75). Dessin & gravure: Antonin Delzers.*

244 90c Légion Américaine	**3**	**1,3**	**1,8**	**7**
non dentelé	12 500	8 500		
a - "90c" en haut	2 400	1 750	1 750	
b - dent. tenant à non dent. (10 connus)	23 500	19 500		
c - impression recto-verso	60	40		
d - papier mince (transparent)	5	3		
e - pli accordéon	140	85	60	
f - sans valeur dans le cartouche	3 650	2 650	2 300	

245 1f 50 Légion Américaine	**9**	**4,5**	**2,2**	**7**
non dentelé	1 300	850	850	
a - dentelé 1 ou 3 côtés			950	
b - dentelé tenant à non dentelé	2 000	1 350		
c - impression recto-verso	70	45		
d - papier épais	13	8		
e - papier mince (transparent)	11	6		
f - piquage à cheval			300	
g - piquage double		325		
h - piquage oblique par pliage	875	550		
i - pli accordéon	170	100	60	
j - sans valeur dans le cartouche	2 800	1 900		
paire, EPL sans faciale / EPC		950	800	

1927 - *Caisse d'amortissement (1ère série) (f 100).*

Vdus: 488 530   Vdus: 449 260   Vdus: 374 430

246 40c+10c bleu	**11**	**6**	**6**	**15**
EPL d'essai de sch n° 1 à 99: chaque		550		
a - "amortiss ment" (sans le 1ᵉʳ "e")	350	210	180	
b - "i" de "caisse" sans point	110	65	60	
247 50c+25c vert-bleu	**14**	**9**	**9**	**20**
EPL d'essai de sch n° 1 à 99: chaque		550		
a - "i" de "amortissement" sans point	160	110	100	
b - impression sur raccord	1 000	700		
c - pli accordéon	325	200		
248 1f 50+50c rouge-orange	**45**	**18**	**15**	**30**
EPL d'essai de sch n° 1 à 99: chaque		550		
a - surchargé tenant à non surchargé	14 000			
série, EPC			1 100	

1928 - *Caisse d'amortissement: allégorie du travail. Taille-douce. 1ᵉʳ timbre français imprimé en taille-douce par l'Institut de Gravure. Dessin: Albert Turin. Gravure: Abel Mignon. 15 mars. Vendus 163 700.*

Type I   Type II   Type III

252 I 1f 50+8f 50 Le travail t. I	**275**	**175**	**175**	**250**
centrage **parfait**	303	193	193	
Essai de couleur dentelé ou nd (I, II, ou III)			300	
EPL		700		
a - bleu-vert au lieu de bleu	875	625	625	
252 II 1f 50+8f 50 Le travail t. II	**470**	**260**	**260**	**400**
centrage **parfait**	517	286	286	
a - bleu-vert au lieu de bleu	900	650	650	
252 III 1f 50+8f 50 Le travail t. III	**275**	**175**	**175**	**275**
centrage **parfait**	303	193	193	
non dentelé	1 000	650		
a - bleu-vert au lieu de bleu	875	625	560	
b - signature incomplète "TUR N"	425	285	260	
c - types III, II, I se tenant	1 550	1 050		
centrage **parfait**	1 705	1 155		
d - idem bleu-vert (III, II, I)	4 500	3 000		

1928 - *Caisse d'amortissement (2ème série).*
Typographie. Emission: 1er octobre 1928 (f 100).

Vdus: 287 520 (f 100)	Vdus: 260 750 (f 100)	Vdus: 223 670 (f 100)			
249 40c+10c violet-gris		**40**	**13**	**11**	**30**
a - "amortiss ment" (sans le 1er "e")		375	210	190	
b - "i" de "caisse" sans point		110	60	54	
250 50c+25c rouge-brun		**70**	**35**	**30**	**70**
a - "i" de "amortissement" ss point		215	140	125	
251 1f 50+50c lilas		**120**	**65**	**45**	**90**
La série centrage **parfait P30%**					
série, EPC				1 200	
252 1f 50+8f 50 travail	🏵 1928	**275**	**175**	**175**	

3ème série Caisse d'amortissement

253 40c+10c vert	🏵 1929	**45**	**20**	**18**
254 50c+25c rose-lilas	🏵 1929	**70**	**35**	**30**
255 1f 50+50c rouge	🏵 1929	**155**	**65**	**65**
256 1f 50+3f 50 Reims	🏵 1930	**165**	**100**	**100**

1928 ✈ - *Marcelin Berthelot et Pasteur, surchargés*
=10f afin de payer la surtaxe du transport par hydravion
catapulté depuis le paquebot "Ile de France". 16 août (f 100).

Berthelot (T 3 000)   Pasteur (T 1 000)

Surcharge normale:
hauteur entre la
base du "1" et
le trait inférieur:
6mm

Surcharge espacée:
hauteur entre la base
du "1" et le trait
inférieur: 8mm

✈**3 Berthelot "Ile de France"**	**4 300**	**3 000**	**2 250**	**3 000**
centrage **parfait**	5 160	3 600	2 700	
a - surcharge normale renversée	30 000	20 000	20 000	75 000
b - surcharge espacée	6 250	4 250	3 750	4 750
c - sch espacée et renv (5 connus)		75 000		
d - sch espacée ten à sch normale	12 000	10 000	8 000	
✈**4 Pasteur "Ile de France"**	**17 500**	**13 200**	**11 000**	**13 000**
centrage **parfait**	21 000	15 840	13 200	
a - surcharge espacée	22 000	16 000	13 000	16 000
b - sch espacée ten à sch normale	45 000	36 500		

Aéro-poste: paquebot "Ile de France", essai non émis.
Existe en plusieurs couleurs, dentelé ou non, sans gomme

✈**4A Aéro-poste "Ile de France"**	**200**
non dentelé	125

1928 - *Semeuse camée.*

décembre 1928   (f100, ✎)

237 40c outremer	**2,7**	**1,5**	**0,5**	**1,5**
a - anneau-lune	45	28	17	
b - avec bord publicitaire "Aiglon"	275	200		
c - "4" ou "0" de "40c" absent	75	45	27	
d - "c" de "40c" absent	70	42	25	
e - couleur bleu-gris	4	2		
f - couleur outremer foncé	5	3		
g - impression défectueuse	8	5		
h - impression incomplète	160	100		
i - impression sur raccord	165	100		
j - légende partielle (surencrage)	17	10		
k - papier carton	17	10		
l - papier mince (transparent)	5	3		
m - piquage à cheval	100	60	36	
n - pli accordéon	150	90	50	
o - semeuse amputée (surencrage)	17	10	6	
p - signatures absentes	14	8	4	

1929 - *500ème anniversaire de la délivrance d'Orléans par*
Jeanne d'Arc en 1429. Typographie. Dessin: Gabriel-Antoine
Barlangue. Gravure: Abel Mignon.

Type   Type
I   II

1er mars 1929   (f 100, ✎20)

257 I 50c Jeanne d'Arc t. I	**3,5**	**2,2**	**0,3**	**1,5**
non dentelé	260	175		
Essai de couleur			80	
a - avec bord publicitaire "Aiglon"	175	120	120	
b - couleur bleu clair	4	2,5		
c - couleur bleu foncé	5	3		
d - impression défectueuse	8	5		
e - impression recto-verso	35	21	13	
f - impression sur raccord	165	100		
g - papier épais	9	6		
h - pli accordéon	130	80		

257 II 50c Jeanne d'Arc t. II   5   3,5   0,5   7

  non dentelé   300   225

  EPL   250

1929 - *Exposition phil. du Havre.*
Merson de 1900 surchargé 18 mai
(f 75).T 40 000

Blanc.Typo. D:
J. Blanc. G: É.
Thomas. (f 100) juin.

257A 2f orange et vert   **1 600**   **800**   **800**   **1 000**

  centrage **parfait**   2 500   1 250   1 250

  EPL   2 000

233 10c violet   **7,5**   **4,5**   **0,5**   **8**

  a - avec bord publicitaire "Aiglon"   200   135

  b - couleur violet très pâle   11   6

  c - couleur violet foncé   12   7

  d - impression défectueuse   18   11

  e - impression sur raccord   165   100

  f - papier épais   12   7

  g - papier mince (transparent)   10   6

1929 - *Série touristique. Taille-douce.*

258 2f Arc de triomphe   📮 1931   **100**   **45**   **1,5**

259 3f Cathédrale de Reims   📮 1930   **140**   **75**   **3**

Mont Saint-Michel.

29 juin 1929   *D: Fernand Bivel*
                    G: Abel Mignon
T 8 000 000 (f 25, f 50)

Type I
clocher
brisé

Type II
impression
plus nette et
plus foncé

260 I 5f Mont St-Michel t. I   **50**   **28**   **5**   **8**

  centrage **parfait**   55   31   5,5

260 II 5f Mont St-Michel t. II   **45**   **25**   **1**   **7**

  EPA / EPL   750   265

  a - pli accordéon   210   140

Port de La Rochelle.

18 juillet 1929   *T 4 500 000 (f 25, f 50)*
                      D&G: Henry Cheffer

Type I   *Types II & III*   *Type II*   *Type III*

261 I 10f La Rochelle t. I,
outremer pâle   **180**   **100**   **20**   **30**

  EPL   475

  EPL en noir sur feuillet   1 200

261 II 10f La Rochelle t. II, bleu   **280**   **180**   **25**   **50**

  a - outremer   400   275   40   55

261 III 10f La Rochelle t. III, bleu   **170**   **100**   **8**   **23**

  Essai de couleur   300

  EPA / EPL   1 000   400

Tirages spéciaux

Le 10f chaudron est en fait un tirage de démonstration réalisé à
l'intention du président Raymond Poincaré, lors de sa visite à l'Atelier
du Timbre. Le tirage en noir a été réalisé pour le ministre des P.T.T.
(Germain Martin) quelques mois plus tard.

261A (261C) YT, 10f La Rochelle, outremer vif
  (type II, 3 feuilles connues)   **22 500** **16 000**

261B (261A) YT,
10f La Rochelle, chaudron   **6 000**   **4 250**

  non dentelé   5 000   3 850

261C (261B) YT, 10f
La Rochelle, noir   **6 000   4 250**
    non dentelé   5 000   3 850

Pont du Gard.

15 mai   T 2 600 000 (f 25, f 50)
Dess & grav: Henry Cheffer

Type I	T. IIA & IIB	T. I & IIA	Type IIB

262 I (262A) YT Gomme
blanche, 20f Pont du Gard t. I,
chaudron, dentelé 13½ x 13   **630   350   45   125**
   EPL en noir sur feuillet   1 800
   ■ sur carte d'abonn^mt 🖃   15 mai 29 ⇥ nov 31   450
   a - chaudron clair   2 400   1 500   425

262 IIA (262c) YT, 20f Pont
du Gard chaudron, dent. 13   **650   350   45   125**
   EPA / EPL / Essai de couleur   1 750   1 100   550
   ■ sur carte d'abonn^mt 🖃   nov 31 ⇥ 11 juil 37   450
   a - chaudron foncé   615   400   57   135
   b - chaudron clair   785   485   65   150

Normal   *Rivière blanche (timbre*
plus contrasté)

262 IIB (262) YT, 20f Pont
du Gard chaudron, dent. 13   **600   350   40   100**
   ■ sur carte d'abonn^mt 🖃   nov 31 ⇥ 11 juil 3   450

a - chaudron foncé	625	350	50	100
b - chaudron clair	650	390	50	100
c - rivière blanche	675	435	70	140
d - types IIA & IIB, paire horizontale	2 500	1 800	1 800	2 650
e - types IIA & IIB, paire verticale	1 500	900	450	1 000

dentelé 11

262A (262B) YT, 20f Pont du
Gard TI chaudron, dentelé 11   **2 450   1 280   440   900**
   non dentelé   5 500   4 000
   a - dentelé 1 ou 3 côtés (5ex connus)   11 500   8 500
   Essai de couleur collectif Pont du
   Gard - La Rochelle   12 000
   EPL Pont du Gard impression incomplète   1 200

Essai collectif Pont du Gard - La Rochelle Existe en trois
couleurs (quelques exemplaires connus)

1929 - *Caisse d'amortissement (3ème série). (f 100)*
Typo. 1er octobre.

Vdus: 211 125   Vdus: 198 150   Vdus: 166 065

253 40c+10c vert   **45   20   18   35**
   a - "amortiss ment" (sans le 1er "e")   400   225   205
   b - "i" de "caisse" sans point   160   100   90
254 50c+25c rose-lilas   **70   35   30   65**
   a - "i" de "amortissement" sans point   225   165   165
255 1f 50+50c rouge   **155   65   65   115**
   La série centrage **parfait +30%**
   série, EPC   1 200

1930 - *Centenaire de l'Algérie française. Typographie.*
Dessin: Charles Brouty. Gravure: Georges Hourriez. 1er janvier
1930. T (f 75)

263 50c Centenaire de l'Algérie	7	3	0,5	1,5
non dentelé	385	275	170	
Essai de couleur			225	
EPL		175		
a - centre très déplacé	340	215		
b - centre doublé	525	375		
c - dentelé 1 ou 3 côtés	415	250		
d - dentelé tenant à non dentelé		1 750		
e - "G" tronqué (ALCERIE)	220	135	85	200
f - autre lettre tronquée	165	100	80	
g - impression défectueuse	15	9		
h - papier épais	16	10		
i - piquage à cheval	110	70	50	120
j - piquage oblique par pliage	**525**	**375**		
k - pli accordéon	160	100	60	

1930 *- Caisse d'amortissement: détail d'une des statues du porche septentrional de la cathédrale de Reims. Taille-douce. D: Louis Pierre Rigal. G: Antonin Delzers. (f 25, ⟳)*

16 mars 1930. Vendus: 256 965

256 1f 50+3f 50 Ange au sourire	165	100	100	160
EPA non adoptée "sourire satanique"	950			
EPL		700		
a - paire verticale avec bords blancs	340	210		
b - piquage à cheval	450	285		

1930 *- Session du conseil d'administration du B.I.T. Typographie. 23 avril (f 100)*

T 600 000   T 500 000

264 Semeuse 50c rouge	7	3	2,5	10
a - "1980" au lieu de "1930"	435	300		
b - "C NGRES" (sans le "O")	275	165	165	
c - sans accent sur le "E" (tir: 6 000)	150	90	80	
d - sans point après le "T" de "B.I.T."	55	35	32	

265 Pasteur 1f 50 bleu	48	22	16	35
a - "1980" au lieu de "1930"	535	375		
b - sans accent sur le "E" (tir: 5 000)	285	200	200	
c - sans point après le "T" de "B.I.T."	160	100	100	
paire, EPC			700	

1930   ✈ *- Avion survolant le port de Marseille. Taille-douce. Dessin: Paul-Albert Laurens. Gravure: Abel Mignon (f 25).*

8 juin   T environ 4 000 000

✈5 1f 50 carmin	48	25	5	7
EPA / EPL	1 500	575		
EPL en noir		650		
a - impression défectueuse	85	50		
b - impression recto-verso	190	115		
c - impression sur raccord	300	180		
d - papier mince	55	33	7	

6 novembre   T 1 000 000

✈6b 1f 50 outremer	145	65	25	40
a - outremer vif	780	520	400	475
■ sur ...	6 nov 30 ⇥ 31 déc 31			+400

Perforés de l'exposition EIPA 30.

7 novembre 1930

✈5A EIPA 30, carmin	5 500	3 750	5 000
a - perforé tenant à non perforé	7 000	4 750	

7 novembre   T 30 000 (outremer)

✈6A EIPA 30, outremer	865	565	460	575
a - perforé tenant à non perforé	1 850	900		

1930 - Caisse d'amortissement (4ᵉᵐᵉ série).
Typo. 1ᵉʳ octobre (f 100).

Vdus: 209 940	Vdus: 191 435	Vdus: 163 435			
266 40c+10c rose		**90**	**25**	**25**	**40**
a - "i" de "caisse" sans point		145	95	95	
267 50c+25c brun		**128**	**45**	**41**	**75**
a - "i" de "amortissement" sans point		225	160	145	
b - "i" de "Caisse" sans point		225	160	145	
268 1f 50+50c violet		**220**	**75**	**75**	**125**
a - "C" de "caisse" au dessus de "t"		350	265	265	
série, EPC				1 200	
La série parfaite + 30%					

1930 - Cathédrale de Reims. Taille-douce. Dessin: A. Vérecque.
Gravure: A. Dezarrois et A. Delzers (3ᵉᵐᵉ poinçon) (f 25).

17 nov 1930   T 9 000 000 (f 25)

Type I

Type II

Types III & IV

Types I, II & III

Type IV

259 I 3f Cathédrale de Reims I	**140**	**73**	**3**	**7,5**
EPL		400		
EPL en noir sur feuillet		700		
259 II 3f Cathédrale de Reims II	**280**	**150**	**5**	**12**
a - piquage à cheval	1 050	650		
259 III 3f Cath. de Reims III	**800**	**450**	**26**	**55**
non dentelé	5 750	4 500		
a - dentelé 1 ou 3 côtés	3 150	2 100		
b - dentelé tenant à non dentelé	11 500	7 500		

259 IV 3f Cath. de Reims IV	**140**	**75**	**3**	**7,5**
a - impression sur raccord	2 000	1 400		

Année 1930 26

à 268 (6 timbres)	**500**	**170**	**160**
✦5 à 6b (2 timbres)	**193**	**90**	**30**

269 1f 50+3f 50 Provinces	✉ 1931	360	165	165

1930–31 - Exposition Coloniale Internale Paris - 1931.
Typographie. Dessin: Louis Pierre Rigal. Gravure: Abel Mignon (femme Fachi) (f 100). Héliogravure (réalisée par Hélio-Vaugirard). Dessin: J. de la Nézière (les races) (f 75).

270 15c gris-noir	**2,5**	**1,3**	**0,4**	**1**
a - impression défectueuse	8	6		
b - impression incomplète	200	135		
c - impression sur raccord	165	100		
271 40c sépia	**5**	**2,4**	**0,4**	**1**
a - impression défectueuse	14	9		
b - impression incomplète	200	120		
c - impression sur raccord	165	100		
d - papier mince (transparent)	9	5		

Type I

Type II les 3 petites mèches ont disparu

17 novembre 1930   T (f 100, ✂20)

272 I 50c rouge type I	**1,5**	**0,8**	**0,2**	**1**
a - couleur rouge pâle	2			
b - dentelé 1 ou 3 côtés	170	110		
c - impression défectueuse	8			
d - impression recto-verso	70	42		
e - impression sur raccord	165	100		
f - papier mince (transparent)	5	3		
g - piquage à cheval	85	48		
h - pli accordéon	115	70		
272 II 50c rouge t. II (✂)	**1,6**	**0,9**	**0,2**	**1**
non dentelé	160	110		
a - couleur rouge pâle	2,5			
b - impression défectueuse	12			
c - impression dépouillée	75	45		
d - impression sur raccord	165	100		
e - papier mince (transparent)	5	3		
f - types I & II se tenant	210	140		

décembre 1930   25 avril 1931 T (f 2x25 = f 50)

273 1f 50 bleu   **26   10,5   0,7   3,5**
a - impression défectueuse   35   19
b - impression incomplète   200   120
c - impression sur raccord   200   120
d - pli accordéon   140   85

274 1f 50 bleu héliogravé   **110   50   2,3   5**
  EPA / EPL   650   275
a - "R.F." sans point derrière le "F"   1 400   850   500
b - piquage à cheval   265   165
c - pli accordéon   375   225

Série 270 à 274 (5 timbres)   **145   65   4**
  EPL sans faciale, chaque   350
  EPC femme Fachi 15c, 40c, 50c, 1f 50   585

274A EPL **50c, non émis**   **550   400**

1931 - *Semeuse camée. Typographie. 1er janvier (f 100)*

239 2f vert-bleu   **29   15   1,6   20**
a - anneau-lune   75   45   22
b - couleur vert pâle   35   21
c - couleur vert-noir   40   24
d - "f" de "2f" absent   85   50
e - impression défectueuse   40   24
f - impression recto-verso   80   48   27
g - impression sur raccord   200   120
h - piquage à cheval   120   75
i - pli accordéon   160   100   60
j - sans nom du graveur   66   40   30

1931 - *Caisse d'amortissement: coiffe des provinces françaises (arlésienne, boulonnaise, alsacienne et bretonne). Taille-douce. D& G: Abel Mignon. 1er mars 1931 (f 25) Vendus: 129 785*

269 1f 50+3f 50 **Provinces françaises**   **360   165   165   300**
  non dentelé   1 500 1 000
  EPA non adoptée "au panier de fruits"   1 100
  EPA / EPL   1 250   700

1931 - *Arc de Triomphe de l'Etoile à Paris. 29 Avril (f 25). T 6 000 000.Taille-douce. D: Fernand Bivel. G: Antonin Delzers.*

258 2f Arc de Triomphe   **100   45   1,5   6**
  Essai de couleur   300
  EPA / EPL   850   325
  EPL en bleu sur feuillet   800
a - dentelé 1 ou 3 côté   2 500 1 500
b - impression défectueuse   150   90
c - piquage à cheval   375   225
d - pli accordéon   235   140

258A Arc de triomphe, 2f noir   **1 600 1 200**
  non dentelé   1 600 1 200

1931 - Caisse d'amortissement (5ᵉᵐᵉ série).
Typo. Emission: 1ᵉʳ octobre (f 100).

| Vdus: 141 335 | Vdus: 126 480 | Vdus: 109 820 |

275 40c+10c olive	**135**	**50**	**55**	**95**
a - "i" de "caisse" sans point	280	150	135	

276 50c+25c violet	**295**	**135**	**120**	**215**
a - "i" de "amortissement" sans point	430	255	230	

"C" de caisse au dessus de "t"

277 1f 50+50c rouge	**240**	**120**	**135**	**200**
a - "C" de "caisse" au dessus de "t"	385	290	290	
série, EPC			1 200	
la série centrage parfait +30%				

1931 ✈ - Avion survolant le port de Marseille. (f25)

| 1ᵉʳ décembre | 37 000 000 |

✈6 **1f 50 bleu**	**48**	**23**	**3**	**6**
EPA / EPL	1 500	575		
EPL en bleu et outremer		675		
a - couleur bleu-noir	65	39		10
b - impression défectueuse	75	45		
c - impression sur raccord	300	180		
d - piquage à cheval			285	

Année 1931 269
à 277 (9 timbres) PA6	**1 175**	**545**	**450**
(1 timbre)	**48**	**23**	**3**

1932–34 - Semeuse camée (f 100).

Normal

1ᵉʳ "S" de Postes" retouché (boucle supérieure plus large), et "E" avec jambages plus courts

| Bistre-olive | Bistre-brun |

277A 1c bistre-olive	**0,3**	**0,2**	**0,2**	**4**
a - "S" de poste retouché	125	60	36	
b - impression défectueuse	3	2		
c - impression sur raccord	165	100		
d - papier mince (transparent)	1	0,5		
e - piquage à cheval	70	42		
f - pli accordéon	85	51	30	
g - signatures absentes	13	7	4	

277B 1c bistre-brun	**0,3**	**0,2**	**0,2**	**4**
a - anneau-lune	40	25	15	
b - impression défectueuse	3	2		
c - impression double (oscillée)	6	4		
d - impression sur raccord	165	100		
e - papier mince (transparent)	1	0,5		
f - signatures absentes	12	7	4	

| mars 1933 | septembre 1933 |

278 2c vert foncé	**0,3**	**0,2**	**0,2**	**3**
a - impression défectueuse	3	2		
b - impression sur raccord	165	100		
c - papier crème	2	1,5		
d - pli accordéon	185	110		
e - signature "Roty" absente	12	7	3	

278A 3c rouge-orange	**0,3**	**0,2**	**0,2**	**22**
a - couleur rouge vif	3	2		
b - couleur orange très pâle	4	3		
c - impression défectueuse	7	5		
d - impression sur raccord	165	100		
e - papier mince (transparent)	1	0,5		
f - piquage à cheval	60	36	24	
g - pli accordéon	110	70	40	

déc 1934

278B 5c rose   **0,6**   **0,2**   **0,2**   **5**

a - anneau-lune	40	25	15
b - impression défectueuse	3	2	
c - impression recto-verso	65	40	
d - impression sur raccord	165	100	
e - piquage à cheval	60	36	
f - signature "Roty" absente	12	7	3

 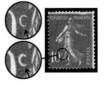

Type III

*Type IV
le "c" est
plus épais
et la boucle
inférieure est
prolongée*

septembre 1932   T *(f 100, ✍)*

279 III 10c outremer t. III   **2,8**   **1,6**   **0,3**   **2**

a - anneau-lune	35	21	13
b - couleur bleu clair	3	2	
c - impression défectueuse	6	4	
d - impression sur raccord	165	100	
e - papier crème	3	2	
f - papier mince (transparent)	3	2	
g - piquage à cheval	60	36	
h - piquage oblique par pliage	200	130	
i - pli accordéon	110	66	33

279 IV 10c outremer t. IV (✍)   **11**   **7**   **3**   **55**

a - impression sur raccord	225	140	

Bistre-olive   *Bistre-brun*
décembre 1933

279A ½c s 1c bistre-olive   **0,7**   **0,4**   **0,7**   **250**

▪ sur ☛ routé ⟳	déc 33 ➻ mai 37		600
a - "S" de poste retouche	133	75	50
b - impression défectueuse	3	2	
c - signatures absentes	13	7	4
d - surcharge défectueuse	3	2	
e - surcharge lettre brisée ou fermée	8	5	3
f - sucharge recto-verso	5	3	2

279B ½c s 1c bistre-brun   **2,2**   **1**   **2**   **550**

▪ sur ☛ routé ⟳	mai 37 ➻ 3 ao✗t 37		1 000
a - surcharge défectueuse	5	3	2

Série 277A à 279B (8 timbres)   **7,5**   **4**   **4**

EPC 1c, 2c, 3c, 5c, 10c   600

1932-33 - Paix *(f 100)*.

Typographie. Dess: Paul Albert Laurens. Grav: Antonin Delzers.

mars 1933 (✍)

280 30c vert   **2,5**   **1,2**   **0,6**   **3**

a - anneau-lune	40	25	15
b - cadre vert^{al} gauche retouché	20	12	7,5
c - couleur vert foncé	3,5	2,2	
d - impression défectueuse	5	3	
e - impression sur raccord	165	100	
f - pli accordéon	90	55	33

*Type I
"F" épais,
barre du
"R" amincie.*

*Type II
"F" fin,
barre du "R"
normale.*

janvier 33   T *(f100, ✍)*

281 I 40c lilas type I   **0,5**   **0,4**   **0,3**   **1,5**

non dentelé	575	385	
a - anneau-lune	55	35	17
b - dentelé 1 ou 3 côtés	190	110	
c - impression défectueuse	7	5	
d - impression incomplète	170	105	
e - impression sur raccord	165	100	
f - papier mince (transparent)	2	1	
g - piquage à cheval	45	27	15
h - pli accordéon	110	65	30

281 II 40c lilas t. II (✍)   **130**   **80**   **34**   **65**

mars 1933

282 45c bistre   **4,3**   **2,1**   **1,1**   **12**

a - anneau-lune	40	25	15
b - couleur brun foncé	5	3	2
c - impression défectueuse	13	8	3
d - impression sur raccord	165	100	

Types I, III, IV
boucle du "c" en
forme de pointe

Types IIA & IIB
boucle du "c" en
forme de boule

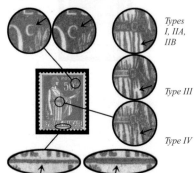

Types
I, IIA,
IIB

Type III

Type IV

Type IIA
la ligne du cadre du bas est
mince et régulière

Types IIB
la ligne du cadre du bas est
enflée en son milieu

283 I 50c rouge type I	0,3	0,2	0,2	0,5
non dentelé	130	80		
a - anneau-lune	50	32	16	
b - "c" de "50c" absent	50	32	16	
c - couleur rose très pâle	2	1		
d - impression défectueuse	6	4		
e - impression incomplète	150	85		
f - impression sur raccord	165	100		
g - papier épais	2	1		
h - papier mince (transparent)	2	1		
i - piquage à cheval	23	13	10	
j - pli accordéon	150	80	30	
k - signature absente	8	5	4	
l - types I & III, paire verticale	50	30	20	
m - types I & IIA, paire horizontale	140	100	50	
n - types I & III, paire horizontale	300	200	140	
283 IIA 50c rouge t. IIA	**5,5**	**3,3**	**0,4**	**5**
non dentelé	190	130	120	
a - impression (très) défectueuse	75	50	20	
b - types IIA & I, paire verticale	250	150	100	
c - types IIA & III, paire horizontale	350	210	140	
283 IIB 50c rouge t. IIB (✧)	**165**	**110**	**10**	**40**
283 III 50c rouge t. III	**0,3**	**0,2**	**0,2**	**0,5**
a - impression défectueuse	8	5		
b - impression sur raccord	165	100		
c - piquage à cheval	30	18	8	
d - types III & I, paire verticale	140	84	60	
283 IV 50c rouge t. IV	**38**	**22**	**3**	**8**
a - impression défectueuse	50	30	9	
faux de Barcelone	45	25		
faux de Samoreau	95	60		

8 sept 1932 (✧20, ✎)

novembre 1933

septembre 1932

284 65c violet-brun	1	0,6	0,5	1
a - anneau-lune	40	22	13	
b - couleur brun-violet rosé	2,5	1		
c - impression défectueuse	5	3		
d - impression sur raccord	165	100		
e - légende partielle (surencrage)	9	6		
f - pli accordéon	100	60	25	
284A 75c olive	**0,4**	**0,2**	**0,3**	**1**
a - anneau-lune	40	26	13	
b - impression défectueuse	5	3		
c - impression sur raccord	165	100		
d - papier mince (transparent)	1	0,5		
e - piquage à cheval	50	30	16	
f - pli accordéon	100	60	25	

sept 1932

285 90c rouge carminé	75	38,5	2,5	7
a - impression défectueuse	110	75	11	
b - papier épais	90	55	4	
c - papier mince (transparent)	90	55	4	

Type I
ceinture
ombrée

Type II
ceinture
claire

mars 1933

286 I 1f orange type I	7,5	3,5	0,3	3
a - impression défectueuse	12	8		
b - impression sur raccord	165	100		
c - papier mince (transparent)	9	6		
d - piquage à cheval	45	30	16	
e - pli accordéon	100	65	25	
286 II 1f orange type II	**8**	**3,5**	**0,3**	**3**
a - impression sur raccord	165	100		

| octobre 1932 | juillet 1932 | octobre 1932 |

287 1f 25 olive	230	86	5,4	8
Centrage parfait	296			
a - impression défectueuse	275	170	12	
b - impression sur raccord	600	360		
c - signature absente	250	160	12	

288 1f 50 bleu	0,5	0,3	0,3	1
EPL en noir sur feuillet		250		
a - anneau-lune	40	26	13	
b - couleur bleu-noir	1,5	1		
c - couleur bleu métallique	1,5	1		
d - impression défectueuse	6	4		
e - impression sur raccord	165	100		
f - piquage à cheval	50	30	16	
g - pli accordéon	120	70	25	

289 1f 75 rose-lilas	20	5	0,5	1
a - anneau-lune	40	26	13	
b - impression sur raccord	165	100		
c - légende partielle (surencrage)	30	20	7	
d - pli accordéon	110	70	35	

Série 280 à 289 (11 timbres)	350	140	12
⊡ à l'unité sans la valeur		650	
⊡ sur feuillet, chaque		475	
⊡ 30c à 1f, et 1f 50 bleu			850
⊡ 1f, 1f 25, 1f 75			625

Timbres non émis du projet PEXIP:
se présentent se tenant en un bloc-feuillet

292A 50c rose	1 000
292B 50c vert-olive	1 000
292C 50c bleu-violet	1 000
292D 50c orange	1 000
BF 292E Bloc non émis	12 500

Année 1932
277 á 289 (19 timbres)	349	144	16

1933 - *Le Puy-en-Velay. 12 Sept (f 25, f50)*
Taille-douce. Dessin: René Prade. Gravure: Abel Mignon.

290 90c Le Puy-en-Velay	7	3,5	1	3
EPA / EPL	350	135		
a - impression (très) défectueuse	150	95		
b - impression sur raccord	165	100		
c - papier crème	10	6	4	
d - papier jaune (tir du 28-1-36)	25	17	10	

1933 - *Personnages célèbres. Typographie.*
Dessin & gravure: Henry Cheffer (Briand); Georges Hourriez
(Doumer); Jules Piel (Hugo). 11 Dec (f 100).

| T: 2 300 000 | T: 6 825 000 | T: 5 000 000 |

291 30c Aristide Briand	43	20	9	13
EPA / EPL	550	160		
a - impression sur raccord	200	120		

292 75c Paul Doumer	90	30	1,5	3,5
Centrage parfait	117			
non dentelé		1 050		
EPA non adoptée 50c par Aubagne	400			
EPA / EPL	500	160		
a - impression sur raccord	250	150		
b - pli accordéon	200	130		

293 1f 25 Victor Hugo	13	6,5	2,5	7
EPA / EPL / EPC rouge, bleu, lilas	550	175	875	
a - anneau-lune	60	35		
b - impression sur raccord	165	100		
série, EPC par multiple			1 250	

Année 1933
290 á 293 (4 timbres)	153	60	14

1934 - *Colombe de la paix de Daragnès. Typographie. D&G: JeanMichel Daragnès. 20 février (f 100).*

Joseph Marie Jacquard (1752-1834), inventeur du métier à tisser. Achillé Ouvré (d'après C. Bonnefond). 19 mars (f50)

T: 6 000 000   T: 20 750 000

294 1f 50 Colombe de la Paix	**120**	**58**	**16**	**35**
Essai de couleur dentelé (sg)			750	
EPA / EPL	1 250	260		
295 40c Jacquard	**6**	**3,5**	**1**	**2**
EPA / EPL	350	115		
a - piquage double	235	150		
b - pli accordéon	160	100		

1934 - *400ème anniv. de l'arrivée de Jacques Cartier au Canada (1534). Taille-douce.Dessin & gravure: Achillé Ouvré.*

Tir: 2 500 000 (f 25)

296 75c Jacques Cartier	**110**	**32**	**2,5**	**6**

20 juillet   T 2 500 000

Type I (voile avant avec contour; "O" de "Poste" normal)

Type II (voile sans contour; "O" de "Poste" encoché)

297 I 1f 50 J. Cartier t. I	**190**	**60**	**4,5**	**8**
paire, EPA / EPL / EPC	1 750	565	650	
297 II 1f 50 J. Cartier t. II	**245**	**95**	**15**	**24**

1934 ✈ - *25ème anniv. de la 1ère traversée de la Manche en avion par Louis Blériot.Taille-douce. Dessin & gravure: Achillé Ouvré.*

1934 - *Paix surchargé. Typographie.*

septembre   T 8 000 000   novembre   T 10 000 000

✈**7 2f 25 Monoplan de Blériot**	**48**	**24**	**6**	**15**
EPA / EPL	1 000	385		
a - dentelé 1 ou 3 côtés	265	160		
298 =50c sur 1f 25 olive	**9,5**	**4,5**	**1**	**4**
a - "50" à gauche par rapport aux barres	60	40	20	
b - "c" de la surcharge absent	80	50	27	65
c - "c" fermé (50°)	30	15	7	
d - signature absente	15	8	3	
e - surcharge barres seules	700	450		
f - surcharge à cheval	60	40	25	
g - surcharge très déplacée	28	16	6	

Année 1934

294 á 298 (5 timbres)	**436**	**158**	**25**
✈**7 (1 timbre)**	**50**	**24**	**7**

1935 - *Emis à l'occasion du lancement du paquebot "Normandie". Taille-douce. Dessin & gravure: Albert Decaris. T 20 000 000 (foncé + clair). 23 Avril.*

299 1f 50 bleu foncé "Normandie"	**33**	**15**	**2,3**	**6**
a - papier crème	35			
non dentelé	375	250		
EPA / EPL	550	175		
EPL petit format	450			
300 1f 50 bleu clair 📖 1936	**190**	**72**	**20**	
300A 1f 50 bl-vert non émis 📖 1936	**37 500**	**24 000**		

1935 - *La rivière bretonne. Taille-dce. D: J. E. Laboureur. G: A. Delzers. 14 avril 1935 (f 50).*

Cloître de Saint-Trophime à Arles. Taille-douce. Dessin & gravure: Albert Decaris. 2 mai (f 50)

1935 - *300ème ann. de l'Académie Française. Portrait de son fondateur: Richelieu (1585-1642), d'ap. un tableau de Philippe de Champaigne. Taille-dce. Dess & grav: A. Ouvré. 11 juin (f 50)*

300ème anniversaire de la mort du graveur Jacques Callot (1592-1635). Portrait d'après un tableau de Van Dick. Taille-douce. Dess & grav: A. Ouvré. 16 novembre (f 100)

T 20 000 000		Vendus: 8 000 000		

301 2f Rivière bretonne	**85**	**40**	**1,2**	**6**
EPA / EPL	550	165		
a - couleur ardoise au lieu de vert	11 000	9 000		
b - impression recto-verso	275	175		
c - papier crème	90			

302 3f 50 Saint-Trophime	**90**	**35**	**4,5**	**11**
a - papier crème	100			
EPA / EPL	500	160		

T 10 000 000		T 8 000 000		

305 1f 50 Richelieu	**90**	**25**	**1,5**	**4**
EPA / EPL	500	160		
a - impression lourde	120	72		
b - papier crème	100			

306 75c Jacques Callot	**22**	**12**	**1**	**3**
EPA / EPL	475	150		
a - impression dépouillée	85	50		
b - impression recto-verso	120	72		
c - impression sur raccord	200	120		

1935 - *Congrès intern¹ des caisses d'épargne. Benjamin Delessert. Taille-dce. D: René Grégoire. G: Antonin Delzers. 20 mai (f 50)*

50ème anniversaire de la mort de Victor Hugo (1802-1885). Taille-douce. D&G: Achille Ouvré. 20 mai (f 50, f100).

1935 - *Chômeurs intellectuels. Taille-douce. 9 décembre (f 50).*

D: René Grégoire. G: Omer Désiré Bouchery

T 10 000 000		T 5 000 000		

303 75c Benjamin Delessert	**60**	**22**	**1,5**	**5**
EPA / EPL	475	150		
a - piquage à cheval			185	
b - piquage double	315	190		
c - papier crème	65			

304 1f 25 Victor Hugo	**9**	**5**	**2**	**7**
EPA / EPL	550	175		
a - impression défectueuse	27	16		
b - impression recto-verso	90	54		
c - papier crème (1937)	14	8		

307 50c+10c La Mansarde	**5**	**3**	**3**	**6**
EPA / EPL	350	115		

Dessin & G: Achille Ouvré. Timbre surch. en 1936 (+20c)

308 50c+2f Art et pensée	**140**	**65**	**55**	**80**
EPA / EPL	650	210		
EPL petit format		275		

Année 1935
299 à 308 (10 timbres)   722   295   91

1936 ✈ - *Avion survolant Paris (f25). sauf 3F (f 50).*
Taille-douce. Dessin & gravure: Achille Ouvré.
Emission: 17 févr. 1936 (sauf 50f vert: 30 juillet 1936).

T 2 400 000 (f 25)

✈8 85c vert foncé	10	3	2,5	7
a - couleur vert clair au lieu de vert				
foncé	25	15	5	9
b - impression sur raccord	200	120		
c - piquage à cheval	130	78		
d - pli accordéon	160	96		

T 5 000 000 (f 25)

✈9 1f 50 bleu	23	12	6	11

T 1 100 000 (f 25)

✈10 2f 25 violet	40	23	8	15

T 1 400 000

✈11 2f 50 rose carminé	52	32	9	20

T 6 000 000 (f 50)

✈12 3f outremer	45	30	2,5	7
a - impression sur raccord	250	150		
b - pli accordéon	170	110		

T 1 000 000 (f 25)

✈13 3f 50 brun-jaune	130	80	27	40
Série ✈8 à 13 (6 timbres)	300	180	55	
EPA / EPL	4 200	1 800		

T118 000 ex (f 25)

✈14 50f vert clair	2 200	1 000	400	650
EPA / EPL		3 000		
a - couleur vert foncé	2 500	1 200	640	900

1936 ✈ - *Avion survolant Paris, burelé. Taille-douce.*
Dessin & gravure: Institut de gravure. 10 juilett (f 25)

T 210 000

✈15 50f burelé	1 700	800	385	650
EPL de l'Institut de Gravure		3 350		
EPL du burelage seul		3 500		
a - burelage renversé	2 100	1 000	500	

100f non émis,
existe avec ou sans burelage et en plusieurs couleurs

➤ 15A Essai de couleur **100f burelé, non émis 12 000**
EPA					12 000

1936 - *Aide aux réfugiés;*
statue de la liberté à New-
York. (Bartholdi).Taille-douce.
D&G: Ouvré. 25 février (f 50)

100ème anniv. de la mort du
physicien A.-M. Ampère
(1775-1836) Taille-douce.
D&G: Antonin Delzers.
27 mars (f 50)

309 75c+50c Aide aux réfugiés	**25**	**12**	**12**	**20**
EPA / EPL	575	185		
a - tenant à bdf "Rotary International"	325	225	200	300
310 75c Ampère	**45**	**22**	**2,5**	**4**
EPA / EPL	475	150		
a - dentelé 1 ou 3 côtés	475	285		

1936 - *Moulin d'Alphonse Daudet. Taille-douce. Dessin &*
gravure: Antonin Delzers. 27 avril (f 50).

T 6 000 000 (f 50)

311 2f Moulin de Daudet	**6**	**4**	**0,5**	**4**
EPA / EPL	375	120		
a - fond blanc	190	108	72	
b - impression sur raccord	165	100		
c - papier épais	14	8		
d - piquage à cheval	130	78		
e - pli accordéon	170	102	68	
f - papier crème	7			

1936 - *Emis lorsque le Normandie a obtenu le ruban bleu*
(record de la traversée la plus rapide de l'Atlantique).
Taille-douce. Dessin & gravure: Albert Decaris. T 20 000 000
(foncé P clair). 26 mai (f 25)

300 1f 50 bleu clair "Normandie"	**190**	**72**	**20**	**50**
EPL		375		
EPL petit format		600		
a - couleur turquoise	500	300	50	110

Timbre non émis, imprimé en bleu-vert sur un papier différent (tir: 25)

300A 1f 50 bleu-vert non émis	**37 500**	**23 500**

1936 - *Aide aux enfants*
des chômeurs. Taille-dce.
Dessin: René Grégoire.
Gravure: Jules Piel. 28 mai.

150ème anniv. de la mort de
François Pilâtre de Rozier
(1756-1785). Vue de la
cathédrale de Metz. Taille-dce.
Dess: Kieffer Grav: J. Piel.
4 juin (f 50)

T 6 000 000				T 8 100 000

312 50c+10c Enfants des chômeurs	**8**	**5**	**5**	**10**
EPA / EPL	375	120		
313 75c Pilâtre de Rozier	**45**	**20**	**3**	**7**
EPA / EPL	750	375		
a - impression sur raccord	165	100		

1936 - *Claude Rouget de Lisle (1760-1836, auteur de la Marseillaise). Statue à Lons-le-Saunier (Bartholdi) et Marseillaise de Rude (Arc de Triomphe à Paris). Taille-douce. Dessin & gravure: Antonin Delzers, Jules Piel (40c). 27 juin (f 50).*

314 20c Rouget de Lisle	6	4	2,5	4
EPA / EPL	475	150		

315 40c La Marseillaise	13	6	3,5	6
EPA / EPL	475	150		
a - pli accordéon	170	102		
b - chiffres blancs	60	36		

1936 - *A la mémoire des Canadiens tombés au cours de la guerre de 1914-18, émis à l'occasion de la venue des Canadiens lors de l'inauguration du monument à Vimy. Taille-douce. Dessin & gravure: Henry Cheffer. 26 juillet 1936 (f 50).*

T 7 000 000

316 75c Vimy	33	10	2,5	7
EPA / EPL	335	110		
EPL petit format		160		

T 5 000 000

317 1f 50 Vimy	38	18	10	20
EPA / EPL	335	110		
EPL petit format		160		

1936 - *A la mémoire de Jean Jaurès. Taille-douce. Dessin: René Grégoire. Gravure: Jules Piel (40c). Dessin & gravure: Achille Ouvré (1f 50). 30 juillet 1936 (f 50).*

T 15 000 000

318 40c Jean Jaurès	6	4	1,5	3
EPA / EPL	450	150		
tirage spécial sur bristol		340		
a - impression sur raccord	165	100		
b - piquage à cheval	130	78		

T 8 000 000

319 1f 50 Jean Jaurès	40	15	4	7
EPA / EPL	450	150		
tirage spécial sur bristol		340		
a - impression sur raccord	165	100		
b - impression (très) défectueuse	**225**	**135**		

1936 - *Conquête aérienne de l'Atlantique-Sud (100ᵉᵐᵉ traversée). Taille-douce. Dessin: Gabriel Antoine Barlangue. Gravure: Pierre Munier. 14 août 1936 - 1F50 (f 50), 10F (f 25).*

T 8 000 000   *T 500 000*

320 1f 50 Atlantique-Sud	40	20	5,5	10
EPA / EPL	750	365		
a - impression dépouillée	225	138		

321 10f Atlantique-Sud	820	370	150	210
EPA / EPL	2 500	1 500		

1936 - *Exposition Internationale des Arts & Techniques-Paris - 1937. Typographie. Dessin & gravure: Démétrius Galanis (20c à 50c). Dessin: Jean Gabriel Daragnès. Gravure: Gabriel Antoine Barlangue (90c & 1f 50). 15 septembre 1936 (f 100) petits formats, (f 75) grands formats.*

322 20c lilas	**1**	**0,5**	**0,5**	**3**
EPA / EPL sans la valeur faciale	300	225		
323 30c vert-bleu	**4**	**3**	**2**	**4**
324 40c outremer	**3,5**	**1,5**	**0,5**	**2**
a - impression défectueuse	11	7		
b - impression recto-verso	27	16		
c - impression sur raccord	130	78		

325 50c orange	**2,5**	**1,5**	**0,5**	**1**
Essai de couleur dentelé (sg)			175	
EPA	300			
a - couleur rouge carminé	14 000	9 000		
b - impression incomplète			160	
c - impression recto-verso	35	21		
d - piquage à cheval	50	30	20	
faux pour tromper la poste	190	100	220	
326 90c rose carminé	**29**	**13**	**8,5**	**18**
EPA	400			
a - impression défectueuse	60	36		
b - impression sur raccord	300	180		
c - pli accordéon	170	105		

327 1f 50 outremer	**80**	**35**	**5**	**9**
Essai de couleur sur carton			250	
a - impression sur raccord	350	200		
327A 1f 50 bleu ciel ou bleu de Prusse	**2 800**	**1 850**		
Série 322 à 327 (6 timbres)	**121**	**55**	**17**	
EPC 20c à 50c		315		
EPC 90c et 1f 50		325		

1936 - *Rassemblement international pour la paix à Paris. Taille-douce. D & G: Antonin Delzers. 1er oct (f 50).*

T 6 000 000 (f 50)

328 1f 50 Rassembl. pour la paix	**38**	**17**	**4**	**9**
a - papier crème	40			
EPA / EPL	450	125		

1936 - *Pour l'art et la pensée. Taille-douce. Dessin & gravure: Achille Ouvré. 14 octobre (f 50)*

329 +20c s 50c Art et pensée	**6**	**4**	**4**	**7**
EPL		110		
EPL petit format		175		
a - surcharge "c" fermé	30	20		
b - surcharge déplacée	30	20		
c - surcharge recto-verso	23	14		
d - surch ten. à non surch (1 ex connu)	22 500			
e - "o" et "c" reliés	25			

1936 - *Chômeurs intellectuels (2ème série). Taille-douce. Dessin & gravure: Achille Ouvré et Georges Hourriez (1f 50+50c). 16 novembre (f 25).*

T 1 600 000

330 20c+10c Jacques Callot	**4,5**	**2,5**	**3**	**8**
a - papier mince	8	5		
b - papier crème	5			

T 1 600 000

331 40c+10c L.-H. Berlioz	**5,5**	**2,5**	**3**	**9**
a - pli accordéon	160	96		
b - papier crème	6			

332 50c+10c Victor Hugo   **11**   **5**   **4**   **9**
a - couleur brun-noir au lieu de rouge   1 500   1 100

T 1 300 000

333 1f 50+50c Louis Pasteur   **48**   **23**   **22**   **37**
a - papier mince   55   33
b - papier crème   · 50

T 1 600 000

Série 330 à 333 (4 timbres)   **64**   **33**   **33**
EPA / EPL   1 600   575

Année 1936
309 á 333 (25 timbres)	1 355	604	273
✦8 à 15 (8 timbres)	4 200	1 980	840

1937 - *Championnats du monde de ski à Chamonix. Taille-douce. Dessin & gravure: Georges Léo Degorce. 18 janvier (f 50).*

Pierre Corneille. Portrait d'ap. un tableau de Charles Le Brun. Taille-dce. D&G: A. Delzers. 15 fevrier (f 50)

T 4 000 000

T 6 000 000

334 1f 50 Chamonix   **15**   **7**   **1,7**   **5**
non dentelé   625   440
EPA / EPL   800   365
a - chiffres blancs   28   17
b - dentelé 1 ou 3 côtés   475   285
c - impression défectueuse   125   75
d - papier crème   20

335 75c Pierre Corneille   **4**   **2**   **1,5**   **4**
EPA / EPL   335   110
a - piquage à cheval   230   150
b - papier crème   5

1937 - *Exposition Internationale des Arts & Techniques - Paris - 1937. Taille-douce. Dessin: & gravure: Jules Piel. 13 mars (f 50).*

T 8 000 000 (f 50)

336 1f 50 Exposition Paris 1937   **4,5**   **2,8**   **1,2**   **4**
EPA / EPL   335   110
a - impression défectueuse   35   21
b - impression recto-verso   110   66
c - piquage à cheval   110   66
d - pli accordéon   160   96
e - papier crème   5

**336A ☐ du non émis gd
format (Palais de Chaillot)**   **825**

1937 - *Jean Mermoz. Taille-douce. Dessin & gravure: Henry Cheffer (30c); Gabriel-Antoine Barlangue (3f). 22 avril (f 50).*

T 9 000 000   *T 5 750 000*

337 30c Jean Mermoz   **1**   **0,5**   **0,6**   **4**
EPA / EPL
a - vert-jaune au lieu de vert-gris   12 500   9 000

338 3f Jean Mermoz   **15**   **7,5**   **4**   **15**
EPA / EPL   675   250
a - violet au lieu de lilas   18   11
b - violet-gris (tirage du 14 janvier
1938)   425   255

1937 - *13ème congrès international des chemins de fer. Taille-douce. 31 mai (f 50).*

T 3 000 000   D & G: Achille Ouvré

339 30c Locomotive électrique   **1,5**   **1**   **1,4**   **4**
a - papier crème   2
EPA / EPL   700   325

T 2 400 000   D& G: Georges-Léo Degorce

340 1f 50 Pacific carénée	**17,5**	**8**	**8**	**17**
EPA / EPL	750	350		
a - impr defectueuse, loco en flammes	235	140		
b - impression sur raccord	200	120		
c - piquage à cheval	210	136		
e - chiffres blancs	30			

1937 - *300ème anniv. du "Discours de la Méthode" de René Descartes. Portrait d'après un tableau de Frans Hals. Taille-douce. Dessin & gravure: Henry Cheffer. 30 juin 1937 (f 50).*

T: 4 400 000

341 90c Descartes (Discours sur...)	**3,5**	**2**	**1,5**	**4**
a - papier crème	5			
EPA / EPL	300	100		

T: 5 000 000

342 90c Descartes (Discours de...)	**13**	**6,5**	**2**	**4**
EPA / EPL	300	100		
a - impression recto-verso	80	48		
b - piquage à cheval	135	80		
c - pli accordéon	160	96		
d - chiffres blancs	25			
e - tâche rouge entre les yeux	45			

1937 - *Chômeurs intellectuels (3ème série). Taille-douce. Dessin & Gravure: Antonin Delzers (30c+10c); Henry Cheffer (90c+10c). 16 juin 1937 (f 25).*

T 1 500 000

343 30c+10c Anatole France	**5**	**2,5**	**3**	**7**
EPA / EPL	300	100		
a - impression sur raccord	200	120		
b - piquage à cheval	750	455		
c - papier crème	7			

344 90c+10c Auguste Rodin	**16**	**7**	**7,5**	**11**
a - chiffres blancs	25			
b - barbe rouge	30			
EPA / EPL	300	100		

1937 - *P.T.T. Sports & Loisirs. Taille-douce. Dess & grav: J. Piel. Emission: 16 juin 1937 (f 25).*

T 1 500 000

345 20c+10c Sports & Loisirs	**3,5**	**1,8**	**2,1**	**6**
a - pli accordéon	135	80		
b - papier crème	5			

T 1 500 000   *T 1 500 000*

346 40c+10c Sports & Loisirs	**3,5**	**1,8**	**2,1**	**6**
a - papier crème	5			
non dentelé	875	585		

347 50c+10c Sports & Loisirs	**3,5**	**1,8**	**2,1**	**6**
b - papier crème	5			
série, EPA / EPL	750	300		

1937 - *Exposition Philatélique Internationale de Paris (PEXIP) - 1937. Typo. Reprise de la Cérès de Barre. 18 juin.*

348 5c outremer et brun	**100**	**60**	**60**	**150**
349 15 c rouge et rose	**100**	**60**	**60**	**150**

350 30c outremer et rose	**100**	**60**	**60**	**150**
351 50c rouge et brun	**100**	**60**	**60**	**150**

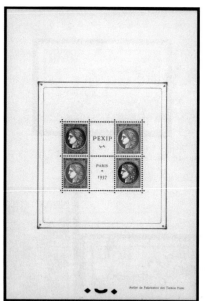

T 175 000 blocs

BF3 Bloc PEXIP 1937	**900**	**450**	**400**
non dentelé	3 650	2 850	
EPL		1 300	
a - couleurs décalées (timbres)	1 800	1 080	
b - légende et cadre très décalés à gauche	8 750	5 500	
c - sans la perforation de l'Atelier	1 000	500	
d - perforation en haut	1 200	720	
e - double piquage			

1937 - *Aide aux réfugiés. Taille-douce. D & G: Achille Ouvré. 1er juillet (f 25).*

Vendus: 787 500

352 50c+25c Aide aux réfugiés	**8**	**4**	**4,5**	**11**
EPA non adoptée 1f + 9f	625			
EPA / EPL	475	165		
EPL sans texte		250		
EPL en rouge petit format		400		
tirage spécial sur bristol		400		
a - impression recto-verso	180	110		
b - impression sur raccord	200	120		
c - piquage à cheval	210	126		
d - signatures doublées	36			

1937 - *Pour l'érection d'un monument à Pierre Loti à Rochefort: Portrait et vue d'Istambul. Taille-douce. Dessin & gravure: Gabriel-Antoine Barlangue. 15 août (f 25).*

Vendus: 500 000

353 50c+20c Pierre Loti	**8**	**4**	**4,5**	**13**
a - papier crème	10			
EPA / EPL	325	110		

Il existe un très rare tirage en noir du timbre "Pierre Loti", dont bien peu d'exemplaires sont parvenus jusqu'à nous.

353A Pierre Loti, 50c+20c noir   RR

1937 - *Pour les musées nationaux: Victoire de Samothrace. Taille-douce. D & G: Antonin Delzers. 20 ao×t (f 50).*

T 150 000

354	30c Victoire de Samothrace	220	85	48	85
	EPA sans valeur dans le cartouche	1 200			
	a - rouge (4 ex. connus)		125 000		
	b - chiffres blancs	260			

355	55c Victoire de Samothrace	220	85	48	85
	paire, EPA / EPL	1 500	685		

354/55	Feuillet du Louvre	220	170

1937 - *Pour sauver la race. Taille-douce. Dessin & gravure: Achille Ouvré. 1er septembre (f 25)*

T 2 000 000

356	65c+25c Lutte contre la syphilis	6	4	3	7
	non dentelé	625	415		
	EPA non adoptée 50c + 25c	565			
	EPA / EPL	275	90		
	a - impr dble dont une renv (10 connus)			5 750	
	b - impression recto-verso	135	80		
	c - pli accordéon	200	120		
	d - papier crème	8			
	e - RF et chiffres blancs	36			

1937 - *Constitution fédérale des Etats-Unis d'Amérique (150ième ann). Taille-dce. Dess: G.-A. Barlangue. Grav: A. Delzers. 17 septembre (f 50).*

T 10 600 000

357	1f 75 Constitution des Etats-Unis	5	3	2,5	4
	EPA sans légende ni faciale	300			
	EPA / EPL	300	125		
	a - dentelé 3 cotés b de f	1 250	750		
	b - piquage à cheval	130	78		
	c - pli accordéon	400	240		
	d - papier mince	7			
	e - impression défectueuse	20			
	f - papier crème	7			

1937 - *Route du col de l'Iseran . Taille-douce. Dessin & gravure: Antonin Delzers. 4 octobre (f 50).*

T 30 000 000

358	90c Col de l'Iseran	4	2	0,3	2
	non dentelé	4 000	3 000		
	EPA / EPL	275	100		
	a - "90c" et "RF" en blanc	135	80		
	b - dentelé ten. à non dentelé (10 connus)	6 750	4 500		
	c - impression incomplète	180	108		
	d - impression sur raccord	165	100		
	e - piquage à cheval	110	66		
	f - pli accordéon	160	96		
	g - vert-jaune	5			
	h - impression défectueuse	6			
	i - traînées de couleur	20			
	j - papier crème	5			

1937 - *Semeuse camée, Paix surchargé et Paix. Typo.*

359	Paix 80c sur 1f	 1937	0,6	0,3	0,4

Type IIA

Type III

T (f 100, ↻20)

360	IIA 30c brun-rge t. IIA	0,9	0,4	0,4	1
	a - anneau-lune	30	18	12	
	b - impression défectueuse	5	3		
	c - impression sur raccord	130	78		
	d - légende partielle (surcncrage)	10	6	4	
	e - papier mince (transparent)	1			
	f - piquage à cheval	37	22		
	g - pli accordéon	100	60	40	
	h - signature "Roty" absente	9	6	4	

360	III 30c br-rge t. III (↻)	2,1	1,5	1	2

surch
épaisse
(sch I)

surch fine
(sch II)
(taille
réelle)

nov (f 100)   *18 oct (f 100)*   *nov (f 100)*   *novembre   (f 100)*

361 35c vert	**1,3**	**0,6**	**0,5**	**4**
non dentelé	420	280		
a - couleur vert-bleu	2			
b - couleur vert vif métallique	3			
c - impression défectueuse	9			
d - impression double (oscillée)	5			
e - impression sur raccord	130	78		
f - papier mince (transparent)	2			
g - piquage à cheval	55	33		
h - vert-jaune	2			

362 Semeuse 50c turquoise 🏷1938	**2.5**	**1,5**	**0,5**	

363 55c violet	**1,2**	**0,6**	**0,3**	**1**
a - anneau-lune	35	21	14	
b - impression défectueuse	12	7		
c - impression sur raccord	130	78		
d - pli accordéon	130	78	52	

364 60c bistre	**0,4**	**0,3**	**0,3**	**6**
Essai de couleur en noir		110		
a - anneau-lune	35	21	14	
b - "c" de "60c" absent	50	30	20	
c - couleur brun foncé	1,5			
d - impression sur raccord	160	96		
e - papier mince (transparent)	1			
f - branche sans tige	6			
g - tige extra pâle	1,5	33		

I

II & III

I & II

III

septembre   Tirage : (f 100, ✄20, ✎)

365 I 65c outremer type I	**0,5**	**0,3**	**0,2**	**1**
▪ sur ✉ flamme de Lille		juin 38		250
a - anneau-lune	60	36	24	
b - couleur bleu-noir	3			
c - impression défectueuse	9	5	3	
d - impression incomplète	250	150		
e - impression recto-verso	65	39		
f - impression sur raccord	130	78		
g - papier mince (transparent)	1			
h - piquage à cheval	80	48		
i - pli accordéon	95	57	38	

365 II 65c outremer t. II (✄)	**3,5**	**1,5**	**0,6**	**4**
a - "c" de "65c" absent	105	62	41	
b - impression double (oscillée)	9	5		
c - impression incomplète	110	66		

365 III 65c outremer t. III (✎)	**50**	**32**	**8**	**75**

359 I =80c s 1f type I sch I	**2,2**	**1**	**1**	**6**
▪ sur ✉⛊❺	nov 37 ⇢ 16 nov 38			225
▪ sur ▱❺	nov 37 ⇢ 16 nov 38			225

359 IIA =80c s 1f t. II sch I	**2,2**	**1**	**1**	**6**
▪ sur ✉⛊❺	nov 37 ⇢ 16 nov 38			**225**
▪ sur ▱❺	nov 37 ⇢ 16 nov 38			225

359 IIB =80c s 1f t. II sch II	**0,6**	**0,3**	**0,4**	**9**
▪ sur ✉⛊❺	mai 38 ⇢ déc 37			225
▪ sur ▱❺	mai 38 ⇢ déc 37			225
a - anneau-lune	25	18	12	
b - impression sur raccord	130	78		
c - pli accordéon	105	63	41	
d - surcharge "0" et "c" reliés	10	6	4	
e - surcharge "c" fermé	22	15	10	
f - surcharge barres omises	265	160		
g - surcharge barres seules	265	160		
h - surcharge à cheval	75	45	30	
i - surcharge renversée	1 500	900		
j - surchargé tenant à non surchargé	2 100	1 260		
k - surcharge très déplacée	35	21	14	
l - surch I & II se tenant	65	39	26	
m - valeur sur valeur	150	90	60	
n - surcharge doublée	1 500			

366 Paix 80c orange	🏷 1938	**0,2**	**0,2**	**0,2**

367 Paix 90c vert	🏷 1938	**0,2**	**0,2**	**0,2**

368 Paix 90c bleu	🏷 1938	**1,5**	**1**	**0,2**

décembre

369 1f lilas-rose	**6,5**	**4**	**0,5**	**2**
a - anneau-lune	45	27	18	
b - impression défectueuse	10	6		
c - impression sur raccord	130	78		
d - chenille	20			

370 Paix 1f 25 rose-rouge	🏷 1939	**4,5**	**2**	**2,1**

371 Paix 1f 40 lilas	🏷 1939	**14**	**6,5**	**6**

Série Paix 1937-39

Série 363 à 371 (9 timbres)	29	15	11
EPL, chaque		60	
EPC 55c, 60c, 65c			375

Année 1937
334 á 371 (38 timbres)	1010	495	406
BF3 (1 bloc)	900	450	400

Série Cérès Retouchée 1938-40

372 1f 75 bleu	🏷 1938	1,3	0,7	0,6
373 2f rose-rouge	🏷 1939	0,2	0,2	0,3
374 2f 25 outremer	🏷 1939	18	9	1,1
375 2f 50 vert	🏷 1939	3,2	1,6	0,7
375A 2f 50 outremer	🏷 1940	1	0,8	0,8
376 3f lilas-rose	🏷 1939	1,3	0,7	0,5
Série 372 à 376 (6 timbres)		25	13	4
EPL			300	

1938 - *Semeuse lignée et Cérès modifiée.*
Typographie. (f. 100)

15 février   2 février

362 50c bleu-turquoise	2,5	1,5	0,5	3
non dentelé	130	80		
a - anneau-lune	40	25	11	
b - couleur bleu-vert métallique	5	3		
c - couleur turquoise très foncé	5	3		
d - impression défectueuse (lourde)	8	5		
e - impression sur raccord	130	78		
f - papier épais	5	3		
g - piquage à cheval	70	42	28	80
h - pli accordéon	105			
EPC Semeuse 30c, 35c, 50c		350		

372 1f 75 bleu	1,3	0,7	0,6	2
a - couleur bleu vif métallique	3	2		
b - couleur bleu-noir	3	2		
c - impression défectueuse	8	5		
d - impression sur raccord	130	78		
e - papier crème	6	4		

1938 - *Pour les oeuvres de mer. Portrait de Jean Charcot (1867-1936). Taille-douce. Dessin & Gravure: Georges Emile Goruel et Jules Piel. 25 mars (f 25).*

T 2 000 000

377 65c+35c Charcot	3,50	2	3	7
a - papier crème	4			
non dentelé	425	250		
EPA / EPL	425	165		

377A 90c+35c Charcot	🏷 1939	32	12	13

1938 - *Léon Gambetta. Taille-douce. Dessin & Gravure: Antonin Delzers. 2 avril (f 50).*

Saisons nationales d'art lyrique français. Vue de la cour d'honneur du château de Versailles. Taille-dce. Dess & grav: Georges Léo Degorce. 9 mai (f 25)

T 4 500 000   Vendus: 540 000

378 55c Gambetta	0,5	0,4	0,5	2
non dentelé	450	315		
EPA / EPL	250	80		
a - dentelé 1 ou 3 côtés	475	285		
b - impression recto-verso	110	66		
c - impression sur raccord	180	110		
d - piquage à cheval	110	70		
e - papier crème	1			

379 1f 75+75c Versailles	43	22	22	37
EPA / EPL	350	125		

1938 - *Chômeurs intellectuels (4ème série). 9 mai (f 25).*

T 1 500 000 D&G: *T 1 500 000*
Antonin Delzers   *D & G: Achille Ouvré*

380 30c+10c Anatole France   **3**   **2**   **2**   **5**
a - impression sur raccord   180   110
b - papier crème   4

381 35c+10c Jacques Callot   **4,5** **3**   **3**   **8**
a - impression sur raccord   180   110
b - papier crème   5
c - postes blanc   13

T 1 400 000. D & G: Achille Ouvré

382 55c+10c L.-H. Berlioz   **13,5** **7**   **5**   **8**
a - impression recto-verso   110   66
b - papier crème   15
c - impression défectueuse   40

T 1 400 000. D & G: Achille Ouvré

383 65c+10c Victor Hugo   **14**   **7**   **5**   **8**
a - impression recto-verso   110   66
b -légende blanche   18

T 1 250 000. D & G: Henry Cheffer

---

384 1f+10c Auguste Rodin   **9**   **5**   **5**   **9**
a - pli accordéon   200   120

T 1 250 000. D & G: Georges Hourriez

385 1f 75+25c Louis Pasteur   **42**   **21**   **21**   **30**
a - papier crème   47
b - chiffres blancs   52

Série 380 à 385 (6 timbres)   **86**   **43**   **41**
EPA / EPL   1 800   600

1938 -*L'infanterie française. Taille-douce.*
Dessin & Gravure: Jules Piel. 16 mai (f 25).

Vendus: 560 000 paires

386 55c+70c Infanterie   **9**   **5,5** **5,5** **12**
a - impression recto-verso   135   80
b - impression sur raccord   180   110
c - piquage à cheval   185   103
d - papier crème   10

387 65c+1f 10 Infanterie   **10**   **5,5** **5,5** **12**
a - papier crème   10
b - chiffres blancs   12
c - reentry cadre et sign   30
paire, EPA / EPL   450   170

1938 - *Série touristique. Taille-douce.Champagne.*
13 juin (f 50).

T 3 500 000. D: André Spitz. G: Antonin Delzers

388 1f 75 Champenoise   9   4   5   8

a - dentelé 3 côtés	315	190
b - piquage à cheval	110	66
c - papier crème	10	

1938 - Arc de triomphe d'Orange.
Taille-douce. Dessin & gravure: Pierre Munier. 15 dec (f 50)

T 10 000 000 (f 50)

389 2f Arc de triomphe d'Orange   **1,5**   **1**   **1,5**   **5**

⊠⊙ dentelé	300	200
⊠⊙ non dentelé	225	135
a - impression sur raccord	215	140

T 15 000 000   T 8 000 000
(dont 14 500 000 surch)   D: André Spitz. G: Jules Piel
D&G: Henry Cheffer

390 2f 15 Mineurs   **13**   **6**   **1,2**   **2**

non dentelé	475	315
a - dentelé 3 côtés	350	210
b - impression recto-verso	70	42
c - impression sur raccord	180	110
d - piquage à cheval	110	66
e - piquage double	385	275
f - papier crème	15	

391 3f Avignon   **32**   **15**   **5**   **13**

Carcassonne: les remparts. 20 avril (f 50).

T 50 000 000 (dont 3 000 000 de surch)
D: Roger Chapelain-Midy. G: Jules Piel.

392 5f Carcassonne   **1,5**   **0,5**   **0,5**   **3,5**

non dentelé	750	500
a - impression sur raccord	165	100
b - piquage à cheval	80	50
c - RF blanc	14	

Vincennes: le donjon.   Port de Saint-Malo. 16 mail (f 25).
16 mai (f 50).   D & G: Henry Cheffer.
D &G: Pierre Munier.

T 15 500 000   T 1 500 000, dont environ
(dont 980 000 surch)   1 400 000 de surchargés (f 25)

393 10f Vincennes   **5**   **1,5**   **2**   **5**

Essai de couleur en lilas dentelé

a - impression métallique	800	500
b - impression sur raccord	200	120
c - légende blanche	16	

394 20f Saint-Malo   **93**   **46**   **21**   **35**

a - papier épais	120	65	30
b - papier crème	100	

Série 388 à 394 (7 timbres)   **155**   **74**   **36**

EPA / EPL	1 500	600

Timbre non émis du projet Mistler, du nom de Jean Mistler, ministre des P.T.T. qui avait initié ce projet en 1933. Ce timbre dessiné par R. Chapelain-Midy et gravé par E. Feltesse, est resté à l'état d'épreuves (plusieurs couleurs existent).

394A Essai de couleur Non émis, projet Mistler   750

1938 *- Service de santé militaire. Taille-douce. D: P. Monis. G: A. Ouvré. 28 mai (f 25).*

3ᵉᵐᵉ coupe du monde de football - 1938. Taille-douce. D: J. Bridge. G: G. L. Degorce. 1ᵉʳ juin (f 50).

Vendus: 500 000		*T 3 500 000 (f 50)*

395 55c+45c Service de santé milit'	**24**	**13**	**15**	**25**
EPA / EPL	300	100		
a - impression incomplète	265	160		
b - impression sur raccord	180	120		
c - papier crème	27			

396 1f 75 Football	**33**	**16**	**16**	**32**
EPA / EPL	1 100	365		
a - impression sur raccord	180	120		

1938 *- Clément Ader, précurseur de l'aviation: avion n° 3. Taille-douce. Dess & grav: A. Ouvré. 16 juin (f 25).*

Tir: 570 000 (430 000 surch)

398 50f Clément Ader	**180**	**105**	**80**	**250**
EPA / EPL	1 000	350		
a - papier épais (à partir de 1940)	215	130	86	

1938 *- Jean de la Fontaine (1621-1695), scène du loup et de l'agneau. Taille-douce. Dessin & Gravure: Achille Ouvré. 8 juillet (f 50).*

Cathédrale de Reims restaurée, le 10 juillet 1938. Taille-douce. Dess: Vérecque. Grav: Antoine Dezarrois. (reprise du timbre de 1930). 8 juillet (f 50).

T 6 000 000	*Vendus: 660 000*

397 55c Jean de la Fontaine	**1,2**	**0,5**	**1**	**2**
EPA / EPL	200	70		
a - dentelé 3 côtés	215	130		
b - impression sur raccord	165	100		
c - piquage à cheval	80	48		
d - piquage double	175	105		

399 65c+35c Cathédrale de Reims	**20**	**10**	**11**	**24**
EPA / EPL	225	80		

1938 *- Emis à l'occasion de la visite des souverains britanniques. Taille-douce. D & G: Henry Cheffer. 19 juillet (f 50).*

Aide aux Français rapatriés d'Espagne. Taille-douce. D: René Grégoire. G: Antonin Delzers. 8 avril (f 25).

T 4 000 000	*Vendus: 720 000*

400 1f 75 Souverains britanniques	**1,3**	**0,6**	**1**	**4**
EPA / EPL	200	70		
EPL petit format		130		
a - impression dépouillée	140	84		

401 65c+60c Rapatriés d'Espagne	**9**	**4,5**	**5**	**13**
EPA / EPL	225	80		

1938 *- 40ᵉᵐᵉ anniversaire de la découverte du radium par Pierre & Marie Curie. Taille-douce. D: Jean de la Nézière. G: Jules Piel. 1er septembre (f 25).*

Vendus: 830 000

402 1f 75+50c Pierre & Marie Curie	**25**	**11**	**12**	**26**
EPA / EPL	550	225		

1938 *- 20ᵉᵐᵉ anniversaire de l'armistice. Taille-douce. Dessin: René Grégoire. Gravure: Antonin Delzers. 8 oct (f 25).*

Vendus: 1 000 000

403 65c+35c Anniv. de l'armistice	**6**	**3,5**	**4**	**11**
EPA / EPL	225	80		
a - piquage double	335	205		

1938 - *Paix. Typographie (f 100).*

	12 octobre 1938		27 octobre 1938	
366 80c orange	**0,2**	**0,2**	**0,2**	**1**
a - couleur orange pâle	1,5			
b - impression défectueuse	5	3		
c - impression incomplète	170	102		
d - impression sur raccord	130	78		
e - légende partielle (surencrage)	11	6		
f - piquage double	125	75		
367 90c vert	**0,2**	**0,2**	**0,2**	**1**
a - anneau-lune	35	21	14	
b - couleur vert émeraude	2			
c - impression défectueuse	9	5		
d - impression sur raccord	130	78		
e - papier mince (transparent)	1			
f - signature absente	8	5		

1938 - *Mercure. (f 100)*
Typographie. Dessin & gravure: Georges Hourriez.

404 1c olive	· 📷 1939	**0,2**	**0,1**	**0,1**
405 2c vert foncé	📷 1939	**0,2**	**0,1**	**0,1**

	fin oct. T 216 000 000		*17 oct. T 450 000 000*	
406 5c rose	**0,2**	**0,1**	**0,1**	**13**
a - couleur rose très pâle	1			
b - impression défectueuse	9	6		
c - impression sur raccord	130	78		
407 10c bleu	**0,2**	**0,1**	**0,1**	**3,5**
non dentelé	140	85		
a - anneau-lune	25	15	10	
b - couleur bleu très foncé	3			
c - dentelé 1 ou 3 côtés	130	78		
d - dentelé tenant à non dentelé	265	160		
e - impression défectueuse	6	4		
f - impression incomplète	160	96		
g - impression recto-verso	45	27	16	
h - impression sur la gomme	160	96		
i - impression sur raccord	130	78		
j - légende absente (surencrage)	45	27		
k - papier épais	2			
l - piquage à cheval	45	27		
m - pli accordéon	80	48	22	
n - repiquage "Dijon", pr interpanneau	70	42		
o - timbre non imprimé (ten à partiel)	250	160		
p - visage blanc		4		

	8 dec. T 118 000 000	*17 oct. T 200 000 000*	*1er nov. T 240 000 000*	
408 15c vermillon orangé	**0,2**	**0,1**	**0,1**	**4,5**
EPA non adoptée "sans cartouche"	325			
a - couleur orange pâle	2	1		5
b - couleur rouge	2	1		5
c - impression défectueuse	10	6		
d - impression sur raccord	130	78		
e - pli accordéon	80	48	32	
409 15c brun	📷 1939	**1,1**	**0,7**	**0,6**
410 20c lilas	**0,2**	**0,1**	**0,1**	**4,5**
a - anneau-lune	35	21	14	
b - impression défectueuse	7	4		
c - impression sur raccord	130	78		
d - papier épais	1,5	1		
e - papier mince (transparent)	1,5	1		
f - piquage à cheval	45	27		
g - pli accordéon	80	48	32	
411 25c vert	**0,2**	**0,1**	**0,1**	**8,5**
a - couleur vert foncé métallique	2	1		
b - impression défectueuse	9	6		
c - impression sur raccord	130	78		
d - légende partielle (surencrage)	20	12		
e - signature absente	10	6		
412 30c rouge	📷 1939	**0,2**	**0,1**	**0,1**
413 40c violet	📷 1939	**0,2**	**0,1**	**0,1**
414 45c vert	📷 1939	**0,8**	**0,5**	**0,5**
414A 50c bleu foncé	📷 1939	**4,5**	**2,5**	**0,5**
414B 50c vert	📷 1941	**0,8**	**0,4**	**0,5**
415 60c rouge-orange	📷 1939	**0,2**	**0,2**	**0,2**
416 70c lilas-rose	📷 1939	**0,3**	**0,2**	**0,1**
416A 75c brun-rouge	📷 1939	**9**	**4,3**	**3**

Série Mercure 1938-41

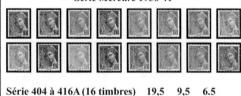

Série 404 à 416A (16 timbres)	**19,5**	**9,5**	**6.5**
EPL		525	
EPL sans faciale, chaque		200	

1938 - *Paix.Typographie. Dec. 1938*

Type I

Type II

T (f 100, ↻ 20, ✍)

368 90c outremer type I	1,5	1,5	0,5	1
non dentelé	550	330		
a - "0" de "90c" absent (carnet)	735	470		
b - anneau-lune	32	19	12	
c - couleur bleu-noir	3	2		
d - impression défectueuse	14	8		
e - impression recto-verso	30	18		
f - impression sur raccord	130	78		
g - papier mince (transparent)	2,5			
h - piquage à cheval	75	45		
i - signature absente	10	6	3	
368 II 90c outremer t. II (✍)	**90**	**65**	**18**	**75**

1938 - *Oeuvres sociales en faveur des étudiants. Taille-douce. Dess & grav: Georges Munier 1er dec (f 25)*

La radio aux aveugles. Taille-douce. Dessin & gravure: Jules Piel. 26 dec (f 25)

Vendus: 660 000

Vendus: 750 000 (f 25)

417 65c+60c Etudiants	20	9	10	18
EPA / EPL	225	80		
a - impression sur raccord	200	120		
418 90c+25c La radio aux aveugles	**20**	**9**	**10**	**18**
EPA / EPL	225	80		

Année 1938
372 á 418 (52 timbres)   720   356   300

1939 - *Mercure, Iris, Paix, Cérès (f 100).*

Typo. D&G: Georges Hourriez (Mercure, Iris). Dessin: Paul Albert Laurens. G: Antonin Delzers (Paix). Gravure de l'Atelier du Timbre, d'après dessin de J.J. Barre.

10 mai. T 41 400 000   *9 mars 1939. T 51 000 000*

404 1c olive	0,2	0,1	0,1	13
a - anneau-lune	35	21	14	
b - couleur brun clair	0,5			
c - impression recto-verso	50	30		
d - impression sur raccord	130	78		
e - papier mince (transparent)	1			
f - piquage à cheval	60	36		
405 2c vert foncé	**0,2**	**0,1**	**0,1**	**32**
a - anneau-lune	35	21	14	
b - couleur vert-noir	0,5			
c - impression dépouillée	6	3		
d - impression sur raccord	130	78		
e - papier mince (transparent)	1	0,5		
f - pli accordéon	80	48	32	

3 avril 1939
Tir: 61 300 000 (f 100)

mars 39 T 485 000 000 (f100, ✍)

17 fév 39
T: 400 000 000 (f100)

409 15c brun	1,1	0,7	0,6	5
a - couleur brun-jaune clair	2	1		
b - impression défectueuse	9	6		
c - impression sur raccord	130	78		
d - pli accordéon	110	66	44	
412 I 30c rouge, type I	**0,2**	**0,1**	**0,1**	**1**
a - 2ème "S" de "postes" retouché				
∬ 33, 83	45	30	18	
b - anneau-lune	35	21	18	
c - avec bord publicitaire "Neyrac"	165	100		
d - couleur rouge foncé	0,5			
e - impression défectueuse	7	4		
f - impression sur la gomme	35	21		
g - impression sur raccord	130	78		
h - papier épais	1			
i - papier mince (transparent)	1			
j - piquage à cheval	45	27		
k - pli accordéon	85	51	34	
412 II 30c rouge, t. II Mars (✍)	**75**	**50**	**16**	**45**

413 40c violet   0,2   0,1   0,1   1

a - anneau-lune	35	21	14
b - couleur violet-noir	2,5	1,5	
c - impression défectueuse	8	5	
d - impression incomplète	185	103	
e - impression recto-verso	45	27	
f - impression sur raccord	130	78	
g - légende partielle (surencrage)	9	5	
h - papier épais	1		
i - papier mince (transparent)	1		
j - piquage à cheval	45	27	
k - pli accordéon	95	57	38

17 janv   *24 juin*   *14 mars*

414 45c vert   0,8   0,5   0,5   10

a - anneau-lune	55	33	22
b - couleur vert pâle	2	1	
c - dentelé tenant à non dentelé	1 300	780	
d - impression sur raccord	130	78	
e - papier épais	2,5	1,5	
f - piquage double	385	250	

414A 50c bleu foncé   4,5   2,5   0,5   5

a - anneau-lune	45	27	18
b - couleur bleu clair	6	3	5
c - couleur bleu métallique	7	4	5
d - impression défectueuse	17	10	
e - impression recto-verso	45	27	
f - impression sur raccord	165	100	

415 60c rouge-orange   0,2   0,2   0,2   4

a - anneau-lune	45	27	18
b - couleur orange pâle	1	0,5	
c - impression sur raccord	130	78	
d - papier mince (transparent)	1	0,5	

17 janvier (⬦)   *20 juillet*

416 I 70c lilas-rose, type I   0,3   0,2   0,1   1

a - anneau-lune	40	24	16
b - état II: coin en haut à droite limé	2	1	
c - impression défectueuse	10	6	
d - impression sur raccord	130	78	
e - papier mince (transparent)	1	0,5	

416 II 70c lilas-rose, t. II (⬦)   110   75   32   75

416A 75c brun-rouge   9   4,3   3   40

■ sur ♣ ↪ Canada Lux	20 juil 39 ↦ 31 déc 39			300
■ sur ♣⚫ ↪ 🚩	20 juil 39 ↦ 31 déc 39			300
a - anneau-lune	60	36	24	50
b - couleur chocolat	15	10		
c - impression sur raccord	165	100		
d - papier mince (transparent)	12	7		

16 mai

432 1f vert   1,4   0,8   0,2   1

a - couleur vert clair	2	1	
b - couleur vert métallique	3	2	
c - couleur vert-noir	5	3	
d - impression défectueuse	4	3	
e - impression sur raccord	130	78	
f - papier épais	3	2	
g - piquage à cheval	35	21	
h - pli accordéon	90	54	

17 janvier   *22 février*

370 1f 25 rose-rouge   4,5   2   2,1   5

a - anneau-lune	40	24	12
b - impression défectueuse	7	4	
c - impression sur raccord	165	100	
d - pli accordéon	140	84	40

371 1f 40 lilas   13   7   6   16

a - anneau-lune	65	40	26

20 mars   *24 janv*

373 2f rose-rouge   0,2   0,2   0,3   1

a - cadre inférieur brisé	27	16	
b - impression défectueuse	4	3	
c - impression double	1 350	810	
d - impression double partielle	425	255	
e - impression recto-verso	55	33	
f - impression sur raccord	130	78	
g - papier épais	1	0,5	
h - piquage à cheval	45	27	

374 2f 25 outremer   18   9   1,1   2

a - anneau-lune	55	33	22
b - couleur outremer très pâle	22	13	
c - impression défectueuse	25	17	
d - impression sur raccord	165	100	
e - papier mince (transparent)	20	14	

17 janvier   *18 avril*

375 2f 50 vert   **3,2**   **1,6**   **0,7**   **2**
  a - impression défectueuse   11   7
  b - impression sur raccord   130   78
  c - papier crème   6   4

376 3f lilas-rose   **1,3**   **0,7**   **0,5**   **2**
  a - anneau-lune   45   27   18
  b - couleur violet-lilas   2,5   1,5
  c - impression défectueuse   8   5
  d - impression recto-verso   45   27
  e - impression sur raccord   130   78
  f - papier mince (transparent)   2   1
  g - pli accordéon   110   66   44

1939 - *Pour sauver la race (lutte contre la syphilis).*
Taille-douce. D&G: Achille Ouvré. (f 25) 20 janvier

20 janvier

419 90c+30c Lutte contre la syphilis   **4,5**   **2,3**   **2,5**   **5**
  non dentelé   400   285
  EPA / EPL   225   80
  a - couleur bleu-vert métallisé   350   210
  b - impression sur raccord   200   120
  c - pli accordéon   210   126

1939 - *A Lille. Léon Trulin.*   *Paul Cézanne (1839-1906),*
Taille-dce. D&G: G.A..   *peintre. Taille-douce. D&G:*
Barlangue. 1ᵉʳ fev (f 25)   *A. Ouvré. 15 mars (f 5)*

Vendus: 730 000 (f 25)   *T 3 300 000 (f 50)*

420 90c+35c Victimes civiles   **20**   **9**   **10**   **18**
  EPA / EPL   235   85

421 2f 25 Cézanne, t. I bleu-vert   **10**   **4**   **4**   **7**
  EPA / EPL   450   165
  a - impression sur raccord   265   175

Type   *Type*
I   *II*

421A Cézanne, t. II bleu foncé   **6 500**   **3 650**

421B Cézanne, t. II bleu-vert   **7 000**   **3 800**
  EPA   2 000

1939 - *75ᵉᵐᵉ anniversaire de la fondation de la Croix-Rouge*
(1864). Taille-douce. Dessin: André Spitz. Gravure:
Antonin Delzers. 24 mars (f 25)

Vendus: 700 000 (f 25)

422 90c+35c Croix-Rouge   **15**   **7,5**   **8**   **14**
  EPA / EPL   650   240

422A Croix-Rouge, non émis
outremer au lieu de noir (tir: 50)   **22 500**   **17 500**
  oblitéré sur carte du congrès de
Versailles (5 avril 1939)   27 500

1939 - *Pour un monument à la gloire du génie, à Verdun.*
Taille-douce. Dessin & gravure: Jules Piel. 4 avil (f 25)

Vendus: 720 000 (f 25)

423 70c+50c A la gloire du génie   **15**   **7,5**   **8**   **14**
  EPA / EPL   225   80

1939 - Pour les orphelins des P.T.T. Nouveau bâtiment du ministère des Postes à Paris. Taille-dce. Dess: Schultz. Grav: J. Piel. 8 avil (f 25)

Vendus: 670 000

424 90c+35c Ministère des P.T.T.	**45**	**22**	**22**	**20**
EPA / EPL	235	85		
a - chiffres blancs	120	72		

1939-Cuirassé Clemenceau. Taille-douce. Dessin & gravure: Albert Decaris. 18 avril (f 50)

T 3 600 000

425 90c Cuirassé Clemenceau	**1**	**0,5**	**0,6**	**3**
EPA / EPL	225	80		
a - impression sur raccord	200	120		

1939 - Exposition internationale de New-York. Taille-douce. Dessin & gravure: Pierre Munier. Timbre repris en 1940 (2f 50). 18 avril (f 50)

Vendus: 2 000 000

426 2f 25 Exposition de New-York	**19**	**9**	**7,5**	**12**
non dentelé	325	235		
EPA / EPL	400	150		

1939 - 100ème anniversaire de la photographie. Portraits des inventeurs: Niepce et Daguerre. Taille-douce. Dessin & gravure: Antonin Delzers. 24 avril (f 50)

Vendus: 2 000 000

427 2f 25 Niepce et Daguerre	**17**	**8**	**7**	**12**
EPA / EPL	325	110		

1939 - Aide aux enfants des chômeurs. Taille-douce. Dessin: D. Grégoire Gravure: J. Piel. 24 avril (f 25)

Fêtes du 50ème anniv. de la Tour-Eiffel. Taille-douce. Dessin & gravure: Henry Cheffer. 5 mai (f 25)

T 1 100 000 (f 25)   Vendus: 800 000 (f 25)

428 90c+35c Enfants des chômeurs	**4**	**2,5**	**3**	**5**
EPA / EPL	200	70		
429 90c+50c Tour Eiffel	**16**	**8,5**	**9**	**16**
centrage **parfait**	21	11	12	
EPA / EPL	350	125		
a - impression sur raccord	250	150		
b - pli accordéon	185	110		

1939 - Exposition de l'eau à Liège en Belgique. Taille-douce. D&G: Henry Cheffer. 22 mai (f 50)

Vendus 1 200 000

430 2f 25 Exposition de l'eau	**34**	**13**	**6**	**9**
centrage **parfait**	38	15	6,5	
EPA / EPL	235	85		

Série Iris 1939-41

431 80c brun	1940	**0,2**	**0,1**	**0,2**
432 1f vert	1939	**1,4**	**0,8**	**0,2**
433 1f rouge	1940	**0,5**	**0,3**	**0,2**
434 1f 30 outremer	1940	**0,2**	**0,2**	**0,2**
435 1f 50 orange	1941	**0,2**	**0,1**	**0,2**
Série 431 à 435 (5 timbres)		**2,5**	**1,5**	**1**
EPL		250		

1939 - *Chômeurs intellectuels (5ème série). 5 juin 1939.*
Vendus: 750 000 séries. Taille-douce (feuilles de 25).

D: A. Spitz. G: A. Delzers, D&G: Jules Piel

436 40c+10c P. Puvis de
Chavannes   **2**   **1**   **1**   **5**
437 70c+10c C. Debussy   **10**   **5**   **3**   **6**
  a - impression sur raccord   325   195

D&G: Antonin Delzers

438 90c+10c H. de Balzac   **8**   **4**   **3**   **6**

D&G: G.-A. Barlangue

439 2f 25+25c C. Bernard   **30**   **16**   **13**   **20**
Série 436 à 439 (4 timbres)   **50**   **26**   **20**
  EPA /   900   380

1939 - *Alliance nationale pour l'accroissement de la*
population. Taille-douce. D: A Spitz. G: E Feltesse. (f 25)

20 juin, Vendus: 600 000   *15 juin, Vendus: 600 000*

---

440 70c+80c Pour la natalité   **6**   **4**   **4,5**   **8**
  a - couleur: bleu au lieu de violet   375   250

441 90c+60c Pour la natalité   **9**   **5,5**   **6**   **8**
  paire, non dentelé / Ess. Multi   350   230   600
  paire,EPA / EPL   700   270

1939 - *1 400ème anniv. de*   *500ème anniversaire de*
la naissance de Grégoire de   *l'achèvement de la cathédrale*
Tours (env 538 - 594). Taille-   *de Strasbourg (1439). Taille-*
douce. D&G: C-P Dufresne.   *douce. D: A Spitz. G: G*
10 juin (f 50)   *Gandon (père) 23 juin (f 50)*

T 3 650 000   *Vendus: 4 200 000*

442 90c Grégoire de Tours   **1**   **0,5**   **0,6**   **2**
  EPA / EPL   225   80
  a - impression sur raccord   200   120

443 70c Cathédrale de Strasbourg   **1,5**   **0,9**   **1,3**   **2**
  EPA / EPL   250   90
  a - impression recto-verso   85   51
  b - impression sur raccord   200   120
  c - piquage à cheval   110   66

1939 - *150ème anniversaire de la Révolution Française*
(1789). Tableau de Jacques Louis David: Le serment du jeu de
paume. Taille-douce. D: André Spitz. G: Antonin Delzers.
20 juin (f 50)

T 4 000 000

444 90c Révolution Française   **4**   **2,5**   **2**   **4**
  EPA / EPL   250   90
  a - piquage à cheval   110   66

1939 - *Verdun: la porte Chaussée. Taille-douce. D&G: Achille Ouvré. 23 juin (f 50)*

Pour les oeuvres de mer. Jean Charcot (1867-1936). Taille-douce. D&G: G E Goruel et J Piel. 26 juin (f 25)

T 3 900 000   *T 1 200 000*

445 90c Verdun   **1,2**   **1**   **1**   **2**
EPA / EPL   225   80

377A 90c+35c Charcot   **32** **12** **13** **22**
EPA / EPL   550   210
a - impression recto-verso   185   110
b - impression sur raccord   250   150

1939 - *Pour le musée postal. Tableau de J. Honoré Fragonard. Taille-douce. D&G: Jules Piel. 6 juillet (f 25)*

Pour un monument aux marins perdus en mer à Boulogne-sur-Mer. Taille-dce. D: Desruelles. G: G.-L. Degorce. 20 juillet (f 25)

Vendus: 1 000 000   *Vendus: 730 000*

446 40c+60c Musée postal   **4**   **3** **3,5** **7**
non dentelé / ⊠☺   425   300   450
EPA / EPL   350   135
EPL petit format   300
EPL en violet petit format   310
a - faciale et légende en carmin   675   400

447 70c+30c Marins perdus en mer **33** **14** **15** **22**
EPA / EPL   235   85

3 septembre 1939:

déclaration de guerre à l'Allemagne

1939 - *Touristiques. Taille-douce. (f 50) Languedocienne et vue de la cathédrale de Béziers.*

Fête nationale des vins de France. 25 dec

T 4 100 000., Dessin: Jean Julien. Gravure: Pierre Munier.

448 70c Languedoc   **0,6** **0,5** **0,6** **5**
a - piquage à cheval   85   51

Château d'Henri IV, à Pau. 25 ao×t

T 4 000 000. Dessin & gravure: A. Rivaud.

449 90c Pau   **1,5**   **1** **1,5** **5**

Lyon: pont de la Guillotière. 25 decembre

T 4 000 000. Dessin & gravure: Achille Ouvré.

450 90c Lyon   **1,2** **0,8**   **1**   **6**
série, EPA / EPL   600   225
a - impression sur raccord   165   100

Année 1939
419 á 450 (32 timbres)   **316** **155** **144**

Guerre & reconstruction: 1940-59

1940 *- Pour nos soldats. (f 25)*
Taille-douce. Dessin & gravure: Raoul Serres (40c+60c), Henry
Cheffer (1f+50c). 12 février.

T 1 800 000

451 40c+60c Fantassin	5	2,5	3	7
a - piquage à cheval	210	140		

T 2 100 000

452 1f+50c Marsouin	5,5	2,5	3	7
a - piquage à cheval	110	66		
paire, EPA / EPL	400	150		

1940 *- La France d'outre-mer. Taille-douce. Dessin &*
gravure: Jules Piel. 15 avril. (f 25)

Vendus: 920 000

453 1f+25c France d'outre-mer	3	2	2,5	6
EPA / EPL	225	80		
a - piquage à cheval	125	75		

1940 *- Pour les oeuvres de guerre. Taille-douce. Emission:*
1er mai. Vendus: 800 000 séries. D&G: H. Cheffer (f 25).

Mal Joffre (1852-1931)

454 80c+45c Mal Joffre	10	5	7	11
a - papier carton	25	15		

D&G: A Ouvre   *D&G: Jules Piel*
F. Foch (1851-1929)   *Gal Gallieni et vue de Paris.*

455 1f+50c Maréchal Foch	9	4	7	11
EPA non adoptée "tête à droite"	300			
a - papier carton	25	15		
b - piquage à cheval	140	90		
c - papier crème	10			

456 1f 50+50c Gal Gallieni	9	4	5	11
EPA non adoptée 40c + 60c	450			
a - pli accordéon	140	90		
b - papier crème	10			

Femme au labour. D: A. Spitz. G A. Delzers

457 2f 50+50c Femme au labour	20	10	12	20
a - piquage à cheval	200	120		

Série 454 à 457 (4 timbres)	48	25	31	
non dentelé (tirage 200)	475	350		
EPA / EPL	900	325		

1940 *- Exposition internationale de New York. 10 juin (f 50)*

Vendus: 1 000 000

458 2f 50 Expo. de New-York	34	10	10	16
EPA / EPL	350	130		
a - papier carton	27	16		
b - piquage à cheval	210	126		

1940 - *Croix-Rouge: Pour nos blessés. Taille-douce. Dessin & gravure: Pierre Munier (80c+1f), Antonin Delzers (1f+2f). Emission: 10 juin 1940. (f 25)*

Vendus: 960 000

459 80c+1f Sauvé	12	6	7	15
a - impression recto-verso (croix rouge)	50	30		
b - croix déplacée	60	36		
c - papier carton	40	21	14	

Vendus: 690 000

460 1f+2f Pour nos blessés	15	6	7	13
a - impression recto-verso (croix rouge)	125	75		
b - croix absente, annulation hexagonale			4 650	
c - croix déplacée	65	40		
d - papier carton	40	21	14	
paire, EPA / EPL	900	400		

1940 - *Iris et Cérès retouchée. (f 100)*

2 décembre | *20 juin*

431 Iris, 80c brun	0,2	0,1	0,2	1
a - couleur brun pâle	0,5			
b - impression défectueuse	4	3		
c - impression incomplète	100	60		
d - impression sur raccord	130	78		
e - papier mince (transparent)	0,5			
f - piquage à cheval	35	21		

433 Iris, 1f rouge	0,5	0,3	0,2	1
a - anneau-lune	30	18	12	
b - couleur rouge vif	1,5	1		
c - impression défectueuse	4	3		
d - impression incomplète	85	51		
e - impression recto-verso	27	16	10	
f - impression sur raccord	130	78		
g - papier épais	3	2		
h - piquage à cheval	40	24		
i - pli accordéon	95	57	38	
j - signature absente	4	3		

8 janvier | *20 juin*

434 Iris, 1f 30 outremer	0,2	0,2	0,2	5
a - anneau-lune	40	24	16	
b - couleur bleu foncé	0,5			
c - impression défectueuse	6	4		
d - légende partielle (surencrage)	10	6		
e - papier épais	2	1		
f - papier mince (transparent)	1	0,5		
g - pli accordéon	95	57	38	
h - signature du graveur absente	9	5		

375A Cérès, 2f 50 outremer	1	0,8	0,8	2
a - anneau-lune	40	24	16	
b - impression défectueuse	7	4	3	
c - impression sur raccord	165	100		
d - papier mince (transparent)	2	1		
e - pli accordéon	100	60	40	

Etat Français *(10 juillet 1940)*

1940 - *Guynemer (1894-1917). Taille-douce. Dessin & gravure: Achille Ouvré. 12 octobre (f 25)*

T 940 000

461 50f bleu G. Guynemer	18	9	9	100
non dentelé (tirage 375)	365	250		
EPA non adoptée 1f + 50c	900			
EPA / EPL	700	265		
■ sur carte d'abonn⁻ᵗ TP	5 janv 42 ↠ 25 juil 42			300
a - outremer au lieu de bleu	23	13		110
b - impression sur raccord (papier carton)	600	400		
c - papier carton	25	15	10	
d - piquage à cheval	315	200		

1940 - *Chômeurs intellectuels (6ème série). Taille-douce. 12 novembre 1940. (f 25)*

T 1 635 000

462 80c+10c C. Debussy   11   6   8   13

T 1 610 000

463 1f+10c H. de Balzac   11   6   8   13
a - piquage à cheval   170   102

T 1 607 000

464 2f 50+25c C. Bernard   11   6   8   13
a - papier carton   15   9   11
série, EPA / EPL   600   240

1940 *- Pour nos victimes de la guerre (réalisé à partir d'une vignette P.T.T.). Taille-douce. Dessin: André Spitz. Gravure: Jules Piel. 12 novembre (d 25)*

Vendus: 1 040 000

465 1f+2f Victimes de la guerre   1,5   1   1,5   4
EPA / EPL   200   70
a - impression sur raccord   165 100
b - double signature   50

1940 *- Secours national. Taille-douce. 2 décembre. (f 25)*

T 1 250 000

466 80c+2f Moissons   4,5   2   2,5   6

D&G: Pierre Munier. T 1 265 000

467 1f+2f Semailles   3,5   2   2,5   6

D&G: Georges-Léo Degorce. T 1 230 000

468 1f 50+2f Vendanges   4,5   2   2,5   6

D&G: Henry Cheffer. T 1 250 000

469 2f 50+2f Elevage   5,5   3   2,5   6
a - impression sur raccord   200   120

Série 466 à 469 (4 timbres)   17   9   10
EPA / EPL   550   175

Année 1940
451 à 469 (19 timbres)   193   93   108

1941 - Portrait du maréchal Pétain, chef de l'Etat Français.
Taille-douce. D&G: J Piel. 25 janvier (f 50) Tirage 20 000 000

Le premier projet de Jules Piel, qui avait servi sous le commandement du M^{al} Pétain pendant la grande guerre, le représentait dans son uniforme de 1914-1918. De ce premier projet, il n'est connu qu'un seul exemplaire du timbre fini. Les épreuves ne sont connues qu'à un très petit nombre d'exemplaires.

470 40c Maréchal Pétain	**0,5**	**0,3**	**0,3**	**8**
a - couleur marron au lieu de brun	2			
b - dentelé 1 ou 3 côtés	130	78		
c - dentelé tenant à non dentelé	215	130		
d - impression défectueuse	7	4		
e - piquage à cheval	70	42		
471 80c Maréchal Pétain	**0,6**	**0,4**	**0,5**	**8**
a - couleur du fond bleuté	3			
b - impression défectueuse	8	5		
c - papier mince (transparent)	2			
d - piquage à cheval	75	4		

473A M^{al} Pétain en 1914-18   RRR
EPA en noir, 40c à 2f 50, chaque: 3 000

1941 - Pour nos prisonniers de guerre. Taille-douce.
1er janvier (f 25)

T 1 169 000. D&G: P Munier   T 1 167 000. D&G: G L Degorce

474 80c+5f Prisonniers	**2**	**1**	**2**	**6**
a - impression sur raccord	200	120		
b - piquage à cheval	90	60		
c - pli accordéon	100			
475 1f+5f Prisonniers	**2**	**1**	**2**	**6**
a - impression sur raccord	200	120		
paire, EPA / EPAL	350	110		

472 1f Maréchal Pétain	**0,2**	**0,1**	**0,2**	**2**
a - impression défectueuse	6	4		
b - impression recto-verso	65	39		
c - impression sur raccord	165	100		
d - piquage double	110	66		
e - pli accordéon	100	60		
473 2f 50 Maréchal Pétain	**1,8**	**1,2**	**1,5**	**10**
a - impression défectueuse	8	5		
b - impression sur raccord	165	100		
c - papier mince (transparent)	3			
d - piquage à cheval	90	54		
e - piquage double	135	80		
Série 470 à 473 (4 timbres)	**3**	**2**	**2,5**	
non dentelé	300	200		
EPA / EPL/ EPC	675	250	500	

1941 - Mercure et Iris. 25 janvier (f 100)
Typographie. Dessin & gravure: Georges Hourriez.

414B Mercure, 50c vert	**0,8**	**0,4**	**0,5**	**5**
a - couleur vert vif	2			
b - impression défectueuse	9	6		
c - impression sur raccord	130	78		
d - papier épais	2			
435 Iris, 1f 50 orange	**0,2**	**0,1**	**0,2**	**2**
a - couleur orange très pâle	2			
b - impression défectueuse	3,5			
c - impression dépouillée	5,5	4		
d - impression sur raccord	130	78		

1940-41 - *Surchargés. (f 100)*
Typographie (petits formats), taille-douce (grands formats).

25 janvier			*15 avril*	

476 Semeuse, =30c s 35c | **0,2** | **0,1** | **0,1** | **3**

a - impression sur raccord	130	78		
b - surcharge barres omises	160	96		
c - surcharge barres seules	340	204		
d - surcharge doublée	1 250	750		
e - surcharge à cheval	45	27		
f - surcharge recto-verso	21	14	9	
g - surchargé tenant à non surchargé	1 650	1 000		
h - surcharge très déplacée	20	12		
i - valeur sur valeur avec barres	135	80	52	
j - valeur sur valeur sans les barres	215	130	85	

477 Mercure, =50c s 75c | **0,2** | **0,1** | **0,1** | **2**

a - impression sur raccord	165	100		
b - papier mince (transparent)	2,5	1,5		
c - surcharge barres omises	200	120		
d - surcharge barres seules	425	270		
e - surcharge à cheval	45	27		
f - surcharge inversée (barres en haut)	90	54	36	
g - surcharge recto-verso	12	7		
h - surchargé tenant à non surchargé	900	540		
i - surcharge très déplacée	20	12	8	

25 janvier 1941			*25 janvier 1941*	

478 Paix, =50c sur 55c | **0,3** | **0,1** | **0,1** | **2**

a - impression sur raccord	165	100		
b - surcharge barres omises	175	105	70	
c - surcharge à cheval	45	27	18	
d - surcharge recto-verso	11	7		
e - surcharge renversée	1 300	780		
f - surchargé tenant à non surchargé	1 250	750		
g - "50" décalé plus à gauche	135	80		
h - valeur sur valeur avec barres	235	140		
i - valeur sur valeur sans les barres	450	270		

479 Paix, =50c sur 65c | **0,2** | **0,1** | **0,1** | **2**

a - surcharge doublée	950	570		
b - surcharge doublée dont 1 verticale	1 200	720		
c - surcharge à cheval	45	27		
d - surcharge recto-verso	11	7	5	
e - surcharge renversée	750	450		
f - surchargé tenant à non surchargé	1 350	800		
g - surcharge très déplacée	5	3		
h - valeur sur valeur avec barres	185	110		
i - valeur sur valeur sans les barres	340	205		

4 mars 1941	*4 mars 1941*	*8 mars 1941*

480 Paix, =50c sur 75c | **0,2** | **0,1** | **0,1** | **2**

a - impression sur raccord	130	78		
b - surcharge barres omises	200	120		
c - surcharge à cheval	50	30		
d - surcharge recto-verso	11	8		
e - surchargé tenant à non surchargé	1 500	900		
f - surcharge très déplacée	8	5	3	
g - valeur sur valeur avec barres	240	144		
h - valeur sur valeur sans les barres	450	270		

481 Paix, =50c sur 80c | **0,3** | **0,1** | **0,1** | **2**

a - impression défectueuse (timbre)	12	7		
b - impression sur raccord	130	78		
c - surcharge doublée	1 200	720		
d - surcharge défectueuse		3		
e - surcharge à cheval	50	30	20	
f - surcharge recto-verso	20	13	7	
g - surcharge très déplacée	11	7	4	

482 Paix, =50c sur 90c | **0,2** | **0,1** | **0,1** | **2**

a - anneau-lune	45	30	15	
b - impression sur raccord	165	100		
c - papier mince (transparent)	1			
d - pli accordéon	95	60	35	
e - chiffres intervertis "05" au lieu de "50"	11 500	8 250	8 250	
f - chiffre "5" ou "0" manquant	675	435		
g - surcharge barres omises	175	115	55	
h - surcharge barres seules	450	300		
i - surcharge à cheval	32	20	13	
j - surcharge recto-verso	21	13	7	
k - surcharge renversée	700	465		
l - surchargé tenant à non surchargé	1 600	1 100		
m - timbre non imprimé (surch seule)	360	235		
n - valeur sur valeur avec barres	150	90		
o - valeur sur valeur sans les barres	300	200		

18 mars 1941	*18 mars 1941*	*8 mars 1941*

483 Paix, =1f sur 1f 25 | **0,3** | **0,2** | **0,3** | **2**

a - anneau-lune	45	32	20	
b - impression sur raccord	200	120		
c - surcharge barres omises	210	140	65	
d - surcharge barres seules	400	265		
e - surcharge doublée	725	475		
f - surcharge à cheval	36	25	20	
g - surcharge recto-verso	22	16	10	
h - surchargé tenant à non surchargé	2 650	1 650		
i - surcharge très déplacée	8	5	5	
j - valeur sur valeur avec barres	250	175		
k - valeur sur valeur sans les barres	475	300		

484 Paix, =1f sur 1f 40 | **0,5** | **0,2** | **0,5** | **2**

a - surcharge barres omises	185	120		
b - surcharge barres seules	400	260		
c - surcharge doublée	1 900	1 400		
d - surcharge à cheval	50	32		
e - surcharge recto-verso	23	17	12	

f - surchargé tenant à non surchargé	2 150	1 450		
g - surcharge très déplacée	9	6	6	
h - valeur sur valeur avec barres	300	200		
i - valeur sur valeur sans les barres	600	400		

485 Paix, =1f sur 1f 50 — **1,4** **0,7** **1,3** **2**

a - anneau-lune	25	15	10	
b - impression défectueuse	5	3		
c - impression sur raccord	130	78		
d - surcharge barres omises	200	135		
e - surcharge barres seules	350	215		
f - surcharge à cheval	30	22	18	
g - surcharge recto-verso	20	13	10	
h - surchargé tenant à non surchargé	1 650	1 200		
i - surcharge très déplacée	10	6	4	

2 déc. 1940 — 28 janv 1941 — T: 3 000 000 — 18 mars 1941

486 Cérès, =1f sur 1f 75 — **0,3** **0,2** **0,2** **2**

a - anneau-lune	45	32	20	
b - surcharge à cheval	30	20	11	
c - surcharge recto-verso	22	16	9	
d - surchargé tenant à non surchargé	1 900	1 350		
e - surcharge très déplacée	8	5	4	

487 Cérès, =1f sur 2f 25 — **0,3** **0,2** **0,3** **2**

a - impression défectueuse	6	4	3	
b - impression sur raccord	165	100		
c - surcharge à cheval	32	21	17	
d - surcharge recto-verso	22	16	10	
e - surchargé tenant à non surchargé	1 900	1 400		
f - surcharge très déplacée	12	8	5	

488 Cérès, =1f sur 2f 50 — **1,5** **0,8** **1,3** **2**

a - impression sur raccord	200	120		
b - surcharge doublée	800	500		
c - surcharge à cheval	40	25	20	
d - surcharge défectueuse	4	3		
e - surcharge recto-verso	30	20	17	
f - surchargé tenant à non surchargé	2 100	1 500		
g - surcharge très déplacée	9	6	6	

2 décembre 1940 — 17 mai 1941

489 Mineurs, =1f s 2f 15 — **0,4** **0,3** **0,4** **2**

a - impression sur raccord	165	100		
b - surcharge avec 3ème barre verticale	200	130		
c - surcharge barres omises	200	130		
d - surcharge barres seules	200	130		
e - surcharge à cheval	30	20	16	
f - surcharge déplacée	12	7	5	
g - surcharge recto-verso	15	10	8	
h - surcharge renversée (2 ✉ connues)	18 000		5 500	13 500
i - surchargé tenant à non surchargé	1 250	750		

490 Carcassonne, =2f 50 s 5f — **0,4** **0,3** **0,4** **7**

non dentelé	750	525		
a - surcharge barres omises	400	265		
b - surcharge déplacée	15	10	7	
c - surcharge doublée	450	300	225	
d - surcharge à cheval	30	22	15	
e - surcharge recto-verso	17	11	10	
f - surchargé tenant à non surchargé	25 000			
g - surch tenant à sch barres omises	25 000			

15 avril 1941 — 4 mars 1941 — T 1 400 000

491 Vincennes, =5f s 10f — **2,3** **1,2** **2,1** **8**

a - impression sur raccord	200	120		
b - surcharge à cheval	42	25	15	
c - surcharge déplacée	32	19	13	

492 Saint-Malo, =10f s 20f — **2** **1,2** **2** **115**

a - surcharge très déplacée	40	25	17	
b - surcharge recto-verso	30	20	15	

24 janvier 1941. dont 100 000 livrés à Limoges
T 430 000 (f 25) 250 000 livrés en zone occupée
80 000 livrés en zone libre

493 Clément Ader, =20f s 50f — **80** **40** **42,5** **150**

a - papier mince	88	53	60	
b - surcharge doublée	3 350	2 000		
c - surcharge recto-verso	145	87	58	
d - surcharge très déplacée	250	175	150	

Série des surchargés de 1940-41

Série 476 à 493 (18 timbres) — **93** **46** **52**

EPL des petits formats surchargés	485	
EPL monuments surchargés	300	
EPL Clément Ader surchargé	265	

1941 - M⁴ Pétain. Surtaxe
au profit du Secours National.
Taille-douce. Dessin &
gravure: Jules Piel. (f 50)
4 mars

Frédéric Mistral (18301914.
Taille-dce. Dess: M. E. Fabre.
Grav: Ch. Mazelin.
(f 50) 20 février

T 2 000 000   T 3 000 000

494 +10c s 1f Mᵈ Pétain	0,3	0,1	0,2	4
non dentelé	45	25		
EPA / EPL	200	80		
a - impression sur raccord	165	100		
b - piquage à cheval	45	27		

4951f Frédéric Mistral	0,3	0,1	0,2	2
non dentelé	60	45		
EPA / EPL	185	75		
EPL grand format		120		
EPL grand format papier rose		150		
a - impression recto-verso	45	27		
b - piquage à cheval	50	30		

1941 - Lutte contre le cancer.
Taille-douce. Dessin & gravure: Gabriel-Antoine Barlangue.
20 février. (f 25)

T 1 230 000

496 2f 50+50c Lutte contre le cancer	2	1	1,5	8
non dentelé / Es.Multi (tirage 375)	165	125		225
EPA / EPL	350	165		
a - impression sur raccord	180	110		

Ce second timbre, à 2f, était prévu avec une surtaxe de 3f pour être
émis en 1942. Reporté en 1943, le projet a finalement été abandonné.

**496A 2f+50c Lutte contre
le cancer, non émis   RR**

1941 - Secours National: Entraide d'hiver du Maréchal.
Taille-douce. 4 mars. Vendues: 600 000 paires. (f 25)

T 1 160 000. Dessin & gravure: Achille Ouvré

497 f Transport du charbon	3	1,5	1,3	4
a - piquage à cheval	80	48		

T 1 225 000. Dessin & gravure: Raoul Serres

498 2f 50+7f 50 France aidant les pauvres	10	5,5	2,7	7
paire, non dentelé (tirage 400)	275	160		
paire, EPA / EPL / EPC	600	275	375	

1941 - Touristiques. Taille-douce.
Hôtel-Dieu de Beaune 17 mai (f 50)

Dessin & gravure: Emile Feltesse.

499 5f Hôtel-Dieu de Beaune	0,4	0,3	0,3	4
non dentelé	50	35		
a - couleur mordoré au lieu de brun-noir	32	19	13	
b - couleur noire au lieu de brun-noir	45	27	18	
c - dentelé 1 ou 3 côtés	160	96		
d - impression sur raccord	165	100		
e - papier épais	7	4		
f - piquage à cheval	85	51		

Angers. 17 mai (f 50) Dess & grav: G.-A. Barlangue

500 10f Angers   0,8   0,5   0,6   3

non dentelé (tirage 375)		50	35
■ sur 🏷	17 mai 41 ⇒ 23 janv	43		600
a - piquage à cheval		85	51
b - piquage double		215	140
c - pli accordéon		170	110

Aigues-Mortes. 4 mars (f 25)

Dessin & gravure: Charles Mazelin

501 20f Aigues-Mortes   1,4   0,7   1,1   6

non dentelé		215	150
■ s carte d'abonn™ réduit 🎫	4 mars 41 ⇒ 4 janv 42			215
a - impression recto-verso		60	36
b - impression sur raccord		165	100
c - piquage à cheval		80	48
d - piquage double		165	100
e - pli accordéon		160	96
série, EPA / EPL		600	250

1941 *- Paquebot Pasteur. Taille-dce. Dess & grav: A. Decaris. 17 mai (f 50)*

T 3 350 000

502 1f+1f s 70c Paquebot Pasteur   0,4   0,3   0,4   2

non dentelé	70	50
EPA / EPL	275	115
EPL en noir sans la surcharge		5 650
a - piquage à cheval	200	100
b - surcharge absente	75 000	55 000
c - surcharge recto-verso	15	9
d - surcharge doublée (1 ex connu)	75 000	

1941 *- La France d'outre-mer. Taille-dce. D&G: Jules Piel. 17 juillet (f 25)*   *Société des oeuvres de mer. Taille-douce. D: P-P Lemagny. G: P Gandon. 23 octobre (f 25)*

Tirage: 1 260 000   *Tirage: 1 200 000*

---

503 1f+1f France d'outre-mer   0,8   0,5   0,6   3

non dentelé / ✉☺ (tirage 400)		60	45		150
EPA / EPL		185	75
a - impression (très) défectueuse		140	84

504 1f+9f Oeuvres de mer   1,1   0,5   0,9   5

non dentelé (tirage 350)	115	80
EPA / EPL	275	115
a - piquage à cheval	150	90

1941 *- Pétain. Typographie. Série démonétisée le 1er novembre 1944. (f 100)*

4 déc   25 oct   30 oct

Dessin & gravure: Jean Vital Prost.

505 20c lilas-rose   0,1   0,1   0,1   50

■ sur 👁❷	5 janv 42 ⇒ 14 mars 42			325
■ sur 👁 ↻ 🦊	4 déc 41 ⇒ 31 janv 42			400
a - "c" fermé (20°)		3	2
b - couleur du fond rosée		6	
c - impression défectueuse		4	2
d - impression sur raccord		130	78

506 30c rouge   0,1   0,1   0,1   5

■ sur 👁 ↻ 🦊	1er fév 42 ⇒ 2 mars 42			400
a - impression défectueuse (lourde)		2	
b - impression sur raccord		130	78
c - papier mince (transparent)		1	
d - piquage à cheval		40	24

507 40c outremer   0,1   0,1   0,1   5

a - "c" fermé (40°)	3	2
b - impression défectueuse	3	2
c - impression double (oscillée)	3	2
d - impression recto-verso	90	54
e - impression sur raccord	130	78
f - papier épais	1,5	
g - piquage à cheval	40	24

26 nov   4 déc   13 sept

Dessin: Paul-Pierre Lemagny. Gravure: Georges Hourriez.

508 50c vert   0,1   0,1   0,1   2

a - impression incomplète	140	84
b - impression sur raccord	130	78
c - légende partielle (surencrage)	3	2
d - papier carton	3	
e - piquage à cheval	35	21

509 60c violet   📬 1942   0,1   0,1   0,1

510 70c bleu   0,1   0,1   0,1   2

a - anneau-lune	25	15	10
b - "ç" avec cédill	6	4	
c - couleur bleu foncé métallique	1,5		
d - dentelé 1 ou 3 côtés	90	54	
e - dentelé tenant à non dentelé	280	168	
f - impression défectueuse	3	2	
g - impression recto-verso	37	22	

h - impression sur raccord			130	78	
i - légende partielle (surencrage)			8	5	
j - piquage à cheval			40	24	
k - piquage double			75	45	
l - pli accordéon			80	48	

511 70c orange　　　📩 1942　0,1　0,1　0,1

512 80c brun		0,1	0,1	0,1	2
Essai de couleur				50	
a - anneau-lune		25	15	10	
b - "c" fermé (80°)		10	6	4	
c - dentelé tenant à non dentelé		380	228		
d - impression défectueuse		3	2		
e - impression recto-verso		40	24		
f - impression sur raccord		1	84		
g - légende partielle (surencrage)		3	2		
h - papier épais		1,5			
i - papier mince (transparent)		2,5			
j - piquage à cheval		40	24		
k - pli accordéon		135	80		

513 80c vert　　　📩 1942　0,1　0,1　0,1

12 ao×t　　　　　*17 déc*

514 1f rouge		0,1	0,1	0,1	1
a - anneau-lune		25	15	10	
b - dentelé 1 ou 3 côtés		135	80		
c - dentelé tenant à non dentelé		285	172		
d - "f" de "1f" absent		20	12	8	
e - impression dépouillée		150	90		
f - impression incomplète		75	45		
g - impression recto-verso		25	15		
h - impression sur raccord		130	78		
i - légende partielle (surencrage)		6	4		
j - papier mince (transparent)		1			
k - piquage à cheval		35	21		
l - pli accordéon		85	51		
m - visage tout rouge		300	180		

515 1f 20 brun　　　📩 1942　0,1　0,1　0,1

516 1f 50 rose		0,1	0,1	0,1	1
a - impression défectueuse		6	4		
b - impression incomplète		120	72		
c - impression sur raccord		130	78		
d - légende partielle (surencrage)		6	4		
e - papier jaune		2			
f - papier mince (transparent)		1	0,5		
g - pli accordéon		80	48		

517 1f 50 brun　　　📩 1942　0,1　0,1　0,1

27 déc　　　　　*20 oct*
Dessin: Jean Bersier. Gravure: Jules Piel.

518 2f vert		0,1	0,1	0,1	1
a - anneau-lune		25	15	10	
b - impression défectueuse		3	2		
c - impression recto-verso		27	17		
d - impression sur raccord		130	78		
e - légende partielle (surencrage)		10	6		
f - papier carton		5			
g - papier mince (transparent)		1			
h - piquage à cheval		35	21		
i - pli accordéon		80	48		

519 2f 40 rouge　　　📩 1942　0,2　0,1　0,1

520 2f 50 outremer		1	0,4	0,7	8
a - impression sur raccord		130	78		
b - papier mince (transparent)		2,5	1,5		
c - pli accordéon		150	90		

14 octobre

521 3f orange		0,1	0,1	0,1	5
a - anneau-lune		25	15	10	
b - dentelé tenant à non dentelé		315	220		
c - impression défectueuse		4	3		
d - impression sur raccord		130	78		
e - légende partielle (surencrage)		7	4		
f - piquage à cheval		35	21		
g - pli accordéon		75	45	30	

521A 4f bleu typo　　📩 1942　0,2　0,1　0,1

521B 4f 50 vert typo　📩 1942　1　0,6　0,8

522 4f bleu gravé　　📩 1942　0,2　0,1　0,1

523 4f 50 vert gravé　📩 1942　0,2　0,1　0,1

524 5f vert-bleu　　　📩 1942　0,2　0,1　0,1

525 50f noir　　　　　📩 1942　4　3　4

Série Pétain 1941-42

Série 505 à 525 (23 timbres)		8,5	6	7,5	
non dentelé (tirage 425)		385	250		
EPL sauf 50f			450		
EPL 50f			150		
EPC 20c, 30c, 40c				450	
EPC 50c à 1f 20				450	
EPC 1f 50 à 3f				450	
EPC 4f et 4f 50 typo				450	
EPC 4f et 4f 50 typo papier bistre				575	
EPC 4f et 4f 50 gravés, 5f				500	
EPC 5f, 4f 50 et 4f gravés				500	

1941 - *Armoiries de villes (1ère série). Surtaxe au profit du Secours National. 15 décembre. Vendus: 600 000 séries (f 50)Taille-douce.*

D&G: G.-A. Barlangue   *D&G: H. Cheffer*   *D&G: G. L. Degorce*

526 20c+30c Nancy	2,8	2	2,8	15
527 40c+60c Lille	2,8	2	2,8	13
528 50c+70c Rouen	2,8	2	2,8	11
a - papier carton	10	5		

D&G: Emile Feltesse   *D&G: J. Piel*   *D&G: R. Serres*

529 70c+80c Bordeaux	2,8	2	2,8	15
530 80c+1f Toulouse	2,8	2	2,8	15
531 1f+1f Clermont-Ferrand	2,8	2	2,8	11

D&G : R. Cottet.   *D&G: A. Ouvré.*   *D&G: C.-P. Dufresne*

532 1f 50+2f Marseille	3	2	2,8	11
a - papier carton	10	5		
533 2f+2f Lyon	3	2	3	16
534 2f 50+3f Rennes	3	2	3,5	17

D&G : P. Gandon   *D&G: P. Munier*   *D&G: J. Piel*

535 3f+5f Reims	3	2	3	17
536 5f+6f Montpellier	3,2	2	3,2	18
537 10f+10f Paris	3,5	2	3,2	25
Série 526 à 537 (12 timbres)	35	24	3,5	
non denté	300	200		
EPA / EPL/ EPC	1 350	500	1 000	
EPC unicolore grand format			1 750	

1942 - *Mercure, légende "République Française". (f 100) Typographie. D&G: Georges Hourriez. 7 février*

538 50c turquoise (République)	0,2	0,1	0,1	1
a - anneau-lune	20	12	8	
b - avec bord publicitaire "Neyrac"	175	105		
c - "c" de "50c" absent	12	8	5	
d - impression défectueuse	11	6		
e - impression sur raccord	130	78		
f - papier carton	6			
g - papier mince (transparent)	1	0,5		
h - piquage à cheval	35	21		

1942 - *Pétain. Typographie et taille-douce. (f 100) Sauf 50F (f 25)*

19 fév   *1 janv*   *27 janv*

509 60c violet	0,1	0,1	0,1	2
a - anneau-lune	20	12		
b - impression défectueuse	3	2		
c - impression incomplète	150	90		
d - impression sur raccord	130	78		
e - légende partielle (surencrage)	6	4	3	
f - papier carton	3			
g - papier mince (transparent)	1	0,5		
h - pli accordéon	100	60		
511 70c orange	0,1	0,1	0,1	2
a - "c" de "70c" absent	32	19	12	
b - "ç" avec cédille	6	4		
c - impression défectueuse	3	2		
d - impression sur raccord	130	78		
e - légende partielle (surencrage)	5	3		
f - papier mince (transparent)	1			
g - perforé "EXP. P" de Saumur	60	40		
h - piquage à cheval	35	21		
i - pli accordéon	85	51		
513 80c vert	0,1	0,1	0,1	2
a - "c" fermé (80°)	10	6	4	
b - impression défectueuse	3	2		
c - impression recto-verso	37	22		
d - impression sur raccord	130	78		
e - légende partielle (surencrage)	6	4		
f - papier mince (transparent)	1			
g - perforé "E. P. N." de Nancy	17	10		
h - pli accordéon	120	72		

| | 21 janv | 14 fév (⟳20) | | 20 mars | |

515 1f 20 brun	**0,1**	**0,1**	**0,1**	**1**
a - anneau-lune	23	14	9	
b - dentelé tenant à non dentelé	280	168		
c - "f" de "1f 20" absent	14	8	5	
d - impression défectueuse	3	2		
e - impression recto-verso	25	15		
f - impression sur raccord	130	78		
g - légende partielle (surencrage)	6	4		
h - papier mince (transparent)	1			
i - piquage à cheval	35	21		
j - pli accordéon	85	51		

517 1f 50 brun	**0,1**	**0,1**	**0,1**	**1**
a - anneau-lune	20	12	8	
b - dentelé 1 ou 3 côtés	120	72		
c - dentelé tenant à non dentelé	180	98		
d - impression défectueuse	3	2		
e - impression double	625	375		
f - impression incomplète	75	45		
g - impression recto-verso	60	36		
h - impression sur raccord	130	78		
i - légende partielle (surencrage)	8	5		
j - papier mince (transparent)	1			
k - piquage à cheval	30	18		
l - pli accordéon	80	48	32	
m - signature absente	4	3		

519 2f 40 rouge	**0,2**	**0,1**	**0,1**	**8**
a - anneau-lune	25	15	10	
b - impression défectueuse	4	3		
c - impression sur raccord	130	78		
d - papier mince (transparent)	1			

| | 31 mars | 12 mai | |

Taille-douce. Dess: P.-P. Lemagny. Grav: P. Gandon.

522 4f bleu, gravé	**0,2**	**0,1**	**0,1**	**3**
a - impression défectueuse	8	5		
b - impression recto-verso	65	39		
c - piquage à cheval	80	48		
d - pli accordéon	125	75		

523 4f 50 vert, gravé	**0,2**	**0,1**	**0,1**	**2**
a - dentelé 1 ou 3 côtés	200	120		
b - dentelé tenant à non dentelé	375	225		
c - impression défectueuse	8	5		

Taille-douce. Dessin: Bouguenec. Gravure: Charles Mazelin.

T 1 350 000

524 5f vert-bleu	**0,2**	**0,1**	**0,1**	**8**
a - chiffre de la faciale en blanc	10	6		
b - dentelé 1 ou 3 côtés	210	136		
c - impression recto-verso	50	30		
d - impression sur raccord	130	78		
e - piquage à cheval	55	33		
f - pli accordéon	130	78		

525 50f noir	**4**	**3**	**4**	**50**
a - chiffre de la faciale en blanc	27	18	12	
b - impression défectueuse	11	7		
c - impression sur raccord	200	120		
d - pli accordéon	185	110		

Non émis

525A 1f 20 bleu	**150**	**100**		
non dentelé	160	100		
525B 3f brun	**1 350**	**900**		
non dentelé	900	600		
525C 4f rouge-rose (nd)	**115**	**75**		
a - impression recto-verso	150	90		

1942 *- Hôtel-Dieu de Beaune. Reprise du timbre de 1941. Taille-douce. D&G: E Feltesse. 23 mars (f50)*

T 20 000 000

539 15f Hôtel-Dieu de Beaune	**0,8**	**0,3**	**0,5**	**3**
non dentelé	45	30		
EPA / EPL	150	50		
a - chiffres ou légende blancs	13	8		
b - impression (très) défectueuse	80	48		
c - papier carton	12	7	4	
d - piquage à cheval	130	78		
e - papier crème	2,5			

1942 - *Oeuvres de l'air. Avion de reconnaissance Potez 6311 en vol. Taille-douce. D&G: Henry Cheffer. 4 avril (f 25)*

Vendus: 1 200 000

540 1f 50+3f 50 **Oeuvres de l'air**   **2,5**   **1,5**   **2,5**   **6**
non dentelé   250   160
EPA / EPL   385   215
a - reentry signature   45   27

Timbre non surchargé, en couleur bleu-gris (25 ex connus)

540A **Oeuvres de l'air, gris-bleu   10 000 6000**

1942 - *200ème ann. de la naissance de Jean-François de Galaup. Taille-douce. Dess: P. P. Lemagny. Grav: P. Munier. 23 mars (f 25)*

T 1 230 000

541 2f 50+7f 50 **La Pérouse**   **1,5**   **1**   **1,5**   **5**
non dentelé (tirage 425)   215   150
EPA / EPL   350   185
a - impression sur raccord   165   100

1942 - *100ème ann. de la naissance du compositeur Emmanuel Chabrier. Taille-douce. Dessin & gravure: Achille Ouvré. 18 Mai (f. 25) Tirage 1 200 000.*

542 2f+3f **Emmanuel Chabrier**   **1,4**   **0,6**   **1,4**   **4**
non dentelé (tirage 400)   215   150
EPA / EPL   350   185
a - piquage à cheval   85   50
b - papier crème   2

1942 - *Quinzaine impériale. Taille-douce. Dessin & gravure: Pierre Gandon. 18 mai (f 25)*

T 1 270 000

543 1f 50+8f 50 **Quinz**^e **impériale**   **1,3**   **0,6**   **1,3**   **4**
a - papier crème   2
b - non dentelé (tirage 400)   175   125
EPA / EPL   350   185

1942 - *600ème ann. de la naissance de Jean de Vienne (1341-1396). Taille-douce. Dessin & gravure: Raoul Serres. 16 juin (f 25)*

100ème ann. de la naissance du compositeur Jules Massenet (1842-1912). Taille-douce. Dessin: P.-P. Lemagny. Gravure: A. Delzers. 22 juin (f 50)

T 1 250 000   *T 2 170 000*

544 1f 50+8f 50 **Jean de Vienne**   **1,4**   **0,6**   **1,4**   **4**
non dentelé (tirage 400)   175   125
EPA / EPL   350   185

545 4f **Jules Massenet**   **0,2**   **0,1**   **0,2**   **3**
non dentelé   35   23
EPA / EPL   135   65
a - impression sur raccord   165   100
b - piquage à cheval   85   50

1942 - *Mercure (2ème série), légende "Postes françaises". Surchargé "RF" en 1944. Typo. D&G: G. Hourriez. (f 100)*

1er novembre   *15 décembre*

546 10c **outremer**   **0,2**   **0,1**   **0,1**   **5**
a - anneau-lune   20   12   8
b - "c" de "10c" absent   10   6   4
c - dentelé 3 côtés   150   90
d - dentelé tenant à non dentelé   215   129
e - impression sur la gomme   340   204
f - impression sur raccord   130   78
g - légende partielle (surencrage)   3   2
h - piquage à cheval   35   20
i - pli accordéon   50   30   20
non dentelé   585   360

547 30c rouge

	0,2	0,1	0,1	2
a - anneau-lune	20	12	8	
b - impression défectueuse	3	2		
c - impression recto et verso	350	210		
d - impression sur la gomme	350	210		
e - impression sur raccord	130	78		
f - légende effacée surencrage	4	3		
g - papier mince	1			
h - piquage à cheval	40	24		
i - pli accordéon	65	39	26	

15 décembre

548 40c violet

	0,2	0,1	0,1	5
a - anneau-lune	20	12	8	
b - dentelé 3 côtés	110	66		
c - dentelé tenant à non dentelé	265	159		
d - impression défectueuse	3	2		
e - impression sur raccord	130	78		
f - légende effacée (surencrage)	4	3		
g - papier crème	3			
h - piquage à cheval	45	27		
i - pli accordéon	60	36	24	
j - papier carton	2			

549 50c turquoise

	0,2	0,1	0,1	1
a - anneau-lune	20	12	8	
b - avec bord publicitaire "Neyrac"	175	115		
c - "c" de "50c" absent	10	6	4	
d - dentelé tenant à non dentelé	265	160		
e - impression défectueuse	3	2		
f - impression incomplète	340	214		
g - impression recto-verso	35	21		
h - impression sur raccord	130	78		
i - légende effacée (surencrage)	3	2		
j - papier filigrané Japon sur bdf	55	30		
k - piquage à cheval	40	24		
l - pli accordéon	65	39	26	
m - signature absente	3	2		

Série 546 à 549 (4 timbres)

	0,8	0,4	0,4
non dentelé	60	40	
EPL		165	

1942 *- 100ème ann. de la mort de l'écrivain Henri Beyle dit Stendhal (1783-1842). Taille-dce. D: P-P. Lemagny. G: G. Hourriez. 14 sept (f 50)*

André Blondel (1863-1938). physicien ayant mis au point l'oscillographe. Taille-douce. Dessin & gravure: Jules Piel. 14 sept (f 50)

T 2 000 000   *T 2 000 000*

550 4f Stendhal

	0,5	0,3	0,5	3
non dentelé / Es.Multi (tirage 425)	95	65		150
EPA / EPL	200	100		
a - couleur rouge absente	1 700	1 020		
b - impression sur raccord	165	100		
c - signature en rouge tenant à normal	12	5		

551 4f Blondel

	0,5	0,3	0,5	3
non dentelé	95	57		
EPA / EPL	200	100		
a - papier épais	9			
b - piquage à cheval	75	45		
c - pli accordéon	110	66		

1942 *- Pétain surch. Surtaxe Poute le Secours (f 100) National. Typographie. D: J Bersier. G: J Piel. 14 sept*

Véndus: 5 000 000   *Non émis*

552 +50c sur 1f 50 outremer

	0,2	0,1	0,1	2
non dentelé	25	16		
EPL		50		
EPL d'essai de surcharge	1 000			
a - couleur bleu laiteux	30	18		
b - piquage à cheval	65	39		
c - surcharge absente	285	170		
non dentelé	265	160		

552A +50c sur 1f 50 brun

	2 650	2 000
a - avec surcharge rouge (3 ex connus)	6 750	4 750

1942 - *Armoiries de villes (2ᵉᵐᵉ série). Surtaxe au profit du Secours National. 5 octobre. Vendus: 560 000 séries (f50)Taille-douce.*

D&G: Pierre Munier   D: Favre. G: J. Piel   D&G: R. Serres

553 50c+60c Chambéry	6	2,8	4	12
554 60c+70c La Rochelle	4,5	2	4	14
555 80c+1f Poitiers	4,5	2	4	15

D&G: Emile Feltesse   D&G: C. P. Dufresne   D&G: G.-L. Degorce

556 1f+1f 30 Orléans	4,5	2,6	3,5	12
557 1f 20+1f 50 Grenoble	4,5	2	3,5	14
558 1f 50+1f 80 Angers	4,5	2	3,5	11

D&G: Henry Cheffer   D&G: Charles Mazelin   D&G: Antonin Delzers

559 2f+2f 30 Dijon	5	2	4	15
560 2f 40+2f 80 Limoges	5	2	4	18
561 3f+3f 50 Le Havre	5	2	4	16

D&G: G.-A. Barlangue   D&G: Achille Ouvré   D&G: Pierre Gandon

562 4f+5f Nantes	6	2,8	4,5	18
563 4f 50+6f Nice	5	2,7	4,5	18
564 5f+7f Saint-Etienne	5,5	2,7	4,5	20
Série 553 à 564 (12 timbres)	**60**	**27**	**50**	
non dentelé	300	200		
EPA / EPL/ EPC	1 350	500	1 000	
EPC unicolore grand format			1 750	

1942 - *Légion tricolore. Démonétisés le 1ᵉʳ novembre 1944. Taille-douce. D: Eric. G: P Gandon. 12 octobre (f de 5 Bandes)*

Vendus: 48 000 feuilles

565 1f 20+8f 80 bleu Légion tricolore	11	6	10	25
566 1f 20+8f 80 rge Légion tricolore	11	6	10	25
paire, non dentelé	700	475		
paire, EPA / EPL / EPC	700		300	
566A Triptyque	**25**	**15**	**25**	
a - pli accordéon	365	220		
566B Bande de 4 + vignette à sec	**50**	**30**	**50**	
non dentelé (tirage 200)	1 800	1 400		

Timbre non émis, tricolore, réalisé à l'intention du maréchal Pétain (1 feuille, soit 25 exemplaires connus). Il a aussi été émis une feuille de 25 exemplaires, du timbre bleu, sans la vignette blanche, et une feuille de 25 du timbre rouge, également sans la vignette. Les timbres issus de ces deux feuilles ne peuvent se reconnaître que s'ils se présentent en bande verticale de trois ou plus, ou avec bdf inférieur (bleu), ou bdf supérieur (rouge).

566C Légion tricolore, non émis	5 750	3 500
566D Timbre issu du tirage spécial, bleu ou rouge	13 000	9 000

1942 - *Arras: le beffroi. 1ᵉʳ dec (f 50)*
Taille-douce. Dessin & gravure: Gabriel-Antoine Barlangue.

T 17 400 000

567 10f Arras, le beffroi   0,2   0,1   0,2   2

non dentelé	85	60
EPA / EPL	150	75
a - chiffres blancs	70	42
b - impression incomplète	160	96
c - impression sur raccord	165	100
d - pli accordéon	100	60
e - légende et signature dédoublées t à n	65	

1942 - *Pétain. Typo et taille-douce.*
Série démonétisée le 1er novembre 1944. 15 decembre (f 100)

T 200 000 000   T 54 500 000

521A 4f bleu, typographié   0,2   0,1   0,1   2

a - anneau-lune	25	15	10
b - couleur bleu-gris clair	1		
c - couleur bleu-noir	1		
d - dentelé 3 côtés	90	54	
e - dentelé tenant à non dentelé	365	219	
f - impression défectueuse	5	3	
g - impression recto-verso	40	24	
h - impression recto et verso	315	189	
i - impression sur raccord	130	78	
j - légende partielle (surencrage)	12	7	
k - "P" de "Postes" absent	10	6	
l - piquage à cheval	30	18	
m - pli accordéon	80	48	

521B 4f 50 vert, typographié   1   0,6   0,8   2

a - anneau-lune	30	18	12
b - dentelé tenant à non dentelé	400	240	
c - impression défectueuse	8	5	
d - impression incomplète	100	60	
e - impression sur raccord	130	78	
f - légende partielle (surencrage)	20	12	
g - piquage à cheval	40	24	
h - piquage partiel	45	27	
i - pli accordéon	80	48	

Année 1942

538 á 567 (30 timbres)	93,5	48	78
Triptyque 576A Bande	25	15	25
576B	50	30	50

1943 - *Surtaxe au profit du Secours National. Taille-douce.*
Dessin & gravure: Charles Mazelin (1f+10f et francisque),
Jules Piel (2f+12f). 8 février (f de 5 bandes)

Tir : 5 000 000

568 2f+12f bleu M^{al} Pétain	3	1,5	3	10
569 1f+10f bleu M^{al} Pétain	3	1,5	3	10
570 1f+10f rouge M^{al} Pétain	3	1,5	3	10
571 2f+12f rouge M^{al} Pétain	3	1,5	3	10
571A Bande francisque	16	10	16	25
non dentelé (tirage 200)	1 800	1 350		
série, EPA / EPL / EPC	700	300	500	
a - francisque imprimée à sec, nd	4 500	2 700		
b - piquage à cheval	1 400	840		
c - piquage à cheval surch "ANNULE"	1 550	1 050		
d - pli accordéon	600	360		

1943 - *Blasons des provinces françaises (1ère série).*
Typo. Dessin. & gravure: C.-P. Dufresne & A. Ouvré (5f), J. Piel
(10f), H. Cortot (15f), R. Louis & H. Cortot (20f). (f 100)

15 mai   25 mars

572 5f Lyonnais   0,4   0,2   0,4   1

a - anneau-lune	22	13	8
b - couleur jaune absente	375	225	
c - couleur rouge absente	485	290	
d - couleurs jaune et rouge absentes	735	440	
e - couleurs très décalées	160	96	64
f - impression défectueuse	3	2	
g - impression sur raccord	130	78	
h - lion emputé (surencrage)	12	7	
i - piquage à cheval	45	27	
j - piquage double	90	54	

573 10f Bretagne   0,5   0,3   0,5   1

a - signature tronquée "EL" pour "PIEL"	35	21	14
b - couleur jaune très décalée	50	30	20
c - dentelé tenant à non dentelé	1 150	700	
d - impression défectueuse	5	3	
e - impression incomplète	130	78	
f - impression sur raccord	130	78	
g - piquage à cheval	50	30	

15 mai   1er mai

574 15f Provence	2,3	1,3	1,5	3
a - couleur bleue absente	365	220		
b - couleur bleue partielle	130	78		
c - couleurs jaune et rouge très décalées	160	96		
d - inscriptions absentes	525	315		
e - impr dépouillée, piquage à cheval	600	360		
f - impression sur raccord	130	78		
575 20f Ile de France	**1,8**	**0,9**	**1,6**	**3**
a - couleurs très décalées	130	78		
b - impression sur raccord	130	78		
Série 572 à 575 (4 timbres)	**5**	**2,7**	**4**	
non dentelé	75	55		
EPL /EPC		125	300	
EPL de décomposition, chaque		500		

1943 - Secours National "travail, famille, patrie". Taille-douce. Dessin & gravure: Charles Mazelin (Maréchal Pétain 1f20 +1f40 et 5f+15f), Paul-Pierre Lemagny & Raoul Serres (Travail), Robert Cami & Pierre Munier (Famille), Robert Cami & Henri Feltesse (Patrie). 7 juin. Tirage 5 000 000 bandes

576 1f 20+1f 40 Mᵃˡ Pétain	20	12	18	35
577 1f 50+2f 50 Travail	20	12	18	35
578 2f 40+7f Famille	20	12	18	35
579 4f+10f Patrie	20	12	18	35
580 5f+15f Mᵃˡ Pétain	20	12	18	35
580A Bande T.F.P.	150	75	120	
non dentelé (tirage 425)	1 800	1 350		
série, EPA / EPL / EPC	700	300	800	
EPC en violet		900		

1943 - Antoine-Laurent de Lavoisier (1743-1794). Taille-douce. D&G: A. Ouvré, d'ap. David. 5 juillet (f 100)

T 2 600 000

581 4f Lavoisier	0,2	0,1	0,2	5
non dentelé	25	16		
EPA / EPL	125	50		
a - impression sur raccord	130	78		
b - pli accordéon	200			

1943 - Le lac Lérié et la Meije (Dauphiné). Taille-douce. D&G: Pierre Gandon. 5 juillet (f 25)

582 20f Lac Lérié et la Meije	1	0,7	1	6
non dentelé (tirage 400)	100	75		

1943 - L'Hôtel-Dieu de Beaune (500ᵉᵐᵉ ann). Taille-dce. Dess & grav: Henry Cheffer 21 juillet (f 50)

Villes bombardées. Taille-douce. Dessin & gravure: Pierre Gandon. 23 août (f 25)

T 2 460 000   T 1 150 000

583 4f N. Rolin et G. de Salins	0,2	0,1	0,2	5
non dentelé	70	50		
EPA / EPL	175	80		
a - couleur bleu-gris	3	2		11
b - coul. bleu-gris, impr. très défectueuse	550	330		
c - couleur bleu-noir	2	1		9
d - impression recto-verso	65	39		
e - impression sur raccord	165	100		
f - pli accordéon	110	66		
584 1f 50+3f 50 Villes bombardées	**0,5**	**0,4**	**0,5**	**3**
non dentelé (tirage 450)	85	65		
EPA / EPL	200	95		
a - impression sur raccord	165	100		

1943 - Famille du prisonnier. Taille-douce. Emission: 27 septembre 1943. (f 25) T 1 000 000 de paine

D: E. Fauré. G: J. Piel   D: R. H. Munsch. G: J. Piel

585 1f 50+8f 50 Famille du prisonnier	1	0,7	1	5
586 2f 40+7f 60 Famille du prisonnier	1,1	0,8	1,2	6
paire, non dentelé (tirage 450)	185	135		
paire, EPA / EPL / EPC	350	165	375	

4 octobre 1943: libération de la Corse

1943 - Personnages célèbres du XVIème siècle.
Taille-douce. Emission: 25 octobre.Vendues: 900 000 séries (f 25).

Montaigne (1533-1592) François Clouet (1520-1572)
(moraliste) (peintre, d'ap. son autoportrait)

D&G: G.-A. Barlangue   *D&G: Achille Ouvré*

587 60c+80c Montaigne **2,3 1,3 2,3 8**
a - dentelé 3 côtés 160 100
b - impression sur raccord 165 100
c - piquage à cheval 85 50

588 1f 20 +1f 50 Clouet **2 1,3 2 8**
a - dentelé 3 côtés 160 96
b - piquage à cheval 85 50

A. Paré (1510-1590) Bayard (1476-1524) (chevalier)
(chirurgien)

Dess & grav: G. L. Degorce   *Dessin & gravure: Raoul Serres*

589 1f 50 +3f Ambroise Paré **2 1,3 2 8**
a - dentelé 3 côtés 160 96
b - piquage à cheval 85 50

590 2f 40+4f Bayard **2 1,3 2 11**
a - dentelé 3 côtés 160 96
b - piquage à cheval 85 50

Baron de Rosny, duc de Sully Henri IV (1553-1610) (roi de
(1560-1641) (ministre) France en 1589)

Dess & grav: Pierre Munier   *Dess & grav: Achille Ouvré*

591 4f+6f Sully **2,3 1,4 2,3 10**
a - dentelé 3 côtés 160 96
b - piquage à cheval 85 50

592 5f+10f Henri IV **2,4 1,4 2,4 10**
a - dentelé 3 côtés 160 96
b - piquage à cheval 85 50

Série 587 à 592 (6 timbres) **13 8 13**
non dentelé (tirage 425) 335 250
EPA/ EPL /EPC 700 300 600

1943 *- Coiffes régionales du XVIIIème siècle. Taille-douce.*
Emission: 27 décembre 1943. T 1 000 000 séries (f 25).

D: A. Delzers. G: G.-A. Barlangue   *Dess: A. Decaris. Grav: E. Feltesse*

593 60c+1f 30 Picardie **2 1,5 2 8**
a - dentelé 3 côtés 160 96
b - impression métallique, mordoré 250 150

594 1f 20+2f Bretagne **2 1,5 2 8**
a - dentelé 3 côtés 160 96

Dess & grav: Charles Mazelin   *D: P. P. Lemagny. G: C. P. Dufresne*

595 1f 50+4f Ile de France **2 1,5 2 8**
a - dentelé 3 côtés 160 96

596 2f 40+5f Bourgogne **2 1,5 2 11**
a - dentelé 3 côtés 160 96
b - impression sur raccord **165 100**

Dess & grav: René Cottet   *Dess & grav: Albert Decaris*

597 4f+6f Auvergne **3 1,7 3 10**
a - dentelé 3 côtés 160 96

598 5f+7f Provence	3	1,8	3	10
a - dentelé 3 côtés	160	96		
Série 593 à 598 (6 timbres)	**14**	**9,5**	**14**	
non dentelé (tirage 425)	325	250		
EPA/ EPL /EPC	700	300	600	
598A EPA non émis Limousin	**525**			
598B EPA non émis Normandie	**525**			
598C EPA non émis Touraine	**525**			

Année 1943

568 à 598 (31 timbres)	1`48	91	147
Bandes (2 bandes)	166	98	136

1944 - Edouard Branly (1844-1940. Taille-dce. D. & g.: A. Decaris. 21 fév (f 100)

Comte de Tourville (1642-1701). Taille-douce. Dess: P.P. Lemagny. Grav: J. Piel. 21 fév (f 25)

T 2 550 000   T 1 200 000

599 4f Branly	0,2	0,1	0,2	5
non dentelé	35	25		
EPA / EPL	125	50		
a - impression sur raccord	130	78		
b - papier rose	325	200		
c - piquage à cheval	60	36		
d - pli accordéon	180	108		
600 4f+6f Tourville	**0,8**	**0,4**	**0,8**	**6**
non dentelé (tirage 450)	85	60		
EPA / EPL	200	95		
a - dentelé 3 côtés b. def.	220	132		
b - impr défectueuse (visage pâle)	10	6		
c - impression sur raccord	165	100		
d - imprimé sur feutre	400			

1944 - 50ème anniversaire de la mort du compositeur Charles Gounod (1818-1893).Taille-dce. Dess: Michel Giry. Grav: C. P. Dufresne. 27 mars (f 100)

Vendus: 1 200 000

601 1f 50+3f 50 Gounod	1	0,5	0,8	4
non dentelé	70	50		
EPA / EPL	150	80		
a - chiffres effacés	65	39		
b - impression sur raccord	210	140		

1944 - Blasons des provinces françaises (2ème série). (f 100) Typopographie. Dessin: Robert Louis. Gravure: Henri Cortot .

27 mars

602 5f Flandre	0,2	0,1	0,1	1
a - couleur jaune absente	450	270		
b - couleur noire absente	415	250		
c - couleurs très décalées	50	30	20	
d - écu de travers	650	390		
e - impression défectueuse	3	2		
f - impression sur raccord	130	78		
g - piquage à cheval	45	27		

27 mars

603 10f Languedoc	0,2	0,1	0,1	1
a - couleur jaune absente	625	375		
aa - jne absent, rge partiellement absent	700	420		
b - couleur rouge absente	600	360		
ba - coul. rge et jne absentes, noir seul	700	420		
c - couleur noire au lieu de rouge	800	480		
d - couleurs très décalées	50	30	20	
e - impression défectueuse	3	2		
f - impression double (oscillée)	3	2		

24 avril

604 15f Orléanais	0,8	0,5	0,7	1
a - anneau-lune	50	30	20	
b - avec écu du Languedoc (1 ex connu)	16 500			
c - couleur jaune absente	625	375		
d - couleurs très décalées	60	36	24	
e - impression défectueuse	4	3		
f - impression sur raccord	130	78		
g - piquage à cheval	55	33		

24 avril

605 20f Normandie	1,3	0,8	1,1	2
a - couleur jaune absente	525	315		
b - couleur jaune absente, piquage à cheval	675	405		
c - jne et rge absents, piquage à cheval	665	400		
d - couleur jaune absente, rouge à cheval	600	360		
e - couleurs très décalées	60	36	24	
f - impression défectueuse	4	3		
g - impression double du bleu (oscillée)	10	6		
h - impression sur raccord	130	78		
i - piquage à cheval	55	33		
Série 602 à 605 (4 timbres)	**2,5**	**1,5**	**2**	
non dentelé	85	65		
EPL /EPC		150	300	
EPL de décomposition, chaque		500		

Epreuve de décomposition des poinçons des blasons "Orléanais et "Normandie".

1944 *- 88ème anniversaire du maréchal Pétain. 24 avril. T 1 220 000 séries (f 25). Taille-douce.*

Dess & grav: Charles Mazelin.

606 1f 50+3f 50 Buste du mal Pétain	4	2,2	4	9
non dentelé (tirage 475)	175	125		
a - couleur brun-rosé	10	6	5	20
b - pli accordéon	160	105		

Dessin & gravure: Pierre Gandon

607 2f+3f Corporation paysanne	0,8	0,5	0,7	5
non dentelé (tirage 475)	70	50		

Dessin & gravure: Albert Decaris

608 4f+6f Charte du travail	0,8	0,5	0,7	6
non dentelé(tirage 475)	70	50		
a - impression sur raccord	165	100		
b - pli accordéon	160	96		
série, EPA / EPL / EPC	700	275	500	

6 juin 1944: débarquement de Normandie

1944 *- 100ème anniversaire de la création du service postal ambulant. Taille-douce. D: M. Pelletan. G: Pierre Gandon. 10 juin (f 50)*

T 3 000 000

609 1f 50 Service ambulant	0,7	0,4	0,6	3
non dentelé	70	50		
EPA / EPL	150	80		
a - impression recto-verso	50	30		
b - impression sur raccord	165	100		
c - piquage à cheval	70	42		

1944 *- Château de Chenonceau (situé dns le village de Chenonceaux). Taille-douce. D&: G. A. Barlangue. 10 juin (f 50)*

T 2 500 000

610 15f Chenonceau	0,8	0,3	0,6	3
non dentelé	50	35		
EPA / EPL	150	80		
a - couleur brun-noir	14	9		
b - couleur noire	135	80		
c - impression sur raccord	165	100		

30 octobre. T 3 740 000

Oblitérations sur télégramme radio EFM

barres noires	cachet US Army (rouge ou violet)	grand cachet noir	double ovale

611 25f Chenonceau		**1**	**0,4**	**0,7**	**3**
non dentelé (tirage 500)		90	70		
EPA / EPL		150	80		
■ s ☒ E.F.M. barres noires	30 oct 44 ➤ 12 mai 45	75	350		
■ s ☒ E.F.M. cach US Army	30 oct 44 ➤ 12 mai 45	75	350		
■ s ☒ E.F.M. gd cachet noir	30 oct 44 ➤ 12 mai 45	75	350		
■ s ☒ E.F.M. double ovale	30 oct 44 ➤ 12 mai 45	80	375		
a - couleur gris pâle		9	6	5	
b - impression recto-verso		55	33		
c - impression sur raccord		165	100		

1944 - *Personnages célèbres du XVIIème siècle. Taille-douce.*

Emission: 31 juillet 1944. T 1 050 000 séries (f 25).

Molière (1622-1673)

Hardouin-Mansart (1646-1708)

D: M. Ciry. Grav: Ch. Mazelin   *D&G: Pierre Gandon*

612 50c+1f 50 Molière	**2,2**	**1,2**	**2,2**	**10**
a - impression recto-verso	55	33		
b - piquage à cheval	120	72		
c - pli accordéon	110	66		

613 80c+2f 20 Hardouin-Mansart	**1,6**	**1**	**1,6**	**10**
a - dentelé 3 côtés	875	575		
b - impression recto-verso	55	33		
c - piquage à cheval	120	72		
d - pli accordéon	110	66		
e - impression dépouillée	40			

Blaise Pascal (1623-1662)

Louis II, prince de Condé

D: G. Edelinck. G: P. Munier   *D&G: Albert Decaris*

614 1f 20+2f 80 Blaise Pascal	**1,6**	**1,2**	**1,6**	**9**
a - impression recto-verso	55	35		
b - piquage à cheval	120	72		
c - pli accordéon	110	65		

615 1f 50 + 3f 50 Le Grand Condé	**1,6**	**1,2**	**1,6**	**8**
a - dentelé tenant à non dentelé	265	156		
b - impression défectueuse	45	27		
c - impression recto-verso	55	33		
d - piquage à cheval	120	72		
e - pli accordéon	110	66		

D&G: Pierre Munier   *D&G: Pierre Gandon*

616 2f+4f Colbert	**2**	**1,2**	**2**	**8**
a - impression recto-verso	55	33		
b - piquage à cheval	120	72		
c - pli accordéon	110	65		

617 4f+6f Louis XIV	**2**	**1,2**	**2**	**10**
a - impression recto-verso	55	33		
b - piquage à cheval	120	72		
c - pli accordéon	110	66		

Série 612 à 617 (6 timbres)	**11**	**7**	**11**	
non dentelé (tirage 450)	335	250		
EPA / EPL/EPC	700	300	600	

1944 - *100ème ann. du Paris-Orléans et du Paris-Rouen. Taille-douce. Dess & grav: P. P. Lemagny & R. Serres. 14 août. (f 50)*

Claude Chappe (1763-1805).Taille-douce. Dessin & gravure: Raoul Serres. 14 août (f 100)

T 1 160 000   T 2 530 000

618 4f+6f Paris-Orléans   2   1,3   2   11
non dentelé   90   54
EPA / EPL   225   100
a - impression recto-verso   45   27
b - piquage à cheval   110   66

619 4f Chappe   0,2   0,1   0,2   4
non dentelé   35   25
EPA / EPL   140   65
a - impression sur raccord   130   78
b - pli accordéon   85   50

15 ao×t 1944: débarquement de Provence
20 ao×t -7 sept, transfert de Vichy à Sigmaringen.
Gouvernement provisoire

1944 - *1ère série Arc de Triomphe. Imprimés aux Etats-Unis sur la demande de Roosevelt.Emission: 9 octobre 1944. Lithographie offset. Dessin: W. A. Roach. Gravure: C. A. Brooks, A.W. Christensen, T. Vail et J. S. Edmondson. (f 100)*

620 5c lilas-rose   0,1   0,1   0,1   8
a - dentelé 1 ou 3 côtés   45   27
b - impression (très) défectueuse 50   30
c - impression double   110   66
d - piquage à cheval   40   24

621 10c gris   0,1   0,1   0,1   8
■ sur ☞❷ routé ◯   9 oct 44 ↠ 12 mai 45   425
■ sur ◉   9 oct 44 ↠ 12 mai 45   225
a - dentelé 1 ou 3 côtés   45   27
b - piquage à cheval   40   24
c - anneau lune sur la vo×te   25

622 25c brun   0,1   0,1   0,1   8
■ sur ☞↝ routé ◯   9 oct 44 ↠ 12 mai 45   265
a - dentelé 1 ou 3 côtés   45   27
b - impression double   120   72
c - piquage à cheval   40   24

623 50c jaune-olive   0,1   0,1   0,1   8
a - impression défectueuse   4
b - piquage à cheval   40   24
c - anneau lune   25

624 1f vert-bleu   0,1   0,1   0,1   10
a - impression défectueuse (lourde) 3
b - piquage à cheval   40   24
c - piquage oblique par pliage 140   84

625 1f 50 rose   0,1   0,1   0,1   7
a - gros éclat sur l'arc   55   30
b - anneau lune sur la vo×te   25

626 2f 50 violet   0,1   0,1   0,1   28
a - impression incomplète   85   50
b - piquage à cheval   45   27
c - anneau lune sur la vo×te   25

627 4f bleu   0,1   0,1   0,1   18
a - impression défectueuse   4
b - piquage à cheval   45   27

628 5f gris-noir   0,2   0,2   0,2   37
a - dentelé 3 côtés   50   30
b - piquage à cheval   45   30
c - anneau lune sur la vo×te   25

629 10f orange   36   20   28   275
a - dentelé 1 ou 3 côtés   170   102
b - impression double   615   370
c - piquage à cheval   200   120

Série 620 à 629 (10 timbres)   37   21   29

1944 - *Coq et Marianne d'Alger. Emission: 15 novembre 1944. Lithographie. Dessin: Henry Razous (coq), Louis Fernez (Marianne). Report: Charles Hervé. (f 100)*

| | Tir: 3 010 000 | Tir: 2 010 000 | Tir: 3 010 000 |

630 Coq, 10c vert-jaune — **0,2 0,1 0,1 25**
a - fond blanc	3	
b - impression double	120	72
non dentelé	80	55
c - impression recto-verso	20	12
d - piquage à cheval	40	24

631 Coq, 30c lilas foncé — **0,4 0,2 0,5 25**
a - fond blanc	2	
b - impression double	120	72
non dentelé	80	55
c - impression (très) défectueuse	7	4
d - impression recto-verso	22	14
non dentelé	65	45
e - piquage à cheval	45	27

632 Coq, 40c bleu — **0,2 0,1 0,1 25**
a - impression double	120	72
non dentelé	80	55
b - impression recto-verso	25	15
non dentelé	65	45
c - piquage à cheval	50	30
d - pli accordéon	70	42
e - signatures absentes	5	3

| | Tir: 3 010 000 | Tir: 2 035 000 | Tir: 3 060 000 |

633 Coq, 50c rouge — **0,2 0,1 0,1 25**
a - "c" fermé (50°)	13	8	6
b - impression défectueuse	3		
c - impression double	120	72	
non dentelé	80	55	
d - impression recto-verso	25	15	
non dentelé	65	45	
e - piquage à cheval	55	33	
f - pli accordéon	70	42	

634 Marianne, 60c sépia — **0,2 0,1 0,1 35**
a - impression défectueuse	3	
b - impression double	120	72
non dentelé	80	55
c - impression recto-verso	40	24
d - piquage à cheval	65	39

635 Marianne, 70c rose — **0,2 0,1 0,1 25**
a - impression défectueuse	4	
b - impression double	120	72
non dentelé	80	55
c - piquage à cheval	45	27
d - bonnet à pointe tàn	55	27

| | Tir: 1 540 000 | Tir: 3 050 000 | Tir: 2 050 000 |

636 Marianne, 80c vert — **1,2 0,8 1,2 25**
a - impression défectueuse	4	2
b - impression recto-verso	25	15
c - piquage à cheval	55	33

637 Marianne, 1f violet — **0,2 0,1 0,2 20**
a - dentelé tenant à non dentelé	210	140
b - impression défectueuse	3	2
c - impression double	120	72
non dentelé	80	55
d - impression recto-verso	25	15
e - piquage à cheval	65	39
f - pli accordéon	70	42

638 Marianne, 1f 20 rouge — **0,2 0,1 0,2 20**
a - impression défectueuse	3	2
b - impression double	120	72
non dentelé	80	55
c - impression recto-verso	25	15
d - piquage à cheval	45	27
e - pli accordéon	70	42

| | Tir: 10 200 000 | Tir: 2 015 000 | Tir: 1 040 000 |

639 Marianne, 1f 50 bleu — **0,2 0,1 0,1 7**
a - couleur bleu-vert	2	1
b - impression défectueuse	10	6
c - impression double	120	72
non dentelé	80	55
d - impression recto-verso	25	15
e - piquage à cheval	45	27
f - signatures absentes	4	2

640 Coq, 2f bleu — **0,2 0,1 0,1 16**
a - fond blanc	4	2
b - impression défectueuse	4	2
c - impression double non dentelé	80	48
d - impression recto-verso	27	16
non dentelé	75	50
e - piquage à cheval	45	27

641 Marianne, 2f 40 rouge — **1,5 0,9 1,5 90**
■ sur ▨❸ ↻ 🦃	15 nov 44 ➼ 12 mai 45		750
■ sur ▨❷ ↻ 🦃	15 nov 44 ➼ 12 mai 45		750
■ sur ▨ ↻ 🦃	17 avr 44 ➼ 14 nov 44		1 050
■ sur ▨ ↻ 🦃	15 nov 44 ➼ 12 mai 45		750
■ sur ▫ ↻ Canada	15 nov 44 ➼ 12 mai 45		825
■ sur ▫▮ ↻ 🦃	15 nov 44 ➼ 12 mai 45		875

Tir: 2 030 000	*Tir: 2 040 000*	*Tir: 3 050 000*	

642 Marianne, 3f vert fcé 0,2 0,1 0,2 20
- a - impression défectueuse 3 2
- b - impression double non dentelé 80 48
- c - impression recto-verso 22 13
-   non dentelé 75 55
- d - piquage à cheval 45 27
- e - signature absente 7 4

643 Marianne, 4f bleu clair 0,2 0,1 0,2 16
- a - impression double non dentelé 80 48
- b - impression recto-verso 25 15
- c - piquage à cheval 45 27
- d - signature absente 7 4

644 Marianne, 4f 50 noir 0,2 0,1 0,2 16
- a - anneau-lune 12 7
- b - impression double 125 75
-   non dentelé 80 55
- c - impression recto-verso 25 15
- d - piquage à cheval 40 24

T 1 010 000	*T 1 009 000)*

645 Marianne, 5f bleu 5 3 5 130
- ◼ sur 🖂↝ 15 nov 44 ↠ 28 fév 45 385
- ◼ sur 🖂❷Ⓡ 17 avr 44 ↠ 14 nov 44 475
- ◼ sur 🖂❷Ⓡ 15 nov 44 ↠ 28 fév 45 365
- ◼ sur 📬❸ 15 nov 44 ↠ 28 fév 45 425
- ◼ sur 🖂✈ ↻ AOF 1ᵉʳ mars 45 ↠ 9 mars 45 525
- ◼ sur 🖂✈ ↻ AOF 17 avr 44 ↠ 14 nov 44 475
- ◼ sur 🖂✈ ↻ AOF 15 nov 44 ↠ 28 fév 45 365
- ◼ sur 🖂✈ ↻ Indo 1ᵉʳ mars 45 ↠ 12 mai 45 375
- ◼ sur 🖂✈ ↻ Lib Syr 1ᵉʳ mars 45 ↠ 12 mai 45 375
- ◼ sur 🖂❷✈ ↻ AFN 1ᵉʳ mars 45 ↠ 12 mai 45 385
- a - impression double non dentelé 80 48
- b - pli accordéon 130 78

646 Coq, 10f violet 6 3,5 5,5 85
- ◼ sur 🖂↝ 1ᵉʳ mars 45 ↠ 12 mai 45 350
- ◼ sur 🖂❶🐎 15 nov 44 ↠ 28 fév 45 425
- ◼ sur 📬❸ 1ᵉʳ mars 45 ↠ 12 mai 45 425
- ◼ sur 🖃 15 nov 44 ↠ 12 mai 45 750
- ◼ sur 🖂❷✈ ↻ Suède 10 mars 45 ↠ 12 mai 45 425
- ◼ sur 🖂❸✈ ↻ 🐂 15 nov 44 ↠ 9 mars 45 400
- ◼ sur 🖂Ⓡ✈ ↻ 🐂 15 nov 44 ↠ 12 mai 45 300
- ◼ sur 🖂❷Ⓡ✈ ↻ Lib Syr 1ᵉʳ mars 45 ↠ 9 mars 45 525
- a - fond blanc 10 6 4
- b - impression double non dentelé 80 48
- c - impression recto-verso 45 27
-   non dentelé 70 50
- d - piquage à cheval 100 60
- e - signature absente 17 11 11

T 1 007 000	*T 1 008 000*

647 Coq, 15f sépia 5,5 3,1 5,5 85
- ◼ sur 🖂Ⓡ✈ ↻ Australie 15 nov 44 ↠ 12 mai 45 425
- ◼ sur 🖂Ⓡ✈ ↻ Col fr 10 mars 45 ↠ 12 mai 45 300
- ◼ sur 🖂❸Ⓡ✈ ↻ AOF 15 nov 44 ↠ 28 fév 45 350
- ◼ sur 🖂❸Ⓡ✈ ↻ Indo 1ᵉʳ mars 45 ↠ 12 mai 45 365
- ◼ sur 🖂❸Ⓡ✈ ↻ Lib Syr 10 mars 45 ↠ 12 mai 45 365
- a - impression double non dentelé 80 48
- b - impression recto-verso 35 21
-   non dentelé 70 45
- c - piquage à cheval 70 42
- d - pli accordéon 130 78

648 Coq, 20f vert-noir 5 3,5 5 100
- abonnᵐᵗ réduit TP 15 nov 44 ↠ 28 fév 45 325
- ◼ sur 🖂✈ ↻ USA juil 44 ↠ 14 nov 44 425
- ◼ sur 🖂✈ ↻ USA 15 nov 44 ↠ 12 mai 45 325
- ◼ sur 🖂❷✈ ↻ Col fr 10 mars 45 ↠ 12 mai 45 365
- ◼ sur 🖂❷✈ ↻ 🐂 10 mars 45 ↠ 12 mai 45 425
- ◼ sur 🖂❸✈ ↻ AOF 10 mars 45 ↠ 12 mai 45 365
- ◼ sur 🖂❶✈ ↻ Açores 15 nov 44 ↠ 12 mai 45 550
- ◼ sur 🖂Ⓡ✈ ↻ USA juil 44 ↠ 14 nov 44 425
- ◼ sur 🖂Ⓡ✈ ↻ USA 15 nov 44 ↠ 12 mai 45 325
- ◼ sur 🖂❸Ⓡ✈ ↻ Açores 15 nov 44 ↠ 12 mai 45 550
- ◼ sur 🖂❶Ⓡ✈ ↻ AOF 1ᵉʳ mars 45 ↠ 9 mars 45 575
- a - impression double non dentelé 80 48
- b - impression recto-verso non dent. 70 42
- c - piquage à cheval 75 45
- d - pli accordéon 125 75

Série 630 à 648 (19 timbres) 27 16,5 25,5
- non dentelés (tirage 200) 750 550

Timbres non émis

648A Marianne dentelé, chaque	**340**	**240**
648B Marianne essai nd sf 50f, chaque	**170**	**110**
648C Marianne, 50f nd	**140**	**80**
a - "50f" renversé	550	330
tenant à normal	1 150	690

1944 *- Iris (2ᵉᵐᵉ série). Typographie. Dessin & gravure:*
Georges Hourriez. (f 100)

22 sept   21 sept f 100)   30 sept

649 80c vert	**0,2**	**0,1**	**0,2**	**3**
a - anneau-lune	20	15	10	
b - impression défectueuse	4	3		
c - impression double (oscillée)	3	2		
d - impression sur raccord	100	60		
e - piquage à cheval	30	18		
f - pli accordéon	65	39		
g - "S" final de "Postes" absent	10	6		
h - signature absente	3	2		
650 1f bleu	**0,2**	**0,1**	**0,1**	**3**
a - avec bord publicitaire "Neyrac"	150	100		
b - dentelé tenant à non dentelé	210	140		
c - impression défectueuse	4	2		

d - impression double (oscillée)	3	2		
e - impression recto-verso	20	12		
f - impression sur raccord	100	60		
g - papier filigrané Japon sur bdf	50	35		
h - piquage à cheval	30	18		
i - pli accordéon	65	39		
j - signature absente	3	2		
651 1f 20 violet	**0,2**	**0,1**	**0,1**	**2**
a - "0" de "1f 20" absent	13	8	6	
b - "20" de "1f 20" absent (surencrage)	110	66	44	
c - anneau-lune	25	15	10	
d - dentelé 1 ou 3 côtés	100	60		
e - impression incomplète	130	78		
f - impression recto-verso	20	12		
g - impression sur raccord	100	60		
h - légende partielle (surencrage)	3	2		
i - piquage à cheval	30	18		
j - pli accordéon	70	42	28	
k - signature absente	2	1		

5 sept   6 nov   4 oct

652 1f 50 brun-rouge	**0,2**	**0,1**	**0,1**	**2**
a - "0" ou "5" de "1f 50" absent	45	27	18	
b - "1" de "1f 50" absent	50	30	20	
c - "50" de "1f 50" absent (surencrage)	110	66	44	
d - anneau-lune	30	18		
e - avec bord publicitaire "Neyrac"	150	90		
f - couleur chocolat	1	0,6		
g - dentelé 1 ou 3 côtés	55	33		
h - dentelé tenant à non dentelé	200	120		
i - impression incomplète	75	45		
j - impression sur raccord	100	60		
k - Iris emputé (surencrage)	14	9		
l - légende absente (surencrage)	22	13		
m - légende partielle (surencrage)	8	5		
n - papier filigrané Japon sur bdf	100	48		
o - piquage à cheval	25	15		
p - pli accordéon	70	42		
q - signature absente	5	3		
653 2f brun	**0,2**	**0,1**	**0,1**	**2**
a - anneau-lune	25	15	10	
b - dentelé tenant à non dentelé	200	120		
c - impression défectueuse	14	9		
d - impression double (oscillée)	3	2		
e - impression sur raccord	100	60		
f - légende partielle (surencrage)	5	3		
g - papier filigrané Japon sur bdf	100	48		
h - piquage à cheval	30	18		
i - pli accordéon	70	42	15	
654 2f 40 rose carminé	**0,2**	**0,1**	**0,2**	**4**
a - anneau-lune	25	15	10	
b - impresssion double (oscillée)	4	3		
c - impression recto-verso	23	14		
d - impression recto et verso	325	195	75	
non dentelé	650	400		
e - impression sur raccord	100	60		
non dentelé	140	84		
f - légende partielle (surencrage)	5	3		
g - pli accordéon	75	45	30	

1er novembre		*18 octobre*		
655 3f orange	**0,2**	**0,1**	**0,2**	**3**
a - anneau-lune	20	12	8	
b - impression sur raccord	100	60		
c - légende partielle (surencrage)	6	4		
d - papier filigrané Japon sur bdf	20	10		
e - piquage à cheval	35	20		
f - pli accordéon	70	42	28	
656 4f bleu	**0,2**	**0,1**	**0,2**	**3**
a - anneau-lune	25	15	10	
b - impression défectueuse	3	2		
c - impression sur raccord	100	60		
d - piquage à cheval	35	21		
e - pli accordéon	70	42	28	

Série 649 à 656 (8 timbres)	**1,6**	**0,8**	**1,2**
non dentelé	115	85	
EPL / EPC		250	525

1944 - Mercure. Typographie. Dessin & gravure: Georges Hourriez. (f 100) 27 novembre

657 10c outremer	**0,2**	**0,1**	**0,1**	**4**
non dentelé (tirage 100)	300	200		
a - impression sur raccord	100	60		
b - piquage à cheval	28	17		
c - pli accordéon	60	40	20	
d - surcharge très déplacée	10	6	4	
658 30c rouge	**0,2**	**0,1**	**0,1**	**4**
non dentelé (tirage 100)	300	200		
a - "c" de "30c" absent	12	7	4	
b - impression sur raccord	100	60		
c - surcharge recto-verso	13	8	5	
d - surcharge très déplacée	10	6	4	

Double surcharge: 1 seule feuille connue (100 exemplaires), coin daté du 13-11-44.

659 40c violet	**0,2**	**0,1**	**0,1**	**4**
a - dentelé 1 ou 3 côtés	70	42		
b - dentelé tenant à non dentelé	200	120		
c - impression sur raccord	100	60		
d - piquage à cheval	30	18		
e - surcharge doublée	1 650			
f - surcharge à cheval	7	4	3	
g - surcharge recto-verso	12	7	4	
h - surcharge très déplacée	10	6	4	
660 50c turquoise	**0,2**	**0,1**	**0,1**	**4**
a - anneau-lune	20	12	8	
b - "c" de "50c" absent	12	8	5	
c - "c" fermé (50°)	7	4	3	
d - impression sur raccord	100	60		
e - légende absente (surencrage)	9	5	3	
f - piquage à cheval	30	20		
g - pli accordéon	70	42	28	
h - surcharge à cheval	6	4	2	
i - surcharge recto-verso	12	7	4	
j - surcharge très déplacée	10	6	4	
k - surchargé tenant à non surchargé	315	250		

Série 657 à 660 (4 timbres)	**0,8**	**0,4**	**0,4**

1944 - 800ème anniv. de la basilique de Saint-Denis. Taille-douce. Dessin & gravure: Gabriel-Antoine Barlangue. 20 nov (f50

Portrait du Maréchal Bugeaud, duc d'Isly (1784-1849). Taille-douce. Dessin & gravure: Albert Decaris. 20 nov (f 50)

T 2 400 000	*T 2 400 000*	

661 2f 40 Saint-Denis	**0,4**	**0,1**	**0,4**	**6**
non dentelé	60	45		
EPA / EPL	140	60		
a - impression (très) défectueuse	75	45		
b - impression sur raccord	165	100		
662 4f Bugeaud	**0,2**	**0,1**	**0,2**	**4**
non dentelé	60	45		
EPA / EPL	140	60		
a - "France" et chiffre blanc	22	13	8	
b - impression sur raccord	250	150		
c - pli accordéon	130	85		

1944 - *1ère série des cathédrales. Taille-douce. 20 novembre.*
T 1 275 000 séries (f 25)

D: J. Dufoux. G: C. P. Dufresne   *Dessin & gravure: Charles Mazelin*

663 50c+1f 50 Angoulême   **0,8   0,5   0,8   5**
a - dentelé tenant à non dentelé   265   160
b - pli accordéon   100   60

664 80c+2f 20 Chartres   **0,8   0,5   0,8   6**
a - pli accordéon   100   60

Dessin: Lucas. Gravure: R. Cottet   *Dessin & gravure: Charles Mazelin*

665 1f 20+2f 80 Amiens   **0,8   0,5   0,8   4**

666 1f 50+3f 50 Beauvais   **0,8   0,5   0,8   4**
a - piquage à cheval   85   51

Dessin & gravure: René Cottet

667 I 4f+6f Albi, type I   **0,8   0,5   0,8   5**
a - pli accordéon   100   60

667 II 4f+6f Albi, type II   **2   1,5   1,2   6**
a - types I & II se tenant   30   18

Le type I est empâté et foncé, le type II (regravé), est plus clair

---

Série 663 à 667 (5 timbres)   4   2,5   4
non dentelé   475   365
EPA /EPL/EPC   1 150   500   650
EPC en noir grand format   2 250

1944 - *Journée du timbre. Armoirie de Renouard de Villayer createur de la petite poste. 9 dec (f 50). Taille-douce.*
D: R. Louis. G: H. Cortot.

T 1 350 000

668 1f 50+3f 50 Renouard de Villayer   0,2   0,1   0,2   2
non dentelé   70   50
EPA / EPL   140   60
a - impression défectueuse   45   27
b - impression sur raccord   165   100
c - pli accordéon   130   78

Année 1944
599 á 668 (70 timbres)   97   57   85

1945 - *Allégorie de la Libération. 17 janvier (f 50) Taille-douce. Dessin & gravure: Pierre Gandon.*

T 7 600 000

669 4f Libération   0,4   0,3   0,4   3
non dentelé   90   60
EPA non adoptée format horizontal 750
EPA / EPL   150   85
a - impression sur raccord   165   100
b - piquage à cheval   55   33
c - timbre beaucoup plus grand >1cm 210   126

20 janvier - 3 février 45: attaque puis reddition de la poche de Colmar

1945 - *Chaînes brisées et Cérès de Mazelin. Typographie. Dessin & gravure: A. Rivaud & M. Cortot (chaînes), C. Mazelin & M. Cortot (Cérès). (f100)*

19 févr　　　　*19 févr*　　　　*1ᵉʳ févr*

1er févr　　　　*19 févr*　　　　*2 juil*

670 10c noir	**0,2**	**0,1**	**0,1**	**4**
a - anneau-lune	15	19	6	
b - "c" fermé (10°)	4	3		
c - dentelé 1 ou 3 côtés	50	30		
d - dentelé tenant à non dentelé	185	105		
e - impression sur raccord	100	60		
f - piquage à cheval	30	18		
g - pli accordéon	60	36	24	
671 30c vert	**0,2**	**0,1**	**0,1**	**4**
a - "c" fermé (30°)	4	3		
b - dentelé 1 ou 3 côtés	50	30		
c - dentelé tenant à non dentelé	185	105		
d - impression sur raccord	100	60		
e - piquage à cheval	30	18		
f - piquage double	65	39		
g - pli accordéon	65	39		
672 40c rose	**0,2**	**0,1**	**0,1**	**4**
a - impression sur raccord	100	60		
b - piquage à cheval	30	18		

5 févr　　　　*9 févr*　　　　*26 févr*

673 50c bleu	**0,2**	**0,1**	**0,1**	**4**
a - anneau-lune	15	9	6	
b - dentelé 1 ou 3 côtés	55	33		
c - dentelé tenant à non dentelé	185	110		
d - impression sur raccord	100	60		
e - papier carton	1			
f - piquage à cheval	25	15		
674 60c outremer	**0,2**	**0,1**	**0,1**	**4**
a - "6" de "60c" absent	37	23	15	
b - anneau-lune	30	18	12	
c - "c" fermé (60°)	10	6		
d - dentelé 1 ou 3 côtés	55	33		
e - dentelé tenant à non dentelé	185	110		
f - impression sur raccord	100	60		
g - légende partielle (surencrage)	7	4		
h - piquage à cheval	30	18		
i - piquage double	40	24		
j - pli accordéon	75	45	30	
675 80c vert	**0,2**	**0,1**	**0,1**	**4**
a - anneau-lune	20	12	8	
b - dentelé 1 ou 3 côtés	50	30		
c - impression sur raccord	100	60		
d - piquage à cheval	25	15		
e - pli accordéon	75	45	30	

676 1f rose	**0,2**	**0,1**	**0,1**	**4**
a - "1" de "1f" absent	50	30	20	
b - anneau-lune	20	12	8	
c - impression recto-verso	35	21		
d - impression sur raccord	100	60		
e - papier carton	2			
f - piquage à cheval	25	15		
g - piquage double	55	33		
h - pli accordéon	75	45		
677 1f 20 brun-noir	**0,2**	**0,1**	**0,1**	**4**
a - anneau-lune	25	15	10	
b - dentelé 1 ou 3 côtés	50	30		
c - dentelé tenant à non dentelé	200	120		
d - impression recto-verso	25	15		
e - impression sur raccord	100	60		
f - papier carton	2			
g - piquage à cheval	30	18		
h - piquage double	60	36		
i - pli accordéon	75	50		

678 1f 30 bleu	🖅 1947	**0,3**	**0,1**	**0,1**	
679 1f 50 lilas		**0,2**	**0,1**	**0,1**	**2**
▪ sur	1ᵉʳ janv 47 ➨ 2 janv 47				475
▪ sur	1ᵉʳ janv 47 ➨ 2 janv 47				475
a - "5" de "1f 50" absent		50	35	30	
b - anneau-lune		20	12	8	
c - dentelé 1 ou 3 côtés		45	30		
d - impression défectueuse		6	4		
e - impression recto-verso		22	13		
f - impression sur raccord		100	60		
g - piquage à cheval		40	24		
h - piquage double		55	33		
i - pli accordéon		75	45		
680 2f vert	🖅 1946	**0,2**	**0,1**	**0,1**	
681 2f 50 brun	🖅 1946	**0,2**	**0,1**	**0,1**	

Série Chaînes et Cérès 1945-47

Série 670 à 681 (12 timbres)	**2,5**	**1,2**	**1,2**
non dentelé sauf 1f 30 & 2f	150	115	
EPL / EPC (chaînes)		160	425
EPL (Cérès)		320	
EPC 60c, 80c, 1f 20, 1f 30, 1f50			450
EPC 2f, 2f 50 (1946)			375

1945 - *2ᵉᵐᵉ série Arc de Triomphe. Lithographie offset.*
Dessin: W. A. Roach. Gravure: C. A. Brooks, A.W. Christensen,
T. Vail et J. S. Edmondson. 12 février. (f 100)

702 30c orange

	0,2	0,1	0,1	2
a - dentelé 3 côtés b. def.	45	27		
b - impression double (timbre)	85	51		
c - impression double (valeur)	105	63		
d - piquage à cheval	50	30		

703 40c gris

	0,2	0,1	0,1	2
a - dentelé 3 côtés b. def.	45	27		
b - impression double (timbre)	90	54		
c - impression double (valeur)	105	63		
d - piquage à cheval	50	30		

704 50c jaune-olive

	0,2	0,1	0,1	2
a - dentelé 3 côtés b. def.	45	27		
b - impression double (timbre)	85	51		
c - impression double (valeur)	105	63		
d - paire sans dentelure de séparation	90	54		
e - piquage à cheval	50	30		

705 60c violet

	0,2	0,1	0,1	2
a - dentelé 3 côtés b. def.	45	27		
b - piquage à cheval	50	30		
c - piquage double	80	48		

706 80c vert

	0,2	0,1	0,1	2
a - dentelé 3 côtés b. def.	45	27		
b - impression double (timbre)	105	63		
c - piquage à cheval	50	30		

707 1f 20 brun

	0,2	0,1	0,1	2
a - dentelé 3 côtés b. def.	45	27		
b - impression double (timbre)	85	50		
c - impression double (valeur)	105	63		

708 1f 50 rouge

	0,2	0,1	0,1	2
a - dentelé 3 côtés b. def.	45	27		
b - impression double (timbre)	85	50		
c - impression double (valeur)	105	63		
d - impression double (oscillée) (valeur)	5	3		
e - piquage à cheval	50	30		
f - piquage oblique par pliage	200	120		

709 2f jaune

	0,2	0,1	0,1	2
a - dentelé 3 côtés b. def.	55	33		
b - impression double (timbre)	100	60		
c - piquage à cheval	55	33		

710 2f 40 rose carminé

	0,2	0,1	0,1	6
▪ sur 📧 ❸ ↻ 🎯	12 fév 45 ↠ 12 mai 45			600
▪ sur ✉❷ ↻ 🎯	12 fév 45 ↠ 12 mai 45			600
▪ sur 📧 ↻ 🎯	12 fév 45 ↠ 12 mai 45			600
▪ sur 🗂 ↻ Canada	12 fév 45 ↠ 12 mai 45			675
▪ sur 🗂🔖 ↻ 🎯	12 fév 45 ↠ 12 mai 45			725
a - dentelé 3 côtés b. def.	45	27		
b - impression défectueuse	7	4		
c - impression double (timbre)	85	50		
d - impression double (valeur)	130	78		
e - piquage à cheval	55	33		

711 3f lilas

	0,2	0,1	0,1	4
a - dentelé 3 côtés b. def.	45	27		
b - impression double (timbre)	110	66		
c - impression double (chiffres)	10	6		
d - piquage à cheval	55	33		

Série 702 à 711 (10 timbres)	2	1	1

1944-45 - *Marianne de Dulac. Taille-douce. Dessin & gravure: Edmond Dulac. (f 200) 17 mai sauf précision*

9 juill	*7 avr*	*17 mars*

682 10c bleu

	0,2	0,1	0,1	4
a - piquage double	80	48		

683 30c bistre

	0,2	0,1	0,1	4
a - impression recto-verso	40	24		
b - pli accordéon	85	50		

684 40c bleu-noir

	0,2	0,1	0,1	4
a - piquage à cheval	60	30		
b - piquage double	80	48		
c - pli accordéon	85	50		

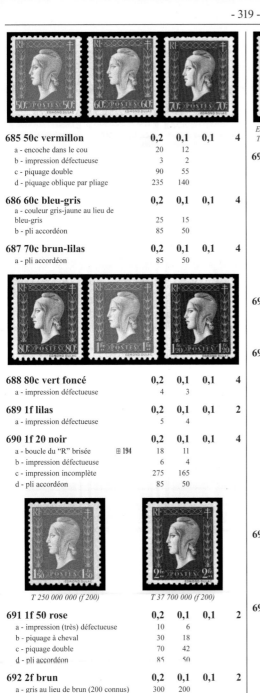

685 50c vermillon
	0,2	0,1	0,1	4
a - encoche dans le cou	20	12		
b - impression défectueuse	3	2		
c - piquage double	90	55		
d - piquage oblique par pliage	235	140		

686 60c bleu-gris
	0,2	0,1	0,1	4
a - couleur gris-jaune au lieu de bleu-gris	25	15		
b - pli accordéon	85	50		

687 70c brun-lilas
	0,2	0,1	0,1	4
a - pli accordéon	85	50		

688 80c vert foncé
	0,2	0,1	0,1	4
a - impression défectueuse	4	3		

689 1f lilas
	0,2	0,1	0,1	2
a - impression défectueuse	5	4		

690 1f 20 noir
	0,2	0,1	0,1	4
a - boucle du "R" brisée ⊞ 194	18	11		
b - impression défectueuse	6	4		
c - impression incomplète	275	165		
d - pli accordéon	85	50		

T 250 000 000 (f 200)   *T 37 700 000 (f 200)*

691 1f 50 rose
	0,2	0,1	0,1	2
a - impression (très) défectueuse	10	6		
b - piquage à cheval	30	18		
c - piquage double	70	42		
d - pli accordéon	85	50		

692 2f brun
	0,2	0,1	0,1	2
a - gris au lieu de brun (200 connus)	300	200		
b - impression défectueuse	5	3		
c - impression sur la gomme	265	160		
d - papier épais	2			
e - piquage double	70	42		
f - pli accordéon	85	50		

Emission: 17 mars 1945 *Emission: 17 mars 1945* *Emission: 17 mars 1945*
Tir: 25 000 000 (f 200) *Tir: 25 000 000 (f 200)* *Tir: 12 700 000 (f 200)*

693 2f 40 rouge
		0,2	0,1	0,1	5
■ sur 🖹❸ ⚥ 🐗🐗	17 mars 45 ➟ 31 janv 46				325
■ sur ⬛❷ ⚥ 🐗🐗	17 mars 45 ➟ 31 janv 46				325
■ sur ▦ ⚥ 🐗🐗	17 mars 45 ➟ 31 janv 46				325
■ sur ◱ ⚥ Canada	17 mars 45 ➟ 31 janv 46				335
■ sur ◱🖊 ⚥ 🐗🐗	17 mars 45 ➟ 31 janv 46				365
a - impression défectueuse		6	3		
b - papier épais		2			
c - piquage à cheval		65	39		
d - piquage double		80	48		
e - piquage oblique par pliage		290	174		
f - pli accordéon		85	50		

694 3f vert-olive
	0,2	0,1	0,1	3
a - impression défectueuse	9	5		
b - impression recto-verso	40	24		
c - piquage oblique par pliage	300	180		

695 4f outremer
	0,2	0,1	0,1	4
a - dentelé 3 côtés b. def.	90	54		
b - impression défectueuse	6	3		
c - piquage à cheval	55	33		
d - pli accordéon	110	66		

Date d'émission: 17 mars 1945 *Date d'émission: 17 mars 1945*
T 12 700 000 (f 200) *T 25 000 000 (f 200)*

696 4f 50 gris foncé
	0,2	0,1	0,2	4
a - dentelé tenant à non dentelé	725	460		
b - impression (très) défectueuse	10	6		
c - impression recto-verso	45	30		
d - piquage à cheval	130	78		
e - pli accordéon	200	120		

697 5f orange
	0,2	0,1	0,2	5
a - impression défectueuse	10	6		
b - impression incomplète	275	160		
c - signature incomplète (" LAC")	6	4		

698 10f vert clair
	0,2	0,1	0,2	8
a - papier verdâtre	3	2	1	

699 15f lie-de-vin   0,3 0,1 0,3 13

a - impression recto-verso   45   30

T 5 200 000   T 5 500 000

700 20f brun-orange   1,5 1,2 1,5 13

a - couleur bistre-orange foncé   3   2
b - impression défectueuse   10   6
c - papier mince   3   2
d - signature incomplète   6   4

701 50f violet foncé   3,8 2,1 3,2 22

a - couleur bleu-violet   6   4
b - papier mince   7   4

Série 682 à 701 (20 timbres)   9   5   7

non dentelé   15 000 11 000

Bloc "Libération de Paris - 25.8.1944".

BF4 Bloc Dulac   9 200 6 000

a - inscr. s 2 lignes, ss cadre (2ex connus)   78 500

TIRAGES SPÉCIAUX

Il s'agit du 1er essai refusé par de Gaulle, imprimé en héliogravure chez Harrison & Sons, il comporte la légende "R . FRANCE . F" en haut.
T 5 000 séries.

701A Non émis 25c vert   265 150

701B Non émis 1f rouge   265 150

701C Non émis 2f 50 bleu   265 150
non dentelé   825 500

2ème essai refusé par de Gaulle (absence de la croix de Lorraine), imprimé en hélio. chez Harrison & Sons, il comporte la légende "R F" en haut. T 10 000 séries.

701D Non émis 25c vert   45   28

701E Non émis 1f rouge   45   28

701F Non émis 2f 50 bleu   45   28

Série 701A à F (6 timbres)   930 534

Série non dentelée, dans les trois couleurs des deux séries précédentes, mais avec valeur faciale unique de 25c, imprimée à Londres. Il pourrait s'agir des premiers essais préparatoires.

701H Non émis 25c vert   1 850 1 250

701 I Non émis 25c rouge   1 850 1 250

701J Non émis 25c bleu   1 850 1 250

Tirage de Paris: sans inscription, réalisé en 15 couleurs différentes du 7 mai au 9 août 1948, gravé par C. Mazelin. Il s'agirait d'essais visant à prouver que l'Atelier du Timbre pouvait faire aussi bien que les Anglais. 3 feuilles de chaque valeur auraient été conservées, soit 150 séries.

701K Non émis de Paris, chaque   **75**   **45**

Série des 15 couleurs différentes   **1 125**   **675**

Série avec cartouche sans valeur faciale. Existe dentelé ou non dentelé pour toutes les valeurs de la série Dulac (couleurs du 10c au 50f). T inconnu (timbres dépareillés). Il n'est connu à ce jour qu'une série complète (1 série dentelée et 1 non dentelée).

701L
Série des 20 couleurs différentes dentelés ou nd   **75 000**

701M 100f Trésor central   **1 400**   **925**
    bande de quatre   4 850

Timbres d'épargne. Ces timbres étaient destinés aux petits épargnants afin de leur permettre d'acheter des emprunts. Instituée par un décret du 9 juillet 1945, l'opération pris fin avec le décret du 9 avril 1946 devant le manque de succès. Les timbres furent remboursés au public et retirés des guichets le 29 avril 1946. Héliogravure. Dessin: Edmond Dulac.

701N Phénix   **200**   **130**

701O Phénix, surchargé   **425**   **260**

1945 *- Marianne de Gandon. Typo (1ère série). Dess: Pierre Gandon. Grav: Henri Cortot. (f 100)*

15 février	26 février

712 1f 50 rose carminé	**0,2**	**0,1**	**0,1**	**5**
non dentelé	25	18		
a - anneau-lune	30	18	12	
b - "f" de "1f 50" absent	28	17	11	
c - impression défectueuse	4	3		
d - impression incomplète	135	80		
e - impression sur raccord	130	78		
f - piquage à cheval	40	24		
g - pli accordéon	125	75		
h - "Postes" absent (surencrage)	50	30		

713 2f vert	**0,2**	**0,1**	**0,1**	**1**
non dentelé	25	18	40	275
a - anneau-lune	30	18	12	
b - cadre dédoublé	20	12		
c - dentelé 1 ou 3 côtés	110	66		
d - dentelé tenant à non dentelé	325	195		
e - "f" de "2f" absent	26	16	10	
f - impression défectueuse	4	3		
g - impression incomplète	185	110		
h - impression sur raccord	130	78		
i - papier chamois	2			
j - piquage à cheval	30	18		
k - piquage double	40	24		
l - pli accordéon	100	60		
m - "Postes" absent (surencrage)	25	15	10	
n - "RF" et "2" plus gros	15	9	6	
o - "RF" ou "2" plus gros	9	6	4	
p - "S" final de "Postes" absent	11	7	4	
q - "S" retouché	210	140		
r - épaule colorée	2			

2 juillet	7 avril

714 2f 40 vermillon	**0,4**	**0,3**	**0,4**	**5**
non dentelé	25	18		
a - anneau-lune	30	18	12	
b - "f" de "2f 40" absent	28	17	12	
c - impression défectueuse	6	4		
d - impression sur raccord	130	78		
e - légende partielle (surencrage)	6	4		
f - piquage à cheval	45	27		
g - pli accordéon	125	75		
h - signature "Gandon" absente	12	7	4	

715 3f sépia | 0,2 | 0,1 | 0,1 | 1

non dentelé	25	18	
a - anneau-lune	30	18	12
b - dentelé 1 ou 3 côtés	80	48	
c - "f" de "3f" absent	23	14	10
d - impression incomplète	80	48	
e - impression sur raccord	130	78	
f - légende partielle (surencrage)	6	4	
g - "P" ou 2ème "S" de "Postes" absent	16	10	6
h - piquage à cheval	30	18	
i - pli accordéon	100	60	
j - "Postes" absent (surencrage)	40	24	16

716 3f rose   📧 1946   0,2   0,1   0,1

716A 3f vert   📧 1947   2   0,9   0,3

716B 3f 50 brun   📧 1947   0,8   0,4   0,4

14 juin   *7 avril*

717 4f bleu | 0,2 | 0,1 | 0,1 | 3

non dentelé	25	18	
a - "4" plus gros	6	4	
b - anneau-lune	25	15	10
c - "f" de "4f" absent	40	24	16
d - impression défectueuse	4	2	
e - impression sur raccord	130	78	
f - légende partielle (surencrage)	6	4	
g - lèvre supérieure fendue	6	4	
h - piquage à cheval	35	21	
i - pli accordéon	100	60	
j - "RF" maigre	5	3	

718 4f violet   📧 1946   0,2   0,1   0,1

718A 4f 50 bleu   📧 1947   0,2   0,1   0,1

719 5f vert foncé | 0,2 | 0,1 | 0,1 | 2

non dentelé	25	18	
a - "5" plus gros	6	4	
b - anneau-lune	40	24	18
c - dentelé 1 ou 3 côtés	160	96	
d - impression défectueuse	3	2	
e - impression sur raccord	130	78	
f - légende partielle (surencrage)	5	3	
g - papier carton	2		
h - piquage à cheval	45	27	
i - pli accordéon	100	60	
j - "RF" plus gros	8	5	
k - signature "Gandon" absente	15	9	6

719A 5f rose   📧 1947   0,2   0,1   0,1

719B 5f bleu   📧 1947   0,2   0,1   0,1

Normal   *Mèches reliées*

14 juin   *Normal*   *Mèches croisées*

720 6f outremer | 0,3 | 0,2 | 0,1 | 2

non dentelé	25	18	
a - anneau-lune	30	18	12
b - cadre dédoublé	14	9	
c - "f" de "6f" absent	40	24	16
d - impression défectueuse	5	3	
e - impression recto-verso	40	24	
f - impression sur raccord	130	78	
g - légende partielle (surencrage)	7	4	
h - mèches croisées tenant à normal	45	27	18	50
non dentelé	300	210	
i - mèches reliées tenant à normal	45	27	18	50
non dentelé	300	210	
j - piquage à cheval	45	30	
k - pli accordéon	110	70	
l - "RF" maigre	8	5	3
m - signature "Gandon" absente	20	10	6

721 6f rouge   📧 1946   2,2   1,4   1,2

721A 6f rose   📧 1947   0,2   0,1   0,1

14 juin   *14 juin*

722 10f orange | 0,6 | 0,6 | 0,4 | 5

non dentelé	25	18	
a - couleur orange très pâle	2		
b - "f" allongé	14	9	6	12
c - impression sur raccord	130	78	
d - piquage à cheval	65	40	
e - point entre "10" et "f"	12	7	4	8
f - boucle d'oreille tenant à normal	60	28	14

723 10f bleu   📧 1946   1,5   1,2   1

724 15f lilas-rose | 4 | 2,4 | 2,1 | 20

non dentelé	25	15	
a - anneau-lune	40	24	16
b - dentelé 1 ou 3 côtés	200	120	
c - dentelé tenant à non dentelé	650	390	
d - impression défectueuse	6	4	
e - piquage à cheval	60	36	
f - pli accordéon	150	90	

SÉRIE MARIANNE DE GANDON 1945-47

Série 712 à 724 (19 timbres)	14	8,5	7
EPL	855		
EPL en noir, chaque	400		
EPL en noir, faciales non émises (5f 50, 16f), chaque	550		
EPC 1f 50, 2f, 2f 40, 3f, 4f, 5f, 6f, 10f, 15f	650		
EPC 3f, 4f, 6f, 10f (1946)	500		
EPC 3f, 5f, 6f (1947)	525		
EPC 3f 50, 4f 50, 5f (1947)	500		

Série Marianne de Gandon gravée 1945-46

725 4f bleu	1945	0,2	0,1	0,1
726 10f bleu	1946	1,5	1	0,8
727 15f lilas-rose	1946	9	5	2,2
728 20f vert	1946	1,3	0,9	0,8
729 25f vermillon	1946	9	5	2,1
Série 725 à 729 (5 timbres)		21	12	6
non dentelé		150	100	
EPA/ EPL / EPC		1 900	275	750

1945 *- Marianne de Gandon gravée (2ème série). Taille-douce. Dessin et gravure: Pierre Gandon.*

14 mai. T 6 000 000 (f 50)   *14 mai. T 5 200 000 (f 50)*

730 20f vert	1,3	0,8	1,2	27
non dentelé	165	125		
a - dentelé 3 côtés	185	110		
b - dentelé tenant à non dentelé	575	350		
c - impression défectueuse	37	22		
d - impression sur raccord	165	100		
e - légende blanche	17	10	6	
f - piquage à cheval	120	72		
g - piquage double	200	120		
h - pli accordéon	160	95		
faux d'Italie	275	165		

731 25f violet		1,5	0,9	1,5	28
non dentelé		165	125		
s E.F.M. barres noires	14 mai 45 ➾ 31 déc 45			85	1 000
s E.F.M. cach US Army	14 mai 45 ➾ 31 déc 45			85	1 000
s E.F.M. gd cachet noir	14 mai 45 ➾ 31 déc 45			85	1 000
s E.F.M. double ovale	14 mai 45 ➾ 31 déc 45			90	1 100
a - dentelé 3 côtés		250	150		
b - dentelé tenant à non dentelé		575	345		
c - impression défectueuse		37	22		
d - impression sur raccord		165	100		
e - légende blanche		22	13	9	
f - piquage à cheval		120	72		
g - pli accordéon		160	95		
faux d'Italie		275	165		

12 mars. T 3 000 000 (f 25)   *7 avril. T 2 000 000 (f 25)*

732 50f brun-rouge	2	1,3	2	16
non dentelé (tirage 275)	750	450		
a - dentelé 3 côtés	265	160		
b - impression (très) défectueuse	35	21		
c - impression recto-verso	60	36		
d - légende blanche	22	13	9	
e - piquage à cheval	160	96		
f - piquage double	235	141		
g - pli accordéon	185	103		
faux d'Italie	300	180		

733 100f rose carminé	13,2	8	7,3	40
non dentelé (tirage 275)	750	550		
a - à la bretelle tenant à normal	175	100	60	
b - rose	20	12		
c - impression (très) défectueuse	100	70		
d - légende blanche	50	35	30	
faux d'Italie	325	245		

Série 730 à 733 (4 timbres)	18	11	12
EPA/ EPL / EPC	1 650	325	550

1945 - *Armoiries de Metz (libérée le 20 novembre 1944) et Strasbourg . Taille-douce. 5 mars (f 100)*

| | T 5 000 000 | | T 5 000 000 | |
| D: R. Louis. Grav: P. Munier | | | D: R. Louis. Grav: J. Piel | |

734 2f 40 Metz	**0,2**	**0,1**	**0,2**	**1**
a - impression sur raccord	130	78		
b - pli accordéon	66	40		

735 4f Strasbourg	**0,2**	**0,1**	**0,2**	**1**
a - couleur noir au lieu de brun-noir	45	27		
b - impression recto-verso	30	18		
c - impression sur raccord	130	78		
d - piquage à cheval	60	36		
paire, non dentelé	100	75		
paire, EPA / EPL	275	125		

7 mai 1945: capitulation du Reich signée à Reims (le 8 mai à Berlin), et reddition des dernières poches à partir du 8.

1945 - *Aidez les tuberculeux. Typo. Dess: G.-A. Barlangue. Grav: H. Cortot. 16 mai (f 100)*

Victimes P.T.T. de la guerre. Taille-douce. Dessin & gravure: Raoul Serres. 16 mai (f 50)

| T 5 000 000 (f   50) | | | | |

736 2fP1f Tuberculeux	**0,2**	**0,1**	**0,1**	**1**
non dentelé	27	20		
EPL		55		
a - impression dépouillée	65	39		
b - impression incomplète	210	126		
c - impression sur raccord	130	78		
d - piquage à cheval	55	33		
e - pli accordéon	70	42		
f - anneau lune	70			

737 4fP6f Victimes P.T.T.	**0,3**	**0,1**	**0,3**	**5**
non dentelé	60	40		
EPA / EPL	140	60		
a - impression (très) défectueuse	60	36		
b - pli accordéon	70	42		

1945 - *100ème ann. de la naissance de l'actrice Sarah Bernhardt. Taille-dce. D&G: P. Gandon (signé par C. Mazelin). 16 mai (f 50)*

Libération de l'Alsace et de la Lorraine. Taille-douce. Dessin: Paul-Pierre Lemagny. Gravure: Raoul Serres. 16 mai (f 50)

| T 4 500 000 | | | T 5 000 000 | |

738 4f+1f Sarah Bernhardt	**0,4**	**0,2**	**0,4**	**5**
non dentelé	100	75		
EPA / EPL	200	85		
a - couleur noir au lieu de brun	100	60		
b - piquage à cheval	80	48		

739 4f Libération	**0,3**	**0,2**	**0,3**	**4**
non dentelé	70	55		
EPA / EPL	175	85		
a - impression sur raccord	165	100		
b - piquage à cheval	140	84		
c - pli accordéon	150	90		

1945 - *Croisade de l'air pur. Taille-dce. D&G: A. Ouvré. 9 juillet (f50)*

La France d'outre-mer. Taille-douce. D&G: Jules Piel. 17 septembre (f 50)

| T 3 500 000 | | | T 4 250 000 | |

740 4f+2f Croisade de l'air pur	**0,3**	**0,1**	**0,3**	**4**
non dentelé	60	40		
EPA / EPL	150	65		
a - impression recto-verso	50	30		
b - impression sur raccord	165	100		
c - pli accordéon	110	66		

741 2f France d'outre-mer	**0,2**	**0,1**	**0,2**	**2**
non dentelé	50	35		
EPA / EPL	150	65		
a - impression sur raccord	165	100		
b - papier avec fils de soie	125	75		
c - pli accordéon	110	70		

1945 - *Commémoration de la destruction d'Oradour-surGlane. Taille-dce. D&G: R. Serres. 13 oct (f 50)*

Journée du timbre: Louis XI (1423-1483) Taille-douce. Dess & grav: Raoul Serres. 13 oct (f 50)

T 4 500 000	T 3 500 000

742 4f+2f Oradour-sur-Glane	0,3	0,1	0,3	4
non dentelé	55	40		
EPA / EPL	150	65		
a - piquage à cheval	70	42		
b - pli accordéon	110	66		

743 2f+3f Louis XI	0,5	0,4	0,5	2
non dentelé	70	50		
EPA / EPL	150	70		
a - dentelé 3 côtés	250	150		
b - impression recto-verso	70	42		
c - impression sur raccord	165	100		
d - piquage double	150	90		

1945 - *Villes martyres. Taillz-douce. 5 novembre 1945. T 3 220 000 séries (f 50).*

Dessin & gravure: G.-A. Barlangue

744 1f 50+1f 50 Dunkerque	0,5	0,3	0,5	3
a - dentelé 3 côtés	170	100		
b - dentelé tenant à non dentelé	375	225		
c - piquage à cheval	60	36		
d - pli accordéon	80	48		

Dessin & gravure: Charles Mazelin

745 2f+2f Rouen	0,5	0,3	0,5	3
a - piquage à cheval	60	36		
b - pli accordéon	80	48		

Dessin & gravure: Jules Piel

746 2f 40+2f 60 Caen	0,5	0,4	0,5	6
a - dentelé 3 côtés	170	100		
b - piquage à cheval	60	36		
c - piquage double	110	66		
d - pli accordéon	85	50		

Dessin & gravure: Pierre Munier

747 4f+4f Saint-Malo	0,5	0,4	0,5	6
a - impression (très) défectueuse	60	36		
b - piquage à cheval	60	36		
c - pli accordéon	80	48		

Série 744 à 747 (4 timbres)	2	1,5	2	
non dentelé	275	200		
EPA/ EPL / EPC	550	250	475	

Année 1945

669 á 747 (85 timbres)	72	42	40
BF4 (1 bloc)	9 200	6 000	

(non compris les tirages spéciaux de la Marianne de Dulac).

1946 - *Lutte contre la syphilis: Alfred Fournier (1832-1914). Taille-dce. Dess: P. P. Lemagny. Grav: C. P. Dufresne. 4 fév (f 50)*

Lutte contre le cancer: Henri Becquerel (1852 1908). Taille-douce. Dess & grav: Pierre Munier.a 4 fév (f 50)

T 2 200 000	T 2 200 000 (f 50)

748 2f+3f Fournier | 0,4 | 0,2 | 0,3 | 4

non dentelé	70	55	
EPA / EPL / EPC brun & bleu foncé	150	75	750
EPC double en noir			750
a - dentelé 3 côtés	170	100	
b - impression (très) défectueuse	80	48	
c - impression sur raccord	165	100	
d - piquage double	110	66	
e - pli accordéon	100	60	

749 2fP3f Becquerel | 0,4 | 0,2 | 0,3 | 4

non dentelé	70	55	
EPA / EPL	150	75	
a - dentelé 3 côtés	170	100	
b - impression sur raccord	165	100	
c - piquage à cheval	85	50	
d - pli accordéon	100	60	

1946 *-Aidez les tuberculeux. Typographie. Dessin: G.-A. Barlangue. Gravure: H. Cortot. 21 février (f 100)*

Chapelle des Invalides à Paris. Taille-douce. Dess & grav: Gabriel-Antoine Barlangue. 11 mars (f 50)

T 12 000 000

T 3 000 000

750 3f s 2f+1f Tuberculeux | 0,2 | 0,1 | 0,2 | 1

EPL	50		
a - impression sur raccord	130	78	
b - surcharge à cheval	30	18	
c - surch très déplacée (au milieu)	40	24	
d - surcharge recto-verso	17	10	
e - surchargé tenant à non surchargé	1 250	740	

751 4f+6f Les Invalides | 0,4 | 0,3 | 0,4 | 5

non dentelé	50	35	
EPA / EPL	150	70	
a - pli accordéon	100	60	

1946 *- Cérès de Mazelin. Typographie. Dessin: Charles Mazelin. Gravure: M. Cortot. (f 100)*

12 août　　　　　*21 février*

680 2f vert | 0,2 | 0,1 | 0,1 | 2

a - anneau-lune	20	12	8
b - impression défectueuse	3	2	
c - impression sur raccord	100	60	
d - papier carton	3	2	
e - piquage à cheval	25	15	
f - pli accordéon	75	45	

681 2f 50 brun | 0,2 | 0,1 | 0,1 | 2

a - "0" ou "5" de "2f 50" absent	40	25	16
b - "2" de "2f 50" absent	50	30	20
c - dentelé 1 ou 3 côtés	45	27	
d - "f" de "2f 50" absent	40	25	16
e - impression défectueuse	7	4	
f - impression sur raccord	100	60	
g - piquage à cheval	25	15	
h - pli accordéon	75	45	
paire, EPL / EPC		80	375

1946 *- Marianne de Gandon (3ème série). (f 100) Typo. Dessin: Pierre Gandon. Gravure: Henri Cortot.*

20 mars　　　　　*12 août*

716 3f rose | 0,2 | 0,1 | 0,1 | 1

non dentelé	25	18	
a - anneau-lune	30	18	12
b - couleur rose très pâle	2	1	
c - "ES" de "Postes" absent	10	6	5
d - impression défectueuse	3	2	
e - impression incomplète	110	66	
f - impression sur raccord	130	78	
g - légende partielle (surencrage)	6	4	
h - piquage à cheval	30	18	
i - pli accordéon	80	48	32
j - "RF" ou "3" plus gros	7	5	
k - signature "Gandon" absente	12	7	5

718 4f violet | 0,2 | 0,1 | 0,1 | 2

■ sur ♣	1ᵉʳ janv 47 ➛ 2 janv 47		425
■ sur 🖹	1ᵉʳ janv 47 ➛ 2 janv 47		435
a - anneau-lune	30	18	12
b - couleur lilas pâle	0,2	0,1	
c - "f" de "4f" absent	40	24	16
d - impression défectueuse	3	2	
e - impression sur raccord	130	78	
f - légende partielle (surencrage)	7	4	2,5
g - lèvre supérieure fendue	7	4	2,5
h - piquage à cheval	35	25	
i - pli accordéon	100	60	

11 avril　　　　　*11 février*

721 6f rouge | 2,2 | 1,4 | 1,2 | 2

non dentelé	25	18	
a - anneau-lune	25	15	10
b - impression sur raccord	130	78	
c - mèches croisées tenant à normal	45	27	18	50
d - mèches reliées tenant à normal	45	27	18	50
e - pli accordéon	100	65	

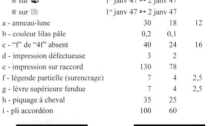

723 10f bleu   **1,5**   **1,2**   **1**   **2**

non dentelé		25	18	
▪ sur ▦ ❹	1ᵉʳ janv 47 ➤➤ 2 janv 47			600
▪ sur ▱ ❹	1ᵉʳ janv 47 ➤➤ 2 janv 47			600
▪ sur ▨ ❸	1ᵉʳ janv 47 ➤➤ 2 janv 47			575
a - anneau-lune		35	21	14
b - dentelé 3 côtés		160	95	
c - "f" allongé		14	9	6	10
d - "10f" de "10f" absent		40	24	16
e - impression défectueuse		6	4	3
f - impression sur raccord		130	78	
g - légende partielle (surencrage)		8	5	3
h - piquage à cheval		55	33	
i - pli accordéon		110	66	
j - point entre "10" et "f"		10	6	4	9
série, EPL / EPC			180	500

1945-46 - *Marianne de Gandon gravée (4ᵉᵐᵉ série). Taille-douce. Dessin et gravure: Pierre Gandon. (f 100)*

15 février   *15 mars*

725 4f bleu   **0,2**   **0,1**   **0,1**   **2**

▪ sur ▨	1ᵉʳ janv 47 ➤➤ 2 janv 47			525
▪ sur ▤	1ᵉʳ janv 47 ➤➤ 2 janv 47			535
a - impression (très) défectueuse		17	10	
b - impression recto-verso		35	21	
c - impression sur raccord		130	78	
d - piquage à cheval		45	27	
e - pli accordéon		120	72	

726 10f bleu   **1,5**   **1**   **0,8**   **3**

▪ sur ▦ ❹	1ᵉʳ janv 47 ➤➤ 2 janv 47			600
▪ sur ▱ ❹	1ᵉʳ janv 47 ➤➤ 2 janv 47			600
▪ sur ▨ ❸	1ᵉʳ janv 47 ➤➤ 2 janv 47			550
a - dentelé 1 ou 3 côtés		180	110	
b - impression (très) défectueuse		11	7	
c - impression recto-verso		35	21	
d - impression sur raccord		130	78	
e - paire avec décalage de dentelure		25	15	
f - piquage à cheval		45	27	
g - pli accordéon		120	72	

19 mai

727 15f lilas-rose   **9**   **5**   **2,2**   **7**

▪ sur ▨ ❹	1ᵉʳ janv 47 ➤➤ 2 janv 47			600
▪ sur ▨ ®	1ᵉʳ janv 47 ➤➤ 2 janv 47			525
▪ sur ▢	1ᵉʳ janv 47 ➤➤ 2 janv 47			575
a - dentelé tenant à non dentelé		650	425	
b - impression (très) défectueuse		26	17	
c - pli accordéon		170	115	

4 mars   *15 mars*

728 20f vert   **1,3**   **0,9**   **0,8**   **6**

▪ sur ▨ ➥	1ᵉʳ janv 47 ➤➤ 2 janv 47			600
▪ sur ▨ ❸®	1ᵉʳ janv 47 ➤➤ 2 janv 47			600
a - dentelé 3 côtés		200	120	
b - dentelé tenant à non dentelé		550	350	
c - impression (très) défectueuse		16	10	
d - impression recto-verso		50	30	
e - impression sur raccord		130	78	
f - paire avec décalage de dentelure		25	15	
g - piquage à cheval		45	27	
h - pli accordéon		120	72	

729 25f vermillon   **9**   **5**   **2,1**   **11**

▪ sur ▨ ❹®	1ᵉʳ janv 47 ➤➤ 2 janv 47			625
▪ sur ▨	15 mars 46 ➤➤ 3 mai 47			600
a - impression (très) défectueuse		30	18	
b - paire avec décalage de dentelure		70	42	
c - piquage à cheval		70	42	
d - pli accordéon		130	78	

Série 725 à 729 (5 timbres)   **21**   **12**   **6**

non dentelé	150	100	
EPA / EPL / EPC	1 900	275	750

1946 - *Oeuvres de la Marine. Croiseur "Georges-Leygues" et cuirassé "Lorraine". Taille-dce. Dess & grav: Ch. Mazelin. 11 mai (f 25) T 2 500 000*

752 2f3f Oeuvres de la Marine   **1,1**   **0,5**   **0,9**   **7**

non dentelé (tirage 300)	170	115	
EPA / EPL	285	160	
a - impression sur raccord	165	100	
b - papier mince	2	1	
c - pli accordéon	85	50	
d - très dépouillé	25		

1946 - *Pour le musée postal.*
Taille-dce. D&G: H.Cheffer.
25 mai (f 25)

Journée du timbre. G. Fouquet
de la Varane. Taille-douce.
Dess & grav: Raoul Serres.
29 juin (f 25)

T 3 000 000   T 3 000 000

753 2fP3f Musée postal	0,5	0,4	0,5	5
non dentelé(tirage 300) / Es.Multi	185	135		275
EPA non adoptée 2f 40 P 2f 60	475			
EPA / EPL	375	175		
EPL petit format		275		
EPL papier bleu		325		
EPL avec remarque		365		
EPC avec musée postal de 1939			1 650	
a - papier mince	2	1		
b - pli accordéon	80	48		

754 3fP2f Fouquet de la Varane	0,6	0,3	0,5	3
non dentelé (tirage 300)	130	85		
EPA / EPL	275	165		
a - dentelé 3 côtés	180	110		
b - papier mince	3	2		
c - piquage à cheval	140	84		
d - pli accordéon	85	50		

1946-47 ✈ - *Série mythologique. (f 25)*
Taille-douce. Dessin & gravure: Pierre Gandon.

Centaure. 1ᵉʳ juillet

✈16 40f Centaure	0,7	0,5	0,3	2
a - avion larguant des bombes	60	36		
b - chiffres et "RF" blancs	22	13	9	
c - dentelé 3 côtés	290	175		
d - impression (très) défectueuse	45	27		
e - impression sur raccord	200	120		
f - moteur en flamme	80	48	32	
g - piquage à cheval	100	60		
h - piquage double	130	78		
i - pli accordéon	140	84		

Iris, messagère des dieux. 27 mai.

✈17 50f Iris	0,8	0,5	0,3	2
■ sur 🗺	1ᵉʳ mai 48 ↔ 30 nov 48			600
a - chiffres ou "poste aérienne" blancs	55	33	15	
b - dentelé 3 côtés	180	98		
c - dentelé tenant à non dentelé	325	195		
d - impression dépouillée (sans faciale)	1 000	600		
e - impression recto-verso	125	75		
f - impression sur raccord	200	120		
g - papier carton	25	15		
h - piquage à cheval	100	60		
i - pli accordéon	150	90		

Egine enlevée par Jupiter métamorphosé en aigle. 20 janvier.

✈18 100f Egine enlevée par Jupiter	8,5	4,5	1,4	3
a - "poste aérienne" en blanc	55	33	11	
b - couleur bleu-noir	12	7		4
c - dentelé tenant à non dentelé	950	570		
ca - impression en miroir sur le bdf	800	480		
d - impression sur raccord	200	120		
e - piquage à cheval	110	66		

Apollon conduisant le char du soleil. 27 mai

✈19 200f Apollon sur le char du soleil	7	3,5	2	4
a - "poste aérienne" en blanc	25	15	10	
b - couleur rouge-brun papier mince	12	8		6
c - couleur rouge-sang papier carton	60	36	24	22
d - impression sur raccord	300	190		
e - piquage à cheval	185	110		
f - pli accordéon	185	110	74	

Série ✈16 à 19 (4 timbres)	17	9	4	
non dentelé	625	475		
EPA/ EPL / EPC	1 900	900	2 000	

1946 - *Blasons des provinces françaises (3ème série). (f 100) Typographie. Dessin: Robert Louis. Gravure: Henri Cortot (Corse, Nice), Georges Hourriez (Alsace, Lorraine).*

26 juin 1946

755 10c Corse

	0,2	0,1	0,1	3
a - anneau-lune	20	12	8	
b - avec bord publicitaire "Provins"	120	72		
c - "c" de "10c" absent	10	6	4	
d - "Corse" absent (surencrage)	40	24	16	
e - couleur noire absente	400	240		
f - couleurs très décalées	50	30		
g - impression défectueuse	3	2		
h - impression sur raccord	130	78		
i - légende partielle (surencrage)	5	3		
j - piquage à cheval	35	21		
k - pli accordéon	85	50	20	

756 30c Alsace

	0,2	0,1	0,1	3
a - couleur rouge absente	365	220		
b - couleurs très décalées	50	30	20	
c - impression incomplète	120	72		
d - impression sur raccord	130	78		
e - légende partielle (surencrage)	8	5		
f - piquage à cheval	35	21		
g - piquage double	80	48		
h - pli accordéon	85	51	34	

5 juillet   *26 juin*

757 50c Lorraine

	0,2	0,1	0,1	2
a - "0" ou "5" de "50c" absent	40	24	16	
b - "c" de "50c" absent	20	12	8	
c - impression défectueuse	3	2		
d - légende partielle (surencrage)	6	4		
e - "R" de "RF" absent	35	21	14	

758 60c Comté de Nice

	0,2	0,1	0,1	2
a - anneau-lune	25	15	10	
b - "c" de "60c" absent	12	7	5	
c - couleurs très décalées	70	42		
d - impression double du rouge	650	390		
e - impression sur raccord	130	78		
f - légende partielle (surencrage)	6	4		
g - piquage à cheval	50	30	20	
h - pli accordéon	85	50	22	
i - plume au vent àn	5			

Série 755 à 758 (4 timbres)

	0,8	0,4	0,4
non dentelé	80	55	
EPL / EPC		175	300
EPL de décomposition, chaque		350	

1946 - *Touristiques. Taille-douce. (f 50) Vézelay.*
20 juillet 1946

Dessin & gravure: René Cottet.

759 5f Vézelay

	0,2	0,1	0,1	2
■ sur 🖼❸	1er janv 47 ⇒ 2 janv 47			550
■ sur ▱❸	1er janv 47 ⇒ 2 janv 47			550
a - impression recto-verso	75	50		
b - impression sur raccord	165	100		
c - piquage à cheval	70	42		

Palais du Luxembourg. Timbre repris en 1948. 29 juillet

Dessin & gravure: A. Decaris.

760 10f Palais du Luxembourg

	0,2	0,1	0,1	3
non dentelé (25 ex connus)	1 500	1 000		
■ sur 🖼❹	1er janv 47 ⇒ 2 janv 47			575
■ sur ▱❹	1er janv 47 ⇒ 2 janv 47			575
■ sur 🖼❸	1er janv 47 ⇒ 2 janv 47			550
a - dentelé 3 côtés	225	140		
b - dentelé tenant à non dentelé	1 900	1 140		
c - impression (très) défectueuse	45	27		
d - impression sur raccord	165	100		
e - pli accordéon	85	50		
paire, EPA / EPL	350	140		

1946 - *Conférence de la paix à Paris. Taille-douce. Dessin & gravure: Pierre Gandon (3f), Albert Decaris (10f). 29 juillet (f 50)*

761 3f Conférence de Paris

	0,2	0,1	0,1	2
■ sur 🖼❷	1er janv 47 ⇒ 2 janv 47			475
■ sur ▱❷❷	1er janv 47 ⇒ 2 janv 47			475
■ sur 🖼⑤	1er janv 47 ⇒ 2 janv 47			450
a - dentelé 3 côtés	170	102		
b - impression (très) défectueuse	90	54		
c - impression recto-verso	70	42		
d - impression sur raccord	160	96		
e - piquage à cheval	60	36		
f - pli accordéon	85	50		

762 10f Conférence de Paris 0,2 0,1 0,1 2

▪ sur ▣❹	1ᵉʳ janv 47 ↦ 2 janv 47		600
▪ sur ▱❹	1ᵉʳ janv 47 ↦ 2 janv 47		600
▪ sur ▣❸	1ᵉʳ janv 47 ↦ 2 janv 47		550
a - impression dépouillée	170	102	
b - impression sur raccord	165	100	
c - piquage à cheval	60	36	
d - pli accordéon	90	54	
paire, non dentelé	150	100	
paire, EPA / EPL / EPC	325	150	275
paire, ✉❷ Paris	29 juil 46		7

1946 - *Touristiques. Taille-douce. 21 octobre (f 50)*

D&G: Charles Mazelin.

763 15f Roc-Amadour 4,5 2,5 0,8 3

non dentelé	1 000	700	
▪ sur ▣❹	1ᵉʳ janv 47 ↦ 2 janv 47		575
▪ sur ▣Ⓡ	1ᵉʳ janv 47 ↦ 2 janv 47		525
▪ sur ▰▱	1ᵉʳ janv 47 ↦ 2 janv 47		550
a - impression sur raccord	165	100	
b - piquage à cheval	120	72	
c - pli accordéon	130	78	
d - "RF" blanc	15	9	

Pointe du Raz.

Dessin & gravure: Henry Cheffer.

764 20f Pointe du Raz 1,3 1 0,1 2

non dentelé	1 500	1 100	
▪ sur ▣❺	1ᵉʳ janv 47 ↦ 2 janv 47		575
▪ sur ▣❸Ⓡ	1ᵉʳ janv 47 ↦ 2 janv 47		575
a - chiffres et légende blancs	22	13	
b - dentelé 3 côtés	200	120	
c - impression recto-verso	100	60	
d - impression sur raccord	180	110	
e - piquage à cheval	70	42	
f - pli accordéon	110	66	
paire, EPA / EPL	350	140	

IVᵉᵐᵉ République (13 octobre 1946)

1946 - *Personnages célèbres du XVᵉᵐᵉ siècle. Taille-douce. 28 octobre. T 2 250 000 séries (f 25).*

D&G: Albert Decaris.   *D: P. Gandon. G: J. Piel.*

765 2f+4f Villon (poëte) 1,6 1 1,5 5

a - dentelé 3 côtés	160	96
b - impression sur raccord	165	100

766 3f+1f Fouquet (peintre) 1,6 1 1,5 4

non dentelé (25 ex connus)	900	635	
▪ sur ▣	1ᵉʳ janv 47 ↦ 2 janv 47		475
▪ sur ▱	1ᵉʳ janv 47 ↦ 2 janv 47		475
▪ sur ▰⑤	1ᵉʳ janv 47 ↦ 2 janv 47		450
a - bonnet à pointe tenant à normal	50	30	20 70
b - hameçon sur le bonnet tenant à normal	35	20	
c - impression sur raccord	165	100	
d - piquage à cheval	70	42	
e - Frelié au cadre	35	20	
f - papier mince	10	5	

D&G: G.-A. Barlangue.   *D&G: Albert Decaris.*

767 4fP3f Ph. de Commynes

 1,8 1,2 1,8 5

▪ sur ▰	1ᵉʳ janv 47 ↦ 2 janv 47		525
▪ sur ▱	1ᵉʳ janv 47 ↦ 2 janv 47		535
a - impression sur raccord	165	100	
b - piquage à cheval	70	42	
c - pli accordéon	110	66	
d - papier mince	22	12	

768 5fP4f Jeanne d'Arc 2,5 1,2 2 6

▪ sur ▣❸	1ᵉʳ janv 47 ↦ 2 janv 47		550
▪ sur ▱❸	1ᵉʳ janv 47 ↦ 2 janv 47		550
▪ sur ▰	1ᵉʳ janv 47 ↦ 2 janv 47		500
a - impression sur raccord	210	140	
b - pli accordéon	110	66	

D&G: Achille Ouvré.   *D: P.-P. Lemagny. G: C. P. Dufresne.*

769 6fP5f Jean de Gerson	**2,5**	**1,2**	**2**	**7**
770 10fP6f Charles VII	**2,5**	**1,4**	**2,2**	**7**
◼ sur 🖺❹	1er janv 47 ⇝ 2 janv 47		600	
◼ sur 🖼❹	1er janv 47 ⇝ 2 janv 47		600	
◼ sur 🖼❸	1er janv 47 ⇝ 2 janv 47		550	
a - papier mince		22	11	
b - pli accordéon		110	66	
Série 765 à 770 (6 timbres)	**12,5**	**7**	**11**	
Ess.Uni/Ess.Multi			360	540
EPA/ EPL / EPC	950	235	550	

1946 - *Conférence de l'U.N.E.S.C.O. (f 50)*
Taille-douce. Dessin & gravure: Albert Decaris. 19 novembre

T 5 000 000

771 10f U.N.E.S.C.O.	**0,3**	**0,2**	**0,2**	**2**
EPA / EPL	400	185		
◼ sur 🖺❹	1er janv 47 ⇝ 2 janv 47		600	
◼ sur 🖼❹	1er janv 47 ⇝ 2 janv 47		600	
◼ sur 🖼❸	1er janv 47 ⇝ 2 janv 47		550	
a - piquage double		90	54	
b - pli accordéon		120	72	
c - UNESCO blanc		12		

Année 1946			
748 á 771 (24 timbres)	**23,5**	**13,5**	**16**
B✈ 16 à 19 (4 timbres)	**17**	**9**	**4**

1947 - *Marianne de Gandon. (f 100) 1er janvier Typo.*
Dessin: Pierre Gandon. Gravure: Henri Cortot.

*Timbre non émis, avec surcharge "-10%", destinée à prendre en compte
la baisse de tarif du 2 janvier 1947. Mais on a préféré vendre le timbre
au guichet directement à 4f 50 sans lui avoir apposé de surcharge. Deux
feuilles auraient été surchargées dont une avec coin daté du 26 décembre
1946.*

719A 5f rose	**0,2**	**0,1**	**0,1**	**5**
EPL				
◼ sur 🖺❸	1er janv 47 ⇝ 2 janv 47		575	
◼ sur 🖼❸	1er janv 47 ⇝ 2 janv 47		557	
◼ sur 🖼	1er janv 47 ⇝ 2 janv 47		500	
a - "5" plus gros		7	4	
b - anneau-lune		26	17	11
c - dentelé tenant à non dent. (10 connus)	2 650	1 650		
d - impression défectueuse		6	4	
e - impression sur raccord		130	78	
f - légende partielle (surencrage)		5	3	
g - papier carton		2	1	
h - pli accordéon		100	60	
i - "S" final de "Postes" absent		20	12	8
719AA 5f rose sch. "-10%"	**1 350**			

1947 - *2ème série des cathédrales. Taille-douce. 6 janvier.
T 1 600 000 séries (f 50).*

D&G: Pierre Munier   *D&G: Charles Mazelin*

772 1f+1f St-Sernin de Toulouse	**1,1**	**0,8**	**1**	**6**
◼ sur 👁 ↺ 🐾	6 janv 47 ⇝ 23 ao×t 47		350	
773 3f+2f Notre-Dame du Port	**3**	**1,8**	**3**	**8**
a - impression sur raccord	165	100		

Dessin & gravure: G.-A. Barlangue

774 4fP3f St-Front de Périgueux   **1,5   1,2   1,5   6**

D&G: Albert Decaris   *D&G: Jules Piel*

775 6f+4f St-Julien du Mans   **1,5   1,1   1,5   7**

776 10f+6f Notre-Dame de Paris   **2,9   2,1   3   8**
  a - piquage à cheval   140   84

Série 772 à 776 (5 timbres)   10   7   10
  EPA/ EPL / EPC   800   235   500
  EPC en noir grand format   2 250

1947 *- Marianne de Gandon. (f 100) 23 janvier Typographie.*
Dessin: Pierre Gandon. Gravure: Henri Cortot.

718A 4f 50 bleu   **0,2   0,1   0,1   1**
  non dentelé   475   350
  EPL   45
  a - "4f 50" plus gros   30   20
  b - "5" de "4f 50" absent   50   30
  c - anneau-lune   30   18   12
  d - dentelé 3 côtés   170   115
  e - dentelé tenant à non dentelé   750   525
  f - "f" de "4f 50" absent   30   18   12
  g - impression défectueuse   4   3
  h - impression sur raccord   130   78
  i - impression recto-verso   25   15   10
  j - légende partielle (surencrage)   5   3
  k - lettres manquantes à "Postes"   17   10   6
  l - piquage à cheval   40   27
  m - pli accordéon   80   48   32
  n - "Postes" absent (surencrage)   45   27   18
  o - "RF" maigre   14   8   5
  p - signature "Gandon" absente   20   12   8

1947 *- Touristiques. Taille-douce. (f 50) Cannes.*
D&G: Pierre Gandon

777 6f Cannes, la Croisette   **1,4   0,8   0,5   2**
  a - impression incomplète   140   84
  b - impression sur raccord   165   100
  c - pli accordéon   130   78

Nancy: place Stanislas. repris en 1948. 10 février

Dessin & gravure: Raoul Serres.

778 25f Nancy   **4   2   0,3   2**
  EPA non adoptée "grandes grilles"   550
    ■ sur 🐕   10 fév 47 ➳ 30 avr 48   600
  a - dentelé 3 côtés   180   108
  b - impression (très) défectueuse   125   78
  c - impression recto-verso   80   48
  d - impression sur raccord   165   100
  e - piquage à cheval   80   48
  f - pli accordéon   130   78
    paire, EPA / EPL   350   130
  g - piquage décalé t à n   40
    EPC avec touristiques de 1946   550

1947 *- Journée du timbre 1947. Louvois . Taille-dce. Dess &*
grav: R. Serres. 15 mars (f 25)

T 2 200 000

779 4f 50P5f 50 Louvois   **1,4   0,7   1,3   4**
  EPA / EPL   140   60
  a - papier mince   12   7
  b - pli accordéon   110   66

1947 *- Marianne de Gandon.Typo. Dessin: Pierre Gandon.*
Gravure: Henri Cortot.Cérès de Mazelin.Typographie. Dessin:
Charles Mazelin. Gravure: M. Cortot. 8 avril (f 100)

678 1f 30 bleu	0,3	0,1	0,1	4
EPL		40		
a - impression (très) défectueuse	9	5		
b - impression sur raccord	130	78		

716B 3f 50 brun-rouge	0,8	0,4	0,4	4
EPL		45		
a - anneau-lune	30	18	12	
b - couleur chocolat foncé	2	1		
c - impression défectueuse	3	2		
d - impression sur raccord	165	100		
e - papier carton	5	3		
f - piquage à cheval	35	21		
g - pli accordéon	120	72		

1947 *- 12ème congrès de l'Union Postale Universelle. Vues de Paris. 7 mai. Taille-douce.*

T 2 500 000. Dessin & gravure: Achille Ouvré

780 3f 50 Le Louvre	0,4	0,2	0,4	2
a - dentelé 3 côtés	1 250	750		

T 4 600 000. Dessin & gravure: Jules Piel

781 4f 50 La Conciergerie	0,4	0,2	0,4	2
a - pli accordéon	110	66		

T 2 400 000. Dessin & gravure: Henry Cheffer

782 6f La Cité	1,1	0,6	1,1	3
a - couleur du fond rose	50	30		
b - impression sur raccord	165	100		
c - pli accordéon	110	66		

T 3 500 000. Dessin & gravure: René Cottet

783 10f Place de la Concorde	1,1	0,5	1,1	3
EPA sans faciale, légende "France"	2 000			
a - impression sur raccord	165	100		
b - pli accordéon	110	66		
c - bleu	3			

Série 780 à 783 (4 timbres)	3	1,5	3	
non dentelé (tirage 200)	400	285		
EPA/ EPL / EPC petit format	900	425	575	
EPC avec ✈n° 20			2 850	

1946 *(✈) - 12ème congres de l'U.P.U.*

T 525 000. Dess & grav: Pierre Gandon

✈20 500f Ponts de Paris	60	38	62	125
non dentelé (t. 200)	800	575		
feuille de 10	750			
EPA / EPL	1 400	600		
EPL petit format		700		
✉❷ Paris	7 mai 47			300

1947 *- 100ème ann. de la naissance de l'explorateur Auguste Pavie. Taille-dce. Dess & grav: Achille Ouvré. 30 mai (f 50)*

Effigie de l'écrivain François Fénelon. Taille-douce. Dess & grav: Charles Mazelin. 12 juillet (f 50)

T 2 000 000 *T 2 000 000*

784 4f 50 Pavie	0,4	0,1	0,2	4
EPA / EPL	135	55		
a - piquage à cheval	85	51		
b - pli accordéon	120	72		

785 4f 50 Fénelon	0,4	0,1	0,2	4
EPA / EPL	135	55		
a - pli accordéon	120	72		

1947 - *Marianne de Gandon (5ème série). (f 100)*
Typographie. Dessin: Pierre Gandon. Gravure: Henri Cortot.

25 juillet   15 juillet

716A 3f vert	2	0,9	0,3	1
a - anneau-lune	25	15	10	
b - impression défectueuse	10	6		
c - impression sur raccord	130	78		
d - légende partielle (surencrage)	6	4		
e - piquage à cheval	35	21		
f - pli accordéon	100	60		
g - "RF" ou "3" plus gros	10	6	4	
h - "T" de "Postes" absent	20	12	8	

719B 5f bleu	0,2	0,1	0,1	1
non dentelé (tirage 100)	475	350		
a - anneau-lune	45	27	18	
b - dentelé tenant à non dentelé	650	390		
c - impression incomplète	120	72		
d - impression sur raccord	130	78		
e - légende partielle (surencrage)	6	4		
f - piquage à cheval	35	21		
g - pli accordéon	85	50	34	
h - "RF" plus gros	8	5	3	
i - signature "Gandon" absente	25	15	10	

12 juillet

(A gauche: normal)

Mèches reliées (|44, 94)

Mèches reliées retouchée la
ligne rouge est prolongée
au bout du bonnet

Mèches croisées
(|15, 65)

721A 6f rose	0,2	0,1	0,1	1
non dentelé	475	350		
a - "6" plus gros	8	5	3	
b - anneau-lune	25	15	10	
c - couleur rose très pâle	7	4		
d - dentelé 3 côtés	150	90		
e - dentelé tenant à non dentelé	775	465		

f - "f" de "6f" absent	40	24	16	
g - impression (très) défectueuse	20	12		
h - impression incomplète	80	48		
i - impression recto-verso	60	36		
j - impression sur raccord	130	78		
k - légende partielle (surencrage)	6	4		
l - lettres manquantes à "Postes"	7	4		
m - mèches croisées tenant à normal	45	27	18	50
n - mèches reliées tenant à normal	45	27	18	50
o - mèches reliées, retouchée	80	60	35	85
tenant à normal	100	70	40	95
p - piquage à cheval	35	21		
q - pli accordéon	80	50	20	
r - signature "Gandon" absente	20	12	8	
s - les deux signatures absentes	20	12		
série, EPL		135		
EPC 3f, 5f, 6f			525	
EPC 3f 50, 4f 50, 5f			500	

1947 - *5ème anniversaire du débarquement britannique à Saint-Nazaire. Taille-dce. D: Gustave Joly. G: C. Mazelin. 2 août (f 50)*

Jamboree 1947. Emblème scout. Taille-douce. Dessin & gravure: Jules Piel. 2 août (f 50)

. T 1 800 000   T 2 900 000

786 6f+4f Saint-Nazaire	0,6	0,3	0,5	3
EPA / EPL	135	55		
a - pli accordéon	120	72		

787 5f Jamboree	0,4	0,2	0,3	3
EPA / EPL	1 250	400		
a - pli accordéon	120	72		

1947 - *Voie de la liberté. Taille-dce. Dess: C. Mazelin. Grav: C. P. Dufresne. 10 sept (f 50)*

Congrès anti-vénérien. Alfred Fournier. Taille-douce. Dess: P.-P. Lemagny. Grav: C. P. Dufresne. 2 oct (f 50)

T 1 900 000   T 1 900 000

788 6f+4f Voie de la liberté	1	0,7	0,9	4
EPA / EPL	135	55		
a - anneau sur la flamme tenant à normal	50	30	20	115
b - légende du bas absente	325	195		
c - pli accordéon	120	72		

789 2f+3f A. Fournier **0,4** **0,2** **0,3** **4**

EPA / EPL / EPC brun & bleu foncé	125	45	750
a - piquage à cheval	70	42	
b - pli accordéon	120	72	

1947 *- Résistance. Taille-dce. D: Paul-Pierre Lemagny. G: Charles Paul Dufresne. 10 nov (f 50)*

Cérès de Mazelin surchargée. Typo. Dess: Charles Mazelin. Grav: M. Cortot. 14 novembre (f 100)

T 2 500 000

T 18 000 000

790 5f Résistance **0,6** **0,3** **0,5** **3**

EPA / EPL	150	70	
EPC double en bleu et rouge			750
EPC double en noir			800
a - dentelé 3 côtés	170	102	
b - pli accordéon	120	72	
c - tenant à impression inversée sur bdf	285	245	

791 1f sur 1f 30 Cérès **0,2** **0,1** **0,1** **3**

EPL / EPC avec le 1f 30 non sch		60	475
a - impression défectueuse	3	2	
b - impression sur raccord	130	78	
c - piquage à cheval	55	33	
d - surcharge incomplète, sans "f"	170	102	
e - surcharge recto-verso	5	3	2
f - surcharge très déplacée	6	4	3

1947 *- Touristiques. Taille-douce. (f 50) 18 déc Abbaye de Conques (Aveyron). Timbre repris en 1948.*

Dessin & gravure: Pierre Gandon

792 15f Abbaye de Conques **4,5** **2,5** **0,9** **4**

EPA / EPL	165	60	
a - impression sur raccord	165	100	
b - piquage à cheval	70	42	
c - pli accordéon	130	78	

Année 1947			
772 á 792 (21 timbres)	28	17	22
✈20 (1 timbre)	62	38	65

1948 ✈ *- Héros de l'aviation française. 19 janvier (f 25) Taille-douce. Dessin & gravure: Pierre Gandon.*

T 970 000

✈21 50f+30f A. de St-Exupéry **3,5** **2** **3** **8**

■ sur 🐚	1ᵉʳ mai 48 ⇥ 5 juin 48			600
a - impression sur raccord	200	120		
b - pli accordéon	170	102		

T 970 000

✈22 100f+70f Jean Dagnaux **4,5** **2,5** **3,5** **10**

a - impression sur raccord	200	120	
paire, non dentelé (t. 250)	275	200	
paire, EPA / EPL / EPC	850	425	750

1948 ✈ *- 50ᵉᵐᵉ anniversaire du vol de l'avion de Clément Ader en 1897. Taille-douce. Dessin & gravure: Pierre Gandon. 23 février (f 25)*

T 1 500 000

✈23 40f+10f Avion de C. Ader **2** **1** **1,5** **8**

non dentelé(t. 250)	150	100	
EPA / EPL / EPC St-Ex & Dagneaux	400	200	800
a - "France" hachuré tenant à normal	30	20	10
b - pli accordéon	160	96	

1948 - *Entraide française.*
Louis Braille (1809-1852).
Taille-douce. Dess & grav:
Raoul Serres. (f 50) 19 jan

Journée du timbre: Arago
(1802-1892), directeur g^d des
postes. Taille-douce. D&G:
Raoul Serres. (f 50) 19 jan

Tirage 2 100 000

793 6f+4f **Braille**	**0,4**	**0,1**	**0,2**	**4**
EPA / EPL / Ess.Un /Ess.Multi	150	70	70	100
a - pli accordéon	120	72		
794 6f+4f **Arago**	**0,6**	**0,3**	**0,5**	**4**
EPA / EPL	150	75		
a - pli accordéon	120	72		

1948 - *Personnages célèbres de la Révolution de 1848.*
Taille-douce. 5 avril. T 2 000 000 séries. (f 50).

Alphonse de Lamartine (poète)
(1790-1869)

A.-A. Ledru-Rollin (ministre en 1848)
(1807-1874)

D: P.-P. Lemagny. G: R. Cottet.

D: P. Gandon. G: C. Mazelin.

795 1f+1f **Lamartine**	**1,5**	**1**	**1,5**	**6**
a - pli accordéon	130	78		
796 3f+2f **Ledru-Rollin**	**1,5**	**1**	**1,5**	**6**
a - pli accordéon	130	78		

Louis Blanc (membre du Gouvern-
ement provisoire) (1811-1882)

A. M. Albert (commune de 1848)
(1815-1895)

D&G: Charles Mazelin.

D&G: Henry Cheffer.

797 4f+3f **Louis Blanc**	**1,5**	**1**	**1,5**	**6**
a - pli accordéon	130	78		
798 5f+4f **Albert**	**3,5**	**2**	**3,5**	**6**
a - pli accordéon	130	78		

Pierre Joseph Proudhon (théoricien
socialiste) (1809-1865)

Louis-Auguste Blanqui (Révolution
de 1848) (1805-1881)

D&G : Jules Piel.

D&G : Achille Ouvré.

799 6f+5f **Proudhon**	**3**	**1,5**	**3**	**6**
a - pli accordéon	130	78		
800 10f+6f **Blanqui**	**3**	**1,5**	**3**	**8**
a - pli accordéon	130	78		

Armand Barbès (gouvernement
insurrectionnel de 1848) (1809-1870)

Monseigneur Denis-Auguste Affre
(archevêque) (1793-1848)

D&G : Raoul Serres.

D: P.-P. Lemagny. G: E. Feltesse.

801 15f+7f **Barbès (t. 500)**	**3,5**	**2**	**3,5**	**8**
a - pli accordéon	130	78		
802 20f+8f **Msg. AFFRE**	**3,5**	**2**	**3,5**	**9**
a - pli accordéon	130	78		

Série 795 à 802 (8 timbres)	21	12	21	
non dentelé (tirage 500) / Ess.Uni	275	200		480
EPA/ EPL/ EPC	900	325	650	

1948 - *Marianne de Gandon (6ème série). 10 mai (f 100)*
Typographie. Dessin: Pierre Gandon. Gravure: Henri Cortot.

806 3f rose-lilas	0,2	0,1	0,1	4
a - anneau-lune	25	15	10	
b - "f" de "3f" absent	22	13	8	
c - impression défectueuse	5	3		
d - impression sur raccord	130	78		
e - légende partielle (surencrage)	8	5	4	
f - piquage à cheval	45	27		
g - pli accordéon	75	45		

807 4f vert-bleu	0,2	0,1	0,1	3
a - anneau-lune	25	15	10	
b - "f" de "4f" absent	23	13	8	
c - impression sur raccord	130	78		
d - légende partielle (surencrage)	5	3		
e - lèvre supérieure fendue	5	3		
f - pli accordéon	75	45		

811 10f lilas	0,2	0,1	0,1	1
a - anneau-lune	25	15	10	
b - "f" de "10f" absent	30	18	12	
c - impression sur raccord	130	78		
d - piquage à cheval	50	30		
e - pli accordéon	75	45		
série, EPL / EPLC	150	750		

1948 - *Touristiques. Taille-douce.*

D&G : Albert Decaris

803 12f Palais du Luxembourg	3,3	1,8	0,6	2
EPA / EPL				
a - impression sur raccord	165	100		
b - pli accordéon	110	66		

804 15f Luxembourg p 692	0,8	0,5	0,6	

Abbaye de Conques (Aveyron). Reprise du timbre de 1947.
10 mai (f 50)

D&G: Pierre Gandon

805 18f Abbaye de Conques	4,5	3	0,5	3
EPA / EPL / EPC av Lux 12f, Conques 15f	150	60	475	
a - impression sur raccord (10 connus)	750	450		
b - pli accordéon	120	72		
c - pluie sur le paysage	15			

Série Marianne de Gandon 1948-49

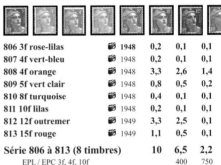

806 3f rose-lilas	1948	0,2	0,1	0,1
807 4f vert-bleu	1948	0,2	0,1	0,1
808 4f orange	1948	3,3	2,6	1,4
809 5f vert clair	1948	0,8	0,5	0,2
810 8f turquoise	1948	0,4	0,1	0,1
811 10f lilas	1948	0,2	0,1	0,1
812 12f outremer	1949	3,3	2,5	0,1
813 15f rouge	1949	1,1	0,5	0,1

Série 806 à 813 (8 timbres)	10	6,5	2,2	
EPL / EPC 3f, 4f, 10f		400	750	

1948 - *1er congrès international du B.C.G. 18 juin 1948*
bactériologiste Calmette (1863-1933). Taille-dce. D&G:
H. Cheffer.

T 1 800 000 (f 50)

814 6f+4f Calmette	1,1	0,5	0,8	4
EPA / EPL				

1948 - *1er anni de la mort du général Leclerc.*
Taille-douce. D&G: R. Serres. 3 juillet (f 50)

T 8 100 000

815 6f Général Leclerc	0,4	0,2	0,3	1
non dentelé (tirage 500)	55	40		
EPA / EPL	140	60		

a - impr dble dont 1 inversée (3 connus)		8 750
b - impression sur la gomme	235	140
c - impression sur raccord	165	100
d - impression recto-verso	250	150
e - piquage à cheval	60	36
f - pli accordéon	110	66

1948 - Chateaubriand (1768-1848), écrivain, vue du château de Combourg. Taille-douce. D: P.-P. Lemagny. G: G.-A. Barlangue

3 juillet. T 2 400 000 (f 50)

816 18f Chateaubriand	**0,4**	**0,2**	**0,3**	**4**
non dentelé (tirage 500)	50	35		
EPA / EPL	115	55		
a - pli accordéon	110	66		

1948 - Barrage de Génissiat, dans l'Ain. Taille-douce. D&G: Gabriel-Antoine Barlangue. 21 sept (f 50)

T 2 000 000

817 12f Barrage de Génissiat	**1,1**	**0,4**	**1**	**3**
non dentelé (tirage 500)	50	35		
EPA / EPL	135	55		
a - impression sur raccord	165	100		

1948 - 3ème assemblée gale des Nations-Unies . Taille-douce. Dessin & gravure: Albert Decaris (12f), Albert Decaris & Jules Piel (18f). 21 septembre (f 50)

T 3 000 000

818 12f Palais de Chaillot	**0,5**	**0,3**	**0,4**	**3**

T 3 500 000

819 18f Palais de Chaillot	**0,5**	**0,3**	**0,4**	**3**
a -C barré à France	30			
paire, non dentelé (tirage 500)	350	250		
paire, EPA / EPL / EPAC	700	350	500	
paire, ✉❷ Chaillot (bᵐ temporaire)	21 sept 48			25

1948 - Marianne de Gandon (7ème série). (f 100)
Typo. Dessin: Pierre Gandon. Gravure: Henri Cortot.

15 décembre	15 décembre

808 4f orange	**3,3**	**2,6**	**1,4**	**8**
a - anneau-lune	30	20	12	
b - couleur moutarde foncé	6	4		
c - impression défectueuse	7	4		
d - impression sur raccord	130	78		
e - légende partielle (surencrage)	8	5		
f - pli accordéon	90	55		

809 5f vert clair	**0,8**	**0,5**	**0,2**	**1**
a - anneau-lune	25	16	8	
b - couleur vert très pâle	3	2		
c - impression défectueuse	3	2		
d - impression sur raccord	130	78		
e - piquage à cheval	30	18		
f - pli accordéon	75	45		

4 octobre

810 8f turquoise	**0,4**	**0,1**	**0,1**	**1**
a - "8" plus gros	8	5	3	
b - anneau-lune	25	15	10	
c - impression sur raccord	130	78		
d - piquage à cheval	50	30		
e - pli accordéon	75	45		
f - signature "Gandon" absente	20	12	8	
g - les deux signatures absentes	15	10	6	
série, EPL		150		

1948 - Paul Langevin.
Taille-dce. D&G: C.Mazelin.
17 nov (f 50)

Jean Perrin. Taille-douce.
Dess & grav: P. Gandon.
17 nov (f 50)

T 2 900 000	*T 2 900 000*

820 5f Paul Langevin	**0,7**	**0,2**	**0,1**	**2**

a - impression sur raccord	130	78		
821 8f Jean Perrin	**0,7**	**0,2**	**0,1**	**2**
a - impression sur raccord	130	78		
b - pli accordéon	90	54		
paire, non dentelé (tirage 500)	55	40		
paire, EPA / EPL / EPC	225	100	200	

Timbre non-émis: couleur vert-jaune au lieu de vert-bleu

821A Jean Perrin: non émis   675   475

1948 - *Touristiques.Taille-douce. (f 50)*

10 décembre. T 8 000 000. D&G: Albert Decaris

804 15f Palais du Luxembourg	**0,8**	**0,5**	**0,5**	**4**
EPA / EPL	150	60		
a - impression recto-verso	35	21		
b - impression sur raccord	165	100		

9 décembre. T 8 000 000. D&G: Raoul Serres.

822 25f Nancy	**13,5**	**7,5**	**1,2**	**4**
EPA / EPL	150	60		
a - impression sur raccord	165	100		
b - piquage à cheval	185	110		
c - pli accordéon	140	84		

Année 1948
793 á 822 (30 timbres)	59	34	30
✈ 21 à 23 (3 timbres)	10	5,5	8

1949 - *Marianne de Gandon (8ᵉᵐᵉ série). (f 100) Typo.*
Dessin: Pierre Gandon. Gravure: Henri Cortot.

17 jan	*27 jan*

827 =5f sur 6f rose	**0,2**	**0,1**	**0,1**	**1**
EPL		75		
a - impression double	450	270		
b - mèches croisées tenant à normal	30	18	12	
c - mèches reliées, non retouché tenant à normal	270	180	120	
d - mèches reliées, retouché tenant à normal	30	18	12	
e - sch barres omises (pliage) (5 connus)	1 600	960		
f - surcharge à cheval	30	18	12	
g - surcharge doublée	750	450		
h - surcharge recto-verso	9	5,5		

812 12f outremer	**3,3**	**2,5**	**0,1**	**2**
non dentelé	50	35		
EPL		50		
EPL en noir		375		
a - "12" plus gros	11	7	5	
b - anneau-lune	25	15	10	
c - "f" de "12f" absent	45	27	18	
d - impression sur raccord	130	78		
e - légende partielle (surencrage)	8	5		
f - "P" de "Postes" absent	15	9	6	
g - papier carton	6	4		
h - piquage à cheval	50	30		
i - pli accordéon	75	45		
j - "RF" plus gros	11	7	4	

Type I

Type II

mèches supplémentaires

10 janvier

813 I 15f rouge, t. I	**1,1**	**0,5**	**0,1**	**1**
non dentelé	35	25		
EPL		50		
EPL en noir		375		
a - "15" plus gros	8	5		
b - anneau-lune	20	12	8	
c - dentelé 3 côtés	150	90		
d - "f" de "15f" absent	33	22	15	
e - impression incomplète	120	72		
f - impression recto-verso	45	27		
g - impression sur raccord	130	78		
h - légende partielle (surencrage)	6	4		
i - "P" ou "T" de "Postes" absent	12	7	4	
j - piquage à cheval	45	27		
k - pli accordéon	70	42		
l - "RF" plus gros	10	6	4	
m - signature "Gandon" absente	20	12		
n - les deux signatures absentes	10	6	4	

813 II 15f rouge, type II	**22**	**13**	**6**	**8**
faux de Marseille	66	43		

1949 - *Série des métiers. Surtaxe au profit de la CroixRouge (qui remplace l'entraide française). Taille-douce. Emission: 14 fév. T 1 600 000 séries (f 50).*

D&G: Albert Decaris

D&G: Henry Cheffer

823 3f+1f Agriculteur	**0,9**	**0,6**	**1**	**15**
a - pli accordéon	110	66		
824 5f+3f Pêcheur	**1**	**0,6**	**0,9**	**13**
a - double galon tenant à normal	60	36	24	

D&G: Albert Decaris   *D&G: Pierre Gandon*

825 8f+4f Mineur	**1**	**0,6**	**0,9**	**12**
826 10f+6f Métallurgiste	**1,1**	**0,6**	**1**	**11**
a - pli accordéon	110	66		
Série 823 à 826 (4 timbres)	**4**	**2,4**	**3,8**	
non dentelé (t. 500)	140	85		
EPA / EPL /EPC	500	225	400	
827 Gandon =5f s 6f rose 🎁 1949	**0,1**	**0,1**	**0,1**	

1949 - *Journée du timbre. Choiseul Taille-dce. D&G: R. Serres. 26 mars (f 25)*

Expéditions polaires françaises. Taille-douce. Dessin & gravure: Pierre Gandon. 2 mai (f 50)

T 1 800 000   *T 3 400 000*

828 15f+5f Choiseul	**1,1**	**0,6**	**1**	**4**
non dentelé (tirage 275)	110	75		
EPA / EPL	200	90		
a - pli accordéon	130	78		

829 15f Expéditions polaires	**0,4**	**0,1**	**0,3**	**2**
a - legende blanche	10			
non dentelé	110	75		
EPA / EPAL	400	175		

1949 ✈ - *Vues stylisées des villes de France. (f 25) Taille-douce. Dessin & gravure: Albert Decaris.*

27 avril. T 85 000 000

✈**24 100f Lille**	**1,5**	**1**	**0,5**	**5**
a - couleur: noir au lieu de brun	50	30		
b - impression sur raccord	200	120		
c - piquage à cheval	130	78		
d - pli accordéon	190	115		

23 juin. T 8 200 000

✈**25 200f Bordeaux**	**15,5**	**8**	**1**	**10**
a - papier carton	70	42	28	
b - piquage à cheval	200	120		

23 juin. T 3 200 000

✈**26 300f Lyon**	**20**	**12**	**12**	**20**

1er juillet. T 2 800 000

✈**27 500f Marseille**	**73**	**39**	**6,5**	**11**
Série ✈24 à 27 (4 timbres)	**110**	**60**	**20**	
non dentelé (t. 450)	550	425		
série, EPA / EPL /EPC	1 350	600	1 150	

1949 - *Centenaire du timbre (CITEX): Cérès de Barre et Marianne de Gandon. Taille-douce (feuilles de 10 bandes). 9 mai.*

T 2 500 000 bandes

830 Cérès, 15f rouge	**4**	**2**	**4**	**15**
831 Cérès, 25f bleu	**4**	**2**	**4**	**15**
832 Marianne, 15f rouge	**4**	**2**	**4**	**15**
833 Marianne, 25f bleu	**4**	**2**	**4**	**15**
833A Bande du centenaire	**18**	**10**	**16**	
a - dentelure inversée (tirage 200)	2 750	2 000		
série, EPA / EPL / EPC	1 350	600	850	
EPC petit format			900	

1949 - *Blasons des provinces françaises (4ème série). 11 mai. Typographie. Dessin: R. Louis. Gravure: J. Piel (Bourgogne), H. Cortot (Guyenne, Auvergne), G.Hourriez (Savoie). (f 100)*

834 10c Bourgogne	**0,2**	**0,1**	**0,1**	**2**
a - avec bord publicitaire "Provins"	70	42		
b - couleur jaune absente	550	330		
c - couleurs très décalées	40	24		
d - piquage à cheval	35	21		
e - pli accordéon	70	42		
835 50c Guyenne	**0,2**	**0,1**	**0,1**	**2**
a - anneau-lune	20	12	8	
b - couleurs très décalées	40	24	16	
c - impression défectueuse	3			
d - pli accordéon	70	42		

14 mai

836 1f Savoie	**0,5**	**0,2**	**0,2**	**1**
a - anneau-lune	25	15	10	
b - couleurs très décalées	40	24	16	
c - impression défectueuse	3			
d - impression sur raccord	130	78		
e - pli accordéon	70	42		
837 2f Auvergne	**0,5**	**0,2**	**0,2**	**3**
a - anneau-lune	25	15	10	
b - couleurs très décalées	40	24	16	
c - impression défectueuse	3			
d - impression sur raccord	130	78		
e - pli accordéon	70	42		
838 4f Anjou	**0,4**	**0,2**	**0,2**	**3**
a - couleurs très décalées	40	24	16	
b - dentelé tenant à non dentelé	475	285		
c - impression défectueuse	5	3	2	
d - impression sur raccord	130	78		
e - piquage à cheval	55	33		
f - pli accordéon	70	42		
Série 834 à 838 (5 timbres)	**1,8**	**0,8**	**0,8**	
non dentelé	75	50		
EPL /EPC		200	350	
EPC de décomposition, chaque		400		

1949 - *600ème anniversaire du rattachement du Dauphiné à la France (1349). Taille-dce. Dess: A. Spitz. Grav: C. Mazelin. 14 mai (f 50)*

T 2 500 000

839 12f Rattachement du Dauphiné	**0,4**	**0,2**	**0,2**	**2**
non dentelé	40	27		
EPA / EPL	140	65		

1949 - *Amitié franco-américaine. 14 mai (f 25) Taille-douce. Dessin: Subes. Gravure: Pierre Gandon.*

T 2 600 000

840 25f Amitié franco-américaine (t. 275)	**0,6**	**0,3**	**0,5**	**2**	
non dentelé (tirage 275)/ Ess.Uni / Ess.Multi	115	80	125	185	
EPA / EPL	235	115			

a - couleur bleu unicolore	1 300	780	
b - couleurs très décalées	50	30	20
c - pli accordéon	120	72	

Essai d'impression en typographie, non émis. T 100

840A France-Amér., typographié   **675**   **475**

non dentelé	875	600
EPL de décomposition		1 000
a - violet au lieu de bleu clair (tir: 25)	950	615

1949 - *CITEX. Bloc émis pour le centenaire du timbre français. Taille-douce (blocs de 10). Dessin: Jacques-Jean Barre. Gravure: Pierre Gandon. 1ᵉʳ juin.*

Vendus: 725 000 blocs

841 10f vermillon Cérès   **72**   **35**   **52**   **75**

non dentelé (tirage 200) / Ess.Uni	2150	1650	900
EPA / EPL / EPC avec série du centenaire	800	400	1 600
EPL petit format		650	
a - bande horiz. de 3 avec marge sup.	230	160	220
b - couleur noire au lieu de rouge	2 500	1 750	
c - tbre et légende très décalés à gauche	750	450	

BF5 Bloc CITEX   **930**   **600**   **600**

non dentelé	22 500	17 500

1949 - *Touristiques. Taille-douce. (f 50) Saint-Bertrand-de-Comminges.*

20 juillet. T 132 000 000. D&G: Pierre Gandon

841A 20f St-Bertrand de Comminges   **0,3**   **0,1**   **0,1**   **1**

a - impression dépouillée	70	42
b - impression sur raccord	165	100
c - pli accordéon	110	66

Abbaye de Saint-Wandrille (timbre repris en 1951).

18 mai. T 133 000 000. D&G: Henry Cheffer

842 25f Abbaye St-Wandrille   **0,4**   **0,2**   **0,2**   **1**

a - bleu clair au lieu d'outremer	185	110
b - dentelé 3 côtés	170	112
c - impression sur raccord	165	100
d - piquage à cheval	75	45
e - pli accordéon	135	88

Vallée de la Meuse (Ardennes).

23 juin. T 74 000 000. D&G: René Cottet

842A 40f Vallée de la Meuse   **16,5**   **9**   **0,3**   **1**

a - impression sur raccord	165	100
b - piquage à cheval	110	66
c - pli accordéon	135	80

Le mont Gerbier-de-Jonc (Vivarais).

3 juin. T 127 000 000. D&G: Pierre Munier

843 50f Mont Gerbier-de-Jonc   **2,8**   **1,7**   **0,2**   **1**

a - couleur noir au lieu de brun-violet	45	27	18	45
b - dentelé 3 côtés	170	102		
c - impression sur raccord	135	80		
d - piquage à cheval	60	36		
e - pli accordéon	100	60		

Série 841A à 843 (4 timbres) 20 11 0,8

non dentelé	150	110
EPA / EPL/ EPC	450	215	450

1949 - *Congrès International de Télégraphie et de Téléphonie. Taille-douce. 13 juin. (f 50)*

Claude Chappe (ingénieur)
(1763-1805)

F. Arago (physicien & astronome)
& A. M. Ampère (physicien)

T 2 900 000. D&G: Achille Ouvré   *T 3 390 000. D&G: René Cottet*

844 10f Chappe   1   0,6   0,9   3

845 15f Arago et Ampère   1   0,6   0,9   2

Emile Baudot (ingénieur) (1845-1903)

T 2 900 000. D&G: Achille Ouvré   *T 3 390 000. D&G: René Cottet*

846 25f Baudot   2,5   1,8   2,5   3

a - impression sur raccord	165	100

846A Baudot, non émis   4 350 3 000 3 000 4 250

EPA / EPL	6 500	1 400

Général Ferrié (spécialiste de la télégraphie sans fil) (1868-1932)

T 2 585 000 (f 50). D&G : Pierre Munier

847 50f Général Ferrié   5   2,6   3,5   6

Série 844 à 847 (4 timbres)   9,5   5,6   8

non dentelé	275	200	
EPA / EPL /EPC avec ✈n°28	650	275	1 000
EPC petit format			750
série, ✉❷ Paris - Congrès	13 juin 49		300

1949 **(✈)** - *CITT, pont Alexandre III, à Paris*
T 1 600 000 (f 25) D&G: P. Gandon

✈28 100f Pont Alexandre III   7   5   7   15

non dentelé (t. 275)	325	235
EPA / EPL	800	375

1949 - *250ème anniv. de la mort de Jean Racine. Taille-dce. Dess: André Spitz. Grav: Achille Ouvré. 4 juillet (f 50)*   *50ème anniv. de l'assemblée des présidents de chambres de commerce. Taille-dce. Dess: André Spitz. Grav: Pierre Munier 18 oct (f 50)*

T 2 800 000   *T 2 800 000*

848 12f Jean Racine   0,4   0,2   0,3   2

non dentelé	35	25
EPA / EPL	140	65

849 15f Chambres de commerce   0,2   0,2   0,3   2

non dentelé	35	25
EPA / EPL	135	55
a - pli accordéon	100	60

1949 - *75ème ann. de l'U. P. U. Taille-douce. Dessin: André Spitz. Gravure: René Cottet. 7 novembre. (f 50)*

T 2 000 000

850 5f vert U.P.U.   0,3   0,2   0,3   2
a - impression sur raccord   210   140
b - pli accordéon   160   96

T 3 000 000

851 15f rouge U.P.U.   0,4   0,2   0,3   2
a - impression sur raccord   165   100
b - piquage à cheval   100   60

T 2 000 000

852 25f bleu U.P.U.   1,3   1,1   1,2   3
a - piquage à cheval   100   60
b - pli accordéon   135   80
série, non dentelé   800   600
série, EPA / EPL / EPC   1 900   900 1 650

852A Non émis, 25f carmin   1 750 1 200

852B Non émis, 25f outremer   1 600 1 100

1949 - *Personnages célèbres du XVIIIème siècle.*
Taille-douce. 14 novembre. T 1 400 000 séries (f 25).

Montesquieu (écrivain) (1689-1755)   Voltaire (écrivain) (1694-1778)

D: P.-P. Lemagny. G: C. P. Dufresne.   D&G: Charles Mazelin.

853 5fP1f Montesquieu   3,5   2   4   9

854 8fP2f Voltaire   3,5   2   4   8

Antoine Watteau (peintre) (1684-
1721), d'ap. François Boucher   Buffon (naturaliste) (1707-1788)

D&G: Henry Cheffer.   D&G: G.-A. Barlangue.

855 10f+3f Watteau   4   2,5   5   10
856 12f+4f Buffon   5   2,5   6   10

Dupleix (administrateur) (1697-   Turgot (économiste) (1727-1781)
1763), d'ap. Sergent

D&G: Raoul Serres.   D: Ducreux. G: A. Ouvré.

857 15f+5f Dupleix   5   3   6,5   10
858 25f+10f Turgot   6   4   6,5   13
Série 853 à 858 (6 timbres) 27   16   32
non dentelé (tirage 300)   385   285
EPA/ EPL/ EPC   800   350   700

1949 - *Série des saisons. Taille-douce. D&G: J. Piel. 19 déc.*
T 1 300 000 séries (f 25).

859 5f+1f Printemps   2   1,2   1,5   4
a - papier carton   8   5

860 8f+2f Eté   2,5   1,5   2,5   4
a - jaune unicolore (brun absent)   265   160
b - papier carton   10   6
c - pli accordéon   135   85
d - ombre courte tenant à normal   11   6

| 861 12fP3f Automne | 2,5 | 2 | 2,5 | 5 |

| 862 15fP4f Hiver | 4,5 | 2,3 | 4 | 7 |
| a -A la buche | 60 | | | |

Série 859 à 862 (4 timbres) 11,5 7 10,5
non dentelé (tirage 300) / Ess.Uni	385	285	720
EPA/ EPL/ EPC	800	350	600
EPC en noir grand format			1 650

Année 1949
823 à 862 (42 timbres)	164	89	129
Bande 833A (1 bande)	18	10	16
BF5 (1 Bloc)	930	600	600
✈24 à 28 (5 timbres)	117	65	27

1950 ✈ *- Vues stylisées des villes de France. Taille-douce. D&G: A. Decaris, et J. Combet pour le cadre du timbre "Paris". 16 janvier (f 10)*

T 1 140 000

✈29 1000f Paris 170 100 32 80
non dent. (t. 200) / Ess.Uni/Ess.			
Multi	825	625	1 400
EPA / EPL	2 250	900	
EPL en brun	1 250		
EPL papier bleu	1 350		
feuille de 10	2 000		
▪ s carte abonnement 🖅 16 janv 50 ➛ 10 avr 54			400

Essai non adopté du timbre "1000f Paris", gravé par Albert Decaris. Existe en plusieurs couleurs.

✈29A 1000f Paris: non adopté 400 285
| EPA | 850 | |

1950 - Journée du timbre. Taille-douce. Dessin & gravure: Albert Decaris. 11 mars (f 25)

Raymond Poincaré (1860-1934). Taille-douce. Dessin & gravure: Pierre Gandon. 27 mai (f 50)

T 1 300 000   *T 3 800 000*

863 12f+3f Facteur rural 4 2,4 3,5 6
non dentelé (tirage 300)	125	85	
EPA / EPL	200	100	
a - pli accordéon	135	80	

864 15f Poincaré 0,4 0,1 0,2 2
| non dentelé | 40 | 30 | |
| EPA/ EPL | 135 | 55 | |

1950- Charles Péguy Vue de la cathédrale de Chartres. Taille-dce. Dessin & gravure: Pierre Gandon. 12 juin (f 50)

François Rabelais D'après Léonard Gastien. Taille-dce. Dess & grav: A. Decaris. 26 juin (f 50)

T 3 000 000   *T 2 800 000*

865 12f Péguy 0,4 0,1 0,2 2
non dentelé / ⊠✍	40	30	75
EPA / EPL	135	55	
a - noir au lieu de brun-noir	185	120	

866 12f Rabelais	0,8	0,3	0,6	2
non dentelé	40	30		
EPA / EPL	135	55		
a - impression très défectueuse	110	66		
b - impression sur raccord	165	100		

1950 - Personnages célèbres de la Révolution de 1789. Taille-douce. 10 juillet. T 1 200 000 séries (f 25).

A.-M. de Chénier (poète)   Jacques-Louis David (peintre)
(1762-1794), d'ap. J.-B. Suvée   (1748-1825) (autoportrait)

D&G: G.-A. Barlangue   D&G: René Cottet

867 5f+2f Chenier	13	7	12	20
a - pli accordéon	120	72		

Lazare Carnot (député en 1791)   Georges-Jacques Danton

D&G: Henry Cheffer   D: Lemagny. G: Dufresne.

869 10f+4f Carnot	14	7,5	13	20
a - pli accordéon	120	72		

870 12f+5f Danton	15	7,8	13	20
a - pli accordéon	120	72		

Maximilien de Robespierre (comité   Lazare Hoche (général)
de salut public de 1793) (1758-1794)   (1768-1797), d'ap. E. Thorigny

D&G: Charles Mazelin   D&G: Achille Ouvré

871 15f+6f Robespierre	18	8	15	25
a - pli accordéon	120	72		

872 20f+10f Hoche	18	8	15	25
a - pli accordéon	120	72		

Série 867 à 872 (6 timbres)	90	45	80	
non dentelé (tirage 300)/ Ess.Multi	385	285		900
EPA/ EPL/ EPC	800	350	700	
EPC en noir grand format			1 650	
série, ✉❷ Paris		10 juil 50		875

1950 - Château de Châteaudun. 27 novembre (f 50). Taille-douce. Dessin & gravure: Pierre Gandon.

T 2 900 000

873 8f Château de Chateaudun	0,7	0,3	0,5	2
non dentelé / Ess.Uni/Ess.Multi	40	30	60	90
EPA / EPL	135	55		
a - couleur bistre absente	340	214		
b - papier carton	11	7		

*1950 - Marquise de Sévigné.   Mme Récamier .Taille-douce.
Taille-douce. Dess. & grav.: A.   Dessin: P.-P. Lemagny.
Ouvré. 27 novembre (f 50)   Gravure: C. Mazelin. ♀
                                  21 d''cembre (f 50)*

T 3 000 000   T 3 000 000

874 15f Madame de Sévigné	0,6	0,3	0,5	2
875 12f Madame Récamier	0,6	0,3	0,5	2
a - bleu-vert au lieu de vert	65	40		
b - ½ cercle sur "1849"	75	45		
c - impression sur raccord	165	100		
paire, non dentelé	90	60		
paire, EPA / EPL / EPC	265	115	250	

1950 - *Croix-Rouge.*
Taille-douce. D&G: Jules Piel. 22 écembre (f 25)

Portrait de Brongniart enfant,
par Houdon   *L'amour, par Falconnet*

876 8f+2f Alex Brongniart	**2,5**	**1,7**	**2,2**	**7**
877 15f+3f L'amour	**3**	**1,8**	**2,5**	**7**
a - croix brune au lieu de rouge	90	54		
✉❷ Paris - Musée Postal	22 déc 50	325		

Année 1950

863 à 877 (15 timbres)	103	52	90
✈29 (1 timbre)	170	100	32

1951 - *Palais de Fontainebleau: Cour des adieux. Taille-douce. Dessin & gravure: Albert Decaris. 22 janvier (f 50)*

T 2 600 000

878 12f Palais de Fontainebleau	**1**	**0,6**	**0,8**	**3**
non dentelé	55	40		
EPA non adoptée "château de face"	500			
EPA / EPL / EPC avec Chateaudun	150	60	250	
a - pli accordéon	110	66		

1951 - *Journée du timbre.*   *Jules Ferry Taille-douce.*
Tri postal dans un wagon-   *Dessin & gravure: René*
poste. Taille-douce. Dessin &   *Cottet. 19 mars (f 25)*
gravure: Albert Decaris.
10 mars (f 25)

T 1 600 000   *T 3 000 000*

879 12f+3f Tri postal	**4**	**3**	**4**	**7**
non dentelé (tirage 300)	100	75		
EPA / EPL	200	100		
a - gris-bleu au lieu de gris-violet	120	72		
b - pli accordéon	160	96		
880 15f Jules Ferry	**0,5**	**0,3**	**0,5**	**2**
non dentelé (tirage 300)	60	45		
EPA / EPL	135	60		
✉❷ Saint-Dié	17 mars 51			200
a - piquage à cheval	70	42		

1951 - *Industrie textile.*   *Jean-Baptiste de la Salle*
Taille-dce. D&G: Albert   *Taille-dce. D&G: Pierre*
Decaris. 9 avril (f 50)   *Gandon. 20 avril (f 50)*

T 2 800 000   *T 3 000 000*

881 25f Industrie textile	**1**	**0,6**	**0,6**	**4**
non dentelé	50	35		
EPA / EPL	115	45		
882 15f J.-B. de la Salle	**0,6**	**0,3**	**0,5**	**2**
non dentelé	55	40		
EPA / EPL	135	55		
a - noir au lieu de brun-lilas	135	80		
b - impression sur raccord	165	100		

1951 - *Marianne de Gandon (9ème série). (f 100) Typographie.*
Dessin: Pierre Gandon. Gravure: Henri Cortot.

2 mai   *2 mai*   *2 mai*

883 5f violet	**0,4**	**0,1**	**0,1**	**2**
a - "5" plus gros	7	4		
b - anneau-lune	30	18	12	
c - impression (très) défectueuse	5	3		
d - impression sur raccord	130	78		
e - légende partielle (surencrage)	4	3		
f - lettres manquantes à "Postes"	13	8	5	
g - piquage à cheval	40	24		
h - pli accordéon	110	66		
i - "RF" plus gros	9	6	4	
j - signature "Gandon" absente	20	12	8	
884 6f vert	**6,5**	**3,5**	**0,6**	**2**
a - anneau-lune	30	18	12	
b - "E" de "Postes" absent	14	9	6	
c - impression défectueuse	135	80		
d - impression sur raccord	130	78		
e - mèches croisées tenant à normal	160	96	62	
ea -idem non dentelés	220	120	40	
f - mèches reliées, retouché tenant à normal	160	96	62	
fa - idem non dentelés	220	120	40	
g - piquage à cheval	45	30		
h - pli accordéon	130	78		
i - "RF" maigre	11	7	4	
j - signature "Gandon" absente	35	21	14	

885 12f orange   **0,9   0,3   0,1   1**

a - "12" plus gros	7	4
b - anneau-lune	25	15	10
c - "f" de "12f" absent	30	20	13
d - impression défectueuse	6	4
e - impression sur raccord	130	78
f - piquage à cheval	40	24
g - piquage double	85	51
h - pli accordéon	125	75
i - signature "Gandon" absente	20	12	8

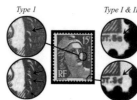

1er mai (↺20, ✎)   *1er mai*

Type 1   Type I & II

T. II & III: mèches   T. III (✎): signature
supplémentaires   décalée à droite du
                                       cadre, dentelure
                                       verticale massicotée

886 I 15f outremer, type I   **0,2   0,1   0,1   1**

a - "15" plus gros	7	4
b - anneau-lune	25	15	10
c - dentelé 1 ou 3 côtés	120	72
d - dentelé tenant à non dentelé	285	170
e - "f" de "15f" absent	25	15	10
f - impression défectueuse	4	3
g - impression incomplète	100	60
h - impression recto-verso	55	33
i - impression sur raccord	130	78
j - lettres manquantes à "Postes"	11	7	4
k - piquage à cheval	65	39
l - piquage double	130	78
m - pli accordéon	135	80	54
n - "RF" plus gros	7	5
o - signature "Gandon" absente	13	8	5
faux pour tromper la poste	800	550	220

886 II 15f outremer, t. II   **10   6   2   4**

a - impression sur raccord	575	345

886 III 15f outremer, t. III   **55   35   12   250**

887 18f rose carminé   **20   10   1,6   6**

a - anneau-lune	60	40	26
b - "f" de "18f" absent	110	66	44
d - impression sur raccord	200	120
e - paire avec décalage de dentelure	90	54
f - pli accordéon	160	96
g - T et E de Postes reliées	45	30

Série 883 à 887 (5 timbres)   **28   14   2,5**

non dentelé	125	85
EPL/ EPC		225	400
EPL en noir, chaque		350

1951 - *Abbaye Saint-Wandrille. Taille-douce.Dessin & gravure: Henry Cheffer. 1er mai (f 50)*

T 6 000 000

888 30f Abbaye St-Wandrille   **5,5   3,8   4,5   8**

non dentelé	50	35
EPA / EPL	135	55
a - pli accordéon	130	78

1951 - *50ème anniversaire de la création des troupes coloniales. Taille-douce. Dessin: Robert Louis. Gravure: Pierre Munier. 15 mai (f 50)*

T 2 850 000

889 15f Troupes coloniales   **0,8   0,3   0,4   2**

non dentelé	55	40
EPA / EPL	135	55
a - bleu ciel au lieu de bleu	200	130

1951 - *100ème ann. de la naissance du compositeur Vincent d'Indy. Taille-douce. Dessin & gravure: Albert Decaris. 15 mars (f 50)*

T 2 850 000

890 25f Vincent d'Indy   **2   1,5   2   5**

non dentelé	75	55
EPA / EPL	200	85

1951 - Personnages célèbres du XIXᵉᵐᵉ siècle.
Taille-douce. 4 juin. Tir: 1 400 000 séries (f 25).

Alfred de Musset (1810-1857)
(écrivain), d'après Landelle

Eugène Delacroix(1799-1863)
(peintre) (autoportrait)

D: Lemagny. G: Dufresne

D&G: Henry Cheffer

891 5f+1f Musset   7   4   6   12
  a - pli accordéon   100   65

892 8f+2f Delacroix   10   4   7   12
  a - pli accordéon   100   65
  b - papier carton   40

Louis-J. Gay-Lussac (1778-1850)
(physicien et chimiste)

Robert Surcouf (1773-1827)
(corsaire et armateur) d'ap. Alaux

D&G: Pierre Munier

D&G: Charles Mazelin

893 10f+3f Gay-Lussac   9   4   7   12
  a - pli accordéon   100   65

894 12f+4f Surcouf   9   5   7   12
  a - pli accordéon   100   65
  b - papier carton   40

Charles-M. Talleyrand

Napoléon Iᵉʳ

D&G: Achille Ouvré

D&G: Albert Decaris

895 15f+5f Talleyrand   9   5   8   14
  a - pli accordéon   100   65

896 30f+10f Napoléon Iᵉʳ 16   8   13   20
  a - pli accordéon   135   90
  b - papier carton   40

Série 891 à 896 (6 timbres)	60	30	48	
non dentelé (t. 325) / Ess.Multi	325	250		600
EPA/ EPL/ EPC	800	325	700	
série, ✉❷		12 juin 51		650

1951 - Médecine vétérinaire. Docteurs Nocard, Bouley &
Chauveau. Ecole vétérinaire de Lyon. 11 juin (f 50)
Taille-douce. Dessin & gravure: Raoul Serres.

T 2 500 000

897 12f Médecine vétérinaire   0,5   0,3   0,5   2
  non dentelé   60   45
  EPA / EPL   135   55

1951 - Médecine militaire. Docteurs Picqué, Roussin &
Villemin. Taille-douce. Dessin & gravure: Charles Mazelin.
18 juin (f 50)

T 3 000 000

898 15f Médecine militaire   0,7   0,3   0,5   2
  non dentelé   65   50
  EPA / EPL   140   60

1951 - Blasons des provinces françaises (5ᵉᵐᵉ série).
Typo. D&G: Robert Louis & Jules Piel (Artois, Béarn),
Georges Hourriez (Limousin), Roger Fenneteaux (Touraine),
André Frères (Franche-Comté). 25 juin (f 100)

T 45 000 000   T 44 600 000

899 10c Artois   0,2   0,1   0,1   2
  a - couleurs très décalées   40   28   14
  b - impression défectueuse   3   2   2
  c - pli accordéon   70   45

900 50c Limousin 0,2 0,1 0,1 2

a - anneau-lune	20	13	8
b - impression défectueuse	3	2	2
c - impression incomplète	150	100	
d - impression sur raccord	130	78	
e - "Postes" absent	350	250	
f - valeur faciale "50c" absente	525	375	

901 1f Béarn 0,2 0,1 0,1 1

a - couleurs très décalées	40	28	14
b - impression défectueuse	3	2	
c - impression sur raccord	130	78	
d - piquage à cheval	40	27	
e - piquage double	85	50	
f - pli accordéon	75	45	

902 2f Touraine 0,8 0,3 0,3 1

a - anneau-lune	17	12	7
b - couleur jaune absente	300	200	
c - couleurs très décalées	40	28	15
d - impression défectueuse	4	3	
e - impression sur raccord	130	78	
f - pli accordéon	70	40	

903 3f Franche-Comté 0,6 0,4 0,4 1

EPA du non émis, faciale à 4f	265		
a - anneau-lune	25	17	9
b - couleurs très décalées	40	30	15
c - impression défectueuse	4	3	
d - impression sur raccord	130	78	
e - pli accordéon	70	40	

Série 899 à 903 (5 timbres) 2 1 1

non dentelé	90	75	
EPL/ EPC		135	250
EPL de décomposition, chaque		350	

1951 - *Saint-Nicolas. Musée de l'imagerie française à Epinal. Taille-douce. Dessin: Paul-Pierre Lemagny. Gravure: Jean Pheulpin. 25 juin (f 25)*

T 3 260 000

904 15f Saint-Nicolas 1,3 0,6 1 3

non dentelé (t. 325) / Ess.Multi	115	80	150
EPA / EPL	225	100	
a - pli accordéon	130	85	
b - chappe bleu-noir au lieu de rouge	40	27	

1951 - *Vue d'Arbois, dans le Jura.Taille-douce. Dessin & gravure: Pierre Gandon. 25 juin (f 50)*

T 69 600 000

905 30f Arbois 1 0,6 0,2 1

non dentelé	55	40	
EPA / EPL	150	60	
a - impression sur raccord	165	100	
b - piquage à cheval	70	40	
c - pli accordéon	110	70	

1951 - *Bimillénaire de Paris.Taille-douce. D&G: R. Louis & J. Piel. 9 juillet (f 25)*

Maurice Noguès Taille-douce. D&G: Pierre Gandon. 15 octobre (f 25)

T 3 600 000   *T 2 930 000*

906 15f Bimillénaire de Paris 0,6 0,3 0,4 2

non dentelé (t. 350) / Ess.Multi	110	75	120
EPA / EPL	225	100	
a - pli accordéon	110	70	

907 12f Noguès 0,9 0,5 0,8 3

non dentelé (t. 350)	115	80	
EPA / EPL	225	100	
a - impression sur raccord	165	100	
b - papier carton	25	15	
c - pli accordéon	110	70	

1951 - *Poètes symbolistes et évocation de leurs oeuvres. Taille-douce. 29 octobre. T 2 300 000 séries (f 50). Charles Baudelaire (1821-1867), "Les fleurs du mal"*

T 2 000 000 de paires

D: P.-P. Lemagny. G: J. Pheulpin

908 8f Baudelaire 0,8 0,3 0,6 3

a - impression recto-verso	60	40	

Paul Verlaine (1844-1896), "L'après-midi d'un faune", d'ap. E. Carrère

D: P.-P. Lemagny. G: C. P. Dufresne

909 12f Verlaine	0,8	0,6	0,8	3

Arthur Rimbaud (1854-1891), "Le bateau ivre", d'ap. Fantin-Latour

D: P.-P. Lemagny. G: G.-A. Barlangue

910 15f Rimbaud	0,8	0,6	0,8	3
série, non dentelé	140	100		
série, EPA / EPL / EPC	325	175	400	

1951 - *Assemblée générale des Nations-Unies à Paris. Taille-douce. Dessin & gravure: Albert Decaris. 6 novembre. T 3 000 000 de paires (f 25).*

911 18f Nation-Unies	1,2	0,6	0,8	3
a - papier carton	28	15		

912 30f Nation-Unies	2	1,5	2,1	4
a - impression sur raccord	165	100		
b - papier carton	28	15		
c - pli accordéon	160	105		
paire, non dentelé (t. 350)	400	300		
paire, EPA / EPL / EPC	850	425	650	

1951 - *Château du Clos de Vougeot (400ème anniversaire). Taille-douce. D&G: Pierre Gandon. (f 25) 19 nov*

T 3 000 000

913 30f Clos de Vougeot	7	4	2,4	5
non dentelé / Ess.Multi	110	80		150
EPA / EPL	200	90		
a - couleur brun-jaune au lieu de brun	27	16	9	35
b - impression sur raccord	165	100		

1951 - *Croix-Rouge. 17 décembre (f 25) Taille-douce. Dessin & gravure: Jules Piel.*

Enfant royal en prière. D'après le Maître de Moulins.	*Portrait de Nicole Ricard. D'après Quentin de La Tour.*

T 2 000 000 de paires

914 12f+3f Enfant royal en prière	4	2,3	4	7
915 15f+5f Portrait de Nicole Ricard	4,5	2,7	4,5	7
paire, non dentelé (tirage 350) / Ess. Multi	300	225		400
paire, EPA / EPL / EPC	700	300	500	

1951 - *Touristiques. Taille-douce.*

Observatoire du pic du Midi de Bigorre (alt: 2 860m). 24 déc (f 50)	*Abbaye aux hommes à Caen. 24 déc (f 50)*

D&G: Raoul Serres.   *D&G: G.-A. Barlangue.*

916 40f Pic du Midi de Bigorre	6	3,5	0,2	2
non dentelé	110	80		
EPA / EPL	200	90		
a - impression sur raccord	165	100		
b - pli accordéon	90	55		

917 50f Abbaye aux hommes	5,5	3	0,2	2
non dentelé	50	35		
EPA / EPL	150	65		
a - impression sur raccord	165	100		
b - piquage à cheval	80	50		
c - pli accordéon	100	65		

1951 - *Georges Clemenceau, 33ème anniv. de l'armistice. Taille-douce. Dessin & gravure: Albert Decaris. 12 nov (f 50)*

T 3 500 000

918 15f Clemenceau	0,5	0,3	0,5	2
non dentelé	40	30		
EPA / EPL	135	55		
a - impression recto-verso	50	30		
b - pli accordéon	100	65		
c - 1341 pour 1841	12			

Année 1950
878 à 918 (41 timbres)   143   77 84

1952 - *Journée du timbre. Malle-poste estafette de 1844 sur la ligne Paris-Strasbourg. Taille-douce. Dessin & gravure: Henry Cheffer. 8 mars (f 25)*

T 1 600 000

919 12fP3f Malle-poste	4,5	3	4	9
non dentelé (t. 350)	110	80		
EPA / EPL	200	95		
a - impression sur raccord	165	100		
b - pli accordéon	160	105		
c - "Républtque" t à normal	90	48	50	

1952 - *Maréchal de Lattre de Tassigny. Taille-douce. Dessin: Raoul Serres. Gravure: Raoul Serres (portrait), Albert Decaris. 10 mai (f 50)*

Porte de France, à Vaucouleurs. Taille-douce. Dessin & gravure: Gabriel-Antoine Barlangue. 12 mai (f 25)

T 5 100 000   *T 2 800 000*

920 15f Maréchal de Lattre	1	0,5	0,6	2
non dentelé	55	40		
EPA / EPL	135	55		
a - impression sur raccord	165	100		
921 12f Vaucouleurs	1,3	0,7	1	3
non dentelé (t. 325)	100	75		
EPA / EPL	200	90		

1952 - *Commémoratif de la bataille de Narvik (1940). Taille-douce. D&G: Henry Cheffer. 29 mai (f 25)*

T 2 500 000

922 30f Narvik	3,5	2	2,5	5
non dentelé (tirage 325)	115	80		
EPA / EPL	200	95		

Timbre non émis

922A Narvik, non émis	1 150	800	

1952 - *Strasbourg, siège du conseil de l'Europe. Taille-douce. D&G: Albert Decaris. 3 juin (f 25)*

T 2 150 000

923 30f Conseil de l'Europe	**8,5**	**4,5**	**6**	**11**
non dentelé (tirage 325)	750	600		
EPA / EPL	1 400	650		

1952 - *Châteaux de la Loire: Chambord (premier spectacle "son et lumière"). Taille-douce. D&G: Pierre Gandon. 31 mai (f 50)*

T 66 700 000

924 20f Château de Chambord	**0,5**	**0,2**	**0,2**	**1**
non dentelé	55	40		
EPA / EPL / EPC avec Arbois, Midi, Caen	150	60	300	
a - impression sur raccord	165	100		
b - piquage à cheval	70	42		
c - pli accordéon	85	51		
d - violet noir	1,5			

1952 - *10ème anniversaire de la bataille de Bir-Hakeim (du 27 mai au 11 juin 1942 en Libye). Taille-douce. Dessin & gravure: Henry Cheffer. 16 juin (f 25)*

1400ème anniversaire de la fondation de l'abbaye Sainte Croix de Poitiers. Taille-douce. Dessin & gravure: Raoul Serres. 16 juin (f25)

T 2 000 000   *T 4 500 000*

925 30f Bir-Hakeim	**4**	**2,5**	**2,3**	**5**
a - papier épais	30	20	7	
non dentelé (tirage 325)	110	80		
EPA / EPL / EPC avec Narvik	185	90	275	
926 15f Abbaye Ste Croix de Poitiers	**0,5**	**0,3**	**0,5**	**2**
a -corde sectionnée	7			
non dentelé	55	40		
EPA / EPL	150	60		

1952 - *100ème anniv. de la médaille militaire. émission conjointe avec l'Algérie. Taille-douce. D&G: Raoul Serres. 7 juillet (f 25)*

Viaduc de Garabit (Cantal), constuit en 1882 par Alexandre-Gustave Eiffel. Taille-douce. D&G: Pierre Munier. 7 juillet (f 50)

T 4 500 000   *T 4 000 000*

927 15f Médaille militaire	**0,6**	**0,3**	**0,5**	**2**
non dentelé / Ess.Uni/Ess.Multi	135	90	110	165
EPA / EPL	185	90		
928 15f Viaduc de Garabit	**0,6**	**0,3**	**0,6**	**2**
non dentelé	60	45		
EPA / EPL/ EPC avec Vaucouleur	175	75	275	
a - impression sur raccord	165	100		

1952 - *500ème anniversaire de la naissance de Léonard de Vinci (1452-1519). Vue du château d'Amboise et de Florence. Taille-douce. D&G: Albert Decaris. 10 juillet (f 25)*

T 2 250 000

929 30f Léonard de Vinci	**9,5**	**5**	**7**	**12**
non dentelé (tirage 325)	200	140		
EPA / EPL	375	185		
✉❷ Congrès d'Amboise	9 juil 52			750
a - pli accordéon	160	105		

1952 - *Personnages célèbres du XIXème siècle. Surtaxe au profit de la Croix-rouge. Taille-douce. Emission: 20 octobre. Tir: 1 200 000 séries (f 25).*

Gustave Flaubert (écrivain)   *Edouard Manet (peintre)*

D: P.-P. Lemagny. G: C. P. Dufresne   *D: P.-P. Lemagny. G: Dufresne*

930 8f+2f Flaubert | 9 | 4 | 7,5 | 12
a - papier carton | 30 | 20 | 7

931 12f+3f Manet | 9 | 4 | 7,5 | 12
a - papier carton | 30 | 18 | 12

Camille Saint-Saëns (compositeur)   *Henri Poincaré (mathématicien)*

D: P.-P. Lemagny. G: C. Mazelin   *Dessin & gravure: Jean Pheulpin*

932 15f+4f Saint-Saëns | 9 | 4 | 7,5 | 12
a - papier carton | 30 | 18 | 12

933 18f+5f Poincaré | 10 | 5 | 8,5 | 14
a - papier carton | 40 | 24 | 16

Georges Eugène Haussmann   *Adolphe Thiers (président*
(Prefet de Paris)   *de la République en 1871)*

Dessin & gravure: René Cottet   *Dessin & gravure: Pierre Gandon*

934 20f+6f Haussmann | 11 | 6 | 9 | 14
a - papier carton | 40 | 24 | 16

935 30f+7f Thiers | 12 | 6 | 9 | 15
a - papier carton | 40 | 24 | 16

Série 930 à 935 (6 timbres) | 60 | 27 | 49
non dentelé (tirage 350) | 300 | 225
EPA/ EPL/ EPC | 800 | 325 | 600

1952 - Dr René Laënnec (1781-1826), inventeur du stéthoscope. Taille-douce. D&G: Charles Mazelin. 8 novembre (f 25)

T 2 800 000

936 12f Laënnec | 0,8 | 0,3 | 0,6 | 3
non dentelé (tirage 350) | 110 | 80
EPA / EPL | 185 | 85
a - papier carton | 11 | 8
b - pli accordéon | 130 | 85

1952 - Croix-Rouge: Bassin de Diane à Versailles (XVIIème s.). Taille-douce. D&G: Jules Piel. 15 décembre. Retrait: 30 mai 1953. (f 25) T 1 600 000 paires P 100 000 carnets

937 12f+3f Bassin de Diane | 5,5 | 3,3 | 5,5 | 10
a - papier carton | 25 | 15

938 15f+5f Bassin de Diane | 5,5 | 3,3 | 5,5 | 10
a - avec bande publicitaire (☺) | 25 | 15
b - papier carton | 25
paire, non dentelé (tirage 350) | 300 | 225
paire, EPA / EPL / EPC | 550 | 275 | 500

1952 - Entrée du château de Versailles, d'après un tableau de Maurice Utrillo. (1er timbre représentant l'oeuvre d'un artiste encore vivant). Taille-douce. Dessin: Maurice Utrillo. Gravure: Henry Cheffer. 12 décembre. Tirage: 2 600 000 (f 25)

939	18f Versailles	3	1,6	2	4
	non dentelé (tirage 350) / Ess.Uni/				
	Ess.Multi	110	80	110	165
	EPA / EPL	225	100		
	✉❷ Versailles (cachet hexagonal)	20 déc 52			750
a	- papier épais	6			

Année 1952
919 à 939 (21 timbres)   109   57   87

1953 - Journée du timbre.
Le Comte d'Argenson
(surintendant général des
postes) (1743-1757). Taille-
douce. Dessin & gravure:
Raoul Serres. 14 mars. (f 25)
T 1 600 600.

Métiers d'art: haute couture.
Vue de la place Vendôme à
Paris. Taille-douce. Dessin:
Pierre Gandon. Gravure:
Jules Piel. ✝ 24 avril. (f 50)

940	12f+3f Comte d'Argenson	3,5	2	3	6
	non dentelé (tirage 375)	110	80		
	EPA / EPL / EPC jrnée du TP 1945				
	à 1953	185	85	1 000	

941	30f Haute couture	1	0,6	0,4	3
a	- impression sur raccord	165			
	non dentelé / Ess.Uni/Ess.Multi	55	40	45	90
	EPA / EPL	140	60		

1953 - Mal. Philippe de Hautecloque, dit "Leclerc", élevé
au rang de maréchal à titre posthume. Reprise du timbre 1948.
Taille-douce. D&G: Raoul Serres. 15 juin (f 50)

T 2 500 000

942	8f Maréchal Leclerc	1	0,6	0,8	3
	non dentelé	55	40		
	EPA / EPL / EPC avec of Leclerc de 1948	140	60	275	
a	- dentelé 3 côtés bdf	160	105		

1953 - Théâtre français. Taille-douce. (f 50)

29 mai. D&G: Henri Cheffer	8 juin. D&G: Robert Cami

943	6f Gargantua	0,3	0,1	0,2	1
a	- couleur rouge unicolore	250	150		
b	- impression sur raccord	165	100		
c	- pli accordéon	110	70		
d	- mollet creusé tenant à normal	7			

944	18f Hernani	0,6	0,2	0,2	1
a	- pli accordéon	110	70		
	paire, non dentelé /Ess.Uni/Ess.				
	Multi	100	75	75	180
	paire, EPA / EPL	225	110		

1953 - Personnages célèbres du XIIème au XIXème siècle. Taille-
douce. 10 juillet. T 1 300 000 séries (f 25).

St Bernard (initiateur de la 2ème
croisade à Vézelay en 1146)

Olivier de Serres (agronome)
(1539-1610)

D&G: Jean Pheulpin	D&G: Raoul Serres

945	8f+2f Saint Bernard	8	4	7	12
946	12f+3f Olivier de Serres	8	4	7	12

Jean-Philippe Rameau (compositeur)
(1683-1764)

Gaspard Monge (mathématicien)
(1746-1818)

D&G: Pierre Munier	D: A. Spitz. G: R. Cottet

947	15f+4f Rameau	12	6	10	14
948	18f+5f Monge	13	7	12	17

Jules Michelet (historien)
(1798-1874)

H. Lyautey (ministre de la guerre en 1916) (1854-1934)

D&G: Ch Mazelin   *D&G: André Spitz et G. Barlangue*

949 20f+6f Michelet	**13**	**7**	**12**	**17**
950 30f+7f Lyautey	**13**	**7**	**12**	**17**
Série 945 à 950 (6 timbres)	**66**	**35**	**60**	
non dentelé (t. 400)	250	185		
EPA/ EPL/ EPC	800	325	550	

Type I   *Type II (non émis)*

950A M^{al} Lyautey, t. II, non émis   2 850   2 100

1953 - *Blasons des provinces françaises (6ème série).*
Typographie. Dessin: Robert Louis. Gravure: A. Frères
(Picardie, Poitou), J. Piel (Champagne, Dauphiné).
23 juillet. (f 100)

951 50c Picardie	**0,2**	**0,1**	**0,1**	**2**
a - couleur jaune absente	300	200		
b - couleur rouge absente	300	200		
c - couleurs très décalées	40	27	15	
d - impression défectueuse	3	2		
e - impression sur raccord	130	78		
f - pli accordéon	75	50		
952 1f Poitou	**0,2**	**0,1**	**0,1**	**2**
a - couleurs très décalées	40	27	15	
b - dentelé 3 côtés	85	55		
c - impression défectueuse	4	3		
d - impression sur raccord	130	78		
e - légende "Postes" incomplète	30	20	10	
f - paire avec décalage de dentelure	20	13		
g - papier rosâtre	3	2		
h - piquage à cheval	35	25		
i - pli accordéon	80	50		

953 2f Champagne	**0,4**	**0,2**	**0,3**	**2**
a - anneau-lune	25	18	10	
b - couleurs très décalées	40	27	15	
c - impression défectueuse	3	2		
d - impression sur raccord	130	78		
e - piquage à cheval	35	25		
f - pli accordéon	75	50		
954 3f Dauphiné	**0,6**	**0,4**	**0,3**	**2**
a - couleurs très décalées	40	27	15	
b - impression défectueuse	6	4		
c - impression sur raccord	130	78		
d - piquage à cheval	35	25		
e - pli accordéon	90	60		
Série 951 à 954 (4 timbres)	**1,4**	**0,8**	**0,8**	
non dentelé	90	65		
EPL/ EPC		160	300	
EPL de décomposition, chaque		350		

1953 - *50ème anniversaire du Tour de France.*
Cyclistes de 1903 et de 1953. Taille-douce. Dessin & gravure:
Albert Decaris. 27 juillet. (f 50)

T 3 000 000

955 12f Tour de France	**2,3**	**1,5**	**1,5**	**4**
non dentelé / Ess.Uni/Ess.Multi	65	50	50	90
EPA / EPL	190	85		
a - impression sur raccord	165	100		
b - pli accordéon	135	80		

1953 - *Théâtre français. Taille-douce.*

Célimène (Le misanthrope, de Molière). 21 sept. (f 50)

Figaro, de Beaumarchais. 21 sept. (f 50)

D: Robert Cami. G: René Cottet.   *D: A. Spitz. G: H. Cheffer.*

956 8f Célimène	**0,3**	**0,1**	**0,2**	**1**
a - dentelé 3 côtés	150	100		
b - impression sur raccord	165	100		
c - piquage à cheval	70	45		
d - pli accordéon	110	70		
957 12f Figaro	**0,3**	**0,1**	**0,2**	**1**
a - impression sur raccord	165	100		
b - pli accordéon	110	70		
c - brun violet unicolore	1 000			
paire, non dentelé / Ess.Uni/Ess.Multi	100	75	75	180
paire, EPA / EPL / EPC avec 6f & 18f	225	110	300	

1953 - *Blasons des provinces françaises (7ème série).*
Dessin: Robert Louis. Gravure: R. Fennetaux (Gascogne),
J. Miermont (Berri). 29 septembre. (f 100)

958 70c Gascogne	**0,2**	**0,1**	**0,1**	**2**
a - couleur jaune absente	300	200		
b - couleurs très décalées	40	27	15	
c - impression défectueuse	3	2		
d - impression double (oscillée)	6	4		
e - impression sur raccord	130	78		
f - lion sans queue	6	4		
g - pli accordéon	85	50		
959 80c Berri	**0,2**	**0,1**	**0,1**	**2**
a - couleurs très décalées	40	27	15	
b - impression défectueuse	6	4		
c - piquage à cheval	55	35		
d - pli accordéon	85	50		
paire, non dentelé	45	35		
paire, EPL / EPC	80	150		
EPL de décomposition, chaque	350			

1953 - *Jeux Olympiques d'Helsinski de 1952.*
Taille-douce. 30 novembre. (f 50)

D: André Jacquemin. G: Paul Dufresne

960 20f Natation	**2,5**	**1,5**	**0,1**	**2**
a - impression sur raccord	165	100		

D: A Jacquemin. G: R Serres

961 25f Athlétisme	**14**	**7,5**	**0,3**	**2**
a - couleur bistre absente	300	200		
b - pli accordéon	130	85		

D: A Jacquemin. G: Ch Mazelin

962 30f Escrime	**2,5**	**1,5**	**0,1**	**2**
a - impression sur raccord	165	100		
b - papier carton	17	12		
c - pli accordéon	85	50		

D: A Jacquemin. G: J Piel

963 40f Canoë	**15**	**6,5**	**0,3**	**2**
a - impression sur raccord	165	100		
b - piquage à cheval	110	70		
c - pli accordéon	110	70		

D: A Jacquemin. G: P Munier

964 50f Aviron	**8**	**4**	**0,2**	**2**
a - impression sur raccord	165	100		
b - piquage à cheval	80	50		
c - pli accordéon	110	70		
d - impression très défectueuse	30			

T 6 600 000. D: A Jacquemin. G: R Cottet

965 75f Hippisme	**40**	**21**	**15**	**25**
Série 960 à 965 (6 timbres)	**86**	**42**	**16**	
non dentelé / Ess.Uni/Ess.Multi	375	285	425	1 200
EPA/ EPL/ EPC	1 000	450	900	

1953 - *Croix-Rouge.*
Taille-douce. D&G: J Piel. 14 décembre. (f 25) et (♻4+4)

Mme Vigée-Lebrun et sa fille.   *Le retour du baptême. Détail d'un*
Tableau de Mme Vigée-Lebrun.   *tableau de Louis Le Nain.*

T 1 500 000 paires . 127 000 carnets

966 12f+3f Mᵐᵉ Vigée-Lebrun	**10**	**5**	**8**	**13**
a - croix brune au lieu de rouge	65	40		

967 15f+5f Le retour du baptême	**13**	**7**	**10**	**14**
a - croix en bleu-noir au lieu de rouge	65	40		
paire, non dentelé (tirage 400)	325	250		
paire, EPA / EPL / EPC	700	325	500	
paire, ⊠❷ Le Havre		12 déc 53		30

Année 1953
940 à 967 (28 timbres) 188   93   102

1954 ✈ - *Prototypes. Taille-douce. 18 janvier.*

Dassault "Mystère IV".

(f 50). D: P Langellé. G: Ch-P Dufresne

✈30 100f Mystère IV	**3**	**2**	**0,2**	**3**
a - impression sur raccord	200	120		
b - piquage à cheval	200	135		
c - pli accordéon	200	135		

Nord-Aviation "Noratlas". Timbre repris en 1960.

(f 25). D: P Langellé. G: J Piel.

✈31 200f Noratlas	**12**	**6**	**0,3**	**3**
a - impression sur raccord	200	120		
b - piquage à cheval	200	135		
c - pli accordéon	200	135		

Fouga "Magister".

(f 25). D: P Langellé. G: P Gandon

✈32 500f Fouga Magister	**230**	**100**	**14**	**20**

Breguet "Provence" (vue d'Alger).

(f 25) D: P. Langellé. G: R. Serres.

✈33 1000f Provence	**130**	**62**	**18,5**	**30**
a - piquage à cheval	400	285		

Série ✈30 à 33 (4 timbres)	**375**	**170**	**33**	
non dentelé / Ess.Uni/Ess.Multi	700	525	600	1 250
EPA / EPL/ EPC	1 750	725	1 150	

✈30A EPA non émis 100f Simoun	**475**

✈32A EPA non émis 500f Armagnac	**475**

1954 - *Marianne de Gandon surchargée.Typo. 15 janvier (f 100)*

Journée du timbre.Antoine-Marie Chamans, comte de Lavalette, directeur général des Postes sous le 1ᵉʳ Empire. Taille-douce. D&G: J Piel. ✝ 20 mars (f 25)

T 1 500 000

968 =15f sur 18f rose	**0,5**	**0,2**	**0,2**	**1**
EPL		50		
a - anneau-lune	30	20	11	
b - impression défectueuse	5	3		
c - impression sur raccord	130	78		
d - surcharge barres omises	185	120		
e - surcharge à cheval	37	25		
f - surcharge doublée	575	400		
g - surcharge recto-verso	7	5	3	
h - surchargé tenant à non surchargé	365	235		
i - surcharge très déplacée	8	6	3	

969 12f+3f Lavalette	**5**	**3**	**4**	**7**
non dentelé / Ess.Uni/Ess.Multi	115	80	80	150
EPA / EPL	200	100		

1954 *- Métiers d'art: productions de luxe. Vues de Paris.*
Taille-douce. 10 mai. (f 50)

Vue de la cour des Gobelins

Vue de l'Institut de France

D: P. Gandon. G: C. Mazelin

D&G: Pierre Gandon

970 25f Tapisserie

	12,5	7,5	0,6	2
a - couleurs très décalées	65	40		
b - impression sur raccord	165	100		
c - pli accordéon	135	85		

971 30f Edition et reliure

	1,5	1	0,2	2
a - couleurs très décalées	70	45		
b - impression sur raccord	165	100		
c - piquage à cheval	85	50		
d - pli accordéon	135	85		

Vue du Louvre

Dessin & gravure: Pierre Gandon

972 40f Porcelaine et cristaux

	4,5	2,7	0,2	2
a - chiffres blancs	30			
b - unicolore	60			
a - piquage à cheval	80	50		

Vue de la Madeleine

*1er projet non émis, libellé
"Bijoux et articles de Paris"*

D: P. Gandon. G: J. Piel

973 50f Joaillerie et orfèvrerie

	1,5	0,8	0,2	2
a - à la main noire (bistre absent)	400	265		
b - couleur verte au lieu de bleu	610	450		
c - couleurs très décalées	80	50		
d - impression (très) défectueuse	95	60		
e - impression dépouillée, bistre absent	900	650		
f - impression sur raccord	165	100		
g - piquage à cheval	85	50		
h - pli accordéon	120	75		

973A ⊠ Joaillerie, 1er projet   850 575

Vue de l'Opéra

D: P. Gandon. G: C. Mazelin

974 75f Fleurs et parfums

	15	8	1,8	4
EPA non adoptée à 20f	300			
a - couleurs très décalées	135	85		
b - piquage à cheval	85			

Série 970 à 974 (5 timbres)

	35	20	3	
non dentelé / Ess.Uni/Ess.Multi	200	140	300	900
EPA/ EPL/ EPC avec Hte-couture	600	275	500	

1954 *- 50ème anniversaire de la foire de Paris.*
Emis à l'occasion du premier salon int⁽ᵘˡ⁾ de la Philatélie, porte
de Versailles. Taille-douce. Dessin & gravure: Albert Decaris.
24 mai. (f 50)

T 3 800 000

975 15f Foire de Paris

	0,4	0,1	0,2	2
non dentelé / Ess.Uni/Ess.Multi	40	30	30	60
EPA / EPL	135	55		
a - impression sur raccord	165	100		
b - piquage double	110	70		
c - pli accordéon	110	70		

1954 *- Touristiques. Taille-douce. 14 juin (f 50)*
Lourdes. Timbre repris en 1958.

Dessin & gravure: René Cottet

976 6f Lourdes   0,4   0,1   0,3   1
a - piquage à cheval   65   40

Vallée de la Seine aux Andelys et Château-Gaillard. 8 juin

Dessin & gravure: Albert Decaris

977 8f Vallée de la Seine   0,4   0,1   0,1   1
a - berges inondées   26   16   11
b - impression sur raccord   165   100

Royan. 5 juillet.   *Quimper. 14 juin.*

D: André Spitz. G: Jules Piel   D&G: Henry Cheffer

978 10f Royan   0,3   0,1   0,1   1
a - couleur bleue absente   800   525
b - couleur verte au lieu de bleue (mer) 850   550
c - couleurs décalées   6   4   3
d - dentelé tenant à non dentelé 285   170
e - impression dépouillée, effacée 400   275
f - impression sur raccord   165   100
g - piquage à cheval   110   70
h - pli accordéon   120   75

979 12f Quimper   0,4   0,1   0,1   1
a - couleur violet unicolore   160   110   65
b - impression sur raccord   165   100
c - piquage à cheval   85   50
d - pli accordéon   210   140

Châteaux de la Loire: Cheverny. 21 juin
(construit par Hurault et Boyer en 1630).

Dessin & gravure: Jean Pheulpin

980 18f Chateau de Cheverny 3,5   2,5   0,7   3
a - dentelé tenant à non dentelé 450   315
b - piquage à cheval   135   85

Ajaccio (Corse). 5 juillet.

G: Pierre Munier

981 20f Ajaccio   3   1,6   0,2   1
a - couleurs très décalées   20   12   9
b - impression (très) défectueuse 100   65
c - impression sur raccord   165   100
d - papier carton   16   11
e - piquage à cheval   160   110
f - pli accordéon   120   75

Série 976 à 981 (6 timbres)   8   4   2
non dentelé / Ess.Uni/Ess.Multi 200   150   180   360
EPA/ EPL/ EPC   600   275   500

Timbres non émis

Les Andelys: couleur noire au lieu de verte (T 25) et couleurs inversées

977A Andelys: couleur noire   3 250 2 350
977B Andelys: couleurs inversées 5 000 4 000
non dentelé   3 250

Ajaccio: non émis violet ou bleu unicolore avec légendes modifiées

981A Essai de Couleur
Ajaccio, 1er projet   150   100
EPA   450

1954 - *Maréchal de Lattre de Tassigny et 10ᵉᵐᵉ ann de la libération. Reprise du timbre de 1952. Taille-douce. Dessin: Raoul Serres. Gravure: Raoul Serres (portrait), Albert Decaris (paysage du fond). (f 50) 8 juin*

T 3 100 000

982 12f Maréchal de Lattre	2	1,2	1	3
non dentelé / Ess.Uni/Ess.Multi	40	30	30	75
EPA / EPL	135	55		
a - impression sur raccord	165	100		

1954 - *Débarquements alliés: en Afrique du Nord (8 novembre 1942), Normandie (6 juin 1944), et Provence (15 ao×t 1944). Taille-douce. D&G: R Serres. 8 juin (f 50)*

T 5 200 000

983 15f Débarquements	2,3	1,2	1,2	3
non dentelé / Ess.Uni/Ess.Multi	60	45	45	85
EPA / EPL	135	60		
a - couleurs décalées	40	27		
b - impression très défectueuse	175	120		
c - papier carton	12	7		
d - pli accordéon	110	70		

1954 - *Maréchal Leclerc,10ᵉᵐᵉ anniv. de la Libération. Reprise du timbre de 1948. Taille-douce. Dessin & gravure: Raoul Serres. 14 juin (f 50)*

T 3 100 000

984 12f Maréchal Leclerc	3	1,5	2	4
non dentelé / Ess.Uni/Ess.Multi	40	30	30	75
EPA / EPL / EPC av de Lattre, débarquements	135	55	250	
a - piquage à cheval	100	65		

1954 - *1300ᵉᵐᵉ anniv. de l'abbaye de Jumièges. Taille-douce. D&G: R Cottet. 14 juin. (f 50)*

1954 - *Centre international d'études romanes à Tournus. Taille-douce. D&G: A Decaris. 21 juin (f 50)*

T 3 000 000   T 2 500 000

985 12f Jumièges	2	1	1	3
non dentelé / Ess.Uni/Ess.Multi	35	25	30	75
EPA / EPL	135	55		
a - pli accordéon	160	105		
986 30f Tournus	5,5	3	4	9
non dentelé / Ess.Uni/Ess.Multi	35	25	30	75
EPA / EPL	135	55		
a - pli accordéon	130	85		
b - croix cassée	16			

1954 - *300ᵉᵐᵉ anniv. du rattachement de Stenay à la France. Taille-douce. D: André Spitz. G: Jean Pheulpin. 18 juin (f 50)*

T 3 800 000

987 15f Rattachement de Stenay	0,9	0,5	0,4	2
non dentelé / Ess.Uni/Ess.Multi	35	25	30	75
EPA / EPL	135	55		
a - fond teinté (sépia)	110	70		
b - impression sur raccord	165	100		

1954 - *Entrée du château de Versailles, d'après un tableau de Maurice Utrillo. Reprise du timbre de 1952. Taille-douce. D: Maurice Utrillo. G: Henry Cheffer 12 juillet. (f 25)*

T 2 500 000

988 18f Versailles	10	6	6	10
non dentelé / Ess.Uni/Ess.Multi	100	75	75	160
EPA/ EPL / EPC avec Versailles de 1952	100	90	250	
a - papier carton	25	16		

1954 - Personnages célèbres.

Surtaxe au profit de la Croix-Rouge. Taille-douce. Emission:
12 juill 1954. Tir: 1 050 000 séries (f 25).

Louis IX, dit Saint-Louis (roi de
France en 1226)

J.-B. Bossuet (écrivain)

D: P-P. Lemagny. G: C. P. Dufresne

D: R. Camy. G: C. P. Dufresne

989 12f+4f Saint-Louis	24	13	22	30
990 15f+5f Bossuet	28	13	22	30

M.-F. Sadi Carnot (président de la
République en 1887) (1837-1894)

Antoine Bourdelle (sculpteur)
(1861-1929)

D&G: Raoul Serres

D&G: Henry Cheffer

991 18f+6f Sadi Carnot	28	13	22	30
992 20f+7f Bourdelle	35	17	28	35

Dr Emile Roux (bactériologiste)
(1853-1933)

Paul Valéry (écrivain)
(1871-1945)

D&G: Pierre Munier

D&G: Jean Pheulpin

993 25f+8f Roux	35	17	28	35
994 30f+10f Valéry	35	17	28	35
Série 989 à 994 (6 timbres)	**185**	**90**	**150**	
non dentelé	300	225		
EPA/ EPL/ EPC	800	375	700	

1954 - Château de Villandry, en Touraine. 19 juillet (f 50)
Taille-douce. Dessin & gravure: Robert Camy.

Vendus: 1 000 000

995 18f Château de Villandry	**5,5**	**3**	**4**	**8**
non dentelé / ⊠⟿ / ⊠☺	40	30	30	75
EPA / EPL	150	60		
a - pli accordéon	130	85		

Château de Villandry: couleurs unicolores, bleu, vert, ou brun. Dentelé ou non.

995A Villandry, bleu, vert,		
brun chaque	**550**	**300**

1954 - 150ième anniversaire de l'école militaire de Saint-Cyr,
fondée par Napoléon Ier. Taille-douce. Dessin & gravure:
Charles Mazelin. 2 ao×t. (f 50)

T 3 400 000

996 15f Saint-Cyr	**1,3**	**0,8**	**1,3**	**3**
non dentelé / ⊠⟿ / ⊠☺	60	45	45	85
EPA/ EPL	150	80		

1954 - 150ième anniv. de
la distribution de la Légion
d'honneur par Napoléon 1er au
camp de Boulogne. Taille-douce.
Dess: M. Lalau. Grav: H. Cheffer
16 août (f 50)

Le système métrique. 10ième
conférence internationale des
poids et mesures à Paris. Taille-
douce. Dessin & gravure: Albert
Decaris. 5 oct (f 50)

T 3 000 000

T 1 800 000

997 12f Légion d'honneur	1,6	1,2	1	3
non dentelé / Ess.Uni/Ess.Multi	80	55	55	115
EPA / EPL	150	80		
a - papier carton	6	4	3	

998 30f Système métrique	5,5	3	4	7
non dentelé / Ess.Uni/Ess.Multi	55	40	40	85
EPA / EPL	140	65		

1954 - *Blasons des provinces françaises (8ème série). Typographie. Dessin: Robert Louis. Gravure: André Frères (Maine, Navarre), Roger Fenneteaux (Nivernais), Jean Miermont (Bourbonnais), Gilbert Aufschneider (Angoumois), Jules Piel (Aunis, Saintonge). (f 100)*

8 novembre	8 novembre

999 50c Maine	0,2	0,1	0,1	1
a - couleurs très décalées	40	27	15	
b - impression défectueuse	6	4		
c - impression sur raccord	130	78		
d - pli accordéon	70	45		

1000 70c Navarre	0,2	0,1	0,1	1
a - couleur jaune absente	300	200		
b - couleurs très décalées	40	27	15	
c - impression défectueuse	6	4		
d - impression sur raccord	130	78		
e - piquage à cheval	45	30		
f - pli accordéon	75	50		

8 nov	8 nov	15 nov

1001 80c Nivernais	0,2	0,1	0,2	1
a - couleurs très décalées	40	27	15	
b - impression défectueuse	9	6		
c - impression sur raccord	130	78		
d - piquage à cheval	45	30		
e - pli accordéon	75	50		

1002 1f Bourbonnais	0,2	0,1	0,2	1
a - couleurs très décalées	35	25	14	
b - impression défectueuse	6	4		
c - impression sur raccord	130	78		
d - piquage a cheval	35	25		

1003 2f Ango×mois	0,3	0,1	0,2	1
a - couleurs très décalées	35	25	13	
b - impression défectueuse	6	4		
c - impression sur raccord	130	78		
d - piquage à cheval	30	20		
e - pli accordéon	65	40		

15 novembre	15 novembre

1004 3f Aunis	0,2	0,1	0,1	1
a - anneau-lune	18	12	8	
b - couleurs très décalées	35	25	13	
c - impression défectueuse	6	4	2	
d - impression sur raccord	130	78		
e - l'oiseau a perdu sa couronne	4	3	2	
f - piquage à cheval	30	20		
g - pli accordéon	60	40		

1005 5f Saintonge	0,2	0,1	0,1	1
a - anneau-lune	16	10	6	
b - couleurs très décalées	30	20	13	
c - impression défectueuse	5	3	2	
d - impression incomplète	120	75		

Série 999 à 1005 (7 timbres)	1,5	0,7	1	
non dentelé	90	70		
EPL/ EPC	750	250	400	
EPL de décomposition, chaque		350		

1954 - *Croix-Rouge. (f 25) (✄4+4) Taille-douce. Dessin & gravure: Jules Piel.*

Maternité. Tableau de Eugène Carrière: L'enfant malade.   *Jeune fille aux colombes. Tableau de Jean-Baptiste Greuze.*

T 1 350 000 paires + 135 000 carnets

1006 12f+3f Maternité	13	6	12	18
a - pli accordéon	285	185		

1007 15f+5f Jeune fille aux colombes	14	8	13	18
paire, non dentelé / Ess. Multi	300	225		450
paire, EPA/ EPL / EPC	750	375	500	

Année 1955			
968 à 1007 (40 timbres)	299	155	230
✈ 30 à 33 (4 timbres)	400	175	33

1955 - Saint-Simon
Taille-douce. Dess & grav: A. Decaris. 7 février (f 50)

50ème anniversaire du Rotary International.
Taille-douce. Dessin & gravure: Raoul Serres. 24 février (f 50)

T 2 500 000   T 2 500 000

1008 12f Saint-Simon	0,6	0,4	0,4	2
non dentelé / Ess.Uni/Ess.Multi	40	30	30	75
EPA / EPL	135	50		

1009 30f Rotary	2,7	1,5	0,4	4
non dentelé / Ess.Uni/Ess.Multi	185	130	130	350
EPA / EPL	525	325		
a - bleu unicolore (Algérie non surch)	3 750	2 750		
b - couleurs très décalées	60	40		
c - pli accordéon	110	70		

1955 - Marianne de Muller. Typographie.
Dessin: Louis Muller. Gravure: Jules Piel.

11 juillet. T 6 450 000 (⊘)   7 juillet. T 19 000 000 (f↻10)

1009A 6f rouge-orange (⊘)	2,6	1,5	1,8	5
non dentelé	350	260		
a - anneau-lune	40	24	16	
b - avec amorce de roulette	30	20		
c - impression recto-verso	45	30		

1010 12f vert-jaune	3,2	2	1,5	2
non dentelé	350	260		
a - bloc de 10 (issu de carnet)	55	40		
non dentelé	3 700	2 600		
b - signature "Piel" absente	7	5	4	

22 février. (f 100, ↻10, ↻20, ⊘)

1011 15f rose	0,2	0,1	0,1	1
non dentelé	45	35		
a - "1" ou "15" absent (surencrage)	155	110		
b - anneau-lune	25	15	10	
c - dentelé 1 ou 3 côtés	70	45		
d - "f" de "15f" absent	23	15	4	
e - impression (très) défectueuse	5	4		
f - impression incomplète	110	65		
g - impression recto-verso	15	10	5	
h - impression sur raccord	165	100		
i - lettres manquantes à "Postes"	11	7	3	
j - paire avec décalage de dentelure	22	16		
k - papier carton	2	1	1	
l - piquage à cheval	40	25		
m - pli accordéon	70	45	20	
n - signatures absentes	2	1	1	

1011A 18f vert	1958	0,2	0,1	0,1
1011B 20f bleu	1957	0,4	0,1	0,1
1011C 25f rouge	1959	1,4	0,7	0,1

Série Muller 1955-59

Série 1009A à 1011C (6 tbres)	8	4,5	3,5
EPL/ EPC 6f, 12f, 15f, 18f		600	500

1955 - Série des inventeurs (1ère série). Taille-douce.
7 mars. Vendues: 1 000 000 de séries (f 50).

Philippe Le Bon (1767-1804), inventeur du gaz d'éclairage.

Dess & grav: Claude Hertenberger

1012 5f Le Bon	0,9	0,5	0,8	3
a - impression sur raccord	165	100		

Barthélémy Thimonnier (1793-1857), inventeur de la machine à coudre.

Dessin & gravure: René Cottet

1013 10f Thimonnier	0,9	0,6	0,8	3

Nicolas Appert (1749-1841), inventeur de la conserve alimentaire.

Dessin & gravure: Henry Cheffer

1014 12f Appert	1,2	0,5	0,9	3
a - pli accordéon	110	70		

Sainte-Claire Deville (1818-1881), inventeur de l'aluminium.

Dessin & gravure: Albert Decaris

1015 18f Sainte-Claire Deville   **3**   **1,5**   **2**   **4**
a - couleur gris unicolore   210   140

Pierre Martin (1824-1915), élaboration de l'acier sur sole.

Dessin & gravure: Pierre Gandon

1016 25f Martin   **3,5**   **1,7**   **2**   **4**

Comte de Chardonnet (1839-1924), soie artificielle (la rayonne).

Dessin & gravure: Charles Mazelin

1017 30f Comte de Chardonnet   **3,5**   **1,7**   **2**   **4**

Série 1012 à 1017 (6 timbres)   **13**   **6,5**   **8,5**
non dentelé / Ess.Uni/Ess.Multi
EPA/   200   130   180   450
EPL/ EPC   700   250   450

1955 - Journée du timbre:Départ d'un ballon monté pendant le siège de Paris. Taille-douce. Dessin & gravure: Raoul Serres. 19 mars (f 50)

T 1 500 000

1018 12f+3f Poste par ballon monté   **5**   **3**   **4**   **7**
non dentelé / Ess.Uni/Ess.Multi   75   55   55   125
EPA / EPL   150   80
a - couleur brune absente (ballon)   320   200

1955 - Limoges (cathédrale et pont St-Etienne). Taille-douce. Dessin: André Spitz. Gravure: Charles-Paul Dufresne. 28 mars (f 50)

T 2 540 000

1019 12f Limoges   **1,6**   **1**   **1,4**   **4**
non dentelé / Ess.Uni/Ess.Multi   35   25   30   75
EPA / EPL   150   60

1955 - Métiers d'art: la ganterie. Vue de la place de la Concorde. Taille-douce. Dessin & gravure: Pierre Gandon. 28 mars (f 50)

200ème ann de la naissance de Jean-Pierre Claris de Florian (1755-1794). Tailledce. D: Maurice Lalau. G: Claude Hertenberger. 4 avril (f 50) Tirage 2 540 000

1020 25f La ganterie   **1**   **0,3**   **0,2**   **2**
non dentelé / Ess.Uni/Ess.Multi   40   30   30   75
EPA / EPL   135   50
a - dentelé 3 côtés b de f   160   105
b - impression dépouillée   210   140
c - impression sur raccord   165   100
d - piquage à cheval   85   50
e - pli accordéon   110   70

1021 12f Florian   **0,8**   **0,6**   **0,6**   **2**
non dentelé / Ess.Uni/Ess.Multi   40   30   30   75
EPA / EPL   135   50
a - impression sur raccord   200   135

1955 - En hommage à la télévision. Vue de la Tour Eiffel et des toits de Paris. Taille-douce. Dessin & gravure: Albert Decaris. 18 avril (f 50)

T 3 500 000

1022 15f Télévision   **1**   **0,6**   **0,9**   **2**
non dentelé /Ess.Uni/Ess.Multi   55   40   40   85
EPA / EPL   135   55

1955 - *10ᵉᵐᵉ ann. de la libération des camps de concentration Taille-douce. D&G: Albert Decaris. 25 avril (f 50)*

T 2 500 000

1023 12f Camps de déportation	**1**	**0,6**	**0,9**	**3**
non dentelé / Ess.Uni/Ess.Multi	50	35	35	75
EPA / EPL	135	55		

1955 - *Electrification de la ligne ValenciennesThionville (Nord). Taille-douce. Dessin & gravure: Albert Decaris. 12 mai (f 50)*

500ᵉᵐᵉ anniv. du Jacquemart de Moulins. Taille-douce. Dessin & gravure: René Cottet. 31 mai (f 50)

T 2 500 000   *T 2 600 000*

1024 12f Valenciennes-Thionville	**2,2**	**1,5**	**1,4**	**3**
non dentelé / Ess.Uni/Ess.Multi	35	27	45	115
EPA / EPL	115	45		
1025 12f Jacquemart de Moulins	**1,8**	**1**	**1,3**	**3**
non dentelé / Ess.Uni/Ess.Multi	35	25	30	75
EPA / EPL	150	60		
a - dentelé 3 côtés b de f	135	85		
b - papier carton	14	9		
c - pli accordéon	130	80		

1955 - *50ᵉᵐᵉ anniversaire de la mort du romancier Jules Verne (1828-1905). Taille-douce. Dessin & gravure: Jean Pheulpin. 4 juin (f 50)*

T 2 200 000

1026 30f Jules Verne	**8**	**4**	**5**	**9**
non dentelé / Ess.Uni/Ess.Multi	65	45	45	135
EPA / EPL	300	135		

1955 ✈ - *Aviatrice Maryse Bastié (1898-1952). Taille-douce. D&G: Pierre Gandon 6 juin (f 50)*

T 1 500 000

✈34 50f Maryse Bastié	**7**	**4**	**5**	**8**
non dentelé / Ess.Uni/Ess.Multi	150	90	90	185
EPA / EPL	300	175		
a - piquage à cheval	160	105		

1955 - *Personnages célèbres du XIIᵉᵐᵉ au XXᵉᵐᵉ siècle. Taille-douce*

Philippe II Auguste (roi de France en 1180)   *François de Malherbe (poète)*

D: L. Muller. G: P. Munier   *D: A. Spitz. G: C. P. Dufresne*

1027 12f+5f Philippe-Auguste	**18**	**10**	**17**	**25**
1028 15f+6f Malherbe	**18**	**10**	**17**	**25**

Mᵃˡ Sébastien de Vauban (commissaire gᵃˡ des fortifications sous Louis XIV), d'ap Rigaud   *Comte de Vergennes (ministre des affaires étrangères en 1774)*

D: A. Spitz. G: C. Hertenberger   *D: P.-P. Lemagny. G: C. Mazelin*

1029 18f+7f Vauban	**18**	**10**	**17**	**25**
1030 25f+8f Vergennes	**26**	**12**	**23**	**30**

Marquis de Laplace (physicien)   *Pierre-Auguste Renoir (peintre)*

D: P.-P. Lemagny. G: R. Cottet   *D&G: Henry Cheffer*

1031 30f+9f Laplace	**35**	**13**	**26**	**35**
1032 50f+15f Renoir	**35**	**15**	**30**	**40**
Série 1027 à 1032 (6 timbres)	**150**	**70**	**130**	
non dentelé	325	250		
EPA / EPL/ EPC	800	375	700	

1955- *Cinéma français: 1895-1955. Les frères Lumière: Auguste (1862-1954) et Louis (1864-1948). Taille-douce. Dessin: Louis Muller. Gravure: Pierre Munier. 14 juin (f 50)*

T 2 200 000

1033 30f Frères Lumière	**7**	**3,5**	**4,5**	**9**
non dentelé / Ess.Uni/Ess.Multi	55	40	40	85
EPA / EPL	135	55		
a - impression recto-verso	65	40		
b - impression sur raccord	165	100		

1955 - *Jacques Coeur .Taille-douce. Dessin: Michel Ciry. Gravure: Jean Pheulpin. 20 juin (f 50)*

T 2 500 000

1034 12f Jacques Coeur	**2,5**	**1,5**	**1,6**	**3**
non dentelé /Ess.Uni/Ess.Multi	40	30	30	75
EPA / EPL	135	50		

1955 - *100 ans d'amitié franco-canadienne. Taille-douce. Dessin & gravure: Albert Decaris. 11 juillet (f 50)*

T 2 200 000

1035 30f France Canada	**5**	**3**	**4,3**	**7**
non dentelé /Ess.Uni/Ess.Multi	50	35	35	75
EPA / EPL	140	65		
a - coulcur bleu-vert au lieu de bleu	200	140		

1955 - *Touristiques. Taille-douce. 17 octobre (f 50)*

Région bordelaise. Timbre repris en 1957.

Dessin & gravure: Jean Pheulpin

1036 6f Région bordelaise	**0,3**	**0,1**	**0,2**	**1**
a - impression incomplète	120	75		
b - impression sur raccord	165	100		
c - pli accordéon	135	85		

Marseille: le Vieux-Port et Notre-Dame-de-la-Garde. 17 octobre

Dessin & gravure: Henry Cheffer

1037 8f Marseille	**0,6**	**0,1**	**0,2**	**1**
a - impression incomplète	120	75		
b - impression sur raccord	165	100		
c - piquage à cheval	85	50		
d - pli accordéon	110	70		

Nice. 17 octobre

Dess: A. Spitz. Grav: P. Munier

1038 10f Nice	**0,3**	**0,1**	**0,2**	**1**
a - couleur bleu clair unicolore	170	110		
b - dentelé 3 côtés b de f	200	135		
c - impression sur raccord	165	100		
ca - impr blanche (moitié inférieure)	450	300		
d - piquage à cheval	85	50		
e - piquage double	210	140		

f - pli accordéon   135   85

Le pont Valentré (Cahors). Timbre repris en 1957. 17 octobre

Dess & grav: Charles Mazelin

1039 12f **Pont Valentré**	**0,3**	**0,1**	**0,2**	**1**
a - dentelé 3 côtés b de f	200	135		
b - légende supérieure absente	275	180		
c - impression défectueuse (effacée)	250	170		
d - impression sur raccord	165	100		
e - piquage à cheval	85	50		
f - pli accordéon	160	105		

Uzerche (Corrèze). 17 octobre

Dessin & gravure: Robert Cami

1040 18f **Uzerche**	**0,8**	**0,4**	**0,2**	**1**
a - couleur vert-gris unicolore	450	275		
b - impression dépouillée	110	70		

Le Mont Pelé (Martinique). 2 novembre

D: Paul-Pierre Lemagny. G: Charles-Paul Dufresne

1041 20f **Martinique**	**3,2**	**2,2**	**0,2**	**1**
a - couleur violet unicolore	340	250		
b - impression sur raccord	165	100		

Brouage (Charente Maritime): les remparts. 17 octobre

D&G: Albert Decaris

1042 25f **Brouage**	**1**	**0,5**	**0,2**	**1**
a - dentelé 3 côtés b de f	160	105		
b - impression sur raccord	165	100		
c - piquage à cheval	85	50		
d - pli accordéon	135	85		
Série 1036 à 1042 (7 timbres)	**6,5**	**3,5**	**1,3**	
non dentelé / Ess.Uni/Ess.Multi	185	135	210	420
EPA / EPL/ EPC	1 000	375	500	

1955 - *Gérard de Nerval. Taille-douce. Dessin & gravure: Pierre Munier. 14 novembre (f 50)*

T 2 500 000

1043 12f **Gérard de Nerval**	**0,5**	**0,3**	**0,3**	**2**
non dentelé / Ess.Uni/Ess.Multi	35	25	30	75
EPA / EPL	135	55		

1955 - *Blasons des provinces françaises (9ᵉᵐᵉ série). 21 nov. Typographie. Dessin: Robert Louis. Gravure: R. Fenneteaux (Comté de Foix), A. Frères (Marche), G. Aufschneider (Roussillon), J. Miermont (Comtat Venaissin). (f 100)*

1044 50c **Comté de Foix**	**0,2**	**0,1**	**0,1**	**1**
a - anneau-lune	25	16	10	
b - couleur jaune absente	250	170		
c - couleurs très décalées	35	25	15	
d - impression défectueuse	5	3		
e - impression sur raccord	130	78		
f - pli accordéon	85	50		
1045 70c **Marche**	**0,2**	**0,1**	**0,1**	**1**
a - couleurs très décalées	35	25	15	
b - impression défectueuse	5	3		
c - impression sur raccord	130	78		
d - pli accordéon	85	50		

1046 80c **Roussillon**	**0,2**	**0,1**	**0,1**	**1**
a - couleurs jaune et rouge absentes	300	200		
b - couleurs très décalées	40	27	15	
c - impression défectueuse	5	3		
d - impression sur raccord	130	78		
1047 1f **Comtat Venaissin**	**0,2**	**0,1**	**0,1**	**1**
a - anneau-lune	17	12	7	
b - couleur jaune absente	265	190		
c - impression défectueuse	3	2		
d - impression sur raccord	130	78		
e - piquage à cheval	40	27		
f - pli accordéon	70	50		
Série 1044 à 1047 (4 timbres)	**0,8**	**0,4**	**0,4**	
non dentelé	60	45		
EPL/ EPC			135	275
EPL de décomposition, chaque			350	

1955 - *Croix-Rouge. (f 50) et ⤳10 timbres*
Taille-douce. Dessin & gravure: Jules Piel. 19 décembre

L'enfant à la cage. De J.-B. Pigalle. *L'enfant à l'oie (statue grecque)*

T 1 500 000 paires + 150 000 carnets

1048 12f+3f L'enfant à la cage	**8,5**	**5**	**7**	**12**
a - légende supérieure absente	325	165		
1049 15f+5f L'enfant à l'oie	**7**	**4**	**6,5**	**8**
a - croix noire au lieu de rouge	325	195		
b - paire verticale de carnet	50			
paire, non dentelé	225	150		
paire, EPA / EPL / EPC	550	250	425	

Année 1955

1008 à 1049 (46 timbres)	**234**	**120**	**184**
✈ **34 (1 timbre)**	**7**	**4**	**5**

1956 - *Mémorial national de la déportation. Taille-douce. D: Paul-Pierre Lemagny. G: Charles-Paul Dufresne. 16 janvier (f 50)*

Beffroi de Douai (Nord). Taille-douce. D&G: René Cottet. 13 février (f 50)

T 2 600 000   *T 3 000 000*

1050 15f Déportation	**0,6**	**0,4**	**0,5**	**2**
non dentelé / Ess.Uni/Ess.Multi	50	35	35	75
EPA / EPL	140	60		
1051 15f Beffroi de Douai	**0,5**	**0,4**	**0,5**	**2**
non dentelé / Ess.Uni/Ess.Multi	35	25	30	60
EPA / EPL	140	60		

1956 - *Colonel Driant*
Taille-douce. D&G: Albert Decaris. 22 février (f 50)

40ème anniv. de la bataille de Verdun .Taille-douce. D&G: Albert Decaris. 5 mars (f 50)

T 3 100 000   *T 2 350 000*

1052 15f Colonel Driant	**0,4**	**0,2**	**0,3**	**2**
1053 30f Verdun	**2**	**1,2**	**1,8**	**4**
a - impression sur raccord	165	100		
paire, non dentelé / Ess.Uni/Ess.Multi	70	55	60	120
paire, EPA / EPL/ EPC	200	90	200	

1956 - *Journée du timbre: François de Tassis. Taille-douce. Dessin & gravure: Jean Pheulpin. 17 mars (f 50)*

T 1 400 000

1054 12f+3f François de Tassis	**3**	**1,5**	**3**	**5**
non dentelé / Ess.Uni/Ess.Multi	60	45	45	90
EPA / EPL	140	65		
a - couleurs décalées	40	25		

1956 - *Série des savants et inventeurs (2ème série).*
Taille-douce. 9 avril. T 2 300 000 séries (f 50). D&G: R Cami

Jean-Henri Fabre (1825-1915), entomologiste.

1055 12f Jean-Fabre	**1**	**0,4**	**0,5**	**2**
a - Aile gauche cigale emputée tàn	16			

Charles Tellier (1828-1913), industrie du froid. D&G: C Hertenberger

1056 15f Tellier	**1**	**0,4**	**0,5**	**2**

Camille Flammarion (1842-1925), astronomie populaire. D&G: R Serres

| 1057 18f Flammarion | 1,8 | 1 | 1,3 | 4 |

Paul Sabatier (1854-1941), catalyse. D&G: P Gandon

1058 30f Sabatier	4,7	2,2	2,7	5
Série 1055 à 1058 (4 timbres)	**8,5**	**4**	**5**	
non dentelé / Ess.Uni/Ess.Multi	150	115	120	360
EPA / EPL/ EPC	450	215	325	

1956 - Versailles - Le Grand Trianon (oeuvre de Hardouin-Mansart). Taille-douce. D&G: Pierre Munier. 16 avril (f5)

T 2 800 000

1059 12f Grand Trianon	1,5	1	1	3
non dentelé / Ess.Uni/Ess.Multi	35	25	30	75
EPA / EPL	140	60		
a - couleur brun-violet au lieu de vert	135	90	75	
b - couleur verte absente	285	190		

1956 - Amitié France - Amérique latine. Taille-douce. D: Clément Serveau. G: Jules Piel. 23 avril (f 50)

T 2 000 000

1060 30f France-Amérique latine	2,2	1,5	1,8	4
non dentelé / Ess.Uni/Ess.Multi	50	35	35	75
EPA / EPL	135	55		
a - dentelé 3 côtés	325	210		

1956 - Jumelage Reims-Florence. Taille-douce. D: P.P. Lemagny. G: C.-P. Dufresne. 7 mai (f 50)

Ordre souverain de Malte. Taille-douce. Dessin & gravure: Raoul Serres. 14 mai (f 50)

T 2 550 000   T 2 450 000

1061 12f Reims-Florence	0,8	0,4	0,6	2
non dentelé / Ess.Uni/Ess.Multi	55	40	40	115
EPA / EPL	140	60		
1062 12f Ordre de Malte	0,5	0,3	0,4	2
non dentelé / Ess.Uni/Ess.Multi	50	35	35	115
EPA / EPL	135	55		
a - centre brun au lieu de rouge	250	185		

1956 - St-Yves de Tréguier Taille-dce. D&G: C. Mazelin. 22 mai (f 50)

Franchet d'Esperey. Taille-douce. D&G: Albert Decaris. 28 mai (f 50)

T 3 000 000   T 2 200 000

1063 15f St-Yves de Tréguier	0,4	0,2	0,3	2
non dentelé /Ess.Uni/Ess.Multi	40	30	30	75
EPA / EPL	135	55		
1064 30f Franchet d'Esperey	3	1,5	1,9	4
non dentelé / Ess.Uni/Ess.Multi	40	30	30	75
EPA / EPL	135	55		

1956 - *Montceau-les-Mines. Taille-douce. Dess: A. Spitz.*
Grav: P. Munier. 4 juin (f 50)

T 2 700 000

1065 12f Montceau-les-Mines	0,5	0,4	0,5	2
non dentelé / ⊠↗ / ⊠✪	35	25	30	60
EPA / EPL	140	60		

1956 - *Personnages célèbres du XVᵉᵐᵉ au XXᵉᵐᵉ siècle.*
Taille-douce. 11 juin. T 1 050 000 séries (f 50).

Guillaume Budé (humaniste)   Jean Goujon
                             (architecte et sculpteur)

D: P-P. Lemagny. G: C. P. Dufresne   D: L. Muller G: C. P. Dufresne

1066 12f+3f Budé	5,5	4	6	12
a - impr presque totalement blanche	475	300		

1067 12f+3f Goujon	5,5	4	6	12

Samuel de Champlain   J. B. S. Chardin (peintre)
(explorateur) (1567-1635)   (1699-1779)

D&Ge: Albert Decaris   D: P-P. Lemagny. G: C. Hertenberger

1068 12f+3f Champlain	7	4	6	12
1069 15f+5f Chardin	9	6	9	15

Maurice Barrès (écrivain)   Maurice Ravel (compositeur)

D: A. Spitz. G: J. Pheulpin   D: M. Ciry. G: R. Cottet

1070 15f+5f Barrès	9	6	9	15
1071 15f+5f Ravel	12	6	10	15
Série 1066 à 1071 (6 timbres)	**48**	**30**	**46**	
non dentelé	275	200		
EPA / EPL/ EPC	800	275	500	

1956 - *Sports. Taille-douce. 9 juillet. (f 50)*

D: R. Serres. G: C. P. Dufresne   D&G: Raoul Serres

1072 30f Basket-ball	1,5	1	0,2	1
a - impression recto-verso	75	50		
b - impression sur raccord	165	100		
c - piquage à cheval	110	65		
d - ballon dégonflé	100			

1073 40f pelote basque	5,5	3	0,2	1
a - couleur brun-lilas unicolore	200	130		
b - impression sur raccord	160	105		
c - piquage à cheval	100	65		
d - pli accordéon	135	85		

D: R. Serres. G: J. Piel   D&G: Pierre Gandon

1074 50f Rugby	2	1	0,2	1
a - couleur violet unicolore	600	450		
b - impression incomplète	170	115		
c - impression sur raccord	165	100		
d - piquage à cheval	85	50		
e - pli accordéon	130	85		

1075 75f Alpinisme	**12**	**7**	**2,4**	**4**
Série 1072 à 1075 (4 timbres)	**21**	**12**	**3**	
non dentelé / Ess.Uni/Ess.Multi	200	150	250	360
EPA / EPL/ EPC	550	275	500	

1956 - Europa . Typographie (15f), et taille-douce (30f).
D: Daniel Gonzagues. G: Jules Piel. 15 sept (f 50)

T 43 500 000

T 13 300 000

1076 15f Europa	**1**	**0,6**	**0,2**	**1**
non dentelé / Ess.Uni/Ess.Multi	250	185	300	450
EPA non adoptée fond ligné	700			
EPL		375		
EPL de décomposition		2 000		
a - dentelé tenant à non dentelé	2 350	1 450		
b - impression sur raccord	165	100		
c - teinte de fond quasiment absente	285	190		
d - bulle sur 15F	16			
1077 30f Europa	**6**	**3,3**	**1**	**3**
non dentelé / Ess.Uni/Ess.Multi	350	265	450	750
EPA / EPL / EPC	750	375	1350	
a - pli accordéon	210	140		

1956 - Grandes réalisations techniques (1ère série).
Taille-douce. Emission: 8 octobre 1956. T 2 200 000 séries (f 50).

Ecluse et usine de Donzère-Mondragon. D&G: R Cami

1078 12f Donzère-Mondragon	**1,5**	**1**	**1,2**	**3**

Téléphérique de l'Aiguille   Port de Strasbourg.
du Midi. D&G:René Cottet   D&G: Pierre Gandon

1079 18f Aiguille du midi	**3**	**2**	**2**	**4**
1080 30f Port de Strasbourg	**13**	**8**	**6**	**10**
série, non dentelé / Ess.Uni/Ess.Multi	115	80	135	225
série,EPA / EPL / série,EPC	350	160	300	

1956 - Antoine-Augustin Parmentier (1737-1803).
Pharmacien militaire et créateur de la chimie alimentaire.
Taille-douce. D&G: Henry Cheffer. ♥ 29 octobre (f 50)

T 2 600 000

1081 12f Parmentier	**0,9**	**0,5**	**0,6**	**3**
non dentelé / Ess.Uni/Ess.Multi	40	30	30	60
EPA / EPL	135	55		

1956 - Personnages célèbres étrangers ayant participé à la
vie française. Taille-douce. 12 novembre. Vendus: <1 000 000
séries (f 50).

Pétrarque (poète et humaniste italien)   J. B. Lulli (compositeur italien)

D: L. Muller. G: J. Pheulpin   D&G: Charles Mazelin

1082 8f Pétrarque	**0,8**	**0,4**	**0,6**	**2**
a - impression sur raccord	165	100		
1083 12f Lulli	**0,8**	**0,4**	**0,6**	**2**

Jean-Jacques Rousseau   Benjamin Franklin (philosophe,
(philosophe suisse)   physicien et homme d'état américain)

D: M. Ciry. G: R. Cottet   D&G: Albert Decaris

1084 15f Rousseau	**1,2**	**0,6**	**0,6**	**2**
a - pli accordéon	110	66		
1085 18f Franklin	**2,5**	**1,7**	**2**	**4**
a - dentelé 3 côtés	160	96		

F. Chopin (compositeur polonais)

V. Van Gogh (peintre néerlandais)
(autoportrait)

D&G: Henry Cheffer   D: M. Lalau. G: C. P. Dufresne

1086 20f Chopin	3,2	2	2,2	4
Série 1082 à 1087 (6 timbres)	**15**	**8**	**9**	
non dentelé	200	150		
EPA / EPL/ EPC	700	250	400	

1956 - Pierre de Coubertin (1863-1937) rénovateur des JO.
Taille-douce. D&G: Raoul Serres. 26 novembre (f 50)

T 2 500 000

1088 30f Pierre de Coubertin	2	1,1	1,2	4
non dentelé / Ess.Uni/Ess.Multi	235	175	175	450
EPA / EPL	500	250		

1956 - Croix-Rouge. 10 decembre (r 50) (↻4+4)
Taille-douce. Dessin & gravure: Jules Piel.

Jeune paysan. Tableau de Louis
Le Nain.

Gilles.
Tableau de Antoine Watteau.

T 1 600 000 paires + 156 000 carnets

1089 12f+3f Jeune paysan	3	1,5	3	5
1090 15f+5f Gilles	3,5	1,7	3	5
paire, non dentelé	215	165		
paire, EPA / EPL / EPC	500	215	400	
paire, ✉❷ Epinal		8 déc 56		10

Année 1956
1050 à 1090 (41 timbres)	140	83	92

1957 - Colombophilie. Pigeon voyageur Bleu-Sion-Lamotte.
Taille-douce. Dessin & gravure: Pierre Gandon.

14 janvier 1957 T 4 550 000 (f 50)

1091 15f Colombophilie	0,5	0,2	0,2	2
non dentelé / Ess.Uni/Ess.Multi	50	35	45	85
EPA / EPL	140	65		
a - impression sur raccord	165	100		

1957 ↗ - Prototypes. Taille-douce.
Dessin & gravure: Pierre Gandon. Timbre repris en 1960.

✈35 300f MS 760 Paris 📧 1959	7	4	3

28 janvier 1957 T (f 50)

✈36 500f Caravelle	28	17	4	7
non dentelé / Ess.Uni/Ess.Multi	175	135	135	275
EPA / EPL	500	225		
a - impression dépouillée, faciale absente	2 500	1 850		
b - impression sur raccord	200	120		
c - piquage à cheval	340	235		

✈37 1000f Alouette 📧 1958	60	35	25

1957 - Victor Schoelcher
Taille-douce. Dessin & gravure: Jean Pheulpin.

Journée du timbre: felouque
des environs de 1750 . Taille-
dce. Dess & grav: A. Decaris

18 février 1957   16 mars 1957
T 2 640 000 (f 50)   T 1 900 000 (f 50)

1092 18f Schoelcher	0,6	0,4	0,6	2
non dentelé	35	25		
EPA non adoptée format horizontal	500			
EPA / EPL	135	50		
a - impression effacée, à sec	375	250		

1093 12f+3f Service mar^{ime} postal   **2,2**   **1,3**   **1,8**   **4**
non dentelé / Ess.Uni/Ess.Multi   50   35   45   85
EPA / EPL   140   60

1957 - Manufacture nationale de Sèvres. 25 mars (f 50)
Oeuvre de Falconnet: "La Baigneuse" et pièces de porcelaine.
Taille-dce. Dessin & gravure: Pierre Munier.

T 2 600 000

1094 30f Manufacture n de Sèvres   **0,8**   **0,5**   **0,6**   **2**
non dentelé / Ess.Uni/Ess.Multi   40   30   45   85
EPA / EPL   135   55
a - sevres sans accent tenant à normal   7

1957 - Série des savants et inventeurs (3ème série).
Taille-douce. 15 avril. T 2 500 000 séries (f 50).

Gaston Planté (1834-1889), inventeur de l'accumulateur au plomb.

Dessin: M. Ciry. Gravure: C. Mazelin

1095 8f Planté   **0,4**   **0,2**   **0,3**   **2**

Antoine Béclère (1856-1939), fondateur de la radiologie française.

Dessin & gravure: Henry Cheffer

1096 12f Béclère   **0,5**   **0,2**   **0,3**   **2**

Octave Terrillon (1844-1896), créateur de l'asepsie.

Dessin & gravure: C. Hertenberger

1097 18f Terrillon   **1,3**   **0,8**   **1,2**   **3**
a - rose pâle   10

Etienne Oehmichen (1884-1955), inventeur de l'hélicoptère.

Dess & grav: Jean Pheulpin

1098 30f Oehmichen   **2,8**   **1,3**   **2,2**   **4**

Série 1095 à 1098 (4 timbres)   **5**   **2,5**   **4**
non dentelé / Ess.Uni/Ess.Multi   140   100   200   350
EPA / EPL/ EPC   450   175   325

1957 - Château d'Uzès (Gard).Taille-douce. Dessin &
gravure: Raoul Serres. 29 avril (f 50)

T 3 000 000

1099 12f **Château d'Uzès**   **0,4**   **0,2**   **0,4**   **2**
non dentelé / Ess.Uni/Ess.Multi   35   25   45   85
EPA / EPL   140   84
a - couleur bistre absente   140   84
b - couleur bleu-ardoise unicolore   250   150
c - légende "Uzès" absente   75   45
d - impression sur raccord   165   100
e - coq au clocher   50

1957 - Héros de la Résistance (1ère série).
Taille-douce. 20 mai.Vendus: 1 250 000 séries (f 50).

D&G: René Cottet   *D&G: Albert Decaris*

1100 8f **Jean Moulin**   **1,2**   **0,6**   **0,5**   **2**

1101 10f **H. d'Estienne d'Orves**   **1,2**   **0,6**   **0,5**   **2**
a - impression très dépouillée   38

Dessin: Paul-Pierre Lemagny. Gravure: Pierre Munier

1102 12f Robert Keller   1,3   0,6   0,5   2

D: A. Spitz. G: H. Cheffer   *D&G: Robert Cami*

1103 18f Pierre Brossolette   1,8   1,2   1,5   4

1104 20f Jean-Baptiste Lebas   2   1   1,5   4
a - pli accordéon   90   54

Série 1100 à 1104 (5 timbres)   7,5   4   4,5
non dentelé / Ess.Uni/Ess.Multi   150   110   225   400
EPA / EPL / EPC   550   215   400

1957 - Le Quesnoy (Nord). Remparts et porte fortifiée de Fauroeulx. Taille-douce. D&G: Jean Pheulpin. 5 juin (f 50)

1105 8f Le Quesnoy   0,2   0,1   0,1   1
non dentelé / Ess.Uni/Ess.Multi   35   25   45   85
EPA / EPL   100   40
a - noir au lieu de vert foncé   340   204

1106 15f Le Quesnoy 🖼 1957   0,2   0,1   0,1

1957 - 150ème anniversaire de la Cour des Comptes. Taille-douce. D: Clément Serveau. G: Jules Piel. 3 juin (f 50)

T 2 800 000

1107 12f Cour des comptes   0,2   0,1   0,1   1
non dentelé / Ess.Uni/Ess.Multi   30   20   30   60
EPA / EPL   130   50

1957 - Personnages célèbres du XIIIème au XIXème siècle. Taille-douce. 17 juin. T 1 100 000 séries (f 50).

   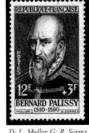

D: M. Lalau. G: R. Cami   *D: L. Muller. G: R. Serres*

1108 12f+3f Joinville   2,5   1,5   2   4

1109 12f+3f Palissy   2,5   1,5   2   4

D: Paul-Pierre Lemagny.   *D&G: Charles Mazelin*

1110 15f+5f Q. de la Tour   4   1,8   3   5

1111 15f+5f Lamennais   3,6   1,8   3   5

D&G: P.-P. Lemagny   *D&G: René Cottet*

1112 18f+7f Georges Sand	4,2	2,2	4	7
1113 18f+7f Guesde	4,2	2,2	4	7
Série 1108 à 1113 (6 timbres)	**20**	**11**	**18**	
non dentelé / Ess.Uni/Ess.Multi	200	135	180	360
EPA / EPL/ EPC	650	225	400	

*1957 - Les travaux publics de France. (f 50) 22 juin
Composition évoquant le barrage d'Anchicaya et le viaduc de
l'autoroute Caracas - La Gueira (Vénézuela). Taille-douce.
Dessin: Clément Serveau. Gravure: Jules Piel.*

T 2 300 000

1114 30f Travaux publics	**2**	**1,2**	**1,3**	**4**
non dentelé / Ess.Uni/Ess.Multi	35	25	30	60
EPA / EPL	125	40		
a - piquage à cheval	175	105		

*1957 - Marianne de Muller. Typographie.
D: Louis Muller. G: Jules Piel. 22 juin (f 100 ⟳20, ✐)*

        Type I

    *Type II
2ème barre du "F"
plus longue, boucle
inférieure du "2"
plus épaisse*

1011B I 20f bleu, type I	0,4	0,1	0,1	1
non dentelé / Ess.Uni	50	35	60	
EPL / EPC 6f, 12f, 15f			75	500
a - "20" absent (surencrage)	180	125		
b - anneau-lune	30	18	12	
c - dentelé 3 côtés	100	60		
d - dentelé tenant à non dentelé	280	168		
e - "f" de 20f absent	20	12	8	
f - impression (très) défectueuse	6	4		
g - impression incomplète	85	50		
h - impression recto-verso	12	7	4	
i - impression sur raccord	130	78		
j - légende partielle (surencrage)	10	6		
k - piquage à cheval	70	42		
l - pli accordéon	85	50	34	

m - "Postes" absent (surencrage)	40	24		
n - signatures absentes	4	2		
o - timbre non imprimé	210	136		
1011B II 20f bleu, type II	**20**	**13**	**6,5**	**10**

*1957 - Moissonneuse. Typographie. Dessin: Louis Muller.
Gravure: Jules Piel. 3 juillet (f 100)*

1115 6f brun-rouge	0,2	0,1	0,1	1
a - impression défectueuse	5	3		
b - impression sur raccord	130	78		
c - légende partielle (surencrage)	10	7	3	
d - piquage à cheval	50	30		
e - signature absente	4	3	2	
1115A 10f vert 📧 1959	0,5	0,3	0,1	
1116 12f lilas-rose	0,2	0,1	0,1	1
a - impression défectueuse	4	3		
b - impression sur raccord	130	78		
c - pli accordéon	75	50		
d - signature absente	4	2	2	
paire 6f & 12f, non dentelé	60	40		
paire 6f & 12f, EPL / EPC			90	250

Timbres non émis

*Timbres non émis. Faciale: 15f, non dentelé sans gomme.
Existe en plusieurs couleurs (sept couleurs répertoriées).*

1116A 15f non émis, chaque	**175**

*1957 - Port de Brest. Vue du plus grand pont d'Europe
(à l'époque). Taille-douce. D&G: Henry Cheffer. 8 juillet (f 50)*

T 2 500 000

1117 12f Port de Brest	**1,2**	**0,6**	**1**	**3**
non dentelé / Ess.Uni/Ess.Multi	35	25	30	60
EPA / EPL	140	60		
a - piquage à cheval	160	105		

1957 - *Touristiques. Taille-douce. 19 juillet (f 50)*

D&G: Jean Pheulpin   *D&G: Jean Pheulpin*

1106 15f Le Quesnoy	**0,2**	**0,1**	**0,1**	**1**
non dentelé / Ess.Uni/Ess.Multi	30	20	30	60
EPA / EPL	100	40		
a - couleur verte et légende absentes	250	180		
b - feuillage brun au lieu de vert	70	45		
c - pont blanc	350	230		
d - dentelé 3 côtés	150	100		
e - impression sur raccord	165	100		
f - piquage à cheval	65	40		
g - pli accordéon	110	70		
h - butte grise	58			

1118 35f Région bordelaise	**3,8**	**2,7**	**1,2**	**3**

Dessin & gravure: Charles Mazelin

1119 70f Pont Valentré	**22**	**11**	**2,1**	**5**
a - piquage à cheval	160	105		
série, non dentelé / Ess.Uni/Ess.Multi	125	85	100	185
série,EPA / EPL / EPC	280	120	300	

1957 - *Léo Lagrange*   *Auguste Comte.Taille-douce.*
Taille-douce. Dessin &   *Dessin & gravure:*
gravure: Albert Decaris.   *Charles Mazelin.*
2 septemb e (f 50)   *16 septembre (f 5)*

T 2 200 000   *T 3 000 000*

1120 18f Léo Lagrange	**0,5**	**0,3**	**0,5**	**3**
non dentelé / Ess.Uni/Ess.Multi	60	45	60	120
EPA / EPL	140	60		
a - impression (très) défectueuse	130	85		

1121 35f Auguste Comte	**0,4**	**0,2**	**0,3**	**3**
non dentelé / Ess.Uni/Ess.Multi	40	30	30	60
EPA / EPL	135	55		
a - piquage à cheval	130	85		

1957 - *Europa (8 pays participants).*
Taille-douce. D&G: Albert Decaris. 16 sept (f 50)

1122 20f Europa	**0,6**	**0,5**	**0,4**	**2**
EPL en noir sans faciale		300		
a - bleu au lieu de vert	250	165		
b - impr incomplète, faciale à "0f"	500	350		
c - impression sur raccord	165	100		

1123 35f Europa	**1,1**	**1,2**	**1**	**3**
paire, non dentelé Ess.Uni/Ess.Multi	300	240	420	850
paire, EPA / EPL / EPC	850	400	650	

1957 - *Bimillénaire de Lyon. Théâtre romain de Fourvière.*
Taille-douce. D: André Spitz. G: Charles Mazelin. 7 oct (f 50)

T 4 400 000

1124 20f Bimillénaire de Lyon	**0,4**	**0,2**	**0,3**	**2**
non dentelé / Ess.Uni/Ess.Multi	40	30	30	60
EPA / EPL	140	60		
a - impression incomplète	150	100		

1957 - *Touristiques. Taille-douce. 21 oct (f 50)*

Dessin & gravure: Raoul Serres

1125 8f Rivière Sens	**0,2**	**0,1**	**0,1**	**2**
EPA légende erronée "Rivière Seno"	350			
a - montagne verte	225	150		
b - impression sur raccord	165	100		
c - papier carton	7	5	4	
d - piquage à cheval	65	40		
e - mer blanche	7			

Dessin & gravure: Pierre Munier

1126 10f Palais de l'Elysée **0,2** **0,1** **0,1** **2**
a - légendes et faciale absentes 515 335
b - impression sur raccord 165 100
c - piquage à cheval 70 45
d - pli accordéon 100 65

D&G: Charles Mazelin   *D&G: Robert Cami.*

1127 18f Beynac-Cazenac **0,2** **0,1** **0,1** **2**
a - impression incomplète 185 120
b - impression sur raccord 165 100
c - piquage à cheval 85 50

1128 25f Château de Valençay **0,8** **0,4** **0,1** **2**
a - impression sur raccord 315 200
b - papier épais 3
c - impression très pâle 10

D: A. Spitz. G: R. Cottet ✝   *D: A. Spitz. G: R. Serres*

1129 35f Cathédrale de Rouen **0,2** **0,1** **0,1** **2**
a - dentelé tenant à non dentelé 475 325
b - impression sur raccord 165 100
c - piquage à cheval 70 45
d - pli accordéon 185 120

1130 50f St-Rémy: Les antiques **0,5** **0,1** **0,1** **3**
a - arche verte 100 65
b - chiffres blancs 55 33
c - couleur brun unicolore 750 450
d - couleur verte absente 235 135
e - impression incomplète (tiers inf.) 425 255
f - impression sur raccord 165 100
g - piquage à cheval 65 39
h - pli accordéon 110 70
i - branche cassée 8

Evian les bains. D&G: J Pheulpin.

T 110 000 000

1131 65f Evian-les-Bains **0,8** **0,3** **0,4** **4**
a - légende supérieure absente 100 65
b - pli accordéon 160 105
c - impression très dépouillée 16

Série 1125 à 1131 (7 timbres) **3** **1,2** **1**
non dentelé / Ess.Uni/Ess.Multi 275 200 210 420
EPA/ EPL/ EPC av 15f Le Quesnoy 980 275 400

1957 - *Personnages célèbres. Taille-douce. 12 novembre. T 2 700 000 séries (f 50).*

D&G: Jules Piel   *D: M. Lalau. G: C. Mazelin*

1132 8f Copernic **0,9** **0,5** **0,4** **2**

1133 10f Michel-Ange **0,9** **0,5** **0,6** **2**

D&G: Albert Decaris   *D&G: Claude Hertenberger*

1134 12f Cervantès **0,9** **0,5** **0,6** **2**
a - papier carton 7 5 4

1135 15f Rembrandt **1,1** **0,7** **0,8** **2**

D: M. Lalau. G: P. Munier

| 1136 18f Newton | 1,5 | 0,9 | 1,1 | 4 |

D: A. Spitz. G: R. Serres   D: Lemagny. G: Hertenberger

| 1137 25f Mozart | 1,7 | 1,2 | 1,3 | 4 |
| a - piquage à cheval | 100 | 60 | | |

| 1138 35f Goethe | 2 | 1,2 | 1,5 | 4 |

Série 1132 à 1138 (7 timbres)	9	5,5	6,5	
non dentelé / Ess.Uni	225	175	315	
EPA / EPL/ EPC	750	275	500	

1957 - 100ᵉᵐᵉ anniversaire de la mort du chimiste Louis-Jacques Thénard (1777-1857). Taille-douce. Dessin & gravure: Pierre Gandon. 2 d''cembre (f 50)

T 3 000 000

1139 15f L.-J. Thénard	0,4	0,2	0,4	4
non dentelé / Ess.Uni/Ess.Multi	30	20	30	
EPA / EPL	135	55		

1957 - Croix-Rouge.Eaux-fortes de Jacques Callot .Taille-douce. D&G: Raoul Serres. 9 décembre (f 50) (↯4+4)

L'Aveugle et le mendiant.   La mendiante et la borgnesse.

T 1 350 000 paires +180 000 carnets

| 1140 15f+7f L'aveugle et le mendiant | 4,5 | 2,3 | 4 | 7 |

1141 20f+8f La mendiante et la borgnesse	6	3,2	5	8
paire, non dentelé / Ess.Uni	175	120	120	
paire, EPA / EPL / EPC	450	225	335	

Année 1957			
1091 à 1141 (52 timbres)	95	51	56
✈ 36 (1 timbre)	28	17	4

1958 ✈ - Prototypes. Taille-douce.Dessin & gravure: Pierre Gandon. 17 juin (f 25)

✈37 1000f Alouette	60	34	23	40
non dentelé / Ess.Uni/Ess.Multi	250	180	180	300
EPA / EPL	600	275		

1958 - Grands médecins français. Taille-douce. 27 janvier. Vendus: >1 000 000 séries (f 50).

D: A. Spitz. G: P. Munier   D: A. Spitz. G: J. Pheulpin

1142 8f Pinel   0,9   0,5   0,6   2

1143 12f Widal   0,9   0,5   0,6   2
a - impression dépouillée   13

D: A. Spitz. G: C. Mazelin

D: A. Spitz. G: R. Cottet

1144(1167) **15f Nicolle**   1,4   0,6   0,7   2

1145(1168) **35f Leriche**   1,8   0,9   1,1   4

Série 1142 à 1145 (4 timbres)   5   2,5   3
non dentelé / Ess.Uni/Ess.Multi   150   100   120   240
EPA / EPL/ EPC   450   175   325

1958 - Grands savants français. Taille-douce. 17 février. T 2 400 000 séries (f 50).

D&G: Albert Decaris

D&G: Albert Decaris

1146 8f Lagrange   0,9   0,4   0,5   2
a - couleur bleue absente

1147 12f Le Verrier   1   0,5   0,5   2
a - brun-noir mordoré   185   115   60
b - pli accordéon   150   100

D&G: René Cottet

D&G: Jacques Combet

1148 15f Foucault   1,8   1,1   0,8   3

1149 35f Berthollet   2,3   1,5   1,2   4

Série 1146 à 1149 (4 timbres)   6   3,5   3
non dentelé / Ess.Uni/Ess.Multi   150   100   120   240
EPA / EPL/ EPC   450   175   325

1958 - Lourdes.Taille-douce. D&G: René Cottet. 27 février (f 50)

1150 20f Lourdes   0,4   0,1   0,1   1
non dentelé / Ess.Uni/Ess.Multi   35   25   40   75
EPA / EPL   135   55
a - impression sur raccord   165   100
b - pli accordéon   110   66

1958 - Journée du timbre. Taille-douce. Dessin & gravure: Pierre Gandon. 17 mars (f 50)

T 1 900 000

1151 15f+5f Distribution postale   1,6   1   1,4   4
non dentelé / Ess.Uni/Ess.Multi   55   40   45   85
EPA / EPL   140   60
a -toits bruns   6
b -arbres de droite verts   8

1958 - Villes reconstruites suite aux bombardements de la 2ⁿᵈᵉ guerre mondiale. Taille-douce. 31 mars. . T 2 700 000 séries (f 50).

D&G: Jacques Combet

D&G: Jacques Combet

1152 12f Le Havre   0,7   0,3   0,5   3
a -1 de 12 F blanc   23

1153 15f Maubeuge   0,8   0,3   0,5   3
a - couleur lilas absente   90   54

D: J. Combet. G: P. Munier   D: J. Combet. G: C. Mazelin

1154 18f Saint-Dié	**1,2**	**0,5**	**0,9**	**3**
1155 25f Sète	**1,6**	**0,5**	**0,9**	**3**
a - couleur verte absente	90	54		
Série 1152 à 1155 (4 timbres)	**4**	**2,2**	**3**	
non dentelé / Ess.Uni/Ess.Multi	150	100	120	240
EPA / EPL/ EPC	480	180	325	

1958 - *Exposition de Bruxelles. Taille-douce. Dessin: Clément Serveau. Gravure: Jules Piel. 14 avril (f 50)*

T 3 600 000

1156 35f Expo de Bruxelles	**0,2**	**0,1**	**0,2**	**3**
non dentelé / Ess.Uni/Ess.Multi	60	45	45	85
EPA / EPL	135	55		
a - piquage à cheval	190	114		

1958 - *Héros de la Résistance (2ème série). Taille-douce. 21 avril. T 2 450 000 séries (f 50).*

D&G: Albert Decaris   D: A. Decaris. G: J. Pheulpin

1157 8f Jean Cavaillès	**0,9**	**0,3**	**0,6**	**2**
1158 12f Fred Scamaroni	**0,9**	**0,3**	**0,6**	**2**
a - postes sans S	30			
b - encoche au béret	8			

D&G: Albert Decaris   D: A. Decaris. G: J. Pheulpin

1159 15f Simone Michel-Lévy	**2,4**	**1,2**	**1,2**	**3**
a - pli accordéon	110	70		
1160) 20f Jacques Bingen	**1,8**	**1,2**	**1,1**	**3**
a - impression sur raccord	165	100		
Série 1157 à 1160 (4 timbres)	**6**	**3**	**3,5**	
non dentelé / Ess.Uni/Ess.Multi	150	100	120	240
EPA / EPL/ EPC	450	175	325	

1958 - *Jeux traditionnels.*
Taille-douce. 28 avril. T 2 350 000 séries (f 50). D&G: Raoul Serres.

1161 12f Jeu de boules	**1**	**0,6**	**1**	**3**

1162 15f Joutes nautiques	**1,3**	**0,6**	**1**	**3**
a - "F" de "Française" doublé t à normal	250	150	100	
idem non dentelé	2 400	1 440		

1163 18f Tir à l'arc	**2,3**	**1,3**	**1,2**	**4**
a - Arc cassé au niveau de la main	16			
1164 25f Lutte bretonne	**3,4**	**2**	**2,3**	**5**
Série 1161 à 1164 (4 timbres)	**8**	**4,5**	**5,5**	
non dentelé / Ess.Uni/Ess.Multi	160	110	180	360
EPA /EPL/ EPC	450	185	325	

1958 - Cathédrale de Senlis. 19 mai (f 50)
Taille-douce. Dessin: André Spitz. Gravure: Charles Mazelin.

T 2 800 000

1165 15f Cathédrale de Senlis	**0,4**	**0,1**	**0,1**	**2**
non dentelé / Ess.Uni/Ess.Multi	35	25	30	60
EPA / EPL	140	60		

1958 - Marianne de Muller. Typographie. 22 mai (f 100)
Dessin: Louis Muller. Gravure: Jules Piel.

Type I

Type II
tête du "1"
plus épaisse

1011A I 18f vert, type I	**1,2**	**0,7**	**0,8**	**3**
a - anneau-lune	25	15	10	
b - impression défectueuse	4	2		
c - impression sur raccord	130	78		
d - papier carton	4			
1011A II 18f vert, type II	**0,2**	**0,1**	**0,1**	**1**
non dentelé / Ess.Uni/Ess.Multi	50	35	60	
EPL		75		
a - anneau-lune	20	12	8	
b - impression défectueuse	3	2		
c - impression incomplète	120	72		
d - impression recto-verso	25	15		
e - impression sur raccord	130	78		

1958 - Personnages célèbres. Taille-ouce. 9 juin.
T 1 250 000 séries (f 50).

Joachim du Bellay (poète)	Jean Bart (corsaire et chef d'escadre)	Denis Diderot (écrivain et philosophe)

D&G: C. Hertenberger	D: M. Lalau. G: J. Combet	D&G: Charles Mazelin

1166 12f+4f J. du Bellay	**1,9**	**1,2**	**1,8**	**4**
a - dentelé 1 ou 3 côtés	250	150		
1167 12f+4f Jean Bart	**1,9**	**1,2**	**1,8**	**4**
1168 15f+5f Diderot	**2**	**1,3**	**1,8**	**5**

Gustave Courbet (peintre)(autoportrait)	J.B. Carpeaux (sculpteur)	Toulouse-Lautrec (peintre)

D: P.-P. Lemagny. G: J. Pheulpin	D&G: Pierre Munier	D: M. Ciry. G: R. Cottet

1169 15f+5f Courbet	**2,2**	**1,5**	**2**	**5**
1170 20f+8f Carpeaux	**2,2**	**1,4**	**2**	**4**
1171 35f+15f Toulouse-Lautrec	**2,8**	**1,5**	**2,6**	**5**
Série 1166 à 1171 (6 timbres)	**13**	**8**	**12**	
non dentelé / Ess.Uni/Ess.Multi	185	125	180	
EPA / EPL / EPC	650	225	325	

1958 - Tapisserie de la reine Mathilde, à Bayeux.
Taille-douce. D&G: R Cami. (f 50) 23 juin

T 2 900 000

1172 15f Tapisserie de Bayeux	**0,4**	**0,2**	**0,2**	**2**
non dentelé / Ess.Uni/Ess.Multi	50	35	35	75
EPA / EPL	135	55		
a - teinte de fond absente (blanc)	120	70		
b - sol effacé	13			

1958 - Europa Taille-douce. Dessin: André Van der Vossen.
Gravure: Pierre Gandon. 13 septembre. (f 50)

1173 20f Europa	**0,4**	**0,1**	**0,2**	**1**
non dentelé / Ess.Uni	100	75	120	
a - impression recto-verso	55	30		
b - impression sur raccord	165	100		
c - pli accordéon	135	85		
1174 35f Europa	**1,2**	**0,5**	**0,7**	**3**
non dentelé	100	75		
a - impression recto-verso	75	45		
paire, EPA / EPL / EPC	550	250	450	

Veme *République*

1958 - *Château de Foix (Ariège).13 octobre (f 5)*
Taille-douce. D&G: Robert Cami.

T 3 300 000

1175 15f Château de Foix	**0,4**	**0,2**	**0,3**	**3**
non dentelé / Ess.Uni/Ess.Multi	35	25	30	115
EPA / EPL	130	50		
a - couleurs très décalées	55	33	22	
b - impression dépouillée	16			

1958 - *Jumelage Paris-Rome. Taille-douce. D&G:*
Albert Decaris. 13 octobre (f 50)

T 3 300 000

1176 35f Jumelage Paris-Rome	**0,4**	**0,2**	**0,2**	**3**
non dentelé / Ess.Uni/Ess.Multi	40	30	30	115
EPA / EPL	150	65	50	
a - chiffres blancs	45			
b - rose pâle	25			

1958 - *Siège permanent de l'U.N.E.S.C.O. à Paris.*
Taille-douce. D&G: Claude Hertenberger. 3 novembre (f 50)

T 5 350 000

1177 20f U.N.E.S.C.O.	**0,2**	**0,1**	**0,1**	**2**

T 4 400 000

1178 35f U.N.E.S.C.O.	**0,2**	**0,1**	**0,2**	**4**
paire, non dentelé / Ess.Uni/Ess. Multi	175	120	80	250
paire, EPA / EPL / EPC	350	175	300	

1958 - *40eme anniv. de l'armistice du 11 novembre 1918.*
Taille-douce. D&G: Pierre Gandon. 3 novembre (f 50)

T 4 000 000

1179 15f Armistice	**0,5**	**0,2**	**0,3**	**3**
non dentelé / Ess.Uni/Ess.Multi	35	25	30	60
EPA / EPL	130	50		
a - couleur bleu unicolore	140	84		
b - impression sur raccord	165	100		

1958 - *Blasons des villes de France (3eme série). 17 nov*
Typographie. Dessin: Robert Louis. Gravure: Roger Fennetaux
(Marseille), Jean Miermont (Lyon), Gilbert Aufschneider (Toulouse,
Lille), André Frères (Bordeaux, Nantes), André Barre (Nice). (f 100)

1180 50c Marseille	**0,2**	**0,1**	**0,1**	**1**
a - couleurs très décalées	60	36	24	
b - impression sur raccord	130	78		
c - pli accordéon	100	60		
1181 70c Lyon	**0,1**	**0,1**	**0,1**	**1**
a - couleurs très décalées	40	24	16	
b - impression sur raccord	150	90		
c - piquage à cheval	50	30		
d - pli accordéon	100	60		

1182 80c Toulouse	**0,2**	**0,1**	**0,1**	**1**
a - anneau-lune	40	24	16	
b - couleur jaune absente	250	150		
c - couleurs à cheval	300	180		
d - couleurs très décalées	45	27		
e - piquage à cheval	60	36		
1183 1f Bordeaux	**0,2**	**0,1**	**0,1**	**1**
a - couleurs très décalées	25	15	10	
b - impression sur raccord	130	78		
c - lion sans queue	6	4	3	
1184 2f Nice	**0,2**	**0,1**	**0,1**	**1**
a - couleur rouge absente	275	165	40	
b - couleur rouge très déplacé	25	15	10	
c - couleurs à cheval	160	96	64	
d - impression très défectueuse	15	10		

1185 3f Nantes	0,2	0,1	0,1	1
a - couleur noire absente	800	480		
b - couleurs très décalées	40	24		
c - impression très défectueuse	11	7		
d - impression sur raccord	130	78		
e - gros 3 F t à normal	15			
1186 5f Lille	**0,2**	**0,1**	**0,1**	**1**
a - anneau-lune	30	20	6	
b - impression défectueuse	4	3		
c - impression incomplète	130	80		
d - impression sur raccord	130	78		
e - piquage à cheval	50	30		
f - pli accordéon	100	60		
Série 1180 à 1186 (7 timbres)	**1,4**	**0,7**	**0,7**	
non dentelé	140	100		
EPL / EPC		225	350	
EPL de décomposition, chaque		400		

1958 - Croix-Rouge. (f 50) et (✄4+4)
Taille-douce. D&G: Jules Piel. 8 décembre Saint-Vincent de Paul,
aumonier J. H. Dunant, fondateur de la Croix-Rouge

T 1 700 000 paires + 200 000 carnets

1187 15f+7f St-Vincent de Paul	1,3	0,6	1,3	4
1188 20f+8f J. H. Dunant	**1,3**	**0,6**	**1,4**	**4**
a - impression sur raccord	165	100		
paire, non dentelé / ⊠⤳ / ⊠⊘	160	110	110	200
paire, EPA / EPL / EPC	450	225	325	

Année 1958
1142 à 1188 (47 timbres)	52	29	39
✈37 (1 timbre)	60	34	23

1959 - Moissonneuse et Marianne de Muller. Typographie.
Dessin: Louis Muller. Gravure: Jules Piel. 12 janvier (f 100)

1115A 10f vert	0,5	0,3	0,1	1
non dentelé / Ess.Uni	30	20	30	
EPL		45		
a - anneau-lune	30	18	12	
b - impression défectueuse	5			
c - impression sur raccord	130	78		
d - papier carton	2			
e - piquage à cheval	45	27		
f - "Postes" absent (surencrage)	45	30	18	
g - "STES" de "Postes" absent	16	10	6	

Type I (f 100 et ✄20, impression
plus forte,
dentelure normale)
Type II (✄8,
impression moins
appuyée, dentelure
massicotée sur
1 des 2 côtés
verticaux)

5 janvier

T 1 040 000 000. (f 100, ✄8, ✄20, ✎)

1011C I 25f rouge, type I	1,4	0,7	0,1	1
non dentelé	50	35		
EPL		75		
a - anneau-lune	30	18	12	
b - impression défectueuse	5			
c - impression incomplète	120	72	48	
d - impression sur raccord	130	78		
e - légende partielle (surencrage)	10	6		
f - papier carton	6			
g - piquage à cheval	85	50	34	
h - pli accordéon	85	50	34	
1011C II 25f rouge, t. II	**4**	**2,2**	**1**	**3**

1959 - Floralies parisiennes. Taille-douce. Dessin & gravure: Pierre Gandon. 9 jamvoer (f 50)

Palmes académiques Taille-douce. Dessin & gravure: Albert Decaris. 26 janvier (f 50)

T 6 400 000

T 3 300 000

1189 15f Floralies parisiennes	0,5	0,2	0,4	2
non dentelé / Ess.Uni/Ess.Multi	50	35	35	75
EPA / EPL	150	60		
a - arc de triomphe bleu-violet	750	450		
b - feuillage bleu au lieu de vert	175	105		
c - impression sur raccord	165	96		
d -chiffres blancs	5			

1190 20f Palmes académiques	0,2	0,1	0,2	2
non dentelé / Ess.Uni/Ess.Multi	30	20	30	60
EPA / EPL	135	55		
a - impression défectueuse	15			

1959 - Charles de Foucauld . Taille-douce. Dessin & gravure: Charles Mazelin. ♍ 2 février (f 50)

T 3 000 000

1191 50f Charles de Foucauld	0,5	0,3	0,4	3
non dentelé / Ess.Uni/Ess.Multi	50	35	35	60
EPA / EPL	150	60		
a - chiffres blancs	12			

1959 - Touristiques. Taille-douce. 10 février. (f 50).

1192 30f Palais de l'Elysée	2,6	1,4	0,2	2
a - impression sur raccord	165	100		
b - papier carton	7	4		
c - République française «blanc»	25			
d - papier verdâtre	20			

Dessin & gravure: Jean Pheulpin

1193 85f Evian-les-Bains	4	2,2	0,4	3
a - impression sur raccord	165	100		
b - impression très dépouillée	30			

Dessin & gravure: Raoul Serres

1194 100f Rivière Sens	34	17	0,4	2
▪ sur ✉	10 fév 59 ⇥ 18 fév 61			600
a - impression sur raccord	165	100		
b - papier carton	65	39		
c - piquage à cheval			30	
d - impression très dépouillée	60			
e - lettres absentes	40			
série, non dentelé / Ess.Uni/Ess.Multi	165	115	115	200
série, EPA / EPL	350	180		

1959 ✈ - Prototypes. Taille-douce. 16 février (f 50) Dessin & gravure: Pierre Gandon. Timbre repris en 1960.

✈35 300f MS 760 Paris	7	4	3	6
non dentelé / Ess.Uni/Ess.Multi	75	55	55	100
EPA / EPL	225	100		
a - couleur bleu-vert unicolore	27	16		
b - piquage à cheval	235	141		
c - pli accordéon	160	96		

1959 *- Blason d'Alger.*
Typographie. D: Robert Louis.
G: André Barre.
9 mars (f 100)

Journée du timbre.Taille-
douce. Dessin & gravure:
Pierre Gandon. 🖂 *23 mars*
(f 50)

T 96 500 000

T 2 500 000

1195 15f Alger	0,2	0,1	0,1	1
non dentelé	20	15		
EPL		60		
EPL de décomposition		400		
a - couleurs très décalées	25	15	10	
b - impression défectueuse	3	2		
c - impression sur raccord	130	78		
d - piquage à cheval	50	30		
e - pli accordéon	100	60		
f - chenille	20			
1196 20f Service aéropostal de nuit	**0,6**	**0,4**	**0,5**	**2**
non dentelé / ⊠Ess.Uni/Ess.Multi	85	60	60	125
EPA / EPL	165	85		
a - avion brun sépia	10			

1959 *- 175ème anniversaire de l'Ecole des Mines à Paris.*
Taille-douce. D&G: Jacques Combet. 13 avril (f 50)

T 3 000 000

1197 20f Ecole des Mines	0,2	0,1	0,2	2
non dentelé / Ess.Uni/Ess.Multi	35	25	30	60
EPA / EPL	130	50		
a - impression lourde	5			

1959 *- Héros de la Résistance (3ème série).*
Taille-douce. 27 avril. T 3 000 000 séries. (f 50).

D&G: Raoul Serres

D: R. Serres. G: J. Pheulpin

1198 15f Cinq martyrs	0,4	0,2	0,2	2
a - pli accordéon	130	80		
b - impression très dépouillée	15			
1199 15f Yvonne Le Roux	**0,4**	**0,2**	**0,4**	**2**

D: R. Serres. G: R. Camy

1200 20f Médéric-Védy	0,4	0,2	0,3	2
a - impression très dépouillée	15			

D: R. Serres. G: C. Mazelin

D: R. Serres. G: P. Munier

1201 20f Louis Martin-Bret	0,6	0,2	0,4	2
a - impression sur raccord	165	100		
b - chiffres blancs	20			
1202 30f Gaston Moutardier	**0,7**	**0,4**	**0,6**	**3**
Série 1198 à 1202 (5 timbres)	**2,5**	**1,2**	**2**	
non dentelé / Ess.Uni/Ess.Multi	150	100	120	240
EPA / EPL/ EPC	550	225	350	

1959 *- Grandes réalisations techniques (2ème série). (f 50)*
Taille-douce. 25 mai.Tirage 4 100 100 series.

Barrage de Foum el Gherza
Dess: J. Combet. Grav: P. Munier.

Centre atomique de Marcoule.
Dess & grav: Jacques Combet.

1203 15f Foum el Gherza	0,4	0,2	0,2	2
1204 20f Marcoule	**0,5**	**0,3**	**0,5**	**2**
a - impression sur raccord	165	100		
b - pli accordéon	110	66		

Hassi-Messaoud (Sahara).
Dess: J. Combet.
Grav: C. Durrens.

Palais du C.N.I.T.
(Paris, La Défense).
Dess & grav: J. Combet.

1205 30f Hassi-Messaoud   0,5   0,2   0,5   3

1206 50f Palais du C.N.I.T.   0,9   0,6   0,6   3
  a - impression sur raccord   165   100
  b - République «blanc»   20

Série 1203 à 1206 (4 timbres)   2,2   1,2   1,8
  non dentelé / Ess.Uni/Ess.Multi   150   110   165   300
  EPA / EPL/ EPC   500   170   300

1959 - *Personnages célèbres. Taille-douce. 15 juin.*
T 1 500 000 séries (f 50).

Geoffroi de La Villehardouin (IVᵉᵐᵉ croisade et prise de Constantinople)

Dess: A. Decaris. Grav: R. Cottet.

1207 15f+5f de La Villehardouin   1,3   0,8   1,3   4

A. Le Nôtre (architecte et dessinateur de jardins. Vue du parc de Versailles)

D: A. Decaris. G: C. Hertenberger.

1208 15f+5f Le Nôtre   1,3   0,8   1,3   4

Jean d'Alembert (mathématicien)

Dess: A. Decaris. Grav: C. Mazelin

1209 20f+10f d'Alembert   1,2   0,8   1,2   4

David d'Angers (sculpteur. Vue de sa statue et du château du roi René)

Dessin & gravure: Albert Decaris

1210 20f+10f David d'Angers   1,4   0,9   1,4   4

Xavier Bichat (fondateur de la médecine moderne)

Dess: A. Decaris. Grav: P. Munier

1211 30f+10f Bichat   1,3   0,9   1,3   4

F.-A. Bartholdi (sculpteur. Vue du Lion de Belfort et de la statue de la Liberté)

Dess: A. Decaris. Grav: J. Pheulpin

1212 30f+10f Bartholdi   1,6   0,9   1,6   4

Série 1207 à 1212 (6 timbres)   8   5   8
  non dentelé / Ess.Uni/Ess.Multi   215   150   180   360
  EPA /EPL/ EPC   650   175   300

1959 - *Hommage aux pilotes d'essais Taille-douce. Dessin &*
gravure: Pierre Munier. 15 juin (f 50)

T 4 400 000

1213 20f Goujon et Rozanoff   0,5   0,2   0,5   2
  non dentelé / Ess.Uni/Ess.Multi   70   50   50   125
  EPA / EPL   160   75
  a - impression sur raccord   165   100
  b - pli accordéon   130   78
  c - oreille cassée   12
  d - visages bleus   7

1959 *- Marceline Desbordes-Valmore.Taille-douce.*
Dessin & gravure: Pierre Gandon. 22 juin (f 50)

T 4 200 000

1214 30f M. Desbordes-Valmore	0,2	0,2	0,2	3
non dentelé / Ess.Uni/Ess.Multi	40	30	35	60
EPA / EPL	130	50		

1959 *- Inauguration du*   *Marianne à la nef.*
pont de Tancarville. D&G: J.   *Typographie. D: André*
Combet. 3 août (f 50)   *Regagnon. G: Jules Piel.*
                                  24 juillet (f 100)

T 5 000 000   *T 715 000 000*

1215 30f Pont de Tancarville	0,4	0,2	0,4	3
non dentelé / Ess.Uni/Ess.Multi	45	35	35	60
EPA / EPL	140	60		
a - inscriptions en bleu clair	60	36	24	75
b - pli accordéon	110	66		

1216 25f Marianne à la nef	0,4	0,1	0,1	1
non dentelé	30	20		
EPL		50		
a - anneau-lune	25	15	10	
b - couleurs à cheval	60	40		
c - couleurs très décalées	35	21	14	
d - impression défectueuse	6	4		
e - impression incomplète	200	120		
f - impression sur raccord	130	78		
g - piquage à cheval	45	27		
h - pli accordéon	100	60		
i - soleil noir	40	24	16	

1959 *- Jean Jaurès (député socialiste en 1893),*
assassiné le 31 juillet 1914. Taille-douce.
Dessin & gravure: Albert Decaris. 14 septembere (f 50)

T 4 600 000   *Non émis: 1ᵉʳ projet proposé par*
                    A. Decaris, mais refusé. Se présente
                    avec annulation hexagonale des rebuts

1217 50f Jaurès	0,4	0,2	0,3	3
non dentelé	35	25		
EPA / EPL	135	80		
a - piquage double	130	78		

1217A Jaurès, non émis sg		**RRR**		
a - sans la paraoblitération		50 000		

1959 *- Europa (8 pays participants). 19 sept (f 50)*
Taille-douce. Dessin: Walter Brudi. Gravure: André Frères.

1218 25f Europa	0,4	0,3	0,2	2
non dentelé / Ess.Uni/Ess.Multi	115	75	90	
a - impression défectueuse: centre blanc	45	27		

1219 50f Europa	1,6	0,8	1,1	3
non dentelé	115	70		
a - impression défectueuse	27	16		
b - impression recto-verso	100	60		
c - piquage à cheval	250	150		
d - pli accordéon	160	96		
paire, EPA / EPL / EPC	500	265	500	

1959 *- Les donneurs de sang Taille-douce.*
Dessin & gravure: Albert Decaris. 19 octobre (f 50)

T 4 900 000

1220 20f Donneurs de sang	0,2	0,1	0,2	2
non dentelé / Ess.Uni/Ess.Multi	55	40	40	85
EPA / EPL	135	55		
a - bras et mains ensanglantés	130			

1959 *- Paix des Pyrénées . Taille-douce. Dessin:*
Clément Serveau. Gravure: Claude Durrens (20f), Jules Piel
(30f et 50f). 16 novembre (f 50)

Blason d'Avesnes-sur-Helpe et tour de la collégiale Saint-Nicolas

T 4 700 000

1221 20f Avesnes-sur-Helpe   0,4   0,1   0,2   2

Blason du Roussillon et le Castillet.

T 5 000 000

1222 30f Perpignan   0,4   0,2   0,3   3

1222A ⊠ Perpignan, 1ᵉʳ projet   900   600
EPA   550

26 octobre. T 4 700 000 (f 50)

1223 50f Traité des Pyrénées   0,5   0,2   0,4   3
série, non dentelé / Ess.Uni/Ess.Multi   110   75   90   180
série, EPA / EPL   350 140
a - manche noire   12

1959 - *Vaincre la poliomyélite. Taille-douce. D: André Spitz. G: Robert Cami. 2 nov (f 50)*

100ème anniv. de la naissance du philosophe H. Bergson (prix Nobel en 1927). Taille-douce. D&G: Raoul Serres. 9 nov (f 50)

T 4 500 000   *T 4 600 000*

1224 20f Poliomyélite   0,2   0,1   0,2   2
non dentelé / Ess.Uni/Ess.Multi   50   35   35   60
EPA / FPL   130   50

1225 50f Henri Bergson   0,4   0,2   0,3   3
non dentelé / Ess.Uni/Ess.Multi   35   25   30   60
EPA / EPL   130   50
a - impression sur raccord   165   105
b - papier carton   6   4
c - chiffres blancs   10

1959 - *Croix-Rouge. (f 50) (↻4+4)*
Taille-douce. Dessin & gravure: Jules Piel. 7 décembre

Abbé Charles-Michel de l'Epée.   *Valentin Haüy (aveugles).*

T 1 700 000 paires + 132 000 carnets

1226 20f+10f C.-M. de l'Epée   2,2   1,3   2   4
a - sans accent sur le 1ᵉʳ E de Épée tàn   12

1227 25f+10f Valentin Haüy   2,6   1,5   2,5   5
a - pli accordéon   160   96
paire, non dentelé / Ess.Uni/Ess.
Multi   150   115   100   200
paire, EPA / EPL / EPC   350   175   300

1959 - *O.T.A.N., 10ème anniversaire. Grand palais de la Porte Dauphine. Taille-douce. D & G: Charles Mazelin. 14 dec (f 50).*

Marianne à la nef. Surtaxe au profit des victimes de la catastrophe de Fréjus,. Typo. D: André Regagnon. G: Jules Piel. 15 dec (f 100).

T 4 300 000   *T 12 400 000*

1228 50f O.T.A.N.   0,5   0,3   0,4   3
non dentelé / Ess.Uni/Ess.Multi   110   75   75   175
EPA / EPL   275   135
a - impression sur raccord   165   100
b - impression très défectueuse   60
c - chiffres blancs   110

1229 +5f s 25f Sinistrés de Fréjus   0,2   0,1   0,1   1
non dentelé   35   25
EPL   60
a - surcharge "+5f" seule et renversée   4 000   2 850
b - surcharge "Fréjus" seule   1 800   1 250
c - surcharge recto-verso   55   35
d - surcharge renversée   3 500   2 650
e - surchargé tenant à non surchargé 2 250   1 750
f - surcharge à sec   350   250
g - surcharge déplacée   10
h - couleur décalée   13

Année 1959
1189 à 1229 (41 timbres)   67   36   24
✈ 35 (1 timbre)   7   4   3

Etude spécialisée des timbres dits « d'usage courant »

de la Marianne de Cheffer à 2016

Partie réalisée avec la collaboration des membres du

CERCLE DES AMIS DE MARIANNE

Association loi 1901

spécialisée dans l'étude des timbres d'usage courant

http://amisdemarianne.blogspot.fr/

Membre de la
Fédération Française des Associations Philatéliques
et du
Groupement des Associations Philatéliques Spécialisées

Principe de classification des timbres dits « d'usage courant ».

Nous vous proposons une classification innovante de l'intégralité des aspects apparus lors de l'impression de ces séries.

Le timbre-poste est un produit industriel. A ce titre, il est constitué de différents composants industriels : papier, gomme, encre de couleur, encre phosphorescente, type de gravure, dentelure, etc. **La variation d'un seul de ces composants de façon volontaire** de la part de l'Imprimerie, que la raison en soit technique, administrative ou financière, **génère un nouvel aspect du timbre.**

Si cette variation est accidentelle, donc tout à fait involontaire, **ce n'est pas un nouvel aspect qui est généré, mais une variété.**

Clé de la classification des timbres d'usage courant :

Lettre/N° du timbre/-n° de l'aspect :

La lettre initiale correspond à la forme de conditionnement (F= Feuille, R= Roulette, C= Carnet)
Le n° du timbre correspond au numéro Spink/Maury
Le chiffre suivant le tiret correspond au numéro de rang de l'aspect. Ces aspects sont ordonnés suivant l'ordre suivant (presse/gomme/type d'encre phosphorescente).

Lorsqu'une information nous est inconnue, la donnée est remplacée par un x ou plusieurs xxxx
Les variétés ont été attribuées dans les aspects auxquelles elles appartiennent.

Exemple :

F1970-1 doit être lu comme étant le 1er aspect des timbres de feuilles du 0,80 vert Sabine de Gandon.

Ainsi le lecteur pourra aisément connaître combien d'aspect chaque timbres émis possèdent. Dans le cas du 0,80 Sabine de Gandon vert, il existe pour les timbres de feuillesE: 3 aspects différents, pour les timbres de roulette : 1 aspect et pour les timbres de carnet : 2 aspects. Ce qui fait en tout pour posséder l'intégralité des aspects de ce timbre 6 aspects à trouver.

Nous espérons que cette nouvelle approche vous procure beaucoup de plaisir dans vos recherches.

Note: concernant les variétés dites « phosphorescentes » sont décrites et cotées suivant les principes retenus suivant :

1- **Les variétés «(de phosphore(» n'existent pas.** En effet, il n'y a jamais eu de phosphore sur les timbres, mais des pigments phosphorescents à base de sulfure de zinc activé au cuivre associé à des pigments pour colorer. **Le terme correct à employer est donc «(variété phosphorescente » ou « variété pho ».**

2- Les variétés phosphorescentes se répartissent en deux catégories : les **timbres sans barre phosphorescente** et les **timbres avec anomalie phosphorescente**.

3- Doivent être considérés comme timbres sans barre phosphorescente les **timbres entièrement vierges de toute trace phosphorescente, aussi infime soit elle, sur toute leur surface.** Ce sont ces timbres qui constituent le cœur de la collection et que les catalogues cotent sous l'appellation « sans pho » ou celles (impropres) « sans phosphore » et « sans bande de phosphore ».

4- Doivent être considérés comme timbres avec anomalie phosphorescente les timbres sur lesquels **on note une présence phosphorescente, mais répartie de manière anormale.** Par exemple : maculations, barres à cheval ou brisées ou encore traces phosphorescentes à des endroits autres que ceux normalement occupé par les barres. Ces timbres constituent des variétés moins importantes, mais dignes d'être collectionnées.

5- Doivent, en revanche, être considérés comme **ordinaires** les timbres avec points phosphorescents (même légers) à l'emplacement normal des barres, ainsi que les timbres rémanents (timbres aux barres phosphorescentes faiblement encrées, mais apparaissant sous une lampe U.V. à forte puissance).

Ces principes ont été établis et rédigés par MM. Christian CALVES, Olivier GERVAIS, Alain JACQUART, et Dominique SELLIER

CLASSIFICATION DES BARRES PHOSPHORESCENTES

Surimpression typographique

	Type A	Type B	Type C	Types	Type D	Type E23	Types E22-E24-Ec
Cylindre	Non aimanté	Non aimanté	Non aimanté		Non aimanté		Aimanté
Cliché	Métallique (bronze tourné pour les bandes en relief et fraisés pour couper les bandes)	Métallique recouvert d'une matière plastique	Caoutchouc ou matière plastique		Métallique (laiton usiné puis chromé)		Plaque métallique recouverte d'une matière plastique polymère
Encre	Visqueuse et épaisse	Fluide (diluée à l'alcool)	Visqueuse et épaisse		Visqueuse et épaisse		Visqueuse et épaisse
Séchage	Naturel	Séchage artificiel (I.R.)	Séchage artificiel (U.V.)		Séchage artificiel (I.R.)	Séchage artificiel (U.V.)	Séchage artificiel (U.V.)

Différentes types de barres au type E

E22	type E avec une barre de 22 mm
E23	type E avec une barre de 23 mm
Ec	type E avec une barre continue
Eci	type Ec avec une rupture correspondant au raccord de la plaque aimantée

Impression en Offset (Type F)

L'impression des barres phosphorescentes est effectuée avec un cliché Offset utilisant une encre grasse qui sèche naturellement.

Impression en Héliogravure (Type H)

L'impression des barres phosphorescentes est effectuée avec un cliché Hélio. L'encre utilisée est une encre à l'eau séchant à l'air et est imprimée en même temps que les autres couleurs et non sur-imprimée comme pour les impressions typographiques.

Types de barres phosphorescentes sous lampe U.V.

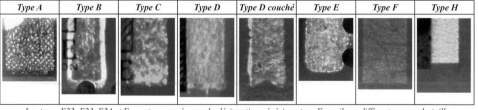

Type A	Type B	Type C	Type D	Type D couché	Type E	Type F	Type H

Les types E22, E23, E24 et Ec sont regroupés sous la désignation générique type E car ils ne diffèrent que par la taille

1535 0,25 bleu (1535)
1ère émission du 4/11/1967
Impression taille-douce traditionnelle par molette

Feuille de 100 timbres
F1535-1 TD6		**1**
a piquage à cheval (paire)		55x2

Roulette
R1535-1gomme tropicale		**4**
avec n° rouge au verso		80

1536 0,30 lilas (1536)
2ème émission du 11/01/1969
Impression taille-douce traditionnelle par molette

Feuille de 100 timbres
F1536-1 TD6		**0.5**
a piquage à cheval (paire)		55x2
b pli accordéon		85
F1536-2 TD3		**1**
a marge guillochée		3

Roulette
R1536-1 gomme tropicale		**2**
avec n° rouge au verso		16

Timbre issu de carnet
C1536-1 Carnet de 10		**2**
C1536-2 Carnet de 20		**2**

Carnets complets
Carnets de 10 timbres
C381-1	Caisse d'Epargne sans trait - sans n° conf.	**250**
a piquage à cheval couverture et timbres		1000
C382-1	Caisse d'Epargne avec trait - conf. 1	**50**
C382-2	Caisse d'Epargne avec trait - conf. 2	**50**
C382-3	Caisse d'Epargne avec trait - conf. 3	**20**
C382-4	Caisse d'Epargne avec trait - conf. 7	**30**
C382-x	Caisse d'Epargne avec trait - conf. ?	
a piquage à cheval		
b impression à sec		300

Carnets de 20 timbres
C383A-1 Caisse d'Epargne sans trait - sans n° conf.		**350**
C383-1	Caisse d'Epargne avec trait - conf. 4	**25**
C383-2	Caisse d'Epargne avec trait - conf. 5	**25**
C383-3	Caisse d'Epargne avec trait - conf. 6	**25**
C383-x	Caisse d'Epargne avec trait - conf. ?	
a impression à sec		425

1536A 0,30 vert (1536A)
2ème émission du 11/01/1969
Impression taille-douce traditionnelle par molette

Feuille de 100 timbres
F1536A-1 TD6		**1**
F1536A-2 TD3		**2**
a marge guillochée		3
F1536A-x		
a impression sur raccord		130
b piquage à cheval (paire)		50x2
c pli accordéon		80

Roulette
R1536A-1 gomme tropicale		**2**
a avec n° rouge au verso		6b
avec 2 n°		15

Timbre issu de carnet
C1536A-1 Carnet de 20   2

Carnets complets
Carnets de 20 timbres
C384-1 Caisse d'Epargne avec trait - conf. 5   15
C384-2 Caisse d'Epargne avec trait - conf. 6   15
a impression effacée à sec   600

1536B 0,40 carmin (1536B)
2ème émission du 11/01/1969
Impression taille-douce traditionnelle par molette

Feuille de 100 timbres

F1536B-1 TD6	sans Pho	0.4
a dentelé tenant à non dentelé		135
b impression effacée à sec		85
c impression sur raccord		130
d piquage à cheval (paire)		55x2
e pli accordéon		80
f impression recto-verso		25
g totalement maculé rouge		100
F1536B-2 TD3	sans Pho	1
F1536B-3 TD6 (1970)	Pho A	6

Roulette

R1536B-1 gomme tropicale	sans Pho	2
a avec n° rouge au verso		20

Timbre issu de carnet

C1536B-1 carnet 10	sans Pho	1
C1536B-2 carnet 20	sans Pho	1

Carnets complets
Carnets de 10 timbres

C385-1 Caisse d'Epargne avec trait - conf. 1	sans Pho	10
a conf "I" (chiffre romain) au lieu de "1"(chiffre arabe)		350
C385-2 Caisse d'Epargne avec trait - conf. 2	sans Pho	10
C385-3 Caisse d'Epargne avec trait - conf. 3	sans Pho	30
a conf "3" tête ronde au lieu de 3 à tête plate		100
C385-4 Caisse d'Epargne avec trait - conf. 7	sans Pho	20
C385-5 Caisse d'Epargne avec trait - conf. 8	sans Pho	200
C385-x Caisse d'Epargne avec trait - conf. ?		
a impression à sec		300
b piquage à cheval (timbres)		400

Carnets de 20 timbres

C386-1 Caisse d'Epargne avec trait - conf. 4	sans Pho	20
a pointe de l'épi sous le 7ème point au lieu du 8ème		300
C386-2 Caisse d'Epargne avec trait - conf. 5	sans Pho	30
C386-3 Caisse d'Epargne avec trait - conf. 6	sans Pho	20
C383-x Caisse d'Epargne avec trait - conf. ?		
a impression à sec, effacés		600

gravé (avec signature)
typographié (sans signature)

1611 0,30 vert (1611)
3e émission de juillet 1969
Impression en typographie rotative

Feuille de 100 timbres

F1611-1 TD6	sans Pho	0.1
a anneau de lune		35
b impression effacée et à sec		55
c impression recto-verso		35
d impression sur raccord		130
e piquage à cheval (paire)		50x2
f pli accordéon		70
F1611-2 TD6 (1970)	Pho A	0.2
a 1 barre Pho tenant à sans Pho		1000
b impression sur raccord		100
c pli accordéon		70

MARIANNE DE BEQUET
1663 0,45 bleu (1663)
1ère émission de 1971
Impression typographique rotative

* 8 février 1971

Feuille de 100 timbres

F1663-1 TD6	gomme brillante	sans Pho	0.5
a impression sur raccord			130
b légende tronquée sans "F"			165
c piquage à cheval (paire)			55x2
d pli accordéon			80
e POSTES brouillé effacé			60

1664 0.50 rouge (1664)
1ère émission de 1971
Impression taille-douce traditionnelle par molette

* 02/01/1971

Feuille de 100 timbres

F1664-1 TD6	gomme brillante	sans Pho	0.3
a piquage à cheval (paire)			27x2
b impression à sec tàn			50
c impression défectueuse			50
d impression recto-verso			25
e impression sur raccord			""
f pli accordéon			70
F1664-2 TD6	gomme brillante	Pho A	1
a à cheval 50/50 (paire)			10x2
F1664-3 TD6	gomme brillante	Pho D	0.5
a Pho à cheval 80/20 (paire)			6x2
F1664-4 TD6	gomme brillante	Pho B	3
a Pho à cheval 70/30 (paire)			30x2
b impression effacée à sec			60
c impression sur raccord			""
d piquage à cheval (paire)			27x2
F1664-5 TD6	gomme tropicale	sans Pho	3
F1664-6 TD6	gomme tropicale	Pho B	5
F1664-7 TD3	gomme brillante	sans Pho	
a marge guillochée			15
b TD3 isolé avec accumulation de couleur et de bavures à gauche			100

Roulettes

R1664-1 gomme tropicale		sans Pho	2
a avec n° rouge au dos			28
b piquage à cheval (paire)			""
c piquage à cheval et décalé horizontalement			""
R1664-2 gomme tropicale		Pho B	3
a avec n° rouge au dos			32

Timbre issu de carnet

C1664-1 Carnet de 10	gomme brillante	sans Pho	2
C1664-2 Carnet de 10	gomme brillante	Pho B	2
C1664-3 Carnet de 20	gomme brillante	sans Pho	2
C1664-4 Carnet de 20	gomme brillante	Pho A	35
C1664-5 Carnet de 20	gomme brillante	Pho B	2

Carnets complets
Carnet de 10 timbres

C387-1 Caisse d'Epargne postale - conf. 1	gomme brillante	sans Pho	150
C387-2 Caisse d'Epargne postale - conf. 2	gomme brillante	sans Pho	150
C387-3 Caisse d'Epargne postale - conf. 3	gomme brillante	sans Pho	25
a impression défectueuse			300
C387-4 Caisse d'Epargne postale - conf. 4	gomme brillante	sans Pho	20
a impression défectueuse			300
C387-5 Caisse d'Epargne postale - conf. 5	gomme brillante	sans Pho	20
C387-6 Caisse d'Epargne postale - conf. 7	gomme brillante	sans Pho	150
C387-7 Caisse d'Epargne postale - conf. 8	gomme brillante	sans Pho	180

Carnet de 20 timbres

C388-1 Caisse d'Epargne postale - conf. 6	gomme brillante	sans Pho	50
a impression défectueuse			650
C388-2 Caisse d'Epargne postale - conf. 7	gomme brillante	sans Pho	70
C388-3 Caisse d'Epargne postale - conf. 8	gomme brillante	sans Pho	32
a impression défectueuse			650

Carnet de 10 timbres

C389-1 Code postal sans tiret -conf. 3	gomme brillante	sans Pho	23
C389-2 Code postal sans tiret -conf. 4	gomme brillante	sans Pho	30
C389-3 Code postal sans tiret -conf. 5	gomme brillante	sans Pho	30
C389-4 Code postal sans tiret -conf. 7	gomme brillante	sans Pho	200
a impression défectueuse			300
C391-1 Code postal sans tiret - sans n° conf.	gomme brillante	Pho B	180
C391-2 Code postal sans tiret - conf. 3	gomme brillante	Pho B	25
C391-3 Code postal sans tiret - conf. 4	gomme brillante	Pho B	20
C391-4 Code postal sans tiret - conf. 5	gomme brillante	Pho B	25
C391-5 Code postal sans tiret - conf. 7	gomme brillante	Pho B	13
a impression défectueuse			300
C391-x Code postal sans tiret - conf. ?	gomme brillante	Pho B	
a Pho à cheval (décalage horizontal)			200
C389A-1 Code postal avec tiret - conf. 1	gomme brillante	sans Pho	160
C389A-2 Code postal avec tiret - conf. 2	gomme brillante	sans Pho	160
C391A-1 Code postal avec tiret - sans n° conf.	gomme brillante	Pho B	70
C391A-2 Code postal avec tiret - conf. 1	gomme brillante	Pho B	70
a impression défectueuse			300
C391A-3 Code postal avec tiret - conf. 2	gomme brillante	Pho B	50

Carnet de 20 timbres

C390 Code postal sans tiret - conf. 6	gomme brillante	sans Pho	23
a impression défectueuse			650
C390-1 Code postal sans tiret - conf. 8			23
C390B Code postal sans tiret - conf. 8	gomme brillante	Pho A	700
a Pho à cheval 50/50 sur le feuillet supérieur			""
b Pho à cheval (décalage vertical horizontal) sur le feuillet supérieur			""
C390A-1 Code postal sans tiret - sans n° conf.	gomme brillante	Pho B	170
C390A-2 Code postal sans tiret - conf. 6	gomme brillante	Pho B	700
C390A-3 Code postal sans tiret - conf. 8	gomme brillante	Pho B	50
a impression défectueuse			650
C392 Code postal avec tiret - conf. 8	gomme brillante	sans Pho	200
C392A Code postal avec tiret - conf. 6	gomme brillante	Pho B	90

1807 0.60 vert (1814)
2ème émission de 1974
Impression en typographie

* 07/10/1974

Feuille de 100 timbres

F1807-1 Typo	gomme brillante	Pho A	**0.8**
a timbre partiellement effacé			
b impression à sec tàn			50
c impression à sec			85
d Pho à cheval (paire)			15x2
e impression recto-verso			25
f impression sur raccord			130
g piquage à cheval (paire)			45x2
h pli accordéon			70
i visage absent			50
j sans Pho tàn			100
F1807A-1 Typo	gomme brillante	sans Pho	**4**
a piquage à cheval			65
b visage absent			50

1808 0.60 vert (1815)
2ème émission de 1974
Impression en taille-douce traditionnelle par molette

* 07/10/1974

Timbre issu de carnet

C1808-1 Carnet de 20 timbres	gomme brillante	Pho B	**6**
C1808-2 Carnet de 20 timbres	gomme brillante	sans Pho	**30**

Carnets complets
Carnet de 20 timbres

C393-1 Code postal sans tiret -sans n° conf.	gomme brillante	Pho B	**200**
a timbres imprimés à sec			700
b sans Pho tàn			300
C393-2 Code postal sans tiret -conf. 6	gomme brillante	Pho B	**100**
a Pho à cheval			40
C394-1 Code postal sans tiret -conf. 6	gomme brillante	sans Pho	**400**

Roulettes

R1808-3 gomme tropicale	Pho B	**9**
a avec n° rouge au dos		35
b sans Pho		"...."

1809 0.80 rouge (1816)
2ème émission de 1974
Impression taille-douce traditionnelle par molette

* 07/10/1974

Feuille de 100 timbres

F1809-1 TD6	gomme brillante	Pho D	**0.8**
a piquage à cheval (paire)			15x2
F1809-2 TD6	gomme brillante	sans Pho	**20**
F1809-3 TD6	gomme brillante	Pho B	**2**
a Pho à cheval (décalage horizontal) (paire)			25x2
F1809-4 TD6	gomme tropicale	Pho D	**7**
F1809-5 TD6	gomme tropicale	sans Pho	**8**
F1809-6 TD6	gomme tropicale	Pho B	**7**
a sans Pho tàn			65
b Pho à cheval (paire)			6x2
c impression effacée partiellement			65
d impression à sec			90
e impression recto-verso			25
f impression sur raccord			130
g piquage à cheval (paire)			45x2
h pli accordéon			60
F1809-7 RGR - couleur rouge franc	gomme brillante	Pho C	**RR**
F1809-8 RGR - rouge clair	gomme brillante	Pho C	**2**

a sans Pho (2è tir. RGR) (connu sur lettre)   """

Roulettes
R1809-1	gomme tropicale	Pho B	2

a avec n° rouge au verso   40
b sans Pho   8
c impression recto-verso et sans Pho   50
d avec n° rouge doublé au verso   65

Timbres issus de carnets
C1809-1 Carnet de 5 ou 10	gomme brillante	Pho B	1.2
C1809-2 Carnet de 20	gomme brillante	sans Pho	1.2
C1809-3 Carnet de 10	gomme tropicale	Pho B	10
C1809-4 Carnet de 20	gomme tropicale	sans Pho	10

Carnets complets
Carnet de 5 timbres
C395-1 Code Postal - sans n° conf.	gomme brillante	Pho B	100
C395-2 Code Postal - conf. 2	gomme brillante	Pho B	10

a piquage à cheval   320

Carnet de 10 timbres
C396-1 Code Postal - sans n° conf.	gomme brillante	Pho B	80
C396-2 Code Postal - conf. 3	gomme brillante	Pho B	20

a sans Pho tàn   400
C396-3 Code Postal - conf. 4	gomme brillante	Pho B	15

a sans Pho   200
C396-4 Code Postal - conf. 5	gomme brillante	Pho B	15
C396-5 Code Postal - conf. 7	gomme brillante	Pho B	80
C398-1 Code Postal - conf. 4	gomme tropicale	sans Pho	60

Carnet de 20 timbres
C397-1 Code Postal - conf. 6	gomme brillante	Pho B	25
C397-2 Code Postal - conf. 8	gomme brillante	Pho B	20
C399-1 Code Postal - conf. 6	gomme tropicale	sans Pho	100
C399-? Code Postal - conf. ?	gomme brillante	Pho B	

a sans Pho (14 à 16 ex.) tàn   300
b impression à sec tàn   420

1892 0.80 vert (1893)
3ème émission de 1976

Impression en taille-douce traditionnelle par molette

* 02/08/1976

Timbres issus de carnet
C1893-1 Carnet de 20 timbres	gomme brillante	Pho B	8
C1893-2 Carnet de 20 timbres	gomme tropicale	Pho B	8

Carnets complets
Carnet de 20 timbres
C400-1 Code postal sans tiret -sans n° conf.	gomme brillante	Pho B	150
C400-2 Code postal sans tiret -conf. 6	gomme brillante	Pho B	40

a timbres imprimés à sec en partie   800
b 8 timbres sans Pho   2500
c 10 timbres sans Pho   3200
d 12 timbres sans Pho   3850
e 16 timbres sans Pho   5000
f Pho à cheval   100
C400-3 Code postal sans tiret -conf. 8	gomme brillante	Pho B	80
C400a-1 Code postal sans tiret -conf. 6	gomme tropicale	Pho B	50

Roulettes
R1892-1	gomme tropicale	Pho B	1

a avec n° rouge au dos   4

1891 0.80 vert (1891)
3ème émission de 1976

Impression en typographie

* 02/08/1976

Feuille de 100 timbres

F1891-1 Typo	gomme brillante	Pho A	0.6
a "E" de République barre centrale plus longue			3
b "E" de Française avec crochet			3
c boucle du bonnet ébréchée			3
d entaille à l'arrière du bonnet			3
e barre Pho à cheval (paire)			5x2
f piquage à cheval			
35			
g sans barre Pho tàn - papier neutre aux UV			160
h partiel			40
i sans Pho - papier avec azurant tir. antispéculatif 13 et 14/9/77 presse 3			2
F1891-2 Typo	gomme brillante	sans Pho	4
F1891-3 Typo	gomme tropicale	Pho A	2

1893 1,00 rouge (1892)
3ème émission de 1976

Impression taille-douce traditionnelle par molette

* 02/08/1976

Feuille de 100 timbres

F1893-1 TD6	gomme brillante	Pho D	0.7
F1893-2 TD6	gomme brillante	Pho B	0.7
a piquage à cheval (paire)			35x2
b sans Pho tàn verticalement (tir 08.06.76)			150
c sans Pho (tir 06.04.77 sur TD6-4)			40
d sans Pho tàn (tir 08.11.77 sur TD6-1)			"."
F1893-3 TD6 - tir. Antispéculatif	gomme brillante	sans Pho	3
26 et 27/9/1977 sur TD6-2			
F1893-4 TD6	gomme tropicale	Pho D	4
F1893-5 TD6	gomme tropicale	Pho B	2
a pli accordéon 200			
F1893-6 RGR	gomme brillante	Pho C	0.6
a dentelé tenant à non dentelé			115
b Pho à cheval 70/30 (paire)			2x2
c barres Pho tenant à normal (décalage horizontal)			30

Roulettes

R1893-1 Roulettes 12 dents	gomme tropicale	Pho B	1
a avec n° rouge au verso			5
R1893-2 Roulettes 13 dents	gomme tropicale	Pho B	1
a avec n° rouge au verso			5

Timbres issus de carnets

C1893-1 Carnet de 5 ou 10	gomme brillante	Pho B	2
C1893-2 Carnet de 20	gomme brillante	Pho B	2
C1893-3 Carnet de 5 ou 10	gomme tropicale	Pho B	4
C1893-4 Carnet de 20	gomme tropicale	Pho B	4

Carnets complets
Carnet de 5 timbres

C401-1 Code Postal - sans n° conf.	gomme brillante	Pho B	12
C401a-1 Code Postal - sans n° conf.	gomme tropicale	Pho B	35

Carnet de 10 timbres

C402-1 Code Postal - sans n° conf.	gomme brillante	Pho B	65
C402-2 Code Postal - conf. 3	gomme brillante	Pho B	12
C402-3 Code Postal - conf. 4	gomme brillante	Pho B	12
C402-4 Code Postal - conf. 5	gomme brillante	Pho B	12
a sans Pho			810
C402-5 Code Postal - conf. 7	gomme brillante	Pho B	30

a timbres non imprimés			190
c sans Pho (x9) tenant à normal (x1)			800
C402a-1 Code Postal - sans n° conf.	**gomme tropicale**	**Pho B**	**180**
C402a-2 Code Postal - conf. 4	**gomme tropicale**	**Pho B**	**35**

Carnet de 20 timbres

C403-1 Code Postal - conf. 6	**gomme brillante**	**Pho B**	**100**
C403-2 Code Postal - conf. 8	**gomme brillante**	**Pho B**	**20**
a 6 timbres partiellement à sec			110
b sans Pho			350
C403a-1 Code Postal - conf. 6	**gomme tropicale**	**Pho B**	**45**

SABINE DE GANDON
1970 : 0.80 vert (1970)
1ère émission de 1977
Impression en taille-douce rotative

* 19/12/1977   1 barre Pho à droite

Feuille de 100 timbres

F1970-1 TD6	gomme brillante	Pho D	1
a sans Pho			80
b 2 demi Pho			30
c barre Pho à gauche (oblitéré)			""
F1970-2 TD6	gomme tropicale	Pho D	6
a sans Pho			10
F1970-3 TD6	gomme tropicale	sans Pho	9

Roulette de 1000 timbres

R1970-1ND vertical	gomme tropicale	Pho B	1.5
a avec n° rouge au verso			4
b avec 2 1/2 barres Pho			5
c avec 2 1/2 barres Pho et n° rouge			15

Timbre issu de carnet

C1970-1 Carnet de 20	gomme brillante	Pho B	2
C1970-2 Carnet de 20	gomme tropicale	Pho B	6

Carnets complets
Carnet de 20 timbres

C404-1 Code postal - conf. 6	gomme brillante	Pho B	40
C404a-1 Code postal - conf. 6	gomme tropicale	Pho B	50

1972-I : 1,00 rouge type 1 (1972I)
1ère émission de 1977
Impression en taille-douce rotative

* 19/12/1977   2 barres Pho

Feuille de 100 timbres

F1972-I-1 TD6	gomme brillante	Pho D	3
a sans Pho			80
b 1 barre Pho à droite			6
c 2 barres Pho à droite			6
d 1 barre à droite tenant à 2 barres à droite			25
F1972-I-2 TD6	gomme brillante	Pho B	3
F1972-I-3 TD6	gomme tropicale	Pho B	8
F1972-I-4 TD6	gomme semi-mate	Pho B	8

Timbre issu de carnet

C1972-I-1 Carnet de 5 ou 10	gomme brillante	Pho B	1
C1972-I-2 Carnet de 5 ou 10	gomme tropicale	Pho B	15
C1972-I-4 Carnet de 20	gomme brillante	Pho B	1
C1972-I-5 Carnet de 20	gomme tropicale	Pho B	""

Carnets complets
Carnet de 5 timbres

C405-I-1 Code postal - sans n° conf.	gomme brillante	Pho B	15
C405-I-2 Code postal - sans n° conf.	gomme tropicale	Pho B	40

Carnet de 10 timbres

C406-I-1 Code postal - conf. 3	gomme brillante	Pho B	35
C406-I-2 Code postal - conf. 4	gomme brillante	Pho B	20
C406-I-3 Code postal - conf. 5	gomme brillante	Pho B	30
C406-I-4 Code postal - conf. 6	gomme brillante	Pho B	70
C406-I-5 Code postal - conf. 7	gomme brillante	Pho B	20
C406-I-6 Code postal - conf. 7	gomme tropicale	Pho B	""

Le 1f Sabine existe en deux types:

Type I: pas de point dans le cou.

Type II: point dans le cou (le 1f olive de 1979 est toujours au type II).

Carnet de 20 timbres

C407-I-1 Code postal - conf. 6	gomme brillante	Pho B	60
C407-I-2 Code postal - conf. 8	gomme brillante	Pho B	40
C407-I-3 Code postal - conf. 8	gomme tropicale	Pho B	""

1972 : 1,00 rouge type 2 (1972II)
1ère émission de 1977
Impression en taille-douce rotative

* 19/12/1977   2 barres Pho

Feuille de 100 timbres

F1972-II-1 RGR-1	gomme brillante	Pho C	1
a 1 barre Pho à gauche			3
b 2 demi barres Pho			3
c 1 barre tenant 2 demi barres			15
d Impression défectueuse			5
e Papier vergé			8
f Pho à cheval 70/30 (paire)			9x2
g Non dentelé accidentel			""
F1972-II-2 TD6	gomme brillante	Pho D	3
F1972-II-3 TD6	gomme tropicale	Pho D	8
F1972-II-4 TD6	gomme tropicale	sans Pho	8

Roulettes

R1972-II-1 ND vertical	gomme tropicale	Pho B	4
a avec n° rouge au verso	gomme tropicale	Pho B	12
b 1 barre Pho à gauche			5
c 2 barres Pho à gauche			6
d 1 barre Pho à gauche avec n° rouge			6
e 2 barres Pho à gauche avec n° rouge			12

Timbre issu de carnet

C1972-II-1 Carnet de 5 ou 10	gomme brillante	Pho B	3
C1972-II-2 Carnet de 5 ou 10	gomme tropicale	Pho B	8
C1972-II-3 Carnet de 20	gomme brillante	Pho B	3
C1972-II-4 Carnet de 20	gomme tropicale	Pho B	8

Carnets complets
Carnet de 5 timbres

C405-II-1 Code postal - sans n° conf.	gomme brillante	Pho B	15
C405-II-2 Code postal - sans n° conf.	gomme tropicale	Pho B	40

Carnet de 10 timbres

C406-II-1 Code postal - conf. 3	gomme brillante	Pho B	25
C406-II-2 Code postal - conf. 5	gomme brillante	Pho B	65
C406-II-3 Code postal - conf. 6	gomme brillante	Pho B	65
C406-II-4 Code postal - conf. 7	gomme brillante	Pho B	70
C406-II-5 Code postal - conf. 6	gomme tropicale	Pho B	65

Carnet de 20 timbres

C407-II-1 Code postal - conf. 8	gomme brillante	Pho B	50
C407-II-2 Code postal - conf. 8	gomme tropicale	Pho B	130

1962 : 0.01 gris foncé (1962)
2ème émission d'avril 1978
Impression en taille-douce rotative

* 2/04/1978   Sans barre Pho

Feuille de 100 timbres

F1962-1 TD3	gomme brillante	sans Pho	0.1
F1962-2 TD3	gomme tropicale	sans Pho	0.2
F1962-3 TD3 gomme semi-mate		sans Pho	5

Le 1f Sabine existe en deux types:

Type I: pas de point dans le cou.

Type II: point dans le cou (le 1f olive de 1979 est toujours au type II).

1963 : 0.02 bleu (1963)
2ème émission d'avril 1978
Impression en taille-douce rotative

* 2/04/1978   Sans barre Pho

Feuille de 100 timbres

F1963-1 TD3	gomme brillante	sans Pho	0.1
F1963-2 TD3	gomme tropicale	sans Pho	0.2

1964 : 0.05 vert-noir (1964)
2ème émission d'avril 1978
Impression en taille-douce rotative

* 2/04/1978   Sans barre Pho

Feuille de 100 timbres

F1964-1 TD3	gomme brillante	sans Pho	0.1
F1964-2 TD3	gomme tropicale	sans Pho	0.2

1965 : 0.10 rouge-brun (1965)
2ème émission d'avril 1978
Impression en taille-douce rotative

* 2/04/1978   1 barre Pho à droite

Feuille de 100 timbres

F1965-1 TD6	gomme brillante	Pho B	0.1
a Sans Pho (TD6-6)			9
b Sans Pho tan			130
c 2 demi barres			5
d Demi barre Pho à gauche			5
F1965-2 TD6	gomme brillante	Pho D	0.1
a Sans Pho (TD6-2)			9
b Barre sur le nez			30
F1965-3 TD6	gomme tropicale	Pho B	0.4
F1965-4 TD6	gomme tropicale	Pho D	0.4
F1965-5 TD6	gomme semi-mate	Pho D	6
F1965-6 RGR-1	gomme brillante	Pho C	0.2
F1965-x xx			x
a Papier vergé			8

1966 : 0.15 vert-bleu (1966)
2ème émission d'avril 1978
Impression en taille-douce rotative

* 2/04/1978   1 barre Pho à droite

Feuille de 100 timbres

F1966-1 TD6	gomme brillante	Pho D	0.5
a Deux barres Pho (tirage du 08/03/78 sur TD6-3)			230
b Sans barre Pho			14
c 2 demi barres Pho			25
d Demi-barre Pho à gauche			25
F1966-2 TD6	gomme brillante	Pho B	6
F1966-3 TD6	gomme tropicale	Pho D	3
F1966-4 TD6	gomme semi-mate	Pho D	8

1967 : 0.20 émeraude (1967)
2ème émission d'avril 1978
Impression en taille-douce rotative

* 2/04/1978   1 barre Pho à droite

Feuille de 100 timbres

F1967-1 TD6	gomme brillante	Pho D	0.1
a Sans Pho (TD6-1)			27
b Sans Pho tàn			50
c Pho à cheval 50/50 (paire)			10x2
d Papier vergé			8
e Pho D à gauche en paire			2x25

F1967-2 TD6	gomme brillante	Pho B	0.5
a Sans Pho (TD6-7)			27
b Sans Pho tàn			50
F1967-3 TD6	gomme brillante	Pho B	0.5
		à gauche	
a Sans Pho tenant à 1 barre Pho à gauche			60
F1967-4 TD6	gomme tropicale	Pho D	1
F1967-5 RGR-1	gomme brillante	Pho C	0.1

1968 : 0.30 orange (1968)
2ème émission d'avril 1978
Impression en taille-douce rotative

* 2/04/1978   1 barre Pho à droite

Feuille de 100 timbres

F1968-1 TD6	gomme brillante	Pho D	0.1
a Sans Pho (TD6-2)			16
b Pho à cheval 50/50 (paire)			5x2
F1968-2 TD6	gomme brillante	Pho B	0.3
F1968-3 TD6	gomme tropicale	Pho D	3
F1968-4 TD6	gomme tropicale	Pho B	5
F1968-5 TD6	gomme hollandaise	Pho B	10
F1968-6 TD3	gomme brillante	Pho Dc	2
a Sans Pho (TD3-4)			16
b Sans Pho tàn (TD3-4)			50

1969 : 0.50 violet (1969)
2ème émission d'avril 1978
Impression en taille-douce rotative

* 2/04/1978   1 barre Pho à droite

Feuille de 100 timbres

F1969-1 TD6	gomme brillante	Pho D	0.1
a Pho à cheval 70/30 (paire)			5x2
F1969-2 TD6	gomme brillante	Pho B	0.1
a Sans Pho (TD6-4)			10
F1969-3 TD6	gomme tropicale	Pho D	3
F1969-4 TD6	gomme hollandaise	Pho D	15
F1969-5 TD6	gomme hollandaise	Pho B	10

1975 : 1.40 bleu (1975)
2ème émission d'avril 1978
Impression en taille-douce rotative

* 2/04/1978   2 barres Pho

Feuille de 100 timbres

F1975-1 TD6	gomme brillante	Pho D	4
a Sans Pho (tirage spécial)			60
F1975-2 TD6	gomme brillante	Pho B	2
F1975-3 TD6	gomme tropicale	Pho D	6
F1975-4 TD6 gomme semi-mate		Pho D	20

1977 : 2.00 vert-jaune (1977)
2ème émission d'avril 1978
Impression en taille-douce rotative

* 2/04/1978   2 barres Pho

Feuille de 100 timbres

F1977-1 TD6	gomme brillante	Pho D	1
a Sans Pho			20
b Sans Pho tàn			50
c 1 barre Pho à gauche			20
d 2 barres Pho à gauche			9
e 2 barres Pho à gauche tà 1 barre à gauche			40
F1977-2 TD6	gomme brillante	Pho B	2
a 1 barre Pho à droite (sur lettre)			""
F1977-3 TD6	gomme tropicale	Pho D	2.5

1979 : 3.00 brun (1979)
2ème émission d'avril 1978
Impression en taille-douce rotative

* 2/04/1978   2 barres Pho

Feuille de 100 timbres

F1979-1 TD6	gomme brillante	Pho B	2
a Sans Pho			45
b Sans Pho tàn			125
c 1 barre Pho à droite			29
d 2 barres Pho à droite			12
e 2 barres à droite tenant 1 barre à droite			60
F1979-2 TD6	gomme brillante	Pho D	1
a 1 barre Pho à droite			29
b 2 barres Pho à droite			12
c 2 barres à droite tenant 1 barre à droite			60
d œil gauche blanc			
F1979-3 TD6	gomme tropicale	Pho B	5
F1979-4 TD6	gomme tropicale	Pho D	4
F1979-5 TD6	gomme semi-mate	Pho B	30

1971 : 0.80 jaune-olive (1971)
3ème émission de juin 1978
Impression en taille-douce rotative

*5/06/1978   1 barre Pho à droite

Feuille de 100 timbres

F1971-1 TD3	gomme brillante	Pho Dc	0.5
F1971-2 TD3	gomme topicale	Pho Dc	3
F1971-3 TD6	gomme brillante	Pho B	0.5
a Sans Pho			11
b Sans Pho tàn			30
c 2 demi-barre Pho			5
F1971-4 TD6	gomme brillante	Pho D	2
F1971-x xxx			
a Piquage à cheval (connu oblitéré)			""

1976 : 1.70 bleu clair (1976)
3ème émission de juin 1978
Impression en taille-douce rotative

*5/06/1978   2 barres Pho

Feuille de 100 timbres

F1976-1 TD6	gomme brillante	Pho B	1
a Pho à cheval 30/70 (paire)			12x2
F1976-2 TD6	gomme brillante	Pho D	1
a Sans Pho			45
F1976-3 TD6	gomme tropicale	Pho B	3
a Sans Pho			60
b Sans Pho tàn			120

1978 : 2,10 rose carminé (1978)
3ème émission de juin 1978
Impression en taille-douce rotative

*5/06/1978   2 barres Pho

Feuille de 100 timbres

F1978-1 TD6	gomme brillante	Pho B	1
F1978-2 TD6	gomme brillante	Pho D	1
a Sans Pho			45
b Sans Pho tàn (décalage vertical)			250
F1978-3 TD6	gomme tropicale	Pho B	3

1973-I : 1,00 vert type 1 (1973)
3ème émission de juin 1978
Impression en taille-douce rotative

*5/06/1978   1 barre Pho à droite

Timbre issu de carnet

C1973-I-1 Carnet de 20	gomme brillante	Pho B	3
C1973-I-2 Carnet de 20	gomme tropicale	Pho B	5

Carnets complets
Carnet de 20 timbres

C408-I-1 Code postal - conf. 8	gomme brillante	Pho B	40
C408-I-2 Code postal - conf. 8	gomme tropicale	Pho B	50

Le 1f Sabine existe en deux types:

Type I: pas de point dans le cou.
Type II: point dans le cou (le 1f olive de 1979 est toujours au type II).

1973-II : 1,00 vert type 2 (1973)
3ème émission de juin 1978
Impression en taille-douce rotative

*5/06/1978   1 barre Pho à droite

Feuille de 100 timbres

F1973-II-1 TD6		gomme brillante	Pho D	0.7
a Sans Pho				11
b Sans Pho tàn				30
c Pho sur l'œil				12
d Essuyage défectueux		50		
F1973-II-2 TD6		gomme brillante	Pho B	1.1
a Impression à sec relief				100
b Impression à sec relief tàn				120
F1973-II-3 TD6		gomme tropicale	Pho D	2
F1973-II-4 TD6		gomme semi-mate	Pho D	20
F1973-II-5 TD3		gomme brillante	Pho Dc	3
a Essuyage défectueux				80
F1973-II-6 RGR-1		gomme brillante	Pho C	1.5
a Sans Pho				11
b Blind Zahn				5

Roulettes

R1973-II-1 ND vertical	gomme tropicale	Pho B	**5**
a avec n° rouge au verso			10

Timbre issu de carnet

C1973-II-1 Carnet de 20	gomme brillante	Pho B	**1.5**

Carnets complets
Carnet de 20 timbres

C408-II-1 Code postal - conf. 8	gomme brillante	Pho B	**20**
a Double date 6.12 et 13.10.78			50
b 6.16.10.78 et muet			70
C408-II-2 Code postal - conf. 6	gomme brillante	Pho B	**50**
a Double date 6.12 et 13.10.78			100
b Erreur date 10.11 pour 11.10.78			70
c Papier vergé			80

1974 : 1,20 rouge (1974)
3ème émission de juin 1978
Impression en taille-douce rotative

*5/06/1978   2 barres Pho

Feuille de 100 timbres

F1974-1 TD6	gomme brillante	Pho D	**0.7**
a 1 barre à gauche			5
b 2 barres à gauche			3
c 1 barre à gauche tà 2 barres à gauche			11
F1974-2 TD6	gomme brillante	Pho B	**0.7**
F1974-3 TD6	gomme tropicale	Pho D	**2**
F1974-4 TD6	gomme tropicale	Pho B	**2**
F1974-5 RGR-1	gomme brillante	Pho C	**0.5**
a 1 barre droite à cheval 80/20			15
b 2 barres à droite à cheval 80/20			5
c 1 barre droite tà 2 barres à cheval 80/20			20
d Pho à cheval 50/50 (paire)			7x2
e Blind Zahn			5
f Non dentelé accidentel			""
F1974-x			
a Sans Pho (sur lettre ou fragment)			400

Roulettes

R1974-1ND vertical	gomme tropicale	Pho B	**2**
a avec n° rouge au verso			5
b Pho à cheval 50/50 (paire)			10x2

Timbre issu de carnet

C1974-1 Carnet de 5 ou 10	gomme brillante	Pho B	**0.5**
C1974-2 Carnet de 5 ou 10	gomme tropicale	Pho B	**3.5**
a 1 barre à gauche			""
b 2 barres à gauche			""
c 1 barre à gauche tenant à 2 barres à gauche			""
C1974-3 Carnet de 20	gomme brillante	Pho B	**0.5**
a Piquage à cheval horizontal (paire)			100x2
C1974-4 Carnet de 20	gomme tropicale	Pho B	**3.5**

Carnets complets
Carnet de 5 timbres

C410-1 Code postal - sans n° conf.	gomme brillante	Pho B	**7**
C410-2 Code postal - sans n° conf.	gomme tropicale	Pho B	**12**

Carnet de 10 timbres 72x26

C411-1 Code postal - sans n° conf.	gomme brillante	Pho B	160
C411-2 Code postal - conf. 3	gomme brillante	Pho B	25
C411-3 Code postal - conf. 4	gomme brillante	Pho B	10
C411-4 Code postal - conf. 5	gomme brillante	Pho B	10
C411-5 Code postal - conf. 6	gomme brillante	Pho B	25
C411-6 Code postal - conf. 7	gomme brillante	Pho B	25
a Impression à sec			""
C411-7 Code postal - conf. 9	gomme brillante	Pho B	15
a Sans Pho (x7) tàn (4-6/4/79)			800
C411-8 Code postal - conf. 4	gomme tropicale	Pho B	60
C411-9 Code postal - conf. 5	gomme tropicale	Pho B	60

Carnet de 10 timbres 78x26

C412-1 Code postal - conf. 3	gomme brillante	Pho B	40

Carnet de 20 timbres

C413-1 Code postal - sans n° conf.	gomme brillante	Pho B	30
C413-2 Code postal - conf. 8	gomme brillante	Pho B	20
C413-x Code postal	gomme brillante	Pho B	
a absence complète de Pho			""
b absence partielle de Pho			""
C413-3 Code postal - conf. 8	gomme tropicale	Pho B	40

2061 : 0,70 bleu-violet (2056)
4ème émission d'octobre 1979

Impression en taille-douce rotative

*1er/10/1979   1 barre Pho à droite

Feuille de 100 timbres

F2061-1 TD6	gomme brillante	Pho D	0.4
a Sans Pho			400
F2061-2 TD6	gomme tropicale	Pho D	5
F2061-3 TD6	gomme hollandaise	Pho D	12

2062-II : 1,00 sépia type 2 (2057)
4ème émission d'octobre 1979

Impression en taille-douce rotative

*1er/10/1979   1 barre Pho à droite

Feuille de 100 timbres

F2062-II-1 TD6	gomme brillante	Pho B	0.5
a Sans Pho (papier Lum ou Mat)			16
b Sans Pho tenant à normal (papier Lum)			55
c 1 barre à gauche (papier Lum)			7
d Sans Pho 1 barre à gauche (papier Lum)			70
e 2 demi-barres Pho			15
f Impression défectueuse			10
g Papier vergé (papier Mat)			8
F2062-II-21 TD6	gomme brillante	Pho D	0.5
a Sans Pho papier Mat			20
F2062-II-31 TD6	gomme tropicale	Pho B	1.2
F2062-II-41 TD6	gomme tropicale	Pho D	5
F2062-II-51 TD6	gomme hollandaise	Pho B	35

2065 : 1,60 prune (2060)
4ème émission d'octobre 1979

Impression en taille-douce rotative

*1er/10/1979   2 barres Pho

Feuille de 100 timbres

F2065-1 TD6	gomme brillante	Pho D	**1.2**
a 1 barre Pho à gauche			40
b 2 barres à gauche			20
c 1 barre Pho à gauche tà 2 barres à gauche			50
F2065-2 TD6	gomme brillante	Pho B	**1.2**
a Sans Pho (papier Mat)			400
F2065-3 TD6	gomme tropicale	Pho D	**5**
F2065-4 TD6	gomme hollandaise	Pho D12	
a Sans Pho (papier Lum)			200

2066 : 1,80 sienne (2061)
4ème émission d'octobre 1979

Impression en taille-douce rotative

*1er/10/1979   2 barres Pho

Feuille de 100 timbres

F2066-1 TD6	gomme brillante	Pho D	**1**
a Sans Pho (papier Mat)			100
b Sans Pho tà 1 barre à droite (papier Mat)			135
c 1 barre à droite (papier Mat)			22
F2066-2 TD6	gomme brillante	Pho B	**1**
F2066-3 TD6	gomme tropicale	Pho D	**6**
F2066-4 TD6	gomme tropicale	Pho B	**5**

2063 : 1,10 vert (2058)
3ème émission de juin 1978

Impression en taille-douce rotative

*5/06/1978   1 barre Pho à droite

Feuille de 100 timbres

F2063-1 TD6	gomme brillante	Pho D	**0.6**
a Sans Pho (papier Lum)			15
b Sans Pho (papier Mat)			15
c Sans Pho tàn (papier Mat)			60
d 1 barre à gauche (papier Mat)			5
e Sans Pho tà 1 barre à gauche (papier Mat)			235
f Pho à cheval 30/70 (paire)			2x8
F2063-2 TD6	gomme brillante	Pho B	**1**
F2063-3 TD6	gomme tropicale	Pho B	**2.5**
F2063-4 TD6	gomme hollandaise	Pho D	**10**
F2063-5 TD6	gomme hollandaise	Pho B	**12**
F2063-6 RGR-1	gomme brillante	Pho C	**0.6**
a Pho à cheval 30/70 (paire)			7x2

Roulettes

R2063-1ND vertical	gomme tropicale	Pho B	**1.5**
a avec n° rouge au verso			4
b n° rouge doublé			15
c paire 2 n° rouges			30

Timbre issu de carnet

C2063-1 Carnet de 20	gomme brillante	Pho B	**1.2**
C2063-2 Carnet de 20	gomme tropicale	Pho B	**5**

Carnets complets
Carnet de 20 timbres

C409-1 Code postal - sans n° conf.	gomme brillante	Pho B	**20**
C409-2 Code postal - conf. 8	gomme brillante	Pho B	**20**
a avec "1" à "tête tâchée"			35
C409-3 Code postal - sans n° conf.	gomme tropicale	Pho B	**55**

2064 : 1,30 rouge (2059)
3ème émission de juin 1978
Impression en taille-douce rotative

*5/06/1978   2 barres Pho

Feuille de 100 timbres

F2064-1 RGR-1	gomme brillante	Pho C	1
a Blind Zahn			5
b 2 demi-barres + 1 barre			30
c rouge grenat (connu sur lettre)			""›
d Pho à cheval 40/60 (paire)			10x2
F2064-2 TD6	gomme brillante	Pho B	3
a Papier vergé			10
F2064-3 TD6	gomme brillante	Pho D	5
F2064-4 TD6 gomme semi-mate		Pho D	10
a Sans Pho			""›
F2064-5 TD6	gomme tropicale	Pho D	3.5

Roulettes

R2064-1ND vertical	gomme tropicale	Pho B	1.5
a avec n° rouge au verso			4
b n° rouge doublé			15
c paire 2 n° rouges			30
d 2 barres à droite			10

Timbre issu de carnet

C2064-1 Carnet de 5 ou 10	gomme brillante	Pho B	1
C2064-2 Carnet de 5 ou 10	gomme tropicale	Pho B	4
C2064-3 Carnet de 20	gomme brillante	Pho B	1
C2064-4 Carnet de 20	gomme tropicale	Pho B	4

Carnets complets
Carnet de 5 timbres

C416-1 Code postal - sans n° conf.	gomme brillante	Pho B	7
C416-2 Code postal - sans n° conf.	gomme tropicale	Pho B	22

Carnet de 10 timbres de 72x26

C417-1 Code postal - conf. n° 3	gomme brillante	Pho B	12
a Sans Pho tà 1 barre à droite			630
C417-2 Code postal - conf. n° 4	gomme brillante	Pho B	20
C417-3 Code postal - conf. n° 5	gomme brillante	Pho B	30
C417-4 Code postal - conf. n° 6	gomme brillante	Pho B	25
C417-5 Code postal - conf. n° 7	gomme brillante	Pho B	20
a Sans Pho			500
C417-7 Code postal - conf. n° 4	gomme tropicale	Pho B	60
C417-8 Code postal - conf. n° 6	gomme tropicale	Pho B	80
a Sans Pho			650
C417-9 Code postal - conf. n° 7	gomme tropicale	Pho B	20

Carnet de 10 timbres de 78x26

C418-1 Code postal - conf. n° 9	gomme brillante	Pho B	15

Carnet de 20 timbres

C419-1 Code postal - conf. n° 8	gomme brillante	Pho B	20
C419-2 Code postal - conf. n° 8	gomme tropicale	Pho B	65

2106 : 1,20 vert (2101)
5ème émission d'août 1980
Impression en taille-douce rotative

*1er/08/1980   1 barre Pho à droite

Feuille de 100 timbres

F2106-1 TD6	gomme brillante	Pho B	0.6
a Sans Pho (papier Mat)			10
b Sans Pho tàn (papier Mat)			100
c 1 barre Pho sur le nez			45
d 2 demi barres			8
e Pho à cheval 30/70 (paire)			4x2
F2106-2 TD6	gomme brillante	Pho D	1.2
a Sans Pho (papier Mat)			10
b Sans Pho tàn (décalage vertical) (papier Mat)			150
c Pho à cheval 30/70 (papier Mat) (paire)			4x2
d Pho à cheval 30/70 tà saut de phospho (papier Mat)			40
F2106-3 TD6	gomme tropicale	Pho B	5
F2106-4 TD6	gomme tropicale	Pho D	5
F2106-5 RGR-1	gomme brillante	Pho C	0.8
a Sans Pho tà 1 barre gauche (papier mat)			100
b 1 barre Pho à gauche			15
c Blind Zahn			5
d Pho à cheval 30/70 (paire)			4x2

Roulettes

R2106-1ND vertical	gomme tropicale	Pho B	1
a avec n° rouge au verso			4
b avec n° rouge doublé au verso			8
c Paire de 2 numéros rouges			27
d Sans Pho		30	
e Sans Pho avec numéro rouge			55
f 2 demi barres			25
g 1 barre à gauche			""

Timbre issu de carnet

C2106-1 Carnet de 20	gomme brillante	Pho B	2
C2106-2 Carnet de 20	gomme tropicale	Pho B	10

Carnets complets
Carnet de 20 timbres

C414-1 Code postal - conf. 8	gomme brillante	Pho B	15
C414-2 Code postal - conf. 8	gomme tropicale	Pho B	50
C414-3 Code postal nouveau logo - conf. 8	gomme brillante	Pho B	150
C414-4 Philexfrance 82 - conf. 8	gomme brillante	Pho B	40

2107 : 1,40 rouge (2102)
5ème émission d'août 1980
Impression en taille-douce rotative

*1er/08/1980   2 barres Pho

Feuille de 100 timbres

F2107-1 TD6	gomme brillante	Pho D	1.2
a 1 barre tà 2 barres			25
b 1 barre au centre			15
c Double moletage case 70 cyl. B			""
F2107-2 TD6	gomme brillante	Pho B	1.2
a Sans Pho (papier Mat)			28
F2107-3 TD6 gommetropicale		Pho D	3
F2107-4 TD6 gommetropicale		Pho B	2
a Sans Pho (papier Mat)			22
F2107-5 RGR-1	gomme brillante	Pho C	0.8
a Sans Pho (papier Mat)			28
b Pho x 3			15
c Pho à cheval 30/70 (paire)			13x2
d Blind Zahn			5

Roulettes

R2107-1ND vertical	gomme tropicale	Pho B	1
a avec n° rouge au verso			2
b n° rouge doublé			8
c paire 2 n° rouges			27

Timbre issu de carnet

C2107-1 Carnet de 5 ou 10	gomme brillante	Pho B	1
C2107-2 Carnet de 5 ou 10	gomme tropicale	Pho B	2.5
C2107-3 Carnet de 20	gomme brillante	Pho B	1
C2107-4 Carnet de 20	gomme tropicale	Pho B	2.5

Carnets complets
Carnet de 5 timbres

C420-1 Code postal - sans n° conf.	gomme brillante	Pho B	15
C420-2 Code postal - sans n° conf.	gomme tropicale	Pho B	24
C421-1 Philexfrance 82 - sans n° conf.	gomme brillante	Pho B	30
C421-2 Philexfrance 82 - sans n° conf.	gomme tropicale	Pho B	15
a retirage du 24/12/80			40

Carnet de 10 timbres de 72x26

C422-1 Code postal - conf. n° 3	gomme brillante	Pho B	80
C422-2 Code postal - conf. n° 4	gomme brillante	Pho B	12
C422-3 Code postal - conf. n° 5	gomme brillante	Pho B	80
C422-4 Code postal - conf. n° 6	gomme brillante	Pho B	15
C422-5 Code postal - conf. n° 7	gomme brillante	Pho B	15
C422-6 Code postal - conf. n° 4	gomme tropicale	Pho B	21
a Sans Pho partiel sur TD6-4 (papier Lum)			""

Carnet de 10 timbres de 78x26

C423-1 Code postal - conf. n° 9	gomme brillante	Pho B	13
a Sans Pho - 9 sur 10 (papier Lum)			260
b Sans Pho - 3 sur 10 (papier Lum)			140

Carnet de 10 timbres de 72x26

C424-1 Philexfrance 82 - sans n° conf.	gomme brillante	Pho B	100
C424-2 Philexfrance 82 - conf. n° 3	gomme brillante	Pho B	60
C424-3 Philexfrance 82 - conf. n° 4	gomme brillante	Pho B	30
C424-4 Philexfrance 82 - conf. n° 5	gomme brillante	Pho B	8
C424-5 Philexfrance 82 - conf. n° 6	gomme brillante	Pho B	8
C424-6 Philexfrance 82 - conf. n° 7	gomme brillante	Pho B	8
C424-7 Philexfrance 82 - conf. n° 6	gomme tropicale	Pho B	10

Carnet de 10 timbres de 78x26

C425-1 Philexfrance 82 - conf. n° 9	gomme brillante	Pho B	10

Carnet de 20 timbres

C426-1 Code postal - conf. n° 8	gomme brillante	Pho B	20
C426-2 Code postal - conf. n° 8	gomme tropicale	Pho B	32
C426-3 Philexfrance 82 - conf. n° 8	gomme brillante	Pho B	15

2123 : 0,40 brun foncé (2118)
6ème émission de janvier 1981
Impression en taille-douce rotative

*12/01/1981   1 barre Pho à droite

Feuille de 100 timbres

F2123-1 TD6	gomme brillante	Pho D	1
F2123-2 TD6	gomme brillante	Pho B	0.2
a 1 barre Pho à gauche			5
b Sans Pho			9
c Sans Pho tà 1 Pho gauche (papier Mat)			11
d Sans Pho tàn (papier Mat)			11
e Variété "à l'œil gauche blanc"			5
f 2 demi barres Pho			8
F2123-3 TD6	gomme tropicale	Pho D	1

2124 : 0,60 brun clair (2119)
6ème émission de janvier 1981
Impression en taille-douce rotative

*12/01/1981   1 barre Pho à droite

Feuille de 100 timbres

F2124-1 TD6	gomme brillante	**Pho D**	**0.3**
a Sans Pho			65
b Sans Pho tàn			85
c 1 barre Pho à gauche			6
d Sans Pho tà 1 barre Pho à gauche			100
e 2 demi barres Pho			8
F2124-2 TD6	gomme tropicale	**Pho D**	**2**

2125 : 0,90 mauve (2120)
6ème émission de janvier 1981
Impression en taille-douce rotative

*12/01/1981   1 barre Pho à droite

Feuille de 100 timbres

F2125-1 TD6 gomme brillante	**Pho D**	**0.5**
a Sans Pho		135
b Sans Pho tàn		350
c Variété "à l'œil gauche blanc"		5
F2125-2 TD6 gomme tropicale	**Pho D**	**1**

2126 : 3,50 vert-olive (2121)
6ème émission de janvier 1981
Impression en taille-douce rotative

*12/01/1981   2 barres Pho

Feuille de 100 timbres

F2126-1 TD6 gomme brillante	**Pho D**	**1.6**
a 1 barre Pho à gauche		36
b 2 barres Pho à gauche		13
c 1 barre à gauche tà 2 barres à gauche		65
F2126-2 TD6 gomme tropicale	**Pho D**	**1.6**
a Impression sur raccord		""

2127 : 4,00 carmin (2122)
6ème émission de janvier 1981
Impression en taille-douce rotative

*12/01/1981   2 barres Pho

Feuille de 100 timbres
F2127-1 TD6	gomme brillante	Pho D	1,8
a 1 barre Pho à gauche (papier Mat)			30
b 2 barres Pho à gauche (papier Mat)			13
c 1 barre Pho à gauche tà 2 barres (papier Mat)			55
d Barres à cheval par décalage horizontal (paire)			25x2
F2127-2 TD6	gomme tropicale	Pho D	2
a Sans Pho (papier Lum)			70
b 1 barre Pho à droite (papier Lum)			30
c 2 barres Pho à droite (papier Lum)			13
d 1 barre Pho à droite tà 2 barres (papier Lum)			55

2128 : 5,00 bleu (2123)
6ème émission de janvier 1981
Impression en taille-douce rotative

*12/01/1981   2 barres Pho

Feuille de 100 timbres
F2128-1 TD6	gomme brillante	Pho B	2,5
a Sans Pho			2500
F2128-2 TD6	gomme tropicale	Pho	

2159 : 1,40 vert RF (2154)
7ème émission de septembre 1981
Impression en taille-douce rotative

*01/09/1981   1 barre Pho à droite

Feuille de 100 timbres
F2159-1 TD6	gomme brillante	Pho D	0,8
a 1 barre Pho à gauche (connu oblitéré)			" "
b Impression à sec			" "
F2159-2 TD6	gomme brillante	Pho B	0,8
F2159-3 TD6	gomme tropicale	Pho D	2,5
F2159-4 RGR-1	gomme brillante	Pho C	0,8
a 1 barre Pho sur l'oreille à cheval 80/20 (papier Mat) (paire)			15x2
F2159-x			
a Sans Pho (connu oblitéré)			700

Roulettes
R2159-1ND vertical	gomme tropicale	Pho B	1
a avec n° rouge au verso			4
b avec n° rouge doublé au verso			8
c 1 barre Pho à droite et 1 demi barre à gauche de cyl. Mixte (papier Lum)			20
d 1 barre Pho à droite et 1 demi barre à gauche de cyl. Mixte (papier Lum) avec n° rouge			
			40

Timbre issu de carnet
C2159-1 Carnet de 20	gomme brillante	Pho B	2
C2159-2 Carnet de 20	gomme tropicale	Pho B	5

Carnets complets
Carnet de 20 timbres
C428-1 Philexfrance 82 - conf. 8	gomme brillante	Pho B	20
C428-2 Philexfrance 82 - conf. 8	gomme tropicale	Pho B	30

2160 : 1,60 rouge RF (2155)
7ème émission de septembre 1981
Impression en taille-douce rotative

*1er/09/1981   2 barres Pho

Feuille de 100 timbres

F2160-1 TD6	gomme brillante	Pho B	0,8
a Sans Pho (papier Mat)			""
F2160-2 TD6	gomme brillante	Pho D	2,5
F2160-3 TD6	gomme tropicale	Pho B	2,5
F2160-4 RGR-1	gomme brillante	Pho C	0,8
a 2 barres à droite (connu obl.)			""

Roulettes

R2160-1 ND vertical	gomme tropicale	Pho B	1
a avec n° rouge au verso			4
b avec n° rouge doublé au verso			8

Timbre issu de carnet

C2160-1 Carnet de 5 ou 10	gomme brillante	Pho B	1
C2160-2 Carnet de 5 ou 10	gomme tropicale	Pho B	2,5
C2160-3 Carnet de 20	gomme brillante	Pho B	1
C2160-4 Carnet de 20	gomme tropicale	Pho B	2,5

Carnets complets
Carnet de 5 timbres

C429-1 Philexfrance 82 - Sans n° conf.	gomme brillante	Pho B	12
C429-2 Philexfrance 82 - Sans n° conf.	gomme tropicale	Pho B	15

Carnet de 10 timbres de 72x26

C430-1 Philexfrance 82 - Sans n° conf.	gomme brillante	Pho B	110
C430-2 Philexfrance 82 - conf. n° 3	gomme brillante	Pho B	30
C430-3 Philexfrance 82 - conf. n° 4	gomme brillante	Pho B	10
C430-4 Philexfrance 82 - conf. n° 5	gomme brillante	Pho B	50
C430-5 Philexfrance 82 - conf. n° 6	gomme brillante	Pho B	35
C430-6 Philexfrance 82 - conf. n° 7	gomme brillante	Pho B	10
C430-7 Philexfrance 82 - conf. n° 6	gomme tropicale	Pho B	14

Carnet de 10 timbres de 78x26

C431-1 Philexfrance 82 - conf. n° 9	gomme brillante	Pho B	10

Carnet de 20 timbres

C432-1 Philexfrance 82 - Sans n° conf.	gomme brillante	Pho B	80
C432-2 Philexfrance 82 - conf. n° 8	gomme brillante	Pho B	14
C432-3 Philexfrance 82 - Sans n° conf.	gomme tropicale	Pho B	120
C432-4 Philexfrance 82 - conf. n° 8	gomme tropicale	Pho B	14

2161 : 2,30 bleu RF (2156)
7ème émission de septembre 1981
Impression en taille-douce rotative

*1er/09/1981   2 barres Pho

Feuille de 100 timbres

F2161-1 TD6	gomme brillante	Pho B	2,3
a Sans Pho (papier Mat)			20
F2161-2 TD6	gomme tropicale	Pho B	6

LIBERTE DE GANDON
2183 : 0,05 vert-noir (2178)
1ère émission de janvier 1982
Impression en taille-douce rotative

*4/01/1982   Sans Pho

Feuille de 100 timbres

F2183-1 TD6		gomme brillante	Sans Pho	0,1
a	Impression défectueuse			50
b	Impression défectueuse tàn			250
c	gomme satinée			4

2184 : 0,10 rouge-brun (2179)
1ère émission de janvier 1982
Impression en taille-douce rotative

*4/01/1982   1 barre Pho à droite

Feuille de 100 timbres

F2184-1 RGR-1		gomme brillante	Pho C	0,1
a	1 barre à gauche sur le nez			16
b	Sans Pho tà 1 barre à gauche (tir. 04.02.83)			250
c	Sans Pho tàn (tir. 18.07.87)			80
d	Non dentelé accidentel de Melun (tir. 05.07.84)			100
F2184-2 RGR-1 Chalky paper		gomme brillante	Pho C	140
F2184-3 TD6		gomme brillante	Pho B	5
a	Sans Pho (tir. 30.11.81)			15
F2184-4 TD6		gomme brillante	Pho D	10
a	Pho sur l'oreille			5
F2184-x				
a	gomme satinée			2

Timbre issu de carnet

C2184-1 TD6 : paire avec 0,40	gomme brillante	Pho B	6

Carnet à composition variable :
4x2,20f - 4x0,10f - 2x0,40f

C472-1 Pointillés de 18mm	gomme brillante	Pho B	11
C472-2 Pointillés de 19mm	gomme brillante	Pho B	19

2185 : 0,15 rose (2180)
1ère émission de janvier 1982
Impression en taille-douce rotative

*4/01/1982   1 barre Pho à droite

Feuille de 100 timbres

F2185-1 TD6	gomme brillante	Pho B	0,3
F2185-2 TD6	gomme brillante	Pho D	0,3
F2185-x			
a Sans Pho			2000

2186 : 0,20 vert-émeraude (2181)
1ère émission de janvier 1982
Impression en taille-douce rotative
*4/01/1982   1 barre Pho à droite

Feuille de 100 timbres

F2186-1 TD6	gomme brillante	Pho B	**1**
a Sans Pho (Papier Lum)			""
F2186-2 TD6	gomme brillante	Pho D	**8**
F2186-3 RGR-1	gomme brillante	Pho C	**0,1**
a Sans Pho (Papier Mat)			50
b Sans Pho (Papier Lum)			200
c Sans Pho tà 1 barre à gauche (papier Lum)			250
d 1 barre à gauche (papier Lum)			13
e Cœur blanc			80
f Pho à cheval 80x20 (paire)			5x2
F2186-x			
a gomme satinée			2
b Impression défectueuse			50
c Impression à sec tàn			90
d visage maculé			""

2187 : 0,30 orange (2182)
1ère émission de janvier 1982
Impression en taille-douce rotative

*4/01/1982   1 barre Pho à droite

Feuille de 100 timbres

F2187-1 TD6	gomme brillante	Pho B	**0,1**
a Sans Pho			200
b Sans Pho tàn			420
c Signature absente case 100 (tir. 22.03.83)			200
d Pho à cheval 80x20 (paire)			5x2
e Bonnet maculé (défaut d'essuyage)			""
F2187-2 TD6	gomme brillante	Pho D	**0,1**
a Piquage à cheval (paire)			200x2
F2187-3 TD6 Papier Whiley	gomme brillante	Pho D	**5**
a Pli accordéon			200
F2187-4 TD6 Chalky paper	gomme brillante	Pho D	**110**
F2187-x			
a gomme satinée			2

2188 : 0,40 brun (2183)
1ère émission de janvier 1982
Impression en taille-douce rotative

*4/01/1982   1 barre Pho à droite

Feuille de 100 timbres

F2188-1 TD6	gomme brillante	Pho B	**0,4**
a Piquage à cheval (tir. 09.03.84) (paire)			450x2
a Sans Pho (papier Lum)			90
b Sans Pho tàn (papier Lum)			120
F2188-2 TD6	gomme brillante	Pho D	**0,2**
a Sans Pho (papier Mat)			85
b Sans Pho tà 1 barre à gauche (papier Mat)			100
c 1 barre à gauche (papier Mat)			6
F2188-3 TD6 Chalky paper	gomme brillante	Pho D	**7**
F2188-x			
a gomme satinée			4

Timbre issu de carnet

C2188-1TD6 : paire avec 0,10	gomme brillante	Pho B	**6**

Carnet à composition variable :
4x2,20f - 4x0,10f - 2x0,40f

C472-1 Pointillés de 18mm	gomme brillante	Pho B	**11**
C472-2 Pointillés de 19mm	gomme brillante	Pho B	**19**

2189 : 0,50 violet (2184)

1ère émission de janvier 1982
Impression en taille-douce rotative

*4/01/1982   1 barre Pho à droite

Feuille de 100 timbres

F2189-1 TD6		gomme brillante	Pho B	**0,2**
a	Sans Pho			160
b	Pho à cheval 70x30 (paire)			10x2
c	Retouche case 33			100
	à illustrer			
F2189-3 TD6 Chalky paper		gomme brillante	Pho B	**10**
a	Sans Pho (tir.23.03.89)			800
Mentionner uniquement si illustration des 2				
présentations				
b	Sans Pho tàn (tir.23.03.89)			1200
c	Retouche case 33			120
F2189-2 TD6		gomme brillante	Pho D	**0,1**
a	Impression défctueuse (tir. 18.04.83)			50
b	Bonnet maculé			25
c	Retouche case 33			150
F2189-x				
a	gomme satinée			2
b	Bulle de chrome			15
c	Sans Pho avec Chalky paper (essai)			50

2190 : 1,00 olive foncé (2185)
1ère émission de janvier 1982
Impression en taille-douce rotative

*4/01/1982   1 barre Pho à droite

Feuille de 100 timbres

F2190-1 TD6		gomme brillante	Pho B	**0,2**
a	Sans Pho (papier Mat)			15
b	Sans Pho tàn (papier Mat) (tir. 01.02.88 sur TD6-4)			80
c	Piquage à cheval horizontal (paire)			150
d	Piquage à cheval horizontal et vertical (paire)			""
e	Impression sur raccord			""
f	POSTES à sec (10e rangée)			
g	Pli accordéon			""
F2190-2 TD6 Chalky paper		gomme brillante	Pho B	**10**
F2190-3 TD6		gomme brillante	Pho D	**0,1**
a	Sans Pho (papier Mat) (TD6-2)			15
b	Bonnée maculé (tir. 02.09.85 sur TD6-8)			40
F2190-x				
a	gomme satinée			5
b	Sans pho avec gomme satinée (papier Lum)			30

2193 : 2,00 vert-jaune (2188)
1ère émission de janvier 1982
Impression en taille-douce rotative

*4/01/1982   2 barres Pho

Feuille de 100 timbres

F2193-1 TD6		gomme brillante	Pho D	**2**
a	1 barre à gauche			80
b	2 barres à gauche			65
c	1 barre à gauche tà 2 barres à gauche			150

1 barre Pho à droite

F2193-2 TD6		gomme brillante	Pho B	**2**
F2193-3 TD6		gomme brillante	Pho D	**10**
a	Sans Pho			170
b	Sans Pho tàn (paire verticale)			200
c	POSTE non encrée (tir. 28.09.82 sur TD6-1)			175
F2193-4 TD6 - Papier vergé		gomme brillante		**100**

2194 : 2,30 bleu (2189)
1ère émission de janvier 1982
Impression en taille-douce rotative

*4/01/1982   2 barres Pho

Feuille de 100 timbres

F2194-1 TD6		gomme brillante	Pho D	5
a	Sans Pho			40
b	1 barre à gauche			30
c	2 barres à gauche			15
d	1 barre à gauche tà 2 barres à gauche			60
e	gomme satinée			5

2195 : 5,00 bleu-vert foncé (2190)
1ère émission de janvier 1982
Impression en taille-douce rotative

*4/01/1982   2 barres Pho

Feuille de 100 timbres

F2195-1 TD6		gomme brillante	Pho B	4
a	Sans Pho (Gomme brillante)			12
b	Sans Pho tà 1 barre à droite (Gomme brillante)			35
c	Bobst non encré (CdF droit de 4 timbres)			170
24e				
F2195-2 TD6		gomme brillante	Pho D	2,5
a	gomme satinée			8
b	1 barre à gauche			25
c	2 barres à gauche			12
d	1 barre à gauche tà 2 barres à gauche			50
e	Pho à cheval 80/20 (paire)			5x2
f	Sans Pho (Gomme satinée)			17
g	Sans Pho tà 1 barre à droite (Gomme satinée)			80
h	Bobst non encré (CdF droit de 4 timbres)			150
i	Bobst encrée (CdF droit de 4 timbres) 22e-23e partiel			120
j	Impression défectueuse (tir. 08.06.88 sur TD6-6)			80
F2195-x				
a	gomme satinée			8

2191 : 1,40 vert (2186)
1ère émission de janvier 1982
Impression en taille-douce rotative

*4/01/1982   1 barre Pho à droite

Feuille de 100 timbres

F2191-1 TD6		gomme brillante	Pho D	1,5
F2191-2 TD6		gomme brillante	Pho B	1,5
F2191-3 RGR-1		gomme brillante	Pho C	5
F2191-x				
a	gomme satinée			12
b	Sans Pho			""

Roulettes

R2191-1 ND vertical		gomme satinée	Pho B	2
a	avec n° rouge au verso			8

Timbre issu de carnet

C2191-1 Carnet de 20		gomme brillante	Pho B	1,5
a	gomme satinée			5

Carnets complets
Carnet de 20 timbres

C428-1 Philexfrance 82 - conf. 8		gomme brillante	Pho B	15
a	gomme satinée			130

2192 : 1,60 rouge (2187)
1ère émission de janvier 1982
Impression en taille-douce rotative

*4/01/1982   2 barres Pho

Feuille de 100 timbres

F2192-1 TD6	gomme brillante	**Pho B**	**2**
a gomme satinée (TD6-7)			4
b Pho à cheval (paire)			10x2
F2192-2 TD6	gomme brillante	**Pho D**	**2**
F2192-3 RGR-1	gomme brillante	**Pho C**	**1**
a 1 barre Pho à gauche à cheval (80/20)			100
b 2 barre Pho à gauche à cheval (80/20)			70
c 1 barre Pho à gauche tà 2 barres à gauche à cheval (80/20)			180
d Sans Pho			""
F2192-x x x x			
a gomme satinée			4

Roulettes

R2192-1 ND vertical	gomme satinée	**Pho B**	**2**
a avec n° rouge au verso			8

Timbre issu de carnet

C2192-1 Carnet de 5 ou 10	gomme brillante	**Pho B**	**2**
a gomme satinée			4
C2192-3 Carnet de 20	gomme brillante	**Pho B**	**2**
a gomme satinée			4

Carnets complets
Carnet de 5 timbres

C434-1 Philexfrance 82 - Sans n° conf.	gomme brillante	**Pho B**	**7**

Carnet de 10 timbres de 72x26

C435-1 Philexfrance 82 - conf. n° 3	gomme brillante	**Pho B**	**60**
C435-2 Philexfrance 82 - conf. n° 4	gomme brillante	**Pho B**	**20**
a gomme satinée			25
C435-3 Philexfrance 82 - conf. n° 5	gomme brillante	**Pho B**	**12**
C435-4 Philexfrance 82 - conf. n° 6	gomme brillante	**Pho B**	**12**
C435-5 Philexfrance 82 - conf. n° 7	gomme brillante	**Pho B**	**30**

Carnet de 10 timbres de 78x26

C436-1 Philexfrance 82 - conf. n° 9	gomme brillante	**Pho B**	**15**

Carnet de 20 timbres

C437-1 Philexfrance 82 - conf. n° 8	gomme brillante	**Pho B**	**20**
a gomme satinée			80

2218 : 1,60 vert (2219)
2ème émission de juin 1982
Impression en taille-douce rotative

*1/06/1982   1 barre Pho à droite

Feuille de 100 timbres

F2218-1 TD6	gomme brillante	**Pho D**	**2,5**
F2218-2 TD6	gomme brillante	**Pho B**	**2,5**
F2218-3 RGR-1	gomme brillante	**Pho C**	**1,5**
a Sans Pho (Papier Lum)			230
b Sans Pho tà 1 barre à gauche (Papier Lum)			350
c 1 barre à gauche (Papier Lum)			11
d Non dentelé de Gap			50
e Non dentelé de Paris avec Pho à cheval			50
f Piquage à cheval horizontal et vertical (paire)			125x2
F2218-x x x x			
a gomme satinée			4
b Impression défectueuse			125
c Sans Pho (essai) (Papier Mat)			50

Roulettes

R2218-1 ND vertical	gomme satinée	Pho B	1
a avec n° rouge au verso			3
b Piquage à cheval			85
c Piquage à cheval avec n° rouge au dos			185
e 1 barre Pho à gauche (inversion cylindre d'impression)			16
f 1 barre Pho à gauche avec n° rouge (inversion cylindre d'impression)			32

Timbre issu de carnet

C2218-1 Carnet de 20	gomme brillante	Pho B	0,5
a gomme satinée			4

Carnets complets

Carnet de 20 timbres

C438-1 Philexfrance 82 - conf. 8 avec "3" de 32F tête roude			
	gomme brillante	Pho B	15
a gomme satinée			45
C438-2 Philexfrance 82 - conf. 8 avec "3" de 32F tête plate			
	gomme brillante	Pho B	105

2219 : 1,80 rouge (2120)
2ème émission de juin 1982
Impression en taille-douce rotative

*1/06/1982   2 barres Pho

Feuille de 100 timbres

F2219-1 TD6	gomme brillante	Pho B	2
F2219-2 TD6	gomme brillante	Pho D	2
a Sans Pho (tir. 06.05.82)			""
b Impression défectuesue (tir. 12.11.82 sur TD6-1)			125
c Impression sur raccord (tir. 18.11.82 sur TD6-1)			""
F2219-3 RGR-1	gomme brillante	Pho C	1
a Non dentelé de Nantes avec Pho à cheval			80x2
b Pho à cheval (paire)			10x2
c Sans Pho avec fil de soie (tir. 04.01.83)			400
F2219-x x x x			
a gomme satinée			4
b Piquage à cheval horizontal			
c Piquage à cheval vertical			125x2
d Sans Pho avec surencrage partie supérieure (essai)			50

Roulettes

R2219-1 ND vertical	gomme satinée	Pho B	1
a avec n° rouge au verso			3
b 2 barres à gauche			18
b 2 barres à gauche avec n° rouge au verso			32

Timbre issu de carnet

C2219-1 Carnet de 5 ou 10	gomme brillante	Pho B	2
a gomme satinée		Pho B	4
b Sans Pho (connu sur lettre)			""
C2219-3 Carnet de 20	gomme brillante	Pho B	2
a gomme satinée		Pho B	4

Carnets complets
Carnet de 5 timbres

C440-1 Philexfrance 82 - Sans n° conf.	gomme brillante	Pho B	6
a gomme satinée			8

Carnet de 10 timbres de 72x26

C441-1 Philexfrance 82 - conf. n° 5	gomme brillante	Pho B	90
C441-2 Philexfrance 82 - conf. n° 6	gomme brillante	Pho B	50
C441-3 Philexfrance 82 - conf. n° 7	gomme brillante	Pho B	120

Carnet de 10 timbres de 78x26 CNIT

C442-1 CNIT - conf. 9	gomme brillante		10
C442-2 CNIT - conf. 9 - série 11 couleurs	gomme brillante		110

Carnet de 10 timbres de 78x26

C443-1 Philexfrance 82 - conf. n° 9	gomme brillante	Pho B	17

Carnet de 10 timbres de 72x26

C444-1 Code Postal - conf. 3	gomme brillante	Pho B	50
C444-2 Code Postal - conf. 4	gomme brillante	Pho B	30
C444-3 Code Postal - conf. 5	gomme brillante	Pho B	20
C444-4 Code Postal - conf. 6	gomme brillante	Pho B	11
a gomme satinée			110
C444-5 Code Postal - conf. 7	gomme brillante	Pho B	11

Carnet de 20 timbres

C446-1 Philexfrance 82 - conf. n° 8	gomme brillante	Pho B	60
a gomme satinée			60

Carnet de 10 timbres de 78x26

C445-1 Code Postal - conf. n° 9	gomme brillante	Pho B	10

Carnet de 20 timbres

C447-1 Code Postal - conf. n° 8	gomme brillante	Pho B	20
a gomme satinée			90

2220 : 2,60 bleu (2121)
2ème émission de juin 1982
Impression en taille-douce rotative

*1/06/1982   2 barres Pho

Feuille de 100 timbres

F2220-1 TD6	gomme brillante	Pho D	3
a gomme satinée			14

2244 : 0,60 brun-rose (2239)
3ème émission de novembre 1982
Impression en taille-douce rotative

*3/11/1982   1 barre Pho à droite

Feuille de 100 timbres

F2244-1 TD6	gomme brillante	Pho B	0,5
a Pho à cheval 80/20 (paire)			5x2
b Saut de Pho tà Pho à cheval (décalage vertical)			60
F2244-2 TD6	gomme brillante	Pho D	0,4
a Sans Pho (gomme satinée)			90
b Sans Pho tàn (gomme satinée)			120
F2244-x xxx			
a gomme satinée			2

2245 : 0,70 bleu-violet (2240)
3ème émission de novembre 1982
Impression en taille-douce rotative

*3/11/1982   1 barre Pho à droite

Feuille de 100 timbres

F2245-1 TD6	gomme brillante	Pho B	0,4
a Sans Pho (Papier Mat)			4
b Sans Pho (Papier Lum)			50
c 1 Barre à gauche (Papier Lum)			10
d Sans Pho tà 1 Barre à gauche (Papier Lum)			70
F2245-2 TD6	gomme brillante	Pho D	0,3
F2245-3 TD6 - Papier Whiley	gomme brillante	Pho D	3
F2245-x xxx			
a Re-entry tàn			20
b Non dentelé accidentellement sans Pho (papier Mat)			250

2246 : 0,80 brun-olive (2241)
3ème émission de novembre 1982
Impression en taille-douce rotative

*3/11/1982   1 barre Pho à droite

Feuille de 100 timbres

F2246-1 TD6	gomme brillante	Pho B	**0,6**
a Sans Pho			55
b Sans Pho tàn			60
c Très décentré horizontalement			25
d 1 barre à gauche (inversion cylindre d'impresion)			5
e Bonnet maculé			25
F2246-2 TD6	gomme brillante	Pho D	**0,5**

2247 : 0,90 violet (2242)
3ème émission de novembre 1982
Impression en taille-douce rotative

*3/11/1982   1 barre Pho à droite

Feuille de 100 timbres

F2247-1 TD6	gomme brillante	Pho B	**0,5**
a Sans Pho			225
b Sans Pho tàn			250
c Piquage à cheval (paire)			150x2
F2247-2 TD6	gomme brillante	Pho D	**0,5**
a Bonnet maculé			100
F2247-x xxx			
a gomme satinée			2
b Impression dépouillée			150
c Pho à cheval (60/40) (paire)			20x2

2248 : 3,00 brun-violet (2243)
3ème émission de novembre 1982
Impression en taille-douce rotative

*3/11/1982   2 barres Pho

Feuille de 100 timbres

F2248-1 TD6	gomme brillante	Pho B	**4**
a Piquage à cheval (paire)			65x2
F2248-2 TD6 - Papier Whiley	gomme brillante	Pho B	**3,5**
F2248-3 TD6	gomme brillante	Pho D	**1,5**
a Piquage à cheval horizontal (paire)			100x2
b Sans Pho (tir. 22.11.82 sur TD6-3)			50
F2248-3 TD6 - Papier vergé	gomme brillante	Pho D	**6**
a Sans Pho (tir. 09.07.86 sur TD6-8)			5
F2248-x xxx			
a gomme satinée			5
b Impression défectueuse			100
c Bonnet maculé			30

2249 : 4,00 rouge-carmin (2244)
3ème émission de novembre 1982
Impression en taille-douce rotative

*3/11/1982   2 barres Pho

Feuille de 100 timbres

F2249-1 TD6	gomme brillante	Pho B	**3**
a Piquage à cheval (paire)			190x2
F2249-2 TD6	gomme brillante	Pho D	**3**
a Sans Pho			280
F2249-x x x x			
a gomme satinée			5

2276 : 2,00 rouge (2274)
4ème émission de juin 1983
Impression en taille-douce rotative

*1/06/1983   2 barres Pho

Feuille de 100 timbres
F2276-1 TD6	gomme brillante	Pho B	**5**
a Sans Pho			1200
b Pho à cheval (70/30) (paire)			13x2
F2276-2 TD6	gomme brillante	Pho D	**8**
a Impression défectueuse (tir. 13.06.83 sut TD6-2)			70
b 1 barre à centre à cheval 80/20			50
c 2 barres au centre à cheval 80/20			20
d 1 barre à centre tà 2 barres au centre à cheval 80/20			70
F2276-3 RGR-1	gomme brillante	Pho C	**1**
a Piquage à cheval avec barre à cheval (paire)			200x2
b Pho à cheval 70/30 (paire)			13x2
c Impression défectueuse (tir. 03.08.83)			70
F2276-x x x x			
a Piquage à cheval horizontal (paire)			""

Roulettes
R2276-1 ND vertical	gomme satinée	Pho B	**1**
a avec n° rouge au verso			3
b 1 barre à gauche			23
c 1 barre à gauche avec n° rouge au verso			18
c 2 barres à gauche			7
d 2 barres à gauche avec n° rouge au verso			13

Timbre issu de carnet
C2276-1 Carnet de 5 ou 10	gomme brillante	Pho B	**1**
a gomme satinée			2
b Sans Pho (connu sur carte postale)			""
C2276- 2 Carnet de 20	gomme brillante	Pho B	**1**
a gomme satinée			2

Carnets complets
Carnet de 5 timbres
C448-1 Code Postal - Sans n° conf.	gomme brillante	Pho B	**20**
a gomme satinée			10
b date dans marge de gauche			50

Carnet de 10 timbres de 72x26
C449-1 Code Postal - conf. 3	gomme brillante	Pho B	**110**
C449-2 Code Postal - conf. 4	gomme brillante	Pho B	**30**
C449-3 Code Postal - conf. 5	gomme brillante	Pho B	**20**
a gomme satinée			12
C449-4 Code Postal - conf. 6	gomme brillante	Pho B	**13**
a gomme satinée			19
C449-5 Code Postal - conf. 7	gomme brillante	Pho B	**11**
a gomme satinée			65

Carnet de 10 timbres de 78x26
C450-1 Code Postal - conf. 9	gomme brillante	Pho B	**15**

Carnet de 20 timbres
C451-1 Code Postal - conf. 8	gomme brillante	Pho B	**22**
a gomme satinée			60

2277 : 2,80 bleu (2275)
4ème émission de juin 1983
Impression en taille-douce rotative

*1/06/1983　　　　2 barres Pho

Feuille de 100 timbres

F2277-1 TD6	gomme brillante	Pho B	**3**
a Pho à cheval (80/20) (paire)			17x2
F2277-2 TD6	gomme brillante	Pho D	**3**
F2277-x x x　　　x			
a gomme satinée			7

2278 : 10,00 violet (2276)
4ème émission de juin 1983
Impression en taille-douce rotative

*1/06/1983　　　　2 barres Pho

Feuille de 100 timbres

F2278-1 TD6	gomme brillante	Pho B	**5**
a Sans Pho (tir. 23.09.87)			55
b Non dentelé officiel sans Pho (tir. 06.05.83)			1000
F2278-2 TD6	gomme brillante	Pho D	**4**
a Sans Pho (tir. 15.03.88)			55
b Piquage à cheval horizontal (paire)			150x2
c Pho à cheval 80/20 (paire)			8x2
F2278-3 TD6 Chalky paper	gomme brillante	Pho D	**25**
F2278-x x x　　　x			
a gomme satinée			20

2327 : 1,70 vert (2318)
5ème émission de juillet 1984
Impression en taille-douce rotative

*1/07/1984　　　　1 barre Pho à droite

Feuille de 100 timbres

F2327-1 TD6	gomme brillante	Pho D	**1,5**
a Sans Pho			250
F2327-2 TD6	gomme brillante	Pho B	**1,5**
a Piquage à cheval (paire)			100x2
F2327-3 RGR-1	gomme brillante	Pho C	**1,5**
a Pho à cheval 70/30 (paire)			5x2

Roulettes

R2327-1 ND vertical	gomme satinée	Pho B	**1,5**
a avec n° rouge au verso			4
R2327-2 ND vertical	gomme brillante	Pho B	**8**
a avec n° rouge au verso			22

Timbre issu de carnet

C2327-1 Carnet de 20	gomme brillante	Pho B	**2**
a gomme satinée			5

Carnets complets
Carnet de 20 timbres

C452-1 Philexfrance 82 - conf. 8	gomme brillante	Pho B	**20**
a gomme satinée			125

2328 : 2,10 rouge (2319)
5ème émission de juillet 1984
Impression en taille-douce rotative

*1/07/1984   2 barres Pho

Feuille de 100 timbres
F2328-1 TD6	gomme brillante	Pho D	**1**
a Sans Pho			36
b Sans Pho tà 1 barre à droite			80
c 1 barre à droite			7
F2328-2 TD6	gomme brillante	Pho B	**8**
a Pho à cheval 80/20 (paire)			25x2
b Piquage à cheval (paire)			100x2
c Impression défectueuse			100
F2328-3 RGR-1	gomme brillante	Pho C	**1**
a 1 barre à gauche			30
b 2 barres à gauche			18
c 1 barre à gauche tà 2 barres à gauche			60
d 1 barre à droite			25
e 2 barres à droite			14
f 1 barre à droite tà 2 barres à droite			50
g Anneau lune			60

Roulettes
R2328-1 ND vertical	gomme satinée	Pho B	**1,5**
a avec n° rouge au verso			4
R2328-2 ND vertical	gomme brillante	Pho B	**16**
a avec n° rouge au verso			58

Timbre issu de carnet
C2331-1 Carnet de 10	gomme brillante	Pho B	**1**
a gomme satinée			3
C2331-2 Carnet de 20	gomme brillante	Pho B	**1**
a gomme satinée			3

Carnets complets
Carnet de 10 timbres 72x26   couverture rouge
C453-1 Code Postal - conf. 4	gomme brillante	Pho B	**65**
a gomme satinée			130
C453-2 Code Postal - conf. 5	gomme brillante	Pho B	**45**
a gomme satinée			45
b Sans Pho tà 1 barre			250
C453-3 Code Postal - conf. 6	gomme brillante	Pho B	**19**
a gomme satinée			30
C453-4 Code Postal - conf. 7	gomme brillante	Pho B	**15**
a gomme satinée			22
C453-5 Code Postal - conf. 8	gomme brillante	Pho B	**200**
	couverture rouge		

Carnet de 10 timbres 78x26
C454-1 Code Postal - conf. 9	gomme brillante	Pho B	**12**
a gomme satinée			70
b Sans Pho tà 1 barre			70
	couverture bleue		

Carnet de 10 timbres 72x26
C455-1 Code Postal - Sans n° conf.	gomme brillante	Pho B	**10**
	couverture rouge		

Carnet de 20 timbres
C456-1 Code Postal - conf. 8	gomme brillante	Pho B	**23**
a gomme satinée			65

2329 : 3,00 bleu (2320)
5ème émission de juillet 1984
Impression en taille-douce rotative

*1/07/1984   2 barres Pho

Feuille de 100 timbres
F2329-1 TD6	gomme brillante	Pho D	**2**
F2329-2 TD6	gomme brillante	Pho B	**5**
F2329-x x x x			
a gomme satinée			15

2381 : 1,80 vert (2375)
6ème émission d'août 1985
Impression en taille-douce rotative

*1/08/1985   1 barre Pho à droite

Feuille de 100 timbres

F2381-1 TD6		gomme brillante	Pho D	1
F2381-2 TD6		gomme brillante	Pho B	5
a Sans Pho				13
F2381-3 RGR-1		gomme brillante	Pho C	1
a Barre Pho à cheval 80/20 (paire)				8x2
b Décalage horizontal Pho (papier Mat) (paire)				8x2
c Décalage horizontal Pho (papier Lum) (paire)				8x2
F2381-4 RGR-1 - Papier vergé		gomme brillante	Pho C	100
F2381-x				
a Non dentelé accidentel sans Pho (paire)				""

Roulettes

R2381-1 ND vertical gomme satinée			Pho B	1
a avec n° rouge au verso (type a)				2
b avec n° rouge au verso (type b)				4
c Barre Pho à cheval 70/30				15
d Barre Pho à cheval 70/30 avec n° rouge au verso				30
R2381-2 ND vertical (1988)		gomme brillante	Pho B	90
a gomme brillante jaunâtre avec n° rouge au verso (type b)				200

Timbre issu de carnet

C2381-1 Carnet de 10		gomme brillante	Pho B	1
a gomme satinée				4

Carnets complets
Carnet de 10 timbres

C457-1 Code Postal - conf. 6		gomme brillante	Pho B	20
a gomme satinée				45

Type I (barre du grand 2 plus fine, queue du petit 2 en courbe)   Type II (barre épaisse, queue du petit 2 en angle)

Paire issue de carnet (1987)

2382I : 2,20 rouge type 1 (2376)
6ème émission d'août 1985
Impression en taille-douce rotative

*1/08/1985   2 barres Pho

Feuille de 100 timbres

F2382-I-1 TD6		gomme brillante	Pho D	2
a 2 barres Pho à droite et à cheval (20/80)				""
(connu sur lettre)				
F2382-I-2 TD6 - papier couché		gomme brillante	Pho D	80
F2382-I-3 TD6		gomme brillante	Pho B	3
a Sans Pho				5
b Barres Pho à cheval 80/20 (paire)				4x2
c 2 barres pho à gauche				45
d 2 barres centrées (tir. 24/10/85)				70
e 1 barre centrée (tir. 24/10/85)				100
f 1 barre centrée tenant à 2 barres centrées (tir. 24/10/85)				200
F2382-I-4 RGR-1		gomme brillante	Pho C	1
a bande horizontale de 6 timbres avec n° de presse (3e tir. monobloc)				40
b Piquage à cheval vertical (paire)				200x2
c Piquage à cheval horizontal (paire)				200x2
d Sans Pho				5
e Sans Pho tà 1 barre à droite				6
f Re-enrty tàn				15
g Re-enrty tàn sans Pho				50
h 1 barre Pho à gauche				25
i 2 barres Pho à gauche				10
j 1 barre Pho à gauche tà 2 barres Pho à gauche				50
k carmin rouge				3
l Impression défectueuse (tir. 27.05.87)				150
m Impression à sec (tir. 27.05.87)				300
F2382-I-5 RGR-1 - papier couché		gomme brillante	Pho C	50
(tir. 23.02.87)				

Type a

Type b

A partir de mars 1986, les roulettes sont numérotées tous les 5 timbres, mais avec des numéros de typographies différentes.

Roulettes de 1000 timbres et 500 timbres

R2382-I-1 ND vertical		**gomme satinée**	**Pho B**	**1**
a avec n° rouge au verso type a				4
b avec n° rouge au verso type b n° < 495	a : petit n°			2
c Sans Pho				50
b : gros n°				
d Sans Pho avec n° rouge au verso type a				200
e Sans Pho avec n° rouge au verso type b	n° < 495			75
f Pho à cheval (70/30)				10
g Pho à cheval (70/30) avec n° rouge au verso au type b n° < 495				25
i Deux barres à droite				30
j Une barre à droite				60
k Deux barres à droite avec n° rouge au verso				40
l Une barre à droite avec n° rouge au verso				80
R2382-I-2 ND vertical (1988)		**gomme brillante jaunâtre Pho B**		**2**
a gomme brillante jaunâtre avec n° rouge au verso type b n° < 495				7
b Sans Pho				25
c Sans Pho avec n° rouge au verso type b	n° < 495			65
d Pho à cheval (70/30)				10
e Pho à cheval (70/30) avec n° rouge au verso au type b n° < 495				25

Timbre issu de carnet

C2382- 1 Carnet de 10 fermé plié ou collé	**gomme brillante**	**Pho B**	**1**
a gomme satinée			4
b 2,20f tà 0,40f de carnet mixte			4,7
C2382-2 Carnet ouvert de 10 timbres (timbres dentelés 3 côtés) Pho D			**1**

Carnets complets
Carnet de 10 timbres 72x26

C458-1 Code Postal - Sans n° conf.-couv. Bleue			
	gomme brillante	**Pho B**	**130**
a gomme satinée			12
C459-1 Code Postal - conf. 4 - couv. Rouge	**gomme brillante**	**Pho B**	**35**
C459-2 Code Postal - conf. 5 - couv. Rouge	**gomme brillante**	**Pho B**	**35**
C459-3 Code Postal - conf. 6 - couv. Rouge	**gomme brillante**	**Pho B**	**25**
a gomme satinée			35
b sans numéro de confectionneuse (n°6)			250
c massicotage à cheval tp bande supérieure			250
C459-4 Code Postal - conf. 7 - couv. Rouge	**gomme brillante**	**Pho B**	**15**
a gomme satinée			35
C459-6 Code Postal - conf. 8 - couv. Rouge	**gomme brillante**	**Pho B**	**120**
C459-x Code Postal - conf. x - couv. Rouge	**gomme brillante**		
a Impression défectueuse			1150
b Sans Pho tà 1 barre			140

Carnet de 10 timbres 72x26 couverture Bleue

C461-1 Pour offrir-Tarif 1/8/87 - conf. 6 - couv. Bleue			
	gomme brillante	**Pho B**	**25**
a Impression ondulée des inscriptions de la couverture			250
b Impression défectueuse			140
c sans numéro de confectionneur (n°6)			300
C461-2 Pour offrir-Tarif 1/8/87 - conf. 7 - couv. Bleue			
	gomme brillante	**Pho B**	**40**
C461-3 Pour offrir-Tarif 1/8/87 - conf. 8 - couv. Bleue			
	gomme brillante	**Pho B**	**350**
B C461-x xx			
a Découpe à cheval des timbres			265
C462-1 Pour offrir-Tarif 1/8/87 - conf. 8 - couv. Bleue- "D"			
	gomme brillante	**Pho B**	**45**
C466-1 Réservation gratuite-Tarif 1/8/87 - conf. 6 - couv. Bleue			
	gomme brillante	**Pho B**	**35**
C466-2 Réservation gratuite-Tarif 1/8/87 - conf. 7 - couv. Bleue			
	gomme brillante	**Pho B**	**50**

C466-x xx		
a Sans Pho		175
b oiseau en piqué		300
? conf. non connue (repris sur Dallay)		

C467-1 Réservation gratuite-Tarif 1/8/87 - conf. 8 - couv. Bleue- "D"			
	gomme brillante	**Pho B**	**40**
a oiseau en piqué			300
b Sans Pho			250

Carnet de 10 timbres 78x26

C460-1 Code Postal -conf. 9 - couv. Rouge gomme brillante Pho B **12**
a Sans Pho   560
b Impression défectueuse   650
c Carnet double date (ex: 5-8-85)   165

C463-1 Pour offrir-Tarif 1/8/87 - conf. 9 - couv. Bleue la pochette trimestrielle **18**
a Pho à cheval 80/20   20
b Sans Pho   175
c Découpe à cheval des timbres   130

C464-1 Pour offrir-Tarif 1/8/87 - conf. 9 - couv. Bleue la pochette semestrielle 2376-C4a
a 3 cavaliers latéraux   80
b 4 cavaliers latéraux   15
c Sans Pho   175
d sans n° de confectionneuse   250

C465-1 Réservation gratuite-Tarif 1/8/87-conf. 9-Faites musique gomme brillante Pho B **14**
a Impression défectueuse   350
b Timbres non imprimés (bandes pho seules)   500
c Couleur rouge très décalée vers le haut   25

C468-1 Réservation gratuite-Tarif 1/8/87-conf. 9 gomme brillante Pho B **14**
a Sans "s" à dehors   35
2376-C11
b Sans Pho   180
2376-C11a
c Impression défectueuse   500
2376-C11b

C469-1 Philexfrance 87 avec 11 dates différentes gomme brillante Pho B **15**
a sans n° de confectionneuse sur couverture du 17-7-89   20
    Série des 11 carnets   gomme brillante Pho B 155

Carnet ouvert de 10 timbres (timbres dentelés 3 côtés)

C470-1 Code Postal 3 chiffres étroits - Texte rouge sur blanc gomme brillante Pho B **15**
a 2 chiffres étroits   25
b 3 chiffres larges   20
c n° d'odre supérieur à 100   130
d 1 barre Pho à gauche tà 2 barres pho à gauche   780
e Sans Pho (7 exemplaires)   1 600
f paire de carnet avec erreur de date 12-7-86 au lieu   150
   de 12-5-86

C471-1 Tarif 1/8/87 3 chiffres étroits - Texte bleu sur jaune gomme brillante Pho B **14**
a 3 chiffres larges   22
b Rangée supérieure non imprimée (5 ex connus) +   6 000
   1 au détail
c Impression défectueuse   500
d Piquage à cheval >3mm   375
e n° d'odre supérieur à 100   300
f impression sur raccord   6 000
g impression doublée du numéro de série   1 500
h papier vergé horizontalement   300
i timbre plus grand avec double valeur (absence de dentelure horizontale) et décalage de découpe   ""
   (tir. 4.14.4.88)

C471-2 Tarif 1/8/87 3 chiffres étroits - Texte bleu sur jaune - papier couché
(2 carnets connus + 2 au détail) gomme brillante Pho B **6 000**

Carnet à composition variable : 4x2,20f - 4x0,10f - 2x0,40f

C472-1 Pointillés de 18mm gomme brillante Pho B **11**
C472-2 Pointillés de 19mm gomme brillante Pho B **19**

2382II : 2,20 rouge type 2 (2376)
6ème émission d'août 1985
Impression en taille-douce rotative

*1/08/1985   2 barres Pho

Feuille de 100 timbres

F2382-II-1 TD6	gomme brillante	Pho D	**3**
a Sans Pho			6
F2382-II-2 TD6 - Papier couché	gomme blanche	Pho D	**100**
F2382-II-2 TD6	gomme brillante	Pho B	**3**
F2382-II-3 RGR	gomme brillante	Pho C	**3**
a Pho à cheval 70/30 (paire)			13x2

2383 : 3,20 bleu (2377)
6ème émission d'août 1985
Impression en taille-douce rotative

*1/08/1985   2 barres Pho

Feuille de 100 timbres

F2383-1 TD6	gomme brillante	Pho D	**5**
a 1 barre Pho à droite			80
b 2 barres Pho à droite			55
c 1 barre Pho à droite tà 2 barres Pho à droite			150
d Non dentelé officiel sans Pho			350
e Non dentelé officiel sans Pho tàn			500
F2383-2 TD6	gomme brillante	Pho B	**3**
F2383-3 x x **x**			
a gomme satinée			15

2429 : "A" vert (2423)
7ème émission de 1986
Impression en taille-douce rotative

*1/09/1986   1 barre Pho à droite

Feuille de 100 timbres

F2429-1 RGR	gomme brillante	Pho C	**1**
a Sans Pho			5
b Sans Pho tàn			20
c Piquage à cheval (paire)			100x2
d Pli accordéon (tir. 25.08.86)			
F2429-2 RGR - papier vergé	gomme brillante	Pho C	**100**

2431 : 3,40 bleu (2425)
7ème émission de 1986
Impression en taille-douce rotative

*1/09/1986   2 barres Pho

Feuille de 100 timbres

F2429-1 TD6	gomme brillante	Pho D	**3,5**
a gomme satinée			16
F2429-2 TD6 - papier Whiley	gomme satinée	Pho D	**20**
F2429-3 TD6 - papier vergé	gomme brillante	Pho D	**5**

2430 : 1,90 vert (2424)
7ème émission de 1986
Impression en taille-douce rotative

*15/09/1986   1 barre Pho à droite

Feuille de 100 timbres

F2430-1 RGR-1	gomme brillante	Pho C	**2**
a Sans Pho			22
b Sans Pho tàn			60
c gomme satinée			14
F2430-2 RGR-1 - papier vergé	gomme brillante	Pho C	
4Roulettes1 barre Pho à droite			
R2430-1 ND vertical	gomme mate	Pho B	**2**
a avec n° rouge au verso			5
b Sans Pho			85
c Sans Pho avec n° rouge			130
d 1 barre Pho à gauche (inversion cylindre d'impression)			1
e 1 barre Pho à gauche avec n° rouge au verso (inversion cylindre d'impression)			3

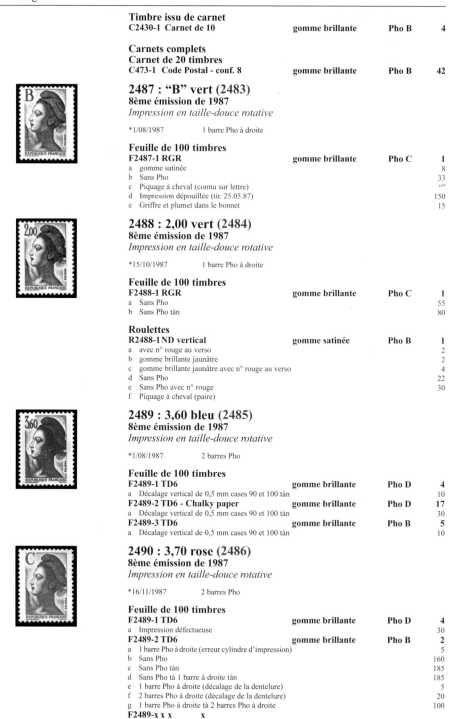

Timbre issu de carnet
C2430-1 Carnet de 10   gomme brillante   Pho B   4

Carnets complets
Carnet de 20 timbres
C473-1 Code Postal - conf. 8   gomme brillante   Pho B   42

2487 : "B" vert (2483)
8ème émission de 1987
Impression en taille-douce rotative

*1/08/1987   1 barre Pho à droite

Feuille de 100 timbres
F2487-1 RGR   gomme brillante   Pho C   1
a   gomme satinée   8
b   Sans Pho   33
c   Piquage à cheval (connu sur lettre)   ""
d   Impression dépouillée (tir. 25.05.87)   150
e   Griffe et plumet dans le bonnet   15

2488 : 2,00 vert (2484)
8ème émission de 1987
Impression en taille-douce rotative

*15/10/1987   1 barre Pho à droite

Feuille de 100 timbres
F2488-1 RGR   gomme brillante   Pho C   1
a   Sans Pho   55
b   Sans Pho tàn   80

Roulettes
R2488-1 ND vertical   gomme satinée   Pho B   1
a   avec n° rouge au verso   2
b   gomme brillante jaunâtre   2
c   gomme brillante jaunâtre avec n° rouge au verso   4
d   Sans Pho   22
e   Sans Pho avec n° rouge   30
f   Piquage à cheval (paire)

2489 : 3,60 bleu (2485)
8ème émission de 1987
Impression en taille-douce rotative

*1/08/1987   2 barres Pho

Feuille de 100 timbres
F2489-1 TD6   gomme brillante   Pho D   4
a   Décalage vertical de 0,5 mm cases 90 et 100 tàn   10
F2489-2 TD6 - Chalky paper   gomme brillante   Pho D   17
a   Décalage vertical de 0,5 mm cases 90 et 100 tàn   30
F2489-3 TD6   gomme brillante   Pho B   5
a   Décalage vertical de 0,5 mm cases 90 et 100 tàn   10

2490 : 3,70 rose (2486)
8ème émission de 1987
Impression en taille-douce rotative

*16/11/1987   2 barres Pho

Feuille de 100 timbres
F2489-1 TD6   gomme brillante   Pho D   4
a   Impression défectueuse   30
F2489-2 TD6   gomme brillante   Pho B   2
a   1 barre Pho à droite (erreur cylindre d'impression)   5
b   Sans Pho   160
c   Sans Pho tàn   185
d   Sans Pho tà 1 barre à droite tàn   185
e   1 barre Pho à droite (décalage de la dentelure)   5
f   2 barres Pho à droite (décalage de la dentelure)   20
g   1 barre Pho à droite tà 2 barres Pho à droite   100
F2489-x x x   x
a   Piquage à cheval (paire)   ""

2615 : "C" vert (2615)
9ème émission de 1990
Impression en taille-douce rotative

*2/01/1990   1 barre Pho à droite

Feuille de 100 timbres

F2615-1 RGR	gomme brillante	Pho C	**1,5**
a Sans Pho			""
b Sans Pho tàn			""
c Grand format tàn			15

2616 : "C" rouge (2616)
9ème émission de 1990
Impression en taille-douce rotative

*2/01/1990   1 barre Pho à droite

Feuille de 100 timbres

F2616-1 RGR	gomme brillante	Pho C	**1**
a gomme satinée			11
b Pho à cheval 70/30 (paire)			7x2
c Impression défectueuse			160
d Sans Pho (4 ex. connus)			""

MARIANNE DE BRIAT
2622 : 2,10 vert (2622)
1ère émission de 1989
Impression en taille-douce rotative

* 31/12/1989   1 barre Pho à droite

Feuille de 100 timbres

F2922-1 TD6	gomme brillante	Pho B	**0,9**
a Sans Pho (tir. 25.01.91)			1500
b Barres Pho à cheval (50/50) avec 1 barre à gauche			" "
c demi barre Pho dans marge droite			8
d deux demi barres Pho			5
F2622-2 TD6		Pho D	**1,1**
F2622-3 RGR (vert foncé)		Pho C	**1,5**
a Blind-Zähn (la paire)			5

Roulette de 1000 timbres

R2628-1 ND vertical	gomme brillante	Pho B	**1,2**
a avec n° rouge au verso			2
b Pho à cheval 80/20 (paire)			3x2
c Pho à cheval 80/20 avec n° rouge au verso (paire)			5x2
d 1 barre Pho à gauche (connu sur lettre)			""

2623 : 2,30 rouge (2614)
1ère émission de 1989
Impression en taille-douce rotative

* 31/12/1989   2 barres Pho

Feuille de 100 timbres

F2922-1 TD6	gomme brillante	Pho B	**1**
a Pho à cheval (paire)			6x2
F2622-2 TD6		Pho D	**1,5**
F2622-3 RGR		Pho C	**0,8**
a Pho à cheval 60/40 (paire)			15x2
b Sans Pho			22
c Gomme satinée			5
d 1 barre Pho tàn			16
e Sans Pho tà 1 barre Pho tàn			30

Roulette de 1000 timbres

R2629-1 ND vertical	gomme brillante	Pho B	**1,5**
a avec n° rouge au verso			2
b Pho à cheval 80/20 (paire)			5x2
c Pho à cheval 80/20 avec n° au dos (paire)			10x2

Timbre issu de carnet

C2623-1 Carnet fermé de 10	gomme brillante	Pho B	1
C2623-2 Carnet ouvert de 10, dent. 3 côtés		Pho B	1,8
a Papier bleuté aux UV			10
C2623-3 Carnet ouvert de 10	autoadhésif	Pho C	2
a Papier avec azurant			35

Carnets complets
Carnet de 10 timbres

C475-1 Tarif Janvier 1990- conf. 6	gomme brillante	Pho B	25
a Texte couverture bleu-vert et non noir			38
b Massicotage à cheval			285
C475-2 Tarif Janvier 1990- conf. 7	gomme brillante	Pho B	560
C474-1 Tarif Janvier 1990- conf. 8 et lettre "D"			
	gomme brillante	Pho B	25
a Avec gomme brillante			90
b Texte couverture bleu-vert et non noir			38
C476-1 Tarif Janvier 1990- conf. 9 de 78x26	gomme brillante	Pho B	15
C477-1 Pub Schweppes- conf. 9 de 78x26	gomme brillante	Pho B	12
C479-1 XVIè J.O. d'hiver - conf. 6 de 72x26	gomme brillante	Pho B	680
C479-2 XVIè J.O. d'hiver - conf. 7 de 72x26	gomme brillante	Pho B	550
C479-3 XVIè J.O. d'hiver - conf. 8 de 72x26	gomme brillante	Pho B	680
C478-1 XVIè J.O. d'hiver - conf. 8 de 72x26 lettre D			
	gomme brillante	Pho B	420
C478-2 XVIè J.O. d'hiver - conf. 6 de 72x26 lettre D			
	gomme brillante	Pho B	100
a Couverture à cheval		Pho B	1500
C480-1 XVIè J.O. d'hiver - conf. 9 de 78x26	gomme brillante	Pho B	20
a Erreur de date 1,5,90 au lieu de 2,5,90			100
C481-1 XVIè J.O. d'hiver - conf. 9 de 78x26 lettre D			
	gomme brillante	Pho B	12
C482-1 XVIè J.O. d'hiver - Faites de la musique			
	gomme brillante	Pho B	12
C483-1 XVIè J.O. d'hiver - C'est dans un an - conf. 9,2			
	gomme brillante	Pho B	12
a Sans n° conf.			55
C484-1 La Poste avec le train Mozart - 78x26			
	gomme brillante	Pho B	12
a Sans point après Blois			40
C484-2 La Poste Figeac avec 10 timbres de RGR-1			
	gomme brillante	Pho B	550
C485-1 Carnet ouvert avec 10 TP detelés 3 côtés			
	gomme brillante	Pho B	24
a n° série supérieur à 100			125
C486-1 Autoadhésif ND Réservez vos TP de collection			
	gomme brillante	Pho C	14
C487-1 Autoadhésif ND XVIè JO d'hiver	gomme brillante	Pho C	14
a Erreur de date 20.12.99 au lieu de 20.12.90			130

Carnet mixte de 10 timbres (2,30 rouge - 0,10 sépia - 0,20 émeraude)

C488-1 XVIè JO d'hiver (4x2,30+4x0,10+2x0,20)			
	gomme brillante	Pho B	20

2617 : 0,10 sépia (2617)

2ème émission de 1990Impression défectueuse : à sec ou presqeu à sec

Impression en taille-douce rotativeImpression dépouillée : petite ano d'impression

* 26/03/1990   1 barre Pho à droite

Feuille de 100 timbres

F2617-1 RGR		gomme brillante	Pho C	**0,1**
a	sans pho			2
b	sans Pho tenant à normal			25
c	gomme mate			2
d	impression dépouillée			12
e	paire avec interpanneau sans guillochi			0,5
F2617-2 RGR		gomme brillante	Pho E23	**3,5**
a	gomme mate			5
b	Paire avec interpanneau avec guillochi			8

Timbre issu de carnet

C2617-1 Carnet mixte fermé de 10	gomme mate	Pho B	**1**

2618 : 0,20 émeraude (2618)

2ème émission de 1990

Impression en taille-douce rotative

* 26/03/1990   1 barre Pho à droite

Feuille de 100 timbres

F2618-1 RGR		gomme brillante	Pho C	**0,1**
a	sans pho			15
b	sans Pho tenant à normal			80
c	paire avec interpanneau sans guillochi			0,5
d	Paire avec interpanneau avec guillochi			1,2
e	Paire avec blind-zahn			3
f	impresion dégradée			20
g	impression dépouillée			15
h	pli accordéon			35
F2618-2 RGR		gomme brillante	Pho E23	**3**
d	Paire avec interpanneau avec guillochi			6

Timbre issu de carnet

C2618-1 Carnet mixte fermé de 10	gomme mate	Pho B	**1**

2619 : 0,50 violet (2619)

2ème émission de 1990

Impression en taille-douce rotative

* 26/03/1990   1 barre Pho à droite

Feuille de 100 timbres

F2619-1 TD6		gomme brillante	Pho B	**0,1**
a	demi barre Pho dans marge droite			10
b	deux demi barres Pho			3
c	impression sur raccord			500
d	impression dépouillée			25
F2619-2 TD6		gomme brillante	Pho D	**0,5**
a	sans pho			15
b	sans Pho tenant à 1 barre Pho à gauche			25
c	1 barre Pho à gauche			4
d	demi barre Pho dans marge droite			10
e	deux demi barres Pho			3
f	timbre entièrement phosphorescent			25
g	impresion dégradée			75
F2619-3 TD6		gomme brillante	Pho E23	**5**
a	tâche blanche			25

2624 : 3,20 bleu (2623)
2ème émission de 1990
Impression en taille-douce rotative

* 26/03/1990   2 barres Pho

Feuille de 100 timbres

F2624-1 TD6	gomme brillante	Pho B	2
a non dentelé officiel sans barre Pho			650
F2624-2 TD6	gomme brillante	Pho D	1,5
a sans Pho (tous les timbres sont rémanents)			

6 Mettre impérativement la mention "rémanent" ou supprimer la ligne

2625 : 3,80 rose (2624)
2ème émission de 1990
Impression en taille-douce rotative

* 26/03/1990   2 barres Pho

Feuille de 100 timbres

F2624-1 TD6	gomme brillante	Pho B	2
a sans Pho			18
b sans Pho tenant à normal ou 1 barre Pho			50
F2624-2 TD6	gomme brillante	Pho D	1,8

2620 : 1,00 orange (2620)
2ème émission de 1990
Impression en taille-douce rotative

* 21/05/1990   1 barre Pho à droite

Feuille de 100 timbres

F2620-1 TD6	gomme brillante	Pho B	1
a sans Pho tenant à normal			25
b demi barre Pho dans marge droite			7
c deux demi barres Pho			3
d Pho à cheval 80/20 (paire)			3x2
e gomme mate			3
f impression dépouillée			15
F2620-2 TD6	gomme brillante	Pho D	0,5
a sans Pho			15
b Pli accordéon			110
c demi barre Pho dans marge droite			7
d deux demi barres Pho			3
e piquage à cheval (paire)			90x2
f piquage à cheval avec impression incomplète (HdF) (paire)			250
F2620-3 TD6	gomme brillante	Pho E23	1,2

Timbre issu de carnet

C2620-1 Carnet mixte fermé de 10	autoadhésif	Pho B	1
C2620-2 Carnet mixte fermé de 10	autoadhésif	Pho E23	5

Carnets complets
Carnet mixte de 10 timbres

C511-1 Carnet fermé : TVPx6 et 1,00x2	autoadhésif TD6-7	Pho B	18
a sans impression avec barre Pho			600
b sans impression avec barre Pho daté du 12.06.96			1000
C511-2 Carnet fermé : TVPx6 et 1,00x2	autoadhésif TD6-4	Pho E23	30

2621 : 2,00 vert-jaune (2621)
2ème émission de 1990
Impression en taille-douce rotative

* 21/05/1990   1 barre Pho à droite

Feuille de 100 timbres

F2621-1 TD6	gomme brillante	Pho B	1
a impression dépouillée (tir. 07/06/90)			8
F2621-2 TD6	gomme brillante	Pho D	2
a nuance émeraude			20
F2621-x TD6	gomme brillante		
a sans Pho (2 exemplaires connus sur fragment)			""

2626 : 5,00 bleu-vert (2625)
2ème émission de 1990
Impression en taille-douce rotative

* 21/05/1990   2 barres Pho

Feuille de 100 timbres

F2626-1 TD6	gomme brillante	Pho B	2
F2626-2 TD6	gomme brillante	Pho D	2
a barre Pho brisée			7
b impression dégradée			30
	gomme brillante	Pho E23	
F2626-3 TD6			8

2627 :10,00 violet (2626)
2ème émission de 1990
Impression en taille-douce rotative

* 21/05/1990   2 barres Pho

Feuille de 100 timbres

F2627-1 TD6	gomme brillante	Pho B	4
a défaut d'essuyage			50
F2627-2 TD6	gomme brillante	Pho D	4,5
F2627-3 TD6	gomme brillante	Pho E23	10
a une barre Pho à droite			60
b deux barres Pho à droite			25
c une barre Pho à droite tenant à deux barres Pho à droite			95
F2627-x TD6	gomme brillante		
a sans Pho (exemplaires connus sur fragment)			""

2710 : D vert (2,20) (2711)
3ème émission de 1991
Impression en taille-douce rotative

* 19/08/1991   1 barre Pho à droite

Feuille de 100 timbres

F2710-1 RGR	gomme brillante	Pho C	1,5
a pli accordéon			50

2712 : D rouge (2,50) (2712)
3ème émission de 1991
Impression en taille-douce rotative

* 19/08/1991   1 barre Pho à droite

Feuille de 100 timbres

F2710-1 RGR	gomme brillante	Pho C	1,5
a Pho à cheval 70/30 (paire)			4x2

Timbre issu de carnet

C2710-1 Carnet ouvert de 10	autoadhésif	Pho C	1,5
C2710-2 Carnet ouvert de 10	gomme brillante	Pho B	10
(réimpression)			

Carnets complets
Carnets ouvert de 10

C489 Changement de tarif (lettre D)	autoadhésif	Pho C	12
a impression dépouillée			30

Carnets privés

CA489A Carnet Corbert (1er tirage local)			
	gomme brillante	Pho B	350
a Pho à cheval 70/30			350
CA489B Carnet Corbert (réimpression)	gomme brillante	Pho C	150

2711 : 2,20 vert (2714)
3ème émission de 1991
Impression en taille-douce rotative

* xx/09/1991   2 barres Pho

Feuille de 100 timbres

F2711-1 TD6	gomme brillante	Pho B	**5**
a sans Pho tenant à normal			85
b non dentelé accidentel (gomme strillée)			80
F2711-2 RGR	gomme brillante	Pho C	**1,5**
a sans Pho			22

Roulette de 1000 timbres

R2711-1 ND vertical	gomme brillante	Pho B	**1,2**
a avec n° rouge au verso			2
b sans Pho			900
c sans Pho avec n° rouge au verso			1500

2713 : 2,50 rouge (2715)
3ème émission de 1991
Impression en taille-douce rotative

* xx/09/1991   2 barres Pho

Feuille de 100 timbres

F2713-1 RGR	gomme brillante	Pho C	**1,5**
a sans Pho			20
b sans Pho tenant à normal			40
c 1 barre Pho à droite			8
d pli accordéon			70

Timbre issu de carnet

C2713-1 Carnet fermé de 10	gomme brillante	Pho B	**1,8**
C2713-2 Carnet ouvert de 10	autoadhésif	Pho C	**1**
C2713-3 Carnet fermé de 10	autoadhésif	Pho B	**5**

Carnets complets
Carnets fermés de 8

C490 Alberville logo rouge (lettre D)	gomme brillante	Pho B	**12**
C490A Tarif du 19 août 1991 surch. Mulhouse avec griffe "MULHOUSE			
PRINCIPAL 68-224"	gomme brillante	Pho B	**""**

Carnets fermés de 10

C491 Alberville logo rouge (lettre G)	gomme brillante	Pho B	**12**
C492 Alberville logo bleu (lettre D) conf. 6	gomme brillante	Pho B	**35**
a impression dégradée (case 5)			100
C492a Alberville logo bleu (lettre D) conf. 8			
	gomme brillante	Pho B	**20**
C493 Alberville logo rouge (lettre G) conf. 7			
	gomme brillante	Pho B	**16**
C493a Alberville logo rouge (lettre G) conf. 6			
	gomme brillante	Pho B	**660**
C493-A Loisir, culture, passion (lettre G)	gomme brillante	Pho B	**x**
a sans "g" de "100g" (couverture)			42
b "TARIF" non imprimé (couverture)			54
c "TIMBRES" ondulé (couverture)			40
d oiseau bleu plongeant et "TARIF" fracturé (couverture)			50
C494 M&M'S	gomme brillante	Pho B	**12**
a "R" de copyright sans arrondi (couverture)			48
C497 Médiamétrie	autoadhésif	Pho B	**50**

Carnets ouverts de 10
C495 Tarif du 19 août 1991	**autoadhésif**	**Pho C**	**15**
a timbres fluo et couverture terne	24
b timbres et couverture fluo	30
c erreur de date 18/6/91 au lieu de 92	55
d erreur de date 26/6/91 au lieu de 92	55
e barres Pho à cheval (70/30)	50
f barres Pho à cheval (50/50)	60
g impression sur raccord	""
h sans pré-découpe	""
i pli accordéon	450
j découpe en L des carnets (paire)	""
k impression défectueuse	50
l absence d'impression suite interposition	550
   accidentelle d'un timbre
C495A Tarif du 19 août 1991 surch. Mulhouse avec griffe "MULHOUSE
PRINCIPAL 68-224"
	autoadhésif	**Pho C**	**550**
a surch. Mulhouse avec griffe "MULHOUSE PRINCIPAL 466-224"	""
C496 Tarif du 10 août 1992	**autoadhésif**	**Pho C**	**12**
a sans pré-découpe	145

Roulette de 1000 timbres
R2713-1 ND vertical	**Pho B**	**1,5**
a avec n° rouge au verso	2
b sans Pho	1250
c sans Pho avec n° rouge au verso	1600
d piquage à cheval	90
e piquage à cheval avec n° rouge au verso	120
f impression à sec et à cheval	100
g impression à sec et à cheval avec n° rouge au verso	150
h gomme brillante	5
i gomme brillante avec n° rouge au verso	8

2714 : 3,40 bleu (2716)
3ème émission de 1991
Impression en taille-douce rotative
* xx/09/1991	2 barres Pho
Feuille de 100 timbres
F2714-1 TD6	gomme brillante	Pho B	**1,5**
F2714-2 TD6	gomme brillante	Pho D	**1,5**

2715 : 4,00 rose (2717)
3ème émission de 1991
Impression en taille-douce rotative

* xx/09/1991	2 barres Pho

Feuille de 100 timbres
F2715-1 TD6	gomme brillante	Pho B	**2,5**
a sans Pho (tir. 7/11/91)	70
b 1 barre Pho à droite (tir. 7/11/91)	30
c sans Pho tenant à 1 barre Pho (tir. 7/11/91)	100
f pli accordéon	80
g impresion défectueuse (tir. 06/12/91)	80
F2715-2 TD6	gomme brillante	Pho D	**8**
a sans Pho (tir. 26/08/91)	70
b 1 barre Pho à droite (tir. 26/08/91)	30
c sans Pho tenant à 1 barre Pho (tir. 26/08/91)	100
d re-entry	35
e re-entry sans Pho	130

2768 : 4,20 rose (2770)
4ème émission de 1992
Impression en taille-douce rotative

* xx/09/1992   2 barres Pho

Feuille de 100 timbres
F2768-1 TD6	gomme brillante	Pho B	2
a non dentelé accidentel (tir. 25/8/92)			50
b non dentelé partiel (tir. 25/8/92)			80
c normal tenant à dentelé partiel tenant à non dentelé			300
d sans Pho (tir. 30/9/92)			80
e 1 barre Pho à gauche (tir. 30/9/92)			40
f sans Pho tenant à 1 barre Pho à gauche tenant à normal (tir. 30/9/92)			120
g une barre Pho à droite			40
h deux barres Pho à droite			25
i une barre Pho à droite tenant à deux barres Pho à droite			90
j dentelure de 1,1mm (tir. 20/08 au 02/09/92 et 03 au 20/10/92)			8
k impression défectueuse (tir. 18/02/93)			8

2788 : 2,20 vert clair (2790)
5ème émission de 1992
Impression en taille-douce rotative

* 08/02/1993   1 barre Pho à droite

Feuille de 100 timbres
F2788-1 RGR	gomme brillante	Pho C	1
a sans Pho (tir. 28/12/92)			25
b sans Pho tàn (tir. 28/12/92)			35

2796-I : TVP rouge type I (2806)
6ème émission de 1993
Impression en taille-douce rotative

* 10/04/1993   2 barres Pho

Feuille de 100 timbres
F2796-I-1 RGR	gomme brillante	Pho C	1,5
a sans Pho			10
b sans Pho tenant à 1 barre Pho			30
c 1 barre Pho à droite (sans Pho à gauche)			10
d barres Pho à cheval 60/40 (paire)			5x2
e barres Pho à cheval 60/40 avec saut de Pho (bande verticale de 3 timbres)			60
f une barre Pho à droite			20
g deux barres Pho à droite			10
h une barre Pho à droite tenant à deux barres Pho à droite			40
i impression sur raccord (tir. 04.07.96)			""
j paire avec blind-zahn			6
k paire avec interpanneau sans guillochi nuance carmin			4
l paire avec interpanneau sans guillochi nuance rouge			25
m paire avec interpanneau avec guillochi nuance rouge			7
n pli accordéon			75
o impression dépouillée			35
p HdF avec texte "CE TIMBRE / PERMET / L'ENVOI / D'UNE / LETTRE / / DE 20G. / POUR LA / FRANCE / ET LES / DOM.TOM."			18
q HdF avec texte "Valable / pour une / lettre / de 20G / FRANCE // DOM-TOM / CEE / Autriche / Liechtenstein / Suisse", nuance carmin			20
r HdF avec texte "Valable / pour une / lettre / de 20G / FRANCE // DOM-TOM / CEE / Autriche / Liechtenstein / Suisse", nuance rouge			200
s HdF avec texte "CE TIMBRE / PERMET L'ENVOI /D'UNE LETTRE / DE 20G POUR / LA FRANCE / / Y COMPRIS LES /DOM TOM ET LES / DESTINATIONS / DE LA ZONE 1 / EXPORT"			20

F2796-I-2 RGR	gomme brillante	Pho E23	3,5
a sans Pho			20
b HdF avec texte "CE TIMBRE / PERMET L'ENVOI /D'UNE LETTRE / DE 20G POUR / LA FRANCE / / Y COMPRIS LES /DOM TOM ET LES / DESTINATIONS / DE LA ZONE 1 / EXPORT"			35
c paire avec interpanneau avec guillochi nuance rouge			7

Roulette de 1000 timbres

R2796-I-1 ND vertical	**gomme brillante**	**Pho B**	**1,5**
a avec n° rouge au verso			2,5
b sans Pho (connu sur lettre)			""
c barres Pho à cheval 70/30 (paire)			5x2
d deux barres Pho à gauche			12
e une barre Pho à gauche			20
f deux barres Pho à gauche avec n° rouge au verso			17
g une barre Pho à gauche avec n° rouge au verso			40
h impression dépouillée			35
R2796-I-2 ND vertical	**gomme brillante**	**Pho E22**	**25**
a avec n° rouge au verso			30

Timbre issu de carnet

C2796-I-1 Carnet fermé de 10	**gomme brillante**	**Pho B**	**2**
C2796-I-3 Carnet ouvert de 10 pré-découpe droite (SAGEM)	**autoadhésif**	**Pho B**	**4,5**
C2796-I-3 Carnet ouvert de 10 pré-découpe ondulée (SAGEM)	**autoadhésif**	**Pho B**	**3,5**
C2796-I-4 Carnet de 10 pré-découpe ondulée	**autoadhésif**	**Pho C**	**2**
C2796-I-5 Carnet de 10 pré-découpe ondulée	**autoadhésif**	**Pho E23**	**5**

Carnets complets
Carnets fermés de 10

C498 10 timbres à validité permanente conf.6	**gomme brillante**	**Pho B**	**20**
a date sur marge de gauche (tir. 8 au 10/09/93)			30
b papier sécurisé (tir. 13/12/93)			40
c date sur marge de droite précédé du chiffre 7 (tir. 10/12/93 au 13/12/93)			
d Mot "TIMBRES" ondulés au recto (tir. 10/09/93)			25

Carnets fermés de 8 conf. 9

C501 Carnet mixte ND (TVP+0,70) couv. Jaune	**STERNER autoadh.**	**Pho B**	**30**
a papier azzurant sous UV (tir. 08/07/93)			180
b décalage vertical de l'entaille			150
c carnet avec date à gauche			37
d carnet avec date à droite			45
e impression sur raccord			""
C502 Carnet mixte ND (TVP+0,70) blocs inversés	**STERNER autoadh.**	**Pho B**	**25**
C503 Carnet mixte Ond (TVP+0,70)	**STERNER autoadh.**	**Pho B**	**22**
C504 Carnet mixte Ond (TVP+0,70)	**STERNER autoadh.**	**Pho B**	**22**
a papier azzurant sous UV (tir. 08/07/93)			40
b erreur de presse TD6-5 au lieu de TD6-7 (tir. 18.01.93)			90
C509 Carnet mixte Ond (TVP+0,70) - Gros caractères et couv. Blanche	**STERNER autoadh.**	**Pho B**	**22**
a barres Pho extra larges			50
C510 Carnet mixte Ond (TVP+0,70) - Petits caractères et couv. Blanche	**STERNER autoadh.**	**Pho B**	**22**
a papier azzurant sous UV (tir. 05 au 08/01/96)			200
C511 Carnet mixte Ond (TVP+1,00)	**STERNER autoadh.**	**Pho B**	**18**
a sans impression avec barres Pho (tir. 12.06.96)			600
C511A Carnet mixte Ond (TVP+1,00) 23/09/96 au 06/03/97	**STERNER autoadh.**	**Pho E23**	**30**

Carnets ouverts de 10

C499 Tarif France DOM-TOM (à droite) SAGEM	**autoadh.**	**Pho C**	**40**
C500 Tarif France DOM-TOM (à gauche)	**autoadhésif**	**Pho C**	**20**
a sans pré-découpe			""
b impression sur raccord			""
c impression défectueuse			""
C505 Tarif France Suisse (plier ici) sans pont	**autoadhésif**	**Pho C**	**20**
a pré-découpe à cheval			""
b Impression sur raccord			""
C506 Tarif France Suisse (plier ici) avec pont	**autoadhésif**	**Pho C**	**20**
a papier luminescent			100
b "GR 2" au lieu de "RGR 2"			30
c sans Pho			100
d barres pho à cheval			35
e impression sur raccord			""
C507 Tarif France Vatican (à gauche) avec pont	**autoadhésif**	**Pho C**	**20**
a papier luminescent			50
b impression sur raccord			""

C508 Tarif France Vatican (à gauche) avec pont et pointillé

	SAGEM autoadh.	20
a erreur de date 24/19/83 au lieu de 24/10/94		120
b barres pho à cheval (70/30)		50
c sans Pho (x2) tenant à normal (tir. 20/10/94)		75
d sans Pho (x6) tenant à normal (tir. 20/10/94)		200

C512-1 Essayez l'enveloppe   autoadhésif   Pho C
timbrée (à gauche)   **20**

a pré-découpe inversée (3/01/96)	50
b impression sur raccord	""
c impression défectueuse	""
d mauvaise découpe du carnet suite à pliage accidentel	""

C512-2 Essayez l'enveloppe timbrée (à gauche)

		autoadhésif Pho E23	50
a erreur de date 22/02/97 au lieu de 27/02/97			100
b sans pré-découpe (27/11/96)			""
d sans pré-découpe (31/01/97)			""
c sans Pho tàn			60
d impression sur raccord			""
e prédécoupage oblique par pliage cocotte (2 carnets connus)			""

C513 Tarif France Vatican (à gauche) avec pont et pointillé

	SAGEM autoadh.	Pho C	65
C514 Essayez l'enveloppe timbrée (à gauche) SAGEM autoadh.		Pho C	20

C515 Essayez l'enveloppe pré-timbrée (à droite)

	SAGEM autoadh.	Pho C	35
a erreur de date 91/12/96 au lieu de 11/12/96			120
b sans Pho (x4) tàn			60

2816 : 2,40 vert (2820)
6ème émission de 1993
Impression en taille-douce rotative

* 07/1993   1 barre Pho à droite

Feuille de 100 timbres

F2816-1 RGR	Pho C	1,3
a sans Pho		20
b sans Pho tenant à normal (tir. 31/01/94)		60
c paire avec interpanneau sans guillochi		3
d paire avec interpanneau avec guillochi		5
e impression dépouillée		15
f paire avec Blind-Zahn		5
F2816-2 RGR	Pho E23	8
a paire avec interpanneau avec guillochi		20

Roulette de 1000 timbres

R2816-1 ND vertical	Pho B	1,5
a avec n° rouge au verso		2,5
b demi barre Pho à droite		8
c deux demi barres Pho		5

2817 : 3,50 vert-jaune (2821)
6ème émission de 1993
Impression en taille-douce rotative

* 07/1993   2 barres Pho

Feuille de 100 timbres

F2817-1 TD6	Pho B x2	1,7
F2817-2 TD6	Pho B x1	3,5
F2817-3 TD6	Pho E23 x1	5
a sans Pho (tir. 08/01/96)		1000

2818 : 4,40 bleu (2822)
6ème émission de 1993
Impression en taille-douce rotative

* 08/1993   2 barres Pho

Feuille de 100 timbres

F2818-1 TD6	Pho B	2
a 1 barre Pho à droite tenant à normal		30
F2818-2 TD6	Pho D	3
a sans Pho		250

2889 : 2,00 bleu (2906)
7ème émission de 1994
Impression en taille-douce rotative

* 07/1994　　　　　　2 barres Pho

Feuille de 100 timbres

F2889-1 TD6	gomme brillante	Pho D	3
F2889-2 TD6	gomme brillante	Pho E23	1

2979 : 2,70 vert (3005)
8ème émission de 1996
Impression en taille-douce rotative

* 18/03/1996　　　　1 barre Pho à droite

Feuille de 100 timbres

F2979-1 RGR	gomme brillante	Pho E23	1,4
a sans Pho			10
b sans Pho tenant à normal			30
c non dentelé accidentel (tir. 21/03/97)			50
d non dentelé partiel			125

Roulette de 1000 timbres

R2979-1ND vertical	gomme brillante	Pho B	1,6
a avec n° rouge au verso			2
b deux 1/2 barres Pho			4
c deux 1/2 barres Pho avec n° rouge au verso			9
R2979-2ND vertical	gomme brillante	Pho E22	10
a avec n° rouge au verso			15

2980 : 3,80 bleu (3006)
8ème émission de 1996
Impression en taille-douce rotative

* 18/03/1996　　　　1 barre Pho à droite

Feuille de 100 timbres

F2980-1 TD6	gomme brillante	Pho E23	2
a sans Pho			ʽʽ??

2981 : 4,50 rose (3007)
8ème émission de 1996
Impression en taille-douce rotative

* 18/03/1996　　　　1 barre Pho à droite

Feuille de 100 timbres

F2981-1 TD6	gomme brillante	Pho E23	2
a sans Pho (tir. 02/04/96)			70
c 1 barre Pho à droite (tir. 02/04/96)			20
d 1 barre Pho à gauche (tir. 02/04/96)			20
e sans Pho tenant à normal ou à 1 barre Pho (tir. 02/04/96)			90
f encre fluorescente (tir. du 4/02/97 au 07/02/97)			10
g sans Pho avec encre fluorescente (tir. 04/02/97)			60
h piquage à cheval horizontal (paire)			50x2
i piquage à cheval vertical (paire)			50x2
F2981-2 TD6	gomme brillante	Pho B	10
F2981-3 TD6	gomme brillante	Pho D	10

2796-II : TVP rouge type II (2806)
8ème émission de 1996
Impression en taille-douce rotative

* 18/03/1996　　　　2 barres Pho

Timbre issu de carnet
C2796-II-1 Carnet ouvert de 20 pré-découpe ondulée (DAB)

	autoadhésif	Pho B	6

Carnets ouverts de 20

C516 Essayez l'enveloppe pré-timbrée (DAB)	autoadhésif	Pho B	150

2816 : 2,40 vert (2820)
6ème émission de 1993
Impression en taille-douce rotative

* 07/19931 barre Pho à droite

Feuille de 100 timbres

F2816-1 RGR	Pho C	**1,3**
a sans Pho		20
b sans Pho tenant à normal (tir. 31/01/94)		60
c paire avec interpanneau sans guillochi		3
d paire avec interpanneau avec guillochi		5
e impression dépouillée		15
f paire avec Blind-Zahn		5
F2816-2 RGR	Pho E23	**8**
a paire avec interpanneau avec guillochi		20

Roulette de 1000 timbres

R2816-1 ND vertical	Pho B	**1,5**
a avec n° rouge au verso		2,5
b demi barre Pho à droite		8
c deux demi barres Pho		5

2817 : 3,50 vert-jaune (2821)
6ème émission de 1993
Impression en taille-douce rotative

* 07/19932 barres Pho

Feuille de 100 timbres

F2817-1 TD6	Pho B x2	**1,7**
F2817-2 TD6	Pho B x1	**3,5**
F2817-3 TD6	Pho E23 x1	**5**
a sans Pho (tir. 08/01/96)		1000

2818 : 4,40 bleu (2822)
6ème émission de 1993
Impression en taille-douce rotative

* 08/19932 barres Pho

Feuille de 100 timbres

F2818-1 TD6	Pho B	**2**
a 1 barre Pho à droite tenant à normal		30
F2818-2 TD6	Pho D	**3**
a sans Pho		250

2889 : 2,00 bleu (2906)
7ème émission de 1994
Impression en taille-douce rotative

* 07/19942 barres Pho

Feuille de 100 timbres

F2889-1 TD6	gomme brillante	Pho D	**3**
F2889-2 TD6	gomme brillante	Pho E23	**1**

3075-I : 2,70 vert type I (3091)
1ère émission de 1997
Impression en taille-douce rotative

* 15/07/1997   1 barre Pho à droite

Feuille de 100 timbres

F3075-I-1 RGR	gomme brillante	Pho E23	**1**
a Sans Pho			5
b Sans Pho tenant à normal			15
c Non dentelé accidentel (tir. 19.11.98)			150
d piquage à cheval horizontal (paire)			50x2
e Défaut d'impression			140
f Non dentelé accidentel tenant à normal			""
g Non dentelé accidentel et impression sur raccord			""
h Impression sur raccord (tir. 01.02.99)			""

3075-II : 2,70 vert type II (3091b)
1ère émission de 1997
Impression en taille-douce rotative

* 15/07/1997   1 barre Pho à droite

Feuille de 100 timbres

F3075-II-1 TD6 et RGR	gomme brillante	Pho E23	15

3085-I : 2,70 vert type I (3100)
1ère émission de 1997
Impression en taille-douce rotative

* 15/07/1997   1 barre Pho à droite

Roulette de 1000 timbres

R3085-I-1 ND vertical	gomme brillante	Pho E22	2
a avec n° rouge au verso			3
b Sans Pho			115
c Sans Pho avec n° rouge au verso			200
d piquage à cheval vertical			120
e piquage à cheval vertical avec n° rouge au verso			275
f une barre Pho à gauche (décalage horizontal de la découpe)			35
g Deux 1/2 barres Pho			4
h Deux 1/2 barres Pho avec n° rouge			6

3076-I : TVP rouge type I (3083)
1ère émission de 1997
Impression en taille-douce rotative

* 15/07/1997   2 barres Pho

Feuille de 100 timbres

F3076-I-1 RGR	gomme brillante	Pho E23	1
a Sans Pho			15
b Sans Pho tenant à normal			25
c Non dentelé accidentel (tir. 20.04.01)			150
d Piquage horizontal (paire)			40x2
e Non dentelé accidentel tenant à normal (tir. 25.05.01)			""
f Impression sur raccord (tir. 13.10.97)			""

3086-I : TVP rouge type I (3084)
1ère émission de 1997
Impression en taille-douce rotative

* 15/07/1997   2 barres Pho

Roulette de 500 timbres

R3086-I-1 ND vertical	gomme brillante	Pho E22	2
a avec n° rouge au verso			3,5
b Sans Pho			500
c Sans Pho avec n° rouge au verso			1000
d Impression à sec			100
e Impression maculée			80

3088-I : TVP rouge type I (3085)
1ère émission de 1997
Impression en taille-douce rotative

* 15/07/1997   2 barres Pho

Timbre issu de carnet

C3088-I-1 Carnet de 10 - Guichet	autoadhésif	Pho E23	1
C3088-I-2 Carnet de 20 - DAB	autoadhésif	Pho E22	1
C3088-I-3 Carnet - Comp. variable (TVP rouge + 1,00 orange)			
	autoadhésif	Pho E22	1
C3088-I-4 Carnet - Comp. variable (TVP rouge + 1,00 orange)			
	autoadhésif	Pho E23	10

Carnets complets

C517-I Essayez l'enveloppe timbrée. à gauche			
	autoadhésif	Pho E23	20
a Sans pré-découpe			""
b Impression sur raccord			""

C518-I Essayez l'enveloppe pré-timbrée. à droite (DAB)

	autoadhésif	Pho E22	**30**
a Erreur de date 06.09.97 au lieu de 16.09.97			70
b Pré-découpe à cheval (décalage vertical)			1050

C519-I Les timbres à validité… précités (TVP rouge + 1,00 orange)

	autoadhésif	Pho E22	**20**
a Les timbres à validité… précités (TVP rouge + 1,00 orange)		Pho E23	**100**
b Erreur de date 54.02.98 au lieu de 25.02.98		Pho E22	105

C520-I Un plaisir qui se communique (TVP rouge + 1,00 orange)

	autoadhésif	Pho E22	**20**

C522-I Un plaisir qui se communique. à gauche

	autoadhésif	Pho E23	**20**
a Barres Pho à cheval (80/20)			90
b Pré-découpe à cheval (décalage horizontal) (tir. 14.06.00)			360
c Sans pré-découpe (tir. 14.09.99)			400
d Sans Pho (8 timbres) tàn (tir. 15.10.99)			1500
e Sans Pho (tir. 25.05.98)			1500

C523-I Philexfrance 99 le mondial du timbre autoadhésif Pho E23 **20**

a Pré-découpe à cheval (décalage horizontal) (tir. 08.12.98)			700
b Sans pré-découpe (tir. 15.10.98)			400

C526-I Un plaisir qui se communique (DAB) autoadhésif Pho E22 **40**

a Barres Pho à cheval (80/20)			50
b Pré-découpe à cheval (décalage vertical)			980

C527-I Un siècle d'émotions autoadhésif Pho E23 **20**

a Barres Pho à cheval (80/20)			50
b Sans pré-découpe partielle			250
c Impression sur raccord			""

C528-I Un siécle de communication autoadhésif Pho E23 **20**

a Sans pré-découpe partielle (tir. 27.04.01)			250

3086-II : TVP rouge type II (3083)
1ère émission de 1997
Impression en taille-douce rotative

* 15/07/1997 2 barres Pho

Roulette de 500 timbres
R3086-II-1 ND vertical gomme brillante Pho E22 **5**

a avec n° rouge au verso			**15**
b Sans Pho			160
c Sans Pho avec n° rouge au verso			280
d Piquage à cheval			110
e Piquage à cheval avec n° rouge au verso			265
f Barre Pho à cheval 50/50			15
g Barre Pho à cheval 50/50 avec n° rouge au verso			30
h Impression à sec			50
i Piquage à cheal tenant à impressionà sec			""

3088-II : TVP rouge type II (3085)
1ère émission de 1997
Impression en taille-douce rotative

* 15/07/1997 2 barres Pho

Timbre issu de carnet

C3088-II-1 Carnet de 10 - Guichet	autoadhésif	Pho E23	**5**
C3088-II-2 Carnet de 10 - SAGEM	autoadhésif	Pho E22	**1,5**
C3088-II-3 Carnet de 20 - DAB	autoadhésif	Pho E22	**5**

C3088-II-4 Carnet - Comp. variable (TVP rouge + 1,00 orange)

	autoadhésif	Pho E22	**5**

Carnets complets
C520-II Un plaisir qui se communique (TVP rouge + 1,00 orange)

	autoadhésif	Pho E22	**20**

C521-II Essayez l'enveloppe pré-timbrée. à droite

	autoadhésif	Pho E23	**20**
a Sans Pho (tir. 02.09.97)			600

C522-II Un plaisir qui se communique. à gauche

	autoadhésif	Pho E23	**50**

C525-II Un plaisir qui se communique. à droite (SAGEM)

	autoadhésif	Pho E22	**20**
a Sans Pho (tir. 06.07.01)			50
b Barres Pho à cheval (50/50)			120

C526-II Un plaisir qui se communique (DAB)

	autoadhésif	Pho E22	**65**
a Pré-découpe à cheval (décalage vertical)			1200

C528-II Un siècle de communication	autoadhésif	Pho E23	40
a sans Pho			75
b Barres Pho à cheval (80/20)			100
Cxxx-II xx	autoadhésif	Pho E23	
a Sans pré-découpe (un exemplaire connu sur lettre)			""

3078-I : 3,80 bleu type I (3093)
1ère émission de 1997
Impression en taille-douce rotative

* 15/07/1997   2 barres Pho

Feuille de 100 timbres

F3078-I-1 TD6	gomme brillante	Pho E23	2
a Sans Pho (un exemplaire connu sur lettre)			""
b Piquage à cheval vertical (paire) (tir. 22.05.87)			50x2

3070-I : 0,10 bistre-noir type I (3086)
2ème émission de 1997
Impression en taille-douce rotative

* 15/09/1997   1 barre Pho à droite

Feuille de 100 timbres

F3070-I-1 RGR	gomme brillante	Pho E23	0,2
a Sans Pho			15
b Sans Pho tenant à normal			35
c Piquage à cheval horizontal (paire)			30x2
d Pli accordéon			""

3070-II : 0,10 bistre-noir type II (3086)
2ème émission de 1997
Impression en taille-douce rotative

* 15/09/1997   1 barre Pho à droite

Feuille de 100 timbres

| F3070-II-1 TD6 | gomme brillante | Pho E23 | 2 |

3071-I : 0,20 émeraude type I (3087)
2ème émission de 1997
Impression en taille-douce rotative

* 15/09/1997   1 barre Pho à droite

Feuille de 100 timbres

F3071-I-1 RGR	gomme brillante	Pho E23	2
a piquage à cheval horizontal (paire)			90x2
b Pli accordéon			""

3071-II : 0,20 émeraude type II (3087)
2ème émission de 1997
Impression en taille-douce rotative

* 15/09/1997   1 barre Pho à droite

Feuille de 100 timbres

| F3071-II-1 TD6 | gomme brillante | Pho E23 | 0,5 |

3072-I : 0,50 violet-rouge type I (3088)
2ème émission de 1997
Impression en taille-douce rotative

* 15/09/1997   1 barre Pho à droite

Feuille de 100 timbres

F3072-I-1 D6	gomme brillante	Pho E23	3
a Sans Pho			720
b Sans Pho tenant à normal			800
c Piquage à cheval horizontal (paire)			120x2
d Intégralement Pho			100

3072-II : 0,50 violet-rouge type II (3088)
2ème émission de 1997

Impression en taille-douce rotative

* 15/09/1997   1 barre Pho à droite

Feuille de 100 timbres

F3072-II-1 TD6	gomme brillante	Pho E23	0,5
a Sans Pho tenant à normal			600
b Impression à sec (tir. 04.10.00)			120
c Impression dégradée (tir. 04.10.00)			70
d 1/2 barre Pho sur la dentelure			2
e Deux 1/2 barres Pho sur la dentelure			1
f 1/2 barre Pho tenant à deux 1/2 barres Pho			4

3073-I : 1,00 orange type I (3089)
2ème émission de 1997

Impression en taille-douce rotative - Gravure traditionnelle

* 15/09/1997   1 barre Pho à droite

Feuille de 100 timbres

F3073-I-1 TD6	gomme brillante	Pho E23	0,5
a Barre Pho à gauche (Inversion du manchon)		Pho E23 à gauche	10
b Sans Pho			900
c Sans Pho tenant à normal			1350
d piquage à cheval horizontal (paire) (tir. 15.07.97)			90x2
e Pho à cheval paire)			10x2
f Orange pâle			5
g Papier fil de soie (tir. Sept. 98)			5
h Barre Pho horizontale en bas du timbre (tir. 29.09.99)			**15**
F3073-I-2 TD6-7	**gomme brillante**	**Pho E22**	**15**
a Poussière encre Pho autour des barres (tir. 24.06.98)			**18**
b Impression à sec et avec Pho E22 en paire vert. tàn (tir. 24.06.98)			**450**

3087-I : 1,00 orange type I (3101)
2ème émission de 1997

Impression en taille-douce rotative - Gravure traditionnelle

* 15/09/1997   1 barre Pho à droite

Timbre issu de carnet mixte

C3087-I-1 TD6-7	autoadhésif	Pho E22	4
C3087-I-2 TD6-4 (1er tirage)	autoadhésif	Pho E23	25

Carnets complets
C519-I Les timbres à validité… précités (TVP rouge + 1,00 orange)

	autoadhésif	Pho E22	20
a Les timbres à validité… précités (TVP rouge + 1,00 orange)		Pho E23	100
b Erreur de date 54.02.98 au lieu de 25.02.98		Pho E22	105

3073-II : 1,00 orange type II (3089)
2ème émission de 1997

Impression en taille-douce rotative - Gravure électromécanique (GEM)

* 15/09/1997   1 barre Pho à droite

Feuille de 100 timbres

F3073-II-1 TD6	gomme brillante	Pho E23	5
a "LA IOSTE" cases 99 et 100 (tir. 11.10.01)			15

3087-II : 1,00 orange type II (3101)
2ème émission de 1997
Impression en taille-douce rotative - Gravure électromécanique (GEM)

* 15/09/1997   1 barre Pho à droite

Timbre issu de carnet mixte
C3087-II-1 TD6-7   **Adhésif**   **Pho E22   18**
a Barre phospho à cheval 80/20 (paire)   **12x2**
Carnets complets
C520-II Un plaisir qui se communique (TVP rouge + 1,00 orange)
                                            autoadhésif   **Pho E22   20**

3074-I : 2,00 bleu type I (3090)
2ème émission de 1997
Impression en taille-douce rotative

* 15/09/1997   2 barres Pho

Feuille de 100 timbres
F3074-I-1 TD6   **gomme brillante**   **Pho E23   0,7**
a Sans Pho   500
b Sans Pho tenant à normal   600
c Intégralement Pho   150

3077-I : 3,50 vert-jaune type I (3092)
2ème émission de 1997
Impression en taille-douce rotative

* 15/09/1997   2 barres Pho

Feuille de 100 timbres
F3077-I-1 TD6   **gomme brillante**   **Pho E23 x 1 5**
                                                                       gauche
a 1/2 barre Pho sur la dentelure (tir. 26.01.00)   8
b Deux 1/2 barres Pho sur la dentelure (tir. 26.01.00)   7
c 1/2 barre Pho tenant à deux 1/2 barres Pho   17
F3077-I-2 TD6   **gomme brillante**   **Pho E23 x 2 2**
a Piquage à cheval vertical (paire)   110x2
b Barres Pho très larges (tir. 23.11.98)   5
F3077-I-3 TD6   **gomme brillante**   **Pho E23 x 1 4**
                                                                       droite

3079-I : 4,20 orange foncé type I (3094)
2ème émission de 1997
Impression en taille-douce rotative

* 15/09/1997   2 barres Pho

Feuille de 100 timbres
F3079-I-1   TD6   **gomme brillante**   **Pho E23 x 2 15**
a Piquage à cheval vertical (paire)   30x2

3079-II : 4,20 orange foncé type II (3094)
2ème émission de 1997
Impression en taille-douce rotative

* 15/09/1997   1 barre Pho à droite

Feuille de 100 timbres
F3079-II-1 TD6   **gomme brillante**   **Pho E23 x2   2**
F3079-II-2 TD6   **gomme brillante**   **Pho E23 x 1 10**
                                                                       à droite

3080-I : 4,40 bleu type I (3095)
2ème émission de 1997
Impression en taille-douce rotative

* 15/09/1997   2 barres Pho

Feuille de 100 timbres
F3080-I-1 TD6   **gomme brillante**   **Pho E23   2**
a Sans Pho   1300
b Piquage à cheval vertical (paire)   100x2

3081-I : 4,50 rose type I (3096)
2ème émission de 1997
Impression en taille-douce rotative

* 15/09/1997   2 barres Pho

Feuille de 100 timbres

F3081-I-1 TD6		gomme brillante	Pho E23	2
a	Sans Pho			5
b	Sans Pho tenant à normal (tir. 15.03.99 sur TD6-5)			100
c	Piquage à cheval vertical (paire)			115x2
d	Barres Pho à cheval 50/50 (Paire)			9x2
e	Barres Pho à cheval 50/50 tenant à saut de Pho			35

3081-II : 4,50 rose type II (3096)
2ème émission de 1997
Impression en taille-douce rotative

* 15/09/1997   2 barres Pho

Feuille de 100 timbres

F3081-II-1 TD6		gomme brillante	Pho E23	7
a	Barre brisée (cases 99 et 100)			20

3082-I : 5.00 bleu-vert type I (3097)
2ème émission de 1997

Impression en taille-douce rotative

* 15/09/1997   2 barres Pho

Feuille de 100 timbres

F3082-I-1 TD6		gomme brillante	Pho E23	2,3
a	Sans Pho			1300
b	Barres Pho à cheval 50/50 (Paire)			12x2

3082-II : 5.00 bleu-vert type II (3097)
2ème émission de 1997
Impression en taille-douce rotative

* 15/09/1997   2 barres Pho

Feuille de 100 timbres

F3082-II-1 TD6	gomme brillante	Pho E23	10

3083-I : 6.70 vert foncé type I (3098)
2ème émission de 1997
Impression en taille-douce rotative

* 15/09/1997   2 barres Pho

Feuille de 100 timbres

F3083-I-1 TD6	gomme brillante	Pho E23	5

3083-II : 6.70 vert foncé type II (3098)
2ème émission de 1997
Impression en taille-douce rotative

* 15/09/1997   2 barres Pho

Feuille de 100 timbres

F3083-II-1 TD6		gomme brillante	Pho E23	7
a	Piquage à cheval vertical (paire)			135x2

3084-I : 10,00 violet type I (3099)
2ème émission de 1997
Impression en taille-douce rotative

* 15/09/1997   2 barres Pho

Feuille de 100 timbres

F3084-I-1 TD6	**gomme brillante**	**Pho E23**	**5**
a Sans Pho (connnu sur lettre)			""
b Piquage à cheval vertical (paire)			115x2
c Barre brisée (cases 99 et 100)			20
d impression à sec avec piquage à cheval			200

3084-II : 10,00 violet type II (3099)
2ème émission de 1997
Impression en taille-douce rotative

* 15/09/1997   2 barres Pho

Feuille de 100 timbres

F3084-II-1 TD6	**gomme brillante**	**Pho E23**	**15**
a Barre brisée (cases 99 et 100)			30

Bloc-feuillet Couleurs de Marianne (type II) (BF41 et BF 42)

BF3417A	**gomme brillante**	**sans Pho**	**9**
Valeurs de la monnaie - Dentelé 12 3/4			
BF3418A	**gomme brillante**	**sans Pho**	**15**
Valeurs de la lettre - Dentelé 12 3/4			

MARIANNE DE LUQUET
3396 : TVP rouge (3417)
3ème émission de 2001
Impression en taille-douce rotative

* 20/08/2001   2 barres Pho

Feuille de 100 timbres

F3396-1 TD6 et RGR	gomme brillante	Pho E23	2
a sans barre Pho (RGR)			20
b sans barre Pho tenant à 1 barre tà normal (RGR)			22
c barres brisées (cases 1 ou 2)			4
F3396-2 TD6-7	gomme brillante	Pho E22	10

Roulette de 1000 timbres

R3396-1 ND vertical	gomme brillante	Pho E22	2
a avec n° rouge au verso			4
b avec n° noir au verso			2
c Piquage à cheval			40
d Piquage à cheval avec n° rouge			100
e impression à sec			180
f impression à sec avec n° rouge			300
g 2 barres à droite avec n° noir au verso			15
h 2 barres à gauche avec n° noir au verso			15
i barre brisée à gauche avec n° noir au verso			10
j sans Pho avec n° noir			130

Type I (2003)   Type II (2001)

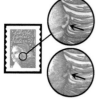

*Type I: contour de l'oreille continu
(issu du carnet Roty).*

*Type II (l'oreille cassée): contour de
l'oreille discontinu et présence d'un
trait parasite dans le lobe.*

3398-I : TVP rouge type I (3419)
3ème émission de 2001
Impression en taille-douce rotative

Timbre issu de carnet

C3398-I-1 Carnet de 10 - Guichet	autoadhésif	Pho E23	1
C3398-I-2 Carnet de 10 - SAGEM	autoadhésif	Pho E22	1
C3398-I-3 Carnet de 20 - DAB	autoadhésif	Pho E22	1

Carnets complets

CA529 Un siècle de sciences	autoadhésif	Pho E23	20
a sans Pho tenant à 1 barre			100
b barres Pho à cheval (80/20)			48
c Intégralement Pho (2 timbres)			150
CA530 La Poste vous facilite l'Euro	autoadhésif	Pho E23	20
a barres Pho à cheval (80/20)			55
b pré-découpe à cheval (décalage horizontal)			360
CA531a Un plaisir qui se communique. à droite (SAGEM)			
	autoadhésif	Pho E22	20
a sans Pho tenant à 1 barre			80
b barres Pho à cheval (70/30)			90
CA531bUn plaisir qui se communique. à droite et sans point (SAGEM)			
	autoadhésif	Pho E22	45
a sans Pho			40
CA532a Un plaisir qui se communique. à gauche. type I (DAB)			
	autoadhésif	Pho E22	40
CA532bUn plaisir qui se communique. à gauche. type II (DAB)			
	autoadhésif	Pho E22	70
CA533 Un siècle de transport	autoadhésif	Pho E23	20
a barres Pho à cheval (70/30)			120
CA534 La boutique du timbre	autoadhésif	Pho E23	20
a sans Pho			200
CA535 Un siecle de vie quotidienne	autoadhésif	Pho E23	20
a sans Pho (papier mat)			150
b sans Pho (papier sécurisé avec fil de soie) (tir. 01.08.02)			500
c sans pré-découpe			900
CA536 Lucky Luke	autoadhésif	Pho E23	20
a Daté 31.03.02 ou 01.04.02 au lieu 2003			100
b sans Pho tenant à 1 barre (tir. 29.04.03)			110
CA537 La France à vivre 2003	autoadhésif	Pho E23	20
a sans Pho tenant à 1 barre (tir. 22.07.03)			170
b 1 barre tenant à 2 barres (décalage horizontal)			300
CA538 La France à voir 2003	autoadhésif	Pho E23	20
a sans Pho (tir. 08.07.03)			125
CA539 Un plaisir qui se communique. papier blanc (DAB)			
	autoadhésif	Pho E22	35
CA541 Dessinez la nouvelle Marianne	autoadhésif	Pho E23	20

CA542 Un plaisir qui se communique. support blanc (SAGEM)

	autoadhésif	Pho E22	20
CA543 La France à vivre 2004	autoadhésif	Pho E23	20
CA544 Le Salon du timbre	autoadhésif	Pho E23	20
a sans Pho (tir. 03.05.04)			100
CA545 La boutique web du timbre	autoadhésif	Pho E23	20
a sans Pho tenant à 1 barre (tir. 21.07.04)			100
b sans pré-découpe			""
c pré-découpe à cheval (décalage horizontal)			500
CA546 La France à voir 2004	autoadhésif	Pho E23	25
a sans Pho (tir. 18.08.04)			350
CA547 Les 60 ans de la Marianne d'Alger (TVP rouge + 0,50 Alger)			
	autoadhésif	Pho E23	20

3421 : 0,01€ jaune (3443)
4ème émission de 2002
Impression en taille-douce rotative

* 02/01/2002   1 barre Pho à droite

Feuille de 100 timbres

F3421-1 TD6	gomme brillante	Pho E23	0,1

3422 : 0,02€ bistre-noir (3444)
4ème émission de 2002
Impression en taille-douce rotative

* 02/01/2002   1 barre Pho à droite

Feuille de 100 timbres

F3422-1 TD6	gomme brillante	Pho E23	0,1
a 2 barres Pho (tir. 04.07.03)		Pho E23 x 2	5
b Trait blanc vertical			60
c Sans Pho tenant à normal			580
d piquage à cheval vertical (paire)			15x2

3423 : 0,05€ vert-émeraude (3445)
4ème émission de 2002
Impression en taille-douce rotative

* 02/01/2002   1 barre Pho à droite

Feuille de 100 timbres

3423-1 TD6	gomme brillante	Pho E23	0,2
a piquage à cheval vertical (paire)			15x2
3423-2 TD6-1 et 7	gomme brillante	Pho E22	9
a Barre Pho à cheval 70/30 (paire)			17x2

3424 : 0,10€ violet-rouge (3446)
4ème émission de 2002
Impression en taille-douce rotative

* 02/01/2002   1 barre Pho à droite

Feuille de 100 timbres

F3424-1 TD6	gomme brillante	Pho E23	0,3
a Sans Pho tenant à normal			1250
b Sans Pho (paire)			2000
c Barre Pho à cheval 50/50 (paire)			15x2
d Barre Pho à cheval 50/50 tà saut de Pho			50
F3424-2 TD6-1	gomme brillante	Pho E22	12

3425 : 0,20€ orange (3447)
4ème émission de 2002
Impression en taille-douce rotative

* 02/01/2002   1 barre Pho à droite

Feuille de 100 timbres

F3425-1 TD6	gomme brillante	Pho E23	0,6
a papier luminescent			5

3426 : 0,41€ vert (3448)
4ème émission de 2002
Impression en taille-douce rotative

* 02/01/2002   1 barre Pho à droite

Feuille de 100 timbres

F3426-1 RGR	gomme brillante	Pho E23	1,5
a sans barre Pho (paire)			50
b sans Pho tenant à normal			85
c Erreur de date 1-.04.02 c/ 12.04.02			

3427 : 0,41€ vert (3458)
4ème émission de 2002
Impression en taille-douce rotative

Roulette de 1000 timbres

R3437-1 ND vertical	gomme brillante	Pho E22	5
a avec n° rouge au verso			8
b avec n° noir au verso			2

3428 : 0,50€ bleu-nuit (3449)
4ème émission de 2002
Impression en taille-douce rotative

* 02/01/2002   2 barres Pho

Feuille de 100 timbres

F3428-1 TD6	gomme brillante	Pho E23	1,5
a Piquage à cheval horizontal (paire)			50x2
b sans Pho (paire)			50
c 1 barre phosprescente			20
d Sans Pho tà 1 barre à gauche tenant à normal			110
e barre brisée (cases 1, 2, 99 ou 100)			3,5
f barre brisée avec inscription (cases 1 ou 2)			4

3429 : 0,53€ vert-jaune (3450)
4ème émission de 2002
Impression en taille-douce rotative

* 02/01/2002   1 barre Pho à droite

Feuille de 100 timbres

F3429-1 TD6	gomme brillante	Pho E23	1,6

3430 : 0,58€ bleu (3451)
4ème émission de 2002
Impression en taille-douce rotative

* 02/01/2002   2 barres Pho

Feuille de 100 timbres

F3430-1 TD6	gomme brillante	Pho E23	1,8
b barre brisée (cases 1, 2, 99 ou 100)			4
c barre brisée avec inscription (cases 1 ou 2)			5
d barres Pho à cheval 80/20 (paire)			10x2
e piquage à cheval vertical			15x2

3431 : 0,64€ orange foncé (3452)
4ème émission de 2002
Impression en taille-douce rotative

* 02/01/2002   1 barre Pho à droite

Feuille de 100 timbres

F3431-1 TD6	gomme brillante	Pho E23	1,9

3432 : 0,67€ bleu outremer (3453)
4ème émission de 2002
Impression en taille-douce rotative

* 02/01/2002   2 barres Pho

Feuille de 100 timbres
F3432-1 TD6	gomme brillante	Pho E23	2
a Piquage à cheval horizontal (paire)			80x2
b Intégralement Pho			150
c barre brisée (cases 99 ou 100)			5
d barre brisée avec inscription (cases 1 ou 2)			6

3433 : 0,69€ rose (3454)
4ème émission de 2002
Impression en taille-douce rotative

* 02/01/2002   2 barres Pho

Feuille de 100 timbres
F3433-1 TD6	gomme brillante	Pho E23	2,2
a Intégralement Pho			150
b barre brisée (cases 1, 2, 99 ou 100)			5
c barre brisée avec inscription (cases 1 ou 2)			6

3434 : 1,00€ bleu-vert (3455)
4ème émission de 2002
Impression en taille-douce rotative

* 02/01/2002   2 barres Pho

Feuille de 100 timbres
F3434-1 TD6	gomme brillante	Pho E23	3
a barre brisée (cases 1, 2, 99 ou 100)			6

3435 : 1,02€ vert foncé (3456)
4ème émission de 2002
Impression en taille-douce rotative

* 02/01/2002   2 barres Pho

Feuille de 100 timbres
F3435-1 TD6	gomme brillante	Pho E23	3,1
a barre brisée (cases 1, 2, 99 ou 100)			6
b piquage à cheval vertical (paire)			15x2

3436 : 2,00€ violet (3457)
4ème émission de 2002
Impression en taille-douce rotative

* 02/01/2002   2 barres Pho

Feuille de 100 timbres
F3436-1 TD6	gomme brillante	Pho E23	6
a Pho à cheval 80/20 (paire)			20x2
b barre brisée (cases 1, 2, 99 ou 100)			7
F3436-2 TD6-1	gomme brillante	Pho E22	20
a sans Pho tàn			1500

3427 : TVP vert (3535A)
5ème émission de 2002
Impression en taille-douce rotative

* 5/12/2002   1 barre Pho à droite

Feuille de 100 timbres
F3427-1 TD6 et RGR	gomme brillante	Pho E23	2,4
a sans Pho (paire)			20
F3427-2 TD6-7	gomme brillante	Pho E22	10
a piquage à cheval vertical (paire)			15x2

Roulette de 1000 timbres
R3427-1 ND vertical n° noir au verso	gomme brillante	Pho E22	3

3552 : 0,58€ olive (3570)
6ème émission de 2003
Impression en taille-douce rotative

* 2/6/20032 barres Pho

Feuille de 100 timbres

F3552-1 TD6-5	gomme brillante	Pho E23	1,8

3553 : 0,70€ vert-olive (3571)
6ème émission de 2003
Impression en taille-douce rotative

* 2/6/20031 barre Pho à droite

Feuille de 100 timbres

F3553-1 TD6-5	gomme brillante	Pho E23	2,1
a sans pho (un exemplaire connu sur lettre)			" "
F3553-2 TD6-7	gomme brillante	Pho E22	8

3554 : 0,75€ bleu-ciel (3572)
6ème émission de 2003
Impression en taille-douce rotative

* 2/6/20032 barres Pho

Feuille de 100 timbres

F3554-1 TD6-5	gomme brillante	Pho E23	2,3
a Piquage horizontal			50x2
b sans Pho tà 1 barre tàn (papier mat)			130
c sans Pho tà 1 barre tàn (papier luminescent)			130
d Intégralement Pho			150
F3554-2 TD6-7	gomme brillante	Pho E22	8

3555 : 0,90€ bleu foncé (3573)
6ème émission de 2003
Impression en taille-douce rotative

* 2/6/20032 barres Pho

Feuille de 100 timbres

F3555-1 TD6-5	gomme brillante	Pho E23	2,7

3556 : 1,11€ lilas (3574)
6ème émission de 2003
Impression en taille-douce rotative

* 2/6/20032 barres Pho

Feuille de 100 timbres

F3556-1 TD6-5	gomme brillante	Pho E23	3,3
F3556-2 TD6-7	gomme brillante	Pho E22	12

3557 : 1,90€ brun-prune (3575)
6ème émission de 2003
Impression en taille-douce rotative

* 2/6/20032 barres Pho

Feuille de 100 timbres

F3557-1 TD6-5	gomme brillante	Pho E23	5,8
a Intégralement Pho			150
b Pli accordéon			" "

Type I (2003)   *Type II (2001)*

*Type I: contour de l'oreille continu
(issu du carnet Roty).*

*Type II (l'oreille cassée): contour de
l'oreille discontinu et présence d'un
trait parasite dans le lobe.*

3398-II: TVP rouge type II (3417)
7ème émission de 2003
Impression en taille-douce rotative

* 10/11/2003   2 barres Pho

Timbre issu de carnet

C3398-II-1 Carnet Semeuse de Roty	autoadhésif	Pho E23	2

Carnets complets

CA540 Les 100 ans de la Semeuse de Roty (TVP rouge + 0,50 Roty)	autoadhésif	Pho E23	30
a sans Pho tenant à normal (un carnet connu)			``` ```

BLOC PHILATELIQUE

xxxx : Bloc Couleurs de Marianne (BF44, BF45 et BF46)

BF3441A Valeurs de la lettre - Dentelé 12 3/4 gomme brillante	sans Pho		15
BF3442A Valeurs de la monnaie - Dentelé 12 3/4			
	gomme brillante	sans Pho	12
BF3623A Valeurs de la lettre - Dentelé 12 3/4 gomme brillante	sans Pho		21

TIMBRES PERSONNALISES

P3396 : TVP rouge avec personnalisation
P3396-1 Bloc de 15 timbres (logo privé) dentelé 12 3/4

	gomme mate (2003)	Pho E22	120

P3396-2 Bloc de 15 timbres (logo Cérès) dentelé 12 3/4

	gomme mate (2003)	Pho E22	75

P3396-3 Bloc de 15 timbres (logo TPP) dentelé 12 3/4

P3396-4 Bloc de 15 timbres (logo privé) dentelé 12 3/4

	gomme brillante	Pho E22	110

P3396-5 Bloc de 15 timbres (logo Cérès) dentelé 12 3/4

	gomme brillante	Pho E22	60

P3396-6 Bloc de 15 timbres (logo TPP) dentelé 12 3/4

	gomme brillante	Pho E22	60

xxxx : Bloc Les valeurs de Marianne

Bloc de 15 timbres (logo privé)	gomme brillante	Pho F	60
Bloc de 15 timbres (logo Cérès)	gomme brillante	Pho F	40
Bloc de 15 timbres (logo TPP)	gomme brillante	Pho F	40

P3398-I : TVP rouge autoadhésif avec personnalisation
P3398-I-1 Petit logo privé de feuille de 50 timbre

	autoadhésif	Pho E22	8

P3398-I-2 Grand logo privé de feuille de 30 timbres

	autoadhésif	Pho E22	8
P3398-I-3 Roulette avec petit logo privé	autoadhésif	Pho E22	9
P3398-I-4 Roulette avec grand logo privé	autoadhésif	Pho E22	9

P3555 : 0,75€ bleu-ciel autoadhésif avec personnalisation
P3455-1 Grand logo privé de feuille de 30 timbres

	autoadhésif	Pho E22	12

P3556 : 1,11€ lilas autoadhésif avec personnalisation

P3556-1 Grand logo privé de feuille de 30 timbres

| | autoadhésif | Pho E22 | 14 |

P3556A : 1,11€ brun-prune autoadhésif avec personnalisation

P3556A-1 Grand logo privé de feuille de 30 timbres

| | autoadhésif | Pho E22 | "" |

P3556A-2 Grand logo Cérès de feuille de 30 timbres

| | autoadhésif | Pho E22 | 11 |

P3557 : 1,90€ brun-prune autoadhésif avec personnalisation

P3557-1 Grand logo privé de feuille de 30 timbres

| | autoadhésif | Pho E22 | "" |

MARIANNE DE LAMOUCHE
3713 : 0,01 jaune ITVF (3731)
1ère émission de 2005
Impression en taille-douce rotative

* 8/01/2005   1 barre Pho à droite

Feuille de 100 timbres
F3713-1 TD6-1	gomme brillante	Pho E22	**5**
F3713-2 TD6-5	gomme brillante	Pho E23	**0,2**
a sans Pho			90
b sans pho tenant à normal (tir. 13/06/06)			150
F3713-3 TD215	gomme brillante	Pho E22	**1,5**
a demi Pho tà 2 demi Pho 10/10/06			15
b Non dentelé (tir. 11/10/06) (paire)			50x2
c Non dentelé tenant à dentelé (tir. 11/10/06)			150
d Non dentelé avec impression défectueuse (tir. 19/1/06) (paire)			50x2
e sans pho tenant à normal (tir. 26/01/06) (décalage vertical)			200
f sans pho (tir. 02/08/06)			30
g barre Pho à cheval (paire)			5x2
h barre Pho à cheval tà saut de Pho			50
i sans Pho tenant à 1 barre à gauche (tir. 07/08/06)			150
j une barre à gauche			5
k piquage à cheval vertical (paire)			10
l une 1/2 barre Pho dans la dentelure			
m deux 1/2 barres dans la dentelure			5

3714 : 0,10 violet-rouge ITVF (3732)
1ère émission de 2005
Impression en taille-douce rotative

* 8/01/2005   1 barre Pho à droite

Feuille de 100 timbres
F3714-1 TD6-1	gomme brillante	Pho E22	**2**
a encre luminescente			17
b sans Pho (tir. 22/08/05)			150
c sans Pho tenant à normal			180
F3714-2 TD6-5	gomme brillante	Pho E23	**0,3**
a une 1/2 barre Pho dans la dentelure			10
b deux 1/2 barres Pho dans la dentelure			5
c une 1/2 barre Pho tà deux 1/2 barres Pho			15
d piquage à cheval (paire)			75x2
e pli accordéon (connu sur lettre)			""
F3714-3 TD215 mauve	gomme brillante	Pho E22	**6**
a 2 demi Pho (tir. 17/01/06)			5
b Demi Pho tà 2 demi Pho (tir. 17/01/06)			15
c sans Pho tenant à normal (décalage vertical) et piquage à cheval sortie Périgueux			400
d piquage à cheval (paire) sortie Périgueux			125x2
e Non dentelé sans Pho sortie Périgueux			50
f Non dentelé sortie Périgueux			50
h non dentelé tàn à partiellement dentelé			""
i pli accordéon			""

Feuillet de 10 "Timbres Plus"
Ft 3714-1 Club des collectionneurs de La Poste
	gomme brillante	sans Pho	**20**

3715 : TVP vert ITVF (3733)
1ère émission de 2005
Impression en taille-douce rotative

* 8/01/2005   1 barre Pho à droite

Feuille de 100 timbres

F3715-1 TD6-1 et TD6-7	gomme brillante	Pho E22	10
F3715-2 TD6-5	gomme brillante	Pho E23	10
a papier chalky			30
F3715-3 TD215	gomme brillante	Pho E22	1,6
a sans Pho			30
b sans Pho tà Pho à gauche 16/6/05			95
c sans Pho tà Pho à gauche à cheval 16/6/06			110
d Pho à gauche 16/6/05			11
e 2 demi Pho 16/6/05			5
f ND avec Pho 26/7/06			35
g ND tenant à normal avec Pho (23/03/06)			""
h sans Pho tà 1 barre à gauche (hor. ou vert.) 23/8/05			150
i "T" sans Pho tà 1 barre à gauche (hor. et vert.) 23/8/05			500
j barre Pho sur le nez			8
k Pho à cheval (paire)			5x2
l barre Pho à cheval tà saut de Pho			50
m sans Pho tenant à Pho à cheval (décalage vertical) (tir. 21/07/06)			200
n piquage à cheval vertical (tir. 22/03/06) (paire)			50x2
o impression sur raccord			""
p Pho à gauche et à cheval 16/06/05 (paire)			25x2
q une 1/2 barre Pho sur la dentelure			10
r deux 1/2 barre Pho sur la dentelure			5
s une 1/2 barres Pho tà deux 1/2 barres Pho			15
j berre Pho sur le nez et à cheval			15
k piquage à cheval vertical et horizontal (paire)			75x2

Roulette de 1000 timbres

R3715-1 ND vertical avec n° noir	gomme brillante	Pho E22	4
a 1 barre à gauche			5
b piquage à cheval (paire)			50x2
c Pho à cheval 70x30 (paire)			10x2

3716 II : TVP rouge ITVF type II (gravure numérique) (3734)
1ère émission de 2005
Impression en taille-douce rotative

* 8/01/2005   1 barre Pho à droite

Feuille de 100 timbres

F3716-II-1 TD6-7	gomme brillante	Pho E22	10
F3716-II-2 TD6-5	gomme brillante	Pho E23	10
F3716-II-3 TD215	gomme brillante	Pho E22	1,9
a sans Pho papier neutre 19/11/04			50
b sans Pho 13/12/05			10
c Pho à cheval 80/20 (paire)			9x2
d 1 barre Pho à droite			50
e 2 barres Pho à droite			15
f 1 barre Pho à droite tenant à 2 barres Pho à droite			90
g 2 barres Pho à gauche (tir. 26/09/05)			15
h 2 barres Pho à gauche avec saut de Pho (tir. 26/09/05)			50
i 2 barres Pho au centre (tir. 26/09/05)			20
j Non dentelé tenant à normal (22/09/05)			""
k Non dentelé avec Pho à cheval – sortie Périgueux			50
l piquage à cheval horizontal (tir. 16/01/06) avec 1 barre Pho à droite			100
m piquage à cheval horizontal (tir. 16/01/06) avec 2 barre Pho à droite			50
n piquage à cheval horizontal (tir. 16/01/06) avec 1 barre Pho tà 2 barres à droite			180

Roulette de 1000 timbres

R3716-II-1 ND vertical avec n° noir	**gomme brillante**	**Pho E22**	**2**
a Pho à cheval 80/20 (paire)			9x2
b 2 barres Pho à droite			20
c 2 barres Pho à gauche			100
d sans Pho			100
e sans Pho tenant à normal			130
f piquage à cheval (paire)			50x2
g piquage à cheval avec une barre Pho à gauche (paire)			70x2
h piquage à cheval avec deux barres Pho à gauche (paire)			100x2
i impression défectueuse			".."
j impression sur raccord			".."

Timbre issu de carnet

C3716-II-1 Carnet de 10 - Guichet	**autoadhésif**	**Pho E23**	**1,9**
C3716-II-2 Carnet de 10 - SAGEM	**autoadhésif**	**Pho E22**	**2,2**
C3716-II-3 Carnet de 20 - DAB	**autoadhésif**	**Pho E22**	**1,9**

Carnets complets

C548 Paris 2012	**autoadhésif**	**Pho E23**	**20**
a sans pho			80
b sans Pho tenant à 1 barre tenant à normal			110
C549 La boutique web du timbre (SAGEM)	**autoadhésif**	**Pho E22**	**20**
C550 La boutique web du timbre (DAB)	**autoadhésif**	**Pho E22**	**40**
C551 La France à vivre 2005	**autoadhésif**	**Pho E23**	**20**
a Impression couverture défectueuse (06/04/05)			70
C552 Jules Verne	**autoadhésif**	**Pho E23**	**20**
C553 La France à voir 2005	**autoadhésif**	**Pho E23**	**20**
a sans Pho tenant à 1 barre tenant à normal			140
C555 Réservation "Timbres Plus"	**autoadhésif**	**Pho E23**	**20**
a sans pho			100
C556 Nouveau logo de La Poste	**autoadhésif**	**Pho E23**	**20**
a sans pho			150
C557 La France à vivre 2006	**autoadhésif**	**Pho E23**	**20**
C558 Salon du timbre	**autoadhésif**	**Pho E23**	**20**
C559 Opéras de Mozart	**autoadhésif**	**Pho E23**	**20**

Timbres personnalisés

P3716-II-1 Bloc de 15 timbres (logo privé) dentelé 12 3/4			
	gomme brillante	**Pho E22**	**75**
P3716-II-2 Bloc de 15 timbres (logo privé)	**autoadhésif**	**Pho E22**	**540**
P3716-II-3 Petit logo privé de feuille de 50 timbre			
	autoadhésif	**Pho E22**	**8**
P3716-II-4 Grand logo privé de feuille de 30 timbres			
	autoadhésif	**Pho E22**	**8**

3726 I : TVP rouge ITVF autoadhésif type I (gravure taille douce traditionnelle) (3744)

Emission du 11/11/2005
Impression en taille-douce rotative2 barres Pho

Timbre issu de carnet

C3716-I-1 Carnet de 10 mixte avec 5 TVP type I

	autoadhésif	**Pho E23**	**2**

Carnet complet

C554 60e anniversaire de la Marianne de Dulac

	autoadhésif	**Pho E23**	**33**

3717 : 0,58 jaune-olive ITVF (3735)

1ère émission de 2005
Impression en taille-douce rotative

* 0/01/2005   1 barre Pho à droite

Feuille de 100 timbres

F3717-1 TD6-1	**gomme brillante**	**Pho E22**	**2**
a piquage à cheval (tir. 25/10/04) (paire)			50x2

3718 : 0,70 vert-olive ITVF (3736)
1ère émission de 2005
Impression en taille-douce rotative

* 8/01/2005   1 barre Pho à droite

Feuille de 100 timbres

F3718-1 TD6-1	gomme brillante	Pho E22	2,5

3719 : 0,75 bleu-ciel ITVF (3737)
1ère émission de 2005
Impression en taille-douce rotative

* 8/01/2005   2 barres Pho

Feuille de 100 timbres

F3719-1 TD6-5	gomme brillante	Pho E23	2
a sans Pho			200
b sans Pho tenant à normal			250

3720 : 0,90 bleu foncé ITVF (3738)
1ère émission de 2005
Impression en taille-douce rotative

* 8/01/2005   2 barres Pho

Feuille de 100 timbres

F3720-1 TD6-5	gomme brillante	Pho E23	3

3721 : 1,00 orange ITVF (3739)
1ère émission de 2005
Impression en taille-douce rotative

* 8/01/2005   1 barre Pho à droite

Feuille de 100 timbres

F3721-1 TD6-1	gomme brillante	Pho E22	8
F3721-2 TD6-5	gomme brillante	Pho E23	4
a Sans Pho			150
b Sans Pho tenant à normal			180
c pli accordéon			""
F3721-3 TD215	gomme brillante	Pho E22	10
a Piquage à cheval (tir. 10/03/06) (paire)			50x2
b Pho à cheval tenant à saut de Pho			100
c Non dentelé sans Pho – sortie Périgueux			50

3722 : 1,11 lilas ITVF (3740)
1ère émission de 2005
Impression en taille-douce rotative

* 8/01/2005   2 barres Pho

Feuille de 100 timbres

F3722-1 TD6-1	gomme brillante	Pho E22	5

3723 : 1,90 brun-prune ITVF (3741)
1ère émission de 2005
Impression en taille-douce rotative

* 8/01/2005   2 barres Pho

Feuille de 100 timbres

F3723-1 TD6-5	gomme brillante	Pho E23	7

3740 : 0,05 brun foncé ITVF (3754)
2ème émission de 2005
Impression en taille-douce rotative

* 1/03/2005   1 barre Pho à droite

Feuille de 100 timbres

F3740-1 TD6-5	gomme brillante	**Pho E23**	**0,2**
a piquage à cheval (tir.16/02/05) (paire)			5x2
F3740-2 TD215	gomme brillante	**Pho E22**	**6**
a Non dentelé sans Pho			50
Sortie Périgueux			
b Sans Pho			10
c Sans Pho tenant 1 barre à gauche (tir. 08/02/06)			100
d Une barre Pho à gauche			5
e Barre Pho à cheval (paire)			5x2
f Non dentelé tenant à normal			""
g une 1/2 barre Pho à droite (tir. 10/05/02)			8
h une 1/2 barre Pho) droite tà deux 1/2 barres Pho			10

3741 : 0,55 bleu ITVF (3755)
2ème émission de 2005
Impression en taille-douce rotative

* 1/03/2005   2 barres Pho

Feuille de 100 timbres

F3741-1 TD6-1 et TD6-7	gomme brillante	**Pho E22**	**1,8**
F3741-2 TD6-5	gomme brillante	**Pho E23**	**2**

Roulette de 1000 timbres

R3741-1 ND vertical avec n° noir	gomme brillante	**Pho E22**	**3**

3742 : 0,64 vert-olive ITVF (3756)
2ème émission de 2005
Impression en taille-douce rotative

* 1/03/2005   1 barre Pho à droite

Feuille de 100 timbres

F3742-1 TD6-5	gomme brillante	**Pho E23**	**2**
F3742-2 TD6-1 (tir. du 11/01 au 21/01/05)	gomme brillante	**Pho E23**	**2**
a Pho à cheval 80/20 (tir.12/01/05) (paire)			5x2
F3742-3 TD6-1 (tir. du 29/04 au 04/05/05)	gomme brillante	**Pho E22**	**5**
F3742-4 TD215	gomme brillante	**Pho E22**	**10**
a Pho à gauche (tir. 01/06/05)			20
b sans Pho (tir. 01/06/05)			130
c sans Pho tà Pho à gauche (tir. 01/06/05)			200
d Pho à cheval 80/20 (paire)			5x2
e piquage à cheval (paire)			50x2
f timbre maculé			50

3743 : 0,82 lilas-brun clair ITVF (3757)
2ème émission de 2005
Impression en taille-douce rotative

* 1/03/2005   2 barres Pho

Feuille de 100 timbres

F3743-1 TD6-5	gomme brillante	**Pho E23**	**5**
F3743-2 TD215	gomme brillante	**Pho E22**	**5**
a Pho à cheval 50/50 (paire)			15x2
b Pho à cheval 50/50 tenant à saut de Pho			100
c une barre Pho à gauche (tir. 28/02/05)			50
d deux barres Pho à gauche (tir. 28/02/05)			15
e une barre Pho à gauche tà deux barres Pho à gauche			90
f Non dentelé – sortie Périgueux			50
g piquage à cheval (paire)			50x2

Timbres personnalisés
P3743-1 Grand logo privé de feuille de 30 timbres

	autoadhésif	**Pho E22**	**12**

3744 : 1,22 lilas ITVF (3758)
2ème émission de 2005
Impression en taille-douce rotative

* 1/03/2005   2 barres Pho

Feuille de 100 timbres

F3744-1 TD6-7	gomme brillante	Pho E22	3
F3744-2 TD6-5	gomme brillante	Pho E23	3
F3744-3 TD6-5 (tir. du 17/01 au 03/02/05)	gomme brillante	Pho E22	3
F3744-4 TD215	gomme brillante	Pho E22	3

Timbres personnalisés
P3744-1 Grand logo privé de feuille de 30 timbres

	autoadhésif	Pho E22	14

3745 : 1,98 brun foncé ITVF (3759)
2ème émission de 2005
Impression en taille-douce rotative

* 1/03/2005   2 barres Pho

Feuille de 100 timbres

F3745-1 TD6-1 (tir. 24.01 au 03.02.05)	gomme brillante	Pho E23	6
a sans Pho 31/1/05			80
F3745-2 TD6-1 (tir. 26 au 27.04.05)	gomme brillante	Pho E22	12
F3745-3 TD6-5	gomme brillante	Pho E23	6
F3745-4 TD215	gomme brillante	Pho E22	14
a Barres Pho à cheval 70/30 (paire)			10x2

3954 : 0,01 jaune Phil@poste (3731)
3ème émission de 2006
Impression en taille-douce rotative

* 2/10/2006   1 barre Pho à droite

Feuille de 100 timbres
F3954-1 TD6-5	**gomme brillante**	**Pho E23**	**0,1**
a sans Pho			10
F3954-2 TD215	**gomme brillante**	**Pho E22**	**0,2**
a sans Pho			30
b sans Pho tenant à une barre à gauche			40
c une barre à gauche			5
d non dentelé – sortie Périgueux			50

3955 : 0,05 brun foncé Phil@poste (3754)
3ème émission de 2006
Impression en taille-douce rotative

* 2/10/2006   1 barre Pho à droite

Feuille de 100 timbres
F3955-1 TD6-1	**gomme brillante**	**Pho E22**	**8**
F3955-2 TD6-5	**gomme brillante**	**Pho E23**	**0,2**
F3955-3 TD215	**gomme brillante**	**Pho E22**	**8**

3956 : 0,10 gris Phil@poste (3965)
3ème émission de 2006
Impression en taille-douce rotative

* 2/10/2006   1 barre Pho à droite

Feuille de 100 timbres
F3956-1 TD6-5	**gomme brillante**	**Pho E23**	**5**
F3956-2 TD215	**gomme brillante**	**Pho E22**	**0,3**
a Non dentelé sans Pho – sortie Périgueux			50
b une 1/2 barre Pho sur la dentelure			10
c deux 1/2 barres Pho surla dentelure			5
d une 1/2 barre Pho tà deux 1/2 barres Pho			15
e non dentelé tà non dentelé partiel			""

3957 : TVP vert Phil@poste (3733)
3ème émission de 2006
Impression en taille-douce rotative

* 2/10/2006   1 barre Pho à droite

Feuille de 100 timbres
F3957-1 TD6-5	**gomme brillante**	**Pho E23**	**2,5**
F3957-2 TD6-7 (tirage de service)	**gomme brillante**	**Pho E22**	**30**
F3957-3 TD215	**gomme brillante**	**Pho E22**	**1,6**
a Pho sur cocarde ou sur l'œil			15
b 2 demi Pho			10
c sans Pho			40
d sans Pho tenant à une barre Pho à gauche			45
e une barre Pho à gauche			5
f sans Pho tenant à une barre Pho à cheval (22/03/07) (décalage vertical)			300
g Pho à cheval (paire)			5x2
h ND sans Pho – sortie Périgueux			50
i ND avec Pho tenant à normal (16/03/07)			""

Roulette de 1000 timbres
R3957-1 ND vertical avec n° noir	**gomme brillante**	**Pho E22**	**2**
a sans Pho			30
b piquage à cheval (paire)			50x2

3958 : TVP rouge Phil@poste (3724)
3ème émission de 2006
Impression en taille-douce rotative

* 2/10/2006   2 barres Pho

Feuille de 100 timbres
F3958-1 TD6-5	**gomme brillante**	**Pho E23**	**1,9**
F3958-2 TD6-7 (tirage de service)	**gomme brillante**	**Pho E22**	**30**

Roulette de 1000 timbres

R3958-1 ND vertical avec n° noir	gomme brillante	Pho E22	**2**
a une barre Pho à gauche			50
b deux barres Pho à gauche			20
c sans Pho			30
d piquage à cheval (paire)			50x2
e deux barres Pho à droite (connu sur lettre)			""
f impression sur raccord			""
g sans n° au verso			10
h décalage horizontal du massicotage			15

Timbre issu de carnet

C3958-1 Carnet de 10 - Guichet	autoadhésif	Pho E23	**1**
a sans pré-découpe (un exemplaire connu sur lettre)			""
C3958-2 Carnet de 10 - SAGEM	autoadhésif	Pho E22	**1**
C3958-3 Carnet de 20 - DAB	autoadhésif	Pho E22	**1**

Carnets complets

C560 La boutique web du timbre (DAB)	autoadhésif	Pho E22	**40**
C561 La boutique web du timbre	autoadhésif	Pho E23	**20**
a impression dégradée (tir.07/08/06)			80
b sans impression de plusieurs timbres			600
C562 La France à voir 2006	autoadhésif	Pho E23	**20**
C563 60e anniversaire de la Marianne de Gandon			
	autoadhésif	Pho E23	**18**
C564 La boutique web du timbre (SAGEM)	autoadhésif	Pho E22	**20**
a impression maculée (sans oeil et oiseau) (tir.09/11/07)			80
C565 Ecocarnet	autoadhésif	Pho E23	**20**
a Pré-découpe à cheval (décalage vertical)			150
C566 France à voir 2007	autoadhésif	Pho E23	**20**
C567 Guy Moquet	autoadhésif	Pho E23	**20**
C568 France à vivre 2007	autoadhésif	Pho E23	**20**
C569 Réservation timbre +	autoadhésif	Pho E23	**20**
C570 60e anniversaire de la Marianne de Cheffer			
	autoadhésif	Pho E23	**18**
C572 France à voir 2008	autoadhésif	Pho E23	**20**
C573 Les mots de la rencontre	autoadhésif	Pho E23	**20**
C574 Salon du timbre	autoadhésif	Pho E23	**20**

Timbres personnalisés

P3958-1 Bloc de 15 timbres (logo privé)	autoadhésif	Pho E22	**180**
P3958-2 Bloc de 10 timbres (logo privé)	autoadhésif	Pho E22	**130**

3959 : 0,60 bleu Phil@poste (3966)
3ème émission de 2006
Impression en taille-douce rotative

* 2/10/2006   2 barres Pho

Feuille de 100 timbres

F3959-1 TD6-5	gomme brillante	Pho E23	**1,8**
a papier neutre aux UV			3,5
b barres Pho brisées			5

Roulette de 1000 timbres

R3959-1 ND vertical avec n° noir	gomme brillante	Pho E22	**1,8**
a piquage à cheval (paire)			50x2
b paire non découpées avec n° noir au verso – sortie Périgueux			100

Timbres personnalisés

P3959-1 Bloc de 15 timbres (logo privé)	autoadhésif	Pho E22	**195**
P3959-2 Bloc de 10 timbres (logo privé)	autoadhésif	Pho E22	**160**

3960 : 0,70 vert-olive Phil@poste (3967)
3ème émission de 2006
Impression en taille-douce rotative

* 2/10/2006   1 barre Pho à droite

Feuille de 100 timbres

F3960-1 TD215	gomme brillante	Pho E22	**2,1**
a sans Pho			50
b sans Pho tenant à une barre à gauche (tir. 09/10/06)			160
c une barre Pho à gauche			12
d sans Pho tenant à normal (tir. 20/09/06) (décalage vertical)			250
e Non dentelé			50
f piquage à cheval (paire) (tir. 18/12/06)			50x2
g piquage à cheval (tir.18/12/05)			50x2
h deux 1/2 barres Pho			8
i une 1/2 barre Pho tà deux 1/2 barres Pho			15
j barre Pho à cheval (60/40)			20
k piquage extrème			10

3961: 0,85 violet Phil@poste (3968)
3ème émission de 2006
Impression en taille-douce rotative

* 2/10/2006   1 barre Pho à droite

Feuille de 100 timbres

F3961-1 TD6-5	gomme brillante	Pho E23	**2,7**
a Barre Pho à cheval 90/10 (tir. 01/12/06) (paire)			8x2
b impression défectueuse			40
c sans impression tà impression partielle (feuille n°7114479 du 05/10/06)			"""

3962 : 0,86 lilas-brun clair Phil@poste (3969)
3ème émission de 2006
Impression en taille-douce rotative

* 2/10/2006   2 barres Pho

Feuille de 100 timbres

F3962-1 TD215	gomme brillante	Pho E22	**2,7**
a papier couché (TD6-5)			25
b une barre Pho à droite			40
c deux barres Pho à droite			15
d une barre Pho à droite à cheval tà deux barres			
Pho à droite			80
e sans Pho			15
f sans Pho tà 1 barre tenant à normal			40
g ND avec Pho tenant à normal			"""
h piquage à cheval horizontal (tir. 10/11/06) (paire)			80x2
i barres Pho à cheval (paire)			10x2
j impression très défectueuse			40

Timbres personnalisés

P3959-1 Bloc de 15 timbres (logo privé)	autoadhésif	Pho E22	**195**
P3959-2 Bloc de 10 timbres (logo privé)	autoadhésif	Pho E22	**160**

3963 : 1,00 orange Phil@poste (3739)
3ème émission de 2006
Impression en taille-douce rotative

* 2/10/2006   2 barres Pho

Feuille de 100 timbres

F3963-1 TD6-5	gomme brillante	Pho E23	**4**
a papier couché			25
F3963-2 TD6-7 (tirage de service)	gomme brillante	Pho E22	**30**

3964 : 1,15 bleu clair Phil@poste (3970)
3ème émission de 2006
Impression en taille-douce rotative

* 2/10/2006   2 barres Pho

Feuille de 100 timbres

F3964-1 TD6-5	gomme brillante	Pho E23	4

3965 : 1,30 fuchsia Phil@poste (3971)
3ème émission de 2006
Impression en taille-douce rotative

* 2/10/2006   2 barres Pho

Feuille de 100 timbres

F3965-1 TD6-5	gomme brillante	Pho E23	4
a une barre Pho à droite à cheval (80/20)			60
b deux barres Pho à droite (80/20)			30
c une barre Pho à droite à cheval (80/20) tà deux barres Pho à droite			100
d sans Pho			500
e sans Pho tà une barre			550
f barre Pho brisées (cases 99 et 100)			7

3966 : 2,11 brun foncé Phil@poste (3972)
3ème émission de 2006
Impression en taille-douce rotative

* 2/10/2006   2 barres Pho

Feuille de 100 timbres

F3965-1 TD215	gomme brillante	Pho E22	6.3
a sans Pho – sortie Périgueux			20
b sans Pho tenant à normal (tir. 28/09/06) (décalage vertical)			500
c Non dentelé			50

3967 : 5,00 en argent Phil@poste (3925)
3ème émission de 2006

* 2/10/2006   sans Pho

F3967-1	adhésif	sans Pho	15

Adh 129F: 0,55 bleu Phil@poste autoadhésif
3ème émission de 2006
P Adh 129F-1 Bloc de 15 timbres (logo privé)

	autoadhésif	Pho E22	525

PAdh 129F-2 Bloc de 10 timbres (logo privé)

	autoadhésif	Pho E22	600

Adh 129L: 0,82 lilas-brun clair Phil@poste autoadhésif
3ème émission de 2006
PAdh 129L-1 Bloc de 15 timbres (logo privé)

	autoadhésif	Pho E22	225

PAdh 129L-2 Bloc de 10 timbres (logo privé)

	autoadhésif	Pho E22	160

4133 : TVP bleu Phil@poste (4153)
4ème émission de 2008
Impression en taille-douce rotative

* 1/03/2008   2 barres Pho

Feuille de 100 timbres
F4133-1 TD6-5	gomme brillante	Pho E23	3
a sans Pho (connu sur lettre)			","
b barre Pho brisées (cases 99 et 100)			7

Roulette de 1000 timbres
R4133-1 ND vertical avec n° noir	gomme brillante	Pho E22	3
a sans Pho			30
b piquage à cheval (paire)			50x2
c piquage à cheval avec impression dégradée (bande de 3) – sortie Périgueux			30x3
d absence de massicotae (paire) – sortie Périgueux			70

Timbre issu de carnet (type I)
C4133-1 Carnet de 10 - Guichet	autoadhésif	Pho E23	3

Carnets complets
C571-1 Postexport	autoadhésif	Pho E23	25
C571-2 Postexport avec n° de liasse	autoadhésif	Pho E23	40

4134 : 0,72 vert-olive Phil@poste (4154)
4ème émission de 2008
Impression en taille-douce rotative

* 2/01/2008   1 barre Pho à droite

Feuille de 100 timbres
F4134-1 TD6-5	gomme brillante	Pho E23	3,5
a papier chalky			10

4135 : 0,88 lilas-brun clair Phil@poste (4155)
4ème émission de 2008
Impression en taille-douce rotative

* 2/01/2008   2 barres Pho

Feuille de 100 timbres
F4135-1 TD215	gomme brillante	Pho E22	3,5
a piquage à cheval (tir. 15/01/08)			50x2
b Non dentelé sans Pho de feuille non datée – sortie Périgueux			50
c sans Pho			30
d sans Pho tà une barre tenant à normal			40
e sans Pho tenant à barres Pho à cheval (16/01/08) (décalage vertical)			400
f barres Pho à cheval (paire)			5x2
g piquage à cheval avec barres Pho à ccheval (tir. 03/04/08) – sortie Périgueux			50x2
h impression défectueuse			40

4136 : 1,25 bleu clair Phil@poste (4156)
4ème émission de 2008
Impression en taille-douce rotative

* 2/01/2008   2 barres Pho

Feuille de 100 timbres
F4136-1 TD6-5	gomme brillante	Pho E23	5

4137 : 1,33 lilas Phil@poste (4157)
4ème émission de 2008
Impression en taille-douce rotative

* 2/01/2008   2 barres Pho

Feuille de 100 timbres
F4137-1 TD6-5	gomme brillante	Pho E22	5
a papier chalky			10
b barre Pho brisées (cases 99 et 100)			7
F4137-2 TD6-1 Papier neutre aux UV	gomme brillante	Pho E23	5

4138: 2,18 brun foncé Phil@poste (4158)
4ème émission de 2008
Impression en taille-douce rotative

* 2/01/2008   2 barres Pho

Feuille de 100 timbres

F4138-1 TD215	gomme brillante	Pho E22	8
a sans Pho			400
b sans Pho tenant à normal (21/01/08) (décalage vertical)			500
c barres Pho à cheval (paire)			30x2
d blind-Zahn dans marge supérieure			10

TIMBRES PERSONNALISES

Bloc valeurs de Marianne Phil@poste avec personnalisation (2006)

Bloc de 15 timbres (logo privé)	autoadhésif	Pho E22	300
Bloc de 15 timbres (logo privé) dentelé 12 3/4			
	gomme brillante	Pho E22	135
Bloc de 15 timbres (logo Cérès) dentelé 12 3/4			
	gomme brillante	Pho E22	70
Bloc de 15 timbres (logo TPP) dentelé 12 3/4			
	gomme brillante	Pho E22	70

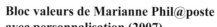

Bloc valeurs de Marianne Phil@poste avec personnalisation (2007)

Bloc de 15 timbres (logo privé)	autoadhésif	Pho E22	300
Bloc de 15 timbres (logo Cérès) dentelé 12 3/4			
	gomme brillante	Pho E22	60
Bloc de 15 timbres (logo TPP) dentelé 12 3/4			
	gomme brillante	Pho E22	60

AUTRES

3828 : 0,53€ Marianne de Dulac ITVF (3841)
Timbre issu de carnet

3828-1 Marianne de Dulac	autoadhésif	Pho E23	3,5

3975 : 0,54€ Marianne de Gandon Phil@poste (3977)
Timbre issu de carnet

3975-1 Marianne de Gandon	autoadhésif	Pho E23	4

4108 : 0,54€ Marianne de Cheffer Phil@poste (4109)
Timbre issu de carnet

4108-1 Marianne de Cheffer	autoadhésif	Pho E23	3,5

MARIANNE DE BEAUJARD
4183 : 0,01 jaune (4226)
1ère émission de 2008
Impression en taille-douce rotative

* 1/07/2008   1 barre Pho à droite

Feuille de 100 timbres

F4183-1 TD205 - GEM	**gomme brillante**	**Pho E23**	**0,2**
a sans Pho tàn (décalage vertical) (tir. 02/07/09)			400
b Pho à cheval (décalage variable) (tir. 02/07/09 et 06/07/09) (paire)			15x2
c non dentelé			""
d non dentelé tenant à normal			""
F4183-2 TD207 - GEM	**autoadhésif**	**Pho E22**	**1**
a prédécoupe à cheval paire (décalage horizontal)			40x2
F4183-3 TD207 - GEM	**autoadhésif**	**Pho Ec**	**2**
a interruption de barre Pho		Pho Eci	5

4184 : 0,05 marron foncé (4727)
1ère émission de 2008
Impression en taille-douce rotative

* 1/07/2008   1 barre Pho à droite

Feuille de 100 timbres

F4184-1 TD205 - GEM	**gomme brillante**	**Pho E23**	**0,2**
a sans Pho tàn (tir. 20/04/2011)			120
b Pho à cheval (paire)			15x2
c piquage à cheval (paire)			100x2
d pli accordéon			220
F4184-2 TD207 - GEM	**autoadhésif**	**Pho E22**	**1**
a pré-découpe à cheval (décalage horizontal) (paire)			60x2
b pré-découpe à cheval (décalage vertical) (paire)			30x2
F4184-3 TD207 - GEM	**autoadhésif**	**Pho Ec**	**2**
a interruption de barre Pho		Pho Eci	5

4185 : 0,10 gris (4228)
1ère émission de 2008
Impression en taille-douce rotative

* 1/07/2008   1 barre Pho à droite

Feuille de 100 timbres

F4185-1 TD205 - GEM	**gomme brillante**	**Pho E23**	**0,3**
a sans Pho (environ 35 timbres et 3 timbres sur lettre)			400
F4185-2 TD215 - GGE	**gomme brillante**	**Pho E22**	**0,3**
a sans Pho (tir. 18/07/08 et 02/02/2009)			30
b sans Pho tàn (tir. 18/07/08 et 2/09/2009) (paire verticale)			55
c Pho à cheval variable verticalement (tir. 24/04/2008, 22/08/08 et 2 et 3/9/09)			8x2
d sans Pho tàn barre Pho à cheval (tir. 18/07/08) (décalage vertical)			35x2
e pho à cheval horizontalement sur dentelure (2 demi-bandes)			3x2
f encre plus claire tenant à normal			35x2
F4185-3 TD207 - GEM	**autoadhésif**	**Pho E22**	**1**
a sans prédécoupe et barres pho à cheval			100
b sans prédécoupe et Pho à cheval paire			160x2

4186 : TVP vert (4229)
1ère émission de 2008
Impression en taille-douce rotative

* 1/07/2008   1 barre Pho à droite

Feuille de 100 timbres

F4186-1 TD 205 – GEM	**gomme brillante**	**Pho E23**	**2**
a Pho décalé verticalement paire (tir 20/05/09)			7x2
F4186-2 TD 215 – GGE	**gomme brillante**	**Pho E22**	**1,7**
a non dentelé sans Pho			30
b non dentelé avec Pho (tir 26/02/08)			160
c non dentelé avec Pho tenant à dentelé partiel tàn			1700
d piquage à cheval horiz avec Pho à gauche paire (tir 25/02/08)			250
e piquage à cheval horiz paire avec 1 sans Pho + 1 Pho à gauche			300
f sans Pho isolé (tirages multiples en 2008 et 2009)			25
g sans Pho tàn ou tenant à Pho à cheval (paire verticale)			85x2
h sans Pho tenant à Pho à gauche (paire horiz) (tir 17/11/09)			140
i Pho à gauche timbre isolé (tir 25/02/08 ou 17/11/09)			60
j Pho à cheval paire verticale			8x2
k bas de feuille 20 tp avec mention LA LETTRE (14 ou 17/04/08)			85

Roulette de 500 timbres

R4186-1 ND vertical	**gomme brillante**	**Pho E22**	**2**
a piquage à cheval vertical paire			80x2
b piquage à cheval horizontal			70
c avec numéro au dos à cheval sur 2 tp			20x2
d sans numéro au dos			75
e avec numéro 500 tenant à 001			750
f impression sur raccord			1350
R4186-2 ND vertical	**gomme brillante**	**Pho Ec**	**3**
a interruption de barre Pho continue (tous les 11 tp)		Pho Eci	6
b piquage à cheval vertical paire			70x2
c piquage à cheval horizontal			100
d piquage en croix (décalage horizontal et vertical)			180
e impression sur raccord			1350
f paire horizontale de roulette			120
g sans Pho			200

Roulette de 300 timbres

R4186-3 ND vertical	**autoadhésif**	**Pho Ec**	**3,5**
a interruption de barre Pho continue (tous les 11 tp)		Pho Eci	8
b sans numéro au dos			25

4187 : TVP rouge (4230)
1ère émission de 2008
Impression en taille-douce rotative

* 1/07/2008   2 barres Pho

Feuille de 100 timbres

F4187-1 TD 205 – GEM	**gomme brillante**	**Pho E23**	**2**
a sans Pho (tir 27/06/08)			240
F4187-2 TD 215 – GGE	**gomme brillante**	**Pho E22**	**2,6**
a sans Pho (tir 19/11/09)			150
b Pho à cheval variable			15
c piquage à cheval vertical paire (tir 19/11/09)			180x2
F4187-3 TD 207 – GEM	**autoadhésif**	**Pho E22**	**5**
a prédécoupe verticale droite tàn (tir 17/05/10)			15
b prédécoupe à cheval paire			75x2
c paire horizontale avec BP brisées (cases 82-83 tir 03/08/09)			45x2

Timbre issu de carnet

C4187-1 Carnet de 12 - Guichet	**autoadhésif**	**Pho E23**	**1,5**
a prédécoupe à cheval horizontalement			25
b prédécoupe à cheval verticalement			15
C4187-2 Carnet de 12 mixte timbre fiscal	**autoadhésif**	**Pho Ec**	**2,5**
a sans le trait supérieur			30
C4187-3 Carnet de 10 Sagem	**autoadhésif**	**Pho E22**	**5**
C4187-4 Carnet de 10 Sagem	**autoadhésif**	**Pho Ec**	**1,5**
a interruption de barre Pho continue		Pho Eci	8
b prédécoupe à cheval verticalement			25
C4187-5 Carnet de 20 DAB	**autoadhésif**	**Pho E22**	**5**
C4187-6 Carnet de 20 DAB	**autoadhésif**	**Pho Ec**	**3**
a interruption de barre Pho continue (haut ou bas de carnet)		Pho Eci	10
b prédécoupe à cheval verticalement			760

Carnets complets

CA575 Carnet mixte Les valeurs de l'Europe autoadhésif	**Pho E23**	**24**
a prédécoupe à cheval verticalement		180
b barres Pho dégradées jusqu'à rupture au milieu du timbre		35
CA578 La France à vivre (x12) autoadhésif	**Pho E23**	**20**
CA581 La France à vivre (x10, Sagem) autoadhésif	**Pho E22**	**45**
a daté du 12/08/08 (seul jour du 2e tirage avec BP E22)	Pho E22	280
b bandes Pho continues	Pho Ec	22
c avec interruption de la Bande Pho continue	Pho Eci	40
d barres Pho à cheval verticalement	Pho E22	65
CA582 La France à vivre (x20, DAB) autoadhésif	**Pho E22**	**40**
CA578A Les droits de l'homme (x12) autoadhésif	**Pho E23**	**20**
a barres Pho dégradées jusqu'à rupture au milieu du timbre		35
CA584 Montimbramoi 2008 (x12) autoadhésif	**Pho E23**	**20**
a barres Pho à cheval verticalement		65
CA580 Montimbramoi 2008 (x10, Sagem) autoadhésif	**Pho E22**	**22**
CA583 Montimbramoi 2008 (x20, DAB) autoadhésif	**Pho E23**	**40**
a bandes Pho continues	Pho Ec	48
CA585 Régions de France (x12) autoadhésif	**Pho E23**	**20**
a prédécoupe à cheval horizontalement		300
b prédécoupe à cheval verticalement		180
CA586 Réservations (x12) autoadhésif	**Pho E23**	**30**
CA587 Boutique du courrier pros 2009 (x12) autoadhésif	**Pho E23**	**24**
CA588 Boutique web du timbre 2009 (x12) autoadhésif	**Pho E23**	**26**
CA589 Le livre des timbres 2009 (x12) autoadhésif	**Pho E23**	**26**
a sans impression de la couverture		750
a sans impression de la couverture, daté		1000
CA590 Boutique web du timbre 2010 (x12) autoadhésif	**Pho E23**	**28**
CA591 Boutique web du timbre 2010 (x20, DAB) autoadhésif	**Pho Ec**	**40**
a prédécoupe à cheval verticalement		750
b avec partie de date ou de numéro ou de RE		110
c avec pointe sortant du 4e timbre en haut		80
CA592 Boutique web 2010 (x10, Sagem) autoadhésif	**Pho Ec**	**22**
a avec interruption de la Bande Pho continue	Pho Eci	40
b prédécoupe à cheval verticalement		200
c sans impression, avec prédécoupe et BP (carnet réglage)		120
d avec barres Pho discontinues	Pho 22	65
e impression partielle sur raccord (bande 5 carnets)	Pho Ec	5200
CA593 Boutique du courrier pros 2010 (x12) autoadhésif	**Pho E23**	**26**
CA594 Salon du timbre (x12) autoadhésif	**Pho E23**	**26**
CA595 Abonnements (x12) autoadhésif	**Pho E23**	**24**
CA596 Carnets commémos – Art roman (x12) autoadhésif	**Pho E23**	**26**
CA597 Carnets Marianne (x12) autoadhésif	**Pho E23**	**26**
CA598 Livre des timbres 2010 (x12) autoadhésif	**Pho E23**	**26**
CA599 Carnet mixte 150 ans timbre fiscal (x12) autoadhésif	**Pho Ec**	**28**
a sans le trait supérieur des timbres Marianne		190
CA600 Le Carré d'Encre (x12) autoadhésif	**Pho E23**	**20**
a carnets avec pliage « cocotte » (jeu de 3 carnets)		4800
CA601 Timbres d'Andorre (x12) autoadhésif	**Pho E23**	**28**
b couverture maculée		60
CA602 Montimbramoi 2011 (x10, Sagem) autoadhésif	**Pho Ec**	**22**
a avec interruption de la Bande Pho continue	Pho Eci	40
CA603 Montimbramoi 2011 (x20, DAB) autoadhésif	**Pho Ec**	**42**
a Pho à cheval (interruption sur la 5e rangée)	Pho Eci	600
CA604 T.A.A.F. (x12) autoadhésif	**Pho E23**	**24**
a paire avec papier kraft de couvertures clair/foncé		30x2
CA605 Emissions communes (x12) autoadhésif	**Pho E23**	**22**
a impression sur raccord		3200

Roulette de 500 timbres

R4187-1 ND vertical gomme brillante	**Pho E22**	**2**
a piquage à cheval vertical paire		70x2
R4187-2 ND vertical gomme brillante	**Pho Ec**	**2**
a interruption de barre Pho continue (tous les 11 tp)	Pho Eci	6
b piquage à cheval vertical paire		70x2
c piquage à cheval horizontal avec 2 BP à droite		100
d impression sur raccord		1800
e impression très dégradée		60
f sans Pho		110
g paire horizontale de roulette		120
h non dentelé	Pho Ec	250

Roulette de 300 timbres

R4186-3 ND vertical autoadhésif	**Pho Ec**	**3,5**
a interruption de barre Pho continue (tous les 11 tp)	Pho Eci	8

4188 : TVP bleu (4231)
1ère émission de 2008
Impression en taille-douce rotative

* 1/07/2008   2 barres Pho

Feuille de 100 timbres

F4188-1 TD205 - GEM	gomme brillante	Pho E23	3
a 1 seule barre Pho à droite			18
b sans Pho (tir. 17/04/08)			28
c Pho à cheval (paire verticale)			12x2
d sans Pho tàn barre Pho à cheval (tir. 17/04/08) (décalage vertical)			90
e paire avec BP brisées - cases 99/100 (tir. 28/03/08)			20x2
F4188-2 TD205 - GEM	gomme brillante	Pho E23+F	20
F4188-3 TD207 - GEM	autoadhésif	Pho E22	5

Timbre issu de carnet

C4188-1 Carnet de 12 - Guichet	autoadhésif	Pho E23	3

Carnets complets

CA576 Carnet mixte Les valeurs de l'Europe	autoadhésif	Pho E23	35
a Barres Pho dégradées jusqu'à la rupture en milieu de timbre			45
CA579 Postexport 2008	autoadhésif	Pho E23	32

Roulette de 500 timbres

R4188-1 ND vertical	gomme brillante	Pho E22	3,5
R4188-2 ND vertical	gomme brillante	Pho Ec	3
a interruption de barre Pho tous les 11 timbres		Pho Eci	6
b piquage à cheval (paire verticale)			40x2
c pli accordéon			70
d piquage décalé horizontalement (1 BP à droite et bdf)			180
e pli accordéon			170
R4188-3 ND vertical	autoadhésif	Pho Ec	5
a interruption de barre Pho tous les 11 timbres		Pho Eci	9
b 3 bandes Pho type Ec			10
c 3 bandes Pho type Eci			18

4189 : 0,72 vert-olive (4232)
1ère émission de 2008
Impression en taille-douce rotative

* 1/07/2008   1 barre Pho à droite

Feuille de 100 timbres

F4189-1 TD205 - GEM	gomme brillante	Pho E23	2,5
F4189-2 TD207 - GEM	autoadhésif	Pho E22	5

4190 : 0,85 violet (4233)
1ère émission de 2008
Impression en taille-douce rotative

* 1/07/2008   2 barres Pho

Feuille de 100 timbres

F4190-1 TD205 - GEM	gomme brillante	Pho E23	6
F4190-2 TD201 - GEM	gomme brillante	Pho E22	3
F4190-3 TD207 - GEM	autoadhésif	Pho E22	6

4191 : 0,88 vieux-rose (4294)
1ère émission de 2008
Impression en taille-douce rotative

* 1/07/2008   2 barres Pho

Feuille de 100 timbres

F4191-1 TD215 - GGE	gomme brillante	Pho E22	2,8
a Pho à cheval variable (paire)			12x2
b sans Pho tàn barre Pho à cheval (tir. 27/05/08) (décalage vertical)			70
c sans Pho			90
F4191-2 TD207 - GEM	autoadhésif	Pho E22	5

4192 : 1,00 orange (4235)
1ère émission de 2008
Impression en taille-douce rotative

* 1/07/2008   2 barres Pho

Feuille de 100 timbres

F4192-1 TD201 et TD202 - GEM	gomme brillante	Pho E22	4
a barres Pho rompues (cases 41+42) paire			25x2
F4192-2 TD205 - GEM	gomme brillante	Pho E23	3
F4192-3 TD215 - GGE	gomme brillante	Pho E22	6
F4192-4 TD207 - GEM	autoadhésif	Pho E22	3
a Pré-découpe à cheval (décalage horizontal) (paire)			45x2
b Pré-découpe à cheval (décalage vertical) (paire)			45x2
F4192-x sans Pho (connu sur lettre)			""

4193 : 1,25 bleu pâle (4236)
1ère émission de 2008
Impression en taille-douce rotative

* 1/07/2008   2 barres Pho

Feuille de 100 timbres

F4193-1 TD205 - GEM	gomme brillante	Pho E23	5
F4193-2 TD207 - GEM	autoadhésif	Pho E22	9

4194 : 1,33 fuschia (4237)
1ère émission de 2008
Impression en taille-douce rotative

* 1/07/2008   2 barres Pho

Feuille de 100 timbres

F4194-1 TD201 - GEM	gomme brillante	Pho E22	4,5
F4194-3 TD207 - GEM	autoadhésif	Pho E22	7

4195 : 2,18 brun-prune (4238)
1ère émission de 2005
Impression en taille-douce rotative

* 8/01/2005   2 barres Pho

Feuille de 100 timbres

F4195-1 TD215 - GGE	gomme brillante	Pho E22	7
a sans Pho (tir. 22/4/08)			50
b sans Pho tàn (tir. 22/4/08)			60
F4195-2 TD207 - GEM	autoadhésif	Pho E22	10

4258 : 0,73 vert-olive (4342)
2ème émission de 2009
Impression en taille-douce rotative

* 2/03/2009   2 barres Pho

Feuille de 100 timbres

F4258-1 TD205	gomme brillante	Pho E23	5
F4258-2 TD207	autoadhésif	Pho E22	4
F4258-3 TD207	autoadhésif	Pho Ec	5
a interruption de barre Pho		Pho Eci	10

4259 : 0,90 vieux-rose (4243)
2ème émission de 2009
Impression en taille-douce rotative

* 2/03/2009   2 barres Pho

Feuille de 100 timbres

F4259-1 TD205	gomme brillante	Pho E23	5
a papier neutre aux UV (tir 26/02/09)			11
F4259-2 TD215	gomme brillante	Pho E22	3
a Pho à cheval (paire verticale)			9x2
b sans Pho (tir 03.02.09, 17.08.09 ou 31.08.09)			40
c sans Pho tàn ou barres Pho à cheval			60
d 1 barre Pho à gauche			110
e 2 barres Pho à gauche			55
f 1 barre Pho à gauche tenant à 2 barres Pho à gauche (tir. 11/02/10)			180
F4259-3 TD207	autoadhésif	Pho E22	6
F4259-4 TD207	autoadhésif	Pho Ec	6
a interruption de barre Pho		Pho Eci	12

4260 : 1,30 bleu pâle (4344)
2ème émission de 2009
Impression en taille-douce rotative

* 2/03/2009   2 barres Pho

Feuille de 100 timbres

F4260-1 TD205	gomme brillante	Pho E23	5
F4260-2 TD207		Pho Ec	10
a interruption de bande Pho		Pho Eci	16

4261 : 1,35 fuschia (4345)
2ème émission de 2009
Impression en taille-douce rotative

* 2/03/2009   2 barres Pho

Feuille de 100 timbres

F4261-1 TD205	gomme brillante	Pho E23	4,5
F4261-2 TD207	autoadhésif	Pho E22	6
F4261-3 TD207	autoadhésif	Pho Ec	6
a interruption de bande Pho		Pho Eci	12

4262 : 2,22 brun-prune (4346)
2ème émission de 2009
Impression en taille-douce rotative

* 2/03/2009   2 barres Pho

Feuille de 100 timbres

F4262-1 TD205	gomme brillante	Pho E23	15
F4262-2 TD215	gomme brillante	Pho E22	7
a essuyage défectueux trait vert. 21/4/08 2009 ?			15
b Pho à cheval (paire)			13x2
c Pho à cheval tenant à saut de Pho			45
F4262-3 TD207	autoadhésif	Pho E22	10
F4262-4 TD207	autoadhésif	Pho Ec	18
a interruption de bande Pho		Pho Eci	35

4408 : 0,75 vert-olive (4478)
3ème émission de 2010
Impression en taille-douce rotative

* 12/06/2010   2 barres Pho

Feuille de 100 timbres

F4408-1 TD205	gomme brillante	Pho E23	2,5
F4408-2 TD207	autoadhésif	Pho E22	4

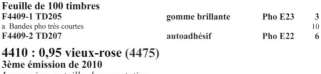

4409 : 0,87 violet (4474)
3ème émission de 2010
Impression en taille-douce rotative

* 12/06/2010   2 barres Pho

Feuille de 100 timbres

F4409-1 TD205	gomme brillante	Pho E23	3
a Bandes pho très courtes			10
F4409-2 TD207	autoadhésif	Pho E22	6

4410 : 0,95 vieux-rose (4475)
3ème émission de 2010
Impression en taille-douce rotative

* 12/06/2010   2 barres Pho

Feuille de 100 timbres

F4410-1 TD205	gomme brillante	Pho E23	5
F4410-2 TD215	gomme brillante	Pho E22	3
a sans Pho (tir. 19/05/10)			50
b sans Pho tà 1 barre Pho (tir. 19/05/10)			100
c barres Pho à cheval variable (paire verticale) (tir 22.06.10)			8x2
d Pho à cheval tenant à saut de Pho (paire verticale)			25
F4410-3 TD 202 – GEM	autoadhésif	Pho Ec	12
a interruption de barre Pho		Pho Eci	22
F4410-4 TD 207 – GEM	autoadhésif	Pho E22	7

4411 : 1,35 bleu pâle (4476)
3ème émission de 2010
Impression en taille-douce rotative

* 12/06/2010   2 barres Pho

Feuille de 100 timbres

F4411-1 TD205	gomme brillante	Pho E23	5
a essuyage défectueux trait vert. Blanc (21/4/2010)			40
F4411-2 TD207	autoadhésif	Pho Ec	10
a interruption de barre Pho		Pho Eci	18

4412 : 1,40 fuschia (4477)
3ème émission de 2010
Impression en taille-douce rotative

* 12/06/2010   2 barres Pho

Feuille de 100 timbres

F4412-1 TD205	gomme brillante	Pho E23	5
F4412-2 TD207	autoadhésif	Pho Ec	9
a interruption de barre Pho		Pho Eci	18
F4412-3 TD207	autoadhésif	Pho E22	10

4413 : 2,30 brun-prune (4478)
3ème émission de 2010
Impression en taille-douce rotative

* 12/06/2010   2 barres Pho

Feuille de 100 timbres

F4413-1 TD215	gomme brillante	Pho E22	7
a sans Pho (tir 31.05.10)			55
b sans Pho tà 1 barre Pho ou à 2 Pho (décalages variables)			140
c 2 barres pho à droite			35
d 1 barre Pho tà 2 barres Pho (décalage horizontal)			110
e Pho à cheval (paire verticale)			13x2
f Pho à cheval tenant à saut de Pho (paire verticale)			40
g Pli accordéon			230
F4413-2 TD207	autoadhésif	Pho Ec	18
a interruption de barre Pho		Pho Eci	35

4500 : Ecopli 20g gris (4565)
4e émission de 2011
Impression en taille-douce rotative

* 1/07/2011   1 barre Pho à droite

Feuille de 100 timbres

F4500-1 TD205 - GEM	gomme brillante	Pho E23	5
F4500-2 TD205 - GEM	gomme brillante	sans Pho	2,5
a piquage décalé sur le cadre supérieur			10
b défaut d'essuyage, très marqué sur l'oreille (Tir 06.03.12)			5
F4500-3 TD207 - GEM	autoadhésif	Pho E22	6
F4500-4 TD207 - GEM	autoadhésif	sans Pho	4
a encre beaucoup plus claire (tir. 14/12/12)			6

4501 : Lettre Prioritaire 20g rouge (4566)
4e émission de 2011
Impression en taille-douce rotative

* 1/07/2011   2 barres Pho

Feuille de 100 timbres

F4501-1 TD 205 – GEM	gomme brillante	Pho E23	3,5
F4501-2 TD 215 – GGE	gomme brillante	Pho E22	2
a encre rouge carmin (tir 07/06/11)			8
b piquage décalé sur le cadre supérieur			10
c barres Pho à cheval (décalage vertical) paire			8x2
d 2 barres Pho à gauche (décalage horizontal)			18
F4501-3 TD 207 – GEM	autoadhésif	Pho E22	3

Timbre issu de carnet

C4501-1 Carnet de 12 Guichet	autoadhésif	Pho E23	2
C4501-2 Carnet de 10 Sagem	autoadhésif	Pho Ec	2,5
a avec interruption de la bande Pho		Pho Eci	5
C4501-3 Carnet de 20 DAB	autoadhésif	Pho Ec	3
a avec interruption de bande Pho (haut ou bas de carnet)		Pho Eci	6

Carnets complets

CA606 Art gravé sur velin d'Arches (x12)	autoadhésif	Pho E23	22
a barres Pho dégradées jusqu'à rupture au milieu du timbre			45
b couverture avec 3 gras au début du code-barres			35
CA607 Choisissez le timbre vert (x12)	autoadhésif	Pho E23	20
a 4e colonne aux timbres plus clairs			45
CA608 Livre des timbres 2011 (x12)	autoadhésif	Pho E23	20
a encre de la couverture très claire			28
b paire de couvertures réactive et non réactive aux UV			50
c barres Pho dégradées (raccourcies en haut)			30
CA609 Le portail du timbre (x12)	autoadhésif	Pho E23	22
a paire de couvertures réactive et non réactive aux UV			55
CA610 Francophonie 2012 (x12)	autoadhésif	Pho E23	22
a paire de couvertures réactive et non réactive aux UV			55
CA611 Réservation St Pierre et Miquelon (x12)	autoadhésif	Pho E23	22
a BP continue : pont de Pho entre les deux rangées			70
b paire de couvertures réactive et non réactive aux UV			55
CA612 Salon de Vincennes (x12)	autoadhésif	Pho E23	22
CA613 Montimbramoi 2012 (x10, Sagem)	autoadhésif	Pho Ec	20
a avec interruption de la bande Pho		Pho Eci	40
CA614 Montimbramoi 2012 (x20, DAB)	autoadhésif	Pho Ec	35
a avec partie de date ou de numéro ou de RE			75
CA615 Montimbramoi 2012 (x12)	autoadhésif	Pho E23	22
CA616 Boutique web du timbre (x12)	autoadhésif	Pho E23	22
CA617 Réservation Polynésie (x12)	autoadhésif	Pho E23	20
a couverture avec 3 gras au début du code-barres			35
CA618 Livre des timbres 2012 (x12)	autoadhésif	Pho E23	25
CA618A Sauter du coq à l'âne (x12)	autoadhésif	Pho E23	22
CA618 Enveloppes PAP (x12)	autoadhésif	Pho E23	22
a couverture avec 3 gras au début du code-barres			35

Roulette de 500 timbres

R4501-1 ND vertical	gomme brillante	Pho Ec	2,5
a interruption de barre Pho continue (tous les 11 tp)		Pho Eci	5
b sans impression, avec barres Pho			90
c piquage décalé horizontalement contre les inscriptions			30
d piquage à cheval vertical			45

Roulette de 300 timbres
R4501-2 ND vertical	autoadhésif	Pho Ec	4,5
a interruption de barre Pho continue (tous les 11 tp)		Pho Eci	9

4502 : Europe 20g bleu (4567)
4e émission de 2011
Impression en taille-douce rotative

* 1/07/2011   2 barres Pho

Feuille de 100 timbres
F4502-1 TD205	gomme brillante	Pho E23	2,5
a sans Pho			400
F4502-2 TD207	gomme brillante	Pho E22	3,5
F4502-3 TD207	autoadhésif	Pho E22	3

Timbre issu de carnet
C4502-1 Carnet de 12 - Guichet	autoadhésif	Pho E23	2,5

Carnets complets
CA619 Postexport 2012-"12 TP"	autoadhésif	Pho E23	32
CA620 Postexport 2013 "carnet 12 TP" sans logo FSC			
	autoadhésif	Pho E23	50
a papier plus blanc, encre bleue plus foncée, encre marron de couverture plus claire (4e tir, 13/06/13)			100
a carnet daté 13/06/13			250
CA621 Postexport 2013 "carnet 12 TP" avec logo FSC			
	autoadhésif	Pho E23	32

Roulette de 500 timbres
R4502-1 ND vertical	gomme brillante	Pho E22	2,5
ND vertical	gomme brillante	Pho Ec	4
a interruption de banade Pho tous les 11 timbres		**Pho Eci**	8

Roulette de 300 timbres
R4502-2 ND vertical	autoadhésif	Pho Ec	4,5
a interruption de banade Pho tous les 11 timbres		Pho Eci	9

4503 : Monde 20g violet (4568)
4e émission de 2011
Impression en taille-douce rotative

* 1/07/2011   2 barres Pho

Feuille de 100 timbres
F4503-1 TD205	gomme brillante	Pho E23	3
a Barres Pho décalées à cheval verticalement tàn à paire			21x2
F4503-2 TD207	autoadhésif	Pho E22	5
a prédécoupe à cheval verticalement (paire)			25x2

4504 : Lettre Prioritaire 50g vieux-rose (4569)
4e émission de 2011
Impression en taille-douce rotative

* 1/07/2011   2 barres Pho

Feuille de 100 timbres
F4504-1 TD205	gomme brillante	Pho E23	3,3
a sans pho			280
b sans pho tenant à normal ou rémanant			330
F4504-2 TD202	gomme brillante	Pho E22	8
a piquage décalé horizontalement contre les inscriptions			30
F4504-3 TD207	autoadhésif	Pho E22	4

4505 : Lettre Prioritaire 100g fuschia (4570)
4e émission de 2011
Impression en taille-douce rotative

* 1/07/2011   2 barres Pho

Feuille de 100 timbres
F4505-1 TD202	gomme brillante	Pho E22	7
a pho légèrement à cheval (1mm) paire verticale			15x2
F4505-2 TD205	gomme brillante	Pho E23	4,6
F4505-3 TD207	autoadhésif	Pho E22	8

4506 : Lettre Prioritaire 250g brun-prune (4571)
4e émission de 2011
Impression en taille-douce rotative

* 1/07/2011   2 barres Pho

Feuille de 100 timbres

F4506-1 TD205	gomme brillante	Pho E23	7
F4506-2 TD207	gomme brillante	Pho E22	9
a Barres Pho à cheval (paire verticale)			28x2
F4506-3 TD207	autoadhésif	Pho E22	11

4525 : Lettre Verte 20g vert-bleu (4593)
5ème émission de 2011
Impression en taille-douce rotative

* 1/10/2011   1 barre Pho à droite

Feuille de 100 timbres

F4525-1 TD 205 – GEM	gomme brillante	Pho E23	1,7
F4525-2 TD 215 – GGE	gomme brillante	Pho E22	4
a sans Pho			60
b barre Pho à gauche			40
c sans Pho tenant à 1 barre Pho à gauche			120
d piquage à cheval vertical (tir 02/08/11) paire – BP alignée sur l'impression			70x2
e piquage à cheval vertical (tir 02/08/11) paire – BP alignée sur le piquage			90x2
f piquage décalé (tir 02/08/11) et BP à gauche			75
g piquage en croix (décalage horizontal et vertical)			220
h piquage en croix et sans Pho			290
F4525-3 TD 207 – GEM	autoadhésif	Pho E22	3

Timbre issu de carnet

C4525-1 Carnet de 12 Guichet	autoadhésif	Pho Ec	1,7
C4525-2 Carnet de 10, Sagem	autoadhésif	Pho Ec	1,7
a avec interruption de la bande Pho		Pho Eci	10
C4525-3 Carnet de 12 Guichet	autoadhésif	Pho Ec	1,7
a avec interruption de la bande Pho (bas de carnet)		Pho Eci	8

Carnets complets

CA622 Le timbre vert (x12)	autoadhésif	Pho E23	18
a tache en forme de boomerang sur la couverture			30
b paire de couvertures réactive et non réactive aux UV			45
CA623 Le timbre vert (x10, Sagem)	autoadhésif	Pho Ec	20
a avec interruption de la bande Pho		Pho Eci	70
b paire de couvertures réactive et non réactive aux UV			45
CA624 Le timbre vert (x20, DAB)	autoadhésif	Pho Ec	38
a avec interruption de la bande Pho (bas de carnet)		Pho Eci	75
b Paire de couvertures réactive et non réactive aux UV			85

Roulette de 500 timbres

R4501-1 ND vertical	gomme brillante	Pho Ec	2,5
a interruption de barre Pho continue (tous les 11 tp)		Pho Eci	5
b impression très dépouillée avec bande Pho			60
c impression à sec tà impression dépouillée tàn (bande 11)			""
d piquage à cheval vertical paire			55x2
e piquage à cheval horizontal			70
R4501-2 ND vertical	gomme brillante	Pho 22	5

Roulette de 300 timbres

R4501-3 ND vertical	autoadhésif	Pho Ec	4,5
a interruption de barre Pho continue (tous les 11 tp)		Pho Eci	9
b Piquage à cheval vertical paire			60x2
c Sans numéro au dos			25

4526 : Lettre Verte 50g vert-jaune (4594)
5ème émission de 2011
Impression en taille-douce rotative

* 1/10/2011   1 barre Pho à droite

Feuille de 100 timbres

F4526-1 TD205 - GEM	gomme brillante	Pho E23	2,8
a piquage à cheval (décalage horizontal)			50
F4526-2 TD207 - GEM	autoadhésif	Pho E22	5

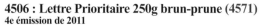

4527 : Lettre Verte 100g vert émeraude (4595)
5ème émission de 2011
Impression en taille-douce rotative

* 1/10/2011   1 barre Pho à droite

Feuille de 100 timbres

F4527-1 TD205 - GEM	gomme brillante	Pho E23	4,5
a piquage en croix			""
F4527-2 TD207 - GEM	autoadhésif	Pho E22	8

4528 : Lettre Verte 250g vert foncé (4596)
5ème émission de 2011
Impression en taille-douce rotative

* 1/10/2011   1 barre Pho à droite

Feuille de 100 timbres

F4528-1 TD205 - GEM	gomme brillante	Pho E23	6,5
F4528-2 TD202 - GEM	gomme brillante	Pho E22	8
F4528-3 TD207 - GEM	autoadhésif	Pho E22	12

BF4493A : Bloc Marianne et l'Europe (F4614)
Bloc de 7 timbres avec valeur permanente
Impression Offset

* Novembre 2011   1 barre Pho (Ecopli) et 2 barres Pho (autres valeurs)

	gomme brillante	Pho F	25
a avec teintes très vives			80
b non dentelé			200
c non dentelé et impression du fond en sépia			300
d non dentelé, fond sépia, avec Europe20g en sépia, impression à sec			
LP20g et Ecopli20g, sans impression des autres valeurs			850

BF 4325 : Bloc Les couleurs de Marianne (F4409)

BF4325A Bloc de 13 valeurs	gomme brillante	Pho H	40
a avec TVP bleu-gris au lieu de bleu			700

BF 4605 à 4619 : Bloc Les Etoiles d'Or

Coffret de 15 valeurs	gomme brillante	Pho E22	520

4605 à 4619 : timbres avec étoiles d'or

série de 15 timbres	gomme brillante		130
série en paires	gomme brillante		300
série en blocs de 4	gomme brillante		700

CA576 : Carnet La Poste célèbre les visages de la Cinquième République

CA576 Carnet de 12 Marianne	autoadhésif	Pho H	40

BF 4764 A et B : La Ve République au fil du timbre

* Novembre 2013   1 barre Pho (LV) et 2 barres Pho (LP et Lettre en ligne)

Bloc vertical de 12 Marianne (issu d'un carnet de 14)	gomme brillante	Pho E22	25
Bloc horizontal de 12 Marianne	gomme brillante	Pho E22	26

ADH BC 858B : carnet La Ve République au fil du timbre

Carnet adhésif de 14 Marianne	autoadhésif	Pho E22	40

4383 à 4396 : Feuilles 40e anniversaire du 1er timbre émis à Périgueux

Paire Cheffer+Beaujard+logos Taille Douce	gomme brillante	**15**
Paire Cheffer+Beaujard+logos Typographie	gomme brillante	**15**
paire avec tête-bêche		50
paire non dentelée		100
paire non dentelée avec tête-bêche		250
Paire Cheffer+Beaujard+logos Sérigraphie	gomme brillante	**15**
Bloc 8 timbres Cheffer+Beaujard+logos héliogravure	gomme brillante	**80**

BF 4632 : Premier anniversaire de la gamme courrier rapide

Bloc Lp20g + Lv20g +Lettre en ligne	gomme brillante	Pho E22	6

Personnalisé 82 : Bloc personnalisé Cérès de 2008

Bloc de 15 timbres (2xTVP vert et 2xTVP rouge) avec personnalisation Cérès impression Offset	gomme brillante	Pho F	60

Protégeons l'eau

4356 TVP Fête du Timbre 2010, avec vignette attenante

	gomme brillante	Pho E22	1,7

Protégeons la Terre
4458 TVP Fête du Timbre 2011, avec vignette attenante

	gomme brillante	Pho E22	1,7

Le feu
4634 TVP Fête du Timbre 2012, avec vignette attenante

	gomme brillante	Pho E22	1,7

Solidarité Haïti
4352 Timbre TVP avec vignette attenante +0,44 de don

	gomme brillante	Pho E22	3

ADH 391 Timbre TVP avec vignette attenante +0,44 de don

	autoadhésif	Pho E22	5

La Lettre verte a 3 ans
BF4867A Bloc Céres+Semeuse+Beaujard+Ciappa Pho E22 9
BF4867B Feuillet Beaujard + Ciappa (issu du carnet de 14 timbres) Pho E22 5
a essuyage défectueux, trainée d'encre verte 180

MARIANNE DE CIAPPA ET KAWENA
4705 : 0,01 jaune (4763)
1ère émission de 2013
Impression en taille-douce rotative

* 15/07/2013   1 barre Pho à droite

Feuille de 100 timbres

F4705-1 TD201	gomme brillante	Pho E22	0,5
F4705-2 TD205	gomme brillante	Pho E23	0,1
a sans Pho			""
F4705-3 TD207	autoadhésif	Pho E22	0,2

4706 : 0,05 brun (4763)
1ère émission de 2013
Impression en taille-douce rotative

* 15/07/2013   1 barre Pho à droite

Feuille de 100 timbres

F4706-1 TD201 et TD202	gomme brillante	Pho E22	0,1
F4706-2 TD205	gomme brillante	Pho E23	0,1
F4706-3 TD207	autoadhésif	Pho E22	0,3

4707 : 0,10 brun clair (4764)
1ère émission de 2013
Impression en taille-douce rotative
* 15/07/2013   1 barre Pho à droite
Feuille de 100 timbres

F4707-1 TD205	gomme brillante	Pho E23	0,3
a sans Pho (un exemplaire connu sur fragment)			""
F4707-2 TD207	autoadhésif	Pho E22	0,3

4708 : 1,00 orange (4765)
1ère émission de 2013
Impression en taille-douce rotative

* 15/07/2013   2 barres Pho

Feuille de 100 timbres

F4707-1 TD205	gomme brillante	Pho E23	2,8
F4707-2 TD207	autoadhésif	Pho E22	3

4709 : 20g Ecopli 20g gris (4766)
1ère émission de 2013
Impression en taille-douce rotative

* 15/07/2013   sans Pho

Feuille de 100 timbres

F4707-1 TD205	gomme brillante	sans Pho	1,7
F4707-2 TD207	autoadhésif	sans Pho	2,8

4710 : Lettre prioritaire 20g rouge (4767)
1ère émission de 2013
Impression en taille-douce rotative

* 15/07/2013   2 barres Pho

Feuille de 100 timbres
F4710-1 TD202 et TD205	gomme brillante	Pho E23	**2**
F4710-2 TD207	autoadhésif	Pho E22	**2,5**
a sans Pho (connu sur lettre)			15

Roulette de 1000 timbres
R4710-1 ND vertical	gomme brillante	Pho Ec	**2,2**
a interruption de barres Pho			4,4
b 2 barres à gauche			40
c piquage à cheval (paire)			50x2
R4710-2 ND vertical	autoadhésif	Pho Ec	**2,5**
a interruption de barres Pho			5

Timbre issu de carnet
C4710-1 Carnet de 12 - Guichet	autoadhésif	Pho E23	**1,8**
C4710-2 Carnet de 10 - SAGEM	autoadhésif	Pho E22	**R**
C4710-3 Carnet de 10 - SAGEM	autoadhésif	Pho Ec	**2**
C4710-4 Carnet de 20 - DAB	autoadhésif	Pho Ec	**1,8**
a interruption de barres Pho haut ou bas			4

Carnets
CA625 Le premier timbre 3D	autoadhésif	Pho Ec	**24**
CA626 Le portail du timbre	autoadhésif	Pho Ec	**24**
CA627 Le livre de l'année 2013	autoadhésif	Pho Ec	**24**
a Prédécoupe décalée à droite			600
CA628 Le Carré d'Encre 2013	autoadhésif	Pho Ec	**24**
CA629 La Francophonie 2014	autoadhésif	Pho Ec	**24**
CA630 Le premier timbre 3D SAGEM	autoadhésif	Pho Ec	**24**
CA630FLe premier timbre 3D SAGEM	autoadhésif	Pho E22	**R**
CA630A Les beaux timbres	autoadhésif	Pho Ec	**24**
CA630BMonTimbraMoi DAB	autoadhésif	Pho Ec	**40**
CA630C MonTimbraMoi SAGEM	autoadhésif	Pho Ec	**22**
a Erreur de date 57/10/14 au lieu de 27/10/14			60
b Date à droite			30
c Barres Pho sur dos couverture et carré Pho sur marge de droite			30
CA630D Personnalisant vos timbres avec photos 2014			
	autoadhésif	Pho Ec	**22**
CA630EGrand jeu timbres à gratter 2014	autoadhésif	Pho Ec	**22**
CA630FMonTimbraMoi Guichet	autoadhésif	Pho Ec	**25**
CA630G La boutique Web	autoadhésif	Pho Ec	**22**
CA631 La boutique du timbre 2013	autoadhésif	Pho Ec	**22**
CA632 Le premier timbre 3D DAB 2013	autoadhésif	Pho Ec	**40**
a 1 barre à droite tenant à 2 barres à droite			350
CA632A Francophonie 2015	autoadhésif	Pho Ec	**22**
CA632BLa Poste Aérienne	autoadhésif	Pho Ec	**22**
CA632C Les beaux timbres	autoadhésif	Pho Ec	**22**
CA632D Le livre des timbres 2015	autoadhésif	Pho Ec	**22**
CA632EProgramme philatélique d'Andorre DAB			
	autoadhésif	Pho Ec	**40**

4711 : Europe 20g bleu (4768)
1ère émission de 2013
Impression en taille-douce rotative

* 15/07/2013   2 barres Pho

Feuille de 100 timbres
F4711-1 TD202 et TD205	gomme brillante	Pho E23	2,3
a sans Pho (tir. 08.07.14 sur TD205)			","
b sans Pho tàn (tir. 18.03.14 sur TD205)			","
F4711-2 TD207	autoadhésif	Pho E22	2,8

Roulette de 1000 timbres
R4711-1 ND vertical	gomme brillante	Pho Ec	2,3
a interruption de barres Pho			5
b 2 barres à gauche et piquage à cheval vertical (paire)			60x2
R4711-2 ND vertical	autoadhésif	Pho Ec	2,8
a interruption de barres Pho			6

Timbre issu de carnet
C4711-1 Carnet de 12 - Guichet	autoadhésif	Pho E23	3

Carnets
CA633 Postexport	autoadhésif	Pho Ec	29

4712 : Monde 20g violet (4769)
1ère émission de 2013
Impression en taille-douce rotative

* 15/07/2013   2 barres Pho

Feuille de 100 timbres
F4712-1 TD202 et TD205	gomme brillante	Pho E23	2,7
F4712-2 TD207	autoadhésif	Pho E22	3

4713 : Lettre prioritaire 50g vieux-rose (4771)
1ère émission de 2013
Impression en taille-douce rotative

* 15/07/2013   2 barres Pho

Feuille de 100 timbres
F4713-1 TD201 et TD202	gomme brillante	Pho E22	2,7
F4713-2 TD205 et TD202	gomme brillante	Pho E23	2,7
F4713-3 TD207	autoadhésif	Pho E22	3,2

4714 : Lettre prioritaire 100g lilas (4772)
1ère émission de 2013
Impression en taille-douce rotative

* 15/07/2013   2 barres Pho

Feuille de 100 timbres
F4714-1 TD202	gomme brillante	Pho E22	10
F4714-2 TD205	gomme brillante	Pho E23	4,3
F4714-3 TD207	autoadhésif	Pho E22	5

4715 : Lettre prioritaire 250g brun (4773)
1ère émission de 2013
Impression en taille-douce rotative

* 15/07/2013   2 barres Pho

Feuille de 100 timbres

F4715-1 TD202	gomme brillante	Pho E23	12
F4715-2 TD205	gomme brillante	Pho E22	7
a Piquage à cheval (paire)			15x2
F4715-3 TD207	autoadhésif	Pho E22	7,5

4716 : Lettre verte 20g vert (4774)
1ère émission de 2013
Impression en taille-douce rotative

* 15/07/2013   1 barre Pho à droite

Feuille de 100 timbres

F4716-1 TD205 et TD202	gomme brillante	Pho E23	1,7
F4716-2 TD207	autoadhésif	Pho E22	1,8

Roulette de 1000 timbres

R4716-1 ND vertical	gomme brillante	Pho Ec	1,7
a interruption de barres Pho			4
b piquage à cheval (paire)			50x2
R4716-2 ND vertical	autoadhésif	Pho Ec	1,8
a interruption de barres Pho			4,5

Timbre issu de carnet

C4716-1 Carnet de 12 - Guichet	autoadhésif	Pho Ec	1,7
C4716-2 Carnet de 10 - SAGEM	autoadhésif	Pho Ec	2
C4716-3 Carnet de 20 - DAB	autoadhésif	Pho Ec	1,7
CA4716-x Carnet autoadhésif			
a sans Pho (un exemplaire connu sur fragment)			""

Carnets

CA634 Le timbre vert 2013	21
a impression sur raccord	""
CA635 Le timbre vert SAGEM 2013	19
CA636 PAP prestige 2014	21
CA637 Salon Planète-timbres 2014	21
CA638 Les beaux timbres en ligne	21
CA639 Choisissez le timbre vert 2014	21
CA640 Nouvel ane chinois - la chèvre 2014	21
CA641 Les timbres de l'année - L'album 2014	21
CA642 Découvrez la collection jeunesse	21
CA643 Découvrez les PAP festifs	21
CA644 Envie de savoir plus sur un timbre ?	21
CA645 www.laposte .fr	21
CA646 Timbres des TAAF SAGEM	21
CA647 Je collectionne, je m'abonne	21
CA648 ID Timbre	21
CA649 Année du singe	21

4717 : Lettre verte 50g vert-jaune (4775)
1ère émission de 2013
Impression en taille-douce rotative

* 15/07/2013   1 barre Pho à droite

Feuille de 100 timbres

F4717-1 TD201 et TD202	gomme brillante	Pho E22	6
F4717-2 TD205	gomme brillante	Pho E23	2,5
F4717-3 TD207	autoadhésif	Pho E22	2,8
F4717-x TD20x	gomme brillante		

a   sans Pho (un exemplaire connu sur lettre)   ""

4718 : Lettre verte 100g vert foncé (4776)
* 15/07/2013
Impression en taille-douce rotative

* 1/09/2013   1 barre Pho à droite

Feuille de 100 timbres

F4718-1 TD201	gomme brillante	Pho E22	8
F4718-2 TD205	gomme brillante	Pho E23	3,5
F4718-3 TD207	autoadhésif	Pho E22	4,5

4719 : Lettre verte 250g vert noir (4777)
1ère émission de 2013
Impression en taille-douce rotative

* 15/07/2013   1 barre Pho à droite

Feuille de 100 timbres

F4718-2 TD205	gomme brillante	Pho E23	6
F4718-3 TD207	autoadhésif	Pho E22	7

4930 : Europe 20g bleu Datamatrix (4975)
2ème émission de 2015
Impression en taille-douce rotative

* 1/09/2015   2 barres Pho

Feuille de 100 timbres

F4930-1 TD201 et TD205	gomme brillante	Pho E24	2,3
F4930-2 TD207	autoadhésif	Pho E24	2,8

Timbre issu de carnet

C4930-1 Carnet de 6 - Guichet	autoadhésif	Pho Ec	3

a   avec interruption de Pho   4

Carnets

CA649 Pour vos envois à l'international	autoadhésif	Pho E24	27

a   avec interruption de Pho   30

4931 : Monde 20g violet Datamatrix (4976)
2ème émission de 2015
Impression en taille-douce rotative

* 1/09/2015   2 barres Pho

Feuille de 100 timbres

F4931-1 TD205	gomme brillante	Pho E24	2,7
F4931-2 TD207	autoadhésif	Pho E24	3

4970 : Lettre prioritaire rouge (5016)
3ème émission de 2016 sans grammage
Impression en taille-douce rotative

* 1/01/2016   2 barres Pho

Feuille de 100 timbres

F4970-1 TD205	**gomme brillante**	**Pho E23**	**2**
F4970-2 TD207	**autoadhésif**	**Pho E22**	**2,5**

Roulette de 1000 timbres

R4970-1 ND vertical	**gomme brillante**	**Pho Ec**	**2,2**
a interruption de barres Pho		Pho Eci	4,5
R4970-2 ND vertical	**autoadhésif**	**Pho Ec**	**2,5**
a interruption de barres Pho		Pho Eci	5

Timbre issu de carnet

C4970-1 Carnet de 12 - Guichet	**autoadhésif**	**Pho E23**	**1,8**
C4970-3 Carnet de 10 - SAGEM	**autoadhésif**	**Pho Ec**	**1,8**
a interruption de barres Pho		Pho Eci	4
C4970-5 Carnet de 20 - DAB	**autoadhésif**	**Pho Ec**	**1,8**
a interruption de barres Pho		Pho Eci	3

Carnets

C650 Nouveau tarif 2016	**autoadhésif**	**Pho E23**	**24**
a Pho à cheval			80
C651 Paris Philex 2016	**autoadhésif**	**Pho E23**	24
C652 Nouveau tarif 2016 SAGEM	**autoadhésif**	**Pho Ec**	**24**
a interruption de barres Pho			40
C653 Nouveau tarif 2016 DAB	**autoadhésif**	**Pho Ec**	**40**
a interruption de barres Pho			45

4971 : Lettre verte vert (5015)
3ème émission de 2016
Impression en taille-douce rotative

* 1/01/2016   1 barre Pho à droite

Feuille de 100 timbres

F4971-1 TD205	**gomme brillante**	**Pho E23**	**1,7**
F4971-2 TD207	**autoadhésif**	**Pho E22**	**1,8**

Roulette de 1000 timbres

R4971-1 ND vertical	**gomme brillante**	**Pho Ec**	**1,7**
a interruption de barres Pho		Pho Eci	4
R4971-2 ND vertical	**autoadhésif**	**Pho Ec**	**1,8**
a interruption de barres Pho		Pho Eci	4,5

Timbre issu de carnet

C4971-1 Carnet de 12 - Guichet	**autoadhésif**	**Pho Ec**	**1,7**
a interruption de barres Pho		Pho Eci	3,5
b 1/2 barre Pho à droite			5
c deux 1/2 barres Pho			2
d 1/2 barre Pho à droite tenant à deux 1/2 barres Pho			15
C4971-3 Carnet de 10 - SAGEM	**autoadhésif**	**Pho Ec**	**1,9**
a interruption de barres Pho		Pho Eci	4
b barre Pho à gauche		Pho Ec	6
c barre Pho à gauche		Pho Eci	20

Carnets

C654 Nouveau tarif 2016 Guichet	**autoadhésif**	**Pho Ec**	**21**
a interruption de barres Pho		Pho Eci	40
C655 Nouveau tarif 2016 SAGEM	**autoadhésif**	**Pho Ec**	**21**
a interruption de barres Pho		Pho Eci	40
b barre Pho à gauche		Pho Ec	60
c barre Pho à gauche		Pho Eci	100

4972 : Europe bleu Datamatrix (5019)
3ème émission de 2016
Impression en taille-douce rotative

* 1/01/2016   2 barres Pho

Feuille de 100 timbres

F4972-1 TD205	gomme brillante	Pho E24	2,3
F4972-2 TD207	autoadhésif	Pho E24	2,8

Timbre issu de carnet

C4972-1 Carnet de 6 - Guichet	autoadhésif	Pho Ec	3
a interruption de barres Pho		Pho Eci	5

Carnets

C656 Pour vos envois à l'international	autoadhésif	Pho Ec	27
a interruption de barres Pho		Pho Eci	35

4973 : Monde violet Datamatrix (5020)
3ème émission de 2016
Impression en taille-douce rotative

* 1/01/2016   2 barres Pho

Feuille de 100 timbres

F4973-1 TD205	gomme brillante	Pho E24	2,7
F4973-2 TD207	autoadhésif	Pho E24	3

4974 : Ecopli gris (5014)
3ème émission de 2016
Impression en taille-douce rotative

* 1/01/2016   sans Pho

Feuille de 100 timbres

F4974-1 TD205	gomme brillante	sans Pho	1,7
F4974-2 TD207	autoadhésif	sans Pho	2,8

POSTE AERIENNE
récapitulatif

Ces timbres sont normalement intégrés dans la partie timbres-poste. On y trouvera tous les détails des fiches techniques, variétés, cotes sur lettre, épreuves, etc.

1920 ✈ - *Précurseur "Guynemer".*

	☆☆	☆	⊙
✈**Précurseur Guynemer**	**35**	**20**	**20**
centrage **parfait**	49	28	28
✈**Précurseur Guynemer sch**	**50**	**30**	**30**
centrage **parfait**	70	42	42

1927 ✈ - *Merson surchargés*

✈**1 Merson 2f surchargé**	**550**	**275**	**275**
centrage **parfait**	1 100	550	550
✈**2 Merson 5f surchargé**	**550**	**275**	**275**
centrage **parfait**	1 100	550	550

1928 ✈ - *Marcelin Berthelot et Pasteur, surchargés =10f afin de payer la surtaxe du transport par hydravion catapulté depuis le paquebot "Ile de France".*

✈**3 Berthelot "Ile de France"**	**4 300**	**3 000**	**2 250**
centrage **parfait**	5 100	3 600	2 700
✈**4 Pasteur "Ile de France"**	**17 500***	**13 200**	**11 000**
centrage **parfait**	21 000	15 840	13 200

*Prix atteint chez Roumet (544ème VSO) €8 938.

✈**4A Aéro-poste "Ile de France"**	**200**	
non dentelé	125	

1930-31 ✈ - *Avion survolant le port de Marseille.*

✈**5 1f 50 carmin**	**48**	**25**	**5**
✈**6b 1f 50 outremer**	**145**	**65**	**25**
centrage **parfait**	160	72	28

✈**5A EIPA 30, carmin**	**5 500**	**3 750**	**5 000**
centrage **parfait**	6 000	4 150	5 500
✈**6A EIPA 30, outremer**	**865**	**565**	**460**
centrage **parfait**	975	625	525

✈**6 1f 50 bleu**	**48**	**23**	**3**

1934 ✈ - *25ème anniv. de la 1ère traversée de la Manche en avion par Louis Blériot le 25 juillet 1909.*

✈**7 2f 25 Monoplan de Blériot**	**48**	**24**	**6**

1936 ✈ - *Avion survolant Paris.*

✈**8 85c vert foncé**	**10**	**3**	**2,5**
✈**9 1f 50 bleu**	**23**	**12**	**6**

A
É
R
IE
N
S

➤ 10 2f 25 violet   40   23   8
➤ 11 2f 50 rose carminé   52   32   9

➤ 12 3f outremer   45   30   2,5
➤ 13 3f 50 brun-jaune   130   80   27
Série ➤ 8 à 13 (6 timbres)   300   180   55

➤ 14 50f vert clair   **2 200** **1 000** **400**
          centrage **parfait**   2 420   1 100   440

1936 ✈ - Avion survolant Paris, burelé.

➤ 15 50f burelé   **1 700** **800** **385**
          centrage **parfait**   1 870   880   425

➤ 15A ⊠ 100f burelé, non émis   12 000

1946-47 ✈ - Série mythologique.

➤ 16 40f Centaure   0,7   0,5   0,3
➤ 17 50f Iris   0,8   0,5   0,3

➤ 18 100f Egine enlevée par Jupiter   8,5   4,5   1,4
➤ 19 200f Apollon sur le char du soleil 7   3,5   2
Série ➤ 16 à 19 (4 timbres)   17   9   4

1947 ✈ - 12ème congrès de l'Union Postale Universelle.

➤ 20 500f Ponts de Paris   62   38   62

1948 ✈ - Héros de l'aviation française.

➤ 21 50f+30f A. de St-Exupéry   3,5   2   3
➤ 22 100f+70f Jean Dagnaux   4,5   2,5   3,5

1948 ✈ - *50ème ann. du vol de l'avion de Clément Ader.*

✈23 40f+10f Avion de C. Ader   2   1   1,5

1949 ✈ - *Vues stylisées des villes de France.*

✈24 100f Lille   1,5   1   0,5
✈25 200f Bordeaux   15.5   8   1

✈26 300f Lyon   20   12   12
✈27 500f Marseille   73   39   6,5
Série ✈24 à 27 (4 timbres)   110   60   20

1949 ✈ - *Congrès International de Télégraphie et de Téléphonie.*

✈28 100f Pont Alexandre III   7,5   5   7

1950 ✈ - *Vues stylisées des villes de France.*

✈29 1000f Paris   175   100   32

1954 ✈ - *Prototypes.*

✈30 100f Mystère IV   3   2   0,2
✈31 200f Noratlas   12   6   0,3

✈32 500f Fouga Magister   230   100   14
✈33 1000f Provence   130   62   18,5
Série ✈30 à 33 (4 timbres)   375   170   33

1955 ✈ - *Aviatrice Maryse Bastié (1898-1952).*

✈34 50f Maryse Bastié   7   4   5

1957-59 ✈ - *Prototypes.*

✈35 300f MS 760 Paris   7   4   3

➤36 500f **Caravelle**   28   17   4
➤37 1000f **Alouette**   60   34   23

1960 ✈ - *Prototypes (reprise des anciennes valeurs avec faciales en nouveaux francs).*

	☆☆	⊙
➤38 2,00 **Noratlas**	1,5	0,2
➤39 3,00 **MS 760 Paris**	1,5	0,2

➤40 5,00 **Caravelle**   3   0,9
➤41 10,00 **Alouette**   14   2,7
Série ➤38 à 41 (4 timbres)   20   4

1965 ✈ - *Dassault "Mystère 20".*

➤42 2,00 **Mystère 20**   1   0,2

1969 ✈ - *1ᵉʳ vol du Concorde.*

➤43 1,00 **1ᵉʳ vol du Concorde**   1   0,5
➤43A 0,95 **1ᵉʳ vol du Concorde, non émis**   26500

1970 ✈ - *Aviateurs célèbres.*

➤44 20,00 J. **Mermoz & A. de St-Exupéry**   10   0,7
d - paire avec pont (issue des f 10)   40
e - paire horizontale (issue des f 25)   35

1971 ✈ - *100ᵉᵐᵉ ann. de la poste par ballons montés.*   **1971** ✈ - *Aviateurs célèbres.*

➤45 0,95 **Ballons montés**   1   0,7
➤46 5,00 **D. Daurat & R. Vanier**   2,3   0,2

1972 ✈ - *Aviateurs célèbres.*

➤47 10,00 **H. Boucher & M. Hilsz**   4,5   0,5

1973 ✈ - *Aviateurs célèbres. Taille-douce (f 25).*

➤48 15,00 **Guillaumet & Codos**   7   1

1976 ✈ - *Mise en service du Concorde sur la ligne Paris - Rio de Janeiro.*

➤49 1,70 **Concorde Paris - Rio**   1   0,5

1977 ✈ - *50ème anniversaire de la traversée de l'Atlantique Nord par Charles Lindbergh (1902-1974) en 1927 et de la disparition de Nungesser et Coli cette même année.*

✈50 1,90 Lindbergh, Nungesser et Coli   1   0,5

1978 ✈ - *50ème anniv de la 1ère liaison postale par avion entre Villacoublay et Pauillac.*

✈51 1,50 Liaison Villacoublay-Pauillac   0,8   0,5

1979 ✈ - *Salon international de l'Aéronautique et de l'espace.*

✈52 1,70 Salon aéronautique   1   0,8

1980 ✈ - *1ère traversée Paris New York sans escale par Costes & Bellonte en 1930.*

1981 ✈ - *Salon intᵃˡ de l'Aéronautique et de l'espace.*

✈53 2,50 Paris-New York   1,2   0,4
✈54 2,00 Mirage 2000   1,5   0,5

1981 ✈ - *Costes et Le Brix, 1ère traversée de l'Atlantique Sud sans escale.*

✈55 10,00 Costes et Le Brix   4,5   0,5

1982 ✈ - *Hydravion Laté 300 "Croix du Sud".*

✈56 1,60 Hydravion "Croix du Sud"   1   0,5

1984 ✈ - *Aviation civile de l'entre-deux guerres.*

✈57 15,00 Farman F 60 "Goliath"   7   1
a - papier couché, impression fine (1987)   9   2

1985 ✈ - *Aviation civile de l'entre-deux guerres.*

✈58 20,00 Hydravion CAMS 53   9   1
a - impression partiellement détruite t. à normal   350
b - papier couché, impression fine (1987)   12   2

1986 ✈ - *Aviation civile de l'entre-deux guerres.*

✈**59 30,00 Wibault 283**   **14**   **2**
a - papier couché, impression fine (1992)   18   4

1987 ✈ - *Aviation civile de l'entre-deux guerres.*

✈**60 50,00 Dewoitine 338**   **23**   **6**

1997 ✈ - *Bréguet XIV.*

✈**61 20,00 Bréguet XIV (dt 13x12½)**   **8**   **2**
a - dentelé 13x13½ de feuille de 40   40   7
b - dentelé 13x13½ de feuille de 10   12   4
c - le feuillet de 10   120

1998 ✈ - *Potez 25.*

✈**62 30,00 Potez 25**   **13**   **3**
a - dentelé 13x13½ au lieu de 13x12½   17   5
b - le feuillet de 10   170

1999 ✈ - *Airbus A300-B4 de l'Aéropostale.*

✈**63 15,00 Airbus A300-B4**   **7**   **2**
a - dentelé 13x13½ au lieu de 13x12½   20   4
b - le feuillet de 10   200

2000 ✈ - *Couzinet 70.*

✈**64 50,00 Couzinet 70**   **23**   **8**
a - dentelé 13x13½ au lieu de 13x12½   30   10
b - le feuillet de 10   300

2002 ✈ - *1er vol de l'Airbus A300, le 28 octobre 1972.*

✈**65 3,00€ Airbus A300**   **9**   **2**
a - avec bdf du feuillet de 10   12   3
b - le feuillet de 10   120

2003 ✈ - *Jacqueline Auriol (1917-2000).*

✈**66 4,00€ Jacqueline Auriol**   **12**   **3**
a - avec bdf du feuillet de 10   15   4
b - le feuillet de 10   150

2004 ✈ - *Marie Marvingt (1875-1963).*

✈**67 5,00€ Marie Marvingt**   **15**   180
a - avec bdf du feuillet de 10   18   **4**
b - le feuillet de 10   4

2005 ✈ - *Adrienne Bolland (1895-1975).*

✈68 2,00€ **Adrienne Bolland**   **6**   **2**
a - avec bdf du feuillet de 10   7,5   2
b - le feuillet de 10   75

2006 ✈ - *Airbus A 380.*

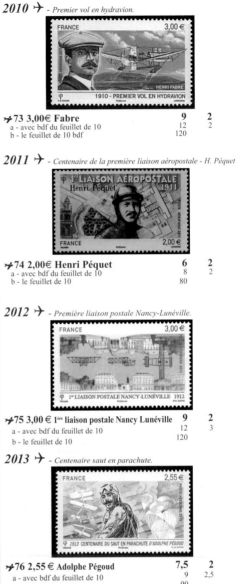

✈69 3,00€ **Airbus A 380**   **9**   120   3
a - avec bdf du feuillet de 10   12   **2**
b - le feuillet de 10 bdf   120

2007 ✈ - *100ème anniversaire de l'hélicoptère.*

✈70 3,00€ **Hélicoptère EC130**   **9**   **2**
a - avec bdf du feuillet de 10   12   3
b - le feuillet de 10   120

2008 ✈ - *Patrouille de France.*

✈71 3,00€ **Patrouille de France**   **9**   **2**
a - avec bdf du feuillet de 10   12   3
b - le feuillet de 10   120

2009 ✈ - *Traversée de la Manche.*

✈72 2,00€ **Blériot**   **6**   **2**
a - avec bdf du feuillet de 10   8   2
b - le feuillet de 10   80

2010 ✈ - *Premier vol en hydravion.*

✈73 3,00€ **Fabre**   **9**   **2**
a - avec bdf du feuillet de 10   12   2
b - le feuillet de 10 bdf   120

2011 ✈ - *Centenaire de la première liaison aéropostale - H. Péquet*

✈74 2,00€ **Henri Péquet**   **6**   **2**
a - avec bdf du feuillet de 10   8   2
b - le feuillet de 10   80

2012 ✈ - *Première liaison postale Nancy-Lunéville.*

✈75 3,00 € **1ère liaison postale Nancy Lunéville**   **9**   **2**
a - avec bdf du feuillet de 10   12   3
b - le feuillet de 10   120

2013 ✈ - *Centenaire saut en parachute.*

✈76 2,55 € **Adolphe Pégoud**   **7,5**   **2**
a - avec bdf du feuillet de 10   9   2,5
b - le feuillet de 10   90

2013 ✈ - *Première traversée de la Méditerranée.*

✈77 3,4 € **Roland Garros**   **10,5**   **2**
a - avec bdf du feuillet de 10   13   3
b - le feuillet de 10   130

2014 ✈ - *Caroline Aigle (1874-2007) pilote militaire.*

✈ **78** 3,55 € **Caroline Aigle et Mirage 2000.5** **10** 2
   a - avec bdf du feuillet de 10   13   2
   b - le feuillet de 10   130

2015 ✈ - *Gaston Caudron (1882-1915)*
mixte Offset/Taille-douce – 15 juin (f40)

✈ **79** (PA79) Portrait devant biplan   **12**   4   6
   a - le feuillet de 10   123

2016 ✈ - *Edouard Nieuport 1876-1911 mixte offset/*
Taille douce
10 juin – Bloc feuillet de 10 timbres avec marges illustrées

✈ **80**   4,80 € Edouard Nieuport   **12**   4,8   7
        le bloc feuillet de 10 timbres   130

2017 ✈ - *Georges Guynemer 1894-1917 mixte offset/*
Taille douce
8 septembre (f40 et Bloc feuillet de 10 timbres avec marges
illustrées)

✈ **81**   5,10 € Georges Guynemer (f40)   **15**   5   7,5
        le bloc feuillet de 10 timbres   130

BLOCS SPÉCIAUX

La faiblesse des tirages fait que la présence éventuelle d'une charnière importe peu.

Note: Ne pas confondre ces blocs avec les épreuves de luxe (toujours non dentelées), dont la présentation est très proche.

☆☆

BF	**1 Fragonard et musée postal** (tirage:12)	3 700
BF	**2 Alfred Fournier** (tirage:14)	1 400
BF	**3 Armoiries 1946 (Corse, ...)** (tirage: 13)	1 350
BF	**4 Conférence de Paris** (tirage: 1 000)	650
BF	**5 Célébrités 1946 (Charles VII)** (tirage:13)	1 800
BF	**6 Série cathédrales de 1947** (tirage:13)	1 800

BF	**7 Congrès de l'U. P. U.** (tirage:20)	1 800
	non dentelé (tirage: 200)	1 350
BF	**8 Célébrités 1948 (Affre)** (tirage: 14)	1 800
BF	**9 Touristiques 1947-48 (Conques, ...)** (tirage: 14)	1 350
BF	**10 Nations-Unies (Palais de Chaillot)** (tirage:400)	650
BF	**11 Paul Langevin et Jean Perrin** (tirage: 14)	1 500
BF	**12 Série des métiers de 1949** (tirage: 14)	1 500
BF	**13 100ième anniversaire du timbre** (tirage: 15)	4 200
BF	**14 Armoiries 1949 (Bourgogne, ...)** (tirage: 15)	1 350
BF	**15 Touristiques 1949 (Comminges, ...)** (tir: 15)	1 350
BF	**16 Congrès du C.I.T.T.** (tirage: 15)	1 800
BF	**17 75ème anniversaire de l'U.P.U.** (tirage: 16)	2 600
BF	**18 Célébrités 1949 (Turgot)** (tirage: 15)	1 500
BF	**19 Fontaine de Bouchardon (saisons)** (tirage: 15)	1 500
BF	**20 Célébrités 1950 (Hoche)** (tirage: 16)	1 500

BF	**21 Mme de Sévigné et Mme Recamier** (tirage: 16)	1 500
BF	**22 Croix-Rouge (Brongniart, l'amour)** (tir: 16)	2 000
BF	**23 Touristiques 1950-51 (Châteaudun, ...)** (tir: 16)	1 350
BF	**24 Célébrités 1951 (Napoléon)** (tirage: 16)	1 550
BF	**25 Armoiries 1951 (Artois, ...)** (tirage: 16)	1 350
BF	**26 Poètes symbolistes** (tirage: 16)	1 500
BF	**27 Nations-Unies** (tirage: 20)	1 750
BF	**28 Croix-Rouge 1951 (enfant royal, ...)** (tir: 17)	1 850
BF	**29 Touristiques 1951-52 (Arbois, ...)** (tirage: 17)	1 350
BF	**30 Narvik et Bir-Hakeim** (tirage: 17)	1 350
BF	**31 Vaucouleur et Viaduc de Garabit** (tirage: 17)	1 500
BF	**32 Célébrités 1952 (Thiers)** (tirage: 17)	1 500
BF	**33 Croix-Rouge 1952 (bassin de Diane)** (tir: 18)	1 800
BF	**34 Leclerc (général et maréchal)** (tirage: 18)	1 500
BF	**35 Célébrités 1953 (Lyautey)** (tirage: 18)	1 500
BF	**36 Armoiries 1953 (Picardie, ...)** (tirage: 18)	1 350
BF	**37 Théâtre français** (tirage: 18)	1 300
BF	**38 Armoiries 1953 (Gascogne et Berry)** (tirage: 18)	1 300
BF	**39A & B Jeux Olympiques (2 blocs)** (tirage: 18)	2 600
BF	**40 Croix-Rouge 1953 (Vigée -Le Brun, ...)** (tir: 18)	2 250
BF	**41A & B Productions de luxe (2 blocs)** (tir: 18)	2 200
BF	**42A & B Touristiques 1954 (Lourdes, ...) (2 bl.)** (tir: 19)	2 100
BF	**43 Libération, Leclerc, De Lattre** (tirage: 19)	1 500
BF	**44 Versailles (par Utrillo)** (tirage: 19)	1 300

BF	**45 Célébrités 1954 (Valery)** (tirage: 19)	1 500
BF	**46 Armoiries 1954 (Maine, ...)** (tirage: 19)	1 300
BF	**47 Croix-Rouge 1954 (Maternité, ...)** (tirage: 20)	1 800
BF	**48 Marianne de Muller** (tirage: 22)	1 650
BF	**49A & B Inventeurs 1955 (Le Bon, ...) (2 blocs)** (tirage: 20)	1 800
BF	**50 Célébrités 1955 (Renoir)** (tirage: 21)	1 500
BF	**51A & B Touristiques 1955 (Rég. bordelaise) (2 blocs)** (tirage: 21)	1 800
BF	**52 Armoiries 1955 (Comté de Foix, ...)** (tir: 21)	1 300
BF	**53 Croix-Rouge 1955 (enfant à la cage, ...)** (tir: 22)	1 800

BF 54 **Colonel Driant, Verdun** (tirage: 22)   1 200

BF 55 **Inventeurs 1956 (Fabre, …)** (tirage: 22)   1 300

BF 56 **Célébrités 1956 (Ravel)** (tirage: 22)   1 500

BF 57 **Sports** (tirage: 22)   1 800

BF 58 **Europa 1956** (tirage: 22)   6 200

BF 59 **Réalisations techniques** (tirage: 22)   1 300

BF 60 **Personnages étrangers (Van Gogh)** (tir: 22)   1 600

BF 61 **Croix-Rouge 1956 (jeune paysan, …)** (tir: 22)   1 750

BF 62 **Inventeurs 1957 (Planté, …)** (tirage: 22)   1 050

BF 63 **Héros de la résistance (Moulin, …)** (tirage: 22)   1 300

BF 64A & B **Célébrités 1957 (J. Guesde) (2 blocs)** (tir: 22)   1 500

BF 65 **Moissonneuse** (tirage: 22)   1 300

BF 66A à D **Touristiques 1957 (Le Quesnoy, …) (4 blocs)** (tir: 22)   3 000

BF 67 **Europa 1957** (tirage: 22)   2 400

BF 68A & B **Pers. étrangers (Goethe) (2 blocs)** (tirage: 22)   2 000

BF 69 **Croix-Rouge 1957 (Oeuvres de Callot)** (tir: 22)   1 500

BF 70 **Médecins** (tirage: 22)   1 350

BF 71 **Savants** (tirage: 22)   1 350

BF 72 **Villes reconstruites** (tirage: 22)   1 300

BF 73 **Héros de la résistance (Cavaillès, …)** (tir: 22)   1 300

BF 74 **Jeux traditionnels** (tirage: 21)   1 500

BF 75 **Célébrités 1958 (Toulouse-Lautrec)** (tir: 21)   1 350

BF 76 **Europa 1958** (tirage: 35)   2 000

    non dentelé (tirage: 20)   2 700

BF 77 **U.N.E.S.C.O.** (tirage: 20)   1 600

BF 78 **Armoiries 1958 (Marseille, …)** (tirage: 20)   1 350

BF 79 **Croix-Rouge 1958 (St V. de Paul, …)** (tir: 20)   1 600

BF 80 **Héros de la résistance (5 martyrs, …)** (tir: 20)   1 300

BF 81 **Réalisations techniques** (tirage: 20)   1 150

BF 82 **Célébrités 1959 (Bartholdi)** (tirage: 20)   1 300

BF 83 **Europa 1959** (tirage: 20)   1 700

BF 84 **Croix-Rouge 1959 (Ch. M. de l'Epée, …)** (tir: 20)   1 600

BF 85 **Télécommunications spatiales (1962)** (tir: 400)   800

BF 86 **U.I.T. (1965)** (tirage: 300)   1 050

BF 87 **Lancement du satellite D1 (1965)** (tirage: 400)   1 050

BF 88 **Marianne de Cheffer (1967)** (tirage: 300)   1 350

BF 89 **Comptes courants postaux (1968)** (tirage: 300)   800

Poste aérienne

BF ✈ 1 **Série mythologique** (tirage:13)   2 250

BF ✈ 2 **Congrès de l'U.P.U.** (tirage:20)   2 500

    non dentelé (tirage: 200)   1 250

BF ✈ 3 **Saint-Exupéry, Dagnaux** (tirage: 15)   2 000

BF ✈ 4 **Saint-Exupéry, Dagnaux, Ader** (tirage: 15)   2 000

BF ✈ 5 **Villes stylisées** (tirage:15)   2 150

BF ✈ 6 **Pont Alexandre III (C.I.T.T.)** (tirage:14)   2 150

BF ✈ 7 **Prototypes** (tirage:18)   2 550

BF ✈ 8 **Caravelle** (tirage: 20)   2 150

Timbres de Service

BF 🏛 1 **Conseil de l'Europe** (tirage: 20)   2 000

BANDES PUBLICITAIRES ET PAIRES VERTICALES

*Les paires verticales et les doubles publicités sont toujours données dans l'ordre **haut - bas**.*

Les cotes sont réparties en 4 colonnes:
1ère colonne: neuf ** sans charnière
2ème colonne: neuf * avec charnière légère
3ème colonne: oblitéré (période d'afft)
4ème colonne: oblitéré sur ▤ (période d'afft)
(afft cpsé: tbre le plus cher sur ▤ + autres tbres oblitérés)
Blocs de 10 de carnet = somme des bandes de 5 ou paire verticale x5,5

Paire verticale avec bords blancs

bande publicitaire (bande supérieure)

avec double publicité

pli accordéon

dt ten à nd, p^r Vouvray + Sanglier

pub dent ten à nd, Ricklès + Barbès

impression dépouillée

Bdes de 5: *Pubs pouvant poser un problème d'identification.*

"Olibet (texte)" (21a)

"Olibet (texte)" (21a)

"M. Digeaux" (30Aa, 31Ca, 127Ba)

"Rolland" (38a)	Résyl ASCEINE Résyl ASCEINE Résyl
"Urodonal" (52a, 68a)	URODONAL Rhumatismes
"Gyraldose" (51a, 61a)	GYRALDOSE hygiène de la femme
"Phénix" (99a, 123a)	par sa fabrication soignée / en fleur fluideau supérieur / tranchant résistant / sans concession possible / qualités incomparables
"Phénix" (99a, 123a)	c'est la lame que vous cherchez / vous n'en voudrez plus d'autres / partout et toujours / aucune lame ne peut la remplacer / vous êtes sensez toujours satisfait
"Provins" (bde sup 101a)	PROVINS 1½ de PARIS PROVINS Cité du Moyen Age PROVINS
"Provins" (bde inf 101a)	Ses Monuments Ses Ruines / Sa Tour César / Son Dôme St^e Quiriace / Ses Eaux Minérales / Ses Remparts Ses Eglises
"Quinzaine Phil" (102b,c)	LISEZ TOUS LA Quinzaine Philatélique PROVINS EDITIONS SUARNET PROVINS 3 à m
"Quinzaine Phil" (102b,c)	G. QUINZAINE PHILATELIQUE LE CATALOGUE GALLIA LA LOUPE GALLIA Les Albums Gallia EDITIONS SUARNET PROVINS 3 à m
"Poste (CCP)" (129a ►► 251a)	DEMANDEZ L'OUVERTURE D'UN COMPTE COURANT POSTAL
"Champigneules" (bde sup 146a)	ses trois marques impeccables nectar super · nectar silva
"Champigneules" (bde inf 146a)	ses dernières créations bière de france brune blonde
"Gallia" (151a)	CATALOGUE GALLIA 1930 Quinzaine Philatélique Provins CATALOGUE GALLIA 1930 Quinzaine Philatélique Provins CATALOGUE GALLIA
"Phila Gallia" (155a)	L'Pochette PHILA le timbre L'Pochette PHILA le timbre POCHETTE PHILA POCHETTE PHILA collectionneurs PHILA PROTECTRICE
"Phila Gallia" (155a)	Quinzaine philatélique Catalogue GALLIA Nigrum GALLIA PHIL ARGUS PROVINS
"Poste"	GAGNEZ DU TEMPS UTILISEZ LA POSTE AÉRIENNE
"Poste"	Visitez le MUSÉE POSTAL 4, RUE ST-ROMAIN Paris-6e
"Poste"	Pour PARIS mettez le n° de l'arrondiss^t
"Provins" (285a)	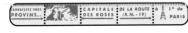
"Ch. Thierry" (293a)	

Blanc
5c vert au type IB
(paire verticale avec bords blancs)

	☆☆	☆	◉	▣
❑ **1 Paire vert**ᵃˡᵉ **avec bords blancs**	**110**	**80**	**60**	**135**

Semeuse lignée
15c vert au type V, papier GC
(paire verticale avec bords blancs)

❑ **2 Paire vert**ᵃˡᵉ **av bords blancs (GC)**	**80**	**40**	**30**	**85**
a - paire verticale, papier blanchâtre	140	90		
non dentelé	1 500	900		
b - paire verticale, papier X	1 000	600		
c - piquage à cheval, papier GC	350	230		

Semeuse chiffres maigres
10c rouge au type III
(paire verticale avec bords blancs)

❑ **3 Paire vert**ᵃˡᵉ **avec bords blancs**	**80**	**40**	**30**	**85**
a - tbre très contrasté (semeuse blanche)	95	50	40	

Semeuse camée
5c vert, type I
(paire verticale avec bords blancs)

❑ **4 Paire vert**ᵃˡᵉ **avec bords blancs**	**42**	**25**	**18**	**45**

Type IIA *(paire verticale avec bords blancs)*

❑ **5 Paire vert**ᵃˡᵉ **avec bords blancs**	**20**	**12**	**12**	**35**
non dentelé	325	215		
a - paire verticale, papier GC blanc	40	30	22	
b - paire verticale, papier GC chamois	35	22	17	
c - paire verticale, papier X	700	490		
d - paire verticale, impr incomplète	350	230		
e - piquage à cheval (papier GC)	185	120		

Semeuse camée
10c rouge, type IC (chiffres gras)
(paire verticale avec bords blancs)

❑ **6 Paire vert**ᵃˡᵉ **avec bords blancs**	**70**	**38**	**25**	**75**
non dentelé	700	500		
a - paire verticale, papier GC	425	300		
b - paire verticale, papier X	1 000	580		
c - types IC & IA se tenant, paire vert**ᵃˡᵉ**	200	125		
d - types IC & IA se tenant, pʳ vert**ᵃˡᵉ** GC	1 250	800		
e - types IC & IA se tenant, pʳ vert**ᵃˡᵉ** X	2 500	1 850		

Type II *(bande horizontale de 3 av bords blancs)*

❑ **7 Bande de 3 avec bords blancs**	**320**	**190**	**175**	
a - bande de trois, papier X	400	240		
b - bloc de 6 de carnet	650	455	425	
c - bloc de 6 de carnet, papier X	800	560		

Semeuse camée
25c bleu, type IB
(paire verticale avec bords blancs)

❑ **8 Paire vert**ᵃˡᵉ **avec bords blancs**	**725**	**475**

Type II *(paire vert*ᵃˡᵉ *avec bords blancs et bandes publicitaires)*

❑ **9 Paire vert**ᵃˡᵉ**, bords blancs** (60mm)	**125**	**75**	**45**	**110**
non dentelé	375	245		
a - hauteur de 72mm au lieu de 60mm	160	95	60	140
b - piquage oblique par pliage (60mm)	600	420	375	1 100

❑ **10 Publicité "Amourette"**	**230**	**140**	**45**	**185**
a - bande de cinq avec texte complet	1 150	875		

❑ **11 "Annales"**	**120**	**70**	**20**	**90**
a - bande de cinq avec texte complet	660	480		
b - ‖ Annales + Olibet	265	160	80	
c - ‖ Annales + Rozan	285	185	95	
d - impr recto-verso ‖ Annales + Rozan	1 150	775		

❑ **12 "Bernot"**	**400**	**240**	**125**	**300**
a - bande de cinq avec texte complet	2 200	1 600		
b - ‖ Bernot + Jif	1 100	660	325	
c - ‖ Bernot + Koto	1 100	660	325	

❑ **13 "Bisquit"**	**47**	**29**	**10**	**30**
a - bande de cinq avec texte complet	250	200		
b - ‖ Bisquit + Bisquit	95	60	50	

❑ **14 "Eco"**	**210**	**125**	**40**	**185**
a - bande de cinq avec texte complet	1 150	775		
b - ‖ Eco + Olibet (texte)	480	320	215	
c - piquage à cheval	900	635		

❑ **15 "Evian (Source Cachat)"**	**35**	**20**	**7**	**18**
non dentelé	175	145		
a - bande de cinq avec texte complet	200	150		
b - ‖ Evian + Evian	70	43	35	
c - piquage à cheval (en croix)	300	195		
d - piquage triple	375	245		
e - dentelé tenant à non dentelé	700			
verticalement				

❑ **16 "Grey Poupon"**	**95**	**55**	**18**	**80**
a - bande de cinq avec texte complet	530	410		
b - ‖ Grey Poupon + Amourette	350	235	175	
c - ‖ Grey Poupon + Vichy	225	145	75	

☐ 17 "Guyot" — 150 95 30 100
a - bande de cinq avec texte complet — 750 550
b - ‖ Guyot + Jif — 325 220 125

☐ 18 "Jif" — 150 100 30 120
a - bande de cinq avec texte complet — 825 625

☐ 19 "Koto" — 500 330 150 385
a - bande de cinq avec texte complet — 2 800 2 150

☐ 20 "Louvre" — 260 175 70 235
a - bande de cinq avec texte complet — 1 425 1 075
b - ‖ Louvre + Louvre — 550 370 210

☐ 21 "Olibet (texte)" — 220 130 35 190
a - bande de cinq avec texte complet — 1 200 850

☐ 22 "Olibet (biscuits)" — 95 55 17 75
a - bande de cinq avec texte complet — 530 410
b - pli accordéon — 375 245

☐ 23 "Rozan" — 130 80 22 100
a - bande de cinq avec texte complet — 720 505
b - impression recto-verso — 575 410

☐ 24 "Secours" — 65 39 10 27
a - bande de cinq avec texte complet — 360 260
b - ‖ Secours + Secours — 140 85 35
c - dentelé 1 ou 3 côtés — 500 375
d - piquage oblique par pliage — 325 220

☐ 25 "Soulac (Bénédictins)" — 120 70 25 90
a - bande de cinq avec texte complet — 660 450
b - ‖ Soulac + Olibet (biscuits) — 230 150 75

☐ 26 "Vichy (Source agréable)" — 100 60 15 80
a - bande de cinq avec texte complet — 550 425
b - ‖ Vichy + Olibet (biscuits) — 230 150 75
c - double pub Vichy + Grey Poupon — 385 270

Type IV *(paire verticale avec bords blancs)*

☐ 27 Paire vert^{ale} avec bords blancs — 425 270
a - paire verticale, papier GC — 725 455

Semeuse Croix-Rouge
10c + 5c rouge
(paire verticale avec bords blancs)

☐ 28 Paire vert^{ale} avec bords blancs — 240 150

Semeuse camée, 5c orange
Type IIA
(paire verticale avec bords blancs)

☐ 29 Paire vert^{ale} avec bords blancs — 9,5 6,5 4,5 11
a - dentelé tenant à non dentelé — 1 000 725

Semeuse camée, 10c vert
Type IC (chiffres gras)
(paire verticale avec bords blancs et pub privée)

☐ 30 Paire vert^{ale}, bords blancs (60mm) — 26 16 13 30
a - types IC & IA se tenant, paire vert^{ale} — 90 55
b - hauteur de 72mm au lieu de 60mm — 27 16 13 30
c - types IC & IA se tenant, 72mm — 90 55

☐ 30A "Maurice Digeaux" (pub privée) — 335 220 220
a - bande de cinq avec texte complet — 1 900 1 450
b - ‖ Maurice Digeaux x2 — 725 465

Pasteur
10c vert
(paire verticale avec bords blancs et pubs privées)

☐ 31 Paire vert^{ale} avec bords blancs — 8 5 4 10

☐ 31A "Aiglon" (publicité privée) — 235 155 170
a - bande de cinq avec texte complet — 1 300 900
b - ‖ Aiglon + Aiglon — 525 330 380

☐ 31B "Cycles Chantecler" (pub privée) — 260 170
a - bande de cinq avec texte complet — 1 350 950
b - ‖ Chantecler x2 — 560 365

☐ 31C "Maurice Digeaux" (pub privée) — 235 155 170
a - bande de cinq avec texte complet — 1 300 950
b - ‖ Maurice Digeaux x2 — 525 355

☐ 31D "Villes du Doubs" (pub privée) — 125 80 90
a - bande de cinq avec texte complet — 625 475
b - ‖ Villes du Doubs x2 — 250 190

☐ 31E "Villes de Normandie" (privée) — 125 80 90
a - bande de cinq avec texte complet — 625 475
b - ‖ Villes de Normandie x2 — 250 190

Semeuse camée, 30c rose
Type IIB
(bandes publicitaires)

☐ 32 "Aequitas" — 16 11 9,5 24
a - bande de cinq avec texte complet — 80 65
b - ‖ Aequitas + Oxymenthol — 33 22 20

☐ 33 "Evian (Source Cachat)" — 12 7,5 5,5 12
a - bande de cinq avec texte complet — 60 40
b - ‖ Evian + Evian — 25 16 13

34 "Grey Poupon" 13 8,5 8 23
a - bande de cinq avec texte complet 65 50
b - || Grey Poupon + Pivolo 27 18 17

35 "Oxymenthol" 16 11 9,5 24
a - bande de cinq avec texte complet 90 65

36 "Pivolo" 13 9 9 23
a - bande de cinq avec texte complet 70 55
b - double pub Pivolo + Grey Poupon 80 50

37 "Secours" 11 7 5,5 12
a - bande de cinq avec texte complet 55 40
b - || Secours + Secours 22 15 13
c - double pub Secours + Secours 80 50

Semeuse camée, 15c brun
Type I
(bandes publicitaires et publicités privées)

38 "Rolland" (tirage: 240 000) 25 17 16 40
a - bande de cinq avec texte complet 125 95
b - || Rolland + Rolland 55 37 37

39 "Virgile Chareyre" (tir: 43 200) 25 17 15 35
a - bande de cinq avec texte complet 125 95
b - || Virgile Chareyre x2 50 33 35
c - double pub Virgile Chareyre x2 125 80

39A "Le Philopode" (pub privée) 250 175 185

Semeuse camée, 30c bleu
Type IIB
(bandes publicitaires)

40 "Aequitas" 23 15 11 28
a - bande de cinq avec texte complet 115 90
b - || Aequitas + Oxymenthol 47 32 25
c - piqu oblique || Aequitas + Oxymenthol 275 175

41 "Evian (Source Cachat)" 15 10 5 14
a - bande de cinq avec texte complet 75 55
b - || Evian + Evian 30 20 14
c - double pub Evian + Evian 200 135
d - piquage à cheval 185 125

42 "Florent" 13 8,5 5 13
a - bande de cinq avec texte complet 65 50
b - piquage à cheval 185 120

43 "Gibbs" 10 6,5 2,5 8
a - bande de cinq avec texte complet 55 40
b - || Gibbs + Gibbs 20 13 9

44 "Grey Poupon" 22 15 11 27
a - bande de cinq avec texte complet 115 90
b - || Grey Poupon + Pivolo 45 32 25

45 "Menier" 15 9 5 13
a - bande de cinq avec texte complet 75 54
b - || Meunier + Florent 30 20 13

46 "Oxymenthol" 23 15 11 27
a - bande de cinq avec texte complet 115 90

47 "Pivolo" 22 15 11 27
a - bande de cinq avec texte complet 110 90
b - double pub Pivolo + Grey Poupon 200 135

48 "Secours" 12 7,5 3,5 9
a - bande de cinq avec texte complet 55 42
b - || Secours + Secours 25 16 13
c - double pub Secours + Secours 200 135

Semeuse camée, 40c brun
Type I
(bandes publicitaires)

49 "Grey Poupon" 18 13 8 18
a - bande de cinq avec texte complet 100 80
b - || Grey Poupon + Guyot 38 26 22

50 "Guyot" 18 13 8 18
a - bande de cinq avec texte complet 100 80
b - double pub Guyot + Grey Poupon 190 125

51 "Gyraldose" 18 13 8
a - bande de cinq avec texte complet 100 80
b - double pub Gyraldose + Urodonal 190 125 18

52 "Urodonal" 18 13 8 18
a - bande de cinq avec texte complet 100 80
b - || Urodonal + Gyraldose 38 26 22

Semeuse lignée
50c rouge, type I
(bandes publicitaires)

53 "Cheval vert" 36 23 19 38
a - bande de cinq avec texte complet 195 145
b - || Cheval vert + Cheval vert 73 49 42

54 "Coq" 10 7 4 14
a - bande de cinq avec texte complet 50 39
b - || Coq + Coq 21 14 7

55 "Delft" 31 20 15 35
a - bande de cinq avec texte complet 165 135
b - || Delft + Lesieur 60 40 37

56 "Evian (Source Cachat)" | **8** | **5** | **2,5** | **12**

non dentelé	300	185	300	
a - bande de cinq avec texte complet	44	31		
b - ‖ Evian + Evian	18	12	6	
c - double pub Evian + Evian	100	65		
d - dentelé tenant à nd, ‖ Evian x2	900	600		

57 "Gibbs" | **12** | **8** | **4** | **13**

a - bande de cinq avec texte complet	66	50		
b - ‖ Gibbs + Gibbs	26	17	9	

58 "Goa" | **27** | **17** | **8,5** | **25**

a - bande de cinq avec texte complet	135	105		
b - ‖ Goa + R et C	56	34	20	

59 "Grey Poupon" | **20** | **14** | **6,5** | **21**

a - bande de cinq avec texte complet	110	85		
b - ‖ Grey Poupon + Guyot	165	110	85	
c - ‖ Grey Poupon + Secours	36	24	16	

60 "Guyot" | **120** | **80** | **52** | **125**

a - bande de cinq avec texte complet	660	500		

61 "Gyraldose" | **19** | **14** | **6,5** | **18**

a - bande de cinq avec texte complet	105	85		

62 "Lesieur" (pub inférieure) | **27** | **18** | **15** | **35**

a - "Lesieur": pub supérieure	50	35	25	45
b - bde de 5 (pub inf) av texte complet	150	125		
c - bde de 5 (pub sup) av texte complet	270	215		
d - ‖ Lesieur + Lesieur	90	60	40	
e - double pub Lesieur + Delft	135	90		

63 "R et C" | **27** | **17** | **8,5** | **25**

a - bande de cinq avec texte complet	135	105		

64 "Radium" | **38** | **24** | **15** | **35**

a - bande de cinq avec texte complet	205	165		
b - ‖ Radium + Lesieur	75	35	27	

65 "Sanglier" | **30** | **19** | **7** | **23**

a - bande de cinq avec texte complet	165	130		

66 "Sans rivale" | **21** | **14** | **7** | **23**

a - bande de cinq avec texte complet	120	95		

67 "Secours" (pub inférieure) | **14** | **9,5** | **4** | **18**

a - "Secours": pub supérieure	15	10	5	21
b - bde de 5 (pub inf) av texte complet	75	54		
c - bde de 5 (pub sup) av texte complet	85	62		
d - ‖ Secours + Secours	30	21	11	

68 "Urodonal" | **19** | **14** | **6,5** | **19**

a - bande de cinq avec texte complet	105	85		
b - ‖ Urodonal + Gyraldose	40	29	20	
c - piquage oblique par pliage	185	125		

69 "Vittel" | **365** | **250** | **125** | **315**

a - bande de cinq avec texte complet	2 000	1 450		
b - ‖ Vittel + Secours	475	345	190	

70 "Vouvray" | **20** | **15** | **6,5** | **20**

a - bande de cinq avec texte complet	110	90		
b - ‖ Vouvray + Sanglier	55	39	20	
c - ‖ Vouvray + Sans rivale	45	31	20	
d - dt tenant à nd, ‖ Vouvray + Sanglier	900	600		

Type IIA
(bandes publicitaires)

71 "Benjamin" | **7** | **4,5** | **2,5** | **12**

a - bande de cinq avec texte complet	39	27		
b - ‖ Benjamin + Benjamin	14	10	7	
c - ‖ Benjamin + Grey Poupon	25	18	11	
d - impression dépouillée	235	150		
e - impression sur raccord	250	170		
f - piquage à cheval	115	75		
g - pli accordéon	375	280		

72 "Blecao" | **80** | **55** | **30** | **70**

a - bande de cinq avec texte complet	465	350		
b - ‖ Blecao + Benjamin	100	74	35	

73 "Blédine" | **375** | **265** | **120** | **275**

a - bande de cinq avec texte complet	2 050	1 600		
b - ‖ Blédine + Benjamin	500	350	180	

74 "Grey Poupon" | **17** | **11** | **5,5** | **17**

a - bande de cinq avec texte complet	85	65		
b - ‖ Grey Poupon + Redoute	33	22	13	

75 "Mazda" | **19** | **13** | **7** | **17**

a - bande de cinq avec texte complet	95	75		
b - ‖ Mazda + Benjamin	28	20	10	
c - ‖ Mazda + Redoute	35	25	12	

76 "Moet" | **17** | **11,5** | **5** | **13**

a - bande de cinq avec texte complet	85	65		
b - ‖ Moet + Benjamin	26	17	9	
c - ‖ Moet + Redoute	32	21	11	

77 "Pupier" | **23** | **16** | **8,5** | **23**

a - bande de cinq avec texte complet	125	100		
b - ‖ Pupier + Benjamin	34	23	14	

78 "Redoute" (pub inférieure) | **13** | **8,5** | **4** | **13**

a - "Redoute": pub supérieure	30	20	12	30
b - bde de 5 (pub inf) av texte complet	65	47		
c - bde de 5 (pub sup) av texte complet	165	130		
d - ‖ Redoute + Benjamin	47	33	20	

79 "Vichy" | **17** | **10,5** | **5** | **14**

a - bande de cinq avec texte complet	105	75		
b - ‖ Vichy + Benjamin	25	18	9	
c - impression dépouillée	235	155		

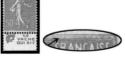

Type IIB
(bandes publicitaires)

80 "Annales"

	23	14	8	24
a - bande de cinq avec texte complet	130	100		

81 "Bussang" (tirage: 50 000)

	18	12	6,5	23
a - bande de cinq avec texte complet	100	80		
b - ‖ Bussang + Bussang	39	25	18	
c - timbre au type IV (feuillet gauche)	65	47		
d - paire vert^{ble} IV + IV (feuillet gauche)	130	100		

82 "Calvet"

	13	8	5	17
a - bande de cinq avec texte complet	65	44		
b - double pub Calvet + D. U.	90	60		

83 "Coq"

	7	4,5	2,5	10
a - bande de cinq avec texte complet	39	27		
b - ‖ Coq + Coq	15	10	6	
c - ‖ Coq + Falières	26	17	10	
d - ‖ Coq + Mireille	26	17	11	

84 "D. U."

	7	4,5	2,5	10
non dentelé	325	220	225	
a - bande de cinq avec texte complet	39	27		
non dentelé	1 950	1 500		
b - ‖ D. U. + Calvet	21	14	9	
c - ‖ D. U. + D. U.	15	10	6	
d - ‖ D. U. + Kwatta	22	15	11	
e - double pub D. U. + D. U.	85	57		
f - dentelé tenant à nd, ‖ D. U. + D. U.	550	360		
g - impression dépouillée	235	150		
h - impression recto-verso	90	65		
i - impr recto-verso, ‖ D.U. + D. U.	195	130		

85 "Falières"

	16	10	5	17
a - bande de cinq avec texte complet	85	63		
b - ‖ Falières + Annales	42	27	17	
c - ‖ Falières + Grey Poupon	32	21	12	
d - double pub Falières + Coq	100	65		

86 "Florent"

	8	5,5	3	11
a - bande de cinq avec texte complet	44	33		
b - ‖ Florent + Mireille	21	15	13	
c - ‖ Florent + Q^{aine} philatélique	22	16	12	
d - ‖ Florent + Vache qui rit	21	15	13	
e - double pub Florent + Touring club	90	60		
f - impress. à sec t. à normal dans paire verticale	700			

87 "Gitanes"

	15	9,5	5	16
a - bande de cinq avec texte complet	80	60		
b - ‖ Gitanes + Redoute	23	16	11	

88 "Grey Poupon" (pub supérieure)

	10	6,5	3	14
a - "Grey Poupon": pub inférieure	13	8,5	4	16
b - bde de 5 (pub sup) av texte complet	55	40		
c - bde de 5 (pub inf) av texte complet	70	51		
d - ‖ Grey Poupon + Calvet	24	17	11	
e - ‖ Grey Poupon + Phenix	19	13	8	

89 "Guilhon"

	28	19	12	27
a - bande de cinq avec texte complet	170	135		
b - ‖ Guilhon + Phenix	38	26	18	

90 "Guyot" (pub supérieure)

	11	7	4	15
a - "Guyot": pub inférieure	14	9	5	17
b - bde de 5 (pub sup) av texte complet	60	44		
c - bde de 5 (pub inf) av texte complet	76	55		
d - ‖ Guyot + Sphere	21	14	10	

91 "Jaffelin"

	11	7	4	16
a - bande de cinq avec texte complet	60	42		

92 "Kwatta"

	15	10	6	18
a - bande de cinq avec texte complet	75	60		
b - ‖ Kwatta + D. U.	90	60		

93 "Laine Saint Epin"

	14	9	5	17
a - bande de cinq avec texte complet	75	53		

94 "Madon"

	11	7,5	5	15
a - bande de cinq avec texte complet	60	42		
b - ‖ Madon + Osram	23	16	13	

95 "Mireille"

	13	9	6	18
a - bande de cinq avec texte complet	70	55		
b - double pub Mireille + Coq	100	65		

96 "Moet"

	10	7	4	16
non dentelé	375	255		
a - bande de cinq avec texte complet	60	41		
non dentelé	1 950	1 500		
b - ‖ Moet + Guyot	24	16	11	
c - ‖ Moet + Sphere	21	14	11	
non dentelé	800	535		

97 "Montpeyroux" (tirage: 20 000)

	16	11	7	24
a - bande de cinq avec texte complet	90	75		
b - ‖ Montpeyroux x2	36	23	18	

98 "Osram" (pub inférieure)

	11	7,5	5	16
a - "Osram": pub supérieure	25	17	10	30
b - bde de 5 (pub inf) av texte complet	60	42		
c - bde de 5 (pub sup) av texte complet	125	95		
d - ‖ Osram + Redoute	40	28	20	

99 "Phenix"

	8	5,5	3	14
a - bande de cinq avec texte complet	44	32		
b - ‖ Phenix + Phenix	18	12	8	
c - ‖ Phenix + Redoute	18	12	8	
d - impression recto-verso	55	33		
e - impr recto-verso ‖ Phenix + Phenix	120	80		
f - impr recto-verso ‖ Phenix + Redoute	175	115		

100 "Plombières"

	12	8	5	16
a - bande de cinq avec texte complet	60	42		
b - ‖ Plombières + Jaffelin	23	15	12	

101 "Provins" (tirage: 10 000)

	18	12	6	22
sur carte maximum				325
a - bande de cinq avec texte complet	95	75		
b - ‖ Provins + Provins	37	26	17	

102 "Quinz^e phil^{ique} (Gallia Suarnet)" (inf)

	9	6,5	4	13
a - "Q^{aine} philatélique": pub supérieure	14	9	6	17
b - bde de 5 (pub inf) av texte complet	50	39		
c - bde de 5 (pub sup) av texte complet	75	60		
d - ‖ Quinzaine philatélique x2	25	18	13	
e - dble pub Q^{aine} philatélique + Florent	90	60		

103 "Redoute"

	8	5,5	3	12
a - bande de cinq avec texte complet	44	33		
b - ‖ Redoute + Phenix	20	13	10	
c - ‖ Redoute + Sphere	30	21	12	
d - impression recto-verso	75	49		
e - impr recto-verso ‖ Redoute + Phenix	175	120		

104 "Sanglier"

	12	8	5	16
a - bande de cinq avec texte complet	60	42		
b - ‖ Sanglier + Jaffelin	23	15	12	

❏ **105 "Shyb"**	**9**	**6,5**	**3**	**12**
a - bande de cinq avec texte complet	50	38		
b - ‖ Shyb + Shyb	18	12	8	
❏ **106 "Sphere"**	**10**	**6,5**	**4**	**14**
non dentelé	375	250		
a - bande de cinq avec texte complet	55	40		
b - ‖ Sphere + Redoute	30	20	12	
c - ‖ Sphere + Sphere	25	17	12	
d - large pli accordéon, bloc de 4	1 200			
❏ **107 "Toile d'avion"**	**7**	**4,5**	**2,5**	**10**
a - bande de cinq avec texte complet	39	28		
b - ‖ Toile d'avion + Laine St Epin	21	15	9	
c - ‖ Toile d'avion x2	15	10	5	
d - double pub Toile d'avion x2	60	38		

❏ **108 "Touring Club"**	**12**	**8**	**6**	**16**
a - bande de cinq avec texte complet	70	55		
b - ‖ Touring Club + Florent	23	16	11	
c - "Arme" avec un seul "e" (case 5)	60	42		
❏ **109 "Vache qui rit"**	**14**	**10**	**6**	**19**
a - bande de cinq avec texte complet	75	60		
❏ **110 "Virgile Chareyre"** (tir: 84 000)	**14**	**9**	**6**	**21**
a - bande de cinq avec texte complet	80	65		
b - ‖ Virgile Chareyre x2	35	22	15	

Type IV
(paire vert^ales et bdes pubs)

❏ **111 Paire vert^ale avec bords blancs**	**18**	**13**	**8**	**22**
a - impression incomplète des timbres	225	155		
b - impression sur raccord	350	230		

❏ **112 "Benjamin"**	**12**	**8**	**3**	**11**
non dentelé	350	235		
a - bande de cinq avec texte complet	70	50		
b - tenant à tbre au type IIA (isolé case 14)	250	170	70	
c - timbre au type IIB (isolé case 11)	300	205	80	
d - double pub Benjamin + Blédine	90	60		
e - double pub Benjamin + Mazda	90	60		
❏ **113 "Blédine"**	**16**	**11,5**	**5**	**16**
a - bande de cinq avec texte complet	80	60		
b - ‖ Blédine + Benjamin	28	20	12	
c - ‖ Blédine + Benjamin t. IIB	600	395		
❏ **114 "Calvet"**	**17**	**12**	**7**	**25**
a - bande de cinq avec texte complet	100	80		
❏ **115 "D. U."**	**10**	**6,5**	**3**	**9**
a - bande de cinq avec texte complet	55	42		
b - ‖ D. U. + D. U.	21	14	8	
c - dentelé tenant à nd, ‖ D. U. + D. U.	500	350		

❏ **116 "Gitanes"**	**75**	**52**	**32**	**70**
a - bande de cinq avec texte complet	425	325		
b - ‖ Gitanes + Redoute	95	65	40	
❏ **117 "Grey Poupon"**	**13**	**9,5**	**6**	**16**
a - bande de cinq avec texte complet	70	55		
b - ‖ Grey Poupon + Calvet	48	35	25	
c - ‖ Grey Poupon + Phenix	24	17	12	

❏ **118 "Guilhon"**	**23**	**13**	**8**	**26**
a - bande de cinq avec texte complet	120	85		
b - ‖ Guilhon + Redoute	39	27	18	
❏ **119 "Guyot"**	**32**	**22**	**15**	**35**
a - bande de cinq avec texte complet	160	125		

❏ **120 "Mazda"**	**14**	**8,5**	**3**	**10**
a - bande de cinq avec texte complet	70	51		
b - ‖ Mazda + Benjamin	28	19	10	
❏ **121 "Moet"**	**15**	**9**	**4,5**	**15**
a - bande de cinq avec texte complet	80	56		
b - ‖ Moet + Guyot	48	33	25	
c - ‖ Moet + Sphere	30	20	10	
❏ **122 "Osram"** (pub inférieure)	**25**	**17**	**9**	**24**
a - "Osram": pub supérieure	29	20	12	30
b - bde de 5 (pub inf) av texte complet	140	110		
c - bde de 5 (pub sup) av texte complet	155	120		
d - ‖ Osram + Redoute	42	28	19	
❏ **123 "Phenix"**	**11**	**7**	**3,5**	**12**
a - bande de cinq avec texte complet	55	40		
b - ‖ Phenix + Calvet	32	23	17	
c - ‖ Phenix + Osram	38	27	19	
d - ‖ Phenix + Redoute	40	27	19	

❏ **124 "Redoute"**	**11**	**7**	**3**	**10**
non dentelé	325	220		
a - bande de cinq avec texte complet	65	49		
b - tenant à tbre au type IIA (isolé case 1)	225	155	70	
c - ‖ Redoute + Benjamin	47	31	19	
d - ‖ Redoute + Benjamin t. IIA	430	290		
e - ‖ Redoute t. IIA + Benjamin	430	290		
f - ‖ Redoute + Sphere	27	18	9	
g - double pub Redoute + Osram	85	60		
h - double pub Redoute + Phenix	85	60		
❏ **125 "Rema"**	**20**	**14**	**8**	**25**
a - bande de cinq avec texte complet	100	80		
b - timbre au type IIA (isolé case 1)	300	190	90	
c - ‖ Rema + Calvet	39	29	18	
d - ‖ Rema t. IIA + Calvet	600	410		
❏ **126 "Shyb"**	**11**	**7**	**3**	**11**
a - bande de cinq avec texte complet	55	42		
b - ‖ Shyb + Shyb	23	15	9	
c - pli accordéon	375	250		
❏ **127 "Sphere"**	**11**	**7**	**3**	**11**
a - bande de cinq avec texte complet	55	42		
b - ‖ Sphere + Sphere	22	14	9	
c - impression recto-verso	80	55		
d - variété de piquage, paire verticale	600			

❏ **127A "Cycles Chantecler"** (pub privée)	**210**	**140**	**135**
a - bande de cinq avec texte complet	1 150	900	
b - ‖ Chantecler x2	475	315	
❏ **127B "Maurice Digeaux"** (privée)	**185**	**125**	**125**
a - bande de cinq avec texte complet	1 000	775	
b - ‖ Maurice Digeaux x2	435	285	285
❏ **127C "Le Philopode"** (pub privée)	**170**	**115**	**125**

Semeuse camée, 20c rose
Type VI
(bandes publicitaires)

□ 128 "Byrrh"

	3	2	1,5	13
a - bande de cinq avec texte complet	16	13		
b - ‖ Byrrh + Poste	6,5	4,5	4	

□ 129 "Poste" (C. C. P.)

	3	2	1,5	13
a - bande de cinq avec texte complet	16	13		

□ 130 "Poste" (Poste aérienne)

	3	2	1,5	13
a - bande de cinq avec texte complet	16	13		
b - ‖ Poste aérienne + Byrrh	6,5	4,5	4	

Semeuse camée, 40c rouge
Type I
(bandes publicitaires)

□ 131 "Evian (Source Cachat)"

	8	5,5	3,5	10
a - bande de cinq avec texte complet	50	38		
b - ‖ Evian + Evian	20	13	9	
c - double pub Evian + Evian	125	85		
d - piquage oblique par pliage	275	185		

□ 132 "Gibbs"

	8	5,5	3,5	10
a - bande de cinq avec texte complet	50	38		
b - ‖ Gibbs + Gibbs	19	13	9	
c - piquage à cheval	90	60		

□ 133 "Grey Poupon"

	18	13	7	17
a - bande de cinq avec texte complet	100	80		
b - ‖ Grey Poupon + Secours	28	19	14	

□ 134 "Lesieur"

	12	8	5	13
a - bande de cinq avec texte complet	70	55		
b - ‖ Lesieur + Lesieur	27	19	15	
c - double pub Lesieur + Lesieur	65	45	55	125
d - timbre avec "c" de "40c" absent	175	115		

□ 135 "Secours"

	10	6,5	4	10
a - bande de cinq avec texte complet	55	41		
b - double pub Secours + Grey Poupon	115	75		
c - double pub Secours + Vittel	115	75		

□ 136 "Vittel"

	18	13	7	17
a - bande de cinq avec texte complet	100	80		
b - ‖ Vittel + Secours	28	19	14	
c - impression incomplète (tbre + pub)	900	610		

Semeuse chiffres maigres
10c vert
(bandes publicitaires)

□ 137 "Minéraline" (tir: 200 000)

	775	375	625	950
a - bande de cinq avec texte complet	3 875	3 000		
b - ‖ Minéraline + Minéraline	1 550	760		
c - "R" brisé: "PÉPUBLIQUE" (case 5)	950	450	925	

□ 138 "Phéna" (tirage: 128 000)

	67	42	65	165
a - bande de cinq avec texte complet	335	240		
b - ‖ Phéna + Phéna	135	90		
c - "R" brisé: "PÉPUBLIQUE" (case 5)	80	55	90	

Semeuse surchargée
Type IIB
(bandes publicitaires)

□ 139 "Florent"

	335	225	165
a - double pub Florent + Menier	1 000	625	375

□ 140 "Gibbs"

	8	5	3	10
a - bande de cinq avec texte complet	45	34		
b - double pub Gibbs + Gibbs	35	21	11	38
c - surcharge "5" fermé	120	80		
d - surcharge bares seules	875	625	585	
e - surcharge à cheval	75	50	40	
f - surch à cheval, dble pub Gibbs x2	110	75		
g - surcharge recto-verso	16	11	7	
h - surchargé tenant à non surchargé	2 200	1 450		
i - valeur sur valeur avec barres	250	160		
j - valeur sur valeur sans les barres	875	600	600	

□ 141 "Menier"

	335	225	165
a - surcharge à cheval	375	250	180

□ 142 "Secours"

	315	210	150
a - double pub Secours + Secours	1 000	625	375
b - surcharge à cheval	350	235	165

Semeuse camée, 25c jne
(bord de feuille publicitaire privé)

□ 142A "Le Philopode" (pub privée)   220   165

Jeanne d'Arc
Type I
(bandes publicitaires)

□ 143 "Annales"

	15	10,5	6	17
a - bande de cinq avec texte complet	80	60		
b - double pub Annales + Falières	100	70		

□ 144 "Bénédictins"

	6,5	4,5	2,5	6
a - bande de cinq avec texte complet	37	27		
b - ‖ Bénédictins + Florent	14	10	7	
c - ‖ Bénédictins + Vin	13	9	7	
d - piqu obl par pliage ‖ Bénédictins + Vin	650	435		

□ 145 "Bussang" (tirage: 100 000)

	13	9,5	4,5	15
a - bande de cinq avec texte complet	70	52		
b - ‖ Bussang + Bussang	28	21	17	

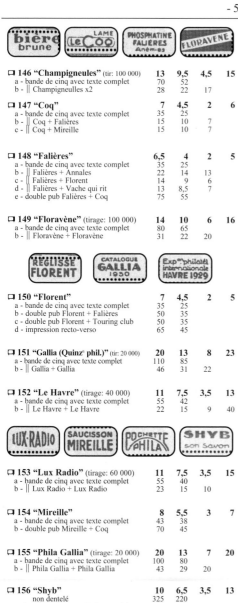

146 "Champigneules" (tir: 100 000) | 13 | 9,5 | 4,5 | 15
a - bande de cinq avec texte complet | 70 | 52 | |
b - ‖ Champigneulles x2 | 28 | 22 | 17 |

147 "Coq" | 7 | 4,5 | 2 | 6
a - bande de cinq avec texte complet | 35 | 25 | |
b - ‖ Coq + Falières | 15 | 10 | 7 |
c - ‖ Coq + Mireille | 15 | 10 | 7 |

148 "Falières" | 6,5 | 4 | 2 | 5
a - bande de cinq avec texte complet | 35 | 25 | |
b - ‖ Falières + Annales | 22 | 14 | 13 |
c - ‖ Falières + Florent | 14 | 9 | 6 |
d - ‖ Falières + Vache qui rit | 13 | 8,5 | 7 |
e - double pub Falières + Coq | 75 | 55 | |

149 "Floravène" (tirage: 100 000) | 14 | 10 | 6 | 16
a - bande de cinq avec texte complet | 80 | 65 | |
b - ‖ Floravène + Floravène | 31 | 22 | 20 |

150 "Florent" | 7 | 4,5 | 2 | 5
a - bande de cinq avec texte complet | 35 | 25 | |
b - double pub Florent + Falières | 50 | 35 | |
c - double pub Florent + Touring club | 50 | 35 | |
d - impression recto-verso | 65 | 45 | |

151 "Gallia (Quinzⁿ phil.)" (tir: 20 000) | 20 | 13 | 8 | 23
a - bande de cinq avec texte complet | 110 | 85 | |
b - ‖ Gallia + Gallia | 46 | 31 | 22 |

152 "Le Havre" (tirage: 40 000) | 11 | 7,5 | 3,5 | 13
a - bande de cinq avec texte complet | 55 | 42 | |
b - ‖ Le Havre + Le Havre | 22 | 15 | 9 | 40

153 "Lux Radio" (tirage: 60 000) | 11 | 7,5 | 3,5 | 15
a - bande de cinq avec texte complet | 55 | 40 | |
b - ‖ Lux Radio + Lux Radio | 23 | 15 | 10 |

154 "Mireille" | 8 | 5,5 | 3 | 7
a - bande de cinq avec texte complet | 43 | 38 | |
b - double pub Mireille + Coq | 70 | 45 | |

155 "Phila Gallia" (tirage: 20 000) | 20 | 13 | 7 | 20
a - bande de cinq avec texte complet | 100 | 80 | |
b - ‖ Phila Gallia + Phila Gallia | 43 | 29 | 20 |

156 "Shyb" | 10 | 6,5 | 3,5 | 13
non dentelé | 325 | 220 | |
a - bande de cinq avec texte complet | 55 | 40 | |
b - ‖ Shyb + Shyb | 22 | 14 | 12 |
c - double pub Shyb + Shyb | 100 | 70 | |

Normal   *"Armé" avec un seul "e"*

---

157 "Touring club" | 7 | 4,5 | 3 | 7
a - bande de cinq avec texte complet | 40 | 27 | |
b - ‖ Touring club + Florent | 15 | 10 | 7 |
c - "Arme" avec un seul "e" (case 10) | 52 | 34 | |

158 "Vache qui rit" | 6,5 | 4,5 | 3,5 | 8
a - bande de cinq avec texte complet | 38 | 27 | |

159 "Vin" | 6 | 4 | 3 | 6
a - bande de cinq avec texte complet | 35 | 25 | |

Type II *(bandes publicitaires)*

160 "Falières" | 10 | 6,5 | 4,5 | 16
a - bande de cinq avec texte complet | 55 | 40 | |

161 "Provins" | 10 | 6,5 | 4,5 | 16
non dentelé | 325 | 235 | |
a - bande de cinq avec texte complet | 55 | 40 | |
non dentelé | 1 950 | 1 500 | |

162 "Shyb" | 8 | 5,5 | 3,5 | 14
non dentelé | 385 | 280 | |
a - bande de cinq avec texte complet | 40 | 30 | |
b - ‖ Shyb + Shyb | 16 | 11 | 8 |

163 "Vals" | 8 | 5,5 | 4,5 | 15
non dentelé | 325 | 235 | |
a - bande de cinq avec texte complet | 45 | 35 | |
non dentelé | 1 950 | 1 500 | |
b - ‖ Vals + Falières | 18 | 12 | 10 |
c - ‖ Vals + Provins | 18 | 12 | 10 |
non dentelé | 700 | 475 | |
d - piquage à cheval | 235 | 155 | |

Femme Fachi
Type II
(bandes publicitaires)

164 "Benjamin" | 8 | 4,5 | 2 | 6
non dentelé | 275 | 180 | 150 |
a - bande de cinq avec texte complet | 44 | 33 | |
non dentelé | 1 650 | 1 300 | |
b - tbre au type I (isolé case 14 ou 19) | 200 | 120 | 60 |
c - ‖ Benjamin + Benjamin | 20 | 13 | 8 |
non dentelé | 600 | 400 | 315 |
d - ‖ Benjamin + Benjamin t. I | 325 | 225 | |
e - double pub Benjamin + Benjamin | 100 | 65 | |
f - dble pub Benjamin + Grey Poupon | 100 | 65 | |
g - double pub Benjamin + Lacroix | 100 | 65 | |
h - double pub Benjamin + Mazda | 100 | 65 | |
i - dt tenant à ndt, ‖ Benjamin x2 | 325 | 235 | |
j - impression dépouillée | 200 | 135 | |
k - impression sur raccord | 215 | 145 | |
l - piquage à cheval, ‖ Benjamin x2 | 250 | 170 | |

165 "Blédine" | 385 | 300 | 125 | 300
a - bande de cinq avec texte complet | 2 130 | 1 650 | |
b - timbre au type I (isolé case 4) | 800 | 580 | |
c - ‖ Blédine + Benjamin | 475 | 355 | 190 |
d - ‖ Blédine t. I + Benjamin | 1 000 | 700 | |

☐ 166 "D. U." — 14 | 10 | 5 | 15
- a - bande de cinq avec texte complet — 70 | 55
- b - timbre au type I (isolé case 14) — 190 | 125 | 70
- c - ‖ D. U. + D. U. — 30 | 21 | 13
- d - ‖ D. U. + D. U. t. I — 325 | 220
- e - double pub D. U. + D. U. — 110 | 75

PICKLES GREY-POUPON DIJON — MiR SAVON PAIL-LETTES — LAMPE MAZDA — MOËT

☐ 167 "Grey Poupon" — 16 | 11 | 6 | 16
- non dentelé — 275 | 180
- a - bande de cinq avec texte complet — 80 | 60
- b - ‖ Grey Poupon + Benjamin — 43 | 29 | 20
- c - ‖ Grey Poupon + Redoute — 50 | 34 | 22

☐ 168 "Lacroix (Mir)" — 18 | 11,5 | 5 | 15
- a - bande de cinq avec texte complet — 95 | 75
- b - ‖ Lacroix + Benjamin — 27 | 18 | 8

☐ 169 "Mazda" — 22 | 14 | 7 | 20
- a - bande de cinq avec texte complet — 110 | 90
- b - ‖ Mazda + Benjamin — 45 | 30 | 20

☐ 170 "Moet" — 18 | 13 | 7 | 20
- non dentelé — 300 | 200
- a - bande de cinq avec texte complet — 95 | 80
- non dentelé — 1 800 | 1 450
- b - ‖ Moet + Sphere — 34 | 24 | 15
- non dentelé — 650 | 430
- c - impression dépouillée — 100 | 65
- d - impr dépouillée ‖ Moet + Sphere — 210 | 145

BAS et CHAUSSETTES LA REDOUTE à Roubaix — CLACIS EXPRESS — SPHÈRE REVUE COLONIALE ILLUSTRÉE

☐ 171 "Redoute" — 16 | 10 | 5 | 15
- non dentelé — 285 | 190
- a - bande de cinq avec texte complet — 85 | 70
- non dentelé — 1 700 | 1 400
- b - timbre au type I (isolé case 19) — 230 | 155
- c - ‖ Redoute + Sphere — 33 | 22 | 15
- non dentelé — 625 | 420
- d - double pub Redoute + Grey Poupon — 110 | 75
- e - impression dépouillée — 100 | 65
- f - impr dépouillée ‖ Redoute + Sphere — 210 | 145
- g - pub dentelée ten à timbre non dent. — 250 | 170
- h - maculage tiers inférieur, paire verticale — 450

☐ 172 "Ripolin" — 42 | 26 | 18 | 40
- a - bande de cinq avec texte complet — 235 | 195
- b - ‖ Ripolin + Benjamin — 50 | 34 | 25
- c - dt ten à nd, ‖ Ripolin + Benjamin — 350 | 250

☐ 173 "Sphere" — 16 | 10 | 5 | 16
- non dentelé — 285 | 190
- a - bande de cinq avec texte complet — 85 | 70
- b - ‖ Sphere + Redoute — 37 | 25 | 15
- c - ‖ Sphere + Redoute t. I — 250 | 170
- d - double pub Sphere + Moet — 100 | 65
- e - double pub Sphere + Redoute — 100 | 65
- f - impression dépouillée — 90 | 60

FLANELLE ARC EN CIEL

Paix
50c rouge, type I
(bandes publicitaires)

FLANELLE ARC EN CIEL — LE JOURNAL DE L'ART VIVANT — GALERIES BARBÈS 55 Boulevard Barbès PARIS — LISEZ BENJAMIN 0fr50

☐ 174 "Arc en ciel" — 13 | 8 | 4 | 14
- non dentelé — 250 | 150
- a - bande de cinq avec texte complet — 75 | 55
- non dentelé — 1 300 | 975
- b - ‖ Arc en ciel + Parizot — 27 | 18 | 12
- non dentelé — 490 | 330
- c - impression dépouillée — 110 | 75

☐ 175 "Art vivant" — 5 | 3 | 1,7 | 4,5
- non dentelé — 200 | 125
- a - bande de cinq avec texte complet — 28 | 21
- non dentelé — 1 200 | 900
- b - ‖ Art vivant + Barbès — 38 | 26 | 14
- non dentelé — 475 | 340
- c - ‖ Art vivant + Benjamin — 12 | 7 | 4
- non dentelé — 410 | 250
- d - ‖ Art vivant + Mazda — 24 | 17 | 10
- e - ‖ Art vivant + Poisson de Dieppe — 55 | 37 | 22
- f - double pub Art vivant + Redoute — 75 | 50
- g - dt ten à nd, ‖ Art vivant + Benjamin — 1 350 | 850
- h - impression dépouillée — 110 | 70
- i - maculage — 200

☐ 176 "Barbès" — 25 | 16 | 7 | 15
- non dentelé — 250 | 180
- a - bande de cinq avec texte complet — 140 | 110
- non dentelé — 1 500 | 1 150

☐ 177 "Benjamin" — 5 | 3 | 1,7 | 4,5
- non dentelé — 200 | 125
- a - bande de cinq avec texte complet — 28 | 21
- non dentelé — 1 200 | 900
- b - ‖ Benjamin + Art vivant — 12 | 7 | 4
- non dentelé — 410 | 260
- c - ‖ Benjamin + Benjamin — 17 | 10 | 4
- d - ‖ Benjamin + Blédine — 30 | 21 | 10
- e - double pub Benjamin + Bon sel — 175 | 120
- f - double pub Benjamin + Fer à cheval — 335 | 225
- g - double pub Benjamin + Hahn — 75 | 50
- h - double pub Benjamin + Prud'homme — 95 | 65
- i - impression dépouillée — 110 | 70

Blécao en une minute — Blédine POUR BEBE — LE BON SEL TRÈS FORTIFIANT — LE SAVON PORTE BONHEUR FER A CHEVAL

☐ 178 "Blecao" — 15 | 10 | 5 | 15
- a - bande de cinq avec texte complet — 75 | 60

☐ 179 "Blédine" (pub inférieure) — 16 | 10,5 | 5 | 15
- a - "Blédine": pub supérieure — 31 | 19 | 8 | 25
- b - bde de 5 (pub inf) av texte complet — 85 | 65
- c - bde de 5 (pub sup) av texte complet — 180 | 135
- d - ‖ Blédine + Benjamin — 38 | 27 | 16
- e - double pub Blédine + Benjamin — 90 | 60
- f - impression dépouillée — 110 | 75

☐ 180 "Bon sel" — 35 | 23 | 11 | 30
- a - bande de cinq avec texte complet — 175 | 130
- b - ‖ Bon sel + Benjamin — 55 | 36 | 22
- c - impr dépouillé ‖ Bon sel + Benjamin — 350 | 245

☐ 181 "Fer à cheval" — 21 | 15 | 9 | 22
- non dentelé — 275 | 200
- a - bande de cinq avec texte complet — 115 | 90
- non dentelé — 1 650 | 1 300
- b - ‖ Fer à cheval + Benjamin — 27 | 19 | 15
- non dentelé — 500 | 340
- c - variété d'essuyage, paire verticale — 300

PÉTROLE HAHN pour les Cheveux — OMAR GREBEL GLAVEN MATERNEL PARIS — FILETS DE MORUE LES SUPÉRIEURS ALÉDUN PÉCAMP — LAMPE MAZDA

☐ 182 "Hahn" — 12 | 6,5 | 3 | 11
- non dentelé — 200 | 135
- a - bande de cinq avec texte complet — 66 | 44
- non dentelé — 1 200 | 925
- b - ‖ Hahn + Art vivant — 33 | 23 | 16
- c - ‖ Hahn + Benjamin — 22 | 15 | 7
- d - ‖ Hahn + Nuptia — 35 | 23 | 17
- non dentelé — 500 | 340

❑ **183 "La Perle (Grebel)"**   **31**   **19**   **11**   **30**
non dentelé   550   385
a - bande de cinq avec texte complet   165   130

❑ **184 "Ledun"**   **28**   **18**   **7**   **19**
non dentelé   265   1802
a - bande de cinq avec texte complet   155   125
non dentelé   1 600   1 250

❑ **185 "Mazda"**   **8**   **5,5**   **2,5**   **7**
non dentelé   250   170
a - bande de cinq avec texte complet   44   36
non dentelé   1 500   1 150
b - || Mazda + Art vivant   38   27   16
c - || Mazda + Blecao   48   32   20
d - || Mazda + La Perle   39   28   18
non dentelé   850   600
e - || Mazda + Ledun   38   25   14
non dentelé   570   400
f - || Mazda + Pougues   42   28   18
g - double pub Mazda + Art vivant   90   60
h - dt tenant à nd, || Mazda + La Perle   1 350   875
i - piquage à cheval, || Mazda + La Perle   700   500

❑ **186 "Moet"**   **21**   **14**   **9**   **20**
non dentelé   225   150   160
a - bande de cinq avec texte complet   120   95
non dentelé   1 350   1 025
b - || Moet + Benjamin   27   19   15
non dentelé   450   280
c - impression dépouillée   165   105
d - impr dépouillée || Moet + Benjamin   310   210

❑ **187 "Monléon"**   **35**   **22**   **12**   **32**
a - bande de cinq avec texte complet   175   140
b - || Monléon + Monléon   75   50   33

❑ **188 "Nelombo"**   **40**   **25**   **14**   **40**
a - bande de cinq avec texte complet   210   170
b - || Nelombo + Bon sel   75   50   33
c - impr dépouillé || Nelombo + Bon sel   450   305
non dentelé   585   400

❑ **189 "Nuptia"**   **23**   **14**   **7**   **20**
non dentelé   275   190
a - bande de cinq avec texte complet   115   90
non dentelé   1 650   1 300

❑ **190 "Parizot"**   **11**   **7**   **3**   **9**
non dentelé   200   135
a - bande de cinq avec texte complet   65   47
b - || Parizot + Art vivant   25   17   11
c - double pub Parizot + Arc en ciel   95   65
d - impression dépouillée   110   70
e - impr dépouillée || Parizot + Art vivant   240   165

❑ **191 "Poisson de Dieppe"**   **45**   **28**   **15**   **42**
a - bande de cinq avec texte complet   250   195
b - dble pub Poisson de Dieppe + Art vivant   175   115

❑ **192 "Pougues"**   **33**   **21**   **10**   **27**
a - bande de cinq avec texte complet   190   150

❑ **193 "Prud'homme"**   **23**   **14**   **7**   **20**
a - bande de cinq avec texte complet   130   105
b - || Prud'homme + Benjamin   33   22   11
c - dt ten à nd || Prud'homme + Benjamin   1 750   1 150

❑ **194 "Redoute"**   **8**   **5**   **1,5**   **6**
non dentelé   190   120
a - bande de cinq avec texte complet   44   33
non dentelé   1 150   875
b - || Redoute + Art vivant   18   12   5
non dentelé   400   245
c - impression à sec partielle, paire   400
verticale

❑ **195 "Rema"**   **34**   **21**   **13**   **32**
a - bande de cinq avec texte complet   190   150
b - || Rema + Art vivant   42   30   19

❑ **196 "Ricqlès"**   **14**   **8,5**   **5**   **14**
a - bande de cinq avec texte complet   80   56
b - || Ricqlès + Barbès   48   29   20
c - || Ricqlès + Blecao   35   23   16
d - || Ricqlès + Blédine   40   27   18
e - impression dépouillée   110   70
f - impr dépouillée || Ricqlès + Blédine   245   165
g - nd ten à pub dent || Ricqlès + Barbès   325   225

❑ **197 "Ricqlès Veramint"**   **18**   **11**   **6**   **16**
a - bande de cinq avec texte complet   100   80
b - || Ricqlès Veramint + Blecao   38   27   16
c - || Ricqlès Veramint + Blédine   36   25   16

Type IIA
(bandes publicitaires)

❑ **198 "Art vivant"**   **8**   **5,5**   **2,5**   **7**
non dentelé   200   135   65
a - bande de cinq avec texte complet   44   32
non dentelé   1 200   925
b - || Art vivant + Art vivant   20   13   9
non dentelé   440   290   135
c - pr hor^le Art vivant + Art vivant t. I (c 19)   200   145
d - || Art vivant + Benjamin   30   20   15
e - || Art vivant + Calvados   35   23   16
f - double pub Art vivant + Bernard   90   60
g - double pub Art vivant + Blédine   90   60
h - double pub Art vivant + Fauroy   90   60

❑ **199 "Barbès"**   **30**   **18**   **9**   **27**
a - bande de cinq avec texte complet   170   130
b - || Barbès + Blédine   42   29   19

❑ **200 "Benjamin"**   **10**   **6,5**   **4**   **11**
non dentelé   250   170
a - bande de cinq avec texte complet   55   41
non dentelé   1 500   1 150

❑ **201 "Bernard"**   **10**   **7**   **4**   **11**
non dentelé   250   170
a - bande de cinq avec texte complet   55   41
non dentelé   1 500   1 150
b - timbre au type I (isolé case 1 ou 5)   185   115
c - || Bernard + Art vivant   25   14   11
non dentelé   475   325   225
d - || Bernard t. I + Art vivant   210   140
e - || Bernard + D. U.   28   18   13
f - piqu. à cheval || Bernard + Art vivant   675   450   250

❑ **202 "Blecao"**   **20**   **13**   **6,5**   **19**
a - bande de cinq avec texte complet   110   85

203 "Blédine" — 9 / 6,5 / 4 / 11
non dentelé	235	150		
a - bande de cinq avec texte complet	50	38		
b - ‖ Blédine + Art vivant	28	16	11	
c - ‖ Blédine + Art vivant t. I	210	125		
d - ‖ Blédine + Conord	47	28	20	
e - ‖ Blédine + Conord t. I	325	180		
f - impression dépouillée	175	115		
g - nd ten à pub dent ‖ Blédine + Art vivant	375	240		

204 "Calvados" — 23 / 16 / 10 / 25
a - bande de cinq avec texte complet	130	105

205 "Conord" — 14 / 9,5 / 6 / 16
a - bande de cinq avec texte complet	75	55
b - timbre au type I (isolé case 20)	285	180
c - double pub Conord + Gondolo	120	80

206 "Courtois" — 13 / 8 / 4,5 / 13
non dentelé	235	155	
a - bande de cinq avec texte complet	80	58	
non dentelé	1 400	1 050	
b - ‖ Courtois + Benjamin	25	18	13
non dentelé	485	330	

207 "D. U." (pub inférieure) — 10 / 6,5 / 4 / 9,5
a - "D. U.": pub supérieure	16	11	6,5 (16)
b - bde de 5 (pub inf) av texte complet	60	45	
c - bde de 5 (pub sup) av texte complet	85	68	
d - ‖ D. U. + D. U.	29	20	15
e - double pub D. U. + D. U.	120	80	

208 "Fauroy" (pub supérieure) — 18 / 11,5 / 6 / 18
a - "Fauroy": pub inférieure	21	14	7 (20)
b - bde de 5 (pub sup) av texte complet	100	75	
c - bde de 5 (pub inf) av texte complet	120	95	
d - ‖ Fauroy + Art vivant	32	21	13
e - piquage à cheval	250		

209 "Fer à cheval" — 21 / 14 / 10 / 22
non dentelé	300	200	
a - bande de cinq avec texte complet	120	95	
non dentelé	1 800	1 450	
b - ‖ Fer à cheval + Moet	35	23	19
non dentelé	550	380	160
c - impr dépouillée ‖ Fer à cheval + Moet	325	220	

210 "Gitane" — 35 / 23 / 13 / 30
a - bande de cinq avec texte complet	200	160	
b - ‖ Gitane + Moet	56	39	25

211 "Gondolo" — 17 / 10,5 / 6,5 / 17
a - bande de cinq avec texte complet	85	65	
b - ‖ Gondolo + Conord	31	22	16

212 "Hahn" — 10 / 6,5 / 3 / 8,5
non dentelé	250	165	
a - bande de cinq avec texte complet	55	40	
non dentelé	1 500	1 125	
b - ‖ Hahn + Art vivant	22	15	10
non dentelé	475	300	
c - ‖ Hahn + Tetra	30	20	16

213 "Hercule" — 45 / 28 / 15 / 35
a - bande de cinq avec texte complet	250	200	
b - ‖ Hercule + Art vivant	60	40	25

214 "Mazda" — 9 / 6,5 / 4 / 11
non dentelé	235	155	
a - bande de cinq avec texte complet	50	38	
non dentelé	1 400	1 075	
b - ‖ Mazda + Benjamin	28	18	15
c - ‖ Mazda + Blédine	23	15	11
non dentelé	485	325	
d - dentelure partielle ‖ Mazda + Blédine	375	240	

215 "Moet" — 11 / 7 / 4 / 12
non dentelé	225	150	
a - bande de cinq avec texte complet	61	45	
b - ‖ Moet + Blédine	56	38	25
c - ‖ Moet + D. U.	28	19	13
d - impression ultra dépouillée	175	115	
e - impression sur raccord	650		

216 "Pommade FM" — 21 / 14 / 6,5 / 19
a - bande de cinq avec texte complet	120	90	
b - ‖ Pommade FM + Blecao	45	31	18

217 "Ricqlès" — 12 / 8 / 4 / 12
a - bande de cinq avec texte complet	66	48	
b - ‖ Ricqlès + Art vivant	38	25	16
c - ‖ Ricqlès + Blédine	27	18	12
d - ‖ Ricqlès + Fauroy	38	25	17

218 "Ripolin" — 21 / 15 / 10 / 22
a - bande de cinq avec texte complet	120	95	
b - ‖ Ripolin + Art vivant	32	21	16

219 "Risban" — 16 / 10 / 6 / 15
a - bande de cinq avec texte complet	90	67	
b - ‖ Risban + D. U.	28	19	14

220 "Tetra" — 18 / 12 / 7 / 18
a - bande de cinq avec texte complet	100	80	
b - ‖ Tetra + Art vivant	45	30	18

221 "Valisère" — 12 / 8,5 / 6 / 14
a - bande de cinq avec texte complet	70	53	
b - ‖ Valisère + Valisère	31	21	16
c - piquage à cheval	325	215	90
d - piquage à cheval ‖ Valisère + Valisère	700	450	200
e - impr sur raccord ‖ Valisère + Valisère	800	500	

Type III
(bandes publicitaires)

222 "Barbès" — 20 / 13 / 7 / 17
a - bande de cinq avec texte complet	110	90	
b - ‖ Barbès + Blédine	65	46	24
c - ‖ Barbès + Moet	40	29	19

223 "Blédine" — 7 / 4,5 / 1,7 / 4,5
a - bande de cinq avec texte complet	39	28	
b - ‖ Blédine + Blédine	17	10,5	4,5
c - double pub Blédine + Hahn	90	60	
d - double pub Blédine + Tetra	90	60	

224 "Byrrh" — 8 / 5 / 2,5 / 6
a - bande de cinq avec texte complet	44	32	
b - ‖ Byrrh + C. C. P.	19	13	9
c - ‖ Byrrh + Tetra	23	15	11

225 "C. C. P." — 10 / 6 / 3,5 / 9
a - bande de cinq avec texte complet	55	40

☐ 226 "Fer à cheval"   24   16   10   25
a - bande de cinq avec texte complet   135   100
b - ‖ Fer à cheval + Byrrh   32   22   16

☐ 227 "Hahn"   6   4   1,7   5
a - bande de cinq avec texte complet   33   24
b - ‖ Hahn + Blédine   13   8   5

☐ 228 "Moet"   18   12,5   7   17
a - bande de cinq avec texte complet   100   80
b - ‖ Moet + Moet   50   34   25

☐ 229 "Poste aérienne"   8,5   5,5   3   9
a - bande de cinq avec texte complet   52   37
b - ‖ Poste aérienne + Byrrh   19   13   10

☐ 230 "Tetra" (pub supérieure)   7   4,5   2   6
a - "Tetra": pub inférieure   11   7,5   4   10
b - bde de 5 (pub sup) av texte complet   39   30
c - bde de 5 (pub inf) av texte complet   61   46
d - ‖ Tetra + Blédine   15   10   7

Type IV
(bandes publicitaires)

☐ 231 "Blédine"   37   24   6,5   15
a - bande de cinq avec texte complet   185   145
b - ‖ Blédine + Blédine   135   90   40
c - ‖ Blédine + Hahn   75   50   23

☐ 232 "Fer à cheval" (pub supérieure)   38   24   6,5   15
a - "Fer à cheval": pub inférieure   43   28   7   17
b - bde de 5 (pub sup) av texte complet   185   145
c - bde de 5 (pub inf) av texte complet   215   170
d - ‖ Fer à cheval + Blédine   75   50   23

☐ 233 "Gitane"   37   24   6,5   15
a - bande de cinq avec texte complet   185   145
b - ‖ Gitane + Moet   75   50   23

☐ 234 "Hahn" (pub supérieure)   36   24   6   15
a - "Hahn": pub inférieure   38   25   7   17
b - bde de 5 (pub sup) av texte complet   180   140
c - bde de 5 (pub inf) av texte complet   190   150
d - ‖ Hahn + Blédine   90   64   28
e - ‖ Hahn + Fer à cheval   80   55   25
f - ‖ Hahn + Moet   80   54   22

☐ 235 "Jil"   45   31   9,5   20
a - bande de cinq avec texte complet   250   195
b - ‖ Jil + Jil   90   99   35

☐ 236 "Moet"   37   24   6,5   15
a - bande de cinq avec texte complet   185   145
b - ‖ Moet + Blédine   75   50   22
c - ‖ Moet + Ricqlès   75   50   22

☐ 237 "Ricqlès"   37   24   6,5   15
a - bande de cinq avec texte complet   185   145
b - ‖ Ricqlès + Blédine   80   54   22
c - ‖ Ricqlès + Fer à cheval   90   66   33
d - ‖ Ricqlès + Moet   75   50   22

☐ 238 "Valisère"   42   27   6   17
a - bande de cinq avec texte complet   210   170
b - ‖ Valisère + Valisère   85   55   25

Expo 1937, Galanis
(carnets non émis, seules les feuilles ont été préparées, mais les carnets n'ont pas été confectionnés)
(référencé aussi à la rubrique carnets au n° 225A)

☐ 239A "Blédine"   25 000
a - double pub Blédine + Blédine   27 500

Semeuse camée, 30c br-rge
Type III
(bandes publicitaires)

☐ 240 "Byrrh"   2,5   1,5   1,2   3
a - bande de cinq avec texte complet   14   11
b - ‖ Byrhh + C. C. P.   5,5   3,5   3
c - double pub Byrhh + Poste aérienne   80   55

☐ 241 "C. C. P."   3   2   1,7   4
a - bande de cinq avec texte complet   15   12
b - double pub C. C. P. + Byrrh   80   55

☐ 242 "Poste aérienne"   3   2   1,7   4
a - bande de cinq avec texte complet   15   12
b - ‖ Poste aérienne + Byrrh   5,5   3,5   3

Paix, 65c bleu
Type II
(bandes publicitaires)

☐ 243 "Byrrh"   7   4,5   2   8,5
a - bande de cinq avec texte complet   37   29
b - ‖ Byrrh + C. C. P.   14   9   6
c - ‖ Byrrh + Poste aérienne   14   9   6
d - ‖ Byrrh + Tetra   21   15   11
e - double pub Byrrh + Hahn   95   65
f - double pub Byrrh + Poste aérienne   90   60
g - impression dépouillée   200   135
h - impr dépouillée ‖ Byrrh + C.C.P.   425   295
i - impression sur raccord   260   180

☐ 244 "C. C. P."   6   3,5   1,7   7
a - bande de cinq avec texte complet   33   26
b - double pub C. C. P. + Byrrh   90   60
c - impression dépouillée   200   130

☐ 245 "Fer à cheval"   12   8   5   13
a - bande de cinq avec texte complet   60   42
b - ‖ Fer à cheval + Byrrh   21   14   9

☐ 246 "Hahn"   7   4,5   2   8,5
a - bande de cinq avec texte complet   39   29
b - ‖ Hahn + Byrrh   16   10   6

☐ 247 "Poste aérienne"   7   4,5   2   8,5
a - bande de cinq avec texte complet   39   29
b - ‖ Poste aérienne + Byrrh   15   9   6
c - impression sur raccord   260   175

□ **248 "Téléa"**   **27**   **17**   **9**   **22**
a - bande de cinq avec texte complet   150   115
b - ‖ Téléa + Byrrh   40   27   16
c - impression dépouillée   200   130
d - impr dépouillée ‖ Téléa + Byrrh   425   280

□ **249 "Tetra"**   **13**   **9**   **6**   **15**
a - bande de cinq avec texte complet   70   51

Paix, 90c bleu
Type I
(bandes publicitaires)

□ **250 "Byrrh"**   **6**   **3,5**   **1,7**   **8,5**
non dentelé   800   515
a - bande de cinq avec texte complet   33   25
b - ‖ Byrrh + C. C. P.   13   9   5
c - double pub Byrrh + Hahn   75   50

□ **251 "C. C. P."**   **7**   **4,5**   **2**   **8,5**
non dentelé   800   515
a - bande de cinq avec texte complet   39   28
b - double pub C. C. P. + Byrrh   75   50

□ **252 "Fer à cheval"**   **14**   **10**   **7**   **18**
a - bande de cinq avec texte complet   75   60
b - ‖ Fer à cheval + Byrrh   20   13   12

□ **253 "Hahn"**   **7**   **4**   **2**   **8,5**
a - bande de cinq avec texte complet   39   27
b - ‖ Hahn + Byrrh   13   9   5

Iris, 1f rouge
(carnets non émis, seules les feuilles ont été préparées, mais les carnets n'ont pas été confectionnés)

□ **254 Paire vert^ale avec bords blancs**   **9**   **6**   **4**   **12**

Pétain, 1f 50 brun
(paire verticale avec bords barrés et bande pub)
(sur les timbres avec bords barrés, le 20ème timbre comporte de 1 à 8 points blancs dans les barres)

□ **255 Paire vert^ale avec bords barrés**   **8**   **5,5**   **5**   **11**
non dentelé   250   170

[image: 40.000.000 de repas aux écoliers]

□ **256 "Secours national"**   **2**   **1,5**   **0,7**   **3,5**
non dentelé   160   120
a - bande de cinq avec texte complet   10   6,5
non dentelé   900   700
b - ‖ Secours n^al + Secours n^al   4   2,5   2,5
non dentelé   280   190
c - double pub Secours n^al + Secours n^al   60   40

Marianne de Gandon
15f rouge, type II
(bandes publicitaires)

□ **257 "Hahn"**   **23**   **15**   **8**   **17**
a - bande de cinq avec texte complet   115   85
b - ‖ Hahn + Poste   46   30   22
c - ‖ Hahn + Seccotine   47   31   22

□ **258 "Poste"**   **23**   **15**   **8**   **17**
non dentelé   585   420
a - bande de cinq avec texte complet   115   85
b - ‖ Poste + Poste   46   30   22

□ **259 "Seccotine"**   **24**   **16**   **8,5**   **18**
a - bande de cinq avec texte complet   120   90

Marianne de Gandon
15f bleu, type I
(bandes publicitaires)

□ **260 "Bic"**   **8**   **5**   **2,5**   **7,5**
a - bande de cinq avec texte complet   40   30
b - ‖ Bic + Bic   18   12   8
c - impression sur raccord   315   210
d - impression sur raccord ‖ Bic + Bic   650   430

□ **261 "Excel"**   **7,5**   **4,5**   **2,5**   **7,5**
a - bande de cinq avec texte complet   50   38
b - ‖ Excel + Excel   18   12   8
c - impression sur raccord   315   210
d - impression sur raccord ‖ Excel x2   650   430

barres hautes   barres centrées

□ **262 "Hahn"** (barres hautes)   **26**   **16**   **11**   **25**
a - ‖ bande de cinq avec texte complet   130   100
b - ‖ Hahn x2 (barres hautes)   55   38   27
c - "Hahn": barres centrées   37   25   15
d - ‖ Hahn x2 (barres centrées)   85   57   35
e - "Hahn": 1er H b. centrée, 2ème H b. haute   28   19   12
f - ‖ Hahn x2 (barre centrée + haute)   60   43   30

□ **263 "Kangourou"**   **115**   **70**   **37**   **85**
a - bande de cinq avec texte complet   575   450
b - ‖ Kangourou + Poste   200   135   90

□ **264 "Poste"**   **18**   **12**   **8**   **18**
a - bande de cinq avec texte complet   90   75
b - ‖ Poste + Bic   67   40   32
c - ‖ Poste + Poste   140   90   80

□ **265 "Provins"**   **18**   **12**   **8**   **18**
a - bande de cinq avec texte complet   90   70
b - ‖ Provins + Poste   37   25   20

□ **266 "Seccotine"**   **55**   **38**   **26**   **55**
a - bande de cinq avec texte complet   275   235
b - ‖ Seccotine + Bic   67   47   32

Type II (bandes publicitaires)

❑ 267 "Bic"	12	8	4	13
a - bande de cinq avec texte complet	60	45		
b - ‖ Bic + Bic	25	17	14	

❑ 268 "Excel"	16	11	8	19
a - bande de cinq avec texte complet	90	70		
b - ‖ Excel + Excel	35	24	25	

❑ 269 "Hahn"	15	10,5	7	17
a - bande de cinq avec texte complet	80	65		
b - ‖ Hahn + Hahn	33	23	19	

❑ 270 "Kangourou"	27	18	12	30
a - bande de cinq avec texte complet	140	110		
b - ‖ Kangourou + Poste	43	30	25	

❑ 271 "Pernot"	11	7	4	14
a - bande de cinq avec texte complet	55	40		
b - ‖ Pernot + Pernot	23	15	14	

❑ 272 "Poste"	15	10	7	17
a - bande de cinq avec texte complet	80	60		
b - ‖ Poste + Bic	31	21	16	
c - ‖ Poste + Poste	35	23	16	

❑ 273 "Seccotine"	20	13	9	26
a - bande de cinq avec texte complet	110	85		
b - ‖ Seccotine + Bic	32	21	17	

Marianne de Muller
15f rouge
(bandes publicitaires)

❑ 274 "A G Vie"	4,5	3	1,7	5,5
a - bande de cinq avec texte complet	23	19		
b - ‖ A G Vie + A G Vie	9,5	6,5	5	

❑ 275 "Avia"	6	7	2,5	7
a - bande de cinq avec texte complet	30	25		
b - ‖ Avia + Poste	11	8	6	

❑ 276 "Bic"	3	1,6	1,2	4,5
non dentelé	325	245		
a - bande de cinq avec texte complet	17	13		
b - ‖ Bic + Bic	6	4	3	
c - double pub Bic + Bic	60	41		
d - impression défectueuse	35	27		
e - impression sur raccord	160	110		
f - impression sur raccord ‖ Bic + Bic	350	250		

❑ 277 "Excel"	3	1,6	1,2	4,5
a - bande de cinq avec texte complet	17	13		
b - ‖ Excel + Exce	6	4	3	
c - impression sur raccord	350			
d - variété d'essuyage	170			

❑ 278 "Grammont"	5	3,5	2	5,5
a - bande de cinq avec texte complet	25	20		
b - ‖ Grammont + Grammont	12	8	6	
c - ‖ Grammont + Provins	11	7	6	

❑ 279 "Hahn" (barres centrées)	4	2,5	1,7	4,5
a - bande de cinq avec texte complet	22	17		
b - "Hahn": barres hautes	70	47	22	
c - ‖ Hahn + Hahn	9	6	5	
d - barres hautes dans la ‖ Hahn x2	85	54	32	

❑ 280 "Jif (X-Pen Waterman)"	13	8,5	5	12
a - bande de cinq avec texte complet	80	60		
b - ‖ Jif + Jif	27	18	14	

❑ 281 "Liebig"	5,5	3,5	2	6
a - bande de cinq avec texte complet	28	22		
b - ‖ Liebig + Liebig	12	8	6	
c - double pub Liebig + Liebig	60	42		
d - impression sur raccord	160	110		
e - impression sur raccord ‖ Liebig x2	350	250		

❑ 282 "Lincoln"	6	4	2	6
a - bande de cinq avec texte complet	30	24		
b - ‖ Lincoln + Lincoln	13	9	6	

❑ 283 "Poste"	5	3,5	1,7	5,5
a - bande de cinq avec texte complet	25	20		
b - ‖ Poste + Poste	11	7,5	5	
c - ‖ Poste + Provins	14	9,5	6	

❑ 284 "Primagaz"	5,5	3	2,5	6
a - bande de cinq avec texte complet	30	20		
b - ‖ Primagaz + Whip	11	7,5	6,5	

❑ 285 "Provins"	6	3,5	2	6
a - bande de cinq avec texte complet	30	20		
b - ‖ Bord barré + Provins	55	37		

❑ 286 "Rolla"	6	3,5	2,5	6
a - bande de cinq avec texte complet	30	20		
b - ‖ Rolla + Poste	11	7,5	6,5	

❑ 287 "Satam"	5	3,5	1,7	4,5
a - bande de cinq avec texte complet	25	19		
b - ‖ Satam + Grammont	10	7	5	

"A" fermé   "A" ouvert

❑ 288 "Slavia" ("A" fermé)	5,5	3,5	2	6
a - bande de cinq avec texte complet	31	24		
b - "A" de "Slavia" ouvert	12	8	6	
c - ‖ Slavia x2 (fermé + fermé)	12	8	6	
d - ‖ Slavia x2 (ouvert + ouvert)	25	17	12	
e - ‖ Slavia x2 (ouvert + fermé)	30	22	17	

❑ 289 "Whip"	5,5	3,5	2	6
a - bande de cinq avec texte complet	30	22		

Marianne de Muller
20f bleu, type I
(bandes publicitaires)

290 "A G Vie" — 3,5 — 2 — 1,5 — 4,5

a - bande de cinq avec texte complet	20	15
b - ‖ A G Vie + A G Vie	7	4,5	4
c - double pub A G Vie + A G Vie	80	55
d - impression défectueuse	13	8
e - impression sur raccord	185	125
f - impr s raccord ‖ A G Vie + A G Vie	430	295

291 "Akylon" — 8 — 5,5 — 3,5 — 8

a - bande de cinq avec texte complet	43	33
b - ‖ Akylon + Akylon	17	11	9

292 "Calberson" — 6 — 4 — 3 — 7

a - bande de cinq avec texte complet	32	25
b - ‖ Calberson + Calberson	13	8,5	7,5

293 "Château Thierry" — 6 — 4 — 3,5 — 8

a - bande de cinq avec texte complet	35	25

294 "Cᵒⁱʳ Mod. Elec." — 8 — 5 — 3,5 — 8

a - bande de cinq avec texte complet	40	30
b - ‖ Cᵒⁱʳ Mod. Elec. + Satam	12	8	7

295 "Elaul" — 5 — 3,5 — 2,2 — 6

a - bande de cinq avec texte complet	25	20
b - ‖ Elaul + Elaul	10	6,5	6,5
c - ‖ Elaul + Thiaude	21	14	11

296 "Elco" — 38 — 25 — 16 — 45

a - bande de cinq avec texte complet	190	150
b - ‖ Elco + Elco	80	50	42

297 "Excel" — 4 — 2,5 — 1,5 — 4,5

non dentelé	350	250
a - bande de cinq avec texte complet	20	16
non dentelé	2 000	1 600
b - ‖ Excel + Excel	8	5,5	4
non dentelé	750	550
c - pli accordéon ‖ Excel + Excel			80
d - variété d'impression	90

298 "Frimatic" — 5 — 3,5 — 2 — 6

a - bande de cinq avec texte complet	25	20
b - "I" de "Frimatic" brisé (case 4) (pub sup)	30	21	13
c - "I" brisé (case 14) (pub inférieure)	80	52	32
d - ‖ Frimatic + Frimatic	10	6,5	6
e - ‖ Frimatic brisé + Frimatic	45	30	22
f - ‖ Frimatic + Frimatic brisé	125	85	55
g - ‖ Frimatic + Hahn	30	20	14
h - ‖ Frimatic brisé + Hahn	100	65	43

299 "Grammont" — 3,5 — 2 — 1,5 — 4,5

non dentelé	350	275
a - impression sur raccord	400
b - bande de cinq avec texte complet	20	16
non dentelé	2 000	1 600
c - ‖ Grammont + Château-Thierry	10	6,5	6,5
d - ‖ Grammont + Grammont	7	4,5	4
non dentelé	775	575
e - ‖ Grammont + Provins	13	8,5	7
f - ‖ Grammont + Rolla	10	6,5	5
g - ‖ Grammont + Satam	8	5	4,5
h - variété d'impression	90
i - ‖ Grammont + Thiaude	10	6,5	6

300 "Gueules cassées" — 6 — 4 — 3 — 7

a - bande de cinq avec texte complet	32	24
b - ‖ Gueules cassées + A G Vie	15	11	11

301 "Hahn" — 4,5 — 3 — 2 — 6

a - bande de cinq avec texte complet	25	20
b - ‖ Hahn + Hahn	9	6	6
c - double pub Hahn + Frimatic	80	55

302 "Primagaz" — 6,5 — 4,5 — 3,5 — 8

a - bande de cinq avec texte complet	37	27
b - ‖ Primagaz + Gueules cassées	13	8,5	7,5

303 "Provins" — 9 — 6,5 — 4,5 — 11

a - bande de cinq avec texte complet	45	35

304 "Rolla" — 5 — 3,5 — 3 — 8

a - bande de cinq avec texte complet	25	20
b - ‖ Rolla + Frimatic	10	7	7
c - ‖ Rolla + Grammont	11	7,5	6

305 "Satam" — 4 — 2,5 — 1,5 — 4,5

a - bande de cinq avec texte complet	20	16
b - ‖ Satam + Grammont	11	7,5	6
c - ‖ Satam + Satam	17	11	8

306 "Slavia" ("A" fermé) — 9 — 5,5 — 3,5 — 8,5

a - bande de cinq avec texte complet	50	39
b - ‖ Slavia + Slavia (fermé + fermé)	19	13	9
c - "A" de "Slavia" ouvert	9	6	3,5	8,5
d - ‖ Slavia x2 (ouvert + ouvert)	20	13	9
e - ‖ Slavia x2 (ouvert + fermé)	18	12	11

307 "Thiaude" — 6 — 4 — 3,5 — 8,5

a - bande de cinq avec texte complet	35	25

Type II *(bandes publicitaires)*

308 "A G Vie" — 21 — 15 — 9 — 25

a - bande de cinq avec texte complet	105	80
b - ‖ A G Vie + A G Vie	42	30	24

309 "Elco" — 22 — 16 — 10 — 27

a - bande de cinq avec texte complet	110	85
b - ‖ Elco + Elco	45	32	27

310 "Grammont" — 21 — 15 — 9 — 25

a - bande de cinq avec texte complet	105	80
b - ‖ Grammont + Grammont	45	32	27
c - ‖ Grammont + Rolla	42	30	25

311 "Provins" — 21 — 15 — 9 — 25

a - bande de cinq avec texte complet	110	80
b - ‖ Provins + Grammont	42	30	25

312 "Rolla" — 21 — 15 — 9 — 25

a - bande de cinq avec texte complet	105	80

313 "Satam" — 21 — 15 — 9 — 25

a - bande de cinq avec texte complet	105	80
b - ‖ Satam + Satam	42	30	25

Marianne de Muller
25f rouge, type I
(paire verticale avec bords barrés)

314 Paire vertᵃˡᵉ avec bords barrés — 6 — 4 — 3 — 7

Marianne à la nef
Type I
(paire verticale avec bords barrés)

☐ **315 Paire vert**ale **avec bords barrés**   12   8,5   7   14

Marianne de Decaris
Type I
(paire verticale avec bords barrés et bande pub)

☐ **316 Paire vert**ale **avec bords barrés**	**5,5**	**4**	**3**	**8**
non dentelé	1 000	850		
a - double bord (4 barres au lieu de 2)	40	28		
b - couleur carmin absente	500	390		
c - couleur grise absente	525	395		
d - coul. grise absente, piquage à cheval	600	440		
e - impression sur raccord	300	230		
f - piquage à cheval	475	395	425	

☐ **316A Bande verticale de 4 avec bords blancs, issu de carnet de 8 non confectionné**   225   170

☐ **317 "Philatec"**	**6**	**4**	**1,7**	**5**
a - bande de cinq avec texte complet	30	23		
b - ‖ Philatec + Philatec	12	9	6	

Armoirie de Paris
(paire verticale avec bords barrés)

☐ **318 Paire vert**ale **avec bords barrés**	**10**	**5**	**3**	**8**
a - impression recto-verso	50	35		
b - couleur rouge absente sur un timbre	525	395		

Cours d'instruction

Semeuse camée
5c vert, type IIA
surcharge violette à la main de carnet
(paire verticale avec bords blancs)

☐ ✂ **319 Paire vert**ale **av bords blancs**   300   240

Semeuse camée
10c rouge, type IC *(chiffres gras)*
surcharge violette à la main de carnet
(paire verticale avec bords blancs)

☐ ✂ **320 Paire vert**ale **av bords blancs**	**500**	**375**
a - types IC & IA se tenant, paire vert**ale**	700	500

Semeuse camée
10c vert, type IC *(chiffres gras)*
surcharge ANNULE en noir
(paire verticale avec bords blancs)

☐ ✂ **321 Paire vert**ale **av bords blancs**	**210**	**175**
a - types IC & IA se tenant, paire vert**ale**	350	245
b - surcharge violette, paire vert**ale**	210	175

Semeuse camée
25c bleu, type II
surcharge ANNULE en noir
(paire verticale avec bords blancs)

☐ ✂ **322 Paire vert**ale **av bords blancs**   360   280

Semeuse camée
30c bleu, type II
surcharge SPECIMEN en noir
(bandes publicitaires)

☐ ✂ **323 "Florent"**	**120**	**100**	**95**
a - bande de cinq avec texte complet	620	525	

☐ ✂ **324 "Menier"**	**120**	**100**	**95**
a - bande de cinq avec texte complet	620	525	
b - ‖ Menier + Florent	220	210	

☐ ✂ **325 "Secours"**	**105**	**95**	**90**
a - bande de cinq avec texte complet	620	500	
b - ‖ Secours + Secours	220	210	

Pasteur
10c vert
surcharge SPECIMEN en noir
(paire verticale avec bords blancs

☐ ✂ **326 Paire vert**ale **av bords blancs**	**600**	**465**
a - surcharge multiple	3 500	2 750

CARNETS

Format:

- *1906 à 1922: format 110x60.*
- *1923 à 1965: format 115x72 avec pub sur les marges des timbres. Séries:*
- *1922 à 1937: concessionnaire Carlos Courmont, séries 1 à 414.*
- *1937 à 1944: Delrieu, séries 2 à 67 avec quelques variantes.*
- *1950 à 1965: impression par la Poste, numéro de série avec année de fabrication (2-55, 8-57, etc.).*

Blanc
5c vert au type IB (type spécifique de ces carnets) (carnets de 40 timbres)

Cette surcharge pouvait être soit écrite à la main par le receveur, soit appliquée à l'aide d'un cachet (en noir ou en violet).

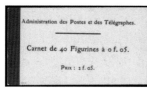

Couverture de 1906

1 Couverture: prix: 2f 05 (19 novembre 1906)   ☆☆   **1 800**

Couverture surchargée en 1910

2 Couverture: "prix réduit 2 francs" (1ᵉʳ mai 1910)   **2 000**

P20 Carnet privé (8 t.), pub. "Aiglon" (porte-timbre)   **3 500**

Semeuse chiffres maigres
10c rouge au type III
(carnets de 20 timbres)

3 Couverture: prix: 2f 05 (1ᵉʳ décembre 1906)   **600**
a - timbres très contrastés (semeuse blanche)   750

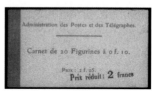

4 Couverture: "prix réduit 2 francs" (1ᵉʳ mai 1910)   **700**
a - timbres très contrastés (semeuse blanche)   800
P22 Carnet privé (6 t.), "Belle jardinière" (porte-timbre)   **4 900**

P26 Carnet privé (6 t.) "Manchon-Hella" (porte-timbre)   **3 600**
P28 Carnet privé (6 t.) ""Mignon" (porte-timbre)   **3 800**

Semeuse chiffres maigres
10c vert
(carnets de 10 timbres)

5 Minéraline 2 fois (1926) (avec les 8 pages de pub.suppl.)   **7 800**
a - "R" brisé: "Pépublique" (case 5)   8 200

6 Phéna-Phéna (1927)   **675**
a - "R" brisé: "Pépublique" (case 5)   725

Semeuse camée
5c vert, type I (carnets de 40 timbres)

7 Couverture: prix: 2f 05 (1907)   850

8 Couverture: "prix réduit 2 francs" (1ᵉʳ mai 1910)   1 200

Type IIA
(carnets de 40 timbres)

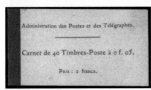

Couverture modifiée (prix: 2 francs) (1910)

9 Couverture modifiée: 2 francs (1910)   370
  a - couverture papier épais et brouillé de couleur foncé   390

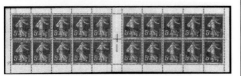

10 Avec timbres surchargés "ANNULE" en violet   6 500
a - carnet de 20 t. au linde 4 o t.   3 000

Note: les carnets surchargés "ANNULE" étaient destinés aux cours d'instruction.

11 Couv papier mince, timbres GC chamois   500
  a - timbres papier GC blanc (1916)   750

12 Texte sur les 4 pages (taxe du 12/8/19) (1919)   370

13 Texte sur les 4 p. (taxe) (timbres GC chamois)   950

14 Couv modifiée: 2 francs (timbres papier X)   15 000
  a - couverture papier épais et brouillé de couleur foncé   15 000

15 Texte sur les 4 pages (loi du 29/3/20) (1921)   370

15-A 1/2 feuille de 3 carnets n°9, nd   35 000

15-B paire de deux carnets dentelés n°9 se tenant   37 000

P23 - A Carnet privé (8 t.) "Bussang (porte-timbre)   3 750

P23 Carnet privé (16 t.) "Bussang (porte-timbre)   5 000

P23B Carnet privé Aigton (16 t.)   3 500

Semeuse camée, 5c orange
Type IIA
(carnets de 40 timbres)

16 Texte sur les 4 pages (loi du 29/3/20) (1921)   275

17 Couv avec publicité (110x60) (1922) (série 5)   155

18 Couv avec publicité (110x60) (1922) (série 11)   150
  a - pli accordéon sur la couverture (série 11)   1 000

19 sch "Toulouse cours pratiques" (cours d'instruction) (s 11).   4 000

⚠ *Surch "Toulouse cours pratiques": expertise indispensable.*

Semeuse camée
10c rouge, type IC *(chiffres gras)*
(carnets de 20 timbres)

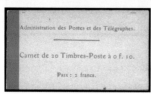

20 Couverture modifiée: 2 francs (1910) **600**
a - avec un timbre isolé au type IA (case 13) 630
b - papier X (papier très blanc) 16 000
c - papier X, avec isolé au type IA (case 13) 17 000

21 Avec timbres sch "ANNULE" en violet (1911) **4 500**
a - avec un timbre isolé au type IA (case 13) 4 700

22 Couverture modifiée, timbres GC chamois **4 000**
a - papier GC, avec isolé au type IA (case 13) 4 200

22-A 1/2 feuille de 3 carnets n°20 & 20a, nd **40 000**

22-B paire de 2 carnets dent 20 & 20a se tenant **42 000**

P21 Carnet privé (8 t.), "Aiglon" (porte-timbre) **1 600**

P22-A Carnet privé (6 t.), "Belle jardinière" (porte-timbre) **4 800**

P26-A Carnet privé (6 t.) "Manchon-Hella" (porte-timbre) **3 500**
P27 Carnet privé (6 t.) "Menthe-Pastille" (porte-timbre) **4 000**
P28-B Carnet privé (6 t) "Mignon" (porte-timbre) **3 800**
P28-C Carnet privé (6 t) "Tisane du Laboureur" (porte-timbre) **12 000**

Type II
(carnets de 30 timbres, en 5 blocs de 6)

23 Couverture rose, papier X (1918) **3 200**
a - feuille de 144 timbres (carnets non confectionnés) 16 500
b - papier X et papier normal (feuilles mélangées) (1918) 2 900
c - papier normal gomme lisse (1918) 2 900

Semeuse camée, 10c vert
Type IC *(chiffres gras)*
(carnets de 20 timbres)

24 Couv avec publicité (110x60) (1922) (sér SSB, 26) **390**
a - avec un timbre isolé au type IA (case 13) 420

25 Couv avec publicité (115x72) (1923) (série 28, 44) **370**
a - avec un timbre isolé au type IA (case 13) 400
b - couverture "Pasteur à l'écran" (tirage de luxe) (série 28) 1 100

P1 Carnet privé, pub. "Maurice Digeaux" **10 000**

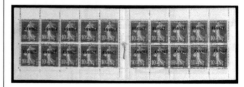

26 Avec tbres surch "ANNULE" en noir (série 28) **2 200**
a - avec un timbre isolé au type IA (case 13) 2 300

Semeuse camée, 15c brun
Type I
(carnets de 10 et 20 timbres)

27 Virgile Chareyre 2 fois (1928) (carnet de 10) (tir: 4 320) **200**
a - piquage à cheval (timbres avec double publicité) 600

P30 2 blocs de 10 vignettes PVC valeur sur la couv barrée et
cachet "sans valeur d'affranchissement" sur le 2ème feuillet **1 500**

P30-A Idem, valeur sur la couv non barrée et absence du
cachet. Texte pub sur 11 lignes au verso du 1er feuillet **650**

28 Rolland 4 fois (1929) (carnet de 20) (tirage: 12 000) **410**

P17 Carnet privé (4 tbres), pub. " Le Philopode" (tir: 109) **1 500**

Semeuse camée, 20c rose
Type VI
(carnets de 20 timbres) (1937)

29 Poste-Byrrh-Byrrh-Poste (série 9) **60**
a - couverture sur fond chamois au lieu de blanc 1 500

Semeuse camée
25c bleu, type IB
(carnets de 20 timbres)

30 Texte sur les 4 pages (loi du 29/3/20) (1921) **6 800**

Type II sans bde pub
(carnets de 20 timbres)

*On ne connaît
que quelques
exemplaires
de ce carnet
(dont 3 carnets
entamés)*

31 Texte sur les 4 pages (loi du 29/3/20) (fin 1921) **23 000**
a - carnet entamé 7 500

32 Couverture avec publicité (format 110x60) **3 200**
(1922) (série SA 1 à 4, 6 à 10, 12 à 25, 27)
a - recto-verso intégral des timbres 7 000
b - piquage oblique par pliage (timbres) 6 500

33 Couverture avec pub (115x72) (1923) (s 29 à 42) **3 400**

**P31 Carnet virtuel de présentation des publicités de C.
Courmont avec n° de série 23 ne correspondant pas au n° officiel** **1 800**

34 Avec timbres sch "ANNULE" (1923) (série 38) **2 300**

Timbres avec bandes publicitaires (25c bleu type II)

35 Annales-Annales-Rozan-Rozan (série 45)   3 900

36 Annales-Grey Poupon-Olibet-Vichy   3 300
(série 68, 70 à 72, 74, 77, 78)

37 Bernot-Bernot-Koto-Jif (série 76)   18 000

38 Bisquit 4 fois (série 75, 78, 79, 81, 82)   1 000

39 Eco-Eco-Olibet-Olibet (série 45, 46)   5 700

40 Evian-Evian-Evian-Evian   780
(s 43, 47, 48, 51, 54, 56, 58, 62, 63, 67, 75, 79, 81 à 89, 89B)

41 Louvre 4 fois (carnet de 20) (série 73)   6 200

Ce carnet (de 10 timbres) a été réalisé par la poste pour les Magasins du Louvre en 1925, qui les ont directement distribués à 3 000 concierges.

42 Louvre-Louvre (carnet de 10) (série 73)   32 000
a - carnet entamé   13 500

43 Secours-Grey Poupon-Secours-Amourette   3 600
(série 79 à 82)

44 Secours-Guyot-Secours-Jif (s 75 à 77, 80 à 82)   3 400

45 Secours-Secours-Secours-Secours   3 400
(série 50, 55 à 57, 61, 65, 66, 68)

46 Soulac-Grey Poupon-Olibet-Vichy 3 400
(série 64, 65, 68, 69)

47 Vichy-Secours-Olibet-Secours (s 55, 57, 59 à 61) 3 400

Type IV
(carnets de 20 timbres) (juin 1920)

48 Texte sur les 4 pages (taxe du 29/3/20) (1920) 4 800
a - bleu clair 5 000
b - papier GC 8 500
d - impression incomplète par pliage (timbres) 14 000

48c Avec timbres surchargés "ANNULE" 15 000

Semeuse camée, 30c rose
Type IIB
(carnets de 20 timbres) (juillet 1925)

49 Evian 4 fois (sér 88 surch, 89 surch, 90) 260
a - découpe du carnet en diagonale 1 300

50 Secours-Aequitas-Secours-Oxymenthol 260
(série 88 surchargé, 89 surchargé, 90)

51 Secours-Grey Poupon-Secours-Pivolo 260
(série 88 surchargé, 89 surchargé, 90)
a - piquage à cheval (timbres avec double publicité) 1 200

Note: les couvertures surchargées proviennent des carnets du 25c bleu.

Semeuse camée, 30c bleu
Type IIB
(carnets de 20 timbres) (décembre 1925)

52 Evian 4 fois (série 88 surch, 89 surch, 90 à 92, 94, 95) 330
a - pli accordéon sur 3 timbres (couv "Guyot", série 89 surch) 900

53 Gibbs 4 fois (série 97, 99, 101, 102, Lilor) 210
a - cachet d'annulation de l'agence comptable (s 101, 102) 1 000
b - sch "Toulouse cours pratiques" (cours d'instruction) (série 102) 7 000

54 Secours-Aequitas-Secours-Oxymenthol 350
(série 88 surch, 89 surch, 90, 91, 95, 96)

55 Secours-Grey poupon-Secours-Pivolo   **350**
(série 88 surch, 89 surch, 90, 91, 95, 96)
A - couverture "Lilor" (série 91)   450

56 Secours-Menier-Secours-Florent   **250**
(série 97 à 101, Lilor)
a - avec cachet d'annulation de l'agence comptable (s 101)   1 200

57 Avec timbres surchargés "SPECIMEN" (série 98)   **2 100**

Semeuse surchargée
Type IIB
(carnets non émis, seules les feuilles ont été préparées, mais les carnets n'ont pas été confectionnés)

58 Gibbs-Gibbs-Gibbs-Gibbs (bloc de 20)   **250**
a - surcharge déplacée   550
b - feuille de 120 timbres (carnets non confectionnés)   1 600

59 Secours-Menier-Secours-Florent (bloc de 20)   **4 600**
a - feuille de 120 timbres (carnets non confectionnés)   30 000

Semeuse camée, 25c jaune
carnets privés

P24 Carnet privé (12t.), "Lafleur" (porte-timbre)   **4 300**

P18 Carnet privé (4 tbres), "Le Philopode" (tir: 662)   **460**

Semeuse camée, 30c br-rge
Type III
(carnets de 20 timbres) (1938)

60 Poste aérienne-Byrrh-Byrrh-C.C.P. (série 21)   **48**
a - piquage à cheval (timbres avec double publicité)   320

Semeuse camée, 40c brun
Type I
(carnets de 20 timbres) (1926)

61 Grey Poupon-Urodonal-Guyot-Gyraldose (s 103, 104)   **275**
a - cachet d'annulation de l'agence comptable (sér 103, 104)   1 200
b - surchargé "Toulouse cours pratiques" (série 104)   6 500
c - série SLA (tirage de luxe)   2 300
d - piquage à cheval (timbres avec double publicité)   1 300

Semeuse camée, 40c rouge
Type I
(carnets de 20 timbres) (1926)

62 Evian-Evian-Evian-Evian (série 108 à 110)   **220**
a - cachet d'annulation de l'agence comptable (série 108)   1 200
b - feuille de 120 timbres (carnets non confectionnés)   5 500
c - série SLA (tirage de luxe)   2 300

63 Gibbs-Gibbs-Gibbs-Gibbs (série 104 à 107)   **220**
a - cachet d'annulation de l'agence comptable (sér 105, 106)   1 200

64 Grey Poupon-Vittel-Secours-Secours (s 107 à 110)   **220**
a - feuille de 120 timbres (carnets non confectionnés)   5 500

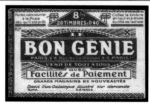

65 Lesieur 4 fois (série 107, 109)   **250**
    a - cachet d'annulation de l'agence comptable (s 107, 109)   1 200
    b - couverture avec tête de Mercure   1 800
    c - feuille de 120 timbres (carnets non confectionnés)   2 700

Couverture avec tête de Mercure (agence comptable) (1927)

Semeuse Croix-Rouge
(carnets de 20 timbres) (1926)

66 Croix-Rouge 1914 (Semeuse surtaxée)   **2 400**

Semeuse lignée
10c rose, carnets privés
(carnets de 6 timbres)

P25 Carnet privé, "Manchon-Hella" (porte-timbre)   **3 700**

P28 Carnet privé, "Mignon" (porte-timbre)   **3 900**

Semeuse lignée
15c vert au type V, papier GC
(carnets de 20 et 40 timbres)

67 Texte sur la 1ère de couverture (1917, GC)   **975**

68 Texte sur les 4 pages (loi du 30/12/16) (1918, GC)   **750**

69 Texte sur les 4 p. (loi) (timbres papier blanc)   **1 500**
    a - papier X (papier très blanc)   15 000
    b - timbre isolé au type IV case 1 (papier normal)   2 500

70 Texte sur les 4 pages (taxe du 12/8/19) (1919, GC)   **900**

71 Texte sur les 4 p. (taxe) (timbres papier blanc)   **1 100**

Carnet de 40 timbres

72 Couverture avec bandes sur le bord (1919, GC)   **6 800**

Semeuse lignée
50c rouge, type I
(carnets de 20 timbres)
(juillet 1925)

73 Cheval vert 4 fois (série 120 à 123)   **840**
    a - cachet d'annulation de l'agence comptable (série 123)   1 800

74 Coq 4 fois (séries 143, 144 (Hérault), 145 (Belfort), 146 à 149, Le Mans II, Rouen I, Versailles II, Vichy II)   **270**
    a - cachet d'annulation de l'agence comptable   1 200
    (1928) (série 144, 145E, 146, 147)

75 Evian 4 fois (série 108 sch, 110 sch, 111 à 115, 130 à 142, Dijon I, Le Mans I, Lourdes, Reims I, Versailles I, SVY) **270**
  a - cachet d'annulation de l'agence comptable (sér 114, 137) 1 200
  b - couverture avec tête de Mercure 1 800
  c - piquage à cheval (timbres avec double publicité) 1 250
  d - sans "f" dans "10f" sur la couverture (série 108S) 2 700

76 Evian-Delft-Evian-Lesieur (série 126 à 129) **480**
  a - piquage à cheval (timbres avec double publicité) 1 350

77 Evian-Gibbs Savon-Evian-Savon Gibbs **400**
  (série 128 à 133, 137, Carcassonne, Le Mans I, Reims I)
  a - cachet d'annulation de l'agence comptable (sér 130, 131) 1 200
  b - couverture avec tête de Mercure (bleue ou brune) 1 800

78 Evian-Savon Gibbs-Evian-Gibbs Savon **400**
  (série 128 à 133, Carcassonne, Le Mans I, Reims I, Versailles I)
  a - cachet d'annulation de l'agence comptable (sér 130, 131) 1 200
  b - couverture avec tête de Mercure (bleue) 1 800

79 Evian-Goa-Evian-R et C (série 126 à 129, Reims I) **400**
  a - cachet d'annulation de l'agence comptable (sér 127, 128) 1 200
  b - couverture avec tête de Mercure (brune) 1 800

80 Evian-Grey Poupon-Evian-Secours **380**
  (série 139, 141 à 143)
  a - avec cachet d'annulation de l'agence comptable (s 143) 1 200

81 Evian-Radium-Evian-Lesieur (série 126 à 129) **630**
  a - cachet d'annulation de l'agence comptable (s 126, 128, 129N) 1 800
  b - couverture avec tête de Mercure (bleue ou brune) 2 300

82 Evian-Vouvray-Evian-Sanglier (série 120 à 124) **500**
  a - avec cachet d'annulation de l'agence comptable (s 120) 1 300
  b - couverture avec tête de Mercure (bleue ou brune) 2 200

83 Evian-Vouvray-Evian-Sans rivale (s 119 à 123) **450**

84 Gibbs-Gibbs-Gibbs-Gibbs **450**
  (série 120 à 126, Dijon I, Le Mans I, Versailles I, SVY, Toile d'avion)
  a - cachet d'ann. de l'agence comptable (s SVY, Toile d'avion) 1 200
  b - couverture avec tête de Mercure (bleue ou brune) 2 200

85 Grey Poupon-Urodonal-Guyot-Gyraldose (s 115 à 118) **2500**

86 Grey Poupon-Vittel-Secours-Secours (s 110 sch, 111) **4 000**
a - cachet d'annulation de l'agence comptable (sér 110 sch) 5 800
b - couverture avec tête de Mercure (bleue) 6 200

87 Lesieur 4 fois (série 111, 114, 115, 118) **1 350**
a - cachet d'annulation de l'agence comptable (sér 111, 118) 2 800
b - couverture avec tête de Mercure (bleue) 2 700
c - impression des timbres des 2 côtés par pliage 6 250

88 Secours-Urodonal-Secours-Gyraldose **430**
(série 111, 113 à 119)
a - cachet d'annulation de l'agence comptable (série 117) 1 200
b - couverture avec tête de Mercure (bleue ou brune) 1 800
c - piquage à cheval (série 114RP) 1 600
A - couverture "Jacques Deroche" (série 114O) 470

Cachet d'anulation de l'agence comptable (3 modèles de cachets)

Type IIB
(carnets de 20 timbres)

89 Montpeyroux 2 fois (carnet de 10) (feuillet gauche
perforé) (tirage: 2 000) **2 200**
a - feuillet gauche non perforé 180

90 Provins-Provins (carnet de 10 timbres) (tirage: 1 000) **140**

91 Virgile Chareyre 2 fois (carnet de 10) (tir: 8 400) **120**

92 Bussang 4 fois (série Nancy) (tirage: 2 500) **340**
a - timbre du feuillet gauche au type IV, feuillet droit type IIB 1 100

93 Coq 4 fois (série 157 à 160, 165 (Orléans), 166 **200**
(Allier), Clermont Ferrand, Lille, Marseille)

94 Coq-Coq-Falières-Mireille **290**
(série 172, 173, 174 (Paris), 175, 180, Vichy II)
a - piquage à cheval (timbres avec double publicité) 1 100

95 D.U-D.U-D.U-D.U   **210**
(série 189, 192 à 194, 197 à 200, 212, 217, 218, 221, Toile d'avion)
a - avec cachet d'annulation de l'agence comptable (s 192)   1 200
b - piquage à cheval (timbres avec double publicité)   900

96 D.U-D.U-Calvet-Kwatta   **260**
(série 189, 192 à 194, 197 à 200, Toile d'avion)
a - feuillet gauche au type IV, feuillet droit type IIB   2 000
(série 192 à 194, 197, Toile d'avion)
b - cach annulation de l'agence comptable feuillet gauche t. IV   3 000
(série 193RP, Toile d'avion)
c - piquage à cheval (timbres avec double publicité)   1 000

97 Falières-Shyb-Annales-Shyb   **350**
(série 172, 173, 174 (Paris), 180, Vichy II)

98 Falières-Shyb-Grey Poupon-Shyb   **350**
(série 172, 173, 174 (Paris), Vichy II)

99 Florent-Florent-Vache qui rit-Mireille   **240**
(série 154 à 156, 157 (Hérault), Histoire de la chemise, le Mans II)

100 Gitanes-Grey Poupon-Redoute-Phenix   **230**
(série 183, 185 à 189, 192)
a - cachet d'annulation de l'agence comptable (s 186 à 189)   1 200
b - sans pub en haut, grandes marges en bas (série 186)   900
c - impression des deux côtés par pliage   5 000
d - découpe en biais et deux timbres amputés   4 000

101 Grey Poupon-Moet-Calvet-Guyot   **330**
(série 205 (Saumur), 206, 207, 212 (Paris), Toile d'avion)
a - cachet de l'agence compatable, aninulation (s 206)   1 500

102 Grey Poupon-Shyb-Phenix-Shyb (s 174, 175, 177, 180)   **350**
a - cachet d'annulation de l'agence comptable 11-9-29 s177   1 200

103 Guilhon-Shyb-Phenix-Shyb (s 174, 175, 177, 180)   **320**
a - cachet d'annulation de l'agence comptable (s 175, 180)   1 200

104 Guyot-Moet-Sphere-Sphere   **250**
(série 198, 199, 202, 205 (Chartres), 206, 207, 212, Toile d'avion)

105 Madon-Redoute-Osram-Phenix (sér 181, 183, 185,   **280**
Beauvais, Gironde, Haut-Rhin, Lille, Loire Inférieure, Lyon)
a - avec cachet d'annulation de l'agence comptable (s 185SA)   1 000
A - couverture "Huile Calve" (série Loire Inférieure)   250

106 Phenix-Osram-Redoute-Redoute (s 180, 181, 185)   **340**
a - avec cachet d'annulation de l'agence comptable (série 181)   1 100

107 Phenix 4 fois (série Nogent-en-Bassigny) (tir: 2 000)   **170**
   a - impression recto-verso (sur 10 timbres)   600

108 Plombières-Sanglier-Jaffelin-Jaffelin   **270**
   (série 147 à 149, 151, Versailles II, Vichy II)
   a - cachet d'annulation de l'agence comptable (s 148, 149, 151RP)   1 200

109 Quinzaine philatélique 4 fois (s Provins) (tir: 2 000)   **250**

110 Redoute-Sphere-Sphere-Redoute   **450**
   (série 212 (Paris), 217, 218, 221)
   a - cachet d'annulation de l'agence comptable (série 217)   1 300

111 Redoute-Phenix-Phenix-Redoute (s 186 à 189, 192)   **280**
   a - impression recto-verso (timbres)   5 000
   b - feuillet des timbres jamais agrafé   1 100

112 Sphere 4 fois (série 198, 199, 202, 205, Toile d'avion)   **350**

113 Toile d'avion 4 fois (avec échantillons) (s 149 à 155, 157, chemise, Toile d'avion, Clermont Ferrand, Lille I, Lyon I, Rouen I)   **190**
   a - cachet d'annulation de l'agence comptable (s 154, 155)   1 200
   b - piquage à cheval (timbres avec double publicité)   820
   A - couverture "TSF" (série 153 Orléans)   275

114 Toile d'avion 2 fois-Laine St Epin 2 fois   **270**
   (série 149 à 152, Clermont Ferrand, Lyon I)

115 Touring club-Florent-Florent-Quinz. phil.   **250**
   (série 157 à 160, histoire de la chemise)
   a - "Arme" avec un seul "e" (case 5) (s 157 à 160, chemise)   360
   b - avec cachet d'annulation de l'agence comptable (s 160)   1 200
   c - variété de découpe: carnet géant (s160)   1 000
   d - double pub presque total   1 500
   e - recto-verso partiel   1 000

Type IIA
(carnets de 20 timbres)

116 Benjamin-Moet-Grey Poupon-Benjamin   **380**
   (série 257 (Limoges), 259, 261 à 263, Vosges)
   a - avec cachet d'annulation de l'agence comptable (s 254)   1 200
   A - couverture "Cachets bleus Semen" (série 259)   335

117 Blecao-Mazda-Benjamin-Benjamin (s 236, 238 à 242)   **850**
   a - raccord et erreur de piquage   5 000
   A - couverture "Porcelaines Letourneur" (série 240)   750

117-A Blédine-Mazda-Benjamin-Benjamin (s 240)   **4 400**

118 Grey Poupon-Mazda-Redoute-Benjamin   **370**
(série 238, 239, 241 à 245)

119 Moet-Benjamin-Benjamin-Benjamin   **350**
(série 246, 249 à 256, 258)
a - avec cachet d'annulation de l'agence comptable (s 252)   1 400
b - timbres dentelé tenant à non dentelés   4 300

120 Moet-Vichy-Redoute-Benjamin (s 251 à 258, 260)   **370**
a - avec cachet d'annulation de l'agence comptable (s 253)   1 400

121 Pupier-Moet-Benjamin-Benjamin   **330**
(série 245, 257 à 262, Lyon)
a - avec cachet d'annulation de l'agence comptable (s 257)   1 400
b - impression entièrement maculée   1 300

122 Redoute-Mazda-Benjamin-Benjamin (sér 243 à 248)   **550**

123 Vichy-Mazda-Benjamin-Redoute (s 244 à 252, 256)   **370**
a - avec cachet d'annulation de l'agence comptable (s 248)   1 400

          Type IV sans bde pub
(carnets de 20)

124 Texte sur la 1ère et 4ème de couv (1929)   **185**
a - avec cachet d'annulation de l'agence comptable (5 déc 28)   3 000

124-A Texte modifié, couv avec dos rouge   **20 000**

P2 Carnet privé, "Maurice Digeaux" (couv avec texte)   **4 300**

125 Couverture avec publicité (série 161, 167 à 169)   **175**
a - série "168" sans le "1"   500

P9 Carnet privé (10 t.), pub. "Cycles Chantecler"   **3 000**

P10 Carnet privé (20 t.), pub. "Cycles Chantecler"   **5 000**

P19 Carnet privé (4 t.), "Le Philopode" (tir: 2 073)   **400**

P3 Carnet privé, "Maurice Digeaux" (s 161, 167 à 169)   **4 300**

Avec bandes publicitaires (carnets de 20)

126 Blédine-Mazda-Benjamin-Benjamin   **330**
(série 228 (Rhône), 233, 234, 236 à 240)

a - avec un timbre isolé au type IIB (case 11) (sér 234, 236)	2 100
b - piquage à cheval (timbres avec double publicité)	1 100
c - impression dépouillée (timbres)	1 300

127 D.U 4 fois (série 190, 191, 195, 196)   **230**

a - avec cachet d'annulation de l'agence comptable (s 195)	1 200
b - plusieurs timbres maculés de rouge (s 196)	1 000

128 Gitanes-Grey Poupon-Redoute-Phenix (s 182, 184)   **720**

a - avec cachet d'annulation de l'agence comptable	1 500

129 Grey Poupon-Moet-Calvet-Guyot (s 203, 204)   **520**

a - double pub en haut	1 000

130 Grey Poupon-Shyb-Phenix-Shyb (s 167 à 169, 176, 178)   **250**

a - avec cachet d'annulation de l'agence comptable (s 176)	1 200

131 Phenix-D.U-Calvet-D.U (série 182, 184, 190, 191)   **270**

a - cachet d'annulation de l'agence comptable (s 190, 191)	1 200

132 Phenix-Osram-Redoute-Redoute (s 176, 178, 179)   **450**

a - cachet d'annulation de l'agence comptable (s 178, 179)	1 300
b - piquage à cheval (timbres avec double publicité)	1 100

133 Phenix-Shyb-Osram-Shyb (s 178, 179, 182, 184)   **350**

a - cachet d'annulation de l'agence comptable (s 182, 184)	1 100
b - 16 timbres: impression dépouillée à défectueuse	2 400

134 Redoute-Mazda-Benjamin-Benjamin (s 242 à 246)   **600**

a - avec timbres au type IIA (case 1 & 14) (s 245)	1 500

135 Redoute-Moet-Sphere-Sphere (s 208 à 211, 213 à 216)   **350**

136 Rema-Guilhon-Calvet-Redoute   **430**
(série 203, 204, 208 à 211, 213, 215)

a - avec un timbre isolé au type IIA (case 1) (série 203)	2 000
b - pont central perforé horizontalement (série 203, 204)	1 500
c - pont central perforé et isolé type IIA (case 1) (série 203)	4 000
d - avec cachet d'annulation de l'agence comptable (s 213)	1 500
e - numéro à cheval sur deux carnets (paire royale)	2 100

137 Sphere 4 fois (s 182, 184, 195, 196, 201, 203, 204)   **250**

a - impression incomplète des 10 tbres sup ten. à normaux	1 600
b - impression défectueuse allant à timbres non imprimés	2 000

Pasteur
10c vert
(carnets de 20 timbres)

138 Couv avec pub (115x72) (1923) (sér 44, 49, 93)   75

P13 Carnet privé (10 t.), pub. "Aiglon"   3 000

P14 Carnet privé (20 t.), pub. "Aiglon"   5 500

P11 Carnet privé (10 t.), pub. "Cycles Chantecler"   3 000

P12 Carnet privé (20 t.), pub. "Cycles Chantecler"   3 000

P6 Carnet privé, pub. "Maurice Digeaux"   5 100

P4 Carnet privé, pub. Villes du Doubs   1 300

P5 Carnet privé, pub. Villes de Normandie   1 300

139 Pasteur à l'écran (tirage de luxe) (série 28)   850

140 Avec tbres sch "SPECIMEN" en noir (1925) (s 93)   6 000

Sourire de Reims
Caisse d'amortissement
(carnets de 8 timbres) (16 mars 1930)
(couverture héliogravée)

141 Carnet Sourire de Reims   1 360

Jeanne d'Arc
Type I
(carnets de 20 timbres)

142 Bussang 4 fois (série Nancy) (tirage: 5 000)　　**300**

143 Champigneulles 4 fois (série Nancy) (tirage: 5 000)　　**270**

144 Coq-Coq-Falières-Mireille (série 162 à 166, 171　　**180**
à 173, Histoire de la chemise, Dijon, Gironde, Ht Rhin, Le Mans II, Lille,
Loire inf, Marseille, Strasbourg, Vichy II)

　a - piquage à cheval (timbres avec double publicité)　　900
　b - cachet de l'agence compatable annulation (s 162)　　1 400

145 Falières-Bénédictins-Florent-Florent (s 162 à 166, 171,　　**190**
chemise, Doubs, Le Havre, le Mans II, Rouen I, Strasbourg, Vichy II)

　a - impression recto-verso (sur 10 timbres)　　1 000
　b - annulé de l'agence comptable du 23-6-29 (s171)　　1 500

146 Falières-Bénédictins-Vache qui rit-Vin (s 162 à 166,　　**130**
171, chemise, Dijon, Doubs, Le Havre, Le Mans II, Rouen I, Strasbourg)

　a - "R" de "RF" brisé (case 5) (1 carnet sur 6)　　220

147 Falières-Shyb-Annales-Shyb (s 171 à 173, histoire de　　**250**
la chemise, Gironde, Haut Rhin, Le Mans II, Lille, Loire inf, Marseille)

　a - piquage à cheval (timbres avec double publicité)　　1 000

148 Falières-Touring club-Florent-Florent (s 162 à 166, 171,　　**190**
172, chemise, Dijon, Doubs, Le Havre, Le Mans II, Rouen I, Strasbourg, Vichy II)

　a - avec cachet d'annulation de l'agence comptable　　1 400
　b - "Arme" avec un seul "e" (case 10)　　210
　c - impression recto-verso (sur 9 timbres)　　850
　d - piquage à cheval (timbres avec double publicité)　　700

149 Floravène 4 fois (série Bordeaux) (tirage: 5 000)　　**280**

150 Gallia 4 fois (série Provins III) (tirage: 1 000)　　**450**

151 Le Havre 4 fois (série Le Havre) (tirage: 2 000)　　**175**

151a Tbres & couv sch "SPECIMEN" en violet　　**3 200**

152 Lux Radio 4 fois (série Lourdes) (tirage: 3 000)   **270**

153 Phila Gallia 4 fois (Série Provins II) (tirage: 1 000)   **450**

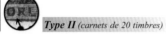

Type II (carnets de 20 timbres)

154 Vals-Shyb-Falières-Shyb (série 167 à 169)   **180**

155 Vals-Shyb-Provins-Shyb (série 167 à 169)   **175**
                                                                         7 000
a - non dentelé   650
b - série "168" sans le "1"

Femme Fachi
Type II
(carnets de 20 timbres)

⚠ *Un carnet sur deux présente, cq8, un timbre ressemblant au type I sans en être vraiment un (plus-value de 10%).*

156 Benjamin 4 fois   **370**
(série 208 à 211, 213 à 215, 219, 220, 222 à 226, 228, 229)
a - avec un timbre isolé au type I (case 14) (s 208, 220, 223)   1 700
b - piquage à cheval (timbres avec double publicité)   1 300

157 Benjamin-Mazda-Benjamin-Benjamin (s 233 à 235)   **350**

158 Blédine-Mazda-Benjamin-Benjamin (s 233, 234)   **5 000**
a - avec un timbre isolé au type I (case 4)   6 500
b - cachet de l'agence compatable annulation (s 233)   11 000

159 D.U-D.U-D.U-D.U (série 208 à 211, 213 à 216)   **370**
a - avec un timbre isolé au type I (case 14) (série 211, 213)   1 600
b - isolé au type I, piquage à cheval (double pub)   2 000
c - double pub partielle   450
d - impression absente (s 215)   2 500
e - piquage à cheval (timbres avec double publicité)   700
f - pli accordéon sur la couverture ("Mercier", s 209)   1 350

160 Grey Poupon-Benjamin-Redoute-Benjamin   **420**
                                            (série 219, 220, 222 à 225)
a - avec un tbre isolé au t. I (case 19) (s 219, 220, 222 à 225)   1 600
b - recto-verso des timbres et des pubs   1 500
c - piquage à cheval (timbres avec double publicité)   1 800
d - couverture à cheval avec 2 n° de séries 222 & 223   1 000

161 Lacroix-Grey Poupon-Benjamin-Benjamin   **380**
                                            (série 224 à 227, 229)
a - avec cachet d'annulation de l'agence comptable   1 400
b - piquage à cheval (timbres avec double publicité)   1 000

162 Lacroix-Mazda-Benjamin-Benjamin   **380**
                                    (série 228 (Orléans), 230 à 232, 234, 235)
a - piquage à cheval (timbres avec double publicité)   1 000
b - cachet de l'agence compatable, annulation (s 230)   1 500

163 Redoute-Moet-Sphere-Sphere (s 208 à 211, 213 à 216)   **380**
a - piquage à cheval (tbres avec dble pub) ("Larousse", s 214)   1 000
b - non dentelé   4 300
c - impression ultra-dépouillée des timbres   1 600

164 Redoute-Sphere-Sphere-Redoute 480
(série 209 à 211, 213 à 216, 219, 220)

a - avec un timbre isolé au type I (case 19) (série 215, 216) 1 900

165 Ripolin-Benjamin-Benjamin-Benjamin 370
(série 227, 229 à 232)

a - tbres de la rangée du haut dent. tenant à rangée du bas nd 3 300

Paix
50c rouge, type I
(carnets de 20 timbres)

166 Arc en ciel-Art vivant-Parizot-Benjamin 330
(série 274 à 277, 279, 280, 281 (Nord))

a - non dentelé 5 700
b - impression partielle des timbres (feuillet gauche) 1 500

167 Arc en ciel-Prud'homme-Parizot-Benjamin 330
(série 274 à 277, 279, 280, 281 (Nord))

a - piquage à cheval (timbres avec double publicité) 850

168 Art vivant-Benjamin-Benjamin-Art vivant 240
(série 266 (Lyon), 269 (Nord), 270 à 273, Paris)

a - non dentelé (série 270, 272) 6 000
b - impression dépouillée des timbres 1 500
c - timbres maculés 1 300
d - série "271" sans le "1" 1 200

169 Art vivant-Bon sel-Poisson de Dieppe-Benjamin 620
(série 268, 269, Paris)

a - avec cachet d'annulation de l'agence comptable (s 268) 1 500
b - piquage à cheval (timbres avec double publicité) 1 600

170 Art vivant-Mazda-Barbès-Ledun (s 296 à 302) 520
b - cachet de l'agence compatable, annulation (s 296 et s 300) 1 400

171 Benjamin-Art vivant-Blédine-Mazda (s 300 à 304) 380
a - piquage à cheval (timbres avec double publicité) 900

172 Blédine-Mazda-Benjamin-Art vivant 500
(série 293, 294, 296 à 300)

a - date et n° à cheval sur deux carnets (298-A & B) 5 000

173 Fer à cheval-Redoute-Benjamin-Art vivant 270
(série 285 (Paris), 287 à 295)

a - double pub en haut et rangée de timbres précédants 3 300

174 Moet-Benjamin-Benjamin-Benjamin (s 264 à 268) 270
a - non dentelé 5 600
b - impression dépouillée des timbres avec pli accordéon 2 000
c - timbres imprimés à sec, effacés 1 500

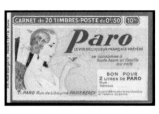

175 Monléon-Nelombo-Monléon-Bon sel (s 271, 272) 800
a - avec cachet d'annulation de l'agence comptable (s 272) 1 800
b - série "271" sans le "1" 1 300

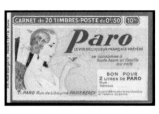

176 Parizot-Art vivant-Art vivant-Benjamin 270
(série 264, 267, 268, 269 (Nord Est), 270, Paris)

a - avec cachet d'annulation de l'agence comptable (s 264) 1 200
c - timbres imprimés à sec, effacés 2 100
d - impr partielle des timbres (un tiers du carnet) (sér Paris) 2 800
e - publicités à cheval 450

177 Redoute-Art vivant-Art vivant-Benjamin (s 273 à 278) 350
a - avec cachet d'annulation de l'agence comptable (s 278) 1 100
b - timbres imprimés à sec, effacés 1 900

178 Redoute-Hahn-Art vivant-Benjamin   **270**
(série 266, 280, 281 (Nord), 282 à 284, 285 (Ouest Sud), 286 à 291, 293)
a - piquage à cheval (timbres avec double publicité)   900
b - cachet de l'agence compatable annulation (s 280)   1 200

179 Rema-Art vivant-Art vivant-Benjamin (s 274 à 278)   **300**
a - avec cachet d'annulation de l'agence comptable   1 200

180 Ricqlès-Hahn-Blecao-Art vivant (s 292, 293, 295)   **2 500**

181 Ricqlès-Hahn-Blecao-Nuptia (s 287 à 291, 293 à 295)   **430**
a - cach. d'annulation de l'agence comptable 8-6-33 s289   1 500

Il existe deux versions de cette couverture: avec les noms des modèles de chapeaux (ci-dessus) ou sans les noms (ci-contre). La version avec noms est plus rare.

182 Ricqlès-Mazda-Barbès-Blecao (s 296, 298 à 302)   **640**
a - dentelés 1 côté tenant à nd   5 500
b - cachet d'annulation de l'agence comptable (s 297)   1 800

183 Ricqlès-Mazda-Blédine-Pougues (s 285, 292 à 298)   **530**

184 Ricqlès Veramint-Hahn-Blecao-Art viv. (s 287 à 295)   **460**
a - impression dépouillée des timbres   1 350

185 Ricqlès Veramint-Hahn-Blecao-Nuptia (s 290 à 295)   **1 000**

186 Ricqlès Veramint-Mazda-Blédine-La Perle   **430**
(série 285 (Paris), 290, 292 à 298)
a - cachet de l'agence compatable, annulation (s 293 et s 295)   1 500

Type IIA
(carnets de 20 timbres)

187 Art vivant 4 fois (série 354 à 359)   **420**

Il existe là aussi deux versions: la petite fille qui accompagne sa mère porte un manteau blanc (1ère version). Sur la 2ème version, le manteau de la petite fille est rouge (ci-contre).

188 Art vivant-Hahn-Art vivant-Art vivant   **270**
(série 338 à 344, 346 à 351, 353 à 356, Lille)
a - avec cachet d'annulation de l'agence comptable (s 343)   1 200
b - impression sur raccord, piquage double, et denteleure partielle   4 400

189 Art viv.-Mazda-Benjamin-Benjamin (s 299, 304 à 310)   **400**

190 Bernard-Art vivant-Art vivant-Calvados   **390**
(série 318, 320, 321 (Rennes, Sud Ouest), 322 à 329)
A - couverture "Bernard Moteurs" (série 326)   425
b - cachet d'annulation de l'agence comptable (s 325)   1 500

191 Bernard-Blédine-Art vivant-Art vivant   **360**
(série 320, 321, 324 à 334)
a - avec timbre isolé au type I (case1 ou 5 ou 19)
b - non dentelé   1 500
c - piquage à cheval (timbres avec double publicité)   5 500
d - cachet d'annulation de l'agence comptable (s 325)   1 100

192 Bernard-Fauroy-Art vivant-Art vivant 330
(série 318 à 320, 322 à 325)
a - avec timbre isolé au type I (case 1 (s 318 à 320) ou 5) 1 500
b - piquage à cheval (timbres avec double publicité) 1 150

193 Bernard-Risban-D.U-D.U (s 306 à 317, 319, 320) 350
a - avec cachet d'annulation de l'agence comptable (s 310) 1 400

194 Courtois-Mazda-Benjamin-Blédine (s 306 à 314, 316) 300
a - impression très défectueuse des timbres 1 400
b - cachet d'annulation de l'agence comptable (s 309 et s 310) 1 400

195 D.U-Gondolo-D.U-Conord (série 315 à 320) 340
a - avec cachet d'annulation de l'agence comptable (s 316) 1 400
b - piquage à cheval (timbres avec double publicité) 1 300

196 Barbès-Mazda-Blédine-Benjamin 430
(série 299, 300 (Paris), 304 à 308)

197 Moet-Gitane-Blédine-Moet (série 367 à 372) 820

198 Ricqlès-Blédine-Art viv.-Art viv. (s 328 à 333, 335) 570

199 Ricqlès-Blédine-Art vivant-Conord (s 328 à 333, 335) 570
a - avec timbre isolé au type I (case 20) (série 328 à 333) 1 400
b - impression dépouillée des timbres 1 650
c - cachet d'annulation de l'agence comptable 26-7-34 (s 328) 1 650

200 Ricqlès-Fer à cheval-Blédine-Moet 390
(série 358 à 364, 366, 367)
a - couverture à cheval s361 tenant s 362 1 600

201 Ricqlès-Gitane-Blédine-Moet (série 367 à 372) 800

202 Ricqlès-Hahn-Fauroy-Art vivant (s 346 à 348) 830

203 Ricqlès-Hercule-Fauroy-Art viv. (s 331 à 333, 336 à 338) 630
a - cachet d'annulation de l'agence comptable (s 330) 1 800

204 Ricqlès-Moet-Blédine-D.U (série 356 à 363, Lyon)   **400**

205 Ricqlès-Pommade FM-Fauroy-Blecao   **550**
(série 331 à 333, 336 à 338)
a - cachet d'annulation de l'agence comptable 7-9-34 (s 330)   1 700

206 Ripolin-Hahn-Art vivant-Tetra   **430**
(série 339 à 344, 346 à 348, Lyon)
a - cachet d'annulation de l'agence comptable 12-12-34 (s 338)   1 350

207 Tetra-Hahn-Art vivant-Art vivant (s 346 à 351, 353)   **550**
a - avec cachet d'annulation de l'agence comptable (s 347)   1 500

208 Valisère 4 fois (série 343, 345, 365, 368, 370)   **330**
a - piquage à cheval formant piquage incomplet (tbres et pubs)   3 500

Piquage à cheval formant un piquage incomplet
(sur les timbres et les publicités de la rangée du haut)

Type III
(carnets de 20 timbres)

209 Blédine 4 fois (série 396, 398, 400, 401, 404, 405)   **350**

210 Blédine-Hahn-Blédine-Blédine (s 393 à 395, 397 à 399)   **360**

211 Fer à cheval-Byrrh-Byrrh-Tetra (série 2)   **300**
a - avec cachet d'annulation de l'agence comptable   1 350

212 Barbès-Hahn-Blédine-Blédine (série 406 à 408)   **530**

213 Barbès-Hahn-Moet-Blédine (s 387 à 392, 395 à 397, 399)   **400**

214 Moet-Hahn-Moet-Blédine (sér 387 à 392, 395 à 397)   **430**

215 Poste aérienne-Byrrh gin-Byrrh zeste-C.C.P. 200
(série 2 (5-7), (8-9))

216 Poste aérienne-Byrrh pour-Byrrh pour-C.C.P. 1 100
(série 5-7, 8-9)

217 Poste aérienne-Byrrh-Byrrh-Tetra (série 4 (5-7)) 270

218 Tetra-Hahn-Blédine-Blédine (série 401 à 414) 210
a - piquage à cheval (timbres avec double publicité) 1 500

*Carnet avec piquage à cheval (le décalage fait que les timbres de la
rangée supérieure sont avec double publicité)*

Type IV
(carnets de 20 timbres)

219 Blédine-Hahn-Blédine-Blédine (s 393 à 397, 399) 1 450

220 Moet-Blédine-Ricqlès-Hahn (série 377 à 380, 382) 670

221 Moet-Fer à cheval-Blédine-Blédine (s 373 à 378) 670

222 Moet-Gitane-Blédine-Moet (série 368 à 378) 670

223 Moet-Hahn-Blédine-Moet (série 386 à 391, 393) 700
a - avec cachet d'annulation de l'agence comptable (s 389) 2 200

224 Ricqlès-Gitane-Blédine-Moet (s 367, 369 à 372) 970

225 Ricqlès-Hahn-Blédine-Moet (série 386 à 393) 880

226 Ricqlès-Hahn-Moet-Blédine (série 383 à 385) 980
a - cachet d'annulation de l'agence comptable 5-5-36 (s 385) 1 800

227 Ricqlès-Hahn-Moet-Fer à cheval (s 383 à 388) 730
a - avec cachet d'annulation de l'agence comptable 1 800

228 Ricqlès-Jil-Fer à cheval-Jil (s 379, 380, 382 à 384) 850

229 Valisère-Valisère-Valisère-Valisère (série 381) 780

Paix, 65c bleu
Type II
(carnets de 20 timbres)

Note: dans cette émission (Paix 65c bleu), les couvertures de carnets comportent parfois deux numéros de série supeposés, comme le montre l'exemple ci-contre (série 13/1, carnet n°239)

230 Fer à cheval-Byrrh gin-Byrrh zeste-Poste aérienne 290
(série 27 à 29, 33 à 36)

231 Fer à cheval-Byrrh vin-Byrrh vin-Tetra (s 27 à 32) 260

232 Fer à cheval-Byrrh velouté-Byrrh fameux-Tetra 290
(série 14, 16/21, 18, 19, 20/21)
a - cachet d'annulation de l'agence comptable (s 14) 1 200

233 Hahn-Byrrh vin-Byrrh vin-C.C.P. 260
(série 28 à 30, 32, 36 à 40, 46)
a - piquage à cheval (timbres avec double publicité) 1 200
b - cachet d'annulation de l'agence comptable (s 37) 1 300

234 Hahn-Byrrh gin-Byrrh zeste-C.C.P. 250
(série 25, 30 à 32, 34, 37 à 42, 46)

235 Hahn-Byrrh vin-Byrrh vin-Poste aérienne 300
(série 25, 27 à 32, 34, 37 à 42, 46)
a - impression sur raccord (timbres) 4 300

236 Hahn-Byrrh virilise-Byrrh stimule-Poste aérienne 260
(série 26 à 29, 33 à 38, 41, 42)

237 Hahn-Byrrh gin-Byrrh zeste-Tetra 280
(série 22, 23/21, 24, 26)
a - piquage à cheval (timbres avec double publicité) 1 200

238 Poste aérienne-Byrrh pour-Byrrh pour-C.C.P. 220
(série 5-7, 12, 13/1, 15/1, 17/1)

239 Poste aérienne-Byrrh virilise-Byrrh stimule-C.C.P. 230
(série 17/1, 19, 20/21, 22, 23/21, 24, 26)
a - piquage à cheval (timbres avec double publicité) 1 200

240 Poste aérienne-Byrrh velouté-Byrrh fameux-C.C.P.   **260**
(série 13/1, 14, 15/1, 16/21, 17/1, 18, 19, 20/21)

241 Téléa-Byrrh velouté-Byrrh fameux-C.C.P.   **380**
(série 12, 13/1, 14, 15/1, 16/21, 17/1)

a - impr. ultra dépouillée avec cachet de l'Atelier des TP   4 700

Impression ultra-dépouillée des timbres avec les cachets "Atelier des Timbres-Poste - Carnets" (couverture "Gueules Cassées" s 13/1)

242 Téléa-Byrrh gin-Byrrh zeste-C.C.P.   **400**
(série 25, 26, 30, 32)

Paix, 90c bleu
Type I
(carnets de 20 timbres)

243 Fer à cheval-Byrrh-Byrrh-C.C.P. (s 43 à 45, 48 à 54)   **200**

244 Hahn-Byrrh vin-Byrrh vin-C.C.P.   **200**
(série 43 à 45, 47, 48, 50, 55 à 62)

a - piquage à cheval (timbres avec double publicité)   900

245 Hahn-Byrrh virilise-Byrrh stimule-C.C.P. (s 51 à 61)   **200**

a - 9c au lieu de 90c par surencrage (case 3) (Gueules cassées)   2 000

246 Hahn-Byrrh velouté-Byrrh fameux-C.C.P.   **200**
(série 45, 47 à 54, 58)

a - 9c au lieu de 90c par surencrage (case 3) sg   2 000
b - couverture à cheval s361 tenant s 362   1 200

Expo 1937, Galanis
(carnets non émis, seules les feuilles ont été préparées, mais les carnets n'ont pas été confectionnés)
(référencé aussi à la rubrique bdes pub au n° 239A)

246-A Timbre à l'unité avec bande publicitaire   **25 000**

Vignette infanterie
(vignette de franchise militaire) (14 avril 1940)

Ce carnet a été émis à l'initiative d'Anatole de Monzie, président de l'Entraide des Artistes. Il existe avec oblitération spéciale des P.T.T. du 14 avril 1940. Le timbre "infanterie" a été dessiné par le peintre André Dunoyer de Ségonzac.

246-B Carnet infanterie   **160**
a - paire de 2 carnets se tenant   600
b - feuille pour carnet (carnet non confectionné)   1 150

Iris, 1f rouge
(carnets non émis, seules les feuilles ont été préparées, mais les carnets n'ont pas été confectionnés)

247 Timbres avec bords blancs (février 1940) (bloc de 20)   **110**

248 Feuille de 80 timbres (carnets non confectionnés)   **460**

Pétain, 1f 50 brun
(carnets de 20 timbres)
(sur les timbres avec bords barrés, le 20ème timbre comporte de 1 à 8 points blancs dans les barres)

249 Timbres avec bords barrés (1942) (série 63)   **120**

Séries
Arc de Triomphe

(carnets de séries complètes: 1 feuille de 10 pour chaque valeur)

Ces carnets, émis à l'initiative des Américains, étaient destinés à de hautes personnalités politiques, qui en ont utilisé la quasitotalité. Ils comprennent une feuille de 10 timbres de chaque valeur d'une série, chaque feuille étant surchargée "SPECIMEN" en violet à cheval sur les timbres (sur un isolé, seuls des morceaux de lettres apparaissent en haut ou en bas).

Sur les 36 carnets de la 1ère série, seul 2 carnets entamés ont été retrouvés (l'un contenant 6 feuilles, l'autre ne comprenant plus que 2 feuilles) ainsi que deux carnets entiers. Deux carnets complets sur les 36 de la 2ème série ont été retrouvés à ce jour.

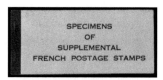

SPECIMENS
OF
SUPPLEMENTAL
FRENCH POSTAGE STAMPS

E19 1ère série Arc de Triomphe (28 avril 1944)   **33 000**
a - carnet entamé   20 000

SPECIMENS
OF
COMMITTEE
FRENCH POSTAGE STAMPS

E20 2ème série Arc de Triomphe (12 septembre 1944)   **28 000**
a - timbre à l'unité avec morceau de lettre "Spécimen"   750

Marianne de Gandon
15f rouge, type II
(carnets de 20 timbres)

---

251 Hahn-Poste-Poste-Poste (série 1)   **380**
non dentelé   16 000

252 Hahn-Poste-Poste-Poste (série 2)   **420**

253 Hahn-Poste-Seccotine-Poste (série 3)   **380**

  Type II *(carnets de 20 timbres)*

254 Bic-Bic-Bic-Bic (série 5)   **250**
a - couverture blanche   250

255 Bic-Hahn-Bic-Hahn (série 8)   **260**

256 Excel-Bic-Excel-Bic (série 10)   **260**
a - signature incomplète "Cortot-sc" case 15   500
b - signature incomplète "Gandon-del" case 11   550

257 Hahn-Bic-Hahn-Bic (série 4)   **250**

258 Kangourou-Bic-Poste-Bic (série 6)   **300**

259 Pernot-Pernot-Pernot-Pernot (couv. INF 1)   **240**
a - carnet daté du 15-11-5 (erreur de date)   450

260 Pernot-Pernot-Pernot-Pernot (couv Loterie N^{ale})   **240**

261 Poste-Bic-Poste-Bic (série 6)   **1 600**

261-A Poste-Bic-Poste-Bic (série 7)   **260**
a - impression sur raccord (timbres)   5 000

262 Seccotine-Poste-Bic-Bic (série sans n°)   **270**

Marianne de Gandon
15f bleu, type I
(carnets de 20 timbres)

265 Excel-Bic-Excel-Bic (série 9)   **170**

266 Excel-Bic-Excel-Bic (série 10)   **720**

267 Excel-Bic-Excel-Bic (série 11)   **170**
a - impression sur raccord (timbres)   6 000

276 Poste-Bic-Poste-Bic (série 7)   **1 300**

268 Excel-Bic-Excel-Bic (série 14)   **170**

269 Excel-Bic-Excel-Bic (série 15)   **190**

270 Excel-Bic-Excel-Bic (série 16)   **170**

271 Hahn-Bic-Hahn-Bic (série 4)   **850**

barres hautes  barres centrées

272 Hahn-Bic-Hahn-Bic (s 13) ("E" et "H": barres hautes)   **700**

273 "E" de "Pétrole" et "H" de "Hahn": barres centrées   **1 500**

274 1ᵉʳ "H" de "Hahn": barre centrée, 2ᵉᵐᵉ "H": barre haute   **640**

275 Kangourou-Bic-Poste-Bic (série 6)   **1 600**

276 Poste-Bic-Poste-Bic (série 7)   **1 600**

277 Provins-Bic-Poste-Bic (série 12)   **230**

P7 Carnet privé, pub. "Provins" (tbres) (s 12)   **830**

P15 Carnet privé (10t.), "Provins" (tbres & couv)   **870**

278 Seccotine-Poste-Bic-Bic (série sans n°)   **750**

Marianne de Muller
12f vert
(feuillets de 10 timbres) (7 juillet 1955)

279 Avec mains pliant le feuillet (gomme jaunâtre)   **50**
a - gomme jaune papier non fluo   85
b - non dentelé   3 700

280 Avec mains pliant le feuillet (gomme blanche)   **125**

281 Avec dessin de voyageurs (gomme blanche)   **85**
a - gomme jaunâtre   200
b - gomme très déplacée (à cheval sur timbres et feuillet)   250

281-A Mains, support de droite imprimé en noir   **12 000**

281-B Mains, support de droite blanc + feuillet rge   **12 000**

281-C Mains, support de droite blanc + feuillet vert   **12 000**

Marianne de Muller
15f rouge
(carnets de 20 timbres)

282 A G Vie-Satam-A G Vie-Grammont (s 5-57)   **100**

283 Excel-Bic-Excel-Bic (série 3-56)   **100**

"A" fermé      "A" ouvert

300 Hahn-Slavia-Hahn-Slavia "A" de "Slavia" ouvert (cases 6 à 10, 19) (série 13-56) **540**

301 Hahn-Slavia-Hahn-Slavia "A" de "Slavia" ouvert (cases 9, 19) (série 13-56) **360**

302 Hahn-Slavia-Hahn-Slavia "A" de "Slavia" ouvert (cases 6 à 10, 16 à 20) (série 13-56) **560**

303 Jif-Slavia-Jif-Slavia "A" ouvert (cases 6 à 10, 16 à 20) (série 12-56) **320**

304 Jif-Slavia-Jif-Slavia "A" ouvert (cases 6 à 10, 19) (série 12-56) **630**

305 Jif-Slavia-Jif-Slavia "A" ouvert (cases 9, 19) (série 12-56) **630**

306 Jif-Slavia-Jif-Slavia "A" ouvert (cases 9, 16 à 20) (série 12-56) **770**

286 Excel-Bic-Excel-Bic (série 8-55) **105**

287 Excel-Bic-Excel-Bic (série 16-55) **105**

288 Excel-Bic-Excel-Bic (série 2-56) **110**

307 Liebig-Bic-Liebig-Bic (série 3-55) **100**
   a - feuille inf du laurier de droite cassée (case 2) **170**

308 Liebig-Bic-Liebig-Bic (série 5-55) **100**
   a - feuille inf du laurier de droite cassée (case 2) **170**
   b - piquage à cheval (timbres avec double publicité) **800**
   c - impression sur raccord (timbres) **3 850**
   d - pli accordéon (timbres) **730**

309 Liebig-Bic-Liebig-Bic (série 6-55) **100**
   a - feuille inf du laurier de droite cassée (case 2) **170**

310 Poste-Bic-Provins-Bic (série 6-56) **110**

P8 Crt privé, pub. "Provins" (tbres) (s 6-56) **800**

289 Excel-Grammont-Excel-Grammont (s 4-57) **100**

290 Excel-Hahn-Excel-Hahn (contre la chute) (s 1-57) **430**

291 Excel-Hahn-Excel-Hahn (contre les pellicules) (s 1-57) **130**

292 Excel-Lincoln-Excel-Lincoln (série 14-56) **100**

P16 Carnet privé (10t.), "Provins" (tbres & couv) **850**
   a - feuillet Bic à l'envers au lieu de Provins **3 600**
   b - Ballon à l'envers **1 700**

293 Excel-Lincoln-Excel-Lincoln (série 3-57) **100**

294 Excel-Satam-Excel-Grammont (série 2-57) **100**

295 Grammont-Bic-Grammont-Bic (série 7-55) **100**

296 Hahn-Bic-Hahn-Bic (série 5-56) **200**

297 "E" de "Pétrole" et "H" de "Hahn": barres hautes (1ᵉʳ pub) **520**

298 Hahn-Bic-Hahn-Bic (série 4-55) **100**

299 Hahn-Bic-Hahn-Bic (série 1-56) **110**

311 Poste-Poste-Poste-Poste (série 10-56) **115**

312 Poste-Poste-Poste-Poste (série 11-56) **115**

313 Primagaz-Grammont-Whip-Provins (s 8-56) **110**

314 Rolla-Avia-Poste-Poste (série 9-56) **110**

315 Slavia-A G Vie-Slavia-A G Vie "A" ouvert (cases 1 à 5, 11 à 15) (série 6-57) **530**

316 Slavia-A G Vie-Slavia-A G Vie "A" ouvert (cases 1 à 5, 14) (série 6-57) **230**

317 Slavia-A G Vie-Slavia-A G Vie "A" ouvert (cases 4, 14) (série 6-57)　　480

318 Slavia-Slavia-Slavia-Slavia (série 7-56)　　150

Marianne de Muller
20f bleu, type I
(carnets de 20 timbres)

319 A G Vie-Grammont-A G Vie-Grammont (s 12-57)　　100

320 A G Vie-Grammont-A G Vie-Provins (s 5-58)　　100

321 A G Vie-Grammont-A G Vie-Satam (s 15-57)　　100

322 Akylon-Grammont-Akylon-Grammont (s 12-58)　　110

323 Calberson-Grammont-Calberson-Satam (s 16-57)　　100

324 Cⁱᵉ Mod. Elect.-Grammont-Satam-Satam (s 11-57)　　100
　　a - impression recto-verso partielle (quelques timbres)　　285

325 Elaul-Grammont-Elaul-Thiaude (série 1-58)　　100

326 Elco-Grammont-Elco-Grammont (s 13-57)　　550

327 Excel-A G Vie-Excel-A G Vie (série 14-58)　　100
　　a - impression recto-verso (timbres)　　500
　　b - pli accordéon (timbres)　　750

328 Excel-Grammont-Excel-Grammont (série 3-58)　　100

329 Excel-Grammont-Excel-Grammont (série 4-58)　　100

330 Excel-Grammont-Excel-Grammont (série 15-58)　　100
　　a - tbres de la rangée du haut dent. tenant à rangée du bas nd　　8 200

331 Frimatic-A G Vie-Hahn-A G Vie (série 10-58)　　190
　　a - piquage à cheval (timbres avec double publicité)　　1 000

332 "I" de "Frimatic" brisé (case 4)　　450

333 Frimatic-Grammont-Frimatic-Rolla (s 8-58)　　110

334 Frimatic-Grammont-Frimatic-Thiaude (s 16-58)　　140

335 "I" de "Frimatic" brisé (case 4)　　235

336 "I" de "Frimatic" brisé (case 14)　　680

337 Gueules cassées-Grammont-A G Vie-Grammont (série 11-58)　　110

338 Hahn-Grammont-Hahn-Satam (série 6-58)　　110

339 Hahn-Primagaz-Hahn-Gueules cassées (s 13-58)　　110

340 Hahn-Satam-Hahn (pellicules)-**Satam** (s 14-57)　　140

341 Hahn-Satam-Hahn (contre la chute)-**Satam** (s 14-57)　　430

342 Rolla-Grammont-Frimatic-Château Thierry (série 7-58)　　100
　　a - impression recto-verso (timbres)　　475

343 Rolla-Satam-Grammont-Grammont (s 7-57)　　105

359 Satam-A G Vie-Satam-A G Vie (série 9-57)   **340**

Type II (carnet de 8 timbres)

360 Couv "Evitez l'attente aux guichets..." (s 1-59)   **65**
   a - mèche dans le cou à la perle (case 6 ou 7)   100
   b - piquage à cheval (timbres)   400
   c - carnet sans inscription   600
   d - couverture à cheval   550

Carnet Muller avec sch bleue ou violette "ANNULE", chaque   750

Marianne de Muller
25f rouge, type I
(carnets de 20 timbres)

361 Timbres avec bords barrés (s 1-59 à 14-59)   **80**
   a - les 10 timbres du bas maculés   2 500

Marianne à la nef
Type II (carnet de 8 timbres)

362 Couv "Evitez l'attente aux guichets..." (s 1-60)   **85**

363 Couverture avec pub Calberson (série 2-60)   **90**

---

348 Slavia-Grammont-Slavia-Grammont (cases 1 à 5, 14) (série 10-57)   **360**

349 Slavia-Grammont-Slavia-Grammont (cases 4, 14) (série 10-57)   **360**

350 Slavia-Grammont-Slavia-Grammont (cases 4, 11 à 15) (série 10-57)   **460**

351 Slavia 4 fois (cases 1 à 5, 9, 14, 16 à 20) (série 9-58)   **630**

352 Slavia 4 fois (cases 4, 6 à 10, 14, 19) (série 9-58)   **440**

353 Slavia 4 fois (cases 1 à 10, 14, 16 à 20) (série 9-58)   **530**

354 Slavia 4 fois (cases 1 à 5, 9, 11 à 20) (série 9-58)   **670**

355 Slavia 4 fois (cases 1 à 5, 9, 14, 19) (série 9-58)   **600**

356 Slavia 4 fois (cases 4, 9, 11 à 20) (série 9-58)   **640**

Type II (carnets de 20 timbres)

357 Elco-Grammont-Elco-Grammont (s 13-57)   **390**

358 Provins-Grammont-Grammont-Rolla (s 8-57)   **340**
   a - impression recto-verso décalée   1 000

Marianne de Decaris
Type II *(carnet de 8 timbres)*

365 Couv avec pub Calberson, sigle PTT
(série 3 à 5-60, 1-61, 2-61) 50

366 Couv avec pub Calberson, logo oiseau
(s 3 à 5-61, 2-62 et 4-62) 50
a - texte modifié "toutes personnes par Calberson" (s 5-62) 52

367 Couverture avec publicité A. G. Vie (s 1 à 4-63) 55
a - numéro de série sur 6mm au lieu de 8mm (partie de s 4-63) 84

367-A Couverture Frimatic (série 1, 3-62) 52

Type I
(carnets de 20 timbres)

368 Couverture avec sigle PTT (s 9 à 15-60, 1 à 10-61) 100
a - impression recto-verso (timbres d'un feuillet de 10) 300
b - marge inférieure dentelé tenant à timbres non dentelé 5 500
c - impression sur raccord (s 3-61) 5 000
d - timbres quasiment non imprimés, relief seul (série 12-60) 6 000

369 Oiseau stylisé (prix 5NF) (sér 11 à 22-61, 1 à 24-62) 100

370 Oiseau stylisé (prix 5F) (s 1 à 25-63, 2-64, 5-64, 10 à 24-64) 90
non dentelé 6 000
a - annulation bleue du dépôt central des rebuts 1 700
b - couleur carmin absente (visage seul) (série 12-60) 6 000
c - couleur grise absente (visage absent) 5 500
d - impression ultra dépouillée 6 000
e - impression sur raccord 5 000
f - piquage à cheval (timbres avec 4 barres au lieu de 2) 400
g - surcharge violette "ANNULE" 1 050
h - tirage de 1964 (gomme anisée) (série 4-64) 180
i - visage déplacé 285

371 Couverture Philatec (série 1-64, 3-64, 9-64) 100

372 Oiseau (prix 5F), timbres avec pub Philatec (s 6 à 8-64) 100
a - annulation aux barres noires des rebuts 1 700
b - couleur carmin absente (visage seul) 7 000

Armoiries de Paris
(carnet de 20 timbres)

373 Couverture avec publicité (série 1 à 10-65) 120
a - impression recto-verso (timbres) 500
b - surcharge noire "ANNULE" 1 300

Coq de Decaris, 25c
(carnets de 8 timbres)

374 Couv av pub en diagonale (prix: 2 NF) (s 101-62)   **250**
   a - numéro de série absent   500

375 Couv avec publicité (prix: 2 F) (s 101 à 103-63)   **45**
   a - couverture bristol glacé   80

376 Couv Philatec (logo) (5 au 21 juin) (s 101-64)   **115**

376a Couv Philatec (logo) (sans date) (s 102-64)   **50**
   b - piquage à cheval (timbres)   200

377 Couverture Epargne postale   **155**

378 Couverture Philatec (dessin), chaque   **45**

378A Série des 7couleurs différentes   **350**

Coq de Decaris, 30c
(carnets de 10 et 20 timbres)

379 Couverture Epargne postale (carnet de 10)   **22**
   a - piquage à cheval (timbres)   420

380 Couverture Epargne postale (carnet de 20)   **40**

Retrouvez les timbres émis en carnet
des Mariannes après 1970, dans la partie
spécialisée des timbres d'usage courant

ESSAIS DE CARNETS

Essai pour le carnet n°1 (1904)

E1 Mouchon sch "Spécimen" en violet à la main, 6 feuillets
de 10 timbres nd sg dans une couv carton (3 coul. difftes)   **RR**

Essai pour le carnet n°23

*Vignette avec chiffres de couleur sur blanc. Feuillets de 6
sur papier X dans couverture carton bulle avec 3 lignes de
recommandations postales sur la première page. Recommandations
des intercalaires militaires ou civiles (1912-1916).*

E2 60t. à 5c vert inscriptions vertes sur bulle (militaires)	**3 000**
E3 60t. à 5c vert inscriptions vertes sur bulle (civiles)	**3 000**
E4 30t. à 10c rouge inscriptions rouges sur bulle (militaires)	**4 000**
E5 30t. à 10c rouge inscriptions rouges sur bulle (civiles)	**4 000**
E6 12t. à 24c bleu inscriptions bleues sur bulle (militaires)	**4 000**
E7 12t. à 5c vert + 24t. à 10c rge inscr bordeaux s bulle (milit')	**4 000**

*Idem précédent avec couverture carton en couleur et
inscriptions en noir. Les recommandations postales de la
première page sont imprimées sur 4 lignes.*

E8 60t. à 5c vert couverture verte (civiles)	**4 000**
E9 30t. à 10c rouge couverture rouge (civiles)	**4 000**
E10 12t. à 25c bleu couverture bleue (militaires)	**4 000**
E11 12t. à 5c vert + 24t. à 10c rge couv jaune (militaires)	**4 000**

*Idem précédent avec couverture surchargée SPECIMEN en
violet à la main. Indice à l'angle inférieur gauche. La dernière
page de couverture et les intercalaires portent la mention
"Partie réservée à la publicité".*

E12 60t. à 5c vert indice A1	**4 000**
E12a 60t. à 5c vert indice A1 sans surcharge SPECIMEN	**6 000**
E13 30t. à 10c rouge indice B1	**4 000**
E14 12t. à 25c bleu indice C1	**4 000**
E15 12t. à 5c vert et 24t. à 10c rouge indice D1	**4 000**

*Couverture identique au carnet n°23 surchargée SPECIMEN en
violet à la main.*

E16 30t. à 10c rouge	**4 250**

Essai pour le carnet n°32 (1922)

E17 4 petits feuillets publicitaires polychrome sans nom
de firme (les cirages, les confitures, les grands magasins
de nouveautés, les parfums de luxe, la Côte d'Azur,
l'ameublement, le chocolat au lait, l'orfèvrerie) sont collés
dans une couverture bleue "Les automobiles" de série SSA et
filigranée: papeterie de RENAGE (Isère).   **3 500**

E17A Couverture et intérieur identique au n° E17, mais sont
agrafés en plus 20 vignettes bleues et dentelées   **5 000**

E17B Couverture de carnet: "voiture Vinot Deguingand
et Delonnay Belleville", sans n° de série en polychrome et
bordure noire   **2 300**

Essai pour le carnet n°124 et n°125 (1928)

E18 20 vignettes avec encadrement vert-gris, à l'intérieur de
la couverture du carnet n°124, mais de couleur noire   **10 000**

E18A 20 vignettes blanches sans impression à l'intérieur de
la couverture du carnet n°125 (s 161, 167 à 169)   **3 000**

Essai pour un carnet non émis (1944-1945)

E19 1ère série "Arc de Triomphe" (n° 620 à 629). Feuillets de
10 timbres (de chaque valeur) surch "SPECIMEN" en violet,
couverture beige et dos rouge (2ex connus entiers, 2ex entamés)   **33 000**
a - carnet entamé   **20 000**

E20 2ème série "Arc de Triomphe" (n° 702 à 711). Feuillets de
10 timbres (de chaque valeur) surch "SPECIMEN" en violet,
couverture beige et dos rouge (2ex connus entiers)   **28 000**
a - timbre à l'unité avec morceau de lettre "SPECIMEN"   **750**

E21 Carnet de 12 timbres à 6 cents (TP avion USA) sch RF   **2 750**

CARNETS CROIX-ROUGE

1 Croix-Rouge 1914 (Semeuse surtaxée)   **2 400**

2 Croix-Rouge 1952 (bassin de Diane) (tirage: 100 000)   **500**

3 Croix-Rouge 1953 (tableaux) (tirage: 127 000)   **170**
a - grosses bombes   **760**

4 Croix-Rouge 1954 (tableaux) (tirage: 135 000)   **160**

5 Croix-Rouge 1955 (sculptures) (tirage: 150 000)   **450**

6 Croix-Rouge 1956 (tableaux) (tirage: 156 000)   **80**

7 Croix-Rouge 1957 (eaux-fortes de J. Callot) (tir: 180 000)   **80**

8 Croix-Rouge 1958 (personnages) (tirage: 200 000)   **35**

9 Croix-Rouge 1959 (personnages) (tirage: 132 000)   **45**

10 Croix-Rouge 1960 (église St-Martin) (tirage: 110 000)   **55**

11 Croix-Rouge 1961(gravures de Rouault) (tir: 242 000)   **42**

12 Croix-Rouge 1962 (oeuvres de Fragonard) (tir: 242 600)   **42**
a - 2ème tirage (couleurs brun-gris et gris)   1 050
b - couleurs brun-gris et gris clair   2 000
c - défaut d'essuyage sur 2 timbres de droite (2ème tirage)   2 500

13 Croix-Rouge 1963 (oeuvres d'art) (tirage: 300 000)   **15**

14 Croix-Rouge 1964 (personnages) (tirage: 345 000)   **8**

15 Croix-Rouge 1965 (oeuvres de Renoir) (tirage: 524 000)   **7**

16 Croix-Rouge 1966 (ambulancière...) (tirage: 538 000)   **7**

17 Croix-Rouge 1967 (ivoires) (tirage: 525 000)   **7**

18 Croix-Rouge 1968 (oeuvres de Mignard) (tir: 554 000)   **7**

19 Croix-Rouge 1969 (oeuvres de Mignard) (tirage: 550 000)   **7**

20 Croix-Rouge 1970 (chapelle de Dissay) (tir: 613 000)   **18**
a - inscriptions "Croix-Rouge" sur 27mm au lieu de 32mm   105

21 Croix-Rouge 1971 (oeuvres de Greuze) (tir: 640 000)   **9**

22 Croix-Rouge 1972 (personnages) (tirage: 617 000)   **9**

23 Croix-Rouge 1973 (sépulchre de Tonnerre) (tir: 616 000)   **9**

24 Croix-Rouge 1974 (les saisons) (tirage: 500 000)   **8**

25 Croix-Rouge 1975 (les saisons) (tirage: 600 000)   **8**

26 Croix-Rouge 1976 (église de Brou) (tirage:)   **8**

27 Croix-Rouge 1977 (santons de Provence) (tir:)   **8**

28 Croix-Rouge 1978 (fables de La Fontaine) (tir: 550 000)   **8**

29 Croix-Rouge 1979 (église Jeanne d'Arc) (tir: 550 000)   **8**

30 Croix-Rouge 1980 (cathédrale d'Amiens) (tir: 550 000)   **8**

31 Croix-Rouge 1981 (vitraux de F. Léger) (tir: 550 000)   **8**
a - date "1981" absente   750

32 Croix-Rouge 1982 (Jules Verne) (tirage: 500 000)   **12**

33 Croix-Rouge 1983 (sculptures) (tirage: 450 000)   **12**

34 Croix-Rouge 1984 (La corbeille rose) (tirage: 500 000)   **11**

35 Croix-Rouge 1985 (Ange musicien) (tirage: 600 000)   **10**

36 Croix-Rouge 1986 (Vieira da Silva) (vendus: 637 000)   **10**

37 Croix-Rouge 1987 (La fuite en Egypte) (vendus: 728 000)   **10**
a - couleurs très décalées (timbres)   350

38 Croix-Rouge 1988 (125ème anniversaire) (vendus: 806 600)   **10**

39 Croix-Rouge 1989 (soierie de Lyon) (vendus: 935 000)   **10**

40 Croix-Rouge 1990 (faïence de Quimper) (vendus: 942 400)   **11**

41 Croix-Rouge 1991 (F. Narni: Toulon) (vendus: 957 000)   **12**

42 Croix-Rouge 1992 (L'entraide) (vendus: 880 000)   **12**

43 Croix-Rouge 1993 (Saint-Nicolas) (vendus: 900 000)   **13**
non dentelé   400

44 Croix-Rouge 1994 (tapisserie d'Arras) (vendus: 914 000)   **13**
non dentelé   400

45 Croix-Rouge 1995 (tapisserie de Saumur) (vendus: 828 000)   **13**
non dentelé   400

46 Croix-Rouge 1996 (boule de noël)   **16**
a - couleur bleu foncé (inscriptions) absente (couverture)   750

47 Croix-Rouge 1997 (ours peluche) (vendus: 832 000)   **16**

48 Croix-Rouge 1998 (lutin) (vendus: 790 000)   **16**

49 Croix-Rouge 1999 (Etoile) (vendus: 756 500)   **16**

50 Croix-Rouge 2000 (avion en bois) (vendus: 660 000)   **16**

51 Croix-Rouge 2001 (Père noël) (vendus: 770 000)   **16**

52 Croix-Rouge 2002 (G B Salvia) (vendus: 673 850)   **16**

53 Croix-Rouge 2003 (P. Mignard) (vendus: 719 500)   **18**

54 Croix-Rouge 2004 (La Vierge à l'enfant) (vdus: 709 600)   **18**

55 Croix-Rouge 2005 (La Vierge à l'enfant)   **19**

56 Croix-Rouge 2006 (Dessin d'enfants)   **24**

57 Croix-Rouge 2007 (Dessin d'enfants)   **24**

58 Croix-Rouge 2008 (Dessin d'enfants)   **24**

COINS DATÉS

*Date répétée nettement
plusieurs fois: +10%*

*Chiffres de la date non
alignés: +25%*

Coin daté de roulette, avec date à gauche

1ᵉʳ ᵉ col: coin daté neuf** sans charnière
2ᵉᵐ ᵉ col: coin daté neuf*, charnière légère
oblitérés: même cote que la 2ᵉᵐᵉ colonne coin daté sur
✉ : cote 1ᵉʳ colonne +50%
Notes: La cote avec charnière est donnée lorsque deux timbres sur les quatres sont pourvus de charnière. Lorsqu'un seul des timbre est avec charnière, on prend la moyenne des cote avec et sans charnière.

Timbres-poste

1900

Blanc type II.

	☆☆	☆
1c ardoise (107 II)		
1926	50	34
1927	8	5,5
1928	8	5,5
2c br-lilas (108 II)		
1924	15	10
1925	80	55
1926	10	7
3c orange (108 II)		
1930	35	23
5c vert (111 IIA)		
1925	45	30
1926	30	20
1927	30	20
1928	30	20
1929	30	20

	☆☆	☆
1929	8	5,5
1930	8	5,5
1931	8	5,5
1932	95	62
1928	10	7
1930	10	7
1931	15	10
1932	45	30
1931	30	20
1932	35	23
5c vert (111 IIB)		
(date à gche) 1925	1 100	770

1907

Semeuse camée de la 1ᵉʳᵉ série.

	☆☆	☆
	1925	60	40
20c lilas-br (139 III)		
1923	55	36
1924	55	36
25c bleu (140 IIIB)		
1924	50	34
1925	100	68
35c violet (142 II)		
1926	650	435

20c lilas-br (139 IV)		
(date à gche) 1925	825	550
1926	30	20
1927	30	20

1919

Blanc surchargé

½c sur 1c (157 II)

	☆☆	☆		☆☆	☆
1926	15	10	1930	36	24
1927	7	4,5	1931	36	24
1928	7	4,5	1932	54	36

1920-22

Semeuse (2ème série).

10c vert (159 IB)

1922	16	10

1926	10	7
1927	10	7
1928	10	7
1929	10	7

10c vert (159 III)

1923	10	7
1924	210	140
1925	30	20

10c vert (159 IV)

(date à gche) 1925	825	550
(date à gche) 1926	825	550

1923-26

Pasteur.

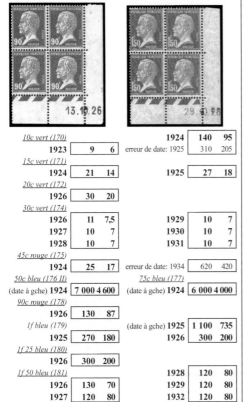

10c vert (170)

1923	9	6

15c vert (171)

1924	21	14

20c vert (172)

1926	30	20

30c vert (174)

1926	11	7,5
1927	10	7
1928	10	7
1929	10	7
1930	10	7
1931	10	7

1924	140	95
erreur de date: 1925	310	205
1925	27	18

45c rouge (175)

1924	25	17
erreur de date: 1934	620	420

50c bleu (176 II)

(date à gche) 1924	7 000	4 600

75c bleu (177)

(date à gche) 1924	6 000	4 000

90c rouge (178)

1926	130	87

1f bleu (179)

1925	270	180
(date à gche) 1925	1 100	735
1926	300	200

1f 25 bleu (180)

1926	300	200

1f 50 bleu (181)

1926	130	70
1927	120	80
1928	120	80
1929	120	80
1932	120	80

1924-25

Semeuse (3ème série).

30c rose (191 IIA)

1925	45	30

65c rose (201)

1924	33	22

60c violet (200)

1924	80	54
1925	90	60

85c rouge (204)

1924	150	100

1925-26

Semeuse (4ème série).

15c brun (189 I)

1925	11	7,5
1926	7	4,5
1927	5	3,5
1928	6,5	4,5
1929	5	3,5
1930	5	3,5
1931	6	4,5
piquage à cheval	420	280
1932	6	4,5
1933	5	3,5

1934	5	3,5
1935	5	3,5
1936	5	3,5

15c brun (189 II)

1935	11	6,5
1936	11	6,5
1937	7	4,5
1938	8	5,5

30c bleu (192 IIA)

1925	42	28
1926	42	28

30c bleu (192 IIC)

(date à gche) 1926	6 000	4 000

40c br-olive (193 II)

1926	40	26

50c vert (198 IIA)

1926	85	57

80c rouge (203)

1925	360	240

1f 05 rouge (195)

1925	120	80

1926

Semeuse (5ème série).

20c rose (190 III)

1926	4,5	3
1927	4,5	3
1928	4,5	3
1929	4,5	3
1930	4,5	3
1931	7,5	5
1932	4,5	3
1933	4,5	3
1934	4,5	3

1935	4,5	3
1936	4,5	3

20c rose (190 V)

1935	7,5	5
1936	7,5	5
1937	7,5	5
1938	7,5	5

40c vermill. (194 II)

1926	30	20

1f bleu (205)

1926	95	68
1927	90	60
1928	90	60
1929	95	68

1930	90	68
1931	90	68
1932	115	77

1f 40 rose (196)

1926	285	175

1926-27

Surchargés de 1926-27.

25c s 30c (217 IIA)
Tirage: 260 000

1925	165	110

1926	7	4,5
val s val ss barres ten		
à val s val av barres	1 900	1 270

25c sur 35c (218)
Tirage: 290 000

1926	9	6

50c sur 80c (220)
Tirage: 90 000

1925	21	14

50c sur 85c (221)
Tirage: 220 000

1924	40	27

50c sur 1f 25 (222)
Tirage: 150 000

1926	40	30

50c sur 60c (223)
Tirage: 200 000

1924	30	20
1925	21	14

50c sur 1f 05 (225)
Tirage: 340 000

1925	19	13
val s val ss barres ten à val s val av barres	1 350	900

50c sur 65c (224)
Tirage: 550 000

1924	15	10

90c sur 1f 05 (227)
Tirage: 60 000

1925	40	26

1f 10 sur 1f 40 (228)
Tirage: 80 000

1926	20	13,5

Semeuse (6ème série).

25c jne (235 IIIB)

1927	4,5	3
1928	4	2,5
1929	4	2,5
1930	4,5	3
1931	4	2,5
1933	3,5	2,5
1934	4,5	3
1935	3,5	2,5
1936	3,5	2,5
1937	3,5	2,5
1938	3,5	2,5

40c violet (236)

1927	30	20
1928	30	20

45c violet (197)

1926	70	47
1927	70	47
1928	70	47
1929	70	47
1931	80	54
1932	80	54

50c rouge (199 IIA)

1926	23	16
1927	14	9,5
1928	14	9,5
1929	14	9,5
1930	14	9,5
1931	14	9,5
1932	14	9,5

1926	90	60
1928	115	76
1929	100	65
1931	100	65

75c lilas (202 I)

1926	70	45
1927	70	45
1928	70	45
1929	70	45
1930	75	50
1931	75	50

75c lilas (202 II)

1932	6 500	4 350

1f 10 rose (238)

1927	150	100
1928	160	105
1930	175	115

1927

M. Berthelot (243)

1927	22	15
1928	22	15
1929	22	15
1931	24	16
1932	50	34

Caisse d'amortissement 1927.

40c + 10c (246)
Vendus: 4 885

1927	60	40

50c + 25c (247)
Vendus: 4 492

1927	80	54

1f 50 + 50c (248)
Vendus: 3 744

1927	225	150

1928

Caisse d'amortissement 1928.

40c + 10c (249)
Vendus: 2 875

1928	200	134

50c + 25c (250)
Vendus: 2 607

1928	350	235

1f 50 + 50c (251)
Vendus: 2 236

1928	600	400

Semeuse (7ème série).

40c bleu (237)

1928	16	10,5
1929	19	13
1930	16	10,5
1931	19	13
1932	16	10,5

2f vert (248)

1930	160	106
	195	125

1929

Jeanne d'Arc (257)

1929	20	13

Blanc 10c (233)

1929	45	30
1930	55	37
1931	45	30

Caisse d'amortissement 1929.

40c + 10c (253)
Vendus: 2 111

1929	250	165

50c + 25c (254)
Vendus: 1 981

1929	400	270

1f 50 + 50c (255)
Vendus: 1 660

1929	800	535

1929-31

Touristiques de 1929-31. *(258 à 262)*

Arc de Triomphe
Tirage: 240 000

1930	500	335
1931	500	335
erreur: 34-3-1931	1 070	650
1933	500	335
1934	540	360
err: 14, 16, 17-3-34	710	500

Cath de Reims (I)
Tirage: 360 000

1930	700	470
erreur: 32-3-1930	1 360	900

Cath de Reims (II)

1930	1 400	935

Cath de Reims (III)

1930	4 000	2 670

Cath de Reims (IV)

1931	700	470
1932	700	470

Mont St-Michel (I)

erreur de date: 1928	500	335	err: dim 15-3-31	560	375
1929	**250**	**165**	**1932**	**225**	**150**
1930	**250**	**165**	**1933**	**230**	**160**
erreur: 1-9-1930	460	305	**1934**	**230**	**160**

Mont St-Michel (II)

1930	**230**	**155**	**1935**	**225**	**150**
1931	**225**	**150**	**1936**	**225**	**150**
erreur: 0-2-1931	560	375	**1937**	**225**	**150**

La Rochelle (I) / *La Rochelle (III)*

1929	**900**	**600**	**1931**	**860**	**470**
date à droite	1 150	800	**1932**	**880**	**475**
erreur: 22-4-1929	1 600	1 070	**1935**	**850**	**470**
La Rochelle (II)			**1936**	**850**	**470**
1930	**1 400**	**935**	erreur: dim 17-5-36	1 400	800
1931	**1 550**	**1 035**	**1937**	**850**	**470**
			1938	**880**	**470**

Pont du Gard (IIB)

			1936	**3 150**	**2 080**
1931	**3 200**	**2 200**	**1937**	**3 150**	**2 080**
err: 26, 27-11-31	4 000	3 000	err: 16, 18-9-37	3 750	2 500

1930

Congrès du B.I.T.

Semeuse (264)
Tirage: 6 000

1930	35	25

Sourire (256)
Vendus: 10 278

1931	825	525

Pasteur (265)
Tirage: 5 000

1929	240	160

Caisse d'amortissement 1930.

40c + 10c (266)
Vendus: 2 099

1930	450	300

50c + 25c (267)
Vendus: 1 914

1930	650	435

1f 50 + 50c (268)
Vendus: 1 635

1930	1 100	735

Avion survolant Marseille.

1f 50 carmin (→5)
Tirage: 160 000

erreur de date: 1928	350	235	**1930**	**240**	**160**
1929	**240**	**160**	err: dim 23-2-30	350	235
			erreur de date: 1931	350	235

1f 50 outremer (→6b)
Tirage: 40 000

1930	**725**	**485**	outremer vif, 1930	3 900	2 600

1f 50 bleu (→6)
Tirage: 1 480 000

1930	**240**	**160**
1931	**240**	**160**
1932	**240**	**160**

EIPA outr. (→6A)
Tirage: 1 200

1930	4 325	2 900

EIPA carmin (→5A)

1929	27 500	18 350

Louis Blériot (→7)
Tirage: 320 000

1934	300	200

1931

Exposition coloniale 1931.

15c noir (270)

			40c sépia (271)		
1930 date absente	**13**	**8,5**			
(impr à sec): 8-12-1930	200	134	**1930**	**28**	**18,5**
1931	**13**	**8,5**	**1931**	**28**	**18,5**

50c rouge (272 I)

			50c rouge (272 II)		
1930	**8**	**5,5**	**1930**	**9**	**6**
1931	**9**	**6**	**1931**	**10**	**6,5**
erreur de date: 1932	60	40	erreur: 31-2-31	60	40

1f 50 bleu (273)

1930	150	100
1931	**150**	**100**

Provinces (269)
Vendus: 5 191

1931	1 900	1 266

Caisse d'amortissement 1931.

40c + 10c (275)
Vendus: 1 413

			50c + 25c (276)		
			Vendus: 1 264		
1930	**680**	**453**	**1930**	**1 500**	**1 000**

1f 50 + 50c (277)
Vendus: 1 098

1930	1 300	867

1932

Semeuse camée (8ème série).

1c bistre-ol. (277C)

1933	**2**	**1**	**1935**	**2**	**1**
1934	**3**	**2**	**1936**	**3**	**2**

1c bistre-br. (277D)

			1937	**3**	**2**
1936	**3**	**2**	**1938**	**4**	**2,5**

2c vert (278)

1932	**2**	**1**	**1936**	**2**	**1**
1933	**2**	**1**	**1937**	**2**	**1**
1934	**3**	**2**	**1938**	**3**	**2**
1935	**2**	**1**	erreur de date: 1943	42	28

3c rouge (278A)

			5c rose (278B)		
1933	**2**	**1**	**1934**	**3,5**	**2,5**
1934	**3**	**2**	**1935**	**3,5**	**2,5**
1935	**2**	**1**	**1936**	**3,5**	**2,5**
1936	**2**	**1**	**1937**	**5,5**	**3,5**
1937	**2**	**1**	**1938**	**5,5**	**3,5**

10c bleu (279 III)

1932	**16**	**10,5**	**1937**	**16**	**10,5**
1933	**16**	**10,5**	**1938**	**16**	**10,5**
1934	**16**	**10,5**	*10c bleu (279 IV)*		
1935	**16**	**10,5**	(date à gche) **1933**	**150**	**100**
1936	**16**	**10,5**	(date à gche) **1934**	**150**	**100**

½c bistre-ol (279A)

1933	**5**	**3,5**	**1935**	**4,5**	**3**
1934	**4,5**	**3**	**1936**	**6**	**4**

½c bistre-br (279B)

1937	12	8

Paix (1ère série).

30c vert (280)

1932	13	8,5
1933	13	8,5
1934	22	14,5

1935	13	8,5
1936	13	8,5
1937	13	8,5

40c lilas (281 I)

1932	3	2
1933	3	2
1934	3	2

1935	3	2
1936	3	2
1937	3	2

45c bistre (282)

1933	22	14,5
1934	27	18

1935	24	16
1936	22	14,5
1937	22	14,5

50c rouge (283 I)

1932	2	1
1933	2	1
1934	2	1
1935	2	1

50c rouge (283 III)

1935	2,5	1,5
1936	2,5	1,5
1937	2,5	1,5

65c violet-br (284)

1933	7	4,5
1935	5,5	3,5

1936	5,5	3,5
1937	5,5	3,5

75c olive (284A)

1932	2,5	1,5
1933	5,5	3,5
1934	2,5	1,5
1935	2,5	1,5

1936	2,5	1,5
1937	2,5	1,5
1938	2,5	1,5
1939	2,5	1,5

90c rouge (285)

1932	380	255

1f orange (286 II)

1933	415	277

1f orange (286 I)

1933	40	27
1934	40	27

1935	40	27
1936	40	27
1937	40	27

1f 25 olive (287)

1932	1 200	800

1f 50 bleu (288)

1932	3	2
1933	3	2
1934	4	2,5

1935	3	2
1936	4	2,5
1937	4	2,5
1938	9	6

1f 75 rose (289)

1932	110	74
1934	100	67

1935	110	74
1936	115	75
1937	110	74

1933

Commémoratifs.

Puy-en-Velay (290)

1933	38	26
1934	38	26

A. Briand (291)
Tirage: 23 000

1933	220	147

P. Doumer (292)
Tirage: 68 250

1933	470	254

V. Hugo (293)
Tirage: >69 400

1933	70	47

1935	60	40
1936	38	26
papier jne 28-1-36	135	90
1937	38	26

1934	230	154

1934	70	45
1935	80	54

1934

Commémoratifs.

Colombe (294)
Tirage: 60 000

1934	630	420

Cartier 75c (296)
Tir: 100 000 paires

1934	580	386
err: dim 21-10-34	850	566

Paix surch (298)
Tirage: 100 000

1932	50	33,5

Jacquard (295)
Tirage: 415 000

1934	38	26
erreur: 3-2-1934	150	100

Cartier 1f 50 (297)

1934 (I)	980	653
1934 (II)	1 300	870

1935

Commémoratifs.

Normandie (299)
(bleu fcé) 1935

(bleu fcé) 1935	170	114
erreur de date: 1936	350	233

Rivière bret. (301)
Tirage: 400 000

1934	430	286
1935	430	286

Delessert (303)
Tirage: 200 000

1935	305	203

V. Hugo (304)

1935	55	37
1936	80	53
1937	55	37
err: 9, 10-12-1937	125	83

Normandie (300)
(bleu clair) 1936

(bleu clair) 1936	980	653

St-Trophime (302)
Tirage: 160 000

1935	460	306

Richelieu (305)
Tirage: 200 000

1935	470	217

J. Callot (306)
Tirage: 80 000

1934	120	80
1935	120	80

Chômeurs intellectuels 1935.

Mansarde (307)

1935	27	18
1936	27	18

Art et pensée (308)

1935	680	454

1936

Avion survolant Paris.

85c vert (→8)
Tirage: 96 000
(vert clair) **1935** | 135 | 108 |

| | **1936** | 45 | 36 |
| | **1937** | 45 | 36 |

2f 25 violet (→10)
Tirage: 44 000
1935 | 200 | 160 |
1937 | 200 | 160 |

1f 50 bleu (→9)
Tirage: 200 000
1935 | 115 | 93 |

2f 50 rouge (→11)
Tirage: 56 000
1935 | 250 | 200 |
1936 | 250 | 200 |

3f outremer (→12)
Tirage: 120 000
1935 | 225 | 190 |

3f 50 brun (→13)
Tirage: 40 000
1935 | 650 | 520 |

50f vert (→14)
Tirage: 4 720
1935 | 11 000 | 5 500 |
(vert foncé) **1935** | 12 500 | 6 500 |

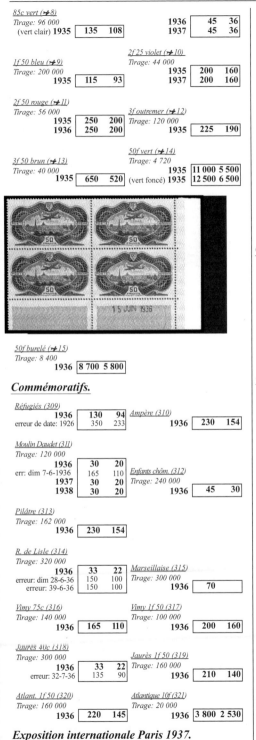

50f burelé (→15)
Tirage: 8 400
1936 | 8 700 | 5 800 |

Commémoratifs.

Réfugiés (309)
1936 | 130 | 94 |
erreur de date: 1926 | 350 | 233 |

Ampère (310)
1936 | 230 | 154 |

Moulin Daudet (311)
Tirage: 120 000
1936 | 30 | 20 |
err: dim 7-6-1936 | 165 | 110 |
1937 | 30 | 20 |
1938 | 30 | 20 |

Enfants chôm. (312)
Tirage: 240 000
1936 | 45 | 30 |

Pilâtre (313)
Tirage: 162 000
1936 | 230 | 154 |

R. de Lisle (314)
Tirage: 320 000
1936 | 33 | 22 |
erreur: dim 28-6-36 | 150 | 100 |
erreur: 39-6-36 | 150 | 100 |

Marseillaise (315)
Tirage: 300 000
1936 | 70 | |

Vimy 75c (316)
Tirage: 140 000
1936 | 165 | 110 |

Vimy 1f 50 (317)
Tirage: 100 000
1936 | 200 | 160 |

Jaurès 40c (318)
Tirage: 300 000
1936 | 33 | 22 |
erreur: 32-7-36 | 135 | 90 |

Jaurès 1f 50 (319)
Tirage: 160 000
1936 | 210 | 140 |

Atlant. 1f 50 (320)
Tirage: 160 000
1936 | 220 | 145 |

Atlantique 10f (321)
Tirage: 20 000
1936 | 3 800 | 2 530 |

Exposition internationale Paris 1937.

20c lilas (322)
1936 | 5,5 | 3,6 |

30c vert-bleu (323)
1936 | 23 | 14,5 |

40c outremer (324)
1936 | 30 | 13 |

50c orange (325)
1936 | 135 | 9 |

90c rose (326)
1936 | 155 | 103 |

1f 50 outremer (327)
1936 | 420 | 280 |

Pour la paix (328)
Tirage: 120 000
1936 | 200 | 134 |

Art surchargé (329)
1936 | 33 | 22 |

Chômeurs intellectuels 1936.

J. Callot (330)
Tirage: 64 000
1936 | 25 | 17 |
err: dim 19-12-36 | 150 | 100 |
erreur de date: 1937 | 250 | 166 |

L.-H. Berlioz (331)
Tirage: 64 000
1936 | 28 | 19 |

V. Hugo (332)
Tirage: 64 000
1936 | 47 | 31,5 |

L. Pasteur (333)
Tirage: 52 000
1936 | 250 | 166 |

1937

Commémoratifs.

Chamonix (334)
Tirage: 80 000
1936 | 80 | 54 |
1937 | 100 | 65 |
err: dim 4-4-37 | 300 | 200 |

P. Corneille (335)
Tirage: 120 000
1937 | 22 | 15 |

Expo Paris 37 (336)
Tirage: 160 000
1937 | 24 | 16 |
erreur: 13-4-37 | 150 | 100 |

Mermoz 30c (337)
Tirage: 180 000
1937 | 5,5 | 3,5 |

Mermoz 3f (338)
Tirage: 115 000
1937 | 80 | 54 |
1938 | 95 | 62 |
violet-gris 14-1-38 | 2 150 | 1 435 |

Loco 30c (339)
Tirage: 60 000
1937 | 9 | 6 |

Loco 1f 50 (340)
Tirage: 48 000
1937 | 90 | 60 |
erreur: dim 30-5-37 | 250 | 166 |

Descartes (341)
Tirage: 88 000
(...sur..) **1937** | 19 | 12,5 |

Descartes (342)
Tirage: 100 000
(...de...) **1937** | 70 | 47 |

Chômeurs intellectuels 1937.

A. France (343)
Tirage: 60 000

1937	30	20

A. Rodin (344)
Tirage: 60 000

1937	90	60

Commémoratifs.

PTT 20c+10c (345)
Tirage: 60 000

1937	18	12

PTT 40c+10c (346)
Tirage: 60 000

1937	18	12

PTT 50c+10c (347)
Tirage: 60 000

1937	18	12

Réfugiés (352)
Vendus: 31 500

1937	45	30

Pierre Loti (353)
Vendus: 20 000

1937	45	30

Samoth. 30c (354)
Tir: 3 000 paires

1937	1 200	800
erreur de date: 1942	1 750	1 165

Samoth. 55c (355)

1937	1 200	800

Syphilis (356)
Tirage: 80 000

1937	35	23
1938	45	30

Etats-Unis (357)
Tirage: 212 000

1937	27	18
1938	40	27

Iseran (358)
Tirage: 600 000

1937	23	15
1938	23	15

Paix surchargé et semeuse.

Paix sch (359 IIB)

1935	4	2,5
1937	4	2,5
1938	4	2,5

Paix surch (359 I)

1934	12	8

Semeuse 30c (360)

1937	5	3,5
1938	6,5	4

Semeuse 35c (361)

1937	7,5	5
1938	8,5	5,5

Semeuse 50c (362)

1938	14	9,5
erreur de date: 1939	150	100

Paix (2ème série).

55c violet (363)

1937	7	4,5
1938	9	6

60c bistre (364)

1937	2,5	1,5
1938	3	2

65c outremer (365 I)

erreur: 1936	100	67
1937	4	2,5
erreur: 32-11-1937	120	80
1938	4	2,5
erreur: 1939	90	60

80c orange (366)

1938	2	1
1939	2	1
1940	6	4

90c vert (367)

1938	2	1

90c outremer (368 I)

1938	8,5	5,5
1939	8,5	5,5

1f lilas (369)

1937	35	24
1938	35	24
1939	35	24

1f 25 rouge (370)
Tirage: 340 000

1939	27	17

1f 40 lilas (371)
Tirage: 162 500

1939	70	47

1938

Cérès modifiée.

1f 75 bleu (372)

1938	7	4,5

2f rose (373)
Tirage: 1 200 000

1939	2	1
1940	2	1
erreur de date: 1941	50	35

2f 25 outremer (374)
Tirage: 605 000

1939	100	67

2f 50 vert (375)
Tirage: 715 000

1939	17	11,5

2f 50 outremer (375A)
Tirage: 320 000

1939		
1940	6	4
1941	6	4

3f lilas-rose (376)
Tirage: 880 000

1939	7	4,5
1940	7	4,5
1941	7	4,5

Commémoratifs.

Charcot 65c (377)
Tirage: 80 000

1938	17	11

Charcot 90c (377A)
Tirage: 48 000

1939	170	110

Gambetta (378)
Tirage: 90 000

1938	3	2

Versailles (379)
Tirage: 21 600

1938	220	153

Chômeurs intellectuels 1938.

A. France (380)
Tirage: 60 000

1938	17	11

J. Callot (381)
Tirage: 60 000

1938	22	15

L.-H. Berlioz (382)
Tirage: 56 000

1938	70	47

V. Hugo (383)
Tirage: 56 000

1938	75	50

A. Rodin (384)
Tirage: 50 000

1938	50	34
1939	50	34
chiffres petits et déformés 3-1-39	100	67

L. Pasteur (385)
Tirage: 50 000

1938	220	153

Commémoratifs.

Infanterie 55c (386)
Vdus: 22 400 paires

1938	50	34

Infanterie 65c (387)

1938	50	34

Touristiques de 1938.

Champenoise (388)
Tirage: 70 000

1938	50	34

Orange (389)
Tirage: 200 000

1938	8	5,4

Mineurs (390)
Tir: 10 000 (non sch)

1938	70	45
err: dim 16-10-38	160	100

Avignon (391)
Tirage: 160 000

1938	170	115

Carcassonne (392)
T: 940 000 (non sch)

1938	8	5,5
err: jr férié 15-8-38	135	82
1939	8	5,5
1940	10	6,5

Vincennes (393)
T: 290 400 (non sch)

1938	25	17
1939	25	17

Saint-Malo (394)
Tir: 4 000 (non sch)

1938	500	340
err: dim 18-9-38	850	565
1939	500	340
1940	500	340

Commémoratifs.

Santé (395)
Vendus: 20 000

1938	130	87

Football (396)
Tirage: 70 000

1938	170	115

C. Ader (398)
Tir: 5 600 (non sch)

1938	1 000	670
1939	1 000	670
1940	1 100	670

La Fontaine (397)
Tirage: 120 000

1938	7	4,5

Reims (399)
Vendus: 26 400

1938	100	67

Souverains (400)
Tirage: 80 000

1938	7	4,5

Rapatriés (401)
Vendus: 28 800

1938	50	34

P.& M. Curie (402)
Vendus: 33 200

1938	130	87

Armistice (403)
Vendus: 40 000

1938	30	20
erreur: 28-10-1938	150	100

Mercure (1ère série).

1c olive (404)
Tirage: 414 000

1938	1,5	1
1939	1,5	1
1941	1,5	1

2c vert (405)
Tirage: 510 000

1938	1,5	1
1939	1,5	1

5c rose (406)
Tirage: 2 160 000

1938	1,5	1
1939	1,5	1
1940	1,5	1

10c bleu (407)
Tirage: 4 500 000

1938	1,5	1
1939	1,5	1
1940	1,5	1
1942	1,5	1

15c orange (408)
Tirage: 1 180 000

1938	1,5	1

15c brun (409)
Tirage: 613 000

1938	7	4,5

20c lilas (410)
Tirage: 2 000 000

erreur de date: 1937	50	35
1938	1,5	1
1939	1,5	1
1941	1,5	1

25c vert (411)
Tirage: 2 400 000

1938	1,5	1
1939	1,5	1
1940	2	1

30c rouge (412)
Tirage: 4 850 000

1939	1,5	1
1940	1,5	1
1941	1,5	1
1942	1,5	1

40c violet (413)
Tirage: 4 000 000

1939	1,5	1
1940	1,5	1
1941	1,5	1
1942	1,5	1

45c vert (414)
Tirage: 565 000

1939	5	3,5

50c bleu (414A)
Tirage: 927 000

1939	25	17

50c vert (414B)
Tirage: 700 000

1940	5	3,5
1941	5	3,5

60c rouge (415)
Tirage: 606 000

1939	2	1

70c lilas (416)
Tirage: 320 000

1938	2	1
1939	2	1
1940	2	1

75c brun (416A)
Tirage: 880 000

1939	50	17

Commémoratifs.

Etudiants (417)
Vendus: 26 400

1938	110	74

Radio (418)
Vendus: 30 000

1938	110	74

1939

Commémoratifs.

Syphillis (419)
Tirage: 60 000

1939	25	17

Léon Trulin (420)
Vendus: 29 600

1939	110	74

P. Cézanne (421)
Tirage: 66 000

1939	55	37

Croix-Rge (422)
Vendus: 28 000

1939	80	53

Génie (423)
Vendus: 28 800

1939	80	53

PTT (424)
Vendus: 26 800

1939	230	254

Clemenceau (425)
Tirage: 72 000

1939	5,5	3,5

New-York (426)
Vendus: 40 000

1939	100	67

Niepce (427)
Vendus: 40 000

1939	90	60
erreur: 7-4-1938	175	115

Enfants (428)
Tirage: 44 000

1938	35	23
1939	20	13,5

Tour Eiffel (429)
Vendus: 32 000

1939	90	60

Liège (430)
Vendus: 24 000

1939	175	116

Iris (1ère série).

80c brun (431)
Tirage: 160 000

1939	1,5	1
1940	1,5	1

1f vert (432)
Tir: 10 000 000

1939	8	5,5
1940	8	5,5

1f rouge (433)
Tirage: 4 840 000

1939	3	2
1940	3	2
1941	3	2
date en haut de crnt	27	18

1f 30 outremer (434)
Tirage: 117 000

1937	2	1
1938	2	1
1939	2	1

1f 50 orange (435)
Tirage: 211 000

1940	2	1
1941	3	2

Chômeurs intellectuels 1939.

Chavanne (436)
Vdus: 30 800 séries

1939	11	7,5

C. Debussy (437)

1939	55	37

H. de Balzac (438)

1939	45	30

C. Bernard (439)

1939	160	106

Commémoratifs.

Natalité 70c (440)
Vdus: 24 000 paires
1939 | **39** | **26**

Natalité 90c (441)
1939 | **50** | **34**

G. de Tours (442)
Tirage: 73 000
1939 | **5,5** | **3,5**

Strasbourg (443)
Vendus: 84 000
1939 | **9** | **6**

Révolution (444)
Tirage: 80 000
1939 | **21** | **14**

Verdun (445)
Tirage: 78 000
1939 | **7** | **4,5**

Musée postal (446)
Vendus: 40 000
1939 | **22** | **14,5**

Marins (447)
Vendus: 29 200
1939 | **170** | **115**

Languedoc (448)
Tirage: 82 000
1939 | **3,5** | **2,5**

Pau (449)
Tirage: 80 000
1939 | **8** | **5,5**

Lyon (450) Tirage:
80 000
1939 | **7** | **4,5**

1940

Commémoratifs.

Soldats (451)
Tirage: 72 000
1940 | **26** | **17,5**

Marsouin (452)
Tirage: 84 000
1940 | **26** | **17,5**

Outre-mer (453)
Vendus: 36 800
1940 | **18** | **12**
coin daté sans date | 60 | 40

Joffre (454)
Vdus: 32 000 séries
1940 | **55** | **37**
pap. épais: 16-5-40 | 85 | 56

Foch (455)
1940 | **50** | **34**

Gallieni (456)
1940 | **50** | **34**

Labour (457)
1940 | **100** | **67**

New-York (458)
Vendus: 40 000
1940 | **175** | **116**

Sauvé 80c (459)
Vendus: 38 400
1940 | **65** | **43**

Blessés 1f (460)
Vendus: 27 600
1940 | **75** | **50**

Guynemer (461)
Vendus: 37 600
1941 | **100** | **67**

Chômeurs intellectuels 1940.

C. Debussy (462)
Tirage: 65 400
1940 | **60** | **40**

H. de Balzac (463)
Tirage: 64 400
1940 | **60** | **40**

C. Bernard (464)
Tirage: 64 280
1940 | **60** | **40**
papier épais:
28, 29, 30-4-40 | 90 | 60

Commémoratifs.

Victimes (465)
Vendus: 41 600
1940 | **8** | **5,5**

Moissons (466)
Tirage: 50 000
1940 | **21** | **14**

Semailles (467)
Tirage: 50 600
1940 | **21** | **14**

Vendanges (468)
Tirage: 49 200
1940 | **23** | **15**

Elevage (469)
Tirage: 50 000
1940 | **30** | **20**

1941

Commémoratifs.

Mal Pétain 40c (470)
Tirage: 40 000
1940 | **3** | **2**

Mal Pétain 80c (471)
Tirage: 40 000
1940 | **3,5** | **2,5**

Mal Pétain 1f (472)
Tirage: 80 000
1940 | **1,5** | **1**
err: 2-2-40, 4-2-40 | 17 | 12

Mal Pétain 2f 50 (473)
Tirage: 40 000
1940 | **10** | **6,5**

Prisonniers (474)
Tirage: 46 760
1941 | **11** | **7,5**

Prisonniers (475)
Tirage: 46 680
1941 | **11** | **7,5**

Surchargés de 1940-41.

30c sur 35c (476)
Tirage: 132 000
1938 | **1,5** | **1**

50c sur 75c (477)
Tirage: 128 000
1939 | **1,5** | **1**

50c sur 55c (478)
Tirage: 2 550 000
1937 | **16** | **11**
1938 | **1,5** | **1**

50c sur 65c (479)
Tirage: 920 000
1938 | **1,5** | **1**

50c sur 75c (480)
Tirage: 200 000
1934 | **8** | **5,5**
1935 | **1,5** | **1**
1938 | **2,5** | **1,5**

50c sur 80c (481)
Tirage: 80 000
1938 | **16** | **11**
1939 | **1,5** | **1**
1940 | **120** | **80**

50c sur 90c (482)
Tirage: 1 700 000
1938 | **2** | **1,5**
1939 | **1,5** | **1**

1f sur 1f 25 (483)
Tirage: 110 000
1939 | **2** | **1,5**

1f sur 1f 40 (484)
Tirage: 77 000
1939 | **3** | **2**
1 tbre barres omises | 850 | 575
double surcharge | 9 900

1f sur 1f 50 (485)
Tirage: 125 000
1934 | **16** | **11**
1935 | **8,5** | **5,5**
1936 | **18** | **12**
1938 | **9** | **6**

1f sur 1f 75 (486)
Tirage: 220 000

1938	2	1

1f sur 2f 25 (487)
Tirage: 100 000

1939	2	1

1f sur 2f 50 (488)
Tirage: 30 000

1939	8	5,5

Mineurs (489)
Tirage: 290 000

1938	3	2

Carcassonne (490)
Tirage: 60 000

1939	8	5,5
1940	3	2

Vincennes (491)
Tirage: 19 600

1938	15	10
1939	15	10

Saint-Malo (492)
Tirage: 56 000

1939	12	8
1940	12	8

Ader (493)
Tirage: 17 200

1940	425	285
papier mince	500	350

Pétain surch (494)
Tirage: 40 000

1941	1,5	1

Commémoratifs.

F Mistral (495)
Tirage: 60 000

1941	2	1

Cancer (496)
Tirage: 49 200

1940	10	6,5
1941	12	8

Secours 1f (497)
Tirage: 46 400

1941	16	11

Secours 2f 50 (498)
Tirage: 49 000

1941	60	40

Il est connu une feuille du "Secours National: entraide d'hiver 2f 50+7f 50" (n°506) sans date ni numéro.

Touristiques de 1941.

Beaune (499)
Tir: 10 600 000

1940	3	2
1941	3	2
pap. épais: 18-12-41	35	24
erreur: 19-12-1942	150	100

Angers (500)
Tirage: 760 000

1940	5	3,5
1941	5	3,5

Aigues-Mortes (501)
Tirage: 285 600

1941	8	5,5
err: dim 30-3-1941	150	100
1942	8	5,5
1943	15	10
gris pâle: 8-1-43	60	40

Paquebot (502)
Tirage: 67 000

1939	2,5	1,5

Pétain.

20c lilas (505)
Tirage: 54 000

1941	1,5	1

30c rouge (506)
Tirage: 380 000

1941	1,5	1

40c bleu (507)
Tirage: 143 500

1941	1,5	1

50c vert (508)
Tirage: 930 000

erreur de date: 1940	60	40
1941	1,5	1
1942	1,5	1

60c violet (509)
Tirage: 1 100 000

1941	1,5	1
1942	1,5	1
1944	13	8,5

70c bleu (510)
Tirage: 233 400

1941	1,5	1
1942	3	2

70c orange (511)
Tirage: 725 000

1941	1,5	1

80c brun (512)
Tirage: 357 000

1941	1,5	1
1942	1,5	1

80c vert (513)
Tirage: 614 000

1941	1,5	1

1f rouge (514)
Tirage: 9 640 000

1941	1,5	1
1942	1,5	1
1944	9	6

1f 20 brun (515)
Tirage: 2 385 000

1942	1,5	1
1943	1,5	1
1944	4	2,5

1f 50 rose (516)
Tirage: 2 650 000

1941	1,5	1
1942	1,5	1

1f 50 brun (517)
Tir: 38 500 000

1942	1,5	1
1943	1,5	1
1944	2	1

2f vert (518)
Tirage: 2 264 000

1941	1,5	1
1942	1,5	1
1943	1,5	1
1944	2	1

2f 40 rouge (519)
Tirage: 337 000

1942	1,5	1

2f 50 bleu (520)
Tirage: 162 400

1941	7	4,5

3f orange (521)
Tirage: 1 970 000

1941	1,5	1
1942	1,5	1
1943	1,5	1
1944	2	1

4f typo (521A)
Tirage: 2 000 000

1942	1,5	1
1943	1,5	1
1944	3	2

4f 50 typo (521B)
Tirage: 545 000

1942	7	4.5
1943	7	4.5
1944	15	10

4f gravé (522)
Tirage: 300 000

1942	2	1
1943	2,5	1,5

4f 50 gravé (523)
Tirage: 290 000

1942	2	1

5f vert-bleu (524)
Tirage: 95 000

1942	2	1
err: dim 27-9-42	90	60

50f noir (525)
Tirage: 54 000

1942	30	20
erreur: 18-7-1942	150	100
1943	45	30

1942

Beaune (539)
Tirage: 400 000

1942	5	3,5
pap. carton: 17-2-42	60	40

Mercure (2ème série).

10c bleu (546)
T. 1 963 000 (n sch)

1942	1,5	1
1943	1,5	1
1944	1,5	1
1945	2	1

30c rouge (547)
T. 190 000 (non sch)

1942	1,5	1
1943	1,5	1
1944	1,5	1
1945	2	1

40c violet (548)
T: 634 000 (non sch)

1942	1,5	1
1943	1,5	1
1944	1,5	1

50c "répub" (538)
Tirage: 1 260 000

1942	1,5	1

Pétain surch (552)
Vendus: 50 000

1942	1,5	1

50c "poste" (549)
T: 4 600 000 (n sch)

1942	1,5	1
1943	1,5	1
1944	1,5	1
1945	5	3,5

Arras (567)
Tirage: 348 000

erreur: 11-10-1942	80	50
1942	1,5	1
1943	2,5	1,5

1943

Armoiries 1943.

Lyonnais (572)
Tirage: 395 000

1942	2,5	1,5
1943	4,5	3

Bretagne (573)
Tirage: 453 500

1943	3	2

Provence (574)
Tirage: 122 000

1943	12	8

Ile de France (575)
Tirage: 106 000

1943	10	6,5

Lac Lérié (582)
Vendus: <40 000

1943	6	4

1944

Armoiries 1944.

Flandre (602)
Tirage: 354 000

1944	1,5	1

Languedoc (603)
Tirage: 290 000

1944	1,5	1

Orléannais (604)
Tirage: 135 000

1944	5	3,5

Normandie (605)
Tirage: 91 500

1944	7,5	5

Chenonceaux (610)
Tirage: 50 000

(15f) 1944	4,5	3

Chenonceaux (611)
Tirage: 74 800

(25f) 1944	5	3,5

Coq et Marianne d'Alger.

Coq 10c (630)
Tirage: 30 100

1944	1,5	1

Coq 30c (631)
Tirage: 20 100

1944	3,5	2,5

Coq 40c (632)
Tirage: 30 100

1944	1,5	1

Coq 50c (633)
Tirage: 30 100

1944	1,5	1

Marianne 60c (634)
Tirage: 20 350

1944	1,5	1

Marianne 70c (635)
Tirage: 30 600

1944	1,5	1

Marianne 80c (636)
Tirage: 15 400

1944	12	8

Marianne 1f (637)
Tirage: 30 500

1944	1,5	1

Marianne 1f 20 (638)
Tirage: 20 500

1944	1,5	1

Marianne 1f 50 (639)
Tirage: 102 000

1944	1,5	1

Coq 2f (640)
Tirage: 20 150

1944	1,5	1

Marianne 2f 40 (641)
Tirage: 10 400

1944	18	12

Marianne 3f (642)
Tirage: 20 300

1944	2	1,5

Marianne 4f (643)
Tirage: 20 400

1944	2	1,5

Marianne 4f 50 (644)
Tirage: 30 500

1944	2	1,5

Marianne 5f (645)
Tirage: 10 100

1944	42	26

Coq 10f (646)
Tirage: 10 090

1944	42	26

Coq 15f (647)
Tirage: 10 070

1944	42	26

Coq 20f (648)
Tirage: 10 080

1944	42	26

Iris (2ème série).

80c vert (649)
Tirage: 1 080 000

1944	1,5	1

1f bleu (650)
Tirage: 980 000

1944	1,5	1
1945	2,5	1,5

1f 20 violet (651)
Tirage: 739 000

1944	1,5	1
1945	1,5	1

1f 50 br-rge (652)
Tirage: 5 240 000

1944	1,5	1
1945	1,5	1

2f brun (653)
Tirage: 910 000

1944	1,5	1
1945	1,5	1

2f 40 rose (654)
Tirage: 108 000

1944	1,5	1

3f orange (655)
Tirage: 340 000

1944	1,5	1
1945	3	2

4f bleu (656)
Tirage: 435 000

1944	1,5	1
1945	8	5,5

Mercure "RF".

10c bleu (657)
Tirage: 297 000

1942	3	2
1943	8	5,5
1944	1,5	1

30c rouge (658)
Tirage: 360 000

1942	1,5	1
1943	1,5	1

40c violet (659)
Tirage: 136 000

1944	1,5	1

50c bleu (660)
Tirage: 439 000

1943	8	5,5
1944	1,5	1

1945

Chaînes brisées et Cérès de Mazelin.

10c noir (670)
Tirage: 1 160 000

1945	1,5	1
1946	1,5	1

30c vert (671)
Tirage: 680 000

1945	1,5	1
1946	1,5	1

40c rose (672)
Tirage: 217 000

1944	4	2,5
1945	1,5	1

50c bleu (673)
Tirage: 2 350 000

1945	1,5	1
1946	1,5	1

60c bleu (674)
Tirage: 197 000

1945	1,5	1
1946	1,5	1

80c vert (675)
Tirage: 886 000

1945	1,5	1

1f rose (676)
Tirage: 7 620 000

1945	1,5	1
1946	1,5	1
1947	1,5	1
1948	1,5	1

1f 20 brun (677)
Tirage: 134 000

1945	2	1

1f 50 lilas (679)
Tirage: 5 770 000

1945	1,5	1
1946	1,5	1
1947	1,5	1

Marianne de Dulac: tirage de Paris.

Série de 15 couleurs différentes, soit 15 coins datés, tous de 1948. La cote est donnée pour un seul coin daté, elle est identique pour chacun des 15 coins datés. On connaîtrait 3 séries en coins datés.

Tirage de Paris:

1948	1 500	1 000

Marianne de Gandon (1ère série).

1f 50 rose (712)
Tirage: 169 000

1944	42	28
1945	1,5	1

2f vert (713)
Tir: 14 140 000

1945	1,5	1

2f 40 rouge (714)
Tirage: 12 000

1945	2,5	1,5

3f sépia (715)
Tirage: 3 060 000

1945	1,5	1
1946	1,5	1

4f bleu (717)
Tirage: 600 000

1945	1,5	1

5f vert (719)
Tirage: 295 000

1945	1,5	1
1946	1,5	1

6f outremer (720)
Tirage: 300 000

1945	2,5	1,5

10f orange (722)
Tirage: 200 000

1945	3,5	2,5
1946	4,5	3

15f lilas (724)
Tirage: 110 000

1945	24	16

Marianne de Gandon gravée (2ème série).

20f vert (730)
Tirage: 120 000

1945	9	6
1946	8	5,5

25f violet (731)
Tirage: 104 000

1945	8,5	5,5
1946	11	7

50f brun (732)
Tirage: 120 000

1945	10	7

100f rouge (733)
Tirage: 80 000

1945	75	50

Tuberculeux (736)
Tirage: 380 000

1945	1,5	1

1946

Tuberc. sch (750)
Tirage: 120 000

1945	1,5	1

Cérès de Mazelin.

2f vert (680)
Tirage: 3 800 000

1946	1,5	1
1947	1,5	1
1948	1,5	1
1949	6	4

2f 50 brun (681)
Tirage: 2 110 000

1946	1,5	1
1947	1,5	1

Marianne de Gandon (3ème série).

3f rose (716)
Tir: 17 800 000

1946	1,5	1

4f violet (718)
Tirage: 1 050 000

1946	1,5	1
1947	1,5	1
1948	15	10

6f rouge (721)
Tirage: 270 000

1946	12	8

10f bleu (723)
Tirage: 280 000

1946	8,5	5,5

Marianne de Gandon gravée (4ème série)..

4f bleu (725)
Tirage: 60 000

1944	5	3
1945	1,5	1

10f bleu (726)
Tirage: 277 000

1946	8,5	5,5

15f lilas (727)
Tirage: 178 000

1946	48	32

20f vert (728)
Tirage: 323 000

1946	7,5	5
erreur: 11-3-1948	400	260

25f rouge (729)
Tirage: 160 000

1946	48	32

Mythologie.

Centaure (→16)
Tirage: 2 080 000

1946	5	3,5
1947	6	4,5
1948	5	3,5
1949	5	3,5

Iris (→17)
Tirage: 2 720 000

1946	5	3,5
1947	5	3,5
1948	5	3,5
1949	5	3,5

Egine (→18)
Tirage: 800 000

1946	40	25
1947	50	35
1948	48	30
1949	48	30

Apollon (→19)
Tirage: 306 000

1946	33	20
1948	3	20
pap. épais: 10-2-48	300	180
1949	50	35

Armoiries 1946.

Corse (755)
Tirage: 720 000

1946	1,5	1
1947	1,5	1
1948	1,5	1

Alsace (756)
Tirage: 1 300 000

1946	1,5	1
1947	1,5	1
1948	2,5	1,5

Lorraine (757)
Tirage: 2 440 000

1946	1,5	1
1947	1,5	1
1948	3,5	2,5

Cⁱᵉ de Nice (758)
Tirage: 650 000

1946	1,5	1
1947	1,5	1
1948	1,5	1

Touristiques 1946.

Vézelay (759)
Tirage: 680 000

1946	1,5	1
1947	2	1

Luxembourg (760)
Tirage: 2 480 000

1946	1,5	1
1947	1,5	1
1948	2	1

Roc-Amadour (763)
Tirage: 920 000

1946	24	16
1947	24	16

Pointe du Raz (764)
Tirage: 3 700 000

1946	8	5,5
erreur: 6-8-1946	150	100
1947	8	5,5
1948	8	5,5
1949	15	10

1947

Marianne de Gandon (5ème série).

5f rose (719A)
Tirage: 1 500 000

1946	1,5	1	1947	1,5	1

3f vert (716A)
Tirage: 1 772 000

1947	11	7
1948	12	8

3f 50 brun (716B)
Tirage: 595 000

1947	4,5	3

4f 50 bleu (718A)
Tirage: 8 900 000

1947	1,5	1

5f bleu (719B)
Tirage: 4 480 000

1947	1,5	1
1948	1,5	1

6f rose (721A)
Tirage: 270 000

1947	1,5	1
1948	1,5	1

Touristiques 1947.

Cannes (777)
Tirage: 320 000

1947	8	5,5

Nancy (778)
Tirage: 1 720 000

1947	24	16
1948	24	16

Conques (792)
Tirage: 454 000

1947	24	16
1948	24	16

Cérès de Mazelin.

1f 30 bleu (678)
Tirage: 639 000

1947	2	1,5

Cérès surch (791)
Tirage: 180 000

1947	1,5	1

1948

Touristiques 1948.

Luxembourg (803)
Tirage: 500 000

1948	17	11

Luxembourg (804)
Tirage: 160 000

1948	5,5	3,5

Conques (805)
Tirage: 880 000

1948	24	16

Nancy (822)
Tirage: 160 000

1948	75	50
1949	95	65

Marianne de Gandon (6ème série).

3f rose (806)
Tirage: 1 880 000

1948	1,5	1

4f vert-bleu (807)
Tirage: 2 560 000

1948	1,5	1

4f orange (808)
Tirage: 270 000

1948	18	12
1949	25	16

5f vert (809)
Tirage: 7 780 000

1948	5	3,5
1949	5	3,5
1950	5	3,5
1951	5	3,5

8f turquoise (810)

1948	2,5	1,5
1949	2,5	1,5
1950	2,5	1,5
1951	2,5	1,5
1952	3	2
1953	4	2,5

10f lilas (811)

1948	1,5	1 1
1950	1,5	1 1
1951	1,5	1
1952	1,5	1,5
1953	1,5	1
1954	2,5	1,5

1949

Marianne de Gandon (7ème série).

Marianne sch (827)
Tirage: 320 000

1948	1,5	1

12f outremer (812)
Tirage: 3 910 000

1949	18	12
1950	18	12
1951	18	12

15f rouge (813 I)
Tir: 35 000 000

1949	6	4
1950	6	4
1951	8	5,5

Villes stylisées.

Lille (↗24)
Tirage: 3 400 000

1949	7,5	5
1950	7,5	5
1951	7,5	5
1952	7,5	5
1953	7,5	5

Bordeaux (↗25)
Tirage: 328 000

1949	76	50
1950	76	50
1951	76	50
1952	76	50
1953	76	50

Lyon (↗26)
Tirage: 128 000

1949	100	60

Marseille (↗27)
Tirage: 112 000

1949	365	235
1953	425	300

Paris (→29)
Tirage: 114 000

1949	900	700	1952	900	700
1951	1 000	750	1953	900	700

Armoiries 1949.

Bourgogne (834) — Tirage: 1 450 000

1949	1,5	1
1950	1,5	1
1951	1,5	1

Guyenne (835) — Tirage: 590 000

1949	1,5	1
1950	1,5	1
1951	1,5	1

Savoie (836) — Tirage: 940 000

1949	4	2,5
1950	5,5	4
1951	6	4

Auvergne (837) — Tirage: 640 000

1949	4,5	3
1950	6,5	4,5
1951	9	6

Anjou (838) — Tirage: 360 000

1949	3	2

Touristiques 1949.

Comminge(841A) — Tirage: 2 640 000

1949	2	1
1950	2	1
1951	2	1
1952	3	2

St-Wandrille (842) — Tirage: 2 660 000

1949	2,5	1,5
1950	2,5	1,5
1951	2,5	1,5

Meuse (842A) — Tirage: 1 480 000

1949	90	60
1950	90	60
1951	90	60

Gerbier (843) — Tirage: 2 540 000

1949	15	10
1950	15	10
1951	15	10

1951

Touristiques 1951.

St-Wandrille (888) — Tirage: 120 000

1951	33	22

Arbois (905) — Tirage: 1 392 000

1951	6	4
1952	7	4,5
1953	9	6

Bigorre (916) — Tirage: 1 160 000

1951	35	24
1952	35	24
1953	35	24
erreur: 3 -1-1953 ("1" de "31" absent)	90	60

Caen (917) — Tirage: 2 260 000

1951	30	20
1952	30	20
1953	30	20

Marianne de Gandon (8ème série).

5f violet (883)

1951	3	2,5
1952	3,5	2,5
1953	3,5	2,5
1954	3,5	2

6f vert (884) — Tirage: 670 000

1951	35	25
1952	35	25
1953	60	40

12f orange (885) — Tirage: 4 900 000

1951	6	4
1952	6	4
1953	6	4

15f outremer (886 I) — Tirage: 645 000

1951	1,5	1
1952	1,5	1
1953	1,5	1
1954	1,5	1
1955	1,5	1

15f bleu (886 III) (date à gche) 1954 : 8 500   5 700

18f rose (887) — Tirage: 700 000

1951	110	74

Armoiries 1951.

Artois (899) — Tirage: 450 000

1951	1,5	1

Limousin (900) — Tirage: 446 000

1951	1,5	1
1953	20	13

Béarn (901) — Tirage: 870 000

1951	2	1
1952	2	1
1953	3,5	2,5

Touraine (902) — Tirage: 1 030 000

1951	5	3,5
1952	5	3,5
1953	5	3,5

Franche-Comté (903) — Tirage: 600 000

1951	4,5	3

1952

Chambord (924) — Tirage: 1 334 000

1952	3	2	1953	3	2

1953

Couture (941) — Tirage: 600 000

1953	6,5	4,5

Théâtre français.

Gargantua (943) — Tirage: 732 000

1953	2,5	1,5
1954	3,5	2,5

Célimène (956) — Tirage: 846 000

1953	2,5	1,5
1954	3,5	2,5

Figaro (957) — Tirage: 1 680 000

1953	2	1,5
1954	2,5	1,5

Hernani (944) — Tirage: 406 000

1953	3,5	2,5

Armoiries 1953.

Picardie (951) — Tirage: 227 000

1953	1,5	1

Gascogne (958) — Tirage: 106 000

1953	1,5	1

Berri (959) Tirage: 103 000

1953	1,5	1

Poitou (952) — Tirage: 535 000

1953	1,5	1
1954	1,5	1

Champagne (953) — Tirage: 730 000

1953	2,5	1,5
1954	2,5	1,5

Dauphiné (954) — Tirage: 390 000

1953	3,5	2,5
1954	3,5	2,5

Sports: Jeux Olympiques d'Helsinski.

Natation (960) — Tirage: 532 000

1953	15	10
1954	18	12

Athlétisme (961) — Tirage: 280 000

1953	80	54
1954	85	56

Escrime (962) — Tirage: 336 000

1953	14	9,5
1954	16,5	11

Canoë (963) — Tirage: 342 000

1953	80	54
1954	85	56

Aviron (964)
Tirage: 424 000

1953	40	27
1954	46	30

Hippisme (965)
Tirage: 132 000

1953	200	134
1954	220	146

1954

Prototypes.

Mystère IV (→30)

1953	17	11,5
1954	17	11,5
1955	17	11,5
1956	17	11,5
1957	17	11,5
1958	17	11,5

Noratlas (→31)

1953	63	42
1954	63	42
1955	63	42
1956	63	42
1957	63	42
1958	63	42
1959	75	50

Fouga Mag. (→32)

1953	1 150	765
1954	1 150	765
1955	1 200	800

Provence (→33)

1953	650	434
1954	650	434

Marianne sch (968)
Tirage: 218 000

1951	3	2

Productions de luxe.

Tapisserie (970)
Tirage: 620 000

1954	70	47

Reliure (971)
Tirage: 1 800 000

1954	8	5,4
1955	9	6
1956	11	7,4

Porcelaine (972)
Tirage: 1 266 000

1954	24	16
1955	29	19
1956	29	19

Joaillerie (973)
Tirage: 2 680 000

1954	8	5,4
1955	9	6
1956	10	6,5

Fleurs (974)
Tirage: 400 000

1954	75	50
1955	80	54
1956	98	65

Touristiques 1954.

Lourdes (976)
Tirage: 976 000

1954	2,5	1,5
1955	2,5	1,5

Andelys (977)
Tirage: 2 332 000

1954	2,5	1,5
1955	2,5	1,5

Royan (978)
Tirage: 2 200 000

1954	2,5	1,5
1955	3	2

Quimper (979)
Tirage: 3 900 000

erreur: 30-9-1953	66	44
1954	2,5	1,5
1955	2,5	1,5

Cheverny (980)
Tirage: 470 000

1954	16	5,5
1955	19	12,5

Ajaccio (981)
Tirage: 1 226 000

1954	16	10,5
1955	17	11

Armoiries 1954.

Maine (999)
Tirage: 166 000

1954	1,5	1
1955	2	1

Navarre (1000)
Tirage: 95 000

1954	1,5	1
1955	2	1

Nivernais (1001)
Tirage: 53 000

1954	1,5	1
1955	2	1

Bourbonnais (1002)
Tirage: 400 000

1954	1,5	1
1955	2	1

Angoûmois (1003)
Tirage: 2 730 000

1954	1,5	1
1955	1,5	1
1956	1,5	1
1957	1,5	1
1958	1,5	1

Aunis (1004)
Tirage: 1 310 000

1954	1,5	1
1955	1,5	1
1956	1,5	1
1957	1,5	1
1958	1,5	1

Saintonge (1005)
Tir: 11 050 000

1954	1,5	1
1955	1,5	1
1956	1,5	1
1957	1,5	1
1958	1,5	1

1955

Marianne de Muller.

15f rose (1011)

1955	1,5	1
1956	1,5	1
1957	1,5	1

18f vert (1011A)
Tirage: 1 130 000

type (I) 1958	7	4,5
type (II) 1958	2	1

20f bleu (1011B I)

1957	2,5	1,5
1958	2,5	1,5
1959	2,5	1,5
erreur de date: 1962	135	90

25f rge (1011C I)

1959	8	5,5

Ganterie (1020)
Tirage: 630 000

1955	5,5	3,5

Frères Lumière (1033)

1955	300	200

Touristiques 1955.

Bordelais (1036)
Tirage: 1 066 000

1955	2	1
1956	2,5	1,5
1957	3	2

Marseille (1037)
Tirage: 2 300 000

1955	3	2
1956	3	2
1957	15	10

Nice (1038)
Tirage: 3 400 000

1955	2	1
1956	2	1
1957	2	1

Cahors (1039)
Tirage: 7 300 000

1955	2	1
1956	2	1
1957	2	1

Uzerche (1040)
Tirage: 1 200 000

1955	5	3,5
1956	5	3,5
1957	7	4,5

Martinique (1041)
Tirage: 1 500 000

1955	18	12
1956	18	12
1957	25	16,5

Brouage (1042)
Tirage: 2 300 000

1955	6	4
erreur: dim 5-5-57	155	105
1956	6	4
1957	13	9,5

Armoiries 1955.

Cté de Foix (1044)
Tirage: 350 000

1955	1,5	1
1956	1,5	1
1957	1,5	1
1958	2	1

Marche (1045)
Tirage: 260 000

1955	1,5	1
1956	1,5	1
1957	1,5	1
1958	2	1

Roussillon (1046)
Tirage: 82 400

1955	1,5	1
1956	1,5	1
1957	2	1
1958	2	1

Ctª Vénaissin (1047)
Tirage: 1 020 000

1955	1,5	1
1956	1,5	1
1957	1,5	1
1958	2	1

France-Amér (1060)

erreur: 17-4-1956	280	185

Bordelais (1118)
Tirage: 288 000

1957	20	13,5

Saint-Rémy (1130)
Tirage: 3 820 000

1957	3	2
1958	3	2
1959	4	2,5

Cahors (1119)
Tirage: 192 000

1957	110	74

Rouen (1129)
Tirage: 2 440 000

1957	2	1
1958	2	1
1959	3	2

Evian (1131)
Tirage: 2 200 000

1957	4,5	3
1958	5	4,5

1956

Sports.

Basket (1072)
Tirage: 1 070 000

1956	8	5,5
1957	8	5,5

Pelote (1073)
Tirage: 710 000

1956	30	20
1957	30	20

Rugby (1074)
Tirage: 2 020 000

1956	11	7,5
1957	11	7,5

Alpinisme (1075)
Tirage: 272 000

1956	60	40
1957	60	40

1958

Armoiries 1958.

Marseille (1180)
Tirage: 118 000

1958	1,5	1

Lyon (1181)
Tirage: 140 000

1958	1,5	1

Toulouse (1182)
Tirage: 82 000

1958	1,5	1

Bordeaux (1183)
Tirage: 925 000

1958	1,5	1

Nice (1184)
Tirage: 420 000

1958	1,5	1

Nantes (1185)
Tirage: 355 000

1958	1,5	1

Lille (1186)
Tirage: 4 730 000

1958	1,5	1
1959	1,5	1

1957

Prototypes.

MS 760 (↦35)

1959	36	24

Caravelle (↦36)

1957	150	100
1958	150	100
1959	150	100

Alouette (↦37)

1957	330	220
1958	330	220
1959	330	220

Moissonneuse.

6f brun-rge (1115)
Tirage: 3 910 000

1957	1,5	1
1958	1,5	1

10f vert (1115A)
Tirage: 3 040 000

1959	3	2
1961	100	67
1962	75	50

12f lilas (1116)
Tirage: 1 490 000

1957	1,5	1
1958	1,5	1

Touristiques 1957.

Guadeloupe (1125)
Tirage: 1 280 000

1957	1,5	1
1958	1,5	1
erreur: 32-1-1958	140	90

Le Quesnoy (1105)

1957	1,5	1
1958	1,5	1

Le Quesnoy (1106)
Tirage: 4 880 000

1957	1,5	1
1958	1,5	1

Elysée (1126)
Tirage: 1 360 000

1957	1,5	1
1958	1,5	1
1959	10	7

Beynac (1127)
Tirage: 1 860 000

1957	2	1,5
1958	15	10

Valençay (1128)
Tirage: 1 106 000

1957	4,5	3
1958	4,5	3
1959	9	6

1959

Touristiques 1959.

Elysée (1192)
Tirage: 1 340 000

1959	14	4,5

Evian (1193)
Tirage: 930 000

1959	18	12

Guadeloupe (1194)
Tirage: 1 200 000

1959	180	120
1962	260	175

Alger (1195)
Tirage: 965 000

1959	1,5	1

Marianne (1216)
Tirage: 7 150 000

1959	2	1
1961	70	46
1962	70	46

Fréjus (1229)
Tirage: 124 000

1959	1,5	1

A partir de 1960, il est appliqué un coefficient multiplicateur en fonction du nombre de timbres composant le coin daté.

Le coefficient multiplicateur s'applique à tous les tirages y compris les variétés.

Timbres imprimés en typographie

Coins datés	Cote
CD4	Prix unitaire multiplié par 5
CD4 avec même date et galvanos différents	Prix unitaire multiplié par 12
CD20 (bande horizontale)	Prix unitaire multiplié par 25
Deux feuilles se suivant	« «

Timbres imprimés en taille-douce sur les presses TD6-1 à TD6-8 et TD3-x

Coins datés	Cote
CD4	Prix unitaire multiplié par 5
CD10	Prix unitaire multiplié par 14
CD20	Prix unitaire multiplié par 30
CD20 : Nappe 1 et 2 avec même n° de feuille	Prix unitaire multiplié par 50
CD20 : trois n° de feuille se suivant	Prix unitaire multiplié par 100
Trois feuilles se suivant	« «

Timbres imprimés en taille-douce sur les presses RGR-1 et RGR-2

Coins datés	Cote
CD6	Prix unitaire multiplié par 8
CD10	Prix unitaire multiplié par 14
CD20	Prix unitaire multiplié par 30
CD20 : Nappe 1 et 2 avec même n° de feuille	Prix unitaire multiplié par 50
Trois feuilles se suivant	« «

Timbres imprimés en taille-douce sur la presse TD215 (bande verticale)

Coins datés	Cote
CD6	Prix unitaire multiplié par 8
CD8	Prix unitaire multiplié par 10
CD12	Prix unitaire multiplié par 15
CD14	Prix unitaire multiplié par 18
CD20	Prix unitaire multiplié par 30
CD20 : Nappe A et B avec même n° de feuille	Prix unitaire multiplié par 50

Ces règles s'appliquent également aux timbres commémoratifs.

Cours d'instruction

Franchise militaire

Semeuse surchargée "ANNULE".

20c br-lilas (40)

1923	225	160

"SPECIMEN".
Blanc "Spécimen".

2c Blanc (63)   *5c Blanc (65)*

1925	700	515		1925	600	475

Semeuse lignée "Spécimen".

60c lignée (70)   *80c lignée (71)*

1925	400	275		1925	550	385

Semeuse camée "Spécimen".

10c camée (72)

1925	250	185
1926	250	185

15c camée (73)

1925	350	250

20c camée (74)   *25c camée (75)*

1925	350	250		1925	300	225

30c camée (76 IIA)   *1f 05 camée (79)*

1925	225	165		1925	375	265

Pasteur "Spécimen".

45c Pasteur (81)   *1f Pasteur (83)*

1924	425	300		1925	425	300

Préoblitérés "Spécimen".

5c Blanc préo (84)   *10c camée préo (85)*

1925	3 500	2 750		1925	3 150	2 350

15c camée préo (86)   *20c camée préo (87)*

1925	3 150	2 350		1924	3 150	2 350

45c Pasteur préo (90)

1924	3 150	2 350

50c lignée (6)

1928	115	85		1931	90	65

50c Paix (7 I)   *50c Paix (7 III)*

1933	70	55		1935	45	30
1934	55	40		1936	45	30
1935	50	35		1937	55	40

65c Paix (8)

erreur de date: 1936	140	90
1937	6,5	4,5
erreur: 32-11-37	140	90
1938	6,5	4,5

90c Paix FM (9)

1939	7	5

90c Paix F (10)   *Emblème vert (11)*

1939	23	18		1946	13	8

Emblème rouge (12)

1946	4	1951	4	1956	4	1961	4,5
1947	4	1952	4	1957	4,5	1962	4
1948	4,5	1953	4	1958	4,5	1963	4
1949	4,5	1954	4,5	1959	4,5	1964	7
1950	4,5	1955	4	1960	4,5		

Drapeau (13)

1964	2,5	1968	2,5	1970	5
1967	2,5	1969	2,5	1971	5

Timbres de Guerre

Dunkerque - Coudekerque

50c Paix (9 I)

	3	2
1934 (I)	000	150

50c Paix (9 III)

	3	2
1937 (III)	000	150

L.V.F.

Cavaliers (6)

	25	20
1942		

Artillerie (7)

	25	25
1942		

Salut au drapeau (8)

	25	20
1942		

Char d'assault (9)

	25	25
1942		

Guetteur (10)

	25	20
1942		

Jérusalem.

Affaires étr (3)

	2	1
1936	800	870

Gandon (4 I)

	1	1
1948	600	070

Gandon (4 II)

	1	1
1948	500	000

Préoblitérés

Semeuse de 1922 et Blanc de 1924.

20c brun (42 III)

1923	920	612			
1924	840	560	1925	840	560

4c brun (47 II)

(date à gche) 1924	4 200	2 800	

Pasteur de 1924-32.

15c vert (48)

1924	340	230	1925	440	295

30c vert (49)

1932	340	230

45c rouge (50)

1924	250	170

Blanc et semeuse de 1925-26.

1926	70	50

5c vert (52 IIA)

1925	75	50
sch fine (52 IIAd)	600	400

5c vert (52 IIB)

(date à gche) 1925	1 200	800

10c vert (53 III)

1925	70	47	1927	8	5,5
sch fine (53 IIIe)	450	300	1928	8	5,5
1926	15	10	1929	8	5,5

15c brun (54 I)

1925	25	17	1934	8	5,5
surch fine (54 Ia)	600	400	1935	8	5,5
1926	8	5,5	1936	8	5,5
1927	8	5,5			
1928	8	5,5	15c brun (54 II)		
1930	8	5,5	1935	8	5,5
1931	8	5,5	1936	30	5,5
1932	8	5,5	1937	8	5,5
1933	8	5,5	1938	8	5,5

30c bleu (56)

1925	2 250	1 600

Blanc et semeuse de 1926.

7½c lilas (57)

1926	9	6

40c vermillon (58)

1926	230	152

55c sur 60c (59)

1925	1 800	1 200

Semeuse de 1926.

25c bleu (60)

1924	400	265			
1926	170	115	1927	170	115

65c rose (61)

1924	85	55

Blanc et semeuse de 1927-29.

10c violet (62)

1929	16	11	1931	16	11
1930	16	11	1932	50	34

25c jaune (63 IIIB)

1927	37	27	1934	25	17
1928	25	17	1935	37	25
1929	25	17	1936	25	17
1930	25	17	1937	37	25
1931	25	17	1938	25	17
1932	25	17	*25c jaune (63 IIIC)*		
1933	37	25	*(date à gche)* 1931	700	470

45c violet (64)

			1929	82	55
1927	100	66	1930	100	66
1928	82	55	1931	82	55

65c olive (65)

			1929	190	125
1927	190	125	1930	195	130
1928	230	155	1932	195	130

Semeuse de 1932.

10c bleu (66 III)

1932	8	5,5	1935	8	5,5
1933	8	5,5	1936	8	5,5
1934	8	5,5	1937	38	25

20c rose (67 III)   *20c rose (67 V)*

1932	130	85	1935	100	66
1933	130	85	1936	100	66
1935	140	93	1937	100	66

Paix de 1933.

30c vert (68A)

1933	44 000	29 000

45c bistre (69)

1932	240	160	*65c brun (70)*		
1934	275	183	1933	650	435
1935	252	170	1935	600	400
1936	252	170	1936	600	400

Semeuse de 1937-39.

                35c vert (72)

30c vert (68A)

			1937	85	57
1938	14	9,5	1938	95	63

Paix de 1937-39.

40c lilas (73)

1934	80	55	*60c bistre (74)*		
1935	80	55	1937	80	55
1937	110	75	1938	80	55

80c sur 1f (75)   *80c orange (76)*

1937	11	7,5	1938	850	565

1f rose (77)   *1f 40 lilas (78)*

1938	125	85	1939	130	85

Mercure de 1938-41.

20c lilas (79)

1938	6	4			
1939	6	4			
1940	6	4	*30c rouge (80)*		
1941	7	4,5	1941	27	18

40c "Répub" (81)

1939	12	8			
1940	12	8	*60c rouge (82)*		
1942	15	11	1940	270	180

Mercure de 1942-43.

40c "Postes" (83)

1943	6	4	*50c turquoise (84)*		
1944	6	4	1942	6	4

Pétain de 1942.

70c orange (85)   *1f 20 brun (86)*

1942	12	8	1942	17	12

2f vert (87)

1942	33	22

Cérès et Marianne de 1945.

60c outremer (88)   *80c vert (89)*

1945	3	2	1945	4	2,5

1f 20 brun (90)   *2f vert (91)*

1945	5	3,5	1945	3	2

Cérès et Marianne de 1946.

                1f rouge (93)

90c vert foncé (92)

			1946	3	2
1946	4,5	3	1947	3	2

2f vert (94)   *3f rose (95)*

1946	5	3,5	1946	3	2

Cérès et Marianne de 1947.

2f 50 brun (96)   *4f violet (97)*

1947	6	4	1947	3	2

Cérès et Marianne de 1947.

1f 50 lilas (98)

1947	4	2,5
1948	4,5	3

4f émeraude (99)   *6f rose (100)*

			1947	8	55
1948	3	2	1948	35	25

Marianne de Gandon de 1948.

2f 50 brun (101)

1948	14	9,5

10f lilas (102)

1948	4	2,5

Marianne de Gandon de 1949.

4f orange (103)

1949	7	4,5

15f rouge (104)

1949	5	3

Armoiries et Marianne de 1949-51.

Anjou (105)

1949	2,5	1,5
sch fine (108b) 1949	300	200
1950	2,5	2
1951	2,5	1,5
1952	3	2
1953	3	2

8f turquoise (106)

1949	6	4
1950	6	4
1951	6	4
1952	7	4,5
1953	7	4,5

12f outremer (107)

1949	8	5,5
1950	8	5,5
1951	10	6,5

12f orange (108)

1951	45	30
1952	45	30
1953	45	30

Moissonneuse et Coq de Poulain de 1954.

Moisonn. 4f (109)

1954	2,5
1955	2,5
1956	2,5
1957	2,5

Moisonn. 8f (110)

1954	36
1955	40
1956	36
1957	40

12f rouge (111)

1954	25
1955	25
1956	25
1957	27

24f vert-bleu (112)

1954	125
1955	145
1956	145
1957	145

Coq de Poulain de 1957.

5f brun (113)

1957	2,5
1958	3,5

10f bleu (114)

1957	12
1958	15

15f lilas (115)

1957	16
1958	20

30f orange (116)

1957	55
1958	75

45f vert (117)

1957	200

Coq de Poulain de 1959.

8f violet (118)

1959	3

20f vert (119)

1959	12

40f rouge (120)

1959	25

55f vert-jne (121)

1959	120

Coq de Poulain, nouveaux francs de 1960.

8c violet (122)

1959	5
1960	5
1961	5
1962	7
1963	7
1964	11

20c vert (123)

1959	16
1960	19
1961	19
1962	19
1963	26

40c rouge (124)

1959	60
1960	70
1961	70
1962	70
1963	70
1964	95

55c vert (125)

1959	180
1961	220
1962	220
1963	220

Monnaies gauloises, légende "République".

10c vert (126)

1963	1,5
1964	1,5
1965	1,5
1966	1,5
	1,5

15c orange (127)

1966	1
1967	1
1968	1

25c lilas (128)

1963	1,5
1964	1,5
1966	1,5
1967	1,5
1968	3,2

50c bleu (129)

1963	3,5
1964	3,5
1966	3,5
1967	3,5
1968	6

22c bleu (130)

1969	2
1970	2

35c carmin (131)

1969	5,5
1970	12

70c bleu (132)

1969	25

26c violet (133)

1971	2

30c bistre (134)

1971	2
1974	5

45c vert (135)

1971	7

90c rouge (136)

1971	9
1972	11

42c orange (137)

1975	5

48c bleu (138)

1975	6

70c rose (139)

1975	10

1f 35 vert (140)

1975	14

Monnaies gauloises, légende "France".

50c vert (141)

1975	6

60c violet (142)

1975	7,5

90c orange (143)

1975	9

1f 60 lilas (144)

1975	16

52c rose (145)

1976	2

62c lilas (146)

1976	5

95c bistre (147)

1976	5,5

1f 70 bleu (148)

1976	15

Signes du Zodiaque.

Poissons (149)

1976	3
1977	4

Taureau (150)

1977	3

Scorpion (151)

1976	6,5

Verseau (152)

1976	13
1977	28

Cancer (153)

1977	4
1978	4

Bélier (154)

1978	6,5

Capricorne (155)

1978	10

Vierge (156)

1978	12

Sagittaire (157)

1978	2

Balance (158)

1978	3

Lion (159)

1978	5

Gémeaux (160)

1978	7,5

Champignons.

Oronge (161)

1978	3
1979	2,5

Trompette (162)

1978	3
1979	2,5

Pleurote (163)

1978	5
1979	5

Clavaire (164)

1978	7,5
1979	7,5

Monuments.

La Rochelle (165)

1979	2

Chartres (166)

1979	2

Bourges (167)

1979	3,5

Amiens (168)

1979	5,5

Angers (169)

1980	2

Kerjean (170)

1980	2,5

Pierrefond (171)

1980	3,5

Tarascon (172)

1980	6

Ajaccio (173)

1981	2

Besançon (174)

1981	2,5

Coucy (175)

1981	4

Ft-de-Gaune (176)

1981	7

Tanley (177)   *Salses (178)*   *Montlhéry (179)*   *If (180)*

1982	2,5	1981	3	1982	4,5	1982	7,5
		1982	3				

Saisons.

Printemps (181)   *Eté (182)*   *Automne (183)*   *Hiver (184)*

1983	2,5	1983	3	1982	5	1983	8
				1983	5		

Cartes à jouer.

Coeur (185)   *Pique (186)*   *Carreau (187)*   *Trèfle (188)*

1984	3	1984	3,5	1984	5,5	1984	8,5

Mois de l'année.

Janvier (189)   *Février (190)*   *Mars (191)*   *Avril (192)*

1985	3,5	1985	4	1985	6,5	1985	9,5

Mai (193)   *Juin (194)*   *Juillet (195)*   *Août (196)*

1986	3,5	1986	4	1986	6	1986	10

Septembre (197)   *Octobre (198)*   *Novembre (199)*   *Décembre (200)*

1987	3,5	1987	4	1987	6,5	1987	9,5

Quatre éléments.

Air (201)   *Eau (202)*   *Feu (203)*   *Terre (204)*

1988	3,5	1988	4	1988	6,5	1988	11

Instruments de musique.

1f 39 Harpe (205)   *1f 79 Piano (206)*   *2f 90 Trompette (207 et 207A)*   *4f 84 Violon (208)*

1989	3,5	1989	4,5	1989	7	1989	11
				dentelé 13 (de 1990)	2 550		

1f 46 Accordéon (209)   *1f 89 Biniou (210)*   *3f 06 Tambourin (211)*   *5f 10 Vielle (212)*

1990	3,5	1990	4,5	1990	7	1990	12

1f 93 Harpe (213)   *2f 39 Piano (214)*   *2f 74 Violon (215)*

1990	4,5	1990	5,5	1990	6.5

1f 60 Guitare (216 et 216A)   *1f 98 Accordéon (217 et 217A)*   *2f 08 Saxophone (218 et 218A)*   *2f 46 Biniou (219 et 219A)*

1991	370	1991	10	1991	6	1991	6.5
dentelé 12	15	1992	30	dentelé 12	50	dentelé 12	35
		dentelé 12	1500		6		

2f 98 Banjo (220)   *3f 08 Tambourin (221 et 221A)*   *3f 14 Vielle (222 et 222A)*   *3f 19 Harpe (223 et 223A)*

1991	7,5	1991	35	1991	10	1991	35
		dentelé 12	35	dentelé 12	150	dentelé 12	15
		1992	35			dt 12 1992	15
		dentelé 12	35				

5f 28 Xylophone (224)   *et 224A) 5f 30 Piano*   *(225 et 225A) 5f 32 Violon*   *(226 et 226A)*

1991	15	1991	15	1991	15	
dentelé 12	50	dentelé 12	310	dentelé 12	50	

1f 73 Guitare (227)   *2f 25 Saxophone (228)*   *3f 51 Banjo (229)*   *5f 40 Xylophone (230)*

1992	4	1992	5	1992	10	1992	13

1f 82 Trompette (231)   *2f 34 Tambourin (232)*   *3f 86 Vielle (233)*   *5f 93 Xylophone (234)*

1993	4	1993	5	1993	9	1993	14

Feuilles d'arbre.

Chêne (235)   *Platane (236)*   *Marronnier (237)*   *Houx (238)*

1994	4,5	1994	6	1994	10	1994	15

Frêne (239)   *Hêtre (240)*   *Noyer (241)*   *Orme (242)*

1996	4,5	1996	5	1996	11	1996	15

Fleurs sauvages.

Liseron (243)   *Coquelicot (244)*   *Violette (245)*   *Bouton d'or (246)*

1998	4,5	1998	5	1998	11	1998	15

Orchidées et fleurs.

Orchis insularis (247)   *Ophrys fuciflora (248)*   *Platanthera (249)*   *Dactylorhysa (250)*

2002	5	2002	6,5	2003	5	2003	7
				2005	5	2006	7

Orchis insularis (251)   *Orchis insularis (252)*   *Platanthera (253)*   *Dactylorhysa (254)*

2004	8	2005	13	2007	6	2007	8

Orchis insularis (255)   *Ancolie (256)*   *Tulipe (257)*   *Paquerette (258)*

2007	8	2008	7	2008	7	2008	8

Primevère (259)   *Tournesol (260) Tirage: 5 000*   *Magnolia (261) Tirage: 5 000*

2008	8	2008	5	2008	5

Timbres de service

Série francisque.

10c orange (1)			*30c outremer (2)*		
1942	400	285	1942	400	285
40c lilas (3)			*50c bleu-vert (4)*		
1942	600	350	1942	600	350
70c noir (5)			*1f rose (6)*		
1942	4 900	2 750	1942	2 575	1 400
1f 20 bleu (7)			*1f 50 brun-rge (8)*		
1942	1 325	800	1942	550	350
2f vert (9)			*3f orange (10)*		
1942	250	190	1942	600	365
4f 50 olive (11)			*5f violet (12)*		
1942	1 500	850	1942	100	55
10f bleu (13)			*15f vert (14)*		
1942	550	375	1942	200	250
20f lilas-rose (15)					
1942	200	250			
Rouen (17)					
1957	5		1958	5	

Série drapeau.

8f drapeau (18)		20f drapeau (19)	
1958	1	1958	1

35f drapeau (20)	
1958	2,5

25f drapeau (21)		50f drapeau (22)	
1959	3	1959	11

Série Orient - Occident.

20c (23)		25c (24)		50c (25)	
1961	2	1961	2	1961	6

Drapeau nouveaux francs légende "République".

20c (26)		25c (27)		50c (28)	
1962	5	1962	9	1962	13
1963	5	1963	9	1963	13

25c (29)		30c (30)		60c (31)	
1963	5	1963	2,5	1963	8
1965	5	1965	2,5	1965	8

40c (37)		50c (38)		70c (39)	
1969	5	1971	10	1969	15

Droits de l'homme légende "République".

30c (40)		40c (41)		50c (42)		70c (43)	
1969	2	1969	3	1971	5	1969	10

Droits de l'homme légende "France".

60c (44)		80c (45)		1f 20 (46)	
1975	4	1975	6	1975	20

Drapeau légende "France".

60c (47)		80c (48)		1f (49)		1f 20 (50)	
1975	4	1975	5	1971	5	1976	20

Symbole.

80c (51)		1f (52)		1f 40 (53)	
1976	4	1976	2	1976	8

Bâtiment du conseil.

80c (54)		1f (55)		1f 40 (56)	
1976	4	1976	2	1976	8

Symbole.

1f 20 (57)		1f 70 (58)	
1978	3	1978	4

Bâtiment du conseil.

1f 20 (59)		1f 70 (60)	
1978	3	1978	4

Sites classés.

Maison (61)		Moanjodaro (62)		Sans-Souci (63)	
1980	3	1980	3,5	1980	5

Bâtiment du conseil.

1f 40 (64)		2f (65)	
1980	3,5	1980	5

Bâtiment du conseil.

1f 40 (66)		1f 60 (67)		2f 30 (68)	
1981	3,5	1981	3,5	1981	5,5

Sites classés.

Fès (69)		Sukhotaï (70)		Saint-Elme (71)	
1981	3,5	1981	3,5	1981	5,5

Hué (72)		Sâo Miguel (73)	
1982	4,5	1982	6

Bâtiment du conseil.

1f 80 (74)		2f 60 (75)	
1982	4,5	1982	6

Sites classés.

Chinguetti (76)		Istambul (77)	
1983	4	1983	6,5

Bâtiment du conseil.

2f (78)		2f 80 (79)	
1983	5	1983	6,5

Sites classés.

Lalibela (80)		Sanna (81)		Kotor (82)	
1984	4	1984	5	1984	7

Bâtiment du conseil.

1f 70 (83)		2f 10 (84)		3f (85)	
1984	4	1984	5	1984	7

Une jeunesse, un avenir.

1f 80 (86)		2f 20 (87)		3f 20 (88)	
1985	4,5	1985	5	1985	8

Sites classés.

Carthage (89)		La Havane (90)		Anuradhapura (91)	
1985	4,5	1985	5	1985	8

Tikal (92)		Bagerhat (93)	
1986	4,5	1986	8

Nota; Cotes des coins datés après 2001 = 5 timbres

Conseil de l'Europe.

1f 90 vert (94)		2f 20 rouge (95)		3f 40 bleu (96)	
1986	4,5	1986	5	1986	8

2f vert (97)		3f 60 bleu (98)	
1987	6	1987	9

Sites classés.

Acropole (99)		Philae (100)	
1987	6	1987	9

Conseil de l'Europe.

2f 20 (101)		3f 60 (102)	
1987	6	1987	9

Sites classés.

Lima (103)	Shibâm (104)
1990 [6]	1990 [8]

Conseil de l'Europe.

2f 30 (105)	3f 20 (106)	2f 50 (107)	3f 40 (108)
1990 [6]	1990 [8]	1991 [6]	1991 [8]

Sites classés.

Bagdaon (109)	Hérat (110)	Angkor (111)	Tassili (112)
1991 [6]	1991 [8]	1993 [7,5]	1993 [10]

Conseil de l'Europe.

2f 80 (113)	3f 70 (114)
1993 [8]	1993 [10]

Sites classés.

Uluru (115)	Los Glaciares (116)
1996 [9]	1996 [11]

Conseil de l'Europe.

3f (117)	3f 80 (118)
1996 [9]	1996 [11]

Sites classés.

Pompei (119)	L de Pâques (120)
1998 [9]	1999 [11]

Conseil de l'Europe.

Delphe (121)	Niké (122)
1999 [9]	1999 [1]

Sites classés.

Guizèh (123)	Komodo (124)
2001 [14]	2001 [16]

Conseil de l'Europe.

3f (125)	3f 80 (126)
2001 [14]	2001 [16]

Conseil de l'Europe.

0,50€ (127)	0,75€ (128)
2003 [14]	2003 [16]

Sites classés.

Laponie (129)	St-Petersbourg (130)
2003 [14]	2003 [16]

Conseil de l'Europe.

0,55€ (131)	0,75€ (132)
2005 [14]	2005 [16]

Sites classés.

Pologne (133)	Jprdanie (134)
2005 [14]	2005 [16]

Sites classés.

Tigre (135)	Laos (136)
2006 [15]	2006 [18]

Conseil de l'Europe.

0,60€ (137)	0,85€ (138)
2007 [15]	2007 [18]

Sites classés.

Ksar (139)	Koala (140)
2007 [15]	2007 [18]

Sites classés.

Gorille (141) Tirage: 15 000	Pérou (142) Tirage: 15 000
2008 [15]	2008 [18]

Conseil de l'Europe.

0,60€ (143)	0,70€ (144)
2009 [15]	2009 [18]

Sites classés.

Ours pôlaire (145)	??? (146)
2009 [15]	2009 [18]

Conseil de l'Europe.

0,75€ (147)	0,87€ (148)
2010 [15]	2010 [18]

Timbres-taxe

Duval.

5c bleu (28 II)			10c brun (29 II)		
1934	5	3,5	1934	6,5	4
1935	5	3,5	1936	5	3,5
1936	5	3,5	1938	5	3,5
1937	5	3,5	1940	5	3,5
1938	7,5	5	1942	5	3,5

30c rouge (33 II)			50c lilas-br (37 II)		
1934	6	4	1934	7	4,5
1935	6	4	1935	6	4
1936	6	4	1936	6	4
1937	5	3	1937	6	4
1938	5	3	1938	6	4
1939	5	3	1939	6	4
1940	5	3	1940	6	4
1942	5	3	1942	6	4

1f lilas s blanc (40A)		
1935	15	10
1936	15	10
1937	15	10
1938	15	10
1939	15	10
1940	15	10
1941	22	14
1942	15	10

60c vert (38 II)		
1935	12	8
1936	13	8,5
1937	10	6,5
1938	10	6,5
1939	10	6,5

3f lilas (42A)

2f violet (42II)

1934	12	7
1935	10	6
1937	10	6
1940	10	6
1942	10	6

1926	10	6
1936	28	19
1937	10	6
1938	10	6
1939	10	6
1940	10	6
1942	10	6

Recouvrement "Taxe à percevoir".

24.11.26 — -3.2.30

1c olive (55)

1927	13	9
1928	40	27

10c rose (56)

1930	27,5	18
1931	27,5	18

30c bistre (57)

1926	70	47
1928	60	40
1929	60	40

60c rouge (58)

1926	75	50
1927	70	47
1928	70	47
1930	70	47
1931	70	47

1f bleu-vert (60)

1931	225	150
1932	225	150
1933	225	150
1934	225	150
1935	225	150

1f lilas (59)

1926	175	115

2f bleu (61)

1927	1 250	700

2f sépia (62)

1931	1 750	1 225

Recouvrement "Taxe à percevoir" surchargés.

1f sur 60c (63)

1931	410	275

1f 20 sur 2f (64)

1927	725	485

5f sur 1f (65)

1926	990	660

Radiodiffusion.

-6.11.35

Bleu (65A)

1935	750	500

Rouge (65B)

1936	400	270

Vert (65C)

1937	200	135

Duval 5f (66)

1940	18	12

1942	20	13,5

Gerbes de blé "chiffre-taxe".

10c sépia (67)

1943	1
1945	1

30c lilas (68)

1943	1

50c vert (69)

1943	1
1944	1
1945	1
1946	1

1f bleu (70)

1943	1
1945	1
1946	1

1f 50 rouge (71)

1943	1,5
1944	2
1945	3

2f bleu (72)

1943	1,5
1945	2
1946	2

3f rouge (73)

1943	3
1944	3
1945	3

4f violet (74)

1945	32

5f rose (75)

1943	2,5

10f orange (76)

1945	18

20f olive (77)

1946	66

Gerbes de blé "chiffre-taxe".

-2.6.47 — 31.10.50

10c sépia (78)   *30c lilas (79)*

| 1947 | 6 |

| 1947 | 6 |

50c vert (80)

| 1947 | 125 |

Gerbes de blé nouveaux francs.

5c rose (90)   *10c orange (91)*   *20c olive (92)*   *50c vert (93)*

1959	18	1959	27	1959	25	1960	70
1960	18	1960	27	1960	25	1961	90
1961	18	1961	27	1961	25	1962	70
1962	19	1962	27	1962	25	1963	70
1963	19	1963	27	1963	25	1964	70
1964	22			1964	25		

1f vert (94)

1960	300	1962	300	1964	300
1961	300	1963	375		

1f bleu (81)   *2f bleu (82)*

1947	1,5	1946	1,5
1948	1,5	1947	1,5
1949	1,5	1948	1,5
1950	1,5	1951	1,5
1951	1,5	1952	1,5
1952	1,5	1953	1,5
1953	3	1954	1,5
1955	1,5	1955	1,5
1956	3	1956	1,5
1957	3	1958	3,5
1958	3,5		

Fleurs des champs.

Centaurée (95)   *Gentiane (96)*

1964	1	1976	1	1965	1	1975	1
1965	1	1979	1	1966	1	1976	1
1966	1			1967	1	1978	1
1968	1			1969	1	1979	1
1970	1			1970	1	1980	1
1971	1			1971	1	1981	1

3f rouge (83)   *4f bleu (84)*

1946	2,5	1946	1,5
1947	2,5	1947	2
1948	2,5	1948	2
1950	1,5	1952	2
1951	1,5	1953	2,5
1954	2,5		

Coquelicot (97)   *Pervenche (98)*

1964	1	1971	1	1976	1	1981	1
		1974	1	1978	1		
		1975	1	1979	1		

5f rose (85)   *10f orange (86)*

1947	1,5	1947	1,5
1948	1,5	1948	1,5
1949	1,5	1949	1,5
1950	2,5	1950	1,5
1951	1,5	1951	1,5
1952	1,5	1952	1,5
1953	1,5	1953	1,5
1954	1,5	1954	1,5
1955	1,5	1955	1,5
1956	1,5	1956	1,5
1957	1,5	1957	1,5
1958	2	1958	1,5
1959	16	1959	1,5
		1961	18

Myosotis (99)   *Ancolie (100)*   *Trèfle (101)*   *Soldanelle (102)*

1964	1	1971	2	1964	1,5	1964	4,5
1966	1	1974	1,5	1965	1,5	1965	4,5
1967	1	1975	1,5	1966	3	1966	4,5
1968	1	1976	1,5	1967	1,5	1967	4,5
1969	1	1977	1,5	1968	1,5	1968	4,5
1970	1	1978	1,5	1969	1,5	1969	4,5
1971	1	1979	1,5	1971	1,5	1970	4,5
1972	1,5	1980	1,5	1973	1,5	1971	4,5
1974	1	1981	1,5	1974	1,5	1973	4,5
1975	1			1975	1,5	1974	4,5
1976	1			1976	1,5	1975	4,5
1977	1			1977	1,5	1976	4,5
1978	1			1978	1,5	1978	4,5
1979	1			1979	1,5	1979	4,5
1980	1			1980	1,5	1980	4,5
1981	1					1981	4,5

20f olive (87)

1947	9
1949	9
1950	9
1951	9
1952	9
1953	9
1954	9
1955	9
1956	9
1957	9
1958	9
1959	9

50f vert (88)

1950	165
1951	165
1952	165
1953	165
1954	165
1955	165
1956	165
1957	165
1959	165
1961	200

Insectes. *(105 à 114)*

10c (103)   *20c (104)*   *30c (105)*   *40c (106)*

1981	1	1981	1	1982	1,5	1982	1,5
1982	1	1982	1	1983	1,5	1983	1,5
1984	1	1983	1	1985	1,5	1985	1,5
1986	1			1987	1,5	1986	1,5

100f vert (89)

1953	475
1954	475
1955	475

1956	475
1957	475

50c (107)   *1f (108)*   *2f (109)*   *3f (110)*

1981	1,5	1981	3	1981	5	1982	8
1982	1,5	1983	3	1986	5	1983	8
1983	1,5	1984	3			1984	8
1985	1,5	1985	3			1985	8
1987	1,5	1986	3			1987	13
		1987	4				

4f (111)   *5f (112)*

1981	10	1984	10	1982	12
1982	10	1985	10	1983	12
1983	10			1987	15

COLIS POSTAUX

1881 - Avis de réception d'un colis postal.

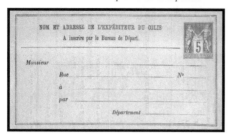

*Avis de réception sous forme d'entier postal 5c Sage
(imprimé par Chaix, 20 rue Bergère - Paris)*

	☆	☐
Avis de réception: entier postal 5c Sage	**300**	**300**
surchargé "Spécimen"		600

*Formule avec timbre mobile
envoyée en 1888
(existe avec divers imprimeurs)* — *Formule en franchise militaire
envoyée en 1917*

Formule avec timbre mobile (5c Sage)	**60**
Formule en franchise militaire	**40**

1892 - *(tarif du 1er juillet)*

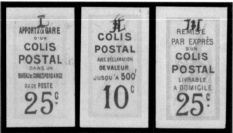

Non dentelés et essais nd	nd☆☆	nd☆	☒⚘	☒◉

Epreuves	☐	▣	▩
25c jaune Roue ailée (I)		3 250	
10c rose pâle Roue ailée (II)		3 250	
25c bleu-vert Roue ailée (III)		3 250	

*L'on a également eu recours à d'autres imprimeurs privés,
dont les résultats étaient nettement moins bon en qualité, d'où
les différences de dentelure et d'impression. Lithographie
(feuilles de 250). Ces premiers timbres existent avec surcharge
"Spécimen" encadrée: 50 exemplaires connus.*

*surcharge "Spécimen"
encadrée*

dentelé 13½
dentelé 11
dentelé 10 (taille réelle)

1ère émission: impression fine, dentelé 13½

Emission: juillet 1892

I - Apport à la gare.   II - Valeur déclarée.   III - Livraison par exprès.

Timbres-poste	☆☆	☆	☐	▣
1 25c Apport à la gare dt. 13½	**2 000**	**1 000**	**350**	
☒ couleur non adoptée nd			450	
☒ en noir non dentelé			450	
▣ en noir sur feuillet		600		
a - dentelé 1 ou 3 côtés	2 500	1 500		
b - surcharge "Spécimen" encadrée	2 200	1 250		
c - surcharge "Spécimen" doublée	2 650	1 750		
2 10c Valeur déclarée dt. 13½	**2 150**	**1 250**	**325**	**1 350**
☒ non adopté à 25c en noir nd			650	
▣ en noir sur feuillet		600		
a - piquage à cheval	2 400	1 450	475	1 500
b - surcharge "Spécimen" encadrée	2 400	1 600		
3(7) 25c Livraison par exprès dt. 13½	**150**	**70**	**40**	**275**
non dentelé (☒)			325	
☒ en noir non dentelé			300	
▣ en noir sur feuillet		550		
a - impression recto-verso	165	90		
b - paire sans dentelure de séparation	600	415		
c - surcharge "Spécimen" encadrée	1 000	600		
d - timbre plus grand	185	100		

II - Valeur déclarée. Emission: 1916 (dent 10x13½); 1920 (non dent.).

4 10c Valeur déclarée dt. 10x13½	**2 100**	**1 100**	**400**

5 10c Valeur déclarée non dentelé   **40**   **26**   **20**   **200**
a - cadre encoché à gauche   60   35   35

2ᵉᵐᵉ émission: impression grossière, dentelés 11

Emission: 1916 (10c rouge); 1917 (25c brun); 1918 (25c vert).
I - Apport à la gare.   ***II - Valeur déclarée.***   ***III - Livraison par exprès.***

6a recto   *6a verso*

6 25c Apport à la gare dt. 11   **55**   **35**   **28**   **200**
a - impression recto et verso tête-bêche   800 475
b - surcharge "Spécimen" encadrée   850 500

7 10c Valeur déclarée dt. 11   **50**   **35**   **17**   **185**
a - couleur rose foncé   60   40   20   200
b - cadre encoché à gauche   135   80
c - surcharge "Spécimen" encadrée   850 500

8 25c Livraison par exprès dt. 11   **85**   **55**   **28**   **200**
a - surcharge "Spécimen" encadrée   850 500

essai non   *essai non*   *épreuve en noir sur feuillet*
dentelé (existe   *adopté avec*
en plusieurs   *faciale à 25c*
couleurs)

1901 - Timbres non émis (mai 1901). Typographie.

9A 5c gris-noir Réseau d'Etat   **5**   **3,5**
⊠ nd sur papier carton jaunâtre   150
▣ du poinçon définitif en noir   550
▣ du poinçon définitif sans faciale   550
▣ couleur non adoptée s feuillet   400
a - surchargé "Epreuve"   85   50
b - surchargé "Spécimen"   225 150

9B 10c vert Réseau d'Etat   **6**   **3,5**
⊠ nd sur papier carton jaunâtre   150
▣ du poinçon définitif en noir   550
▣ du poinçon définitif sans faciale   550
▣ couleur non adoptée s feuillet   400
a - surchargé "Epreuve"   85   50
b - surchargé "Spécimen"   225 150

9C 20c rose Réseau d'Etat   **35**   **24**
non dentelé   300 185
⊠ nd sur papier carton jaunâtre   150
▣ du poinçon définitif en noir   550
▣ du poinçon définitif sans faciale   550
▣ couleur non adoptée s feuillet   400
a - surchargé "Epreuve"   85   50
b - surchargé "Spécimen"   225 150

9D 50c bleu Réseau d'Etat   **14**   **8,5**
non dentelé   350 215
⊠ nd sur papier carton jaunâtre   150
▣ préparatoire grand format (lilas)   950
▣ du poinçon définitif en noir   550
▣ du poinçon définitif sans faciale   550
▣ couleur non adoptée s feuillet   400
a - surchargé "Epreuve"   85   50
b - surchargé "Spécimen"   225 150

9E 1f brun Réseau d'Etat 15 9,5

⊠ nd sur papier carton jaunâtre			150
⊡ du poinçon définitif en noir		550	
⊡ du poinçon définitif sans faciale		550	
⊡ couleur non adoptée s feuillet		375	
a - surchargé "Epreuve"	85	50	
b - surchargé "Spécimen"	225	150	

9F 2f rouge-brun Réseau d'Etat 70 46

non dentelé	275	175	
⊠ nd sur papier carton jaunâtre			150
⊠, 2f au verso d'un 50c s carton			400
⊡ du poinçon définitif en noir		550	
⊡ du poinçon définitif sans faciale		550	
⊡ couleur non adoptée s feuillet		400	
a - dentelé 1 ou 3 côtés	200	115	
b - surchargé "Epreuve"	85	50	
c - surchargé "Spécimen"	225	150	

Série 9A à F (6 timbres) 145 95

surchargé "Epreuve"	510	300	
surchargé "Spécimen"	1 350	900	
⊡ en noir sans faciale du poinçon			
préparatoire sur papier Chine		2 000	
⊞ 3 valeurs (10c, 50c, 2f)			1 850
⊞ des 6 poinçons			3 250

Surchargé "Epreuve"   *Surchargé "Spécimen"*

*essai non dentelé
sur papier carton
jaunâtre*

Epreuve préparatoire du 50c (sans les chiffres de la valeur faciale) .

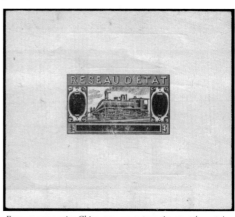

Epreuve sur papier Chine avec un autre poinçon préparatoire

Epreuve en noir du poinçon définitif avec les valeurs faciales

poinçon préparatoire   *poinçon définitif*

Epreuve sans valeur faciale

Epreuve collective trois valeurs (semble n'exister qu'avec les 10c, 50c, et 2f). Existe en différentes couleurs

Epreuve collective des six poinçons

1918 - *(tarif du 1ᵉʳ octobre)*

Typographie (feuilles de 250).
Impression grasse (gros trèfle sous le "N"). Dentelés.

10 5c noir Majoration	2,5	1,5	1	65
a - impression recto-verso	65	45		
b - piquage à cheval	45	25	25	

11 15c lilas-brun Majoration	2,5	1,5	1	65
☒ dentelé en bleu			450	
☒ dentelé en orange			450	
a - timbre plus grand	35	22		

11A 40c Majoration non émis   **500**

Impr. grasse (gros trèfle sous le "N"). Non dentelés.

bloc de quatre avec timbre en haut à droite non imprimé

12 5c noir Majoration	7,5	4	3	65
☒ dans la couleur adoptée			350	
☒ dans la couleur du 15c			400	
a - ⟩ avec timbre non imprimé	225	150		

13 15c lilas-brun Majoration	16,5	11	5	65
☒ collectif 5c et 15c			950	
a - dentelé 14 (piquage privé)				300
b - impression incomplète par pliage	300	200		

13A 40c Majoration non émis   **500**

Série 10 à 13 (4 timbres)   **29**   **18**   **10**

1918-20 - *(tarif du 1ᵉʳ oct. 18 et du 23 fév. 20)*

Timbres de majoration destinés à assurer la transition vers le nouveau tarif (mise à jour des anciens bulletins en attendant les nouveaux).

Timbres de mise à jour.

Impression fine (petit trèfle sous le "O"). Dentelés.

14 5c noir Majoration	325	160	55	400

15 35c rouge Majoration   6   4,5   3   55
a - impression recto-verso   50   32
b - papier jaunâtre   7   5   3   45

16 50c bleu Majoration   8,5   5,5   2   65
a - impression recto-verso   75   52
b - pli accordéon   185   120

17 1f jaune Majoration   8,5   5   2   85

Série 14 à 17 (4 timbres)   348   175   62

Impression fine (petit trèfle sous le "O"). Non dentelés

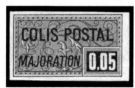

18 5c noir Majoration   315   155   55   400
tirage spécial en noir (sg)   265
⊠ sur papier teinté   300
a - impression sur la gomme   650
b - impression recto-verso   335   200

19 15c lilas Majoration   60   35   20   125
tirage spécial en noir (sg)   265
⊠ sur papier teinté   300
a - dentelé 14 (piquage de St-Etienne)   250

20 35c rouge Majoration   8   4   3   55
tirage spécial en noir (sg)   265
⊠ sur papier teinté   300
a - impression incomplète par pliage   300   200
b - impression recto-verso   55   37
c - impr recto et verso, sg (mise en train)   135

21 50c bleu Majoration   47   29   17   115
tirage spécial en noir (sg)   265
⊠ sur papier teinté   300
a - dentelé 14 (piquage de St-Etienne)   250
b - impression incomplète par pliage   350   235
c - impression recto-verso   125   85

22 1f jaune Majoration   35   22   15   115
tirage spécial en noir (sg)   265
⊠ sur papier teinté   300

Série 18 à 22 (5 timbres)   465   245   110

Un tirage spécial en noir sans gomme a été réalisé pour chacune des 5 valeurs de la série (25 ex. connus de chaque, sachant qu'un nombre non négligeable de séries complètes a été dispersé).

Série noire: 5 valeurs   1 850

Timbres de prestation. *Lithographie (feuilles de 100).*
I - Apport à la gare.

23 30c Apport à la gare   **67**   **46**   **20**   **200**
non dentelé   375   250
⊠ couleur ou noir non dentelé   285
⊡ en noir ⟩ sur feuillet   1 300

Ne pas confondre le non dentelé avec l'essai sans gomme (aussi non dent.)

24 60c Apport à la gare   **85**   **58**   **36**   **250**
non dentelé   350   235
⊠ couleur ou noir non dentelé   285
⊡ en noir ⟩ sur feuillet   1 300

II - Valeur déclarée.   *III - Livraison par exprès.*

25 15c Valeur déclarée   **28**   **19**   **13**   **100**
⊠ couleur ou noir non dentelé   285
⊡ en noir ⟩ sur feuillet   1 300
a - 10c †½ en complément avec un 10c   1 400
b - paire sans dentelure de séparation   500   325

26 30c Livraison par exprès   **70**   **47**   **26**   **200**
non dentelé   425   300
⊠ couleur ou noir non dentelé   285
⊡ en noir ⟩ sur feuillet   1 300
⊞ en noir n°23 ⟩ + n°26 ⟩   2 350

27 60c Livraison par exprès   **150**   **90**   **60**   **400**
⊠ couleur ou noir non dentelé   285
⊡ en noir ⟩ sur feuillet   1 300
⊞ en noir n°24 ⟩ + n°27 ⟩   2 350

Série 23 à 27 (5 timbres)   **400**   **260**   **155**

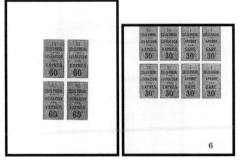

Epreuve en noir: bloc de   *Epreuve collective en noir en*
quatre sur feuillet   *deux blocs de quatre: un bloc*
"livraison par exprès" (III) +
un bloc "apport à la gare" (I)

1924 - *(tarif du 24 février)*

I - Apport à la gare.

28A   60c Apport à la gare non émis   **11 000**

28B   80c Apport à la gare non émis   **11 000**

28C   90c Apport à la gare non émis   **11 000**

Ibis *- Apport à la gare d'un colis déposé*
dans un bureau de ville de Paris.   *II - Valeur déclarée.*

28D   10c Bureau de Paris non émis   **11 000**

28E   15c Val. déclarée non émis   **11 000**

III - Livraison par exprès.

28F   60c Livr. exprès non émis   **11 000**

28G   80c Livr. exprès non émis   **11 000**

28H   90c Livr. exprès non émis   **11 000**

IV - *Intérêt à la livraison*

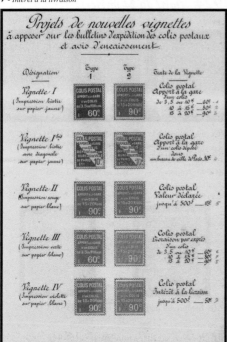

Le projet d'origine présentait deux versions: l'une avec timbres sans fond de sûreté (type I), l'autre avec fond de sûreté (type II). C'est cette dernière version qui sera retenue pour les timbres émis ultérieurement.

Epreuve collective en noir des neuf valeurs (y compris le timbre à 50c au tarif IV émis ultérieurement). Ce modèle d'épreuve collective sera repris lors d'émissions ultérieures.

28 I 90c Apport à la gare non émis **2 250 1 400**

1926 - *(tarifs des 25 janvier et 1er mai 1926)*

Timbres de mise à jour. *Série émise en deux fois (pour les deux tarifs).*

29 =20c s 2f Majoration   **3,3**   **2,3**   **1,3**   **60**
a - sch très déplacée (valeur non barrée)   25   15

30 =30c s 2f Majoration   **3,3**   **2,3**   **1,3**   **60**
a - surcharge barres seules   350   265

31 =40c s 3f Majoration   **3,3**   **2,3**   **1,3**   **60**

32 =45c s 3f Majoration   **3,3**   **2,3**   **1,3**   **60**
a - point derrière "0f" absent   35   23   23

33 =95c s 1f Majoration   **15**   **9**   **5,6**   **90**
non dentelé   200   110

34 =1f 35 s 3f Majoration   **17**   **11,6**   **6,5**   **90**
non dentelé   325   200

35 =1f 45 s 5c Majoration 3,3 2,3 1,3 60
a - impression recto-verso (timbre) 75 50

36 =1f 75 s 2f Majoration 17 11,6 6,5 90
a - piquage à cheval 65 40

37 =1f 85 s 10c Majoration 3,3 2,3 1,3 60
a - surcharge recto-verso 65 40

38 =1f 95 s 15c Majoration 4,3 3 2,1 60
non dentelé 235 140

39 =2f 35 s 25c Majoration 3,3 2,3 1,3 60
non dentelé 235 140
a - surcharge recto-verso 40 27

40 =2f 90 s 35c Majoration 4,3 3 2,1 60
non dentelé 265 165
a - point avant et après le "f" 275 175
b - timbre plus grand 25 17

41 =3f 30 s 50c Majoration 4,3 3 2,1 60
non dentelé 200 110
a - surcharge doublée 550 375

Série 29 à 41 (13 timbres) 85 44 30

"Majoration", non surchargés. Typographie (feuilles de 250).

42 10c orange Majoration 4,5 2,5 1,5 60

43 25c vert Majoration 4,5 2,5 1,5 60

44 2f bleu Majoration 50 30 18 185

45 3f violet Majoration 221 130 84 475

Série 42 à 45 (4 timbres) 285 165 105
non dentelé 500 350

Timbres de prestation. *Typographie (feuilles de 200).*

I - Apport à la gare.   *II - Valeur déclarée*   *III - Livraison par exprès*

46 =1f s 60c Apport à la gare	**29**	**16,5**	**13**	**100**
non dentelé	385	235		
a - surcharge recto-verso	70	45		
47 =50c s 15c Valeur déclarée	**6**	**3,5**	**2**	**60**
non dentelé	365	225		
a - piquage à cheval			40	250
48 =1f s 60c Livraison exprès	**29**	**16,5**	**13**	**100**
non dentelé	425	285		

IV - Intérêt à la livraison. Prévu pour tarif du 24 février 1924

Impression huileuse sur papier jaunâtre   *Paire sans dentelure de séparation*

Normal, tenant à pont   *Tenant à pont sans dentelure de*
interpanneau   *séparation (existe aussi avec pont*
vertical, sous le timbre)
(Ne pas confondre avec: timbre
plus grand)

49(72) 50c Intérêt à la livraison	**6**	**3,5**	**2**	**60**
non dentelé	425	285	250	
a - dentelé 1 ou 3 côtés	100	65		
b - impression huileuse sur papier jaunâtre	10	6		
c - paire sans dentelure de séparation	285	185		
d - ten. à pont sans dentelure de séparation	100	65		
Série 46 à 49 (4 timbres)	**70**	**40**	**30**	

I - Apport à la gare (tarif du 25 janvier 1926).

50 1f Apport à la gare	**36**	**21**	**16**	**100**
☒ au noir de fumée, nd			275	
⊡ lithographique grand format		575		
51 1f 50 Apport à la gare	**38**	**24**	**14**	**100**
☒ au noir de fumée, nd			185	
⊡ lithographique grand format		575		
52 1f 65 Apport à la gare	**28**	**18**	**15**	**100**
☒ au noir de fumée, nd			185	
⊡ lithographique grand format		575		

Ibis - Apport à la gare d'un colis déposé dans un bureau de ville de Paris (tarif du 25 janvier 1926). Timbre modifié en 1932 (t. II) puis en 1938 (t. III).

Les trois types du 15c

53 15c Bureau de Paris, t. I	**13**	**9**	**3,5**	**85**
non dentelé	350	235		
☒ au noir de fumée, nd			275	
⊡ lithographique grand format		575		
a - paire sans dentelure de séparation	325	200		

II - Valeur déclarée (tarif du 25 janvier 1926).

54 50c Val déclarée, sans le 1	**1 500**	**900**	**900**	
non dentelé	2 250	1 500		
☒ au noir de fumée, nd			350	
⊡ lithographique grand format		575		
55 50c Valeur déclarée (1)	**8,5**	**5,5**	**2,5**	**65**
non dentelé	350	240		
a - surcharge (chiffre "1") doublée	550	385		
56 =1f 50 s 50c Val déclarée (3)	**14,5**	**8,5**	**6**	**70**
non dentelé	500	350		

57 =2f s 50c Val déclarée (4)   **17** **10** **4,5** **75**
  a - piquage à cheval   60   40

58 =2f 50 s 50c Val déclarée (5) **32** **18** **10** **100**

III - Livraison par exprès (tarif du 25 janvier 1926).

59 =55c s 15c Val. décl. (1) **14** **8** **5** **70**
  non dentelé   265

60 =55c s 50c Val. décl. (1) **14** **8** **5** **70**

Série 55 à 60 (6 timbres) **100** **58** **35**

61 1f Livraison par exprès **285** **150** **90**
  ⊠ au noir de fumée, nd   325
  ⊟ lithographique grand format   575

62 1f 50 Livraison par exprès **38** **20** **18** **100**
  ⊠ au noir de fumée, nd   185
  ⊟ lithographique grand format   575

63 1f 65 Livraison par exprès **38** **20** **18** **100**
  ⊠ au noir de fumée, nd   185
  ⊟ lithographique grand format   575

IV - Intérêt à la livraison (tarif du 25 janvier 1926).
(même système que pour les valeurs déclarées).

63 A 50c Intérêt à la livraison (1) **14**
  non dentelé   800

64 50c Intérêt à la livraison (1) **12** **8** **5** **75**
  non dentelé   350 235
  ⊠ au noir de fumée ss le "1", nd   275
  ⊟ litho grand format sans le "1"   575
  a - impression incomplète   300 200

65 =1f 50 s 50c Intérêt à la livr. (3) **14** **9** **6** **75**
  non dentelé   350 235

66 =2f s 50c Intérêt à la livr. (4) **19** **12** **8** **115**

67 =2f 50 s 50c Intérêt à la livr. (5) **20** **12** **8** **125**
  non dentelé   400 265
  a - surcharge incomplète par pliage 475 315

Série 64 à 67 (4 timbres) **65** **41** **27**
  ⊞ des petits formats sans sch   2 250

Essais non dentelé
au noir de fumée

Epreuve lithographique avant   *Epreuve collective des petits*
réduction photographique au   *formats sans surcharge*
quart pour obtenir le format réel

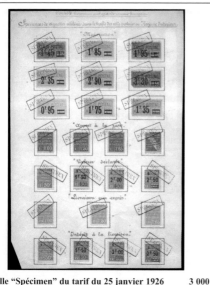

Feuille "Spécimen" du tarif du 25 janvier 1926   3 000
Timbre à l'unité sch "Spécimen" (sg), chaque: 125

Feuille "Spécimen" du tarif du 1er mai 1926   1 600
Timbre à l'unité sch "Spécimen" (sg), chaque: 125

1926 - (tarif du 16 août)

Timbres de prestation. *Valeurs précédentes surch.*
I - Apport à la gare.

68 =1f 30 s 1f Apport à la gare	36	21	15	115
69 =1f 90 s 1f 50 Apport à la gare	36	21	15	115
70 =2f 10 s 1f 65 Apport à la gare	36	21	15	115

II - Valeur déclarée.

71 =65c s 50c Valeur décl.	5	3	3	50
a - dentelé 1 ou 3 côtés	275	190		
b - dentelé 2 côtés	275	190		
c - dentelé tenant à non dentelé	550	325		
d - impression recto-verso (timbre)	90	60		
e - piquage à cheval	45	30		
f - surcharge (très) déplacée	27	18		
g - surcharge recto-verso	80	50		

72(61) =65c s 50c Val. décl. (1)	32	18	10	65
a - "1" brisé (haut du "1" absent)	80	50		

III - Livraison par exprès.

73(67) =1f 30 s 1f Livraison exprès	35	20	15	115
74(70) =1f 90 s 1f 50 Livraison exprès	35	20	15	115
75(71) =2f 10 s 1f 65 Livraison exprès	60	36	17	115
Série 68 à 75 (8 timbres)	**275**	**160**	**105**	

Feuille "Spécimen" du tarif du 16 août 1926   1 250
Timbre à l'unité sch "Spécimen" (sg), chaque: 150

1928 - (tarif du 1er mars)

Série provisoire. *Valeurs précédentes surchargées "A".*
I - Apport à la gare. Tirage: 100 000 séries.

76 "A" s 1f (A = 1f 45)	30	20	17	115
non dentelé	400	275	275	
a - 2ème jambage du "A" brisé	120	75	75	
b - surcharge à cheval	250	180		
c - ten. à pont sans dentelure de séparation	135	80		
77 "A" s 1f 50 (A = 2f 15)	30	20	16	115
a - 2ème jambage du "A" brisé	120	75	75	
78 "A" s 1f 65 (A = 2f 35)	30	20	16	115
a - 2ème jambage du "A" brisé	120	75	75	

II - Valeur déclarée. Tirage: 200 000.

79 "A" s 50c (A = 75c)	10	7	5	60
non dentelé	375	240	240	
a - 2ème jambage du "A" brisé	75	45		
b - surcharge renversée	450	300		

III - Livraison par exprès. Tirage: 100 000 chaque.

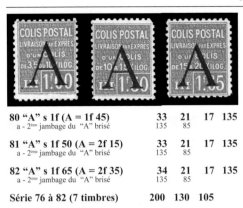

80 "A" s 1f (A = 1f 45)   33   21   17   135
a - 2ème jambage du "A" brisé   135   85

81 "A" s 1f 50 (A = 2f 15)   33   21   17   135
a - 2ème jambage du "A" brisé   135   85

82 "A" s 1f 65 (A = 2f 35)   34   21   17   135
a - 2ème jambage du "A" brisé   135   85

Série 76 à 82 (7 timbres)   200   130   105

Série surchargée.

I - Apport à la gare. (Le 1f 45 sur 60c à été imprimé en attendant le 1f 45 sur 1f qui lui n'est paru qu'en décembre 1929).

83 =1f 45 s 60c Apport à la gare   12   8,5   8   80

84 =1f 45 s 1f Apport à la gare   84   49   40   185

85 =2f 15 s 1f 50 Apport à la gare   125   76   52   275

I - Apport à la gare.   *II - Valeur déclarée.*

86 =2f 35 s 1f 65 Apport à la gare   125   76   52   250

"F" normal   *"F" plus bas (|7)*

"F" plus petit   *Point plus bas (|22)*

Les numéros de case concernent chaque panneau de 25 (8 panneaux par feuilles)

---

87 =75c s 50c Valeur déclarée	4	2,5	2	50
non dentelé	350	250		
a - "5" sans boucle	20	12		
b - "F" plus petit	55	35	12	
c - "F" plus bas	60	40	12	
d - cadre gauche endommagé	20	13		
e - impr incomplète par pliage (timbre)	275	175		
f - impression recto-verso (timbre)	42	27		
g - paire sans dentelure de séparation	200	120		
h - piquage à cheval	55	35	12	
i - point après le "F" plus bas	60	40		
j - point plus bas, ten. à pont ss la dentelure	200	125		
k - surcharge recto-verso	50	30		

III - Livraison par exprès.

88 =1f 45 s 1f Livraison exprès   125   76   52   275

89 =2f 15 s 1f 50 Livraison exprès   125   76   52   275

90 =2f 35 s 1f 65 Livraison exprès   125   76   52   275
a - fond de sûreté absent (vert unicolore)   350   235

normal   *fond uni*

Série 83 à 90 (8 timbres)   725   440   310

Feuille "Spécimen" du tarif du 1ᵉʳ mars 1928   2 250
Timbre à l'unité sch "Spécimen" (sg), chaque: 210

Série définitive. *Typographie.*

I - Apport à la gare.

91 1f 45 Apport à la gare   125   65   30   175

92 2f 35 Apport à la gare   2 350   1 700

Ibis - Apport à la gare d'un colis déposé dans un bureau de ville de Paris.   *II - Valeur déclarée.*

97D "B" s 50c rouge   160 110

III - Livraison par exprès. Non émis.

93 15c Bureau de Paris t. II   14 9,5 5 100
a - brun fcé s crème au lieu de brun s jne   20 13 7

94 75c Valeur déclarée   27 22 4 45
non dentelé   225
a - pli accordéon   125
b - ten. à pont sans dentelure de séparation   70

III - Livraison par exprès.

97E "B" s 1f vert   165 115

97F "B" s 1f 50 vert   165 115

97G "B" s 1f 65 vert   165 115

Série 97A à G (7 timbres)   1 150 800

1937: création de la SNCF
(Deux timbres-poste ont été émis en 1937 pour le 13ème congrès international des chemins de fer)

95 1f 45 Livraison par exprès   800 550 350
a - surcharge "Spécimen" encadrée (sg)   725

1934 - (tarif du 1er septembre)

V - Colis postal encombrant. Septembre 1934

1937 - (tarif du 12 juillet)

Timbres provisoires:

Ancienne série définitive surchargée "C".
I - Apport à la gare.

98 "C" s 1f 45 (C = 1f 85)   12 8 8 100

99 "C" s 2f 15 (C = 2f 75)   45 31 23 200

100 "C" s 2f 35 (C = 3f 05)   45 31 23 200
a - surcharge recto-verso   85 55

II - Valeur déclarée.   *III - Livraison par exprès.*

96 2f Colis encombrant   85 55 25 175
a - surchargé "90028"   100 350

1936

I - Apport à la gare. Non émis.

97A "B" s 1f brun s jaune   160 115

97B "B" s 1f 50 brun s jne   160 115

97C "B" s 1f 65 brun s jne   160 115

II - Valeur déclarée. Non émis.

101 "C" s 75c (C = 95c)	30	21	20	150
non dentelé	400	275		
a - couleur très pâle, presque absente	55	30		
b - impression écrasée du rouge	45	30		
c - impression recto-verso (timbre)	90	60		
d - piquage à cheval	75	50		
e - surcharge à cheval	135	90		
f - surcharge doublée	250	160		
g - surcharge renversée	235	150		
h - surchargé tenant à non surchargé	575	400		

102 "C" s 1f 45 (C = 1f 85)	31	21	20	
a - piquage à cheval	75	50		
b - timbre plus grand	65	40	**175**	

III - Livraison par exprès.   *V - Colis postal encombrant.*

103 "C" s 2f 15 (C = 2f 75)	100	52	37	250
non dentelé	425	275		
a - dentelé 1 ou 3 côtés	315	175		
b - impression double	425	265		
c - ten. à pont sans dentelure de séparation	300	175		

104 "C" s 2f 35 (C = 3f 05)	31	21	15	175
a - impression double	400	250		

105 "C" s 2f (C = 2f 60)	70	47	42	300
a - dentelé 1 ou 3 côtés	215	140		
b - surcharge à cheval	160	110		
c - ten. à pont sans dentelure de séparation	215	140		

Anciennes valeurs surchargées à nouveau surchargées "C".
I - Apport à la gare.   III - Livraison par exprès.

106 "C" s =2f 15 s 1f 50 (C=2f 75)	70	47	37	235

107 "C" s =2f 15 s 1f 50 (C=2f 75)	31	21	20	175
a - impression écrasée du vert	60	40		
b - piquage à cheval	115	75		
c - ten. à pont sans dentelure de séparation	165	100		

108 "C" s =2f 35 s 1f 65 (C=3f 05)	450	300	130	

Série 98 à 108 (11 timbres)	**915**	**600**	**375**	

Série surchargée: *(à partir de l'ancienne série*
définitive) I - Apport à la gare.

109 =1f 85 s 1f 45 Apport à la gare	35	18	15	90
a - valeur sur valeur avec barres	225	135		
b - valeur sur valeur sans les bares	350	225		

110 =2f 75 s 2f 15 Apport à la gare	55	33	22	185

111 =3f 05 s 2f 35 Apport à la gare	110	66	32	200

II - Valeur déclarée.   *III - Livraison par exprès.*

112 =95c s 75c Valeur déclarée	80	52	30	185
a - surcharge à cheval	250	155		
b - valeur sur valeur avec barres	375	235		
c - valeur sur valeur sans les bares	525	390		

113 =1f 85 s 1f 45 Livr. exprès	150	85	55	300

III - Livraison par exprès.   *V - Colis postal encombrant.*

114 =2f75 s 2f 15 Livr. exprès	150	85	55	300

115 =3f 05 s 2f 35 Livr. exprès	150	85	55	300

116 =2f 60 s 2f Colis encomb	30	21	21	150

Série 109 à 116 (8 timbres)	**760**	**445**	**285**	

1938 - *(tarif du 1ᵉʳ janvier)*

Timbres provisoires:
Ancienne série définitive surchargée "D".
I - Apport à la gare.

117 "D" s 1f 45 (D = 2f 30)	5,5	3,5	3	75

118 "D" s 2f 15 (D = 3f 45)	75	50	41	200

119 "D" s 2f 35 (D = 3f 85)	5,5	3,5	3	75

II - Valeur déclarée.   *III - Livraison par exprès.*

120 "D" s 75c (D = 1f 15) | 6,5 | 4,5 | 4 | 65
a - surchargé tenant à non surchargé | 450 | 275

121 "D" s 1f 45 (D = 2f 30) | 7,5 | 5 | 4 | 70

III - Livraison par exprès.   *V - Colis postal encombrant.*

122 "D" s 2f 15 (D = 3f 45) | 32 | 22 | 20 | 140

123 "D" s 2f 35 (D = 3f 85) | 18 | 13 | 12,5 | 100

124 "D" s 2f (D = 3f 25) | 5 | 3,5 | 2,5 | 100
a - impression recto-verso (timbre) | 120 | 75
b - paire sans dentelure de séparation | 275 | 175

Série 117 à 124 (8 timbres) | 155 | 105 | 90

I - Apport à la gare.

125 "D" s =2f 15 s 1f 50 (D=3f 45) | 5 | 3 | 3 | 75
a - surcharge "D" à cheval | 175 | 115

126 "D" s =2f 35 s 1f 65 (D=3f 85) | 950 | 700 | 565

III - Livraison par exprès.

127 "D" s =2f 15 s 1f 50 (D=3f 45) | 600 | 450 | 385
a - impression écrasée du vert | 750 | 525
b - surcharge "D" à cheval | 1 000 | 600

128 "D" s =2f 35 s 1f 65 (D=3f 85) | 1300 | 825 | 875

Série 125 à 128 (4 timbres) | 2 855 | 1 978 | 1 828

I - Apport à la gare.

129 "D" s =1f 85 s 1f 45 (D=2f 30) | 5 | 3,5 | 3 | 65

130 "D" s =2f 75 s 2f 15 (D=3f 45) | 7 | 4 | 3 | 65

---

131 "D" s =3f 05 s 2f 35 (D=3f 85) | 12 | 8 | 7,5 | 70
a - surcharge "=3f 05" à cheval | 350 | 250
b - sch "=3f 05" val ss valeur ss les barres | 400 | 275
c - surcharge "D" à cheval | 175 | 115

II - Valeur déclarée.   *III - Livraison par exprès.*

132 "D" s =95c s 75c (D = 1f 15) | 4,5 | 3,5 | 3,5 | 55
a - surcharge "=0f 95" à cheval | 210 | 135
b - surcharge "D" à cheval | 175 | 115
c - surcharges "D" et "=0f 95" à cheval | 300 | 200

133 "D" s =1f 85 s 1f 45 (D=2f 30) | 10 | 7 | 5 | 70

III - Livraison par exprès.   *V - Colis postal encombrant.*

134 "D" s =2f 75 s 2f 15 (D=3f 45) | 70 | 45 | 60 | 200

135 "D" s =3f 05 s 2f 35 (D=3f 85) | 70 | 45 | 60 | 200
a - surcharges "D" et "=3f 05" à cheval | 400 | 250

136 "D" s =2f 60 s 2f (D = 3f 25) | 6,5 | 4 | 3 | 100
a - piquage à cheval | 75 | 50

Série 129 à 136 (8 timbres) | 185 | 110 | 125

III - Livraison par exprès.

137 10kg=2f 30 s 2f 15 | 100 | 75 | 75 | 375
a - impression recto-verso (timbre) | 375 | 250

138 10kg=2f 30 s 2f 35 | 100 | 75 | 75 | 375

139 10kg=2f 30 s =2f75 s 2f 15 | 230 | 155 | 120 | 475

140 10kg=2f 30 s =3f 05 s 2f 35 | 230 | 155 | 120 | 475

Série 137 à 140 (4 timbres) | 660 | 460 | 390

Série surchargée

I - Apport à la gare.

141 =2f 30 s 1f 45 Apport à la gare   **6,5 4,5 3,5   65**
a - surcharge recto-verso   25   16

"4" fermé   *normal*

142 =3f 45 s 2f 15 Apport à la gare   **6,5 4,5 3,5   65**
a - "4" fermé   115   75

143 =3f 85 s 2f 35 Apport à la gare   **6,5 4,5 3,5   65**

II - Valeur déclarée.   *III - Livraison par exprès.*

144 =1f 15c s 75c Val. déclarée   **3   2   2   55**
a - impression écrasée du rouge   13   8
b - surcharge recto-verso   25   16

145 =2f 30 s 1f 45 Livr. exprès   **6,5 4,5 3,5   70**

III - Livraison par exprès.   *V - Colis postal encombrant.*

146 =3f 45 s 2f 15 Livr. exprès   **6,5 4,5 3,5   70**

147 =3f 85 s 2f 35 Livr. exprès   **6,5 4,5 3,5   70**

148 =3f 25 s 2f Colis encomb   **3   2   2   85**
a - dentelé 1 ou 3 côtés   110   65
b - ten. à pont sans dentelure de séparation 110   65

Série 141 à 148 (8 timbres)   45   31   25

Série définitive (seul le timbre "Valeur déclarée" a été émis).

I - Apport à la gare.   *II - Valeur déclarée.*

149A 3f 45 Apport à la gare   275   160

149B 3f 85 Apport à la gare   275   160

Ibis - Apport à la gare d'un colis   II - Valeur déclarée.
déposé dans un bureau de ville
de Paris.

150 15c Bureau de Paris t. III   365   265
non dentelé   400   300

151 1f 15 Valeur déclarée   2,5   1   1   50
non dentelé   250   160
non dentelé, couleur noire   600   400

Le non dentelé noir provient
d'une épreuve, de même que les
non dentelés rouges perforés.

Le non dentelé rouge non
perforé provient d'un essai.

1938 - (tarif du 1ᵉʳ juillet)

Les cotes sont donnés en seuls sur bulletin.
Utilisation en multiple: +50%.
Utilisation mixte avec timbre fiscal: +40%.

Usage: augmentation du droit de timbre (avis d'encaissement ou
bulletin pour colis <5kgs)

152 10c gris-noir Majoration   32   21   20   450
non dentelé   50   32

Non émis pour cause de couleur non conforme

152A 10c lilas-rose Majoration   **180**   **110**
    non dentelé   160   100

Non émis pour cause d'interprétation divergente des arrondis

152B 15c bleu Majoration   **180**   **110**
    non dentelé   160   100

Usg: augmentation du droit de timbre (bulletins pour colis >5kgs)

153 20c lilas-brun Majoration   **32**   **21**   **20 500**
    non dentelé   75   50
    a - dentelé 1 ou 3 côtés   325   215

Usg: Transition vers le tarif du 23 février 1920: majoration complémentaire

154 20c Majoration percé en ligne   **17**   **13**   **12 450**

Des impressions inversées ont été réalisées sur des timbres non dentelés, deux dans les couleurs adoptées, deux dans des couleurs voisines, mais non adoptées. Tirage: 25 de chaque.
Couleurs adoptées

154A 10c gris noir impr. inversée   **1 850**   **1 350**
154B 20c lilas-brun impr. inversée   **1 850**   **1 350**

Couleurs non adoptées
154C 10c gris clair impr. inversée   **1 850**   **1 350**
154D 20c lilas-rose impr. inversée   **1 850**   **1 350**

Timbres de prestation:

Seuls les timbres déjà vus en vente ou signalés par des sources digne de foi ont été référencés. Ils sont tous rarissimes. Les tirages donnés sont des estimations du nombre d'exemplaires en circulation.

I - Apport à la gare.

Tirage: 50

155A "E" s =2f 30 s 1f 45   **1 350**   **850**
155B "E" s =3f 45 s 2f 15   **1 600**   **1 100**
155C "E" s =3f 85 s 2f 35   **1 600**   **1 100**

II - Valeur déclarée. (tirage entre 100 et 200)

155D "E" s =1f 15 s 75c   **575**   **365**

III - Livraison par exprès.   *V - Colis postal encombrant.*

Tir: sans doute <10   *Tir: sans doute <10*   *Tirage: 50*
(3 exemplaires   *(2 exemplaires*
recensés à ce jour)   *recensés à ce jour)*

155E "E" s =3f 45 s 2f 15   **5 000**   **3 500**
155F "E" s =3f 85 s 2f 35   **5 000**   **3 500**
155G "E" s =3f 25 sur 2f   **1 350**   **850**

Feuille "Spécimen" des "E" *(à ce jour: seules 2*   **18 500**
feuilles ont été recensées. Il n'a pas été vu de timbre isolé)

1939 - *(tarif du 1ᵉʳ avril)*

Série définitive

I - Domicile.

156	2f 40 Domicile	5	3	2,8	45
157	3f 50 Domicile	5	3	2,8	45
158	3f 80 Domicile	5	3	2,8	45
	non dentelé	235	150		

II - Valeur déclarée.   *III - Remboursement.*

159	1f Valeur déclarée	5	3	2,8	45
160	5f Valeur déclarée	5	3	2,8	45
161	2f 50 Remboursement	5	3	2,8	45

III - Remboursement.   *IV - Intérêt à la livraison.*   *V - Colis encombrant.*

162	7f 50 Remboursement	5	3	2,8	45
163	1f Intérêt à la livraison	16	11	7,9	65
164(173)	3f 20 Colis encombrant	19	13	9	75
Série 156 à 164 (9 timbres)		**70**	**45**	**36,5**	

Feuille "Spécimen" du tarif du 1ᵉʳ avril 1939	1 350
Timbre à l'unité sch "Spécimen" (sg), chaque:	125

⚠ *Des timbres surchargés "Oberkommando der Wehrmacht" avec surcharges ne correspondant à aucun tarif apparaissent de temps en temps sur le marché philatélique. Il s'agit vraisemblablement de fabrications fantaisistes. Mais selon d'autres sources, il pourrait s'agir d'une initiative prise durant l'été 1942 par les autorités collaborationnistes en vue de l'envoi -officiel- de combattants sur le front de l'Est.*

1941 - *(tarif du 1ᵉʳ avril)*

Ces timbres sont tout aussi rarissimes, on estime leur tirage à 50 exemplaires en moyenne.

Timbres de mise à jour (majoration). Non émis.

165A	10c gris-vert Majoration	300	220
165B	30c bleu Majoration	450	290
165C	50c brun Majoration	450	290

165D	1f bl-violet Majoration	300	220
165E	2f orange Majoration	300	220
	⊡ de décomposition des faciales		1 150
165F	5f rouge Majoration	300	220
	a - piquage à cheval	650	425
Série 165A à F (6 timbres)		**2 100**	**1 460**
	non dentelé	2 100	1 460

Timbres de prestation: provisoires surchargés "E".

Non émis. (L'erreur =E sur 75c rouge ne s'est pas retrouvée sur le marché philatélique). Tirage: environ 50.

I - Domicile.

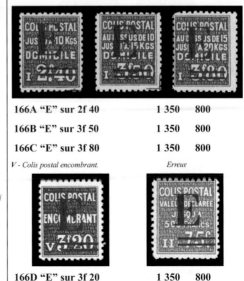

166A	"E" sur 2f 40	1 350	800
166B	"E" sur 3f 50	1 350	800
166C	"E" sur 3f 80	1 350	800

V - Colis postal encombrant.   *Erreur.*

166D	"E" sur 3f 20	1 350	800

1941 - (tarif du 28 juillet)

Type I: apostrophe large de 3 hachures blanches. Il y a 2 hachures entre l'apostrophe et le "à". Les lignes de gravure à l'intérieur de l'apostrophe peuvent être plus ou moins marquées ou n'être pas apparantes.

Type II: apostrophe plus large (4 hachures blanches), une seule hachure entre l'apostrophe et le "à". L'accent sur le "à" a été retravaillé et présente une pointe intacte caractéristique du type II (à la verticale du début du "à").

Type IIIA: trait de gravure dans le bas de l'apostrophe, pointe de l'accent détériorée.

Type IIIB: comme le IIIA, mais avec un trait de gravure vertical sur le haut de l'apostrophe.

Type IIIC: comme le IIIB, mais avec trait vertical plus haut et sommet du triangle plus large.

Type IV: les contours ont disparu.

Type V: apostrophe et accent plus petits (avec lignes de gravure dans l'accent). Bien qu'apparu plus tardivement, il s'agit du type originel des épreuves.

Les valeurs en bleu et en vert semblent être à type unique.

Taille-douce (feuilles de 50 pour les grands formats, feuilles de 100 pour les petits formats).

Série de transition *(Les 5 petits formats n'ont pas été émis).*

I - Domicile. Taille-douce. Gravure: Pierre Gandon.

167 (=2f 70) brun Domicile (I)	11	6,5	5,5	50
non dentelé	160	110		
⊡ sur feuillet (type V)		500		
a - papier jaunâtre	13	8	7	55

168 (=3f 90) bleu Domicile	11	6,5	5,5	50
non dentelé	325	215		
⊡ sur feuillet		500		
⊡ en noir sur feuillet		550		
⊡ sans légende (cadre évidé)		550		
⊡ sans légende papier filigrané		550		
⊡ sans légende en noir		600		

I - Domicile.   *II - Valeur déclarée. Gravure: Pierre Gandon*

169 (=4f 20) vert Domicile	11	6,5	5,5	50
non dentelé	175	125		
⊡ sur feuillet		500		

169A (=1f) brun Val. déclarée	110	80		
non dentelé	220	150		
⊡ sur feuillet		500		

II - Valeur déclarée.   ***III - Remboursement. Viaduc de Garabit. G: P. Gandon.***

169B (=5f) rge Val. déclarée	110	80		
non dentelé	220	150		
⊡ sur feuillet		500		
⊡ de décomposition des échelons		850		
⊡ de décomposition en bleu-noir		850		

169C (=2f 50) bleu Remb.	110	80		
⊡ sur feuillet		500		
⊡ s feuillet bleu clair ou turquoise		500		
⊡ en noir sur feuillet		550		
⊡ sans légende (cadre évidé)		600		

169D (=7f 50) vert Remb.	485	350		
⊡ sur feuillet		475		
⊡ sur feuillet papier teinté		475		

IV - Intérêt à la livraison.
Viaduc de Fontpédrouse. Gravure: A. Ouvré.

V - Colis postal encombrant.
Gravure: Achille Ouvré.

169E (=1f) Intérêt à la livraison **215 145**
   non dentelé   300   210
   ☒ sur feuillet   500
   ☒ sur papier filigrané   500
   ☒ en noir sur feuillet   550

170 (=3f 50) Colis encombrant **17 12,5 11,5 200**
   non dentelé   285 185
   ☒ sur feuillet   500
   ☒ en noir sur feuillet   550

Série 167 à 169, 170 (4 timbres) **50 32 28**

Série 169A à E (5 timbres) **1 030 735**

Feuille "Spécimen" du tarif du 28 juillet 1941 **1 150**
Timbre à l'unité sch "Spécimen" (sg), chaque: **125**

Carnet S.N.C.F. du 1er juillet 1941 **2 500**

Série définitive

Chiffres fins (2'70) (2'70) *Chiffres épais (taille réelle)*

171 I 2f 70 Domicile t. I **13 8 6,5 35**
   a - chiffres épais   35   22
   b - papier jaunâtre   16   10   8   40

171 II 2f 70 Domicile t. II **30 20 18 60**
   a - papier jaunâtre   30   20   18   60
   b - signatures quasiment absentes   50   35

171 IIIA 2f 70 Domicile t. IIIA **14 9 7,5 35**
   a - papier jaunâtre   17   11   9   45

172 3f 90 Domicile **13 8 6,5 35**
   a - papier jaunâtre   16   10   8   40

173 4f 20 Domicile **13 8 6,5 40**

174 1f Valeur déclarée **5 3,2 1,5 25**
   a - chiffres "00" non imprimés   215 150
   b - papier jaunâtre   6   4   2   25

175 5f Valeur déclarée **2,5 1,6 2 30**

 Double impression de la valeur dont une renversée (dans le coin inférieur opposé)

176 2f 50 Remboursement **2,5 1,6 2 35**
   a - dble impr. de la valeur dont 1 renversée   200 135
   b - impression recto-verso (valeur)   90   60
   c - papier jaunâtre   3   2 2,5   35

177 7f 50 Remboursement **7 4,5 4 50**
   non dentelé   575 400
   a - faciale à 7f 58 (trait parasite)   20   12
   b - papier jaunâtre   9   6   5   50

178 1f Intérêt à la livraison **2 1,1 1 50**

179 3f 50 Colis encombrant **62 44 20 200**

Série 171 à 179 (9 timbres) **120 80 50**

179A 2f 70 Domicile non émis **2 500 1 750**

Non émis. Il pourrait s'agir d'une erreur de valeur.

1942 - *Réimpression des 5 petits formats. On a décidé d'abandonner l'impression en deux fois pour l'impression en une fois. Les chiffres de la valeur ont été regravés et sont plus gras. Le timbre "Intérêt à la livraison" de 1f, regravé entièrement, n'a finalement pas été émis.*

L'impression s'est d'abord faite sur papier sans filigrane (février 1942), puis une fois le modèle définitif adopté (7 août 1942), sur papier filigrané.

Sans filigrane *(sf), chiffres gras (février 1942)*

180sf 1f Valeur déclarée	**2,5**	**1,7**	**1,5**	**30**
a - impression incomplète (>50%)	675	475		
b - papier jaunâtre	3	2	2	30
181sf 5f Valeur déclarée	**8**	**5,5**	**6,5**	**30**
a - papier jaunâtre	10	7	8	35

182sf 2f 50 Remboursement	**2,5**	**1,7**	**1,5**	**30**
a - papier jaunâtre	3	2	2	30
183sf 7f 50 Remboursement	**13**	**8,1**	**8,5**	**60**
non dentelé	190	120		
a - papier jaunâtre	16	10	10	65
183A 1f Intérêt à la livr. non émis	**125**	**80**		
Série 180sf à 183sf (4 timbres)	**26**	**17**	**18**	

Avec filigrane *(af), chiffres gras (août 1942)*
Il existe des feuilles non dentelées, filigranées et gommées, mais dont le recto n'a pas reçu l'impression des timbres.

183B Filigrane seul	**185**	**115**	
180af 1f Valeur déclarée	**12**	**8**	**8**
181af 5f Valeur déclarée	**23**	**17**	**17**
182af 2f 50 Remboursement	**15**	**10**	**13**
183af 7f 50 Remboursement	**25**	**18**	**25**
Série 180af à 183af (4 timbres)	**75**	**53**	**63**

1942 - *Série de 1941 surchargée "P 3f C.N.S. cheminots".*

184 +3f s 2f 70 Domicile (IIIA)	**21**	**16**
185 +3f s 3f 90 Domicile	**21**	**16**

186 +3f s 4f 20 Domicile	**22**	**16**
187 +3f s 1f Valeur déclarée	**22**	**16**
a - point après "N" absent	265	185

188 +3f s 5f Valeur déclarée	**22**	**16**
a - point après "N" absent	265	185
189 +3f s 2f 50 Remboursement	**22**	**16**
a - point après "N" absent	265	185
190 +3f s 7f 50 Remboursement	**22**	**16**
a - point après "N" absent	265	185

191 +3f s 1f Intérêt à la livraison	**24**	**16**
a - impression huileuse sur papier jaunâtre	45	30
b - point après "N" absent	265	185
192 +3f s 3f 50 Colis encombrant	**24**	**17**
Série 184 à 192 (9 timbres)	**200**	**144**

1943 - *(tarif du 1ᵉʳ février)*

Le système habituel est mis en place (provisoires, surchargés, puis série définitive) Les tarifs II, III et IV ne varient pas, seuls les timbres grand format sont concernés.

Série provisoire. *Sans valeur dans le cartouche surch.*

193 I (F = 3f) Domicile t. I	**5**	**3,5**	**3,5**	**25**
193 II (F = 3f) Domicile t. II	**25**	**15**	**15**	**55**
193 IIIA (F = 3f) Domicile t. IIIA	**6**	**4**	**4**	**25**
193 IIIB (F = 3f) Domicile t. IIIB	**8**	**5,5**	**5,5**	**30**
a - types IIIA & IIIB se tenant	45	30		
193 IIIC (F = 3f) Domicile t. IIIC	**30**	**20**	**20**	**60**
194 (F = 4f 30) Domicile	**5**	**3,5**	**3,5**	**25**

195 (F = 4f 70) Domicile	**5**	**3,5**	**3,5**	**30**
196 (F = 3f 90) Colis encombrant	**13**	**8,5**	**8,5**	**150**
Série 193 à 196 (4 timbres)	**28**	**19**	**19**	

Série surchargée. *(à partir de l'ancienne série définitive).*

197 II =3f s 2f 70 Domicile t. II	**25**	**17**	**17**	**50**
a - papier jaunâtre	25	17	17	50

197 IIIA =3f s 2f 70 Domicile IIIA	**8,5**	**6**	**5**	**25**
a - papier jaunâtre	10	7	6	27
b - surcharge à cheval	75	50		
c - surcharge recto-verso	32	23		
d - surchargé tenant à non surchargé	750	500		
e - surcharge très déplacée	65	45		
f - surcharge très déplacée et recto-verso	130	80		

198 =4f 3 s 3f 90 Domicile	**5,5**	**3**	**3,5**	**25**
a - papier jaunâtre	7	4	4,5	25
b - surcharge à cheval	75	50		
c - surcharge recto-verso	60	40		
d - surchargé tenant à non surchargé	750	500		
e - surcharge très déplacée	65	45		

199 =4f 7 s 4f 20 Domicile	**6**	**4**	**3,5**	**30**
a - papier jaunâtre	8	5	4,5	30
b - surcharge barres seules (décalage)	700	485		
c - surcharge à cheval	85	55		
d - surchargé tenant à non surchargé	750	500		
e - surcharge très déplacée	75	50		

200 =3f 9 s 3f 50 Colis encombrant	**6**	**4**	**4**	**115**
a - surchargé tenant à non surchargé	850	550		
b - surcharge très déplacée	85	55		

Série 197 à 200 (4 timbres)	**26**	**17**	**16**

Surcharge à cheval   *Surcharge très déplacée*

Un "Domicile" vert sans valeur dans le cartouche a aussi été surchargé, vraisemblablement par erreur.

199A =4f 7 Domicile (erreur)	**2 100**	**1 450**

Série définitive. *Sans valeur dans le cartouche surch.*
Sans filigrane

201sf I 3f Domicile t. I	**15**	**10**	**10**	**40**
201sf II 3f Domicile t. II	**30**	**20**	**20**	**55**
a - papier jaunâtre	30	20	20	55
201sf IV 3f Domicile t. IV	**6,5**	**4,5**	**5**	**25**
a - papier jaunâtre	8,5	5,5	6	30
b - surcharge déplacée (sortant du cadre)	50	30		
c - surcharge doublée (valeur faciale)	900	600		
d - surcharge hors cartouche	100	65		
e - surcharge recto-verso	70	40		
f - surchargé tenant à non surchargé	1 500	1 000		
201sf V 3f Domicile t. V	**7,5**	**5**	**5,5**	**30**
a - papier jaunâtre	8,5	6	6	30
b - signatures quasiment absentes	22	15		
202sf 4f 3 Domicile	**15,5**	**12**	**7**	**35**
a - surcharge déplacée (sortant du cadre)	60	35		
b - surcharge hors cartouche	100	65		

203sf 4f 7 Domicile	**18**	**13,5**	**3**	**45**
a - surcharge déplacée (sortant du cadre)	60	35		
b - surcharge hors cartouche	125	80		
204sf 3f 9 Colis encombrant	**130**	**85**	**70**	**250**
Série 201sf à 204sf (4 timbres)	**170**	**115**	**85**	

Avec filigrane

201af 3f Domicile (t IV)	**25**	**15**	**13**
202af 4f 3 Domicile	**40**	**25**	**16**
203af 4f 7 Domicile	**40**	**25**	**16**
204af 3f 9 Colis encombrant	**25**	**15**	**15**
a - surcharge déplacée (sortant du cadre)	80	50	
Série 201af à 204af (4 timbres)	**130**	**80**	**60**

Un "Domicile" brun avec valeur en rouge a été imprimé, mais est resté non émis.

201A 3f Domicile, non émis (t. V)	**2 100**	**1 250**
a - surcharge doublée (valeur faciale)	2 750	1 800

1944 - (tarif du 1er janvier)

Taille-dce (f 100). Grav: P. Gandon. Tir: 200 000. Avec filigrane.

205 20f Remboursement	**8**	**6**	**8**
non dentelé, sans filigrane	550	375	

1944 - (1er juillet) série "Electrification".
Taille-douce (feuilles de 50). Tirage: 2 575 000 séries.

Avec filigrane
II - Valeur déclarée. Barrage de Marèges. Gravure: Raoul Serres.

206af 1f Valeur déclarée	**11**	**8**	**8**
▣		625	
▣ en bleu		825	
a - papier jaunâtre	13	9	9
207af 5f Valeur déclarée	**11**	**8**	**8**
▣		625	
▣ en bleu		825	
a - impression défectueuse de la faciale	15	10	10

III - Remboursement. Caténaires. Dessin: R. Bernard. Gravure: Raoul Serres.

208af 2f 50 Remboursement   11   8   8   100
en bleu   625
                                          825

209af 7f 50 Remboursement   11   8   8   125
en bleu   625
                                          825

III - Non émis.   IV - Intérêt à la livr. Ligne à haute tension. Grav: R. Serres.

209A 20f Remboursement non émis   2 100   1 400
en bleu   1 800
                                           2 400

210af 1f Intérêt à la livraison   11   8   8
en bleu   625
                                          825

Série 206af à 210af (5 timbres)   55   40   40

Sans filigrane

*Il s'agit en fait d'un tirage réalisé sur un papier légèrement
différent qui comporte des traces confuses de filigrane.*

206sf 1f Valeur déclarée   600   375

207sf 5f Valeur déclarée   600   375

208sf 2f 50 Remboursement   500   325
a - tenant à timbre avec filigrane   1 000   650

209sf 7f 50 Remboursement   600   375

210sf 1f Intérêt à la livraison   600   375

Série 206sf à 210sf (5 timbres)   2   500 1 625

Carnet S.N.C.F. du 15 juin 1944   2 500

1945 - *(tarif du 15 janvier)*

*On a repris la même recette (provisoires, surchargés, définitifs),
sauf que la série définitive a été réalisée avec de nouveaux
sujets.*

Série provisoire. *Sans valeur dans le cartouche surch "G".*
Sans filigrane

211sf (G = 5f) Domicile (V)   8,5   6,5   7
a - surcharge recto-verso   30   20

212sf (G = 7f 20) Domicile   8,5   6,5   7

213sf (G = 7f 80) Domicile   8,5   6,5   7
a - lignes verticales (impr défectueuse)   15   10   10

214sf (G = 6f 60) Colis encombrant 10,5 7,5   8

Série 211sf à 214sf (4 timbres)	36	27	29
211af (G = 5f) (V) Domicile	28	20	20
212af (G = 7f 20) Domicile	22	15	15
213af (G = 7f 80) Domicile	22	15	15

Série surchargée. *(à partir de la série définitive de 1941)*
Avec filigrane

215af IV =5f s 3f Domicile t. IV	10,5	7,5	7,5
a - papier jaunâtre	12	8,5	8,5
b - signatures quasiment absentes	25	17	
c - surcharge défectueuse	13	9	9
215af V =5f s 3f t. V Domicile	13,5	9,5	9,5
216af =7f 2 s 4f 3 Domicile	10,5	7,5	7,5

217af =7f 8 s 4f 7 Domicile	10,5	7,5	7,5
218af =6f 6 s 3f 9 Colis encombr.	13,5	9	9
Série 215af à 218af (4 timbres)	45	31,5	31,5

Sans filigrane

215sf IV =5f s 3f t. IV Domicile	90	55
215af V =5f s 3f t. V Domicile	90	55
216sf =7f 2 s 4f 3 Domicile	90	55
217sf =7f 8 s 4f 7 Domicile	90	55
218sf =6f 6 s 3f 9 Colis encombr.	90	55
Série 215sf à 218sf (4 timbres)	340	220

Série définitive. *Nouveaux sujets.*
Avec filigrane

219af(230) 5f Domicile	27	19	19
▣ sans la valeur		825	
220af(231) 7f 2 Domicile	26	18	18
▣ sans la valeur état 1		950	
▣ sans la valeur état 2		825	

Etat 1: cartouche des échelons évidé   Etat 2: avec cartouche des échelons

221af(232) 7f 8 Domicile	26	18	18
▣ sans la valeur		825	
a - sans valeur dans le cartouche	1 250	800	
222af(233) 6f 6 Colis encombrant	11	8	8
▣ sans la valeur état 1		950	
▣ sans la valeur état 2		825	

Etat 1: signature "Del. Sc. H. Cheffer"  Etat 2: signature "Sc. H. Cheffer" (définitif)

Note: les épreuves sans valeur dans le cartouche proviennent d'un carnet d'étude (non encore vu dans les ventes).

Série 219af à 222af (4 timbres)	90	63	63

Sans filigrane

219sf 5f Domicile	13	8
a - sans valeur ds le cartouche, non dent.	800	525
220sf 7f 2 Domicile	50	32
221sf 7f 8 Domicile	33	22

1945 - *(octobre - novembre)*

Timbres de mise à jour

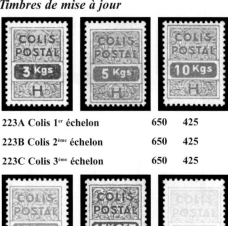

223A Colis 1er échelon	650	425
223B Colis 2ème échelon	650	425
223C Colis 3ème échelon	650	425

223D Colis 4ème éch., zone 1	650	425
223E Colis 4ème éch., zone 2	650	425
223F Colis 4ème éch., zone 3	650	425

223G Colis 5ème éch., zone 1	650	425
223H Colis 5ème éch., zone 2	650	425
223I Colis 5ème éch., zone 3	650	425

223J Avis d'encaissement	750	525
Série 223A à J (10 timbres)	6 600	4 350

Timbres de prestation: *provisoires non émis.*

224A Domicile, lie-de-vin	1 350	800
224B Domicile, bleu	1 350	800

224C Domicile, vert	1 350	800
224D Colis encombrant	1 350	800
Série 224A à D (4 timbres)	5 400	3 200

PETITS COLIS

1935 - (tarif du 1er novembre).

Il s'agit de la création du service des "Petits colis", différent de celui des colis postaux. Ces timbres, qui ne pouvaient être légalement vendus au public (loi des 11-12 juillet 1885), servaient à l'affranchissement des colis de 0 à 50 kgs. Lors du projet "vignettes artistiques", la S.N.C.F. a essayé de faire modifier cette loi, l'échec de cette tentative ayant conduit à l'abandon du projet malgré l'état d'avancement des maquettes.

Cette 1ère série a été réalisée en trois tirages sur papier filigrané (mêmes cotes).

Le 1er tirage (septembre 1935) comprend un numéro d'ordre (en noir) suivi d'une lettre. Le filigrane est composé de chiffres "6".

2ème tirage (avril 1937), la lettre du numéro d'ordre disparait, le filigrane est composé de chiffres "9".

3ème tirage (février 1938), pas de lettre, filigrane avec chiffres "6" reliés entre eux.

Tous ces tirages portent la légende "Grands réseaux de chemins de fer français".

Le 30f n'est connu qu'à quelques centaines d'exemplaires, avec ou sans numéro d'ordre, donc issus du 1er tirage et du 2ème ou 3ème tirage.

		☆☆	☆	▯	▱
1	1f Grands réseaux	20	15	15	125
2	2f Grands réseaux	20	15	15	125
3	3f Grands réseaux	20	15	15	125

4	4f Grands réseaux	20	15	15	125
5	5f Grands réseaux	20	15	15	125
6	6f Grands réseaux	35	25	25	150

7	7f Grands réseaux	35	25	25	150
8	8f Grands réseaux	35	25	25	150
9	9f Grands réseaux	35	25	25	150

10	10f Grands réseaux	55	35	30	115
11	20f Grands réseaux	55	35	30	125

12	30f Grands réseaux	1 050	700	250	1 200
13	40f Grands réseaux	80	50	45	200

14	50f Grands réseaux	80	50	45	300
15	60f Grands réseaux	80	50	45	300
16	70f Grands réseaux	85	55	45	300

17	80f Grands réseaux	85	55	45	300

18 90f Grands réseaux	200	120	80	425
19 100f Grands réseaux	240	150	125	450
Série 1 à 19 (19 timbres)	**2 250**	**1 475**	**915**	

Non émis.

19A 5f Gds réseaux, non émis	2 000	1 350

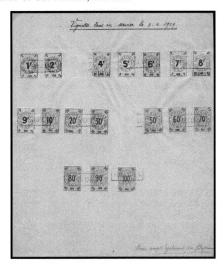

Feuille "Spécimen" de la série (1er, 2ème, ou 3ème tir.)	2 600
Timbre à l'unité sch "Spécimen" (sg), chaque:	125

1939 - (août).

20 1f Société Nationale	35	25	25
21 2f Société Nationale	35	25	25
⊠ dans la couleur adoptée, nd			200
⊠ en couleur non adoptée, nd			200
22 3f Société Nationale	35	25	25

23 4f Société Nationale	35	25	25
24 5f Société Nationale	35	25	25
25 6f Société Nationale	60	40	40

26 7f Société Nationale	60	40	40
27 8f Société Nationale	60	40	40
28 9f Société Nationale	75	50	50

29 10f Société Nationale	110	65	65
a - paire "Spécimen"	425	275	
30 20f Société Nationale	110	65	90
31 30f Société Nationale	1 350	950	450
Série 20 à 31 (12 timbres)	**2 000**	**1 375**	**900**
🔲 de décomposition		1 300	

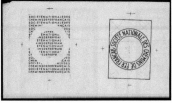

Epreuve de décomposition de la légende et du fond de sûreté

Feuille "Spécimen" de la série d'août 1939	2 250
Timbre à l'unité sch "Spécimen" (sg), chaque:	165

1944 - *(tarif du 1er janvier)*

Avec filigrane (2ème tirage).

Lithographie (feuilles de 100 en deux panneaux de 50). Dessin: Henry Cheffer. Imprimés par Delrieu.

Paire "Spécimen" des cours d'instruction (surcharge encadrée ou non). Ces timbres existent oblitérés sur bulletin. Les cotes en neuf sont données pour des paires (un isolé vaut -60%). Par contre, les cotes en oblitéré sont données pour des timbres à l'unité (isolé).

Essais de couleur du 1f et du 2f

Essais lithographiés de Delrieu des 1f, 2f, 3f au format des timbres gravés.

Existent en jaune ou en gris-lilas et se présentent normalement en épreuve collective avec ces deux couleurs (dont un certain nombre ont été découpées).

32af 1f Locomotive à vapeur	**10**	**5**	**1,5**	**50**
⊠ couleur non adoptée nd sg			55	
⊠ litho Delrieu jne ou gris-lilas			425	
a - paire "Spécimen"	15	10	7	40
33af 2f Locomotive à vapeur	**15**	**7**	**2**	**50**
⊠ couleur non adoptée nd sg			190	
⊠ litho Delrieu jne ou gris-lilas			425	
a - paire "Spécimen"	17	11	8	40
b - pli accordéon			100	

Taille-douce. Dessin: Henry Cheffer. Gravés par l'Institut de Gravure

34af 5f outremer Loco. à vapeur	**42**	**32**	**2**	**50**
⊠ couleur non adoptée nd sg			150	
⊡ sans la valeur			575	
bon à tirer de l'Institut de Gravure			1 750	
tirage sur bristol à l'unité			425	

Les six couleurs de l'essai du 5f (nd sg)

35af 10f rouge Loco. à vapeur	**27**	**16**	**2**	**45**
bon à tirer de l'Institut de Gravure			1 750	
tirage sur bristol à l'unité			425	
a - paire "Spécimen"	235	160		

36af 20f vert Loco. à vapeur	**21**	**14**	**2**	**50**
⊠ couleur non adoptée nd sg			200	
bon à tirer de l'Institut de Gravure			1 750	
tirage sur bristol à l'unité			425	
a - paire "Spécimen"	235	160		
37af 50f orange Loco. à vapeur	**35**	**25**	**2**	**50**
bon à tirer de l'Institut de Gravure			1 750	
tirage sur bristol à l'unité			425	
a - paire "Spécimen"	235	160		
38af 100f noir Loco. à vapeur	**70**	**46**	**2**	**50**
bon à tirer de l'Institut de Gravure			1 750	
tirage sur bristol à l'unité			425	
a - paire "Spécimen"	235	160		
Série 32af à 38af (7 timbres)	**220**	**145**	**13,5**	

Sans filigrane (1er tirage).

Ce tirage comporte un bas de feuille numéroté:

32sf 1f Locomotive à vapeur	**20**	**13**	**6,5**
33sf 2f Locomotive à vapeur	**25**	**17**	**6,5**
34sf 5f outremer Loco. à vapeur	**85**	**55**	**6,5**
35sf 10f rouge Loco. à vapeur	**50**	**35**	**6,5**
36sf 20f vert Loco. à vapeur	**40**	**25**	**6,5**
non dentelé	400	250	
37sf 50f orange Loco. à vapeur	**75**	**50**	**6,5**
38sf 100f noir Loco. à vapeur	**130**	**90**	**7**
Série 32sf à 38sf (7 timbres)	**425**	**285**	**46**

Timbres non émis, non dentelés (vert clair: quelques pièces connues).

1944-45 - *(à partir de ce moment, tous les timbres*

"Locomotive à vapeur" sont avec filigrane). Le 4f gris-noir a été émis en juin 1945, les autres valeurs en juillet 1944.

39 3f Locomotive à vapeur	**15**	**8**	**2**	**50**
⊠ litho Delrieu jne ou gris-lilas			425	
⊠ des essais Delrieu			4 000	
a - paire "Spécimen"	25	14	7	55
40 4f Locomotive à vapeur	**20**	**13**	**3**	**60**
a - paire "Spécimen"	30	17	8	55
41 7f violet Loco. à vapeur	**135**	**85**	**3,5**	**65**
a - paire "Spécimen"	235	160		

42 8f Locomotive à vapeur   40   24   3   50
a - paire "Spécimen"   30   18   9   55

43 9f bleu-vert Loco. à vapeur   65   40   5,5   85
◌ en bleu: bon à tirer daté   1 350
a - paire "Spécimen"   235   160

44 30f violet Loco. à vapeur   165   110   2   50
◌ en bleu: bon à tirer daté   1 350
a - paire "Spécimen"   235   160

Série 39 à 44 (6 timbres)   440   280   19

1er janvier 1946: les timbres "petits colis"
deviennent timbres "tous colis"

1946 - *Emissions: avril 1946: 40f; août 1946: 70f, 80f, 90f; et octobre 1946: 6f, 60f, 200f.*

45 6f Locomotive à vapeur   31   21   2   50
a - paire "Spécimen"   28   16   7   40
b - rose-gris au lieu de lilas-rose (1958)   36   22   3,5   55
c - rose vif au lieu de lilas-rose (1959)   42   27   5   60

46 40f Locomotive à vapeur   47   32   2   50
a - paire "Spécimen"   25   14   7   50

47 60f Locomotive à vapeur   50   35   2   45
a - paire "Spécimen"   50   30   10   50
b - rose-gris au lieu de lilas-rose (1958)   55   35   4   50

48 70f violet Loco. à vapeur   350   235   35   175

49 80f Locomotive à vapeur   47   32   3   50
a - paire "Spécimen"   50   30   15   55

50 90f bleu-vert Loco. à vapeur   300   185   33   275

51 200f Locomotive à vapeur   65   40   3   50
a - paire "Spécimen"   600   400   130   225
b - vert-jaune au lieu de vert-olive (1948)   85   50   10   70

Série 45 à 51 (7 timbres)   880   580   80

1947 - *(juillet).*
Anciennes valeurs avec couleurs modifiées.

52 5f bleu Loco. à vapeur   40   25   2,5   50
◌   725
a - paire "Spécimen"   22   15   8   40
b - bleu-vert (tirage de 1949)   50   35   3   60

53 7f mauve clair Loco. à vapeur   530   340   22   160
◌: bon à tirer daté   1 750
a - paire "Spécimen"   35   22   11   50

54 9f turquoise Loco. à vapeur   380   250   20   160
a - paire "Spécimen"   125   80   35   80
b - bleu clair au lieu de turquoise (1953)   375   250   20   160
c - gris-vert au lieu de turquoise (1959)   385   260   30   185

55 30f gris Loco. à vapeur   135   90   2,5   50
a - paire "Spécimen"   25   14   7   50
b - gris-violet au lieu de gris   150   95   3   50
c - gris-olive au lieu de gris   150   95   3   50

56 70f mauve clair Loco. à vapeur   350   235   9   95
a - paire "Spécimen"   50   30   11   60
b - gris clair au lieu de mauve clair (1959)   385   260   17   110

57 90f bleu clair Loco. à vapeur   265   175   3   60
a - paire "Spécimen"   70   45   20   70
b - turquoise au lieu de bleu clair   265   175   3   60

58 100f jaune Loco. à vapeur   650   465   3   60
a - paire "Spécimen"   235   160

Série 52 à 58 (7 timbres)   2 350   1 580   62

1948 - *(500f; émis en mars: 1 000f. émis en octobre).*

59 500f Locomotive à vapeur   160   105   3   65
  a - paire "Spécimen"   120   75   40   85

60 1000f Locomotive à vapeur   570   390   20   150
  ☐ sans la valeur   1 350
  a - paire "Spécimen"   175   115   50   135

Epreuve sans la valeur

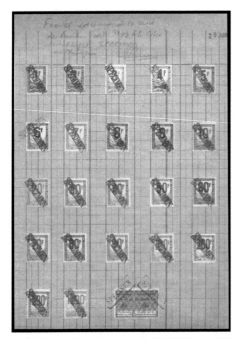

Feuille "Spécimen" avec les faciales de 1f à 1000f   1 750
Timbre à l'unité sch "Spécimen" (sg), chaque: 70

1951-52 - *Anciennes valeurs avec couleurs modifiées.*

61 10f vert Loco. à vapeur   110   70   10   85
  a - paire "Spécimen"   125   80   40   90

62 20f violet Loco. à vapeur   110   70   18   150
  a - paire "Spécimen"   125   80   40   90

63 50f bleu Loco. à vapeur   135   85   12   100
  a - paire "Spécimen"   170   110   50   135

64 100f rouge Loco. à vapeur   35   25   2   45
  a - paire "Spécimen"   70   50   25   55

Série 61 à 64 (4 timbres)   390   250   42

Séries 32 à 64 (33 timbres)   5 000 3 325 240

```
    A partir de 1960:
1ère colonne: neuf ** sans charnière
2ème colonne: oblitéré
3ème colonne: oblitéré sur bulletin
(affranchissements composé: timbre le plus cher sur bulletin + autres
timbres oblitérés)
```

1960 - *(1er janvier).*
Avec filigrane

	☆☆	⊙	▭
65af 0,05 Locomotive électrique	25	2,5	60
⊟ en noir		475	
a - surchargé "Spécimen"	12	20	90
66 0,10 Locomotive électrique	25	10	100
⊟ en noir		475	
a - surchargé "Spécimen"	12	25	120
67af 0,20 Locomotive électrique	20	4,5	65
⊟ en noir		475	
⊟ en lilas ou en vert		500	
a - surchargé "Spécimen"	12	20	90

68af 0,30 Locomotive électrique	**20**	**4,5**	**65**
◘ en noir		475	
a - surchargé "Spécimen"	12	20	90
69af 0,40 Locomotive électrique	**20**	**9**	**100**
◘ en noir		475	
a - surchargé "Spécimen"	12	25	120
70 0,50 Locomotive électrique	**20**	**5**	**75**
◘ en noir		475	
a - surchargé "Spécimen"	12	20	100

71 0,60 Locomotive électrique	**20**	**5**	**75**
◘ en noir		475	
a - surchargé "Spécimen"	12	20	100
72af 0,70 Locomotive électrique	**20**	**5**	**75**
◘ en noir		475	
a - surchargé "Spécimen"	12	20	100
73af(39) 0,80 Locomotive électrique	**25**	**5**	**75**
◘ en noir		475	
a - surchargé "Spécimen"	12	20	100

74af 0,90 Locomotive électrique	**25**	**5**	**75**
◘ en noir		475	
a - surchargé "Spécimen"	15	22	100
75af 1,00 Locomotive électrique	**30**	**2,5**	**50**
◘ en noir		475	
a - surchargé "Spécimen"	15	21	90
76af 2,00 Locomotive électrique	**30**	**2,5**	**50**
◘ en noir		475	
a - surchargé "Spécimen"	15	21	90

77af 3,00 Locomotive électrique	**30**	**2,5**	**50**
◘ en noir		475	
a - surchargé "Spécimen"	15	22	90

78af 4,00 Locomotive électrique	**30**	**2,5**	**50**
◘ en noir		475	
a - surchargé "Spécimen"	15	22	90
79af 5,00 Locomotive électrique	**30**	**2,5**	**50**
◘ en noir		475	
a - surchargé "Spécimen"	15	22	90

80af 10,00 Locomotive électrique	**45**	**3**	**65**
◘ en noir		475	
a - surchargé "Spécimen"	22	40	140
81af 20,00 Locomotive électrique	**60**	**19**	**200**
◘ en noir		475	
a - surchargé "Spécimen"	30	45	250
Série 65af à 81af (17 timbres)	**475**	**90**	
◘ en noir sans la valeur		500	

*surchargés "Spécimen" pour les cours d'instruction
(surcharge horizontale, verticale, à cheval, renversée, etc.
aucune incidence sur la cote). Existent sur bulletin.*

Série 65 à 81 "Spécimen" (17 tbres)	**250**	**400**
65sf 0,05 Locomotive électrique	**40**	**7,5**
a - surchargé "Spécimen"	20	45
67sf 0,20 Locomotive électrique	**385**	**65**
a - surchargé "Spécimen"	165	200
68sf 0,30 Locomotive électrique	**280**	**65**
a - surchargé "Spécimen"	100	150
69sf 0,40 Locomotive électrique	**200**	**35**
a - surchargé "Spécimen"	85	135
72sf 0,70 Locomotive électrique	**40**	**7,5**
a - surchargé "Spécimen"	20	45
73sf 0,80 Locomotive électrique	**40**	**7,5**
a - surchargé "Spécimen"	20	45
74sf 0,90 Locomotive électrique	**40**	**7,5**
a - surchargé "Spécimen"	20	45
75sf 1,00 Locomotive électrique	**35**	**4,5**
a - surchargé "Spécimen"	20	45
76sf 2,00 Locomotive électrique	**35**	**4,5**
a - surchargé "Spécimen"	20	45
77sf 3,00 Locomotive électrique	**35**	**4,5**
a - surchargé "Spécimen"	20	45
78sf 4,00 Locomotive électrique	**35**	**4,5**
a - surchargé "Spécimen"	20	45
79sf 5,00 Locomotive électrique	**35**	**4,5**
a - surchargé "Spécimen"	20	45
80sf 10,00 Locomotive électrique	**45**	**7,5**
a - surchargé "Spécimen"	30	65
81sf 20,00 Locomotive électrique	**55**	**25**
a - surchargé "Spécimen"	40	110
Série 65sf à 81sf (14 timbres)	**1 300**	**250**
surchargé "Spécimen"	600	1 065

COLIS POSTAUX DE PARIS POUR PARIS

Période 1878, les cotes sont réparties en 2 colonnes:
1ère colonne: neuf sans gomme
2ème colonne: oblitéré

1878 - *Timbres de la "Compagnie des Transports parisiens par omnibus", ne sont connus qu'à l'état défectueux, sauf le n°2. Dessin: Dujardin. Gravure: G. Duval.*

1	25c noir		325	300
2	50c bleu	1 180	325	300

3	75c vert		450	400
4	1f rouge		500	425

A partir de 1886, les cotes sont réparties en 3 colonnes:
1ère col: bulletin complet (3 volets ou plus)
2ème col: timbre + récépissé ou récépissé + talon
3ème col: timbre seul ou récépissé seul
(certains timbres ont été émis sous forme de carnet. Cote d'un carnet complet: somme des timbres + 40%)
Note: l'état ou l'absence de gomme n'a aucune incidence sur la cote

1886 - *Emission de la "Compagnie des Messagers Nationaux" avec roue de vélocipède.*
Acheminement normal

avec nom de l'imprimeur — *sans nom de l'imprimeur*

	1	25c noir	425	265	175
	a - sans nom de l'imprimeur		425	265	175
	b - surchargé "Annulé" au verso		465	285	175

Timbre de correspondance
(avec cachet humide de papier timbré à 10c)

	1A	25c noir sch "Correspondance des Colis Posataux de Paris - Taxe totale 50c"	550	300	190
	a - surchargé "Annulé" au verso		575	325	190

Timbre pour envois contre remboursement

	1B	25c noir surch "REMB 20"	1 000	665	285
	a - surchargé "Annulé" au verso		1 100	685	285

1890 - *Caducée sur deux triangles superposés.*
Emission provisoire de la "Compagnie des Colis postaux de Paris pour Paris". Existe en deux types, provenant de deux tirages distincts.

Type I: cercle encoché (sur le timbre et sur le récépissé) — *Type II: cercle intact*

	2 I	25c noir, type I	275	85	55
	a - "e" de "des" absent (récépissé)		300	100	60
	b - surchargé "Annulé" au verso		300	100	55

Normal — *"e" de "des" absent*

	2 II	25c noir, type II	275	85	55
	2A	25c noir sch "5 Kg" (1892)	400	185	110

1891 - *Grandes armoiries de la ville de Paris. timbres avec fond burelé.*
Acheminement normal

	3	25c noir sur burelage bistre	75	32	7
	a - surchargé "Annulé" au verso		80	35	7

	3A	25c noir s bistre sch "5 Kg"	475	210	95

	3B	25c surch "messager"	160	80	40
	a - surchargé "Annulé" au verso		175	85	40

Timbres pour envois contre remboursement

4 60c noir sur burelage bleu   75   32   7
   a - surchargé "Annulé" au verso   80   35   7

4A 60c noir s bleu sch "REMB"   135   75   35

4B 60c noir s bleu sch "REMB 20"   160   80   40

5 85c noir sur burelage vert   75   35   7
   a - surchargé "Annulé" au verso   85   40   7

Timbre pour envois en valeur déclarée
3C 25c noir s bistre sch "VD 35"   575   250   110

1891 - Grandes armoiries de la ville de Paris.
Timbres avec fond burelé se présentent en deux volets formant tête-bêche (sans gomme).
Acheminement normal

6 25c noir sur burelage bistre   20   7
   a - piquage à cheval   100   35

Timbres pour envois contre remboursement

7 60c noir sur burelage bleu   20   7

8 85c noir sur burelage vert   20   7

1892 - Grandes armoiries de la ville de Paris.
Timbre sans fond burelé.
Acheminement normal

9 25c noir sur blanc   65   27   11
   a - oblitéré (points bleus ou c à d)   100   45   16
   b - surchargé "Annulé" au verso   70   30   11

9A 25c noir s blanc sch "5 Kg"   800   350   100

9B 25c surchargé "messager"   150   75   35
   a - surchargé "Annulé" au verso   160   80   35

Timbre pour envois en valeur déclarée

9C 25c noir s blanc sch "VD 35"   700   300   100

Timbres pour colis expédiés en banlieue ou par chemin de fer.
Deux types de légende existent: "Correspondance banlieue" et "chemin de fer - Xkg gare ou domicile". Existent dentelés, non dentelés, ou dentelés 1 ou 3 côtés (mêmes cotes).

10 50c correspondance banlieue   22
11 85c correspondance banlieue   45
12 1f 05 correspondance banlieue   50
13 1f 10 correspondance banlieue   45
14 1f 30 correspondance banlieue   50

15 85c correspondance chemin de fer   13
16 1f 05 correspondance chemin de fer   20
17 1f 10 correspondance chemin de fer   13
18 1f 30 correspondance chemin de fer   20

1894: nouvelle adresse et nouvelle légende sur les timbres: 23, rue du Louvre

1894 - Grandes armoiries de la ville de Paris, 23 rue du Louvre (aspect proche du timbre de 1892 n°6). Tbre d'acheminement. Légende: "300 agences d'expédition dans les bureaux de tabac".

19 25c noir sur burelage vert	**190**	**90**	**50**
a - pub "Brasserie E. Simard" au verso	225	120	55
b - publicité "Dr Saumur" au verso	225	120	55
c - pub "M. Dugardin (portrait)" au verso	235	145	60
d - publicité "N^velle Grenade" au verso	225	120	55
e - publicité "Picotin" au verso	215	110	55
f - publicité "Picotin", surch "Annulé"	235	145	60
g - publicité "Tip Top" au verso	225	120	55

1894 - Calèche à cheval dans un ovale. Imprimé par G. Richard - Paris. Gravure: Laissus. Timbre d'acheminement. Légende: "400 B^aux de tabac dépositaires".

20 25c noir sur bistre	**285**	**130**	**60**
a - publicité "Elixir Dubourg" au verso	315	150	60
non dentelé	450	215	110
b - surchargé "Annulé" au verso	350	175	65

1895 - Petites armoiries de la ville de Paris dans un ovale. Imprimé par G. Richard - Paris. Gravure: Laissus. Légende: "400 B^aux de tabac dépositaires".

Acheminement normal

21 25c noir sur bistre	**325**	**140**	**55**
a - pub "Absinthe Terminus" au verso	365	165	65
b - pub "Absinthe Terminus", sch "Annulé"	385	175	70
c - publicité "La petite revue" au verso	365	165	65
d - surchargé "Annulé" au verso	385	185	65

Envoi en nombre (abonnement)

Armoiries de la ville de Paris dans un ovale, présentation proche du timbre précédent, mais en deux volets uniquement. Imprimé par G. Richard - Paris.

22 25c vert-bleu sur bistre	**325**	**55**
a - surchargé "Annulé"	350	55

Timbre pour envois en valeur déclarée

21A 25c noir s bistre sch "VD 35"	**800**	**350**	**100**

1897-98 - Armoiries de la ville de Paris dans un ovale et enveloppe dans un ovale. Légende: "450 B^aux de tabac dépositaires".

Acheminement normal

Le 25c est au motif "armoiries de la ville de Paris dans un ovale", mais les deux 40c sont au motif "enveloppe dans un ovale".

23 25c noir s bistre (armoiries)	**235**	**105**	**30**

24 40c noir s gris (enveloppe)	**70**	**35**	**15**
a - surchargé "Annulé" au verso	80	40	15

25 40c noir s bleu (enveloppe)	**70**	**35**	**15**
a - surchargé "Annulé" au verso	80	40	15

25A 40c sch "10 kg - 0,35"	**210**	**90**	**50**

Envoi en nombre (abonnement)

Armoiries de la ville de Paris dans un ovale (couronne à 4 créneaux, légende: "450 B^aux de tabac dépositaires"), deux volets.

26 25c vert　　　　　　　　　　　　　　**200**　　**35**
　a - surchargé "Annulé" au verso　　　225　　40
　b - surchargé "Spécimen"　　　　　　225　　45
　c - surchargé "Spécimen" doublé　　250　　50

Timbre pour envois en valeur déclarée

24A 40c noir s gris sch "VD 1"　　**150**　　**60**　　**27**

24B 40c noir s gris sch "VD 10"　　**150**　　**55**　　**27**
　a - surchargé "Annulé" au verso　　　　165　　65　　27

25B 40c noir s bleu sch "VD 10"　　**200**　　**90**　　**50**

Timbre pour colis non postaux

Timbre dont le but semble avoir été de payer le transport d'un colis dont le poids dépassait la limite autorisée (10kg jusqu'en 1926, puis 20kg).

27 Colis non postaux noir s bleu　　**100**　　**60**　　**30**

1901-03 - *Armoiries de la ville de Paris dans un ovale et enveloppe dans un ovale. Légende: "600 B^{aux} de tabac dépositaires".*

Acheminement normal

L'ancienne légende du récépissé "Adm^m des colis postaux de Paris" est remplacée par "Colis postaux de Paris pour Paris".

28 25c noir (armoiries)　　　　　**210**　　**100**　　**30**
　non dentelé　　　　　　　　　　　　210　　100　　35

29 40c noir s bleu (enveloppe)　　**70**　　**35**　　**15**

Envoi en nombre (abonnement)

Armoiries de la ville de Paris dans un ovale (25c), et enveloppe dans un ovale (40c), se composent de deux volets uniquement. Légende: "600 B^{aux} de tabac dépositaires".

Le 25c existe en deux types: couronne 4 créneaux (typr I), ou couronne à 5 créneaux (type II).

Type I: couronne à 4 créneaux　　Type II: couronne à 5 créneaux

30 I 25c vert t. I (armoiries)　　　**250**　　**45**
　a - surchargé "Annulé" au verso　　　275　　50

30 II 25c vert t. II (armoiries)　　**250**　　**45**
　a - surchargé PC en violet　　　　　275　　55

31 40c bleu (enveloppe)　　　　　**45**　　**16**
　a - surchargé 2 lignes de pointillés violets　70　　27

Timbre pour envois contre remboursement

32 20c noir sur rose　　　　**120**　　**45**　　**30**
　a - surchargé 2 lignes de pointillés violets　200　　65　　40

Timbre pour envois en valeur déclarée

33 Récépissé suppl VD 10c noir s or^{ge}　**140**　　**50**　　**35**
　a - surchargé "10"　　　　　　　　　　210　　70　　50

1906 - *Présentation des légendes dans une arche, destiné à remplacer l'encien visuel avec les armoiries. Texte en noir, 3 volets.*

Acheminement normal

34 25c jaune (5kg) (arche)	45	22	12

Colis réclame: tarif spécial (toujours sans récépissé)

Bloc de quatre: unité x5

35 15c noir		200
a - surchargé 2 lignes de pointillés violets		315
36 20c noir		200
37 35c noir		200

1917 - *Présentation des légendes dans une arche et enveloppe dans un ovale. Texte noir.*

Acheminement normal

38 30c s 25c jaune (5kg) (arche)	200	90	13
39 30c jaune (5kg) (arche)	110	55	17
a - surcharge "1" gras	210	90	40

40 45c s 40c bleu (enveloppe)	65	30	17
a - surcharge "45c" encadrée	70	35	17

Timbre pour colis en correspondance

Présentation semblable aux timbres "arche" précédents, mais avec légende du bas (récépissé du milieu) modifiée, et tarification se composant d'une valeur de base suivie le plus souvent du signe "P" et d'une espace pour rajouter manuellement la valeur complémentaire (les timbres "Franco" et "Port dû" à 30c faisant exception).

41 30c+ rose "Franco" (arche)	200	120	25

42 30c brun "Port dû" (arche)	150	90	14
a - sans nom de l'imprimeur	150	95	17
b - piquage double à gauche	185	110	

1919 - *Présentation des légendes dans une arche et enveloppe dans un ovale.*

Acheminement normal

43 40c jaune (5kg) (arche)	210	110	35

44 65c s 45c s 40c bleu (enveloppe)	65	30	17
a - surcharge "2" gras	135	55	27
b - surcharge "45c" encadrée	70	35	17

Timbre pour colis en correspondance (chemins de fer)

Présentation des légendes dans une arche (3 volets).

45 40c sur 30c+ rose "Franco"	170	95	25

46 40c+ rose "Franco"	110	60	17

47 40c s 30c brun "Port dû"	150	95	16

48 40c+ brun "Franco ds Paris"	65	40	16

Colis réclame

Timbre à taxe réduite pour colis réclame (feuilles de 70).

49 25c jaune		16

50 25c violet			**14**
a - rose			17
51 50c vert			**16**

Timbre pour envois contre remboursement

52 Récépissé suppl (50c - 1f) noir s rose	**125**	**45**	**30**

1919 - *Présentation des légendes dans une arche (texte noir, 3 volets).*

Timbre pour colis en correspondance (chemins de fer)

53 50c s 40c+ rose "Franco"	**70**	**40**	**15**
54 50c s 40c+ brun "Franco ds Paris"	**65**	**35**	**15**

1920 - *Présentation des légendes dans une arche et enveloppe dans un ovale.*

Acheminement normal

55 60c s 40c jne (5kg) (arche)	**200**	**95**	**35**

56 60c jne (5kg) (arche) (ss nom imprimeur)	**40**	**25**	**11**

57 60c orange (5kg) (arche) (Fortin)	**40**	**25**	**11**

58 1f s 65c s 45c s 40c bleu (enveloppe)	**90**	**50**	**15**
a - surcharge "2" gras	185	80	40

59 1f s 40c noir s bleu (enveloppe)	**170**	**95**	**15**
60 1f noir s bleu (enveloppe)	**130**	**65**	**25**
61 1f bleu (10kg) (arche)	**50**	**27**	**12**

Timbre pour colis en correspondance (chemins de fer)
Présentation des légendes dans une arche (3 volets).

62 60c+ brun-orange	**220**	**125**	**20**
63 1f+ violet	**235**	**135**	**30**

Timbre pour colis en correspondance (messageries)
Légende "Colis postaux de Paris"

64 60c+ brun sur paille	**185**	**115**	**50**

65 1f+ brun sur vert	**185**	**115**	**50**

Légende "Messageries - G. V. - P. V." (grande vitesse - petite vitesse)

66 1f+ brun sur rouge	**140**	**90**	**50**

Timbre pour colis en correspondance (banlieue)
Reçu avec légende "Messageries Paris - Banlieue", 33 boulevard Bourdon, Paris

67 60c rose	**200**	**90**	**35**

68 1f rose	**225**	**100**	**40**

Envoi en nombre (abonnement)

69 60c vert clair (armoiries)   **90   27**
  a - surchargé 2 lignes de pointillés violets   125   40
  b - surcharge pointillés doublée (4 lignes)   200   60

70 1f bleu foncé (enveloppe)   **50   20**
  a - surchargé 2 lignes de pointillés violets   80   32

Timbre pour envois contre remboursement
Nouvelles formules de remboursement.
Nouveaux bulletins de remboursement grand format (279x144mm) prenant en compte le port pour l'acheminement normal P la taxe pour un remboursement d'un montant <500f, se composant de 5 volets au total (cote 1ère colonne: bulletin entier; cotes 2ème colonne: bulletin entamé).

71 1f 10 noir s rge (grande formule)   **425   150**

72 1f 50 noir s rose (grande formule)   **400   135**

73 25c noir sur bistre   **10**

Timbre pour envois en valeur déclarée

69A 60c vert clair sch "VD"   **150   40**

1921 *- Présentation des légendes dans une arche (texte noir, 3 volets).*
Timbre pour colis en correspondance (chemins de fer)

74 70c sur 60c+ brun-orange   **160   95   20**

75 70c+ brun-orange   **160   95   20**

76 1f 20 sur 1f+ violet   **300   160   30**

Timbre pour envois contre remboursement
  Bulletin pour un remboursement de 1000f (220x138mm)

77 Bulletin de remboursement à 10c   **210   100**

1924 *- Présentation des légendes dans une arche et enveloppe dans un ovale.*
Acheminement normal

78 1f s 60c jne (5kg) (arche)   **40   25   11**
  a - surchargé 2 lignes de pointillés violets   60   40   18

79 1f s 60c orange (5kg) (arche)   **40   25   11**
  a - surcharge "2" gras   85   50   20

80 1f 80 s 60c jne (5kg) (arche)   **40   25   11**
  a - surchargé 2 lignes de pointillés violets   60   40   18

81 1f 80 s 65c s 45c s 40c bleu (env) **100   55   16**

82 1f 80 s 1f bleu (enveloppe)   **100   55   22**

83 1f 80 s 1f bleu (10kg) (arche)   **50   27   11**

84 1f 80 bleu (10kg) (arche)   **50   27   11**

Timbre pour colis en correspondance (chemins de fer)
Présentation des légendes dans une arche (3 volets).

85 1f sur 60c+ brun-orange   **185   85   20**

86 1f 80 sur 1f+ violet   **210   100   30**

Timbre pour colis en correspondance (messageries)
Légende "Colis postaux de Paris"

87 1f sur 60c+ brun sur paille   **160   100   50**

88 1f 80 sur 1f+ brun s vert   **165   100   50**

Légende "Messageries - G. V. - P. V."

89 1f 80 sur 1f+ brun s rouge   150   90   50

Envoi en nombre (abonnement)

90 1f vert clair (armoiries)   85   27
a - surchargé 2 lignes de pointillés violets   125   40
b - surchargé "Spécimen" en noir   160   27

91 1f 80 bleu fcé (enveloppe)   55   22
a - surchargé 2 lignes de pointillés rouges   85   32
b - surchargé 2 lignes de pointillés violets   85   32

Colis réclame

92 1f rouge   12

Timbre pour envois contre remboursement
bulletins grand format (279x144mm) prenant en compte le port
pour l'acheminement normal P la taxe pour un remboursement
d'un montant <500f, 5 volets (cote 1ère colonne: bulletin entier;
cotes 2ème colonne: bulletin entamé).

93 1f 65 s 1f 10 orange (gde formule)   425   125
a - surchargé 2 lignes de pointillés violets   450   135

94 1f 65 orange (grande formule)   500   175

95 2f 55 lilas (grande formule)   260   95

Timbre pour envois en valeur déclarée

91A 1f 80 bleu fcé sch VD   80   30

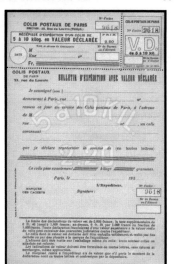

96 VD 2f 20 noir sur vert   200   90   65

1926 - Présentation des légendes dans une arche.

Timbre pour colis en correspondance (chemins de fer)

97 2f 90 s 70c+ orᵍᵉ sch 10 à 20 Kg   60   40   17

98 2f 90+ gris   50   30   13

1926 - Présentation des légendes dans une arche et
enveloppe dans un ovale.
Acheminement normal

99 1f 25 s 1f s 60c jaune (arche)   55   40   11

100	1f 25 jaune (5kg) (arche)	40	25	11
101	2f 10 s 1f 80 s 65c s 45c s 40c (env)	120	45	18
102	2f 10 s 1f 80 bleu (10kg) (arche)	55	30	13
103	3f 50 s 1f 80 bleu (10kg) (arche)	55	30	13
104	3f 50 vert (20kg) (arche)	60	32	18

Timbre pour colis en correspondance (chemins de fer)
Présentation des légendes dans une arche (3 volets).

| 105 | 1f 25 s 40c+ rose "Franco" | 65 | 37 | 17 |
| 106 | 1f 25 s 50c s 40c+ br "Franco Paris" | 60 | 32 | 15 |

Timbre pour colis en correspondance (messageries)
Légende "Colis postaux de Paris"

107	1f 25 s 60c+ brun s chamois	150	90	50
108	1f 25+ brun sur chamois	150	90	50
109	2f 10 s 1f 80 s 1f+ br s vert	185	110	50
110	2f 10+ rouge sur bleu	135	80	50

111	3f 50 s 1f 80 s 1f+ br s vert (2 lignes)	185	110	65
	a - surcharge doublée	300	185	115
112	3f 50+ brun sur vert	165	100	50

Légende "Messageries - G. V. - P. V."

| 113 | 1f 25 s 1f+ brun sur rouge | 150 | 90 | 50 |
| 114 | 1f 25+ brun sur rouge | 150 | 90 | 50 |

Envoi en nombre (abonnement)
Le 1f 25 porte la nouvelle adresse "96, rue Amelot".

115	1f 25 orange (armoiries)	32	13
	a - surchargé 2 lignes de pointillés rouges	37	16
	b - surchargé 2 lignes de pointillés violets	32	13
	c - surchargé "PC" en violet	37	16

| 116 | 3f 50 vert clair (armoiries) | 85 | 27 |
| | a - surchargé 2 lignes de pointillés violets | 110 | 35 |

Envoi en nombre en correspondance pour la banlieue

117	Brun sur blanc (Fortin)	35	15
	a - sans nom de l'imprimeur	40	16
	b - surchargé 2 lignes de pointillés violets	45	17
118	Violet sur blanc (Fortin)	35	15
119	Violet s gris-bleu (Fortin)	65	40

| 120 | Violet sur jaune (Fortin) | 45 | 20 |

| 121 | Violet sur rose (Fortin) | 40 | 18 |

Colis réclame devenus officiels

122	Noir sur blanc (Fortin)	40	18
	n° colis petits chiffres, n° carnet gos chiffres		
	a - sans nom de l'imprimeur	45	20
	b - surchargé 2 lignes de pointillés violets	50	22

123 Noir sur violet
n° colis petits chiffres, n° carnet gos chiffres   85   45

124 Rouge sur blanc (Fortin)
n° colis petits chiffres, n° carnet gos chiffres   80   40

Timbre pour envois contre remboursement

bulletins grand format (279x144mm)

125 2f 50 s 1f 10 orange (grande formule)   425   115

126 2f 50 s 1f 75 orange (grande formule)   460   165

127 3f 35 s 1f 50 violet (grande formule)   425   115

128 3f 35 s 2f 55 lilas (grande formule)   350   100

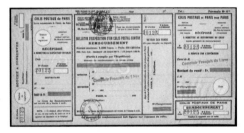

129 4f 75 vert (grande formule)   375   125

115A 1f 25 orange surch VD   40   18

130 VD 2f 50 sur 2f 20   125   70   45

131 VD 3f 90 noir sur vert   275   145   85

*1926: nouvelle adresse et nouvelle légende sur les
timbres: 96, rue Amelot*

*1927 - Présentation des légendes dans une arche (texte noir,
3 volets).*
Timbre pour colis en correspondance (chemins de fer)
Présentation des légendes dans une arche (3 volets).

132 1f 40+ orange   60   35   13

133 1f 40+ rose   90   55   20

Timbre pour colis en correspondance (messageries)

Légende "Colis postaux de Paris"

134 1f 40+ brun s chamois   150   85   50

Légende "Messageries - G. V. - P. V."

135 1f 40 s 1f 25+ brun s rouge   225   130   50

1930 - Enveloppe dans un ovale.

Envoi en nombre (abonnement)

136 1kg - 1f 30 s 1f 80 bleu   80   50   13

Timbre pour envois en valeur déclarée

137 VD 3f 10 s 2f 50 s 2f 20   250   135   75

Timbre pour envois contre remboursement
*bulletins grand format (279x144mm) cotes 2ᵉᵐᵉ colonne:
bulletin entamé).*

| 138 | 2f 95 s 4f 75 vert (gde formule) | 450 | 150 |
| 139 | 3f 65 s 2f 55 lilas (gde formule) | 375 | 115 |

1930 - *Présentation des légendes dans une arche.*

Acheminement normal

| 140 | 2f jaune (5kg) | 60 | 40 | 14 |

| 140A | 2f jne sch "0gr à 10kg" | 60 | 40 | 14 |

| 141 | 2f 90 bleu ciel (10kg) | 65 | 40 | 14 |
| 141A | 2f 90 bleu fcé (ss nom d'imprimeur) | 65 | 40 | 14 |

| 142 | 4f 80 vert (20kg) | 75 | 50 | 14 |

Imprimé par Lecram Servant   *Sans nom d'imprimeur*
("livraisons" au pluriel)   *("livraison" au singulier)*

| 142A | 4f 80 vert fcé (ss nom d'imprimeur) | 75 | 50 | 14 |

Timbre pour colis en correspondance (chemins de fer)
Présentation des légendes dans une arche (3 volets). Le 2f+ violet existe imprimé soit par Fortin, soit par Lecram Servant.

143	2f s 40c+ rose "Franco"	55	35	15
144	2f s 50c s 40c+ br "Franco Paris"	50	30	13
145	2f s 40c+ br "Franco ds Paris"	50	30	13
146	2f s 1f 25 s 1f 40+ orange	50	35	13
147	2f s 1f 25 s 1f 40+ rose	75	55	20

| 148 | 2f+ violet | 70 | 40 | 13 |

Timbre pour colis en correspondance (messageries)
Légende "Colis postaux de Paris"

| 149 | 2f s 2f 10 rouge sur bleu | 140 | 80 | 50 |
| 150 | 2f s 3f 50 br s vert sch "5kg" | 180 | 100 | 50 |

Envoi en nombre (abonnement)
Armoiries de la ville de Paris et enveloppe dans un ovale

151	2f jaune-orge clair (Lecram Servant)	27	13
	a - surchargé "1/10"	60	20
	b - surchargé "PC" en noir	35	15

| 152 | 2f jaune-orange (Fortin) | 27 | 13 |

| 153 | 2f 90 bleu clair (Lecram Servant) | 22 | 13 |

| 154 | 2f 90 bleu foncé (Fortin) | 27 | 16 |

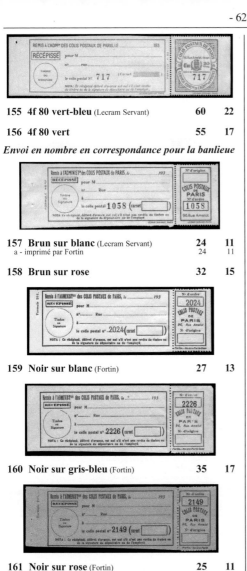

155 4f 80 vert-bleu (Lecram Servant)   **60**   **22**

156 4f 80 vert   **55**   **17**

Envoi en nombre en correspondance pour la banlieue

157 Brun sur blanc (Lecram Servant)   **24**   **11**
a - imprimé par Fortin   24   11

158 Brun sur rose   **32**   **15**

159 Noir sur blanc (Fortin)   **27**   **13**

160 Noir sur gris-bleu (Fortin)   **35**   **17**

161 Noir sur rose (Fortin)   **25**   **11**

162 Rouge sur blanc (Lecram Servant)   **35**   **17**

163 Rouge sur gris-bleu (Fortin)   **27**   **13**

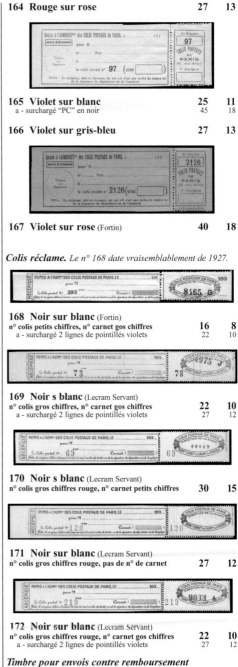

164 Rouge sur rose   **27**   **13**

165 Violet sur blanc   **25**   **11**
a - surchargé "PC" en noir   45   18

166 Violet sur gris-bleu   **27**   **13**

167 Violet sur rose (Fortin)   **40**   **18**

Colis réclame. Le n° 168 date vraisemblablement de 1927.

168 Noir sur blanc (Fortin)   **16**   **8**
n° colis petits chiffres, n° carnet gos chiffres
a - surchargé 2 lignes de pointillés violets   22   10

169 Noir s blanc (Lecram Servant)   **22**   **10**
n° colis gros chiffres, n° carnet gos chiffres
a - surchargé 2 lignes de pointillés violets   27   12

170 Noir s blanc (Lecram Servant)   **30**   **15**
n° colis gros chiffres rouge, n° carnet petits chiffres

171 Noir sur blanc (Lecram Servant)   **27**   **12**
n° colis gros chiffres rouge, pas de n° de carnet

172 Noir sur blanc (Lecram Servant)   **22**   **10**
n° colis gros chiffres rouge, n° carnet gos chiffres
a - surchargé 2 lignes de pointillés violets   27   12

Timbre pour envois contre remboursement

bulletins grand format (279x144mm) 5 volets (cote 1ère colonne:
bulletin entier; cotes 2ème colonne: bulletin entamé).

173   5kg, 3f 50 s 4f 75 vert (gde formule)   **400**   **125**
a - surcharge en noir au lieu de violet   425   150

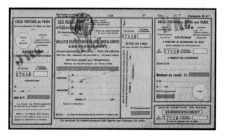

173A   5kg s 4f 75 vert (gde formule)   **400**   **125**

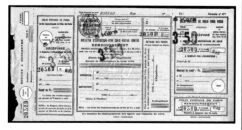

174   5kg, 3f 50 s 4f 40 vert (gde formule)   **375**   **115**

175   3f 50 orange (grande formule)   **400**   **125**
a - avec complément en tbres fiscaux DA (oblitérés)   425   150

176   4f 40 s 2f 55 lilas (gde formule)   **325**   **95**
a - surcharge en bleu au lieu de violet   350   115
b - surcharge en noir au lieu de violet   325   100

177   4f 40 s 3f 35 s 2f 55 lilas (gde formule)   **325**   **95**
a - surchargé 2 lignes de pointillés violets   350   110

178   4f 40 vert-bleu (grande formule)   **400**   **125**
a - avec complément en tbres fiscaux DA (oblitérés)   425   150

179   6f 30 s 4f 75 vert (gde formule)   **425**   **150**
a - surcharge en noir   450   165

Timbre pour envois en valeur déclarée

151A   2f jaune-or^{ge} clair sch VD   **45**   **17**

180   VD 2f 75 sur 2f 20   **450**   **235**   **140**

181   VD 5kg, 2f 75 sur 3f 90   **325**   **160**   **110**

182   VD 3f 65 sur 2f 20   **400**   **215**   **130**

183   VD 5f 55 sur 2f 20   **450**   **240**   **140**

1935-36 - *Présentation des légendes dans une arche.*

Acheminement normal

184 3f50 s 4f 80 vert (20kg)	80	50	13
185 4f sur 4f 80 vert (20kg)	60	35	13

Timbre pour colis en correspondance (chemins de fer)

Présentation des légendes dans une arche (3 volets). Le 2f+ violet existe imprimé soit par Fortin, soit par Lecram Servant.

186 1f sur 2f+ violet	55	40	13

187 1f 25 s 1f s 2f+ violet	55	40	13

188 1f 25 sur 2f+ violet	55	40	13
189 2f sur 1f sur 2f+ violet	55	40	13

190 2f s 1f 25 s 2f+ violet	55	40	13

191 2f s 1f 25 s 1f s 2f+ violet	55	40	13

1937 - *Présentation des légendes dans une arche.*
Un 5f sur 4f 80 vert devrait normalement exister, mais il semble n'être connu qu'avec la surcharge à 6f 25 du tarif suivant.

Acheminement normal

192 2f 75 s 2f jaune (5kg)	55	35	13
193 4f sur 2f 90 bleu (10kg)	60	40	13

Timbre pour envois contre remboursement

Bulletin pour un remboursement de 2000f (220x138mm) 2 volets

(formule n°4) (le bulletin porte au verso des instructions concernant le tarif "2f 75 - 4f - 5f").

194 Bull. de remboursement à 50c	210	100	

1938 - *Présentation des légendes dans une arche et enveloppe dans un ovale.*

Acheminement normal

195 3f 45 s 2f 75 s 2f jne (5kg)	60	35	13
196 3f 45 sur 2f jaune (5kg)	110	60	13

197 5f sur 2f 90 bleu (10kg)	70	45	13
198 6f 25 s 4f s 2f 90 bleu (10kg)	60	40	13
199 6f 25 s 4f 80 vert (20kg)	55	35	14
200 6f 25 s 4f s 3f 50 s 4f 80 vert	55	35	14
201 6f 25 s 5f s 4f s 3f 50 s 4f 80 vert	55	35	14

202 6f 25 s 5f s 4f s 4f 80 vert	55	35	14
a - surcharge "6f 25" doublée	100	55	

202A 6f 25 s 5f s 4f s 4f 80 vert	55	35	14

Le 202A est sans nom d'imprimeur (voir 140 et 140A)

203 6f 25 s 5f s 4f 80 vert	60	40	14

Envoi en nombre (abonnement)

Armoiries de la ville de Paris et enveloppe dans un ovale

204 3f 45 s 2f orange (armoiries)	50	18	
a - surchargé "JN" en rouge	70	20	
205 5f sur 2f 90 bleu (enveloppe)	45	20	
206 5f sur 1f 25 bistre	110	17	
207 6f 25 s 5f s 1f 25 bistre	110	17	

Timbre pour envois en valeur déclarée

208 VD 5f 65 sur 2f 20	450	235	135

COURS D'INSTRUCTION

La 1ère surcharge "ANNULÉ" fut apposée en 1911 sur des exemplaires de chaque timbre qui avaient alors cours à l'époque. Cette surcharge a été apposée une 2ème fois en 1923, toujours sur tous les timbres qui étaient en cours à l'époque, sachant que les timbres en cours en 1911 l'étaient encore en 1923. La surcharge de 1923 a en général été posée plus haut que celle de 1911. Des carnets ont aussi été surchargés en 1911 à l'encre violette, à l'aide d'un tampon posé à la main. Des entiers ont aussi été surchargés.

Une 2ème surcharge "SPÉCIMEN" fut apposée en 1925 (sur tous les timbres en cours à l'époque) en remplacement de la surcharge "ANNULÉ".

⚠ *De nombreuses surcharges "SPÉCIMEN" de typographie et de couleurs variées ont été utilisées aussi bien pendant la période classique (Napoléon, Sage) que semi-moderne (Merson, orphelins, chômeurs intellectuels). ces surcharges ne concernent pas les cours d'instruction (voir rubrique "Spécimen"). Leurs origines étant souvent mal connues, il est préférable de demander conseil à un expert avant leur acquisition.*

A partir de 1926, les P.T.T. ont utilisé des timbres fictifs, ou simili-timbres en remplacement des "SPÉCIMEN".

```
1ère colonne: neuf ** sans charnière
2ème colonne: neuf * avec charnière légère
3ème colonne: oblitéré ou préos sans gomme
4ème colonne: oblitéré sur ⌑ des cours pratiques
(afft cpsé: tbre le plus cher sur ⌑ + autres tbres oblitérés)
```

surchargés "ANNULÉ"

1911 *- Blanc. Surcharge à environ 8½mm du bas du timbre. Nuances des timbres différentes du tirage de 1923.*

	☆☆	☆	⌑	⊡
1 1c gris (type IB)	40	28	28	100
a - surcharge triplée	400	275		
2 2c brun-lilas (type IB)	25	15	15	60
3 3c orange (type IB)	30	22	20	135

1911 *- Merson. Surchargé "Annulé" une seule fois.*
Très bon centrage: +60%.

4 40c rouge et bleu	1 500	1 000	1 000

5 45c vert et bleu	1 650	1 100	1 100

6 50c brun et gris	1 650	1 100	1 100

7 1f lie-de-vin et olive	1 650	1 100	1 100

8 2f violet et jaune	3 500	2 350	2 600

9 5f bleu et chamois	1 800	1 200	1 250
Série 4 à 9 (6 tbres)	11 750	7 850	8 150

1911 - *Semeuse lignée 15c vert-olive type IV. Surcharge à environ 8½mm du bas du timbre.*
Très bon centrage: +50%.

10 15c vert-olive (t. IV)	25	15	16	80

1911 - *Semeuse camée. Surcharge à environ 8½mm du bas du timbre.* ***Très bon centrage: +30%.***

Surch à la main (carnet)

11 5c vert (type I)	75	50	55	215
a - sch violette à la main de carnet (IIA)	150	120		
b - surch violette de carnet doublée	450	300		

12 10c rouge (type IA)	85	55	60	225
a - surcharge violette de carnet (IC)	225	180		
13 20c brun-lilas (type I)	25	18	18	65
14 25c bleu fcé (type IA)	25	17	17	65

15 30c orange	75	55	60	215
16 35c violet (type I)	45	35	35	165
Série 11 à 16 (6 timbres)	330	230	245	

1911 - *Timbres-taxe Duval. Surcharge à environ 8½mm du bas du timbre.* ***Très bon centrage: +30%.***

17 1c noir	50	35	35	100
18 5c bleu (type I)	50	35	35	100
19 10c brun (type I)	50	35	35	100

20 20c olive	50	35	35	100
21 50c lilas (type I)	50	35	35	100
22 2f orange	600	400	450	
Série 17 à 22 (6 timbres)	850	575	625	

1911 - *Timbres-taxe recouvrement. Surcharge à environ 8½mm du bas du timbre.* ***Très bon centrage: +30%.***

23 1c olive	50	35	35	175
24 10c violet	50	35	35	175

25 30c bistre	50	35	35	175
26 50c rouge	800	525	575	
Série 23 à 26 (4 timbres)	950	630	680	

1912-23 - Emissions provisoires de Bordeaux.

Provisoire de 1912: le centre de Bordeaux a utilisé des enveloppes avec timbres esquissés à la plume et oblitération bleue de 1912 "Bordeaux - cours pratiques".

Provisoire de Bordeaux 1912   **625**

Provisoire de 1923: le centre de Bordeaux a également utilisé des bords de feuilles en 1923, sans doute en attendant la nouvelle série "ANNULÉ".

Provisoire de Bordeaux 1923   **525**

1923 - Blanc. Surcharge à environ 11mm du bas du timbre.
Nuances des timbres différentes du tirage de 1911.

27 1c ardoise (t. IA ou IB)	**25**	**17**	**17**	**70**
a - surcharge à cheval	100	65		
b - types IA et IB en paire vert avec pont	850	600		
28 2c br-lilas fcé (IA ou IB)	**25**	**17**	**17**	**70**
29 3c rouge-orange (t. IB)	**25**	**16**	**16**	**80**
a - surcharge à cheval	100	65		
b - surcharge (très) déplacée	35	27		
c - surcharge doublée	275	185		
d - surcharge triplée	425	285		
e - sch. "Z" d'un cercle (3ex connus)		9 000	4 500	

Lorsque le décalage de la surcharge est tel qu'une rangée verticale de timbres se retrouve sans surcharge, ceux-ci reçoivent un "Z" dans un cercle, à l'encre violette, appliqué au moyen d'un tampon. Ces timbres "Z" sont rarissimes.

Surchargés de Caen sur 3c rouge-orange: existent avec faciales de 5c, 10c, 30c, 50c, 60c, 1f, et 2f. Ces surcharges étaient destinées a transformer ces timbres en timbres-taxe.

29A 3c sch CH-T 5c	525	365
29B 3c sch CH-T 10c	525	365
29C 3c sch CH-T 30c	525	365
29D 3c sch CH-T 50c	525	365
29E 3c sch CH-T 60c	525	365
29F 3c sch CH-T 1f	525	365
29G 3c sch CH-T 2f	525	365

1923 - Merson. Surchargé "Annulé" deux fois. **Très bon centrage: +50% (pour le 5f: +70%).**

30 40c rouge et bleu	**7**	**45**	**45**	**165**
a - un "ANNULÉ" plus haut que l'autre	165	90		

La surcharge avec un "ANNULÉ" plus haut que l'autre (surcharge non alignée) se situe à la | 28 de chaque feuille.

31 45c vert et bleu	**140**	**70**	**70**	**200**
	250	140		

Surcharge à cheval

32 60c violet et bleu	**25**	**15**	**15**	**70**
a - un "ANNULÉ" plus haut que l'autre	50	30		
b - "ANNULÉ" plus haut, sch doublée	850	600		
c - surcharge à cheval	90	60		
d - surcharge doublée	400	285		
e - surcharge recto-verso	35	20		
f - surcharge triplée, dont 1 à cheval	475	325		

33 1f lie-de-vin et olive | 135 | 65 | 70 | 200
a - un "ANNULÉ" plus haut que l'autre | 250 | 140

34 2f orange et vert | 200 | 90 | 100 | 250
a - un "ANNULÉ" plus haut que l'autre | 300 | 175

35 5f bleu et chamois | 500 | 375 | 400
a - surcharge doublée | 800 | 525
b - un "ANNULÉ" plus haut que l'autre | 800 | 525
c - "ANNULÉ" plus haut, sch doublée | 11 500

Série 30 à 35 (6 timbres) | 1 075 | 660 | 700

1923 - *Semeuse lignée. Surcharge à environ 11mm du bas du timbre.* **Très bon centrage: +50%.**

36 15c vert-gris (t. IV) | 25 | 15 | 16 | 70

37 50c bleu | 110 | 60 | 60 | 150
a - surcharge à cheval | 125
b - sch. "Z" ds un cercle (3ex connus) | 9 000 | 4 500

1923 - *Semeuse camée. Surcharge à environ 11mm du bas du timbre.* **Très bon centrage: +20%.**

38 5c orange (type I) | 10 | 7 | 7 | 50

---

39 10c vert (type IA) 10 50 | 15 | 10 | 10 | 50
| 100 | 70

40 20c brun-lilas (t. III) | 25 | 15 | 15 | 60
| 60 | 40
| 225 | 160
| 450 | 300

41 IA 25c bleu, t. IA | 15 | 8 | 8 | 50

41 II 25c bleu, type II | 215 | 150 | 165

42 30c rouge | 20 | 15 | 15 | 60
a - surcharge à cheval | 60 | 40
b - sch. "Z" ds un cercle (10ex connus) | | | 2 750 | 1 300

43 35c violet foncé (t. I) | 35 | 25 | 25 | 85

Série 38 à 43 (6 timbres) | 120 | 80 | 80

1923 - *Préoblitérés: série des 6 valeurs de septembre 1922 surchargés "Annulé".* **Très bon centrage: +50%.** *(troisième colonne = sans gomme)*

44 5c orange (type I) 150 | 165 | 110 | 50 | 400

45 15c vert-ol Semeuse lignée (IV) | 150 | 100 | 45 | 350
a - piquage oblique par pliage | 600 | 375

46 20c lilas-brun (t. I) | 165 | 110 | 50 | 400

47 30c rouge | 250 | 150 | 70 | 400

48 35c violet (type I) | 250 | 150 | 70 | 400

49 45c vert et bleu Merson | 570 | 380 | 175
a - un "ANNULÉ" plus haut que l'autre | 1 150 | 700

Série 44 à 49 (6 timbres) | 1 550 | 1 000 | 460

1923 - *Timbres-taxe Duval. Surcharge à environ 11mm du bas du timbre.* **Très bon centrage: +30%.**

50 1c noir	50	35	35	100
a - surcharge à cheval	115	75		
51 5c bleu (type I)	50	35	35	100
52 10c brun (type I)	50	35	35	100

53 20c olive	50	35	35	100
54 25c rose	50	35	35	100

55 30c rouge (type I)	50	35	35	100
56 50c lilas (type I)	50	35	35	100
57 1f brun sur paille	100	65	65	275
Série 50 à 57 (8 timbres)	450	310	310	

1923 - *Timbres-taxe recouvrement. Surcharge à environ 11mm du bas du timbre.* **Très bon centrage: +30%.**

58 1c olive (papier GC)	50	35	35	175
59 10c violet	50	35	35	175
60 30c bistre	50	35	35	175

surchargés "SPÉCIMEN"

La variété "É" sans accent existe sur tous les timbres (sauf les Merson): aux Y 3 et 67 (feuilles de 150), et aux Y 17 et 53 (feuilles de 100).

1925 - *Blanc.*

61 ½c sur 1c ardoise (IB)	940	670	780	
a - "E" de "SPÉCIMEN" sans accent	1 800	1 200	1 400	
62 1c ardoise (type IB)	65	45	55	185
a - "E" de "SPÉCIMEN" sans accent	165	110	135	

63 2c brun-lilas (type II)	65	45	55	185
a - "E" de "SPÉCIMEN" sans accent	165	110	135	
64 3c orange (type IB)	65	45	55	185
a - "E" de "SPÉCIMEN" sans accent	165	110	135	
65 5c vert (type IIA)	65	45	55	185
a - "E" de "SPÉCIMEN" sans accent	165	110	135	
Série 61 à 65 (5 timbres)	1 200	850	1 000	

1925 - *Merson.*

Très bon centrage: +50% (pour le 5f: +70%).

66 2f orange et vert	235	150	160
a - centre très déplacé	600	400	

67 3f violet et bleu	250	175	185

68 5f bleu et chamois   415   215   250

1925 - *Semeuse lignée. **Très bon centrage: +30%.***

69 50c vert-olive (type I)	**45**	**30**	**30**	**125**
a - "E" de "SPÉCIMEN" sans accent	110	70	70	
b - surcharge à cheval	125	80		
70 60c violet	**45**	**30**	**30**	**125**
a - "E" de "SPÉCIMEN" sans accent	110	70	70	
b - impression sur raccord	450	275		
71 80c rouge	**75**	**50**	**50**	**185**
a - "E" de "SPÉCIMEN" sans accent	185	125	125	
b - impression sur raccord	450	275		
c - pli accordéon	400	250		

1925 - *Semeuse camée. **Très bon centrage: +20%.***

72 10c vert (type III)	**25**	**15**	**15**	**80**
a - "E" de "SPÉCIMEN" sans accent	60	40	40	
73 15c brun-lilas (type I)	**35**	**25**	**25**	**100**
a - "E" de "SPÉCIMEN" sans accent	85	60	60	
74 20c lilas-brun (type III)	**35**	**25**	**25**	**100**
a - "E" de "SPÉCIMEN" sans accent	85	60	60	
b - surcharge doublée	400	285	185	

75 25c bleu (type IIIB)	**35**	**25**	**25**	**90**
a - "E" de "SPÉCIMEN" sans accent	85	60	60	
76 IIA 30c bleu, t. II	**20**	**15**	**15**	**70**
a - "E" de "SPÉCIMEN" sans accent	50	35	35	
b - surcharge à cheval	110	65		
76 IIB 30c bleu, t. IIB	**115**	**70**	**70**	**200**
a - "E" de "SPÉCIMEN" sans accent	250	175	17	

77 35c violet (type I)	**60**	**40**	**40**	**150**
a - "E" de "SPÉCIMEN" sans accent	150	90	90	
78 40c brun-olive (type I)	**25**	**15**	**15**	**80**
a - "E" de "SPÉCIMEN" sans accent	60	40	40	
79 1f 05 vermillon	**40**	**30**	**30**	**125**
a - "E" de "SPÉCIMEN" sans accent	100	70	70	
Série 72 à 79 (8 timbres)	**275**	**190**	**190**	

1925 - *Pasteur.*
Très bon centrage: +25% (pour le 10c vert: +50%).

80 10c vert	**290**	**225**	**300**	
a - "E" de "SPÉCIMEN" sans accent	800	500	650	
b - surcharge doublée	500	350		
c - surcharge multiple	1 200	800		
81 45c rouge	**45**	**30**	**35**	**165**
a - "E" de "SPÉCIMEN" sans accent	110	65	80	
b - surcharge triplée dont une à cheval	550	400		

82 75c bleu	**45**	**30**	**35**	**165**
a - "E" de "SPÉCIMEN" sans accent	110	65	80	
83 1f bleu	**45**	**30**	**35**	**165**
a - "E" de "SPÉCIMEN" sans accent	110	65	80	
Série 80 à 83 (4 timbres)	**460**	**315**	**405**	

1925 - *Préoblitérés. **Très bon centrage: +30%***
(troisième colonne = sans gomme)

84 5c vert Blanc (t. IIA) | 525 | 350 | 175
a - "E" de "Spécimen" sans accent — 1 250 | 850 | 425
b - surcharge "E" avec crochet — 1 100 | 800 | 400
c - surcharge petit "T" surélevé — 1 100 | 800 | 400

85 10c vert Semeuse (III) | 425 | 300 | 125
a - "E" de "Spécimen" sans accent — 1 000 | 750 | 300
b - surcharge "E" avec crochet — 1 000 | 750 | 300
c - surcharge petit "T" surélevé — 1 000 | 750 | 300

86 15c br-lilas Semeuse (I) (fine) | 425 | 300 | 125
a - "E" de "Spécimen" sans accent — 1 000 | 750 | 300

87 20c lilas-br Semeuse (III) | 425 | 300 | 125
a - "E" de "Spécimen" sans accent — 1 000 | 750 | 300

88 30c rose Semeuse (t. I) | 425 | 300 | 125
a - "E" de "Spécimen" sans accent — 1 000 | 750 | 300

89 35c violet Semeuse (I) | 425 | 300 | 125
a - "E" de "Spécimen" sans accent — 1 000 | 750 | 300

90 45c rouge Pasteur | 425 | 300 | 125
a - "E" de "Spécimen" sans accent — 1 000 | 750 | 300

91 50c bleu Pasteur | 425 | 300 | 125
a - "E" de "Spécimen" sans accent — 1 000 | 750 | 300

Série 84 à 91 (8 timbres) | 3 500 | 2 450 | 1 050

1925 - *Timbres-taxe Duval.* **Très bon centrage: +30%.**

92 5c bleu (type I) | 40 | 20 | 25 | 110
a - "E" de "Spécimen" sans accent — 100 | 60 | 70

93 10c brun (type I) | 50 | 30 | 35 | 150
a - "E" de "Spécimen" sans accent — 115 | 70 | 80

94 20c olive | 50 | 30 | 35 | 135
a - "E" de "Spécimen" sans accent — 115 | 70 | 80
b - surcharge à cheval — 135 | 85

95 30c rouge (type I) | 50 | 30 | 35 | 135
a - "E" de "Spécimen" sans accent — 115 | 70 | 80

96 40c rose | 50 | 30 | 35 | 135
a - "E" de "Spécimen" sans accent — 115 | 70 | 80

97 50c lilas (type I) | 60 | 40 | 45 | 215
a - "E" de "Spécimen" sans accent — 150 | 100 | 115

98 1f brun s paille | 50 | 30 | 35 | 165
a - "E" de "Spécimen" sans accent — 115 | 70 | 80

Série 92 à 98 (7 timbres) | 350 | 210 | 245

1925 - *Timbres-taxe recouvrement.*
Très bon centrage: +25%.

99 1c olive | 100 | 65 | 65 | 215
a - "E" de "Spécimen" sans accent — 225 | 160 | 160

100 10c violet | 100 | 65 | 65 | 215
a - "E" de "Spécimen" sans accent — 225 | 160 | 160

101 30c bistre | 100 | 65 | 65 | 215
a - "E" de "Spécimen" sans accent — 225 | 160 | 160

102 60c rouge | 100 | 65 | 65 | 215
a - "E" de "Spécimen" sans accent — 225 | 160 | 160

Série 99 à 102 (4 timbres) | 400 | 260 | 260

Bandes pour journaux

1911 - *Blanc. Surcharge "Annulé" à la main.*

                          ☆   ⊙

1 Blanc 1c gris (date: 035)   **85**   **85**
   a - surcharge renversée   185

2 Blanc 2c brun-lilas (dates: 125,   **85**   **85**
128, 243)

1923 - *Blanc et Semeuse surchargés "Annulé".*

3 Blanc 1c gris (date: 331)   **75**   **75**
4 Blanc 2c brun-lilas (date: 334)   **75**   **75**

5 Semeuse 5c orange (date: 245)   **75**   **75**

1925 - *Blanc surchargé "Spécimen".*

6 Blanc 1c gris (date: 604)   **65**   **65**

7 Blanc 2c brun-lilas (date: 548)   **65**   **65**

8 Blanc 5c vert (date: 530)   **85**   **85**

Cartes-lettres
Un modèle de carte-lettre est illustré aux pneumatiques (n°4).

1911 - *Semeuse. Surcharge "Annulé" à la main.*

1 Semeuse 10c rouge (date: 124)   **45**   **45**

1923 - *Semeuse surchargé "Annulé".*

2 IIIA Semeuse 25c bleu t. IIIA (date: 328)
  (8mm d'écart entre le timbre et "Carte-lettre")   **45**   **45**

2 IV Semeuse 25c bleu t. IV
  (9mm d'écart entre le timbre et "Carte-lettre")   **45**   **45**

1925 - *Semeuse surchargé "Spécimen".*

3 IIIA Semeuse 25c bleu IIIA (dates: 452, 502)
  (8mm d'écart entre le timbre et "Carte-
lettre")   **40**   **40**

3 IV Semeuse 25c bleu t. IV (dates: 449, 452)
  (9mm d'écart entre le timbre et "Carte-
lettre")   **40**   **40**

Cartes postales

1911 - *Semeuse. Surcharge "Annulé" à la main.*

1 Semeuse 10c rouge (date: 108)   **50**   **50**
2 10c rouge avec réponse payée   **70**   **70**

1923 - *Semeuse et Pasteur surchargés "Annulé".*
3 Semeuse 20c brun-lilas (date: 316)   **50**   **50**

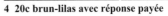

4 20c brun-lilas avec réponse payée   **85**   **85**

5 Semeuse 30c rouge (date: 129)   60   60
6 Pasteur 30c rge avec rép payée (date: 324)   135   135

1925 - *Semeuse et Pasteur surchargés "Spécimen".*
7 20c brun-lilas avec réponse payée   135   135

8 Semeuse 30c rouge (date: 128)   60   60

9 Pasteur 20c vert (date: 543)   50   50
10 Pasteur 60c rge av réponse payée   325   325

Enveloppes 1911

1911 - *Semeuse. Surcharge "Annulé" à la main.*

1 Semeuse 5c vert (107x70, daté)   50   50
2 Semeuse 10c rge s vert-gris (123x96)   50   50
   a - sans date   60   60
3 Semeuse 10c rouge s blanc (123x96)   50   50
4 10c rge s blanc, sans note pr l'expéd. (123x96)   50   50
   a - sans date   60   60
5 Semeuse 10c rge s vert-gris (147x112)   50   50

6 Semeuse 10c rouge s blanc (147x112)   50   50
7 10c rge s blanc, sans note pr l'expéd. (147x112)   50   50
8 Semeuse 10c rouge s crème (147x112)   50   50

1923 - *Semeuse surchargé "Annulé".*
9 Semeuse 5c vert (107x70, dates: 116, 401)   60   60
10 Semeuse 25c bleu (t. IV) (147x112)   70   70

1925 - *Semeuse surchargé "Spécimen".*
11 Semeuse 5c vert (107x70) (date: 145)   55   55
12 Semeuse 25c bleu (147x112)   50   50

Pneumatiques

1911 - *Semeuse. Surcharge "Annulé".*
1 Semeuse 30c violet carte-lettre   115   115
2 Semeuse 30c violet carte-lettre, rép payée   325   325
3 Semeuse 30c violet enveloppe   165   165

1925 - *Semeuse et Chaplain surchargés "Spécimen".*

4 Semeuse 30c violet carte-lettre, rép payée   500   500
5 Chaplain 1f violet carte-lettre (date: 546)   165   165

6 Chaplain 1f violet enveloppe   165   165

FRANCHISE MILITAIRE

1ère colonne: neuf ** sans charnière
2ème colonne: neuf *, charnière légère (avant 60)
3ème colonne: oblitéré
4ème colonne: oblitéré seul sur ▭

Mouchon. *Très bon centrage: +80%.*

"F" brisé

▢1 15c orange (juin 1901)	**235**	**80**	**8**	**25**
non dentelé	350	200		
a - chiffre "1" touchant le cadre	325	200	80	
b - "F" de la surcharge brisé	325	200	80	
c - surcharge renversée	485	300	150	
sur bristol, dentelure figurée		350		
▢2 15c vermillon (avril 1903)	**320**	**95**	**7**	**20**
a - queue du "5" touchant le cadre	350	210	70	
b - "F" de la surcharge brisé	350	210	70	
c - surcharge à cheval ("M. F.")	350	210	70	
d - surcharge renversée	500	300		
sur bristol, dentelure figurée		350		

Semeuse. *Très bon centrage: +50% (10c lignée & 15c lignée: +70%).*

▢3 15c vert (t. IV) (juil 1904)	**210**	**72**	**7**	**20**
non dentelé	265	185		
a - "F" de la surcharge brisé	250	150	75	
b - "M" de la surcharge brisé	250	150	75	
c - point après le "M" absent	250	150	75	
d - surcharge à cheval ("M. F.")	250	150	75	
e - surcharge recto-verso	185	110	10	
sur bristol, dentelure figurée		350		
▢4 10c rose (t. III) (juil 1906)	**130**	**42**	**10**	**22**
non dentelé	300	215		
a - "F" de la surcharge brisé	200	120	60	
b - point après le "M" absent	200	120	60	
c - surcharge à cheval ("M. F.")	300	180	90	
d - surcharge doublée	350	210	80	
e - surcharge incomplète par pliage	900	540		
f - surcharge recto-verso	115	69		
sur bristol, dentelure figurée		350		

▢5 10c rge (t. IA) (août 1907)	**5**	**2**	**1**	**6**
non dentelé	175	115		
a - "F" de la surcharge brisé	30	18	9	
b - point après le "M" absent	30	18	9	
c - surcharge à cheval ("M. F.")	60	36	18	
d - surcharge recto-verso	8	4	2	
e - surcharge renversée	180	110	55	
sur bristol, dentelure figurée		350		
▢6 50c rge (t. IIA) (juil 1929)	**21**	**6**	**1**	**6**
a - "F" ou "M" seul	120	72		
b - "M" rapproché	40	24	12	
c - point après le "M" absent	70	28	14	
d - point suppl. avant le "F"	70	28	14	
e - surcharge à cheval ("M. F.")	75	45	22	
f - surcharge recto-verso	14	8,5	4	
g - pli accordéon	165	81		
Série ▢3 à 6 (4 timbres)	**377**	**130**	**19**	

Paix.

▢7 I 50c rouge, t. I (juin 1933)	**18**	**3,5**	**0,7**	**5**
a - impression sur raccord	175	110		
b - point après le "M" absent	90	54	27	
c - surcharge recto-verso	40	24		
d - surcharge renversée	300	180	90	
▢7 III 50c rge, t. III (1935)	**18**	**3,5**	**0,7**	**5**
a - point après le "F" absent	90	54	27	
▢8 65c outremer (I) (nov. 1937)	**0,8**	**0,4**	**0,4**	**4**
a - impression sur raccord	175	110		
b - point après le "M" absent	65	39	19	
c - surcharge à cheval ("M. F.")	75	45		
d - surcharge recto-verso	10	6		

▢9 90c outremer "F.M." (I) (1939)	**1**	**0,5**	**0,5**	**18**
a - point après le "M" absent	65	39	19	
b - surcharge recto-verso	8	5	2,5	
▢10 90c outremer "F" (I) (1939)	**3,2**	**1,6**	**2,4**	**12**
a - point supplémentaire après le "F"	65	39	19	
Série ▢7 à 10 (4 timbres)	**22**	**6**	**4**	

Infanterie. *(ce timbre est dû à une initiative privée, voir carnets)*

▢10A Diptyque Infanterie	**15**	**8**	**8**	**115**

Emblème. *Dessin: Robert Louis. Gravure: Georges Hourriez.*

☐ **11 Sans faciale, vert** (6 juin 1946)	**1,7**	**1,2**	**1,2**	**30**
non dentelé	36	25		
☐ **12 Sans faciale, rouge** (1ᵉʳ oct 46)	**0,4**	**0,2**	**0,2**	**3**
b - pli accordéon	165	100		
c - rouge carminé	0,6			
paire, ▣		100		

Drapeau. *Dessin: Robert Louis. Gravure: Gilbert Aufschneider.*

☐ **13 Drapeau** (21 juillet 1964)	**0,4**	**0,2**	**2**
non dentelé	25		
▣		55	
b - couleurs très décalées	20		
c - impression recto-verso	22		
d - piquage à cheval	40		
e - pli accordéon	50		

Timbres pour colis en franchise

1ᵉʳᵉ colonne: neuf ** sans charnière
2ᵉᵐᵉ col: partie inférieure obl sur fragment de colis

Avec mention "loi du 24 mai 1951" en bas à droite

Texte sur 3 lignes

Texte sur 5 lignes

☐ **14A Ministère des P, T & T** (3 lignes)	**215**	**550**
tête-bêche		450
☐ **14B Ministère des P, T & T** (5 lignes)	**85**	**375**
tête-bêche		200
a - impression sur raccord, paire tête-bêche		180

MINISTÈRE DES POSTES & TÉLÉCOMMUNICATIONS

Texte réparti sur 6 lignes, existe avec ou sans mention complémentaire "de plus, ils ne sont pas acheminés par la poste aérienne" (4ᵉᵐᵉ ligne)

☐ **14C Ministère des P & T** (sans la mention)	**150**	**435**
tête-bêche		325
☐ **14D Ministère des P & T** (texte complet)	**85**	**375**
tête-bêche		180

Avec mention "Art. D75 et D76" en bas à droite (étiquette à coller sur le paquet)

☐ **15 Ministère des P & T**	**20**	**125**
tête-bêche		45

Franchise postale par avion.

Franchise postale par avion

Existe avec mention "par avion - pacifique"

☐ **16A Franchise par avion**	**1 000**
tête-bêche	2 200
a - couleur rouge absente	12 000
☐ **16B Franchise par avion-pacifique**	**3 300**
tête-bêche	7 260

TIMBRES DE GRÈVE

1ère colonne: neuf ** sans charnière
2ème colonne: oblitéré (période d'afft)
3ème colonne: oblitéré sur ⊡ (période d'afft)
(afft composé: timbre le plus cher sur ⊡ uniquement)

1909 - Grève d'Amiens. A partir du 13 mai 1909

	☆☆	⊙	⊡
1 10c Grève d'Amiens	30	27	225
non dentelé	1 300		
tête-bêche	125	125	
a - "c" de "10c" absent	75	75	
b - teinte de fond absente	120		
tête-bêche	900		
c - teinte absente, "c" absent	325		

1953 - Grève d'Orléans. Timbres émis le 11 août 1953

2 Orléans, 10f bleu	250	215	375
a - dentelé 1 ou 3 côtés	900		
2A +5f s 10f bleu	950		
3 Orléans, 10f jaune	425	285	475

Grève de Saumur. Vignettes imprimées se tenant. Existent percées en ligne, non dentelé, ou dans d'autres couleurs (mêmes cotes).

4 Saumur, 5f noir s jaune	20
a - piquage à cheval	30
5 Saumur, 12f noir s jaune	20
a - piquage à cheval	30
6 Saumur, 15f noir s jaune	20
a - piquage à cheval	30

1968 - Grève de Tarbes.

7 Tarbes 0,50 Mar^al Foch	125	150	225
8 Tarbes 1,00 Ste-Bernadette	125	150	225

Grève d'Epinal.

9 Epinal 0,20 noir s jaune	135	165	225

Grève de Libourne.

10 Libourne 0,50 noir s blanc	37	50	85
11 Libourne 1,00 rouge s blanc	37	50	85

Grève de St-Dié   St-Dizier   Roanne

12 Saint-Dié 0,10 bleu s blanc	37	50	125
tête-bêche	80	120	
13 St-Dizier 0,10 noir s jaune	45		
14 Roanne 0,30 noir s jaune	75	100	125
tête-bêche	225	125	

Grève de Corse-continent. Vignette imprimée après la fin de la grève dans des conditions plus qu'obscures... Percé en ligne ou nd: mêmes cotes

15   **Corse-continent** 0,50   30

Grève de Paris. Transports privés de voyageurs.

16   **Paris-Invalides**   100
    (sans faciale, noir et vert s blanc)
    a - noir sur bleu   100
    b - noir sur rose, papier pelure (sg)   60
      tête-bêche   125
    c - noir sur vert   100

17   **Paris-Invalides** 0,20   185

Grève du Bas-Rhin et du Val-de-Loire. Imprimés sur papier de différentes couleurs (mêmes cotes). Dentelé ou non dentelé: mêmes cotes.

18   **Bas-Rhin** 0,30   30
18A   **Bas-Rhin** 0,30   30
    tête-bêche   75
    a - surchargé "Juin 1968"   35

19   **Val-de-Loire** 0,15   40
20   **Val-de-Loire, transports privés**   40
    tête-bêche   100
    a - sch "Atlantique vers Paris Invalides"   50
    tête-bêche   120

21   **Val-de-Loire, étranger**   20
21A   **Val-de-Loire, sch** 0,20   25

1971 - A partir de janvier 1971,

22   **Angleterre - France**   15   15   25

23   **Courrier français**   20   20   30

Tirage: 704 séries.
Une partie du stock restant a été surchargé "C S" (mêmes cotes).

24   **Jersey, 2,40 rge s jaune**   150   100   200
    afft mixte avec timbre de Jersey   250
25   **Jersey, 2,40 vert s violet**   180   120   200
    afft mixte avec timbre de Jersey   250

25A   **Jersey, 2,40 vert s bleu pâle**
(erreur) (tirage: 96)   650
26   **Jersey, 9,60 vert s bleu pâle**   220   200   350
    a - fond bleu foncé   220   200   350

1974 - En novembre 1974

27   **Royan** 1,00 **noir s blanc**   40   65   100
28   **Royan** 1,00 **noir sur rose**   85

29   Ste-Foy 1,00 noir s blanc   40   65   90
29A surch "Service gratuit"   40   65   90
30   Ste-Foy 1,00 noir s rose   130   165

31   Bergerac 1,00 bleu s blanc   100
32   Bergerac 1,00 bleu s rose   170

33   Périgueux, 1,00 brun s blanc   100

34   Lyon, 1,00 lilas-rose   60   80   150
35   Lyon, 2,00 vert   55   85   135

Courrier à destination de l'étranger: Paris - Jersey

Tirage: 1 100 séries.

36   Jersey, 5,00 violet s rge   90   90   300
     a - impression double   200
37   Jersey, 5,00 noir s vert   90   90   350
     non dentelé   120
     a - impression double   120
37A 5,00 rose sch "Jersey -Paris"   100

38   Jersey, 10f s 5,00 violet s jne   140   130   350
38A surchargé "Jersey-Paris"   150
38B Jersey, 10f s 5,00 violet s or°° 120   120   300
     a - surchargé "10f" absente   140

1988

Grève de Reims. Dentelé ou non dentelé (mêmes cotes).

39   Reims, papier blanc   16   27   40
40   Reims, papier bleu   16   27   40

41   Lyon, 2,00 vert et violet   17
42   Lyon, 3,00 vert et bleu   17
43   Lyon, 4,00 carmin et violet   17

44   Marseille, 2,00 bleu et bleu   17
45   Marseille, 3,00 br-rge et bleu   17

46 Marseille, 4,00 rge-or^{ge} et bl   **17**

47 Ajaccio, 2,00 vert et bleu   **20**

48 Ajaccio, 2,20 rge et bleu   **20**

49 Bastia, 2,00 br-rge et vert   **20**

50 Bastia, 2,20 brun-rge   **20**

1989 - Grève d'Ajaccio.

51 Ajaccio, rouge et gris   **20**

1993 - Grève de Paris.

52 Paris, service auto   **20**

1995 - Grève de Corse.

Tirage: 820.

53 2,80 Grève de Corse 1995   **125   55   100**
afft mixte avec timbre italien   140

1997 - Grève de Corse.
En décembre 1995
Tirage: 500 en feuilles de 6 numérotées.

Courrier intérieur de l'île transporté par porteur spécial

Courrier transporté vers l'Italie via Corsica Ferries avec timbre italien

54 3,00 Grève de Corse 1997   **140**
afft mixte avec timbre français   140
afft mixte avec timbre italien   185

1ᴱᴿᴱ GUERRE MONDIALE
1914-1918

> 1ᵉʳᵉ colonne: neuf ** sans charnière
> 2ᵉᵐᵉ colonne: neuf * avec charnière légère
> 3ᵉᵐᵉ colonne: oblitéré (période d'afft)
> 4ᵉᵐᵉ colonne: oblitéré sur ▭ (période d'afft)
> **(afft cpsé: tbre le plus cher sur ▭ + autres tbres oblitérés)**

1914 - *Timbres émis par la chambre de commerce de Valenciennes, suite à l'interruption du service postal, consécutive à l'invasion allemande. Ce timbre, émis en accord avec les autorités allemandes, était destiné à du courrier acheminé par tramway. Il a été tiré à 8000 exemplaires, dont 3000 vendus, et les 5000 restants détruits sous contrôle allemand.*

Date d'émission: 8 septembre 1914	Vendus: 3 000
Date de retrait: 30 octobre 1914	

	☆☆	☆	▭	▣
1 10c rouge Valenciennes	875	515	540	750
non dentelé	2 650	1 850	2 650	3 850
a - piquage double (quelques ex connus)	3 500	2 350		

1915 - *Timbres non émis.*
Les surcharges existent encadrées ou non (mêmes cotes).

2A Blanc 1c gris (t. I)	475	260
a - couleur ardoise	500	285
2B Blanc 2c brun-lilas (t. I)	475	285
2C Blanc 3c orange (t. I)	475	250
a - couleur rouge-orange	650	400
b - papier GC	700	400
2D Semeuse 5c vert	500	260
2E Semeuse 10c rouge	475	260
2F Semeuse 15c vert-olive	575	325
2G Semeuse 20c brun-lilas	450	250
2H Semeuse 25c bleu	450	250
2I Semeuse sch Croix-Rouge	650	400
2J Semeuse Croix-Rouge	650	400

1916 - *Timbres patriotiques. Non émis.*
Surcharges noires, bleues ou carmins = mêmes cotes.

3A Semeuse 25c bleu	800	500

Surcharge caractères bâton

Seule pièce connue

3B Merson 50c brun et gris	13 500	
a - surcharge en noir (1ex connu)	13 500	

Seule pièce connue

3C Merson 1f lie-de-vin et olive	13 500	
a - surcharge en noir (1ex connu)	13 500	

Surcharge caractères déliés, surtaxe sous le libellé

Seule pièce connue

3D Merson 50c brun et gris   13 500

Seule pièce connue

3E Merson 1f lie-de-vin et olive   13 500

Surcharge caractères déliés, surtaxe à droite du libellé

Seule pièce connue

3F Merson 50c brun et gris   13 500

Seule pièce connue

3G Merson 1f lie-de-vin et olive   13 500

1916

Surcharges noires, bleues ou carmins = mêmes cotes.

4A Blanc 2c + 3c	750	475
4B Semeuse 5c + 5c	750	475
4C Semeuse 15c + 10c	750	475
4D Semeuse 25c + 15c	800	500
4E Semeuse 35c + 25c	800	500

4F Merson 50c + 50c	2 500	1 750
4G Merson 1f + 1f	2 500	1 750

4H Merson 5f + 5f	3 000	2 000

1916

5A Blanc 2c + 3c	700	475
5B Semeuse 15c + 10c	775	500
5C Merson 50c + 50c	2 500	1 750

5D Merson 1f + 1f	2 500	1 750

5E Merson 5f + 5f	3 000	2 000

Surcharge "Orphelins P. T. T." sans la mention "Guerre 14-16"

5F Merson 50c brun et gris   13 500

Seule pièce connue

5G Merson 1f lie-de-vin et olive   13 500

Seule pièce connue

Postes du Monténégro

1916 -

1 Semeuse 5c vert	**30**	**20**
a - surcharge doublée	150	100
b - surcharge renversée	150	100
tenant à normal	225	150
2 Semeuse 10c rouge	**30**	**20**
a - surcharge doublée	150	100
b - surcharge renversée	150	100
3 Semeuse 15c vert	**625**	**425**

4 Semeuse 20c brun-lila 625 425

5 Semeuse 25c bleu 50 30
a - surcharge doublée 150 110
b - surcharge renversée 150 110

6 Semeuse 30c orange 55 35

7 Semeuse 35c violet 55 35
a - surcharge doublée 200 135
b - surcharge renversée 200 135

8 Merson 40c rouge et bleu 80 50
a - surcharge doublée 225 150
b - surcharge renversée 225 150
c - surchargé tenant à non surchargé 2 000 1 250

9 Merson 45c vert et bleu 175 115

10 Merson 50c brun et gris 375 185
a - surcharge doublée 450 250
b - surcharge renversée 450 250

11 Merson 1f lie-de-vin et olive 300 160
a - surcharge doublée 400 225
b - surcharge renversée 400 225

Série 1 à 11 (11 timbres) 2 400 1 500

Timbres de retour

1 Le destinataire n'a pu être atteint 15 10

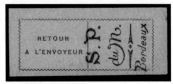

2 Retour à l'envoyeur 15 10

3 Retour à l'envoyeur, le destinataire... 35 25

Postes serbes à Corfou

1916

Trois timbres de Grèce auraient aussi été employés (très rares).

1ère colonne: oblitéré détaché ou sur fragment
2ème colonne: oblitéré sur ✉ (période d'afft)
(afft composé: timbre le plus cher sur ✉ uniquement)

1 Semeuse 5c vert 35 250
a - papier GC 40 250

2 Semeuse 10c rouge 40 265

3 Semeuse 15c vert 50 250

4 Semeuse 20c brun-lilas 55 350

5 Semeuse 25c bleu 60 425

6 Semeuse 30c orange 65 500

7 Semeuse 35c violet 65 425

8 Merson 40c rouge et bleu	65	400
a - papier GC	85	425
9 Merson 45 vert et bleu	80	550
10 Merson 50c brun et gris	85	400
a - papier GC	115	425
11 Merson 1f lie-de-vin et olive	125	600
Série 1 à 11 (11 timbres)	725	

Occupation allemande: Postes d'étapes

1916-17

1 3Pf surchargé 3 cent.	3,5	1,5	1,5	120
2 5Pf surchargé 5 cent.	3,5	1,5	1,5	120
3 7½Pf surchargé 8 cent.	4,5	2,5	2,5	130

4 10Pf surchargé 10 cent.	4,5	2,5	2,5	120
5 15Pf surchargé 15 cent.	3,5	1,5	1,5	125

6 20Pf surchargé 25 cent.	3,5	1,5	1,5	125
a - couleur bleu outremer	6,5	2,5	2,5	200
7 30Pf surchargé 40 cent.	8	3,5	3,5	225

8 40Pf surchargé 50 cent.	9	3,5	3,5	300
9 60Pf surchargé 75 cent.	45	15	15	750
10 80Pf surchargé 1f.	45	15	15	750

11 1Mk surchargé 1f. 25 cent.	185	58	58

12 2Mk surchargé 2f. 50 cent.	185	59	59
Série 1 à 12 (12 timbres)	500	165	165

2ᴱᴹᴱ GUERRE MONDIALE
1939-1945

Dunkerque-Coudekerque

30 bureaux ont pu bénéficier de la reprise du courrier:

Arneke	Esquelbecq	Pitgam
Bailleul	Ghyvelde	Rexpoëde
Bergues	Grand-Fort-Philippe	Rosendaël
Bollezeele	Gravelines	Saint-Pierre-Bouck
Bourbourg	Hazebrouk	Saint-Pol-sur-Mer
Bray-Dunes	Herzeele	Steenworde
Caëstre	Hondschoote	Tetghem
Cassel	Loon-Plage	Watten
Couderkerque	Malo-les-Bains	Wormhout
Dunkerque	Petite-Synthe	Zeggers-Cappel

Dunkerque:
"i" de "Gebiet"
aligné avec le 1ᵉʳ
jambage du "n"
de "frankreich"

Coudekerque:
"i" et "n"
décalés

Dunkerque *Cachet intact: **plus-value de 100%***

1 Mercure 25c vert(tirage: 800)	**400**	**250**	**350**	**800**

2 Mercure 40c violet(tirage: 300)	**3 150**	**2 100**	**3 250**	**3 750**

3 Mercure 50c bleu fcé(tir: 2 500)	**175**	**125**	**160**	**250**

4 I Paix 50c rge t. I (tirage: 10 000)	**175**	**125**	**160**	**250**
a - surcharge doublée	400	200		
4 III Paix 50c rouge type III	**175**	**125**	**160**	**250**
5 Iris 1f rouge (tirage: 3 000)	**375**	**250**	**355**	**750**
6 Iris 1f vert (tirage: 1 200)	**415**	**275**	**350**	**750**

Coudekerque

7 Mercure 25c vert	**650**	**450**	**650**	**1 250**

8 Mercure 40c violet	**725**	**525**	**750**	**1 200**

9 Mercure 50c bleu fcé (tir: 1 500)	**300**	**200**	**300**	**500**

10 I Paix 50c rge t. I (tirage: 400)	**1 350**	**900**	**1 350**	**1 850**
10 III Paix 50c rouge type III	**1 350**	**900**	**1 350**	**1 850**
11 Iris 1f vert	**650**	**450**	**650**	**1 100**

Surcharges manuscrites

Le bureau de Cassel a été périodiquement en manque de timbres surchargés. Le receveur a donc fait surcharger les timbres manuellement par ses six employés, dont il a conservé les spécimens d'écriture reproduits ci-dessous.

Les plis avec surcharges manuscrites de Cassel sont en général datés du 5 juillet 1940 ou du 10 août. Ils se collectionnent sur lettre ou éventuellement sur fragment avec cachet complet (environ 500 lettres connues).

Le bureau de Bergues, ainsi que celui de Wormhout aurait utilisé lui aussi le même procédé.

Cote minimale d'un manuscrit de Cassel   425 2 150

Combinaisons

Combinaison de plusieurs timbres (deux ou plus) pour former un affranchissement à 80c ou 1f (sur lettre), ou entiers surchargés.

Avec griffe de Dunkerque (cotes minimales)

Affranchissement à 80c	425
Affranchissement à 1f	350

Avec griffe de Coudekerque (cotes minimales)

Affranchissement à 80c	650
Affranchissement à 1f	550

Autres paires et commémoratifs surchargés

Iris 1f 50 surchargé de Coudekerque

Dunkerque

12 Mercure 5c rose (tirage: 300)	800	550	600	800
13 Mercure 10c bleu (tirage: 300)	800	550	600	800
14 Mercure 15c vermillon	800	550	600	800
15 Mercure 15c brun (tirage: 300)	800	550	600	800
16 Mercure 20c lilas (tirage: 300)	800	550	600	800
17 Semeuse 30c bun-rge (tir: 300)	800	550	600	800
18 Mercure 30c rouge (tirage: 300)	800	550	600	800
19 Mercure 45c vert (tirage: 300)	800	550	600	800
20 Paix 80c orange	1 000	675	750	1 000
21 Paix 1f 40 lilas	1 000	675	750	1 000
22 Paix 1f 50 bleu (tirage: 250)	1 000	675	750	1 000
23 Cérès 2f rose-rouge	1 000	675	750	1 000
24 Cérès 2f 50 vert (tirage: 250)	1 000	675	750	1 000
25 Cérès 3f lilas-rose (tirage: 250)	1 000	675	750	1 000

Coudekerque

26 Mercure 1c olive	650	450	650
27 Mercure 2c vert	650	450	650
28 Mercure 5c rose	650	450	650
29 Mercure 10c bleu	650	450	650
30 Mercure 15c vermillon	650	450	650
31 Mercure 15c brun	650	450	650
32 Semeuse 20c lilas	650	450	650
33 Mercure 20c lilas	650	450	650
34 Mercure 30c rouge	650	450	650
35 Mercure 40c violet	650	450	650
36 Mercure 45c vert	650	450	650
37 Paix 60c bistre	650	450	650
38 Mercure 60c rouge-orange	650	450	650
39 Mercure 70c lilas-rose	650	450	650
40 Paix 75c olive	650	450	650
41 Mercure 75c brun-rouge	650	450	650
42 Paix 80c orange	650	450	650
43 Paix 90c outremer	650	450	650
44 Paix 1f 25 rose-rouge	650	450	650
45 Iris 1f 30 bleu	650	450	650
46 Paix 1f 40 lilas	650	450	650
47 Paix 1f 50 bleu	650	450	650
48 Iris 1f 50 orange	650	450	650
49 Cérès 2f rose-rouge	650	450	650
50 Cérès 2f 25 outremer	650	450	650
51 Cérès 2f 50 vert	650	450	650
52 Cérès 3f lilas-rose	650	450	650

Commémoratifs surchargés de Coudekerque

53 P. Puvis de Chavanne 40c + 10c	800	550	800
54 Musée postal 40c + 60c	800	550	800
55 Fantassin 40c + 60c	800	550	800
56 C. Debussy 70c + 10c	800	550	800
57 Natalité 70c + 80c	800	550	800
58 Maréchal Joffre 80c + 45c	800	550	800
59 H. de Balzac 90c + 10c	800	550	800
60 Lutte contre la syphilis 90c + 30c	800	550	800
61 Croix-Rouge 90c + 35c	800	550	800
62 Enfants des chômeurs 90c + 35c	800	550	800
63 Natalité 90c + 60c	800	550	800
64 France d'outre-mer 1f + 25c	800	550	800
65 Marsouin 1f + 50c	800	550	800
66 Maréchal Foch 1f + 50c	800	550	800
67 Général Galliéni 1f 50 + 50c	800	550	800
68 C. Bernard 2f 25 + 25c	800	550	800
69 Femme au labour 2f 50 + 50c	800	550	800
70 Carcassone 5f	2 500	1 850	2 500
71 Vincennes 10f	2 500	1 850	2 500
72 Saint-Malo	2 500	1 850	2 500
73 Clément Ader	3 500	2 500	3 500

Affts de fortune

Afft de fortune sur ✉ timbrée au tarif (cote min)   65

Mention: PP, affranchi en numéraire, port payé, taxe perçue, etc. sur ✉ non timbrée (cote min)   45

Mention: non affranchi faute de timbre (cote min)   35

Occupation allemande:
Alsace-Lorraine

1ᵉʳᵉ colonne: neuf ** sans charnière
2ᵉᵐᵉ colonne: neuf * avec charnière légère
3ᵉᵐᵉ colonne: oblitéré (période d'afft)
4ᵉᵐᵉ colonne: oblitéré sur ▣ (période d'afft)
(afft cpsé: tbre le plus cher sur ▣ P autres tbres oblitérés)

Elsass
Série "Hindenburg" surchargée "Elsass".
Émisssion: 15 août 1940. Retrait: 31 décembre 1941.

1 3Pf bistre-brun	1	0,5	0,5	5
2 4Pf ardoise foncé	1	0,5	0,5	5
3 5Pf vert	1	0,5	0,5	4

4 6Pf vert foncé	1	0,5	0,5	3,5
a - surcharge renversée	1 350	900	1 150	3 250
5 8Pf rouge-orange	1	0,5	0,5	5
a - surcharge renversée	1 350	900	1 150	3 250

6 10Pf brun foncé	1	0,6	0,6	6
7 12Pf rouge	1,2	0,7	0,7	4,5
8 15Pf lilas	1,3	0,7	0,7	10

9 20Pf bleu	2	0,8	0,8	14
10 25Pf outremer	2	0,8	0,8	14
11 30Pf brun-olive	2	0,8	0,8	15

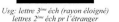

Usg: lettre 3ᵉᵐᵉ éch (rayon éloigné)   *Usg: recomm 3ᵉᵐᵉ éch rayon local*
lettres 2ᵉᵐᵉ éch pr l'étranger   *taxe d'éxpédition*

12 40Pf rose	3,5	1,1	1,1	20
13 50Pf vert et noir	9,5	4	4	35

14 60Pf lilas-rouge et noir	9,5	4	4	35
15 80Pf bleu et noir	24	9	9	65
16 100Pf jaune et noir	23	9	9	75
Série 1 à 16 (16 timbres)	83	34	34	

Lothringen
Série "Hindenburg" surchargée "Lothringen".
Émission: 21 août 1940. Retrait: 31 décembre 1941.

1 3Pf bistre-brun	1,3	0,7	0,7	6
2 4Pf ardoise foncé	1,3	0,7	0,7	6
3 5Pf vert	1,3	0,7	0,7	5

4 6Pf vert foncé	1,3	0,7	0,7	4,5
5 8Pf rouge-orange	1,3	0,7	0,7	
a - surcharge à cheval	200	125		6
6 10Pf brun foncé	1,8	0,9	0,9	7,5
a - surcharge à cheval	90	65		

7 12Pf rouge	1,8	0,9	0,9	4,5
8 15Pf lilas	1,8	0,9	0,9	12

9 20Pf bleu	2	1,1	1,1	15
10 25Pf outremer	2	1,1	1,1	15

11 30Pf brun-olive	2,6	1,1	1,1	17

12 40Pf rose	3	1,5	1,5	22
13 50Pf vert et noir	7,5	3,5	3,5	35

14 60Pf lilas-rouge et noir	8	3,5	3,5	35
15 80Pf bleu et noir	25	9	9	75
16 100Pf jaune et noir	25	9	9	80
Série 1 à 16 (16 timbres)	87	36	36	

Afft mixte avec tbre français (lettre simple)	55
Afft mixte avec tbre français (recommandé)	165
Afft mixte avec tbre allemand (lettre simple)	35
Afft mixte avec tbre allemand (recommandé)	105

"Légion des Volontaires Français"

Les cachets de franchise apposés sur les plis comportaient un numéro de secteur postal. La liste ci-dessous donne les secteurs où étaient affectés les unités de volontaires français.

00100	03865A	06376	31206	41592
00290	03925	09187	34748K	44129i
01196	04358	14309	35411	44856
02732	05492	19440	38178	46795
02951	05780	20919	39630	

1ère colonne: neuf ** sans charnière
2ème colonne: neuf * avec charnière légère
3ème colonne: oblitéré (période d'afft)
4ème colonne: oblitéré sur 🖃 (période d'afft)
(afft composé: timbre le plus cher sur 🖃 uniquement)

1941 - *Bloc-feuillet "ours". Émission: 24 octobre 1941.*
Vendus: 30 000 blocs. Typo. Dess: Vinay. Grav: G.-L. Degorce.

1 Bloc "ours"	**630**	**340**	**600 2 100**
non dentelé (tirage: 100)	1 350	800	
▣			1 650
a - piquage à cheval	800	500	
b - texte décalé (non dentelé)	950	600	
c - surcharge multiple du texte	1 150	725	

1941 - *Courrier officiel par avion et courrier spécial par avion. Taille-douce (feuilles de 25). Émission: décembre 1941. Vendus: 141 000 paires. Dessin: Bonhontal. Gravure: P. Gandon ("F"). Dessin: Vinay. Gravure: G.-L. Degorce ("FP10").*

2 "F" vert et rouge	**20**	**10**	**50**	**700**
non dentelé	175	115		
▣		525		
a - légende absente	225	150		
b - légende absente et piquage à cheval	600	400		
c - légende très déplacée	135	75		

3 "F P 10" carmin et bleu	**20**	**10**	**50**	**700**
non dentelé	175	115		
▣		525		
a - légende absente	225	150		
non dentelé	325	210		
b - légende doublée	200	135		
c - légende très déplacée	135	75		

Epreuve de luxe sans inscriptions du "Courrier spécial"

1942 - *Courrier officiel par avion et courrier spécial par avion surchargés "Front de l'est - Ostfront". Taille-dce (feuilles de 25). Émission: 15 janvier 1942. Vendus: 137 000 paires.*

4 "F" vert et rouge	**22**	**12**	**60**	**775**
a - surcharge à cheval	135	85		
b - surcharge incomplète	235	150		
c - surcharge multiple	400	250		
d - surcharge recto-verso	110	75		
e - surcharge renversée	300	200		
f - surchargé tenant à non surchargé	475	325		
g - surcharge très déplacée	110	75		

4A surcharge rouge, non émis   1 600 1 000

5 "F + 10" carmin et bleu	22	12	60	775
a - surcharge à cheval	125	85		
b - surcharge incomplète	235	150		
c - surcharge multiple	400	250		
d - surcharge recto-verso	110	75		
e - surcharge renversée	300	200		
f - surchargé tenant à non surchargé	475	325		
g - surcharge très déplacée	110	75		

1942 - Série "Borodino".
Émission: 30 avril 1942. Vendus: 450 000 séries. Héliogravure.

6 Cavaliers	4	2	13	300
a - tenant à bord de feuille avec sigle	6	3	14	350

7 Artillerie	4	2	13	300
a - tenant à bord de feuille avec sigle	6	3	14	350
8 Salut au drapeau	4	2	13	300
a - tenant à bord de feuille avec sigle	6	3	14	350

9 Char d'assaut	4	2	13	300
a - tenant à bord de feuille avec sigle	6	3	14	350
10 Guetteur	4	2	13	300
⊠ nd, couleur différente (sg)			200	
⊠ ten à bdf avec sigle (nd sg)			200	
⊠ ss inscr, coul diffte (nd sg)			200	
⊠ ss inscr ten à bdf (nd sg)			300	
a - tenant à bord de feuille avec sigle	6	3	14	350
Série 6 à 10 (5 timbres)	**20**	**10**	**65**	**400**
tenant à bord de feuille avec sigle	30	14	85	450

Faux de la Résistance

Deux faux sont ici répertoriés : ils ont réellement été imprimés par la résistance et ont vraiment servi sur du courrier clandestin ayant voyagé.

1943 - *Le faux de Gaulle a été gravé par Robert Thirin et imprimé (en feuillet de 9) par Georges Fonat et Georgette Houde, du réseau "Combat", en 1943 à Nice*

1 Faux de Gaulle	45	30	55	300
non dentelé	85	65	115	775

1944

Tampon de l'Atelier des Faux

Timbre original

Faux de la Résistance
Tirage : 2 712 800 (clair P foncé)
921 600 (brun-noir)
460 800 (brun-rouge)
960 (non dentelé)
964 (dentelé 2 côtés)
72 (dentelé 1 côté)
50 000 (feuillets souvenir)

2 Faux de la Résistance (sg)	5	15	235
non dentelé (sans gomme)	55		
a - brun foncé (sg)	7	18	285
b - brun-noir (sg)	14	40	500
c - brun rouge (sg)	18		
d - dentelé 1 côté (sg)	125		
e - dentelé 2 côtés (sg)	55		
f - feuillet-souvenir (sg)	35		

Faux de l'Intelligence Service

1 Mercure 25c vert	22	15
2 Mercure 30c orange	22	15

3 Iris 1f 50 orange	22	15
4 Pétain 30c rouge	22	15

5 Pétain 50c vert	22	15
6 Pétain 70c orange	55	36
7 Pétain 1f rouge	22	15
8 Pétain 1f 20 brun	30	20

9 Pétain 1f 50 rose	1 080	705
10 Pétain 1f 50 brun	22	15
11 Pétain 2f vert	96	64
Série 1 à 11 (11 timbres)	1 415	930

Emissions du C.FL.N.

Détail des livraisons (18 octobre 1943):

Corse	10 000	Madagascar	25 000
AEF	15 000	Maroc	40 000
AOF	25 000	Martinique	15 000
Algérie	90 000	N^{elle}-Calédonie	1 000
Cameroun	10 000	N^{elles}-Hébrides	500
Côte des Somalis	1 000	Océanie	2 000
Guadeloupe	15 000	Réunion	2 000
Guyane	5 000	St-Pierre & M^{on}	500
Inde	1 500	Syrie	10 000
Liban	10 000	Tunisie	20 000

1943 - *Pour l'aide aux combattants.*
Lithographie (f25). D: A. Bodiniet & G: Charles Hervé.
Emission: sans doute 26 octobre 1943. Retrait: prévu au
31 janvier 1944, repoussé au 31 mars 1944. Tirage:
300 000 séries, porté à 400 000 le 18 décembre 1943.

1 0f 50 + 4f 50 vert-émeraude	1,5	1	2	70

2 1f 50 + 8f 50 rose	1,5	1	2	80

3 3f + 12f bleu	1,5	1	2	70

4 5f + 15f gris-brun	1,5	1	2	70

5 9f + 41f lilas	3,5	2	4	70
Série 1 à 5 (5 timbres)	10	6	12	

1943 - *Pour l'aide aux résistants.*
Imprimé à Alger par E. Imbert (feuilles de 10). Dessin: sans
doute René Rostagny (dit Gaston RY). Emission: sans doute entre
le 16 et le 26 novembre 1943. Retrait: prévu au 31 janvier 1944,
puis repoussé au 31 mars 1944. Tirage: 100 000 dont
20 000 fautés.

Détail des livraisons (3 novembre 1943):

Corse	4 000	Madagascar	8 000
AEF	5 000	Maroc	15 000
AOF	8 000	Martinique	5 000
Algérie	30 000	N^{elle}-Calédonie	500
Cameroun	3 000	N^{elles}-Hébrides	300
Côte des Somalis	300	Océanie	600
Guadeloupe	5 000	Réunion	600
Guyane	2 000	St-Pierre & M^{on}	200
Inde	500	Syrie	3 000
Liban	3 000	Tunisie	6 000

6 1f 50 + 98f 50	60	45	45	150
non dentelé		300		
a - sans le logo	36	27	27	110

1944- *Oeuvres de solidarité
française. Litho (f 25). Imprimé
à Alger par Heintz. Gravure:
Charles Hervé. Emission:
12 mai 1944. Tirage: 500 000.*

1944 ✈ - *Entraide
de l'aviation. Litho (f 25).
D: M. Patton. G: C. Hervé.
Emission: septembre 1944.
Tirage: 1 000 000.*

7 10f + 40f bleu	6	5	5	90
non dentelé	20	16		
✈1 10f + 40f gris	8	6	6	110
non dentelé	30	22		
a - piquage à cheval	275	185		

1945-46 - *Timbres-taxe.*

Taxe 1	10c bleu	1	0,5	25
Taxe 2	15c vert-jaune	1	0,5	25
Taxe 3	25c jaune-orange	1	0,5	25

Taxe 4	50c vert	1,5	1	25
Taxe 5	60c brun-rouge	1,5	1	25
Taxe 6	1f lie-de-vin	1,5	1	25

Taxe 7	2f rouge	1,5	1	25
Taxe 8	4f gris	6	4	30
Taxe 9	5f outremer	6	4	30

Taxe 10	10f violet	30	24	75
Taxe 11	20f brun	5	4	30
Taxe 12	50f vert	10	8	40
Série 1 à 12 (12 timbres)		66	49,5	380

Cote minimale d'une lettre avec timbre-taxe   125

Base navale italienne de Bordeaux

Cote minimale d'une lettre envoyée de la base navale
italienne affranchie avec des timbres italiens:
(d'octobre 1940 jusqu'au début 1943)   **375**

1943 - *Surchargés: 1ère série. Tirage: 200 séries.*

1 Auguste, 10c sépia	1 600	1 000	1 600	3 000
2 César, 20c rouge	1 600	1 000	1 600	3 000
3 Victor-Emmanuel, 25c vert	1 600	1 000	1 600	3 000
4 Victor-Emmanuel, 30c sépia	1 600	1 000	1 600	3 000
5 Victor-Emmanuel, 50c violet	1 600	1 000	1 600	3 000

1943 - *Surchargés: 2ème série. Emission: 1er novembre 1943.*

"Fascista" sans "t"

Normal   *"Répubblicana" avec un seul "b"*

*Les timbres "Victor-Emmanuel" (25c, 30c, et 50c) existent
tenant à vignette de propagande sans dentelure de séparation
(quatre modèles différents) (très rares).*

Artillerie

Aviation

Marine

Milice

Tirage: 50 000 *Tirage: 50* *Tirage: 12 000*

6 Auguste, 10c sépia	15	10	15	300
a - "Fascista" sans "t"	135	90	135	1 150
b - "Repubblicana" avec un seul "b"	165	110		
c - surcharge doublée (tirage: 60)	275	185		
d - surch doublée dont 1 renversée (tir: 40)	600	400		
e - surcharge renversée (tirage: 200)	225	140		
f - surchargé ten. à non surchargé (tir: 40)	600	400		

7 Italia, 15c vert	22 500	15 000	13 500	

8 César, 20c rouge	60	40	100	900
a - "Fascista" sans "t"	550	375	675	
b - "Repubblicana" avec un seul "b"	600	400		
c - surch doublée dont 1 renversée (tir: 20)	1 350	800		
d - surcharge renversée (tirage: 200)	500	350		
e - surchargé ten. à non surchargé (tir: 40)	1 100	700		

Tirage: 9 000 *Tirage: 32 000* *Tirage: 50 000*

9 Victor-Emmanuel, 25c vert	215	125	250	2 000
a - "Fascista" sans "t"	800	550	875	
b - "Repubblicana" avec un seul "b"	1 500	850		
c - surch doublée dont 1 renversée (tir: 20)	1 500	850		
d - surcharge renversée (tirage: 200)	750	450		
e - surchargé ten. à non surchargé (tir: 40)	1 350	800		

9A Avec vignette "Artillerie"	2 250	1 500	1 850	2 750
9B Avec vignette "Aviation"	2 750	1 900	2 350	3 500
9C Avec vignette "Marine"	2 750	1 900	2 350	3 500
a - surch doublée dont 1 renversée	5 250	3 150		
9D Avec vignette "Milice"	2 250	1 500	1 850	2 750

10 Victor-Emmanuel, 30c sépia	21	11	27	575
a - "Fascista" sans "t"	550	400	625	
b - "Repubblicana" avec un seul "b"	475	325		
c - surcharge doublée (tirage: 60)	750	575		
d - surcharge renversée (tirage: 200)	475	350		
e - surchargé ten. à non surchargé (tir: 40)	1 350	800		

10A Avec vignette "Artillerie"	2 250	1 500	1 850	2 750
10B Avec vignette "Aviation"	4 250	2 650	3 400	
a - surch doublée dont 1 renversée	6 750	4 500		
10C Avec vignette "Marine"	2 250	1 500	1 850	2 750
10D Avec vignette "Milice"	2 250	1 500	1 850	2 750

11 Victor-Emmanuel, 50c violet	60	35	60	625
a - "Fascista" sans "t"	850	625	800	
b - "Repubblicana" avec un seul "b"	425	300		
c - surcharge renversée (tirage: 200)	650	500		
d - surchargé ten. à non surchargé (tir: 40)	1 350	800		

11A Avec vignette "Artillerie"	2 750	1 900	2 350	3 500
11B Avec vignette "Aviation"	2 250	1 500	1 850	2 750
11C Avec vignette "Marine"	2 250	1 500	1 850	2 750
a - surch doublée dont 1 renversée	4 750	2 850		
11D Avec vignette "Milice"	2 250	1 500	1 850	2 750

1944 - Surchargés: 3ème série. Émission: février 1944.

"République" avec un seul "b"

Tirage: 200 *Tirage: 1 500* *Tirage: 360*

12 Louve, 5c sépia	10 000	6 250	7 500	
a - "République" avec un seul "b"	10 000	6 250		

13 Auguste, 10c sépia	325	7 500	300	2 650
a - "République" avec un seul "b"	500	350		

14 Italia, 15c vert	1 600	1 050	1 500	15 000
a - "République" avec un seul "b"	2 750	2 000		
b - surcharge recto-verso	2 150	1 400		

Tirage: 18 800 *Tirage: 12 200* *Tirage: 23 400*

15 Victor-Emmanuel, 25c vert	27	16	30	325
a - "République" avec un seul "b"	325	215		
b - surcharge très décalée	235	150		
c - surcharge recto-verso	80	50		

16 Victor-Emmanuel, 30c sépia	38	22	40	425
a - "République" avec un seul "b"	350	230		
b - surcharge recto-verso	125	70		

17 Victor-Emmanuel, 50c violet	22	12	22	300
a - "République" avec un seul "b"	325	215		
b - surcharge à cheval	485	315		
c - surcharge doublée dont 1 renversée	300	200		
d - surcharge recto-verso	75	50		
e - surcharge recto et verso	650	435		
f - surcharge très décalée	235	150		

Poste aéronavale militaire
Courrier aéro-naval français ↗ Etats-Unis

Cote minimale d'une lettre ou entier envoyé par
un marin francais pour les U.S.A. et centralisée à
Casablanca
(entre novembre 1943 et avant le 16 juin 1944):   **750**

6 cents aérien des États-unis avec griffe "RF"

*Des entiers des États-Unis ont été
utilisés dans les mêmes conditions.*

*De même, d'autres timbres à 6 cents ou des
paires de timbres à 3 cents ont été utilisés.*

1ère colonne: neuf ** sans charnière
2ème colonne: neuf * avec charnière légère
3ème colonne: oblitéré (période d'afft)
4ème colonne: oblitéré sur ▣ (période d'afft)
(période d'affranchissement: du 8 mai 1944 à août 1945)

Lettres avec double censure française et américaine:
plus-value de 40%.

Utilisation en multiple ou avec timbre supplémentaire:
plus-value de 50%.

⚠ *De nombreuses fausses surcharges ou de fausses lettres
existent, l'expertise est indispensable. Attention aux neufs.*

1 Alger I		140	100	140	625
a - sur entier postal 6 cents orange		200			875
b - sur tbre autre que le 6 cents rge					1 100
2 Alger II		160	110	160	625
a - sur entier postal 6 cents orange		225			875
b - sur tbre autre que le 6 cents rge					1 100

3 Bizerte I		140	100	170	650
a - sur entier postal 6 cents orange		200			900
b - sur tbre autre que le 6 cents rge					1 200
4 Bizerte II		110	110	170	650
a - sur entier postal 6 cents orange		150			900
b - sur tbre autre que le 6 cents rge					1 200

5 Bizerte III		110	70	135	600
a - sur entier postal 6 cents orange		150			800
b - sur tbre autre que le 6 cents rge					1 000
6 Bizerte IV		165	125	230	675
a - sur entier postal 6 cents orange		225			950
b - sur tbre autre que le 6 cents rge					1 350

7 Bône		185	135	265	775
a - sur entier postal 6 cents orange		250			1 050
b - sur tbre autre que le 6 cents rge					1 500
8 Casablanca I		150	110	150	600
a - sur entier postal 6 cents orange		210			800
b - sur tbre autre que le 6 cents rge					1 000

9 Casablanca II		115	80	135	600
a - sur entier postal 6 cents orange		160			800
b - sur tbre autre que le 6 cents rge					1 000

10 Casablanca III	110	70	125	600
a - sur entier postal 6 cents orange	150			800
b - sur tbre autre que le 6 cents rge				1 000

11 Cotonou I	150	115	165	650
a - sur entier postal 6 cents orange	210			900
b - sur tbre autre que le 6 cents rge				1 200
12 Cotonou II	185	135	215	675
a - sur entier postal 6 cents orange	250			950
b - sur tbre autre que le 6 cents rge				1 350

13 Dakar I	200	140	215	650
a - sur entier postal 6 cents orange	280			900
b - sur tbre autre que le 6 cents rge				1 200

15 Marseille	325	215	325	250
a - sur entier postal 6 cents orange	450		1 250	1 750
16 Oran	160	115	175	600
a - sur entier postal 6 cents orange	225			800
b - sur tbre autre que le 6 cents rge				1 000
17 Toulon	165	125	185	625
a - sur entier postal 6 cents orange	225			875
b - sur tbre autre que le				1 100

Cote min d'une lettre → de militaire français aux USA envoyée
aux colonies ou en France libérée (avec timbre US)   **500**

Emissions de Libération

*Ici, seules les émissions les plus couramment collectionnées
sont détaillées timbre par timbre. Pour les autres émissions,
étant donné leur nombre, seules les villes les plus importantes
sont citées avec la cote de la série complète. (Pour plus de
détail, on peut se référer aux ouvrages spécialisés qui existent
déjà).*

```
1ère colonne: neuf ** sans charnière
2ème colonne: neuf * avec charnière légère
3ème colonne: oblitéré (période d'afft)
4ème colonne: oblitéré sur 🖃 (période d'afft)
```

Aigurande (Indre)

*Émis le 17 août 1944 par le Comité local de
Libération, ces timbres existent sur lettres ayant
voyagé. Tirage: entre 400 (2f 40) et 2 500 (1f).
Surcharges renversées ou doubles: + 100%.*

1 Pétain 60c violet	30	24	27	50
2 Pétain 70c orange	30	24	27	50
3 Pétain 80c vert	30	24	27	50
4 Pétain 1f rouge	30	24	27	50
5 Pétain 1f 20 brun	55	44	45	85
6 Pétain 1f 50 brun	65	52	40	50
7 Pétain 2f vert	30	23	27	50
8 Pétain 2f 40 rouge	100	80	90	130
9 Pétain 3f orange	50	40	45	70
10 Pétain 4f bleu (typo.)	75	60	65	85
11 Pétain 4f 50 vert (typo.)	75	60	65	85
Série complète	570	455	485	

Série de 6 timbres	425	335	375
Série de 10 timbres non émis	1575	1250	

Bordeaux (Gironde) (type I)

*Les timbres sont mis en vente le 2 sept. 1944 sur ordre
de la direction générale. L'ordre est annulé le 4, mais
le 1f 50 sera remis en vente le 7. Le lendemain les Iris
nouveaux sont livrés. Existent sur lettres ayant voyagé.
Surcharges doubles ou renversées: cotes x 100.*

1 Pétain 60c violet (tir: 3 600)	85	62	75	100
2 Pétain 70c orange (tir: 37 000)	4	3	4	5
3 Pétain 80c vert (tir: 9 600)	8	6,5	5	7
4 Pétain 1f rouge (tir: 89 200)	3	2,5	2	4
5 Pétain 1f 20 brun (tir: 79 250)	3	2,5	2	4
6 Pétain 1f 50 brun (tir: 288 000)	2	1,5	1	3
7 Pétain 2f vert (tir: 56 650)	3	2,5	2	4
8 Pétain 2f 40 rouge (tir: 16 000)	8	7	4	5
9 Pétain 3f orange (tir: 105 500)	2	1,5	2	4
10 Pétain 4f (typo.) (tir: 28 450)	4	3	4	5
11 Pétain 4f 50 (typo.) (tir: 42 450)	4	3	4	5
Série complète	125	95	105	

12 Taxe 30c (tir: 950)	110	85	160
13 Taxe 50c (tir: 4 000)	6	5	10
14 Taxe 1f (tir: 3 300)	6	5	10
15 Taxe 1f 50 (tir: 3 050)	6	5	10
16 Taxe 2f (tir: 1 450)	19	14	25
17 Taxe 3f (tir: 3 000)	8	6	15
18 Taxe 5f (tir: 1 450)	20	15	25
Série complète	175	135	255

Bordeaux (type II)

1 Pétain 60c violet (tir: 2 160)	110	90	115	140
2 Pétain 70c orange (tir: 22 200)	5	3	4	7
3 Pétain 80c vert (tir: 5 750)	13	8,5	10	15
4 Pétain 1f rouge (tir: 53 250)	4	2,5	3	5
5 Pétain 1f 20 brun (tir: 47 500)	4	2,5	3	5
6 Pétain 1f 50 brun (tir: 172 000)	2,5	1,5	2	4
7 Pétain 2f vert (tir: 34 000)	5	3	4	6
8 Pétain 2f 40 rouge (tir: 9 600)	9	6,5	8	12
9 Pétain 3f orange (tir: 63 300)	2,5	1,5	2	3
10 Pétain 4f (typo.) (tir: 17 000)	5	3	4,5	6
11 Pétain 4f 50 (typo.) (tir: 25 500)	5	3	4,5	6
Série complète	165	125	160	

12 Taxe 30c (tir: 570)	170	130	250
13 Taxe 50c (tir: 2 400)	9	6,5	15
14 Taxe 1f (tir: 2 000)	9	6,5	15
15 Taxe 1f 50 (tir: 1 800)	9	7	15
16 Taxe 2f (tir: 870)	23	15	25
17 Taxe 3f (tir: 1 800)	15	10	20
18 Taxe 5f (tir: 870)	25	20	35
Série complète	260	195	375

Bordeaux *(type III)*

1 Pétain 60c violet (tir: 1 440)	210	165	185	225
2 Pétain 70c orange (tir: 14 800)	5	3	4	6
3 Pétain 80c vert (tir: 3 800)	22	17	19	25
4 Pétain 1f rouge (tir: 35 700)	5	3	4	6
5 Pétain 1f 20 brun (tir: 37 500)	5	3	4	6
6 Pétain 1f 50 brun (tir: 115 000)	2	1,5	2	3
7 Pétain 2f vert (tir: 22 600)	5	3	4	6
8 Pétain 2f 40 rouge (tir: 6 400)	12	9	10	17
9 Pétain 3f orange (tir: 42 000)	4	2,5	3	5
10 Pétain 4f (typo.) (tir: 11 400)	5	4	5	10
11 Pétain 4f 50 (typo.) (tir: 17 000)	5	4	5	8
Série complète	280	215	245	

12 Taxe 30c (tir: 380)	325	275	485
13 Taxe 50c (tir: 1 600)	13	10	17
14 Taxe 1f (tir: 1 320)	13	10	17
15 Taxe 1f 50 (tir: 1 220)	13	10	17
16 Taxe 2f (tir: 580)	25	20	35
17 Taxe 3f (tir: 1 200)	20	16	29
18 Taxe 5f (tir: 580)	31	24	45
Série complète	440	365	645

Châlons-sur-Marne *(Marne)*

Le 1f 50 Pétain a été émis le 23 août à 40 000 ex. Les autres valeurs sont non émises.

| Pétain 1f 50 brun | 50 | 40 | 45 | 100 |
| Série non émise, 5 timbres | 485 | 385 | | |

Chambéry *(Savoie)*

Émis le 7 septembre 1944, avec une surtaxe au profit des F.F.I., 14 timbres ont été surchargés (tirage: 120 séries complètes), plus le 15f Chenonceau (par complaisance, tirage: 15). Certains timbres existent sur lettres.

1 Pétain 1f 50 brun-rouge	20	20	20	135
2 Pétain 5f vert-bleu	25	20	25	135
3 Blason du Languedoc	25	20	25	135
4 Blason de l'Orléannais	25	20	25	135
5 Blason de Normandie	25	20	25	135
6 Célébrité 1944: Molière	180	145		350
7 Hardouin-Mansart	180	145		350
8 Blaise Pascal	180	145		350
9 Le Grand Condé	180	145		350
10 Colbert	180	145		350
11 Louis XIV	180	145		350
12 Centenaire du Paris-Orléans	180	145		350
13 Claude Chappe		800		350
14 Paysage du Dauphiné	110	85	100	145
15 Chenonceau, 15f	1 850	1 500		2 000
Série 1 à 14 (14 timbres)	2 490	2 000		

Chatellerault *(Vienne)*

Émis le 7 septembre, après l'entrée des F.F.I. le 5, ainsi que 19 non émis. Les timbres ont servi sur courrier ayant voyagé. Tirage variable (les usagers ont pu surcharger euxmême leurs timbres).

1 Pétain 60c violet	75	60	65	175
2 Pétain 70c orange	25	20	20	145
3 Pétain 80c vert	25	20	20	145
4 Pétain 1f rouge	25	20	20	145
5 Pétain 1f 20 brun	25	20	20	145
6 Pétain 1f 50 brun	35	25	25	145
7 Pétain 2f vert	35	25	35	145
8 Pétain 2f 40 rouge	150	130	130	275
9 Pétain 3f orange	25	20	20	145
10 Pétain 4f bleu (typo.)	25	20	20	145
11 Pétain 4f 50 vert (typo.)	25	20	20	145
12 Pétain 4f bleu (gravé)	250	200	210	625
13 Pétain 4f 50 vert (gravé)	250	200	210	625
14 Pétain 5f vert-bleu	280	200	235	625
15 Pétain 50f noir	1 250	1 020	1 000	1 450
Série complète	2 500	2 000	2 040	

Cherbourg *(Manche)*

L'émission a été autorisée le 20 juillet par le sous-préfet, ainsi que 2 non émis. Existent sur lettres ayant voyagé. Tirage variable: de 50 à 1500 exemplaires. Variétés: cotes x 3.

1 Pétain 60c violet	10	7	9	20
2 Pétain 70c orange	10	7	9	20
3 Pétain 80c vert	12	9	11	20
4 Pétain 1f rouge	10	7	9	20
5 Pétain 1f 20 brun	30	20	25	45
6 Pétain 1f 50 brun	30	20	25	45
7 Pétain 2f vert	25	17	20	40
8 Pétain 2f 40 rouge	34	25	30	65
9 Pétain 3f orange	12	9	12	40
10 Pétain 4f bleu (typo.)	12	9	12	40
11 Pétain 4f 50 vert (typo.)	15	10	13	40
12 Pétain 4f bleu (gravé)	120	85	110	145
13 Pétain 4f 50 vert (gravé)	150	100	125	165
14 Pétain 5f vert-bleu	100	65	90	125
15 Pétain 50f noir	950	620	850	1 100
Série 1 à 15	1 520	1 010	1 350	
16 Buste du maréchal Pétain	550	450	475	
17 Corporation paysanne	400	420	375	
18 Chartre du travail	400	420	375	

Décazeville *(Aveyron)*

Émis le 26 août 1944. La surcharge existe en deux types (même cote), certains ont servi sur du courrier ayant voyagé. Tirage variable: entre 8 et 2 300 ex. Surch dbles: x2, surch. renversées: x3.

1 Mercure 10c bleu	525	385
2 Pétain 60c violet	225	165
3 Pétain 70c orange	225	165
4 Pétain 1f rouge	225	165
5 Pétain 1f 20 brun	215	150
6 Pétain 1f 50 brun	135	100
7 Pétain 3f vert	210	150
8 Pétain 3f orange	210	150
9 Pétain 4f bleu (typo.)	215	150
10 Pétain 4f 50 vert (typo.)	215	150
Série 1 à 10	2 400	1 730
11 Mercure 40c violet	1 400	750
12 Pétain 80c vert	750	575

Loches *(Indre-et-Loire)*
(émission reconnue)

Émis le 8 septembre 1944, ces timbres existent sur lettres ayant voyagé. Tirages variables: entre 20 et 2 520 exemplaires. 2 entiers ont également été surchargés. Variétés: P100%.

1 Mercure 10c bleu	45	35	40	80
2 Mercure 30c rouge	45	35	40	80
3 Mercure 40c violet	130	110	120	140
4 Mercure 50c bleu	100	80	90	180
5 Pétain 30c rouge	45	35	40	80
6 Pétain 40c bleu	60	50	55	100
7 Pétain 50c vert	60	50	55	100
8 Pétain 60c violet	45	35	40	80
9 Pétain 70c orange	45	35	40	80
10 Pétain 70c bleu	130	110	120	140
11 Pétain 80c vert	50	40	45	80
12 Pétain 80c brun	150	120	140	325
13 Pétain 1f rouge	45	35	40	80
14 Pétain 1f 20 brun	45	35	40	80
15 Pétain 1f 50 rose	130	110	120	140
16 Pétain 1f 50 brun	200	160	180	250
17 Pétain 2f vert	60	50	55	80
18 Pétain 2f 40 rouge	60	50	55	80
19 Pétain 2f 50 bleu	100	80	90	150
20 Pétain 3f orange	50	40	45	80
21 Pétain 4f bleu (typo.)	50	40	45	80
22 Pétain 4f 50 vert (typo.)	50	40	45	80
23 Pétain 4f bleu (gravé)	85	70	80	110
24 Pétain 4f 50 vert (gravé)	85	70	80	125
25 Pétain 5f vert-bleu	100	80	90	165
26 Pétain 50f noir	875	700	800	1 200
27 Maréchal Pétain 80c vert	85	70	80	215
28 Claude Chappe	175	145	160	320
29 Centenaire du Paris-Orléans	350	260	285	700
Série complète	3 450	2 765	3 225	

Lyon *(Rhône)*

Émis le 2 septembre 1944 sur ordre du commissariat général de la République, ces timbres ont servi jusqu'au 31 octobre sur tout le territoire libéré. Tirage: 240 000 séries.

1 Mercure 10c bleu	1,5	1	1	10
2 Mercure 30c rouge	1,5	1	1	10
3 Mercure 40c violet	1,5	1	1	10
4 Mercure 50c bleu	1,5	1	1	10
5 Pétain 60c violet	1,5	1	1	10
6 Pétain 70c orange	1,5	1	1	10
7 Pétain 80c vert	1,5	1	1	10
8 Pétain 1f rouge	1,5	1	1	10
9 Pétain 1f 20 brun	1,5	1	1	10
10 Pétain 1f 50 brun	1,5	1	1	15
11 Pétain 2f vert	1,5	1	1	15
12 Pétain 2f 40 rouge	29	16	16	50
13 Pétain 3f orange	1,5	1	1	10
14 Pétain 4f bleu (typo.)	1,5	1	1	10
15 Pétain 4f 50 vert (typo.)	1,5	1	1	10
Série 1 à 15	50	30	30	200
16 Blason du Languedoc	280	225		
17 Blason de l'Orléannais	300	225		
18 Blason de Normandie	320	265		

Niort *(Deux-Sèvres)*

Série réalisée sur ordre de la direction départementale des postes le 11 septembre 1944. Deux types de surcharge ont été utilisés (mêmes cotes).

1 Mercure 10c bleu	300	235	265	550
2 Mercure 30c rouge	300	235	265	550
3 Mercure 40c violet	300	235	265	550
4 Mercure 50c bleu	300	235	265	550
5 Pétain 60c violet	20	15	18	30
6 Pétain 70c orange	20	15	18	30
7 Pétain 80c vert	20	15	18	30
8 Pétain 1f rouge	20	15	18	30
9 Pétain 1f 20 brun	20	15	18	40
10 Pétain 1f 50 brun	20	15	18	40
11 Pétain 2f vert	20	15	18	40
12 Pétain 2f 40 rouge	115	75	85	140
13 Pétain 3f orange	45	30	35	55
14 Pétain 4f bleu (typo.)	30	20	24	50
15 Pétain 4f 50 vert (typo.)	45	30	35	55
Série 1 à 15	1 575	1 200	1 365	
16 Pétain 4f 50 vert (gravé)	1 350	1 100	1 150	1 350
17 Pétain 5f vert-bleu	1 350	1 100	1 150	1 500
18 Buste du maréchal Pétain	3 750	2 900	3 250	6 250

Poitiers *(Vienne) (type I)*

Les timbres ont été surchargés entre le 7 et le 12 septembre sur ordre de la direction régionale. La surcharge au type I (7 sept.) n'a été utilisée que sur le 1f 50 Pétain. A servi sur lettre. Tirage: 4 100.

Pétain 1f 50 brun	60	50	45	400

Poitiers *(type II)*

Émission: 7 septembre. Ont servi sur lettre.
Tirage variable: entre 40 et 5 000 exemplaires.
Variétés: +50%, sur ⊡: +100%.

1 Pétain 60c violet	55	35	55	200
2 Pétain 70c orange	60	40	60	200
3 Pétain 80c vert	85	60	85	200
4 Pétain 1f rouge	50	35	50	200
5 Pétain 1f 20 brun	45	35	45	200
6 Pétain 1f 50 brun	45	35	45	200
7 Pétain 2f vert	45	35	45	200
8 Pétain 2f 40 rouge	50	40	50	200
9 Pétain 3f orange	70	50	70	245
10 Pétain 4f bleu (typo.)	90	65	100	275
11 Pétain 4f 50 vert (typo.)	90	65	100	275
Série 1 à 11	685	495	705	
12 Pétain 50f noir	1 350	1 000	1 350	2 550
13 Pétain 20c lilas	900	700		
14 Pétain 30c rouge	900	700		
15 Pétain 70c bleu	900	700		
16 Pétain 1f 50 rose	900	700		
17 Pétain 5f vert-bleu	900	700		

Poitiers *(type III)*

Émission: 8 septembre. Tirage variable:
de 40 à 500 exemplaires. 6 non émis.
Variétés: +100%.
sur ⊡: cotes x 3.

1 Pétain 60c violet	135	100
2 Pétain 70c orange	175	125
3 Pétain 80c vert	135	100
4 Pétain 1f rouge	120	85
5 Pétain 1f 20 brun	120	85
6 Pétain 1f 50 brun	525	425
7 Pétain 2f vert	2 250	1 750
8 Pétain 2f 40 rouge	2 250	1 750
9 Pétain 3f orange	215	160
10 Pétain 4f bleu (typo.)	230	170
11 Pétain 4f 50 vert (typo.)	2 750	2 250
12 Pétain 50f noir	2 850	2 250
Série complète	11 750	9 250

Poitiers *(type IV)*

Émission: 11 et 12 septembre. Ont servi sur
lettres. Tirage variable: de quelques exemplaires
à 25 000 exemplaires. 4 non émis. Surcharges
renversées: +50%, double surcharge: x3.

1 Pétain 60c violet	13	10	17	70
2 Pétain 70c orange	18	14	20	85
3 Pétain 80c vert	14	12	20	70
4 Pétain 1f rouge	7	5	13	70
5 Pétain 1f 20 brun	7	5	13	70
6 Pétain 1f 50 brun	7	5	13	50
7 Pétain 2f vert	14	12	20	70
8 Pétain 2f 40 rouge	21	16	25	100
9 Pétain 3f orange	9	6,5	12	70
10 Pétain 4f bleu (typo.)	9	6,5	13	100
11 Pétain 4f 50 vert (typo.)	11	8	14	150
Série 1 à 11	130	100	180	
12 Pétain 50f noir	1 450	1 150		

Pons *(Charente-Maritime) (type I)*

Émission: 20 septembre 1944, à la demande
des F.F.I., sous la responsabilité du receveur.
Ont servi sur courrier. Tirage variable: de
quelques uns à 13 100 exemplaires. Surcharges
renversées: +100%.

1 Pétain 60c violet	15	10	11	16
2 Pétain 70c orange	15	10	11	16
3 Pétain 80c vert	15	10	11	16
4 Pétain 1f rouge	10	8	9	12
5 Pétain 1f 20 brun	15	10	11	16
6 Pétain 1f 50 brun	15	10	11	16
7 Pétain 2f vert	15	10	11	16
8 Pétain 2f 40 rouge	70	50	50	70
9 Pétain 3f orange	15	12	13	18
10 Pétain 4f bleu (typo.)	15	12	13	18
11 Pétain 4f 50 vert (typo.)	15	12	14	18
12 Pétain 4f 50 vert (gravé)	110	86	90	125
Série complète	325	240	255	

Pons *(type II)*

1 Pétain 60c violet	16	12	13	17
2 Pétain 70c orange	16	12	13	17
3 Pétain 80c vert	55	40	45	55
4 Pétain 1f rouge	9	6	7	10
5 Pétain 1f 20 brun	21	16	17	22
6 Pétain 1f 50 brun	14	10	11	15
7 Pétain 2f vert	16	12	13	17
8 Pétain 2f 40 rouge	375	315	325	385
9 Pétain 3f orange	20	16	17	22
10 Pétain 4f bleu (typo.)	23	17	19	23
11 Pétain 4f 50 vert (typo.)	35	28	30	35
12 Pétain 4f 50 vert (gravé)	425	350	365	450
Série complète	1 025	835	875	
types I et II se tenant		1 650	1 350	

Tours-Gare *(Indre-et-Loire)*

Surchargés le 2 septembre sur ordre de la
direction départementale. Les tirages n'ont pas
été communiqués. Existent sur lettres ayant
voyagé. Variétés: +100%.

1 Pétain 60c violet	45	35	55	425
2 Pétain 70c orange	60	45	70	425
3 Pétain 80c vert	60	45	70	425
4 Pétain 1f rouge	60	45	70	425
5 Pétain 1f 20 brun	60	45	70	425
6 Pétain 1f 50 brun	70	50	85	425
7 Pétain 2f vert	70	50	85	525
8 Pétain 2f 40 rouge	490	350	450	675
9 Pétain 3f orange	60	45	75	425
10 Pétain 4f bleu (typo.)	250	185	285	425
11 Pétain 4f 50 vert (typo.)	250	185	285	425
12 Pétain 4f bleu (gravé)	800	600	750	1 275
13 Pétain 4f 50 vert (gravé)	225	185	250	700
14 Pétain 5f vert-bleu	225	185	250	850
15 Pétain 50f noir	1 200	950	1 300	2 250
Série complète	3 925	3 000	4 150	

Poches de l'Atlantique

Poche de La Rochelle

La quasi-totalité du stock fut détruit peu avant la reddition (8 mai 1945).

Vignette "Festung La Rochelle" de Noël 1944   3 000

Poche de Lorient

1 Mercure 10c outremer (tir: 650)	**500**	**315**	**285**	**800**
2 Mercure 30c rouge (tir: 600)	**650**	**435**	**400**	**1 300**
3 Mercure 40c violet (tir: 180)	**1 250**	**750**	**675**	**1 750**
4 Mercure 50c turquoise (tir: 1 800)	**350**	**265**	**225**	**725**
5 Pétain 60c violet (tir: 105)	**2 000**	**1 300**	**1 200**	**3 500**
6 Pétain 70c orange (tir: 300)	**800**	**565**	**525**	**1 600**
7 Pétain 80c vert (tir: 300)	**800**	**565**	**525**	**1 600**
8 Pétain 1f rouge (tir: 150)	**1 500**	**900**	**850**	**2 250**
9 Pétain 1f 20 brun (tir: 180)	**1 500**	**900**	**850**	**2 250**
10 Pétain 1f 50 brun (tir: 1 800)	**350**	**225**	**200**	**600**
11 Pétain 2f vert (tir: 200)	**1 400**	**825**	**750**	**2 100**
12 Pétain 4f (typo.) (tir: 200)	**1 350**	**800**	**750**	**2 100**
13 Pétain 4f 50 (typo.) (tir: 100)	**3 500**	**2 100**	**1 900**	**3 850**
14 Pétain 4f 50 (gravé) (tir: 70)	**4 000**	**2 500**	**2 250**	**4 250**
15 Pétain 5f vert-bleu (tir: 150)	**3 750**	**2 500**	**2 250**	**3 850**
16 Beffroi d'Arras 10f (1 connu)				**32 500**
17 Blason de Flandre (tir: 75)	**4 000**	**2 800**	**2 650**	**4 600**
18 Buste du m\al Pétain (tir: 20)	**4 250***	**2 900**	**2 650**	**4 750**
19 Célébrité 1944: Molière (tir: 15)	**4 250**	**2 900**	**2 650**	**4 750**
20 Hardouin-Mansart (tir: 15)	**4 250**	**2 900**	**2 650**	**4 750**
21 Blaise Pascal (tir: 15)	**4 250**	**2 900**	**2 650**	**4 750**
22 Le Grand Condé (tir: 15)	**4 250**	**2 900**	**2 650**	**4 750**
23 Colbert (tir: 15)	**4 250**	**2 900**	**2 650**	**4 750**
24 Louis XIV (tir: 15)	**4 250**	**2 900**	**2 650**	**4 750**
25 Arc de Triomphe 4f (tir: 25)	**4 500**	**3 100**	**2 800**	**5 500**
26 Arc de Triomphe 5f (tir: 35)	**4 500**	**3 100**	**2 800**	**5 500**
27 Arc de Triomphe 10f (tir: 4)	**16 000**			

* Prix atteint chez Roumet en Janvier 2017: 8 431

Poche de Saint-Nazaire

Cote minimale d'un entier avec griffe "Taxe perçue"   165

Cote minimale d'un entier "Taxe perçue"   60

1945 - *Timbres de la chambre de commerce de Saint-Nazaire (émiis sans gomme). Lithographie. Dessin & gravure: Émile Guillaume.*

Date d'émission: 9 avril 1945   Usage: complément du 1f 50 Pétain
Date de retrait: 8 mai 1975   Vendus: 19 000

1 50c vert		**190**	**190**	**315**
non dentelé		1 250		
tête-bêche		725		

Date d'émission: 9 avril 1945   Usage: lettres simples
Date de retrait: 8 mai 1975   Vendus: 16 000

2 2f brun		**190**	**190**	**315**
non dentelé		1 250		
⊞ de destruction				3 750
⊟ de destruction (croix sur la voile)		1 000		
paire, ⊟		1 800		
tête-bêche		725		
feuille de 10 nd dont 1 tête-bêche		12 000		

GUERRE ISRAELO-ARABE DE 1948:
POSTE CONSULAIRE
FRANÇAISE DE JÉRUSALEM

1948 - *Emissions consulaires. Première émission sur timbres "Affaires étrangères".*

Surcharge apposée par l'imprimerie "Azriel Printing Works" à Jérusalem en deux panneaux de 25 sur des feuilles de 50 timbres, les 25 timbres du haut portant la surcharge à 10f, les 25 du bas portant la surcharge à 6f.

Il existe un essai de surcharge renversé et sans la barre.

Date d'émission: 5 mai 1948   Tirage: 150
Retrait: épuisement vers le 15 mai 48

Date d'émission: 5 mai 1948   Tirage: 150
Retrait: épuisement vers le 15 mai 48

2 10 Frs consulaire poste aér   4 500 3 850 4 500
a - || avec le 6f (tirage: 30)   8 750   6 500

Un reliquat de feuille du 6f Marianne de gandon a été utilisé tel quel (sans surcharge) les 5, 12, et 13 mai 1948 (entre 15 et 20 ⌷ connues).

1948 - *Deuxième émission sur timbre "Affaires étrangères - Agence consulaire".*

Surcharge apposée par l'imprimerie "Azriel Printing Works" à Jérusalem par panneau de 25 sur des feuilles de 50 timbres (ou sur des demi-feuilles de 25).

Date d'émission: 16 mai 1948   Tirage: 2 000
Date de retrait: fin juin 1948

3 20 millièmes consulaire   325   275   300   850
sur ⌷ oblitérée du 12 mai 1948   3 000
sur ⌷ oblitérée du 15 mai 1948   1 500

1948 - *Troisième émission sur Marianne de Gandon.*

Surcharge apposée par l'imprimerie "Azriel Printing Works" à Jérusalem par panneau de 50 sur des feuilles de 100 timbres (en deux panneaux de 50).

La surcharge présente deux types:

Type I: 1,5mm entre le "0" et le "m"   Type II: 1mm entre le "0" et le "m"

Le type I se présente sur les 25 surcharges du haut du panneau de 50 surcharges (| 1 à 25) et le type II sur les 25 surcharges du bas (| 26 à 50). Ces types ont été découvert tardivement, ce qui fait qu'une bonne partie des paires verticales avec types I & II se tenant ont ét é détachées.

⚠ *Du fait de leur disposition, les types I et II ont été inversés par rapport à la numérotation Dallay.*

Dans un panneau de 50 surcharges (apposé une fois à gauche et une fois à droite sur les feuilles de 100), on trouve
- | 1: surcharge "20 millièmes" décalée à gauche (type I)
- | 21: surcharge "20 millièmes" décalée à droite (type I)
- | 26: "s" de "JERUSALEM" brisé (type II)
sans oublier les variétés "mèches croisées" à la | 15 et "mèches reliées" à la | 44 (elles aussi répétées sur les deux panneaux de timbres).
Un bloc de quatre des | 21, 22, 26, 27 comporte un "20 millièmes décalé à droite", un type I, un "s de JERUSALEM brisé" et un type II.
On connaît une feuille de 100 dont le panneau de gauche comporte une surcharge fortement décalée à gauche (à cheval) et le panneau de droite une surcharge légèrement décalée en biais à droite (une partie des timbres avec surcharge à cheval).
De ces timbres issus de ces deux panneaux, chaque variété de case n'existe donc qu'à un seul exemplaire.

Surcharge décalée à droite

Date d'émission: 20 juin 1948   100 s de JERUSALEM brisé
Date de retrait: 31 janvier 1949   100 mèches reliées
Tirage: 5 000
dont: 2 200 types I
      100 sch décalée à gauche
      100 sch décalée à droite
      100 mèches croisées
      2 300 types II

4 I 20m sur 6f Marianne, t. I   220   165   140   540
a - types I & II se tenant   550   425
b - mèches croisées   525   400
c - surcharge à cheval (gauche) (tir: 25) 775   575
d - surcharge à cheval (droite) (tir: 10) 1 100   800
e - sch "20 millièmes" décalée à gauche 600   450
f - sch "20 millièmes" décalée à droite 600   450

4 II 20m s 6f Marianne, t. II   220   165   140   540
a - mèches reliées   525   400
b - surcharge à cheval (gauche) (tir: 25) 800   600
c - surcharge à cheval (droite) (tir: 25) 800   600
d - sch "s" de JERUSALEM brisé   525   400

MILLÉSIMES

Variété "sans millésime"
(se présente toujours au minimum en bloc de 4 avec bord de feuille supérieur)

Timbres-Poste

Sage. Très bon centrage: +60%.

5c vert,
type II
(n° 75)

	☆☆	☆			☆☆	☆
sans millésime	380	235				
1 (1891)	600	400		5 (1895)	180	125
2 (1892)	275	200		6 (1896)	180	125
3 (1893)	300	225		7 (1897)	150	110
4 (1894)	250	185		8 (1898)	130	85

30c
brun-jne,
type II
(n° 80)

sans millésime	800	585				
1 (1891)	1 200	850		6 (1896)	475	350
2 (1892)	725	525		7 (1897)	475	350
3 (1893)	600	425		8 (1898)	450	325
4 (1894)	525	400		9 (1899)	450	325
5 (1895)	500	375		0 (1900)	440	315

1f olive
clair
(n° 82)

sans millésime	1 300	1 000				
1 (1891)	2 250	1 600		6 (1896)	700	535
2 (1892)	1 300	900		7 (1897)	650	515
3 (1893)	1 100	800		8 (1898)	635	500
4 (1894)	750	575		9 (1899)	615	475
5 (1895)	750	575		0 (1900)	615	475

1c noir
s azuré,
type II
(n° 83)

sans millésime	175	125				
1 (1891)	300	225		6 (1896)	40	27
2 (1892)	175	115		7 (1897)	30	20
3 (1893)	115	85		8 (1898)	25	18
4 (1894)	60	40		8 renversé	85	60
5 (1895)	60	40		9 (1899)	25	18
				0 (1900)	25	18

2c brun-
rouge,
tpe II
(n° 85)

sans millésime	175	125				
1 (1891)	200	150		6 (1896)	50	35
2 (1892)	150	100		7 (1897)	50	35
3 (1893)	70	45		8 (1898)	45	30
4 (1894)	70	45		9 (1899)	45	30
5 (1895)	60	40		0 (1900)	40	25

3c gris,
type II
(n° 87)

sans millésime	150	100				
1 (1891)	200	150		6 (1896)	45	30
2 (1892)	70	50		7 (1897)	35	25
3 (1893)	60	40		8 (1898)	35	25
4 (1894)	65	45		9 (1899)	30	20
5 (1895)	60	40		0 (1900)	30	20

4c brun-
lilas,
type II
(n° 88)

sans millésime	175	125				
1 (1891)	225	165		6 (1896)	50	35
2 (1892)	85	60		7 (1897)	60	40
3 (1893)	70	50		8 (1898)	40	25
4 (1894)	70	50		9 (1899)	45	30
5 (1895)	60	40		0 (1900)	40	25

10c noir sur lilas, type II (n° 89)

sans millésime	400	275	5 (1895)	275	185
1 (1891)	625	450	6 (1896)	240	165
2 (1892)	400	265	7 (1897)	215	150
3 (1893)	350	250	8 (1898)	190	135
4 (1894)	300	200	9 (1899)	190	135

40c rouge-orange, type II (n° 94)

sans millésime	1 300	850			
1 (1891)	2 000	1 300	6 (1896)	600	425
2 (1892)	950	675	7 (1897)	575	400
3 (1893)	875	625	8 (1898)	515	375
4 (1894)	725	525	9 (1899)	515	375
5 (1895)	725	525	0 (1900)	515	375

5f violet sur lilas, type II (n° 95)

sans millésime	4 850	3 650	4 (1894)	2 750	2 000
1 (1891)	5 350	4 150	8 (1898)	2 600	1 850
2 (1892)	2 600	1 850	9 (1899)	2 400	1 750

20c brique sur vert, type II (n° 96)

sans millésime	475	325			
1 (1891)	675	475	6 (1896)	275	200
2 (1892)	385	275	7 (1897)	215	160
3 (1893)	385	275	8 (1898)	215	160
4 (1894)	325	240	9 (1899)	210	150
5 (1895)	300	215	0 (1900)	210	150

25c noir sur rose, type II (n° 97)

sans millésime	850	600			
1 (1891)	1 100	750	6 (1896)	475	325
2 (1892)	525	375	7 (1897)	440	300
3 (1893)	525	375	8 (1898)	440	300
4 (1894)	525	375	9 (1899)	415	285
5 (1895)	525	375	0 (1900)	415	285

50c rose, type II (n° 98)

sans millésime	2 000	1 400	5 (1895)	1 300	850
1 (1891)	2 500	1 800	6 (1896)	1 000	750
2 (1892)	1 600	1 100	7 (1897)	900	700
3 (1893)	2 150	1 600	8 (1898)	950	735
4 (1894)	1 250	825	9 (1899)	900	700

75c violet s orange, type II (n° 99)

sans millésime	2 600	1 850			
1 (1891)	2 500	1 800	4 (1894)	1 000	750
2 (1892)	1 200	775	5 (1895)	900	700
3 (1893)	1 200	775	6 (1896)	1 300	850

15c bleu, type II, papier quadrillé (n° 101)

sans millésime	475	325	6 (1896)	85	60
1 (1891)	70	50	7 (1897)	80	55
2 (1892)	65	45	non dentelé	700	500
3 (1893)	325	225	8 (1898)	70	50
4 (1894)	235	155	9 (1899)	80	55
5 (1895)	325	225	0 (1900)	70	50

5c vert-jaune, type III (retouche Chazal) (n° 102)

8 (1898)	160	110	0 (1900)	80	55
9 (1899)	95	65	piquage à cheval	400	275

10c noir sur lilas, type III (retouche Chazal) (n° 103)

8 (1898)	150	100			
t. I & II se tenant, B6	750	500	0 (1900)	130	80
9 (1899)	160	110	dent. ten. à non dent.	1 400	950

50c rose, type III (retouche Chazal) (n° 104)

0 (1900)	1 100	775

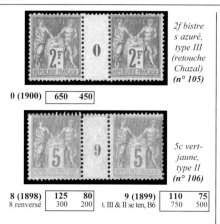

2f bistre s azuré, type III (retouche Chazal) (n° 105)

0 (1900)	650	450

5c vert-jaune, type II (n° 106)

8 (1898)	125	80	9 (1899)	110	75
8 renversé	300	200	t. III & II se ten, B6	750	500

Blanc

1c gris type IA (107 IA)

Type IA
le trait blanc qui souligne "française" s'amenuise sous le "s" et le "e"

Type IB
le trait blanc reste d'épaisseur égale

0 (1900)	20	13	6 (1916)	30	20
piquage à cheval	575	400	papier X	285	185
1 (1901)	20	13	(GC) 7 (1917)	35	25
3 (1913)	400	260	⊞ manchette GC	85	60
4 (1914)	50	24	(GC) 8 (1918)	35	25
5 (1915)	1 300	875	⊞ manchette GC	85	60
			(GC) 9 (1919)	60	35
			⊞ manchette GC	160	100

1c gris type IB (107 IB)

sans millésime	375	250			
1 (1901)	15	11	0 (1910)	15	12
2 (1902)	15	11	1 (1911)	20	13
3 (1903)	15	11	2 (1912)	20	13
4 (1904)	25	17	3 (1913)	20	13
5 (1905)	25	17	4 (1914)	20	13
non dentelé	365	250	6 (1916)	30	20
6 (1906)	20	13	(GC) 6 (1916)	45	30
7 (1907)	25	17	⊞ manchette GC	140	90
9 (1909)	35	26	papier X	285	185

Millésime de 1901, 1902, 1903: timbres gris ou gris foncé.
Millésime de 1911, 1912, 1913: timbres gris pâle.
Millésime de 1904: papier épais et rugueux
Millésime de 1914: papier mince et lisse
Millésime de 1906: papier épais et rugueux
Millésime de 1916 (non GC): papier mince et lisse ou papier avec trame en losange

1c ardoise type IA (107A IA)

(GC) 9 (1919)	25	15	1 (1921)	15	11
⊞ manchette GC	70	45	2 (1922)	17	12
(GC) 0 (1920)	45	30	impr recto-verso	300	200
⊞ manchette GC	120	75	3 (1923)	15	11

1c ardoise type IB (107A IB)

			2 (1922)	20	12
(GC) 9 (1919)	20	15	3 (1923)	15	11
⊞ manchette GC	65	45	4 (1924)	15	11
(GC) 0 (1920)	40	28	5 (1925)	15	11
⊞ manchette GC	120	75	6 (1926)	30	20

2c br-lilas type IA (108 IA)

0 (1900)	20	14			
non dentelé	575	400	(GC) 0 (1920)	80	45
1 (1901)	15	11	⊞ manchette GC	160	110
2 (1902)	15	11	2 (1922)	30	20
non dentelé	575	400	3 (1923)	50	30

Mill. de 1902: brun-lilas ou brun-lilas fcé, papier épais et rugueux
Millésime de 1922: brun-lilas foncé ou brun-lilas vif, papier mince et lisse ou papier avec trame en losange

2c br-lilas type IB (108 IB)

sans millésime	485	325	1 (1911)	15	11
3 (1903)	15	11	2 (1912)	20	13
4 (1904)	15	11	3 (1913)	15	13
non dentelé	450	300	4 (1914)	15	8
impr recto-verso	225	150	(GC) 7 (1917)	40	27
5 (1905)	15	11	⊞ manchette GC	110	75
6 (1906)	15	11	piquage à cheval	750	525
7 (1907)	15	11	(GC) 9 (1919)	70	50
impr recto-verso	315	225	⊞ manchette GC	165	110
8 (1908)	15	11	(GC) 0 (1920)	50	33
8 renversé	75	50	⊞ manchette GC	135	85
9 (1909)	15	11	1 (1921)	15	11
0 (1910)	15	11	2 (1922)	25	18
			3 (1923)	15	11

Mill. de 1903: brun-lilas ou brun-lilas vif, papier épais et rugueux
Mill. de 1913: lilas-rose ou lilas-rose vif, papier mince et lisse
Millésime de 1923: lilas-rose vif ou lilas-rose pâle, papier mince et lisse ou papier avec trame en losange
Millésime de 1904: papier épais et rugueux
Millésime de 1914: papier mince et lisse
Millésime de 1911: lilas-rose pâle, papier mince et lisse
Millésime de 1921: brun-lilas foncé, papier mince et lisse ou

papier avec trame en losange
Millésime de 1912: lilas-rose, papier mince et lisse
Millésime de 1922: brun-lilas foncé, papier mince et lisse ou
papier avec trame en losange

3c orange
type IA
(109 IA)

Type IA
3 encoché,
boucle du
"c"épaisse et
droite

Type IB
3 régulier,
boucle du
"c"fine et
courbe

sans millésime	500	350	7 (1907)	**180**	**120**
0 (1900)	**15**	**11**	non dentelé	450	325
non dentelé	450	325	**8 (1908)**	**15**	**11**
6 (1906)	**200**	**135**	non dentelé	450	325

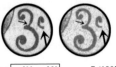

3c orange
type IB
(109 IB)

7 (1907)	**260**	**180**	**6 (1916)**	**15**	**11**
8 (1908)	**20**	**13**	(GC) **7 (1917)**	**20**	**13**
9 (1909)	**15**	**11**	⊞ manchette GC	55	30
0 (1910)	**17**	**12**	(GC) **9 (1919)**	**17**	**12**
1 (1911)	**15**	**11**	⊞ manchette GC	55	30
2 (1912)	**17**	**12**	**0 (1920)**	**15**	**11**
non dentelé	250	175	**1 (1921)**	**15**	**11**
5 (1915)	**15**	**11**	**3 (1923)**	**15**	**11**

Millésime de 1910: timbres orange
Millésime de 1920: timbres rouge-orange vif
Millésime de 1911: orange, papier mince et lisse
Millésime de 1921: orange jaunâtre ou orange vif, papier avec
trame en losange

4c brun
(110)

			4 (1904)	**50**	**33**
sans millésime	600	410	non dentelé	450	325
0 (1900)	**60**	**40**	**5 (1905)**	**70**	**45**
1 (1901)	**50**	**33**	**6 (1906)**	**60**	**40**
2 (1902)	**50**	**35**	**7 (1907)**	**70**	**45**
3 (1903)	**50**	**40**	**4 (1924)**	**30**	**20**

Millésime de 1904: brun ou brun pâle, papier épais et rugueux
Millésime de 1924: brun-jaune pâle papier mince et lisse ou
papier avec trame en losange

5c vert-
jaune
type IA
(111 IA)

sans millésime	485	350			
0 (1900)	**80**	**35**			
1 (1901)	**30**	**20**	**2 (1902)**	**80**	**30**
impr. recto-verso	300	215	impr. recto-verso	225	150

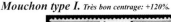

5c vert
type IA
(111A IA)

			6 (1906)	**40**	**28**
2 (1902)	**45**	**30**	**7 (1907)**	**45**	**30**

5c vert-
bleu
type IA
(111B IA)

3 (1903)	**30**	**20**			
non dentelé	450	325	**5 (1905)**	**30**	**20**
4 (1904)	**40**	**25**	**6 (1906)**	**60**	**30**
non dentelé	450	325	impr. s papier jne	15 000	

Mouchon type I. Très bon centrage: +120%.

(n° 112)

0 (1900)	**300**	**140**
chiffres déplacés	635	300
chiffres recto-verso	635	300

(n° 113)

0 (1900)	**600**	**270**

(n° 114)

0 (1900)	**1 000**	**450**
non dentelé	2 500	1 350
impr. recto-verso	1 150	575

(n° 115)

0 (1900)	**950**	**435**
chiffres déplacés	1 150	625

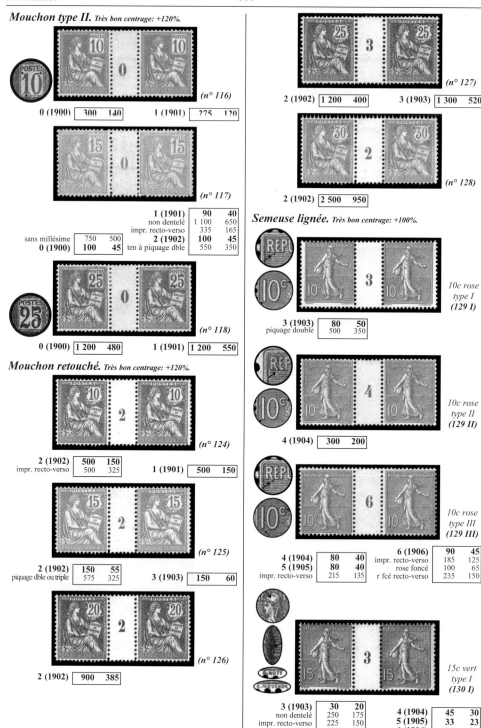

Mouchon type II. *Très bon centrage: +120%.*

(n° 116)

0 (1900)	300	140

1 (1901)	275	120

(n° 117)

	90	**40**
1 (1901)		
non dentelé	1 100	650
impr. recto-verso	335	165
sans millésime	750	500
2 (1902)	**100**	**45**
0 (1900)	**100**	**45**
ten à piquage dble	550	350

(n° 118)

0 (1900)	1 200	480

1 (1901)	1 200	550

Mouchon retouché. *Très bon centrage: +120%.*

(n° 124)

2 (1902)	**500**	**150**
impr. recto-verso	500	325

1 (1901)	500	150

(n° 125)

2 (1902)	**150**	**55**
piquage dble ou triple	575	325

3 (1903)	150	60

(n° 126)

2 (1902)	900	385

(n° 127)

2 (1902)	1 200	400

3 (1903)	1 300	520

(n° 128)

2 (1902)	2 500	950

Semeuse lignée. *Très bon centrage: +100%.*

10c rose type I (129 I)

3 (1903)	**80**	**50**
piquage double	500	350

10c rose type II (129 II)

4 (1904)	300	200

10c rose type III (129 III)

4 (1904)	**80**	**40**	**6 (1906)**	**90**	**45**
5 (1905)	**80**	**40**	impr. recto-verso	185	125
impr. recto-verso	215	135	rose foncé	100	65
			r fcé recto-verso	235	150

15c vert type I (130 I)

3 (1903)	**30**	**20**	**4 (1904)**	**45**	**30**
non dentelé	250	175	**5 (1905)**	**33**	**23**
impr. recto-verso	225	150	**6 (1906)**	**36**	**26**
piquage double	525	350			

15c vert
type II
(130 II)

3 (1903)	100	70	
4 (1904)	135	95	

15c vert
type III
(130 III)

4 (1904)	180	120

15c vert
type IV
(130 IV)

sans millésime (GC)	700	475			
4 (1904)	60	40	8 (1918)	225	150
impr. recto-verso	165	110	B6 de roulette	2 500	1 800
5 (1905)	25	17	(GC) 8 (1918)	37	25
piquage à cheval	700	500	non dentelé	500	325
6 (1906)	35	22	⊞ manchette GC	110	70
non dentelé	500	325	(GC) 9 (1919)	40	27
dentelé ten. à nd	1 100	700	⊞ manchette GC	130	80
6 (1916)	40	28	impr. recto-verso	225	150
(GC) 6 (1916)	60	40	piquage à cheval	400	275
⊞ manchette GC	160	100	0 (1920)	36	24
(GC) 7 (1917)	37	25	1 (1921)	28	18
⊞ manchette GC	110	70	2 (1922)	28	18
B6 de roulette	2 500	1 800	3 (1923)	28	18
papier X	280	170	4 (1924)	28	18
piquage à cheval	375	265			

Millésime de 1904: vert-gris, papier épais et rugueux
Millésime de 1924: vert-olive papier mince et lisse ou papier
avec trame en losange
Millésime de 1906: vert ou vert foncé, papier épais et rugueux
Mill. de 1916 (non GC): vert fcé ou vert-jaune, papier mince
et lisse
Millésime de 1918 (non GC): papier mince et lisse, blanc, de
bonne qualité, issu des feuilles pour roulette

(n° 131)

3 (1903)	550	300	5 (1905)	600	335
impr. recto-verso	900	550	6 (1906)	550	305
4 (1904)	600	335	couleur chocolat	725	425

(n° 132)

3 (1903)	600	335	5 (1905)	650	350
impr. recto-verso	1 250	850	dentelé ten. à nd	5 500	4 000
4 (1904)	600	335	6 (1906)	575	325
non dentelé	750	500	couleur bleu-noir	1 600	1 100
impr. recto-verso	1 250	850	impr. recto-verso	1 600	1 100

(n° 133)

3 (1903)	1 250	625	5 (1905)	1 300	675
non dentelé	3 500	2 250	6 (1906)	1 400	750
4 (1904)	1 300	675	couleur très foncé	1 850	1 200

Semeuse camée, avec sol. *Très bon centrage: +40%.*

10c rouge
type I
(134 I)

sans millésime	160	100

10c rouge
type II
(134 II)

sans millésime	315	225	6 (1906)	20	14

Semeuse camée, chiffres maigres. *Très bon centrage: +40%.*

Pour reconnaître avec certitude une
semeuse chiffres maigres d'une
semeuse chiffres gras, il suffit de
regarder les trois points signalés par
les flèches: ils n'existent que sur les
semeuses maigres.

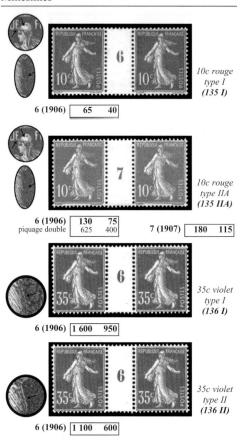

10c rouge type I (135 I)

6 (1906)	65	40

10c rouge type IIA (135 IIA)

6 (1906)	130	75
piquage double	625	400
7 (1907)	180	115

35c violet type I (136 I)

6 (1906)	1 600	950

35c violet type II (136 II)

6 (1906)	1 100	600

Semeuse camée, chiffres gras. *Très bon centrage: +30%.*

5c vert type I (137 I)

sans millésime	315	190	4 (1914)	15	11
bloc de 12 de roulette	5 250	4 000	B6 de roulette	1 100	800
7 (1907)	12	8	6 (1916)	14	10
non dentelé	150	100	(GC) 6 (1916)	23	15
impr. recto-verso	90	65	⊞ manchette GC	65	40
8 (1908)	12	8	(GC) 7 (1917)	25	17
8 renversé	45	28	⊞ manchette GC	80	50
impr. recto-verso	90	65	piquage à cheval	185	130
9 (1909)	12	8	(GC) 8 (1918)	32	22
0 (1910)	15	11	⊞ manchette GC	90	60
B6 de roulette	1 100	800	piquage à cheval	275	185
1 (1911)	14	10	(GC) 9 (1919)	32	22
2 (1912)	14	10	⊞ manchette GC	85	55
3 (1913)	14	10	0 (1920)	25	18
B6 de roulette	1 100	800	(GC) 0 (1920)	250	140
			⊞ manchette GC	450	300
			1 (1921)	30	20

Millésime de 1910: vert, vert-bleu, vert foncé
Millésime de 1920 (non GC): vert-jaune
Millésime de 1911: vert ou vert foncé
Millésime de 1921: vert-bleu pâle

10c rouge type IA (138 IA)

sans millésime	435	300	2 (1912)	14	10
B12 de roulette	10 000	7 500	non dentelé	300	210
7 (1907)	14	10	B6 de roulette	550	400
non dentelé	160	110	3 (1913)	13	9
couleur rge sang	250	185	dentelé ten. à nd	350	250
couleur rge écarlate	1 100	750	4 (1914)	15	11
impr. recto-verso	110	70	B6 de roulette	550	400
8 (1908)	13	9	dentelé ten. à nd	275	215
B6 de roulette	550	400	5 (1915)	14	10
impr. recto-verso	110	70	B6 de roulette	550	400
9 (1909)	13	9	piquage à cheval	265	185
0 (1910)	14	10	6 (1916)	14	10
B6 de roulette	550	400	(GC) 6 (1916)	265	150
piquage à cheval	250	175	⊞ manchette GC	525	350
1 (1911)	14	10	0 (1920)	21	15
non dentelé	200	140	1 (1921)	17	12

Mill. de 1910, 1911: rouge, rouge terne, papier mince et lisse
Mill. de 1920, 1921: rouge pâle, rouge, rouge foncé, papier avec trame en losange

20c lilas-brun type I (139 I)

7 (1907)	30	20	(GC) 7 (1917)	45	30
non dentelé	300	200	⊞ manchette GC	185	90
8 (1908)	30	20	(GC) 8 (1918)	45	30
non dentelé	300	200	non dentelé	300	200
9 (1909)	30	20	⊞ manchette GC	185	90
non dentelé	300	200	(GC) 9 (1919)	45	30
0 (1910)	30	20	⊞ manchette GC	185	90
2 (1912)	35	22	(GC) 0 (1920)	60	40
3 (1913)	35	22	⊞ manchette GC	200	100
4 (1914)	35	22	1 (1921)	30	20
6 (1916)	35	22			

25c bleu (clair ou fcé: mêmes cotes) type IA (140 IA)

sans millésime	500	350	6 (1916)	22	16
7 (1907)	17	12	impr. recto-verso	115	80
couleur bleu-noir	120	75	papier X	75	50
8 (1908)	18	13	(GC) 7 (1917)	40	27
9 (1909)	25	17	⊞ manchette GC	160	110
impr. recto-verso	190	135	(GC) 8 (1918)	45	30
0 (1910)	17	12	⊞ manchette GC	170	115
impr. recto et verso	2 350	1 500	piquage double	325	225
non dentelé	190	135	(GC) 9 (1919)	60	45
1 (1911)	25	17	⊞ manchette GC	200	135
dentelé ten. à nd	500	365	0 (1920)	18	13
impr. recto-verso	175	120	(GC) 0 (1920)	70	50
impr. sur raccord	500	350	⊞ manchette GC	225	165
2 (1912)	25	17	dentelé ten. à nd	400	275
non dentelé	190	135	1 (1921)	18	13
piquage à cheval	265	185	2 (1922)	18	13
3 (1913)	32	21	3 (1923)	18	13
4 (1914)	25	17			
5 (1915)	65	45			
papier X	125	70			

Mill. de 1910: papier mince et lisse ou papier blanc épais
Millésime de 1920: papier avec trame en losange

Mill. de 1911, 1912, 1913: bleu foncé, papier mince et lisse
Mill. de 1921, 1922, 1923 (IA): bleu ou bleu pâle, papier lisse et mince ou papier avec trame en losange
Millésime de 1923 (type IIIA): bleu pâle, papier lisse et mince ou papier avec trame en losange
Millésime de 1914 (type IA): bleu foncé
Millésime de 1924 (type IIIA): bleu pâle

25c bleu type IIIA (140 IIIA)

3 (1923) | 120 | 80   4 (1924) | 105 | 70

(n° 141)

7 (1907)	95	55
non dentelé	375	215
8 (1908)	95	55
9 (1909)	95	55
0 (1910)	110	65
1 (1911)	135	80
2 (1912)	110	65
3 (1913)	125	75
4 (1914)	125	75
5 (1915)	125	75
6 (1916)	135	80
papier X	300	135

(GC) 6 (1916)	135	90
⊞ manchette GC	325	200
(GC) 7 (1917)	130	85
⊞ manchette GC	290	185
(GC) 8 (1918)	130	85
⊞ manchette GC	290	185
(GC) 9 (1919)	130	85
⊞ manchette GC	290	185
0 (1920)	100	65
(GC) 0 (1920)	175	115
⊞ manchette GC	340	235

Millésime de 1910: papier lisse et mince
Mill de 1920: papier lisse et épais ou papier avec trame en losange

35c violet type I (142 I)

7 (1907)	55	35
8 (1908)	65	40
non dentelé	600	425
impr. recto-verso	125	75
0 (1910)	65	40
non dentelé	600	425
1 (1911)	65	40
dentelé ten. à nd	800	550
2 (1912)	70	45
non dentelé	600	425
3 (1913)	70	45
4 (1914)	85	55

5 (1915)	65	40
6 (1916)	65	40
(GC) 8 (1918)	85	55
non dentelé	600	425
⊞ manchette GC	225	150
(GC) 9 (1919)	85	55
⊞ manchette GC	250	160
0 (1920)	60	35
1 (1921)	60	35
2 (1922)	60	35
4 (1924)	65	40

Millésime de 1910: violet ou violet pâle, papier lisse et mince
Millésime de 1920: violet ou violet foncé, papier avec trame verticale ou papier avec trame en losange
Millésime de 1911: violet pâle, papier lisse et mince
Millésime de 1921: violet, papier lisse et mince ou papier avec trame en losange
Millésime de 1912: violet pâle, papier lisse et mince
Millésime de 1922: violet ou violet foncé, papier lisse et mince ou papier avec trame en losange
Millésime de 1914: violet pâle, papier lisse et mince
Millésime de 1924: violet pâle, violet ou violet foncé, papier lisse et mince ou papier avec trame en losange

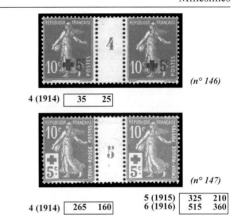

(n° 146)

4 (1914) | 35 | 25

(n° 147)

4 (1914) | 265 | 160

5 (1915) | 325 | 210
6 (1916) | 515 | 360

Orphelins. *Très bon centrage: +30%.*

(n° 148)

7 (1917) | 35 | 25

(n° 149)

9 (1919) | 160 | 85

(n° 150)

7 (1917) | 265 | 135

(n° 151)

7 (1917) | 615 | 385   0 (1920) | 675 | 450

Blanc surchargé

1c ardoise surchargé type IA (157 IA)

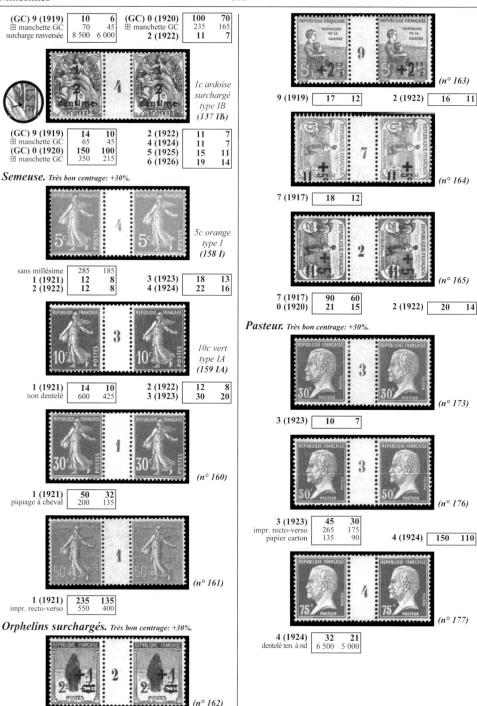

(GC) 9 (1919) | 10 | 6   **(GC) 0 (1920)** | 100 | 70
⊞ manchette GC | 70 | 45   ⊞ manchette GC | 235 | 165
surcharge renversée | 8 500 | 6 000   **2 (1922)** | 11 | 7

1c ardoise surchargé type IB (137 IB)

(GC) 9 (1919) | 14 | 10   **2 (1922)** | 11 | 7
⊞ manchette GC | 65 | 45   **4 (1924)** | 11 | 7
(GC) 0 (1920) | 150 | 100   **5 (1925)** | 15 | 11
⊞ manchette GC | 350 | 215   **6 (1926)** | 19 | 14

Semeuse. *Très bon centrage: +30%.*

5c orange type I (158 I)

sans millésime | 285 | 185
1 (1921) | 12 | 8   **3 (1923)** | 18 | 13
2 (1922) | 12 | 8   **4 (1924)** | 22 | 16

10c vert type IA (159 IA)

1 (1921) | 14 | 10   **2 (1922)** | 12 | 8
non dentelé | 600 | 425   **3 (1923)** | 30 | 20

(n° 160)

1 (1921) | 50 | 32
piquage à cheval | 200 | 135

(n° 161)

1 (1921) | 235 | 135
impr. recto-verso | 550 | 400

Orphelins surchargés. *Très bon centrage: +30%.*

(n° 162)

7 (1917) | 12 | 7   **2 (1922)** | 14 | 10

(n° 163)

9 (1919) | 17 | 12   **2 (1922)** | 16 | 11

(n° 164)

7 (1917) | 18 | 12

(n° 165)

7 (1917) | 90 | 60
0 (1920) | 21 | 15   **2 (1922)** | 20 | 14

Pasteur. *Très bon centrage: +30%.*

(n° 173)

3 (1923) | 10 | 7

(n° 176)

3 (1923) | 45 | 30
impr. recto-verso | 265 | 175
papier carton | 135 | 90   **4 (1924)** | 150 | 110

(n° 177)

4 (1924) | 32 | 21
dentelé ten. à nd | 6 500 | 5 000

Semeuse. *Très bon centrage: +30%.*

30c rose type I (191 I)

4 (1924) | 12 | 8   5 (1925) | 80 | 50

Ronsard

(n° 209)

4 (1924) | 19 | 13

Semeuse. *Très bon centrage: +30%.*

40c olive type I (193 I)

5 (1925) | 23 | 16

6 (1926) piquage à cheval | 14 10 / 265 175

50c olive type I (198 I)

5 (1925) dentelé ten. à nd | 65 45 / 800 575

Surchargé

(n° 219)

4 (1924) | 35 | 25

Orphelins. *Très bon centrage: +30%.*

(n° 229)

7 (1927) | 18 | 12

Cours d'instruction

Annulé: Blanc de 1911 *(surch basse).*

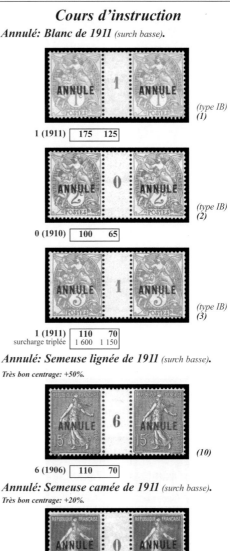

(type IB) (1)

1 (1911) | 175 | 125

(type IB) (2)

0 (1910) | 100 | 65

(type IB) (3)

1 (1911) surcharge triplée | 110 70 / 1 600 1 150

Annulé: Semeuse lignée de 1911 *(surch basse).*
Très bon centrage: +50%.

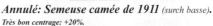

(10)

6 (1906) | 110 | 70

Annulé: Semeuse camée de 1911 *(surch basse).*
Très bon centrage: +20%.

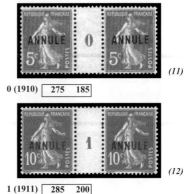

(11)

0 (1910) | 275 | 185

(12)

1 (1911) | 285 | 200

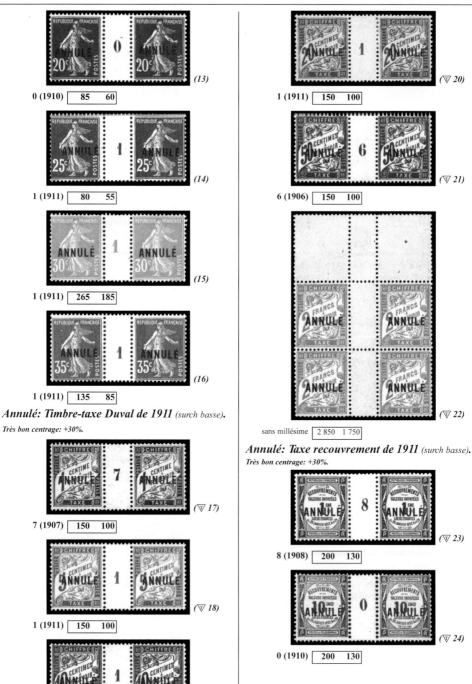

(13)

0 (1910) | 85 | 60 |

(14)

1 (1911) | 80 | 55 |

(15)

1 (1911) | 265 | 185 |

(16)

1 (1911) | 135 | 85 |

Annulé: Timbre-taxe Duval de 1911 *(surch basse).*

Très bon centrage: +30%.

(▽ 17)

7 (1907) | 150 | 100 |

(▽ 18)

1 (1911) | 150 | 100 |

(▽ 19)

1 (1911) | 150 | 100 |

(▽ 20)

1 (1911) | 150 | 100 |

(▽ 21)

6 (1906) | 150 | 100 |

(▽ 22)

sans millésime | 2 850 | 1 750 |

Annulé: Taxe recouvrement de 1911 *(surch basse).*

Très bon centrage: +30%.

(▽ 23)

8 (1908) | 200 | 130 |

(▽ 24)

0 (1910) | 200 | 130 |

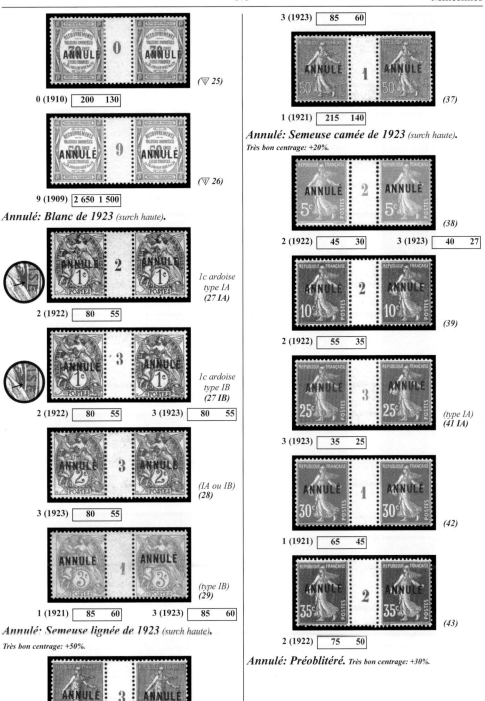

(▽ 25)

0 (1910) | 200 | 130 |

(▽ 26)

9 (1909) | 2 650 | 1 500 |

Annulé: Blanc de 1923 (surch haute).

1c ardoise type IA (27 IA)

2 (1922) | 80 | 55 |

1c ardoise type IB (27 IB)

2 (1922) | 80 | 55 | 3 (1923) | 80 | 55 |

(IA ou IB) (28)

3 (1923) | 80 | 55 |

(type IB) (29)

1 (1921) | 85 | 60 | 3 (1923) | 85 | 60 |

Annulé: Semeuse lignée de 1923 (surch haute).
Très bon centrage: +50%.

(36)

3 (1923) | 85 | 60 |

(37)

1 (1921) | 215 | 140 |

Annulé: Semeuse camée de 1923 (surch haute).
Très bon centrage: +20%.

(38)

2 (1922) | 45 | 30 | 3 (1923) | 40 | 27 |

(39)

2 (1922) | 55 | 35 |

(type IA) (41 IA)

3 (1923) | 35 | 25 |

(42)

1 (1921) | 65 | 45 |

(43)

2 (1922) | 75 | 50 |

Annulé: Préoblitéré. Très bon centrage: +30%.

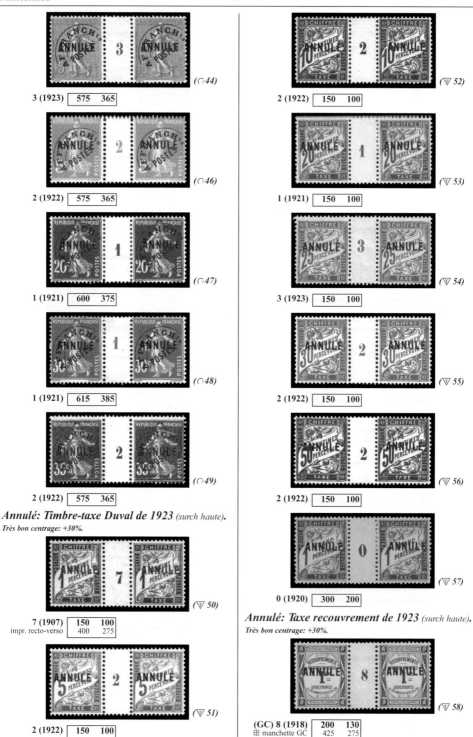

3 (1923) | 575 365 *(◠44)*

2 (1922) | 575 365 *(◠46)*

1 (1921) | 600 375 *(◠47)*

1 (1921) | 615 385 *(◠48)*

2 (1922) | 575 365 *(◠49)*

Annulé: Timbre-taxe Duval de 1923 *(surch haute).*
Très bon centrage: +30%.

7 (1907) | 150 100 *(▽ 50)*
impr. recto-verso | 400 275

2 (1922) | 150 100 *(▽ 51)*

2 (1922) | 150 100 *(▽ 52)*

1 (1921) | 150 100 *(▽ 53)*

3 (1923) | 150 100 *(▽ 54)*

2 (1922) | 150 100 *(▽ 55)*

2 (1922) | 150 100 *(▽ 56)*

0 (1920) | 300 200 *(▽ 57)*

Annulé: Taxe recouvrement de 1923 *(surch haute).*
Très bon centrage: +30%.

(GC) 8 (1918) | 200 130 *(▽ 58)*
⊞ manchette GC | 425 275

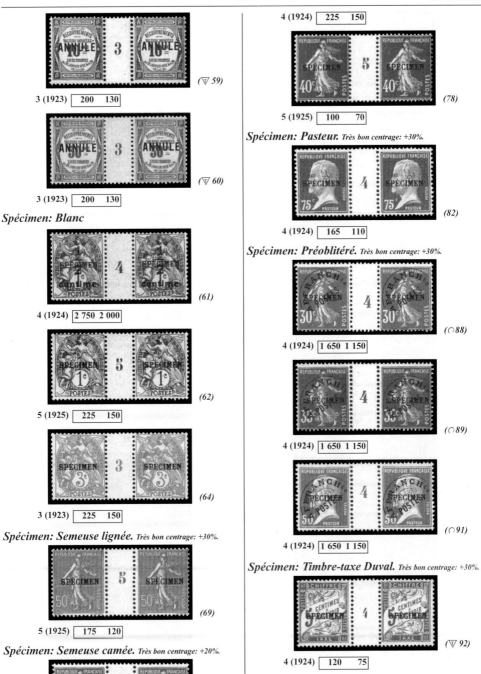

(▽ 59)

3 (1923) 200 130

(▽ 60)

3 (1923) 200 130

Spécimen: Blanc

(61)

4 (1924) 2 750 2 000

(62)

5 (1925) 225 150

(64)

3 (1923) 225 150

Spécimen: Semeuse lignée. *Très bon centrage: +30%.*

(69)

5 (1925) 175 120

Spécimen: Semeuse camée. *Très bon centrage: +20%.*

(77)

4 (1924) 225 150

(78)

5 (1925) 100 70

Spécimen: Pasteur. *Très bon centrage: +30%.*

(82)

4 (1924) 165 110

Spécimen: Préoblitéré. *Très bon centrage: +30%.*

(∩88)

4 (1924) 1 650 1 150

(∩89)

4 (1924) 1 650 1 150

(∩91)

4 (1924) 1 650 1 150

Spécimen: Timbre-taxe Duval. *Très bon centrage: +30%.*

(▽ 92)

4 (1924) 120 75

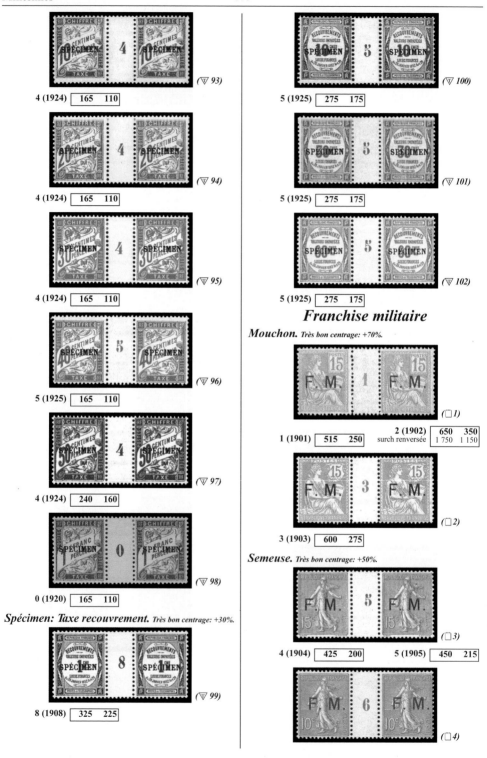

(▽ 93)

4 (1924) | 165 110 |

(▽ 94)

4 (1924) | 165 110 |

(▽ 95)

4 (1924) | 165 110 |

(▽ 96)

5 (1925) | 165 110 |

(▽ 97)

4 (1924) | 240 160 |

(▽ 98)

0 (1920) | 165 110 |

Spécimen: Taxe recouvrement. *Très bon centrage: +30%.*

(▽ 99)

8 (1908) | 325 225 |

(▽ 100)

5 (1925) | 275 175 |

(▽ 101)

5 (1925) | 275 175 |

(▽ 102)

5 (1925) | 275 175 |

Franchise militaire

Mouchon. *Très bon centrage: +70%.*

(□ 1)

1 (1901) | 515 250 |

2 (1902) | 650 350 |
surch renversée | 1 750 1 150 |

(□ 2)

3 (1903) | 600 275 |

Semeuse. *Très bon centrage: +50%.*

(□ 3)

4 (1904) | 425 200 | 5 (1905) | 450 215 |

(□ 4)

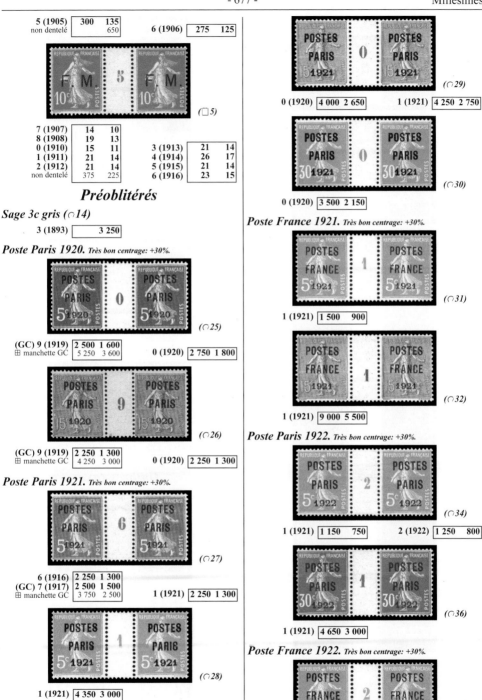

| 5 (1905) | 300 | 135 |
| non dentelé | | 650 |

6 (1906) | 275 | 125 |

(□ 5)

7 (1907)	14	10
8 (1908)	19	13
0 (1910)	15	11
1 (1911)	21	14
2 (1912)	21	14
non dentelé	375	225

3 (1913)	21	14
4 (1914)	26	17
5 (1915)	21	14
6 (1916)	23	15

Préoblitérés

Sage 3c gris (⌒14)

3 (1893) | 3 250 |

Poste Paris 1920. *Très bon centrage: +30%.*

(⌒25)

| (GC) 9 (1919) | 2 500 | 1 600 |
| ⊞ manchette GC | 5 250 | 3 600 |

0 (1920) | 2 750 | 1 800 |

(⌒26)

| (GC) 9 (1919) | 2 250 | 1 300 |
| ⊞ manchette GC | 4 250 | 3 000 |

0 (1920) | 2 250 | 1 300 |

Poste Paris 1921. *Très bon centrage: +30%.*

(⌒27)

6 (1916)	2 250	1 300
(GC) 7 (1917)	2 500	1 500
⊞ manchette GC	3 750	2 500

1 (1921) | 2 250 | 1 300 |

(⌒28)

1 (1921) | 4 350 | 3 000 |

(⌒29)

0 (1920) | 4 000 | 2 650 | 1 (1921) | 4 250 | 2 750 |

(⌒30)

0 (1920) | 3 500 | 2 150 |

Poste France 1921. *Très bon centrage: +30%.*

(⌒31)

1 (1921) | 1 500 | 900 |

(⌒32)

1 (1921) | 9 000 | 5 500 |

Poste Paris 1922. *Très bon centrage: +30%.*

(⌒34)

1 (1921) | 1 150 | 750 | 2 (1922) | 1 250 | 800 |

(⌒36)

1 (1921) | 4 650 | 3 000 |

Poste France 1922. *Très bon centrage: +30%.*

(⌒37)

2 (1922) | 1 000 | 700 |

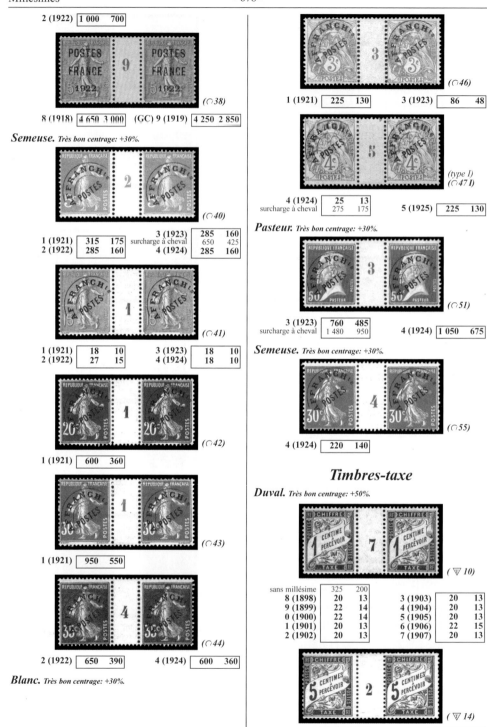

(⌒38)

8 (1918) | 4 650 | 3 000 | (GC) 9 (1919) | 4 250 | 2 850 |

Semeuse. *Très bon centrage: +30%.*

(⌒40)

1 (1921)	315	175	3 (1923) surcharge à cheval	285	160
2 (1922)	285	160		650	425
			4 (1924)	285	160

(⌒41)

| 1 (1921) | 18 | 10 | 3 (1923) | 18 | 10 |
| 2 (1922) | 27 | 15 | 4 (1924) | 18 | 10 |

(⌒42)

1 (1921) | 600 | 360 |

(⌒43)

1 (1921) | 950 | 550 |

(⌒44)

2 (1922) | 650 | 390 | 4 (1924) | 600 | 360 |

Blanc. *Très bon centrage: +30%.*

(⌒46)

1 (1921) | 225 | 130 | 3 (1923) | 86 | 48 |

(type I)
(⌒47 I)

| 4 (1924) | 25 | 13 | 5 (1925) | 225 | 130 |
| surcharge à cheval | 275 | 175 | | | |

Pasteur. *Très bon centrage: +30%.*

(⌒51)

| 3 (1923) | 760 | 485 | 4 (1924) | 1 050 | 675 |
| surcharge à cheval | 1 480 | 950 | | | |

Semeuse. *Très bon centrage: +30%.*

(⌒55)

4 (1924) | 220 | 140 |

Timbres-taxe

Duval. *Très bon centrage: +50%.*

(▽ 10)

sans millésime	325	200			
8 (1898)	20	13	3 (1903)	20	13
9 (1899)	22	14	4 (1904)	20	13
0 (1900)	22	14	5 (1905)	20	13
1 (1901)	20	13	6 (1906)	22	15
2 (1902)	20	13	7 (1907)	20	13

(▽ 14)

sans millésime | 1 500 | 850 | 2 (1892) | 600 | 400 |

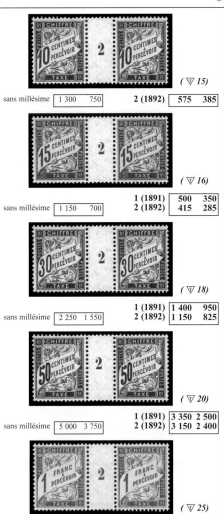

(▽ 15)

sans millésime | 1 300 750 | 2 (1892) | 575 385 |

(▽ 16)

     1 (1891) | 500 350 |
sans millésime | 1 150 700 | 2 (1892) | 415 285 |

(▽ 18)

     1 (1891) | 1 400 950 |
sans millésime | 2 250 1 550 | 2 (1892) | 1 150 825 |

(▽ 20)

     1 (1891) | 3 350 2 500 |
sans millésime | 5 000 3 750 | 2 (1892) | 3 150 2 400 |

(▽ 25)

     1 (1891) | 3 650 2 500 |
sans millésime | 6 250 4 500 | 2 (1892) | 3 500 2 400 |

Duval. *Très bon centrage: +30%.*

(▽ 28)

3 (1893)	15	10
4 (1894)	15	10
5 (1895)	14	9
6 (1896)	14	9
7 (1897)	11	7
8 (1898)	11	7
9 (1899)	11	7
0 (1900)	11	7
1 (1901)	11	7
2 (1902)	11	7
3 (1903)	11	7
4 (1904)	11	7
5 (1905)	11	7
6 (1906)	11	7
7 (1907)	11	7
8 (1908)	11	7
9 (1909)	11	7
1 (1911)	11	7

3 (1913)	11	7
4 (1914)	11	7
(GC) 7 (1917)	20	13
⊞ manchette GC	39	25
(GC) 8 (1918)	20	13
⊞ manchette GC	39	25
0 (1920)	11	7
1 (1921)	11	7
2 (1922)	11	7
4 (1924)	11	7
6 (1926)	11	7
7 (1927)	11	7
8 (1928)	11	7
9 (1929)	11	7
0 (1930)	11	7
2 (1932)	11	7
3 (1933)	11	7

Mill. de 1893: bleu pâle, papier jaunâtre lisse et mince (transparent)
Mill. de 1903: bleu ou bleu terne, papier jaunâtre mat et rugueux
Mill. de 1913: bleu pâle, papier lisse blanchâtre ou grisâtre
Mill. de 1933: bleu très pâle, papier très blanc et épais (trame régulière)
Mill. de 1894: bleu pâle, papier jaunâtre lisse et mince (transparent)
Mill. de 1904: bleu ou bleu terne, papier jaunâtre mat et rugueux
Mill. de 1914: bleu pâle, papier lisse blanchâtre ou grisâtre
Mill. de 1924: bleu pâle ou bleu vif, papier très blanc et épais (trame régulière)
Mill. de 1895: bleu pâle, papier jaunâtre lisse et mince (transparent)
Mill. de 1905: bleu ou bleu terne, papier jaunâtre mat et rugueux
Mill. de 1896: bleu, papier jaunâtre lisse et mince (transparent)
Mill. de 1906: bleu terne ou bleu laiteux, papier jaunâtre mat et rugueux
Mill. de 1926: bleu pâle, papier très blanc et épais (trame régulière)
Mill. de 1897: bleu, papier jaunâtre mat et rugueux
Mill. de 1907: bleu vif, papier jaunâtre mat et rugueux
Mill. de 1927: bleu pâle, papier très blanc et épais (trame régulière)
Mill. de 1898: bleu, papier jaunâtre mat et rugueux
Mill. de 1908: bleu pâle, papier blanc épais de très bonne qualité
Mill. de 1928: bleu vif, papier très blanc et épais (trame régulière)
Mill. de 1899: bleu ou bleu pâle, papier jaunâtre mat et rugueux
Mill. de 1909: bleu pâle ou bleu laiteux, papier blanc épais de très bonne qualité
Mill. de 1929: bleu, papier lisse blanchâtre ou grisâtre
Mill. de 1900: bleu foncé, papier jaunâtre mat et rugueux
Mill. de 1920: bleu avec papier très blanc et épais (trame régulière) ou bleu avec papier mat blanc et mince (transparent) (trame régulière)
Mill. de 1930: bleu très pâle, papier très blanc et épais (trame régulière)
Mill. de 1901: bleu foncé, papier jaunâtre mat et rugueux
Mill. de 1911: bleu pâle, papier lisse blanchâtre ou grisâtre
Mill. de 1921: bleu vif, papier très blanc et épais (trame régulière)
Mill. de 1902: bleu terne, papier jaunâtre mat et rugueux
Mill. de 1922: bleu terne ou bleu pâle, papier mat blanc et mince (transparent) (trame régulière)
Mill. de 1932: bleu très pâle, papier très blanc et épais (trame régulière)

(▽ 29)

3 (1893)	13	8	4 (1914)	11	7
4 (1894)	13	8	5 (1915)	11	7
5 (1895)	13	8	(GC) 7 (1917)	20	12
6 (1896)	13	8	⊞ manchette GC	39	25
7 (1897)	13	8	(GC) 8 (1918)	25	15
8 (1898)	11	7	⊞ manchette GC	45	27
9 (1899)	11	7	9 (1919)	11	7
0 (1900)	11	7	0 (1920)	11	7
1 (1901)	11	7	dentelé ten. à nd	900	540
2 (1902)	11	7	1 (1921)	11	7
3 (1903)	11	7	2 (1922)	11	7
5 (1905)	11	7	4 (1924)	11	7
6 (1906)	11	7	6 (1926)	11	7
7 (1907)	11	7	7 (1927)	11	7
8 (1908)	11	7	8 (1928)	11	7
9 (1909)	11	7	9 (1929)	11	7
1 (1911)	11	7	0 (1930)	11	7
2 (1912)	11	7	1 (1931)	11	7
3 (1913)	11	7	3 (1933)	11	7

Mill. de 1893: brun ou brun pâle, papier jaunâtre lisse et mince (transparent)
Mill. de 1903: brun jaunâtre, papier jaunâtre mat et rugueux
Mill. de 1913: brun-rouge ou brun jaunâtre avec papier lisse blanchâtre ou grisâtre, ou brun jaunâtre avec papier blanc épais de très bonne qualité
Mill. de 1933: br-rge, papier très blanc et épais (trame régulière)
Mill. de 1894: brun fcé, papier jaunâtre lisse et mince (transparent)
Mill. de 1914: brun-rouge, papier lisse blanchâtre ou grisâtre
Mill. de 1924: br-rge, papier très blanc et épais (trame régulière)
Mill. de 1895: brun pâle, papier jaunâtre lisse et mince (transparent)
Mill. de 1905: brun jaunâtre, papier jaunâtre mat et rugueux
Mill. de 1896: brun pâle, papier jaunâtre lisse et mince (transparent)
Mill. de 1906: brun-rouge pâle ou brun-rouge, papier jaunâtre mat et rugueux
Mill. de 1926: br-rge pâle, papier très blanc et épais (trame régulière)
Mill. de 1897: brun jaunâtre ou brun foncé, papier jaunâtre mat et rugueux
Mill. de 1907: brun-rouge pâle ou brun-rouge, papier jaunâtre mat et rugueux
Mill. de 1927: brun-rouge pâle ou brun-rouge, papier très blanc et épais (trame régulière) ou papier mat blanc et mince (transparent) (trame régulière)
Mill. de 1898: brun jaunâtre ou brun jaunâtre foncé, papier jaunâtre mat et rugueux
Mill. de 1908: brun-rouge, papier lisse blanchâtre ou grisâtre
Mill. de 1928: brun-rouge pâle ou brun-rouge foncé, papier très blanc et épais (trame régulière) ou papier mat blanc et mince (transparent) (trame régulière)
Mill. de 1899: brun ou brun foncé, papier jaunâtre mat et rugueux
Mill. de 1909: brun-rouge, papier lisse blanchâtre ou grisâtre
Mill. de 1919: brun, papier lisse blanchâtre ou grisâtre
Mill. de 1929: brun-rouge pâle ou brun-rouge foncé, papier lisse blanchâtre ou grisâtre ou papier très blanc et épais (trame régulière)
Mill. de 1900: brun ou brun foncé, papier jaunâtre mat et rugueux
Mill. de 1920: brun-rge avec papier très blanc et épais (trame régulière) ou brun-jne clair avec papier lisse blanchâtre ou grisâtre
Mill. de 1930: brun-rouge foncé, papier très blanc et épais (trame régulière)
Mill. de 1901: brun foncé, papier jaunâtre mat et rugueux
Mill. de 1911: brun-rouge pâle ou brun-rouge, papier lisse blanchâtre ou grisâtre
Mill. de 1921: br-rge, papier très blanc et épais (trame régulière)
Mill. de 1931: brun-rouge foncé, papier très blanc et épais (trame régulière)
Mill. de 1902: brun pâle ou brun, papier jaunâtre mat et rugueux
Mill. de 1912: brun-rouge, papier lisse blanchâtre ou grisâtre
Mill. de 1922: brun-rouge, papier mat blanc et mince (transparent) (trame régulière)
Mill. de 1932: br-rge, papier très blanc et épais (trame régulière)

(▽ 30)

3 (1893)	205	123	1 (1901)	180	110
6 (1896)	205	123	2 (1902)	180	110
7 (1897)	205	123	3 (1903)	205	123
8 (1898)	180	110	4 (1904)	205	123
9 (1899)	180	110	5 (1905)	230	140
0 (1900)	180	110	(GC) 7 (1917)	230	140
			⊞ manchette GC	415	265

Millésime de 1893: papier jaunâtre lisse et mince (transparent)
Millésime de 1903: papier jaunâtre mat et rugueux

(▽ 31)

sans millésime	150	90			
6 (1906)	58	35	(GC) 8 (1918)	70	42
7 (1907)	58	35	⊞ manchette GC	125	73
8 (1908)	58	35	0 (1920)	58	35
9 (1909)	58	35	1 (1921)	58	35
1 (1911)	58	35	2 (1922)	58	35
2 (1912)	58	35	3 (1923)	58	35
3 (1913)	58	35	4 (1924)	58	35
5 (1915)	58	35	6 (1926)	58	35

Millésime de 1906: olive foncé, papier jaunâtre mat et rugueux
Millésime de 1926: olive ou olive foncé, papier lisse blanchâtre ou grisâtre ou papier très blanc et épais (trame régulière)
Millésime de 1911: olive, papier lisse blanchâtre ou grisâtre
Millésime de 1921: olive pâle ou olive, papier très blanc et épais (trame régulière)
Millésime de 1912: olive pâle, papier lisse blanchâtre ou grisâtre
Millésime de 1922: olive ou olive jaunâtre, papier mat blanc et mince (transparent) (trame régulière)
Millésime de 1913: olive très pâle ou olive, papier lisse blanchâtre ou grisâtre
Millésime de 1923: olive, papier mat blanc et mince (transparent) (trame régulière)

(▽ 32)

3 (1923)	40	24

(▽ 33)

3 (1893)	9	6	(GC) 9 (1919)	20	12
4 (1894)	9	6	⊞ manchette GC	40	24
6 (1896)	9	6	1 (1921)	9	6
7 (1897)	9	6	2 (1922)	9	6
dentelé ten. à nd	550	375	3 (1923)	9	6
8 (1898)	9	6	4 (1924)	9	6
9 (1899)	9	6	6 (1926)	9	6
0 (1900)	9	6	7 (1927)	9	6
1 (1901)	9	6	8 (1928)	9	6
2 (1902)	9	6	9 (1929)	9	6
3 (1903)	9	6	0 (1930)	9	6
4 (1904)	9	6	1 (1931)	9	6
5 (1905)	9	6	2 (1932)	9	6
(GC) 7 (1917)	20	12			
⊞ manchette GC	40	24			

Mill. de 1893: rouge, papier jaunâtre lisse et mince (transparent)
Mill. de 1903: rouge pâle, papier jaunâtre mat et rugueux
Mill. de 1923: rouge ou rouge vif, papier très blanc et épais

(trame régulière) ou papier mat blanc et mince (transparent) (trame régulière)
Mill. de 1894: rouge, papier jaunâtre lisse et mince (transparent)
Mill. de 1904: rouge ou rge pâle, papier jaunâtre mat et rugueux
Mill. de 1924: rouge ou rouge vif foncé, papier très blanc et épais (trame régulière)
Mill. de 1896: rouge, papier jaunâtre lisse et mince (transparent)
Mill. de 1926: rouge ou rouge vif foncé, papier très blanc et épais (trame régulière) ou papier mat blanc et mince (transparent) (trame régulière)
Mill. de 1897, 1898, 1899: rouge, papier jaunâtre mat et rugueux
Mill. de 1927, 1928, 1929: rge ou rouge vif foncé, papier très blanc et épais (trame régulière) ou papier mat blanc et mince (transparent) (trame régulière)
Mill. de 1900: rouge, papier jaunâtre mat et rugueux
Mill. de 1930: rouge, papier très blanc et épais (trame régulière)
Mill. de 1901: rouge, papier jaunâtre mat et rugueux
Mill. de 1921: rouge, papier lisse blanchâtre ou grisâtre
Mill. de 1931: rouge, papier très blanc et épais (trame régulière)
Mill. de 1902: rouge pâle, papier jaunâtre mat et rugueux
Mill. de 1922: rouge, papier très blanc et épais (trame régulière) ou papier mat blanc et mince (transparent) (trame régulière)
Mill. de 1932: rge fcé, papier très blanc et épais (trame régulière)

Mill. de 1894: lilas, papier jaunâtre lisse et mince (transparent)
Mill. de 1904: lilas-brun, papier jaunâtre mat et rugueux
Mill. de 1924: violet-brun fcé, papier très blanc et épais (trame régulière)
Mill. de 1896: lilas, papier jaunâtre lisse et mince (transparent)
Mill. de 1906: lilas-brun, papier jaunâtre mat et rugueux
Mill. de 1926: violet-br, papier très blanc et épais (trame régulière)
Mill. de 1897: violet, papier jaunâtre mat et rugueux
Mill. de 1927: pourpre, papier très blanc et épais (trame régulière)
Mill. de 1898: violet, papier jaunâtre mat et rugueux
Mill. de 1928: pourpre ou lilas-brun foncé, papier très blanc et épais (trame régulière)
Mill. de 1900: violet, papier jaunâtre mat et rugueux
Mill. de 1930: violet-brun foncé, papier très blanc et épais (trame régulière)
Mill. de 1901: lilas, papier jaunâtre mat et rugueux
Mill. de 1931: violet-brun foncé, papier très blanc et épais (trame régulière)
Mill. de 1902: lilas-brun, papier jaunâtre mat et rugueux
Mill. de 1922: violet-br, papier très blanc et épais (trame régulière) ou papier mat blanc et mince (transparent) (trame régulière)
Mill. de 1932: violet-br fcé, papier très blanc et épais (trame régulière)
Mill. de 1903: lilas-brun pâle, papier jaunâtre mat et rugueux
Mill. de 1923: violet-br, papier très blanc et épais (trame régulière) ou papier mat blanc et mince (transparent) (trame régulière)
Mill. de 1933: violet-br fcé, papier très blanc et épais (trame régulière)

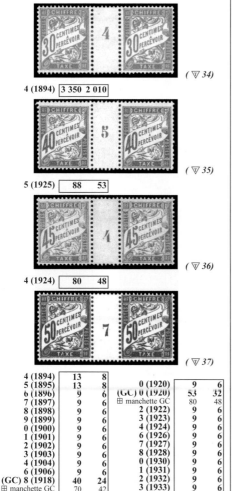

(▽ 34)

4 (1894)	3 350	2 010

(▽ 35)

5 (1925)	88	53

(▽ 36)

4 (1924)	80	48

(▽ 37)

4 (1894)	13	8
5 (1895)	13	8
6 (1896)	9	6
7 (1897)	9	6
8 (1898)	9	6
9 (1899)	9	6
0 (1900)	9	6
1 (1901)	9	6
2 (1902)	9	6
3 (1903)	9	6
4 (1904)	9	6
6 (1906)	9	6
(GC) 8 (1918)	40	24
⊞ manchette GC	70	42

0 (1920)	9	6
(GC) 0 (1920)	53	32
⊞ manchette GC	80	48
2 (1922)	9	6
3 (1923)	9	6
4 (1924)	9	6
6 (1926)	9	6
7 (1927)	9	6
8 (1928)	9	6
0 (1930)	9	6
1 (1931)	9	6
2 (1932)	9	6
3 (1933)	9	6

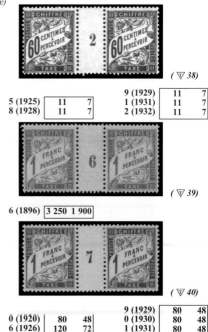

(▽ 38)

5 (1925)	11	7	9 (1929)	11	7
8 (1928)	11	7	1 (1931)	11	7
			2 (1932)	11	7

(▽ 39)

6 (1896)	3 250	1 900

(▽ 40)

0 (1920)	80	48	9 (1929)	80	48
6 (1926)	120	72	0 (1930)	80	48
7 (1927)	80	48	1 (1931)	80	48
8 (1928)	80	48	3 (1933)	80	48
			4 (1934)	80	48

Millésime de 1920: brun sur jaune vif, papier avec trame régulière
Millésime de 1930: brun s paille pâle, papier sans trame apparente

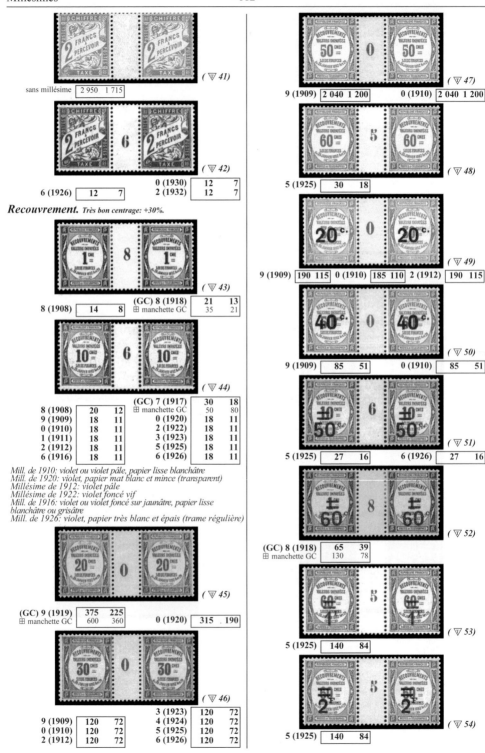

(▽ 41)

sans millésime | 2 950   1 715

(▽ 42)

6 (1926) | 12 | 7

| 0 (1930) | 12 | 7 |
| 2 (1932) | 12 | 7 |

Recouvrement. *Très bon centrage: +30%.*

(▽ 43)

8 (1908) | 14 | 8

| (GC) 8 (1918) | 21 | 13 |
| ⊞ manchette GC | 35 | 21 |

(▽ 44)

8 (1908)	20	12
9 (1909)	18	11
0 (1910)	18	11
1 (1911)	18	11
2 (1912)	18	11
6 (1916)	18	11

(GC) 7 (1917)	30	18
⊞ manchette GC	50	80
0 (1920)	18	11
2 (1922)	18	11
3 (1923)	18	11
5 (1925)	18	11

Mill. de 1910: violet ou violet pâle, papier lisse blanchâtre
Mill. de 1920: violet, papier mat blanc et mince (transparent)
Millésime de 1912: violet pâle
Millésime de 1922: violet foncé vif
Mill. de 1916: violet ou violet foncé sur jaunâtre, papier lisse
blanchâtre ou grisâtre
Mill. de 1926: violet, papier très blanc et épais (trame régulière)

(▽ 45)

| (GC) 9 (1919) | 375 | 225 |
| ⊞ manchette GC | 600 | 360 |

0 (1920) | 315 . 190

(▽ 46)

9 (1909)	120	72
0 (1910)	120	72
2 (1912)	120	72

3 (1923)	120	72
4 (1924)	120	72
5 (1925)	120	72
6 (1926)	120	72

(▽ 47)

9 (1909) | 2 040 1 200   0 (1910) | 2 040 1 200

(▽ 48)

5 (1925) | 30 | 18

(▽ 49)

9 (1909) | 190 115   0 (1910) | 185 110   2 (1912) | 190 115

(▽ 50)

9 (1909) | 85 | 51   0 (1910) | 85 | 51

(▽ 51)

5 (1925) | 27 | 16   6 (1926) | 27 | 16

(▽ 52)

| (GC) 8 (1918) | 65 | 39 |
| ⊞ manchette GC | 130 | 78 |

(▽ 53)

5 (1925) | 140 | 84

(▽ 54)

5 (1925) | 140 | 84

PRÉOBLITÉRÉS

On connaît ainsi des Napoléon 1c dentelés qui ont servis de précurseurs, connu cachet du 31 décembre1866, et avec oblitération d'Auxerre le 5 janvier 1867.

Précurseur: Napoléon empire dentelé 1c   **7 000**
(expertise indispensable)

Des Napoléon laurés sont connus pour le 1c , le premier étant préoblitéré du 5 mai 1870 sur imprimé électoral.

Précurseur: Lauré 1c vert-olive   **4 650**
(expertise indispensable)

Des Bordeaux 2c brun ont aussi servi préoblitérés sur journaux. On connaît un affranchissement d'Issoudun du 5 février 1871 et un affranchissement de Périgueux de juin 1871.

Précurseur: Bordeaux 2c brun-rouge   **6 500**
(expertise indispensable)

De même, des Napoléon laurés à 20c furent utilisés par l'Agence Havas, pendant la Commune de Paris. L'Agence Havas, qui avait replié son personnel sur Versailles après l'insurrection parisienne, se devait de continuer le travail qu'elle avait réalisé pendant le siège de Paris: à savoir informer les quotidiens français et étrangers sur les évènements qui avaient lieu dans la Capitale.

Les dépêches Havas étaient envoyées vers les quotidiens de province à la dernière minute, (pour donner les informations les plus récentes). Ces dépêches sont envoyées sous enveloppe 22, 23, 25, 26, et 28 mai 1871.

Précurseur: préoblitérés Havas   **16 000**
(expertise indispensable)

5c IIIème République (expertise indispensable)   **4 000**

Cette expérience s'est déroulée sur deux périodes: janvier à mars 1893, et septembre à décembre 1893. Soit 6 mois et uniquement à Paris.

La première surcharge comporte 4 lignes, et la deuxième 5 lignes.

Très peu d'entreprises ont utilisé ces timbres, ce qui en font des pièces rarissimes sur document. Utilisateurs connus: "Au Bon Marché", "Comptoir National d'Escompte", "Cunliffe, Russel & Co", "L. Duchêne", "Grands Magasins du Louvre", "Jurisprudence Générale", "Koerting Frères", "La Semaine Médicale", "Société Générale"

1ère colonne: tbre de qualité moyenne (normale)		
Paires, bandes et blocs de quatre oblitérés:		
☐☐ :	unité x 3	
☐☐☐ :	unité x 5	
☐☐☐☐ :	unité x 7	
⊞ :	unité x 8	

Préoblitéré de 1893 sur document complet: plus-value 3 000

1893 *- Sage, préoblitérés, 1ère série. Utilisation de janvier à mars 1893. Surcharge sur 4 lignes. Le 75c violet sur orange n'existe qu'en surcharge horizontale (un seul exemplaire connu).*

| 9 fév. - 9 mars | 15 février | 31 janv. - 24 mars |

⌒ **1(1) 2c brun-rouge (IIC)***   **3 750**
a - surcharge horizontale   4 250

*Prix atteint chez Roumet (544ème VSO) €9 333.

⌒ **2(2) 4c lilas-brun**   **2 000**

⌒ **3(3) 5c vert (IIB)**   **2 000**
a - surcharge horizontale   2 250

| 28 janvier - 21 mars | 28 janvier - 22 mars |

⌒ **4(4) 10c noir sur lilas**   **2 650**
a - surcharge horizontale   3 000

⌒ **5(5) 15c bleu (IIC)**   **2 650**
a - surcharge horizontale   3 000

28 janv. - 22 mars   *31 janv. - 21 mars*   *29 janv. - 22 mars*

⌒ **6(6) 20c brique sur vert**   **1 750**
a - surcharge horizontale   2 000

⌒ **7(7) 25c noir sur rose**   **3 250**
a - surcharge horizontale   3 750

⌒ **8(8) 30c brun**   **2 250**
a - surcharge horizontale   2 500

20 fév. - 22 fév.   *17 fév. - 9 mars*   *22 février*

⌒ **9(9) 40c rouge-orange****   **7 000**

**Prix atteint chez Roumet (544ème VSO) €14 186.

⌒ **10(10) 50c rose**   **13 500**
a - surcharge horizontale   14 500

⌒ **11(10A) 75c violet sur orange**   **125 000**

1893 - Sage, préoblitérés, 2ème série. Utilisation de septembre à décembre 1893. Surcharge sur 5 lignes. Existe sans le numéro du jour (sans quantième). Il s'agit d'une variété volontaire qui permettait de porter la durée de validité du timbre (normalement limitée à quatre jours) à un mois. Le 75c violet sur orange n'existe qu'en surcharge horizontale (quatre exemplaires connu).

6 sept. - 30 nov.   *13 sept. - 8 nov.*   *10 sept. - 15 nov.*

⌒ **12(11) 1c noir s azuré (IIB)**   **2 600**
a - surcharge horizontale   3 150

⌒ **13(12) 2c brun-rouge (IIC)**   **3 000**

⌒ **14(13) 3c gris**   **850**

10 septembre - 15 novembre   *8 septembre - 1ᵉʳ décembre*

⌒ **15(14) 4c lilas-brun**   **850**
sans quantième   900
a - surcharge horizontale   1 600
sans quantième   2 100

⌒ **16(15) 5c vert (IIB)**   **750**
sans quantième   775
a - quantième inversé   800
b - surcharge horizontale   800
sans quantième   2 000

8 sept. - 1ᵉʳ déc.   *8 sept. - 30 nov.*

⌒ **17(16) 10c noir sur lilas**   **1 400**
sans quantième   1 500
a - surcharge horizontale   1 700
sans quantième   2 100

⌒ **18(17) 15c bleu (IIC)**   **1 850**
sans quantième   2 150
a - surcharge horizontale   2 150

6 sept. - 28 déc.   *8 sept. - 27 nov.*   *8 sept. - 1ᵉʳ déc.*

⌒ **19(18) 20c brique sur vert**   **1 650**
sans quantième   1 750
a - surcharge horizontale   1 650
sans quantième   2 000

⌒ **20(19) 25c noir sur rose**   **2 850**
sans quantième   3 250
a - surcharge horizontale   3 000

⌒ **21(20) 30c brun**   **2 100**
sans quantième   2 250
a - surcharge horizontale   2 250
sans quantième   2 850

8 sept. - 23 nov.   *2 oct. - 10 nov.*   *3 octobre*

⌒ **22(21) 40c rouge-orange**   **5 500**
sans quantième   6 250
a - surcharge horizontale   5 500

⌒23(22) **50c rose***   **8 750**
a - surcharge horizontale   9 250

**Prix atteint chez Roumet (544ème VSO) €15 761.

⌒24(23) **75c violet sur orange**   **35 000**
a - sans quantième surch verticale   45 000

Paires, bandes et blocs de quatre oblitérés:

▢▢ :   unité x 3
▢▢▢ :   unité x 5
▢▢▢▢ :   unité x 7

▢▢
▢▢ :   unité x 8

1920 - Semeuse "Postes Paris 1920". Les chiffres de la
série "Mariage" surchargée de Monaco (voir tome II) ont été
utilisés par erreur à la | 21, et forment la variété "gros chiffres".
Très bon centrage: +40%.

petits chiffres

*gros chiffres
(taille réelle)*

1ᵉʳ octobre   *1ᵉʳ octobre*

	☆☆	☆	(☆)	✉
⌒25(24) **5c vert (type I)**	**850**	**415**	**185**	**525**
a - gros chiffres | 21			2 500	
b - papier GC	900	425	195	550
⌒26(25) **15c vert (type IV)**	**650**	**330**	**130**	**435**
a - gros chiffres | 21			2 500	
b - papier GC	700	350	150	450
c - "Postes" ou "1920" seul	2 150	1 500	900	
d - "P" de "Poste" décalé (ajouté à la main)			5 750	4 150
e - surcharge à cheval	950	600	375	

1921 - Semeuse.
"Postes Paris". **Très bon centrage: +40%.**

1ᵉʳ janvier   *juillet*

⌒27(26) **5c vert (type I)**	**650**	**335**	**95**	**325**
a - 1ᵉʳ "S" de "Postes" en forme de "8"	1 400	900	375	
b - gros chiffres | 21			2 500	
c - gros chiffres, papier GC			2 700	
d - papier GC	650	340	120	350
⌒28(27) **5c orange (type I)**	**1 600**	**800**	**235**	**500**
a - 2ᵐᵉ "S" de "Postes" en forme de "8"	2 350	1 350	600	

1ᵉʳ janvier 1921   *1ᵉʳ janvier 1921*

⌒29(28) **15c vert (type IV)**	**1 400**	**725**	**190**	**600**
a - gros chiffres | 21		3 750	2 500	
b - pli accordéon			600	
c - "S" de "Postes" en forme de "8"	2 250	1 300	650	
⌒30(29) **30c orange**	**1 100**	**525**	**90**	**250**
a - gros chiffres | 21			2 500	

"Postes France". **Très bon centrage: +40%.**

1ᵉʳ oct.   *1ᵉʳ oct.*   *1ᵉʳ oct.*

⌒31(33) **5c orange (type I)**	**465**	**230**	**90**	**250**
⌒32(34) **15c vert (type IV)**	**3 150**	**1 750**	**800**	**1 250**
⌒33(35) **30c orange**	**8 750**	**6 500**		
a - 2ᵐᵉ "S" de "Postes" renv (1ex connu)	20 000			

*Non émis de l'U.P.U. La poste française s'étant rendu compte
qu'elle avait oublié de remettre une feuille de l'émission "30c orange
Poste France 1921" au bureau de l'UPU à Berne. Comme cette
émission était épuisée, il a été décidé d'un retirage dans l'urgence.
Ce retirage a bien été effectué, mais sur une Semeuse 30c rouge.
La feuille de 150 a été envoyée à l'UPU, qui en a conservé un tiers.
Les deux tiers restants sont conservés au Musée de la Poste.
Seule une paire millésimée a été détachée et est conservée entre des
mains privées.
Tirage: 150*

⌒33A **30c rouge, non émis**   **15 000**

1922 - Semeuse.
"Postes Paris". **Très bon centrage: +40%.**

1ᵉʳ janv.   *1ᵉʳ janv.*   *1ᵉʳ janv.*

○ 34(30) 5c orange (type I) — 360 185 17 90
a - "S" de "Postes" en forme de "8" — 725 450 200

○ 35(31) 15c vert (type IV) — 1 600 800 325 800

○ 36(32) 30c rouge — 1 400 725 190 600

"Postes France". **Très bon centrage: +40%.**

1er janv.   *1er janv.*   *1er janv.*

○ 37(36) 5c orange (type I) — 315 185 65 175
a - papier GC — 375 215 70 200

○ 38(37) 15c vert (type IV) — 1 400 715 385 650
a - papier GC — 1 650 800 415 700

○ 39(38) 30c rouge — 2 250 1 150 650 1 250

En septembre 1922, un nouveau type de surcharge est adopté, qui sera appliqué suivant deux procédés d'impression:
   La surcharge imprimée à plat (surcharge imprimée séparément) est fine et son encre a un aspect brillant.
   La surcharge imprimée par rotative (impression simultanée du timbre et de la surcharge) est épaisse et son encre est terne.

surcharge fine

surcharge épaisse *(taille réelle)*

"E" de "Postes" avec un crochet (│4 et 54)

Petit "T" à "Postes" légèrement surélevé (│48 et 98)
Note: la ₹98 se trouve dans le coin daté

normal

cercle extérieur brisé *(que l'on peut trouver │90 dans le coin daté)*

1922 - Semeuse et Merson. Emission: septembre 1922.
Très bon centrage: +60%.

○ 40(50) 5c orange (t. I) (fine) — 125 50 1,5 40
a - papier mince (transparent) — 130 60
b - surcharge à cheval — 275 160 60
c - surcharge recto-verso — 140 85

○ 41(45) 15c vert (t. IV) (fine) — 5 3 1,5 55
a - papier mince (transparent) — 7 4 3
b - pli accordéon — 165 100
c - surcharge à cheval — 85 60 25
d - surcharge recto-verso — 12 9

○ 42 I(54) 20c brun, t. I (fine) — 165 80 14 75
a - surcharge à cheval — 375 250

○ 42 III(54a) 20c brun, t. III (fine) — 173 90 20 95
a - papier mince (transparent) 1923 — 200 120
b - surcharge à cheval — 275 160 50

○ 43(58) 30c rouge (fine) — 360 165 8 70
a - pli accordéon — 1 300 900
b - surcharge à cheval — 500 335 100
c - surcharge recto-verso — 375 225 90

○ 44(62) 35c violet (t. I) (fine) — 235 95 14 95
a - papier mince (transparent) — 240 115

○ 45(44) 45c vert et bleu (fine) — 120 60 44 200
a - papier GC — 150 75 50 225

Série ○ 40 à 45 (6 timbres) — 1010 450 83

1923-24 - Blanc. **Très bon centrage: +30%.**

Timbres spécialement conçus pour le tarif "envoi en nombre", créé le 30 juin 1923. A noter que les timbres de roulette comportent la variété "gros point entre "F" et "R" (de "AFFRANCHI")" aux │17 et 67.

juillet 1923   *mai 1924 (types I & II)*

○ 46(39) 3c orange (t. IB) (fine) — 26 12 3 45
a - surcharge cercle extérieur brisé — 45 27 8
b - surcharge à cheval — 140 85 35
c - surcharge recto-verso — 35 20 6

⌒ **47 I**(40) **4c br-jne, t. I (fine)** | **5** | **1,8** | **0,8** | **40**
a - point à côté du "4" | 30 | 16 | 6 |
b - surcharge cercle extérieur brisé | 13 | 8 | 4 |
c - surcharge à cheval | 110 | 75 | |
d - surcharge incomplète | 550 | 385 | |
e - surcharge recto-verso | 11 | 7 | 4 |
f - surcharge renversée | | 3 000 | 1 900 |
g - tache sur la robe | 30 | 16 | 6 |
h - brun très foncé | 8 | | |

⌒ **47 II**(40a) **4c brun-jaune, t. II** | **535** | **335** | **21** | **100**
a - surcharge cercle extérieur aplati | 650 | 425 | |
b - surch point entre "F" et "R" (rlt) | 1 500 | 950 | |

1924 *32 - Pasteur. Le 30c vert, émis plus tardivement,*
a été laissé dans la série afin de conserver les usages de la
profession (c'est la Semeuse 30c rose -n°55- qui était utilisée).
Très bon centrage: +30%.

décembre 1924   *juillet 1932*

⌒ **48**(65) **15c vert (fine)** | **68** | **34** | **7** | **65**
a - surcharge cercle extérieur brisé | 90 | 50 | |
b - surcharge à cheval | 200 | 125 | 50 |

⌒ **49**(66) **30c vert** | **64** | **32** | **7** | **65**
a - surcharge "E" avec crochet | 280 | 150 | 45 |
b - surcharge petit "T" surélevé | 280 | 150 | 45 |

août 1924   *juin 1924*

⌒ **50**(67) **45c rouge (fine)** | **48** | **24** | **3** | **65**
a - impression défectueuse | 80 | 50 | |
b - pli accordéon | 185 | 125 | 55 |
c - surcharge cercle extérieur brisé | 70 | 45 | |
d - surcharge à cheval | 185 | 125 | 45 |
e - surcharge recto-verso | 70 | 45 | 11 |
f - point entre S et T surch. | 80 | | |

⌒ **51**(68) **50c bleu (t. I) (fine)** | **285** | **150** | **29** | **120**
a - pli accordéon | 550 | 350 | 90 |
b - surcharge cercle extérieur brisé | 385 | 240 | |
c - surcharge à cheval | 600 | 365 | 100 |
d - surcharge recto-verso | 350 | 215 | 65 |

Série ⌒ **48 à 51 (4 timbres)** | **465** | **240** | **46** |

1925-26 *- Blanc et Semeuse.* **Très bon centrage: +30%.**

oct. 1925 (IIA)   *août 1925 (III) (sch fine)*
1925 (type IIB)   *fin 1925 (sch épaisse)*
    1926 (type IV de roulette)

⌒ **52 IIA**(41) **5c vert, type IIA** | **14** | **5** | **1** | **35**
a - impression sur raccord | 200 | 135 | |
b - surcharge "A" sans barre | 18 | 11 | |
c - surcharge "E" avec crochet | 52 | 26 | 10 |
d - surcharge petit "T" surélevé | 52 | 26 | 10 |
e - surcharge recto-verso | 20 | 13 | |
f - surcharge verte (tirage du 21 nov. 25) | | 3 000 | 1 900 |
g - **surcharge fine** (octobre 1925) | 120 | 70 | 5 | 50
h - surcharge fine, à cheval | 325 | 215 | 75 |
i - surcharge fine, recto-verso | 175 | 110 | 22 |
j - surcharge fine, renversée (1ex connu) | | | 5 000 |
k - surcharge fine, tenant à non surch | | 2 850 | 1 800 |
l - timbre + petit t à normal | 35 | | |

⌒ **52 IIB**(41a) **5c vert, type IIB** | **130** | **75** | **12** | **80**
a - surcharge cercle extérieur aplati | 160 | 90 | |
b - surch point entre "F" et "R" (rlt) | 475 | 285 | |
c - types IIA et IIB se tenant | 525 | 325 | |

⌒ **53 III**(51) **10c vert, t. III** | **1,5** | **1** | **0,5** | **20**
a - 1er "S" de "Postes" retouché | 420 | 300 | 220 |
b - anneau-lune | 40 | 27 | |
c - impression défectueuse | 10 | 6 | |
d - impression sur raccord | 200 | 135 | |
e - papier mince (transparent) | 2 | 1 | |
f - pli accordéon | 140 | 85 | |
g - surcharge à cheval | 70 | 40 | |
h - surcharge "A" sans barre | 6 | 4 | 2 |
i - surcharge "E" avec crochet | 12 | 6 | 4 |
j - surcharge petit "T" surélevé | 12 | 6 | 4 |
k - surchargé tenant à non surchargé | | 2 650 | 1 650 |
l - **surcharge fine** (août 1925) | 80 | 50 | 4 | 30
m - sans R de République | 30 | | |
n - semeuse blanche t à n | 30 | | |

⌒ **53 IV**(51a) **10c vert, type IV** | **65** | **45** | **22** | **90**
a - surch point entre "F" et "R" (rlt) fine | 350 | 215 | |

janv 1926 (I)   *janv 1925*   *oct. 1925*
déc 1925 (sch fine)
fin 1935 (type II)

⌒ **54 I**(53) **15c brun, type I** | **1,5** | **1** | **0,5** | **25**
a - anneau-lune | 35 | 20 | |
b - impression défectueuse | 9 | 6 | |
c - signature "Mouchon" absente | 17 | 11 | |
d - surcharge "A" sans barre | 6 | 4 | 2 |
e - surcharge "E" avec crochet | 12 | 6 | 4 |
f - surcharge petit "T" surélevé | 12 | 6 | 4 |
g - surch point entre "F" et "R" (rlt) | 1 750 | 1 200 | |
h - **surcharge fine** (décembre 1925) | 105 | 55 | 5 | 40

⌒ **54 II**(53b) **15c brun, type II** | **1,5** | **1** | **0,5** | **25**
a - surcharge "A" sans barre | 6 | 4 | 2 |
b - surcharge "E" avec crochet | 12 | 6 | 4 |
c - surcharge petit "T" surélevé | 12 | 6 | 4 |

⌒ **55**(59) **30c rose (t. I) (fine)** | **88** | **44** | **5** | **60**
a - surcharge recto-verso | 100 | 55 | 20 |
b - double surcharge | | | |
c - double surcharge dont 1 à sec | | | |

⌒ **56**(60) **30c bleu (type IIA)** | **425** | **240** | **68** | **235**
a - "République française" absente | 650 | 435 | 200 |
b - surcharge "E" avec crochet | 1 550 | 800 | 240 |
c - surcharge petit "T" surélevé | 1 550 | 800 | 240 |

Série ⌒ **52 à 56 (5 timbres)** | **530** | **291** | **75** |

1926 *- Blanc et Semeuse.* **Très bon centrage: +30%.**

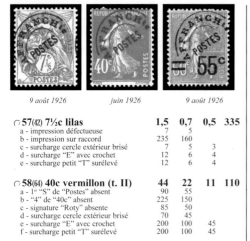

9 août 1926   juin 1926   9 août 1926

⌒ **57(42) 7½c lilas**   **1,5**   **0,7**   **0,5**   **335**
a - impression défectueuse   7   5
b - impression sur raccord   235   160
c - surcharge cercle extérieur brisé   7   5   3
d - surcharge "E" avec crochet   12   6   4
e - surcharge petit "T" surélevé   12   6   4

⌒ **58(64) 40c vermillon (t. II)**   **44**   **22**   **11**   **110**
a - 1ᵉʳ "S" de "Postes" absent   90   55
b - "4" de "40c" absent   225   150
c - signature "Roty" absente   85   50
d - surcharge cercle extérieur brisé   70   45
e - surcharge "E" avec crochet   200   100   45
f - surcharge petit "T" surélevé   200   100   45

⌒ **59(47) =55c s 60c violet (fine)**   **340**   **155**   **65**   **200**
a - surcharge "=55c" à cheval   650   400   175
b - surcharge préo à cheval   650   400   175

1926 - Semeuse. **Très bon centrage: +30%.**

nov 1926 (sch épaisse)   septembre 1926
juin 1926 (sch fine)

⌒ **60(56) 25c bleu (type IIIB)**   **33**   **10**   **1,5**   **60**
a - anneau-lune   60   36
b - impression défectueuse   35   17,5
c - surcharge "A" sans barre   55   35
d - surcharge "E" avec crochet   130   65   18
e - surcharge petit "T" surélevé   130   65   18
f - surcharge recto-verso   35   17,5
g - **surcharge fine** (juin 1926)   63   40   5   75
h - surcharge fine, anneau-lune   160   100
i - surcharge fine, à cheval   325   210

⌒ **61(48) 65c rose (fine)**   **17**   **9**   **4**   **80**
a - impression défectueuse   30   15
b - papier mince (transparent)   20   10
c - surcharge recto-verso   22   11
d - O et S surcharge reliés   75
e - E Postes surch allongé   75
f - POSÉES surch.   75

1927-29 - Blanc et Semeuse. **Très bon centrage: +30%.**

mai 1929   sept. 1927 (IIIB)
1931 (type IIIC)

⌒ **62(43) 10c violet**   **3**   **1,5**   **0,5**   **25**
a - avec bord publicitaire "Aiglon"   215   150
b - avec bord publicitaire "Janipoline"   200   135   75
c - impression défectueuse   11   5,5
d - impression sur raccord   235   140
e - papier épais   12   6
f - papier mince (transparent)   10   5
g - pli accordéon   120   72   36
h - surcharge "A" sans barre   12   6   3
i - surcharge "E" avec crochet   20   10   3
j - surcharge petit "T" surélevé   20   10   3
k - surch point entre "F" et "R" (rlt)   600   400
l - surcharge recto-verso   11   7
m - timbre + petit t à n   15

⌒ **63 (57) 25c jne-br, t. IIIC**   **4**   **2,5**   **0,5**   **25**
a - impression défectueuse   20   10
b - surcharge "A" sans barre   15   7,5   4
c - surcharge "E" avec crochet   24   12   4
d - surcharge petit "T" surélevé   24   12   4
e - sch "T" surélevé (pᵗ avec hdf)   750   500

⌒ **63 (57a) 25c jne-brun, t. IIIB**   **110**   **70**   **4**   **50**
a - surch point entre "F" et "R" (rlt)   250   150

février 1927   février 1927

⌒ **64(46) 45c violet**   **16**   **6**   **1,5**   **65**
a - pli accordéon   135   80
b - surcharge à cheval   150   85
c - surcharge cercle extérieur brisé   22   11   5,5
d - surcharge "A" sans barre   20   10   5
e - surcharge "E" avec crochet   75   38   12
f - surcharge petit "T" surélevé   75   38   12
g - surcharge recto-verso   20   12

⌒ **65(49) 65c olive**   **36**   **15**   **4,5**   **80**
a - surcharge "E" avec crochet   140   70   35
b - surcharge petit "T" surélevé   140   70   35
c - surcharge recto-verso   40   25

Série ⌒ 62 à 65 (4 timbres)   **59**   **25**   **7**

1932 - Semeuse. **Très bon centrage: +30%.**

oct. 1932 (III)   juillet 1932 (III)
1932 (type IV)   fin 1935 (type V)

⌒ **66 (52) 10c bleu, t. III**   **1,5**   **0,8**   **0,2**   **20**
a - impression défectueuse   12   6
b - impression sur raccord   100   60
c - papier mince (transparent)   3   1,5   3,5
d - signature "Roty" absente   15   7,5   4
e - surcharge "A" sans barre   6   3
f - surcharge cercle extérieur brisé   6   3
g - surcharge "E" avec crochet   12   6   2
h - surcharge petit "T" surélevé   12   6   2
i - surcharge incomplète   65   40

⌒ **66 (52a) 10c bleu, type IV**   **85**   **65**   **25**   **90**
a - surch point entre "F" et "R" (rlt)   275   180

○ **67 III(55) 20c rose, t. III** | **25** | **6** | **0,2** | **25**
- a - impression défectueuse ... 28 | 14
- b - surcharge "A" sans barre ... 30 | 15
- c - surcharge "E" avec crochet ... 55 | 25 | 6
- d - surcharge petit "T" surélevé ... 55 | 25 | 6
- e - surcharge recto-verso ... 38 | 18

○ **67 V(55a) 20c rose, type V** | **20** | **4** | **0,2** | **25**
- a - surcharge "A" sans barre ... 30 | 15
- b - surcharge "E" avec crochet ... 55 | 25
- c - surcharge petit "T" surélevé ... 55 | 25 | 6
- d - raccord ... 200 | | 6

1933 - Paix. Très bon centrage: +30%.

Le 30c Paix était prévu en remplacement du 30c Pasteur, mais les échantillons 2ème échelon étant un tarif peu utilisé, il restait de grandes quantités de Pasteur. Le 30c Paix n'a pas été émis mais il y eut quelques fuites (attention aux faux, expertise indispensable).

Prévu en remplacement   *janv 1933*   *nov. 1933*

○ **68A(69) 30c vert, non émis** | **8 500** | **5 800**
- a - surcharge "E" avec crochet ... 17 500 | 11 500
- b - surcharge petit "T" surélevé ... 17 500 | 11 500

○ **69(71) 45c bistre** | **46** | **21** | **2** | **40**
- a - papier mince (transparent) ... 45 | 25
- b - surcharge en haut (1er tirage) ... 50 | 30 | 4 | 50
- c - surcharge "E" avec crochet ... 190 | 95 | 28
- d - surcharge petit "T" surélevé ... 190 | 95 | 28
- e - surcharge recto-verso ... 50 | 30

○ **70(73) 65c violet-brun** | **120** | **54** | **4** | **50**
- a - surcharge en haut (1er tirage) ... 130 | 60 | 5 | 60
- b - surcharge "E" avec crochet ... 380 | 190 | 60
- c - surcharge petit "T" surélevé ... 380 | 190 | 60

1937-39 - Semeuse. Très bon centrage: +40%.

février 1939   *septembre 1937*

○ **71(61) 30c br-rge (t. IIA)** | **2,5** | **1,5** | **1** | **40**
- a - pli accordéon ... 775 | 500 | 225
- b - surcharge "A" sans barre ... 9 | 4,5
- c - surcharge "E" avec crochet ... 16 | 8 | 2,5
- d - surcharge petit "T" surélevé ... 16 | 8 | 2,5

○ **72(63) 35c vert** | **16** | **8** | **2,5** | **50**
- a - surcharge "E" avec crochet ... 75 | 37 | 12
- b - surcharge petit "T" surélevé ... 75 | 37 | 12

1937-39 - Paix. Très bon centrage: +30%.

déc. 1938   *janvier 1938*   *oct. 1937*

○ **73(70) 40c lilas (t. I) (fine)** | **15** | **7** | **1,5**
- a - surcharge à cheval ... 120 | 75
- b - surcharge incomplète ... 350 | 225 | 25

○ **74(72) 60c bistre** | **14** | **7** | **1,5** | **40**
- a - papier mince (transparent) ... 18 | 10
- b - surcharge "E" avec crochet ... 70 | 35 | 12
- c - surcharge petit "T" surélevé ... 70 | 35 | 12
- d - surcharge recto-verso ... 20 | 12 | 6

○ **75(74) =80c s 1f orange (II)** | **2** | **1** | **0,5** | **60**
- a - papier mince (transparent) ... 3 | 2
- b - surch I & II se tenant ... 195 | 130
- c - surcharge "= 80c" renversée ... 775 | 475
- d - surcharge à cheval ... 150 | 100 | 40
- e - surcharge "= 80c" doublée ... 550 | 350
- f - surcharge "E" avec crochet ... 15 | 7,5 | 2,5
- g - surcharge petit "T" surélevé ... 15 | 7,5 | 2,5
- h - timbre + petit t à n ... 6

nov. 1938   *janvier 1939*   *février 1939*

○ **76(75) 80c orange** | **165** | **80** | **45** | **120**
- a - surcharge "E" avec crochet ... 540 | 265 | 90
- b - surcharge petit "T" surélevé ... 540 | 270 | 90

○ **77(76) 1f rose** | **20** | **10** | **2,5** | **55**
- a - surcharge "E" avec crochet ... 100 | 45 | 15
- b - surcharge petit "T" surélevé ... 100 | 50 | 15
- c - surcharge recto-verso ... 30 | 17 | 8

○ **78(77) 1f 40 lilas** | **21** | **10** | **5** | **75**
- a - surcharge à cheval ... 125 | 80
- b - surcharge "E" avec crochet ... 100 | 45 | 15
- c - surcharge petit "T" surélevé ... 100 | 45 | 15

Série ○ 73 à 78 (6 timbres) | **237** | **115** | **56**

1938-41 - *Mercure. Typographie (f 100).*

novembre 1938 — *octobre 1941*

79(78) **20c lilas** | **1** | **0,5** | **0,2** | **20**
a - impression défectueuse | 4 | 2
b - pli accordéon | 170 | 120 | 50
c - surcharge à cheval | 135 | 90 | 45
d - surcharge "A" sans barre | 6 | 3 | 1,5
e - surcharge "E" avec crochet | 15 | 10 | 5
f - surcharge petit "T" surélevé | 15 | 10 | 5
g - point entre S et T surch. | 20

80(79) **30c rouge (type I)** | **5** | **2** | **1,5** | **20**
a - papier épais | 7 | 4
b - surcharge "E" avec crochet | 25 | 15 | 7
c - surcharge petit "T" surélevé | 25 | 15 | 7
d - point entre T et E surch. | 20
e - point entre S et T surch. | 20

juillet 1939 — *avril 1940*

81(80) **40c violet "République"** | **1** | **0,5** | **0,3** | **25**
a - impression sur raccord | 285 | 170 | 75
b - piquage à cheval | 120 | 72 | 36
c - surcharge "A" sans barre | 6 | 3 | 1,5
d - surcharge "E" avec crochet | 15 | 10 | 5
e - surcharge petit "T" surélevé | 15 | 10 | 5

82(60) **60c rouge-orange** | **50** | **25** | **22** | **100**
a - surcharge "E" avec crochet | 250 | 160 | 80
b - surcharge petit "T" surélevé | 250 | 160 | 80
c - surcharge recto-verso | 70 | 42

Série 79 à 82 (4 timbres) | **57** | **28** | **24**

1942-43 - *Mercure. Typographie (f 100).*

juillet 1943 — *1er mars 1942*

83(81) **40c violet "Postes"** | **2** | **0,5** | **0,2** | **15**
a - impression défectueuse | 6 | 3
b - impression sur raccord | 285 | 175 | 75
c - signatures absentes | 10 | 5 | 3
d - surcharge "A" sans barre | 6 | 4 | 2
e - surcharge "E" avec crochet | 15 | 10 | 5
f - surcharge petit "T" surélevé | 15 | 10 | 5

84(82) **50c turquoise** | **1** | **0,5** | **0,3** | **15**
a - avec bord publicitaire "Neyrac" | 135 | 90
b - impression défectueuse | 7 | 3,5
c - papier mince (transparent) | 2 | 1 | 0,5
d - pli accordéon | 120 | 75 | 35
e - surcharge "E" avec crochet | 15 | 10 | 2
f - surcharge petit "T" surélevé | 15 | 10 | 2
g - point entre T et E surch. | 20

1942 - *Pétain. Typographie (f 100). 1er mars*

85(84) **70c orange** | **2** | **1,2** | **1** | **15**
a - impression défectueuse | 13 | 6,5
b - surcharge "E" avec crochet | 15 | 10 | 5
c - surcharge petit "T" surélevé | 15 | 10 | 5
d - point entre T et E surch. | 20
e - point entre S et T de Postes | 20
f - c cédille t à n | 20

86(85) **1f 20 brun** | **3** | **1,3** | **1** | **17**
a - impression défectueuse | 9 | 4,5
b - pli accordéon | 70 | 45
c - surcharge "E" avec crochet | 20 | 12 | 6
d - surcharge petit "T" surélevé | 20 | 12 | 6
e - point entre S et T de Postes | 20
f - point entre T et E de Postes | 20

87(86) **2f vert** | **6** | **3** | **2,5** | **22**
a - surcharge "E" avec crochet | 30 | 18 | 9
b - surcharge petit "T" surélevé | 30 | 18 | 9

Série 83 à 87 (5 timbres) | **14** | **6,5** | **5**

1945 - *Cérès de Mazelin et Marianne de Gandon. Typo (f 100).*
Le 1f 20 brun a d'abord été retiré des ventes le 1er janvier 1946,
puis remis en circulation pour le tarif du 3 janvier 1947.

8 mars — *23 mars*

88(87) **60c outremer** | **0,4** | **0,3** | **0,2** | **20**
a - "6" de "60c" absent | 32 | 20
b - impression défectueuse | 10 | 5
c - surcharge "E" avec crochet | 10 | 6 | 3
d - surcharge petit "T" surélevé | 10 | 6 | 3

89(88) **80c vert** | **0,7** | **0,3** | **0,2** | **20**
a - impression défectueuse | 4 | 2 | 3
b - surcharge "E" avec crochet | 10 | 6 | 3
c - surcharge petit "T" surélevé | 10 | 6
d - surcharge "O" brisé en bas | 25 | 15
e - sans sign Mazelin | 5

13 mars   *26 mars*

⌒ **90(91) 1f 20 brun**	**0,9**	**0,6**	**0,3**	**20**
seul sur ✉ envois en nombre				35
a - papier épais	4	2		
b - surcharge "E" avec crochet	15	9	4,5	
c - surcharge petit "T" surélevé	15	9	4,5	
d - surcharge "O" brisé en bas	25	15		

⌒ **91(94) 2f vert**	**0,5**	**0,4**	**0,3**	**25**
a - surcharge "E" avec crochet	12	7	3,5	
b - surcharge petit "T" surélevé	12	7	3,5	
c - surcharge «O» brisé en bas	25	15		

Série 88 à 91 (4 timbres)   **2,5**   **1,6**   **1**

1946 *- Cérès de Mazelin et Marianne de Gandon. Typo (f 100).*

6 avril   *avril*

⌒ **92(89) 90c vert foncé**	**0,6**	**0,4**	**0,2**	**20**
non dentelé	25	17		
a - impression défectueuse	6	3		
b - surcharge "E" avec crochet	12	7	3,5	
c - surcharge petit "T" surélevé	12	7	3,5	

⌒ **93(90) 1f rose-rouge**	**0,4**	**0,3**	**0,2**	**20**
a - impression défectueuse	4	3	2	
b - pli accordéon	50	35		
c - surcharge "A" sans barre	4	2	1	
d - surcharge "E" avec crochet	10	6	3	
e - surcharge petit "T" surélevé	10	6	3	

septembre   *6 avril*

⌒ **94(92) 2f vert-jaune**	**0,8**	**0,5**	**0,4**	**20**
a - surcharge "E" avec crochet	12	7	3,5	
b - surcharge petit "T" surélevé	12	7	3,5	

⌒ **95(96) 3f rose**	**0,4**	**0,3**	**0,2**	**30**
a - surcharge "E" avec crochet	12	7	3,5	
b - surcharge petit "T" surélevé	12	7	3,5	
c - surcharge "O" brisé en bas	25	15		

Série ⌒ 92 à 95 (4 timbres)   **2,2**   **1,5**   **0,6**

1947 *- Cérès de Mazelin et Marianne de Gandon. Typo (f 100).*

avril   *avril*

⌒ **96(93) 2f 50 brun**	**1,2**	**0,8**	**0,7**	**30**
a - impression défectueuse	7	3,5		
b - piquage à cheval	60	35		
c - surcharge "E" avec crochet	15	10	5	
d - surcharge petit "T" surélevé	15	10	5	
e - surcharge "O" brisé en bas	25	95		

⌒ **97(97) 4f violet**	**0,5**	**0,4**	**0,2**	**25**
a - impression défectueuse	6	3		
b - pli accordéon	160	110	50	
c - surcharge "A" sans barre	6	4		
d - surcharge "E" avec crochet	12	7	3,5	
e - surcharge petit "T" surélevé	12	7	3,5	

1947 *- Cérès et Marianne. Typographie (f 100).*

août 1947   *10 nov. 1948*   *août 1947*

⌒ **98(91A) 1f 50 lilas**	**0,5**	**0,3**	**0,2**	**20**
a - impression défectueuse	7	2,5		
b - surcharge "A" sans barre	5	2,5	2	
c - surcharge "E" avec crochet	12	7	3,5	
d - surcharge petit "T" surélevé	12	7	3,5	
e - sans sign. Mazelin	5			

⌒ **99(98) 4f émeraude**	**0,4**	**0,3**	**0,2**	
a - impression défectueuse	6	4	2	
b - surcharge "A" sans barre	6	4	2	
c - surcharge "E" avec crochet	10	5	2,5	
d - surcharge petit "T" surélevé	10	5	2,5	

⌒ **100(100) 6f rose**	**1,5**	**0,9**	**0,7**	**20**
a - mèches croisées	100	55	30	
tenant à normal	115	70		
b - mèches reliées	100	55	30	
tenant à normal	115	70		
c - surcharge "A" sans barre	6	3	1,5	
d - surcharge "E" avec crochet	15	9	4,5	
e - surcharge petit "T" surélevé	15	9	4,5	

1948 - *Marianne de Gandon. Typo (f 100).*

novembre

⌒ **101**(95) **2f 50 brun**	**2,2**	**1,2**	**1**	**20**
⊡		75		
a - impression défectueuse	8	4		
b - papier épais	6	3	1,5	
c - surcharge "E" avec crochet	15	9	4,5	
d - surcharge petit "T" surélevé	15	9	4,5	
e - surcharge "O" brisé en bas	40	24		

⌒ **102**(102) **10f lilas**	**0,8**	**0,5**	**0,2**	**15**
a - impression défectueuse	6	3		
b - surcharge "E" avec crochet	10	5	1,7	
c - surcharge petit "T" surélevé	10	5	1,7	

1949 - *Marianne de Gandon. Typo (f 100).*

janvier   *février*

⌒ **103**(99) **4f orange**	**1,1**	**0,6**	**0,4**	**20**
a - surcharge "E" avec crochet	8	4	1,5	
b - surcharge petit "T" surélevé	8	4	1,5	
c - surcharge "O" brisé en bas	25	15		

⌒ **104**(104) **15f rouge**	**0,9**	**0,5**	**0,5**	**20**
a - papier carton	3	1,5		
b - piquage à cheval	80	48		
c - surcharge "E" avec crochet	15	9	4,5	
d - surcharge petit "T" surélevé	15	9	4,5	

1949-51 - *Marianne et armoiries d'Anjou. Typo (f 100).*

juin 1949   *juillet 1949*

⌒ **105**(105) **Blason d'Anjou** (sch épaisse)	**0,2**	**0,1**	**0,1**	**15**
a - couleur jaune très décalée	30	18		
b - partie droite du cadre dédoublée	30	18		
c - pli accordéon	80	48		
d - surcharge "A" sans barre	4	2	1	
e - surcharge "E" avec crochet	12	7	3,5	
f - surcharge petit "T" surélevé	12	7	3,5	
g - **surcharge fine** (1951)	60	30	15	90

⌒ **106**(101) **8f turquoise**	**1**	**0,5**	**0,4**	**20**
a - papier épais	3	2		
b - pli accordéon	100	60		
c - signature "Gandon" absente	20	11	6	
d - surcharge "A" sans barre	6	3	1,5	
e - surcharge "E" avec crochet	15	9	4,5	
f - surcharge petit "T" surélevé	15	9	4,5	

juillet

⌒ **107**(103) **12f outremer**	**1,5**	**1**	**0,5**	**20**
a - papier carton	3	1,5	1	
b - pli accordéon	100	60		
c - surcharge "E" avec crochet	12	6	1,7	
d - surcharge petit "T" surélevé	12	6	1,7	

⌒ **108**(103A) **12f rge-orange**	**8,2**	**3,9**	**2**	**20**
a - papier carton	12	6	3	
b - signature "Gandon" absente	45	27	13	
c - surcharge "E" avec crochet	40	20	7	
d - surcharge petit "T" surélevé	40	20	7	

Série ⌒ **105 à 108 (4 timbres)**	**11**	**5,5**	**3**	

1954 - *Moissonneuse et coq. Typographie (f 100).*
Dess: L. Muller. Grav: J. Piel (moissonneuse). Dess: P. Poulain.
Grav: A. Frères (coq). 2 février

⌒ **109**(106) **4f bleu**	**0,3**	**0,2**	**0,1**	**7**
a - anneau-lune	12	7	3,5	
b - impression défectueuse	3	1,5	1	
c - piquage à cheval	45	27		
d - pli accordéon	70	42		
e - sans signature Muller	10	2,8		

⌒ **110**(108) **8f rouge**	**7**	**2,5**	**1,5**	**8**
a - anneau-lune	35	21		
b - impression défectueuse	15	7,5		
c - papier mince (transparent)	8	4		
d - pli accordéon	80	48		
e - sans signature Muller	17			

⌒ **111**(111) **12f rouge-rose**	**4,2**	**2,3**	**0,7**	
a - impression défectueuse	15	7,5	5	
b - pli accordéon	75	45	**10**	

⌒ **112**(114) **24f vert-bleu**	**22,5**	**11**	**4,2**	**20**
a - impression défectueuse	40	20		
b - plumes courtes t. à n	52			

Série ⌒ **109 à 112 (4 timbres)**	**34**	**16**	**6,5**	
non dentelés	125	85		
⊡		90		

1957 - *Coq. Typographie (f 100).*
Dess: P. Poulain. Grav: A. Frères. 5 août

⌒ **113**(107) **5f brun-olive**   0,3   0,2   0,2   7
a - papier épais   2   1   0,5
b - piquage à cheval   80   48

⌒ **114**(110) **10f bleu**   2   1   0,3   8
a - plumes courtes t à n   15
b - anneau lune   50

⌒ **115**(112) **15f lilas**   1,7   1,3   0,7   10

⌒ **116**(115) **30f orange**   12   3,5   2,8   15
a - piquage à cheval   85   51
b - pli accordéon   85   51

⌒ **117**(117) **45f vert**   25   14   12   30

Série ⌒ **113 à 117 (5 timbres)** 41   20   16
non dentelés   150   100
⊡   125

1959 - *Coq. Typographie (f 100).*
Dess: P. Poulain. Grav: A. Frères. 2 mars .

⌒ **118**(109) **8f violet**   0,5   0,3   0,1   8
a - dentelé tenant à non dentelé   500   300
b - piquage à cheval   75   45
c - oeuf dans le bec   35

⌒ **119**(113) **20f vert**   2   1,2   0,7   10
a - impression défectueuse   15   7,5   5

⌒ **120**(116) **40f rouge-brun**   4,5   3   2,2   15

⌒ **121**(118) **55f vert-jaune**   20   12   8   30

Série ⌒ **118 à 121 (4 timbres)** 27   16,5 11
non dentelés   125   85
⊡   100

1960 - *Coq (nouveaux francs). Typographie (f 100).*
Dess: P. Poulain. Grav: A. Frères. 25 janv

                                      ☆☆   (☆)   ⌐⌐

⌒ **122**(119) **0,08 violet**   0,5   0,1   6
a - anneau-lune   20   6
b - impression défectueuse   6   2
c - papier épais   2   1
d - piquage à cheval   50

⌒ **123**(120) **0,20 vert**   2,5   0,5   7
a - impression défectueuse   10   3
b - piquage à cheval   65

⌒ **124**(121) **0,40 rouge-brun**   10   2,4   10
a - piquage à cheval   65

⌒ **125**(122) **0,55 vert-jaune**   32   15   40

Série ⌒ **122 à 125 (4 timbres)** 45   18
non dentelés   115
⊡   125

1964-66 - *Monnaie gauloise. Légende "République française".*
Typo (f 100). Dessin: Claude Durrens. Gravure: André Frères.
25 mai 1964 (sauf 15c: 17 octobre)

⌒ **126**(123) **0,10 vert et sienne**   0,3   0,1   3
⌒ **127**(124) **0,15 orange et sienne** 0,2   0,1   3
a - impression sur raccord   165
b - surcharge brun clair   325

⌒ **128**(126) **0,25 lilas et brun fcé** 0,3   0,2   5
⌒ **129**(128) **0,50 bleu et sienne**   0,7   0,6   7

Série ⌒ **126 à 129 (4 timbres)** 1,5   1
non dentelés   55
⊡   80

1969 - Monnaie gauloise. Légende "République française". Typo (f 100). Dessin: Claude Durrens. Gravure: André Frères. 10 mars

○ 130(125) 0,22 turquoise et outremer	0,4	0,2	4
○ 131(127) 0,35 carmin et bleu	1,1	0,5	5
○ 132(129) 0,70 bleu et rouge	5	2,3	12
série, non dentelé	55		
série, ▣		65	
Série ○ 130 à 132 (4 timbres)	**65**	**3**	20
non dentelés	55		
▣		80	

1971 - Monnaie gauloise. Légende "République française". Typo (f 100). Dessin: Claude Durrens. Gravure: André Frères. 1er juillet

○ 133(127) 0,26 violet et brun fcé	0,4	0,2	3
○ 134(128) 0,30 bistre et brun	0,4	0,2	3

○ 135(132) 0,45 vert-bleu et brun	1,4	0,6	5
○ 136(133) 0,90 rouge et brun	1,8	1	12
Série ○ 133 à 136 (4 timbres)	**4**	**2**	
non dentelés	55		
▣		80	

1975 - Monnaie gauloise. Légende "France". Typo (f 100). Dessin: Claude Durrens. Gravure: André Frères. 16 février

○ 137(134) 0,42 orange et carmin	1	0,5	4
○ 138(135) 0,48 bleu et brun	1,2	0,8	5

○ 139(136) 0,70 rose et rouge fcé	2	1,2	8
○ 140(137) 1,35 vert et brun	2,8	1,5	11
Série ○ 137 à 140 (4 timbres)	**7**	**4**	
non dentelés	40		
▣		60	

1976 - Monnaie gauloise. Légende "France". Typo (f 100). Dessin: Claude Durrens. Gravure: André Frères. 1er janvier

○ 141(138) 0,50 vert-bl et sienne	1,2	0,6	7
○ 142(140) 0,60 violet et brun	1,5	1	8

○ 143(142) 0,90 orange et brun	1,8	1,4	12
○ 144(144) 1,60 lilas et brun	4	2,5	15
Série ○ 141 à 144 (4 timbres)	**8,5**	**5,5**	
non dentelés	40		
▣		60	

1976 - Monnaie gauloise. Légende "France". Typo (f 100). Dessin: Claude Durrens. Gravure: André Frères. 1er juillet

○ 145(139) 0,52 rose et brun	0,4	0,3	4
○ 146(141) 0,62 lilas et brun fcé	1	0,8	7

○ 147(143) 0,95 bistre et brun	1,1	0,9	9
147a - timbre + étroit t à n	12	1,5	12
○ 148(145) 1,70 bleu et brun	3		
Série ○ 145 à 148 (4 timbres)	**5,5**	**3,5**	
non dentelés	40		
▣		60	

1977 - Signes du Zodiaque. Taille-douce (f 100). Dessin et gravure: Georges Bétemps. 1er avril

○ 149(146) 0,54 Poisson	0,6	0,3	3,5
a - papier crème	3		3,5
○ 150(147) 0,68 Taureau	0,6	0,3	

⌒ **151**(148) **1,05 Scorpion**   **1,3** **0,7** **5,5**
151a - fond lilas   15
⌒ **152**(149) **1,85 Verseau**   **2,5** **1,2** **9**

Série ⌒**149 à 152 (4 timbres)**   **5** **2,5**
non dentelés   55
⊡   70

1978 - Signes du Zodiaque.
Taille-douce (f 100). Dessin et gravure: Georges Bétemps. 17 janvier

⌒ **153**(150) **0,58 Cancer**   **0,8** **0,5** **5**
153a - vert-jaune   3
⌒ **154**(151) **0,73 Bélier**   **1,3** **0,8** **5,5**

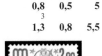

⌒ **155**(152) **1,15 Capricorne**   **2** **1,4** **8**
a - orange pâle   6
⌒ **156**(153) **2,00 Vierge**   **2,4** **1,8** **10**

Série ⌒**153 à 156 (4 timbres)**
non dentelés
⊡

1978 - Signes du Zodiaque.
Taille-douce (f 100). Dessin et gravure: Georges Bétemps. 1ᵉʳ juillet

⌒ **157**(154) **0,61 Sagittaire**   **0,4** **0,2** **3**
⌒ **158**(155) **0,78 Balance**   **0,6** **0,3** **3,5**

⌒ **159**(156) **1,25 Lion**   **1** **0,5** **5,5**
⌒ **160**(157) **2,10 Gémeaux**   **1,5** **1** **7**

Série ⌒**157 à 160 (4 timbres)**   **3,5** **2**
non dentelés   55
⊡   70

1979 - Champignons.
Taille-douce (f 100). Dessin & gravure: Pierre Gandon. 13 janvier

⌒ **161**(158) **0,64 Oronge**   **0,5** **0,2** **3**
⌒ **162**(159) **0,83 Trompette de la mort**   **0,5** **0,3** **3**

⌒ **163**(160) **1,30 Pleurote de l'olivier**   **1** **0,5** **4**
⌒ **164**(161) **2,25 Clavaire chou-fleur**   **1,5** **1** **6**

Série ⌒**161 à 164 (4 timbres)**   **3,5** **2**
non dentelés   135
⊡   165

1979 - Monuments historiques.
Taille-douce (f 100). Dessin & gravure: Claude Durrens. 13 août

⌒ **165**(162) **0,68 Tour de La Rochelle**   **0,4** **0,2** **2**
⌒ **166**(163) **0,88 Cathédrale de Chartres**   **0,4** **0,2** **2**

⌒ **167**(164) **1,40 Cathédrale de Bourges**   **0,7** **0,5** **3**
⌒ **168**(165) **2,35 Cathédrale d'Amiens**   **1,1** **0,6** **5**

Série ⌒**165 à 168 (4 timbres)**   **2,6** **1,5**
non dentelés   40
⊡   70

1980 - Monuments historiques.
Taille-douce (f 100). Dessin & gravure: Claude Durrens. 21 janvier

⌒ **169**(166) **0,76 Château d'Angers**   **0,4** **0,2** **2**
⌒ **170**(167) **0,99 Château de Kerjean**   **0,5** **0,2** **2**

○/**171**(168) 1,60 Château de Pierrefonds	**0,7**	**0,5**	**3**
○ **172**(169) 2,65 Château de Tarascon	**1,2**	**0,6**	**5**

Série ○ 169 à 172 (4 timbres) **2,8** **1,5**
non dentelés 45
▣ 75

1981 - Monuments historiques.
Taille-douce (f 100). Dessin & gravure: Claude Durrens. 12 janvier

○ **173**(170) 0,88 Chapelle d'Ajaccio	**0,4**	**0,2**	**2**
○ **174**(171) 1,14 Horloge de Besançon	**0,5**	**0,3**	**2**

○ **175**(172) 1,84 Château de Coucy-le-Château	**0,8**	**0,5**	**3**
○ **176**(173) 3,05 Grotte de Font-de-Gaune	**1,4**	**0,8**	**5**

Série ○ 173 à 176 (4 timbres) **3,1** **1,7**
non dentelés 40
▣ 70

1982 - Monuments historiques.
Taille-douce (f 100). Dessin & gravure: Claude Durrens. 11 janvier

○ **177**(174) 0,97 Château de Tanlay	**0,5**	**0,2**	**2**
○ **178**(175) 1,25 Fort de Salses	**0,6**	**0,2**	**2**

○ **179**(176) 2,03 Tour de Montlhéry	**0,9**	**0,5**	**3**
○ **180**(177) 3,36 Château d'If	**1,5**	**0,8**	**5**

Série ○ 177 à 180 (4 timbres) **3,5** **1,7**
non dentelés 40
▣ 70

1983 - Les quatre saisons. Dessin: Jean Picart Le Doux.
Gravure: Pierre Béquet. Taille-douce. (f 100). 17 janvier

○ **181**(178) 1,05 Printemps	**0,5**	**0,2**	**2**
○ **182**(179) 1,35 Eté	**0,6**	**0,3**	**2**

○ **183**(180) 2,19 Automne	**1**	**0,8**	**3**
○ **184**(181) 3,63 Hiver	**1,6**	**1,2**	**5**

Série ○ 181 à 104 (4 timbres) **3,7** **2,3**
non dentelés 35
▣ 60

1984 - Cartes à jouer.
Dessin: Jean Picart Le Doux. Grav: Joseph Rajewicz. Taille-douce (f 100). 11 avril

○ **185**(182) 1,14 Coeur	**0,5**	**0,2**	**2**
○ **186**(183) 1,47 Pique	**0,7**	**0,3**	**2**

○ **187**(184) 2,38 Carreau	**1,1**	**0,7**	**3**
○ **188**(185) 3,95 Trèfle	**1,7**	**1,3**	**5**

Série ○ 185 à 188 (4 timbres) **4** **2,5**
non dentelés 35
▣ 60

1985 - Les douze mois de l'année. Dessin: Jean Picart Le Doux.
Gravure: Pierre Forget. Taille-douce (f 100) 11 février

○ **189**(186) 1,22 Janvier	**0,6**	**0,4**	**2**
○ **190**(187) 1,57 Février	**0,7**	**0,4**	**2**

○ **191**(188) 2,55 Mars	**1,3**	**0,9**	**3**
○ **192**(189) 4,23 Avril	**1,9**	**1,3**	**5**

Série ○ 189 à 192 (4 timbres) **4,5** **3**
non dentelés 40
▣ 80

1986 - Les douze mois de l'année.
Dessin: Jean Picart Le Doux. Gravure: Joseph Rajewicz. Taille-douce (f 100). février

◠193(190) **1,28 Mai**   0,7   0,4   2
◠194(191) **1,65 Juin**   0,8   0,4   2

◠195(192) **2,67 Juillet**   1,3   1   3
◠196(193) **4,44 Août**   2,2   1,7   5

Série ◠193 à 196 (4 timbres)   5   3,5
non dentelés   40
⊡   80

1987 - *Les douze mois de l'année. Dessin: Jean Picart Le Doux.*
Gravure : Cécile Guillame. Taille-douce (f 100). 16 février

◠197(194) **1,31 Septembre**   0,7   0,4   2
◠198(195) **1,69 Octobre**   0,8   0,4   2

◠199(196) **2,74 Novembre**   1,3   1   3
◠200(197) **4,56 Décembre**   2,2   1,7   5

Série ◠197 à 200 (4 timbres)   5   3,5
non dentelés   40
⊡   80

1988 - *Les quatre éléments.*
Dessin: Jean Picart Le Doux. Grav.: Cécile Guillame. Taille-douce (f 100).
1ʳ fév

◠201(198) **1,36 L'air**   0,7   0,4   2
◠202(199) **1,75 L'eau**   0,8   0,4   2

◠203(200) **2,83 Le feu**   1,3   1   3
◠204(201) **4,75 La terre**   2,2   1,7   5

Série ◠01 à 204 (4 timbres)   5   3,5
non dentelés   35
⊡   60

1989 - *Instruments de musique (I). Offset (f 100).*
Dessin: Charles Bridoux. 6 sept

◠205(202) **1,39 Harpe**   0,7   0,4   2
◠206(203) **1,79 Piano**   0,8   0,4   2
◠207(204) **2,90 Trompette**   1,3   1   4
◠208(205) **4,84 Violon**   2,2   1,7   7
a - piquage à cheval   120   75
b - piquage double   350

dentelé 12
dentelé 13 (taille réelle)

Série ◠205 à 208 (4 timbres)   5   3,5
non dentelés   45
⊡   60

207A(204a) **dentelé 13 au lieu de 12**   460   100

1990 - *Instruments de musique (II). Offset (f 100).*
Dessin: Charles Bridoux. Emission: 2 juil .

◠209(206) **1,46 Accordéon**   0,7   0,4   2
◠210(207) **1,89 Biniou**   0,8   0,6   2,5
◠211(208) **3,06 Tambourin**   1,5   1,6   5,5
◠212(209) **5,10 Vielle**   2,5   2,4   7,5

Série ◠209 à 212 (4 timbres)   5,5   5
non dentelés   45
⊡   60

1990 - *Instruments de musique (III). Novembre Offset (f 100).*
Dessin: Charles Bridoux.

◠213(210) **1,93 Harpe**   1   0,6   2,5
a - dentelé tenant à non dentelé   950
◠214(211) **2,39 Piano**   1,1   0,8   3
a - dentelé tenant à non dentelé   950
◠215(212) **2,74 Violon**   1,3   1,2   5
a - dentelé tenant à non dentelé   900
non dentelés   35   50

1992 - *Instruments de musique (IV). Offset (f 100).*
Dessin: Charles Bridoux. 31 janvier

⌒ 216(213) 1,60 **Guitare**	65	20	60
⌒ 217(214) 1,98 **Accordéon**	2	1,5	9
⌒ 218(215) 2,08 **Saxophone**	1,2	1	5
⌒ 219(216) 2,46 **Biniou**	1,3	1	5

⌒ 220(217) 2,98 **Banjo**	1,5	1,5	6
⌒ 221(218) 3,08 **Tambourin**	7	4	11
⌒ 222(219) 3,14 vert **Vielle**	2	1,5	6

⌒ 223(220) 3,19 **Harpe**	7	4	11
⌒ 224(221) 5,28 **Xylophone**	3	1,5	10
⌒ 225(222) 5,30 **Piano**	3	1,5	8
⌒ 226(223) 5,32 **Violon**	3	1,5	8
Série ⌒ 216 à 226 (11 timbres)	96	37	
non dentelés	175		
blocs-feuillet gommés non dentelé	700		
216A - dentelé 12 au lieu de 13	3	2	8
217A - dentelé 12 au lieu de 13	255	150	150
218A - dentelé 12 au lieu de 13	10	8	15
219A - dentelé 12 au lieu de 13	7	5	22
221A - dentelé 12 au lieu de 13	7	5	22
222A - dentelé 12 au lieu de 13	30	20	45
223A - dentelé 12 au lieu de 13	3	2	11
224A - dentelé 12 au lieu de 13	10	8	20
225A - dentelé 12 au lieu de 13	65	42	100

226A - dentelé 12 au lieu de 13	10	8	50
Série ⌒216A à 226A (10 timbres)	400	240	

1992 - *Instruments de musique (V). Offset (f 100).*
Dessin: Charles Bridoux. octobre

⌒ 227(224) 1,73 **Guitare**	0,8	0,2	2
⌒ 228(225) 2,25 **Saxophone**	1	0,5	3
⌒ 229(226) 3,51 **Banjo**	2	1	4
⌒ 230(227) 5,40 **Xylophone**	2,7	1,8	5
Série 227 à 230 (4 timbres)	6,5	3,5	
non dentelés	45		
blocs-feuillet gommés non dentelé	240		

1993 - *Instruments de musique (VI). Offset (f 100). Dessin:*
Charles Bridoux. Emission: août

⌒ 231(228) 1,82 gris **Trompette**	0,8	0,2	2
a - dentelé tenant à non dentelé	1 100		
b - piquage à cheval	250		
⌒ 232(229) 2,34 or^{er} et brun **Tambourin**	1,2	0,6	3
⌒ 233(230) 3,86 rose **Vielle**	1,8	0,9	4
⌒ 234(231) 5,93 lilas **Xylophone**	2,7	1,8	5
Série ⌒ 231 à 234 (4 timbres)	6,5	3,5	
non dentelés	45		
blocs-feuillet gommés non dentelé	320		

1994 - *Feuilles d'arbres (I). Offset (f 100). Dessin: Charles Bridoux.*
1er sept

⌒ 235(232) 1,91 **Chêne**	0,9	0,2	2
⌒ 236(233) 2,46 **Platane**	1,2	0,6	3
⌒ 237(234) 4,24 **Marronnier**	1,9	0,9	4
⌒ 238(235) 6,51 **Houx**	3	1,8	5
a - piquage double	625		
Série ⌒ 235 à 238 (4 timbres)	7	3,5	
non dentelés	45		
blocs-feuillet gommés non dentelé	240		

1996 - *Feuilles d'arbres (II). Offset (f 100).*
Dessin: Charles Bridoux. 17 avril 1996.

⌒ 239(236) **1,87 Frêne**	**0,9**	**0,2**	**2**
⌒ 240(237) **2,18 Hêtre**	**1**	**0,5**	**3**
a - piquage à cheval	85		
⌒ 241(238) **4,66 Noyer**	**2,1**	**1**	**4**
⌒ 242(239) **7,11 Orme**	**3**	**1,8**	**5**

Série ⌒ **239 à 242 (4 timbres)**   **7**   **3,5**
  non dentelés   45
  blocs-feuillet gommés non dentelé   220

1998 - *Fleurs sauvages. Offset (f 100).*
Dessin: Charles Bridoux. Septembre.

⌒ 243(240) **1,87 Liseron**	**0,9**	**0,2**	**1,5**
a - piquage double	175		
b - coeur du liseron orange clair	30		
⌒ 244(241) **2,18 Coquelicot**	**1**	**0,5**	**2**
⌒ 245(242) **4,66 Violette**	**2,1**	**1**	**2,5**
⌒ 246(243) **7,11 Bouton d'or**	**3**	**1,8**	**4**

Série ⌒ **243 à 246 (4 timbres)**   **7**   **3,5**
  blocs-feuillet gommés non dentelé   220

2002 - *Orchidées.*
Offset (bande phosphorescente à gauche). Dessin et mise en page: Gilles Bosquet. 2 janvier (f 100)

⌒ 247(244) **0,29€ Orchidée insulaire**	**1**	**0,3**	**1,5**
⌒ 248(245) **0,39€ Orchidée bourdon**	**1,5**	**0,4**	**2**

2003 - *Orchidées.*
Offset (bande phosphorescente à gauche, f 100). Dessin et mise en page: Gilles Bosquet et Valérie Besser. 2 juin

⌒ 249(246) **0,30€ Orchidée à fleurs vertes**	**1**	**0,3**	**1,5**
a - sans pho	30		
b - sans bande phosphorescente	40		
⌒ 250(247) **0,35€ Orchidée de Savoie**	**1,5**	**0,4**	**2**

2004 - *Orchidées. Offset (bande phosph à gauche). Dessin et mise en page: Gilles Bosquet. 1er septembre*

2005 - *Orchidées. Offset (bande phosph à gauche). Dessin et mise en page: Gilles Bosquet. 2 novembre*

⌒ 251(248) **0,39€ Orchidée insulaire**	**1,5**	**0,7**	**2,5**
⌒ 252(249) **0,42€ Orchidée insulaire**	**2,5**	**0,7**	**2,5**

2007 - *Orchidées.*
Offset (bande phosphorescente à gauche, f 100). Dessin et mise en page: Gilles Bosquet et Valérie Besser. 2 juin

⌒ 253(250) **0,31€ Orchidée à fleurs vertes**	**1,5**	**0,5**	**2**
⌒ 254(251) **0,36€ Orchidée de Savoie**	**1,5**	**0,6**	**2**
⌒ 255(252) **0,43€ Orchidée insulaire**	**2,5**	**0,7**	**2,5**

	Usg: destineo seuil 2 1er éch	Usg: destineo seuil 1 1er éch	Usg: destineo seuil 2 2ème éch	Usg: destineo seuil 1 2ème éch
⌒ 256 (253) **0,37€ Ancolie**	**1,3**	**0,6**	**2**	
a - gomme tropicale	6			
⌒ 257 (254) **0,38€ Tulipe**	**1,3**	**0,6**	**2**	
a - gomme tropicale	6			
⌒ 258 (255) **0,44€ Paquerette**	**1,7**	**0,7**	**2,5**	
⌒ 259 (256) **0,45€ Primevère**	**1,7**	**0,7**	**2,5**	

2008 - *Fleurs.*
Offset (bande phosphorescente à gauche). Dessin et mise en page: Jean-Richard Lisiak. (f 100)

⌒ 260 (257) **0,31€ Tournesol**	**1,2**	**0,5**	**1,5**
⌒ 261 (258) **0,33€ Magnolia**	**1,3**	**0,5**	**1,5**

2011 - Fleurs.

Offset (bande phosphorescente à gauche, f 100). Dessin et mise en page:
Jean-Richard Lisiak.

		Usg: destineo seuil 2 1ᵉʳ éch	Usg: destineo seuil 1 1ᵉʳ éch	Usg: destineo seuil 2 2ᵉᵐᵉ éch	Usg: destineo seuil 1 2ᵉᵐᵉ éch
⌒262	(259)	35 g - S1 Tulipe	1,3	0,6	2
⌒263	(260)	35 g - S2 Ancolie	1,3	0,6	2
⌒264	(261)	50 g - S1 Pâquerette	2	0,7	2,5
⌒265	(262)	50 g - S2 Primevère	2	0,7	2,5

ROULETTES

Sauf précision, les cotes sont données pour des bandes
verticales de 11 timbres ✰✰.

Blanc

✐1	5c vert, type IIB	1 350
	a - bande horizontale de 6 timbres	690

Semeuse lignée

✐2	15c vert, type IV, bande verticale de 6	1 750
✐3	15c vert, type VI, timbre à l'unité (neuf ✰)	7 000
✐4	50c bleu, bande verticale de 6	540
✐5	50c rouge, type III	440

Semeuse camée

✐6	5c vert, type I, bande verticale de 6	285
✐7	5c orange, type I, bande verticale de 6	315
✐8	5c orange, type IIB, bande verticale de 6	192
✐9	10c rouge, type IA, bande verticale de 6	140
✐10	10c vert, type IV	150
	a - bande horizontale de 6 timbres	325
✐11	10c outremer, t. IV, bande horizontale de 6	140
✐12	15c brun-lilas, type I	800
✐13	20c brun-rouge, type IV	500
	a - bande horizontale de 6 timbres	285
✐14	20c lilas-rose, type IV	380
✐15	25c bleu, t. I (1 feuille de 150 connue au musée de la Poste)	
	une bande de 11 avec mise en train découverte en déc 2006	100 000
✐16	25c bleu, type IIIC	770
✐17	25c brun-jaune, type IIIC	990
✐18	30c bleu, type IIC	5 250
	a - bande horizontale de 6 timbres	2 850
✐19	40c vermillon, type II	7 500
✐20	40c violet	550
	a - bande verticale de 11, 7 timbres non imprimés	1 500
✐21	40c outremer	1 350

Pasteur

✐22	10c vert	480
✐23	15c vert	265
✐24	30c vert	525
✐25	50c bleu, type II, bande verticale de 6	3 400
	a - bande horizontale de 6 timbres	3 550
✐26	75c bleu, bande verticale de 6	2 600
	a - bande horizontale de 6 timbres	2 600
✐27	1f bleu	1 050
	a - bande horizontale de 6 timbres	700
✐28	1f 50 bleu	900

Paix

✐29	30c vert	550
✐30	40c lilas, type II	1 430
✐31	50c rouge, type IIB, bande verticale de 3	500
✐32	65c outremer, type III	700
✐33	90c outremer, type II	1 050

Mercure

✐34	30c rouge, type II	825
✐35	70c lilas-rose, type II	1 550

Marianne de Gandon

✐36	15f bleu, type III	550
	a - bande horizontale de 6 timbres	3 500

Marianne de Muller

✐37	6f rouge-orange	45
	non dentelé	4 000
	a - impression recto-verso	500
✐38	15f rose	45
	a - bande horizontale de 6 timbres	5 500
✐39	20f bleu, type I	260
✐40	25f rouge	260

Semeuse de Piel

✐41	0,20 turquoise et rose, type II	290

Marianne à la nef

✐42	0,25 outremer et rouge, type I	230

Marianne de Decaris

✐43	0,25 gris et carmin	80
	a - visage rose	400

Coq de Decaris

✐44	0,25 Coq de Decaris (avec numéro rouge)	87
	a - avec numéro vert	290
✐45	0,30 Coq de Decaris	23

Ronchamp

✐46	0,40 Chapelle de Ronchamp (gomme jnâtre)	9
	a - gomme tropicale mate blanche (2ème tirage)	12

Armoiries

✐47	0,05 Armoirie d'Auch, type II	4
✐48	0,20 Armoirie de Saint-Lô	22
	a - fleurs de lys noires et or	500
	b - fleurs de lys noires	3 000
✐49	0,25 Armoirie de Mont-de-Marsan	145

Retrouvez les timbres de roulette des Mariannes après 1970, dans la partie Spécialisée des timbres d'usage courant

Préoblitérés

✐⌒1	Blanc 4c brun-jaune, type II	5 750
	a - bande horizontale de 6 timbres	3 500
	b - bande verticale de 6 timbres	3 650
✐⌒2	Blanc 5c vert, type IIB	1 500
	a - bande horizontale de 6 timbres	825
✐⌒3	Blanc 10c violet	2 100
✐⌒4	Semeuse 10c vert type IV	650
✐⌒5	Semeuse 10c outremer type IV	1 300
✐⌒6	Semeuse 15c brun-lilas type I	5 500
✐⌒7	Semeuse 25c brun-jaune, type IIIC	550
	bande horizontale de 6 timbres	
✐⌒8	Mercure 20c lilas	1 750

TIMBRES DE SERVICE

1942 - Série francisaue **Très bon centrage: +70%**

Usage: complément   Usage: complément   Usage: complément

☆☆   ☆   🖙   ✉

⛏1(1) 10c orange	70	40	
⛏2(2) 30c outremer	70	40	
⛏3(3) 40c lilas	115	50	

Usage: complément   Usage: 🖙❷   Usage: complément

⛏4(4) 50c bleu-vert	115	50
⛏5(5) 70c noir	980	425
⛏6(6) 1f rose	515	225

Usage: ✉, 🖹   Usage: ✉   Usage: ✉❷

⛏7(7) 1f 20 bleu	265	135
⛏8(8) 1f 50 brun-rouge	110	55
⛏9(9) 2f vert	50	25

Usage: ✉❸   Usage: ✉®   Usage: complément

⛏10(10) 3f orange	120	65

⛏11(11) 4f 50 olive	300	170
⛏12(12) 5f violet	20	10

Usage: complément   Usage: complément   Usage: complément

⛏13(13) 10f bleu	110	55
⛏14(14) 15f vert	40	30
⛏15(15) 20f lilas-rose	40	30
Série ⛏1 à 15 (15 timbres)	**2 900**	**1 500**

1946
- *Vignette du Ravitaillement Général, destinée à affranchir les cartes-questionnaire, normalement oblitérées par le bureau de poste de départ (f 100).*

⛏16(15A) Ravitaillement Général	10	6	2,5	7

1958
- *Conseil de l'Europe: cathédrale de Rouen surchargée. Taille-douce. 14 janvier (f 50)*

⛏17(16) 35f Cathédrale de Rouen	1	0,8	2,5	16
sur ✉ avec flamme du 14 janv 58				30
▢		500		
a - surcharge incomplète par pliage	1 350	900		

1958
- *Conseil de l'Europe: drapeau. (f 50)*
Taille-douce. Dessin & gravure: Albert Decaris. Emission: 11 oct

⛏18(17) 8f Drapeau	0,2	0,1	0,1	5
sur ✉ avec flamme du 11 oct 58				45
a - impression (très) défectueuse	25	17		

📮19(18) 20f Drapeau   0,3   0,1   0,1   **5**
sur ⬚ avec flamme du 12 oct 58   45

📮20(20) 35f Drapeau   0,5   0,2   0,2   **6**
sur ⬚ avec flamme du 13 oct 58   45
a - impression incomplète   235   160
série, non dentelé   275   185
série, ▣ / ⊠   350   675

1959 - *Conseil de l'Europe: drapeau. (f 50)*
Taille-douce. Dessin & gravure: Albert Decaris. 29 mai

📮21(19) 25f Drapeau   0,8   0,4   0,4   **5**
sur ⬚ avec flamme du 29 mai 59   500

📮22(21) 50f Drapeau   1   0,7   1   **16**
sur ⬚ avec flamme du 29 mai 59   500
paire, non dentelé   175   125
paire, ▣   250

1961 - *U.N.E.S.C.O.: Orient (tête de Bouddha), et Occident (Hermès de Praxitèle). Taille-douce. Dessin & gravure: Claude Hertenberger. Emission: 21 janvier 1961. (f 50)*

📮23(22) 0,20 Orient - Occident   0,4   0,2   **3**

📮24(23) 0,25 Orient - Occident   0,4   0,3   **3**

📮25(25) 0,50 Orient - Occident   1,2   1   **14**
série, non dentelé   190
série, ▣ / ⊠   325   700

1963 - *Conseil de l'Europe: drapeau. Légende "République française" (soleil blanc). Taille-dce (f 50). Dess & grav: Albert Decaris. Emission: 3 janvier*

📮26(27) 0,20 Drapeau   1,2   0,9   **3**

📮27(28) 0,25 Drapeau   1,8   1,5   **3**

📮28(32) 0,50 Drapeau   2,5   2,1   **17**
série, non dentelé   165
série, ▣ / ⊠   275   600

1965 - *Conseil de l'Europe: drapeau. Légende "République française" (soleil jaune). Taille-douce. Dess & grav: Albert Decaris. Emission: 16 janvier. (f 50)*

📮29(29) 0,25 Drapeau (soleil jaune)   1   0,7   **3,5**
a - couleur jne très décalée, piquage à cheval   210

📮30(30) 0,30 Drapeau   0,5   0,5   **3,5**
a - couleur jaune des étoiles absente   175
b - couleur jaune absente   550
c - couleur jaune très décalée   60

📮31(31) 0,60 Drapeau   1,5   1,3   **14**
a - couleur jaune très décalée   100
série, non dentelé   165
série, ▣   275

1965 - *U.N.E.S.C.O.: Orient (tête de Bouddha), et Occident (Hermès de Praxitèle). Taille-douce. Dessin & gravure: Claude Hertenberger. Emission: 23 janvier. (f 50)*

Affranchissement mixte avec timbre français   50
Affranchissement avec moitié de 0,20   1 000

🏛32(24) 0,30 **Orient - Occident**   1,2   0,9   4,5

🏛33(26) 0,60 **Orient - Occident**   1,3   1,1   17
paire, non dentelé   150
paire, ▣   250

1966 - U.N.E.S.C.O.: campagne d'alphabétisation.
Taille-douce. Dessin & gravure: Jacques Combet. Emission:
19 déc . (f 50)

🏛34(36) 0,25 **Alphabétisation**   0,4   0,3   3,5

🏛35(37) 0,30 **Alphabétisation**   0,6   0,5   3,5

🏛36(38) 0,60 **Alphabétisation**   1   0,9   11
série, non dentelé   200
série, ▣ / ⊞   235   375

1969-71 - Conseil de l'Europe: drapeau. Légende
"République française" (soleil jaune). Taille-douce.
Dessin & gravure: Albert Decaris. (f 50)

22 mars   *20 février*

🏛37(31) 0,40 **Drapeau**   1   0,7   3,5
a - couleur jaune très décalée   60

🏛38(33) 0,50 **Drapeau**   2   1,5   5

22 mars

🏛39(35) 0,70 **Drapeau**   3   2,8   17
série, non dentelé   165
série, ▣   275

1969-71 - U.N.E.S.C.O.: Déclaration universelle des
droits de l'Homme. Légende "République française".
Tailledouce. Dessin & gravure: P. Béquet. 8 mars (f 50)

🏛40(39) 0,30 **Droits de l'Homme**   0,4   0,3   3,5

🏛41(40) 0,40 **Droits de l'Homme**   0,6   0,5   3
a - impression dépouillée   135

🏛42(41) 0,50 **Droits de l'Homme**   1   0,8   3

🏛43(42) 0,70 **Droits de l'Homme**   2   1,9   15

Série 🏛40 à 43 (4 timbres)   4   3,5
non dentelé   215
▣ / ⊞ 30c, 40c, 70c   235   325

1975 - U.N.E.S.C.O.: Déclaration universelle des droits de
l'Homme. Légende "France". Taille-douce. Dessin & gravure:
Pierre Béquet. 15 novembre. (f 50)

🏛44(43) 0,60 **Droits de l'Homme**   0,8   0,7   4,5

🏛45(44) 0,80 **Droits de l'Homme**   1,2   0,8   3,5

🏛46(45) 1,20 **Droits de l'Homme**   4   3   13
série, non dentelé   150
série, ▣ / ⊞   175   250

1975-76 - *Conseil de l'Europe: drapeau. Légende "France". Taille-douce. Dessin & gravure: Albert Decaris. Valeurs en nouveaux francs. 22 novembre (f 50)*

⚑47(46) 0,60 **Drapeau**	**0,8**	**0,7**	**4**
⚑48(47) 0,80 **Drapeau**	**1**	**0,8**	**3,5**

⚑49(49) 1,00 **Drapeau**	**2**	**1,7**	**9**
⚑50(48) 1,20 **Drapeau**	**4**	**3**	**18**
Série ⚑47 à 50 (4 timbres)	**7**	**7**	
non dentelé	200		
▣			300

1976 - *U.N.E.S.C.O.: Symbole. Taille-douce. Dessin: Rolf Ibach. Gravure: Claude Durrens. 23 octobre (f 50)*

⚑51(50) 0,80 **Symbole**	**0,8**	**0,7**	**3,5**
⚑52(51) 1,00 **Symbole**	**0,4**	**0,3**	**2**

⚑53(52) 1,40 **Symbole**	**1,5**	**1,2**	**10**
série, non dentelé	115		
série, ▣ / ▣		165	215

1977 - *Conseil de l'Europe: bâtiment du conseil (Strasbourg). Taille-douce. Dess: Arcnit - H. Bernard. Grav: Eugène Lacaque 24 janvier. (f 50)*

⚑54(53) 0,80 **Bâtiment du conseil**	**0,8**	**0,7**	**3**
⚑55(54) 1,00 **Bâtiment du conseil**	**0,4**	**0,3**	**2**

⚑56(55) 1,40 **Bât. du conseil (gris)**	**1,5**	**1,2**	**11**
série, non dentelé	115		
série, ▣ / ▣		165	215

1978 - *U.N.E.S.C.O.: Symbole. Taille-douce. Dessin: Rolf Ibach. Gravure: Claude Durrens. 14 octobre. (f 50)*

⚑57(56) 1,20 **Symbole**	**0,6**	**0,5**	**2**
⚑58(57) 1,70 **Symbole**	**0,8**	**0,7**	**9**
paire, non dentelé	85		
paire, ▣ / ▣		100	200

1978 - *Conseil de l'Europe: bâtiment du conseil (Strasbourg). Taille-douce. Dess: Arcnit - H. Bernard. Grav: Eugène Lacaque. 16 octobre*

⚑59(58) 1,20 **Bâtiment du conseil**	**0,6**	**0,5**	**2**
⚑60(59) 1,70 **Bâtiment du conseil**	**0,8**	**0,7**	**9**
paire, non dentelé	80		
paire, ▣ / ▣		100	275

1980 - *U.N.E.S.C.O.: Patrimoine universel, sites classés. Taille-douce. Dessin: Le Noir. Gravure: Jean Pheulpin. 17 novembre.*

⚑61(60) 1,20 **Maison des esclaves (Sénégal)**	**0,6**	**0,5**	**2,5**
⚑62(61) 1,40 **Moenjodaro (Pakistan)**	**0,7**	**0,6**	**2**

🏛 63(62) 2,00 Palais de Sans-Souci (Haïti)   1   0,8   9
série, non dentelé /5
série, ▣ / ▣   150   215

1980 - *Conseil de l'Europe: bâtiment du conseil (Strasbourg). Taille-douce. Dess: Arcnit - H. Bernard. Grav: Eugène Lacaque. Emission: 24 novembre. (f 50)*

🏛 64(63) 1,40 Bât. du conseil (olive)   0,7   0,8   2

🏛 65(64) 2,00 **Bâtiment du conseil**   1   1   9
paire, non dentelé   75
paire, ▣   90

1981 - *Conseil de l'Europe: bâtiment du conseil (Strasbourg). Taille-douce. Dessin & gravure: Eugène Lacaque: 23 novembre (f 50)*

🏛 66(65) 1,40 Bâtiment du conseil   0,7   0,5   3

🏛 67(66) 1,60 Bâtiment du conseil   0,7   0,5   2

🏛 68(67) 2,30 Bâtiment du conseil   1,1   0,8   9
série, non dentelé   100
série, ▣ / ▣   135   285

1981 - *U.N.E.S.C.O.: Patrimoine universel, sites classés. Taille-douce. Dessin: Le Noir. Gravure: Jean Pheulpin. 14 décembre. (f 50)*

🏛 69(68) 1,40 Fès (Maroc)   0,7   0,5   3

🏛 70(69) 1,60 Sukhotaï (Thaïlande)   0,7   0,5   2

🏛 71(70) 2,30 Fort Saint-Elme (Malte)   1?&   0,8   9
série, non dentelé   100
série, ▣ / ▣   135   225

1982 - *U.N.E.S.C.O.: Patrimoine universel, sites classés. Taille-douce. Dessin: Le Noir. Gravure: Jean Pheulpin. 25 octobre (f 50)*

🏛 72(71) 1,80 Hué (Viet Nam)   0,9   0,7   2

🏛 73(72) 2,60 Sâo Miguel (Brésil)   1,2   0,9   9
paire, non dentelé   65
paire, ▣ / ▣   90   200

1982 - *Conseil de l'Europe: bâtiment du conseil (Strasbourg). Taille-douce. D&G: Eugène Lacaque. 15 nov (f 50)*

🏛 74(73) 1,80 Bâtiment du conseil   0,9   0,8   2

🏛 75(74) 2,60 Bâtiment du conseil   1,2   1   9
paire, non dentelé   65
paire, ▣   90

1983 - *U.N.E.S.C.O.: Patrimoine universel, sites classés. Taille-douce. D&G: René Quillivic. 10 octobre. (f 50)*

🏛76(75) **2,00 Chinguetti (Mauritanie)**   **1**   **0,5**   **2**

🏛77(76) **2,80 Istambul (Turquie)**   **1,3**   **0,8**   **9**
paire, non dentelé   65
paire, ▣ / ▨   90   200

1983 - *Conseil de l'Europe: bâtiment du conseil (Strasbourg). Taille-douce. D&G: Eugène Lacaque. 21 novembre (f 50)*

🏛78(77) **2,00 Bâtiment du conseil**   **1**   **0,8**   **2**

🏛79(78) **2,80 Bâtiment du conseil**   **1,3**   **1**   **9**
paire, non dentelé   65
paire, ▣   90

1984 - *U.N.E.S.C.O.: Patrimoine universel, sites classés. Taille-douce. D & g: R. Quillivic. 22 octobre. (f 50)*

🏛80(79) **1,70 Eglise de Lalibela (Ethiopie)**   **0,8**   **0,5**   **3**

🏛81(80) **2,10 Sanaa (Yemen)**   **1**   **0,8**   **2**

🏛82(81) **3,00 Sᵗᵉ-Marie-Kotor (Yougoslavie)**   **1,4**   **1,2**   **9**
série, non dentelé   100
série, ▣ / ▨   135   225

1984 - *Conseil de l'Europe: bâtiment du conseil (Strasbourg). Taille-douce. Dessin & gravure: Eugène Lacaque. 12 novembre. (f 50)*

🏛83(82) **1,70 Bâtiment du conseil**   **0,8**   **0,7**   **3**

🏛84(83) **2,10 Bâtiment du conseil**   **1**   **0,8**   **2**

🏛85(84) **3,00 Bâtiment du conseil**   **1,4**   **1,1**   **9**
série, non dentelé   90
série, ▣   125

1985 - *Conseil de l'Europe: "une jeunesse, un avenir". Tailledouce. Dessin: François Thouvenin. Gravure: Pierre Forget. 2 septembre. (f 50)*

🏛86(85) **1,80 Une jeunesse, un avenir**   **0,9**   **0,8**   **3**

🏛87(86) **2,20 Une jeunesse, un avenir**   **1**   **0,8**   **2**

🏛88(87) **3,20 Une jeunesse, un avenir**   **1,5**   **1,3**   **9**
série, non dentelé   80
série, ▣ / ▨   125   200

1985 - *U.N.E.S.C.O.: Patrimoine universel, sites classés. Taille-douce. Dessin & gravure: Raymond Coatantiec. 28 octobre. (f 50)*

🏛89(88) **1,80 Théâtre de Carthage (Tunisie)**   **0,9**   **0,8**   **3**

🏛90(89) **2,20 Place de la Havane (Cuba)**   **1**   **0,8**   **3**

🏛️**91**(90) **3,20 Anuradhapura (Sri-Lanka)** **1,5** **1,3** **9**
série, non dentelé 100
série, ▣ / ▨ 135 200

1986 - U.N.E.S.C.O.: Patrimoine universel, sites classés.
Taille-douce. Dessin & gravure: Raymond Coatantiec.
8 décembre. (f 50)

🏛️**92**(91) **1,90 Temple de Tikal (Guatemala)** **0,9** **0,8** **3**

🏛️**93**(92) **3,40 Bagerhat (Bangladesh)** **1,6** **1,5** **10**
paire, non dentelé 65
paire, ▣ / ▨ 90 200

1986 - Conseil de l'Europe: bâtiment du conseil (Strasbourg).
Offset. Dessin: Charles Bridoux. 15 décembre. (f 50)

🏛️**94**(93) **1,90 Bâtiment du conseil** **0,9** **0,8** **3**

🏛️**95**(94) **2,20 Bâtiment du conseil** **1** **0,8** **2,5**
a - dentelé 1 ou 3 côtés 650

🏛️**96**(95) **3,40 Bâtiment du conseil** **1,6** **1,3** **9**
série, non dentelé 85
série, ▣ / ▨ 110 215

1987 - Conseil de l'Europe: bâtiment du conseil (Strasbourg).
Offset. Dessin: Charles Bridoux. 10 octobre. (f 50)

🏛️**97**(96) **2,00 Bâtiment du conseil** **1,2** **0,8** **3**

🏛️**98**(97) **3,60 Bâtiment du conseil** **1,8** **1,4** **9**
paire, non dentelé 65
paire, ▣ / ▨ 90 200

1987 - U.N.E.S.C.O.: Patrimoine universel, sites classés.
Taille-douce. Dessin & gravure: Raymond Coatantiec.
7 décembre. (f 50)

🏛️**99**(98) **2,00 Acropole d'Athène (Grèce)** **1,2** **0,8** **3**

🏛️**100**(99) **3,60 Temple de Philae (Egypte)** **1,8** **1,5** **10**
paire, non dentelé 65
paire, ▣ / ▨ 90 200

1989 - Conseil de l'Europe (40ᵉᵐᵉ anniversaire): allégorie.
Taille-douce et offset. Dessin & gravure: Eve Luquet.
6 février. (f 50)

🏛️**101**(100) **2,20 Conseil de l'Europe** **1,2** **0,9** **3**

🏛️**102**(101) **3,60 Conseil de l'Europe** **1,8** **1,5** **11**
a - chiffres blancs 60
paire, non dentelé 85
paire, ▣ / ▨ 100 200

1990 - U.N.E.S.C.O.: patrimoine universel, sites classés.
Taille-douce. Dessin & gravure: Cécile Guillame. 9 avril (f 50)

🏛️**103**(102) **2,30 San Fransisco de Lima (Pérou)** **1,2** **1** **3**

🏛️**104**(103) **3,20 Shibâm (Yemen)** **1,5** **1,3** **9**
paire, non dentelé 65
paire, ▣ / ▨ 90 225

1990 - Conseil de l'Europe: carte de l'Europe. Offset.
Dessin: Claude Andréotto. 28 mai (f 50)

🏛️**105**(104) **2,30 Conseil de l'Europe** **1,2** **1** **3**

🏛️**106**(105) **3,20 Conseil de l'Europe** **1,5** **1,3** **9**
a - pli accordéon 385
paire, non dentelé 65
paire, ▣ 90

1991 - Conseil de l'Europe: carte de l'Europe. Offset.
Dessin: Claude Andréotto. 25 novembre. (f 50)

🏛 **107**(106) **2,50 Conseil de l'Europe**   **1,2**   **1**   3

🏛 **108**(107) **3,40 Conseil de l'Europe**   **1,5**   **1,3**   9
☞   a - surchargé "ANNULÉ" (en paire)   60
     paire, non dentelé   65
     paire, ▣   90

1991 *- U.N.E.S.C.O.: Patrimoine universel, sites classés.*
Taille-douce. Dessin & gravure: Cécile Guillame. 25 novembre.
(f 50)

🏛 **109**(108) **2,50 Temple de Bagdaon (Népal)**   **1,2**   **1**   3

🏛 **110**(109) **3,40 Citadelle d'Hérat (Afghanistan)**   **1,5**   **1,3**   9
     paire, non dentelé   65
     paire, ▣ / ▣   90   300

1993 *- U.N.E.S.C.O.: Patrimoine universel, sites classés.*
Offset. Mise en page: Jean-Paul Véret-Lemarinier. 25 octobre.
(f 50)

🏛 **111**(110) **2,80 Angkor (Cambodge)**   **1,5**   **1**   3
     a - dentelé 1 ou 3 côtés   800
     b - dentelé tenant à non dentelé   1 750
     c - piquage à cheval   250

🏛 **112**(111) **3,70 Tassili n' Ajjer (Algérie)**   **2**   **1,3**   9
     paire, non dentelé   65
     paire, blocs-feuillet gommés nd   250
     bloc-feuillet colectif gommés nd   450

1994 *- Conseil de l'Europe: oeuvre de Friedensreich*
Hundertwasser (36 têtes). Offset. 17 janvier. (f 50)

🏛 **113**(112) **2,80 F. Hundertwasser**   **2**   **1**   3

🏛 **114**(113) **3,70 F. Hundertwasser**   **3**   **1,3**   9
     paire, non dentelé   65
     paire, blocs-feuillet gommés nd   250
     bloc-feuillet collectif gommés nd   400

1996 *- U.N.E.S.C.O.: Patrimoine universel, sites classés.*
Offset. Dessin: Odette Baillais. 3 juin. (f 50)

🏛 **115**(114) **3,00 Parc nat^al Uluru (Australie)**   **2**   **1**   3

🏛 **116**(115) **3,80 Los Glaciares (Argentine)**   **3**   **1,3**   9
     paire, non dentelé   65
     paire, blocs-feuillet gommés nd   250
     bloc-feuillet colectif gommés nd   400

1996 *- Conseil de l'Europe: palais des Droits de l'Homme*
(Strasbourg). Offset. Dessin & mise en page: Alain Rouhier
3 juin. (f 50)

🏛 **117**(116) **3,00 Palais des Droits de l'Homme**   **2**   **1**   3

🏛 **118**(117) **3,80 Palais des Droits de l'Homme**   **3**   **1,3**   9
     paire, non dentelé   65
     paire, blocs-feuillet gommés nd   250
     bloc-feuillet colectif gommés nd   400

1998 *- U.N.E.S.C.O.: Patrimoine universel, sites classés.*
Offset. Dessin & gravure: Odette Baillais. 26 octobre. (f 50)

🏛 **119**(118) **3,00 Peinture murale de Pompéi**   **1**   3

🏛 **120**(119) **3,80 Statues de l'Ile de Pâques**   **3**   **1,3**   9
     paire, blocs-feuillet gommés nd   250
     bloc-feuillet colectif gommés nd   400

1999 - *Conseil de l'Europe: statues. Héliogravure. Dessin: Aurélie Barras. 20 septembre. (f 50)*

📖 **121**(120) 3,00 **Aurige de Delphes** — 2 — 1 — 3

📖 **122**(121) 3,80 Niké (d'ap. Pétras Mazuras) — 3 — 1,3 — 9

A partir de 2001, les timbres sont imprimés avec deux bandes phosphorescentes.

2001 - *U.N.E.S.C.O.: Patrimoine universel, sites classés. Offset. Dessin: Odette Baillais (Guizèh), Christophe Crochon (Komodo). 3 décembre. (f 50)*

📖 **123**(124) 3,00 **Pyramides de Guizèh** — 3 — 0,9 — 2,5

📖 **124**(125) 3,80 **Parc nat^{al} de Komodo** — 3,5 — 1,3 — 6

2001 - *Conseil de l'Europe: oeuvre de Tomi Ungerer: "I am black, I am white, I am black and white". Offset.: 3 décembre. (f 50)*

📖 **125**(122) 3,00 **Tomi Ungerer** — 3 — 0,9 — 2,5

📖 **126**(123) 3,80 **Tomi Ungerer** — 3,5 — 1,3 — 6

2003 - *Conseil de l'Europe: oeuvre de Tomi Ungerer: "Le marcheur sur les étoiles". Offset. 20 octobre. (f 50)*

📖 **127**(126) 0,50€ **Tomi Ungerer** — 3 — 0,9 — 2,5

📖 **128**(127) 0,75€ **Tomi Ungerer** — 3,5 — 1,5 — 5,5

2003 - *U.N.E.S.C.O.: Patrimoine universel, sites classés. Offset. 8 décembre. (f 50)*

📖 **129**(128) 0,50€ **Laponie** — 3 — 0,9 — 2,5

📖 **130**(129) 0,75€ Eglise de la Résurrection — 3,5 — 1,5 — 5,5

2005 - *Conseil de l'Europe. Offset. Dessin: Tomi Ungerer (0,55€), Rafal Olbinski (0,75€). 19 septembre. (f 50)*

📖 **131**(130) 0,55€ **Conseil de l'Europe** — 3 — 0,9 — 2,5

📖 **132**(131) 0,75€ **Conseil de l'Europe** — 3,5 — 1,5 — 5,5

2005 - *U.N.E.S.C.O.: Patrimoine universel, sites classés. Offset. 28 novembre. (f 50)*

📖 **133**(132) 0,55€ Pologne - Forêt de Bialowieza — 3 — 0,9 — 2,5

📖 **134**(133) 0,90€ **Jordanie - Pétra** — 3,5 — 1,7 — 7

2006 - *U.N.E.S.C.O.: Patrimoine universel, espèces protégées et sites classés. Offset. (f 50)*

📖 **135**(134) 0,60€ **Tigre de Sibérie** — 3 — 0,9 — 2,5
☞ a - sans bande phosphorescente — 100

📖 **136**(135) 0,85€ **Laos - Luang Prabang** — 3,5 — 1,7 — 7

2007 - *Conseil de l'Europe.*
Offset. Dessin: Mariano Gonzalez Bertrand (0,60€),
Agence Novembre (0,85€). 25 juin (f 50)

🏛137(136) 0,60€ Conseil de l'Europe	3	1	2,5
🏛138(137) 0,85€ Conseil de l'Europe	3,5	1,7	5,5

2007 - *U.N.E.S.C.O.: Patrimoine universel, sites classés.*
Offset. 14 décembre. (f 50)

🏛139(138) 0,60€ Ksar D'Aït-Ben-Haddou	3	1	2,5
🏛140(139) 0,85€ Koala - Australie	3,5	1,7	5,5

2008 - *U.N.E.S.C.O.: Patrimoine universel, espèces*
protégées et sites classés. Offset. Mise en page: Jean-paul
Véret-Lemarinier, d'ap. photo Horizon Vison / Sunset
(gorille d'Afrique); Japack / Sunset (Machu Picchu).
4 décembre. (f50)

🏛141(140) 0,65€ Gorille d'Afrique	3	1	5
🏛142(141) 0,85€ Machu Picchu - Pérou	3,5	1,7	8

2009 - *Conseil de l'Europe. 60 ans. 50 ans de la cour*
européenne des droits de l'homme. Héliogravure. (f 50)

🏛143(142) 0,56€ Logo	3	1	5
🏛144(143) 0,70€ Batiment stylisé	3,5	1,7	8

2009 - *U.N.E.S.C.O.: Patrimoine universel,*
espèces protégées et sites classés. Offset. (f 50)

🏛145(144) 0,70€ Ours polaire	3	1	5
🏛146(145) 0,85€ Suzhou - Chine	3,5	1,7	8

2010 - *Conseil de l'Europe. Offset. (f 50)*

🏛147(146) **0,75€** Arbre	3	1	5
🏛148(147) **0,87€** Déclaration Européènne des droits de l'homme	3,5	1,7	8

2010 - *U.N.E.S.C.O.: Patrimoine universel,*
espèces protégées et sites classés. Offset. (f 50)

🏛149(148) 0,75€ L'Alhambra Espagne	3	1	5
🏛150(149) 0,87€ L'Alpaga	3,5	1,7	8

2011 - *Conseil de l'Europe.. Offset.*

🏛 **151**(150) **0,89€ Charte sociale**   **3,5**   **1**   **5**

2011 - *U.N.E.S.C.O. : Patrimoine universel, espèces protégées et sites classés. Offset. (f 50)*

🏛 **152**(151) **0,77€ Chameau de Bactriane**   **3**   **1**   **5**

🏛 **153**(152) **0,89€ La Nouvelle Zélande**   **3,5**   **1,7**   **8**

2012 - *Conseil de l'Europe.. Offset.. (f 50)*

🏛 **154**(153) **0,89€ 40ème anniversaire**   **3,5**   **1,7**   **8**
**du Centre Européen de la
Jeunesse**

2012 - *U.N.E.S.C.O.: Patrimoine universel, espèces protégées et sites classés. Offset. (f 50)*

🏛 **155**(154) **0,77€ Stonehenge**   **3**   **1**   **5**

🏛 **156**(155) **0,89€ Eléphants africains**   **3,5**   **1,7**   **8**

2013 - *Conseil de l'Europe Education de la citoyenneté européenne. Offset. (f 50)*

🏛 **157**(156) **0,95€ Education de la**   **3,8**   **1,7**   **8**
citoyenneté européenne

2013 - *U.N.E.S.C.O.: Patrimoine universel, espèces protégées et sites classés. Offset. (f 50)*

🏛 **158**(157) **0,58€ Grue du Japon**   **2,8**   **1**   **5**

🏛 **159**(158) **0,95€ Sigiriya (Sri Lanka)**   **3,2**   **1,7**   **8**

2014 - *Conseil de l'Europe*

🏛 **160** (159) **0,83€ 50 ans de'E.D.Q.M. Helio** **3,5**   **1,7**   **8**
🏛 **161** (160) **0,98€ Batiment l'Agora. Offset**   **3,8**   **1,7**   **8**

2014 - *UNESCO Patrimoine universsel especes protégés et sites classes*

🏛 **162** (161) **0,83€ 50 Trulli d'Alberobello**
(Italie)   **5**   **1,7**   **8**
🏛 **163** (162) **0,98€ Ara Hyacinthe**   **3,8**   **1,7**   **8**

2015 *- Émission de l'U.N.E.S.C.O : sites et animaux*
Offset – 6 novembre (f50)

| 164 | 0,95 € Gnou | 2,9 | 0,9 | 1,5 |
| 165 | 1,20 € Orang-outan | 3,6 | 1 | 2 |

2015 *- Conseil de l'Europe : 30 ans d'itinéraires culturels*
Offset - 2 octobre (f50)

| 166 | 0,95 € 30 Conseil de l'Europe | 3 | 1 | 2 |

2016 *- Émission de l'U.N.E.S.C.O : sites et animaux*
Offset – 9 septembre (f50)

| 167 | 1,00 € Panthère de Floride | 3 | 1 | 1,5 |
| 168 | 1,25 € Ephèse | 3,75 | 1,25 | 2,5 |

2016 *- Conseil de l'Europe : 30 ans d'itinéraires culturels*
Offset - 14 octobre (f50)

| 169 | 1,00 € Conseil de l'Europe | 3 | 1 | 1,5 |

2017 *- Émission de l'U.N.E.S.C.O : sites et animaux*
Offset – 30 juin (f50)

| 170 | 1,10 € Samarkand | 3,4 | 1,1 | 1,7 |
| 171 | 1,30 € Orang-outan | 3,9 | 1,3 | 1,9 |

2017 *- Conseil de l'Europe : 30 ans d'itinéraires culturels*
Offset - 13 octobre (f50)

| 172 | 1,10 € 30 ans d'itinéraires… | 3,4 | 1,1 | 1,7 |

TIMBRES SPECIMEN

1ère colonne: neuf * avec charnière légère

Empire dentelé

☆

1	1c vert-olive	**425**
	a - surcharge doublée	550
2	5c vert	**350**
3	10c bistre	**300**
4	20c bleu	**300**
	tête-bêche (case 90, 3ex connus)	11 500
	a - surcharge doublée dont une renversée	650
5	40c orange	**350**
6	80c rouge	**350**
	tête-bêche (case 150, 6ex connus)	16 000
	a - surcharge doublée	1 100

Empire lauré

7	1c vert-olive	**850**
8	2c rouge-brun	**275**
9	4c gris	**275**
10	10c bistre	**1 600**
11	20c bleu	**2 000**
12	30c brun	**2 000**
13	40c orange	**2 000**
14	80c rose	**2 000**
15	5f violet-gris	**3 500**
	a - surcharge bleue en petits caractères	3 750

Siège de Paris

16	10c bistre	**2 750**
17	20c bleu	**4 500**
18	40c orange	**3 750**

Emission de Bordeaux

19	4c gris	**1 750**
20	5c vert	**1 850**
21	10c bistre	**2 000**
22	20c bleu, type II	**2 500**
23	20c bleu, type III	**2 500**
24	30c brun	**1 850**
25	40c orange	**1 850**
26	80c rose	**1 900**

Cérès IIIème République

27	1c vert-olive	**525**
28	2c rouge-brun	**750**
29	4c gris	**650**
30	5c vert	**650**
31	10c brun s rose (gros chiffres)	**800**
32	15c bistre (gros chiffres)	**800**
33	30c brun (gros chiffres)	**800**
34	80c rose (gros chiffres)	**950**
35	10c brun s rose (petits chiffres)	**650**
36	15c bistre (petits chiffres)	**650**
37 I	25c bleu, type I	**750**
37 III	25c bleu, type III	**900**

Sage

type I

38	1c vert	**1 100**
39	4c vert	**850**
40	10c vert	**1 750**
41	20c brun-lilas	**1 250**
42	30c brun	**1 100**
43	40c rouge-orange	**900**
44	75c carmin	**1 250**
45	1f bronze	**1 100**

type II

46	2c vert	**900**
47	5c vert	**1 250**
48	15c gris	**900**
49	25c outremer	**1 350**
50	25c bleu	**1 350**
51	30c brun-jaune	**750**
52	75c rose	**900**
53	1f olive clair	**900**

	type II	
54	1c noir sur azuré	525
55	2c brun-rouge sur jaune	525
56	3c bistre-brun sur jaune	950
57	3c gris	650
58	4c brun-lilas	650
59	10c noir sur lilas	650
60	15c bleu	600
61	25c noir sur rouge	1 600
62	25c bistre sur jaune	425
63	35c violet-noir sur jaune	750
64	40c rouge-orange	525
65	5f violet sur lilas	1 600
	type III	
66	20c brique sur vert	700
67	25c noir sur rose	700
68	50c rose	700

TIMBRES-TAXE

Les timbres-taxe furent créés suite à un rapport de 1858. Cependant, il a été découvert des vignettes, dont l'origine remonte à l'ordonnance du 14 décembre 1825, qui étaient destinées à frapper d'une double taxe les lettres des administrations d'État qui contenaient (frauduleusement) une correspondance privée.

Elles se présentent en trois parties: la partie haute porte la mention "Paquet frappé de la double taxe", au milieu se trouve la mention "Taxe à percevoir" avec un espace pour inscrire le montant, et dans la partie basse se trouvent des indications administratives.

Il est connu une vignette entière sur lettre du 1ᵉʳ octobre 1844, au départ de Paris, une vignette dont les deux parties du haut ont été collées sur la lettre taxée, et une vignette dont seule la partie du milieu a été collée sur lettre.

Cote min (sur) d'un précurseur de 1844	11 500

Une deuxième série, qui trouve son origine dans l'ordonnance royale du 17 novembre 1844, fut émise le 12 février 1845. La présentation en trois parties est calquée sur le même principe que pour la série précédente, mais les mentions «modifiées» sont disposées différemment. En haut: n° 163, 164 ou 164bis, "Administration des postes", "Dépêche frappée de la double-taxe...", au milieu: "Taxe à percevoir" à gauche et espace à droite, et en bas: indications administratives. Plusieurs couleurs existent en fonction des numéros de la partie du haut.

Cette seconde série servait aux lettres et paquets frappés de la double-taxe, puis remis en circulation.

Cote min (sur) d'un précurseur de 1845	10 500

1859-78 - *Timbres-taxe carrés, dessinés et gravés par une personne dont le nom n'est pas parvenu jusqu'à nous.*

▽ **1(1 I)** T. I (lithographié)   ▽ **2(1 II)** T. II (typographié)
(inscriptions fines)   (inscriptions épaisses)

Dates d'émission: 28 février 1859 (type IIA)
1ᵉʳ janvier 1859 (type I)   février 1861 (type IIB)

Type I   Type IIA (extrémités   Type IIB (extrémités
             du "1" droite)   du "1" arrondie)

Le type IIA provient de planches en métal typographique, le type IIB provient de planches galvanoplastiques.

		◎	

10c noir lithographié type I

		◎	
◈ petits chiffres des gros chiffres (**L6a-10**)		725	3 000
◎ de province (**D7P**)		320	900
◎ de province du 1ᵉʳ janvier 1859 (**D7ʳ**)		800	3 500
◎ à cercle perlé (**D11**)		600	3 000
❻ dans un cercle (**Bp1**)		650	3 750

10c noir typographié type IIA

◈ petits chiffres des gros chiffres (**L6a-10**)		115	800
◈ gros chiffres (**L7-11**)		450	3 000
◎ de province (**D7ʳ**)		50	100
◎ à cercle perlé (**D11**)		90	450
❻ dans un cercle (**Bp1**)		110	600

10c noir typographié type IIB

❖ petits chiffres des gros chiffres (L6a-10)	50	575
❖ gros chiffres (L7-11)	300	2 850
◎ de province (D7ʳ)	20	40
◎ à cercle perlé (D11)	60	375
⊕ dans un cercle (Bp1)	60	500

▽ **3** *Type I (typographié)*
(accent sur le "à" presque
vertical, "p" de "percevoir" net)

▽ **4** *T. II (lithographié)*
(accent sur le "à" presque
horizontal, "p" fin)

1ᵉʳ janvier 1863 (type IA)

avril 1864 (type IB)
2 nov. 1870 à Bordeaux (II)

Type IA ("à" avec
défaut en haut)

Type IB ("à" net et
sans défaut)

Type II ("à" modifié)

15c noir typographié type IA

❖ petits chiffres des gros chiffres (L6a-10)	190	1 250
❖ gros chiffres (L7-11)	80	625
◎ de province (D7ʳ)	25	55
◎ à cercle perlé (D13)	65	450
⊕ dans un cercle (Bp1)	65	450

15c noir typographié type IB

❖ petits chiffres des gros chiffres (L6a-10)	125	1 100
❖ gros chiffres (L7-11)	55	575
◎ de province (D7ʳ)	17	32
◎ à cercle perlé (D13)	45	450
⊕ dans un cercle (Bp1)	45	450

15c noir lithographié type II

petits chiffres des gros chiffres (L6a-10)	700	
gros chiffres (L7-11)	425	2 150
◎ de province (D7ʳ)	300	1 500
◎ à cercle perlé (D13)	450	2 850
⊕ dans un cercle (Bp1)	450	

Suite à l'augmentation de tarifs du 1ᵉʳ septembre 1871, des timbres à
15c ont été surchargés -sur initiative privée de receveurs- à la main.

Ils ont eu cours en majorité à Lyon. De même, un 15c a été
surchargé au tampon (une seule lettre connue, illustrée ci-dessus).

Ces timbres ainsi surchargés ne se collectionnent que sur
lettres avec oblitération de septembre 1871.

▽ **5**

Type I
(volute
intact)

Type II
(volute
brisé)

1ᵉʳ septembre 1871 (type I) mai 1873 (type II)

25c noir type I

❖ petits chiffres des gros chiffres (L6a-10)	235	2 000
❖ gros chiffres (L7-11)	200	2 500
◎ de province (D7ʳ)	85	180
◎ à cercle perlé (D11)	215	1 600
⊛ dans un cercle (Bp1)	235	2 250

25c noir type II

❖ petits chiffres des gros chiffres (L6a-10)	185	1 900
❖ gros chiffres (L7-11)	140	1 100
◎ de province (D7ʳ)	70	130
◎ à cercle perlé (D13)	140	1 350
⊛ dans un cercle (Bp1)	185	2 000

▽ **6**

1ᵉʳ juin 1878

30c noir

◎ de province (D7ʳ)	150	320
◎ à cercle perlé (D13)	600	4 250
⊛ dans un cercle (Bp1)	500	4 750

▽ **7**

30 septembre 1871

40c bleu

❖ gros chiffres (L7-11)	850	5 000
◎ de province (D7ʳ)	550	2 750
⊛ dans un cercle (Bp1)		9 000

▽ 8

1ᵉʳ septembre 1871

60c bistre

❖ petits chiffres des gros chiffres (L6a-10)	1 850	28 500
❖ gros chiffres (L7-11)	2 350	25 000
◉ de province (D7ʳ)	1 500	15 500

▽ 9

30 septembre 1871

60c bleu

◉ de province (D7ʳ)	165	1 700
ⓊⓇ dans un cercle (Bp1)		37 500

1881-92 - Duval: timbres-taxe. Typographie.

▽ 10 1c noir	**5**	**2**	**2**	**25**
centrage **parfait**	7,5	3	3	
▽ 11 2c noir	**60**	**35**	**30**	**550**
centrage **parfait**	90	53	45	
▽ 12 3c noir	**100**	**60**	**32**	**700**
centrage **parfait**	150	90	50	

▽ 13 4c noir	**130**	**65**	**50**	**650**
centrage **parfait**	195	98	75	
▽ 14 5c noir	**250**	**135**	**35**	**75**
centrage **parfait**	375	203	50	
▽ 15 10c noir	**225**	**120**	**2**	**25**
centrage **parfait**	338	180	3	

▽ 16 15c noir	**175**	**90**	**14**	**30**
centrage **parfait**	263	135	22	
▽ 17 20c noir	**750**	**400**	**165**	**500**
centrage **parfait**	1125	600	275	
▽ 18 30c noir	**450**	**225**	**2**	**30**
centrage **parfait**	675	338	3	

▽ 19 40c noir	**275**	**150**	**75**	**180**
centrage **parfait**	413	2,25	110	
▽ 20 50c noir	**1250**	**700**	**215**	**475**
centrage **parfait**	1875	1050	335	
▽ 21 60c noir	**1250**	**700**	**65**	**325**
centrage **parfait**	1875	1050	100	

▽ 22 1f noir	**1400**	**850**	**450**	**3500**
centrage **parfait**	2100	1275	700	
▽ 23 2f noir	**2350**	**1500**	**1000**	**8500**
centrage **parfait**	3525	2250	1400	
▽ 24 5f noir	**4750**	**3250**	**2000**	
centrage **parfait**	7125	4875	3000	

▽ 25 1f marron	**800**	**500**	**110**	**1800**
centrage **parfait**	1200	750	165	
▽ 26 2f marron	**350**	**200**	**165**	**8000**
centrage **parfait**	525	300	225	
▽ 27 5f marron	**850**	**525**	**425**	
centrage **parfait**	1275	788	650	

1893-1935 - Duval: timbres-taxe. Typographie
(f 150 e de 100). **Très bon centrage: +30%.**

22 janvier 1894   *24 décembre 1893*

*Type I (feuilles
avec millésimes)
hauteur de filet
à filet: 21,5mm
(hauteur des 15c,
20c, 25c, 40c, 45c,
1f rose et lilas-
brun sur paille et
2f orange, toujours
au type I*

*Type II (feuilles
avec coins datés)
hauteur de filet
à filet: 22mm
(hauteur du 1f
lilas-brun sur blanc
et du 3f lilas-rose,
toujours au type II)*

(taille réelle)

	☆☆	☆	◎	▨
▽ **28 I 5c bleu, type I**	**0,6**	**0,2**	**0,4**	**1**
non dentelé (sans gomme)			80	
a - couleur bleu foncé	5	2	0,7	2
b - impression recto-verso	150	100		
c - papier GC	2,5	1	1,5	3
d - piquage à cheval	75	50	35	
sur bristol, dentelure figurée		350		
▽ **28 II 5c bleu, type II**	**0,6**	**0,2**	**0,2**	**1**
▽ **29 I 10c brun, type I**	**0,6**	**0,2**	**0,2**	**1**
a - dentelé 1 ou 3 côtés	165	100		
b - dentelé tenant à non dentelé	285	190		
c - impression recto-verso	150	100		
d - papier GC	2,5	1	1	2
e - piquage à cheval	80	50		
sur bristol, dentelure figurée		350		
f - impression sur raccord	900			
(avec sonnette)				
▽ **29 II 10c brun, type II**	**0,6**	**0,2**	**0,2**	**1**

février 1894   *juin 1906*   *30 sept. 1923*

▽ **30 15c vert-jaune (I)**	**80**	**40**	**1,5**	**4,5**
a - impression recto-verso	235	160		
b - papier GC	45	25	2	5
sur bristol, dentelure figurée	85	350		
▽ **31 20c vert-olive (I)**	**16,5**	**8**	**0,8**	**2,5**
non dentelé	135	85		
a - dentelé 1 ou 3 côtés	165	110		
b - papier GC	12	6	1	3
c - piquage à cheval	16,5	100	60	
▽ **32 25c rose (I)**	**14**	**8**	**4**	**9**
a - couleur rose foncé	16	9	6	10

février 1894   *juillet 1894*   *31 déc. 1925*

▽ **33 I 30c rouge, type I**	**0,5**	**0,2**	**0,2**	**1**
non dentelé (sans gomme)			125	
a - dentelé 1 ou 3 côtés	225	150	125	400
b - dentelé tenant à non dentelé	575	385		
c - impression recto-verso	150	100		
d - papier GC	3	1,5	1	3
e - piquage à cheval			100	
f - pli accordéon	265	175		
sur bristol, denteleure figurée		350		
▽ **33 II 30c rouge, type II**	**1**	**0,5**	**0,5**	**1**
▽ **34 30c orange (I) (erreur)**	**1 350**	**700**	**100**	
▽ **35 40c rose (I)**	**30**	**14**	**5**	**10**

15 juil. 1924   *mai 1895*   *31 déc. 1925*

▽ **36 45c vert (I)**	**26**	**11**	**5,5**	**11**
▽ **37 I 50c lilas-brun, t. I**	**1**	**0,5**	**0,5**	**2**
a - papier GC	8	4	4	8
sur bristol, dentelure figurée		350		
▽ **37 II 50c lilas-brun, t. II**	**1**	**0,5**	**0,5**	**2**
▽ **38 I 60c vert, type I**	**3**	**2**	**1**	**3**
a - couleur vert-noir	5	3	2	4
▽ **38 II 60c vert, type II**	**2**	**1,5**	**1**	**3**

*Timbre non émis: 60c brun sur jaune. Ce timbre commençait à être livré
dans les bureaux de poste au début de 1896, mais fut aussitôt retiré des
guichets sans avoir été vendu au public, tout le stock ayant été par la
suite incinéré. Il ne subsisterait plus aujourd'hui que 3 ou 4 exemplaires
(dont 1 issu d'une réimpression réalisée pour l'exposition de 1900)
rescapés des flammes, ainsi qu'un bloc de 4 surchargé "Spécimen"
conservé au Musée de la Poste. Attention au 60c brun sur jaunâtre qui a
été livré aux colonies, non dentelé. Il est d'une nuance plus claire que le
timbre de France et il en existe des exemplaires faussement dentelés.*

▽ **38A 60c brun s jne non émis**	**90 000**			
non émis brun sur jaune de 1896 sur				
bristol, dentelure figurée		500		

juin 1896   1926   1935

▽ **39 1f rose sur paille (I)**   **1400 700 480 700**
sur bristol, dentelure figurée   475

▽ **40 1f lilas-brun s paille (I)**   **30   10   0,5   2**
a - couleur lilas-brun sur jaune vif   28   13   1 ·   3
b - impression recto-verso   135   90
c - piquage à cheval   180 120

▽ **40A 1f lilas-br s blanc (II)**   **2,5 1,5 0,5   2**

juil. 1910   31 mai 1926   décembre 1926

▽ **41(39) 2f orange (I)**   **620 320   80 185**

▽ **42 I(40 I) 2f violet, type I**   **2   1   1   5**

▽ **42 II 2f violet, type II**   **2   1   1   5**

▽ **42A(41) 3f lilas-rose (II)**   **2   1   1   6**

1908-25 - Recouvrement. Légende "Valeurs impayées".

Typographie (f 150). **Très bon centrage: +30%.**

1er oct. 1908   1er oct. 1908   décembre 1919

▽ **43(42) 1c olive**   **3   1,2   1,6 12**
non dentelé   165 110
a - papier GC   6   4   2   11
b - piquage oblique par pliage   450 325
ç - pli accordéon   200 130

▽ **44(43) 10c violet**   **4   1,3   0,4   7**
non dentelé   165 110
a - papier GC   6   4   2   11
b - piquage oblique par pliage   450 325
c - pli accordéon   200 130

▽ **45(44) 20c bistre**   **105   48   1,5 11**
a - impression recto-verso   235 150
b - papier GC   85   42   2   12

juil. 1910   31 mai 1926   décembre 1926

1908-25 - Recouvrement. Légende "Valeurs impayées".

Typographie (f 150). **Très bon centrage: P30%.**

1er oct. 1908   1er oct. 1908   décembre 1919

nov. 1909   nov. 1909   30 sept. 1925

▽ **46 30c bistre**   **35   15   0,5   6**

▽ **47 50c rouge**   **840 400   75 250**

▽ **48 60c rouge**   **9   3,5 4,5   20**

1917-26 - Recouvrement. Légende "Valeurs impayées".

Surchargés.Typo (f 150). **Très bon centrage: +30%.**

13 août 1917   13 août 1917   juil. 1926

▽ **49 20c s 30c bistre**   **80   25   4   16**
a - surcharge à cheval   140   85

normal   chiffres espacés
                (taille réelle)

▽ **50 40c s 50c rouge**	**32**	**13**	**4**	**16**
a - surch. "40c." sans point	140	80	70	
b - surcharge à cheval	175	120		
c - surcharge chiffres espacés	180	120	100	
d - surcharge doublée	775	600		
▽ **51 =50c s 10c violet**	**10**	**4**	**3**	**16**

juillet 1931   *janvier 1927*   *juillet 1931*

▽ **60 1f bleu-vert**	**45**	**21**	**1**	**9**
▽ **61 2f bleu**	**260**	**97**	**50**	**135**
a - impression sur raccord	525	325		
▽ **62 2f sépia**	**340**	**180**	**30**	**115**

oct. 1926   *sept. 1926*   *sept. 1926*

"6" normal   "6" large (taille réelle)

▽ **52 =60c s 1c olive**	**17**	**8**	**5**	
a - surcharge "6" large	190	125		
b - surchauge "6" brisé	75	50		**20**
▽ **53 =1f s 60c rouge**	**46**	**22**	**13**	**40**
▽ **54 =2f s 60c rouge**	**48**	**23**	**13**	**40**

1927-31 - *Recouvrement. Légende "taxe à percevoir".*
Typographie (f 100). **Très bon centrage: +30%.**

nov. 1928   *mars 1931*   *janvier 1927*

▽ **55 1c olive**	**2,5**	**1,2**	**1**	**10**
▽ **56 10c rose**	**5,5**	**2,3**	**2**	**12**
▽ **57 30c bistre**	**13,5**	**6**	**0,5**	**7**
a - pli accordéon	235	160		
b - impression sur raccord	325	210		

janvier 1927   *janvier 1927*

▽ **58 60c rouge**	**15**	**5,5**	**0,5**	**6**
▽ **59 1f lilas**	**35**	**18**	**4**	**20**

1929-31 - *Recouvrement. Légende "taxe à percevoir".*
Surchargés. **Très bon centrage: +30%.**

juillet 1931   *janvier 1927*   *juillet 1931*

▽ **63 "UN FRANC" s 60c rge**	**85**	**36**	**3**	**16**
▽ **64 =1f 20 sur 2f bleu**	**145**	**52**	**14**	**50**
a - impression recto-verso	200	125		
▽ **65 =5f sur 1f lilas**	**198**	**80**	**18**	**60**

1935-37 - *Radiodiffusion.*
Taille-douce. Dessin & gravure: Achille Ouvré.

▽ **65A Radiodiffusion, bleu (1935)**	**150**	**80**	**45**	**350**
▽ **65B Radiodiffusion, rge (1936)**	**80**	**42**	**35**	**265**

▽ 65C Radiodiffusion, vert (1937) 40 23 150 500
série, □ / ⊡ 1 500 540

1941 - *Duval. Typographie (f 100). Mars.*

▽ 66 5f rouge 3,5 1,7 2,7 12

1943-46 - *Gerbes de blé. Légende "France - chiffre taxe". 23 août 1943 sauf 4f (oct 1945), 10f (nov 1945), 20f (mai 1946). Typographie (f 100). Dessin: Pierre Gandon. Gravure: Henri Cortot.*

▽ 67 10c sépia 0,1 0,1 0,1 0,5
a - impression sur raccord 100 65

▽ 68 30c lilas-rose 0,1 0,1 0,1 0,5

▽ 69 50c vert 0,1 0,1 0,1 0,5

▽ 70 1f bleu-violet 0,1 0,1 0,1 0,5

▽ 71 1f 50 rouge 0,2 0,1 0,1 0,5
a - impression sur raccord 120

▽ 72 2f bleu-vert 0,2 0,1 0,1 0,5

▽ 73 3f rouge-orange 0,4 0,1 0,1 0,5

▽ 74 4f violet 6 3,1 2,8 8

▽ 75 5f rose 0,5 0,2 0,1 0,5

▽ 76 10f orange 3,3 2 0,9 7

▽ 77 20f olive 11 6,5 3 12

Série ▽ 67 à 77 (11 timbres) 22 12,5 7,5
⊡ 300
⊡ 10c au 3f, 5f 550
papier jaune 650
⊡ 4f, 10f, 20f 375

1946-55 - *Gerbes de blé. Légende "France - timbre taxe". Typo. (f 100). Dessin: Pierre Gandon. Gravure: Henri Cortot.*

▽ 78 10c sépia 1 0,5 0,5 2

▽ 79 30c lilas-rose 1 0,5 0,5 2

▽ 80 50c vert 25 10,5 9 25

▽ 81 1f bleu-violet 0,3 0,2 0,1 0,5

▽ 82 2f bleu-vert 0,3 0,2 0,1 0,5

▽ 83 3f rouge-orange 0,3 0,2 0,1 0,5

▽ 84 4f violet 0,3 0,2 0,1 0,5

▽ 85 5f rose 0,3 0,2 0,1 0,5
a - impression sur raccord 100

▽ 86 10f orange 0,2 0,2 0,1 0,5
a - impression sur raccord 100

▽ 87 20f olive	1,7	0,8	0,4	0,5
▽ 88 50f vert foncé	25	13,5	1	6
▽ 89 100f vert	85	48,5	8	25

Série ▽ 78 à 89 (12 timbres)	140	75	20
⊡ (10c au 20f)		250	
⊠ 10c au 20f			400
⊡ petit format 50f		60	
⊡ petit format 100f		100	

1960 - Gerbes de blé. Légende "République Française - chiffre taxe". février 1960.
Typo (f 100). Dessin: Pierre Gandon. Gravure: Henri Cortot.

	☆☆	⊙	▭
▽ 90 0,05 rose	3,5	0,5	1,5
▽ 91 0,10 orange	5	0,3	0,5

▽ 92 0,20 olive	4,5	0,2	0,5
a - gomme tropicale mate	10		
▽ 93 0,50 vert foncé	13	1	4
▽ 94 1,00 vert	54	2	8

Série ▽ 90 à 94 (5 timbres)	80	4
⊡		150

1964-71 - Fleurs des champs. Typo (f 100). Dess: J. Combet.

18 janv. 1965
Grav: André Frères   *18 janv. 1965*
Grav: G. Aufschneider   *25 mai 1964*
Grav: Jean Miermont

▽ 95 0,05 Centaure jacée	0,1	0,1	0,5
▽ 96 0,10 Gentiane	0,1	0,1	0,5
a - gomme tropicale mate	2		

▽ 97 0,15 Coquelicot	0,1	0,1	0,5
a - gomme tropicale mate	2		

15 mars 1971
Gravure: Claude Jumelet   *25 mai 1964*
Gravure: Jean Miermont

▽ 98 0,20 Pervenche	0,2	0,1	0,5
▽ 99 0,30 Myosotis	0,1	0,1	0,5
a - couleur bleue absente	775		
b - gomme tropicale mate	2		

15 mars 1971
Grav: Jean Miermont   *18 janv. 1965*
Grav: André Barre   *18 janv. 1965*
Grav: Jean Miermont

▽ 100 0,40 Ancolie	0,2	0,1	0,5
▽ 101 0,50 Trèfle	0,2	0,2	1
▽ 102 1,00 Soldanelle des Alpes	0,5	0,2	1

Série ▽ 95 à 102 (8 timbres)	1,5	1
non dentelé	100	
⊡		165

1982-83 - Insectes.
Taille-douce (f 100). Dessin: Yvonne Schach-Duc.

4 janv. 1982
Grav: Claude Haley   *4 janv. 1982*
Grav: Claude Haley   *3 janv. 1983*
Grav: Claude Haley

▽ 103 0,10 Ampedus cinnabarinus	0,1	0,1	0,5
a - double frappe	30		
b - gomme tropicale	0,50		
▽ 104 0,20 Dorcadion fuliginator	0,1	0,1	0,5
a - double frappe	30		
b - gomme tropicale	0,5		
▽ 105 0,30 Leplura cordigera	0,2	0,1	0,5
a - gomme tropicale	1		

3 janvier 1983
Gravure: Michel Monvoisin

4 janvier 1982
Gravure: Michel Monvoisin

▽ **106 0,40 Paedurus littoralis**   0,2   0,1   0,5
  a - gomme tropicale   1

▽ **107 0,50 Pyrochroa coccinea**   0,2   0,1   0,5
  a - double frappe   30
  b - gomme tropicale   1,5

4 janvier 1982
Gravure: Michel Monvoisin

4 janvier 1982
Gravure: Michel Monvoisin

▽ **108 1,00 Scarites laevigatus**   0,5   0,1   0,5
  a - double frappe   30
  b - gomme tropicale   1,5

▽ **109 2,00 Trichius gallicus**   0,9   0,3   1
  a - gomme tropicale   2,5

3 janv. 1983
Grav: Claude Haley

4 janv. 1982
Grav: Claude Haley

3 janv. 1983
Grav: M. Monvoisin

▽ **110 3,00 Adelia alpina**   1,3   0,2   1
  a - gomme tropicale   2,5

▽ **111 4,00 Apoderus corily**   1,8   0,2   2
  a - double frappe   30
  b - gomme tropicale   3

▽ **112 5,00 Tricodes alvearius**   2,3   0,2   3
  a - gomme tropicale   4,5

Série ▽ 103 à 112 (10 timbres)   7,5   1,5
  non dentelé   125
  ▣   275
  La série en gomme tropicale   18

Timbres-taxe préoblitérés

Cotes: sur formulaire entier *(formulaire n° 1494)*
  Sur formulaire n° 819: **+20%.**
  Sur formulaire n° 1417: **+50%.**

"T" dans un triangle ou "T" non encadré

Afft avec timbres-taxe Duval (cote min)   25

Afft avec tbres-taxe Recouvrement (cote min)   100

Afft avec timbres-taxe Gerbe (cote min)   45

Afft avec timbres-poste (cote min)   80

Triangle évidé

Afft avec timbres-taxe Duval (cote min)   20
  cachet en rouge   110

Afft avec tbres-taxe Recouvrement (cote min)   80

Afft avec timbres-taxe Gerbe (cote min)   35

"R" dans un triangle

Afft avec timbres-taxe Duval (cote min)   55

Afft avec tbres-taxe Recouvrement (cote min)   100
  avec Recouvrement 10c rose   150

Afft avec timbres-taxe Gerbe (cote min)   55

Afft avec timbres-poste (cote min)   100
  avec 2f Rivière bretonne   120
  avec 2f Moulin de Daudet   120
  avec 5f Mont Saint-Michel   150
  avec 5f Carcassonne   200
  affranchissement composé (3f)   150
  affranchissement composé (7f)   200

"A" ou "B" dans un triangle

Afft avec timbres-taxe Duval (cote min)   30

Afft avec tbres-taxe Recouvrement (cote min)   85
  avec Recouvrement 10c rose   125

Afft avec timbres-taxe Gerbe (cote min)   45

Afft avec timbres-poste (cote min)   80
  avec 2f Rivière bretonne   110
  avec 2f Moulin de Daudet   110
  avec 5f Mont Saint-Michel   135

Chiffres romains dans un cercle

Afft avec timbres-taxe Gerbe (cote min)   50
Afft avec timbres-poste (cote min)   85

Griffe "Recouvrement"

Afft avec tbres-taxe Recouvrement (cote min)   130
Afft avec timbres-poste (cote min)   100

Cachet à date
Afft avec tbres-taxe Recouvrement (cote min)   175

BLOCS DE LA C.N.E.P.

Ces blocs, édités par la Chambre syndicale des Négociants et Experts en Philatélie, n'ont pas de pouvoir d'affranchissement. Ils sont destinés à promouvoir les différentes manifestions philatéliques organisées par la C.N.E.P.

Bloc du C.S.N.T.P.   **220**   **150**   **75**
Précurseur - 1946
    a - Papier filigrané sans gommée   500

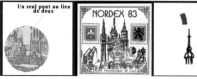

1 Alsatec 1980   **10**
    a - non dentelé   90
    Epreuve de luxe   100
2 Rhonalpex 1981   **10**
    Epreuve de luxe   60
3 Paripex 1982 TI (avec 2 ponts)   **20**
    a - non dentelé   60
    Epreuve de luxe   70

3A Paripex TII (avec un pont)   **20**
    a - non dentelé   60
4 Nordex 1983 TI (clocher court)   **10**
    a - non dentelé   60
    Epreuve de luxe   70
4A Nordex 1983 TII (clocher long avec croix)   **10**
    a - non dentelé   60

4B Nordex 1983 TIII (roue brisée)   **16**
5 Aviaphil 1984 TI   **45**
    a - non dentelé   60
    Epreuve de luxe   70
5A Aviaphil 1984 TII (barre large au toit)   **60**
    a - non dentelé   60

6 Massilia 1985   **10**
    a - non dentelé   35
    Epreuve de luxe   60
7 Bretagne 1986   **10**
    a - non dentelé   35
    b - gilet jaune au lieu de bleu   12
    Epreuve de luxe   60
8 Bourgogne 1987   **16**
    a - non dentelé   35
    Epreuve de luxe   45

9 Lorraine 1988 brun   **25**
    a - non dentelé   35
    Epreuve de luxe   40
9B Lie de vin   **28**
10 Lyonnais 1989   **15**
    a - non dentelé   35
    Epreuve de luxe   45
11 Lyonnais 1989, surchargé   **55**

12 Aquitaine 1990   **28**
    a - non dentelé   35
    Epreuve de luxe   45
13 Alsace 1991   **15**
    a - non dentelé   45
    Epreuve de luxe   60
14 Touraine 1992   **110**
    a - non dentelé   125
    Epreuve de luxe   125

15 Tours Année Olympique 1992 — **110**
a - non dentelé — 125
Epreuve de luxe — 125
16 Disney 1992 — **18**
a - non dentelé — 35
Epreuve de luxe — 40
17 Europhilex 1993 — **70**
a - non dentelé — 80
Epreuve de luxe — 80

18 Lugdunum 1994 — **30**
a - non dentelé — 35
Epreuve de luxe — 45
19 Champs-Élysées 1994 — **30**
a - non dentelé — 35
Epreuve de luxe — 50
20 Tolosa 1995 — **80**
a - non dentelé — 80
Epreuve de luxe — 80

21 Paris 1995 Hommage au Gal de Gaulle — **16**
a - non dentelé — 35
Epreuve de luxe — 40
22 Philaflandre 1996 — **16**
a - non dentelé — 35
Epreuve de luxe — 40
23 Paris 1996 — **18**
a - non dentelé — 35
Epreuve de luxe — 40

24 Mulhouse 1997 — **28**
a - non dentelé — 40
Epreuve de luxe — 45
25 Paris 1997 Nounours Croix Rouge — **50**
a - non dentelé — 50
Epreuve de luxe — 50
26 Coupe du monde 1998 — **13**
a - non dentelé — 30
Epreuve de luxe — 35

27 Coupe du monde 1998, surchargé — **40**
a - non dentelé — 45
Epreuve de luxe — 50
28 Salon d'automne 1998 — **13**
a - non dentelé — 30
Epreuve de luxe — 35
29 Europhilex 1999 — **13**
a - non dentelé — 30
Epreuve de luxe — 35

30 150ème anniversaire du 1er timbre de France — **13**
a - non dentelé — 30
Epreuve de luxe — 35
31 Paris - Lyon, an 2000 — **14**
a - non dentelé — 30
Epreuve de luxe — 35

32 Salon d'automne 2000 — **13**
a - non dentelé — 30
Epreuve de luxe — 35
33 Salon de Nancy 2001 — **13**
a - non dentelé — 30
Epreuve de luxe — 35
34 Hommage à Albert Decaris 2001 — **13**
a - non dentelé — 30
Epreuve de luxe — 35

BLOCS F.F.A.P.

Depuis 2007, la Fédération Française des Associations Philatéliques (F.F.A.P.) édite chaque année un bloc à l'occasion de son Championnat National de Philatélie et de son congrès. Les années paires, un deuxième bloc est édité à l'occasion du Championnat National de Philatélie Jeunesse : Timbres Passion. A l'origine, il s'agissait de feuillets sans pouvoir d'affranchissement. Avec la possibilité donnée par Phil@poste de pouvoir faire éditer des timbres personnalisés « MonTimbreAmoi », il a été décidé pour son 86ème championnat qui s'est tenu à Amiens d'émettre un bloc avec pouvoir d'affranchissement.

Ce bloc est proposé aux 600 associations qui composent la Fédération ainsi qu'aux négociants adhérents à la C.N.E.P. Il permet d'aider les organisateurs de manifestations nationales et d'animer la philatélie jeunesse.

La F.F.A.P. a pour objectif de fédérer les associations philatéliques, et d'être le lien avec leurs partenaires qui sont principalement : La Poste et Phil@poste, l'Associations pour le Développement de la Philatélie (ADPhile) et la C.N.E.P.

7 Amiens 2013	**16**
8 Timbres passion, Poitiers 2014	**18**

9 87ᵉ Salon planète timbre, Paris 2014	**16**
10 88ᵉ Congrès Mâcon 2015	**16**

1 Poitiers 2007	**19**
a - non dentelé	40
Epreuve de luxe	38
2 Salon planète timbre, Paris 2008	**14**
a - non dentelé	40
Epreuve de luxe	35
3 Tarbes 2009	**14**
a - non dentelé	35
Epreuve de luxe	35

11 89ᵉ Paris-Philex 2016	**16**
12 Timbres passion, Toul 2016	**18**
13 90ᵉ Congrès Cholet 2017	**16**

4 Salon planète timbre, Paris 2010	**14**
a - non dentelé	35
Epreuve de luxe	35
5 Metz 2011	**14**
6 Salon planète timbre, Paris 2012	**14**

BLOCS MARIGNY

Depuis 1990 les blocs sont édités en deux versions (dentelée ou non dentelée) de tirage égal.

1 Les 4 jours de Marigny 1988	**8**
feuillet de 9	75
2A De Gaulle 1990 Dentelé + non dentelé	**75**
2B De Gaulle 1990 Dentelé + non dentelé	**75**

3A Mozart, bleu 1991 Dentelé + non dentelé	**25**
4 Christophe Colomb 1992 Dent. + non dent.	**35**

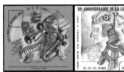

5 Jazz 1993 Dentelé + non dentelé	**50**
6 50ᵃⁿˢ de la Libération 1994 Dent + non dent	**105**
7 100 ans du cinéma 1995 Dent. + non dent.	**60**

8 Lille 1996 Dentelé + non dentelé	**185**
9 Disney 1997 Dentelé + non dentelé	**35**

10 Coupe du monde 1998 D+ND	**35**
10A Coupe du monde Football 1998 D+ND	**RRR**
11 150ᵃⁿˢ du 1ᵉʳ timbre français 1999 D+ND	**185**

12A An 2000: L'eau Dentelé seulement	**10**
12B An 2000: Le feu Dentelé seulement	**10**
12C An 2000: La Terre Dentelé seulement	**10**
12D An 2000: L'air Dentelé seulement	**10**

13 L'Euro 2001 Dentelé + non dentelé	**22**
14 Victor Hugo 2002 Dentelé + non dentelé	**22**
15 Paul Gauguin 2003 Dentelé + non dentelé	**22**

16 Sacre de Napoléon 2004 Dent. + non dent.	**22**
17 Jules Verne 2005 Dentelé + non dentelé	**22**
18 Evènements & anniversaires 2006 + non dentelé	**22**

19 Rugby 2007 Dentelé + non dentelé	**100**
20 Environnement 2008 Dentelé + non dent.	**22**
21 Louis Blériot 2009 Dentelé + non dentelé	**22**

22 Roger Calves 2010 dentelé + non dentelé   32

23 Patrimoine forestier 2011 dentelé + non dentelé 22

24 Paquebot France 2012 dentelé + non dentelé   32

TABLEAU RECAPITULATIF DES ANNEES COMPLETES

	n**	n*	obl
1930 263 à 268, (6t)	500	170	160
↗5 et 6b (2 timbres)	168	86	30,5
1931 269 à 277, (9t)	1 175	545	450
↗6 (1 timbre)	48	23	3
1932 277C à 289, (19t)	349	144	16
1933 290 à 293, (4t)	153	60	14
1934 294 à 298, (5t)	435	150	25
↗7 (1 timbre)	48	24	7
1935 299 à 308, (10t)	722	295	91
1936 309 à 333, (25t)	1 355	604	273
↗8 à 15 (8 timbres)	4 200	1 980	840
1937 334 à 371, (38t)	1 010	495	402
Bloc BF3 (1 bloc)	900	450	400
1938 372 à 418, (52t)	720	356	300
1939 419 à 450, (32t)	316	155	144
1940 451 à 469, (19t)	193	91	115
1941 470 à 537, (70t)	161	93	108
1942 538 à 567, (30t)	93,5	48	78
Triptyque 566A	25	15	25
Bande 566B (1 bande)	50	30	50
1943 568 à 598, (31t)	148	91	147
Bandes 571A, 580A (2 bdes)	166	98	136
1944 599 à 668, (70t)	97	57	85
1945 669 à 747, (85t)	72	42	40
Bloc BF4 (1 bloc)	9 000	600	
1946 748 à 771, (24t)	23,5	13,5	16
↗16 à 19 (4 timbres)	17	9	4
1947 772 à 792, (21t)	28	17	22
↗20 (1 timbre)	62	38	65
1948 793 à 822, (30t)	59	34	30
↗21 à 23 (3 timbres)	10	5,5	8
1949 823 à 862, (42t)	164	89	129
Bande 833A (1 bande)	18	10	16
Bloc BF5 (1 bloc)	930	600	600
↗24 à 28 (5 timbres)	117	65	27
1950 863 à 877, (15t)	103	52	90
↗29 (1 timbre)	170	100	32
1951 878 à 918, (41t)	143	77	84
1952 919 à 939, (21t)	109	57	87
1953 940 à 967, (28t)	188	93	102
1954 968 à 1007, (40t)	299	155	230
↗30 à 33 (4 timbres)	400	175	33
1955 1008 à 1049, (46t)	234	120	184
↗34 (1 timbre)	7	4	5
1956 1050 à 1090, (41t)	140	83	92
1957 1091 à 1141, (52t)	95	51	56
↗36 (1 timbre)	28	17	4
1958 1142 à 1188, (47t)	52	29	39
↗37 (1 timbre)	60	34	23
1959 1189 à 1229, (41t)	67	36	24
↗35 (1 timbre)	7	4	3
1960 1230 à 1280, (53t)	70		43
↗38 à 41 (4 timbres)	20		4
1961 1281 à 1324, (44t)	61		41
1962 1325 à 1367, (49t)	46		31
1963 1368 à 1403, (38t)	30		21
1964 1404 à 1434, (31t)	38		29
Bande 1417A (1 bande)	1,5		1
Bloc 1422A (1 bloc)	220		158

	n**	obl
1965 1435 à 1467, (33t)	19	10
Triptyque	0,5	0,5
↗42 (1 timbre)	1	0,2
1966 1468 à 1510, (43t)	19,5	11
1967 1511 à 1541, (33t)	12	8
1968 1542 à 1581, (40t)	15	9,5
1969 1582 à 1620, (40t)	24,5	17
↗43 (1 timbre)	1	0,5
1970 1621 à 1662, (42t)	23	16
↗44 (1 timbre)	10	0,7
1971 1663 à 1701, (39t)	25	15
Bande (1 bande)	3	2,5
↗45, 46 (2 timbres)	3,3	0,9
1972 1702 à 1736, (35t)	22	11,5
↗47 (1 timbre)	4,5	0,5
1973 1737 à 1782, (46t)	29	20
↗48 (1 timbre)	6,5	1
1974 1783 à 1819, (37t)	27	15,5
1975 1820 à 1862, (43t)	36,5	24
Blocs (1 bloc)	8	6
1976 1863 à 1913, (52t)	34	21
↗49 (1 timbre)	1	0,5
1977 1914 à 1961, (48t)	41	23,5
↗50 (1 timbre)	1	0,5
1978 1962 à 2030, (69t)	48,5	25,5
↗51 (1 timbre)	0,8	0,5
1979 2031 à 2077, (47t)	37,5	21,5
↗52 (1 timbre)	1	0,8
1980 2078 à 2122, (45t)	42	26
↗54 (1 timbre)	1,2	0,4
1981 2123 à 2182, (60t)	57,5	29
Bandes (1 bande)	2,5	2
↗54, 55 (2 timbres)	6,5	1
1982 2183 à 2256, (74t)	81	42
Bandes & paires (2 bandes)	15,5	13,5
Blocs (1 bloc)	10	9
↗56 (1 timbre)	1	0,5
1983 2257 à 2303, (47t)	55	26
Bandes & paires (1 bande)	2,5	2
1984 2304 à 2352, (49t)	55	25,5
Bandes & paires (1 bande)	2,1	2
↗57 (1 timbre)	7	1
1985 2353 à 2398, 46t)	64,5	30,5
Bandes & paires (1 bande)	7	6
Carnets (1 carnet)	20,5	18
↗58 (1 timbre)	9	1
1986 2399 à 2457, (59t)	76	37
Blocs (1 bloc)	9	9
Carnets (2 carnets)	13	11
↗59 (1 timbre)	14	2
1987 2458 à 2505, (48t)	62	26
Carnets (2 carnets)	14	12
↗60 (1 timbre)	23	6
1988 2506 à 2562, (57t)	71	30
Bandes & paires (1 bande)	3,5	3
Carnets (3 carnets)	26	19
1989 2563 à 2614, (52t)	68	38,5
Bandes & paires (3 bandes)	13	9,5
Blocs (2 blocs)	14	13
Carnets (2 carnets)	14	12
1990 2615 à 2675, (61t)	75	29
Bandes & paires (2 bandes)	20	16
Blocs (1 bloc)	5	4
Carnets (2 carnets)	14,5	12
1991 2676 à 2734, (59t)	82	36
Blocs (1 bloc)	5	4
Carnets (2 carnets)	16	13,5

	n**	obl
1992 2735 à 2782, (48t)	**71,5**	**30**
Bandes & paires (2 bandes)	8	4
Blocs (1 bloc)	14	10
Carnets (2 carnets)	16	13,5
1993 2783 à 2848, (66t)	**117**	**47**
Bandes & paires (5 bandes)	36	28
Blocs (1 bloc)	10	8
Carnets (3 carnets)	35	27
1994 2849 à 2909, (61t)	**115**	**53**
Bandes & paires (4 bandes)	26	20
Blocs (1 bloc)	10	9
Carnets (3 carnets)	35	27
1995 2910 à 2974, (65t)	**103**	**42**
Bandes & paires (2 bandes)	11	8
Blocs (2 blocs)	13	10
Carnets (2 carnets)	23	17
1996 2975 à 3029, (55t)	**94,5**	**36,5**
Bandes & paires (2 bandes)	11	18
Carnets (2 carnets)	23	8
1997 3030 à 3114, (85t)	**118**	**52**
Bandes & paires (3 bandes)	19	13,5
Blocs (1 bloc)	8,5	6
Carnets (3 carnets)	39	31
✦**61** (1 timbre)	8	2
1998 3115 à 3194, (80t)	**118,5**	**50,5**
Bandes & paires (3 bandes)	17	12
Blocs (5 blocs)	60	43
Carnets (4 carnets)	43	30
✦**62** (1 timbre)	13	3
1999 3195 à 3274, (80t)	**199**	**96**
Bandes & paires (2 bandes)	15	10,5
Blocs (5 blocs)	135	89
Carnets (4 carnets)	55	29
✦**63** (1 timbre)	7	2
2000 3275 à 3345, (71t)	**101**	**42,5**
Bandes & paires (4 bandes)	21	13,5
Blocs (8 blocs)	80	55
Carnets (3 carnets)	37	30
✦**64** (1 timbre)	23	8
2001 3346 à 3420, (75t)	**109**	**41,5**
Bandes & paires (3 bandes)	18	11
Blocs (8 blocs)	71	71
Carnets (3 carnets)	42	34
2002 3421 à 3519, (99t)	**142**	**53,5**
Bandes & paires (4 bandes)	21	11,5
Blocs (9 blocs)	111,5	84,5
Carnets (3 carnets)	42	34
✦**65** (1 timbre)	9	2
2003 3520 à 3613, (94t)	**159**	**77**
Bandes & paires (3 bandes)	13	8
Blocs (11 blocs)	110,5	97
Carnets (3 carnets)	54	37
✦**66** (1 timbre)	12	3
Bloc-souvenir (1 bloc)	110	110
Carnets de voyage (2 crts)	60	
2004 3614 à 3711, (98t)	**163,5**	**77,5**
Bandes & paires (3 bandes)	23,5	8,5
Blocs (11 blocs)	165	130
Carnets (5 carnets)	87	73
✦**67** (1 timbre)	15	4
Blocs-souvenir (2 blocs)	55	49
Carnets de voyage (2 crts)	60	
2005 3712 à 3845, (134t)	**270**	**109**
Bandes & paires (2 bandes)	13	8
Blocs (12 blocs)	143	117
Carnets (6 carnets)	123	85
✦**68** (1 timbre)	6	2
Blocs-souvenir (2 blocs)	160	147
Carnets de voyage (2 crts)	70	

	n**	obl
2006 3846 à 3993, (141t)	**344**	**158**
Bandes & paires (3 bandes)	19	11
Blocs (12 blocs)	191	151
Carnets (5 carnets)	103	72
✦**69** (1 timbre)	9	2
Blocs-souvenir (10 blocs)	104	100
Carnets de voyage (2 crts)	70	
2007 3994 à 4125, (132t)	**350,5**	**186**
Bandes & paires (5 bandes)	24,5	12,5
Blocs (12 blocs)	145	112,5
Carnets (6 carnets)	115	72,5
✦**70** (1 timbre)	9	2
Blocs-souvenir (10 blocs)	144	128
Carnets de voyage (2 crts)	80	
2008 4126 à 4239, (113t)	**255,5**	**106,5**
Paires et bandes (2)	10,5	3
Blocs (14 blocs)	243,5	183,5
✦**71** (1 timbre)	9	2
Blocs-souvenir (10 blocs)	137	127
Carnets de voyage (2 crts)	80	
2009 4240 à 4347, (113t)	**247.5**	**88,5**
Paires et bandes (3)	22	15,5
Blocs (14 blocs)	188,5	154,5
✦**72** (1 timbre)	6	2
Blocs-souvenir (11 blocs)	121	110
2010 4348 à 4447, (100t)	**324**	**185**
Paires ou bandes (7)	124,5	122,5
Blocs (15 blocs)	175	144,5
✦**73** (1 timbre)	9	2
Blocs-souvenir (10 blocs)	117	107
2011 4448 à 4454, (46t)	**194**	**20**
Blocs (19 blocs)	198	128
✦**74** (1 timbre)	6	2
Blocs-souvenir (10 blocs)	116	90
2012 4555 à 4655, (101t)	**306,5**	**168**
Blocs (20 blocs)	237,5	171,5
✦**75**	9	2
Blocs-souvenir (10 blocs)	104	90
Blocs-Prestige (15 blocs)	550	550
Marianne et l'Europe		
2013 4556 à 4775, (118 t.)	**305**	**98**
Blocs (18 blocs)	234	149
✦**76,77** (2t.)	18	4
Blocs-souvenir (14 blocs)	175	168
Bandes ou paires (5)	32,5	17
2014 4778 à 4876, (76 t.)	**205**	**92,5**
Blocs (17 blocs)	250	186
✦**78** (1t.)	11	2
Blocs-souvenir (17 blocs)	180	174
Bandes ou paires (4)	27	15,5
Carnet (1)	29	20
2015 4880 à 4969, (38 t.)	**109**	**37**
Blocs (10 blocs)	303	
✦**79** (1t.)	12	4
Blocs-souvenir (27 blocs)	542	
Bandes ou paires (4)	24	
Carnet (1)	28	
2016 4970 à 5077, (58 t.)	**157**	
Blocs (17 blocs)	295	
✦**1** (1t.)	12	
Blocs-souvenir (19 blocs)	360	
Bandes ou paires (1)	7	
Carnet (1)	28	
2017 5078 à 5163, (86 t.)	**291,9**	
Blocs (15 blocs)	345,9	
✦**1** (1t.)	15	
Blocs-souvenir (17 blocs)	318	
Carnet (1)	35	
Feuillet de 2 timbres (1)	10	

Tableau des abréviations

Abréviation	Signification
!	attention
%	pour cent
+, -	plus, moins
½, ¼, ¾	demi ou moitié, quart, trois quart
∅	diamètre
⊠, c	case
⊟, ⊞	paire verticale, bloc de quatre
⊡, ⊞⊞	paire horizontale, bande de 3
◿	coupé
⊙, obl	oblitéré
✎	oblitération à la plume
O	bloc dateur
⊙, cach, c à d	cachet, cachet à date
⊙ ⊙ ⊡	cachet rond, ovale, rectangulaire
⌒	cachet en demi-cercle
⬣, ⬣	cachet hexagonal, octogonal
≡	barres
	cachet linéaire, griffe
★, ét	étoile
⁙	grille
◆, los	losange
◉	cercle de points
▣, ▦	pointillés, roulette de points
⊕	cachet gros chiffre étranger
<, > chiffre	inférieur à, supérieur à
<, > date	avant le, après le
≥	à partir de et au dessus
≠, difft	autre que, différent
↦ date	jusqu'au
↗, ↙	ascendant(e), descendant(e)
↗, ↘	hausse, baisse
↻	local, rayon limitrophe
⌒	bureau à bureau, rayon général
↗ pays	à destination de
↩ pays	en provenance de
↔ pays	en transit par, par la voie de
↔, ↕	distant de, espacé de
⛴	(par) bateau, navire
⚓, bât de cce	bâtiment de commerce
⚓, bât à vap	bâtiment à vapeur
⚓, paq	paquebot
⚓	voilier
✈, ✈	par avion, poste aérienne
✉(①), envel	enveloppe (1er jour)
▭	bande (d'imprimé ou de journal)
▭ (↗🎯)	lettre (pour l'étranger)
▭	plis non urgents, écoplis
▭	frontière, tarif frontalier
▭	pli confié
▭, CP (⑤, 5m)	carte postale (5 mots)
▭	carte d'identité
▭	affiche
▭	imprimé
▭, échant, échantill	échantillon
▭	cécogramme
▭, env en nbre	envoi en nombre
▭, jrnx	journal
▭, JL	journal-lettre
▭	papier d'affaires, facture
▭	colis postal, paquet-poste
▭, pneu	pneumatique
▭	retrait ou remboursement CCP
▭	poste restante
▭	par exprès
❶❷❸❹❺, etc.	1er échelon, 2ème éch, etc.
▪ ▭, s sur ▭, s s l	seul sur lettre
▪▪ ▭ sur ▭	paire sur lettre
▪ ▪ ▭ sur ▭	afft composé sur lettre
[BF], [BS]	bloc-feuillet, bloc spécial
◷, crmt, crt (◷30)	carnet (de 30 timbres)
\	franchise militaire
⊜	cours d'instruction
◷, préo	préoblitérés
▭	publicitimbres, bandes pub
◇, rlt	roulette
⛏, serv	service

Abréviation	Signification
▽, tx	taxe, timbre-taxe
✉	télégramme, timbre-télégraphe
✆	timbre-téléphone
✎, TPP	timbre personnalisé
✳	occupation allemande
⌂	occupation française
⊡, épr art, EA	épreuve d'artiste
⊡, épr, EL	épreuve (de luxe)
⊠, épr coll (n)	épreuve collective (noire)
⊠, ess de clr	essai de couleur
⊠◆, ⊙	essai unicolore, multicolore
🖼	image, illustration
✎, D, dess	dessin
↕, G, grav	gravure
▣, M en p, mise en p	mise en page
♛	élu plus beau timbre du monde
♛	grand prix Europa
♛	gd prix de l'Art philatélique français
♛	prix spécial
♛	prix citron
acc^{el}	accidentel
adh	adhésif
Afr, AFN	Afrique, Afrique du Nord
afft	affranchissement
ag	agence
allem, all^d	allemand
Als-Lor	Alsace-Lorraine
Amér	Amérique
ang, angl, angl^{se}, GB	anglais(e)
ann, anniv	anniversaire
AR	accusé réception
arr	arrivée
art	article
Autr, autr^{ce}	Autriche, autrichienne
av, avr	avril
bde, bdf	bande, bord de feuille
bicent	bicentenaire
bl	bleu
br	brun
brill	brillante
bull	bulletin
CD	coin daté
cath	cathédrale
cce, c^{ce}, c^{ial}	commerce, commercial
chgt	changement
c^{ie}	compagnie
compl	complémentaire
corr, corresp	correspondance
clr, coul	couleur
couv, 1ère de c	couverture, 1ère de couverture
cpsé	composé
d'ap.	d'après
dble	double
dent, dt	dentelé
dpt	département
déc	décembre
dép	départ
doc	document
dte	droite
éch, échel	échelon
éco	économique
égl	église
encomb	encombrant
env	environ
err	erreur
étr	étranger
ex	exemplaire
(ré)exp	(ré)expédition
f 25	feuilles de 25
fcé	foncé
fd	fond
fr, fra, fran, franç^{se}	français(e)
fév, févr	février
g	gramme
g^{al}	général
gche	gauche

Abréviation	Signification
h	heure
hélio	héliogravure
horiz, hor^{ale}, h^{ale}	horizontale
hte	haute
imp, impr	impression
inf	inférieur
inscr	inscription
int^{al}	international
jan, janv	janvier
jne	jaune
juil	juillet
Kg	kilogramme
LE❶❷❸	levée exceptionnelle 1er délai, etc
litho	lithographie
livr	livraison
loco	locomotive
lég	légende
M	million
m^{al}	maréchal
manch	manchette
m^{me}, m^{elle}	madame, mademoiselle
Mk	Mark
mill	millésime
mini	minimum
mm	millimètre
mn	minute
nat^{al}	national
NB	Nota bene
ND	Notre-Dame
nd	non dentelé
nov	novembre
n°	numéro
n^r	noir
oct	octobre
or^{ge}	orange
p	presse
pap	papier
pdt	président
Pf	pfennig
phil	philatélique
pho, phosph	phosphore(scent)
pr	pour
p^r	paire
pub	publicité
r	rue
®, rec, recom, recomm	recommandé
RR	recettes réunies
remb	remboursement
renv	renversée
rge	rouge
s	sur
s 93, sér 93	série 93 (rubrique carnets)
s.	siècle
sch, surch	surcharge, surchargé
sept.	septembre
sple	simple
ss	sans
St	Saint
sté	société
sup	supérieur
suppl	supplément(aire)
t, tir	tirage
t à n, ten à	tenant à normal, tenant à
t. I	type I
taille-dce, TD(3)	taille-douce (3 couleurs)
tbre, TP	timbre, timbre-poste
trche	tranche
trf, tar	tarif
tript	triptyque
typo	typographie
us, usg	usage
val, VD	valeur, valeur déclarée
v^{et}	violet
vert^{ale}, v^{ale}	verticale
z	zone

Catalogue de Timbres de France
122ème Edition
2019

© Spink & Son Ltd, 2018
69 Southampton Row
London WC1B 4ET, UK

Printed and bound in Malta
by Gutenberg Press Ltd.

ISBN 978-1-907427-92-3

AVERTISSEMENT

VENTES SUR OFFRES
VENTES A PRIX NETS

(Catalogues adressés sur simple demande)

ROUMET
Maison fondée en 1896

17, rue Drouot - 75009 PARIS - Tél : 01 47 70 00 56 - Fax : 01 47 70 41 17
roumet@roumet.fr - www.roumet.com

SOMMAIRE

SPINK

LONDON
1666

Paris 1860

DES CENTAINES DE COTES REVUES, DES CENTAINES DE NOUVELLES PRECISIONS ET VARIETES. LA REFERENCE DU COLLECTIONNEUR AVERTI

Cher lecteur, Chère lectrice,

Vous avez entre les mains la 122eme édition du catalogue SPINK/Maury encore en deux volumes cette année.

Toujours attendu avec impatience, ce catalogue vient encore de franchir une nouvelle étape de son histoire. En effet, le Maury, nommé ainsi par référence à la maison éponyme fondée à Paris en 1860, était lui même le fruit de l'évolution et de la fusion de catalogues très novateurs en leur temps comme le Cérès, le Dallay et le Maury en 1889. Une nouvelle page s'est tournée en Mai 2015 avec le rachat par la société Spink, fondée à Londres en 1666, de ce catalogue, pour créer le nouveau SPINK/Maury. Un travail énorme a été accompli cette année encore, avec de nouvelles monographies, une partie classique encore revue avec des cotes revues principalement a la hausse, et la continuation du travail exceptionnel sur les timbres d'usage courant (TUC) de 1960 à la période contemporaine. Il s'agit sans doute du travail le plus avancé jamais fait sur ce thème dans un catalogue général. Grande nouveauté cette année, comme les classiques, les timbres au Type Blanc, Mouchon, Merson et Semeuses lignées et camées acquièrent leurs lettres de noblesse avec une page pour chaque timbre jusqu'en 1919 et de nombreuses nouvelles variétés recensées !

La vocation de ce catalogue est vraiment de faire bouger les lignes habituelles. Le role des collectionneurs y est primordial, les prix sont transparents et ne servent aucun intérêt particulier. A travers plus de 70 ventes aux enchères annuelles, la maison Spink sait mieux que quiconque que les prix évoluent en permanence, en fonction des acheteurs potentiels notamment. Rien n'est jamais figé. Pour les pièces rares nous avons commencé à mettre quelques prix atteints en vente sur offres ou aux enchères. Les prix mentionnés dans ce catalogue, ne servent qu'à donner une indication de la rareté et de la popularité relative des timbres. Le prix est toujours fonction de l'offre et de la demande au moment de la transaction. De manière générale, il est souvent preferable d'acheter une pièce unique, ou très peu commune, plutôt que 100 pièces courantes ayant la même cote totale. Les marchands ou maison de vente sur offres sont donc des acteurs très importants pour vous conseiller et vous guider dans ces achats de pièces peu communes.

Nous nous attarderons au fil des éditions à venir sur ce que les collectionneurs affectionnent le plus. Les monographies, les variétés (anciennes et modernes sans aucun préjugé, d'ailleurs un grand nombre de contributeurs de cette édition collectionnent les spécialités après 1900, et parfois même après 2000), les fins de catalogues, et évidemment l'histoire postale, source de tant de belles découvertes…

Mais évidemment, les marchands sont au coeur de l'écosystème de la philatélie, car ceux sont eux, avec les clubs, qui forment et éduquent les nouveaux collectionneurs, et nous tenons à remercier tous les annonceurs qui nous ont fait confiance. Ils soutiennent l'innovation dans la philatélie et la folle aventure de la reprise d'un catalogue.

La version électronique est disponible en eBook auprès des principaux distributeurs de livres électroniques sur internet. Cela permettra de se rendre aux expositions et bourses philatéliques avec ce catalogue sur votre tablette ou portable préferé.

La philatélie française, et celle de ses anciens bureaux et colonies, est, aux dires des plus grands collectionneurs étrangers, l'une des plus passionantes au monde. Par ce catalogue nous espérons apporter notre modeste contribution afin de redonner à la philatélie française la place qu'elle mérite dans la philatélie mondiale. En vous remerciant de votre confiance et en vous souhaitant une très belle année philatélique,

L'equipe rédactionnelle du SPINK/Maury 2019

Remerciements tout particuliers à :

M. Joseph Hackmey pour nous avoir permis d'utiliser les illustrations de sa collection de classiques de France, moult fois primée. MM Jean-Pierre Magne, Jean Jacques Rabineau, Olivier Saintot de l'Académie de Philatélie, MM Philippe Loeuillet, Alexandre Roumet, Gwenael Roumet, Olivier Gervais, Alain Ménard, Christian Pagnoux, Fernando Martinez, Guido Craveri, Olivier Stocker, Bernard Calmettes, Gérard Chapot, Eric Charbonnier, Claude Desarménien, Patrick Fevai, Laurent Fouquart, Claude Legrand, Bernard Peroche, Thierry Souyri.

Si vous remarquez des erreurs, omissions, ou avez des informations supplémentaires, qui méritent de figurer dans un catalogue général, ou souhaitez apporter vos connaissances pour une des monographies de la prochaine édition, n'hésitez pas à nous contacter par courriel a **tdf@spink.com** (tdf pour « timbres de France »). Tous vos courriels seront lus et considérés sérieusement pour inclusion par l'équipe rédactionnelle. Nous nous posons des questions sur l'importance de garder le Volume 2 dans les prochaines éditions, si vous avez une idée sur le sujet, n'hésitez pas à nous contacter. Nous ne pouvons évoluer que par le dialogue permanent avec les meilleurs spécialistes de chaque domaine. Sans les collectionneurs il n'y a pas de philatélie !

SPINK

LONDON
1666

DEJA 15 ANS DEPUIS "LA VENTE DU SIECLE" ET NOTRE RECORD DE 2003 TIENT TOUJOURS
RECORD DU MONDE POUR UN TIMBRE DE FRANCE VENDU POUR €925,000

Si vous souhaitez vendre des timbres ou lettres
rares de france et des colonies
nous en recherchons pour nos clients

CONTACTEZ NOUS AU +44 207 563 4001
OU A concierge@spink.com

1 fr vermillon vif Téte-bêche dans bloc de 4. Neuf sans gomme

LA COLLECTION LA FAYETTE
ERREURS DES CLASSIQUES DE FRANCE
17 NOVEMBRE 2003 | PARIS

CLÉ DU CATALOGUE

CARACTERES : les timbres-poste de base sont décrits et cotés en caractères gras. Les descriptions des couleurs, types ou variétés sont décrits et cotés précédés d'une lettre a), b), etc.

PHOTOS : les reproductions photographiques ne sont pas toujours à la même échelle, notamment les blocs feuillets, carnets qui sont réduits de manière beaucoup plus importante e raison de leur grande taille

COTES : Une cote n'est pas le prix du marché, mais constitue un indicateur ou une base de transaction sur laquelle est pratiqué un tarif plus ou moins élevés, selon la qualité et/ou la rareté des timbres-poste. La qualité d'un timbre peut faire varier le prix de vente dans des proportion considérables (facteur de 1 à 20).

Jusqu'au numéro 106, vous trouverez 5 ou 6 colonnes de cotes :

- Neuf (gomme d'origine) sans charnière pour les numéros 61 à 106
- Neuf (gomme d'origine) avec charnière. Moins-value à prévoir pour une forte charnière. Plus-value pour les timbres sans charnière ou bon à très bon centrage.
- Neuf sans gomme
- Oblitérés
- Sur lettre (avec ou plusieurs autres timbres). Pour coter la lettre : prendre la cote sur lettre la plus importante et ajouter les cotes des timbres oblitérés détachés, et les plus-value éventuelles attribuables selon l'oblitération et/ou la destination.
- Seul sur lettre (au tarif de l'époque)

A partir du numéro 107 jusqu'à fin 1959, la colonne de gauche indique la cote des timbres neufs sans charnière, la colonne du milieu celle des timbres neuf avec charnière, la 3e colonne de droite celles des oblitérés, la colonne de droite indique la cote des timbres sur document. Cette cote s'applique à des timbres oblitérés correctement pendant la période de vente.

A partir de 1960, la colonne de gauche s'applique à des timbres neufs sans charnière, la colonne du milieu à des timbres oblitérés, et celle de droite à des timbres sur documents (pendant la période de vente).

Nos cotes s'appliquent pour des timbres authentiques.

Nous conseillons vivement à tous les philatélistes de faire expertiser leurs timbres de valeur, auprès des experts reconnus par l'AIEP et/ou la profession. A minima, la signature d'experts reconnus par la profession garantie l'authenticité d'un timbre et devrait être demandé systématiquement dès lors que l'on acquiert un ou des timbres de forte cote, où dès qu'une ambiguïté est possible quant à l'authenticité de l'objet.

ATTENTION aux fausses signatures, en cas de doute, se rapprocher de l'expert ayant signé le timbre-poste.

QUALITÉ DES TIMBRES-POSTE NEUFS

Classiques   Sage et après 1900

Qualité ST (standard): timbre avec petit défaut, mais digne de figurer dans une collection (prévoir une très forte décote).

Qualité TB (1ᵉʳ choix): ce sont les timbres dont nous donnons la cote. Les marges doivent être larges d'au moins ½mm.

Qualité luxe: ce sont les timbres dont nous donnons les plus-values sur la cote TB.

Qualité ST (fortement décentré ou petit aminci, ou autre petit défaut).

Qualité TB (centrage courant, sans défaut). Ce sont les timbres dont nous donnons la cote

Qualité luxe (très bien centré, aucun défaut). Compter la plus-value pour très bon centrage.

QUALITÉ DES TIMBRES OBLITERÉS

Classiques

Qualité ST (standard): timbre avec petit défaut: petit aminci, ou filet touché, ou autre petit défaut (prévoir une très forte décote). Note: un timbre rare avec défaut ne vaut pas zéro, il ne faut donc pas le jeter car il n'est pas sans aucune valeur.

Qualité TB (1ᵉʳ choix): l'oblitération est propre, les marges sont confortables (minimum ½mm de large), il n'y a pas de défaut. Ce sont les timbres dont nous donnons la cote.

Qualité luxe: l'oblitération est légère, les marges sont très grandes (dans cet exemple, le timbre comporte 3 voisins à gauche et en haut), il n'y a aucun défaut. Ce sont les timbres dont nous donnons les plus-values sur la cote TB.

Timbres sage et après 1900

Qualité ST (standard): timbre avec oblitération lourde et date illisible, ou avec vagues, ou timbre avec oblitération non d'époque. Ces timbres justifient une moins-value sur la cote. **La cote de timbres ainsi oblitérés ne peut en aucun cas être supérieure à celle d'un timbre neuf avec charnière.**

Qualité TB: longtemps, les collectionneurs ont préféré une oblitération légère dans le coin du timbre, laissant le sujet bien dégagé. L'inconvénient étant que même si l'oblitération est d'époque, la date n'est pas lisible. Dans le deuxième exemple, l'oblitération est un peu lourde, mais elle est d'époque (période d'affranchissement) et la date est lisible. Ces deux exemples sont les timbres que nous cotons.

Qualité luxe: oblitération légère, d'époque, bien lisible. Une collection de timbres ainsi oblitérés est **très difficile** à constituer y **compris pour des timbres très récents.** Une forte plus-value est amplement justifiée. Il serait même normal de payer ces timbres pleine cote.

TARIFS INTERIEURS FRANÇAIS LETTRE ORDINAIRE

A partir du	DE BUREAU A BUREAU				A L'INTERIEUR DE L'ARRONDISSEMENT POSTAL D'UN MÊME BUREAU				
	1er échelon	2e échelon	3e échelon	Progression	1er échelon	2e échelon	3e échelon	Progression	
	Poids Taxe	Poids Taxe	Poids Taxe	Poids Taxe	Poids Taxe	Poids Taxe	Poids Taxe	Poids Taxe	
1.1.49	7,5 g 20 c	15 g 40 c	100 g 1 F	100 g 1 F	7,5 g 10 c	15 g 20 c	30 g 30 c	30 g 10 c	Aff.
	« «	« «	« «	« «	« «	« «	« «	« «	N. aff
1.7.50	« 25 c	« 50 c	« 1 F	« 1 F	« «	« «	« «	« «	Aff.
	« «	« «	« «	« «	« «	« «	« «	« «	N. aff
1.7.53	« «	« «	« «	« «	« «	« «	« «	« «	Aff.
	« «	« «	« «	« «	« «	« «	« «	« «	N. aff
1.7.54	« 20 c	« 40 c	« 80 c	« 80 c	« «	« «	« «	« «	Aff.
	« 30 c	« 60 c	«1,20 F	« 1,20 F	« «	« «	« «	« «	N. aff
1.1.62	« 20 c	« 40 c	« 80 c	« 80 c	« «	« «	« «	« «	Aff.
	« 30 c	« 60 c	«1,20 F	« 1,20 F	« «	« «	« «	« «	N. aff
1.1.63	« «	« «	« «	« «	10 g 10 c	20 g 20 c	100 g 40 c	100 g 40 c	Aff.
	« «	« «	« «	« «	« 15 c	« 30 c	« 60 c	« 60 c	N. aff
1.9.71	10 g 25 c	20 g 40 c	50 g 70 c	50 g 50 c	10 g 15 c	20 g 25 c	50 g 40 c	50 g 25 c	Aff.
	« 40 c	« 60 c	« 1 F	« 75 c	« 25 c	« 40 c	« 60 c	« 40 c	N. aff
1.1.76	15 g 25 c	30 g 50 c	50 g 75 c	50 g 50 c	15 g 15 c	30 g 30 c	50 g 45 c	50 g 25 c	Aff.
	« 30 c	« 80 c	«1,20 F	« 75 c	« 25 c	« 50 c	« 75 c	« 40 c	N. aff
1.5.78	15 g 15 c	30 g 30 c	45 g 45 c	15 g 15 c	15 g 15 c	30 g 30 c	45 g 45 c	15 g 15 c	Aff.
	« 30 c	« 60 c	« 90 c	« 30 c	« 30 c	« 60 c	« 90 c	« 30 c	N. aff

A partir du	A L'INTERIEUR DE LA MEME VILLE				DE PARIS POUR PARIS				
	1er échelon	2e échelon	3e échelon	Progression	1er échelon	2e échelon	3e échelon	Progression	
	Poids Taxe	Poids Taxe	Poids Taxe	Poids Taxe	Poids Taxe	Poids Taxe	Poids Taxe	Poids Taxe	
1.1.49	15 g 10 c	30 g 20 c	60 g 30 c	30 g 10 c	15 g 15 c	30 g 25 c	60 g 35 c	30 g 10 c	Aff.
	« «	« «	« «	« «	« «	« «	« «	« «	N. aff
1.7.50	« «	« «	« «	« «	« «	« «	« «	« «	Aff.
	« «	« «	« «	« «	« «	« «	« «	« «	N. aff
1.7.53	« «	« «	« «	« «	15 g 10 c	30 g 20 c	60 g 30 c	30 g 10 c	Aff.
	« «	« «	« «	« «	« 15 c	« 25 c	« 35 c	« 10 c	N. aff
1.7.54	« «	« «	« «	« «	« «	« «	« «	« «	Aff.
	« «	« «	« «	« «	« «	« «	« «	« «	N. aff
1.1.62	« «	« «	« «	« «	« «	« «	« «	« «	Aff.
	« «	« «	« «	« «	« «	« «	« «	« «	N. aff
1.1.63	10 g 10 c	20 g 20 c	100 g 40 c	100 g 40 c	« «	« «	« «	« «	Aff.
	« 15 c	« 30 c	« 60 c	« 60 c	« «	« «	« «	« «	N. aff
1.9.71	10 g 15 c	20 g 25 c	50 g 40 c	50 g 25 c	15 g 15 c	30 g 30 c	60 g 45 c	30 g 15 c	Aff.
	« 25 c	« 40 c	« 60 c	« 40 c	« 25 c	« 50 c	« 75 c	« 25 c	N. aff
1.1.76	15 g 25 c	30 g 50 c	50 g 75 c	50 g 50 c	15 g 15 c	30 g 30 c	50 g 45 c	50 g 25 c	Aff.
	« 30 c	« 80 c	«1,20 F	« 75 c	« 25 c	« 50 c	« 75 c	« 40 c	N. aff
1.5.78	15 g 15 c	30 g 30 c	45 g 45 c	15 g 15 c	15 g 15 c	30 g 30 c	45 g 45 c	15 g 15 c	Aff.
	« 30 c	« 60 c	« 90 c	« 30 c	« 30 c	« 60 c	« 90 c	« 30 c	N. aff

Aff. = Affranchie   N. aff = Non affranchie

Ce document sur les tarifs postaux est extrait du catalogue MARIANNE

Essential art and antiques coverage...

✓ Breaking news on the stories that matter

✓ Weekly editions delivered to your door

✓ Online exclusives for subscribers

✓ An archive of all Gazettes since January 2017

✓ Privileged access to our constantly updated auction and fairs calendars

PRINT   ONLINE   APP

TABLEAU RÉCAPITULATIF DES ÉMISSIONS CLASSIQUES
DANS LEUR VÉRITABLE ORDRE CHRONOLOGIQUE

1849 Cérès

20c noir **3** 40c orange **5** 1f vermillon **7** 1f carmin **6**

1850 Cérès

10c bistre **1** 15c vert **2** 25c bleu **4**

1852 Présidence

10c bistre **9** 25c bleu **10**

1853 Empire non dentelé

10c bistre **13 I, II** 25c bleu **15** 40c orange **16** 1f carmin **18**

1854 Empire non dentelé

5c vert **12A, B, C** 20c bleu **14 I, II** 80c carmin **17A, B**

1860 Empire non dentelé

1c olive s azuré **11**

1862 Empire dentelé

1c olive s az **19** 5c vert **20** 10c bistre **21** 20c bleu **22** 40c orange **23** 80c carmin **24**

1862-63 Empire Lauré

2c brun-rge **26 I, II** 4c gris **27 I, II**

1867-68 Empire Lauré

10c bistre **28 I, II** 20c bleu **29 I, II** 30c brun **30** 40c orange **31** 80c rose **32**

1869 Empire Lauré

5f gris-violet **33**

1870 Empire Lauré

1c olive s az **25**

1870 Siège de Paris

10c bistre **36** 20c bleu **37** 40c orange **38**

1870 Emission de Bordeaux

1c olive s az	2c brun-rge	4c gris	5c vert	10c bistre	20c bleu	20c bleu II	20c bleu III	30c brun	40c orange	80c rose
39	40	41	42	43	I 44	45	46	47	48	49

1871-72 Empire - Cérès
1872-73 Cérès IIIᵉ République

5c vert s az	15c bistre petits ch	25c bleu 60 I, II, III	1c olive s az	2c br-rge	4c gris	5c vert	10c br s rose petits ch	10c br s rose gros ch	15c bistre gros ch	30c brun	80c rose
35	59		50	51	52	53	58	54	55	56	57

1876 Sage 1ᵉʳᵉ émission

1c vert	2c vert	4c vert	5c vert	10c vert	15c gris	20c brun	25c outrem.	30c brun	75c rose	1f bronze
61	62, 74	63	64, 75	65, 76	66, 77	67	68, 78	69, 80	71, 81	72, 82

1877 Sage 2ᵉ émission

1c noir s az	2c brun-rge	4c violet-br	10c noir s lil	25c bleu	40c vermillon	5f violet
83, 84	85	88	89, 103	79	70, 94	95

1878 Sage 3ᵉ émission
1879-84 Sage 4ᵉ émission

3c bistre	15c bleu	25c noir s rge	35c noir s jne		3c gris	20c rge s vert	25c bistre
86	90	91	93		87	96	92

1886-92 Sage 5ᵉ émission
1898-1900 Sage 6ᵉ ém.

15c bl quadr	25c noir s rose	50c rose	75c noir s jne		5c vert-jaune	2f bistre s azuré
101	97	98, 104	99		106, 102	105

ÉMISSION CÉRÈS

10 c. bistre jaune

Type: CÉRÈS
Légende: REPUB FRANC
Type d'impression: TYPOGRAPHIQUE

Date de création: 18 MAI 1850
Date de fabrication: 4 SEPTEMBRE 1850
Date d'émission: 12 SEPTEMBRE 1850

	Neuf ☆	Neuf s/g (☆)	Obl. ⊙	Seul s.⊠
1 10c bistre-jaune	**2 800**	**1 150**	**350**	**800**
a - bistre-brun	3 000	1 450	375	850
b - bistre-brun foncé	3 250	1 650	500	1 000
c - bistre verdâtre	3 850	2 000	800	1 600
d - bistre verdâtre foncé	5 600	2 775	1 050	1 500
e - réimpression, bistre clair (1862)	700	400		
f - tirage de Londres, impression fine		1 650		

	□□ Neuf ☆	Obl. ⊙	Seule s.⊠	□□□ Neuf ☆	Obl. ⊙	Seule s.⊠	□□□□ Neuf ☆	Obl. ⊙	Seule s.⊠	⊞ Neuf ☆	Obl. ⊙	Seul s.⊠
1 10c Bistre jaune	6 000	975	1 850	9 000	1 850	3 500	12 000	3 250	5 000	13 000	13 000	23 000
a - bistre-brun	6 500	1 050	1 900	9 750	1 950	3 600	13 000	3 400	5 250	14 000	14 000	23 500
c - bistre verdâtre	8 000	1 450	2 400	12 000	2 850	4 500	16 000	4 350	7 000	18 000	16 750	29 500

ÉMISSION CÉRÈS

15 c. vert

Type: CÉRÈS
Légende: REPUB FRANC
Type d'impression: TYPOGRAPHIQUE

Date de création: 18 MAI 1850
Date de fabrication: 23 JUILLET 1850
Date d'émission: 29 JUILLET 1850

	Neuf ☆	Neuf s/g (☆)	Obl. ⊙	Seul s.⊠
2 15c vert	**28 500**	**14 000**	**1 100**	**2 100**
a - vert clair	29 500	14 500	1 250	2 200
b - vert-jaune	28 500	14 000	1 200	2 100
c - vert foncé	33 000	16 250	1 300	2 350
d - vert très foncé	36 000	17 750	2 500	4 300
e - vert-bouteille	41 500	20 500	3 250	6 350
f - réimpression vert vif clair (1862)	900	450		
g - tirage de Londres impression fine		22 000		

	Neuf ☆	Obl. ⊙	Seule s.⊠	Neuf ☆	Obl. ⊙	Seule s.⊠	Neuf ☆	Obl. ⊙	Seule s.⊠	Neuf ☆	Obl. ⊙	Seul s.⊠
2 15c vert	60 000	2 950	30 000		6 500			16 000		175 000	100 000	175 000
c - vert foncé	70 000	3 550	35 000		7 500			18 000		190 000	110 000	195 000

ÉMISSION CÉRÈS

20 c. noir sur jaune

Type: CÉRÈS
Légende: REPUB FRANC
Type d'impression: TYPOGRAPHIQUE

Date de création: 24 AOÛT 1848
Date de fabrication: 4 DÉCEMBRE 1848
Date d'émission: 1 JANVIER 1849

	Neuf ☆	Neuf s/g (☆)	Obl. ⊙	Seul s.⊠
3 20c noir sur jaune (1er janvier 1849)	**500**	**275**	**55**	**120**
a - noir sur blanc	600	300	80	170
b - noir sur chamois clair	1 450	725	200	375
c - noir sur chamois foncé	2 200	1 100	300	625
d - noir sur fauve			650	1 600
e - noir sur ivoire	900	450	150	210
f - noir sur teinté	500	275	55	120
g - noir intense sur blanc	1 000	500	95	190
h - noir intense sur teinté	700	350	75	150
i - gris			1 900	3 750
j - gris-noir	4 250	2 100	500	825
k - réimpression noir sur blanc (1862)	550	250		
l - tirage de Londres impression fine		400		

	⊓⊓ Neuf ☆	Obl. ⊙	Seule s.⊠	⊓⊓⊓ Neuf ☆	Obl. ⊙	Seule s.⊠	⊓⊓⊓⊓ Neuf ☆	Obl. ⊙	Seule s.⊠	⊞ Neuf ☆	Obl. ⊙	Seul s.⊠
3 20c noir sur jaune	**1 100**	**150**	**320**	**1 650**	**400**	**900**	**2 300**	**1 000**	**1 550**	**2 500**	**6 250**	**14 500**
a - noir sur blanc	1 300	175	400	2 000	525	1 100	2 750	1 150	2 100	3 250	7 750	16 500

ÉMISSION CÉRÈS

25 c. bleu

Type: CÉRÈS
Légende: REPUB FRANC
Type d'impression: TYPOGRAPHIQUE

Date de création: 18 MAI 1850
Date de fabrication: 13 JUIN 1850
Date d'émission: 1 JUILLET 1850

	Neuf ☆	Neuf s/g (☆)	Obl. ⊙	Seul s.⊠
4 25c bleu	**8 600**	**4 300**	**50**	**80**
a - bleu clair	8 600*	4 300	50	80
b - bleu terne	7 600	3 800	50	50
c - bleu foncé	10 000	5 000	70	125
d - bleu sur jaune	10 150	5 000	60	95
e - bleu foncé sur jaune	10 650	5 300	100	160
f - réimpression, bleu (1862)	600	300		
g - tirage de Londres, impression fine		6 500		

*Prix atteint chez Roumet en Sept. 2016: 7 403

	▭▭			▭▭▭			▭▭▭▭			⊞		
	Neuf ☆	Obl. ⊙	Seule s.⊠	Neuf ☆	Obl. ⊙	Seule s.⊠	Neuf ☆	Obl. ⊙	Seule s.⊠	Neuf ☆	Obl. ⊙	Seul s.⊠
4 25c bleu	**18 000**	**130**	**300**	**27 000**	**425**	**625**	**36 000**	**1 050**	**1 550**	**44 000**	**7 000**	**12 500**
c - bleu foncé	22 000	165	350	33 000	600	875	44 000	1 450	2 100	50 000	9 500	16 000

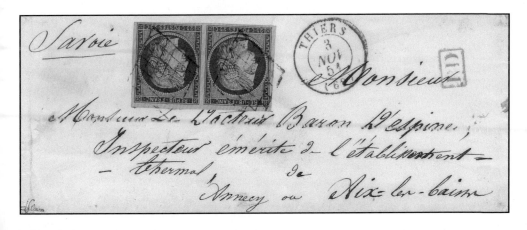

ÉMISSION CÉRÈS

40 c. orange

Type: CÉRÈS

Légende: REPUB FRANC

Type d'impression: TYPOGRAPHIQUE

Date de création: 24 AOÛT 1848

Date de fabrication: 14 AVRIL 1849

Date d'émission: 3 FÉVRIER 1850

	Neuf ☆	Neuf s/g (☆)	Obl. ⊙	Seul s.⊠
5 40c orange	**5 000**	**2 400**	**600**	**900**
a - orange pâle	4 450	2 200	750	1 200
b - orange vif	5 550	2 750	750	1 200
c - orange foncé	6 100	3 000	1 000	1 750
d - gomme brunâtre	3 500			
e - vermillon orangé	5 050	2 500	700	900
f - 4 retouchés	33 500	16 750	8 500	16 250
fa - tenant à normal	49 000	25 000	20 500	28 500
g - paire de 4 retouchés	140 000	70 000	68 500	114 000
h - réimpression orange (1862)	875	425		
i - tirage de Londres impression fine		3 700		
j - réimpression 4 retouchés	17 750	6 100		
ja - tenant à normal	23 750	8 100		
k - réimpression paire de 4 retouchés	50 500	17 750		
l - impression défectueuse	6 400	3 200	2 250	3 000

gomme blanche

	☐ Neuf ☆	☐ Obl. ⊙	☐ Seule s.⊠	☐☐ Neuf ☆	☐☐ Obl. ⊙	☐☐ Seule s.⊠	☐☐☐ Neuf ☆	☐☐☐ Obl. ⊙	☐☐☐ Seule s.⊠	⊞ (gomme blanche) Neuf ☆	Obl. ⊙	Seul s.⊠
5 40c orange	10 500	1 375	1 850	16 000	2 550	3 150	22 000	4 150	5 750	30 000	24 000	36 000
b - orange vif	12 000	1 500	2 250	18 000	2 750	3 900	25 000	4 500	6 500	34 000	27 500	40 000

ÉMISSION CÉRÈS

1 f. carmin

Type: CÉRÈS
Légende: REPUB FRANC
Type d'impression: TYPOGRAPHIQUE

Date de création:
Date de fabrication:
Date d'émission: DÉCEMBRE 1849

	Neuf ☆	Neuf s/g (☆)	Obl. ⊙	Seul s.✉
6 1f carmin	**15 500**	**7 600**	**1 100**	**1 750**
a - carmin foncé	20 000	9 850	1 750	2 500
b - carmin-brun	16 500	8 100	1 200	1 850
c - carmin clair	16 500	8 000	1 150	1 750
d - carmin-cerise			3 300	4 550
e - carmin vif	18 000	8 850	1 375	2 200
f - retouche cercle burelage nord-est			2 000	3 650
g - réimpression carmin (1862)	900	450		
h - tirage de Londres impression fine		12 000		

	⊟⊟ Neuf ☆	⊟⊟ Obl. ⊙	⊟⊟ Seule s.✉	⊟⊟⊟ Neuf ☆	⊟⊟⊟ Obl. ⊙	⊟⊟⊟ Seule s.✉	⊟⊟⊟⊟ Neuf ☆	⊟⊟⊟⊟ Obl. ⊙	⊟⊟⊟⊟ Seule s.✉	⊞ Neuf ☆	⊞ Obl. ⊙	⊞ Seul s.✉
6 1f carmin	32 000	2 750	4 650	48 000	5 300	6 800	64 000	9 500	10 500	80 000	17 750	35 000
b - carmin-brun	35 000	3 100	5 000	52 500	5 700	7 350	70 000	9 500	13 750	87 500	19 000	35 500

ÉMISSION CÉRÈS

1 f. vermillon

Type: CÉRÈS
Légende: REPUB FRANC
Type d'impression: TYPOGRAPHIQUE

Date de création: 24 AOÛT 1848
Date de fabrication: 30 DÉCEMBRE 1848
Date d'émission: 2 JANVIER 1849

	Neuf ☆	Neuf s/g (☆)	Obl. ⊙	Seul s.✉
7 1f vermillon	**150 000**	**72 500**	**22 500**	**34 000**
a - vermillon vif	175 000	80 000	25 500	37 000
b - vermillon terne	77 500*	37 500	20 000	25 000
c - vermillon foncé	155 000	75 000	27 500	45 000
d - rouge-brun	38 500	18 500	6 500	14 000
e - à la barbiche	225 000		35 000	

Prix atteint chez Roumet en Juin 2017: 51 051*

7D 1f vermillon pâle "Vervelle"   **32 500**

		Neuf ☆	Obl. ⊙	Seule s.✉	Neuf ☆	Obl. ⊙	Seule s.✉	Neuf ☆	Obl. ⊙	Seule s.✉	Neuf ☆	Obl. ⊙	Seul s.✉
1f vermillon			77 500	130 000		130 000	285 000		177 500				
a - vermillon vif			90 000	150 000		160 000			195 000				
1f Vervelle												215 000	

VENTES SUR OFFRES
VENTES A PRIX NETS

(Catalogues adressés sur simple demande)

ACHAT - VENTE - EXPERTISE - SUCCESSIONS

ROUMET
Maison fondée en 1896

17, rue Drouot - 75009 PARIS - Tél : 01 47 70 00 56 - Fax : 01 47 70 41 17
e-mail : roumet@roumet.fr - Internet : www.roumet.fr

TÊTE-BÊCHE

☆　　　◉　　　⊠

Le tête-bêche du 10c se trouve aux cases 27, 58, 145

T1 - 10c bistre-jaune　　　　　115 000　　23 500　　　52 500
　　7ex connus neufs, 5 ⊠ connues

T1b - 10c bistre-brun　　　　　127 500　　26 500　　　52 500
　　4ex connus neufs, sur ⊠ pour les U.S.A.: 2ex connus

T1c - 10c bistre verdâtre　　　　150 000　　30 000　　　52 500
　　5 ⊠ connues

T2 - 15c vert　　　　　　　　　　　　　　　　　　　　　400 000
　　(case 80), 1ex connu sur ⊠

T3 - 20c noir sur jaune　　　　　　15 000　　10 500　　　18 000

T3a - 20c noir sur blanc　　　　　19 000　　12 000

T3j - 20c gris-noir　　　　　　　　20 000　　15 000

T4 - 25c bleu　　　　　　　　　　250 000　　20 000　　　45 000
　　(case 131): 3ex connus neufs, 30 ⊠ connues

T6 - 1f carmin foncé　　　　　　325 000　　37 500　　　80 000
　　(case 35): 4ex connus neufs, 12 ⊠ connues

T6b - 1f carmin-brun　　　　　　375 000
　　(case 35): 1ex connu neuf

T7a - 1f vermillon vif (⊞)　　　1 200 000　325 000
　　Le tête-bêche du vermillon vif n'est connu qu'à un seul exemplaire dans un bloc de quatre (sans gomme) et un exemplaire défectueux dans une bande de trois oblitérée sur fragment.

<u>Note</u>: *la cote du tête-bêche neuf du 1f vermillon vif est donnée pour l'unique bloc de 4 avec tête-bêche connu (pas d'addition tête-bêche + bloc de 4). Cette cote tient compte des plus récents résultats de vente*

T7b - 1f vermillon terne　　　　　　　　375 000　　415 000
　　Le tête-bêche du vermillon terne n'est connu qu'à un seul exemplaire dans une bande de trois oblitérée et 1 seul exemplaire sur ⊠

T7d - 1f rouge-brun　　　　　　　　　　　　　　　325 000
　　Tête-bêche du 1f rouge-brun (case 35): 1ex connu sur ⊠

T7D - 1f Vervelle (⊞)　　　　　　750 000
　　Le tête-bêche du 1f Vervelle n'est connu qu'à un seul exemplaire dans un bloc de quatre sans gomme (le Vervelle est toujours sans gomme). La cote est donnée pour ce bloc de quatre (même remarque que pour le 1f vermillon vif).

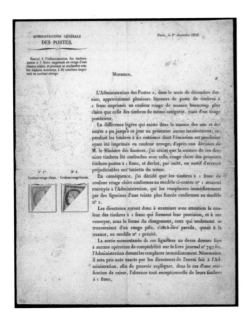

CIRCULAIRE DE RETRAIT DU 1F VERMILLON

Le 1ᵉʳ décembre 1849, une circulaire précisant les modalités de retrait du 1f vermillon -dont la couleur était jugée trop proche du 40c orange- a été envoyée par le directeur des postes E. J. Thayer. 3 000 timbres coupés en deux ont été utilisés afin de servir d'illustration. Les stocks ainsi que les timbres coupés ont été détruits le 21 juillet 1851.

Feuillet double	75 000
circulaire simple	45 000
Fragment	9 500

TIMBRES COUPÉS SUR LETTRE

5 40c orange – une moitié verticale sur deux lettres connues   350 000

ÉMISSION CÉRÈS

20 c. bleu non émis

Le 20 c. bleu naît de la décision du 9 Mars 1849 du Conseil d'Administration des Postes: «Les timbres postes à 20 c. actuellement imprimés en noir seront à l'avenir imprimés en bleu». Les stocks de la même valeur en noir étant suffisants, on diffère l'émission du 20 c. bleu.

	Neuf ☆	Neuf s/g (☆)	⊓	⊓⊓	⊓⊓⊓	⊞
8 20c bleu sur jaunâtre						
a - bleu sur jaunâtre (Durrieu)	4 500	4 000	9 000	13 500	18 000	21 750
b - bleu clair sur azuré (Astruc)	3 300	3 000	7 000	10 500	14 000	17 250
c - bleu foncé (Marquelet)	3 300	3 000	7 000	10 500	14 000	17 250
d - réimpression (1862)	500	225	1 100	1 650	2 200	2 400

8A 25c sur 20c bleu	37 500	25 000
8b 40c bleu, non émis		**RR**
a - 4 retouchés		RRR

TÊTE-BÊCHE

	☆			☆
T8 - 20c bleu s jaunâtre	125 000		T8b - 20c bl clair s azuré	87 500
T8a - 20c bleu foncé	97 500		T8c - 20c bleu sur azuré	110 000

OBLITÉRATIONS

		gros points		grille sans fin		étoile		petits chiffres	
		□	✉	□	✉	□	✉	□	✉
1	10 c........	380	2 000	475	1 500	400	800	350	750
2	15 c.......	1 100	2 200	1 100	2 000	1 100	2 000	4 000	23 000
3	20 c........	-	-	1 150	20 000	225	18 500	700	6 000
4	25 c........	90	600	90	300	50	75	50	75
5	40 c........	600	850	600	1 000	600	850	600	850
6	1 f.	1 100	1 750	1 100	1 750	1 100	1 750	1 100	1 750
7	1 f.	22 000	40 000	22 000	» »	» »	» »	24 000	50 000

		gros chiffres		petits cachet à date Type 15 (ø extérieur 20mm)		moyen cachet à date Type 14 (ø extérieur 25mm)		grand cachet à date Type 13 (ø extérieur 29mm)	
		□	✉	□	✉	□	✉	□	✉
1	10 c.	-	-	1 100	5 750	1 400	10 000	1 850	16 000
2	15 c.	-	-	3 975	» »	4 300	-	-	-
3	20 c........	4 600	33 000	*	*	*	*	*	*
4	25 c........	4 000	28 500	650	4 000	-	-	-	-
5	40 c........	-	-	1 400	5 000	5 250	-	-	-
6	1 f.	-	-	3 700	» »	» »	» »	3 750	» »
7	1 f.	-	-	29 500	60 000	31 500	» »	34 500	115 000

* Les cotes des cachets à date sont indiquées dans le tableau ci-dessous (types de l' "Oblitération Française" de Jean Pothion)

		R dans un cercle		OR en rouge dans un cercle	
		□	✉	□	✉
1	10 c.	625	4 250	1 500	8 500

		Etoile bleu		Grille bleu		Grille rouge	
		□	✉	□	✉	□	✉
2	15 c.	2 750	9 200	3 450	15 000	5 750	32 000

OBLITÉRATIONS SUR LE TIMBRE « 20 C. NOIR » NO 3

Oblitérations sur le timbre		□ ou fragment	⊠
Petit cachet à date, noir (type 15) du 1er janvier 1849		1 200	16 500
Petit cachet à date, noir (type 15) du 2 au 5 janvier 1849	à partir de	475	3 450
Petit cachet à date, noir (type 15) autres dates	à partir de	220	850
Petit cachet à date, rouge (type 15) du 1er janvier 1849		5 000	75 000
Petit cachet à date, rouge (type 15) du 2 au 5 janvier 1849	à partir de	1 500	24 500
Petit cachet à date, rouge (type 15) autres dates	à partir de	1 000	14 300
Petit cachet à date, bleu (type 15)		1 500	28 000
Cachet à un seul cercle (bloc dateur) du 1er janvier 1849		3 000	93 500
Cachet à un seul cercle (bloc dateur) autres dates	à partir de	1 500	33 000
Moyen cachet à date, noir (type 14) du 1er janvier 1849		1 850	39 000
Moyen cachet à date, noir (type 14) du 2 au 5 janvier 1849	à partir de	900	14 300
Moyen cachet à date, noir (type 14) autres dates	à partir de	400	3 450
Grand cachet à date, noir (type 13) du 1er janvier 1849		2 150	49 000
Grand cachet à date, noir (type 13) du 2 au 5 janvier 1849	à partir de	1 500	20 000
Grand cachet à date, noir (type 13) autres dates	à partir de	800	8 250
Grand cachet à date, avec ½ fleuron (type 12) du 1er janvier 1849		2 400	71 500
Grand cachet à date, avec ½ fleuron (type 12) du 2 au 5 janvier 1849	à partir de	1 400	23 500
Grand cachet à date, avec ½ fleuron (type 12) autres dates	à partir de	750	10 000
Grand cachet à date, avec fleuron (type 11) du 1er janvier 1849		» »	» »
Grand cachet à date, avec fleuron (type 11) du 2 au 5 janvier 1849	à partir de	2 300	75 000
Grille noire, cachet à date à côté du timbre du 10 janvier 1849			14 750
Grille noire, cachet à date à côté du timbre du 11 janvier 1849			8 750
Grille noire, cachet à date à côté du timbre du 12 janvier 1849			5 000
Grille noire, cachet à date à côté du timbre du 13 janvier 1849			2 250
Grille noire, cachet à date à côté du timbre du 14 janvier 1849			1 000
Grille rouge		1 000	20 000
Grille bleue		1 250	50 000
Grille spéciale de châteauroux		1 000	11 650
A la plume seulement et à côté cachet à date Type 15	à partir de	250	1 600
A la plume seulement et à côté cachet à date Type 14 ou 13	à partir de	400	2 750
A la plume seulement et à côté cachet à date Type 12	à partir de	1 300	13 200
A la plume et cachet à date Type 15	à partir de	250	1 250
A la plume et cachet à date Type 14	à partir de	300	2 300
A la plume et cachet à date Type 13	à partir de	350	4 750
A la plume et cachet à date Type 12	à partir de	1 000	6 900
Cursive noire		2 000	35 500
A la plume et cursive noire		1 000	16 500
Cursive bleue ou rouge et plume		2 500	74 000
Grande lettre dans un cercle (c-d ou G) bureau de Paris		1 500	25 000
Cachet d'un bureau annexe de Paris cs – cs2 – es2		2 000	35 000
Feston du bureau K de Paris		2 300	30 000
Marque Port Payé en noir PP dans un rectangle		1 850	28 000
Narque Port Payé en rouge PP dans un rectangle		1 300	31 000
Chiffre taxe 1(Paris)		1 700	38 500
Chiffre taxe 1 frappé 2 fois en croix (autun et Langeac)		1 600	38 500
Chiffre taxe 2(Paris bureau J)		1 800	44 000
Chiffre taxe 2 frappé 2 fois (montereau et château-du-Loir)		2 100	44 000
Rectangle noir (béziers)		1 800	31 500
Une barre noir épaisse (cherbourg)		1 200	23 500
Une barre amincie en croix (La magistère, La rochelle et Toul)		2 200	66 000
4 barres parallèles (Lille, auch)		3 000	40 000
Une croix épaissse (Troyes)		2 100	46 750
Une rosette à 5 branches (Paris bureau J)		1 500	20 000
10 barres en cercle (Lille)		1 500	20 000
Gros points carrés (crépy-en-Valois)		4 000	40 000
Une croix de malte à 5 branches (Paris bureau J)		3 000	77 000
Losange de 49 gros points (soultz-sous-Forêts et Vendôme		4 000	55 000

ÉMISSION 1849-50: TARIFS DES LETTRES SIMPLES
POUR L'ÉTRANGER ET LES DOM-TOM

Dans ce cas, il faut ajouter une plus-value pour la grille rouge

Le tableau ci-dessous donne le tarif des lettres comportant uniquement des timbres de l'émission 1849-1850, pour des destinations hors de France en port simple. Doivent être considérées avec plus-values les oblitérations et timbres rares sur lettre (nuances, tête-bêche, etc.), les tarifs au-delà du deuxième échelon de poids, les affranchissements tricolores, quadricolores, etc.

Depuis le 1er août 1849, il existait :
- Un tarif pour les lettres à destination des pays d'outremer sans distinction de parages, par la voie d'Angleterre: 1fr50 par 7,5g (on voit parfois des lettres pour le Pacifique sud avec ce tarif, mais par la voie du cap Horn ou Magellan).
- Un tarif pour les lettres à destination des pays d'outremer sans distinction de parages par la voie des Bâtiments de Commerce; partant des ports de France; 0,30fr par 7,5g du port d'embarquement; 0,60fr depuis les autres villes de France.

Pour des affranchissements mixtes avec l'émission suivante, voir aussi les tarifs des lettres pour l'étranger de l'émission "Présidence".

Valeurs d'affranchissement :

0,10 - 10 CENTIMES
10 c. (seul)
Entre villes frontières et Berne, Genève,
   Neuchâtel, Vaud et Bavière — RR

0,20 - 20 CENTIMES
20 c. (seul), ou 10 c. (2):
Colonies françaises par bâtiment de commerce
   du port d'embarquement — 30 000
Rayon Frontière
Belgique — 4 000
Suisse — 3 000

0,25 - 25 CENTIMES
25 c. (seul)
Rayon Frontière
Etats Sardes, — 3 000
Luxembourg — 3 500
Prusse (30 km France et 10 milles Allemagne) — 8 500

0,30 - 30 CENTIMES
10 c. (3)
Colonies françaises par bâtiment de commerce partant
   d'un port de France — 25 000
Pays d'Outre-mer par bâtiment de commerce
   du port d'embarquement — à partir de 7 000
   (sauf Etats-Unis)
Etats Unis depuis Le Havre — 5 000
Depuis les départements du Doubs et du Jura pour
   Neuchâtel (Suisse) — 7 000
Bade et Bavière, rayon frontière — 6 500

0,35 - 35 CENTIMES
10 c. + 25 c.
Colonies Françaises par bâtiment de commerce — 25 000

0,40 - 40 CENTIMES – *Voies de Terre*
10 c. (4)
Bade — 3 000
Belgique — 2 000
Luxembourg — 3 500
Etats Sardes, rayon frontière — 4 000
Suisse — 2 000

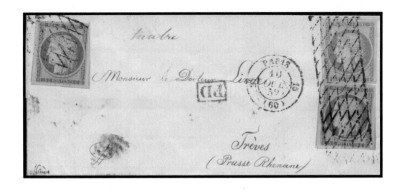

20 c. (2)

Bade	5 000
Belgique	2 000
Suisse, Cantons de Berne, Neuchâtel, Zurich	1 500
Suisse, Canton de Vaud	3 500

15 c. + 25 c.

Belgique	5 500
Luxembourg	6 000
Suisse	5 500

40 c. (seul)

Bade	900
Belgique	800
Luxembourg	1 500
Suisse	800
Suisse, Cantons de Berne, Neuchâtel, Zurich	1 000
Suisse, Canton de Vaud	1 500

0,50 - 50 CENTIMES

25 c. (2)

Etats Sardes par voie de terre	1 500
Bavière, Hesse, Saxe-Weimar, Royaume de Wurtemberg	2 500
Suisse, Canton de Fribourg	1 500

0,60 - 60 CENTIMES

10 c. + 25 c. (2)

Pays d'outremer par bâtiment de commerce partant des ports de France	à partir de 4 500

Toutes les Voies Terrestres

Pays-Bas	3 500
Toscane	3 000

Voie de Tour et Taxis

Brême	3 500
Hambourg	3 300
Lübeck	3 250
Norvège	4 000
Suède	5 000

Voie de Paquebot Français

Açores	5 500
Amérique du Sud (autre que le port d'embarquement)	
Argentine	4 500
Brésil	4 500
Mexique	4 500
Pérou	4 500
Uruguay	5 000
Venezuela	4 500

Canaries	7 000
Cap Vert	8 000
Grenade	10 000
Saint-Vincent	10 000
Sainte-Lucie	10 000
Trinité	10 000
Portugal	4 000

Voie de Paquebot des Etats Unis

Etats Unis depuis Le Havre ou Southampton	3 000

20 c. (3)

Voie des Paquebots Français

Etats Unis	6 000
Uruguay	20 000

0,70 - 70 CENTIMES

10 c. (2) + 25 c. (2)

Altona (Danemark), voie de Tour et Taxis	5 000
Etats Sardes, voie des paquebots français	3 500
Iles Anglo-Normandes, voie des paquebots français	6 000
Prusse, troisième rayon de toute la France à toute la Prusse	4 000

0,80 - 80 CENTIMES

10 c. (3) + 25 c. (2)

Brunswick, Hanovre, Mecklembourg, Oldenbourg, Saxe; voie de Tour et Taxis	3 000
Etats Unis, voie d'Angleterre par paquebot des Etats Unis	2 000
Grande Bretagne	1 200
Iles Anglo-Normandes, voie d'Angleterre	5 000
Irlande par paquebot français	2 000
Malte, voie de Marseille	4 000

20 c. (4)

Etats Sardes, voie de terre	3 000
Grande Bretagne	2 000

40 c. (2)

Etats Sardes, voie de terre	2 500
Brunswick, Hanovre, Mecklembourg, Oldenbourg, Saxe; voie de Tour et Taxis	2 500
Etats Unis voie d'Angleterre par paquebot des Etats Unis	2 000
Grande Bretagne	1 400
Iles Anglo-Normandes voie d'Angleterre	5 000
Irlande par paquebot français	1 750
Malte voie de Marseille	3 500

0,90 - 90 CENTIMES
10 c. + 40 (2)
Toscane, voie de Sardaigne · 3 000

1,00 - 1 FRANC
25 c. (4)
Voie de Suisse ou Sardaigne
Autriche · 2 000
Voie d'Autriche
Deux-Siciles, Modène et Parme · 2 000
Grèce et Iles Ioniennes · 3 000
Voie de Paquebot Français
Bureaux Français à l'Etranger en Levant · 3 000
Établissements français dans l'Inde · 5 000
Voie de Suez et Paquebot Anglais
Aden · 6 000
Ceylan, Hong-Kong et Singapour · 5 500
Chine · 5 000
Indes · 4 000
Maurice · 3 500
Penang · 6 000
Réunion · 3 500
Seychelles · 3 500
1 fr. (seul)
Voie de Suisse ou Sardaigne
Autriche · 3 500
Voie d'Autriche
Deux-Siciles, Modène et Parme · 3 500
Grèce et Iles Ioniennes · 3 500
Voie de Paquebot Français
Bureaux Français à l'Etranger en Levant · 5 000
Etats Sardes · 3 000
Établissements français dans l'Inde · 8 500
Voie de Suez et Paquebot Anglais
Aden · 9 000
Ceylan · 9 000
Hong-Kong · 9 000
Chine · 8 500
Indes · 7 500
Macao · 12 500
Maurice · 6 000
Penang · 9 000
Réunion · 6 000
Seychelles · 6 000

1,10 - 1 FRANC 10 CENTIMES
10 c. + 25 c. (4)
10 c. (3) + 40 c. (2): plus-value de 2 000
Deux-Siciles, Modène, Parme et Toscane;
  voie de Sardaigne · 3 500
Danemark, voie de Tour et Taxis · 4 000
Schleswig-Holstein, voie de Tour et Taxis · 5 000

1,20 - 1 FRANC 20 CENTIMES
10 c. (2) + 25 c. (4)
40 c. (3): plus-value de 1 000
Autriche et Lombardie · 4 500
Belgrade, Carinthie, Cracovie, Dalmatie, Illyrie;
  voie d'Autriche · 8 500
Trieste, voie d'Autriche · 6 000
Etats Pontificaux et Toscane par paquebot français · 4 500
Grèce par paquebot français · 7 500
Saint-Marin par paquebot français · 6 000
10 c. (2) + 1 fr. carmin
Destinations et valeurs comme l'affranchissement 0,40 (3)
et plus-value de 2 500
20 c. + 1 fr. carmin
Autriche · 6 500
20 c. + 1 fr. vermillon
Lombardie et Toscane · 250 000

1,30 - 1 FRANC 30 CENTIMES
10 c. (3) + 1 fr. carmin
Pologne et Russie méridionale, voie autrichienne · 7 000
15 c. (2) + 1 fr. carmin
Etats Unis par paquebot anglais · 7 000

1,50 - 1 FRANC 50 CENTIMES
25 c. (2) + 1 fr. carmin

Saxe	2 500

Voie de Sardaigne

Carinthie, Dalmatie, Illyrie et Trieste	8 500
Lombardie et Tyrol	5 000

Voie de Paquebot Français

Deux-Siciles	4 000

Voie de Paquebot Anglais

Açores	5 000
Argentine	4 500
Brésil	5 000
Canaries	5 000
Cap Vert	7 000
Chine	6 000
Colombie, côte Atlantique	6 500
Colonies Anglaises (Antigua, Bahamas, Barbade, Bermudes, Dominique, Honduras Britannique, Montserrat, Nevis, St.-Kitts, St.-Thomas, St-Vincent, St.-Lucie, Tobago, Trinité, Turks, Vierges)	10 500
Colonies Anglaises (autres destinations, à l'exception des précédents pays, Gibraltar et Guyane – voir ci-dessous-)	6 500
Cuba	6 500
Etats-Unis	3 000
Gibraltar	5 000
Guadeloupe	7 500
Guyane Britannique	12 500
Guyane Français	11 000
Inde (Établissements Français)	10 000
Martinique	7 000
Mexique (Atlantique)	4 000
Porto-Rico	10 000
Portugal	3 500
Réunion	8 000
Sénégal	10 000
Sierra-Leone	8 500
Uruguay	5 500
Vénézuela	5 000

1,60 - 1 FRANC 60 CENTIMES
40 c. (4), ou 10 c. + 25 c. (2) + 1 fr. carmin

Moldavie et Valachie, voie d'Autriche	12 000

1,70 - 1 FRANC 70 CENTIMES
10 c. (2) + 25 c. (2) + 1 fr. carmin

Voie Anglaise

Canada	12 500
Canada: Colombie Britannique, Nouveau-Brunswick, Nouvelle-Ecosse, Prince Edouard, Terre-Neuve, Vancouver	15 000
Jamaïque	12 000

1,80 - 1 FRANC 80 CENTIMES
10 c. (3) + 25 c. (2) + 1 fr. carmin

Turquie d'Europe, voie d'Autriche	8 000

40 c. (2) + 1 fr. carmin

Turquie d'Europe, voie d'Autriche	7 000

2,10 - 2 FRANCS 10 CENTIMES
10 c. + 1 fr. carmin (2)

Voie Anglaise

Amérique du Sud: Bolivie, Chili, Colombie côte Pacifique, Equateur, Pérou	6 500
Iles de la Société, Marquises et Tahiti	16 000

2,50 - 2 FRANCS 50 CENTIMES
25 c. (2) + 1 fr. carmin (2)

Voie Anglaise (1.9.1851)

Californie et Oregon	8 000

2,80 - 2 FRANCS 80 CENTIMES
10 c. (3) + 25 c. (2) + 1 fr. carmin (2)

Voie Anglaise (6.3.1851)

Californie et Oregon	10 000
Mexique (côte Pacifique)	9 000

40 c. (2) + 1 fr. carmin (2)

Californie et Oregon	8 500
Mexique (côte Pacifique)	7 500

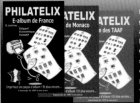

ÉMISSION PRÉSIDENCE

10 c. bistre

Type: LOUIS NAPOLÉON
Légende: REPUB FRANC
Type d'impression: TYPOGRAPHIQUE

Date de création: 27 JANVIER 1852
Date de fabrication: 3 DÉCEMBRE 1852
Date d'émission: DÉCEMBRE 1852

	Neuf ☆	Neuf s/g (☆)	Obl. ⊙	Seul s.✉
9 10c bistre	**48 500**	**13 250**	**700**	**1 150**
a - bistre-jaune	48 500	13 250	700	1 150
b - bistre-brun	52 500	15 250	900	1 500
c - bistre-brun foncé	61 500	17 750	1 350	2 000
d - ligne d'encadrement	61 500	22 250	10 150	18 000
e- réimpression bistre clair (1862)	850	400		

9d - ligne d'encadrement

	⊓⊓ Neuf ☆	⊓⊓ Obl. ⊙	⊓⊓ Seule s.✉	⊓⊓⊓ Neuf ☆	⊓⊓⊓ Obl. ⊙	⊓⊓⊓ Seule s.✉	⊓⊓⊓⊓ Neuf ☆	⊓⊓⊓⊓ Obl. ⊙	⊓⊓⊓⊓ Seule s.✉	⊞ Neuf ☆	⊞ Obl. ⊙	⊞ Seul s.✉
9 10c bistre		1 800	3 000		3 900	5 650		6 300	8 250	275 000	71 000	112 500
b - bistre-brun		2 300	3 900		4 850	7 200		7 750	11 400			
c - bistre-brun foncé		2 850	4 600		6 200	8 750		9 750	13 400			

ÉMISSION PRÉSIDENCE

25 c. bleu

Type: LOUIS NAPOLÉON
Légende: REPUB FRANC
Type d'impression: TYPOGRAPHIQUE

Date de création: 27 JANVIER 1852
Date de fabrication: 7 AOÛT 1852
Date d'émission: 16 SEPTEMBRE 1852

	Neuf ☆	Neuf s/g (☆)	Obl. ⊙	Seul s.✉
10 25c bleu	**4 750**	**1 300**	**50**	**80**
c - bleu verdâtre	5 750	1 600	130	250
c - bleu foncé	5 500	1 500	75	120
d - ligne d'encadrement	7 000	2 000	1 800	3 350
e - réimpression 1862	650	275		

	Neuf ☆	Obl. ⊙	Seule s.✉	Neuf ☆	Obl. ⊙	Seule s.✉	Neuf ☆	Obl. ⊙	Seule s.✉	Neuf ☆	Obl. ⊙	Seul s.✉
10 25c bleu	10 000	135	350	15 000	350	675	20 000	850	1 450	23 000	3 100	5 150
c - bleu foncé	11 500	160	420	17 500	420	800	23 000	1 000	1 725	25 000	3 800	6 000

OBLITÉRATIONS

	gros points		grille		grille sans fin	
	□	✉	□	✉	□	✉
9 10 c........	750	2 250	1 450	11 750	1 100	7 500
10 25 c.	120	725	265	2 750	200	1 200

	petit cachet à date		étoile		Or dans un cercle	
	□	✉	□	✉	□	✉
9 10 c........	1 450	12 500	725	1 150	1 500	7 750
10 25 c.	1 200	6 000	70	100		

ÉMISSION 1852 "PRÉSIDENCE": TARIFS DES LETTRES SIMPLES POUR L'ÉTRANGER ET LES DOM-TOM

Le tableau ci-dessous donne le tarif des lettres destinées hors de France en port simple, composés des timbres de l'émission 1852 "Présidence", ou en combinaison avec la première émission 1849-1850 "Cérès" (indiqué).

On rencontre également des affranchissements à 30 centimes avec les émissions Présidence pour le tarif des bâtiments de commerce. Ils présentent une plus value de 1 000€ par rapport aux cotes indiquées sur les émissions Cérès.

0,20 - 20 CENTIMES
10 c. (2)
Belgique et Suisse, rayon frontière — 5 000

0,25 - 25 CENTIMES
25 c. (seul)
Rayon Frontière
Etats Sardes — 4 000
Luxembourg — 4 500
Prusse — 5 500

0,35 - 35 CENTIMES
10 c. + 25 c.
Colonies Françaises par bâtiment de commerce — 25 000

0,40 - 40 CENTIMES
10 c. (4)
Voie de terre française
Bade — 4 000
Belgique — 3 500
Suisse — 3 500
Luxembourg — 5 000
25 c. + 15 c. CÉRÈS
Belgique — 5 500
Suisse — 5 500

0,45 - 45 CENTIMES
10 c. (2) + 25 c.
Prusse, voie prussienne — 5 000

0,50 - 50 CENTIMES
25 c. (2)
10 c. (2) + 40 c. Cérès: plus-value de 1 500
Bavière — 3 500
Autres Etats Allemands — 4 500
Etats Sardes, voie sarde — 4 000

0,55 - 55 CENTIMES
10 c. (3) + 25 c.
Prusse, 2ème Rayon — 5 000

0,60 - 60 CENTIMES
10 c. + 25 c. (2), ou 10 c. Cérès + 25 c. Présidence (2)
10 c. (2) + 40 c. Cérès: plus-value de 1 500
Pays-Bas et Toscane, toutes les voies de terre — 4 500
Voie de Tour et Taxis
Brême, Hambourg, Lübeck — 4 500
Norvège — 5 000
Suède — 5 000
Voie de Paquebot Français
Açores — 7 500
Argentine — 5 500
Brésil — 5 500
Canaries — 9 000
Cap Vert — 10 000
Grenade — 12 500
Saint-Vincent — 12 500
Sainte-Lucie — 12 500
Madère — 5 500

Mexique (Atlantique) — 5 500
Pérou — 5 000
Portugal — 4 000
Uruguay — 5 000
Venezuela — 5 000
Voie de Paquebot des Etats-Unis
Etats-Unis — 4 000

0,70 - 70 CENTIMES
10 c. (2) + 25 c. (2)
10 c. Présidence (3) + 40 c. Cérès: plus-value de 1 000
Voies de Terre (toutes)
Pays-Bas — 4 500
Toscane — 4 500
Voie de Prusse
Brunswick, Hanovre, Mecklembourg, Oldenbourg, Prusse
(2ème Rayon) et Saxe — 4 500
Voie de Paquebot Français
Iles Anglo-Normandes
    Alderney — 11 000
    Guernesey — 8 000
    Jersey — 5 000
Etats Sardes — 4 000

0,80 - 80 CENTIMES
10 c. (3) + 25 c. (2)
10 c. (3) + 25 c. Cérès (2): plus-value de 3 000
25 c. (2) + 15 c. Ceres (2): plus-value de 6 000
Voie de Tour et Taxis
Brunswick, Hanovre, Mecklembourg, Oldenbourg et Saxe — 5 000
Voie de Paquebot Français
Ecosse — 5 000
Grande-Bretagne — 3 000
Irlande — 5 000
Malte — 4 500
Voie de Paquebot Anglais
Iles Anglo-Normandes
    Alderney — 10 000
    Guernesey — 7 000
    Jersey — 5 000
Voie de Paquebot des Etats-Unis
Etats-Unis — 4 000

1,00 - 1 FRANC
25 c. (4)
Etats Pontificaux et Saint-Marin, toutes voies — 2 500
Autriche, voie sarde — 2 500
Voie d'Autriche
Deux-Siciles — 2 500
Grèce — 3 000
Iles Ioniennes — 4 000
Modène et Parme — 3 000
Voie de Paquebot Français
B.F.E. Levant — 4 000
Inde Française — 6 000
Voie de Paquebot Anglais
Aden — 8 500
Ceylan — 7 500
Chine — 6 000

Indes	5 000
Maurice	4 500
Penang	8 500
Réunion	4 500
Seychelles	4 500
Singapour	7 500

1,10 - 1 FRANC 10 CENTIMES
10 c. + 25 c. (4)
10 c. (3) + 40 c. Cérès (2): plus-value de 2 000
10 c. + 1 fr. carmin Cérès: plus-value de 3 500
Voie de Sardaigne

Deux-Siciles	4 500
Modène et Parme	5 500

Voie de Tour et Taxis

Danemark	6 000
Schleswig-Holstein	6 500

Voie de Prusse

Pologne septentrionale	8 000
Russie septentrionale	7 000

1,20 - 1 FRANC 20 CENTIMES
10 c. (2) + 25 c. (4)
10 c. (2) + 1 fr. carmin Cérès: plus-value de 1 500

Autriche, voie allemande	5 000

Voie d'Autriche

Autriche	5 000
Belgrade, Carinthie, Cracovie, Dalmatie et Illyrie	10 000
Lombardie	8 000
Trieste	7 500
Tyrol	6 000

Voie de Paquebot Français

Etats Pontificaux	4 500
Grèce	8 000
Saint-Marin	6 000

1,30 - 1 FRANC 30 CENTIMES
10 c. (3) + 1 fr. carmin Cérès, ou 10 c. (3) + 25 c. (4) Cérès
Voie d'Autriche

Pologne méridionale	9 000
Russie méridionale	8 000

Voie de Prusse

Suède	5 000

Voie Anglaise

Etats-Unis	4 500

1,50 - 1 FRANC 50 CENTIMES
25 c. (2) + 1 fr. carmin Cérès
Voie Française

Deux-Siciles	5 000

Voie Anglaise

Acores	7 000
Antigua	12 000
Argentine	7 000
Bahamas	13 000
Barbade	13 000
Bermudes	15 000
Brésil	7 000
Canaries	7 000
Cap Vert	8 000
Cariacou	16 500
Chine	9 000
Colombie (Atlantique)	10 000
Colonies Anglaises (non mentionnés dans cette liste)	10 000
Cuba	8 500
Dominique	12 000
Etats-Unis	3 500

Gibraltar	7 000
Grenade	13 000
Guadeloupe	12 000
Guyane Britannique	20 000
Guyane Française	17 000
Honduras Britannique	15 000
Inde Française	17 000
Madère	7 000
Martinique	11 000
Mexique Atlantique	7 000
Montserrat	15 000
Nevis	15 000
Porto-Rico	12 000
Portugal	3 000
Réunion	10 000
Saint-Kitts	12 000
Saint-Pierre et Miquelon	22 000
Saint-Thomas	12 000
Saint-Vincent	12 000
Sainte-Lucie	12 000
Sénégal	16 000
Sierra-Leone	16 000
Tobago	16 000
Tortola	16 000
Trinité	15 000
Turks	15 000
Uruguay	9 000
Vénézuela	8 500
Vierges	16 000
Zanzibar Anglais	30 000

1,60 - 1 FRANC 60 CENTIMES
10 c. + 25 c. (2) + 1 fr. carmin Cérès

Moldavie et Valachie, voie d'Autriche	17 000

1,70 - 1 FRANC 70 CENTIMES
10 c. (3) + 25 c. (2) + 1 fr. carmin Cérès
Voie Française

Canada	16 000
Colombie Britannique	19 000
Jamaïque	16 000
Nouveau-Brunswick	20 000
Nouvelle-Ecosse	20 000
Prince Edouard	22 000
Terre-Neuve	19 000
Vancouver	22 000

1,80 - 1 FRANC 80 CENTIMES
10 c. (3) + 25 c. (2) + 1 fr. carmin Cérès

Turquie d'Europe, voie autrichienne	10 000

2,10 - 2 FRANCS 10 CENTIMES
10 c. + 1 fr. carmin Cérès (2)
Voie Anglaise

Amérique du Sud: Bolivie, Chili, Colombie –Pacifique-, Equateur, Pérou	15 000
Marquises	30 000
Tahiti	30 000

2,50 - 2 FRANCS 50 CENTIMES
25 c. (2) + 1 fr. carmin Cérès (2)

Californie et Orégon, par paquebot anglais	15 000

2,80 - 2 FRANCS 80 CENTIMES
10 c. (3) + 25 c. (2) + 1 fr. carmin Cérès (2)

Mexique (Pacifique), par paquebot anglais	17 000

ÉMISSION EMPIRE NON DENTELÉ

1 c. vert olive

Type: NAPOLÉON III
Légende: EMPIRE FRANC
Type d'impression: TYPOGRAPHIQUE

Date de création: 17 OCTOBRE 1859
Date de fabrication: JUILLET 1860
Date d'émission: 1 NOVEMBRE 1860

	Neuf ☆	Neuf s/g (☆)	Obl. ☉	Seul s.⊠
11 1c vert olive	**250**	**125**	**100**	**500**
a - vert-olive clair	250	125	100	500
b - vert bronze	250	125	105	525
c - vert-olive foncé	350	175	120	600
d - mordoré (1865)	400	200		18 250
e - carrés de repère	11 750	4 500	7 000	
f - losange de repère (1ex connu dans un bloc de 9)	26 500			

	☐☐			☐☐☐			☐☐☐☐			⊞		
	Neuf ☆	Obl. ☉	Seule s.⊠	Neuf ☆	Obl. ☉	Seule s.⊠	Neuf ☆	Obl. ☉	Seule s.⊠	Neuf ☆	Obl. ☉	Seul s.⊠
11 1c vert olive	550	245	600	825	400	750	1 100	700	1 000	1 200	1 430	3 100

ÉMISSION EMPIRE NON DENTELÉ

5 c. vert

Type: NAPOLÉON III
Légende: EMPIRE FRANC
Type d'impression: TYPOGRAPHIQUE

Date de création: 31 AOÛT 1854
Date de fabrication: SEPTEMBRE 1854
Date d'émission: 19 NOVEMBRE 1854

	Neuf ☆	Neuf s/g (☆)	Obl. ☉	Seul s.✉
12 5c vert	**1 250**	**500**	**100**	**300**
b - vert-jaune	1 250	550	110	235
c - vert foncé	1 850	975	220	335
d - vert foncé sur vert	3 000	1 200	275	450
e - ligne d'encadrement	8 150	3 550	3 300	7 250
f - tirage "arts & métiers" (1855) (impression très fine)		750		
g - carré de repère	18 000	7 150		

	Neuf ☆	Obl. ☉	Seule s.✉	Neuf ☆	Obl. ☉	Seule s.✉	Neuf ☆	Obl. ☉	Seule s.✉	Neuf ☆	Obl. ☉	Seul s.✉
12 5c vert	**2 700**	**245**	**300**	**4 000**	**400**	**700**	**5 400**	**685**	**1 250**	**5 000**	**1 600**	**3 000**
c - vert foncé	4 000	500	600	6 000	750	1 300	8 000	1 200	2 000	9 000	2 500	4 000

ÉMISSION EMPIRE NON DENTELÉ

10 c. bistre

Type: NAPOLÉON III
Légende: EMPIRE FRANC
Type d'impression: TYPOGRAPHIQUE

Date de création: 2 JANVIER 1853
Date de fabrication: 17 OCTOBRE 1853
Date d'émission: DÉCEMBRE 1853

Type I

La mèche temporale présente trois cheveux: celui du milieu est formé par un double trait plus épais, dont le trait de droite est légèrement plus long que celui de gauche qui a sensiblement le même longueur que les autres cheveux de la mèche.

Type II

La mèche est formée par quatre cheveux, nettement séparés, et toujours d'égale longueur.

	Neuf ☆	Neuf s/g (☆)	Obl. ⊙	Seul s.⊠
13 I 10c bistre type I	**750**	**275**	**10**	**15**
a - bistre-jaune	800	400	45	65
b - bistre-brun	900	360	30	50
c - bistre-orange	1 000	500	30	50
d - citron impression défectueuse	2 000	1 000	60	100
e - jaune-citron	2 500	1 250	75	120
f - ligne d'encadrement	2 200	850	900	2 000
g - surcharge "Ducel" (bleu)			500	4 000
h - tirage "arts & métiers" (1855) (impression très fine)		550		
13 II 10c brun clair type II	**900**	**350**	**30**	**50**
a - bistre	925	360	30	50
b - brun	1 000	425	40	60
c - brun foncé	1 200	550	75	120

	Neuf ☆	Obl. ⊙	Seule s.⊠	Neuf ☆	Obl. ⊙	Seule s.⊠	Neuf ☆	Obl. ⊙	Seule s.⊠	Neuf ☆	Obl. ⊙	Seul s.⊠
13 I 10c bistre type I	**1 600**	**25**	**30**	**2 450**	**50**	**70**	**3 400**	**100**	**135**	**3 750**	**375**	**660**
b - bistre-brun	2 000	100	150	3 000	150	300	4 000	300	550	4 200	1 600	2 900
c - bistre-orange	2 200	70	100	3 400	110	225	4 500	220	425	3 850	1 000	1 850
e - jaune-citron	5 250	165	250	7 900	250	500	10 500	500	950	11 500	3 350	5 850
13 II 10c bistre type II	**2 000**	**80**	**115**	**3 000**	**145**	**210**	**4 000**	**250**	**325**	**4 000**	**600**	**880**
c - brun foncé	2 500	175	250	3 850	275	450	5 200	400	700	5 200	1 650	3 100

ÉMISSION EMPIRE NON DENTELÉ

20 c. bleu

Type: CÉRÈS
Légende: EMPIRE FRANC
Type d'impression: TYPOGRAPHIQUE

Date de création: 20 MAI 1854
Date de fabrication: MAI 1854
Date d'émission: 1 JUILLET 1854

Type I

La mèche temporale présente trois cheveux: celui du milieu est formé par un double trait plus épais, dont le trait de droite est légèrement plus long que celui de gauche qui a sensiblement le même longueur que les autres cheveux de la mèche.

Type II

La mèche est formée par quatre cheveux, nettement séparés, et toujours d'égale longueur.

	Neuf ☆	Neuf s/g (☆)	Obl. ⊙	Seul s.⊠
14 I 20c bleu type I	**400**	**120**	**2**	**4**
a - bleu laiteux	450	180	16	22
c - bleu foncé	500	175	2	4
d - bleu très foncé	550	250	10	20
e - bleu-noir	2 000	925	100	350
f - bleu sur azuré	600	300	16	22
g - bleu sur lilas	8 500	3 400	100	135
h - bleu laiteux sur vert	10 000	4 000	150	250
i - bleu foncé sur vert	11 000	4 100	200	360
j- ligne d'encadrement	1 350	600	425	1 000
k - légende: "POSTFS" (F)	1 550	770	80	125
l - idem en paire tenant à normal	2 000	1 000	175	250
m - Paire POSTFS (F)	2 500	1 250	150	250
n - carré de repère	14 000	5 650	6 400	
o - papier filigrané "Lacroix"			2 100	
p - tirage "arts & métiers" (1855) (impression très fine)		1 000		
14 II 20c bleu type II	**500**	**225**	**6**	**9**
a - bleu sur lilas pâle	1 400	700	75	110
b - bleu sur lilas	9 000	3 500	500	770
c - bleu sur vert	9 000	4 000	225	330
d- double filet intérieur	800	300		

	▭▭			▭▭▭			▭▭▭▭			⊞		
	Neuf ☆	Obl. ⊙	Seule s.⊠	Neuf ☆	Obl. ⊙	Seule s.⊠	Neuf ☆	Obl. ⊙	Seule s.⊠	Neuf ☆	Obl. ⊙	Seul s.⊠
14 I 20c bleu type I	**850**	**6**	**7**	**1 300**	**13**	**20**	**1 750**	**40**	**90**	**1 850**	**120**	**220**
d - bleu très foncé	1 300	22	35	1 900	45	75	2 500	135	275	2 600	400	700
f - bleu sur azuré	1 300	35	45	2 000	70	120	2 600	225	475	3 250	550	1 000
g - bleu sur lilas		200	275		400	700		1 150	2 300		1 150	1 850
h - bl laiteux s vert		300	450		600	1 000		1 750	3 550		1 900	3 250
14 II 20c bleu type II	**1 000**	**17**	**18**	**1 500**	**45**	**75**	**2 000**	**100**	**175**	**2 400**	**600**	**880**
c - bleu sur vert		600	675		1 000	1 500		1 750	2 000		3 900	6 200

ÉMISSION EMPIRE NON DENTELÉ

25 c. bleu

Type: NAPOLÉON III
Légende: EMPIRE FRANC
Type d'impression: TYPOGRAPHIQUE

Date de création: 2 JANVIER 1853
Date de fabrication: SEPTEMBRE 1853
Date d'émission: 3 DÉCEMBRE 1853

	Neuf ☆	Neuf s/g (☆)	Obl. ⊙	Seul s.⊠
15 25c bleu	**3 200***	**1 600**	**270**	**525**
a - bleu clair (1er tirage)	3 250	1 600	300	525
b - bleu laiteux (2ème tirage)	3 250	1 600	300	525
c - bleu foncé	3 350	1 650	315	535
d - ligne d'encadrement	6 600	3 500	3 500	8 250
e - M et I plus petit retouche	4 200	2 100	700	1 000
Delacourcelle (cases 6, 7, 8)				
f - réimpression, bleu (1862)	650	250		

*Prix atteint chez Roumet en Jan 2017: 3 631

	☐☐ Neuf ☆	Obl. ⊙	Seule s.⊠	☐☐☐ Neuf ☆	Obl. ⊙	Seule s.⊠	☐☐☐☐ Neuf ☆	Obl. ⊙	Seule s.⊠	⊞ Neuf ☆	Obl. ⊙	Seul s.⊠
15 25c bleu	6 700	725	1 400	10 000	1 500	2 750	13 500	2 700	4 650	15 500	3 400	5 150

ÉMISSION EMPIRE NON DENTELÉ

40 c. orange

Type: NAPOLÉON III
Légende: EMPIRE FRANC
Type d'impression: TYPOGRAPHIQUE

Date de création: 2 JANVIER 1853
Date de fabrication: SEPTEMBRE 1853
Date d'émission: DÉCEMBRE 1853

	Neuf ☆	Neuf s/g (☆)	Obl. ⊙	Seul s.⊠
16 40c orange	**3 300**	**1 500**	**15**	**25**
a - orange clair	3 300	1 500	15	25
b - orange vif	4 600	2 200	25	40
c - orange sur gris	5 350	2 600	45	60
d - orange sur paille	4 700	2 300	35	50
e - ligne d'encadrement	11 250	4 600	1 650	4 100
f - carré de repère	26 000	11 000	7 750	
g - grande barbe			200	
h - fond ligné	4 100	2 000	27	45
j - tirage "arts & métiers" (1855) (impression très fine)		2 450		

	☐☐ Neuf ☆	Obl. ⊙	Seule s.⊠	☐☐☐ Neuf ☆	Obl. ⊙	Seule s.⊠	☐☐☐☐ Neuf ☆	Obl. ⊙	Seule s.⊠	⊞ Neuf ☆	Obl. ⊙	Seul s.⊠
16 40c orange	**6 700**	**40**	**70**	**10 000**	**70**	**100**	**13 500**	**150**	**225**	**16 000**	**1 000**	**1 650**
b - orange vif	9 500	60	110	14 500	100	150	19 000	200	300	18 000	1 500	2 500

ÉMISSION EMPIRE NON DENTELÉ

80 c. carmin

Type: NAPOLÉON III
Légende: EMPIRE FRANC
Type d'impression: TYPOGRAPHIQUE

Date de création: 20 MAI 1854
Date de fabrication: NOVEMBRE 1854
Date d'émission: 4 DÉCEMBRE 1854

	Neuf ☆	Neuf s/g (☆)	Obl. ⊙	Seul s.✉
17A 80c carmin	**4 500**	**2 250**	**60**	**95**
a - carmin-rose	2 900	1 450	60	95
b - carmin foncé	7 000	3 250	100	145
c - carmin foncé sur paille	6 350	3 150	165	250
d- vermillonné			550	825
e - vermillonné foncé			1 250	1 775
f - ligne d'encadrement	14 250	6 350	4 600	10 500
g - réimpression, carmin (1862)	2 750	1 250		
h - tirage "arts & métiers" (1855) (impression très fine)		2 250		
17B 80c rose	**3 000**	**1 500**	**60**	**110**
a - rose vif	3 500	1 750	85	150
b - rose terne	3 000	1 500	60	110
c - rose clair	3 250	1 600	60	110
d - groseille	6 600	3 250	300	440
e - ligne d'encadrement	14 250	6 350	4 600	10 500
f - carré de repère	31 500	13 000		

	⊞			⊞⊞			⊞⊞⊞			⊞		
	Neuf ☆	Obl. ⊙	Seule s.✉	Neuf ☆	Obl. ⊙	Seule s.✉	Neuf ☆	Obl. ⊙	Seule s.✉	Neuf ☆	Obl. ⊙	Seul s.✉
17A 80c carmin	**9 500**	**155**	**250**	**14 250**	**265**	**400**	**19 000**	**500**	**600**	**23 000**	**770**	**1 375**
b - carmin foncé	15 000	275	375	22 000	440	600	29 000	700	800	34 000	1 200	1 980
f - vermillonné		1 350	1 750		2 000	3 850	2 750	4 650				
17B 80c rose	**6 500**	**155**	**250**	**9 850**	**265**	**400**	**13 000**	**450**	**550**	**15 500**	**770**	**1 375**
a - rose vif	7 500	200	350	11 000	375	500	15 000	600	700	18 000	1 250	2 100

ÉMISSION EMPIRE NON DENTELÉ

1 f. carmin

Type: NAPOLÉON III
Légende: EMPIRE FRANC
Type d'impression: TYPOGRAPHIQUE

Date de création: 2 JANVIER 1853
Date de fabrication: 17 AOÛT 1853
Date d'émission: SEPTEMBRE 1853

		Neuf ☆	Neuf s/g (☆)	Obl. ☉	Seul s.✉
18	**1f carmin**	**12 000**	**5 000**	**4 000**	**12 000**
	a - carmin clair	12 000	4 500	3 500	11 000
	b - carmin vif	14 000	6 500	5 500	13 000
	c - carmin "velours"	17 500	7 500	6 000	14 500
	d - ligne d'encadrement	22 500	10 000	13 500	21 500
	e - réimpression, carmin (1862)	2 300	1 100		

	⊓⊓			⊓⊓⊓			⊓⊓⊓⊓			⊞		
	Neuf ☆	Obl. ☉	Seule s.✉	Neuf ☆	Obl. ☉	Seule s.✉	Neuf ☆	Obl. ☉	Seule s.✉	Neuf ☆	Obl. ☉	Seul s.✉
18 1f carmin	25 750	10 000	28 500	40 000	17 500	40 000	60 000	25 000	55 000	80 000	45 000	70 000

TÊTE-BÊCHE

	☆	☉	✉
T14 II - 20c bleu type II	250 000		
T17A - 80c carmin foncé	550 000	35 000	40 000
T17B - 80c rose	80 000	15 000	50 000
T18 - 1f carmin	475 000	215 000	315 000
T18e - 1f carmin réimpression		40 000	

T14 II: 3ex connus neufs, dont un dans un bloc de 9 et un dans un bloc de 30.
T17A: 1ex connu neuf, sur ✉ pour Lima: 2ex
T17B (case 150): 3ex connus neufs dont 1 dans un ⊞. Ce tête-bêche a aussi été utilisé par le bureau français
*   d'Alexandrie (1 ✉ connue).*
T18: 3ex connus neufs, 2 ✉ connues pour les Etats-Unis.
T18e: tirage: 40.

TIMBRES COUPÉS SUR LETTRE

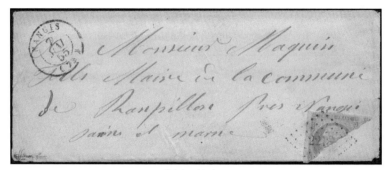

Origine: Marines

13	**10c bistre sur** ✉ **de nangis** (7 mai 1855) (1 ✉ connue)	220 000
14	**20c bleu sur** ✉ **de bordeaux** (février 1856)	27 000
14	**20c bleu sur** ✉ **de marines** (septembre 1856)	35 000
14	**20c bleu sur** ✉ **de méru** (septembre 1856)	35 000
14	**20c bleu sur** ✉ **de sainte-sigolène** (septembre 1856)	36 000
14	**20c bleu sur** ✉ **de Vebron** (juin 1861 à janvier 1862)	37 000
14	**20c bleu sur** ✉ **de Villars-de-lans** (janvier 1858)	36 000
16	**40c sur** ✉ **de mostaganem (mai 1860) ou tlemcen** (juill 1856) (2 ✉ connues)	190 000
17	**80c sur** ✉ **de Givors** (petit fragment)	82 000

Origine: Mostaganem (Algérie)

PIQUAGES

P1: percé en ligne
P2: percé en scie ou en arc
P3: piquage susse
P4: autun
P5: avallon (sur bordeaux)
P6: avignon (sur bordeaux)
P7: bayonne (sur bordeaux)
P8: besançon
P9: carignan

P10: chéroy
P11a: clamecy
P11b: chauny
P12: corbigny
P13: cosne
P14: etampes (sur bordeaux)
P15: evreux
P16: Guer
P17: Hesdin

P18: Libourne (bordeaux)
P19: Lisieux (sur bordeaux)
P20: marseille
P20a: marseille place centrale
P20b: marseille - st-marcel
P21: melun (sur bordeaux)
P22: morez-du-Jura
P23: nantes (sur bordeaux)
P24: Palluau (sur bordeaux)

P25: Paris
P26: Poitiers
P27: saint-Jean d'angély
P28: sancerre
P29: sées (sur bordeaux)
P30: Tarascon-sur-rhône
P31: Villard-de-Lans

	11: 1c olive			12C: 5c vert-jaune			13 I: 10c type I			13 II: 10c type II		
	☆	☉	✉	☆	☉	✉	☆	☉	✉	☆	☉	✉
P1: percé en ligne	250	150	825	900	120	385	550	70	330	650	60	145
P2: percé en scie ou en arc	250	150	825	900	225	650				650	80	325
P3: piquage Susse	220	1 300	6 750	850	450	2 650	550	110	650	700	100	300
P4: Autun											1 750	10 000
P10: Chéroy								3 000	22 500		3 000	20 000
P11A: Clamecy			30 000								1 000	10 500
P11B: Chauny					1 500	20 000		1 750	10 000			

	14 I: 20c type I			14 II: 20c type II			16: 40c orange			17B: 80c rose		
	☆	☉	✉	☆	☉	✉	☆	☉	✉	☆	☉	✉
P1: percé en ligne	250	60	300	550	50	130	3 250	50	200	2 500	70	350
14 P1: bleu sur vert		250	1 100		275	700						
14 P1: bleu sur lilas		130	525									
P2: percé en scie ou en arc				550	50	150	3 250	55	250	2 500	125	525
14 P2: bleu sur vert					1 000	5 000						
P3: piquage Susse	235	100	600	550	50	150	2 500	90	600	2 000	250	1 650
14 P3: bleu sur vert		550	3 850		385	2 000						
P4: Autun												
P8: Besançon					600	3 850						
P9: Carignan					1 250	10 500						
P10: Chéroy		1 400	20 000		1 500	21 000						
P11A: Clamecy					600	7 700		1 750	20 500		2 000	35 000
14 P11A: bleu sur vert					950	10 000						
P11B: Chauny												
P12: Corbigny					900	7 000						
P13: Cosné					3 000	23 000						
P15: Evreux		1 250	10 000		1 350	11 000						
P16: Guer					1 500	11 000						
P17: Hesdin					1 250	7 000						
P20: Marseille					700	3 850						
P22: Morez-du-Jura					1 350	8 000						
P25: Paris					1 500	15 000						
P26: Poitiers					1 000	3 850			8 000			
P27: Saint-Jean d'Angély								2 500	20 000			
P28: Sancerre					1 350	18 000						
P30: Tarascon-sur-Rhône					1 100	5 000						
P31: Villard-de-Lans					2 000	30 000						

COMTÉ DE NICE

Le Plébiscite du 16 Avril 1860 approuva le rattachement du Comté de Nice à la France.

De juin à octobre 1860, les timbres français furent oblitérés avec les cachets Sardes. Ensuite les timbres Français ont été oblitérés petits chiffres. La collection du Comté de Nice comprend tous les bureaux du département actuel des Alpes-Maritimes, ainsi que le bureau de Monaco.

Les cotes s'entendent pour des **lettres entières**, affranchies avec un timbre-poste 20 centimes de l'Empire non dentelé **non touché**, et avec **oblitération lisible**.

Antibes		Puget-Theniers (Pogetto)		**8 000**
Bar sur le Loup		Roquebillière (Roccabigliera C)		**18 000**
Breil (Breglio)	**18 000**	Roquesteron (Roccasterone D)		**18 000**
Broc (Le)		Roquette Saint Martin du Var		
Cagnes		Rossiglione (Rossiglione C)		**15 000**
Cannes		Saint Auban		
Clans (Clanzo C)	**17 000**	Saint Etienne de Tinée (S. Stefano Monta D)		**16 000**
Colle (La).		Saint Laurent du Var		
Contes (Contes D)	**18 000**	Saint Martin du Var (S Martino del Varo)		**17 000**
Coursegoules		Saint Martin Lantosque (S Martino Lantosca D)		**18 000**
La Croix Saint Léger (La Croix Pogetto Then C)	**18 000**	Saint Sauveur (S. Salvatore C)		**18 000**
Drap (Drappo C)	**18 000**	Saint Vallier de Thiey		
Escarène (L') (Scarena)	**18 000**	Saorge (Saorgio C)		**18 000**
Escragnolles		Seranon		
Eze (Eza C)	**18 000**	Sospel (Sospello)		**7 000**
Fontan		Tende (Tenda)		
Gilette (Giletta C)	**17 000**	Touet du Var (Toetto-Varo)		**18 000**
Grasse		Tourettes (Torretta C)		**18 000**
Guillaumes	**14 000**	Trinité-Victor (La) (Trinita' Vittorio C)		**18 000**
Isola (Isola C)	**18 000**	Turbie(La) (Turbia C)		**18 000**
Lantosque (Lantosca C)	**18 000**	Utelle		**15 000**
Levens (Levenzo D)	**15 000**	Vallauris		
Menton (Mentone)	**5 000**	Vence		
Mouans-Sartoux		Villars du Var (Villar del Varo D)		**18 000**
Nice (Nizza Maritta ou Nizza Mara)	**500**	Villefranche-sur-mer (VillaFranca Mara)		**18 000**
Pont-Var (Ponte del Varo C)	**15 000**			

Monaco   **18 000**

1er jour de vente des timbres-poste français (14 juin 1860), 1 pièce référencée à ce jour   **+ 8 000**

SAVOIE ET HAUTE-SAVOIE

Le 14 juin 1860, la Savoie a été rattachée à la France, deux départements ont été formés. A partir du 14 juin 1860, l'usage des timbres-poste Sardes est supprimé. Du 14 juin 1860 au 1er octobre 1860, les timbres-poste français furent oblitérés par des cachet daté Sarde.

Les cotes s'entendent pour des **lettres entières**, affranchies avec un timbre-poste 20 centimes de l'Empire non dentelé **non touché**, et avec **oblitération lisible**.

Savoie

Aiguebelle	1 600	Meltaverne	
Aime	6 500	Marches (Les)	9 500
Aix-les-Bains	1 000	Modane	3 500
Albens	5 000	Montmeillan	2 200
Albertville	1 100	Motte (La)	10 000
Beaufort-sur-Doron	6 000	Moutiers	2 200
Bourg-Saint-Maurice	2 000	Notre-Dame-de-Briançon	
Bourget du Lac	12 000	Novalaise	8 500
Bozel	10 000	Pont de Beauvoisin	5 000
Brides-les-Bains	9 000	Queige	
Bridoire (La)		Rochette (La)	3 000
Cevins	6 500	Ruffieux	4 000
Chambéry	700	Saint-Félix	10 000
La Chambre (La)	5 000	Sainte-Foy de Tignes	
Chamoux	6 000	Sainte-Foy de Tarentaise	
Chapelle blanche (La)	10 000	Saint-Génix	10 000
Chateauneuf	6 500	Saint-Jean-d'Arves	
Chatelard (Le)	9 000	Saint-Jean-de-Chevely	10 000
Chindrieux	10 000	Saint-Jean-de-Maurienne	1 600
Cognin	12 000	Saint-Jeoire Challes	10 000
Ecole	8 000	Saint-Michel	3 000
Echelles (Les)	1 600	Saint-Pierre d'Albigny	3 000
Epierre	6 500	Saint-Pierre-d'Entremont	
Esseillon (L')	10 000	Saint-Tibaud de Coux	10 000
Flumet	12 000	Ugine	6 000
Frontenex		Villard de Beaufort	10 000
Gresy	6 500	Vogland	10 000
Lanslebourg	2 500	Yenne	7 000
Lescheraines			

1er jour de vente des timbres-poste français (14 mai 1860)   + 7 000

(6 pièces référencées à ce jour)

Bureau de Beaufort-sur-Doron (voir page précédente)

Haute-savoie

Abondance	10 000	Marignier	10 000
Alby	10 000	Megève	
Annecy	800	Menthon Saint-Bernard	
Annemasse	4 000	Morzine	
Balme (La)		Plot (Le)	10 000
Biot (Le)	9 500	Reignier	3 500
Boege	7 500	Roche (La)	3 000
Bonne-sur-Ménoge	10 000	Rumilly	1 600
Bonneville	1 300	Sallanches	2 500
Bons	11 000	Samoens	3 000
Chable (Le)	11 000	Saint-Gervais	2 500
Chamonix	3 000	Saint Gingolph	10 000
Cluses	6 000	Saint-Jeoire-Faucigny	5 000
Contamines	6 000	Saint-Julien-Genevoix	2 500
Cruseilles	6 000	Seyssel	3 500
Douvaine	4 000	Taninge	3 500
Duing .	11 000	Thones	3 500
Evian	1 200	Thonon	2 300
Faverges	1 800	Thorens Sales	11 000
Frangy	3 500	Valleiry	
Grand Bornand		Viuz-en-Sallaz	11 000
Magland	9 000		

OBLITÉRATIONS

		petits chiffres		petits chiffres rouge		petit chiffres bleu		gros chiffres	
		□	✉	□	✉	□	✉	□	✉
11	1 c.	120	440	300	»»	285	»»	120	525
12	5 c.	100	205	260	1 200	240	1 375	100	230
13	10 c.	10	17	160	600	120	550	17	50
14	20 c.	2	4	175	770	135	660	14	38
15	25 c.	270	525						
16	40 c.	15	27	240	930	130	1 210	20	72
17	80 c.	60	100	275	1 100	230	825	75	180
18	1 f.	3 500	8 000						

		étoile		étoile bleue		étoile rouge		étoile avec numéro	
		□	✉	□	✉	□	✉	□	✉
11	1 c.	100	245	270	1 750	315	2 650	190	660
12	5 c.	100	135	250	1 480	260	1 480	130	465
13	10 c.	10	17	185	1 100	170	1 210	23	175
14	20 c.	2	4	150	660	180	1 760	20	125
15	25 c.	270	525						
16	40 c.	15	27	275	1 760	310	4 950	90	440
17	80 c.	60	95	320	2 475	»»	»»	100	600
18	1 f.	3 500	8 000						

		roulette d'étoiles		grands points carrés		grille		grille sans fin	
		□	✉	□	✉	□	✉	□	✉
11	1 c.	230	1 430			335	RR		
12	5 c.	200	930	130	1 000	295	1 375		
13	10 c.	75	440	60	355	60	500	235	»»
14	20 c.	65	275	60	330	60	500	125	660
15	25 c.			285	1 100	625	5 000	285	880
16	40 c.	80	1 210	35	220	140	1 000	150	950
17	80 c.	125	1 320	100	625	285	1 650	240	1 430
18	1 f.			4 000	8 500	4 500	9 500	4 500	9 000

		petit cachet à date type 15		cachet à date rouge des imprimés		cercle de points		cachet à date type 22	
		□	✉	□	✉	□	✉	□	✉
11	1 c.	100	275	135	1 075			100	300
12	5 c.	100	250	160	1 100	110	440 X	100	330
13	10 c.	12	100	150	880	20	70 X	15	145
14	20 c.	15	60	170	1 000	10	35 X	25	155
15	25 c.	450	2 450						
16	40 c.	75	330	175	1 475	60	300 X	100	750
17	80 c.	200	1 000	230	1 750	100	550 X	165	1 000
18	1 f.	5 500	13 000						

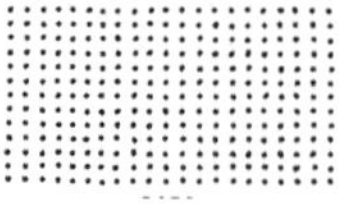

		pointillé fin		PP ou PD		OR dans cercle		cachet de boîte rurale	
		□	⊠	□	⊠	□	⊠	□	⊠
11	1 c.	200	715	285	» »	225	» »	210	» »
12	5 c.	150	550	270	» »	225	1 050	210	1 050
13	10 c.	25	85	155	1 000	85	475	135	770
14	20 c.	20	80	155	1 000	160	1 375	160	1 050
15	25 c.								
16	40 c.	30	125	150	1 325				
17	80 c.	75	330	175	1 650				
18	1 f.	5 250	12 100						

		ancre		ambulant lettres bâtons		cachet anglais		cachet espagnol	
		□	⊠	□	⊠	□	⊠	□	⊠
11	1 c.	400	» »	100	330				
12	5 c.	275	1 000 X	100	185				
13	10 c.	45	120 X	10	17	165	1 875 X	115	1 100
14	20 c.	40	110 X	3	6	150	1 760 X	65	715
15	25 c.			285	600				
16	40 c.	24	75 X	15	40	125	1 430 X	65	525
17	80 c.	75	235 X	60	110	185	2 200 X	160	1 430

X à partir de

Toutes les cotes des oblitérations ci-dessous sont pour le timbre 20 c. bleu no. 14. Pour les autres valeurs, il y a toujours une plus-value (No 11 à 13 et 15 à 18).

Cachet sur la lettre	couleur	Cachet sur le timbre	couleur	□	⊠
OBLITERATIONS DE PARIS (Sélection)					
Cachet à date 2/09/55 au 4/09/55	N	Losange 81 pts	N	165	8 800
Cachet à date	N	Etoile tronquée	N	110	3 850
Cachet à date Paris 12	N	Roulett accordéon	N		495
Cachet à date Paris J (sur No 13)	N	Carré de 26 pts (Essai)	N	275	7 700
Cachet à date Lettre Affie, de Paris pour Paris	N	Etoile	N		80
Idem	N	Etoile	B		1 825
Idem	B	Etoile	N		1 825
Idem	B	Etoile	B		3 300
Idem	N	Même cachet sur le timbre	N	165	3 575
Idem	N	Grille	N		440
Idem	B	Grille	B		3 300
Idem	B	Grille	N		2 200
OBLITERATIONS DE PROVINCE					
Cachet à date de Bayonne	N	Grille	N		500
Cachet à date de Cailly ou cursive	N	Grille	N		6 050
Cachet à date de St-Mamert-du-Gard ou cursive	N	Grille	N		4 400
Cachet à date de Lyon	N	1818 (caractères gras)	N	190	850
Cachet à date de Lyon	N	1818 (caractères déliés)	N	385	3 025
Cachet à date de Lyon	N	PC 1817	N	220	5 500
BUREAUX SPECIAUX					
Cachet à date du Palais de St-Cloud	R	Losange PSC	R	275	6 050
Cachet à date de Vichy (3)	R	PC 3 564	N		10 000
Cachet à date Service de l'Empereur Vichy	R	Même cachet sur le timbre	R		17 600
Cachet à date Service de l'Empereur Vichy	R	PC 4 189 ou Etoile	R		14 300
Cachet à date Bau du Palais de Biarritz	R	Etoile	R		13 200
Cachet à date du Palais de Compiègne	R	Etoile	R		6 325

Cachet sur la lettre	couleur	Cachet sur le timbre	couleur	□	⊠
Cachet à date du Palais de Fontainebleau	R	Etoile	R		6 325
Cachet à date Plombières (82)	R	Etoile	R		20 350
Cachet à date Bureau special de l'Empereur	R	Losange BSE	R		11 000

OBLITERATIONS ITALIENNES

Francia via di Mare	N	Francia via di Mare	N	77	385
Francia via di Mare	R	Francia via di Mare	R	110	575
Via di Mare	N	Via di Mare	N	125	1 320
Via di Mare	R	Via di Mare	R	165	2 000
	N	Grille de Livourne	N	165	3 250
Cachet à date Sarde	N	Grille Sarde	N	70	550
Cachet à date Napoli	N	Petite grille	N	330	11 500
Cachet à date Italien	N	PD (grand format)	N	110	1 880

CACHETS DE CAMPS

Cachet à date Aix Camp du Midi	N	Losange ACM	N	300	21 000
Cachet à date Toulon Camp de Porquerolles	N	Losange 3 382/CP	N	300	20 300
Cachet à date Camp de Châlons	N	Losange C. Ch.	N	95	1 000
Cachet à date Camp de Châlons Quart. Imp.	N	Losange C. Ch. QI..	R	130	3 500
Cachet à date Lyon Camp de Satonay	N	Losange C. d. S.	N	80	1 750
Cachet à date Lyon Camp de Sathonay	N	Losange C. d. S.	N	80	1 100
Cachet à date Versailles 1 Camp de Satory 1	N	Losange PC 3 537	N		23 650

OCCUPATION DE ROME

Cachet Corps Exp. D'Italie 1ere ou 2e div.	N	Grille	N		575
Cachet Corps Exp. D'Italie Qer Général	N	Grille	N		880
Cachet Brigade française d'Italie	N	Grille	N		1 000
Cachet Brigade française d'Italie	N	Grille des Etats pontificaux	N	130	4 900

GUERRE D'ORIENT

Cachet Armée d'Orient Bureau sédentaire	N	Losange AOBS	N	75	660
Cachet Armée d'Orient Bureau Central	N	Losange AOBC	N	60	330
Cachet Armée d'Orient Quartier General	N	Losange AOQG	N	70	495
Cachet Armée d'Orient 1er corps (ou 2e, 3e)	N	Losange AOIC (2 C ou 3 C)	N	150	2 915
Cachet Armée d'Orient Bureau (A à R)	N	Losange AOA (B à R)	N	60	275
Cachet Kamiesch Armée d'Orient	N	Losange KhAO	N	220	10 500
Cachet Kamiesch Armée d'Orient	N	Losange AOM	N	60	5 000
Cachet Kamiesch Crimée	N	Losange AOM	N	60	6 000
Cachet Armée d'Orient Garde Impériale	N	Losange AOGI	N	135	2 500

EXPEDITION DE SYRIE

Cachet Corps expéditionnaire de Syrie Bureau A.	N	Losange CESA	N	110	1 760
Cachet Corps expéditionnaire de Syrie Bureau A.	N	Losange CESB	R	R	10 000
Cachet Corps expéditionnaire de Syrie Bureau B.	N	Losange CESB	N	R	RR

EXPEDITION DE CHINE

Cachet Corps exp. de Chine Bur. Central	N	Losange CECBC1	N	70	1 000
Cachet Corps exp. de Chine Bur. A, B, C	N	Losange CECA (ou B, C)	N	65	2 000
Cachet Corps exp. de Chine Bur. D	N	Losange CECD	N	155	30 000

CAMPAGNE D'ITALIE

Cachet Armée des Alpes G.Q. Général	N	Losange AAQG	N	125	1 325
Cachet Armée des Alpes Bureau Central	N	Losange AABCal	N	120	1 225
Cachet Armée des Alpes Q.G. 1er à 5e Corps	N	Losange AA 1C (à 5C)	N	165	4 400
Cachet Armée des Alpes Bureau (A à T)	N	Losange AAA (A à T)	N	55	880
Cachet Armée d'Italie G.Q. Général	N	Losange AAQG	N	80	1 100
Cachet Armée d'Italie Bureau Central	N	Losange AABCal195	N	110	1 650
Cachet Armée d'Italie Q.G. 1er à 5e Corps	N	Losange AA 1C (à 5C)	N	165	2 750
Cachet Armée d'Italie Bureau (A à Z)	N	Losange AAA (A à Z)	N	55	385
Cachet Armée d'Italie Bureau (A à Z)	N	Même cachet sur le timbre	N	55	1 100
Cachet Garde Impériale Quartier Général	N	Cachet GIQG	N	135	2 200
Cachet Garde Impériale 1e Don ou 2e Don	N	Cachet GI 1e Don	N	125	1 825
Cachet Garde Impériale 1ere cavalerie	N	Cachet GI 1C	N	125	2 000
Cachet Armée d'Italie Alexandrie	N	Losange ALEX	N	235	3 575
Cachet Armée d'Italie Brescia	N	Losange A BRE	N	245	4 950
Cachet Armée d'Italie Crémone	N	Losange A CRE	N	245	3 850

Cachet sur la lettre	couleur	Cachet sur le timbre	couleur	□	✉
Cachet Armée d'Italie Milan	N	Losange A MIL	N	235	3 575
Cachet Armée d'Italie Livourne	N	Losange A LIV	N	235	3 575
Cachet Armée de la Poste Civile Sarde NOVI	N	Même cachet sur le timbre	N	440	19 250
....	N	Cachet à date MAGENTA	N	550	33 000
....	N	Cachet linéaire CHIARI	N	440	16 500
Cachet Armée de la Poste Civile Sarde NOVARA	N	Même cachet sur le timbre	N	440	19 250
Cachet Armée de la Poste Civile Sarde SUSA	N	Cachet Sarde SUSA	N	330	5 500
Cachet ALEXANDRIE ETATS SARDES	N	Losange AAZ	N	55	17 000

EXPEDITION DE MEXIQUE

Cachet corps expéd. Mexique Bur. (A à M)	N	Losange CEMA (A à M)	N	45	275
Cachet corps expéd. Mexique Bur. (A à M)	R	Losange CEMA (A à M)	R	145	2 200
Cachet corps expéd. Mexique Bur. (A à M)	N	Même cachet sur le timbre	N	88	1 325
Cachet corps expéd. Vera Cruz	N	Même cachet sur le timbre	N	135	3 500

ÉMISSION « EMPIRE » 1853-62 : TARIF DES LETTRES POUR L'ÉTRANGER ET LES DOM-TOM

De Septembre 1853 à Août 1862 en utilisant uniquement les timbres de l'émission EMPIRE NON DENTELE en port simple.
Les cotes indiquées représentent la plus-value à appliquer aux timbres sur lettres. Exemple: lettres pour les Canaries en 1857; cote du timbre à 80 c. seul sur lettre: 95 € + cote de la lettre pour les Canaries: 1 000 €. Total : 1 095 €.
Pour les lettres composes, prendre la cote du timbre la plus élevée sur lettre + cote du ou des autres timbres détachés + cote de la destination. Ex. Pologne : 1f.10 : 80 c. sur lettre + 20 c. + 10 c. + destination soit 95 € + 2 € + 10 € + 1 000 €. Total : 1 107 €. Le calcul doit bien entendu tenir compte de l'oblitération des timbres (exemple : gros points carrés).
Prévoir aussi une plus-value pour les affranchissements tricolores ou quadricolores (doubles, triples ports...)
Les périodes qui apportent une plus value aux lettres à destination des pays d'outremer vont du 1er août 1849 au 30 juin 1854, avec en particulier pour les valeurs de l'Empire à 25 centimes et 1 franc; puis dans une deuxième mesure, celles qui se situent dans la période du 1er juillet 1854 et 31 décembre 1856, avant l'application du tarif du 1er janvier 1857, suite à la conclusion de la nouvelle convention de poste entre la France et l'Angleterre.

La cote des lettres par bâtiment de commerce est donnée dans le tableau ci-après pour un affranchissement à 60 centimes (de toute la France sauf le port d'embarquement), mais elle s'applique aussi à celles affranchies à 30 centimes (du port d'embarquement). Leurs estimations sont équivalentes.

AÇORES	01/08/49	0c V. Française 850	
	01/08/49	1f50 V. Anglaise 2 000	
	01/01/57	80c V. Anglaise 1 200	
	Mai 1860	60c V. Française 1 000	
ADEN (voir possessions anglaises)			
ANGLO-NORMANDES			
	01/08/49 70c	Voie Française :	
Alderney 1 500		Jersey.....................................500	
Guernesey 880			
	01/08/49 80c	Voie Anglaise :	
Alderney 1 500		Jersey....................................400	
Guernsey 770			
	01/01/57 40c	Paquebot Anglais :	
Alderney 1 250		Jersey....................................450	
Guernsey 800			
ANNAM	01/01/57	80c Voie de Suez 3 000	
ANTIGUA	01/08/49	60c Paquebot Français 2 200	
	01/08/49	1f50 V. Anglaise 4 000	
	01/01/57	80c V. Anglaise 2 500	
ASCENSION	Tarifs et cotes idem ANTIGUA		
ARGENTINE	01/08/49	60c V. Française ... 1 000	
	01/08/49	1f50 V. Anglaise 1 200	
	01/01/57	80c V. Anglaise 600	
	01/10/60	80c Paq. Angl. ou Franc 750	
AUSTRALIE	01/01/57	80c V. Anglaise 1 000	
	15/04/59	1f60 V. Anglaise 1 650	
	01/04/62	80c V. Anglaise 1 550	
AUTRICHE	01/07/51	1f V. de Suisse ou Sardaigne .750	
	01/07/51	1f20 V. d'Allemagne 550	
	01/08/56	1f20 Toutes voies 500	
	01/01/58	60c Toutes voies 400	
BADE	01/08/49	30c 1er Rayon 150	
	01/08/49	40c Tout la France 160	
	01/01/57	20c Rayon frontière	
		30km en France 140	
		30c de toute la France 120	

BARBADE	Tarifs et cotes idem ANTIGUA		
BAVIÈRE	01/08/49	50c de toute la France 250	
	01/08/49	Palatinat Bavarois...........................200	
	01/07/58	20c Rayon frontière	
		30km en France 175	
		40c de toute la France 150	
BELGIQUE	01/10/49	20c Rayon frontière...........................125	
		40c de toute la France 150	
BELGRADE	01/08/49	1f20 800	
	01/01/58	60c 600	
BERMUDES	Tarifs et cotes idem ANTIGUA		
BOLIVIE	01/08/49	2f10 ....2 500	
	01/01/57	1f20 ....1 200	
BRÊME	Tarifs et cotes idem BRUNSWICK		
BRÉSIL	01/08/49	60c V. Française 550	
	01/08/49	1f50 V. Anglaise 800	
	01/01/57	80c Paquebot Sarde.........................750	
	01/10/60	80c Paqt Franç. ou V. Angl. 550	
BRUNSWICK	01/08/49	80c V. Tour et Taxis..........................450	
	01/07/53	3ème Rayon de Prusse........................400	
	01/07/58	50c V. Prussienne.............................275	
	01/04/62	50c V. Tour et Taxis..........................400	
CALIFORNIE	01/09/51	2f50 V. Anglaise 4 500	
	01/09/51	80c V. Angl. Paqt des USA...........2 500	
CANADA	01/08/49	1f70 V. Anglaise 2 000	
	01/01/57	80c V. d'Halifax 1 200	
	01/01/57	1f V. des USA 1 300	
CANARIES	01/08/49	60c Paquebot Français 1 200	
	01/08/49	1f50 Paquebot Anglais 2 500	
	01/01/57	80c...1 000	
	01/01/60	40c..600	
CAP VERT	01/08/49	60c Paquebot Français 1 750	
	01/08/49	1f50c Paquebot Français 4 000	
	01/08/49	1f50 ....3 850	
	01/01/57	80c V. d'Angleterre 2 200	
	Mai 60	80c Paquebot Français 3 300	

CEYLAN	01/08/49	1f00 ....1 300	
	01/01/57	80c 1 500	
	01/07/60	70c 1 600	
CHILI	01/08/49	2f10 V. Angl. et Panama 2 500	
	01/01/57	1f20 900	
CHINE	01/08/49	1f00 Paq. Anglais V.de Suez 1 000	
		ou 1f50 ....1 430	
	01/08/49	1f50 Paquebot Anglais 1 500	
	01/01/57	80c 950	
COLOMBIE	01/08/49	1f50 Côte Atlantique 1 700	
	01/08/49	2f10 Côte Pacifique....................3 000	
	01/01/57	80c Côte Atlantique......................800	
	01/01/57	1f20 Côte Pacifique......................750	

(Ce tarif français pour les côtes Pacifiques reste théorique, car les correspondances pour la Colombie, quelque soit leur destination, étaient débarquées sur la côte Atlantique.)

COLOMBIE BRITANNIQUE	Tarifs et cotes idem TERRE NEUVE		
COMTE DE NICE		25c tarif frontalier 660	
		50c de toute la France 500	
CUBA	01/08/49	1f50 Paquebot Anglais 2 000	
	01/04/57	1f20 Voie USA 1 000	
Mars à	12/08/62	80c 1 500	
DANEMARK	01/08/49	1f10 V. Tour et Taxis 1 000	
	01/03/54	80c 1er Rayon Danois 450	
	01/03/54	90c 2ème Rayon Danois 700	
	01/04/62	80c 1er Rayon Danois..................1 100	
	01/04/62	90c 2ème Rayon Danois 1 300	
DEUX SICILES	01/08/49	1f00 V. d'Autriche 1 000	
	01/08/49	1f10 Voie Sarde 1 250	
	01/08/49	1f50 Paquebot Français 1 750	
	01/01/54	1f40 Toutes voies 400	
DOMINIQUE	Tarifs et cotes idem ANTIGUA		
EGYPTE	01/01/57	1f00 V. d'Autriche 375	
	01/01/62	50c V. Angl. ou Français 650	
EQUATEUR	01/08/49	2f10 ....2 500	
	01/01/57	1f20 ....1 200	
ESPAGNE	01/01/60	40c Toute la France 150	
	01/01/60	20c Rayon frontière 175	
ETATS PONTIFICAUX	01/08/49	1f20 Paquebot Français 400	
	01/10/53 à 01/12/53	1f00 ....RR	
	03/12/53 à 31/12/53	...................................R	
	01/01/54	1f00 300	
ÉTATS SARDES	01/08/49	70c Paquebot Français 350	
	01/07/51	25c Rayon Frontière....................1 200	
	01/07/51	50c Voie de terre 550	
	01/07/51	50c Voie de Terre 300	
	01/07/51	70c Voie de mer 400	
	01/07/51	25c Rayon frontière 800	
	01/01/61	10c Pour imprimé 400	
	01/01/61	40c Voie de mer 300	
ÉTATS-UNIS	01/08/49	60c Voie Française 350	
	01/10/51	60c du Havre 450	
	01/12/51	1f30 Voie Anglaise 750	
	01/01/57	80c Voie Anglaise 700	
	01/01/56	1f30 Paquebot USA 450	
	01/01/57	80c Paquebot Anglaise 700	
	01/01/57	50c Voie Anglaise Paq USA 375	
	01/04/57	80c Toutes voies 300	
FEROÉ (ILES)	01/04/62	90c 2 500	
GABON	25/02/61	80c Voie Anglaise 1 350	
	25/02/61	50c Paquebot Français 1 750	
GIBRALTAR	01/08/49	1f50 Voie Anglaise 1 000	
	01/01/57	60c Voie Anglaise 750	
	01/01/60	40c Toutes Voies 500	
	01/01/60	60c Bat. De commerce Fr. 850	
GRANDE BRETAGNE			
	01/08/49	80c 350	
	01/01/55	40c 125	
GRÈCE	01/08/49	1f00 V. d'Autriche 500	
	01/08/49	1f00 Paquebot Français 700	
	01/01/58	1f50 V. d'Autriche 750	
GRENADE (La)	Tarifs et cotes idem ANTIGUA		
GROENLAND	01/04/62	90c 2 500	
GUADELOUPE	01/08/49	1f50 Voie Anglaise 1 500	
	01/09/53	1f20 Voie Anglaise 600	
	01/01/57	50c V. Angl. sac clos 550	
	01/01/57	80c id. sac à découvert 700	
	01/07/62	50c V. Prussienne 700	

GUYANE ANGLAISE			
	01/08/49	1f50 ....4 000	
	01/01/57	80c 1 500	
GUYANE FRAN.			
	01/08/49	1f50 Voie Anglaise 2 000	
	01/01/54	1f20 V. Angl. sac clos 750	
	01/01/57	50c. V. Angl. sac clos 650	
	01/01/57	80c id. sac à découvert 900	
HAMBOURG	01/08/49	60c 300	
	01/04/62	50c 700	
HANOVRE	01/08/49	80c V. Tour et Taxis......................400	
	01/07/53	70c 3ème rayon de Prusse 500	
	01/01/62	55c 2ème rayon de Prusse 1 300	
	01/04/62	50c V. Tour et Taxis......................750	
	01/04/62	50c V. Prussienne 400	
HAWAÏ	01/04/57	80c 4 500	
HELIGOLAND	01/04/62	90c 2ème rayon Danois 1 500	
HESSE (Grand Duché)			
	01/08/49	50c Voie Tour et Taxis...................500	
	01/04/62	40c idem 750	
HONDURAS	Tarifs et cotes idem ANTIGUA		
HONG-KONG	01/08/49	1f00 Voie de Suez 1 300	
	01/01/57	80c idem 1 400	
	01/07/60	70c Paquebot français 1 500	
INDES ANGLAISES			
	01/08/49	1f00 Voie de Suez 800	
	01/01/57	80c Idem 800	
	01/07/60	70c Paquebot français 1 000	
INDES FRANÇAISES			
	01/08/49	1f00 Paquebot Français 850	
	01/08/49	1f50 Voie Anglaise 2 000	
	01/09/53	1f50 Voie de Suez 1 500	
	01/01/57	60c Voie Anglaise sac clos 750	
	01/01/57	80c Voie Anglaise sac découvert 600	
IONIENNES (ILES)			
	01/08/49	1f00 jusqu'à 7½ g 900	
	01/01/58	1f00 jusqu'à 10 g 950	
ISLANDE	01/04/62	90c 2 000	
ITALIE	01/10/61	40c Toute la France 100	
	01/10/61	20c Rayon frontière.......................90	
JAMAÏQUE	01/08/49	1f70 ....1 500	
	01/01/57	80c 750	
LEVANT (B.F.E.)	01/08/49	1f00 Paquebot Français 600	
	01/01/57	50c Paquebot Anglais 400	
LÜBECK	Tarifs et cotes idem BRUNSWICK		
LUXEMBOURG	01/03/52	40c Toute la France 350	
	01/03/52	25c Rayon frontière.......................450	
MADÈRE	01/08/49	60c Paquebot Français 850	
	01/08/49	1f50 V. Anglaise 1 250	
	01/04/56	20c V. Espagne Front. Fr 1 000	
	01/01/57	80c V. Anglaise 1 000	
	Mai 1860	60c Paquebot Français 850	
MALACCA	01/01/57	80c 2 200	
MALAISIE	01/01/57	80c 2 000	
MALTE	01/08/49	80c 500	
	01/01/57	40c 300	
MARIANNES	01/01/57	80c 4 500	
MARQUISES (ILES)	Tarifs et cotes idem TAHITI		
MARTINIQUE	Tarifs et cotes idem GUADELOUPE		
MAURICE	01/08/49	60c de ports de France 450	
	01/10/51	1f00 Voie de Suez 700	
	01/01/57	80c Voie Anglaise 650	
	01/07/61	70c Voie de Suez 800	
MAYOTTE	01/08/49	1f50 ....1 000	
	01/01/57	50c V. Anglaise sac clos 750	
	01/01/57	80c V. Anglaise a découvert 800	
MECKLEMBOURG			
	01/08/49	80c V. Tour et Taxis......................450	
	01/07/53	70c 3ème Rayon de Prusse 450	
	01/07/58	50c V. de Prusse 300	
	01/04/62	50c V. Tour et Taxis......................300	
MEXIQUE	01/08/49	1f50 Voie Anglaise 1 500	
	06/03/51	2f80 V. Angl. et Panama 3 500	
	01/01/57	80c Voie Anglaise 500	
	01/04/57	1f20 V. des USA 600	
	Mars 1862	80c Paq. Français ou Anglais 750	

MODÈNE	01/08/49	1f00 Voie d'Autriche	400
	01/08/49	1f10 Voie Sarde	650
	01/03/55	80c. Voie Sarde	500
	01/07/60	50c Voie Sarde	300
MOLDAVIE	01/08/49	1f60	2 000
	01/01/58	1f00	1 000
MONTENEGRO	01/01/58	60c	700
MONTSERRAT	Tarifs et cotes idem ANTIGUA		
NEVIS	Tarifs et cotes idem ANTIGUA		
NORVÈGE	01/08/49	60c V. Tour et Taxis	500
	01/08/56	1f20 V. de Tour et Taxis	800
	01/04/62	1f50	1 200
Nlle. BRUNSWICK	Tarifs et cotes idem TERRE NEUVE		
Nlle. CALEDONIE			
	01/08/49	1f50	800
	01/01/57	80c	700
	01/01/60	50c	500
Nlle. ECOSSE	Tarifs et cotes idem TERRE NEUVE		
Nlle. GALLES du SUD			
	01/01/57	80c	1 500
	01/04/62	70c	2 000
Nlle. ZÉLANDE	Idem Nlle. GALLES du SUD		
OLDENBOURG	01/08/49	80c V. Tour et Taxis	450
	01/07/53	70c 3ème rayon de Prusse	500
	01/07/58	55c 2ème rayon de Prusse	1 000
	01/04/62	50c V. Tour et Taxis	500
OREGON	Tarifs et cotes idem CALIFORNIE		
PARME	Tarifs et cotes idem MODÈNE		
PAYS-BAS	01/04/52	60c	400
PÉROU	01/08/49	60c V Française	1 000
	01/08/49	2f10 V. Anglaise	2 000
	01/01/57	1f20 V. Anglaise	600
POLOGNE	01/08/49	1f30 V. d'Autriche	750
	01/07/53	1f10 V. de Prusse 7 ½ g	850
	01/01/58	1f00 V. d'Autriche	900
	01/07/58	1f10 V. de Prusse 10 g	700
PORTO-RICO	01/08/49	1f50 V. Anglaise	2 500
PORTUGAL	01/08/49	60c V. Française	600
	01/08/49	1f50 V. Anglaise	500
	01/01/57	80c V. Française	350
	Mai 1860	60c	400
POSSESSIONS ANGLAISES d'ASIE			
(Autres que celles désignées et tarifées individuellement)			
	01/08/49	1f00 à partir de	700
	01/01/57	80c à partir de	800
	01/07/60	70c à partir de	1 100
PRINCE EDOUARD	Tarifs et cotes idem TERRE NEUVE		
PRUSSE	01/07/51	25c Rayon Frontière	2 500
	01/07/51	25c Rayon Frontière (après 01/07/54)	350
	01/07/53	45c 1er rayon	2 000
	01/07/53	45c 1er rayon (après 01/07/54)	300
	01/07/53	55c 2ème rayon	2 500
	01/07/53	55c 2ème rayon (après 01/07/54)	450
	01/07/53	70c 3ème rayon	500
	01/07/58	40c 1er rayon	200
	01/07/58	50c 2ème rayon	250
REUNION	01/08/49	1f50 V. Anglaise	2 000
	01/10/51	1f Paquebot anglais	800
	01/01/57	50c Anglais sac clos	600
	01/01/57	80c Angl. à découvert	750
RUSSIE			
Méridionale	01/08/49	1f30 V. d'Autriche	1 000
	01/08/58	1f V. d'Autriche	950
Septentrionale			
	01/07/53	1f10 V. de Prusse 7 ½ g	800
	01/07/58	1f10 V. de Prusse 10 g	700
ROUMANIE	01/07/51	80c	1 200
	01/01/58	1f Voie d'Autriche	1 200
SAINT-MARIN	Tarifs et cotes idem MODÈNE		
ST. PIERRE et M.	01/08/49	1f50 Voie anglaise	2 500
	01/01/54	1f20 V. Anglaise - sac clos	1 500
	01/01/57	50c V. Anglaise - sac clos	1 000
	01/01/57	80c Anglaise - à découvert	1 000

SAINT-THOMAS	Tarifs et cotes idem ANTIGUA		
SAINT-VINCENT	Tarifs et cotes idem ANTIGUA		
SAINTE-LUCIE	Tarifs et cotes idem ANTIGUA		
SAXE	01/08/49	80c V. Tour et Taxis	450
	01/07/53	70c 3ème rayon de Prusse	400
	01/01/57	50c 3ème rayon de Wurtemberg	400
	01/07/58	50c 2ème rayon de Prusse	300
	01/04/62	50c V. de Tour et Taxis	500
SCHLESWIG	01/08/49	1f10 V. Tour et Taxis	850
	01/03/54	90c V. Tour et Taxis	800
SENEGAL	01/08/49	1f50 V. Anglaise - à découvert	2 000
	01/09/53	1f20 V. Anglaise - sac clos	1 000
	01/01/57	50c V. Anglaise - sac clos	800
	01/01/57	80c V. Anglaise - à découvert	750
	25/02/61	50c Paquebot Français	1 000
SERBIE	01/08/58	60c	550
SEYCHELLES	01/10/51	1f00 Voie de Suez	3 000
	01/01/57	80c Voie de Suez	3 500
	01/07/60	70c Voie de Suez	2 500
SIAM	01/01/56	1f50	3 000
	01/01/57	80c	2 500
SIERRA LEONE	01/08/49	1f50 V. Anglaise	3 000
	01/01/57	80c V. Anglaise	1 500
SINGAPOUR	01/08/49	1f00 Voie de Suez	1 500
	01/01/57	80c Voie de Suez	1 500
	01/07/60	70c Voie de Suez	1 750
SOCIÉTÉ (ILES)	Tarifs et cotes idem TAHITI		
SUÈDE	01/08/49	60c V. Tour et Taxis	450
	01/07/53	1f30 V. de Prusse	700
	01/02/55	1f00 V Suédoise	500
	01/07/58	1f40 V. de Prusse	600
SUISSE	01/07/50	40c Toute la France	90
	01/07/50	20c Rayon Frontière	100
TASMANIE	01/01/57	80c V. de Suez ou Panama	2 000
	15/04/59	1f60	2 300
	01/04/62	80c	2 500
TAHITI	01/08/49	2f10 P. Anglais voie de Panama	5 000
	01/08/49 ?	80c P. Anglais voie de Panama	4 000
TOBAGO	Tarifs et cotes idem ANTIGUA		
TERRE NEUVE	01/08/49	1f70 Paquebot Anglais	2 000
	01/01/57	80c P. Anglais V. de Halifax	1 500
	01/01/57	1f00 V des USA	1 750
TOSCANE	01/07/51	90c V. Sarde	750
	01/10/51	60c Toutes voies	300
	01/07/60	50c V. de terre	350
	01/07/60	60c V. de mer	400
TRINITÉ	Tarifs et cotes idem ANTIGUA		
TURQUES (Iles)	Tarifs et cotes idem ANTIGUA		
TURQUIE D'EUROPE			
	01/08/49	1f80 V. d'Autriche	1 200
	01/08/49	1f00 Paquebot Français	600
	01/01/57	50c Paq. Français ou Anglais	400
	01/01/58	1f00 Par Poste Autriche	700
	01/01/58	60c	450
URUGUAY	01/08/49	60c V. Française	1 200
	01/08/49	1f50 V. Anglaise	1 800
	01/01/57	80c Paquebot Sarde	1 500
	01/01/57	80c Paquebot Anglais	800
	01/10/60	80c Paquebot Français ou Anglais	800
VANCOUVER	Tarifs et cotes idem TERRE NEUVE +100%		
VALACHIE	Tarifs et cotes idem MOLDAVIE		
VÉNÉZUELA	01/08/49	60c V. Française	1 500
	01/08/49	1f50 V. Anglaise	1 500
	01/01/57	80c V. Anglaise	700
VICTORIA	Tarifs et cotes idem TASMANIE		
VIERGES (Iles)	Tarifs et cotes idem ANTIGUA		
WURTEMBERG	01/08/49	50c Voie Tour et Taxis	300
	01/01/57	20c 1er rayon de W depuis Rayon frontière France	400
		30c id 2ème rayon de W.	350
		40c id 3ème rayon de W.	250
	01/01/57	30c 1er rayon de W de France	200
		40c 2ème rayon de W. de France	175
		50c 3ème rayon de W. de France	200

ÉMISSION EMPIRE DENTELÉ

1 c. vert olive

Type: NAPOLÉON III
Légende: EMPIRE FRANC
Type d'impression: TYPOGRAPHIQUE

Date de création: 13 DÉCEMBRE 1861
Date de fabrication: 22 AOÛT 1862
Date d'émission: SEPTEMBRE 1862

	Neuf ☆	Neuf s/g (☆)	Obl. ⊙	Seul s.⊠
19 1c vert olive	**200**	**80**	**45**	**160**
a - vert-olive foncé	250	110	55	185
b - vert bronze	210	90	50	170
c - mordoré (1865)	425	135		
d - "C" de "Franc" plus grand	2 000	600	1 500	2 350
da - idem tenant à normal	3 000	850	1 850	

	▭▭ Neuf ☆	▭▭ Obl. ⊙	▭▭ Seule s.⊠	▭▭▭ Neuf ☆	▭▭▭ Obl. ⊙	▭▭▭ Seule s.⊠	▭▭▭▭ Neuf ☆	▭▭▭▭ Obl. ⊙	▭▭▭▭ Seule s.⊠	⊞ Neuf ☆	⊞ Obl. ⊙	⊞ Seul s.⊠
19 1c vert olive	**450**	**100**	**500**	**675**	**160**	**650**	**900**	**260**	**900**	**950**	**500**	**850**
b - vert bronze	475	110	550	735	185	710	1 000	290	1 000	1 100	675	950

ÉMISSION EMPIRE DENTELÉ

5 c. vert

Type: NAPOLÉON III
Légende: EMPIRE FRANC
Type d'impression: TYPOGRAPHIQUE

Date de création: 13 DÉCEMBRE 1861
Date de fabrication: 22 AOÛT 1862
Date d'émission: SEPTEMBRE 1862

	Neuf ☆	Neuf s/g (☆)	Obl. ⊙	Seul s.✉
20 5c vert	**300**	**110**	**12**	**75**
a - vert pâle	300	110	12	75
b - vert-jaune sur verdâtre	450	60	20	80
c - vert foncé	375	130	17	85

	⊞⊞ Neuf ☆	Obl. ⊙	Seule s.✉	⊞⊞⊞ Neuf ☆	Obl. ⊙	Seule s.✉	⊞⊞⊞⊞ Neuf ☆	Obl. ⊙	Seule s.✉	⊞ Neuf ☆	Obl. ⊙	Seul s.✉
20 5c vert	650	28	45	975	48	70	1 300	110	165	1 600	300	475
c - vert foncé	800	37	60	1 200	64	93	1 600	145	220	1 900	400	630

ÉMISSION EMPIRE DENTELÉ

10 c. bistre

Type: NAPOLÉON III
Légende: EMPIRE FRANC
Type d'impression: TYPOGRAPHIQUE

Date de création: 13 DÉCEMBRE 1861
Date de fabrication: 22 AOÛT 1862
Date d'émission: AOÛT 1862

	Neuf ☆	Neuf s/g (☆☆)	Obl. ⊙	Seul s.⊠
21 10c bistre	**2 000**	**500**	**5**	**7**
a - bistre-jaune	2 000	500	5	7
b - bistre-brun	2 600	700	12	18
c - bistre-gris pâle	2 000	500	6	9

	☐☐ Neuf ☆	Obl. ⊙	Seule s.⊠	☐☐☐ Neuf ☆	Obl. ⊙	Seule s.⊠	☐☐☐☐ Neuf ☆	Obl. ⊙	Seule s.⊠	⊞ Neuf ☆	Obl. ⊙	Seul s.⊠
21 10c bistre	4 250	12	14	6 350	30	40	8 500	65	85	9 500	185	375
b - bistre-brun	5 350	25	40	8 000	60	80	10 700	130	170	12 500	365	800

ÉMISSION EMPIRE DENTELÉ

20 c. bleu

Type: NAPOLÉON III
Légende: EMPIRE FRANC
Type d'impression: TYPOGRAPHIQUE

Date de création: 13 DÉCEMBRE 1861
Date de fabrication: 22 AOÛT 1862
Date d'émission: AOÛT 1862

	Neuf ☆	Neuf s/g (☆)	Obl. ⊙	Seul s.✉
22 20c bleu	**350**	**100**	**1**	**2**
b - bleu ciel	400	135	2	2
c - bleu foncé	450	150	1	2

	▭▭			▭▭▭			▭▭▭▭			⊞		
	Neuf ☆	Obl. ⊙	Seule s.✉	Neuf ☆	Obl. ⊙	Seule s.✉	Neuf ☆	Obl. ⊙	Seule s.✉	Neuf ☆	Obl. ⊙	Seul s.✉
22 20c bleu	**750**	**4**	**6**	**1 150**	**7**	**12**	**1 600**	**18**	**30**	**1 600**	**100**	**175**
c - bleu foncé	950	6	8	1 450	10	17	1 950	25	42	2 000	140	245

ÉMISSION EMPIRE DENTELÉ

40 c. orange

Type: NAPOLÉON III

Légende: EMPIRE FRANC

Type d'impression: TYPOGRAPHIQUE

Date de création: 13 DÉCEMBRE 1861

Date de fabrication: 22 AOÛT 1862

Date d'émission: SEPTEMBRE 1862

	Neuf ☆	Neuf s/g (☆)	Obl. ⊙	Seul s.⊠
23 40c orange	**2 250**	**550**	**10**	**14**
a - jaune-orange	2 350	575	11	15
b - orange clair	2 250	550	10	14
c - orange vif	2 700*	800	13	18

*Prix atteint chez Roumet en Jan 2017: 3 239

	▭▭ Neuf ☆	Obl. ⊙	Seule s.⊠	▭▭▭ Neuf ☆	Obl. ⊙	Seule s.⊠	▭▭▭▭ Neuf ☆	Obl. ⊙	Seule s.⊠	⊞ Neuf ☆	Obl. ⊙	Seul s.⊠
23 40c orange	**4 750**	**25**	**35**	**7 250**	**45**	**75**	**10 000**	**80**	**125**	**11 000**	**350**	**650**
c - orange vif	5 600	38	50	8 500	65	110	12 000	120	190	13 500	600	1 000

ÉMISSION EMPIRE DENTELÉ

80 c. rose

Type: NAPOLÉON III
Légende: EMPIRE FRANC
Type d'impression: TYPOGRAPHIQUE

Date de création: 13 DÉCEMBRE 1861
Date de fabrication: 22 AOÛT 1862
Date d'émission: SEPTEMBRE 1862

	Neuf ☆	Neuf s/g (☆)	Obl. ⊙	Seul s.⊠
24 80c rose	**2 000**	**550**	**45**	**80**
a - rose pâle	2 000	550	55	105
b - rose foncé	2 300	650	50	100
c - rose carminé	2 500	800	90	130

	⊓⊓ Neuf ☆	Obl. ⊙	Seule s.⊠	⊓⊓⊓ Neuf ☆	Obl. ⊙	Seule s.⊠	⊓⊓⊓⊓ Neuf ☆	Obl. ⊙	Seule s.⊠	⊞ Neuf ☆	Obl. ⊙	Seul s.⊠
24 80c rose	**4 250**	**115**	**175**	**6 500**	**220**	**300**	**8 750**	**440**	**600**	**9 000**	**525**	**850**
b - rose foncé	4 900	140	210	7 500	280	380	10 500	550	730	11 500	645	1 050

TÊTE-BÊCHE

	☆	◉	✉		☆	◉	✉
T22 - 20c bleu	5 300	1 500	3 000	T24 - 80c rose	26 000	12 000	30 000
T22a - 20c bleu terne	5 350	1 500	3 000	T24a - 80c rose pâle	26 000	14 000	35 000
T22b - 20c bleu foncé	5 850	1 500	3 000	T24b - 80c rose-rouge	35 000	16 000	40 000
T22c - 20c bleu ciel	5 600	1 600	3 250	T24c - 80c rose foncé	30 000	13 000	34 250
T22d - 20c bleu-gris	5 300	1 500	3 000	T24d - 80c rose terne	26 000	12 000	30 250
T22e - 20c bleu ciel vif	6 000	1 500	3 000				
T22f - 20c bleu sur azuré	6 500	1 650	3 250				

TIMBRES COUPÉS SUR LETTRE

22 20c bleu (une lettre connue)   **300 000**

OBLITÉRATIONS

		étoile rouge		étoile		cachet à date Type 15		cachet à date des imprimés	
		□	✉	□	✉	□	✉	□	✉
19	1 c.	» »	» »	65	185,5	45	150	65	475
20	5 c.	135	4 450	12	44	12	42	30	225
21	10 c.	120	3 750	5	8	5	9	60	495
22	20 c.	85	2 000	2	3	3	10	55	475
23	40 c.	150	2 650	10	13,5	10	32	75	605
24	80 c.	215	3 675	45	75	50	130	135	1 375

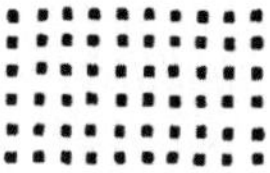

		gros points		petits chiffres des gros chiffres		gros chiffres		cachet à date Type 22 ou 24	
		□	✉	□	✉	□	✉	□	✉
19	1 c.	160	» »	60	285	55	155	75	630
20	5 c.	200	1 675	20	70	14	31	50	365
21	10 c.	85	1 450	6	9	7	33	20	105
22	20 c.	55	630	3	16	2	3	12	70
23	40 c.	64	800	10	33	10	14	40	270
24	80 c.	150	1 500	50	135	50	80	140	630

		pointillés		cachet de boîte rurale		cachet E.U.		cachet à date noir des imprimés	
19	1 c.	105	» »	105	1 600	» »	» »	100	950
20	5 c.	95	» »	80	840	100	1 900	35	315
21	10 c.	25	110	45	475	45	900	85	800
22	20 c.	20	100			40	900	130	1 950
23	40 c.	28	125			63	1 350		
24	80 c.	80	290			120	2 500		

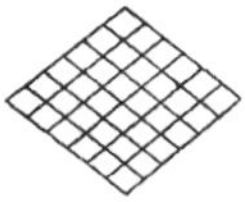

		cachet à date Versailles Assemblée Nationale		grille		cachet à date de bureau de passe		OR	
		□	✉	□	✉	□	✉	□	✉
19	1 c.	» »	» »			135	2 350	135	1 800
20	5 c.	210	1 900			95	675	80	850
21	10 c.	135	1 250	50	750	50	350 x	40	375
22	20 c.	90	1 200	45	525	30	135 x	50	700
23	40 c.	210	1 700	105	1 400	55	420 x		
24	80 c.	» »	» »	150	1 800	105	1 450		

		cachet anglais		cachet espagnol		ancre bleue		ancre noir	
		□	✉	□	✉	□	✉	□	✉
19	1 c.	» »	» »	» »	» »	» »	» »	210	800 x
20	5 c.	75	1 575	385	4 200	160	1 525 x	185	650 x
21	10 c.	50	1 250	85	840	27	75 x	27	65 x
22	20 c.	120	1 500	50	375	27	90 x	27	75 x
23	40 c.	130	1 650	60	420	22	75 x	22	45 x
24	80 c.	200	2 000	115	575	65	250 x	60	230 x

x à partir de

Toutes les cotes des obliterations ci-dessous se rapportent exclusivement au timbre 20 c. bleu No 22 (sauf indication contraire).

Pour les autres valeurs de la meme emissions, il y a toujours une plus-value (No 19 à 24).

Cachet sur la lettre	couleur	Cachet sur le timbre	couleur	□	✉
BUREAUX SPECIAUX					
Bureau du Palais de St-Cloud	R	Losange PSC	R	200	5 250
Bureau du Palais de Biarritz	R	Etoile	R		12 600
Bureau du Palais de Fontainebleau	R	Etoile	R		6 500
Bureau du Palais de Compiègne	R	Etoile	R		6 500
Plombières (82)	R	Etoile	R		14 750
CACHETS DE CAMPS					
Camp de Châlons, Quartier Impérial	R	Losange C Ch Q.I.	R	185	3 750
Camp de Châlons, Quartier Impérial	R	Etole	R		6 000
OCCUPATION DE ROME					
Corps expéditionnaire d'Italie 1er ou 2e Division	N	Grille	N		600
Corps expéditionnaire d'Italie Quartier Général	N	Grille	N		600
Corps expéditionnaire d'Italie 2e Division	N	Grille	N		900
Corps expéditionnaire d'Italie 2e Division	N	Répété sur le timbre	N	70	2 000
Corps expéditionnaire d'Italie 2e Division	R	Répété sur le timbre	R	100	3 000
Brigade française Italie	N	Grille	N		900
Brigade française Italie	N	Brigade française Italie	N	135	2 000
Corps expéditionnaire d'Italie Rome	N	Losange CER 2	N	100	950
Corps expéditionnaire d'Italie Rome	R	Losange CER 2	R	135	1 600
Corps expéditionnaire 2 Rome 2	N	Losange CER	N	135	1 000
Corps expéditionnaire 2 Rome 2	R	Losange CER	R	150	3 300
Corps expéditionnaire 2 Rome 2	N	Losange CER 2	N	100	1 000
Corps expéditionnaire 2 Rome 2	R	Losange CER 2	R	135	3 000
Corps expéditionnaire 1 Rome 1	N	Losange CER 1	N	450	R R
EXPÉDITION DU MEXIQUE					
Corps exp. du Mexique bureau A à N	N	Losange CEM (A à N)	N	60	300
Corps exp. du Mexique bureau A à N	R	Losange CEM (A à N)	R	60	1 300
Corps exp. du Mexique bureau A à N	N	Répété sur le timbre	N	90	850
Corps exp. du Mexique bureau A ou L	N	Cachet en S manuel	N	115	16 500
Corps exp. Véra Cruz	N	Répété sur le timbre	N	160	3 300
Corps exp. Véra Cruz	N	Losange CEMC	N	60	1 800
Corps exp. du Mexique V. FRANÇ	N	Répété sur le timbre	N	60	1 700
Corps exp. du Mexique V. FRANÇ	R	Répété sur le timbre	R	135	3 500
Corps exp. du Mexique V. ANGL.	N	Répété sur le timbre	N	60	2 500
Corps exp. du Mexique V. ANGL.	R	Répété sur le timbre	R	135	3 000
Corps exp. du Mexique V. ANGL.	R	Corps Exp. Véra Cruz	N	160	5 000
....		Franquéado Véra Cruz	N	250	6 000
OBLITÉRATIONS DIVERSES					
Bain de Bretagne, c. 15, 1867	N	Grille	N	-	
....		PP dans un rectangle	N	75	1 375
....		PP dans un rectangle	R	80	1 650
....		PD dans un rectangle	N	80	1 650
....		PD dans un rectangle	R	110	2 200
OBLITÉRATIONS ÉTRANGÈRES					
Cachet rond ADMON DE CAMBIO BARCELONA	N ou B	Répété sur le timbre	N ou B	60	350 x
....		FRANCIA VIA DI MARE	N	40	500
....		FRANCIA VIA DI MARE	R	45	850
....		VIA DI MARE (petit)	N	140	2 750
....		VIA DI MARE (grand)	N	100	1 750
....		Cachet à la date italien	N	125	1 650 x
....		GC italien (rect. de pts)	N	70	1 100 x
....		Grille des Etats Pontificaux	N	75	1 375
....		Barres de Livourne	N	110	2 475

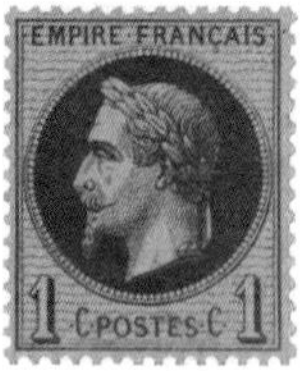

ÉMISSION EMPIRE DENTELÉ

1 c. vert bronze

Type: NAPOLÉON III LAURÉ
Légende: EMPIRE FRANÇAIS
Type d'impression: TYPOGRAPHIQUE

Date de création: 7 JUIN 1861
Date de fabrication:
Date d'émission: MAI 1870

	Neuf ☆	Neuf s/g (☆)	Obl. ⊙	Seul s.⊠
25 1c vert bronze	**60**	**25**	**25**	**100**
a - vert olive	65	30	25	100
b - à la cigarette (novembre 1871)	3 400	1 600	1 250	2 400
ba - ídem tenant à normal	4 200	2 000	1 700	
c - réimpression Granet, vert-bronze (1887)		1 350		
d - émission rothschild	1 700	700		

	▢▢			▢▢▢			▢▢▢▢			⊞		
	Neuf ☆	Obl. ⊙	Seule s.⊠	Neuf ☆	Obl. ⊙	Seule s.⊠	Neuf ☆	Obl. ⊙	Seule s.⊠	Neuf ☆	Obl. ⊙	Seul s.⊠
25 1c vert bronze	**150**	**55**	**120**	**210**	**85**	**200**	**270**	**115**	**285**	**265**	**210**	**325**
a - vert olive	165	60	130	230	95	220	300	135	315	295	230	350

ÉMISSION EMPIRE DENTELÉ

2 c. rouge brun

Type: NAPOLÉON III LAURÉ
Légende: EMPIRE FRANÇAIS
Type d'impression: TYPOGRAPHIQUE

Date de création: 7 JUIN 1861
Date de fabrication:
Date d'émission: DÉCEMBRE 1862

Type I

Type II

	Neuf ☆	Neuf s/g (☆)	Obl. ⊙	Seul s.✉
26 I 2c rouge-brun, type I	**165**	**75**	**40**	**140**
a - rouge-brun foncé	175	80	45	95
b - chocolat	220	85	50	100
c - boule blanche sous le cou	2 400	1 200	1 500	3 500
d - idem tenant à normal	3 750	1 850	2 350	
e - émission rothschild	320	115		
26 II 2c rouge-brun, type II	**180**	**85**	**50**	**95**
a - rouge-brun clair	180	85	50	95
b - rouge-brun foncé	200	100	55	100
c - non dentelé accidentel	550	250	550	

	Neuf ☆	Obl. ⊙	Seule s.✉	Neuf ☆	Obl. ⊙	Seule s.✉	Neuf ☆	Obl. ⊙	Seule s.✉	Neuf ☆	Obl. ⊙	Seul s.✉
26 I 2c rouge-brun, type I	415	85	175	580	130	225	745	175	300	800	450	640
26 II 2c rouge-brun, type II	450	110	200	630	165	250	810	225	350	950	550	750

ÉMISSION EMPIRE DENTELÉ

4 c. gris

Type: NAPOLÉON III LAURÉ   Date de création: 7 JUIN 1861
Légende: EMPIRE FRANC   Date de fabrication:
Type d'impression: TYPOGRAPHIQUE   Date d'émission: AOÛT 1863

Type I   *Type II*

	Neuf ☆	Neuf s/g (☆)	Obl. ☉	Seul s.✉
27 I 4c gris, type I	**340**	**150**	**70**	**425**
a - gris-lilas pâle	75	60	5	475
b - gris-lilas foncé	465	185	110	500
27 II 4c gris, type II	**265**	**85**	**55**	**400**
a - gris jaunâtre	275	85	60	400
b - gris pâle	330	125	75	450
c - gris foncé	440	200	100	500
d - émission rothschild	300	90		

	▢▢			▢▢▢			▢▢▢▢			⊞		
	Neuf ☆	Obl. ☉	Seule s.✉	Neuf ☆	Obl. ☉	Seule s.✉	Neuf ☆	Obl. ☉	Seule s.✉	Neuf ☆	Obl ☉	Seul s.✉
27 I 4c gris, type I	**850**	**155**	**250**	**1 190**	**375**	**525**	**1 530**	**365**	**550**	**1 600**	**900**	**1 500**
b - gris-lilas foncé	1 165	210	345	1 630	515	720	2 100	500	750	2 150	1 230	2 050
27 II 4c gris, type II	**665**	**125**	**225**	**930**	**180**	**325**	**1 195**	**280**	**500**	**1 250**	**800**	**1 300**
c - gris foncé	1 100	210	375	1 545	300	540	2 000	465	900	2 000	1 400	2 200

ÉMISSION EMPIRE DENTELÉ

10 c. bistre

Type: NAPOLÉON III LAURÉ
Légende: EMPIRE FRANC
Type d'impression: TYPOGRAPHIQUE

Date de création: 25 JANVIER 1865
Date de fabrication:
Date d'émission: OCTOBRE 1867

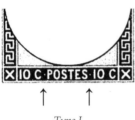

Type I

Petits points

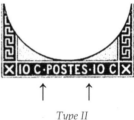

Type II

Gros points

	Neuf ☆	Neuf s/g (☆)	Obl. ☉	Seul s.✉
28 I 10c bistre, type I	**650**	**200**	**10**	**13**
a - bistre-brun	700	245	14	18
b - émission rothschild	250	90		
28 II 10c bistre, type II	**340**	**100**	**7**	**10**
a - bistre clair	340	100	7	10
b - bistre foncé	440	155	9	12

	Neuf ☆	Obl. ☉	Seule s.✉	Neuf ☆	Obl. ☉	Seule s.✉	Neuf ☆	Obl. ☉	Seule s.✉	Neuf ☆	Obl. ☉	Seul s.✉
28 I 10c bistre, type I	1 625	23	25	2 275	35	45	2 925	50	80	3 000	140	215
a - bistre-brun	1 790	25	28	2 500	40	50	3 250	55	90	3 300	155	235
28 II 10c bistre, type II	**850**	**16**	**18**	**1 190**	**25**	**35**	**1 530**	**44**	**60**	**1 600**	**105**	**180**
b - bistre foncé	1 050	20	22	1 465	31	43	1 880	54	75	1 950	130	220

ÉMISSION EMPIRE DENTELÉ

20 c. bleu

Type: NAPOLÉON III LAURÉ
Légende: EMPIRE FRANÇAIS
Type d'impression: TYPOGRAPHIQUE

Date de création: 25 JANVIER 1865
Date de fabrication:
Date d'émission: AVRIL 1867

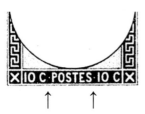

Type I

Petits points

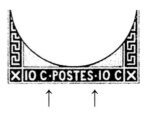

Type II

Gros points

	Neuf ☆	Neuf s/g (☆)	Obl. ⊙	Seul s.✉
29 I 20c bleu, type I	**400**	**200**	**2**	**3**
a - bleu pâle	425	215	3	5
b - bleu foncé	450	225	3	5
c - "ab see" au verso			115	500
d - émission rothschild	400	165		
29 II 20c bleu, type II	**280**	**90**	**2**	**3**
a - bleu pâle	330	110	3	5
b - bleu foncé	400	125	3	5
c - anneau-lune	375	115	50	
d - à la corne	2 200	800	115	150
e - aux abeilles	3 800	1 900	265	400
f - à la pipe (complète)	5 000	2 000	1 500	3 000
g - non dentelé Lebaudy, bleu laiteux	2 800	1 250	4 200	26 000
h - "Ld see" au verso			150	600

	☐☐ Neuf ☆	Obl. ⊙	Seule s.✉	☐☐☐ Neuf ☆	Obl. ⊙	Seule s.✉	☐☐☐☐ Neuf ☆	Obl. ⊙	Seule s.✉	⊞ Neuf ☆	Obl. ⊙	Seul s.✉
29 I 20c bleu, type I	1 000	5	6	1 400	10	15	1 800	23	35	1 900	85	130
29 II 20c bleu, type II	700	4	6	1 200	10	15	1 260	23	30	1 350	75	130
b - bleu foncé	790	5	7	1 350	11	17	1 425	26	35	1 500	85	145

ÉMISSION EMPIRE DENTELÉ

30 c. brun

Type: NAPOLÉON III LAURÉ
Légende: EMPIRE FRANÇAIS
Type d'impression: TYPOGRAPHIQUE

Date de création: 31 MARS 1866
Date de fabrication:
Date d'émission: JANVIER 1867

		Neuf ☆	Neuf s/g (☆)	Obl. ☉	Seul s.⊠
30	**30c brun**	**1 000**	**300**	**20**	**30**
	a - brun pâle	1 100	375	30	45
	b - brun clair	1 000	300	20	30
	c - brun-foncé	1 600	600	45	70
	d - gris-brun	1 200	400	40	55
	e - fond ligné	1 650	400	45	70
	f - émission rothschild	300	100		
	g - "Lafontaine" au verso			50	150

	Neuf ☆	Obl. ☉	Seule s.⊠	Neuf ☆	Obl. ☉	Seule s.⊠	Neuf ☆	Obl. ☉	Seule s.⊠	Neuf ☆	Obl. ☉	Seul s.⊠
30 30c brun	**2 500**	**48**	**100**	**3 500**	**90**	**165**	**4 500**	**160**	**225**	**4 600**	**430**	**775**
c - brun-foncé	3 625	80	166	5 800	150	275	7 500	260	375	7 700	715	1 285

ÉMISSION EMPIRE DENTELÉ

40 c. orange

Type: NAPOLÉON III LAURÉ
Légende: EMPIRE FRANÇAIS
Type d'impression: TYPOGRAPHIQUE

Date de création: 25 JANVIER 1865
Date de fabrication:
Date d'émission: JUILLET 1868

	Neuf ☆	Neuf s/g (☆)	Obl. ☉	Seul s.⊠
31 40c orange	**1 500**	**300**	**12**	**16**
b - orange clair	1 500	300	12	16
a - orange vif	1 750	400	7	30
d - émission rothschild	350	125		
e - "ab see" au verso			250	1 000

	▯▯ Neuf ☆	Obl. ☉	Seule s.⊠	▯▯▯ Neuf ☆	Obl. ☉	Seule s.⊠	▯▯▯▯ Neuf ☆	Obl. ☉	Seule s.⊠	⊞ Neuf ☆	Obl. ☉	Seul s.⊠
31 40c orange	**3 250**	27	50	**5 000**	65	90	**7 000**	130	185	**7 000**	510	875
a - orange vif	3 750	37	70	5 750	100	115	8 000	170		8 000	600	1 000

ÉMISSION EMPIRE DENTELÉ

80 c. rose

Type: NAPOLÉON III LAURÉ
Légende: EMPIRE FRANÇAIS
Type d'impression: TYPOGRAPHIQUE

Date de création: 25 JANVIER 1865
Date de fabrication:
Date d'émission: DÉCEMBRE 1867

	Neuf ☆	Neuf s/g (☆)	Obl. ⊙	Seul s.✉
32 80c rose	**1 600**	**360**	**30**	**45**
a - rose clair	1 600	360	30	45
b - rose vif	1 800	500	35	50
c - rose carminé	2 000	650	45	65
e - émission rothschild (nd), rose	650	250		
f - "ab see" au verso			250	
g - "Langer" au verso	1 550	450	250	1 000

	☐			☐☐			☐☐☐			☐☐☐☐			⊞		
	Neuf ☆	Obl. ⊙	Seule s.✉	Neuf ☆	Obl. ⊙	Seule s.✉	Neuf ☆	Obl. ⊙	Seule s.✉	Neuf ☆	Obl. ⊙	Seule s.✉	Neuf ☆	Obl. ⊙	Seul s.✉
32 80c rose	3 600	70	120	5 200	115	160	7 000	185	240	7 000	345	640
b - rose vif	3 900	100	175	5 750	150	200	7 750	250	325	7 750	475	800

ÉMISSION EMPIRE DENTELÉ

5 f. gris violet

Type: NAPOLÉON III LAURÉ
Légende: EMPIRE FRANÇAIS
Type d'impression: TYPOGRAPHIQUE

Date de création: 31 MARS 1866
Date de fabrication: JUILLET 1869
Date d'émission: NOVEMBRE 1869

	Neuf ☆	Neuf s/g (☆)	Obl. ☉	Seul s.✉
33 5f gris-violet	**8 000***	**2 800**	**1 000**	**28 500**
a - gris-bleu	8 400	2 800	1 000	28 500
b - gris-bleu sur rosé	8 000	2 800	1 200	29 000
c - burelage doublé	14 000	3 250	1 700	
d - "5F" en bleu	11 000	3 200	1 300	30 000
e - "5F" en noir	12 500	3 750	4 750	
f - "5F" plus grand (4,3mm)			2 250	
g - "5F" absent connu à 8 exemplaires, présentant tous des défauts ou des restaurations RR				

*Prix atteint chez Roumet en Sept 2016: 6 943

h - 1/2 timbre au verso d'un 2c brun   80 000

	⊞⊞			⊞⊞⊞			⊞⊞⊞⊞			⊞		
	Neuf ☆	Obl. ☉	Seule s.✉	Neuf ☆	Obl. ☉	Seule s.✉	Neuf ☆	Obl. ☉	Seule s.✉	Neuf ☆	Obl. ☉	Seul s.✉
33 5f gris-violet	20 000	2 400	3 500	28 000	4 500	6 250	36 000	6 500	8 500	37 000	11 000	17 500

ÉMISSION EMPIRE DENTELÉ

10 c. sur 10 c. bistre non émis

Le changement de tarif du 1 Septembre 1871 avait porté de 5 à 10 c. l'affranchis-sement des cartes du Nouvel An. Comme la pénurie de timbres était grande, on songea à utiliser le stock restant du 10c. Pour éviter la confusion avec le 15c. (n° 59) on apposa la surchage 10 en bleu. Il ne fut jamais mis officiellement en cours.

	Neuf ☆	Neuf s/g (☆)	Obl. ⊙	Seul s.⊠
34 10c sur 10c bistre	**2 500**	**1 200**		
a - surcharge bleu pâle	2 700	1 300		

	Neuf ☆	Obl. ⊙	Seule s.⊠	Neuf ☆	Obl. ⊙	Seule s.⊠	Neuf ☆	Obl. ⊙	Seule s.⊠	Neuf ☆	Obl. ⊙	Seul s.⊠
34 10c sur 10c	**6 250**			**8 750**			**11 250**			**12 500**		

EMPIRE DENTELÉ

5 c. vert pâle sur bleu

Type: NAPOLÉON III	Date de création:
Légende: EMPIRE FRANC	Date de fabrication:
Type d'impression: TYPOGRAPHIQUE	Date d'émission: NOVEMBRE 1871

	Neuf ☆	Neuf s/g (☆)	Obl. ⊙	Seul s.⊠
35 5c vert pâle sur bleu	**3 800**	**750**	**175**	**500**

	Neuf ☆	Obl. ⊙	Seule s.⊠	Neuf ☆	Obl. ⊙	Seule s.⊠	Neuf ☆	Obl. ⊙	Seule s.⊠	Neuf ☆	Obl. ⊙	Seul s.⊠
35 5c	**8 000**	**350**	**500**	**12 000**	**500**	**650**	**16 000**	**750**	**900**	**20 000**	**1 300**	**2 200**

TIMBRES COUPÉS SUR LETTRE

26 I	2c rouge-brun clair, type I	**55 000**
27	4c gris coupé en ½	**80 000**
27 II	4c gris coupé en ¼ (14 janvier 1871) (oblitéré typo sur bulletin de la guerre)	**135 000**
28	10c bistre seul sur lettre	**35 000**
28	10c bistre en complément d'affranchissement sur lettre	**6 000**
29	20c bleu seul sur lettre	**100 000**
31	40c orange coupé en ½	**55 000**
31	40c orange coupé en ¼ sur lettre de Grandvilliers (15 janvier 1871)	**200 000**
32	80c rose coupé en ½	**70 000**
32	80c rose coupé en ¼	**75 000**

TÊTE-BÊCHE

	☆	☉	✉		☆	☉	✉
T27 II - 4c gris	27 500	17 000	47 500	T27 IIc - 4c gris terne	27 500	17 000	47 500
T27 IIa - 4c gris foncé	35 000	20 000	52 500	T27 IId - 4c gris jaunâtre	28 000	17 500	47 500
T27 IIb - 4c gris pâle	29 000	18 500	50 000	T27 IIe - 4c gris mordoré		25 000	

OBLITÉRATIONS

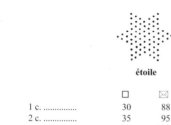

		étoile		cachet à date rouge des imprimés		cachet à date noir des imprimés		gros points	
		□	✉	□	✉	□	✉	□	✉
25	1 c.	30	88	40	900	40	300		
26	2 c.	35	95	55	880	50	600	125	
27	4 c. (II)	55	110	100	935	100	1 100	140	770
28	10 c. (II)	7	10	55	935	65	880	85	715
29	20 c. (II)	2	4	55	910	100	1 100	85	495
30	30 c.	20	28	95	990	110	1 485	85	600
31	40 c.	12	19	100	1 100	110	1 210	90	600
32	80 c.	30	50	115	1 650	130	1 650	90	600
33	5 f.	975	1 650	2 500	8 800	» »	» »	1 500	» »

		petit chiffres des gros chiffres		cachet à date Type 15 ou 17		cachet à date Type 22 ou 24		OR	
		□	✉	□	✉	□	✉	□	✉
25	1 c.	45	160	25	25	35	220	85	700
26	2 c.	50	165	30	60	45	220	90	600
27	4 c. (II)	70	275	55	110	70	300	125	660
28	10 c. (II)	9	17	8	11	10	110	45	330
29	20 c. (II)	6	11	5	8	12	65	70	550
30	30 c.	30	72	24	93	35	135		
31	40 c.	20	50	22	100	37	145		
32	80 c.	30	100	30	110	45	250		
33	5 f.	1 300	3 150	975	1 650	» »	» »		

		AS. NA. petit et gros lettres		cachet à date de bureau de passe		cachet anglais		ancre	
		□	✉	□	✉	□	✉	□	✉
25	1 c.	125	1 375	70	715 xx	200	» »		
26	2 c.	125	1 500	75	930 xx	250	3 300 xx		
27	4 c. ...(II)	150	1 650	250	2 500 xx	250	2 750 xx		
28	10 c. (II)	100	1 210	20	190 xx	100	2 050	15	275 xx
29	20 c. (II)	90	1 100	10	77 xx	70	1 815	20	355 xx
30	30 c.	125	1 500	50	500 xx	100	2 200	35	450 xx
31	40 c.	140	1 750	40	385 xx	90	2 050	15	140 xx
32	80 c.	250	3 300	80	580 xx	40	330 xx		
33	5 f.	9 000	» »	1 400	3 575 xx				

xx à partir de

Toutes les cotes des oblitérations ci-dessous sont pour les timbres 20 c. bleu No 29. Pour les autres valeurs, il y a toujours une plus-value (sauf si le numéro du timbre est indiqué).

ÉMISSION SIÈGE DE PARIS

10 c. bistre

Type: CÉRÈS
Légende: REPUB FRANC
Type d'impression: TYPOGRAPHIQUE

Date de création: 28 SEPTEMBRE 1870
Date de fabrication:
Date d'émission: OCTOBRE 1870

	Neuf ☆	Neuf s/g (☆)	Obl. ☉	Seul s.✉
36 10c bistre	**850**	**280**	**90**	**200**
a - bistre-jaune	900	300	95	210
b - bistre-brun	950	350	100	225
c - papier jaunâtre	1 350	400	135	275
d - un filet manquant	1 100	375	125	250
e - cachet "contrôle TP" sur bord de feuille	1 200	400		
f - réimpression Granet	450	185		

	Neuf ☆	Obl. ☉	Seule s.✉	Neuf ☆	Obl. ☉	Seule s.✉	Neuf ☆	Obl. ☉	Seule s.✉	Neuf ☆	Obl. ☉	Seul s.✉
36 10c bistre	2 125	190	250	2 975	370	450	3 825	600	750	4 000	1 500	2 550
b - bistre-brun	2 390	213	280	3 345	416	500	4 300	675	845	4 500	1 690	2 870

ÉMISSION SIÈGE DE PARIS

20 c. bleu

Type: CÉRÈS
Légende: REPUB FRANC
Type d'impression: TYPOGRAPHIQUE

Date de création: 28 SEPTEMBRE 1870
Date de fabrication:
Date d'émission: OCTOBRE 1870

	Neuf ☆	Neuf s/g (☆)	Obl. ⊙	Seul s.⊠
37 20c bleu	**450**	**150**	**8**	**12**
a - bleu pâle	450	175	9	15
b - bleu foncé	550	200	10	16
c - papier jaunâtre	650	250	18	25
d - réimpression Granet	475	175		

	⊟⊟			⊟⊟⊟			⊟⊟⊟⊟			⊞		
	Neuf ☆	Obl. ⊙	Seule s.⊠	Neuf ☆	Obl. ⊙	Seule s.⊠	Neuf ☆	Obl. ⊙	Seule s.⊠	Neuf ☆	Obl. ⊙	Seul s.⊠
37 20c bleu	950	20	30	1 450	45	65	2 000	90	135	2 000	150	325
b - bleu foncé	1 250	9	43	1 850	64	93	2 500	128	194	2 500	210	465

ÉMISSION SIÈGE DE PARIS

40 c. orange

Type: CÉRÈS
Légende: REPUB FRANC
Type d'impression: TYPOGRAPHIQUE

Date de création: 28 SEPTEMBRE 1870
Date de fabrication:
Date d'émission: OCTOBRE 1870

	Neuf ☆	Neuf s/g (☆)	Obl. ⊙	Seul s.✉
38 40c orange	**750**	**300**	**8**	**15**
a - orange clair	750	300	8	15
b - jaune-orange	800	375	10	16
c - orange vif	900	400	12	20
e - orange sur papier jaunâtre	800	375	10	16
f - 4 retouchés (tirage: 360 000)	4 250	1 350	165	325
fa - idem tenant à normal	8 500	2 550	550	1 200
g - paire de 4 retouchés	26 500	7 750	3 250	3 750
h - coin supérieur droit fendu (case 8)			100	
i - coin inférieur droit défectueux (case 143)			90	
j - coin inférieur gauche absent (case 144)	1 200	550	125	
k - "ab see" au verso			60	125
l - "Lafontaine" au verso			50	100
m - "Langer" au verso			150	250

	☐☐			☐☐☐			☐☐☐☐			⊞		
	Neuf ☆	Obl. ⊙	Seule s.✉	Neuf ☆	Obl. ⊙	Seule s.✉	Neuf ☆	Obl. ⊙	Seule s.✉	Neuf ☆	Obl. ⊙	Seul s.✉
38 40c orange	1 875	22	25	2 625	35	55	3 375	55	85	3 500	140	285
c - orange vif	2 250	26	30	3 150	42	66	4 050	66	102	4 200	168	340

TÊTE-BÊCHE

	☆	⊙	✉		☆	⊙	✉
				T37 - 20c bleu	5 500	2 000	5 500
T36 - 10c bistre	8 500	3 100	7 500	T37a - 20c bleu pâle	5 750	2 050	5 650
T36a - 10c bistre-jaune	9 000	3 500	7 650	T37b - 20c bleu terne	5 500	2 000	5 500
T36b - 10c bistre-brun	9 500	3 600	7 750	T37c - 20c bleu foncé	6 000	2 100	5 650
T36c - 10c pap jaunâtre	12 000	4 000	8 500	T37d - 20c bl pap jaunâtre	7 000	2 400	5 850

TIMBRES COUPÉS SUR LETTRE

36	**10c bistre**	**6 250**
37	**20c bleu coupé en ½**	**125 000**
37	**20c bleu coupé en ¼**	**115 000**
38	**40c orange sur lettre**	**67 500**
38	**40c orange sur affiche de vente**	**36 000**

OBLITÉRATIONS

		étoile		cachet à date rouge des imprimés		gros chiffres		cachet à date	
		□	✉	□	✉	□	✉	□	✉
35	5 c.	175	225	200	1 200	175	220	175	225
36	10 c.	90	135	145	1 450	90	125	90	155
37	20 c.	8	13	125	1 550	8	13	12	40
38	40 c.	8	11	60	550	8	11	9	22

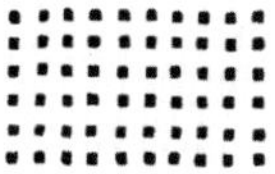

		gros points		AS.NA.		ancre		petits chiffres des gros chiffres	
		□	⊠	□	⊠	□	⊠	□	⊠
35	5 c.	» »	» »	» »	» »	190	» »	175	225
36	10 c.	145	1100	160	2500	175	1100	100	150
37	20 c.	80	725	75	1500	75	1000	15	50
38	40 c.	70	650	85	1650	35	150	13	30

Toutes les cotes des obliterations ci-dessous sont pour le timbre 40 c. orange No 38. Sauf indication contraire.

Cachet sur la lettre	couleur	Cachet sur le timbre	couleur	□	⊠
OBLITERATIONS DIVERSES					
Cachet affranchissements	N	Même cachet sur le timbre	N	40	450
Cachet chargement	N	Même cachet sur le timbre	N	30	275
Cachet Paris Etranger	N	Même cachet sur le timbre	N	35	385
Cachet de gare (20 c.)	N	Même cachet sur le timbre	N	15	190
BORDEAUX SPECIAUX					
Cachet Versailles Chambre des deputes	N	Même cachet sur le timbre	N	70	875
Cachet Versailles Sénat	N	Même cachet sur le timbre	N	70	875
Cachet Exposition universelle 1878	N	Même cachet sur le timbre	N	100	1 650
Bureau de Passe	N	Même cachet sur le timbre	N	15	250 x
GUERRE CONTRE LA PRUSSE (20 c. No 37)					
Armée du Rhin Bureau AL	N	Losange AR 13e C	N	180	2 750
Armée du Rhin Q.G. 13e Corps	N	Losange ARAL	N	170	2 500
Armée Française Bureau (A à M)	N	Losange AF (A à M)	N	200	3 000
Armée Française Bureau (A à M)	R	Losange AF (A à M)	R	300	3 850
Armée Française 14e Corps	R	Même cachet sur le timbre	R	280	3 000
Armée Française Quartier Général	N	Même cachet sur le timbre	N	180	2 200
OBLITERATION ANGLAISE					
Cachet de Malte A 25	N	Même cachet sur le timbre	N	100	3 300
OBLITERATIONS ESPAGNOLES					
....		Cachet Admon de Cambio	N	40	475 x
....		Cachet Admon de Cambio	B	45	725 x
....		Chiffre taxe 3 (Valence)	N	70	1 550 x
Cachet à date de Madrid (1875)		Grille de points	N	250	4 150
OBLITERATIONS ITALIENNES					
....		FRANCIA VIA DI MARE	N	40	475
....		VIA DI MARE (E)	N	70	2 100
Cachet à date italien	N	Chiff. dans un rect. de points	N	50	1 550 x
....	N	Cachet à date Napoli même coul.			
		que sur le timbre	N		2 500
		Loi postale Francesi même coul.			
....		que sur le timbre	N		2 500

x à partir de

ÉMISSION DE BORDEAUX

1 c. olive

Type: CÉRÈS
Légende: REPUB FRANC
Type d'impression: LITHOGRAPHIQUE

Date de création: 19 OCTOBRE 1870
Date de fabrication: 30 NOVEMBRE 1870
Date d'émission: 5 DÉCEMBRE 1870

Report I

Ombres sous l'oeil formées par des points. Les impressions usées présentent un léger contour blanc derrière la tête.

Report II et III (1e état)

Ombres sous l'oeil formées par des pointillés.
Report II: une ligne blanche derrière la tête souligne le contour des cheveux.
Report III: pas de contour blanc derrière la tête

Report III (2e état)

Ombres sous l'oeil formées par des traits

		Neuf ☆	Neuf s/g (☆)	Obl. ⊙	Seul s.✉	paire seule s.✉
39	**1c olive**	**160**	**80**	**160**	**1 600**	**1 900**
	Report I: 04.12.1870					
1er état	a - vert - olive foncé	240	120	240	1 700	
	b - olive sombre	240	120	240	1 700	
2e état	c - vert - olive	190	95	205	2 000	
	d - gris - olive foncé	320	160	325	220	
	Report II: 12.1870					
	e - olive	160	80	160	1 600	1 900
	f - vert olive foncé	185	90	185	1 700	
	g - olive sombre	275	140	275	2 000	2 450
	h - petit chiffre dans la marge	2 500	1 250			
	Report III: 12.1870					
	i - "b" et cadre sup. brisé	580	170	160	1 800	
1er état	j - olive	150	75	150	1 600	1 900
	k - impression usée (1er état)	225	110	190	1 700	
2e état	l - olive	155	80	150	1 600	
	m - olive clair (2ème état)	170	85	175	1 650	
	n - olive-noir (2ème état)	360	180	330	1 950	3 000
	o - olive-bronze	320	160	325	1 900	2 800

	☐☐			☐☐☐			☐☐☐☐			⊞		
	Neuf	Obl.	✉	Neuf	Obl.	✉	Neuf	Obl.	✉	Neuf	Obl.	✉
39 1 c. Report I	400	480	600	600	735	900	800	1 150	1 400	900	1 360	3 500
39 1 c. Report II	350	420	550	525	650	825	700	950	1 300	850	1 200	3 200
39 1 c. Report III	330	330	500	500	520	750	660	720	900	700	1 000	3 700

ÉMISSION DE BORDEAUX

2 c. brun rouge

Type: CÉRÈS
Légende: REPUB FRANC
Type d'impression: LITHOGRAPHIQUE

Date de création: 19 OCTOBRE 1870
Date de fabrication: 5 DÉCEMBRE 1870
Date d'émission: 14 DÉCEMBRE 1870

← Perles reliées

Report I

Toutes les lignes ondulées sont
formées par des points, notamment
celles entre le cadre et la boucle du 2
qui sont peu visibles.

Report II

La plupart des lignes ondulées sont
formées par des traits. Trois lignes
horizontales séparées se trouvent
entre le cadre et la boucle du 2.

40 2c brun rouge

	Neuf ☆	Neuf s/g (☆)	Obl. ⊙	Seul ⊠	paire seule ⊠
Report I: 2c chocolat clair 14.12.1870	**1 600**	**420**	**1 000**	**4 400**	**14 000**
b - chocolat	1 900	540	1 150	3 900	
c - chocolat foncé	2 600	1 000	2 000	5 100	
d - brun-rouge	7 550	3 300	9 000	42 000	
d - impression fine dite "de Tours"	2 100	850	6 000	33 000	
Report II: brun - rouge 18.12.1870	**345**	**175**	**345**	**3 600**	**10 000**
a - brun-rouge clair	350	180	345	3 600	
b - brun-rouge foncé	450	200	360	3 650	
c - rouge-brique	1 150	450	1 000	3 800	
d - rouge-brique foncé	2 750	1 100	1 900	4 300	
e - brun clair	570	250	420	4 300	
f - marron	1 950	780	1 000	3 800	
g - chocolat	1 800	660	1 450	4 500	
h - chocolat foncé	6 600	2 800	4 000	8 700	
i - petite boule blanche sous le cou		600			

	Neuf ☆	Obl. ⊙	⊠	Neuf ☆	Obl. ⊙	⊠	Neuf ☆	Obl. ⊙	⊠	Neuf ☆	Obl. ⊙	⊠
40 2 c. Report I : chocolat	**3 500**	**2 350**	**3 500**	**5 000**	**4 000**	**5 750**	**6 750**	**5 800**	**7 500**	**7 500**	**10 500**	
c - chocolat foncé	5 250	4 500	6 000	8 000	7 500	10 500	10 500	10 500	15 000	13 250		
40 2 c. Report II : brun - rouge	**750**	**850**	**1 200**	**1 150**	**1 350**	**1 850**	**1 600**	**2 100**	**2 900**	**1 900**	**3 150**	**7 000**
d - rouge brique	2 500	2 250	3 000	3 850	3 500	4 650	5 150	5 500	7 000	5 250	8 500	12 500
f - marron	4 000	2 500	3 500	6 250	4 000	5 350	8 250	6 500	8 000	9 000	8 500	13 000

ÉMISSION DE BORDEAUX

4 c. gris

Type: CÉRÈS
Légende: REPUB FRANC
Type d'impression: LITHOGRAPHIQUE

Date de création: 19 OCTOBRE 1870
Date de fabrication: 30 NOVEMBRE 1870
Date d'émission: 13 DÉCEMBRE 1870

Report I

Impression fine du burelage constitué par des points. Le trait formant les ombres sous l'oeil sont plus ou moins reliés entre eux.

Report II

Impression plus lourde du burelage constitué de traits irréguliers dont certains se touchent.

	Neuf ☆	Neuf s/g (☆)	Obl. ☉	Seul ✉	paire seule ✉
41 4c gris					
Report I: gris 13.12.1870	5 000	2 000	3 000		
a - gris - jaunâtre	4 500	1 800	2 900		
Report II: gris 12.1870	375	175	310	20 000	25 000
b - gris clair	375	175	310		
c - gris jaunâtre	400	200	310	20 000	
d - gris-lilas	600	300	450	20 000	
e - gris foncé	700	350	650	20 000	
f - gris très foncé	2 500	1 250	1 550		

	Neuf ☆	⊓⊔ Obl. ☉	✉	Neuf ☆	⊓⊓⊔ Obl. ☉	✉	Neuf ☆	⊓⊓⊓⊔ Obl. ☉	✉	Neuf ☆	⊞ Obl. ☉	✉
41 4c Report I : gris	12 000	6 500			10 000			17 000		22 000		
41 4c Report II : gris	800	800	1 150	1 200	1 350	1 850	1 600	2 000	2 850	2 100	3 350	8 000
e - gris foncé	1 500	1 500	2 500	2 250	2 400	3 350	3 000	3 200	4 650	3 500	5 000	10 000

ÉMISSION DE BORDEAUX

5 c. vert jaune

Type: CÉRÈS
Légende: REPUB FRANC
Type d'impression: LITHOGRAPHIQUE

Date de création: 19 OCTOBRE 1870
Date de fabrication: 24 NOVEMBRE 1870
Date d'émission: DÉCEMBRE 1870

report 1   report 2

Report 1, pas de ligne derrière la tête Impression fine, dépouilée dans les angles.
Report 2, ligne blanche derrière la tête plus ou moins marquée

REPORTS DU 5 CENTIMES

1er état   2e état   3e état   4e état

1er état : impression très fine au début du tirage, forte-ligne blanche derrière la tête. Ombres sous l'œil constituées par les petits traits nettement séparés les uns des autres. Dans la suite du tirage quelques traits se rejoignent et la signe blanche est moins accentuée.

2e état : impression moins fine. Ombre sous l'œil formant des lignes continues ou presque continues. Faible ligne blanche derrière la tête.

3e état : les ombres sous l'œil sont plus faibles et réduites en volume. Légère ligne blanche derrière la tête.

4e état : cadre intérieur de l'imbriquement à droite et à gauche « épais » nettement visible ; ligne blanche derrière la tête irrégulière et peu marquée,

42 5c vert

	Neuf ☆	Neuf s/g (☆)	Obl. ⊙	Seul ✉	Paire seule ✉
Report I: vert 12.1870	**5 000**	**1 875**	**5 000**	**43 000**	**RR**
Report II: vert 22.12.1870	**350**	**175**	**250**	**6 000**	**1 400**

1er état

	Neuf ☆	Neuf s/g (☆)	Obl. ⊙	Seul ✉	Paire seule ✉
a - vert-jaune	350	175	250	6 000	1 400
b - vert-jaune foncé	450	225	275	6 250	1 400
c - vert-gris	1 250	625	550	6 250	1 500
d - vert-émeraude clair	1 800	900	725	6 500	3 500
e - vert-émeraude foncé	5 600	2 800	1 875	3 150	8 500
f - vert sauge	2 000	1 000	600	6 300	2 200

2er état

	Neuf ☆	Neuf s/g (☆)	Obl. ⊙	Seul ✉	Paire seule ✉
g - vert-jaune	350	175	250	6 000	1 400
h - vert-jaune foncé	450	225	275	6 250	1 400
i - vert-gris	1 000	500	475	6 250	2 000
j - vert foncé	850	425	350	6 250	1 700
k - vert-émeraude clair	1 900	950	775	6 500	3 500
l - vert-émeraude foncé	5 300	2 650	1 750	8 150	10 000
m - vert sauge	1 000	500	400	4 300	

3ème état

	Neuf ☆	Neuf s/g (☆)	Obl. ⊙	Seul ✉	Paire seule ✉
n - vert-jaune	400	200	275	6 000	1 400
o - vert-jaune foncé	500	250	275	6 250	1 600
p - vert foncé	1 500	725	875	6 500	1 800
q - vert-émeraude clair	1 800	900	785	6 750	3 500
r - vert-émeraude foncé	5 400	2 600	1 700	8 125	5 250

4ème état

	Neuf ☆	Neuf s/g (☆)	Obl. ⊙	Seul ✉	Paire seule ✉
s - vert-jaune	625	325	400	7 000	1 600
t - vert-franc	1 800	900	700	7 500	4 000
u - vert foncé	1 600	800	600	7 250	2 000
v - vert-émeraude clair	2 000	1 000	800	7 500	3 800

	⊏⊐ Neuf ☆	⊏⊐ Obl. ⊙	⊏⊐ ✉	⊏⊐⊐ Neuf ☆	⊏⊐⊐ Obl. ⊙	⊏⊐⊐ ✉	⊏⊐⊐⊐ Neuf ☆	⊏⊐⊐⊐ Obl. ⊙	⊏⊐⊐⊐ Seule ✉	⊞ Neuf ☆	⊞ Obl. ⊙	⊞ Seul ✉
42 5 c. Report I : vert		12 500	32 000		21 000	40 000		33 000	47 000	30 000		
42 5 c. Report II : vert jaune	**750**	**625**	**850**	**1 100**	**975**	**1 400**	**1 500**	**1 425**	**2 000**	**1 950**	**2 500**	**5 500**
i - vert foncé	3 000	1 300	1 800	4 500	1 900	2 850	6 000	2 850	4 000	7 250	8 000	
j - vert-émeraude clair	3 750	1 650	2 500	5 600	2 350	3 500	7 650	3 500	5 150	8 750		

ÉMISSION DE BORDEAUX

10 c. bistre

Type: CÉRÈS
Légende: REPUB FRANC
Type d'impression: TYPOGRAPHIQUE

Date de création: 29 OCTOBRE 1870
Date de fabrication: 15 NOVEMBRE 1870
Date d'émission: 4 DÉCEMBRE 1870

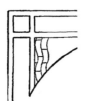

Report I

Le cadre triangulaire intérieur est
formé de traits égaux en épaisseur.

Report II

Le filet intérieur du cadre est plus
épais que les autres traits.

	Neuf ☆	Neuf s/g (☆)	Obl. ☉	Seul ✉
43 10c bistre				
Report I: 13.12.1870	**1 250**	**625**	**90**	**200**
a - bistre foncé	1 400	675	125	250
b - bistre-brun	1 750	875	130	260
c - bistre verdâtre	2 000	1 000	625	1 150
d - bistre rougeâtre			450	1 250
Report II: 02.02.1871	**1 250**	**625**	**135**	**200**
e - bistre-jaune	1 250	625	135	200
f - bistre orangé	1 850	925	150	250
g - bistre-brun	1 750	875	175	275
h - brun	1 850	925	175	300
i - bistre verdâtre	1 825	925	575	850
j - citron	2 500	1 250	1 000	1 600

	Neuf ☆	Obl. ☉	Seule ✉	Neuf ☆	Obl. ☉	Seule ✉	Neuf ☆	Obl. ☉	Seule ✉	Neuf ☆	Obl. ☉	Seul ✉
43 10c Report I : bistre	**2 800**	**215**	**250**	**4 200**	**380**	**425**	**5 600**	**760**	**900**	**6 000**	**2 200**	**4 000**
a - bistre foncé	3 080	236	275	4 620	418	468	6 160	836	990	6 600	2 420	4 400
43 10c Report II : bistre	**2 800**	**285**	**325**	**4 200**	**500**	**600**	**5 600**	**900**	**1 100**	**6 000**	**2 400**	**4 800**
f - bistre orangé	4 300	440	500	6 500	770	925	8 600	1 400	1 700	9 200	3 700	7 400
i - bistre verdâtre	4 000	1 250	1 650	6 000	2 150	2 650	8 000	4 000	4 850	9 000	6 000	8 500

ÉMISSION DE BORDEAUX

20 c. bleu - type I

Type: CÉRÈS
Légende: REPUB FRANC
Type d'impression: LITHOGRAPHIQUE

Date de création: 19 OCTOBRE 1870
Date de fabrication: 6 NOVEMBRE 1870
Date d'émission: 13 NOVEMBRE 1870

20 CENTIMES

 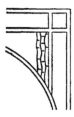

 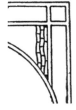

Report I

Dans la partie supérieure droite du timbre l'imbriquement est normal

Report II

Dans la partie supérieure droite du timbre, un point de couleur réunit la ligne intérieure du cadre au premier trait horizontal de l'imbriquement

	Neuf ☆	Neuf s/g (☆)	Obl. ⊙	Seul ✉
44 20c bleu : type I				
Report I : 13.11.1870	**33 000**	**16 500**	**825**	**1 250**
a - bleu clair	33 000	16 500	825	1 250
b - bleu foncé	40 000	20 000	1 150	1 650
c - bleu outremer	44 000	22 000	1 750	2 350
Report II : 18.11.1870	**33 000**	**16 500**	**1 000**	**1 450**
a - bleu pâle	33 000	16 500	1 000	1 450
b - bleu foncé	40 000	20 000	1 200	1 875

	Neuf ☆	Obl. ⊙	Seule ✉	Neuf ☆	Obl. ⊙	Seule ✉	Neuf ☆	Obl. ⊙	Seule ✉	Neuf ☆	Obl. ⊙	Seul ✉
44 20c Report I : bleu	**72 000**	**2 200**	**3 750**		**4 100**	**5 750**		**8 100**	**11 000**	**200 000**	**57 000**	
b - bleu foncé	85 000	2 500	4 400		4 800	6 700		9 500	12 900			
44 20c Report II : bleu	**72 000**	**2 700**	**4 250**		**4 700**	**6 250**		**9 000**	**13 500**	**200 000**	**65 000**	
e - bleu foncé	85 000	2 700	4 250		4 700	6 250		9 000	13 500			

ÉMISSION DE BORDEAUX

20 c. bleu - type II

Type: CÉRÈS
Légende: REPUB FRANC
Type d'impression: LITHOGRAPHIQUE

Date de création:
Date de fabrication:
Date d'émission: 15 NOVEMBRE 1870

Report I	*Report II*	*Report III*

Les seconds grains de raisin des 1ᵉ et 3ᵉ rangées de la grappe sont blancs. Le premier lobe de la feuille de vigne de droite est à peine indiqué.

Les seconds grains de raisin des 1ᵉ et 3ᵉ rangées de la grappe sont ombrés par un trait courbe. La feuille de vigne est franchement découpée.

Mêmes caractéristiques que le Report II. De plus, le contour des cheveux est souligné par une ligne blanche.

	Neuf ☆	Neuf s/g (☆)	Obl. ☉	Seul ✉
45 20c bleu : type II				
Report I : 15.11.1870	**1 800**	**900**	**125**	**170**
a - bleu foncé	1 800	900	125	170
b - bleu-noir	3 600	1 800	1 500	2 150
c - impression fine	2 500	1 100	425	650
Report II : 06.12.1870	**1 800**	**900**	**175**	**225**
d - bleu foncé	1 800	900	175	225
e - bleu verdâtre foncé	2 600	1 300	175	250
Report III : 13.12.1870	**1 600**	**800**	**75**	**125**
f - bleu terne	1 600	800	75	125
g - bleu foncé	2 000	950	150	185
h - bleu verdâtre	2 600	1 300	175	250
i - outremer	30 000	15 000	4 750	6 500
g - boule blanche dans la grecque			200	
F45 II - faux pour tromper la poste	**650**	**235**	**650**	**7 250**
F45 II - faux de marseille			**450**	**5 250**

	⊞⊞ Neuf ☆	Obl. ☉	Seule ✉	⊞⊞⊞ Neuf ☆	Obl. ☉	Seule ✉	⊞⊞⊞⊞ Neuf ☆	Obl. ☉	Seule ✉	⊞ Neuf ☆	Obl. ☉	Seul ✉
45 20c Report I : bleu	3 900	220	275	5 900	440	585	7 900	900	1 300	7 900	2 200	4 450
45 20c Report II : bleu	3 900	220	275	5 900	440	585	7 900	900	1 300	7 900	2 200	4 450
45 20c Report III : bleu	3 500	200	265	5 200	400	565	7 000	800	1 200	7 000	2 000	4 300
g - bleu foncé	4 250	425	500	6 350	850	1 200	8 500	1 750	2 500	9 500	4 000	6 650

ÉMISSION DE BORDEAUX

20 c. bleu - type III

Type: CÉRÈS
Légende: REPUB FRANC
Type d'impression: LITHOGRAPHIQUE

Date de création:
Date de fabrication:
Date d'émission: 13 DÉCEMBRE 1870

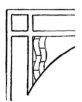

Report I

Le cadre triangulaire intérieur est formé de traits égaux en épaisseur. De plus, le contour des cheveux est souligné par une légère ligne blanche

Report II

Le filet intérieur du cadre est plus épais que les autres traits. Pas de contoir blanc derrière la tête.

	Neuf ☆	Neuf s/g (☆)	Obl. ☉	Seul ✉
46 20c bleu : type III				
Report I : 13.12.1870	1 800	875	120	225
a - bleu pâle	1 800	875	120	225
b - bleu-gris	2 000	975	325	450
c - bleu foncé	2 200	1 000	200	325
d - bleu outremer	3 300	1 650	900	1 150
e - outremer nuance vive			3 000	5 000
Report II : 14.01.1871	1 500	600	25	30
f - bleu pâle	1 500	600	25	30
g - bleu-gris	1 750	800	90	125
h - bleu foncé	1 800	800	45	60
i - bleu outremer			1 500	2 000

	⊡⊡			⊡⊡⊡			⊡⊡⊡⊡			⊞		
	Neuf ☆	Obl. ☉	Seule ✉	Neuf ☆	Obl. ☉	Seule ✉	Neuf ☆	Obl. ☉	Seule ✉	Neuf ☆	Obl. ☉	Seul ✉
46 20c Report I : bleu	3 800	420	500	5 800	880	1 200	7 800	1 600	2 000	8 400	3 700	8 000
46 20c Report II : bleu	3 250	70	110	4 900	120	175	6 600	240	325	6 900	1 900	4 500

ÉMISSION DE BORDEAUX

30 c. brun

Type: CÉRÈS
Légende: REPUB FRANC
Type d'impression: LITHOGRAPHIQUE

Date de création: 19 OCTOBRE 1870
Date de fabrication: 30 DÉCEMBRE 1870
Date d'émission: 30 DÉCEMBRE 1870

	Neuf ☆	Neuf s/g (☆)	Obl. ☉	Seul ✉
47 30c brun	**480**	**240**	**300**	**500**
a - brun clair	480	240	300	500
b - brun foncé	575	285	340	625
c - brun-noir	2 750	1 350	1 000	1 550
d - "impression fine" brun verdâtre	3 750	1 850	3 500	5 500
e - "r" relié au cadre (case 2)	750	375	500	780
ea - idem tenant à normal	1 375	685	900	1 450
f - ligne blanche derrière la tête	1 000	500	450	800

	▭▭			▭▭▭			▭▭▭▭			⊞		
	Neuf ☆	Obl. ☉	Seule ✉	Neuf ☆	Obl. ☉	Seule ✉	Neuf ☆	Obl. ☉	Seule ✉	Neuf ☆	Obl. ☉	✉
47 30c brun	**1 000**	**800**	**1 300**	**1 500**	**1 400**	**2 350**	**2 000**	**2 450**	**3 750**	**2 400**	**4 500**	**12 000**
c - brun-noir	5 750	2 500	4 000	6 500	4 500	7 750	11 500	8 250	12 000	13 000	16 000	

ÉMISSION DE BORDEAUX

40 c. orange

Type: CÉRÈS
Légende: REPUB FRANC
Type d'impression: LITHOGRAPHIQUE

Date de création: 19 OCTOBRE 1870
Date de fabrication: 22 NOVEMBRE 1870
Date d'émission: 9 DÉCEMBRE 1870

	Neuf ☆	Neuf s/g (☆)	Obl. ⊙	Seul ⊠
48 40c orange	**600**	**300**	**155**	**240**
a - orange clair	600	300	180	240
b - jaune-orange	1 800	900	350	530
d - orange vif	975	485	290	375
e - orange foncé	875	440	280	410
f - rouge clair	2 000	1 000	1 100	1 450
g - rouge-sang	1 750	850	950	1 250
h - rouge-sang foncé	7 500	3 750	2 500	3 000
i - ocre	11 000	5 500	2 500	3 500
j - jaune-citron	15 000	7 500	5 000	10 000
k - boule sous le cou			600	
l - rouge	5 600	3 800	2 500	3 500
m - orange vermillonné	1 550	780	440	560
n - vermillon vif			2 000	3 000
o - "4" large (pseudo-retouché, cases 2-3 du bloc report)	5 000	2 000	2 500	3 500

	⊓⊔ Neuf ☆	Obl. ⊙	Seule ⊠	⊓⊓ Neuf ☆	Obl. ⊙	Seule ⊠	⊓⊓⊓ Neuf ☆	Obl. ⊙	Seule ⊠	⊞ Neuf ☆	Obl. ⊙	⊠
48 40c orange	**1 300**	**450**	**1 000**	**2 000**	**900**	**1 800**	**2 700**	**1 900**	**3 000**	**2 900**	**4 850**	**12 000**
d orange vif	2 000	970	1 500	3 000	1 700	3 400	4 000	3 500	5 250	5 000	7 000	15 000
g - rouge sang	3 750	2 250	3 750	5 750	4 500	9 000	7 750	10 000	15 000	8 750	11 000	

ÉMISSION DE BORDEAUX

80 c. rose

Type: CÉRÈS
Légende: REPUB FRANC
Type d'impression: LITHOGRAPHIQUE

Date de création: 19 OCTOBRE 1870
Date de fabrication: 22 NOVEMBRE 1870
Date d'émission: 7 DÉCEMBRE 1870

	Neuf ☆	Neuf s/g (☆)	Obl. ⊙	Seul ✉
49 80c rose	**725**	**365**	**400**	**1 100**
a - rose clair	725	365	400	1 100
b - rose vif	1 100	545	440	1 250
c - rose carminé	1 450	725	560	1 250
d - rose carminé foncé	1 800	900	1 000	2 000
e - groseille	3 250	1 600	1 600	2 400
f - saumon	7 000	3 350	3 000	5 000
g - "88" au lieu de "80"	25 000	12 500	10 000	15 000
ga - idem tenant à normal	30 000	15 000	12 500	
h - boule blanche sous le cou	29 400	14 700	8 150	
ha - idem tenant à normal	37 500	20 000	11 500	

	☐☐ Neuf ☆	Obl. ⊙	Seule ✉	☐☐☐ Neuf ☆	Obl. ⊙	Seule ✉	☐☐☐☐ Neuf ☆	Obl. ⊙	Seule ✉	⊞ Neuf ☆	Obl. ⊙	✉
49 80c rose	**1 600**	**875**	**3 000**	**2 400**	**1 550**	**5 000**	**3 200**	**2 350**	**7 500**	**3 750**	**4 700**	**12 000**
b - rose vif	2 400	1 330	3 500	3 600	2 350	5 500	4 900	3 600	8 000	5 700	7 100	15 000
d - rose carminé	3 000	1 250	3 500	4 500	2 250	5 500	6 000	3 500	8 000	7 250	5 750	

TIMBRES COUPÉS SUR LETTRE

40	2c brun-rouge	100 000
43	10c bistre	20 000
46	20c bleu coupé en ½	45 000
46	20c bleu coupé en ¼	57 500
48	40c orange	85 000
49	80c rose coupé en ½	100 000
49	80c rose coupé en ¼	90 000

PIQUAGES

	39: 1c olive			40 II: 2c rep 2			41 II: 4c rep 2			42 II: 5c rep 2			43: 10c bistre			44: 20c type I		
	☆	⊙	✉	☆	⊙	✉	☆	⊙	✉	☆	⊙	✉	☆	⊙	✉	☆	⊙	✉
P1: percé en ligne	125	200	2 200	285	300	2 200	300	300	1 800	300	250	1 100	1 000	150	825		700	2 900
41 I P1: report 1							1 900	2 000	3 600									
P5: Avallon														3 000	22 000			
P18: Libourne														750	3 850			
P20A: Marseille								900	7 000									
P20B: Marseille														1 000	8 000			

	45: 20c type II			46: 20c type III			47: 30c brun			48: 40c orange			49: 80c rose		
	☆	⊙	✉	☆	⊙	✉	☆	⊙	✉	☆	⊙	✉	☆	⊙	✉
P1: percé en ligne	1 200	55	260	1 100	50	255	400	425	1 950	500	165	770	575	475	2 400
P5: Avallon		3 000	16 500												
P6: Avignon					1 000	2 400									
P7: Bayonne					450	2 400									
P14: Etampes					500	2 900									
P19: Lisieux					450	2 500									
P20A: Marseille															
P20B: Marseille															
P21: Melun					1 000	4 675									
P23: Nantes					1 000	4 675									
P24: Palluau					500	2 750									
P29: Sées					1 000	4 750									

BLOCS REPORT DE 15

Face à la difficulté de reconstitution des blocs reports, on considère des timbres de bel aspect mais pouvant présenter de légers défauts. Ceci est surtout valable pour les 2c I, 4c I, 5c I, 20c TI.

	☆	⊙ reconstitué		☆	⊙ reconstitué
39 I 1c report 1	5 500	3 500	44 I 20c t. I r1		17 000
39 II 1c report 2	5 000	3 100	44 II 20c t. I r2		21 000
39 III 1c report 3	4 500	2 850	45 I 20c t. II r1	62 500	1 275
40 I 2c report 1	45 000	22 500	45 II 20c t. II r2	62 500	1 275
40 II 2c report 2	10 500	6 500	45 III 20c t. II r3	62 500	1 200
41 I 4c report 1	70 000	58 500	46 I 20c t. III r1	60 000	2 450
41 II 4c report 2	11 000	6 000	46 II 20c t. III r2	54 000	450
42 I 5c report 1	150 000	90 000	47 30c	14 500	6 000
42 II 5c état 1 1er t	10 500	4 700	48 40c	18 000	3 150
43 I 10c report 1	37 500	1 700	49 80c	21 500	7 950
43 II 10c rep 2	37 500	2 600			

OBLITÉRATIONS

		PC du GC		c. à d. T17		c. à d. T24		Etoile chiffrée		Ambulant		Ancre		OR	
		□	✉	□	✉	□	✉	□	✉	□	✉	□	✉	□	✉
39I, 39II, 39III	1c.	300	950	170	300	450	1 000	800	RR	200	400	700	» »	800	» »
40I	2c.	1 350	2 600	1 100	1 300	2 300	» »	2 200	» »	1 150	1 300	2 200	» »	RR	» »
40II	2c.	450	1 400	380	500	8 500	1 750	950	3 200	400	650	750	» »	950	» »
41I	4c.	3 000	» »	2 700	RR	» »	7 000	7 000	» »	2 700	» »	RR	» »	» »	» »
41II	4c.	450	1 500	375	800	1 050	2 200	1 050	RR	380	700	800	» »	1 100	5 700
42I	5c.	5 700	» »	5 200	» »	» »	» »	RRR	» »	5 400	» »	RR	» »	» »	» »
42II	5c.	340	1 400	300	450	900	1 700	700	1 200	300	400	650	» »	700	3 850
43I	10c.	130	350	110	240	350	800	280	1 000	130	280	350	900*	300	2 200
43II	10c.	180	400	150	300	450	850	300	1 050	150	300	400	1 000*	350	2 300
44I, 44II	20c.	1 150	2 850	1 600	3 300	2 300	» »	2 500	RR	950	1 800	1 500	2 700*	» »	» »
45I, 45II	20c.	95	300	140	400	900	1 300	200	700	85	150	200	500*	500	2 750
45III	20c.	85	260	130	370	800	1 200	180	600	80	140	180	450*	450	2 550
46I	20c.	260	440	250	480	1 100	1 700	450	1 000	170	300	400	750*	900	» »
46II	20c.	50	120	120	350	800	1 200	130	550	45	120	170	450*	450	2 550
47	30c.	450	1 250	650	1 850	1 050	3 300	800	3 200	380	650	500	850*		
48	40c.	230	850	600	1 750	1 050	» »	650	2 700	220	350	225	500*		
49	80c.	470	1 350	850	2 200	1 400	» »	1 000	5 200	450	950	500	1 000*		

*Ancre à partir de...

Etoiles chiffrées : les cotes indiquées sont des "Minima". Celles-ci peuvent être majorées suivant la rareté de l'étoile.

Moins value pour l'Etoile pleine du Bureau Central.

Cotes sur ✉ du T24 utilisé seul sur valeurs du 1c au 10c (tarif des imprimés).

39 RI.R2.R3	4 000–9 000 (en paire)
40 RI chocolat clair	Inconnu à ce jour
40 R2	11 500–35 000 (en paire. 1 pièce connue)
41 RI	Inconnu à ce jour
41 R2	65 000 (2 pièces connues)
42 RI	Inconnu à ce jour
42 R2	20 000 (1 pièce connue)
43 RI.R2.R3	1 200

AFFRANCHISSEMENTS DE SEPTEMBRE 1871
AVEC UNIQUEMENT DES TIMBRES DE L'ÉMISSION DE BORDEAUX.
POUR DES LETTRES DU PREMIER ÉCHELON EN FRANCE ET ALGERIE SAUF PARIS,
APPLICATION DU CHANGEMENT DE TARIF (LOI DU 24 AOUT 1871).

I – PORT LOCAL. Affranchissement à 15 centimes.

✉ 4 c.	Rep II x 4 (1c. en trop)	..............3 000	
✉ 5 c.	Rep II x 3 (ou bande de 3)	..............5 000	
✉ 5 c.	Rep II + 10 c. Rep I ou II	..............6 000	
✉ 10 c.	Rep I ou II + 1 c. Rep I, II ou III x 5 (ou bande de 5)	..............RR	
✉ 10 c.	Rep I ou II + 2 c. Rep II x 2 + 1 c. Rep I, II ou III (Tricolore)..............(à partir de)	13 500	RR avec 2 c. Rep I
✉ 10 c.	Rep I ou II + 4 c. Rep II + 1 c. Rep I, II ou III (Tricolore)..............(à partir de)	11 500	RR avec 4 c. Rep I

II – PORT TERRITORIAL. Affranchissement à 25 centimes.

✉ 5 c.	Rep II x 3 + 10 c. Rep I ou II	..............5 250	
✉ 5 c.	Rep II x 5 (ou bande de 5)	..............5 250	
✉ 10 c.	Rep I ou II x 2 + 1 c. Rep I, II ou III x 5 (ou bande de 5).	..............6 250	
✉ 10 c.	Rep I ou II x 2 + 5 c. Rep II	..............4 250	
✉ 20 c.	Type I Rep I ou II + 5 c. Rep II	..............R	
✉ 20 c.	Type II Rep I, II ou III + 1 c. Rep I, II ou III x 5 (ou bande de 5)	..............4 250	
✉ 20 c.	Type II Rep I, II ou III + 5 c. Rep II	..............3 350	
✉ 20 c.	Type III Rep I + 1 c. Rep I, II ou III x 5 (ou bande de 5)	..............4 800	
✉ 20 c.	Type III Rep I + 5 c. Rep II	..............3 500	
✉ 20 c.	Type III Rep II + 1 c. Rep I, II ou III x 5 (ou bande de 5)	..............3 750	
✉ 20 c.	Type III Rep II + 5 c. Rep II	..............3 250	

Affranchissement tricolore

✉ 10 c.	Rep I ou II x 2 + 2 c. Rep II x 2 + 1 c. Rep I, II ou III(à partir de)	9 000	RR avec 2 c. Rep I
✉ 10 c.	Rep I ou II x 2 + 4 c. Rep II + 1 c. Rep I, II ou III (à partir de)	8 250	RR avec 4 c. Rep I
✉ 20 c.	Type III Rep I + 2 c. + 1 c. Rep I, II ou III(à partir de)	9 000	RR avec 2 c. Rep I
✉ 20 c.	Type III Rep I + 4 c. Rep II + 1 c. Rep I, II ou III..............(à partir de)	8 500	RR avec 4 c. Rep I
✉ 20 c.	Type III Rep II + 2 c. Rep II x 2 + 1 c. Rep I, II ou III ....(à partir de)	9 000	RR avec 2 c. Rep I
✉ 20 c.	Type III Rep II + 4 c. Rep II + 1 c. Rep I, II ou III..............(à partir de)	7 600	RR avec 4 c. Rep I

Même cote pour le 20 c. Type II Rep I, II ou III que pour le Type III Rep II

* Plis affranchise du 1 er Septembre 1871   Plus value importante

Prévoir une plus-value pour les plis affranchise d'ALGERIE et de la CORSE.
Les cotes s'appliquent aux plis don't les timbres sont oblitérés G.C.
Les cachets à date d'accompagnement étant aux types 16 ou 17.
Le cas du 5 c. Rep I est volontairement non traité ici. Il s'agit toujours de plis RR.

ANNULATIONS TYPOGRAPHIQUES DES JOURNAUX

	Timbres detachés		Timbres sur Journal Entier	
	□	□□	□	□ ou □ □
39 R1. R2. R2	300	700	4 500	3 200
40c R1	1 500		5 000	
40d R1	13 000		50 000	
40d R1	9 500		45 000	
40 R2	600	1 400	4 000	16 000
41 R2	900		35 000	

	Provenant d'Affiches		Sur Affiches (Entières)	
	□	□□		
42 R2	900		42 R2	RR
43 R1 ou R2	1 200	RR	43 R1 ou R2	RR

ÉMISSION CÉRÈS DENTELÉS

1 c. vert olive

Type: CÉRÈS
Légende: REPUB FRANC
Type d'impression: TYPOGRAPHIQUE

Date de création: 8 OCTOBRE 1870
Date de fabrication:
Date d'émission: NOVEMBRE 1872

	Neuf ☆	Neuf s/g (☆)	Obl. ⊙	Seul ⊠
50 1c vert-olive	**90**	**20**	**30**	**120**
non dentelé	400	200		
a - vert-olive clair	90	20	30	120
b - vert-bronze	100	25	32	125
d - fond ligné	100	40	40	130
e - cadre inférieur brisé	200	80	70	165
f - trait supérieur du cadre brisé	550	275	275	425

	⬚⬚			⬚⬚⬚			⬚⬚⬚⬚			⊞		
	Neuf ☆	Obl. ⊙	Seule ⊠	Neuf ☆	Obl. ⊙	Seule ⊠	Neuf ☆	Obl. ⊙	Seule ⊠	Neuf ☆	Obl. ⊙	Seul ⊠
50 1c vert-olive	**190**	**35**	**60**	**290**	**55**	**90**	**390**	**90**	**115**	**400**	**220**	**350**
b - vert-bronze	210	40	70	320	60	100	430	100	150	425	230	375

ÉMISSION CÉRÈS

2 c. rouge brun

Type: CÉRÈS - GRANDS CHIFFRES
Légende: REPUB FRANC
Type d'impression: TYPOGRAPHIQUE

Date de création: 8 OCTOBRE 1870
Date de fabrication: 2 MAI 1872
Date d'émission: 7 MAI 1872

	Neuf ☆	Neuf s/g (☆)	Obl. ⊙	Seul ✉
51 2c rouge-brun	**175**	**70**	**20**	**130**
non dentelé	500	250		
a - brun-rouge pâle	175	75	20	130
b - rouge-brun foncé	190	80	25	140
c - fond ligné	170	85	33	135
d - cadre inférieur brisé	330	165	150	195
e - trait sous le cadre inférieur	380	190	210	300

	☐☐ Neuf ☆	Obl. ⊙	Seule ✉	☐☐☐ Neuf ☆	Obl. ⊙	Seule ✉	☐☐☐☐ Neuf ☆	Obl. ⊙	Seule ✉	⊞ Neuf ☆	Obl. ⊙	Seul ✉
51 2c rouge-brun	370	45	80	500	80	135	.690	120	200	750	255	450
b - rouge-brun foncé	400	55	90	600	100	165	800	150	250	825	275	500

ÉMISSION CÉRÈS

4 c. gris

Type: CÉRÈS - GRANDS CHIFFRES
Légende: REPUB FRANC
Type d'impression: TYPOGRAPHIQUE

Date de création: 8 OCTOBRE 1870
Date de fabrication: 2 MAI 1872
Date d'émission: JUIN 1872

	Neuf ☆	Neuf s/g (☆)	Obl. ⊙	Seul ✉
52 4c gris	**450**	**190**	**55**	**390**
non dentelé	850	425		
a - gris clair	450	190	55	390
b - gris jaunâtre	460	200	55	390
c - gris-noir	700	350	125	475
d - fond ligné	675	300	70	375

	▢▢			▢▢▢			▢▢▢▢			⊞		
	Neuf ☆	Obl. ⊙	Seule ✉	Neuf ☆	Obl. ⊙	Seule ✉	Neuf ☆	Obl. ⊙	Seule ✉	Neuf ☆	Obl. ⊙	Seul ✉
52 4c gris	**925**	**120**	**200**	**1 400**	**200**	**325**	**1 900**	**285**	**400**	**2 000**	**700**	**1 150**
c - gris-noir	1 500	300	400	2 250	500	750	3 000	700	1 000	3 250	1 400	2 500

ÉMISSION CÉRÈS

5 c. vert jaune

Type: CÉRÈS - GRANDS CHIFFRES
Légende: REPUB FRANC
Type d'impression: TYPOGRAPHIQUE

Date de création: 8 OCTOBRE 1870
Date de fabrication: 2 MAI 1872
Date d'émission: JUIN 1872

	Neuf ☆	Neuf s/g (☆)	Obl. ☉	Seul ✉
53 5c vert jaune	**240**	**120**	**10**	**25**
non dentelé	400	200		
a - vert-jaune sur verdâtre	250	125	11	27
b - vert-jaune sur jaunâtre	240	200	10	25
c - vert sur blanc	250	125	11	27
d - vert clair sur blanc	320	160	15	30
e - vert sur crème	280	140	12	27
f - fond ligné	340	170	15	35
g - papier filigrané Lacroix	1 300	650	150	250
h -cadre inférieur brisé	360	180	90	180
i - trait sous le cadre inférieur	430	215	110	190

	☐☐			☐☐☐			☐☐☐☐			⊞		
	Neuf ☆	Obl. ☉	Seule ✉	Neuf ☆	Obl. ☉	Seule ✉	Neuf ☆	Obl. ☉	Seule ✉	Neuf ☆	Obl. ☉	Seul ✉
53 5c vert jaune	**500**	**25**	**40**	**750**	**45**	**60**	**1 000**	**80**	**115**	**1 100**	**140**	**275**
a - vert-jaune sur verdâtre	550	28	50	825	50	80	1 100	90	130	1 150	150	300

ÉMISSION CÉRÈS

10 c. brun sur rose

Type: CÉRÈS - GROS CHIFFRES
Légende: REPUB FRANC
Type d'impression: TYPOGRAPHIQUE

Date de création: 8 OCTOBRE 1870
Date de fabrication:
Date d'émission: MARS 1873

	Neuf ☆	Neuf s/g (☆)	Obl. ☉	Seul ✉
54 10c brun sur rose	**650**	**275**	**15**	**30**
a - brun foncé sur rose	750	385	18	35
b - fond ligné	800	320	22	40

	Neuf ☆	Obl. ☉	Seule ✉	Neuf ☆	Obl. ☉	Seule ✉	Neuf ☆	Obl. ☉	Seule ✉	Neuf ☆	Obl. ☉	Seul ✉
54 10c brun sur rose	1 350	35	40	2 100	60	80	2 800	90	125	3 250	190	330

ÉMISSION CÉRÈS

15 c. bistre

Type: CÉRÈS - GROS CHIFFRES
Légende: REPUB FRANC
Type d'impression: TYPOGRAPHIQUE

Date de création: 8 OCTOBRE 1870
Date de fabrication:
Date d'émission: JUIN 1873

	Neuf ☆	Neuf s/g (☆)	Obl. ⊙	Seul ✉
55 15c bistre	**625**	**275**	**5**	**10**
a - bistre-jaune	675	300	6	11
b - bistre-brun	675	300	6	11
c - "ab see" au verso			90	

d - erreur: 15c brun sur rose	6 000	3 000	6 500	40 000
e - erreur: 15c tenant à 10c	13 000	6 500	16 000	100 000
55 + 55d sur une lettre connue				—

	⬚⬚			⬚⬚⬚			⬚⬚⬚⬚			⊞		
	Neuf ☆	Obl. ⊙	Seule ✉	Neuf ☆	Obl. ⊙	Seule ✉	Neuf ☆	Obl. ⊙	Seule ✉	Neuf ☆	Obl. ⊙	Seul ✉
55 15c bistre	1 300	15	30	1 950	25	45	2 650	50	85	2 900	190	330

ÉMISSION CÉRÈS

30 c. brun

Type: CÉRÈS - GROS CHIFFRES
Légende: REPUB FRANC
Type d'impression: TYPOGRAPHIQUE

Date de création: 8 OCTOBRE 1870
Date de fabrication:
Date d'émission: SEPTEMBRE 1872

	Neuf ☆	Neuf s/g (☆)	Obl. ⊙	Seul ⊠
56 30c brun	**950**	**475**	**8**	**15**
non dentelé	750	375		
a - brun clair	950	475	8	15
b - brun foncé	1 100	550	10	18
c - brun-gris	1 200	600	10	18
d - fond ligné	1 100	550	20	40
e - "ab see" au verso			135	225
f - "Lafontaine" au verso			150	240
g - "Langer" au verso	1 100	550	165	

	Neuf ☆	Obl. ⊙	Seule ⊠	Neuf ☆	Obl. ⊙	Seule ⊠	Neuf ☆	Obl. ⊙	Seule ⊠	Neuf ☆	Obl. ⊙	Seul ⊠
56 30c brun	2 000	20	50	3 000	35	85	4 000	65	125	4 350	240	440

ÉMISSION CÉRÈS

80 c. rose

Type: CÉRÈS - GROS CHIFFRES
Légende: REPUB FRANC
Type d'impression: TYPOGRAPHIQUE

Date de création: 8 OCTOBRE 1870
Date de fabrication:
Date d'émission: SEPTEMBRE 1872

	Neuf ☆	Neuf s/g (☆)	Obl. ⊙	Seul ✉
57 80c rose	**1 100**	**550**	**15**	**45**
non dentelé	1 100	550		
a - carmin-rosé	1 100	550	17	50
b - carmin vif	1 400	700	22	70
c - fond ligné	1 500	750	35	90
d - "Langer" au verso	1 500	750	250	

	▭▭			▭▭▭			▭▭▭▭			⊞		
	Neuf ☆	Obl. ⊙	Seule ✉	Neuf ☆	Obl. ⊙	Seule ✉	Neuf ☆	Obl. ⊙	Seule ✉	Neuf ☆	Obl. ⊙	Seul ✉
57 80c rose	**2 300**	**35**	**75**	**3 400**	**60**	**110**	**4 500**	**90**	**150**	**4 700**	**230**	**400**

ÉMISSION CÉRÈS

10 c. brun sur rose

Type: CÉRÈS - PETITS CHIFFRES
Légende: REPUB FRANC
Type d'impression: TYPOGRAPHIQUE

Date de création: 4 JANVIER 1873
Date de fabrication: 11 JANVIER 1873
Date d'émission: 15 JANVIER 1873

		Neuf ☆	Neuf s/g (☆)	Obl. ⊙	Seul ✉
58	10c brun sur rose petits chiffres	480	210	15	25
	non dentelé	650	325		
	a - brun clair sur rose foncé	550	275	16	30
	b - brun foncé sur rose pâle	520	260	16	30
	c - fond ligné	580	290	22	35

		Neuf ☆	Obl. ⊙	Seule ✉	Neuf ☆	Obl. ⊙	Seule ✉	Neuf ☆	Obl. ⊙	Seule ✉	Neuf ☆	Obl. ⊙	Seul ✉
58	10c brun sur rose petits chiffres	1 000	32	40	1 500	55	75	2 000	80	110	2 200	170	300

ÉMISSION CÉRÈS

15 c. bistre

Type: CÉRÈS - PETITS CHIFFRES
Légende: REPUB FRANC
Type d'impression: TYPOGRAPHIQUE

Date de création: 24 AOÛT 1871
Date de fabrication: 28 AOÛT 1871
Date d'émission: 1 SEPTEMBRE 1871

	Neuf ☆	Neuf s/g (☆)	Obl. ⊙	Seul ✉
59 15c bistre, petits chiffres	**625**	**265**	**5**	**10**
non dentelé		275		
a - bistre-jaune	625	265	5	10
b - bistre-brun	650	300	6	12
c - retouche cadre inférieur droit	675		330	550

	⊡⊡			⊡⊡⊡			⊡⊡⊡⊡			⊞		
	Neuf ☆	Obl. ⊙	Seule ✉	Neuf ☆	Obl. ⊙	Seule ✉	Neuf ☆	Obl. ⊙	Seule ✉	Neuf ☆	Obl. ⊙	Seul ✉
59 15c bistre, petits chiffres	1 300	15	20	1 950	25	40	2 600	50	80	2 750	170	330

ÉMISSION CÉRÈS

25 c. bleu

Type: CÉRÈS - PETITS CHIFFRES
Légende: REPUB FRANC
Type d'impression: TYPOGRAPHIQUE

Date de création: 24 AOÛT 1871
Date de fabrication: 28 AOÛT 1871
Date d'émission: 1 SEPTEMBRE 1871

Type I (1er état)	Type II (2e état)	Type III (3e état)

Fleurons des angles supérieurs normaux.

Encoche de couleurs devant le fleuron supérieur droit.
Pont blanc dans la cartouche du fleuron inférieur droit.

Point de couleur dans le fleuron supérieur gauche.
Deux points de couleur dans le fleuron supérieur droit.

	Neuf ☆	Neuf s/g (☆)	Obl. ⊙	Seul ⊠
60 I 25c bleu type I	**180**	**90**	**2**	**3**
a - bleu foncé	220	110	2	3
b - bleu vif	220	110	2	3
c - impression doublée			850	6 000
d - "ab see" au verso			100	
e - "Lafontaine" au verso			100	150
f - réimpression Granet (nd), bleu laiteux (1887)	650	325		
60 II 25c bleu type II	**3 300**	**1 650**	**30**	**40**
a - bleu pâle	3 500	1 750	32	45
b - bleu foncé	3 800	1 900	35	50
c - bleu vif	3 800	1 900	35	50
60 III 25c bleu type III	**180**	**90**	**2**	**3**
a - bleu clair	180	90	2	3
b - bleu foncé	240	120	2	3
c - bleu vif	240	120	2	3
d - types II & III se tenant	8 750	4 350	2 000	4 500
faux d'Oran	450	185	625	2 150

		⊓			⊓⊓			⊓⊓⊓			⊞	
	Neuf	Obl.	Seule	Neuf	Obl.	Seule	Neuf	Obl.	Seule	Neuf	Obl.	Seul
	☆	⊙	⊠	☆	⊙	⊠	☆	⊙	⊠	☆	⊙	⊠
60 I 25c bleu type I	**400**	**5**	**6**	**600**	**9**	**13**	**800**	**22**	**35**	**850**	**50**	**75**
a - bleu foncé	450	5	6	675	9	13	900	22	35	1 000	50	75
60 II 25c bleu type II	**7 000**	**75**	**125**	**10 500**	**125**	**185**	**14 000**	**195**	**275**	**16 000**	**650**	**1 400**
a - bleu pâle	7 200	80	130	10 500	135	200	14 500	215	300	17 000	675	1 450
b - bleu foncé	7 800	85	135	11 750	150	220	15 600	235	335	18 500	700	1 500
60 III 25c bleu type III	**400**	**5**	**6**	**600**	**9**	**13**	**800**	**22**	**35**	**850**	**50**	**75**
a - bleu clair	400	5	6	600	9	13	800	22	35	850	50	75
b - bleu foncé	500	5	6	750	9	13	1 000	22	35	1 050	50	75

TIMBRES COUPÉS SUR LETTRES ENTIÉRES NON TAXÉE

59 15c bistre (2 ⊠ connues)   **100 000**

TÊTE-BÊCHE

	☆	⊙	⊠
T58 - 10c petits chiffres	6 000	2 650	5 000
T58a - 10c brun clair	6 750	2 650	5 250
T58b - 10c brun foncé	6 600	2 650	5 250
T59 - 15c petits chiffres	70 000	23 500	55 000
T59a - 15c bistre-jaune	70 000	23 500	55 000
T59b - 15c bistre-brun	75 000	25 000	57 500
T59c - 15c bistre-orange	80 000	26 500	58 500
T59d - 15c bistre terne	70 000	23 500	55 000
T60 I - 25c type I	11 000	5 000	13 500
T60 I - 25c bleu foncé	12 000	5 000	13 500
T60 I - 25c bleu vif	12 000	5 000	13 500
T60 I - 25c bleu terne	11 000	5 000	13 500

OBLITÉRATIONS

		petits chiffres des gros chiffres		gros points		cachet à date rouge des imprimés		ancre	
		□	✉	□	✉	□	✉	□	✉
50	1 c.	25	115 x	»»»	»»»	20	80	150	525 x
51	2 c.	25	115 x	»»»	»»»	20	80	125	60 x
51	4 c.	60	250 x	»»»	»»»	55	750	165	690 x
53	5 c.	12	30 x	215	1 100	20	210	65	265 x
54	10 c.	16	35 x	85	625	25	175	45	155 x
55	15 c.	7	17 x	80	550	25	145	45	155 x
56	30 c.	10	23 x	80	625	50	430	45	140 x
57	80 c.	20	57 x	80	550	60	460	25	85 x
58	10 c.	15	46 x	80	575	18	155	45	45 x
59	15 c.	8	23 x	80	575	25	190	40	140 x
60	25 c.	3	6 x	65	550	30	375	25	70 x

		OR		gros chiffres bleus		cachet à date bureau de passe		grand cachet AS. NA.	
		□	✉	□	✉	□	✉	□	✉
50	1 c.	50	» »	80	305 x	» »	» »	-	-
51	2 c.	50	» »	80	345 x	» »	» »	190	» »
51	4 c.	100	» »	120	525 x	» »	» »	225	» »
53	5 c.	50	625	80	345 x	60	755 x	175	1 900
54	10 c.	50	345	50	175 x	20	190 x	125	1 500
55	15 c.	50	345	50	230 x	20	205 x	100	1 250
56	30 c.		-	60	240 x	100	920 x	145	1 900
57	80 c.		-	60	285 x	125	1 300 x	165	2 150
58	10 c.	50	375	50	210 x	15	160 x	100	1 150
59	15 c.	50	375	50	175 x	25	275 x	100	1 150
60	25 c.	100	600	35	215 x	12	130 x	45	30

X à partir de

ÉMISSION TYPE SAGE

Sage 1876-78

Type: SAGE
Groupe: allégorique paix et commerce
Légende: REPUBLIQUE FRANÇAISE

Type d'impression: TYPOGRAPHIQUE
Papier: TEINTÉ
Type I: N sous B

Type I

N sous B.

Type I

N Sous B

Le coin (plaque gravée) se fendit pendant une trempe et le graveur dut refaire tout l'angle inférieur gauche du timbre, la signature J.A. SAGE INV. ne fut pas disposée exactement de la même façon que sur le cliché original et ceci donna naissance aux deux types

		Neuf ☆☆	Neuf ☆	Neuf s/g	oblitéré ⊙	sur doc	seul s.✉
61	1c vert	**260**	**130**	**65**	**100**	**300**	**850**
	non dentelé	225	140	70			
	a - vert foncé	280	145	75	100	300	850
62	2c vert	**2 350**	**1 200**	**520**	**300**	**500**	**800**
	non dentelé	1 350	1 000	520			
	a - vert foncé	2 450	1 250	560	320	500	800
63	4c vert	**260**	**130**	**65**	**80**	**280**	**850**
	non dentelé	225	140	75			
	a - vert foncé	290	145	65	90	280	850
64	5c vert	**1 000**	**500**	**260**	**55**	**70**	**100**
	non dentelé	850	600	300			
	a - vert foncé sur vert pâle	1 100	550	270	60	75	110
65	10c vert	**1 250**	**630**	**300**	**30**	**40**	**55**
	non dentelé	850	660	330			
	a - vert foncé sur vert pâle	1 350	660	330	30	45	60

	▢▢				▢▢▢				▢▢▢▢				⊞			
	Neuf ☆☆	Neuf ☆	Obl. ⊙	s.✉	Neuf ☆☆	Neuf ☆	Obl. ⊙	s.✉	Neuf ☆☆	Neuf ☆	Obl. ⊙	s.✉	Neuf ☆☆	Neuf ☆	Obl. ⊙	s.✉
61 1c vert	550	275	270	350	825	415	360	500	1 100	550	515	750	1 225	700	450	1 000
62 2c vert	4 800	2 400	720	1 000	7 200	3 600	1 140	1 500	9 800	5 000	1 470	2 150	12 500	6 500	2 650	4 000
63 4c vert	550	275	165	235	825	415	270	350	1 100	550	425	600	1 225	700	525	2 000
64 5c vert	2 200	1 100	165	235	3 300	1 650	220	275	4 400	2 200	325	400	5 500	3 000	450	750
65 10c vert	2 500	1 250	65	80	3 775	1 875	130	150	5 000	2 500	170	225	6 500	4 000	425	700

	Neuf ☆☆	Neuf ☆	Neuf s/g	oblitéré ⊙	sur doc	seul s.✉
66 15c gris (1876)	**1 450**	**740**	**360**	**25**	**30**	**60**
non dentelé	850	650	325			
a - gris foncé	1 550	800	385	30	35	65
67 20c brun-lilas (1876)	**900**	**460**	**227**	**25**	**40**	**100**
non dentelé	600	400	200			
a - brun-rouge foncé	1 000	505	250	30	45	110
68 25c outremer	**12 000**	**6 400**	**3 200**	**70**	**100**	**110**
a - outremer vif	13 500*	6 850	3 400	70	100	110
69 30c brun	**780**	**400**	**200**	**10**	**15**	**20**
non dentelé	400	260	130			
a - brun foncé (1876)	825	420	210	10	15	20
b - brun sur chamois	850	450	255	13	20	28
70 40c rouge-orange (1876)	**900**	**460**	**230**	**45**	**55**	**70**
non dentelé	400	260	130			
a - vermillon	950	485	245	50	60	75
71 75c carmin	**1 500**	**750**	**370**	**15**	**25**	**45**
non dentelé	850	550	275			
a - carmin-rose vif	1 600	800	390	17	30	50
72 1f vert-bronze	**1 600**	**800**	**400**	**15**	**50**	**120**
non dentelé	625	425	210			
a - vert-bronze foncé	1 700	850	425	20	60	120

* Prix atteint chez Roumet en Sept. 2016: 12 719

	▢▢				▢▢▢				▢▢▢▢				⊞			
	Neuf ☆☆	Neuf ☆	Obl. ⊙	s.✉	Neuf ☆☆	Neuf ☆	Obl. ⊙	s.✉	Neuf ☆☆	Neuf ☆	Obl. ⊙	s.✉	Neuf ☆☆	Neuf ☆	Obl. ⊙	s.✉
66 15c gris (1876)	3 000	1 500	55	75	4 500	2 250	88	25	6 000	3 000	130	220	6 500	3 850	425	700
67 20c brun-lilas (1876)	2 000	1 000	55	80	3 000	1 500	90	130	4 000	2 000	140	210	4 500	2 750	425	850
68 25c outremer		13 000	165	200		20 000	260	300		27 000	375	450	70 000	42 500	2 850	3 850
69 30c brun	1 700	850	35	50	2 550	1 275	55	70	3 400	1 700	80	115	4 000	2 250	200	425
70 40c rouge-orange (1876)	2 000	1 000	100	160	2 550	1 275	55	70	3 400	2 000	265	400	4 500	2 700	350	525
71 75c carmin	3 200	1 600	38	65	4 800	2 400	65	100	6 400	3 200	95	140	7 000	3 850	200	365
72 1f vert-bronze	3 300	1 650	32	60	5 000	2 500	60	100	6 600	3 300	95	140	7 750	4 100	225	515

N sous U.

Type II

N Sous U

Le coin (plaque gravée) se fendit pendant une trempe et le graveur dut refaire tout l'angle inférieur gauche du timbre, la signature J.A. SAGE INV. ne fut pas disposée exactement de la même façon que sur le cliché original et ceci donna naissance aux deux types

	Neuf ☆☆	Neuf ☆	Neuf s/g	oblitéré ⊙	sur doc	seul s.⊠
73 20 c bleu (non émis)		**50 000**	**40 000**			
non dentelé (type II N sous U)	1 250	600	450			
74 2c vert	**190**	**110**	**40**	**22**	**70**	**110**
a - vert foncé	210	125	45	25	75	120
b - impression recto-verso			450			
5c						
75 5c vert type IIA : 29.11.1876	**170**	**110**	**40**	**20**	**45**	**120**
75 5c vert type IIB : 29.11.1876	**45**	**22**	**9**	**1**	**2**	**5**
non dentelé	260	180	90			
a - vert sur vert-jaune	45	28	12	1	2	5
b - vert-noir sur vert	75	37	15	2	3	5
c - "s" de "Poste" fermé	200	100	50	25	45	120
d - impression recto-verso	275	160	80			
e - teinte de fond partielle	425	215	110			
f - teinte de fond au verso	300	140	70			
g - piquage à cheval	85	45	22			
h - piquage double	225	120	60	135		
i - dentelé 1 ou 3 côtés	300	150	75			
j - dentelé tenant à non dentelé	350	175	85			
k - piquage oblique (pliage)	200	100	50			
l - pli accordéon	375	190	95	225		
m - impression sur raccord	450	300	150	250		

	☐☐				☐☐☐				☐☐☐☐				⊞			
	Neuf ☆☆	Neuf ☆	Obl. ⊙	s.⊠	Neuf ☆☆	Neuf ☆	Obl. ⊙	s.⊠	Neuf ☆☆	Neuf ☆	Obl. ⊙	s.⊠	Neuf ☆☆	Neuf ☆	Obl. ⊙	s.⊠
74 2c vert	400	250	50	80	600	375	95	135	800	500	145	210	850	600	200	375
75 5c vert type IIA: 29.11.1876	380	190	8	12	565	280	12	20	750	375	20	30	850	450	50	90
75 5c vert type IIB: 29.11.1876	100	50	2	3	150	75	3	5	200	100	5	7	225	120	13	19

	Neuf ☆☆	Neuf ☆	Neuf s/g	oblitéré ⊙	sur doc	seul s.✉
76 10c vert	**1 650**	**1 000**	**400**	**310**	**340**	**450**
77 15c gris						
77IIA 15c gris type IIA : 10.1876	**1 000**	**600**	**240**	**3**	**5**	**7**
a - gris foncé	1 100	700	250	3	5	7
b - dentelé 1 ou 3 côtés	1 600	1 100	375			7
c - "ab see" au verso				100	400	
25c						
77IIB 15c gris type IIB : 02.1878	**1 500**	**900**	**360**	**14**	**18**	**35**
78 25c outremer						
78IIA 25c outremer type IIA : 06.1876	**770**	**380**	**180**	**2**	**4**	**6**
a - types I & IIa se tenant		110 000	55 000	27 500	90 000	
b - piquage à cheval	1 200	600	300			
c - dentelé 3 côtés tenant à piquage double		1 750				
d - "Lafontaine" au verso				125	180	
e - "Langer" au verso				150	350	
78IIB 25c outremer type IIB : 30.10.1876	**1 150**	**580**	**290**	**3**	**5**	**7**
f - outremer sur verdâtre				950	1 300	1 850

	▢▢				▢▢▢				▢▢▢▢				⊞			
	Neuf ☆☆	Neuf ☆	Obl. ⊙	s.✉	Neuf ☆☆	Neuf ☆	Obl. ⊙	s.✉	Neuf ☆☆	Neuf ☆	Obl. ⊙	s.✉	Neuf ☆☆	Neuf ☆	Obl. ⊙	s.✉
76 10c vert	3 600	1 300	715	900	5 400	3 450	1 150	1 400	7 200	4 600	1 750	2 250	9 250	5 000	2 600	3 650
77IIA 15c gris type IIA : 10.1876	2 300	1 300	6	10	3 450	1 900	9	13	4 600	2 650	17	25	5 500	3 300	800	125
77IIB 15c gris type IIB : 02.1878	3 060	1 730	8	13	4 580	2 500	12	20	6 200	3 500	25	50	7 300	4 400	1 065	180
78IIA 25c outremer type IIA : 06.1876	1 600	900	5	7	3 600	1 800	11	15	4 800	2 400	17	25	5 300	4 150	150	285
78IIB 25c outremer type IIB : 30.10.1876	1 600	900	5	7	3 600	1 800	11	15	4 800	2 400	17	25	5 300	4 150	150	285
79 25c bleu-gris	1 600	900	5	7	2 400	1 350	8	11	3 200	1 800	12	16	3 850	2 250	150	235

	Neuf ☆☆	Neuf ☆	Neuf s/g	oblitéré ⊙	sur doc	seul s.✉
79 25c bleu-gris	**730**	**430**	**180**	**2**	**3**	**5**
a - bleu vif	775	475	200	3	4	6
b - "ab see" au verso				100	400	
80 30c brun-jaune	**160**	**90**	**30**	**2**	**3**	**5**
non dentelé	750	500	250			
a - sépia-brun	165	95	35	2	3	5
b - impression recto-verso	175	110	45			
c - teinte de fond partielle	400	250	125			
d - piquage à cheval	200	125	40			
e - dentelé 1 ou 3 côtés	800	450	185			
f - piquage oblique (pliage)	750	450	185			
81 75c rose	**3 000**	**1 600**	**660**	**150**	**75**	**600**
non dentelé		50 000				
a - rose carminé svif	3 000	1 600	750	160	285	650
82 1f vert-olive	**230**	**135**	**50**	**9**	**70**	**120**
non dentelé	1 850	300	650			
a - vert-bronze	240	150	55	10	75	120
b - piquage oblique (pliage)	750	450	250			

	⊞⊞ Neuf ☆☆	Neuf ☆	Obl. ⊙	s.✉	⊞⊞⊞ Neuf ☆☆	Neuf ☆	Obl. ⊙	s.✉	⊞⊞⊞⊞ Neuf ☆☆	Neuf ☆	Obl. ⊙	s.✉	⊞ Neuf ☆☆	Neuf ☆	Obl. ⊙	s.✉
80 30c brun-jaune	350	180	5	7	525	270	8	12	700	360	12	17	700	400	120	200
81 75c rose	6 500	3 400	290	375	9 750	5 100	450	650	13 000	6 800	700	900	15 000	8 000	1 400	3 600
82 1f vert-olive	500	300	20	30	750	450	35	50	1 000	600	50	75	1 250	700	90	250

ÉMISSION TYPE SAGE

Sage 1877-90

Type: SAGE
Groupe: allégorique paix et commerce
Légende: REPUBLIQUE FRANÇAISE

Type d'impression: TYPOGRAPHIQUE
Papier: TEINTÉ
Type II: N sous U

Type II
N Sous U

1c

	IIA	IIB	IIC

	Neuf ☆☆	Neuf ☆	Neuf s/g	oblitéré ⊙	sur doc	seul s.✉
83 1c noir sur azuré						
83IIA 1c noir sur azuré type IIA :	**18**	**12**	**4**	**1**	**2**	**3**
7.06.1877						
non dentelé	90	70	30			
a - ardoise sur bleu	18	12	4	1	2	3
b - noir sur bleu	24	15	6	1	2	3
c - noir sur cobalt	2 500	1 750	750	1 100	2 850	
83IIB 1c noir sur azuré type IIB :	**14**	**9**	**3**	**1**	**2**	**3**
21.05.1888						
d - gris clair sur bleu pâle	15	10	4	1	2	3

	Neuf ☆☆	Neuf ☆	Neuf s/g	oblitéré ⊙	sur doc	seul s.✉
83IIC 1c noir sur azuré type IIC : 28.11.1900	**8**	**5**	**2**	**1**	**1**	**2**
e - noir intense sur bleu	9	6	3	2	1	2

variétés:

f - impression recto-verso	75	45	15			
g - impression double				11 500		
h - impression double partielle				800		
i - piquage à cheval	275	180	65	150		
j - dentelé 1 ou 3 côtés	300	200	100			
k - dentelé tenant à non dentelé	400	250	125			
l - piquage oblique (pliage)	325	210	75			
m - piquage double	350	175	60	165		

84 1c noir sur bleu de Prusse	**20 000**	**16 000**	**7 000**	**6 000**	**RR**	**32 500**

	Neuf ☆☆	Neuf ☆	Obl. ⊙	s.✉	Neuf ☆☆	Neuf ☆	Obl. ⊙	s.✉	Neuf ☆☆	Neuf ☆	Obl. ⊙	sur doc s.✉	Neuf ☆☆	Neuf ☆	Obl. ⊙	s.✉
83IIA 1c noir sur azuré type IIA : 7.06.1877	35	22	2	3	52	33	3	5	70	44	6	9	80	50	20	75
83IIB 1c noir sur azuré type IIB : 21.05.1888	27	17	2	2	41	26	2	4	55	34	5	7	62	40	16	60
83IIC 1c noir sur azuré type IIC : 28.11.1900	16	10	1	1	22	14	2	2	31	20	3	4	35	22	8	33
84 1c noir sur bleu de Prusse	13 750				23 100				32 350				115 000	75 000		

IIA   IIB   IIC

2c

	Neuf ☆☆	Neuf ☆	Neuf s/g	oblitéré ⊙	sur doc	seul s.✉
85IIA 2c brun-rouge type IIA : 2.05.1877	**14**	**6**	**3**	**3**	**8**	**16**
non dentelé	90	70	30			
a - brun-rouge foncé	19	8	4	4	9	18
85IIB 2c brun-rouge type IIB : 11.10.1884	**28**	**12**	**6**	**6**	**16**	**32**
b - brun foncé sur jaune foncé	35	15	8	8	20	40
85IIC 2c brun-rouge type IIC : 11.10.1884	**9**	**5**	**2**	**2**	**4**	**9**
c - brun rouge violacé	11	6	2	3	3	6
variétés:						
d - teinte de fond partielle	200	130	60	150		
e - impression recto-verso	50	35	16			
f - piquage à cheval	85	60	25			
g - dentelé 1 ou 3 côtés	300	200	100			
h - piquage double	200	130	60			
86 3c bistre sur jaune	**320**	**190**	**80**	**60**	**550**	**1 100**
non dentelé	200	140	60			
a - bistre-jaune clair	300	185	75	60	550	1 100
b - bistre-brun	385	230	100	65	600	1 100
87 3c gris	**10**	**4**	**2**	**2**	**25**	**90**
non dentelé	100	75	35			
a - gris clair	11	5	2	2	25	90
b - gris foncé	20	9	3	4	28	95
c - gris jaunâtre	12	5	2	2	25	90
d - impression recto-verso	65	40	20			
e - piquage à cheval	110	70	35			
f - dentelé 1 ou 3 côtés	350	225	100			
g - dentelé tenant à non dentelé	450	300	135			
h - piquage oblique (pliage)	325	210	100			

	⊓⊓ Neuf ☆☆	Neuf ☆	Obl. ⊙	s.✉	⊓⊓⊓ Neuf ☆☆	Neuf ☆	Obl. ⊙	s.✉	⊓⊓⊓⊓ Neuf ☆☆	Neuf ☆	Obl. ⊙	s.✉	⊞ Neuf ☆☆	Neuf ☆	Obl. ⊙	s.✉
85IIA 2c brun-rouge type IIA : 2.05.1877	25	12	6	12	40	20	10	18	50	25	15	25	55	27	25	60
85IIB 2c brun-rouge type IIB : 11.10.1884	50	24	12	24	80	40	20	36	100	50	30	50	110	54	50	120
85IIC 2c brun-rouge type IIC : 11.10.1884	16	8	4	8	26	13	6	12	32	16	10	16	35	17	16	38
86 3c bistre sur jaune	650	400	140	250	975	600	210	350	1 300	800	300	500	1 600	950	500	750
87 3c gris	24	10	6	12	36	17	8	16	48	24	13	20	45	18	20	75

	Neuf ☆☆	Neuf ☆	Neuf s/g	oblitéré ⊙	sur doc	seul s.✉
88 4c lilas-brun	**12**	**6**	**2**	**3**	**25**	**130**
non dentelé	100	75	35			
a - brun-rouge sur chamois	30	14	5	7	28	
b - brun-violet sur azuré	20	9	3	5	27	150
c - lilas brun sopmbre sur azuré	18	8	3	5	27	150
d - impression recto-verso	70	40	20			
e - piquage à cheval	225	150	50			
f - piquage oblique (pliage)	180	120	35			
g - pli accordéon				225		
89 10c noir sur lilas	**60**	**40**	**14**	**2**	**3**	**3**
non dentelé	120	90	. 40			
a - noir sur violet	68	45	17	2	4	3
b - teinte de fond partielle	128	82	40			
c - impression recto-verso	105	60	30			
d - impression double	800	500	225			
e - piquage à cheval	150	75	35			
f - dentelé tenant à dentelé 3 côtés		300				
g - piquage oblique (pliage)	200	135	60			

	Neuf ☆☆	Neuf ☆	Obl. ⊙	s.✉	Neuf ☆☆	Neuf ☆	Obl. ⊙	s.✉	Neuf ☆☆	Neuf ☆	Obl. ⊙	s.✉	Neuf ☆☆	Neuf ☆	Obl. ⊙	s.✉
88 4c lilas-brun	25	12	6	12	40	20	10	18	50	25	15	25	55	27	25	60
89 10c noir sur lilas	140	90	4	7	210	135	6	10	280	180	9	16	300	210	18	30

	IIA (n°77)	IIB (n°77 & 90)	IIC (n°90 & 101)	IID (n°101)	IIE (n°101)

15c

	Neuf ☆☆	Neuf ☆	Neuf s/g	oblitéré ⊙	sur doc	seul s.✉
90IIB 15c bleu type IIB : **12.06.1878**	**82**	**40**	**16**	**2**	**4**	**4**
non dentelé	130	100	45			
a - bleu vif sur bleu (1880)	650	425	225	7		15
90IIC 15c bleu type IIC : **19.06.1881**	**46**	**22**	**9**	**1**	**2**	**2**
b - bleu foncé sur azuré	50	24	10	1	2	2
variétés:						
c - chiffre "15" maigre				50		
d - impression recto-verso	90	55	20	35		
e - impression double				400		
f - piquage à cheval				80		
g - dentelé 1 ou 3 côtés	300	200	90			
h - piquage oblique (pliage)	300	200	90	135		
i - pli accordéon				300		
j - papier filigrané lettre cursive	6 000	4 000	2 000			
faux de belfort (1890)	115	75	25	275	1 200	
faux de chalon (oct 1886 région lyonnaise)	140	90	35	300	1 350	
faux de Paris (1886 & 1888)	90	60	20	125	325	
91 25c noir sur rouge	**1 500**	**1 000**	**400**	**28**	**50**	**60**
non dentelé	900	600	275			
a - noir sur rouge foncé	1 700	1 100	400	35	60	70
b - "Langer" au verso				350	900	
92 25c bistre sur jaune	**550**	**330**	**140**	**7**	**12**	**16**
non dentelé	425	375	175			
a - jaune vif sur bistre-jaune	650	425	150	9	15	18
b - bistre sur jaune foncé	575	350	140	7	12	16

	Neuf ☆☆	Neuf ☆	Neuf s/g	oblitéré ⊙	sur doc	seul s.✉
90IIB 15c bleu type IIB : 10.06.1878	**82**	**40**	**16**	**2**	**4**	**4**
non dentelé	130	100	45			
a - bleu vif sur bleu (1880)	650	425	225	7		15
90IIC 15c bleu type IIC : 04.05.1881	**46**	**22**	**9**	**1**	**2**	**2**
b - bleu foncé sur azuré	50	24	10	1	2	2
variétés:						
c - chiffre "15" maigre				50		
d - impression recto-verso	90	55	20	35		
e - impression double				400		
f - piquage à cheval				80		
g - dentelé 1 ou 3 côtés	300	200	90			
h - piquage oblique (pliage)	300	200	90	135		
i - pli accordéon				300		
j - papier filigrané lettre cursive	6 000	4 000	2 000			
faux de belfort (1890)	115	75	25	275	1 200	
faux de chalon (oct 1886 région lyonnaise)	140	90	35	300	1 350	
faux de Paris (1886 & 1888)	90	60	20	125	325	
91 25c noir sur rouge	**1 500**	**1 000**	**400**	**28**	**50**	**60**
non dentelé	900	600	275			
a - noir sur rouge foncé	1 700	1 100	400	35	60	70
b - "Langer" au verso				350	900	
92 25c bistre sur jaune	**550**	**330**	**140**	**7**	**12**	**16**
non dentelé	425	375	175			
a - jaune vif sur bistre-jaune	650	425	150	9	15	18
b - bistre sur jaune foncé	575	350	140	7	12	16

	Neuf ☆☆	Neuf ☆	Obl. ⊙	s.✉	Neuf ☆☆	Neuf ☆	Obl. ⊙	s.✉	Neuf ☆☆	Neuf ☆	Obl. ⊙	s.✉	Neuf ☆☆	Neuf ☆	Obl. ⊙	s.✉
90IIB 15c bleu type IIB : 12.06.1878	180	100	4	5	270	134	5	9	360	180	8	15	360	200	23	40
90IIC 15c bleu type IIC : 19.06.1881	100	55	2	3	150	75	3	5	200	100	4	7	200	110	13	20
91 25c noir sur rouge	3 300	2 200	70	125	5 000	3 000	115	200	6 700	4 400	190	325	8 500	5 500	750	1 350
92 25c bistre sur jaune	1 100	700	14	20	2 700	1 650	180	300	3 600	2 200	280	500	2 750	1 750	475	900

	Neuf ☆☆	Neuf ☆	Neuf s/g	oblitéré ⊙	sur doc	seul s.✉
93 35c violet-gris sur jaune	**800**	**525**	**200**	**40**	**120**	**200**
non dentelé	375	265	125			
a - violet-rouge sur orange	900	600	225	55	135	215
b - violet-noir sur orange	850	575	215	50	130	210
94 40c rouge orange	**180**	**100**	**30**	**3**	**15**	**20**
non dentelé	375	300	125			
a - vermillon	200	115	40	4	16	20
b - rouge-orange sur jaune	225	130	45	10	25	30
c - rouge terne sur jaune	175	100	35	3	15	
d - impression recto-verso	275	185	80			
e - piquage à cheval				150		
f - dentelé 1 ou 3 côtés	450	300	135			
g - dentelé tenant à non dentelé	750	500	225			
h - pli accordéon	500	325	110			
95 5f violet sur lilas	**740**	**480**	**240**	**100**	**550**	**7 000**
non dentelé	1 000	700	325			
a - violet pâle sur lilas clair	725	475	250	100	525	7 000
b - lilas-rose sur lilas	1 000	650	350	130	575	7 000
c - lilas vif sur lilas	1 600	1 000	450	130	575	7 000

| | ⊏⊐ | | | | ⊏⊏⊐ | | | | ⊏⊏⊏⊐ | | | | ⊞ | | | |
	Neuf ☆☆	Neuf ☆	Obl. ⊙	s.✉	Neuf ☆☆	Neuf ☆	Obl. ⊙	s.✉	Neuf ☆☆	Neuf ☆	Obl. ⊙	s.✉	Neuf ☆☆	Neuf ☆	Obl. ⊙	s.✉
93 35c violet-gris sur jaune	1800	1 100	90	175	2 700	1 650	180	300	3 600	2 200	280	500	4 200	2 850	475	900
94 40c rouge orange	375	220	6	10	565	330	9	16	750	440	13	20	750	500	55	165
95 5f violet sur lilas	1 600	1 000	220	400	2 400	1 500	375	550	3 200	2 000	550	800	3 950	2 600	675	

	Neuf ☆☆	Neuf ☆	Neuf s/g	oblitéré ⊙	sur doc	seul s.✉
96 20c brique sur vert	**70**	**40**	**20**	**7**	**35**	**150**
non dentelé	140	100	45			
a - brique sur vert foncé	100	60	30	9	40	160
b - garance sur vert	90	50	25	8	40	160
c - impression recto-verso	175	115	50	50		
d - teinte de fond partielle	175	125	45	60		
e - teinte de fond au verso	275	185	80	80		
f - dentelé 1 ou 3 côtés	350	225	100	150		
g - piquage oblique (pliage)	750	550	265	275	325	
97 25c noir sur rose	**120**	**72**	**26**	**2**	**5**	**5**
non dentelé	250	180	85			
a - noir sur rose foncé	125	80	30	2	6	7
b - impression recto-verso	200	135	55			
c - teinte de fond partielle	250	170	80	200		
d - piquage à cheval	350	225	100	60		
e - dentelé 1 ou 3 côtés	450	325	150			
f - dentelé tenant à non dentelé	800	550	225			
g - piquage double	325	210	70			
h - piquage oblique (pliage)	475	300	105			
98 50c rose	**330**	**200**	**76**	**4**	**15**	**30**
non dentelé		2 350				
a - rose carminé sur rose	350	225	85	4	15	30
b - rose pâle sur rose	335	215	80	4	15	40
c - rose foncé sur rose pâle	375	240	90	5	18	40
d - rose terne sur jaunâtre	350	225	85	4	15	40
e - rose vif sur rose pâle	375	240	90	5	18	
f - piquage double	700	475	185			
g - piquage oblique (pliage)	650	425	150			
99 75c violet sur orange	**350**	**220**	**100**	**40**	**175**	**350**
a - violet sur jaune	375	240	110	50	185	350
b - impression recto-verso			500			
c - teinte de fond au verso			700			

	▢▢ Neuf ☆☆	Neuf ☆	Obl. ⊙	s.✉	▢▢▢ Neuf ☆☆	Neuf ☆	Obl. ⊙	s.✉	▢▢▢▢ Neuf ☆☆	Neuf ☆	Obl. ⊙	s.✉	⊞ Neuf ☆☆	Neuf ☆	Obl. ⊙	s.✉
96 20c brique sur vert	150	90	14	20	225	135	22	30	300	180	32	50	330	210	45	185
97 25c noir sur rose	250	160	4	7	375	240	6	10	500	320	9	16	600	360	35	90
98 50c rose	700	450	8	40	1 050	675	12	50	1 400	900	20	65	1 750	990	50	235
99 75c violet sur orange	750	450	100	250	1 150	675	170	375	1 500	900	270	500	1 850	1 100	440	1 000

ÉMISSION TYPE SAGE

Sage 1892 à 1900

Type: SAGE
Groupe: allégorique paix et commerce
Légende: REPUBLIQUE FRANÇAISE

Type d'impression: TYPOGRAPHIQUE
Papier: TEINTÉ et QUADRILLÉ (n° 101)
Type I, II et III

Type II
N Sous U

	Neuf ☆☆	Neuf ☆	Neuf s/g	oblitéré ⊙	sur doc	seul s.⊠
101 15c bleu type IIC	**24**	**14**	**5**	**1**	**2**	**6**
non dentelé	280	200	90			
a - bleu clair	24	14	5	1	2	6
b - bleu foncé	26	17	6	1	2	7
c - impression recto-verso	80	52	20			
d - impression sur raccord	175	100	45	60		
e - piquage à cheval	125	75	35	45		
f - dentelé 1 ou 3 côtés	275	185	80			
g - dentelé tenant à non dentelé	350	225	100			
h - piquage double	140	85	40			
i - piquage triple		225				
j - piquage oblique (pliage)	300	200	90			
k - pli accordéon				135		
101 15c bleu type IID	**27**	**18**	**7**	**1**	**2**	**7**
101 15c bleu type IIE	**24**	**14**	**5**	**1**	**2**	**6**

Type III
N Sous B

Pour les n° 102 à 105 on utilise un troisième poinçon, il est peu différent du Type I

	Neuf ☆☆	Neuf ☆	Neuf s/g	oblitéré ⊙	sur doc	seul sur doc s.⊠
102 5c vert-jaune	**30**	**15**	**5**	**3**	**4**	**5**
non dentelé	750	540	250			
a - vert-jaune vif	35	18	6	3	4	6
b - impression recto-verso	75	50	22			
c - piquage à cheval	135	90	35	50		
d - dentelé 1 ou 3 côtés	275	185	80			
e - piquage oblique (pliage)		225	110			
f - impression sur raccord		400				
g - pli accordéon		275		175		
h - types III & II se tenant (102 + 106)	125	150	270			

	☐☐ Neuf ☆☆	Neuf ☆	Obl. ⊙	s.⊠	☐☐☐ Neuf ☆☆	Neuf ☆	Obl. ⊙	s.⊠	☐☐☐☐ Neuf ☆☆	Neuf ☆	Obl. ⊙	s.⊠	⊞ Neuf ☆☆	Neuf ☆	Obl. ⊙	s.⊠
101 15c bleu	55	32	2	3	80	48	3	5	110	64	4	7	95	65	10	
102 5c vert-jaune	65	28	6	7	100	28	9	11	135	60	12	15	95	65	12	35

Type III
N Sous B
Pour les n° 102 à 105 on utilise un troisième poinçon, il est peu différent du Type I

	Neuf ☆☆	Neuf ☆	Neuf s/g	oblitéré ⊙	sur doc	seul s.⊠
103 10c noir sur lilas (1898)	**45**	**22**	**7**	**3**	**4**	**5**
non dentelé	350	240	110			
a - noir sur lilas rose	47	22	8	3	5	6
b - noir foncé sur violet	50	25	9	3	5	6
c - impression recto-verso	140	90	40	35		
d - impression double	1 200	750	250			
e - piquage à cheval	175	115	50			
f - dentelé 1 ou 3 côtés	250	150	70			
g - dentelé tenant à non dentelé	400	275	135			
h - pli accordéon				300		
i - types II & III se tenant (89 + 103)	210	140	70	175	275	
j - types III & II se tenant (103 + 89)	400	250	125	375	550	
104 50c rose	**350**	**195**	**70**	**45**	**75**	**120**
a - rose carminé	375	210	75	50	80	130
b - impression recto-verso	600	380	150			
c - piquage à cheval	500	330	140	200		
105 2f bistre sur azuré	**190**	**115**	**45**	**45**	**750**	**8 000**
non dentelé	4 000	3 000	1 250	45		
a - bistre clair sur azuré	200	117	50		750	8 000
106 vert-jaune type IIB	**45**	**17**	**5**	**1**	**3**	**7**
non dentelé	150	100	45			
a - vert-jaune pâle	45	17	5	1	3	7
b - impression recto-verso	85	60	25			
c - dentelé 1 ou 3 côtés	275	185	85			
d - dentelé tenant à non dentelé	400	275	125			
e - piquage oblique (pliage)	350	250	120			
f - types III & II se tenant (102 + 106)	270	150	125			

	▭▭ Neuf ☆☆	Neuf ☆	Obl. ⊙	s.⊠	▭▭▭ Neuf ☆☆	Neuf ☆	Obl. ⊙	s.⊠	▭▭▭▭ Neuf ☆☆	Neuf ☆	Obl. ⊙	s.⊠	⊞ Neuf ☆☆	Neuf ☆	Obl. ⊙	s.⊠
103 10c noir sur lilas	100	50	8	15	150	75	12	20	200	100	18	30	150	100	18	40
104 50c rose	750	410	90	150	1 125	600	135	225	1 475	800	190	300	1 825	925	330	700
105 2f bistre sur azuré	450	250	100	750	675	375	175	900	900	500	260	1 100	800	500		
106 5c vert-jaune	100	40	3	5	150	60	4	6	200	6	9	250	135	70	16	40

OBLITÉRATIONS DU JOUR DE L'AN SUR TIMBRES DE 5 C TYPE SAGE

(Plus value sur les autres valeurs)

Pendant la période de renouvellement de l'année, les bureaux de Poste recevaient des dépots imporants de cartes de visite. Pour faire face à ce trafic l'administration engageait du personnel supplémentaire. Mais le nombre de cachets à date était insuffisant, aussi toutes les griffes disponibles durent utilisées. Les cartes de visite ne pouvant la surcharge de travail être toutes acheminées le jour de leur dépôt, beaucoup de bureaux suppreimèrent le bloc dateur.
N.B. Le GC 5 104 n'est pas un cachet de Jour de l'am (Bureau de Shanghai)

	□	✉
Petits chiffres noirs	à partir de 85	à partir de 525
Petits chiffres rouges	200	R
Gros chiffres	de 8 à 75	de 75 à 260
Gros chiffres rouges	160	1 700
Gros chiffres bleus	110	575
Etoile pleine ou évidée	18	180
Etoile chiffres	à partir de 25	à partir de 250
Losange de points muet	20	180
Ancre	12	100
P.P. encadré	32	280
Chiffres dans un cercle	2 à 60	à partir de 50
Griffes linéaires (differents modèles)	à partir de 15	à partir de 120
Cachet à date évidé (sans dateur)	à partir de 8	à partir de 150
Cachet à date de levée Exceptionnelle hexagonal ou octogonal (sans dateur)	60	500

OBLITÉRATIONS EXPOSITIONS UNIVERSELLES

I - 1878	□	✉
- Cachet à date EXPOS^N UNIV^E POST ET TELGRAPHE	55	600
- Cachet à date de Levée Exceptionnelle	185	4 000

II - 1889	□	✉
- Cachet à date PARIS EXPOSITION	45	315
- Idem Levée Exceptionnelle (E)	160	R
- Cachet à date EXPOSITION UNIV^{ELLE} 1889	15	160
- Idem Levée Exceptionnelle	175	R

III - 1900

CACHETS MECANIQUES	✉
- Cachet à date PARIS EXPOSITION universelle et Drapeau RF	19

CACHETS MANUELS sur Cartes Postales (plus value sur lettres)

	□	✉
- Cachet à date PARIS EXPOSITION-ALMA	5	37
- Cachet à date PARIS EXPOSITION-BEAUX-ARTS	5	37
- Cachet à date PARIS EXPOSITION-IENA	5	37
- Cachet à date PARIS EXPOSITION-INVALIDES	5	37
- Cachet à date EXPOSITION-PRESSE	7	42
- Idem en rouge	16	290
- Cachet à date PARIS EXPOSITION-RAPP	5	37
- Cachet à date PARIS EXPOSITION-SUFFREN	7	42
- Cachet à date ANNEXE EXPOSITION-VINCENNES	16	210

IV BUREAU AMÉRICAIN - Un bureau de Poste Américain était installé dans le Pavillon des États-Unis de l'Exposition Universelle de 1900

OBLITÉRATIONS MANUELLES ✉

1- Cachet américain U.S. POSTAL EXPOSITION et cachet ovale type Américain avec 1900 au centre (Killer) **630**
2- Drapeau seul : UNITED STATES POSTAL STATION PARIS EXPOSITION et 3 barres verticales **1 850**

OBLITÉRATIONS MECANIQUES

3- Cachet américain UNITED STATES POSTAL STATION et drapeua AMERICAIN PARIS EXPOSITION 1900 .... **210**
4- Cachet américain U.S. POSTAL STA. PARIS-EXPN avec drapeau UNITED suivi de 6 barres verticales **1 000**
5- Cachet américain U.S. POSTAL STA. PARIS-EXPN avec drapeau UNITED suivi de 6 barres horizontales......................... **850**
6- 5 barres aved au début 1er et 5e barre : PARIS EXPOSITION/US POSTAL STA **1 400**

CACHETS D'ESSAI PARIS DEPART (Bureau Central)

	□	✉
1- Carré de points avec		
Cachet à date PARIS DEPART		1 400
a) Carré de points seul	25	
2- Cachet à date (cercle central en tirets)..............................	150	3 300
3- Idem (centre aved barres verticales).................................	150	3 300
4- Frappe jumelée (Daguin) de 2 et 3		2 750
5- Cachet à date avec cercle central..	315	R
6- Cachet à date avec PARIS DEPART		
entre deux traits au centre..................................	315	RR
a) existe à l'arrivée.......................................		R
7- Petit drapeau ombré RF		550
8- Grand drapeau ombré RF		550
Il existe de nombreuses lettres addressées àA.MAURY valeur:		205

CACHETS D'ESSAI du bureau de PARIS 1
Place de la bourse

	□	✉
1- Grand Type..	20	220
2- Petit Type...	15	200
3- Pas de cercle. Date horizontale (1 ligne)	45	1 200
4- Cercle extérieur pointillé	8	65
5- Cercle extérieur épais	45	935
6- Id N°5 cercle interrompu	25	200
7- Cercle extérieur pointellé avec barres horizontales.............		
et verticales avec le dateur.......................................	40	880

ESSAIS

On regroupe sous le terme général "ESSAIS"

-Les ÉPREUVES. Elles sont imprimées à partir d'un poinçon à l'unité sur de petits feuillets. On trouve quelque fois, côte à côte deux ou plusieurs empreintes du poinçon sur le même feuillet. Découpées format timbre, elles perdent 50% de leur valeur.

-Les ESSAIS proprement dits. Ils sont obtenus à partir d'un outil destiné à imprimer directement les timbres. Ils servent principalement à choisir les couleurs, ou à vérifier le résultat de l'impression.

- Les FEUILLES DE PASSE ET REBUT qui servent à la mise en train et ont souvent reçu plusieurs impressions. Les papiers utilisés vont de pelure au carton et les couleurs sont très diverses. Lorsqu'il n'est pas fait mention de la nature du papier ou de la couleur, c'est que la valeur de la pièce est la même dans toutes les présentations.

Les ESSAIS sont dits "officiels" lorsqu'ils sont réalisés à la demande de l'Administration et privés lorsqu'ils sont exécutés à l'initiative d'un particulier qui les propose à l'Administration.

⚠ **La valeur des épreuves est sujette à de très importantes variations en fonction de la qualité de l'impression, du papier et de la grandeur du feuillet support.**

ÉMISSION CÉRÈS

Epreuves

Effigie seule en noir	6 500	20c noir	5 000
Sans valeur noir sur chine	6 500	20c bleu sur chine	3 500
Sans valeur noir sur carmin	6 000	25c noir	3 650
Sans valeur bleu	5 000	25c bleu	3 500
10c noir	6 000	40c noir	5 650
15c noir	5 650	1f noir	5 000

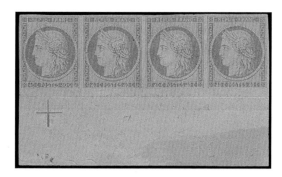

Essais

10c noir papier quadrillé	775	25c brun-rouge	150
10c bleu fil de soie	775	25c autres couleurs	75
10c autres couleurs et papiers	100	40c bistre sur couleur papier pelure	185
15c vert papier carton	225	40c bleu	150
15c vert papier pelure	850	40c autres couleurs	90
15c bleu	150	40c 4 retouchés (toutes nuances)	5 000
15c autres couleurs	135	40c paire de deux "4 retouchés"	11 000
20c bleu foncé sur bleu	215	1f carmin sur verdâtre	1 100
20c papier avec fil de soie	425	1f noir	625
20c autres couleurs	100	1f autres couleurs	475
20c bleu de Prusse	165	1f à droite, 25c à gauche bleu	2 150

Essais tête-bêche

10c bistre	4 000	20c bleu foncé sur azuré	4 000
15c vert	15 000	20c rouge	4 500
15c bleu	16 500	25c bleu	5 000
20c brun foncé sur bistre	4 000	1f bleu	5 000
20c bleu	4 000		

Feuilles de passe		**Essai pour nouvelle fabrication au balancier monétaire**	
20c impressions multiples	100		
		Epreuve en noir sur feuillet	300
Impression sur papier fil de soie		Essais 1858, noir	80
10c bleu très pâle ou gris	550	Essais 1858, vert, bleu ou bistre	22
20c noir	650	Sans légende, bleu	120
25c vert gommé en haut et en bas	850	Sans légende, rose	120

ÉMISSION PRÉSIDENCE

Epreuves

Sans valeur noir	2 350	10 noir sur chine	2 350
Sans valeur bleu sur chine	3 000	25c bleu sur chine	1 750
Noir s chine, emplacem^m de val en blanc	1 750	25c Noir sur chine	1 000

Essais

10c couleurs diverses	125	25c bleu papier pelure	150
25c bleu	125	25c noir papier carton	175

ÉMISSION EMPIRE NAPOLÉON III

Epreuves

Effigie seule au type II	1 600	1f violet en paire	3 250
1c violet ou rouge	900	1f violet et bleu en paire	4 650
5c noir sur chine	1 150	1f violet et vert en paire	4 650
10c type I noir sur chine	1 150	1f vert et violet en paire	4 650
20c type II bleu	1 850	1f bleu et violet en paire	4 650
40c noir sur chine	800	1f rouge et vert en paire	5 000
1f bleu	1 750	1f rouge et bleu en paire	4 650
1f noir sur chine	2 150	1f bleu et vert en paire	5 000
1f vert en paire	3 250	1f vert et violet dans un bloc de 9+3	24 000

Essais

1c mordoré	175	20c bleu sur rose	40
1c rose sur rose	100	20c bleu sur rose tête-bêche	2 150
1c autres couleurs	40	20c autres couleurs	35
5c avec fil de soie	775	20c autres couleurs tête-bêche	1 100
5c rose carminé	45	25c couleurs diverses	25
5c autres couleurs	40	40c brun	950
10c bbleu ou vert	100	40c bleu sur verdâtre	925
10c noir type I	95	80c noir	110
10c noir type II	110	80c jaune-citron	100
10c bistre	125	80c autres valeurs	60
20c noir type I	50	1f vert	900
20c noir type II	75		

Essais pour nouvelle fabrication

5c avec gros fil de soie à gauche	775

Impression et- gommage au revers sur baudruche

1c non dentelé couleurs diverses	50
1c dentelé couleurs diverses	50

Impr. du cadre nette, effigie floue

20c bleu non dentelé	45
20c bleu dentelé	45

Impression lithographique

1c couleurs diverses	100
20c couleurs diverses	100

ÉMISSION EMPIRE LAURÉ

Epreuves

Effigie seule sans valeur	1 200	2c brun-rouge	475
avec cadre ou aplat noir ou bleu ss valeur	1 700	4c bleu sur azuré type II	575
Noir sur chine sans valeur	1 000	4c noir type II	390
Bleu sans valeur	360	4c noir type I	475
0c noir	390	5c noir	750
1c noir sur chine	610	20c noir sur chine	1 200
2c noir sur chine	610	40c noir sur chine	1 200
2c bleu	475		

Essais

1c vert-olive	950	4c vert ou olive	33
2c bleu	100	4c couleurs diverses	27
2c brun-rouge sur toile	95	30c bleu	95
4c bleu	40	30c orange ou rose	45
4c bleu tête-bêche	4 750	30c autres couleurs	18
4c brun-rouge ou brun	27	80c rose carminé	320
4c gris	27		

Feuilles de passe

sur toile valeurs diverses	40

5f Empire lauré

Epreuve sans valeur pour timbres fiscaux	650
avec encadrement partiel des Warrants	1 350

5f Empire épreuve terminée

Sans valeur noir sur chine	1 350
Sans valeur bleu sur chine	3 100
Sans valeur violet sur chine	4 800
Sans valeur gris-noir sur chine	1 200
Sans valeur brun-rouge sur chine	4 800
5f noir	1 850

5f Empire essai

5f lilas sur teinté	1 350
5f noir	1 350
5f vert	1 350

Essais en noir

Essai Augé Delille (lettres dans les angles)	10 000	20c type I report I	3 850
Essai Augé Delille tenant à 20c	25 000	bloc-report de 15	115 000
1c report I	480	20c type I report II	3 850
bloc-report de 15	15 000	bloc-report de 15	115 000
1c report II	360	20c type II report I	780
bloc-report de 15	11 000	bloc-report de 15	24 000
1c report III	360	20c type II report II	660
bloc-report de 15	11 000	bloc-report de 15	20 000
2c report I	1 000	20c type II essai en bleu sur papier glacé	3 000
bloc-report de 15	30 000	20c type II report III	660
2c report II	385	bloc-report de 15	20 000
bloc-report de 15	11 500	20c type III report I	480
4c report I	1 000	bloc-report de 15	15 000
bloc-report de 15	30 000	20c type III report II	500
4c report II	385	bloc-report de 15	15 000
bloc-report de 15	11 500	30c	480
5c report I	1 200	bloc-report de 15	15 000
bloc-report de 15	35 000	40c	480
5c report II	385	bloc-report de 15	15 000
bloc-report de 15	11 500	80c	480
10c report I	480	bloc-report de 15	15 000
bloc-report de 15	15 000	deux valeurs différentes en paire	15 000
10c report II	385	trois valeurs différentes en bande de trois	45 000
bloc-report de 15	11 500		

ÉMISSION CÉRÈS IIIÈME RÉPUBLIQUE

Epreuves

Sans valeur, noir sur carton	400	15c violet ou brique	170
Sans valeur, noir sur rose	300	30c noir	220
1c bronze ou bleu sur vert	700	30c bronze	190
2c noir	250	40c noir	380
5c noir	250	40c bleu sur jaune	380
5c bleu	180	80c noir	250
10c noir	260	80c bronze	280
15c noir	170	5c à gauche et 15c noir à droite	1 100
15c rose sur gris	170		

Essais

1c bleu	110	5c jaune	25
2c brun sur azuré	130	5c vert sur rose ou gris sur rose	30
2c bleu	90	10c bistre	110
4c gris sur rose	30	30c rose	80
5c bleu	90	80c rose	90

ÉMISSION SAGE

Epreuves

Sans valeur, t. I cartouche évidé noir	570	10c t. I olive ou noir sur carton ou chine	450
Sans valeur, t. I cartouche évidé carmin	570	15c t. I olive ou noir sur carton ou chine	450
Sans valeur, t. I cartouche plein noir	750	20c t. I olive ou noir sur carton ou chine	450
Ss val, t. I cart. plein vert s chine ou carton	750	25c t. I olive ou noir sur carton ou chine	450
Sans valeur, t. II cartouche évidé noir	750	30c t. I olive ou noir sur carton ou chine	450
Sans valeur, t. II cartouche évidé vert	750	40c t. I olive ou noir sur carton ou chine	450
Ss val, t. II cart. évidé or[se] s chine ou carton	750	75c t. I olive ou noir sur carton ou chine	450
"Ne pas livrer le dimanche" noir	1 500	1f t. I olive ou noir sur carton ou chine	620
"Ne pas livrer le dimanche" vert	1 500	5f t. I olive ou noir sur carton ou chine	620
Type I avec mappemonde noir	750	2c t. II brun-lilas sur carton ou chine	570
Type I avec mappemonde vert	750	15c t. II noir sur carton ou chine	420
Type I avec mappemonde autres couleurs	570	25c t. II noir sur carton ou chine	450
t. I mappemonde brun, rose ou rge s bristol	50	25c t. II vert-bl ou olive s carton ou chine	450
Fond quadrillé, couleurs diverses	450	30c t. II noir sur rose sur carton ou chine	450
1c t. I olive ou noir sur carton ou chine	450	40c t. II noir sur carton ou chine	450
2c t. I olive ou noir sur carton ou chine	450	75c t. II noir sur carton ou chine	450
4c t. I olive ou noir sur carton ou chine	450	5f t. II lilas sur carton ou chine	900
5c t. I olive ou noir sur carton ou chine	450		

Essais

1c noir sur bleu t. II papier pelure	220	5c vert-jaune t. II papier normal	150
2c brun-rouge t. II papier pelure	60	15c bleu t. II papier normal	150
5c vert t. II papier pelure	100	20c brique sur vert t. II papier normal	240
15c bleu t. II papier pelure	120	25c noir sur rose t. II papier normal	150
1f vert-olive t. II papier pelure	570	30c brun t. II papier normal	150
5f lilas t. II papier pelure	750	40c orange t. II papier normal	150
1c t. I papier carton couleurs diverses	270	50c rose t. II papier normal	150
2c t. I papier carton couleurs diverses	370	1c noir sur bleu surcharge "Spécimen"	60
3c t. I papier carton couleurs diverses	230	1c noir sur bleu avec oblitération d'essai	60
10c t. I papier carton couleurs diverses	230	Sans teinte de fond t. II 1c, 2c, 3c, 4c,	
15c t. I papier carton couleurs diverses	230	5c, 10c, 15c, 20c, 25c, 30c, 40c, 50c,	
25c t. I papier carton couleurs diverses	270	75c, 1f, 5f: la série	1 500
4c t. I papier pelure couleurs diverses	180	3c brun type I, papier légèrement glacé	450
5c t. I papier pelure couleurs diverses	180	5c vert type I, papier légèrement glacé	450
25c t. I papier pelure couleurs diverses	180	10c noir type I, papier légèrement glacé	500
30c t. I papier pelure couleurs diverses	220	2c coul. diverses t. II, papier lég. glacé	450
40c t. I papier pelure couleurs diverses	220	1c gris s azuré ou rose dent. pap normal	150
1c noir sur bleu t. II papier normal	150	10c noir s vert ou rose dent. pap normal	120
3c gris t. II papier normal	150	25c gris sur rose dentelé pap normal	120
4c lilas-brun t. II papier normal	150	Feuilles de passe, 5c vert	70

TIMBRES-TAXE CARRÉS

Epreuves

Essais

TIMBRES POUR JOURNAUX

Epreuves

Sans valeur, noir	1 250	5c bleu et rose	1 600
2c bleu, lilas ou rose	620	5c noir et rose	1 600
5c noir	1 250		

TIMBRES-TÉLÉGRAPHE

Epreuves

25c noir	750	1f noir	750
50c noir	750	2f noir	750

Essais

Sans valeur	300	1f brun	180
25c couleurs diverses	150	2f couleurs diverses	180

PROJETS PRIVÉS

Projets Meillet et Pichot (1850)

Guillochage teinté, 20c noir, tête à droite	60	Sans guill, 20c coul diverses, tête à droite	10
Guill. teinté, 20c coul diverses, tête à droite	10	Sans guill, 25c coul diverses, tête à gauche	10
Guill. teinté, 25c coul diverses, tête à gauche	10	25c impression à l'envers	65
Sans Guillochage, 20c noir, tête à droite	15	25c impression à l'envers tête-bêche	220

Projets Morel (1850)

25c noir papier pelure	290	Effigie de l'Empereur 0c bleu (1864)	40
20c bleu foncé partie sup gommée	175	Effigie de l'Empereur 0c vert (1864)	150
20c bleu perforé partie sup gommée	175		
20c bleu percé en ligne partie sup gommée	175		

Projet Renard gravé par Barroux   **Projet Sparre**

0c noir   Epreuve en noir   RR

Projets Bordes (1867) (barré ou dentelé: mêmes cotes)

Sans valeur, noir	35	Sans valeur, carmin-rose	50
Sans valeur, bleu	35	Sans valeur, vermillon	60

Projets Joubert (1869) (Prince impérial)

175x175mm centre rouge sur chine	300	papier un peu glacé, couleurs diverses	
175x175mm centre vert sur chine	300	bloc de 4	17
80x85mm centre bleu-violet très foncé	90	bloc de 253	110
80x85mm centre noir	90		

Projets Joubert (1872) (déesse)		Projet Gaiffe (1876)	35
10c papier carton couleurs diverses	5	1c couleurs diverses	310
10c papier pelure couleurs diverses	35	1c cadre bleu, effigie rose ou grise	310
15c papier carton bistre	35	1c cadre rose, effigie grise	220
		10c couleurs diverses	

Essai de l'Imprimerie Nat^{ale}		Projet Chazal - Banque de france	
10c noir ou rouge	260	30c bleu	35
15c noir ou rouge	260	30c autres couleurs	165
Paire verticale interpanneau 10c & 15c	800		

⚠ *La valeur des épreuves est sujette à de très importantes variations en fonction de la qualité de l'impression, du papier et de la grandeur du feuillet support.*

BUREAUX FRANÇAIS À L'ÉTRANGER

1ère colonne: timbres oblitérés détachés
2ème colonne: timbres oblitérés sur ⊠
(afft cpsé: tbre le plus cher sur ⊠ + autres tbres oblitérés détachés)

Note: ici, seules les émissions les plus utilisées ont été cotées (empire non dentelé et empire lauré), mais les autres émissions ont également servi pour les bureaux à l'étranger: Bordeaux, Cérès IIIᵐᵉ République, Sage, etc.

Losanges petits chiffres (cotes sur ⊠: combinaison 40c+10c pour la France).

Bureaux		1 c. (11) □	⊠	5 c. (12) □	⊠	10 c. (13) □	⊠	20 c. (14) □	⊠	40 c. (16) □	⊠	80 c/ (17) □	⊠
3 704	Alexandrie	135	825	125	725	30	200	35	225	30	200	125	725
3 706	Beyrouth	»	»	165	900	40	250	40	235	40	250	135	800
3 707	Constantinople	125	600	115	425	30	95	30	105	30	95	100	550
3 708	Dardanelles	»	»	265	1 800	170	1 200	170	1 350	170	1 200	260	2 200
3 709	Smyrne	»	»	125	550	35	150	35	150	35	150	100	600
3 766	Alexandrette	»	»	160	880	60	470	60	500	60	470	165	1 200
3 767	Gallipoli	»	»	»	»	290	2 360	290	2 600	290	2 350	375	3 300
3 768	Jaffa	»	»	475	5 500	365	3 150	385	4 950	365	3 300	535	6 250
3 768	Jaffa (Jerusalem)	»	»	500	6 000	365	5 575	450	4 950	365	3 575	535	6 250
3 769	Lattaquié	»	»	»	»	450	3 000	425	3 500	450	3 000	565	4 950
3 770	Mersina	»	»	335	2 300	200	1 300	200	1 500	200	1 300	350	1 900
3 771	Metelin	»	»	340	2 530	220	1 485	220	1 650	220	1 500	350	2 475
3 772	Tripoli (Syrie)	»	»	385	5 500	325	3 500	325	3 300	325	3 300	400	5 775
4 008	Galatz	»	»	325	3 750	285	2 750	285	3 150	285	2 750	315	3 850
4 009	Ibeaïla	»	»	»	»	525	8 800	585	8 800	585	8 750	»	»
4 010	Ineboli	»	»	»	»	950	17 500	950	17 500	950	17 500	1 150	20 000
4 011	Kerassunde	»	»	»	»	700	9 350	700	8 800	700	8 750	825	13 750
4 012	Salonique	»	»	125	725	60	245	60	275	60	270	120	715
4 013	Samsoun	»	»	»	»	115	1 200	115	1 200	115	1 200	200	1 900
4 014	Sinope	»	»	»	»	1 150	24 750	»	»	1 150	24 750	»	»
4 015	Sulina	»	»	»	»	1 250	16 500	1 250	16 500	1 250	16 500	1 450	17 500
4 016	Trébizonde	»	»	140	1 750	95	1 100	95	1 100	95	1 100	140	1 925
4 017	Tulscha	»	»	»	»	825	9 350	925	9 359	825	9 350	1 000	12 650
4 018	Varna	»	»	»	»	170	1 200	170	1 200	170	1 200	285	2 350
4 222	Monaco	»	»	1 900	»	800	10 725	750	7 750	1 650	20 000	2 500	23 650

Pour coter une lettre, prendre la cote du timbre s. lettre la plus élevée et ajouter les cotes des autres timbres « isolés » qui complètent l'affranchissement.
Exemple : LES DARDANELLES : lettre avec N° 13 et un N° 16 = 1 50 + 1 000 = 1 150 la lettre.
Pour les oblitérations de MONACO, voir aussi MONACO Tome II.

Losanges gros chiffres (40c lauré) *(cotes sur ⊠: combinaison 40c+10c pour la France).*

Le losange 5 153 d'Enos n'est connu qu'à un seul exemplaire sur timbre détaché. Le losange 5 081 de Bâle n'est connu qu'à deux exemplaires sur lettre.

Losange gros chiffres 5 080, bureau d'Alexandrie

2 387	Monaco (29)	150	400	5 097	Ordou (38)	850	26 950
5 079	Alexandrette	35	240	5 097	Sinope	800	2 500
5 080	Alexandrie	17	88	5 098	Smyrne	18	88
5 081	Bâle	R	27 000	5 099	Sulina	750	12 650
5 082	Beyrouth	18	100	5 100	Trébizonde	80	770
5 083	Constantinople	14	55	5 101	Tripoli (Syrie)	210	1 650
5 084	Dardanelles	60	660	5 102	Tulscha	265	2 900
5 085	Galatz	145	880	5 103	Varna	85	900
5 086	Gallipoli	240	2 200	5 104	Shanghaï	50	600
5 086	Rodosto (38)	650	16 500	5 105	Suez	165	1 480
5 087	Ibraïla	225	2 000	5 106	Tanger	»	»
5 088	Inéboli	725	18 500	5 107	Tunis	60	250
5 089	Jaffa	130	1 600	5 118	Yokohama	105	1 000
5 089	Jaffa (Jérusalem)	130	2 200	5 119	Le Caire	80	660
5 090	Kerassunde	200	2 200	5 121	La Goulette	185	1 200
5 091	Lattaquié	200	2 500	5 129	Port Saïd	125	650
5 092	Mersina	105	825	5 139	Kustendje	850	11 500
5 093	Metelin (1862-72)	165	1 000	5 153	Enos (38)	3 500	»
5 094	Rhôdes	210	1 500	5 154	Lagos (38)	1 750	»
5 095	Salonique	27	165	5 155	Dédéagh (38)	1 750	20 000
5 096	Samsoun	100	1 000	5 156	Cavelle (38)	1 750	22 000

Burea de Ourdou ayant succédé à celui de Sinope à partir de mai 1869.

Les cotes de base (valeur minimum) données ici concernent pour les gros chiffres le 40 c. Empire lauré, dentelé (No 31) à de rares exceptions près auquel cas le No du timbre est indiqué entre parenthèses (38) après le nom du Bureau correspondant.

Bureaux d'Algérie:
losanges petits chiffres (20c bleu empire non dentelé)

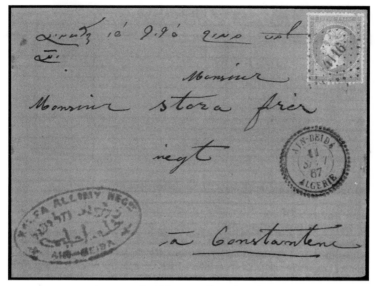

Losange petits chiffres 4 116, bureau d'Ain-Benïda

3 710 Alger	3	12	3 736 Sidi-Bel-Abbès	6	35	4 005 Soukaras	70	825
3 711 l'Arba	75	675	3 737 Stora	215	4 000	4 007 Laghouat	100	950
3 712 Arzew	50	425	3 738 Tenez	20	300	4 104 Jemmapes	50	500
3 713 Aumale	28	185	3 739 Tlemcen	7	50	4 106 La Reghaïa	250	3 250
3 714 Batna	25	125	3 751 El Arrouch	90	1 100	4 116 Ain-Beïda	45	500
3 715 Blidah	5	30	3 752 Biskra	50	425	4 120 Pont de l'Oued Djer	90	1 250
3 716 Bône	5	25	3 753 Boghar	70	850	4 122 Staouéli	100	1 350
3 717 Bouffarick	50	350	3 754 La Calle	50	500	4 187 Gastonville	100	1 200
3 718 Bougie	25	135	3 755 Gudiel	275	6 750	4 189 Lalla Maghrnia	100	1 200
3 719 Cherchell	30	160	3 756 Guelma	20	175	4 190 Tizi-Ouzou	80	900
3 720 Coléah	60	500	3 757 Lambèse	175	2 000	4 361 Bou Tlélis	100	1 200
3 721 Constantine	4	18	3 759 Saïda	80	950	4 362 Le Tlélat	125	1 500
3 722 Dellys	45	325	3 760 Smendou	100	1 000	4 363 Ain-Temouchen	70	750
3 723 Dély-Ibrahim	70	700	3 761 St-Denis-du-Sig	25	185	4 364 Relizane	100	1 000
3 724 Djidjelli	50	350	3 762 Tébessa	65	625	4 365 Assi-Ameur	125	1 900
3 725 Douéra	50	350	3 763 Téniet-el-Haad	65	850	4 366 Aboukir	375	5 250
3 726 Mascara	16	125	3 764 Tiaret	60	575	4 367 Ain Tédelès	100	1 000
3 727 Médéah	16	125	3 774 El Affroun	150	5 750	4 368 La Stidia	275	5 000
3 728 Mers-el-Kébir	55	435	3 774 Mouzaïaville	135	1 100	4 369 Le Fondouck	125	1 500
3 729 Miliahah	20	125	3 776 Dou Medfa	110	1 100	4 370 Kouba	250	3 750
3 730 Mostaganem	6	35	3 777 Marengo	45	425	4 371 Fort-Napoléon	100	1 200
3 731 Nemours	30	185	3 793 Miserghin	80	1 000	4 372 Dra-el-Mizan	150	1 900
3 732 Oran	4	18	3 794 St-Cloud-d'Algérie	80	850	4 373 Rouiba	235	3 750
3 733 Orléansville	20	150	3 795 Valmy d'Algérie	100	950	4 373 Chéragas	235	6 500
3 734 Philippeville	6	30	3 846 Penthièvre	135	1 500	4 446 Géryville	325	5 750
3 735 Sétif	15	85	3 912 La Maison-Carrée	70	1 250	4 447 Oued-el-Hammam	300	5 750

Bureaux d'Algérie: losanges gros chiffres

Losange gros chiffres 5120, bureau d'El Kantours

5 000 Aboukir	75	950	5 044 Mers-el-Kébir	45	350	5 116 Birtouta	75	1 250
5 001 Aïn-Beida	100	1 200	5 045 Col des Beni Aïcha	100	1 350	5 117 Berrouaghia	100	1 250
5 002 Saint-Charles	100	1 350	5 046 Milianah	7	30	5 117 Gué de Constantine	100	3 500
5 003 Aïn-Tedelès	50	600	5 047 Miserghin	50	500	5 120 El Kantours	100	1 200
5 004 Aïn Temouchen	25	175	5 048 Mostaganem	6	25	5 120 Bou Sfer	100	1 300
5 005 Alger	3	7	5 049 Mouzaïaville	60	850	5 122 Les Trembles	100	1 100
5 006 l'Arba	25	200	5 050 Nemours	15	70	5 123 Perrégaux	100	1 200
5 007 El Arrouch	30	215	5 051 Oran	3	8	5 124 Bizot	55	700
5 008 Arzew	25	185	5 052 Orléansville	6	25	5 125 Bordj Bou-Arreridj	55	600
5 009 Assi-Ameur	100	575	5 053 Oued-el-Hammam	90	1 000	5 126 Lamoricière	100	1 500
5 010 Aumale	18	80	5 054 Penthièvre	85	950	5 126 Ouled Mimoun	100	900
5 011 Batna	6	30	5 055 Philippeville	3	13	5 127 Gar Rouban	100	1 500
5 012 Biskra	16	70	5 056 Pont de l'Oued Djer	70	1 000	5 128 Daya	70	1 100
5 013 Blidah	4	25	5 056 Bou Medfa	70	1 000	5 130 Oued-el-Halleg	70	875
5 014 Boghar	45	350	5 057 La Reghaïa	80	1 000	5 131 El Affroun	115	5 000
5 015 Bône	6	20	5 057 L'Alma	80	1 250	5 131 Bou Saada	100	1 250
5 016 Bou-Tlélis	70	825	5 058 Relizane	18	125	5 133 Kroubs	100	950
5 017 Bouffarick	16	70	5 059 Rouiba	55	1 100	5 134 Bouguirat	100	950
5 018 Bougie	6	25	5 060 Saïda	20	180	5 135 L'Hillil	70	900
5 019 La Calle	35	300	5 061 Sebdou	80	900	5 136 Ammi-Moussa	100	950
5 020 Cheragas	80	1 500	5 062 Sétif	6	25	5 137 Sidi-Ali-Ben-Youb	90	1 200
5 020 Palestro	80	900	5 063 Sidi-Bel-Abbès	5	20	5 138 Oued-Zenati	75	1 200
5 021 Cherchell	20	95	5 064 Smendou	70	950	5 140 Affreville	80	1 100
5 022 Coléah	30	185	5 065 Soukaras	30	185	5 141 Duperré	80	1 100
5 023 Constantine	4	15	5 066 Staoueli	80	875	5 142 Boghari	100	1 200
5 024 Dellys	20	125	5 067 La Stidia	85	1 250	5 143 Akbou	125	1 350
5 025 Dély-Ibrahim	50	425	5 068 Stora	350		5 144 Khenchela	100	1 250
5 026 Djidjelli	25	150	5 069 St-Cloud-d'Algérie	45	625	5 145 Zemmorah	110	1 350
5 027 Douéra	30	200	5 070 St-Denis-du-Sig	20	110	5 146 Bordj Menaiel	100	1 250
5 028 Dra-el-Mizan	70	800	5 071 Tébessa	45	500	5 147 La Chiffa	100	1 350
5 029 Le Fondouck	55	750	5 072 Ténez	20	100	5 148 Rébeval	110	1 750
5 030 Fort-Napoléon	50	500	5 073 Teniet-el-Haad	35	300	5 150 Oued-Athmenia	100	1 300
5 030 Fort-National	50	350	5 074 Le Tlélat	50	550	5 151 Birkadem	110	1 400
5 031 Gastonville	60	750	5 075 Tlemcen	6	25	5 152 Ponteba	110	1 400
5 031 Robertville	60	825	5 076 Tiaret	13	100	5 157 Oued-Slyt	125	1 650
5 032 Géryville	80	950	5 077 Tizi Ouzou	30	200	5 158 Oued-Fodda	125	1 650
5 033 Guyotville	80	1 250	5 078 Valmy	80	825	5 159 Azib-Zamoun	225	2 250
5 034 Guelma	13	50	5 081 Beni Mancour	100	1 400	5 160 Attaba	150	2 150
5 035 Jemmapes	15	80	5 093 Aïn el Arba	100	1 300	5 162 Sidi-Brahim	125	1 850
5 036 Kouba	50	500	5 108 Sidi-Moussa	125	1 500	5 163 Oued-Riou	150	2 850
5 037 Laghouat	45	350	5 109 Djelfa	25	350	5 164 Henneya	325	5 750
5 038 Lalla Maghrnia	45	425	5 110 Bou Kanifis	80	875	5 165 Aïn Fekarin	225	4 500
5 039 Lambèse	50	500	5 111 Collo	60	625	5 166 Bourkika	150	2 500
5 040 la Maison Carrée	45	400	5 112 Duzerville	60	875	5 168 Blad-el-Hadjadj	175	3 250
5 041 Marengo	40	325	5 113 Mondovi	100	950	5 169 Bordj-Bouira	375	7 250
5 042 Mascara	6	25	5 114 Barral	100	1 500	5 171 Beni Saf	525	8 250
5 043 Médéah	6	25	5 115 Hussein Dey	75	950	5 172 Bir Rabalou	525	8 250

TIMBRES D'OCCUPATION

1870 - Timbres d'occupation (timbres d'Alsace-Lorraine).

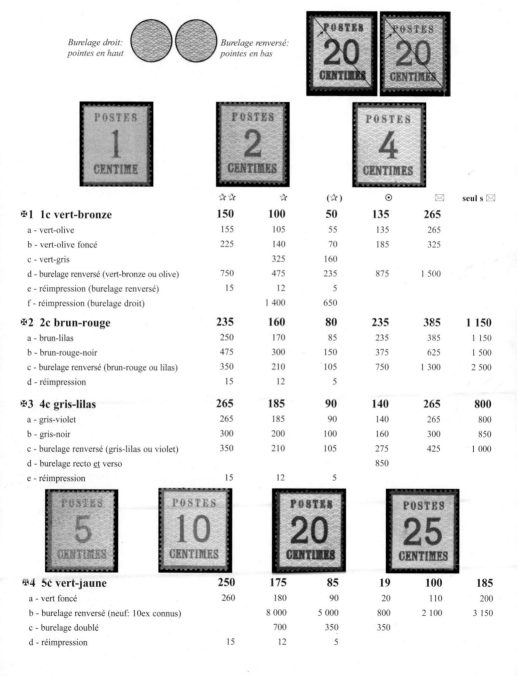

Burelage droit:
pointes en haut

Burelage renversé:
pointes en bas

	☆☆	☆	(☆)	⊙	✉	seul s ✉
✠1 1c vert-bronze	**150**	**100**	**50**	**135**	**265**	
a - vert-olive	155	105	55	135	265	
b - vert-olive foncé	225	140	70	185	325	
c - vert-gris		325	160			
d - burelage renversé (vert-bronze ou olive)	750	475	235	875	1 500	
e - réimpression (burelage renversé)	15	12	5			
f - réimpression (burelage droit)		1 400	650			
✠2 2c brun-rouge	**235**	**160**	**80**	**235**	**385**	**1 150**
a - brun-lilas	250	170	85	235	385	1 150
b - brun-rouge-noir	475	300	150	375	625	1 500
c - burelage renversé (brun-rouge ou lilas)	350	210	105	750	1 300	2 500
d - réimpression	15	12	5			
✠3 4c gris-lilas	**265**	**185**	**90**	**140**	**265**	**800**
a - gris-violet	265	185	90	140	265	800
b - gris-noir	300	200	100	160	300	850
c - burelage renversé (gris-lilas ou violet)	350	210	105	275	425	1 000
d - burelage recto et verso				850		
e - réimpression	15	12	5			
✠4 5c vert-jaune	**250**	**175**	**85**	**19**	**100**	**185**
a - vert foncé	260	180	90	20	110	200
b - burelage renversé (neuf: 10ex connus)		8 000	5 000	800	2 100	3 150
c - burelage doublé		700	350	350		
d - réimpression	15	12	5